背离亲缘

上

FAR FROM THE TREE
Parents, Children and the Search for Identity

[美] Andrew Solomon 安德鲁·所罗门 —— 著

简萱靓 谢忍翾 —— 译

湖南科学技术出版社

Far from the Tree

Parents, Children,
and the Search for Identity

Andrew Solomon

SCRIBNER

New York   London   Toronto   Sydney   New Delhi

SCRIBNER
A Division of Simon & Schuster, Inc.
1230 Avenue of the Americas
New York, NY 10020

Copyright © 2012 by Andrew Solomon

All rights reserved, including the right to reproduce this book or portions thereof in any form whatsoever. For information, address Scribner Subsidiary Rights Department, 1230 Avenue of the Americas, New York, NY 10020.

First Scribner hardcover edition November 2012

SCRIBNER and design are registered trademarks of The Gale Group, Inc., used under license by Simon & Schuster, Inc., the publisher of this work.

For information about special discounts for bulk purchases, please contact Simon & Schuster Special Sales at 1-866-506-1949 or business@simonandschuster.com.

The Simon & Schuster Speakers Bureau can bring authors to your live event. For more information or to book an event, contact the Simon & Schuster Speakers Bureau at 1-866-248-3049 or visit our website at www.simonspeakers.com.

Manufactured in the United States of America

5 7 9 10 8 6

Library of Congress Cataloging-in-Publication Data

Solomon, Andrew.
Far from the tree : parents, children and the search for identity / Andrew Solomon.
p. cm.
1. Children with disabilities—United States—Psychology. 2. Exceptional children—United States—Psychology. 3. Parents of children with disabilities—United States. 4. Parents of exceptional children—United States. 5. Identity (Psychology)—United States. 6. Parent and child—United States—Psychological aspects. I. Title.
HV888.5.S65 2012
362.4083'0973—dc23   2012020878

ISBN 978-0-7432-3671-3
ISBN 978-1-4391-8310-6 (ebook)

See p. 907 for a continuation of the copyright page.

那些与众不同的孩子、他们的父母，
以及他们寻找身份认同的故事。

安德鲁·所罗门 著
简萱靓　谢忍翾 译

献给约翰。
为了他的异，
我甘愿放弃这世上所有的同。

——安德鲁·所罗门

不完美是我们的天堂,
看,在苦涩之中,有欢欣,
因为我们内在的不完美如此炙热,
欢欣就在缺陷的文字与固执的声音之中。

——华莱士·史蒂文斯《时代气象之诗》

编辑及体例说明

本书原文共计十二章,中文版分上下册各六章。上册处理的主题为听障、侏儒、唐氏综合征、自闭症及精神分裂症,下册处理的主题为身心障碍、神童、遭奸成孕、罪犯、跨性别。

注解的原书页码依序置于正文旁边,全书注解位于书末,注解句首的参照页码为原书页码,读者可依此翻查书中正文旁边的原书页码。

目 录

第一章	儿子	（1）
第二章	听障	（49）
第三章	侏儒	（116）
第四章	唐氏综合征	（171）
第五章	自闭症	（223）
第六章	精神分裂症	（299）

注解 （361）

第一章　儿　子

根本没有所谓"复制"这回事，[1]两个人一决定要生小孩，就开始投入"制造"。大家爱用复制一词来指生小孩的活动，暗示着后代只是父母两人相加后的结果，但这充其量不过是委婉的说法，用来安慰即将手忙脚乱的准父母。在人类潜意识的幻想里，生育后代之所以难以抗拒，常是因为我们希望看到自己的生命永远存在——是自己，而不是某个有独特性格的人。我们预期身上的自私基因会大步往前迈进、代代传承下去，若是生了个有陌生需求的孩子，许多人往往措手不及。当上父母，意味着突然和某个陌生人建立永远割不断的关系，而这个人越不像我们，我们就越难接受。我们都是在孩子的脸上寻求生命不死的保证，若孩子最突出的特质打破了这永生的幻想，我们会视为一种羞辱。爱孩子，就该爱孩子本身，而不是因为能在孩子身上看到最美好的自己。这一点很难做到。爱自己的孩子，其实是种想象力的练习。

然而，不论现代还是古代社会，血永远浓于水。没有什么比孩子有

---

〔1〕　英文中的生殖和复制是同一个词。——编注

成就又孝顺更让人心满意足，也很少有什么状况比养子不肖或亲子离弃更为不堪。但孩子不是我们，孩子身上有无数代的基因和隐性性状，而且打从一开始（自受孕起）就受我们无法控制的环境所刺激。然而我们却是我们的孩子，因为一旦勇敢历经成为父母的蜕变，"为人父母"的现实就永远抹不掉。英国心理分析师威尼科特说："根本没有新生儿这回事。意思是，如果要你描述某个新生儿，通常你描述的除了婴儿之外，还有另一个人。"婴儿无法独立存在，在本质上，婴儿就是某段关系的一部分。孩子若像我们，就是我们最宝贵的仰慕者；若不像，就可能是最激烈的诋毁者。从一开始，我们就哄着孩子模仿我们，满心期望孩子遵循我们的价值体系而活，认为这就是对我们人生最大的肯定。虽然很多人会为自己不像父母而自豪，孩子不像自己却是我们一生的痛。

身份会一代传一代，大多数的孩子身上至少有部分性状和父母一样，这些是"垂直身份"。特质和价值观一代代由父母传给子女，不只是借由 DNA 链，还通过共同的文化规范，例如种族就是垂直身份。孩子若是有色人种，通常父母也是有色人种。肤色的基因代代相传，身为有色人种的自我形象也是，虽然自我形象有时可能会随世代流动而变。语言也通常是垂直身份。说希腊语的人抚育的孩子也讲希腊语，虽然孩子的用语可能稍有不同，或大部分时候都说另一种语言。宗教是中度的垂直身份，虽说孩子最后可能不再信教，或是改信其他宗教，但信仰天主教的父母多半会养出天主教信徒。不考虑移民的话，国籍也是垂直身份。金发和近视也常由父母遗传给子女，但多半不会构成重要的身份基础——金发算不上重要特征，而近视也很容易矫正。

然而，我们也常看到某些人身上的先天或后天性状和父母不同。这时这个人就必须从同伴那里获得身份认同，也就是"水平身份"。水平身份反映了隐性基因、随机突变、孕期影响，或是孩子和家中长辈相异的价值观或喜好。同性恋就是一种水平身份。同性恋孩子的父母大多是异性恋，而虽然性倾向并非由同侪所决定，但同性恋的身份认同却是借由观察、参与外界的次文化而获得。肢体残障倾向于水平身份，神童也是。病态人格也常是水平身份，罪犯很少由歹徒抚养长大，恶行都由自己首创。自闭症及智能障碍等症状亦然。遭奸成孕所生的孩子，生下来就要面对情绪问题，虽然问题源于生母的伤痛，母亲本人却无从得知。

1993年我受《纽约时报》委托，调查听障人士的文化。当时我原以为听障不过就是缺乏某种能力。接下来几个月，我发现自己沉迷在听障的世界中。听障孩童的父母大多是听人，也常常认为教养的首要任务，是让孩子在有声世界中正常生活，因而投注大量精力在口语及唇语训练上，可能忽略了其他方面的教育。虽然有些听障人士善于读唇语，说出的话别人也能听懂，但也有许多听障人士做不到这一点，却年复一年坐在听力师、语言治疗师身边，而不是把时间花在学习历史、数学、哲学上。很多人在青少年时期无意间获得聋人的身份认同，从此解脱。他们投入一个认可手语的世界，在那里发现了自我。有些听人父母愿意接受如此重大的新进展，其他人则十分排斥。

我是同性恋，以上状况我无比熟悉。同性恋族群通常在异性恋父母的教养下长大，这些父母往往认为，孩子如果是异性恋，人生会更顺遂，有时还会逼孩子就范，让孩子十分痛苦。同性恋往往从青春期开始发现同性恋的身份认同，从此解脱。我开始写作听障的相关内容时，人工耳蜗植入手术才刚问世。人工耳蜗能模拟部分听觉，发明者认为这能治愈可怕的缺陷，带来奇迹，聋人圈却强烈谴责，认为这种手术是在对生气勃发的聋人圈进行种族屠杀。此后两方激烈的论调稍见缓和，但由于人工耳蜗最好及早植入，最理想的时候是在婴幼儿期，因此父母通常在孩子还无法充分思考或还无法表达意见时，就先替孩子做了决定。我看着这些争论，心知肚明，要是也有类似手术可以改变性倾向，我父母一定也会欣然同意让我动手术。我毫不怀疑，这样的技术即使在这个时代，也会消灭大部分同性恋文化。这样的隐忧让我十分难受，但随着我越来越了解聋人文化，我发现，虽然我认为父母的态度蒙昧无知，但我若是生出听障孩子，可能也有类似反应。我的第一个念头可能就是竭尽所能矫正异常。

我有个朋友生下了侏儒孩子。她不知道养育女儿时，是该让她觉得自己和别人并无不同,只是矮了些,还是该替她找到侏儒的角色模范?要不要去了解骨骼延长手术?我听她诉说自己的彷徨,从中看到了一个熟悉的模式。之前我注意到自己和聋人的共通点,感到十分惊讶,现在我又开始认同侏儒。我开始想,不知还有哪些人也等着加入我们这个洋洋自得的人群。同性恋是种疾病,之后却发展出同性恋的身份认同;听障是种疾病,也发展出聋人的认同;侏儒症显然是种障碍,却也出现侏儒的身份认同。我心想,在这片夹缝地带,一定还有许多身份类型。这个领悟令人变得激进。我一直以为自己属于微不足道的少数,但突然间,我发现身边有为数庞大的同伴。与众不同让我们成为一体。虽然这些经历会把当事人孤立起来,但这些人集合起来就有数百万之众,并因彼此的奋斗而紧密相连。"例外"无所不在,而所谓的"典型代表",境况其实既罕见又孤寂。

我的父母当时并不理解我,同理,其他父母也一定常常误解自己的孩子。很多父母都把孩子的水平认同视为羞辱。家中若有个明显和家人不一样的孩子,一般父母多半没有能力,或至少一开始没有能力提供相应的知识、能力和行动。这孩子也会明显和大部分同伴不同,因此往往不受众人理解或接纳。暴虐的父亲较少对长得像自己的孩子施暴。如果生父是个恶霸,祈祷自己长得像他吧。家庭多半会在孩子幼年就加强垂直身份,但许多家庭会打压水平身份。垂直身份通常被尊为身份,水平身份则往往被斥为缺陷。

黑人在美国可说相当弱势,却少有人研究如何改变基因表现,让黑人父母得以生出亚麻色直发及乳白肤色的下一代。在现代美国,亚洲人、犹太人或女性的处境有时很艰难,但也不会有人因此认为,这些人若有机会变成白人男性基督徒却拒绝,便是愚不可及的选择。很多垂直身份让人不安,但我们却无意弭平这些差异。同性恋的劣势不尽然多过这些垂直身份,但大部分父母却不断设法把同性恋孩子变成异性恋。畸形的身体常会吓到旁人,身体的主人反而不觉得有那么可怕,然而孩子的肢体若出现异常,父母却会迫不及待地矫正,往往让自己和孩子承受莫大的精神折磨。孩子一旦贴上心智不健全的标签,不论那是自闭症、智能障碍还是跨性别，背后反映的更可能是父母本身感到不自在，而不是这些特征让孩子不自在。很多受到矫正的事情，也许一开始就该任其发展。

"缺陷"一词向来被视为过于沉重，自由派论述往往避用，但取而代之的医学术语如"疾病"、"综合征"、"症状"，也可能各有轻蔑之意。同一种存在方式，我们常会一方面用"疾病"一词来贬低，一方面又用"身份"一词来认可。这是错误的二元对立。在物理学中，哥本哈根学派认为能量/物质的行为有时像波动，有时像粒子，这显示了这两种现象都存在，也指出人类的局限：无法同时看到两者。英国诺贝尔物理奖得主狄拉克指出，在探讨跟粒子有关的问题时，光看起来就像粒子；若探讨跟波动有关的问题，光看起来就像波动。人的自我中也有类似的二元性。很多状况既是疾病，也是身份，如果我们遮住其一，当然就只能看到另外那个。身份政治驳斥疾病说，而医学则忽视身份的价值。这种狭隘的态度同时贬低了两者。

物理学家把能量视为波动，得到一些看法，把能量视为粒子，看出另一些端倪，然后再用量子力学把资讯整合起来。同理，我们也需要正视疾病和身份，并认知到，通常仅会在其中一个领域观察得到，因此必须有一套方法来调和两个领域。我们还需要一套词汇，让这两个概念不是彼此对立，而是在同一状况中相容互补。关键就在于改变我们评判个人价值及生命价值的方式，并用更全面的方式来看待健康。英国哲学家维根斯坦说："我所知道的，仅是我可以用语言表述的。"没有语言，也就没有亲近感，上面提到的经验都急需描述的语言，否则就会濒危。

本书所描述的孩子，都拥有父母十分陌生的水平身份。他们是听障或侏儒孩子；或患有唐氏综合征、自闭症、精神分裂症，或有多重严重障碍的孩子；有些是神童；有些是母亲遭奸成孕所生，有些人犯了罪；有的是跨性别者。古谚有云："苹果落地，离树不远。"意思是孩子都像父母。但上述孩子却落到别处，可能是几座园子外，也可能落到世界的另一端。然而，世上有无数家庭学会包容、接纳，最终以这个和原本想象不同的孩子为荣。这个转变的过程会因身份政治和医学进步而更加顺畅，有时也可能变得更棘手。身份政治和医学进步渗透家庭之深，即便只在二十年前都难以想象。

在父母眼中，所有子女都令人惊奇，前述例子纵然极端，也不过是一个普遍主题的变化式。想知道药物的药性，我们会看极高剂量的效果；想知道建筑材料是否耐用，我们会将之放在不合常理的高温中。看看这些极端的例子，也可以让我们了解家中有异类孩子这种普遍现象。特异的孩子能凸显父母的秉性，原本只是不称职的父母变得糟糕透顶，原本称职的父母则变得极为出色。我与托尔斯泰持相反见解：排斥特异子女的不幸家庭，家家相似；努力接纳孩子的幸福家庭，各有各的幸福。

由于当下的准父母有越来越多选项，可以选择不生下另有水平身份的后代，因此我们若想进一步了解差异，生下这类孩子的父母经历了什么事便显得至关重要。父母一开始的反应、和孩子的互动，决定了孩子如何看待自己。这一切经历也会深切改变父母。如果你有身心障碍的孩子，你就永远是身心障碍者的父母，这是你生命的重要部分，强烈影响别人如何看待你、解读你。这样的父母往往把异常视为疾病，直到习惯和爱让他们有能力面对奇异的、全新的现实，而这样的转变多半是因为认识了"身份"。亲近差异，便能适应差异。

今日，前述身份认同都变得脆弱易灭，让众人知道这些父母如何学会快乐，成了延续身份认同的要务。这些故事为所有人指出一条路，告诉我们该如何扩大人类家庭的定义。自闭症者对自闭症有何感受，侏儒者又是如何看待侏儒症？这些都十分重要。接纳自我固然是理想状况的一环，但若不受家人及社会接纳，仅有自我接纳，其实无法消除水平认同族群不断面对的不公平，也不会带来足够的变革。我们身处恐惧异己的时代，大多数人支持的法规剥夺女性、LGBT[1]、非法移民及穷人的权益。然而，纵使社会有这样的同理心危机，家庭中却满溢关爱。我所

---

[1] LGBT 为女同性恋（lesbian）、男同性恋（gay）、双性恋（bisexual）及跨性别者（transgender）的合称。

记录的双亲用爱跨越了鸿沟。如能了解父母如何珍视孩子,我们或许便有动力和智慧做一样的事。深深望入孩子的眼睛,在孩子眼里同时看到自己和全然陌生的事,然后慢慢生出一股热切襟怀,亲密接纳孩子的每一面。做到这一点,为人父母便学会了既关注自己,又无私坦然接受特异孩子。令人难以置信的是,竟然有这么多人做到这样的亲密无间,有这么多父母原本以为自己无法照顾特殊的孩子,却发现自己做到了。爱是父母的天性,即便身陷最严峻的困境也能战胜一切。世界上的想象力,其实比我们想象的还要多。

我小时候有读写障碍,其实现在也有,仍然必须全神贯注在一个个字母上,否则无法写字。而且,即便如此,还是会拼错或漏写字母。我的母亲很早就发现了这一点,并在我 2 岁时就开始陪我读书。我坐在她腿上,花长长的下午念出词汇,用奥运选手的标准学习发音。我们不断练习写字,仿佛世上最可爱的形状便是字母。为了维持我的注意力,母亲给了我一本笔记本,黄色毡制封面上绣着小熊维尼和跳跳虎。我们做了闪示卡,还在车上用闪示卡玩游戏。我沉醉在这样的关爱之中,而我母亲用一种有趣的方式教我,仿佛那是世上最厉害的谜题,是我们两人的秘密游戏。我 6 岁的时候,父母替我报了纽约市 11 所学校,11 所学校都认为我永远学不会读写,因此拒收。一年后,我进了某所学校,虽然之前的测验成绩预言我永远无法识字,虽然校长极其不愿,但我优异的阅读能力让他不得不推翻之前的预言。我的家庭立下极高的标准,永不言败,而早年战胜读写障碍的经验塑造出这样的态度:靠着耐心、关爱、聪明以及意志力,我们彻底打败某种神经障碍。可惜,这件事也为之后的折磨埋下伏笔。正是因为此次胜利,家人很难相信,另一件他们认定为异常的症状竟然会无法扭转:我是同性恋。

有人问我在何时知道自己是同性恋,我心想,到底怎样才算知道。认识自己的性欲花了我一些时间。我想要的事物很异常,和主流格格不入,这些我很早就知道,脑中也没有在那之前的记忆。近期的研究显示,早在 2 岁时,长大会成为同性恋的男童就对某些打闹游戏十分反感，到了6岁，就大多不愿按照一般的性别规范行事。由于我很早就知道自己有许多本能反应都很不具男性气概，于是发明了一套自己的做法。一年级时，每个小朋友都要说出自己最喜欢的食物，其他人都说冰激凌、汉堡或法国吐司，而我则自豪地选了土耳其糖汁海绵蛋糕配土耳其鲜奶油，我去东27街的亚美尼亚餐厅时总会点这一种食物。我从不交换棒球卡，却在校车上讲述歌剧剧情。这两件事都让我不受同学欢迎。

我在家则是宠儿，但举止常受纠正。7岁那年，有回我母亲带着我和弟弟去鞋店。临走时，店员问我们想要什么颜色的气球，我弟弟要红色，我要粉红色。母亲反驳我，说我要的并不是粉红色气球，还提醒我，我最喜欢的颜色是蓝色。我说我真的很想要粉红色，但在她凌厉的注视之下，我选了蓝色。现在我最喜欢的颜色是蓝色，但我仍是同性恋，这两者同时显示了母亲的影响，以及母亲的局限。她有一次说："你小时候不喜欢做跟别人一样的事，而我也鼓励你做自己。"她又苦笑地补了一句："我有时觉得自己似乎太过放任了。"我有时想，她其实还不够放任，但她鼓励我忠于自己（虽然心情不无矛盾），却影响了我的一生。

我的新学校还算自由派，对所有种族理当一视同仁，也就是，我们班上有几个非裔和拉丁裔孩子，这些拿奖学金的学生多半会形成小圈圈。第一年时，黛比在哈林区办了生日派对，她的父母还不熟悉纽约私立学校的潜规则，把时间定在校友返校日的那个周末。母亲坚持要我出席，并问我，如果没人参加我的生日派对，我会有何感受？我心想，即使没有这么方便的借口，恐怕也不会有多少同学参加，事实上，班上40人只去了2个白人。到了那里，我吓坏了，寿星的堂兄弟姐妹试着带我跳舞，每个人都说西班牙语，还有我没见过的油炸食物，最后我突然慌了起来，挂着眼泪回家。

没人去黛比的派对和我不受欢迎这两件事，我当时并不觉得有任何类似之处。几个月后，鲍比过生日邀请了全班同学，独独漏了我。我母亲认为其中必有差错，打了电话给他母亲。他母亲说鲍比不喜欢我，不希望我出现在他的派对上。派对那天母亲开车来学校接我,带我去动物园,在"老派珍宁斯先生餐厅"吃了淋上巧克力的圣代。日后回想,我猜我母亲为了我想必十分受伤,甚至超过我自己所受或察觉到的伤害。我当时并没有意识到她那天如此温柔,是希望弥补世界的粗鲁无礼。当我思索我的同性恋身份让父母不安时,我能看出我的脆弱处境让母亲也变得十分脆弱,并明白她努力让我确知我们一家人自己也能过得开心,希望借此抚平我的难受。不让我选粉红色气球,从某方面来说,也是一种保护的姿态。

现在我很庆幸母亲要我参加黛比的生日派对,因为我认为应该参加,也因为那件事启发了我包容的态度(虽然我当时没看出来),而正是因为这种态度,我成年后得以接受自己,并找到幸福。我确实很想把我和家人描绘成自由派、接纳异己的楷模,但我们不是。我小学曾取笑一个非裔校友,说他很像社会课本里某个住在非洲圆茅屋的部落小孩。我当时并不认为那是种族歧视,只觉得有趣又有几分真实。等我年纪渐长,一想起此事就十分悔恨。后来这人在脸书上找到我,我连连道歉。我说,我无礼的唯一借口,就是在学校身为同性恋并不好过,而我那么做,是把自己所受的歧视转变成对他人的歧视。他接受了我的道歉,还提到他也是同性恋。同性恋及非裔这两种身份都备受歧视,但他并未被击倒,令我自惭形秽。

学校暗潮汹涌,我在其中扑腾挣扎,但在家里,偏见从来不带有残酷的色彩。我那些固执的毛病只显得无伤大雅,家人也多半迁就我那些古怪的行为。10 岁的时候,我迷上列支敦士登小公国,一年后,父亲去苏黎世出差,把我们也带去了。一天早上,母亲宣布她已经安排全家开车去列支敦士登首都瓦都兹。我还记得其实只有我想去,但全家人都成全我的愿望,这让我十分激动。现在回想,我对列支敦士登的执着实在莫名其妙,但那个不准我拿粉红色气球的母亲却费心安排了整日行程:在迷人的咖啡馆用午餐、参观博物馆、参观制造该国独特邮票的印刷厂。虽然不是每次都能得到认可,但我一直都觉得受到承认,怪癖也获得足够的包容。但这也有极限,粉红色气球就越过了极限。我们家的规矩，是在相同之中关切彼此的不同。我那时要的，是不再只从旁观察广阔的世界，而要栖息在世界的广袤之中，我想要潜水捞珍珠、背诵莎士比亚的作品、打破音障、学习织毛线。从某个角度来看，我想要改变自己，是因为我不喜欢当时的我，所以想要挣脱桎梏，从另一个角度来看，那也是我在向本质的自己招手，并就此走向日后的我。

即使在幼儿园，我下课时间也总跟老师聊天，因为其他小朋友无法理解那些话题。老师可能也不理解，只是年纪大到懂得客套。到了七年级，我中午大多在小学部的校长秘书办公室吃饭。我一直到高中毕业都没去过学生餐厅。我若去了，应该会跟女生同桌，然后被嘲笑，或者跟男生一桌，然后也被嘲笑，说像我这样的男生应该跟女生同桌。儿童期合群的本能从未出现在我身上。我开始思考性倾向这件事之后，同性欲望的不合规范让我极为激动，我发现无论性对于青少年而言是何物，而我想要的东西肯定更不同、更禁忌。同性恋之于当时的我，就如同亚美尼亚餐厅的甜点，或列支敦士登一日游。不过，我也想到一旦有人发现我是同性恋，我会活不下去。

母亲不希望我是同性恋，她觉得那条路不幸福，但同样的，她也不喜欢自己身为男同性恋之母的形象。虽然她的确跟大部分的父母一样，全心相信她所认为的幸福才是最好的幸福，但问题其实不在于她想控制我的生活，而在于她想控制自己的生活。她是同性恋的母亲，而她想改变这一点。可惜，要解决她的问题，就一定会牵涉到我。

我很早就学会痛恨我的这个身份，因为这一卑微姿态反映了家族对某个垂直身份的反应。母亲不愿当犹太人，这样的观点又是得自我外公。外公一直隐瞒自己的信仰，如此才能在不雇用犹太人的公司坐上高位。他还是市郊一家乡村俱乐部的会员，而那里并不欢迎犹太人。我母亲 20 多岁时曾跟一个德州人订婚，但他的家人警告他，如果他娶了犹太人，就会丧失财产继承权，婚事因而告吹。她终于认识自己，而这带来了重创。直至那时，她从未想过自己注定是个犹太人，她一直认为自己表现出什么样子，便是怎样的人。五年后，她选择嫁给我的犹太父亲，住在相当犹太的环境中，但内心还是有反犹太情结。每当她看到符合某些刻板印象的人，便会说："就是这些人害我们被人看不起。"我九年级时，问她怎么看我班上那个极受欢迎的班花，她说："她看起来很犹太。"我用她的那一套自怨自疑来面对我的同性恋身份——我继承了她不安的天赋。

脱离童年之后，有很长一段时间，我还紧抓着童年的事物不放，想借此筑起堤防阻挡性欲。这样刻意的不成熟加上了维多利亚式的故作正经，目的不是为了遮掩欲望，而是为了抹去欲望。我曾经有过非常不切实际的想法，以为自己可以像《小熊维尼》里的罗宾一样，永远住在百亩林里。确实，《小熊维尼》的最后一章太像我的故事，虽然我总要父亲为我念这套书，所有章节他都念过几百遍，除了最后一章，因为我实在不敢听。《小熊维尼和老灰驴的家》最后是这样写的："不管他们去哪儿，不管路上发生了什么事，在森林高处那个充满魔法的地方，永远都会有个小男孩和他的熊在那里玩耍。"我当时认定成长意味着会发生不堪羞辱的事，决定要当那个小男孩和那只熊，把自己冻结在童真之中。13岁的时候，我买了《花花公子》杂志，研读了几个小时，想要解除女性身体带给我的不安，但那过程比写作业还难熬。到了高中，我知道自己迟早得和女人发生关系，但觉得做不到，常常想着自尽。一半的我打算要当罗宾，永远在魔法之地玩耍，另一半则计划效法安娜·卡列尼娜卧轨自杀。如此荒谬的二元性。

我在贺若思曼中学读八年级时，有个高年级的学生给我取了个外号"娘炮"，以此简述我的行为气质。我们坐同一路线的校车，每天早上我一上车，他和同党就会反复喊："娘炮！娘炮！娘炮！"我有时坐在一个害羞得不敢跟人说话的华裔学生旁边（后来发现他也是同性恋），有时坐在一个几乎全盲的女孩旁边，那女孩也常遭欺负。有时，几乎整车的人一路上都用最大的音量嚷着："娘——炮！娘——炮！娘——炮！"就这么嚷了45分钟，一路顺着第三大道而上，沿罗斯福东河公园大道往前，跨越威利斯大道桥，开完整条狄根少校高速公路，驶进河谷区的246街。盲眼女孩不断叫我"别理他们"就得了，所以我就坐在那儿，假装什么都没发生，只是装得很失败。

这件事开始之后四个月，有一天我回家，母亲问我："校车上怎么了，其他学生是不是叫你娘炮？"原来我有个同学跟他母亲说了这件事，他母亲又转告我母亲。我承认确有此事，母亲一把抱住我，抱了很久，问我为什么不跟她说。我从来没想过跟她说，部分是因为把这么丢脸的事情说出来，似乎只会让事情成真，部分则因为我认为说出来也于事无补，另一部分则是因为我觉得我是由于某些特质才饱受欺凌，这些特质也会令母亲生厌，而我不想让她失望。

之后校车都配了道护人员，没人喊个不停了。我现在在校车上和学校里只是被叫"死玻璃"而已，通常附近都有老师可以听到，却没人出言阻止。同一年，我的科学老师告诉我们，同性恋最后都会因为肛门括约肌受损而排便失禁。20 世纪 70 年代，恐同无所不在，但我们学校那种自命不凡的文化把恐同的"艺术"推向极致。

2012 年 6 月，《纽约时报》刊登了一篇贺若思曼校友卡米尔的文章，文中提到某些男性教职员对男学生上下其手，时间就在我上学期间。该文也引述了某些学生的话，他们都因为这些遭遇而出现成瘾问题或其他自残行为。有个人在步入中年后因累积了太多绝望而自杀，他的家人认为源头便是少年时期所受的欺负。这篇文章让我极为难受，也很迷惘，因为有些受到指控的老师在我最彷徨无助的时候其实待我比其他人还好。我爱戴的历史老师曾带我出去用晚餐，还给了我一本《耶路撒冷圣经》，下课时没有同学理我，只有他找我聊天。音乐老师推选我在音乐会上独唱，还让我直呼他的名字，去他办公室打发时间。他所带的合唱团校外教学是我最快乐的几趟冒险之旅。这些人似乎都知道我是什么样的人，却不轻视我，他们心照不宣，而这救了我。我既未染上毒瘾，也没有自杀。

我九年级的时候，学校的美术老师（兼足球队教练）一直想和我聊自慰问题。我吓呆了，以为是陷阱，我一回应，他就会告诉所有人我是同性恋。我原本就已是笑柄，这下更是万劫不复。其他的教职员都不曾对我做任何事，也许是因为我既瘦小又孤僻，还戴着眼镜和牙套，也许是因为我父母是出了名的谨慎护子，也许是因为我摆出自我隔离的孤高姿态，让我不像其他人那么容易下手。

我和美术老师聊过几次后没多久，就有人指控他，他因此遭撤职。历史老师也被解雇，于一年后自杀。音乐老师那时已结婚，并熬过接踵而至的"恐怖统治"——日后有个同性恋教职员如此称呼那段时间。恐怖统治逼走了许多同性恋老师。卡米尔写信告诉我，校方之所以开除这么多未曾对学生下手的男同性恋老师，是因为"想要根除恋童癖，却误以为恋童癖等于同性恋"。

学生辱骂男同性恋老师，甚至当面口出恶言，是因为他们的偏见背后有校方撑腰。

戏剧科的主任麦凯是女同性恋者，她也默默撑过了这场控诉。我毕业二十年后开始跟她通电子邮件。十年后，我听说她不久于人世，开车去长岛东部探望她。卡米尔搜集他那篇文章的资料时联络过我们两人，我们也都为他文中谈到的指控而不安。麦凯一直是有智慧的良师，曾温柔地向我说明，我之所以被笑，是因为走路的方式，还为我示范如何走得更有自信。我高三的时候，她为了让我演出王尔德《不可儿戏》的亚吉能，把这部剧作搬上了舞台。我那次去是为了感谢她，但她邀我，却是为了道歉。

她向我表示，在前一份工作，她跟女性同居引起风言风语，遭父母投诉，她从此学会在职场上隐藏自己。此刻，她后悔自己一直保持距离，觉得自己原本可为同性恋学生指引方向，却辜负了他们，虽然我和她都知道，她若不这么防备，早已失去工作。我还是她的学生时，从未想过要拥有比当时师生关系更进一步的情谊，但数十年后和她聊起往事，我才明白那时我们有多孤寂。我多么希望我俩能同年，哪怕只有短暂一段时间也好。如果45岁的我，能够认识担任我少年师长时的她，我们会成为挚友。在学校以外的地方，麦凯老师是同性恋运动分子，我现在也是。在我高中时，我俩都心知肚明彼此是同性恋，但也都被自己的同性恋取向所困，无法敞开心胸，于是都只能向对方付出善意，却不说实话。多年以后再见到她，我昔日的孤独感卷土重来，也提醒了我，特殊身份有多么孤立，唯有把这化解为水平的力量，方可得解。

卡米尔发表那篇文章之后，贺若思曼的校友在网上有过一次聚会，过程令人坐立难安。有位男士写道，他同时为受害者和加害者难过。谈到加害者时，他说："他们受过伤，迷失了方向。这个世界让他们以为同性欲望是病态，而他们努力想找出如何在这样的世界立足。学校反映了我们所处的世界。学校不可能是完美的。不是每个老师都心态健全，我们尽可宣判这些老师有罪，但这样只能缓解症状，无法治病。问题的根源在于褊狭的社会制造出自厌的人，而这些人做出了不适当的行为。"师生之间的性关系不为人所接受，是因为当中的权力差距令人分不清这样的关系究竟是逼迫就范还是你情我愿，也常造成无法弥补的创伤。卡米尔采访、描述的那些学生也的确深受伤害。我很疑惑，老师怎么能做出这样的事？并想到若一个人的核心自我被视为病态、不合法，他可能难以区分这样的自我和更严重的罪行有何差别。把身份认同视为疾病，会导致真正的疾病，让它变得更加猖狂。

年轻人常有机会接触性，在纽约的机会尤其多。我以前常常在睡前遛狗。14岁那年，我在公寓附近发现了两间同性恋酒吧："查理叔叔的上城"及"大卫营"。我牵着家中的凯利蓝狸玛莎散步时，都会绕到这两家穿斜纹粗棉的肉体卖场，任由玛莎轻轻拉扯着身上的狗链，缓下脚步看着店内的男客挤得满满，甚至挤到店外的莱辛顿大道。有个自称杜怀特的人曾跟在我身后，把我拉进路边门廊。我不能跟杜怀特或任何人回家，否则就会变成另一个人。我已不记得杜怀特的模样，但一想起这个名字便觉惆怅。之后，我终究在17岁第一次和男人发生关系，感觉自己从此和正常世界断了联结。回家后我把衣服放入沸水中，花了一小时洗澡，不断刷洗，仿佛这样就能洗净身上的罪。

19岁那年，我在《纽约》杂志上看到一则广告，广告宣称能以代理疗法为人解决性问题。那时我仍相信"我想要谁"的问题源于"我不想要谁"。我知道这类刊登在杂志背面的疗法很可疑，但我的行为太可耻，无法向任何认识的人倾诉，于是我拿了存款，走入他们在地狱厨房[1]的办公室，花了很长的时间谈自己的性焦虑，但就是无法对自己或那个所谓的治疗师坦承，我就是对女人没有兴趣，也没提到当时我忙着和男人发生关系。我在那里进行"咨询"，对方希望我称他们为"医生"，而医生则会开处方，要我和"代理性伴侣"一起"练习"。那些女人不能说是妓女，但也不能说不是妓女。某次疗程，我必须一丝不挂地在地上爬，假装自己是狗，而我的代理性伴侣则假装自己是猫。这其实是在演出互厌种族之间的亲密关系，但当时我并没有注意到这么深厚的隐喻。说也奇怪，我对这些女人很有好感，其中有一个来自南方，她最后告诉我，她有恋尸癖。她原本在殡仪馆工作，后来惹上麻烦，才转到这行。接受疗程的人必须不断换小姐，这样才能找到更多让你感到自在的性伴侣。我记得有个波多黎各女人爬到我身上，开始上上下下地动，一面忘情地大喊："你在我里面！你在我里面！"而我躺在那里百无聊赖又焦躁地想，我是不是终于拿到奖牌，成为合格的异性恋？

除非是治疗细菌感染，否则医疗很少迅速生效，也很少完全治愈，但由于社会及医疗现况不断变化，要看清这点十分困难。我自己之所以痊愈，是因为看清了疾病。那家位于45街的办公室现在还出现在我的梦中：恋尸癖女子觉得我苍白、多汗的身体太像尸体，让她悠然自在；深具使命感的拉丁裔女子则怀着无上喜悦向我敞开身体。我的疗程每周只有2小时，大约为期6个月，结束后，我终于能够自在面对女性的身体，这对于我日后的异性恋经验十分重要，而我也很庆幸自己能有这些经验。我和女性交往，也对其中某些人付出真爱，但我和她们在一起的时候，永远也无法忘记我的"治愈"其实在本质上反映了我对自己的厌恶，而我之所以得努力做这么不堪的事，都是外在环境的逼迫，对此，我永远无法完全原谅。我的精神状态在杜怀特和那些猫女之间拉扯，在刚成年的那段时期，根本无法恋爱。

我特别关注亲子间的巨大差异，主要是想找出自己的遗憾根源。虽

---

[1] Hell's Kitchen，纽约西中城的别称。——译注

然我想归罪于父母，但我逐渐认为我的痛苦有很大一部分来自身边的大环境，还有一部分来自我自己。有一次我和母亲大吵，她对我说："有一天你会去找治疗师，跟他说你那糟糕的母亲如何毁了你的一生。但你口中被毁掉的，是你的一生，所以，好好过你想要的生活吧，找到幸福，有人爱，也能爱人，这才是最重要的。"你可能很爱某个人，但无法接纳他；也可能接纳了某个人，但不爱他。我误以为父母无法接纳我，代表两人不够爱我。现在，我认为我父母最主要的经历，是生了个孩子，而这孩子所说的语言，是两人从未想过要学的。

父母要如何才能知道孩子的某项特质是该抹去还是鼓励发展？我出生于1963年，那时同性恋活动还不合法，在我童年时期也被视为病症。我2岁时，《时代》杂志写道："即使不考虑宗教观点，同性恋也代表性功能的误用。以这种次等的同性恋取代现实，实为可悲；从中逃离生活，实为可怜。由此而言，同性恋应公平视之、同情待之，应加以理解，若有可能则加以治疗，但不应鼓励、美化、合理化。不应扭曲，视之为少数的受难者；不该诡辩，称其为简单的喜好差异。尤为重要的是，不应假装同性恋并非恶症。"

然而，在我的成长过程中，还是有很亲密的同性恋友人，包括邻居，还有几位长辈。对我及哥哥而言，这些长辈都如同家人，因为不受家人接纳，节日都跟我们一起过。艾默还没读完医学院就上西线战场打第二次世界大战，回来后开了一家礼品店——这一点我一直想不通。多年来，我一直听说他在战争中看了太多悲剧，性情大变，回来之后不再有兴致读医学。直到他死后，和他厮守50年的威利才向我吐露，1945年那个年代不会有人想向公开承认的同性恋医生求诊。战争的残酷让艾默变得勇敢忠于自己，而代价就是他一生都只能画些逗人开心的酒吧高脚凳、卖卖陶瓷。艾默和威利从很多层面来看都很浪漫，但一生也可能因为遗憾而染上淡淡的哀伤。无法从医，只得改开礼品店；没有家人，只能和我们过圣诞节。我十分钦佩艾默的选择，不知道自己有没有勇气做出同样的选择，也不知道我若是选了，有没有毅力不让后悔侵蚀我的爱。虽然艾默和威利永远也不会把自己当成运动分子，但若不是有他们那一辈人的心酸，我们这一辈的人也不会有今日的幸福。我越了解他们的故事，越明白我的父母并非杞人忧天。

我成年后，同性恋成了一种身份，我父母担心的凄凉处境也不再是宿命。我现在十分幸福，这样的幸福在我开口要粉红色气球和土耳其蛋糕的时候，甚至扮演亚吉能的时候，根本无法想象。然而抨击同性恋是不法行为、是疾病、是罪恶的声浪依然高昂。我有时甚至觉得，开口询问别人家里的身心障碍孩子、遭奸所生的孩子、犯了罪的孩子还比较容易，而要正视还有多少父母可以欣然接受像我这样的孩子，其实更困难。10年前，《纽约客》杂志做了一次民意调查，请父母二选一：愿意生下同性恋孩子，且孩子有知心伴侣及后代，人生圆满，还是愿意生下异性恋孩子，但孩子未婚或婚姻破裂，也没有后代。有三分之一的人选择了后者。宁愿希望孩子与众相似却不快乐，也不要他与众不同而幸福。要表明对水平身份深恶痛绝，莫过于此。美国不断有各类反同性恋的法律出现，规定千篇一律。2011年12月，密歇根州制定了《公务人员眷属福利限制法》，虽然各城各郡的公务员都能替所有亲人申请医疗补助，包括父母的兄弟、堂亲、表亲等，却禁止同性恋公务员的伴侣申请医疗补助。在此同时，全球的大多数地方根本不敢想象我所认同的这种身份。2011年，乌干达差一点通过一个法案，要将同性恋处以死刑。《纽约》杂志上有篇文章报道伊拉克的同性恋，提到"街上开始发现男同性恋的尸体，许多都没有全尸，据称有数百人遭到杀害。男同性恋的直肠被黏死，还被强灌通便剂和水，直至内脏爆裂。"

性别相关的法律引发的争议大多胶着在一件事上：如果同性恋是自己的选择，就不应获得保护；如果同性恋是天生的，也许就该保护。小众宗教的信徒之所以受到保护，并不是因为他们生下来就是该教信徒，别无选择，而是因为我们认定他们有权去发现、宣告自己所认同的信仰，并在其中找到安身立命之道。1973年，在同性恋运动人士的争取下，同性恋不再是官方认定的精神疾病，但是争取同性恋权时，仍然必须主张同性恋是不由自主的，且无法改变。这种跛脚的性倾向模式令人沮丧，但是只要一有人主张同性恋是种选择，而且可以改变，立法者跟宗教领袖就想要治疗辖下的同性恋，并剥夺其公民权。今天，仍有许多人走入宗教改造营、无良或搞不清楚状况的精神科医生诊室，接受同性恋"治疗"。福音派基督徒的"前同性恋"运动罔顾同性恋自身的经验，想要说服同性恋用意志去控制欲望，数万名同性恋因此精神错乱。"麻州抵制"组织则认为，同性恋的性倒错其实是出于自愿，也因此应该要加以歧视。

有些人认为从生物角度解释同性恋，就能够改善同性恋的社会及政治地位。可惜，从新近科学研究发现所引发的回应可以看出，这些人错了。美国性科学家布兰·查德曾提出"兄弟出生顺序效应"的理论，表示母亲每怀一次男胎，生出同性恋儿子的概率就会稳定增加。这份资料发表几星期后，有个男人致电布兰·查德，说他原本请了个代理孕母，但因为她之前生了几个男孩，所以决定不雇用她。男人对他说："这实在不是我想要的……更何况我还花了钱。"治疗风湿的药物"地塞米松"除了用在说明书建议的适应证外，还有一项用途：如果孕妇怀的女婴有生殖器男性化的症状，就能接受该药物的治疗。美国小儿科及遗传学教授钮曾暗示怀孕初期服用地塞米松将有可能减少孩子长大后成为女同性恋的概率。确实，她说过，这种疗法会使女孩更有兴趣成家、生儿育女，比较温顺，也比较害羞。有人指出，也许这样的疗法可以用来抑制一般大众中女同性恋的性倾向。在动物实验中，胎儿若接触地塞米松，很可能造成许多健康问题。但如果真的有什么药物能限制女同性恋，研究人员最终都会研究出安全的版本。像这样的医学发现将不断对社会造成严重的潜在影响。如果我们发现了产前辨识同性恋的方法，很多夫妻都会把同性恋孩子拿掉；如果我们研发出有效的预防药物，很多父母都会乐意尝试。

不想生出同性恋孩子的父母，也不是非得生下不可，就像不想要孩子的人都可以不生育后代。然而，我每回想到布兰·查德和钮的研究，总不免觉得自己就像世界上的最后一只斑驴。我没有宗教狂热，也没必要把自己的身份垂直传给我的孩子，但不论是为了那些身份认同和我一致的人，或是为了其他人，我都不愿意看到我的水平身份消失。尽管身属多元人群有时让人疲惫不堪，但我还是不愿意看到世界的多样性变少。我并不期盼哪个人变成同性恋，但世上再也没有同性恋的想法，却让我在当下就开始怀念自己。

所有人都既受歧视，也歧视别人。我们如能了解自己所受的歧视，就更能反省自己看到别人时的反应。然而，我们自己目睹承受的暴行也无法让我们突破局限，看清歧视的全貌。因此，父母往往无法对孩子的水平身份有同理心。我母亲对犹太教的心结并没有帮助她面对我的同性恋身份。我是同性恋，但在发现同性恋和聋人有相似经验之前，我也无法胜任听障孩子的养育之责。我访问过一对女同性恋，两人有一个跨性别的孩子。她们跟我说，堕胎医生提勒被杀是罪有应得，因为《圣经》说堕胎是错的，但她们和孩子的身份认同受到排挤时，却又无比震惊、深感挫折。我们面对自己的苦难处境已经应接不暇，根本没有余力再和其他团体站在同一阵线。许多同性恋听到有人把自己和身心障碍人士相提并论会很反感，就像很多非裔美国人反对同性恋运动采用民权的语言。但是，把身心障碍人士和同性恋相提并论，既不贬低同性恋，也不否定身心障碍。每个人都有缺陷和奇怪之处，但大部分的人也都有无畏的时刻。我们从酷儿的经验推论出一个道理：每个人都有缺陷，每个人也都有身份，而且多半就是同一个。

我一想到若没有母亲不断介入，我恐怕永远无法掌握文字，就觉得胆战心惊。我每天都非常庆幸自己克服了读写障碍。相反的，虽然异性恋的生活更好过，但我现在坚信，若没有那些挣扎，我就不会是现在的我，而我比较喜欢做自己，不想当别人。当别人是什么样子，我无法想象，也没有机会选择。然而，我常常想，如果没有彩虹旗招展的同性恋游行嘉年华，我有可能不厌恶自己的性倾向吗？这本书正是同性恋骄傲的一种展现。我以前认为，等哪天我不再强调自己的性倾向，我就成熟了。但我现在并不认同这样的观点，部分原因是，对这世上的任何事，我都很难保持超然中立，但更重要的是，我把憎恨自己的那几年视为一个巨大空洞，必须用欢庆来填满，直到满溢出来。即使我已不再需要处理自己的哀愁，外面的世界仍然仇恨异己、充满歧视，有待修复。有一天，我希望同性恋的身份认同会变得理所当然，既不需要五彩缤纷的装饰，也没有谴责，但这一天还没到。我有个朋友觉得"同性恋骄傲游行日"有点得意忘形，建议我们改办"同性恋自谦周"。这想法很好，但时机未到。"中立"看似介于羞耻和欢庆之间，但其实是终点，只有当我们不再需要权利运动的时候，才能达成。

我很意外，我竟然能喜欢自己。我曾替未来设想过各种可能，但喜欢自己从来没出现过。我努力争取来的满足，也反映了简单的事实：内心的平静往往取决于外在的平静。耶稣在灵知派的《多默福音》中说："你内在的东西若能彰显，内在的东西将能拯救你；你内在的东西若不能彰显，内在的东西将毁灭你。"每回我碰上现代的宗教团体站出来反同性恋，我就时常希望圣多默的话能成为正典，因为他的话太符合许多水平身份的处境。把同性恋的性倾向锁在盒子里，这种态度差点毁了我，而展示它，则几乎拯救了我。

虽然男性下手杀人时，受害者多半和他没有关系，但杀人的女性中有四成杀的是自己的宝宝。把孩子丢到垃圾场的新闻，以及不堪负荷的寄养家庭，都在显示人类割断亲缘的本领。更怪的是，婴儿会被弃养，除了健康或性格问题，外表的影响也一样大。孩子身上如果有可能危及生命的内部缺陷，父母通常还是会带回家，但换成外表可见的缺陷，即便很小，父母也可能弃养。到了后期，甚至有父母无法接纳孩子身上有严重烧烫疤。明显可见的失能障碍，伤害了父母的自尊还有对于隐私的需求。由于所有人都能看出这孩子不是你想要的孩子，因此你要不就接受世界的怜悯，要不就昂首展现自尊。美国开放让人领养的孩子当中，至少有一半有某种身心障碍，而这些孩子，也只是冰山的一角。

现代的爱有越来越多选择。在人类历史中，人类多半只跟异性结婚，双方多半隶属同一阶级、种族、教派，并出身相同地域，今日这些界限已逐渐松动。同理，以前的人既无法选择也无能力改变孩子，因此都理应接受上天所赐予的孩子。避孕和生育科技切断了性和生殖之间的关联：性行为不见得会怀上孩子，想生出孩子也未必需要行房。胚胎植入之前可以先分析，加上产前筛查的范围越来越广，父母可以事先得到大量资讯，再决定要不要怀孕，怀了要不要生。每一天，上述的选择都不断增加。有人认为人类有权选择健康、正常的孩子，称之为"选择性堕胎"；有人则谴责这种做法，因而称之为"商业优生学"，认为这种做法会导致一个被剥夺了变化和弱点的世界。儿童医学这个庞大的产业暗示了任何称职的父母都应该用各种方法修补自己的孩子，而父母也认为医生应该矫正孩子身上的缺陷，太矮的就打生长激素让他长高，有兔唇的就缝合，性器官不明确的把他变正常。这些改造的手段算不上整容手术，但也非生存之必需。这样的现象促使福山等社会理论学家提出"后人类未来"，审视人类消弭所有差异的后果。

然而，医学虽然会把我们变正常，但社会其实还是各种事物的集锦。大家都说现代化让人变得更相似，不管是部落的头饰还是西式的长大衣，现在全变成了Ｔ恤和牛仔裤。然而，现代化虽然让我们在小地方变得一致，并因此感到安心，却也让我们的欲望还有满足欲望的方式变得更百花齐放。社会流动性还有网络让所有人都能找到同类。电子时代的新群落，紧密的程度远超过法国贵族或艾奥瓦农家子弟的小圈圈。疾病和身份的分化受到质疑，这时自我能否确立，网络支持的力量十分重要。现代人的生活在很多方面都是孤独的，但每个人都能用电脑找到知音，也就是说，没有人会被排斥在人际间惺惺相惜的情谊之外。如果你生长的地方（现实上及精神上）放弃你，还有无数的心灵归所向你招手。众所周知，垂直的家庭常因离婚而分崩离析，但水平的家庭却不断扩张。如果你能看清自己是谁，你就能找到同类。医疗进步让身心障碍逐渐消失之际，社会进步也让身心障碍者活得更轻松自然。这两条河流交汇，激荡出悲剧的色彩，仿佛歌剧的男主角总要在女主角香消玉殒时才明白自己爱她。

愿意接受访问的父母，就是一群已进行自我筛选的人。怨天尤人者，通常不可能说出自己的故事，而从自身经验中找到价值，也希望能帮助有同样遭遇的人找到同类的人，则比较愿意倾诉。然而，没有人能爱得毫无保留。如果我们能不责难父母的矛盾情绪，每个人都能过得更轻松愉快。弗洛伊德曾断言，我们说爱的时候，多少都掩饰了一点恨，任何的恨，至少都含有一丝爱。孩子顶多只能要求父母做到一件事，那便是宽容自身那混乱的情绪光谱，既不坚持谎称家庭幸福美满，也不随便残忍地放弃。有个母亲的孩子因为严重的障碍而夭折，她写信给我，说她如果觉得解脱了，她的哀痛就不真心。爱一个人，又觉得对方是个负担，这两件事并不冲突。其实，爱往往会加重负担。不论这些父母能否接受自己的矛盾心理，都应该留点空间给自己的矛盾。付出爱的时候，若感到筋疲力尽，甚至开始想象另一种生活，也不用觉得羞愧。

精神分裂症或者唐氏综合征这类社会边缘的症状，一般都认定是完全由基因造成，而其他如跨性别等，则多半由环境造成。先天与后天往往被视为两股反向的力量，但英国科普作家瑞德里则主张，两者往往是"先天借由后天展现"。我们都知道环境因素可能影响大脑，另一方面，大脑的化学物质及结构也多少决定了我们受外界影响的程度。一个词语不仅是一个声音、书页上的一组符号，也是一则隐喻；同理，先天和后天也是同一组现象的不同概念框架。

话虽如此，如果综合征被认定是先天所引起，相较于后天引起的综合征，父母的歉疚较轻，也因此更能包容。如果你的孩子有软骨发育不良症，没有人会指责你怀孕期间行为不当，导致生出侏儒。然而，一个人能否适应侏儒症，并珍惜自己的人生，有很大一部分可能取决于后天。如果你遭奸成孕，生下了孩子，可能会有人谴责你，也许是说你不该让自己遭到强奸，也许是责怪你不选择堕胎。如果你的孩子犯下重罪，通常大家都会认为是你教养无方，而那些孩子没有犯罪的父母也会因此自以为高你一等。但有越来越多证据显示，有些犯罪倾向可能是天性，对于天生嗜血的孩子，再伟大的道德教化可能都无济于事。正如美国著名律师丹诺所言，此人的穷凶极恶"是血中带来，源于某些先祖"。你有可能激发或抑制犯罪倾向，但都不保证有结果。

某个缺陷究竟是否为父母的错，在这一点上，社会的看法会深刻影响孩子和父母的感受。20世纪中叶，美国心理学家贝特罕曾提出自闭症和精神分裂症都是父母教养失当所致。获得诺贝尔奖的美国遗传学家沃森有个精神分裂症的儿子，他曾跟我说，贝特罕是"继希特勒之后，20世纪最邪恶的人"。把责任全归在父母身上，多半是出于无知，但也同时反映了我们的急切信念：认为命运应该掌握在自己手上。可惜，这样的信念并没有拯救任何人的孩子，反而拖垮了某些人的父母。这些父母不是被过度的社会公判压垮，就是在别人还来不及责怪的时候，就急切地自责。有对父母的女儿死于遗传疾病，两人告诉我，他们很难受，并责怪自己当年竟然没有做产前基因筛查，但两人的女儿出生的时候，根本还没有产前基因筛查。很多父母都这样，用虚构的过失来处理内心的愧疚。某天下午，我跟某位受过良好教育的社会工作者用午餐，她的儿子有严重自闭症，她说："都是因为我怀孕的时候去滑雪，高纬度不适合孩子发育。"我听了很难过。自闭症的根源还是个谜，究竟是什么因素让孩子有这些症状，还有许多疑问有待解开，但纬度绝对不在致病清单上。这位聪明的女性吸收了一套太多自责的叙事言论，甚至不知道这一切只是她自己的想象。

歧视身心障碍人士及其家人，这件事其实令人啼笑皆非。同样的境况，其实可能降临在任何人身上。异性恋男人不太可能某天早上醒来就变成男同性恋，白人小孩也不会变成黑人，但是任何人都有可能在转眼间变成残障人士。身心障碍者是美国少数族群的最大一群，占总人口的15%，不过当中只有15%是天生障碍，还有大约三分之一的人已年逾65岁。全球大约5.5亿人有身心障碍。美国身心障碍权益学者希伯斯写道："人生的周期其实就是从没有能力到暂时有能力再回到没有能力，而且你还得够幸运才能经历这个周期。"

一般的状况是，等你年老昏聩了，孩子又不愿意照顾你，你就会变成悲惨的李尔王。身心障碍改变了父母与子女间的互惠方式。其他成年人已经开始照顾双亲的时候，有严重障碍的成年人可能到了中年也还要人照顾。生了有特殊需求的孩子，前十年多半是最辛苦的阶段，一切都刚发生，令人手足无措。到了第二个十年，身心障碍的青少年就像一般青少年，也进入了叛逆期。再来的十年，父母因年迈体衰而无法继续照顾孩子，这时父母会开始担心自己走了以后，孩子怎么办？其实，第一个十年虽辛苦，却与一般状况差不多，真正的差别出现在之后的日子。照顾无助的身心障碍宝宝和照顾无助的非身心障碍宝宝十分类似，但继续照顾无法独立的大人，就需要过人的勇气。

美国康复咨询专家欧宣斯基1962年写了一篇文章，广受引用。他直率地写道："不论是把孩子留在家里，还是送走，生下心智不健全的孩子，父母几乎都会痛苦一辈子。孩子有无穷无尽的需求，永远都需要人照顾，父母一生都要背负这样的重担，生命也不再有什么指望。各种悲痛，各种磨炼，各种绝望的时刻，将会持续到父母去世或孩子去世那一天。要从这样的无尽哀伤中解脱，或许只能经由死亡。"某位母亲有个21岁重度障碍的孩子，她跟我说："就像过去20年我每年都生了个孩子——谁会选择这种生活？"

这类家庭要面对的困境，外界多半都知道，但一直到最近，大众才开始讨论他们的快乐之处。过去大家所认为的"坚忍"，现在流行的说法是"韧性"，韧性是达成更大目标（发挥功能和享受幸福）的手段，但本身也是一种目标，这和韧性研究的先驱安东诺夫斯基所说的"生命凝聚感"密不可分。父母的期望被水平身份的孩子打乱，此时父母就需要韧性，才能不带怨恨地重写未来。这些孩子也需要韧性，最好由父母来鼓励培养。2001年，美国儿童发展学教授梅斯顿在《美国心理学家》期刊中写道："研究韧性最令人意外的地方，在于这个现象竟如此平凡无奇。"以前大家都以为韧性是种异常的性状，只有在海伦·凯勒之辈的身上才能看到，但最近有许多令人振奋的研究指出，我们大部分人都可能有潜在的韧性，而培养韧性是所有人成长中重要的一环。

即使如此，身心障碍儿的父母中，有三分之一的人表示，照顾孩子对自己的身心健康有负面影响。研究人员设计了一项研究去探讨长期压力对老化的影响，最后得出结论：照顾有特殊需求的孩子是普世公认的压力来源。研究人员比较了有此经验和无此经验的妇女，发现要照顾这类孩子的人，体内的端粒较短。端粒位于染色体末端，能保护染色体。换言之，这些妇女的细胞会更快老化。照顾身心障碍的孩子，生理年龄增长速度将快过实际年龄,这可能导致提早罹患风湿性疾病、心力衰竭,免疫功能也会下降,甚至可能因细胞衰老而提早死亡。有项研究发现,身负照顾重任的父亲会比负担较轻的父亲早逝。

这些说法都没错,但反之亦然。有项研究发现,有94%的身心障碍者父母表示自己和孩子"相处融洽,就和其他家庭一样"。另外有研究指出,受访的父母多半认为,"他们因此与配偶、其他家人、朋友更加亲近,也学到什么是生命中重要的事,对人更有同情心,个人获得成长。相较于孩子生来就很健康,他们现在更珍惜孩子。"还有一项研究发现,家有身心障碍儿的父母中,有88%的人一想到孩子就觉得幸福。有五分之四的人同意,身心障碍的孩子让家人关系更亲密,100%的人赞成"由于个人经验,对别人更有同情心了"。

开朗不只让事情看起来更好,也可能真的带来好结果。孩子的母亲如果是乐观的人,和悲观的母亲相比,孩子两岁时会有更强的技能。西班牙哲学家乌纳穆诺写道:"不是我们的想法决定我们是乐观还是悲观,而是我们的乐观或悲观决定了我们怎么想。"身心障碍这项因素其实无法预测孩子和父母会不会幸福,这也反映了另一个谜:从长期来看,彩票得主平均只比截肢的人快乐一点。也就是说,任何类别的人都会很快步入常轨。

美国人生教练贝克曾以充满热情的笔调写了一本书,讲述照顾唐氏综合征儿子时不只一次感受到"美好的顿悟"。美国作家帕克在20世纪70年代谈到自己的自闭症女儿,他说:"即使15年后回顾,我大概也无法相信自己竟然能提笔写下这件事:如果今天我有选择,可以决定是要接受这些经验以及伴随而来的一切,还是要拒绝这苦涩的赠礼,那么,我依然会伸出双手。这是因为,我们所有人都得到了超乎想象的人生。我也不会变动故事的最后一个字。那个字仍然是爱。"我访问过的一位母亲曾说,她原本不知人生有何目的,直到生下重度障碍的儿子。她说:"突然间,我所有的精力都有了目标,他给了我活着的崭新理由。"这样的回应十分普遍。有位女性写道:"我们的哀伤如一面墨黑的织毯,这样的念头像明亮的金线从中穿过。我们从孩子身上学到很多:耐心、谦卑,从前视为理所当然的恩赐,现在懂得感谢。我们学到很多包容,得到很多信念:相信并信任眼睛看不到的,也学会同情。没错,甚至获得智慧,明白什么是生命中永恒的价值。"在青少年看守所工作的那段时间,我听到一位资深矫正官劝诫她那帮重刑犯:"你们要面对自己的困境,从中得到信息。"

虽然乐观能让日子更好过,正视现实却能让父母觉得自己可以掌控现在及未来,如此一来就会明白创伤其实没有一开始以为的那么重大。潜在的隐忧有:不切实际的幻想、自责、逃离现实、药物滥用、回避;有用的资源可能有:信念、幽默感、坚定的婚姻,还有旁人的支持。此外还有财力、身体健康以及高等教育。世间并不存在所谓的终极对策,但的确常有人提到"转变"及"顿悟"。相关的研究常彼此严重矛盾,更像只是反映了研究者的预设立场。例如有无数研究指出,身心障碍儿的父母离婚率较高,然而也有同样数量的研究表示这样的父母离婚率显著较低,还有一些研究则发现离婚率和一般大众一样。有的父母穷于养育身心障碍儿而身心交瘁,也有父母应付有方,因此似乎变得更加坚强。两种父母其实有个共同点:他们全都既身心交瘁,又更加坚强。许多案例都一再显示参加团体的意义,苦难中生出的亲密情谊有非常强大的救赎力量。在这个网络时代,所有难题或身心障碍都有相关的社群,也因此,不论孩子有何状况,父母都能找到自己的水平社群。虽然多数家庭都能在困境中找到意义,但协助这些人的专业人士,却只有不到十分之一的人相信这一点。某个母亲曾气恼地写道:"我下定决心,任何认为我们很惨的人,我都不要和他们往来。可惜,这些人包括我的家人、大部分的专业人士,还差不多包括我认识的所有人。"如果医生或社工只因这些父母的现实情况比他们预期的还要幸福,就加以否定,其实也是种辜负。

对身心障碍儿的父母而言,最难以面对的前景可能就是机构安置,这种做法现在有个比较委婉或说是别扭的说法,叫"家外安置"。以前,机构安置是常态,父母想把孩子留下来,还得和体制奋战。直到1972年,有人揭露了启智之家"威罗布克"有多惨无人道,制度才开始改变。

这所位于纽约史泰顿岛的机构在孩子身上进行违反伦理的医学实验，空间拥挤不堪，卫生设施简陋，员工还动辄拳脚相加。据《纽约时报》报道："很多孩子都一丝不挂，无人照顾，有些人身上沾满自己的粪便，而且所有孩子就这样成天坐在病房里。抵达现场的技术员听到的唯一声音，就是众人共同发出的号哭，令人毛骨悚然。"这类患者可说患了"机构收容症"，症状包括退缩、对事物失去兴趣、顺服、不主动、判断力受损。此外，患者还不愿意离开医院的环境，有位研究人员将之喻为"心智褥疮"。

威罗布克事件之后，社会对于安置孩子产生疑虑。现在，父母如果无法照顾孩子，想要找到合适的地方安置都非常困难，而且当前的制度往往让父母觉得这样安排很不负责任。钟摆应该要落在适当的中庸位置上。这个问题并不容易解决，就像堕胎，我们应该要能够做出适合自己的选择，且不需要让原本就难受的心情更不好过。现在，身心障碍的孩子应该要住在"限制最少的环境中"，这样的目标值得赞赏，而且也应该适用于其他家庭成员。有研究人员指出："为了让重度残障的儿童及青少年能生活在限制最少的环境中，反而让其他家人的生活大为受限。"安置的决定，会深深影响孩子、父母还有兄弟姐妹。

我研究的对象，是接纳孩子的家庭，以及这件事又如何影响孩子接纳自己——所有人都一样，接纳自己的这条路，有部分得通过别人的心。接下来，我的研究还要探讨整体社会的接纳程度如何影响这些孩子及其家庭。包容的社会让父母的心变得柔软，也有助于培养自尊，不过社会能变得更加包容，也是因为自重自爱的人揭发了偏见的谬误本质。父母其实是我们自己的隐喻，我们一直努力接受自己，并把这样的渴望转嫁到父母身上，努力想让父母接受我们。文化则是父母的隐喻，我们在外面的世界追求别人的尊重，其实很微妙地反映了我们最原始的愿望：父母的爱。这样的"三角测量"搞得我们头晕目眩。

社会运动依次展开，一开始针对宗教自由、女性选举权、种族权益，然后是同性恋解放和身心障碍者权益。最后一个领域成了许多运动的泛称。女性运动和公民权运动的重点是垂直身份，因此率先获得大量支持，而水平身份则要等到势力较庞大的运动打开局面之后，才能乘势而起。每一个运动都毫不客气地借用了先辈的成果，而现在也有运动开始向后辈取经。

前工业社会对于异己十分残酷，但并未加以隔离，照顾这些人是家人的责任。后工业社会替身心障碍者建立了慈善机构，一看到身心异常的人就立即带走。这种泯灭人性的做法成为优生学的发展背景。希特勒杀害的身心障碍者逾27万，理由是这些人是"人类形体和灵魂的劣质仿冒品"。身心障碍者可以根除，这样的想法是当时全世界的潮流。当时芬兰、丹麦、瑞士、日本还有美国25个州的法律都容许非自愿的绝育和堕胎。到了1958年，总共有超过6万名美国人被迫绝育。1911年，芝加哥通过了一项法令，规定："凡因病、伤残或任何畸形问题而在本市公共道路或场所有碍观瞻、令人反感者，不得出现于众人之前。"这条法令一直到1973年才正式被废止。

身心障碍者权益运动追求的是从根本的层面适应差异，而非加以抹除。此运动最重要的成就，在于了解孩子、父母和社会的利益并不尽一致，而孩子是最没有能力为自己挺身而出的一群人。许多和一般人有极大差异的人士主张，即便是在完善的疗养院、医院、住宿机构，患者的处境仍旧和"吉姆克劳法"时代的非裔美国人无异。这种隔离且不平等的处置，也反映在医疗诊断上。史奈德和米歇儿都是障碍研究的学者，两人认为诉诸治疗和疗法的人，往往"打压了他们想要拯救的人"。今日，美国的身心障碍儿童中，教育程度不到九年级的比例是其他人的4倍。英国的身心障碍人士有45%生活在贫穷线以下，美国劳动年龄的身心障碍人士则有30%左右。即便在2006年，伦敦的皇家妇产科学院仍指出，有医生考虑不让重度障碍的婴儿活下去。

虽然遍地荆棘，但身心障碍者权益运动仍有长足进展。1973年美国《康复法》遭尼克松总统否决，仍由国会通过。该法禁止任何联邦政府补助的计划歧视身心障碍者。之后又于1990年通过《美国身心障碍者法案》，以及几个配套的法案。2009年副总统拜登在主持残障奥运会的开幕式时表示特殊需求者倡权是"民权运动",也宣布未来总统将有一位负责身心障碍政策的特助。然而,法庭却缩小了身心障碍相关法律的适用范围,地方政府更往往忽视这些法律。

少数族群若想要保有自己的定位,在定义自己是谁的时候,就必须与主流对立。主流越愿意接受他们,他们的立场就要越强硬,否则,一旦被主流收编,自身的独立身份就会土崩瓦解。20世纪50年代,美国认为每个人都应该被吸纳到一致的"美国性"之下,但多元文化主义反对这样的观点,反而选择让每个人都去标榜自己的珍贵特质。美国社会学家高夫曼在其经典著作《耻辱》中主张,某些事会让人身处边缘,而以这些事为傲,将会获得身份认同,从而忠于自己,并树立政治威信。美国社会历史学家柏奇称此为"涵化的适得其反":社会一旦企图同化某个族群,往往让这个族群变得更特立独行。

20世纪80年代中期我读大学的时候,社会的普遍用语是"能力有差",而不是"失能"。我们当时还开玩笑,说还有"满意度有差",以及"讨喜度有差"。而现在,如果你谈到某个自闭症的孩子,你会说,他和"典型"的孩子不一样,而侏儒症则和"平均"身高不一样,绝不可以用"正常"一词,当然更不能说"不正常"。关于身心障碍者权益的文献很多,学者都强调要区分"损伤"和"障碍",前者是某一症状引发的生理后果,后者则是由社会环境所造成,比如说,脚不能动是损伤,但进不了公共图书馆就是障碍。

障碍的社会模式有个极端版本,可用英国学者奥利维的话来总结:"障碍是社会压迫的结果,和身体无关。"这看似言之成理,却不是真的,但也提出有力的质疑,修正了先前的设定:障碍只出现在身心障碍者的身体或心智上。"能力",原本就是多数人的暴政。如果大部分的人挥挥手臂就能飞,那么做不到的人就是"无能",也就是障碍;如果大部分的人都是天才,智商中等的人就处于悲惨的劣势。我们所谓的"健康",并不带着永恒真理的光环,而只是一种约定俗成的标准,而这标准在过去一个世纪还不断膨胀。1912年,美国人能活到55岁就算美满长寿,而现在55岁过世则成了英年早逝。因为大部分的人都能走路,所以不能走路就是一种障碍。同样，听不到，以及无法解读社会信号也都是障碍。这是一场投票，而身心障碍者质疑了大多数人的决定。

医疗进步让父母得以避免生出某几类障碍儿童，也有机会矫正许多障碍，但要决定何时启用这些选项，并不容易。贺伯德是哈佛生物学荣誉教授，她极力主张，准父母如果因为家族病史就去筛查亨丁顿舞蹈症，其实是让自己进退维谷，"如果父母决定堕胎，无异于表示，知道自己终将死于亨丁顿症的人根本不值得活。但这些父母和其他家人现在也知道自己身上有亨丁顿症的基因了，又该怎么说呢？"英国哲学家基契尔把基因筛查称为"放任式优生学"。贝克莱大学讲师萨克斯顿有脊柱裂，她曾写道："像我们这样带有可筛查症状的人，代表了没有被拿掉的胚胎长大成年的样子。我们不愿看到'自己的后辈'被有系统地堕掉，而这样的感受等于质疑了胚胎'不具为人的资格'的看法。"史奈德和米歇儿说，身心障碍的全面灭除，代表"现代性这项文化计划业已完竣"。

身心障碍权阵营里的某些人鼓励大众，不管怀了什么样的孩子都要接受，仿佛不遵从生育的宿命就不道德。美国生物伦理学家鲁迪克把这样的想法称为"女性好客论"，这种论点认为堕胎的人都没有母爱、不慷慨、不近人情。其实，准父母都得凭空想象一件未来可能成真的事情，在做出选择之前，从来不可能得到充分的信息。在脑中假想的孩子或许有障碍，跟现实有天壤之别。女性主义强调合法堕胎，而身心障碍权运动者则反对任何贬低差异价值的社会制度，这两者的冲突很棘手。推动身心障碍权的运动人士赫胥如此写道："这些恐惧都很真实、理性，也让人害怕。我们都可能面对这么一天：堕不堕胎原本只是个人决定，却可能成为消灭身心障碍人士的第一步。"她可能把动机想得太过天真，却说中了结果。准父母虽然不会试图消灭身心障碍人士，但在医学进步下却有能力做出极端的决定，而这些决定无疑将大幅减少身心障碍人口。贺伯德写道："在这个讲求自由和个人主义的社会，也许并不需要优生学的法规，医生和科学家只要提供技术，把责任交给女性及父母，就能用个人选择来贯彻社会偏见。"

有些运动分子反对整个"人类基因组计划"，坚信此计划的弦外之音是世界上有完美的基因组。这样的论断部分源于计划发起人在寻求赞助时，曾表示此计划将可用来治疗疾病，却没有指出身心健康并无普世标准。身心障碍权益运动人士认为，在大自然中，唯有"变化"是不变的。哈洛威是女性主义和文化研究的教授，她将这项计划形容为"封圣行动"，可能会被人用来制定极其狭隘的标准。傅柯在人类还无法建立基因图谱之前就写道："知识和权力的正规网络一建立，就会出现一套研究异常人的技术。"换句话说，当权者巩固了自己的优势后，"正常"的光谱就会变窄。在傅柯看来，所谓的正常，"声称要确保'社会体'的生理活力及道德纯净，也必定将消灭有缺陷的人、堕落及腐败的族群。'正常'也以生物和历史的迫切需求为名目，合理化国家的种族主义。"也因此，"正常"的概念会促使不正常的人把自己看得很无助、很不足。傅柯也说"生命即是有能力出错者"，而错误本身就是"人类思考并创造历史的根源"，于是，禁止犯错就是终止进化。正是因为犯错，人类才得以走出史前的泥沼。

先天视障的黛博拉出书写下社会歧视所带给她的痛苦。从她以下这番话表达的高度自我接纳，是在身心障碍权运动开始之前从未听闻的，她说，视障一事对她而言就像头上的棕发，是中性的特性。"我不渴望视力，就像我不渴望翅膀。失明偶尔会有一些不便，但我很少因为盲眼而对什么事却步。"2000年时，她在一篇散文中如此写道。后来她和丈夫迪克决定要生孩子，听到丈夫说他想要看得见的孩子时，她十分震惊。"我相信，就算我看得到，也不会过得比现在更好。如果我的孩子看不见，我会想办法确保他有充分的机会实现自我、贡献社会。迪克说他完全同意。但他其实很烦恼，只是不敢让我知道。如果他能够接受我视障，为什么会无法承受我们的孩子也视障，即使只是瞬间的动摇？"黛博拉忧心忡忡地怀了孕。"我不知道如果孩子像我一样视障，我能不能承受他的失望。"

女儿出生之后，黛博拉的母亲也表示她对宝宝视力的担忧。"我太震惊了，我的父母用关怀和坚定的爱养大3个孩子，包括视障的兄长和我，希望把我们培养成自信、有抱负、懂得自尊自重的人。然而他们从来不是对视障毫无芥蒂，迪克也是这样。"之后，迪克让宝宝的视线跟着自己的动作移动，发现宝宝并没有视障，随即致电岳父岳母。此后他常常回想女儿转头望向自己手指的那一天。"很久以前的那天早上，他的兴奋和放心是如此鲜明，至今我都还能从他的声音中听到回音。每回我听到这件事，旧伤就发出阵阵刺痛，有那么些时候，我依旧是如此孤单的一个人。"黛博拉写道。

她认为视障是种身份，而她丈夫认为视障是种疾病。她的孤寂感反映了两者间的落差。她的观点我既能认同，又感到忧心。我不免想，如果我哥哥宣布他满心希望自己的儿子是异性恋，而且在得偿所愿的时候打电话要大家一起庆祝，我一定很受伤。视障和同性恋是两回事，但两者的自我都同样不为他人所喜。不过，人决定要尽量追求健康（且不论这个词所指涉的领域有多复杂），避免生病（同前），并不必然等同于贬低生病或与众不同的人。我从对抗抑郁症的经历中获得极具意义的身份，但如果我可以选择我的孩子是抑郁易感，还是完全不受抑郁症之苦，我毫不犹豫就会选后者。即使这个疾病可能会让我们变得无比亲密，我还是不希望看到。

有水平认同的成年人，多半不希望受到怜悯或崇拜，只希望好好过自己的日子，不被盯着瞧。很多人不喜欢美国喜剧演员路易斯利用可怜的孩子来募集基因研究的经费。美国国家广播公司的新闻记者霍肯贝瑞脊椎受损，他曾说："路易斯找来的孩子坐着轮椅在电视上募款，募来的钱却是要找出方法，让他们这样的人没有机会生下来。"这样的愤怒随处可见。迈查克是视障人士，他曾说："大人看到我跟别人不一样，第一反应是帮我，但学校有些同学的第一反应是辱骂我。很久以后我才明白，帮忙和辱骂，其实是同一回事。"梅尔森是身心障碍权的法律专家，她表示，从古至今，慈善和好意一直是身心障碍者最可怕的敌人。手脚健全的人可能是慷慨的自恋狂，觉得只要是好事，就不顾对方的感受，急着给与。

反之，身心障碍的社会模式则要求社会调整行事的方法，让身心障碍者更有能力自立。然而，唯有立法者相信弱势族群的人生过得辛苦，我们才能看到这样的调整。施舍的姿态有理由受到唾弃，但另一方面，要想获得政治接纳并促进改革，就需要更多的认同心。很多身心障碍人士表示，自己所经历的社会不公比障碍本身造成的压力还大。他们之所以痛苦，唯一的原因是恶劣的社会处境，但他们也表示自己的经验十分独特，因而显得与众不同，也就是说他们无比特别，同时也毫无差异。

曾经有份研究想确定金钱和幸福是否相关，结果发现贫穷和绝望有关，但一旦脱离贫穷，财富对幸福的影响就很小。真正和幸福感相关的，是一个人的钱和社交圈的其他人相比，是多还是少。比下有余，而且总是绰绰有余。财富和能力都是相对的概念。正如社会经济地位都有宽广的光谱，身心健康也都有广阔的灰色地带。和身边的人相比，有许多人都觉得自己很富有，或者很有能力。只要不贬低某种状况，所谓的"比较"，就不那么压迫了。

然而，在身心障碍光谱的彼端，有一区对应的是贫穷，那里的赤贫已无法以任何修辞美化。身心障碍的贫穷线会随社会团体而变，但这条线确实存在。这些人必须面对现实的医疗问题，这点无可否认，就如同你不能否认贫民窟的孩子必须面对现实的经济问题。这些人的身体及心智可能都有难忍的损伤。很多身心障碍者常因疼痛而备受折磨，因智能缺陷而艰难挣扎，而且永远与死亡比邻而居。

修补身体和修补社会根深蒂固的偏见，这两个目标跳的是棘手的华尔兹。不论修补的是哪一方，都可能带来不乐见的结果。修好身体的代价可能是残酷的创伤，而这么做可能只为回应不公的社会压力；偏见修好了，但伴随偏见而来的权利也可能消失了。什么样的差异需要受到保护？这个问题的政治意味很浓。保护身心障碍者的法律十分不稳固，如果外界判断他们拥有的是身份，而不是疾病，可能就会取消对他们的法律保障。

各种状况都可能减低一个人的能力。文盲、贫穷是障碍，愚笨、肥胖、无聊也是。太老和太小是障碍。信仰让你不那么关切自己的利益，也算是障碍；无神论让你远离希望，也是种障碍。我们甚至可以说权力也是种障碍，因为高处终将不胜寒。美国西加州法学院研究身心障碍的学者史密斯认为："即使某种生存方式完全没有痛苦，在大多数人眼中，似乎也有可能是种缺陷。"同理，上述的特性也可能展现力量，只是有些比较容易，有些比较难。每个人的能力都不同，而社会所建构的大环境往往决定了何者受到保护、何者受到纵容。同性恋在19世纪是种障碍，现在却不是；今日在某些地方同性恋也还是障碍，其他地方却不是；我年少时觉得那是种障碍，此刻就不觉得。这件事不断变动。五官不端正会影响个人和职业生涯，却没有人提议要以法律保障来加以弥补。有些人生来道德观就摇摆不定，这也是障碍，但我们所做的不是协助，而是监禁。

对于水平身份，我们目前还没有一套一以贯之的理解，可以将之全部归入同一类别中。也因此，努力争取水平权利的人往往得凭借身心障碍权益运动的那套方法，逐一驳斥疾病模式。目前这类权利的构想都跟身份有关，因此采用的是匿名戒酒会及其他"十二步骤团体"的模式。匿名戒酒会率先建议把疾病视为身份，借此管理疾病问题，并找来同样状况的同伴彼此扶持。也就是说，他们认为，对问题赋予意义是解决问题的关键。从某方面来说，这种近乎矛盾的做法，可以用尼布尔《宁静祷文》（复原运动奉之为教条）的最后一段来归纳："天父，请赐我勇气，改变应该改变的事物；赐我宁静，接受无法改变的一切；赐我智慧，分辨两者的不同。"

虽然近几十年来，我们逐渐远离疾病模式，走向身份模式，但这样的转变未必都能在道德上站得住脚。当我把听障、侏儒症、自闭症、跨性别视为值得珍视的身份后，我也开始接触"亲厌食"和"亲暴食"，这两股运动的诉求是消除厌食症和暴食症的负面联想，并宣扬这不是疾病，而是自由选择的生活方式。亲厌食和亲暴食的网站都提供速效节食的"励瘦"秘诀、催吐药和泻药的使用评论，并认可减肥竞赛贴文。如果照这类网站的建议做，可能会导致死亡。在所有心理疾病中，厌食症的死亡率最高。如果说厌食者不过是在探索一种身份，就像是说帮派分子也是在追求一种身份，只是这种身份刚好涉及杀人，这种想法在道德上未免太松散。显然，身份的概念也有明确界定，只不过这条边际在哪里很难说。以我而言，读写障碍是种疾病，身为同性恋却是种身份。然而，有时我不免想，若我的父母没能矫正我的读写障碍，却成功改变了我的性倾向，这两件事会不会颠倒过来？

把人治好的愿望正反映了人们对这些人的状况很悲观，对修复的方法却很乐观。在《脸的自传》中，露西·葛雷莉记述童年时下巴的癌症使她永远破相，她认定自己的下巴奇丑无比。我认识露西，虽然不是太熟。我并不觉得她丑。我总想，她那么深重的自我厌恶究竟从何而来？即使她的个人魅力能让人忘记她没有下巴，她的一举一动还是流露出这样的厌恶。她写道，自己动过无数次重建手术，次次失败，某次又要准备开刀时，她想："也许这根本不是我真正的脸，而是某个入侵者的脸，一个丑陋的入侵者，而我'真正'的脸，我本来应该要有的脸，唾手可及。我开始想象自己'原本'的脸，那张没有任何毛病的脸，无瑕的脸。我相信如果这件事从未发生在我身上，我应该很美。"葛雷莉39岁死于用药过度，某种程度上证实了异常者再三努力修复自己得付出沉重的代价。

如果手术有效，葛雷莉也许能过上幸福的生活。如果她能对自己的外貌多点宽容，也会一样幸福。但她的脸终究无法修复，我们不禁揣测，她的心，是否也同样难以修补？若她把精神都用在发挥聪明才智，用在那让她写出如此深刻绝望之纪实的聪慧上，不知会如何呢？换作是我，也会走和葛雷莉一样的路，也许结果也一样。我一向也是能修补便尽力修补，只有在避无可避时，才愿意接受现实。她想要战胜自己的问题，而几十年来医生都支持她的梦，最后她被击倒了。最近的学术研究指出，知道自己的症状无法扭转的人，比相信自己的症状可以改变的人还要快乐。在这样的案例中，"希望"反而可能是苦难的基石，十分讽刺。

2003年，英格兰有个妇女怀了唇腭裂胎儿，医生为她做了晚期堕胎，被告上法庭。若胎儿可能有严重的基因缺陷，为妇女做这样的手术是合法的。问题在于，唇腭裂的缺陷是否符合这样的定义？法院的卷宗引述了另一个母亲的话,她的儿子天生有唇腭裂,她说:"即使这孩子有唇裂或是腭裂,我也不会堕胎。现在的手术水准非常高,这已经不算障碍。"严重唇腭裂如果未经治疗,可能造成严重后果,毫无疑问是种障碍。但是有了治疗方法之后,一个症状是否还是障碍?这个问题并没有一套简单的等式。矫正症状和防患于未然是两回事。包尔是芝加哥儿童纪念医院整容科的主任,专治面部畸形,他表示接受手术的孩子应该"有机会展现自己的真实面貌——和别人没什么不同的面貌"。但是,用手术来治疗,究竟是让他们变得"没什么不同",还是永久掩饰了他们的不同?这问题意味深长,而且牵连甚广。

新闻媒体不乏各种跟外科手术有关的感人报道,例如华莱士天生扁平足,现在打职业美式足球。他说:"我爱我的脚。"向外科手术求助的人,谈的总是矫正。跨性别的人在谈到变性手术时,总说得一副要改正天生错误的模样。主张听障人士植入人工耳蜗的人,也是同一套修辞。是美容手术(有些人称之为"科技时尚"),还是矫正手术?两者可能只有一线之隔。同样的,变成最好的自己,跟服膺于社会准则的压迫,也只有一线之隔。如果某个母亲因为女儿在学校被嘲笑,就带她去整掉"招风耳",或某个男人希望用手术治好秃头呢?这些人可能是在解决某个问题,或者,也可能只是屈从于压力。

很多矫正手术,保险公司是不给付的,理由便是这些都属于美容手术。但其实,唇腭裂可能造成面部畸形、进食困难,耳部感染导致的失聪,也可能造成严重牙齿问题、发音及语言障碍,而前述所有问题还可能导致严重心理问题。葛雷莉没有下巴,很多人可能觉得这不是重大缺陷,可是对她而言却很致命。另一方面,即使手术成功,父母心里也不一定好过。在某个供唇腭裂父母交流的网站上,格林就写道:"医生告诉你,一切都很完美。那么,为什么你看到孩子时,一切看起来一点也不完美?两小时前可爱、笑呵呵、爱着你、信任你的快乐孩子,现在病恹恹,疼痛不堪。然后,你瞧了瞧那张脸,不是看手术缝线,也不是肿胀的地方,而是脸本身。你会因为宝宝的脸变了个样而大吃一惊。很少有父母一开始就对手术结果感到开心。宝宝看起来几乎就像另一个人。毕竟，你爱的是原来的那个孩子！"

问题究竟有多紧急，解决办法又究竟有多么不堪？这当中的比例值得深思。父母想要的是孩子不再受苦，还是自己不再受苦？两者必须好好区分，但又不可能完全区分。悬在两种生存方式之间，并不好受。骨骼延长手术是一种童年时期进行的手术，可以让人达到平均身高，我曾问一个侏儒症患者对这个手术有何看法，她说，这样也不过是让她变成"高个子的侏儒"。医学治疗在最佳的情况下，能把人从边缘移往较为被人接纳的中心位置；在最糟的情况下，则徒然让人更觉得委屈，且仍然孤立。美国生物伦理学家德雷格曾以跨性别和连体婴为写作主题，她断言："很多父母都觉得用矫正手术绝不意味着拒绝接受孩子，而是展现了自己全心全意、无条件的爱。但是父母之所以诉诸手术治疗，也可能是因为他们觉得，自己更知道要怎么当届时那个孩子的父母，而现在这个孩子，则常让他们手足无措。"

社会经济地位较高的人，多半是完美主义者，也更难忍受外表的缺陷。有份法国的研究就大胆直言："阶级较低的人，较能包容严重残障的孩子。"美国有份研究也发现，高收入的家庭"更会去强调独立和个人发展"，而低收入的家庭则强调"家人相互扶持"，由此印证了法国研究的结论。教育程度较高、收入较丰厚的家庭可能替孩子找到安置机构，而白人家庭又比少数族裔家庭更常这么做，只是，少数族裔家庭的孩子被带走送养的，人数也高得吓人。我曾前后访问了一位富有的白人女性和一位贫穷的非裔女性。白人女性的儿子有低功能自闭症，而非裔女性的自闭症儿子也有很多类似的症状。生活条件较好的那位女性花了多年时间改善儿子的状况，但都徒劳无功，而条件比较差的那位，连自己的生活也无法改善，也因此从未想过可以改善儿子的状况，但她并不因挫败而深感苦恼。前一位女性觉得儿子很难照顾，她悲伤地说："什么东西他都要打破。"另一位女性和儿子生活得比较快乐，并表示："能破的，很久以前就破光了。"修复，属于疾病模式；而接纳，则是身份模式。一个家庭走上哪一条路，反映了这个家庭的既有观念及资源。

即使种种手段都用心善良，在孩子心中还是可能有如洪水猛兽。辛克莱是个自闭症双性人,他写道:"当父母说'我希望孩子没有自闭症'的时候,实际上说的是'我希望那个自闭症的孩子不存在,而我有另一个不一样(没有自闭症)的孩子'。请再读一次。当你为我们这些人而哀叹时,听在我们耳里就是这个意思。当你告诉我们,你对我们最美好的希望和梦想时,我们的理解是,你最大的愿望就是有一天我们不再存在,而你能够爱的那个陌生人,将会用我们的脸代替我们存在。"大部分的病症都有加法和减法两套模式:要不就是这个人被可移除的外来物入侵,例如受到感染;要不就是这个人因为病症而减损,例如某个器官失去功能。一个"正常"的人,身上可能叠加了一层层的疾病或变异,遮住了原来的人,或成为这个人的一部分。如果我们让某个听障人士获得了听力,是让他得到更完整的自我,还是牺牲了他的完整性?改造罪犯的心智,是给了他更真实的自我,还是更适合我们这些外人的自己?大部分的父母都假设自闭症者的心里藏了一个没有自闭症的真实自我,但辛克莱和很多人都不觉得自己内心深处还有另一个人,就像我也不觉得自己心里困着一个异性恋,或是职业棒球选手。因强奸而生下的孩子,我们能否从他心里释放出一个因爱而计划生下的孩子,这点也还是未知数。也许,即使是神童的过人智商,也能被视为一种入侵的疾病。

慕琳一出生便缺了小腿腓骨,1 岁时截去膝盖以下的腿。现在,她是装上义肢的时尚模特儿。她说:"我希望别人眼中的我,是因为肢障而美丽,而非虽有肢障,依然美丽。大家一直问我:'你为什么要进这一行,这行这么耍心眼,又如此注重外表完美?'这就是原因,这就是我想进这行的原因。"夏农天生就有髋部退化问题,他利用拐杖及滑板自创地板舞蹈的舞技,在前卫的舞蹈圈吸引了许多崇拜者,但他却说这样的舞蹈,是他为了保持行动能力而自然发展出的成果。太阳马戏团曾经向他招手,但他不想成为拉斯维加斯的秀场表演者,于是答应训练别人跳这套舞步。他教一位健全的表演者怎么像自己一样拄着拐杖移动。太阳马戏团大受欢迎的"魔幻森林"就用了他的舞技和舞步。夏农的肢障不是可笑的奇观,而是灵感的源泉,激发了一套原创、触动人心的表演。最近的例子还有南非的皮斯托利斯,他的小腿是义肢,但他也是世上数一数二的400米短跑选手，还参加了2012年的伦敦奥运会。他是《时代》杂志的一百名最具影响力人物，也获得耐吉和法国时尚品牌蒂埃里·穆勒的代言合约。如果每个人的髋部和小腿都用同样的方式运作，这世上就会少了某些优雅。残缺已经加入美的行列，成了争取公平正义的助力而非阻力。社会也已经改变许多，能够赞叹拄拐杖的舞者、戴义肢的模特儿，还有用碳纤维小腿奔驰的运动员。

像慕琳、夏农，还有皮斯托利斯这样公开炫耀用来弥补障碍的技术，可以让使用者变得更强大。然而，很多人觉得去歌颂自己对机械的仰赖简直匪夷所思。我深受抑郁症之苦，花了10年时间找寻有效的疗法。当时如果没有精神科药物，我的自理能力会大打折扣，因此我很清楚，要承认自己若没有外力协助就会变成另一个人有多么令人不安。我也很犹豫是否要改善自己的日常情绪，有时还觉得如果我孤僻退缩、躲在床上，会更忠于自己。我知道有些人为何选择不接受药物治疗。大惑不解的医生和无法谅解的父母常问身心障碍者为何拒绝接受最新的疗法和装置。然而这些身心障碍人士很可能是因为想到这些介入性治疗虽可能让他们更像一般人那样活动，却没有缓和他们的严峻处境。有些人甚至咒骂让自己活下去的精密发明：洗肾、药物、轮椅、义肢、声音处理软件。我开始吃精神科药物的时候早已过了法定年龄，也觉得这算是我自己的决定。然而，很多介入性治疗都必须在幼龄进行，而父母和医生在为婴儿动手术矫正、施行早期介入的时候，都认为不论在道德上或实务上，自己为孩子开启的人生篇章都是正确的，但他们永远也无法完全预测自己的决定最后会有何结果。

身心障碍权益运动假定活着的人多半都很高兴自己是活着的，或者只要有足够的协助就很愿意活着，还假定，他们情愿死去的念头就跟一般人一样，不过是种偏差。然而，曾有身心障碍人士被指名为原告，以不应出生为由，成功打赢官司。这类指控多半由父母代为提出。判决的推断原则出自"不当致死"及"错误生育"，不当致死是源于医疗疏失，而当父母在产前没有获得充分咨询时，便可主张"错误生育"。错误生育的案子由父母起诉，只补偿身为父母所负担的费用，通常是孩子18岁以前的看护和辅具开销。"错误生命"的案子补偿的则是身心障碍人士本身，而非父母，很可能会涵盖一生的支出。错误生命的官司无异于主张，不是在补偿"损失"，而是在补偿一种"得到"——某人因得到生命而需获得补偿。

2001年，法国最高上诉法庭判给某个唐氏综合征的孩子很大一笔钱，以赔偿他"因出生所致的损害"。法院表示："我们赔偿的，是这孩子的残疾，而非他的不快乐。"换言之，他活得很没尊严，应获得金钱赔偿。同一个法庭之后又判决另一个17岁少年应获得赔偿，他是天生的智能障碍、听障，还几乎全盲。法庭表示他母亲的遗传科医生若在她怀孕期间诊断出德国麻疹，她会选择堕胎，如此孩子也不用忍受一辈子的痛苦。这判决背后的意思是：死还比残障好。法国的身心障碍人士为此勃然大怒。有位父亲说："我真心希望社会大众并非用这种方式看待我的孩子，那样太不堪了。"面对大规模的抗议活动，法国国会最后修法，禁止提出错误生命的诉讼。

在美国，错误生命的概念在4个州受到认可，不过其他27州都已经明文禁止。然而，戴萨克斯症、听障、脑积水、脊柱分裂、德国麻疹综合征、唐氏综合征、多囊性肾病变仍有错误生命的案件，而法院也曾经判赔，其中又以"克兰德夫妇对生物科学实验室"一案最为引人注意。有一对夫妇接受了基因筛查，却未获告知自己身上带有戴萨克斯症的基因，结果生出戴萨克斯症的女儿。后来孩子于4岁过世。两人主张："'错误生命'的实际情况是，原告来到人世受苦。若非被告的疏失，原告根本不会出世。"两人最后获得看护费用、为人父母的痛苦等损害赔偿。

虽然错误生命的案子回答了一个本体论的问题：什么样的生命值得活？但这问题很少是控告的动机。身心障碍会带来庞大的开销，而大部分控告错误生命的父母，都是为了确保孩子能获得照顾。善尽父母之责的方式，竟是在法律文书中表示自己希望孩子从未出生，实在残酷。

有些人能忍受千般痛苦，同时还能感觉到万般快乐；其他人也许实际上没有那么悲惨，但已经痛不欲生。某一个婴儿能承受多少痛苦，我们无法知道，而等到父母终于明确看出来的时候，终止治疗已由于社会的禁忌、法律的约束及医院的政策而变得极为困难。即使在自觉性很强的成人间，也有很多人处境凄凉仍坚持活着，有人身为天之骄子却选择自杀。

过去10年，我为了此书访问了300多个家庭，有些很简短，有些很深入，最后的访谈记录将近4万页。我访谈过不信教的父母，孩子却是基本教义派。有些受访的父母，孩子有读写等学习障碍，有肥胖或成瘾问题，有马凡综合征而长成巨人，有海豹症而没有四肢，也有些是长大成人的"沙利窦迈宝宝"。我还访问过早产儿、抑郁症或躁狂抑郁症孩子的父母，艾滋病或癌症病童的父母。只是这些都没写出来。我还跟领养了身心障碍儿及海外异族儿童的父母、不知该用哪一个性别来养育双性人孩子的父母，以及超级名模、暴徒还有盲人的父母谈过。

如果只写五种情况，这本书会好写些。然而，我想探索差异的光谱，我想让大家看到，养育能力超凡的孩子，从某些角度来说，就跟养育能力不足的孩子一样；我还想让大家看到，孩子令人心痛的出身（强奸）及令人痛苦的举动（犯罪）和孩子的身（侏儒症、听障）心（自闭症、精神分裂症、天才）状况可能出人意料地相似。我总共探讨了十种类型，每种都问了一套独特但又彼此相关的题目，全部加起来就呈现了孩子有水平身份时，父母所遭遇的一连串问题。每个主题我都发现已经有极佳的学术研究，有些集结了几个较小的主题（一般谈身心障碍、发展迟缓或天才的书籍），但从没有哪本著作像本书这样，讨论包罗万象的疾病与身份议题。

本书的每一章都提出了一套独特的题目，所有题目加在一起，就指出了孩子有水平身份时，父母以及孩子所面对的各种问题。本章之后的六章探讨的类型过去一直被归类为疾病，而之后的四章所讨论的类型则看来像是由社会所建构。我的访谈对象主要是英美人士，但是也研究了巴厘岛北部村落的先天聋人——我们觉得异常的疾病，在这个非西方的环境中却极为寻常。另外我还访问了1994年种族大屠杀中遭奸成孕的卢旺达妇女，这也是非西方的环境，我们觉得异常的身份，在当地同样极为寻常。

虽然我也收集了数据，但主要还是仰赖小故事，毕竟数字隐含着趋势，故事则承认其间充满分歧。跟某个家庭交谈，你必须处理种种矛盾的说辞，想办法统合各方的由衷真言，或是巧言操弄。我创造了一个心理动力的模型，根据此模型，在这个新闻中立的微观世界中，人们和我的互动，也反映了他们和真实世界的互动。本书从头至尾都直呼受访家庭成员的名字，这么做不是为了装出亲密的氛围（自我成长的书常这样），而是因为一家人的姓氏都一样，用名字比较容易掌握我指的是哪位受访者。

我的受访者有男有女，还有儿童，而为了让自己有能力倾听这些人说话，我必须做大量功课。第一次参加侏儒大会的第一天，我看到一名低声抽泣的少女，走上前去帮忙。"我长得就是这样子，这些人长得像我。"她抽抽搭搭地说道，又似乎像在笑。她母亲就站在旁边，说道："你不知道这对我女儿有多重要。但这件事对我也很重要，我在这里遇到了知道我在说什么的父母。"她以为我一定也是某个侏儒症孩子的父母，当知道我不是，轻声笑了出来。"那么接下来几天，你就是与众不同的怪类。"我接触的很多圈子都有这么强的向心力，我感到椎心的忌妒。我无意把这些身份所遭遇的困难当作好玩，整个计划开始前我就已领会他们的苦。然而让我意外顿悟的，是他们满心的喜悦。

养育子女会发怒、会疲累，否认这些情绪固然有害，陷在其中无法自拔也不对。我的许多受访者都说，他们绝不拿自己的经验去换任一种人生——有鉴于人生根本不可能交换，这样想确实很明智。我们的人生虽然有种种难题、限制、小瑕疵，但忠于自己的人生仍然非常重要。而这个原则，也不该仅限于水平身份，而应该像家传银汤匙及古老的民间传说一样代代相传。英国的批评家安德鲁斯道："若有何物或何人毫无效用，这表示斯人斯物蒙受天恩，尚在进步、演化，将能引来爱和同情。如果奏效管用，那不过是任务已成，而且可能已功成身死。"

家里若有很难带的孩子，生活会变得很极端，低潮总是很低荡，高潮有时极为激扬。要从失落中成长，需要意志力——意外状况带来的是成长的机会，而不是成长本身。孩子的障碍若十分严重，父母长期处于高压之下，会更快老化，也因此变得更暴躁不安、更脆弱，但也有些人能发展出深厚而持久的韧性。即使生活的阴暗面令人身心俱疲，光明面也会持续给你动力。问题越艰巨，这些正面因素也就越发重要。有个研究曾提到："在照顾智能障碍的孩子时，母亲若需要付出较多心力，会有更多个人成长，也更成熟。"加拿大学者索布希自己就有个身心障碍儿，他和同事斯科吉写道："孩子的障碍如果不严重，父母可能会用较轻微或较表面的改变来调整或适应。相反的，孩子如有严重障碍，父母可能就很难或根本不可能照以前的方式生活，也因此有可能大幅转变。"一开始的不安定是痛苦但短暂的，之后人们会慢慢并持续重振精神，达到正面的改变。有句话说：击不倒你的，会让你更强壮，此言看来不假。

　　有些人认为自己因为照顾身心障碍儿，得到了本来不可能获得的知识或希望，因此找到生命的价值。看不见这些机会的父母，往往达不到这一点。有些人看不出自己的痛苦有任何意义，而那些认为自己的受苦有其价值的人，则更能爱人。受苦不尽然隐含爱，但爱一定隐含受苦。苦难的样貌会随着这些孩子及其异常症状而改变，并由此改变爱的样貌，爱也被迫套上更辛苦的形式。究竟有没有意义，其实不那么重要，重要的是，有没有人感受到意义。身体健康的错觉可能只是错觉，罹患郁血性心力衰竭的人，不论他相不相信自己有此疾病，最后可能还是会死于心力衰竭。心理健康的错觉却比较强大。如果你认为自己因为某些经历而充满活力，那就是了。活力是内在的状态，只要感受到活力，这就成了事实。在某个研究中，母亲若能找出生下早产儿的好处，心里就比较不痛苦，也比较能回应宝宝的需求。反之，母亲如果看不出任何好处，孩子两岁时的表现也较差。还有人研究了各种有先天障碍的孩子，结论很简单："母亲若努力追寻意义，孩子会发展得比较好。"

　　世界因为有形形色色的人而变得更有趣，这是社会的愿景。我们应该竭尽所能减少每个人的痛苦，这是带有医学色彩的人道主义愿景。有些人认为没有苦难，世界会变得无趣；有些人则觉得没有他们的苦难，世界会变得无趣。生命因受苦而丰富，爱则因为必须努力而深刻。我以前认为考验的本质极为重要。我在上一本书写道，我多少有那么些爱自己的抑郁症，毕竟抑郁症考验了我的勇气，也让我成为今日的样子。我现在觉得，如果我养育了唐氏综合征儿或癌症儿童，我同样也能有丰富的收获。珍贵的并不是苦难本身，而是我们对苦难如同珍珠般的包容。血淋淋的苦痛从来都源源不绝，即便是在最幸福的人生里也无匮乏之虞，我们永远都有功课可学，未来也是。人们更容易同情纳粹大屠杀的幸存者，而非不知足的天之骄子，但每个人都有黑暗的一面，而秘诀就是从黑暗中获得某种超越。

我们说，人因奋斗而高贵，却不知道如果没有奋斗，自己会变成什么样子。也许我们还是一样美好，我们最好的特质也许是天生的，而非环境造成的。然而，大多数人都眷念过去，甚至眷念过去的不幸福。我曾陪一位俄国艺术家回莫斯科探望他年迈的母亲，抵达的时候，发现他母亲正在看电视播出的一部20世纪40年代苏维埃宣传电影。我对她说："娜齐妲·康斯坦丁诺夫，您那时候就是因为这部电影里的思想被送到古拉格劳改营。现在您就这样坐着当娱乐电影看？"她微微一笑，耸了耸肩，说："可这就是我的青春。"

在这个计划中，我最常被问的问题就是哪一种状况最糟。在我看来，某些症状似乎可以忍受，某些让人有点心动，其他则极为艰苦。人各有偏好，我觉得很可怕的存在方式，其他人可能求之不得。我也因此了解，为什么我存在的方式会吓到某些人。差异和障碍，似乎总让人忍不住退回安全的位置做出评判。父母评判什么样的人生有价值，值得自己一起活。运动分子评判父母的这种作为。法学者判断该由谁来评断，医生判断什么样的命该救，政治人物判断要为有特殊需求的人做多少调整，保险公司则判断人命值多少钱。并不是只有自诩为主流的人才会做出负面的判断。我的受访者除了书中跟自身有关的那一章以外，听了其他章节几乎都有些不舒服。听障者不希望别人把自己和精神分裂症患者相提并论，有些精神分裂症患者的父母觉得侏儒令人不自在，罪犯受不了自己居然跟跨性别者有共同点，神童及其家人不愿意和重度障碍者出现在同一本书中，有些因强奸而出生的孩子则觉得如果把他们和同性恋运动分子混为一谈，无异于小看了他们的心理煎熬，自闭症者则指出唐氏综合征者的智商都比他们低。

即便这些人都深受阶级之苦，也忍不住要分出你低我高。我访问过一位跨性别自闭症儿的母亲，她可以很自在地和我聊她的孩子，但一直到这本书写到一半，才同意我称她的孩子为男孩。原本这个母亲要求我避谈孩子的性别，原因是社会对跨性别者的歧视及可能的异样眼光都让她十分害怕。本书快写完时，有个母亲承认她的跨性别儿子其实有自闭症倾向。之前她不提，是因为她觉得一般人对自闭症的偏见太深了。什么可以谈，什么要隐瞒，并没有共识。美国英国文学教授西贝斯指出，我们往往轻视无法照顾自己的人，但背后的理由毫无道理，这说明了为何要有水平团结。他认为包容身心障碍人士，"从另一方面来说，让我们看见人与人、国与国都是相互依存，也打破了一个危险的迷思：以前大家以为人或国家是各个独立的，如果有哪个人或哪个国家必须仰赖他者，就是低人一等。"

大熔炉式的融合主义，正需要缤纷的多元文化主义作为解药。现在，各个小王国应该要找到团结的力量。"交织性"这种理论谈的是各式的压迫彼此助长势力，你若想要消除性别歧视，就不能不处理种族歧视。"全国有色人种权益促进会"是全美历史最悠久的民权团体，该会会长杰勒斯生长在白人小镇，弟弟是养子，兄弟俩从小便因为黑皮肤而饱受嘲笑。他告诉我这种事有多伤人，但更让人难受的是，有些人原本并没有因为种族而轻视他们，却因为他弟弟是同性恋而找他麻烦。他说道："放任别人歧视某个族群，就等于放任他们歧视所有族群。人与人的关系，如果要以排除我弟弟或是任何人为前提，那我无法接受。我们打的是同一场仗，而我们追求的自由，也是同一种自由。"

2001年，在几位共和党参议员的支持之下，纽约州同性婚姻终于合法。其中一位参议员麦唐诺表示，他之所以改变立场同意同性婚姻，是因为自己有两个自闭症孙子，让他"重新思考了一些问题"。苏贝克是成年的自闭症者，从小接受摩门教信仰，以为自己的种种怪异都是"罪恶的象征"。当他读到和同性恋摩门教徒有关的资料时，才发现他们经历的事情和自己一样。"我无法不去注意自闭症和同性恋的相似之处。一旦接受了一方，我就无法不接受另一方。"

在这本书的研究过程中，我接触过所有类型的运动分子，即使有时觉得他们的说辞都是权宜之计，我仍然十分钦佩他们。若一个个看，他们追求的改变似乎都受限于各自的领域和经验，但若将之视为一体，代表的其实是重新思考人性。很多父母之所以成为运动分子，是因为希望能刺激社会改变，但这股冲动从来就不是那么纯粹。有些人觉得投入运动是种解脱，因为可以走出家门、离开孩子，却又不用感到内疚。有些人从事运动则是为了让自己没有时间伤心难过。孩子身上最让父母感到遗憾的特质，父母往往也大声赞扬，如此方能对抗失望。但既然信念可以产生行动，行动也可以产生信念。你可能会渐渐爱上自己的孩子，然后爱屋及乌爱上孩子的障碍，再进一步爱上这世界各种美丽的缺陷。我遇过的很多运动分子都一心一意帮助别人，原因是他们无法帮助自己。投身运动，让他们忘却悲痛。见到别的父母在刚得知诊断结果而不知所措时，就去传授他们学会的乐观和坚强，这么做也让自己的家庭更乐观、更坚强。

我了解这种做法，我自己也有切身经验：因为动笔写这本书，正巧帮我处理了内心的伤痛，而令我意外的是，我大部分的伤痛竟也获得治愈。要克服水平身份的种种问题，最好的方式就是找到彼此一致的地方，而在聆听了这些故事之后，我也重塑了自己的故事。我有身为同性恋的水平经验，生养我的家庭则给了我垂直的经验，两者似乎不太融洽，但这似乎已不会减损任何一方。对我父母，我原本很气愤，但怒火现在已烟消云散，只剩下一丝灰烬。在倾听了陌生人的宽恕故事后，我才明白，原来我一直要求父母接纳我，自己却不愿意接纳父母。而我一接纳之后，就无比庆幸自己能有父母无微不至的陪伴。美国剧作家赖特曾说，家人割出最深的伤口，也给伤口最温柔的救护。父母的干涉我无处可躲，明白这道理之后，我就学会把干涉看得比寂寞更重要，并将之称为爱。展开这项研究时,我满腹委屈;结束时,我学会宽容。一开始我想了解的是自己,到最后我了解的是父母。不幸福就是时时怨尤,而在这一页页的书写中,幸福激发了宽恕。父母总是在爱中原谅我,而我最后也在爱中原谅了父母。

我知道,我的身份让母亲震惊,令父亲忧心,我以前也气愤父母不肯拥抱我水平身份的这一面,气愤父母对早期迹象视而不见。写作是门宽恕的课,在此过程中,我看见了爱所需要的勇气。我父亲一直比母亲更容易做到接纳,而且不只是接纳我,他也一向比母亲更能接纳自己。母亲不断在心中责怪自己不够好,父亲却在心中为自己高唱凯歌。让我成为自己的内在勇气是母亲的赠礼,让我展现自己的外在胆量则来自父亲。

我多么希望自己能获得的接纳,能来得早一点也更完整一点。年少时候,不被接纳让我十分愤怒,但我无意摆脱自己的过去。放逐了恶龙,就等于放逐了英雄,而我们渐渐爱上了个人经历中的英雄魄力。我们选择自己的人生,这话的意思不只是说,塑造我们经验的行为,都出于我们的选择,而更是说,即使有选择,我们仍然宁愿做自己。大部分的人都希望能更成功、更漂亮、更有钱,而大部分的人也都经历了自信心低落甚至自我厌弃。我们一天要沮丧 100 次,但进化的指令是珍爱自己的存在,我们仍遵循如此惊人的指令,借由这点薄弱的骄矜自喜,不断挽救自己的缺陷。这些父母多少都选择了爱自己的孩子,而且虽然世人多半认为他们的负担是难以承受之重,他们也选择了爱自己的人生。有水平身份的孩子会让你经历痛苦的改变,但也让你更明白自己。孩子就像容器,装着愤怒也装着喜悦,甚至救赎。爱孩子,就会把实际存在的事物看得比想象中的事物还重要,因此得到无比欢乐。

父母常觉得自己捕获了某个很小、很脆弱的事物,但其实我所访问的父母都是和孩子的疯狂、天赋、畸形一起被俘虏起来,而他们要追求的,就是永远不忘记慈悲。有位佛教学者向我说过,很多西方人误以为涅槃就是一切苦难结束,眼前只有永恒的幸福。这样的境界虽好,却永远有过往悲伤的阴影,也因此并不完美。要达到涅槃,你不只要往前追求喜乐，更该回头看看过去苦恼的时刻，从中找到欢喜的种子。你当下可能不觉得幸福，但回想起来，幸福却毋庸置疑。

孩子有水平身份，父母有时会以为自己是因为大失所望、天崩地裂而不得不被推着往前走，但其实他们已经渐渐爱上孩子，只是因为还不够熟悉，所以觉得不想要。有些父母最后认清了这一点，这时接纳就已完满。此时，父母回头一看，才发现过去爱孩子的每一个阶段，都让他们变得更富足。这是一段珍贵的过程，没经历过的人绝对无法想象。波斯诗人鲁米曾说：光，总从包着绷带的地方射入你体内。这本书的谜题，就是很多家庭原本会千方百计避免发生的事情，最后却让他们满心感激。

第二章 听 障

1994年4月22日,星期五,我接到一个男人打来的电话。我与他素未谋面,不过他读过我在《纽约时报》上所写关于身份政治的文章,也听说我的写作计划与聋人有关。他说:"莱辛顿中心有事情在酝酿,要是没有解决,到了礼拜一,中心门口就会出事。"接下来他透露更多详情。"我告诉你,现在情况很严重,"他顿了顿,"你没从我这儿听到什么消息。而我,也没听过你这个人。"然后电话就挂断了。

纽约皇后区的"莱辛顿听障中心"是纽约聋人文化圈中举足轻重的机构,辖下包含纽约州最大的听障学校,从学前教育到高中共有350名学生。中心才刚宣布新执行官的名字,但学生和校友并不满意。之前中心的董事曾和一个小组合作寻找合适人选,小组的成员是莱辛顿社区的各界代表,包括许多听障人士。董事会中有个董事古尔德是听得见的"听人",他刚失去在花旗银行的工作,便把自己的名字放上候选名单,最后以些微票数险胜。许多听障成员都觉得自己的人生又一次被听人掌控。当地的聋人运动分子、莱辛顿的学生领袖、教职员代表、校友立刻组织了核心委员会,请求会见董事长,并要求古尔德下台,却被董事长几句话打发走了。

我周一到莱辛顿的时候,学生正在学校外面游行。有些人前胸后背挂着板子,上面写着"听得见的董事会,听不见我们的诉求"。其他人则穿上"以聋为荣"的T恤。举目所见,到处都是写着"古尔德下台"的看板。一群群学生爬上中心前的矮墙,这样他们一波波接力欢呼时,下面的人群才看得到。其他人则静静以手语回应,许多人的手一起反复比着同一字词。其中有个16岁的学生会会长是非裔美国人,我问她是否参加过种族权利的示威抗议。她用手语比画道:"我现在忙着当聋人,我的兄弟都不是听障,黑人的事情,就交给他们负责。"有个听障女士就站在附近,突然问道:"要是你可以选择不当听障,或者不当黑人,你选哪个?"那个学生突然害着了,用手语回道:"很难选。"另外有个学生插话:"我是黑人,也是听障,我感到很光荣。我不想当白人、听人,不想和现在不一样。"她的手语比画得又大又清楚。前一位学生也跟着比画了"光荣"的手语,把大拇指举在胸前,往上一画,然后两人忍不住咯咯笑了起来,走回队伍中。

抗议人士占了一间教室讨论战略。有人问"帝国聋人协会"的会长肯尼有没有带头抗议的经验。他耸耸肩,以手语回答道:"没有,我可以说是瞎子给聋子带路。"有些教职员请病假来参加游行。莱辛顿的公关处主任告诉我,学生只是想找借口逃课,可是我看到的却不是这样。从教职员代表到核心委员会,所有人都绷紧了神经。"你觉得抗议会有效吗?"我问其中一位老师。他的手语比画得条理分明、铿锵有力。他比画道:"压力不断累积,也许从1864年创校时就开始了。现在爆发了,谁也挡不住。"

学校在听障孩童的生活中扮演异常重要的角色。90%以上的听障孩童都来自听人家庭,家人不了解他们的处境,也往往惊慌失措,不知该如何面对。他们到了学校才开始接触聋人的生活方式。在很多人的生命中,学校都是无边孤单的终点。莱辛顿有位听障女孩告诉我:"来到这里之后,我才知道原来还有别人跟我一样。我以为世上的人都宁愿跟别人、跟听得到的人说话。"美国除了三个州之外,各州都至少有一所听障中心或寄宿学校。聋学是聋人自我认同的主要来源。我最早学会的手语单词便包括"莱辛顿"中心和"高立德"大学。

"聋人"（Deaf）指的是一种文化，而"听障"（deaf）则是病理学名词，两者截然不同。这样的差异和同性恋（gay）及同性恋（homosexual）相互呼应。越来越多的听障人士表示，自己不会选择当听人。在他们看来，把听障当成疾病来治疗，令人嫌恶；将听障当成障碍来适应，比较可以接受；把听障当成文化来赞颂，才是王道。

保罗在圣经的《罗马书》中称："信道是从听道来的。"此话长期以来一直被误解为听不到的人便无法信道，罗马教廷也不准无法告解的人继承财产或头衔。因此，从15世纪开始，某些近亲通婚的贵族就让听障的孩子学习口语，不过大部分听障人士还是得依赖自己制定的基本手语生活。在都市环境中，这类基本手语发展出比较完整的系统。18世纪中叶，德雷佩神父献身为巴黎穷困的听障人士服务，他也是最早学习这种手语的听人之一。他用手语解释法文，教导听障人士读书写字，也揭开了解放的序幕：你不需要口语能力，也能学会口语世界的语言。德雷佩神父于1755年成立"巴黎聋校"。19世纪初，康涅狄格州的高立德牧师对于听障孩童的教育产生兴趣，因此前往英格兰，希望了解听障教学法。英格兰人告诉他，教导聋人口语的方法是不传之秘，于是他又转往法国，在巴黎聋校获得盛情接待。之后他请了一位听障的青年罗伦·克雷陪他回美国开办学校。1817年，两人在康涅狄格州的哈特佛建立"美国聋人教育庇护所"。此后五十年为黄金时期，法国的手语结合美国本土手语及玛莎葡萄园岛上的地方手语（当地有听障遗传的家族），成为"美国手语"。听障人士开始写书、站上公众舞台，有各式各样的成就。1857年，华盛顿特区成立"高立德学院"，目的是让听障人士接受高等教育。林肯总统授权高立德学院颁发学位。听障人士一具有表达能力，就有人要求他们出声说话。加拿大发明家贝尔便发起19世纪支持口语教育的运动，运动越演越烈，在1880年米兰会议达到高峰——该会正式宣布禁止"比手画脚"（manualism，手语的贬义词）。贝尔的母亲和妻子都是听障，但他贬抑手语，称之为"默剧"。他也无法接受"聋人也是一支种族"的观念,还创立了"美国听障口语教学协会",希望能禁止听障人士通婚,也隔绝听障学生和其他听障学生的接触。他要求听障成人绝育,也说服部分听人父母为听障孩子结扎。爱迪生也跟随这波潮流,推动完全的口语教育。莱辛顿成立的时候,听人希望能教听障人士说话、读唇语,如此他们才能在"真实世界"中生活。这样的梦想越走越偏,最后一发不可收拾,而现代的聋人文化就是在这样的严重错误中孕育而生。

第一次世界大战之前,约有80%的听障儿童只能接受口语教学,此后半世纪一直如此。曾使用手语的听障教师突然遭解雇。支持口语的人士认为手语会干扰孩子学习英语,孩子若在口语学校比画手语,手上就要挨一记排尺。维迪茨是"美国全国聋人协会"的前任会长,他于1913年提出抗议,说:"'又一派不识约瑟的法老'[1]正逐渐掌握我国。与手语为敌的,便是与听障者的福祉为敌。希望吾辈皆能爱护并捍卫自己美丽的手语,视之为神赐予聋人最高贵的礼物。"当时听障人士被视为低能,也因此英文"dumb"(喑哑)一词也用来形容"愚蠢"——殊不知他们之所以处处受限,正是由于他们的语言受到打压否定。听障权利运动分子布德侯曾把口语教育比拟为将同性恋"变成正常人"的转化疗法,一种社会达尔文主义的丑恶暴力。不过,虽然有上述种种负面发展,校园仍然是聋人文化的摇篮。

亚里士多德认为"生来便不具某种感官的人当中,盲人比聋哑人更为聪明",理由是"理性的言论之所以能作为教学的依据,是因为能被人们听到",其实沟通表达即使不围绕着听,也依然具有交流功能。当时的学者丝毫没想过,手语可能是种完整的语言,一直到20世纪60年代语言学家斯多基出版了划时代著作《手语语言结构》,世人才看到,这套大家原本以为只是在比手画脚的粗糙沟通方式,其实也有复杂的深层文法、逻辑规则和系统。手语主要依赖大脑左半球(即语言半球。不比画

---

[1] 典故出自《圣经·出埃及记》第一章第八节,约瑟代表犹太人的后代,而当时埃及法老担心犹太人势力扩张,因而不断打压。此处以比喻聋人使用手语遭受打压的情形。——译注

手语的人，这部分处理的是声音及书写的资讯），较少用到右半球（处理视觉信息及手势所含的情绪），运用的脑部功能和英语、法语、汉语无异。中风后左脑病变的听障人士仍有能力看懂、比画出手势，但无法看懂、比画出手语，就像听人左脑病变后失去听说语言的能力，但仍能看懂脸部表情，也能做出表情。神经显影显示，幼年就开始学手语的人在比画手语时，运用的几乎都是大脑的语言区，而成年后才开始学的人，比较常使用大脑的视觉区，似乎他们在神经生理上还很难将手语视为语言。26 周的胚胎就能感觉到声音。新生儿会较为喜爱或较能忍受在子宫中大量接触的声音。某个相关研究采用了《彼得与狼》的音乐，另一个研究则是大阪机场飞机飞过的声音。结果发现，大量的法语母亲生下的婴儿，才两天大就对法语的音素有反应，对俄语音素则没反应；两天大的美国小孩比较喜欢美语的声音，而非意大利语。婴儿早在出生前几个月就开始认识音素，而从落地到 1 岁前，辨音的能力会变得更为精细，但精细的意思也包括辨识范围变小。某个研究发现，婴儿六个月大的时候能分辨所有语言的音素，到了 1 岁大，成长于英语环境的婴儿就再也无法分辨其他非西方语言的音素了。这些早期发育的现象十分惊人。

18～36 个月则是关键发展期，婴儿主要在这个阶段记下这些分类后的音素代表什么意义。语言习得能力一般在 12 岁以后渐渐减弱，不过仍有少数人例外，即使年纪已大上许多，还是能学会语言。语言学家夏勒就教过一名 27 岁的听障人士手语，这位男士之前完全不会任何语言。在前述的关键发展时期中，大脑能内化文法以及表意的原则。只有接触语言，才能学会语言，若是处于语言真空，大脑的语言中枢就会萎缩。语言学习阶段的儿童可以学习任何语言，一旦具有语言能力，年纪变大也能再学其他语言。听障儿童学会手语的过程，和一般孩子学习口语的第一语言毫无二致。大部分听障儿童也能借由书面形式学会口语，成为第二语言，但在他们许多人眼中，说话就像舌头和喉咙的神秘体操，而读唇语则是猜谜游戏。有些听障儿童能逐渐学会这些技能，但若把说话及读唇语视为沟通的必要条件，恐怕会适得其反。若儿童过了语言习得的关键时期还未学会任何语言，就无法发展完整的认知能力，心智将永远发展迟缓，而这种悲剧原本可以避免。

若无思想，则难以言语；同理，若无语言，又何来思想？无法沟通可能导致精神疾病及生活不便，而听力问题常常导致语言能力不足，而且根据研究人员估计，有高达三分之一的囚犯是听障或重听。一个听得见的两岁孩童，词汇量平均是300个；一个父母听得见的两岁听障孩童，平均词汇量是30个。有些父母很积极，有些家庭会学习手语，除开上述两种情况外，数字将更令人忧心。艾奥瓦大学的文化史学家贝恩顿写道："要一个重度听障者在幼年学会英语口语，就像一个听得见的美国人想要学日语口语，却被关在隔音的玻璃箱里。"禁绝手语，不仅无法让听障孩童亲近口语，反而让他们离语言越来越远。

父母若念念不忘口语教学，那么，口语教学不仅会融入亲子关系，更会变成全部的亲子关系。曾有一支心理学团队写道，母亲必须"强势干涉孩子从游戏中自然学习的模式，而且往往必须违背孩子的意愿"。有些听障孩子最后终于发展出口语能力，但其中也有很多人抱怨自己的课堂时间全用在培养单一能力上，花数千小时跟听力师坐在一起，让他们把自己的脸挤成特定形状，照他们的意思以几种模式移动舌头，如此反复练习，日复一日。贾姬·罗斯致力于捍卫听障权利，她跟我谈到以前在莱辛顿接受的口语教育，说道："我们上历史课的时候，花了两周学着发'绞刑架'一词。这就是我们所学的法国大革命的所有内容。然后，你用听障的发音跟别人说'绞刑架'，对方根本听不懂你想说什么。通常你连在麦当劳说'可乐'都没人听得懂。我们觉得自己像智障。世上的一切都仰赖这项无聊透顶的技能，而我们每个人都做不好。"1990年颁布的《残障人士教育法案》有时会被解读为分开受教就等于不平等，所有人都应该上主流学校。若是轮椅人士，因为已有残障坡道可使用，能上主流学校自然再好不过，但听障人士先天就无法学会听人的基本沟通方法，因此"主流化"可说是米兰会议之后最大的噩耗。若说口语教育摧毁了启聪寄宿学校的教学品质，主流化则直接宣判启聪学校死刑。19世纪末，美国共有87所专为听障学生设置的寄宿学校，到了20世纪末，已经关闭三分之一。20世纪中叶，有80%的听障儿童上启聪寄宿学校，到了 2004 年，比率已不到 14%。克林顿政府中官阶最高的身心障碍人士休曼表示，要残障孩童接受隔离教育，并"不道德"。然而，休曼的铁腕政策却犯了一个错误：她忘了听障应该例外。

1982 年"教育局对罗利"一案中，美国最高法院表示，案中的听障女孩既然课堂成绩皆及格，表示现有教育已经足够，无需再替她请翻译，但其实她的第一语言是手语，在交谈中能读懂的唇语也不到一半。蓝奎斯特大法官写道："此法之目的，在于为残障学童开启公立教育之门时能于法有据，而非保证入学之后的学习成效。要求州政府提供残障学童特殊教育，并不等于要求所提供之教育需足以让各学童发挥最大潜能。"在启聪学校，教学标准多半很低，而在主流学校，许多教学都将听障学生拒于门外。不论上哪一种学校，听障人士都无法接受良好教育。只有三分之一的听障儿童读完高中。上大学的听障学生中，也只有五分之一完成学业。听障成年人的收入比同辈听人少了约三分之一。

听障父母生下的听障孩童，成就往往高过听人父母生下的听障孩子。这些孩子俗称"聋父母的聋小孩"（deaf of deaf）。他们在家里学手语，手语成为第一语言。虽然家里不用口语，学校也用手语教学，但是跟父母是听人、家里说英语的听障儿童相比，他们更有可能学会流畅的书面英文。聋父母的聋小孩在算术等学科也有较高成绩，而且心智较成熟，责任感、独立性、社交能力、与陌生人沟通的意愿也都较高。

据说海伦·凯勒曾评论道："失明让我们与世隔绝，失聪却让我们与人隔绝。"对许多听障人士而言，用手语沟通的意义还大于耳聋。比画手语的人即便能使用听人世界的语言，仍深爱自己的语言。作家戴维斯是"聋父母的听小孩"，也是障碍研究的教授，他写道："直至今日，我用手语比画出'牛奶'，仍比说出这个词更能感受牛奶的质地。手语就像翩翩起舞的口语，是手指跟脸不断跳着双人芭蕾。不懂手语的人看着手语的动作，觉得十分隔阂、不细腻。懂手语的人，却能看见每个手语中最细致的意涵。有些听人喜欢感受字词之间的淡浓深浅，例如：干、干燥、干旱、干荒、脱水。同样的差异，手语的动作也有，听障人士也同样能细细品味。贾姬曾说："不论是公开或私下，我们总是打手语。没有理论能让我们的语言消失。"

根据定义,听障是发生率很低的障碍。据统计,每千名新生儿当中有一名是重度听障,听力受损较轻微的人数则是2倍。另外还有0.2%~0.3%会在10岁前失去听力。推动听障权利的帕顿和汉夫瑞斯写道:"有了文化,聋人就能够重新想象自己,不再只是想方设法适应现在,而是能够继承过去。有了文化,他们不再觉得自己是未完成的听人,而是一群有语言、有文化的人,且住在共同的世界里。有了文化,他们就有了理由,足以与他人一起生存在现代世界中。"

莱辛顿中心外的抗议者在示威一周后转往纽约皇后区的区政厅。尽管这场抗议依旧有非常认真的诉求,却处处带有嘉年华的味道,吸引人们逃课来参加。希尔巴克可能是莱辛顿最著名的校友,正准备发表演说。

此前6年,前高立德大学宣布新校长上任。学生原本一再请愿,希望学校能出现首位聋人执行官,获选的却是听人。接下来的那一周,聋人社群突然汇聚成一股政治力量。学运人士发起"此刻就要聋人校长"运动,其中希尔巴克显然是领袖人物。这场运动之于听障文化,就如同石墙事件之于同性恋文化,而希尔巴克之于聋人权利运动,就如同帕克斯之于黑人民权运动。一周内,大小抗议活动迫使学校关门,也引来媒体大幅报道。希尔巴克在华盛顿特区发起游行,共有2500位支持者参加。最终他们获得胜利,董事长辞职,由听障人士布来汶接任。很快他就任命了高立德大学的第一任听障校长——心理学家约登。

回到皇后区政厅,希尔巴克的演说撼动人心。美国手语并不怎么象形,只有一小部分动作模仿了要描述的事物,可是精于手语的人总能混合手语和手势,创造一幅幅画面。希尔巴克将莱辛顿的董事会比喻为大人玩娃娃屋,把听障学生当小玩具一样挪来搬去。他仿佛在空中盖了那幢娃娃屋,让你觉得那栋房子历历在目,还能亲眼看到董事会伸出干预的双手,探了进去。学生忍不住喝彩,十指张开,高举到头上挥舞,用聋人的方式欢呼。

一周后，抗议人潮涌入麦迪逊大道及莱辛顿校董的办公室。好几位董事会成员加入游行队伍，包括布来汶。游行结束之后，核心委员会的成员终于见到校董及一名外部调解人。董事会宣布召开紧急会议，但就在会议前一天，古尔德辞职。又过了几天，校董也辞职了。

听障人士情绪激动时，会发出很大的声响，音调多半极高或极低。他们用这种非语言的方式来表现大喜过望。在莱辛顿的大小穿堂，学生高声欢呼，听到的人都目瞪口呆。接任校董一职的是布来汶，他几个月后向我说："不论过程中逃了多少课，最后的结果是学生梦寐以求的。有些学生的家人跟他们说：'你耳朵听不到，眼光别放太高。'他们现在知道错了。"一周后就是莱辛顿的毕业典礼，希尔巴克在典礼上说："自神开天辟地以来，现在大概是身为聋人的最佳时机了。"

贾姬并不是在聋人的黄金时代中成长，但比起她父母，已经好多了。她父亲沃特出生时异常好看，他母亲开心极了，直到她发现孩子听不到。贾姬说："她觉得很丢脸。"沃特被送给外婆抚养。"我的曾外婆对听障一无所知，可是她很慈祥。"老人家不知道该如何教育沃特，于是前后送他去11所各式各样的学校，有启聪学校、听人学校，也有特教学校，但沃特的读写能力从未超过小学三年级。虽然面临种种困难，但他长得太好看，似乎总能一次次蒙混过关。后来他爱上了萝丝。萝丝大他10岁，萝丝的第一次婚姻因她不孕而告终。沃特说反正他也不想要孩子，于是两人结婚。两个月后，萝丝怀了贾姬。沃特的母亲说，这种事真是家门不幸。

沃特跟萝丝并不以听障为荣。发现女儿也听不见时，两人都哭了。沃特的母亲全然冷落刚出生的小孙女，只疼爱沃特姐姐的女儿——她听得到。沃特的兄弟姐妹都找了好对象，在纽约市举行奢华的婚礼，还照犹太规矩举办成年礼。而沃特因为没受教育，所以在一家印刷厂当工人，和萝丝的日子过得比较穷困。碰上前述场合，两人只得坐在角落受人冷眼，而且还得尽力假装自己十分自在。

贾姬说道："你一定会喜欢我爸爸，大家都爱他。可是他总欺骗我妈。他爱赌，为了弄到钱，什么都敢做，可是我们家从来就没钱。"然而沃特是温暖、有想象力的人，萝丝则不是。"我妈妈的文笔优美，爸爸几乎不识字，但他总在吃饭时拿本字典，随便选个字问我是什么意思。我爸什么专长都没有，可是要我不断学习的人，却是他。我母亲只要我结婚生子，找个能照顾我的人。"沃特总耳提面命做人要体面。"他总对我说：'你走出家门的时候，不能看起来像穷人家的姑娘。心里再苦，也不能让别人看出来。你走路就得抬头挺胸。'"

贾姬不能在大庭广众之下比画手语，她母亲怕丢脸。可是她的父母没有任何听人朋友。她说："我母亲一直很在意其他聋人的眼光，就像整个聋人社群都是我的家人。有时我爸做了什么事，她就会生气，怕被她的聋人朋友看不起。我如果做错事，她也会担心我在其他聋人面前的形象。"很多听障人士还有一点残余的听力，听得见较大的声量，或是声音的某一部分，可能是较高或较低的部分。贾姬的残余听力就很不错，而且在辨音和读唇语方面天赋秉异。也就是，有了助听器，她在外面的世界便可自理无虞。若有声音扩大机，她甚至还能用电话。到了17岁，她已经上过四所学校，一路都想要找出自己是谁。"我是聋人？还是听人？我是什么？我不知道。只知道自己很寂寞。"她在莱辛顿时，因为聋得不彻底，被同学捉弄，到了其他学校，又因为听不到而受欺负。她妹妹艾伦完全听不见，在莱辛顿住校。她的路在贾姬眼中便显得顺遂明畅许多。贾姬总在两个世界间拉锯，也因为口语技能而成为家人的翻译。"要去就医的时候，他们就说'贾姬！过来！'要去找律师的时候，还是'贾姬！过来！'我看得太多，长得太多、太快。"她回忆道。

贾姬13岁那年，某天晚上她伯母打电话来说："贾姬，叫你爸到医院来找我们。他母亲快不行了。"沃特流着眼泪赶到医院。第二天早上5点他回到家里，把电灯打开，打开关上，叫醒妻小。他看来有些手舞足蹈，一边打着手语："妈，聋了！妈，聋了！"为了治疗致命的感染，医生给沃特的母亲开了强力抗生素，结果药物破坏了她的听觉神经。接下来几个星期，沃特每天到医院帮忙。"他想要赢得奶奶的爱，那是他第一次想要有个母亲。但事与愿违。她永远不会要他的心得建议，甚至不要他的照料。"然而 7 年后，贾姬在她的葬礼上笑了出来，沃特却打了她一耳光。贾姬说："他就只打过我那么一次，那时我才明白，无论如何，他都爱他的母亲。"

贾姬 15 岁时，沃特找到一份工作，在《华盛顿邮报》当印刷工人，每周末搭车回家陪家人。就在拿到工会会员证的前几周，他出了一场大车祸，昏迷一星期，又住院几个月，一年无法工作。他还未加入工会，也就没有医保。家中经济原本就拮据，现在更是被逼破产。贾姬谎报年龄到超市当收银员，偷店里的食物。后来她被解雇，不得不承认这件事，吓坏了萝丝。

第二天，萝丝拉下脸向沃特家族要钱。"他们把她嘲弄了一番，然后一毛钱也没给她。有这么多亲戚却无依无靠，这比孤单一人还糟糕。这种事会慢慢在心里发酵。"贾姬说道。

艾伦住校，远离父母的婚姻冲突，可是贾姬却分分秒秒活在那段黑暗的日子中。"因为我是父母的翻译，于是我也成了调解人。我的权力很大，太大了。每回谈到这件事，听起来都好心酸。但我不伤心。我有一对了不起的父母，只要有钱，一定花在我跟妹妹身上。他们想要多做一些，结果为此在我面前争吵。我父亲是梦想家。如果我说想当歌手，他一定不会说聋女办不到，他只会告诉我，那就唱吧！"

1970 年，贾姬上了加州大学洛杉矶分校，"以聋为荣"运动也正如火如荼展开。萝丝听说学校居然有手语翻译，难以置信。"听人为什么要比画手语？"她这么问贾姬。既然已经远远躲开家人，贾姬让自己重新开始。"大学的时候，我反而退化了。我花了很多时间才重新长大。"贾姬说。

1986 年沃特去世，当时贾姬 30 岁。萝丝为丈夫哀悼，但丧夫后她却过得比较开心，和贾姬的关系也改善了。后来萝丝的健康恶化，贾姬要她到曼哈顿下城和自己住在一起。"她还记得儿时所受的屈辱，年复一年的心酸。我永远也不想那样。"贾姬说道。父亲敦促贾姬，要她活在比父母更宽广的世界中，她做到了，她演戏、做中介房地产、创业、选美、投入运动、当制片人，而且没有母亲的满怀怨气。她既聪明又坚定,表现出耀眼的气质及令人赞赏的强韧,但代价也很高。沃特因为听不到而被母亲抛弃,萝丝因为听不到而无法发挥才智,艾伦离家上学,与家人渐行渐远,而贾姬,由于善于辨音,不得不早熟。"听不见"是这家人的诅咒,但"听得见"也是。

我认识贾姬的时候,她年近四十。1993年,她在五十多岁投身通信业,开始开发线上服务,借由翻译居间传话,让聋人和听人沟通。她还加入某个基金会的董事会,基金会的工作是教父母手语,也教父母如何协助植入人工耳蜗的孩子。她的工作重心是当两个文化间的桥梁,就如同她在家里所做的事。55岁那年,她为自己办了生日宴会,那是场浩大盛宴,所有她爱的人都受到盛情款待,并带出所有人最美好的一面。"我这辈子仿佛活在两个各自为政的世界,一个是聋人,一个是听人。我有很多听人朋友从未看过我聋人的一面,很多聋人朋友从未见识过我听人的一面。那天能让大家共聚一堂,真是太好了。我无法失去任何一个世界,我也终于了解自己究竟是谁。想想,以前这些问题让我多焦虑,我确实是我母亲的女儿。我竟然是在宴会上豁然省悟,这不是很棒吗?这么看来,我也确实是我父亲的女儿。"

长久以来,听障总伴随着羞耻感。路易斯·默金是演员也是剧作家,他和贾姬一样,童年时期也不断和这种羞耻感角力。他说道:"从小到大,看到这些底层的听障人士活在边缘、无足轻重,只能相濡以沫。他们没受过教育,觉得自己是次等人。我不断退缩。一想到自己的耳聋,我就厌恶。我花了很久时间才明白当'聋人'是什么意思,此后,一个新世界豁然展开。"路易斯也是同性恋。"我见过阴柔的变装皇后,还有穿皮衣的男同性恋,我再次觉得,那不是我。我花了一段时间才找到真正的同性恋认同。"在高立德大学教授美国手语及从事听障研究的比安维务教授告诉我:"我们的经验实在太类似,如果你是聋人,你几乎就能完全知道身为同性恋的感受,反之亦然。"

目前已经发现的与听障相关的基因有100多种,而且似乎每个月都会发现一种新基因。有些听障并不是单一基因所造成，而是多种基因互动所导致。很多出生一段时间之后才出现的听障问题，其实也是基因造成。人类身上至少有10%的基因可能影响听力或耳朵的构造，其他基因及环境因素也可能决定听障的程度。基因型听障约有五分之一和显性基因有关，其他则出现在两个带有隐性基因的人所生的后代身上。1997年，基因研究首次出现重大突破，发现非后天造成的听力受损，有很大一部分都源于GJB2基因上的CX26连接蛋白变异。每31个美国人就有一人有GJB2基因，而且大部分的人都不知道。有一小部分的听力障碍和X染色体有关，也就是这类听力障碍只遗传自父亲。还有一小部分和线粒体有关，也就是这只来自母亲。三分之一的听障是综合征型，意即这类听障是其他生理问题的症状之一。非综合征的听力障碍有些是调节障碍，肇因于DNA信息处理受到干扰。有些则直接和耳蜗发育有关。最常见的干扰发生在细胞的隙型连接中，即钾离子把声音以电流脉冲的形式送到内耳的毛细胞时。

贝尔曾经担心将来会出现一支听障种族，这点早已遭遗传学家驳斥。但过去200年来，与听障有关的DFNB1基因在美国出现的比例加倍，原因可能是寄宿学校的体系让聋人彼此认识、互结连理。听障基因遍布全球，的确可能和过去听障人士往往和同类结婚生子有关。盲人不见得会和盲人结婚，但因为语言的关系，聋人往往和聋人互许终身。最早的例子发生在3500年前，当时西台帝国治下曾有一支繁盛的听障族群，据说35delG变异便是从那时开始集中、扩散。GJB2基因一为世人所知，全国聋人协会的执行官布洛赫便受邀借由电子邮件评论了《纽约时报》的一篇文章，她说："基因辨识研究有如此长足的发展，值得庆贺，但我们不能任人把这样的信息用于优生学及相关目的。"褒曼是高立德大学的听障研究教授，他写道："什么样的生命才值得活下去？过去纳粹的T4计划掌握生死大权，现在则在医生的诊室里决定。把所有人都变成'正常人'的力量似乎占了上风。"

但另一方面，基因信息也能告慰生下听障孩子的听人父母。遗传学家帕玛说，曾经有个痛苦的女人来找她，满脸自责，一口咬定自己的小孩失聪是因为她怀孕时听了摇滚演唱会。遗传学家找到CX26后，女人松了一口气，嘤嘤哭了起来。我曾无意间看过一则征友广告，开场是这么写的："单身白人男子想认识CX26伴侣"。这写的是他的身份认同，也是未来的基因图谱。伴侣双方若都有CX26，生下的孩子就会是听障。

听人多半假定听障就是听"不"见，可是很多聋人感受到的听障并不是"无"，而是"有"。听障是文化，也是生活方式，是语言，也是美学，是真实的存在，也是与众不同的亲密关系。在这个文化中，身心分离的程度比其他文化要小，因为听障的语言要运用身体的大肌群，而不只限于舌头与喉头的构造。"沙皮亚-沃尔福假说"是社会语言学的重要基石。根据这个假说，语言决定了人类了解世界的方式。2000年，斯多基过世前不久跟我说："为了让手语获得正统地位，我们花了很多时间反复讨论手语和口语有多类似。现在，世人既已普遍接受手语的正统地位，我们便可专注在有趣的部分，也就是手语和口语有何不同？以手语为母语的人和身边的听人相比，又会有什么不同的人生领悟？"

聋人运动分子比安维努说："我们不想也不需要为了自认正常，而把自己变成听人。对我们而言，早期治疗并不等于耳机、扩音机，也不等于让孩子看起来尽可能像听人。相反地，好的早疗计划应该让听障儿童和听人父母能够早点认识美国手语，并有很多机会和比画手语的听障人士接触。我们是有自己的语言、文化及传承的少数族群。"另一位聋人运动分子康纳派尔写道："我深信'我的语言就是我'。否定美国手语就等于否定听障人士。"帕顿及汉夫瑞斯写道："历史上有大半时间，听障人士的身体被贴上标签、被隔离、被控制，而从人工耳蜗、基因工程等未来'发展'看来，这样的历史仍然是现在式。"这类以外科手术植入耳内及脑内的模拟听觉装置，在聋人间仍然是十分敏感的议题。

这种模式的聋人文化，其实也有人不遗余力地反对。洛杉矶有家"约翰·崔西诊所"便坚守口语教育。诊所主任罗威尔说："要我谈手语在听障孩童教育中的地位，就像是要牧羊人谈野狼在他的羊群中的地位。"贝特林的回忆录《被聋人文化牺牲的孩子》主要谈的是他被送到寄宿学校学习手语，但手语的程度远低于他的智力。他觉得美国手语不过是婴儿牙牙学语,他却要被迫接受。长大以后,他选择使用英语。有个听障人士跟我说:"我们就像以色列人和巴勒斯坦人。"社会评论家班德利则说这是一场"圣战"。20世纪90年代末期,史密森尼学会宣布要举办一场聋人文化的展览,有些父母大感震怒,认为鼓吹美国手语就是向口语教育宣战,并表示自己应该有为孩子选择口语教育的自由。听障历史学家哈蒙指出,这些人似乎觉得聋人族群偷偷抱走了自己的孩子。

然而孩子被听障世界抢走的恐惧并不只是幽暗的想象。我遇到过的很多聋人都将老一辈的聋人视为自己的父母。聋人的聋孩子成就较好,这也常被拿去当成"听障的孩子应该由听障的成人收养"的理由。就连某个支持听障的听人父母都说:"有时候我觉得听障文化看起来就像统一教,'你的孩子会很快乐,只不过你别指望再见到他了,他快乐得没时间理你。'"赫普娜是听障人士,同时也是"北弗吉尼亚资源中心"的常务理事,负责提供建议给听障孩童的父母。她说:"聋人总觉得听障的孩子属于自己。这我承认,我也有这种感觉。我真的很努力不去干涉父母的权利,同时又知道他们也必须接受孩子不可能完全属于他们。"

使用手语的人在争取社会接纳时有一大限制:反对者不懂自己所用的语言。在他们得到自己想要的东西之前,无法解释自己想要什么,也因此聋人政治总带着浓浓的怒气。听障心理学家格里克曼谈过聋人认同的四个阶段,一开始假装自己是听人,同时又觉得自己格格不入,就像乡村俱乐部里唯一的犹太人,或是郊区社区里唯一的黑人家庭。接着开始感到身处边缘,觉得自己既不是听障也不是听人的一分子。然后他们融入聋人文化,爱上聋人文化,而且开始贬低听人文化。最后,他们找到中庸之道,觉得听障与听人的经历各有长处。

卡萝·威尔森认为,教孩子说话非关政治,而是出于爱。卡萝的儿子2周大时,某天外祖母推着他的婴儿车经过一部气钻,发现他竟然没有反应。卡萝在孩子6周大时注意到这个缺陷,医生一直到汤姆8个月大才不再怀疑,而孩子的父亲理察则要等到医学检测结果出来才相信。理察做的第一件事,是买下所有跟听障有关的书,而卡萝则是立即向所有人说明汤姆的状况。威尔森一家住在英格兰南部的某个小村庄。卡萝回想道:"邮局局长说,'你希望我跟大家说吗?'我说:'对,我希望大家都知道。'因此我很快就找到了盟友。"

卡萝原本是老师,不过她和理察很快就约定以后开销全由理察负责,而卡萝则专心照顾汤姆,还有之后生下的女儿艾美。卡萝说道:"突然,你的房子就不再是你的,专业人士就这样一个个走进来,仿佛你跟你那听障的孩子都归他们所有。我记得自己曾有个强烈的念头:'汤姆,要是我能跟你一起逃走,逃到某座岛上,我就教你说话,我们会过得很好。'"20世纪80年代,汤姆装了第一副助听器,此时全家必须选择教育方针。"某个有听障孩子的人跟我说:'卡萝,很简单,他要是够聪明,就能学会说话。'"3岁的时候,汤姆已经开始发展口语能力。他发的子音除了卡萝和理察之外,其他人多半听不懂,但他的确能运用声音。他只要做任何尝试,两人都大加奖励。用了助听器之后,他能听到较大的声响,而卡萝也日复一日陪他反复练习,用最大的音量说上一千次"这是杯子",然后递给他杯子。

一开始,两人一起看卡通。卡通的旁白简单,适合作为学习句子的基础。由于汤姆失聪,通俗文化便暂时成了学习用的高雅文化。年幼的汤姆很快就学会了阅读,而且读得又快又好。理察很喜欢寇特曼-戴维斯所写的一本听障书籍,于是写信给她,希望她能当汤姆的教师。她很严格,十分强调纪律,威尔森一家人在家里都叫她"凶老师"。卡萝说道:"她善于分析汤姆所说的话,例如她就注意到汤姆的话里没有副词。我们大概一个月见她一次,然后她会出作业,我和汤姆每天晚上一起做。"汤姆5岁时想说个故事给卡萝听,故事里有一句话:"于是妈妈就捡起一些木头。"卡萝一直没听懂妈妈究竟捡起什么,要汤姆再说一次,并把东西画出来,最后汤姆从地下室拿了一些木头给她。"如果他可以这么努力,我也可以。我一直担心自己对他太松懈,尤其是在应对进退、待人处事方面,因为他比别人更需要知道这些。"卡萝说道。

下一个问题是上学。汤姆6岁时,被分到一个大胡子老师的普通班上。威尔森夫妇要求给汤姆转班,但学校回复说:"我们认为,他最好学会如何读难读的唇语，这对他很重要。"卡萝和理察则说："他要学的，应该是九九乘法表。"情况不是很愉快，而且汤姆没什么朋友。有天他回到家，说起他上体育课时只能当球门的门柱。"于是我们把他送到一所很奇特的私立学校，学校很小，只有50个学生。汤姆很聪明，这是我们的难题之一。"

再来便是中学了。两人和当地中学的校长见了面，他说："我认识像你们这样的人。你们一定对这孩子有很高的期望，这对你们或对孩子都不公平，你们一定得降低期望。"卡萝很不服气，却也大受打击。她说："我记得自己站在家里，倚着药柜，跟理察说：'他永远也读不了《哈姆雷特》，也永远说不出药剂师柜这几个字。'"两人开始找各种可能适合的学校，包括"玛莉·海尔启聪学校"，那是一所寄宿学校，位于柏克郡，虽然学生都有听力障碍，但全国标准化测验的成绩却优于全英国平均。理察念寄宿学校的经验很不好，发誓再也不让孩子重蹈覆辙，卡萝则反对私立中学教育，而且一想到要把汤姆送到离家那么远的地方，就觉得害怕。然而最后汤姆还是去了，卡萝则加入学校的管理委员会。她说："前两个学期，汤姆很想家，老是哭。我则非常非常想念汤姆。到了二、三、四年级，他变得很开心，六年级是他最快乐的时光。青少年时期就要交很多真正称得上朋友的朋友，不然会不知道怎么交朋友。他在那里有朋友。"学校里平时也用手语，但教学用的是口语，校方也鼓励学生出声说话。"有意思的是，学生有很大一部分来自听障家庭，有些父母自己打手语，但要孩子从小学口语。那个地方很好。很多聋人都讨厌那个地方。"

汤姆一入学，理察便前去拜访语言治疗师，对他说："别告诉我太太我来过，可是我希望你教我儿子说'药柜'。"语言治疗师觉得这件事太荒谬，汤姆也觉得很荒谬。卡萝说起这件事时哈哈一笑，"他会说'药柜'，也读《哈姆雷特》。"汤姆热爱阅读，热爱文字，这是他和母亲的共同话题。我和她有天下午坐下来聊天，她一面翻看相簿，里头有数百张卡萝和汤姆一起散步、坐着、玩耍、学习的照片。汤姆的妹妹只偶尔出现。卡萝说道："理察负责拍照，但艾美呢？艾美会说，绝大多数时候她的感觉就是这样。我想汤姆12岁去上寄宿学校也是好事，我跟艾美可以重新来过。"

汤姆离家之后，卡萝获选为"英国皇家听障协会"的理事会成员。她力邀手语人士加入理事会，但是听障政治的运动分子不喜欢听障协会，说该会"对听障人士漠不关心"[1]，因此她从未成功。卡萝觉得对方的敌意不仅令她不解，也会产生反效果。"我总感觉有些用手语的听障族群是在鼓吹晚一点脱离青春期，这样也许很能忠实表现自己，但要在整个社会中立足，这种态度毫无用处。"汤姆也觉得具政治性的听障族群很难相处，但是他认为听障多少值得自傲——至少要以自己为傲，视听障为自己的一部分。卡萝说："我记得汤姆告诉我，他们宿舍里有个男孩，每晚都祈祷能把耳朵治好。然后汤姆说，'妈，这太可悲了，是吧？我永远不会这样。'我听了以后就想，'我们的做法是对的。'"

汤姆的成绩优异，从启聪学校毕业后进入巴斯大学攻读平面设计，也以"一等荣誉"的成绩取得学位。他在平面设计公司上了两年班，然后决定要出去看看世界。他花了一年时间周游澳洲、新西兰、南非，之后又独自穿越非洲。虽然如此，他的人生还是漫无目标，不时陷入忧郁。卡萝既忧心又无助。她回想道："然后有一天，我听见有脚步声走上楼梯。是理察和汤姆。理察说，'汤姆有事情要说。'身为父母，你立刻就想'噢，他被起诉了'之类的。但他说：'我上了皇家艺术学院的硕士班。'我们甚至不知道他申请了研究所。"

皇家艺术学院是伦敦首屈一指的艺术学院，汤姆在那里认识了许多志同道合的朋友。他把自己重新定位为艺术家，就此摆脱忧郁，变得自信从容。不过他仍然保持独来独往的天性。有次他告诉卡萝，要不是因为上帝，他还真适合当僧侣。"他进步很快，但我还是想帮他，可是却不能再这么做，这实在很难受。"卡萝说。

汤姆从未参与听障的政治运动，对自己的状况并没有特别强烈的感

---

[1] 原文为 Really Not Interested in the Deaf，跟英国皇家听障协会（Royal National Institute for Deaf People）的缩写同为 RNID。——编注

情。确实,他虽然十分乐见我访谈他的父母,自己却避不出面,原因就在于我之所以关注他,主要是由于他的"缺陷"。他强调,听障只是他身份的一小部分。卡萝说:"我不认为汤姆从听不见中得到了什么,但我所得到的,却是超乎想象的多。如果我得把所有时间花在游泳池或健身中心,才能处理儿子的障碍,那可能会很难熬,但我的领域是文学,能这样认识语言真是万分迷人。从小我身边的人都很聪明、强硬,可是因为身心障碍,我第一次遇见善良的好人。以前我受的教育让我瞧不起只是'善良'的人。但我交了很多朋友,做了很多公益。要是没有汤姆,这些我都不会做,我这一辈子也会大不相同,不是吗?"

卡萝赞赏汤姆的自信,更赞赏他的勇气。"他打造自己的灵魂,我们这个社会,大部分的人都只是争名逐利。汤姆当然爱钱,也爱名,但这不是他的人生追求。他花了很长的时间慢慢长大,但人生就是条长路。"

1994 年,莱辛顿的毕业典礼结束后不久,我参加了全国聋人协会在田纳西州诺克斯维尔举行的大会,大约有 2000 位听障人士与会。我在莱辛顿抗争事件中拜访过听障家庭,认识到听障通信是如何运作,见过懂手语的狗,讨论过主流化、口语教育及视觉语言的重要性,也习惯了按下门铃后听不到铃响,只看到闪灯。我注意到英、美两国的听障文化大异其趣,我还住过高立德大学的宿舍,但我完全没料到,全国聋人协会所代表的聋人世界,竟让我如此惊奇。

全国聋人协会自 1880 年成立以来,一直是听障人士实现自我及找寻力量的中心,最坚定的听障人士都涌入协会举办的大会,齐聚一堂,寻求政治共识、推动社会变革。会长主持的迎宾会灯火通明,因为听障人士无法在昏暗的灯光下交流。数千只手用快得惊人的速度不停挥舞,以极富个人特色的音色和腔调比画出空间文法,整个房间仿佛化为一片奇异人海,波浪起伏,在灯光下闪着粼粼波光。全场近乎无声,你能听见有人拍手,拍手是他们语言的一部分,还能听见听障人士比画手语时啧啧作响,并发出扑哧的喷气声,偶尔还听见他们不由自主的大笑。聋人比听人更常有肢体接触,但我得注意友善及冒昧的拥抱究竟有何不同。眼前各种新状况该如何应对进退，我全然不懂，只得处处留心。

我和当时分别在"聋星旅游"和"聋乐旅游"任职的路德纳还有布鲁贝克聊听障旅游业，布鲁贝克正在规划第一场听障同性恋游轮之旅。我也听了讨论美国手语、艾滋病、家暴的讲座。我还跟"纽约听障剧院"的创办人巴维列克谈聋人戏剧与为听障翻译的戏剧有何不同。我被听障喜剧演员逗得哈哈大笑。[格里克曼，也就是格里克教授说："我去盲目约会（相亲），对方都是些听不到的人[1]。你有过这种'听不到'的相亲吗？跟某人出去，之后就再也听不到她的回音了。"]在晚宴上，著名的听障演员布莱格表演了一段抒情诗手语，翻译自威廉·布雷克的诗作。等表演完，他面前的意大利面都凉了。听障人士嘴巴就算塞满食物仍能以手语交谈，但一比画起手语就无法拿刀叉进食。

全国聋人协会也主办美国听障小姐选美大赛，比赛在周五晚上举行。年轻佳丽个个盛装打扮、斜披缎带，是众所瞩目的焦点。"南方的手语竟然比画得这么含糊？我不敢相信有人真这样比画手语！"有人说，一面还指了指密苏里州听障小姐。（必须当心手语的地区差异：纽约俚语"蛋糕"的手语比法，在南方某些州却是"卫生棉"。我手语比画得很不准，本想请人一起享用午餐，却比画成享用女同性恋。）纽约听障小姐葛姿的父母是俄国犹太移民，在她10岁那年移民美国。她比画了一段精彩的独白，谈自己如何在美国寻得自由。她说在那个对身心障碍并不友善的母国，她和社会格格不入，但她现在却因自己是聋人为荣，而这也是美国自由的一部分。

一个人可以既失聪又光彩动人，这样惊人而激进的想法似乎也是一种美国梦。

我每天不停跟人交谈，到半夜两点半还不入睡。我遇到一位听障社会学家，他正在写一篇论文，谈听障人士如何道别。20世纪60年代电传打字机问世之后，听障人士才能在那个还没有网络的时代互送信息。在那之前，听障人士想要沟通，只能靠写信、发电报或面对面。要邀请

---

[1] 原文为 My blind dates are always deaf dates。blind dates 即相亲。——编注

几个人相聚可能要花上两天。道别从来就不是容易的事。若是你突然想起来有什么事情想说又忘了说，要再联络上对方可能得花上一段时间，你自然会迟迟不走。

奈曼是"听障机师协会"的会员，过去他经常全世界飞来飞去，但是2005年出事了，地勤人员忘记自己是在和听障机师通信，结果他受了重伤。我认识他的时候，他才刚从中国旅行回来。他说："我第一天就碰到几个中国聋人，于是到他们那儿去住。聋人从来不需要旅馆，你总能找到地方和聋人同住。虽然我和中国聋人用的是不同的手语，却可以了解对方的意思。我们来自不同国家，但共同的聋人文化将我们结合起来。那天晚上睡觉之前，我们聊了中国聋人的生活，也谈了中国政治。"我点点头。在全国聋人协会举办的大会上，你很难不希望自己是聋人。我本来就知道有聋人文化，但我不知道这个文化竟如此熏人欲醉。

这样的听障经验和世界其他文化该如何和谐共处？比安维努教授为双语-双文化（简称 Bi-Bi）的做法奠定了基础。高立德大学校园内的示范小学和中学就采用双语-双文化教学，学生上课用手语，然后把英语当成第二语言来学。校方十分重视书面英文，许多学生的表现和同龄的听人学生旗鼓相当。只采用口语教学的学校，学生18岁毕业时的阅读能力通常只有四年级程度，双语-双文化学校的学生却有同年级的水准。这种教学制度把口语英语当成实用的工具，但不是教学的重心。

我刚认识比安维努时，她大约四十出头，手语比画得快速利落，而且有法有度，仿佛她正在排列空气，让空气的形状变得比较可以入眼。她素来反对用"障碍"一词，经常对此发表意见，而且言词铿锵。"我是聋人。"她比画出"聋人"的手语，伸出食指从下巴画到耳际，仿佛正顺着一个大大的微笑往上画。"我把自己视为聋人，这跟我认同自己是女同性恋一样，都是我的选择。我有我的文化，我不会用'听不到'或'不能怎样'来定位自己。有些人被迫学习英语，也不能比画手语，最后学会的语言不是两种，而是半套，这些人有障碍。就像你不会认为不说英语的日本人有任何障碍，我们也一样没有什么障碍。"她是聋人所生，姐妹也是聋人，对美国手语的醉心程度只有诗人对英文的热爱可以比拟。她说："在我们的语言获得认可的那天,我们终于自由了。"自由,双手握拳在身前交叉,然后往旁、往前快速画开,在她手里比起来,就像东西爆炸一样。"我有很多体验是你们无从获得的。"

这事非常棘手。有些人认为,如果听障不是一种障碍,听障人士就不应该获得《美国身心障碍者法案》的保障,也无权接受法律规定的许多服务:公众服务场合的翻译、电话交换机的传话服务、电视节目字幕。如果有某个住在美国的人只会说日语,他无法理所当然获得上述服务。如果听障不是一种障碍,那么政府是基于何种理由设立特教学校?又是基于何种理由提供身心障碍社会安全保险?作家连恩在美国东北大学教授心理学,他曾说:"当前的两难在于听障人士想要参加公共活动、接受政府服务以及教育,身为民主社会的公民,他们也应有上述权利,但他们一旦为了获得这些权利而接受身心障碍的定义,为了争取其他权益所做的努力就因此变得无力,包括让听障儿童用自己最擅长的语言受教,不再让这些儿童植入人工耳蜗,也让劝阻父母别生下听障孩子的事情不再发生。"

我遇到过的听障人士中,有许多人都说听障当然是种障碍,当政治正确的团体说他们的问题不是问题时,他们十分愤慨。我也遇到过某些听障人士,他们摆脱不掉古老的自卑自厌,若生出了听障孩子,便又羞愧又伤心,还觉得自己永远就只能是次等人。这些人的悲歌不该被人遗忘。从某个角度来说,他们的耳朵治不治得好,或是自我形象能否复原,都不是重点,重要的是这些人为数众多,而且需要帮助。

路克·奥哈拉及玛莉·奥哈拉这对夫妇都是听人,很年轻就结婚,婚后搬到艾奥瓦州的农场,马上就有了小孩。长女布莉姬生下来就患有蒙狄尼症。这种症状的耳蜗发育不全,和退化性听障以及其他神经伤害皆有关系,包含偏头痛。另外,由于前庭系统遭到破坏,平衡感也很差。布莉姬两岁时被诊断出失聪,至于蒙狄尼症则多年后才诊断出来。有人建议路克和玛莉把布莉姬当成一般孩子来养育。布莉姬并未接受特殊教育,但拼命想学会唇语及口语沟通,她说:"我妈妈把家里的东西都贴上标签,这样我一看到东西,就知道该配什么字,而且她还要我说出完整的句子,所以相较于其他聋人,我的英语说得很好。但我永远没有自信,不管说什么都会被纠正。"沟通方式有困难,而家人也不擅长某些方面。布莉姬说:"我不会表达自己的情绪,因为我父母和妹妹也都不会。"

布莉姬有三个妹妹。"妹妹们老是说,'连这都不会!你真的很笨!'我父母的肢体语言也透露了相同的想法。不知道从什么时候开始,我就完全不提问了。"布莉姬总是因为犯错而被嘲笑,久而久之,就连自己的强烈本能也不敢相信,变得十分无助。她说:"我从小接受天主教教育,什么都要靠大人告诉我,而我也相信他们所说的一切。"所有人都遵循社会习惯而活,没了这些规则,我们对自己或别人都不知所措。布莉姬全心信任的,只有一个人,那就是小她两岁的妹妹玛蒂达。

布莉姬是学校里唯一的听障人士。既然她没学过手语,也就没必要为她请手语翻译,于是她整天读唇语,放学回家总是筋疲力尽。她能流畅阅读英文,常常拿本书窝在椅子上看。她母亲会叫她把书放下,去找朋友玩。布莉姬若说她没有朋友,她母亲会说:"你发什么脾气?"她回想道:"我当时并不知道有聋人文化,只觉得自己是全世界最笨的人。"

布莉姬的父亲暴躁易怒,会拿皮带抽女儿,她和3个妹妹都活在暴力的阴影下。比起在室内做家事,布莉姬更喜欢到户外做杂务,时常在院子里协助父亲。有天两人把完地,布莉姬上楼洗澡。过了一会儿,父亲一丝不挂走进浴室。她回想道:"我无法真正跟别人交流,很多事情都很天真无知。但不知为何,我就是知道这样不对,可是我太害怕了。"接下来几个月,路克开始碰触她的身体,接着就霸王硬上弓。"一开始我还质问他,结果他下手更重,还拿皮带抽我。其实我更怨母亲,怨她什么也不做。"差不多同一时期,布莉姬无意间撞见母亲在厕所里,手上拿着一瓶药,她一见到布莉姬就把整瓶药倒进马桶。布莉姬说:"长大之后,我才明白她只差那么一点就走上了绝路。"

布莉姬九年级时,祖父母带孙女去迪士尼乐园玩,但她之前已经去过,这次轮到3个妹妹了。布莉姬的母亲也跟着同行,家中只剩布莉姬跟她父亲。布莉姬说："我现在一点也不记得那个星期发生了什么事，但玛蒂达从迪士尼回来以后，我想必跟她说了。后来她说因为爸爸对我做的那些事，她再也无法理会他。"我好奇这样的虐待是否和她失聪有关。布莉姬说："我最容易下手。"布莉姬有个朋友则认为："她父亲认为既然她听不到，就一个字也不会跟人说。就这么简单。"

十年级的时候，布莉姬的成绩开始下滑。学校有越来越多课程是以口头教授，而非书面阅读。她跟不上，在班上备受欺凌。每回她去厕所，就会被一帮女孩子打。有天晚上她回家时脸上受了伤，缝了好几针。不久，那些女同学开始在下课时间把她拉到工友的储物间，让男同学占她便宜。她说道："我最气的其实是大人，我很努力跟他们说，但他们不相信。"某天她回家，小腿破了道大口，又得缝治，她父亲为此打电话到学校去，但布莉姬听不到他说了些什么，也没人告诉她。

布莉姬开始不时晕眩。"我现在知道那是蒙狄尼症的症状，但总忍不住想，有几成是恐惧所导致的？"有些人问布莉姬，她希不希望自己听得到，她说真的不想，她比较想死。终于有一天，她放学回家后宣布自己再也不上学了。当晚父母告诉她，离家45分钟路程的地方有所启聪学校。两人之前不提，是希望她能接触"真实世界"。布莉姬15岁入学。"一个月内我的手语就十分流利，开始有了自信。"这所学校和其他启聪学校一样，对学业的要求不高，而布莉姬的成绩遥遥领先于同学。她在之前的学校不受欢迎，是因为大家把她当白痴；她在这所学校不受欢迎，是因为功课太好。"不过，我变得外向，也第一次交到朋友。我开始关心自己，照顾自己。"

布莉姬劝母亲离开父亲，但母亲总是以天主教为借口。不过布莉姬一离家到纽约大学念书，父母就宣布离婚了。"我母亲一直觉得我需要双亲，我猜我一离开，她就觉得解脱了。"

接下来几年，布莉姬的头痛日益加剧，有几次眼前一黑就昏了过去。后来她终于去求诊，医生告诉她，她的蒙狄尼症必须立刻开刀。她告诉医生，自己的症状可能是心因性，医生告诉她："不要这么跟自己过不去。"他是第一个这么对她说的人。布莉姬最后读完大学，在金融业找到工作，病情却继续恶化。她的神经科医生要她每周工作不超过20小时。她回到学校，拿到医院行政人员的资格，然后在纽约"哥伦比亚长老教会医院"实习，可是很快又晕倒了。这次神经科医生说她继续工作太危险，"医生说我这样会毁了自己。"

30多岁的时候，布莉姬开始出现视力问题。她戴的助听器功率极大，能把声量放得很高，却也刺激了视神经，她的视觉开始模糊。医生建议她植入人工耳蜗，认为这应该也能缓解偏头痛。布莉姬动了手术，现在能听懂一部分的话。"我爱这个装置。"她对我说道。她的头痛从每天发作变成每周发作。视力也恢复正常。她开始当义工，然而雇主要的是稳定性，她的症状却难以预测。她说道："我真的很想要在工作中觉得有用的那种振奋的感觉，但我身体有障碍，要么就让障碍毁了我，要么就学会享受人生。我很想要生孩子，但要是你知道自己的症状随时可能发作，随时可能结束一切，又怎么敢生孩子？"

1997年，布莉姬的母亲玛莉得了癌症，医生宣判她的生命只剩10个礼拜。她病得太重，无法独居，布莉姬的三个妹妹又都有家庭，无法照顾她，于是她就到纽约，住进布莉姬的小公寓。她活了一年半。布莉姬过去那些不曾说出口的事一直压在心上，现在终于忍不住。布莉姬说："我避开性侵的部分，但说了身体受虐待的事情。她哭了，但仍无法承认自己也有责任。"后来照护的工作越来越重，布莉姬负荷不了，玛蒂达便搬来帮忙。布莉姬回想道："玛蒂达跟我晚上会聊一些事，然后她谈到了性侵。虽然这件事发生在我身上，但对她的打击很大。"虽说玛蒂达是为她打抱不平，但见她如此愤怒，布莉姬也很震惊。

玛莉死前不久，布莉姬的姨妈打电话给玛蒂达，说玛莉在医院胡思乱想，哭个不停，说布莉姬被父亲侵犯，自己却什么也没做。"就这样，我母亲从来没跟我道歉，但她什么都知道，而她也跟某个人道了歉。"布莉姬说。

一年后玛蒂达离婚。布莉姬说道："我有两个月没听见她的消息，后来她到城里来，我知道她很忧郁。她说：'死的人应该是我。'"几个星期后，布莉姬听说玛蒂达上吊自杀。她告诉我："我觉得自己让她失望了。

我的各种问题、我听不到、我被性侵，对她来说都是负担。我说过很多次，'玛蒂达，你有任何问题，都告诉我。我知道我自己的问题很多，但我一定为你加油打气。'"

布莉姬还剩两个妹妹，两人都学过手语，也教自己的孩子手语。她们在家中装了可视电话，方便大家联络。后来，她的一个妹夫罹患白血病过世了，出殡那天妹妹还特意请了手语翻译。两个妹妹每年都安排家庭旅游，布莉姬和她父亲也受邀参加。我问布莉姬怎么有办法忍受？她说："他老了，害不了人。他对我做的一切都是很久以前的事了。"然后她静静落泪。"我要是不去，两个妹妹就会想知道为什么。以前的事，她们毫不知情。她们的年纪比我和玛蒂达小得多。我要是跟妹妹说了，会发生什么事？"她望着窗外，望了很久很久。"我跟玛蒂达说了，结果呢？"她终于开口问我。她耸了耸窄小的肩膀。"反正每年去迪士尼一星期而已，代价也不高。"

布莉姬向我倾诉她的故事后不久，《纽约时报》披露了墨菲神父的新闻，该名神父承认他曾性侵威斯康星州天主教寄宿学校的听障男童，时间长达 22 年。《纽约时报》写道："过去三十多年，受害者不断想让他受到法律制裁。他们曾告诉其他神父，也向密尔瓦基的三位主教举报，还向两所警察局及地方检察官报案。他们用手语、书面证词及图画仔细描述墨菲神父对自己所做的事。可是他们的举报，听人却充耳不闻。"诸如此类听障孩童受虐的事件无所不在，而布莉姬是少数愿意跟我谈这件事的人。听障的孩子很难说出自己的故事，这早已是公开的秘密。曾有个聋人剧团在西雅图演了一出戏，剧情跟乱伦及性侵有关。剧场八百个座位全数卖光，剧团还请了咨商师在剧场外面等候。表演还未结束，就有很多男男女女忍不住哭着跑出戏院。其中一位在场人士表示："表演结束时，有一半的观众都抱着治疗师哭泣。"

梅根·威廉斯和麦可·萧柏格的故事则落在光谱的另一端。60 岁的梅根有种飘逸的美，充满自由主义的情怀，就像伍迪·艾伦电影里的安妮·霍尔。她是理想主义者,但她的理想主义最后似乎都有成果。尽管她身处洛杉矶的商业电影界,却拍出许多意义深远的纪录片。她与电影制作人麦可结发多年。她务实,他感性;她精力充沛,他冷静淡漠。两人都是领袖型人物。聋人权利运动分子贾姬曾说:"梅根看见世上有太多令她不满的事物,就自己动手解决。"

两人的儿子雅各 1979 年出生,8 个月大时,梅根开始怀疑他听不到。小儿科医生说他耳咽管阻塞,当晚梅根拿了锅碗瓢盆在他耳边敲打,雅各没有反应。她又抱他回去看医生,医生说:"好,我现在吹几个气球,站在他身后,用针戳破。你看着雅各的眼睛,看他的眼睛眨了没。"梅根说:"他一戳气球,反倒是我眨了眼睛。然后我说,'一定还有更精确的测试!'"雅各在洛杉矶儿童医院正式被诊断出听力障碍。

梅根在加州州立大学北岭分校找了一门听障教育的课程,该校有许多听障学生。她回想道:"课堂上请来一群听障孩子的父母。那些母亲一直哭,我后来听说她们的孩子已经 30 岁了。我心想,我才不要为这件事难过。我虽然希望事情不是现在这样,但事已至此,我要做的,就是把这件事解决。"于是夫妇俩开始寻找成年的听障人士。"我们请这些人共进早午餐,问他们,'你们是怎么长大的?喜欢哪些事?不喜欢哪些事?'"她在家和雅各一起发明了一套粗糙的手语,有次她请一位客人吃煎饼,就用两手的食指和拇指比了个圆。那客人说:"你真的该去上课,刚才你说的是要请我吃屎。"

麦可说:"我们学到,原来成功的成年听障人士并不自怨自艾,同时明白我们两人也应该浸淫在听障文化中,毕竟那是我们孩子的归属。"当时最迫切的问题是如何让雅各发展出语言能力。雅各 1 岁时,梅根和麦可去了约翰·崔西诊所。那是崔西专为他听障的儿子设置的计划,只发展口语能力,当时是西岸数一数二的听障孩童机构。梅根说:"诊所漆成废弃医院的绿色,墙上挂了几幅崔西太太和尼克松总统的合照。"麦可说那个地方狂热奉行口语教育。梅根会一点手语,有次到诊所开会,对老师说:"这里只有你、我、雅各,我们不如打手语吧!"老师推辞了一番,跟她说雅各很聪明,只要一年,就能学会说"苹果"。梅根回道她女儿在那个年纪已经会说"妈妈,我做了噩梦",她期待儿子也可以。老师说:"你的期望太高了。"从此雅各再也没去过崔西诊所。

受邀到梅根家中共进早午餐的听障人士,由于在家中无法流利沟通,很多人和父母都感情淡薄,这点让梅根十分讶异。于是梅根和麦可请来一位女士教全家人打手语,老师还搬来同住,力求用最短时间教会这家人。梅根说道:"一开始我们用餐的时候总是打翻玻璃杯,有一天就开窍了。手语非常符合语言学,而且是立体的、身体的语言。"雅各两岁半时,梅根替他穿衣服,雅各百般不愿意,打手语道:"又刺又痒。"这时梅根才明白母子有共通语言多么重要。他看来像是在使性子,但其实事出有因。麦可精通指拼,另外还会一套只有他和雅各会用的混合手语。

为了全心教育雅各,梅根放下手边工作,打电话向高立德大学求教。"我打到总机,说:'我想找人谈谈在洛杉矶怎么教育幼儿。'"总机建议她找基什内尔,他是聋父母的听小孩,手语打得极顺,才刚搬到西岸。梅根带着雅各上门拜访。"我一走进去,就看见好多双手不停飞舞,雅各瞪大眼睛,看傻了。"雅各看见基什内尔的两个女儿,比画出了"女孩"的手语。梅根说:"我们就马不停蹄开始了。"卡尔在20世纪70年代曾经举办父母工作坊,取名"三脚架"。梅根提议用"三脚架"这个名字设置服务热线。在没有网络的时代,有人会打这个电话,说:"我孩子听不到,我需要找牙医,我在曼菲斯。"梅根和基什内尔就会联络曼菲斯的聋人家庭,找到当地会手语的牙医。也可能有人说:"我的孩子听不到,我担心他会变成文盲,我在狄蒙。"两人就帮忙找个对听障友善的当地阅读专家。这时雅各约5岁,有天他问梅根:"你是聋人吗?"她说不是。他又问:"我是聋人吗?"梅根说是。他用手语比画道:"我希望你是聋人。"梅根说:"这种反应真健康。不是'我希望自己听得到',而是'我希望你是聋人'。"

梅根开始四处走访启聪学校。在河滨市的启聪学校,学生学习如何上街买食物。"那是职业训练,或可说是康复训练,不是学校。"洛杉矶的公立学校体系也有手语教育,但梅根旁听了一堂课,并不满意。"老师用手语上课,可是内容无聊透顶。我回去对麦可和基什内尔说:'我们不只需要服务热线,还需要学校。'"他们找到另外三个感兴趣的家庭,还找到一栋小小的托儿所建筑,接着找到足够的学生凑成一班,再来就需要一位教师。梅根想要同时受过密苏里正规教育及听障教育的人,全国只有三人合格,其中一个成为"三脚架"学校计划的首位老师。

梅根常常撞上聋人文化的政治问题。有人告诉她,她不够聋,不能做这些事情。"错了,我一点也不聋!"雅各也被认为不够聋,因为他的父母不是聋人。有个运动分子曾对梅根说:"你的一切努力的确很高尚,可是你最好还是把孩子送给聋人家庭,让聋人抚养他。"这些冷言冷语,梅根一概不理。她发明了"反向回归主流"的做法,让没有身心障碍的儿童去上专为身心障碍儿童设计的课程,像身心障碍的同学那样上课学习。在"三脚架"学校,每个课堂都有两位教师负责照顾10名聋人及20名听人学生,其中一位教师有听障教育的教师证。所有人都打手语。梅根四处找父母也是聋人的听障学生来就读,希望能借助他们的手语能力。

办学计划需要大笔资金,而麦可自愿接下筹措资金的任务。他才刚制作完电影《大寒》,所有演员都已接演其他影片,但他说动他们一同要求片厂把首映会放在"三脚架"学校。"麦可负责财务及协助我,但他正在建立电影事业,而'三脚架'学校却是我的所有心血。"梅根希望"三脚架"学校能进入公立学校体系,但洛杉矶学区对于有人质疑自己的听障教育课程十分反感,她于是移师柏本克。"因为我们在柏本克,大家也纷纷搬去柏本克,柏本克成为孕育听障文化的温床。直到今天,你走进麦当劳打手语,都会有人帮你翻译。"她说。

不使用口语的人常常无法迅速掌握书面语的正确用法,那是由于书面语是另一种陌生语言系统的文字纪录。梅根为"三脚架"学校规划的课程却史无前例地解决了这个难题,她说:"听障所受的最大诅咒是不识字,但雅各的写作比我还出色。""三脚架"学校的儿童,考试成绩一向和同年级学生相当,甚至更好,而且这里的学习环境独一无二。"老师、听人学生、兄弟姐妹,这么多人打手语,学生在各个层面都能融为一体。他们参加学生会,也打球。"

雅各说:"'三脚架'项目是场革命。我有听人朋友,也有聋人朋友,一点也不受影响。但'三脚架'学校用听障学生并没有特殊需求的方式对待我们,但其实我们有。学校对我很有帮助,但从某些方面来说,学校是为我母亲而设,而不是我。说句公道话,当时的启聪学校都不行,'三脚架'学校比大部分的学校都好,但是师资不够,经费不够,口译员也不够。我知道自己能生在这么好的家庭非常幸运,但我还是有很多怨言。"我重述这段话时,梅根叹了口气:"很多时候,我不得不做为学校课程好的事,而不是为我儿子好的事,真的很为难。"

梅根和麦可的关系日益紧张,最终在1991年离婚,对此,麦可有一套优雅的、哲学式的解释,他说:"梅根变成了'三脚架'学校。第一,她真心想帮助我们的孩子。第二,那是她的天职。很值得,却也很费心力。因为种种因素,我俩的关系终究会走不下去,但她一头栽进这件事,而这件事也侵蚀了我们的婚姻。这所学校对她来说,有时似乎比雅各个人的教育还重要。我们原本可以不要这种开创先河的庞大计划,有些私立的优良学校也配有翻译,我们只要找三四个负担得起学费的父母组成团体就好。我宁愿雅各有更多智性启发。话虽如此,我也觉得雅各常把'三脚架'学校说得太恐怖了。"

雅各认为,从"三脚架"学校获益最多的是听人学生。可是雅各的听人姐姐凯特琳从小就接受该校教育,却十分羡慕全家的生活都围绕着弟弟的语言和文化。她的手语打得比梅根和麦可更流畅,在四年级时有天放学回家说:"我们班的学期作业是给一年级的小朋友上课。"梅根说:"真的啊,那你要教什么?"凯特琳说:"不教手语!"

雅各后来进入罗彻斯特理工学院的"国家聋人技术学院",就读一年以后,辍学到夏威夷的度假村工作,然后去了高立德大学。雅各说道:"我当时深为抑郁所苦,而且坦白说,高立德真的不是好学校。但后来发生了一件重要的事。之前我很看不起听障,我很讨厌自己。在高立德,我认识了很多了不起的听障朋友,这些人都和我有共同兴趣。我并不以聋为荣,但我很珍惜聋人文化,也在那里找到了力量。"雅各说,那是他第一次觉得自己很正常。对于这样的进程,梅根十分自责:"他那时已经二十五六岁了。我认为那都是我的错。"

雅各28岁从纽约"视觉艺术学院"毕业,不久我和他碰了一面。他在纽约住下来,父母经常去探望他。虽然他接受了语言治疗,但说的话还是无法次次都让人听懂。他说道:"我自怨自艾了很久,怨自己听不到,去年我自杀未遂。倒也不是想死,只是觉得无法掌握自己的人生。我跟女友大吵一架,吃了一整瓶镇静剂,只想放弃一切。我不省人事,在医院住了三天,醒来第一个看到的就是我妈的脸,而她对我说的第一句话就是:'停住这世界,我要下车。'跟我的感受一模一样。"他找精神医生拿药,两人并肩坐下,你来我往地打字。但真正的解决之道,是找到会手语的治疗师。雅各也许从父亲那里遗传了抑郁的性格。麦可成年后大半时间都为抑郁所苦,他说:"然后加上失聪,不过雅各很坚强,若让他遇上纳粹大屠杀,他一定会愤怒反击,找到方法度过。我希望他能找到方法过上正常的日子。"

梅根没有麦可和雅各的抑郁性格,她是行动派。不过,她也有忧伤的一面。她说:"我已经60岁了,有时不免想,要是他听得见,我现在会做些什么。"麦可说他不让自己想这些无益之事,他说:"我觉得,雅各听不到,得拼命自己摸索,都是冥冥中自有安排,这是他的路。我曾经希望他听得见,但另一方面,我从没想过他要是听得见,会是什么样子。我不知道他会不会更快乐,但我想我大概不会。毕竟他就是我儿子。"

我不明白,雅各有这么多的包容和爱,为何还一直无所适从。雅各说:"三天前的晚上,我跟班上同学一起去喝酒,他们都是听人,我们就用笔谈。可是突然间,他们都开口聊起天来,我就只能一脸问号。他们很愿意跟我在一起,我很幸运,但我仍是外人。我认识很多听人,但好朋友?没有。聋人文化教我如何看世界,但要是我听得见,在这世上生存会容易得多。要是我发现自己的孩子有唐氏综合征,我想,我会拿掉孩子。但要是我妈怀孕时发现我听不到,然后把我拿掉呢?我不想有种族歧视,但晚上一个人走在路上,看见不认识的黑人靠近,我还是觉得不自在，虽然我有黑人朋友。我很厌恶这种事。同样的，大家也会因为我是听障，就觉得不自在。这我也可以理解，但觉得厌恶。我就是很厌恶。"

胸怀远见可能是一条孤寂的路，制定方略后若无他人响应，又如何能浩浩荡荡展开？梅根一开始对"三脚架"学校的设想，由追随者进一步开疆辟土、修剪整饬。克里斯·蒙坦和芭芭拉·蒙坦的小儿子史宾赛比雅各小10岁，同样生来就有听障。芭芭拉说："我从来没遇到过失聪的人，只能说那时的感觉就像自由落体，失去一切掌控。"克里斯是迪士尼音乐公司的总裁，一生都与声音为伍。史宾赛被诊断出失聪的时候，克里斯"震惊，深受打击"。他说他六神无主，"他该怎么办？我该怎么保护他？该存多少钱？"芭芭拉打了电话到"三脚架"学校。

"学校说会马上寄一包资料给我，可是我没法再等一个周末。于是我去了'三脚架'学校的办公室。麦可和梅根当年迫于形势开创了一套网络，而我，则有一张网络在下方把我接住。"她继续说，"一开始是愁云惨雾、哀痛恐惧。我母亲说：'他最后会进收容所。'在她那一代，如果有人又聋又哑，就会被送走。但我的儿子长得这么好看，双眼湛蓝，不停对着我微笑。很快我就开始问：'到底谁有问题？'因为他一点问题也没有。"蒙坦夫妇可说是立刻就决定要学手语，芭芭拉说："史宾赛会接受语言治疗，但我们要学他的语言、他的文化。他要走的路，我得跟他一起走，不能让他的认知发展有任何迟缓。"克里斯则担心语言的鸿沟会让他无法当个好父亲。"他哥哥听得见我声音里的抑扬顿挫，我很怕史宾赛无法像他哥哥那样知道我是什么样的人。我对芭芭拉说，'不能让史宾赛觉得全家都听得见，只有他被忽略了。'"两人请来加州大学北岭分校的听障学生到家里教史宾赛及全家人美国手语。芭芭拉边回想边比画着手语说："学生一把车开进我家车道，就开始打手语，'史宾赛，你好吗？我看到你有一辆车！'我不知道史宾赛怎么知道那是语言，可是他全神贯注。一周周过去。'哈啰，你好吗？你准备好要开始了吗？'"芭芭拉和克里斯就这样创造了非常完备的手语环境，史宾赛一直到四五岁才知道自己有听力障碍。

芭芭拉有近乎照相机式的记忆力,手语仿佛是他天生的能力。克里斯弹了多年钢琴,手非常灵巧,指拼学得又顺又好。史宾赛读得懂父母的手语,还会全套的美国手语。克里斯说:"他出生的时候,我和卡辛堡及艾斯纳正一起为公司打拼,每天疯狂工作。我有时一天上班20小时。芭芭拉一开始就对我说:'我觉得你这爸爸当得还可以,也知道你正在迪士尼开创个人事业,但我觉得还不够,我希望你能更像个人,更有深度、更无私的人。'"克里斯告诉公司同事,他必须减少工时。蒙坦家的大儿子尼尔斯被诊断出有严重气喘及注意力缺失症。芭芭拉说:"要我说,尼尔斯的成长过程更辛苦,史宾赛轻松多了。尼尔斯理性,而史宾赛感性,爱开玩笑,有层出不穷的幽默。他玩文字游戏,也玩手语的文字游戏。"

由于公立教育一直要到5岁才开始,因此"三脚架"学校为听障和听人儿童开设了自费的蒙特梭利幼稚园课程。史宾赛很快就学会了美国手语,班上的听人儿童也学得差不多快。芭芭拉说:"大部分有身心障碍的孩子总是受帮助的那一方,这对人的自尊有多大的影响?可是,如果有个听人小女孩不会算术,史宾赛却可以帮她。"她注意到一般人要到四年级才学阅读,之后都是靠阅读来学习。这样的转换在听障儿童身上来得迟一些。"可是史宾赛一旦学会,就一鸣惊人了。"芭芭拉说道。

1982年,芭芭拉和友人合创了"三脚字幕组",是第一个定期为电影加上完整非语言信息字幕的团队,从音乐、枪响、电话到门铃,无所不包。史宾赛9岁时,当地的少年棒球教练卢教他投球。卢说:"我当了30年教练,怎么就没碰到过听障的儿童呢?"卢和芭芭拉创立了"沉默骑士"球队,日后成为南加州地区听障棒球联盟。克里斯说道:"他的手眼协调很惊人,看球看得比别的儿童清楚。"克里斯和史宾赛一起练习打棒球。"那是我们交谈的一种方式,我偶尔也比画手语,但大部分时候我们就是一起打球。他沉着自信,当投手的时候,全队都绕着他转。"

蒙坦夫妇考虑过人工耳蜗手术。克里斯说:"那是1991年,我还不确定这项科技会有什么进展。如果今天史宾赛13个月大,刚被诊断出来,那我可能会让他动手术。即便我认识了这么多了不起的聋人,自己也大力支持聋人文化,我还是会这么做。时至今日,一切都不可同日而语了,不论在医疗上还是在政治上都是如此。"可是少年史宾赛若要接受植入手术,就得接受听力训练,才能理解人工耳蜗发出的信息。芭芭拉说:"这样他高中就得留级一年,但他的交友没有问题,语言也很流利,我觉得动手术不值得。"

史宾赛对语言的态度却是难得的开放,他说:"我知道自己的声音是有用的,如果能开发,我会很高兴。爸妈上了美国手语的课程,我们才能沟通。如果他们能学会美国手语,我也可以学会英语口语。我主要的语言是美国手语,但不断练习以后,我说英语就不需要家教帮忙。我练习发声,学校同学还有棒球队的队友则练习手语。我们想要活在同一个世界。"聋人文化圈反对口语,这件事让芭芭拉很丧气。"我比画的手语,史宾赛没有问题,克里斯比画的手语,他也没问题。他跟听障朋友在一起时就用流利的美国手语。他会书面英文跟手语,完全是个双语人士。"同时,芭芭拉也很清楚聋人社会有多重要。"每个文化都需要群聚效应,而他和听障朋友在一起的时候就有群聚效应。每个人都需要自己人。"

芭芭拉后来成了"三脚架"学校的校长。她说:"昨晚有个妈妈走了进来,她的儿子今年4岁,她满心忧虑。史宾赛正在写化学作业——摩尔、分形理论什么的。我就把作业簿拿起来说,'你儿子以后也会写这个。'"史宾赛说:"听障孩子的父母应该知道没什么好怕的,也不要让孩子害怕。我的父母就从不让我害怕。"

口语教育与手语教育孰优孰劣,各方仍然争辩不休。至于手语教学应该用美国手语进行,还是要采用所谓的"综合沟通"或"口手语并用"教学法,也就是同时混用英语和手语,让老师一边打手语一边说话,各界也仍莫衷一是。这类方法的目的是让儿童有多重的沟通渠道,但是要结合两套无关的词法和句法,可能有问题。英语和美国手语的结构并不相同,边说英语边比画美国手语,就跟边说英语边写中文一样困难。英语是讲究次序的语言,每个字词都有特定的顺序。听的人靠短期记忆记住句子里的字词，然后根据字词关系了解句意。美国手语则是一种同步的语言，个别手语交融成一组复合的动作。好比说，一个复杂流畅的动作可能就代表"他从东岸搬到西岸"。每个手语都包含一个手型，以及手型的位置（在身体上还是身体旁），再加上一个具有方向的动作。此外，脸部表情也不只用来表达情感，更是个别手语的一部分。这样一气呵成的做法很适合短期视觉记忆，原因在于短期视觉记忆能记住的单独影像比听觉记忆要少。如果先比画"他"的手语，再比画"搬"，再比画"从"，一连串机械化的过程会非常累人，逻辑也会消失，而且这一团乱七八糟的手势非常难懂，就像一个人必须同时说出好几个字词。"精确英语手语"、"混合英语手语"或者"精确语意英语手语"等用手语来转译英语的方法，就像是在说英语，是一词接一词比画完一句话。喜欢这种手语的多半是学会语言后才失聪的人，他们失聪后还是习惯用口语来思考。然而，对于学习第一语言的儿童来说，根据口语来比画手语既别扭又容易困惑，不切合语言媒介的文法，使用者实在很难自然而然学会。

　　莫尔是国立聋人技术学院美国手语系的前任系主任，常常纠正家中孩子的美国手语文法和用法，他说："有人问我，这些人的母语已经是手语，为什么我还要教他们美国手语？已经会说英语的学生，又为什么要教他们英语？很多人的语言用得并不好。"话虽如此，美国手语的使用者还是有形形色色的个人"声音"：有些人动手、动脸的时候很精准，有些人很夸张，有些人俏皮，还有些人十分严肃。美国手语也不断演变。20世纪初的影片里演员比画的手语就不太一样，也没有那么精细。

　　巴罕是高立德大学的美国手语及听障研究教授，他的父母也是聋人。他曾经感伤地说，从小到大他都以为受过口语教育的母亲比较聪明，受手语教育的父亲比较愚钝。之后他上了大学，学会美国手语，回家才发现父亲"比画得一手优美的美国手语，文法清晰，结构严谨"，母亲的美国手语就明显没那么流畅。美国手语的语法很精准，令人自豪。很多手语翻译常常只能译出半数信息，也常错译，或无法掌握对话的前后脉络。这一点是我请翻译时注意到的。很多翻译一开始会对美国手语有兴趣，是因为觉得美国手语很像表演，而非将之视为一种语言。手语的语法概念和口语大相径庭，即使钻研过的人，也常常难以掌握。精通这门手语的翻译，可能会觉得把某些手语结构重组为英语并不容易，反之亦然，结果译得词不达意，至于语调声腔，更往往完全消失无踪。

听人常误以为世上有全球通用的手语，但其实手语有很多种。由于克雷的关系，美国手语和法国手语有很深的渊源，和英国手语反而差异极大，很多使用美国手语的人士都认为英国手语较不成熟。"我们没那么多双关语，也不会像你们那样玩文字游戏。英国手语比较直白，但也有自己的优点。"英国中兰开夏郡大学听障研究的讲师丹马克如是说。有些人担心，美国手语若四处传播，成为听障人士的共通语，将导致其他手语消失。没有人有办法评估世上究竟有多少种手语，但目前知道泰国跟越南至少有 7 种，伊朗有"茶馆手语"和"波斯手语"两种。

加拿大人使用美国手语，但也有人用"魁北克手语"。

听障在多数社会中面临的问题都是语言隔阂。什么环境会让手语成为通用语言？我对于这个问题很有兴趣。巴厘岛北部有个小村庄叫本卡拉，先天性听障在当地已盛行了 250 多年，在任何年代都有约 2% 的耳聋人口。本卡拉的居民人人和听障人士一起长大，所有人都会村里的独特手语，也因此听人和聋人之间的隔阂可能比别的地方都小。

本卡拉有个别称"德沙寇洛"，意思是聋人村。2008 年我去参观时，2000 个左右的村民里大约有 46 人失聪。听障是由隐性基因造成，没有人知道什么时候会在家中出现。我在村中遇见生出听障孩子的听人父母，也见到产下听人孩子的听障父母。有些家庭两代都是听障，也有听人或听障父母家中同时有听人孩子和听障孩子。村庄很穷，整体教育程度不高，但听障族群的程度更低。肯塔是听人，也是村中教师，他在 2007 年推出一项课程，要用本卡拉听障者的语言"卡塔寇洛"来为听障学生上课。由于之前他们都没有受过正规教育，第一届聋生班的学生从 7 岁到 14 岁都有。

巴厘岛北部各村行氏族制，听障人士可参加氏族事务，但也可在氏族间游走。例如说，孩子过生日，他们可以邀同一氏族的人，也可以邀村里的听障人士，而听人从不邀氏族以外的人。传统上有几种工作会由听障人士来做。他们埋葬死者，担任警察，虽然村里几乎无人犯罪。他们维修经常破裂的供水系统管线。大多数人务农，种树薯、芋头，还有喂牛的象草。本卡拉有传统的村长，负责主持宗教仪式。巴厘岛中央政府还选了个行政村长，掌管政府运作。另外有个听障村长，依惯例由年纪最长的听障人士担任。

我跟着巴厘岛的语言学家吉德一起抵达本卡拉村，他出生于邻近村庄，对本卡拉的手语有很深的研究。我们爬下峡谷，陡峭岩壁下方60米有一条急流奔腾而过，听障村民就在河边等候我们。那里也是他们的田地，种有一丛红毛丹树、几株象草，还有各种极辣的辣椒。接下来半小时，本卡拉的其他听障村民也到了。我坐在大防水布一端的红毯上，听障村民则沿着毯子找位子坐下。大家都朝我比手语，满心认为我一定看得懂。吉德帮忙翻译，肯塔校长则提供进一步协助。但令我意外的是，我居然跟得不错，而且很快就学会一些手语。我现学现卖，整群人就露出微笑。他们的手语似乎分很多层次和种类，我之所以这么说，是因为他们向我比画手语的时候，看起来就像一群默剧演员，我可以清楚跟上他们的叙述，然而他们一旦彼此比画手语，我就一头雾水了。他们向吉德比画的手语，则介于两者之间。

当地手语中"伤心"是把食指和中指放在两眼内眼角，然后往下比画，像滑下的眼泪。"父亲"的手语，是把一根食指横放在上唇，表示胡子。"母亲"的手语，是在胸前张开手掌往上，像是托着假想的乳房。"耳聋"的手语，是把一根食指伸进耳朵里转一转。"听得见"的手语，是把整只手凑近耳朵旁，然后手掌张开，朝外移开，有点像脑壳内有东西往外炸开。在当地手语中，正面的词汇多半往上指，负面的词汇多半往下指。有个村民出了趟远门，回来后告诉其他人，往上比画中指在西方是一句脏话，他们便翻转了这个手语，用往下比画中指来代表"糟透了"。他们的词汇不断发展，语法则相对固定。

第二代的语言多半比第一代精细且有条理。传承了许多代的语言，都具有清楚的架构。巴厘岛北部农夫的口语词汇并不丰富，卡塔寇洛也是。学者整理出来的手语词汇大约有一千多个，不过本卡拉的听障人士会的手语词汇更多，而且能把已有的词汇结合起来，表达新的意思。受过教育的西方人需要用语言揭开两颗心的秘密，如此方能了解彼此，了解之后才能感到亲近。可是有些人在表达心意时，用的却主要是料理食物、绽放情欲以及分摊劳动，对这些人而言，词汇所蕴含的意义并非表达爱意的通道，而是爱情的点缀。我走进的这个社会，不论听人或听障，在处世度日时，语言都不是主要媒介。

吃完午餐后，14个男人穿上沙龙，2个女人套上花哨的蕾丝尼龙罩衫。这些人跟多数听障人士一样，都能感觉到鼓皮隆隆的震动，跳舞时，动作仿佛从默剧般的语言中流泄出来。他们为我们表演担任村庄警卫所用的武术。他们把手脚当成武器，还把手语混入这套功夫中，我觉得非常有趣。有个年轻人叫苏腊亚萨，原本不肯示范，被他母亲一激，才终于露了两手，跳舞的同时他不断比画着手语："看着我！"既豪气又逗趣。女舞者走过来，给了每人一罐雪碧，然后男人提议去河里游两趟，于是我们就脱光衣服裸泳去。上方岩壁陡峭耸立，长长的藤蔓垂了下来，听障村民抓着藤蔓摆荡。我在水里做了后空翻，其他人倒立，然后我们放饵钓鳗鱼。有时会有个人从水下游到我身边，然后冷不防从水中穿出。他们不停地向我比画手语，这样的交谈感觉生气勃勃，甚至欢快。虽然村民既贫困又耳聋，此时此地却像一幅恬静的田园画。

第二天，肯塔把当地的手语译成巴厘岛语，偶尔用他有限的英语和我交谈。吉德则把肯塔的巴厘岛语译成英语，偶尔比画一下有限的手语。本卡拉的听障村民则直接用活泼生动的手语跟我聊天。我们之所以能这样乱七八糟地混用多种语言沟通，全靠大家展现共同意志。许多语法结构无法翻译，能问的问题很有限。举例来说，当地手语没有条件语态，也没有用来表示种类的词汇（例如"动物"，或是"名称"这种抽象概念），只有具体的词汇（例如"牛"，或是某人的名字），也没有办法问"为什么"。

我和桑提亚的家人碰面。桑提亚是听障，父母是听人，太太苏柯丝蒂还有岳父岳母都是听障。两人青梅竹马。桑提亚的反应有点慢，苏柯丝蒂则聪明、活泼、开朗。苏柯丝蒂选择嫁给听障男人，是因为这个男人的听人父母有足够的田地给两人耕种。苏柯丝蒂说："我从不嫉妒听人，他们的日子不会比较好过。我们只要辛勤工作，就会有钱。我照顾牛、播种、煮树薯。我能跟所有人沟通。要是我住在别村，可能会希望听得到，但我喜欢这里。"

桑提亚和苏柯丝蒂生了4个孩子，有3个是听障。儿子索拉普查9个月大时，父母的听人朋友说他听得到。11个月大的时候他开始比画手语，现在比画得很流利，不过他觉得还是说话比较顺畅。少年索拉普查时常替父母翻译，他从没想过放弃听力，他说："我会两种，而大部分人只会一种。"不过他仍然表示他若听不到，还是会一样快乐。虽然如此，他又说："我认为我父母喜欢有个听人孩子，倒不是说父母比较爱我，而是我比较少喝酒，也不会一直要钱。可是我如果跟父母一样，关系就不会那么紧张了。"苏柯丝蒂说索拉普查的手语比听障的兄弟姐妹还要好，那是因为他会说口语，所以更习惯表达复杂的概念。

另外还有一对夫妇。桑迪和他太太柯比雅及两个听障儿子那格达、苏达玛同住。那格达的太太莫萨米是听人，来自别村。他有4个听人孩子，为此他很欣慰，郑重地说："这里听不到的人已经很多了。如果大家都听不到，那不是好事。"苏达玛坚持绝不娶听人为妻，他说："听不见的人应该要团结，我想跟听不见的人住在一起，也希望孩子跟我一样听不见。"

在这样一个聚落里，大家谈论听得到和听不到，就好像我们在熟悉的社会中讨论高矮或种族，只是一种各有利弊的个人特色。他们并不贬低听障的重要意义，也不淡化听障对生命的影响。他们并未忘记自己是听障或听人，也不期望别人忘记。除了地理隔阂之外，本卡拉这个听障同盟极为自由。他们之所以自由，是基于全村语言畅通。我去那里的目的，是想考察社会建构论的身心障碍模式，结果发现当听障不影响沟通，听障就算不上障碍。

要在美国建立跟本卡拉一样包容听障儿的地方，无异于缘木求鱼，然而艾普若·楚罕和拉吉·楚罕却不断克服各种人际往来问题，努力融入总是带着异样眼光看他们的文化之中。艾普若出身家境优渥的非裔美籍家庭，身边都是艺术家，表达对她而言是自然而然的事情。她有意志、有毅力，还有令人欣赏的坚韧气质。拉吉则是印度及巴基斯坦混血，外表英俊，皮肤光滑，可以想象他步入老年看起来还是会这么年轻。他服务于网络销售业，谈吐从容自信。我认识的很多听障儿父母看来都很焦虑，可是楚罕夫妇却很放松。其他父母觉得聋人世界拒人于千里之外，但两人与生俱来的殷勤好客却卸下聋人世界的心理防线。

2000 年，萨拉出生，当时这对夫妇还年轻，日子过得很辛苦，带孩子的经验也有限。女儿出生于洛杉矶一家没有做新生儿听力筛查的医院，3 个月大时，楚罕家的那栋楼房失火，警铃声大作，艾普若冲到婴儿房，却发现萨拉睡得正香。小儿科医生告诉艾普若，幼儿不管发生什么事情都能睡。但在别的孩子都开始咿咿呀呀的年纪，萨拉却只发出一点咕噜咕噜声。艾普若和拉吉想办法测试她，每当她转过身去就在她身后拍手。艾普若说："她有时有反应，有时没有，现在回想，她可能是用眼角余光瞄到我们。"20 个月大时，萨拉发出类似妈妈、爸爸的声音，然后就没有了。儿科医生说，很多儿童要到 3 岁才开始说话。

萨拉 2 岁时，艾普若带她去做定期检查，平时看的儿科医生请病假，代班医生立即说他们应该做个听力检查。艾普若悔不当初："那两年就这么浪费了，我们本来可以用来学习相关知识，可以让萨拉接触语言，帮她装助听器。"听到消息的时候，艾普若很悲痛，拉吉却不然。他解释道："艾普若想度过空虚、害怕、难过、痛苦、不确定等阶段，可是我却不需要这样。我们要处理的事情很多，这只不过是又加了一件。"

洛杉矶郡的早期治疗只提供给 3 岁以下的儿童，所以当时萨拉只能接受一年的免费服务。艾普若说："我必须尽快吸收新知，才知道我们需要什么。"听力师说萨拉还有剩余的低频听力可用，因此不急着植入人工耳蜗。艾普若说："我希望她对自己有自信。要是哪天她想动手术，那很好。可是我无法帮她做决定。"萨拉装了移频助听器，那能把所有高频的声音转到低频，也就是她残存听力的频段。但艾普若知道，装上助听器也无法让萨拉听见。她说:"我失去两年和女儿沟通的时间。我们一开始不停重复'苹果,苹果'。有人告诉我们,要说一千次,听障儿童才学得会,于是我们每天反复练习'水,水,书,书,鞋子,鞋子'。她偶尔会跟着说,可是我很快就感觉'这样不够'。不到一个月,我们就决定比画手语。我当时确确实实感觉到头脑的另一个部分在运作,因为我头痛欲裂。"拉吉会说英语、印度语,还会一点西班牙语和意大利语,他说:"我总是说,这就像上网搜寻'马里布市,寻找,店铺,果汁',一次全部输入。"一开始艾普若和拉吉学得比萨拉快,足以教她手语,但萨拉很快就超前了。

虽然美国手语是萨拉的主要语言,但艾普若和拉吉仍然希望她能尽量说一口流畅的口语,于是安排她接受语言治疗。到了5岁,她仍然毫无进展,两人就找来一位新治疗师。治疗师问艾普若和拉吉,萨拉喜欢吃什么,艾普若说她吃四种东西:谷片、花生酱、面包、燕麦。治疗师注意到那都是柔软的食物,解释道:"她也有口腔运动的问题,舌头没有力气控制声音。"艾普若和拉吉开始带着萨拉做舌头练习,过程就跟锻炼任何肌肉一样,只不过富含肌纤维的舌头若以每单位肌力而论,其实是全身上下最有力的肌肉。若舌头有二头肌的尺寸,你就能用舌头搬起一辆车。在做舌头练习时,常会用压舌棒将舌头推来推去,以建立舌头的肌力。治疗师还要萨拉尽量嚼口香糖。效果立竿见影。萨拉一直不愿意吃肉,可是舌头的肌力一强到足以咀嚼,就不介意吃肉了,发声能力也有惊人进展。

这些进展都是千辛万苦的成果。艾普若一直是全职妈妈,如此才能全心照顾萨拉。"就算只是告诉我们'我要去厕所',她也必须停下来、转身,先引起我们注意,那是全身的语言。我们不断让她接触声音。如果有只鸟,拉吉就说,'你听到鸟叫了吗?'飞机、直升机也都如此。有时候,她靠着助听器也能听出乐器的声音,可能是号角、横笛,也可能是钢琴。严格说来,她听到的声音不该这么多。"艾普若说道。

我在加州遇到的聋人似乎全去过艾普若和拉吉家的派对。艾普若说:"我们获邀参加很多聋人文化的活动,也请过他们很多次。我听说有个听障人士在美国太空总署工作,是个了不起的科学家,我就请他到家里来坐坐。聋人文化圈的人一向很乐意认识听人父母,但你必须去找他们,他们不会自己来找你。"我所认识的很多父母都觉得成年聋人令人畏惧,我因此很好奇,为何艾普若和拉吉有勇气闯入?拉吉解释道,他从小生长在佐治亚的小镇,周末时三K党会在镇上游行。在学校餐厅,黑人小孩和白人小孩从不同桌用餐。"聋人文化、黑人文化、印度——人因此变得能屈能伸。"他说。艾普若的母亲对非裔美国人的历史深有感触,因此她从小就是社会运动分子。"我有同性恋朋友,所以我们在学校设立同性恋团体。生了个听障的孩子,感觉就像是又有件我该投入的事情了。"她伸出双手。"我这一生都在为进入聋人世界做准备,而我也会帮她准备好一切,让她在非聋人的世界里也能安然自得。我们这家人的公民身份很开放。"

1790年,伏特发现以电流刺激听觉系统可以模拟出声音。他在双耳放进铁棒,再把铁棒接上线圈,将自己电得很惨,还听见"糨糊煮开"的声音。1957年,乔荷诺及埃里耶斯在动脑部手术时用电线刺激病患的听觉神经,结果病患听见类似蟋蟀鸣叫的声音。20世纪60年代,研究人员在耳蜗放上多层电极。这些装置和助听器不同,作用不是将声音放大,而是直接刺激大脑应该接收声波的部位。这项技术几经修正,在1984年获美国食品药物管理局许可,后天失聪的成年人都可使用这项装置。装置采用单频道传输,只能提供音量大小及出声时间的信息,无法传送声音的内容。到了1990年,市面上推出了多频道的装置,可以刺激耳蜗的不同区域。今日有些装置有24个频道。装置上有个麦克风能接收四周的声音,然后传送至语言处理器上,再由处理器选取、整理声音。然后发射器以及接收/刺激器以信号的形式接受信息,再把信号转为电脉冲,接着脉冲通过头骨内植入的装置,由一排电极将脉冲送至听觉神经的各个区域,而不需经过内耳受损的部分。

人工耳蜗无法让你获得听力,却可以模拟听觉,整个过程(通常)充满信息,但(往往)无法感受音乐。人工耳蜗若及早植入,可以成为发展口语的基础，进入听人世界会轻松些。但，那是声音吗？这就像是问哲学问题：空无一人的森林里，一棵树倒下会不会发出声响？2010年年底，全球已有21.9万人植入人工耳蜗，其中至少有5万名孩童。3岁以下诊断出听障的美国孩童中，五年前只有25%接受植入手术，现在则上升为40%。其中有85%左右的孩童出生于白人家庭，家庭收入及教育程度都高于平均水准。以外科手术植入装置之后，要由听力师调频，借由一连串设定确保脑部能接收到信号。

科利耳公司是人工耳蜗制造商的龙头，该公司的主管2005年告诉《商业周刊》，目前的使用率只占潜在市场的10%。人工耳蜗现已在70多个国家上市。有些反对者表示人工耳蜗有其限制，也有危险。根据美国食药局的资料，接受植入的孩童中有四分之一出现不良反应和并发症，虽然多半会自行适应，但也有少部分需要进一步手术。有些人会因此颜面瘫痪，导致破相，而且人工耳蜗也会干扰磁共振显影等医疗检查，脖子旁边有根电线露出来也会让人看起来像《星际迷航》的龙套演员，虽然还是可以把头发留长，盖过电线。批评人工耳蜗很危险的言论多半是危言耸听，然而某些说它能改变人生的宣传辞令也是言过其实。

有个后天失聪的成年人因为植入手术而"重获"听力，他调侃道，人工耳蜗让每个人听起来就像《星际大战》里的R2-D2机器人，而且还得了严重的喉炎。人工耳蜗能模拟声音，让会口语的人理解听到的内容。然而若是从小失聪，成年后才接受植入手术，往往会觉得人工耳蜗没有效果，或只是平白添乱。这群人不习惯解读听觉的信息，即使听觉变得灵敏，也可能会觉得信息很难解读。大脑的发展以接受的信息为中心，若是发展的过程中一直没有声音，大脑就不会产生处理声音的能力。但人脑的可塑性有多强，也很难预料。最近就有位听障女性接受访问，她成年后不久，便接受了所谓的"仿生耳植入手术"，还说手术完成后，一开始她感到眩晕，然后觉得脑中有许多高尔夫球弹来弹去。"大概有5小时，我觉得做这件事真是大错特错。"她说道。第二天早上，她出门散步，"我踩到一根树枝，树枝喀拉一响。树叶窸窸窣窣。我乐得要飞上天了。"

在过去，听障往往要到3岁以后才能诊断出来，今日则能在出生后几小时内确诊，且几乎都在3个月内发现。新生儿筛查现在也获得联邦政府支持。全国听障协会一开始支持这类筛选，理由是听障婴幼儿可以及早接触手语，但现在这些人往往会被植入人工耳蜗。运动分子布德侯素来反对植入手术，他表示："那令人痛心。一线处理人员不是聋人，而是遗传学顾问和植入手术专科医生。"虽然现在只核准2岁以上幼儿植入，1岁以下的案例也不是没有。听人孩童在生命的第一年学习音素，满1岁后，神经的可塑性就会开始下降。最近澳洲有项研究发现，七八个月大接受植入手术的人确实有进步，但1岁前植入的优点相较于幼儿施打麻醉剂的风险，可能还是不值一试。另外还有项研究指出，2岁植入的孩童，口语发展和同龄的孩子相当；4岁植入的孩童能有同等发展的，却只有16%。因麻疹、脑膜炎、发育遗传症状等问题而后天失聪的儿童，效果则视是否尽早植入装置而定。一旦没有声音，脑皮质听觉区的神经结构将会永久受到影响。

然而，这些数据都很新，因此也还有待厘清。7个月大时植入的幼儿到了12岁，语言能力还有优势吗？这些早期的个案因为研究时间不够长，所以还没有人看过个案一生的发展。此外，现在植入的装置跟十年前并不相同。也就是，要决定孩子应该多早接受手术，全凭揣测，而非经验。

人工耳蜗手术案例日多，还导致始料未及的结果：听障孩童的父母很可能因此疏忽孩子的语言习得。不幸，美国食药局订立的成功植入标准并不包含语言习得。接受手术的儿童几乎都能有效感知声音，但在早期植入的个案中，接收到的声音常常太混乱扭曲，无法解读为语言。在近期植入的案例中，这类问题已经减轻，但并未完全消失。有项研究显示，接受手术的孩童中，几乎有一半的人在开放式字词辨识（无需视觉提示即可理解声音）的表现达70%以上，有三分之二达50%以上，90%的人达到40%以上。高立德大学也做过研究，接受植入手术的儿童中，大约半数的父母认为孩子能"听懂并了解大部分字词"，只有五分之一的人认为孩子能"听懂并了解的字词"极少。

然而，有项研究审查了此主题的大量文献，总结如下：接受植入手术后只能听到粗略且不清晰的声音，因此接受手术的儿童听到的语音并没有同龄听人儿童精细。换言之，大家都认为植入人工耳蜗的儿童会发展出口语能力，因此没有让他们接触手语，最后他们可能会变成一群主要语言严重不足的人，而这种令人心惊的缺陷，原本是可避免的。科利耳公司表示，植入人工耳蜗的儿童，口语学得"更多更好"，但如果口语将是你唯一的沟通方式，"更多更好"的说法其实有点语焉不详。父母往往太希望孩子一动完手术就能听见，因此没有为他们安排任何听障特殊教育。鲁本是"蒙提费欧里医学中心"综合耳鼻咽喉科的前主任，他建议："在确定孩子能发展出适当的口语能力之前，应该要用双语来养育孩子。任何语言，不管是哪一种，都应该及早进入孩子的大脑。"

植入手术会毁去所有残余的听力。虽然幼儿可以接受精确的听力测试，但却无法确定他们有没有能力善加利用剩余听力。听力损失若在90分贝以上，属于重度听力障碍，然而我也遇到过能运用自己剩余听力的重度听障人士，跟他们说话的时候，仿佛在跟听人说话。听力损失的衡量，是把声区的损失平均起来计算。同一个声音多半同时包含多个频率，因此失去100分贝听力的人可能仍能听见高频的声音。就连嗓音低沉的音乐人汤姆·威兹和演员詹姆斯·琼斯说话时也会带高频声波。此外，察觉声音跟分辨声音是两种独立的能力，有些人无法察觉某些声音，却有办法运用直觉、高频的功能及其他天赋来分辨这些声音。

全国听障协会原本谴责植入手术，认为："对无助的孩童行侵入性手术，而此不可逆的手术可能在生理、情绪、社会层面上长期影响儿童，改变他们的一生，而这些影响有多大尚待科学确认。"随着植入装置逐渐进化，使用越来越广泛，全国听障协会稍稍修改了立场，表示"一旦决定施行手术，代表将进行一连串长期甚至终身的听力训练、复健、口语及视觉语言技能习得、回诊，且很可能需要额外手术"，并说"人工耳蜗植入术无法根治听障"。

如果你并非住在巴厘岛北部人人都会手语的村庄里，又选择不让孩子动手术，那么你就得和孩子一起学习新的语言，而孩子的语言学习能力又比成人高。为听障孩子选择手语，在某些重大的人生层面上，就无异于将孩子交给聋人文化。让出自己的孩子并非易事，孩子和父母也不见得都能适应。帕玛表示："这称为聋人民族假说。若你来自听人家庭，除非接触聋人圈，并了解聋人社群，否则你学不到相关文化。"口语沟通让家中的听障成员备感压力，但若决定要比画手语，权力就会转移，变成听得见的家人承受压力。实际上，父母可以选择学习手语，然后别别扭扭地跟孩子说话，也可以要孩子接受口语教育，心知肚明孩子这一生都只能别扭地跟自己说话。古谚向来告诉我们，父母当为孩子牺牲，而不是反其道而行。可是，若要奉手语为正统选择，等于优先采取了片面看法，以为对边缘族群与主流族群彼此了解的程度已有所掌握。

上述这场论战的正反意见，南西·赫西和丹·赫西夫妇自从女儿艾玛失聪后，都有过深刻的亲身经历，而且两人不只展开医疗探索，也进行心灵探索。两人都在成年后皈依佛教，并且在科罗拉多州圆石郡的佛法中心相识。几年后南西做了子宫切除手术，变得极度抑郁。后来南西有个同事宣布她和丈夫决定要领养一个亚洲宝宝，南西下定决心仿效。丹坚决反对："事情可能会失控，孩子会支配你的生活。"可是最终南西还是说服了丈夫。

1998年7月29日，丹和南西飞往河内，几乎是一抵达就立刻前往孤儿院。丹说："那里简直是太荒凉了，第三世界粗糙的建筑，大幅的胡志明画像。"孤儿院的副院长向这对夫妻说明，两人要领养的孩子得了肺炎，体重减了四分之一，而且抗生素治疗结束前无法离开孤儿院。南西说要见见她。"他们把她放在我怀里，她盯着我的眼睛直看，然后笑了。"南西说道。这名微笑的宝宝看起来十分憔悴，院长的女儿突然说："我觉得你应该马上带她去国际医院。"

到了国际医院，有人来照了胸部X线，说宝宝的肺炎已经好转，并开了头孢菌素。后来宝宝的脸开始发红，南西知道她过敏了。她很快就开始吐血、下痢血便。接下来十天，丹和南西都住在医院，最后终于搬回旅馆。美国人领养越南宝宝的手续都必须在曼谷办，于是丹去了泰国。南西则每天带宝宝去医院用喷雾器服药。她在等候室看到一位以色列医生的名片,上面写着他的诊所为美国大使馆提供服务,于是把所有病历拿给他看,他做了血液检查,说孩子感染了巨细胞病毒和艾滋病病毒。他向南西保证会有人照顾宝宝,直到她离世为止,而她和丈夫可以再领养一个满意的孩子。

丹怒不可抑。他对我说:"这是要我们怎么样?把她扔回去,当她是条不值得处理来吃的鱼?"可是美国法律禁止艾滋病病毒阳性反应的儿童移民。赫西一家曾经因为机缘巧合,收留过地方佛教界一个患有艾滋病的垂死教友,因此丹在"圆石郡艾滋计划"的朋友可以帮忙。同时,南西则不断等越南政府核准领养申请。忧心了两个月之后,两边都通过了,这家人一起坐飞机回家。

两人为宝宝取名艾玛。一到美国,艾玛就到丹佛的科罗拉多儿童医院住院检查,四天后医生打电话说,艾玛没有验出艾滋病病毒。南西说:"喜悦就像涟漪一般四处荡漾。"两周后,艾玛除了砰声巨响之外,什么都听不到。她很可能是因为接触到胎盘里的巨细胞病毒,导致听力恶化,最后几乎完全消失。

赫西夫妇住的社区有位听障人士,他告诉两人,聋孩子若是有聋父母,生活会美满得多。南西和丹决定要像聋父母一样教育子女。丹读过聋人文化圈大肆非难人工耳蜗植入手术的文章,而他和南西决定要"尊重艾玛本来的样子,而不是修补她"。但是圆石郡没有启聪学校,两人请的听力师告诉他们应该要搬到波士顿、旧金山或奥斯汀,那里的听障教育很出色。于是,艾玛14岁时,全家搬到奥斯汀,替她在德州启聪学校报名早期治疗课程。艾玛原本已经开始走路,但之后又停下,重心全放到手语上。丹和南西开始上美国手语的课程,但两人都没什么天赋。丹说:"你常会听到像这样的故事,'某个听障人士的父母从来没学过手语,怎么可以这样?'但就算要学会手语才能保命,我也学不会啊!"南西说:"然后,我们参观了公立学校的口语课程,看到学校不准孩子比画手语,那太可怕了。当时我们心里就明白,硬要听障孩子说口语,是在虐待儿童。"

艾玛在得克萨斯州罹患严重气喘，全家人每周都得跑急诊室。丹和南西找不到工作，婚姻出现问题。丹说："南西整颗心都放在艾玛身上，只求她活下来，当时这也的确是真切的问题。但我觉得她不再和我携手，我的地位下降，成为背后默默帮忙的人。"丹宣布要回科罗拉多，南西不愿一起回去，可是也不想老死得克萨斯州。她去马萨诸塞州弗雷明汉了解当地的听障学习中心，和学校的校长一见如故，校长请她到中心上班。丹不想跟女儿相隔大半个美国，于是搬到邻近的佛蒙特州。

南西开始在学校全职上班，希望丹按照时程分担看顾艾玛的责任。丹愤愤不平，也很怕独自照顾艾玛。他说道："同情是能够无条件地看顾另一个人，而不是满足自己的期望，这个道理我很明白，可是后来标准一下子变得那么高，我做不来，感觉很惭愧。"再者，两人的手语都很拙劣。南西说道："我的美国手语真是惨不忍睹，更何况这还是我工作的一部分。"她开始跟丹讨论人工耳蜗植入手术。两人愿意为了让孩子接受最好的手语教育而四处搬家，这件事本来让这对夫妻成为聋人朋友间的英雄，可是现在，两人已经预见自己正准备背叛聋人的价值观。

艾玛4岁时接受了7小时的手术，在一只耳朵装上人工耳蜗。手术后南西带她回诊，医生说伤口严重感染，有致命之虞。艾玛开始接受静脉抗生素注射。她的气喘和乳品、豆类、小麦等食物有关，限制饮食并采取吸入式类固醇后一直控制得很好。手术后她气喘复发，而且做什么似乎都不奏效。南西辞去工作。虽然两人正在谈离婚，但也都决定要搬回圆石。南西说："就像一场循环，她来圆石的时候还听得到，离开的时候失聪，再次回来的时候又开始有听力。"

而此时，艾玛夹在两种文化和两种语言之间，正是她父母不希望她陷入的处境。那年夏天，她每周有4天去耳蜗植入营接受听力训练。虽然南西对第一次植入手术有不好的回忆，但在丹的坚持下，艾玛的另一只耳朵也动了手术。这次一切顺利。我认识艾玛时，她已经9岁，语法和用法还不到同龄儿童的水准，可是话说得很流利，也毫不别扭。南西说："我们找来的专家都说从没见过有人适应得这么好，他们认为，这是因为在此之前她已经熟悉一种语言，也就是美国手语。"第二次手术后，艾玛辨识开放式字词的成绩大为提升,从 25% 跃升至 75%。

丹和南西发誓要让艾玛在双文化的环境中成长,但这件事越来越难做到。两人注意到,可以选择手语或口语的时候,她总是选择口语。艾玛 7 岁多的时候,两人让她不再使用手语,同时也找出大致还算和睦的共同抚养模式。艾玛对我说:"我们回家的路途很艰辛,但大家都很坚强又温柔,最后还是做到了。"

丹说:"家有障碍儿,你或者说,'我人生有了新价值,我会又幸福,又以孩子为荣。'不然就是,'这孩子什么都需要照顾,我得做牛做马,哪天又老又累,就这样死去。'其实,两者皆有。佛教谈的无非就是二元性。但二元性会让你更好过吗?不会。我现在必须抱一种'玩真的'的态度重新修佛。修佛本来是嗜好,现在不是了。"

植入的装置、手术本身还有院方推荐的听力训练,大多数的医疗保险都有给付。费用加起来可能超过 6 万美元,但是手术对于保险公司来说还是经济实惠的选择。约翰·霍普金斯大学以及加州大学圣地亚哥分校接受业界委托进行研究,发现相较于其他的听障适应措施,植入手术可省下每名孩童 5.3 万美元的开销。但由于因素复杂,要估计开销实在不易,很多人无法适应植入的装置,导致开销大增;反之,若及早学习手语,那么相较于因为童年创伤而需要辅助措施的人,花费则较低。对大多数的听人父母而言,该怎么选择似乎很简单。有位母亲说:"如果孩子要戴眼镜,你就帮他配眼镜;孩子缺条腿,就帮他配义肢。这也一样。"另一位母亲说:"要是桃乐丝到了 20 岁决定不再开口说话,那没问题。我希望她有选择的余地。"接受植入手术的人会被重新归类为听人,不能使用身心障碍人士的各项辅助措施。问题在于,那些不接受植入手术的人,可能会被视为明明有"治疗方法",却"选择"现况,因此"不配"获得纳税人的"善心"。也因此,植入手术出现后,很可能会让其他听障人士失去身心障碍者的地位。

罗利·欧斯布林克生下来的时候听得见,是热情又好动的孩子。1981 年 12 月的某个星期五,就在刚过完 3 岁生日不久,罗利病倒了,看症状似乎是流行感冒。他的父母鲍勃和玛莉把他抱到床上,让他多喝水,细心照护他。到了周六,他并未好转,周日病况还突然恶化,于是两人把他送去急诊室。鲍勃和玛莉坐着等医生检验,最后有人走出来宣布:"我们认为他撑得过去。"鲍勃大吃一惊,问道:"他得的是流感,对吧?"医院的人回答说:"他得了急性脑膜炎,已经昏迷了。"罗利在氧气帐里待了5天,40天内不断进出医院。鲍勃回想道:"他反复接受脊髓穿刺,医院也无法给他麻醉,否则会影响白细胞数。做穿刺时他不断尖叫,只有我能抱住他。直到现在,我听到3岁孩子哭喊,都还会心惊胆战。"

鲍勃是职业音乐人,以前他习惯晚上弹吉他唱歌给罗利听。在医院里,罗利对鲍勃的歌声不再有反应。为了不让这家人雪上加霜,医院的人都说罗利的听力会恢复,但其实医护人员都知道他的听力已经永久丧失。鲍勃说:"给人虚假的希望实在太残酷。"两人带罗利回家时正好赶上元旦,烟火一放,夫妻就跑上楼哄罗利,却见他睡得正香。罗利身体渐渐恢复,到了能够站起来的时候,却总是跌倒,这是因为脑膜炎往往不只影响耳蜗,还影响内耳。罗利当时完全没有平衡感。

从那时起,鲍勃就饱受内疚折磨。"要是我早点送他去医院会怎么样?"他问道,"专家都告诉我,'我们也可能诊断他得的是流感,说他不必住院。'"对于这件事,鲍勃和玛莉的反应有天壤之别。鲍勃积极到近乎狂热,设法不让罗利跟外界脱节,玛莉则静静保护儿子。鲍勃回想道:"有一次她问我,'你一点都不为这件事烦心吗?'我发狂了,就说:'当然烦,我的心都要裂开了。你就坐在那儿哭,我没办法只是坐在那儿,什么都不做。'"鲍勃放弃了音乐,甚至一整年不听收音机。

鲍勃和玛莉都不知道该拿听障的孩子怎么办。鲍勃说:"本来他就不是十分会说话的孩子,他哥哥口齿清晰、表达明确、滔滔不绝,3岁以前就很会说话。罗利没有那么快。"鲍勃的父母有个朋友认识豪斯医生。豪斯医生是"豪斯耳科"的创办人,他向鲍勃介绍一项崭新的科技,即人工耳蜗植入术,只是还未获准用在儿童身上。"我们见了动过手术的成人听障,发现他们的确能听见声音,也读了相关研究,说有个小女孩植入了人工耳蜗，也看见她对父母的声音有反应。但罗利已经在医院住了这么久，我们还要他继续受罪吗？"鲍勃也明白，由于孩童脑部还在发展，不确定对植入的异物会有何反应，因此美国食药局尚未通过儿童使用。当时人工耳蜗只有单频道，接受植入的成人也没有人完全发展出口语能力。然后有一天，罗利走到街上，差点被响着警笛疾驶而过的消防车撞到，于是4岁的罗利成了史上第二个接受植入手术的儿童。"我们认为，能感知到声音，罗利会更安全，对读唇语也有帮助。罗利坐在测试间里对声音产生反应那天，我们都很激动。"但是罗利听到的声音极为粗糙，最后发现也不是很有用。

由于他内耳受损，因此依然站不稳。鲍勃希望能够找回罗利的运动天分，为此展开长期的艰难训练。罗利上的是主流学校，参加学校校队。鲍勃担任罗利的小联盟团队教练，每天早上、下午还给他额外的练习。到了8岁，罗利已经是明星球员，开始比画手语，还加入听障球队。鲍勃也是听障球队的教练。罗利会读他的唇语，然后翻译给其他球员。鲍勃说："就算是国际足球队，场上的人都说不同的语言，但玩起球来却整齐划一，比赛本身能把人凝聚起来，比赛有自己的语言。在比赛中，他是'那个足球好手'，而不是'那个听不到的小子'。"鲍勃与大儿子分享音乐，而运动则维系了他和小儿子的感情。

鲍勃对手语很有兴趣，但并没有刻意学，而罗利则要他继续跟自己说话，甚至要他留胡子。"爸，你是我的教练，也是最常跟我说话的人。如果我能读懂你的唇语，我就能保持敏锐。"但是鲍勃后来发现，听障人士真正吸收的外界信息，并没有看起来那么多。"后来我才明白他错失了多少东西。他代数不好，可是我知道他明明很聪明，于是我说，'让我去教室旁听。'原来老师背对着全班，一边讲解，一边在黑板上写公式。"

中学的时候，罗利开始认真学习美国手语，并在高中接触到聋人身份认同。他拿到亚利桑那大学的棒球奖学金，到学校跟球队的教练会面。鲍勃说："我一次次打电话给他，跟他说罗利的状况，说罗利很会读唇语，你只要直直望着他的眼睛就好了。结果，那教练走了进去，眼睛却看地上,罗利说:'教练,我的唇语读得很好,如果你往上看,说慢一点,我就能懂。'教练拿出一本笔记本,扔到自己桌上,开始写字,姿态还颇高。罗利把纸揉成一团,说:'我没法替你打球。'当晚他开车离开,去了高立德。"

罗利再也不曾真的回到听人世界。他在高立德主修听障研究及哲学,在宿舍担任舍长,还参加棒球队。毕业时,洛杉矶道奇队邀他参加选秀。他联络到普莱德。普莱德打职业棒球,而且他重听,但他却说职业运动界没有人会帮助"那个聋小子"。罗利拒绝了道奇队,跑去攻读教育硕士。鲍勃说:"其实每次都会回溯到跟亚利桑那大学那次的比赛。我们不时会去看球赛,欣赏某个人打球的样子。这时他就会说,'爸,我以前打得跟那个人一样好,对吧?'而我就会说,'那当然。'"

罗利后来结婚了,太太是家中第五代听障。他关掉植入的装置,再也没有用过。他说,戴着装置让他觉得自己像"鸡群里的一只鸭"。聋人世界成了他的家。罗利现在教五六年级的听障孩童。他不再打棒球,可是担任一支聋人团队的教练,带着他们打出冠军赛的水准,而且他还迷上单车。他重写了加州听障教育的课程设计。鲍勃说:"他告诉我声音是什么样子,他还记得一点点,但记忆不是很鲜明。"罗利也大力劝阻父母替孩子动植入手术,写道:"至于小儿人工耳蜗植入,由于完全忽略孩子的选择权,根本不应该容许。"

鲍勃也谈到自己的选择:"我做了当时觉得对的事情。那跟选择聋人文化或听人世界的哲学讨论无关,因为我当时对这件事一无所知。"罗利明白父母为何做那样的决定,而鲍勃也明白儿子为何要推翻。鲍勃说:"我发现,他在口语环境能接收 90% 的信息,听起来很多,但如果你真的关心别人(而他是非常有同理心的人),你就会想要知道全部。我完全接受,也尊重他的本质,还有他想要的一切。以前我都跟别人说,我有一个儿子听不到,但有三个儿子不听我说话。从私心来说,我希望他能跟我一起唱歌弹吉他,而他则希望我能把手语比顺。"

我不免想,在这些论战中,最后赢的是否总是孩子?是不是有什么圣旨规定父母的职责是迎向挑战,而孩子只要做自己就好?跟我之前访问过的人相比，鲍勃似乎更自豪，也更为沉郁。罗利3岁失聪，在父子两人的生命中，3年都是一段很长的时光。我好奇鲍勃的惆怅是否源于他失去和儿子的深切联结，而且不止失去一次，而是两次：先是音乐，然后是运动。鲍勃说："最让我痛心的，是自己疏忽的那些事，例如我不知道有时他看起来像是懂了，其实并不懂。大家都在笑，他也跟着笑，但其实他并不知道笑话的内容。他所必须经历的一切，都让我难过。我心里有一个地方会一直难受下去。但我认为他并不难过，而我当然也不会为他现在的样子难过。"

生物伦理学家柏克说："很少有人会为没有失去的东西而哀伤。拿性别来作比喻吧，女性可能会想，当男人不知道是什么感觉，反之亦然。可是这种好奇的感觉，不会用失落来表现。"伦敦"聋得纯粹剧团"的艺术总监加菲和她的伴侣李奇发现女儿是听障时非常高兴，因为如此一来，她就有了"一本护照，能浸淫在丰富多元的文化中"。一般文化总感觉听障儿童缺乏某种东西，即听力；聋人文化却觉得他们拥有某种东西，也就是这种美好文化的会员资格。听人父母则被丢回去面对自己的二分法：他们是有了一个听障孩子，还是缺了一个听人孩子？

菲立克斯·费德曼也跟鲍勃一样，认为在口语环境中的行为能力极具价值，也就是，文化适应既天经地义，且是唯一目标。他的女儿是听障，当年还没有植入手术，但当几名听障孙儿出生时，植入技术已经很发达，可是孩子却不感兴趣。菲立克斯是老派犹太人，总习惯在看见了曙光还忙着找乌云。然而，他固然爱自己的后代，却很难觉得有两个听障孩子是件足以称道的事，接着又有3名听障孙儿降生，更不能说是增添福分了。

菲立克斯和太太瑞秋的小女儿艾斯特生来就有脑瘫，装上助听器以后，辨音的能力足以发展语言能力。就在全家人正为她诊断出脑瘫而手忙脚乱之际，儿科医生又告诉两人，大女儿米莉安失聪了。那是1961年，菲立克斯和瑞秋替米莉安及艾斯特选择了口语教育。当时的正统观念仍是接受口语教育的孩子不得接触手语，因此他们家禁绝手语。"要是米莉安比画了手语,我们会打断她的手。"菲立克斯说道。他和瑞秋则双双去上课学习如何在家加强口语课程。两人听说圣塔莫尼卡有很好的语言治疗师,便举家搬去那里。当时全家人的生活全围绕着听障。"我们和听障人士有过接触,但那些人全说口语。"菲立克斯说道。

虽然以脑瘫来说,艾斯特的表现相当不错,但这一路走得漫长而艰辛。米莉安的听力障碍更严重,但她却是模范小孩,每天在学校接受听力治疗,每周3天还上私人家教课。她热爱竞技花式溜冰,教练获准向她比画三个手势:一个告诉她音乐开始了,另一个在中途提醒她该加速还是减慢,还有一个在最后时告诉她音乐结束了。她父亲说:"她一个音符都听不到,还是能上台比赛。她在班上总是名列前茅,其他孩子都听得到,就她全靠读老师唇语。她从不觉得自己是残障。"米莉安15岁的时候,参加了1975年在纽约普莱西德湖举办的冬季听障奥运会,也是她第一次沉浸在以手语为主的环境当中。菲立克斯回想道:"她很快就学会了,我们也无计可施。"

米莉安跟我说:"学手语很难,要花很多年,那是因为我太晚学了,又很焦虑。我爸妈老是说,'别比画手语,别比画手语。'在听障奥运会,大家都比画手语,我却不会,很丢脸。"看到米莉安比画手语,菲立克斯虽然承认她的口语能力还是很好,仍有种被背弃的感觉。米莉安在居住的加州小镇开设犹太聋人社区中心,发行刊物,也在犹太节日前后举办活动。她还是社区的领袖。与人沟通时她大约八成用手语,二成用口语。"但要是我小时候可以比画手语,所有语言都能学得更好。"

耳蜗植入手术问世以后,菲立克斯试着要当时20多岁的米莉安动手术,可是她深爱聋人文化,对这个主意深恶痛绝。菲立克斯说:"我们讨论过、吵过、吼过。我输了。装的人年纪有大有小,我们也认识几个。他们能听见你说话,能用电话,能听新闻、看电视。为什么不装?可惜她和她前夫觉得这是种族屠杀。"

米莉安的3个孩子都是听障,我认识他们时,他们分别是17岁、15岁、13岁。菲立克斯催他们接受口语教育,可是口语教学需要父母密切配合,这对听不到的父母而言非常困难。菲立克斯说:"米莉安选择了最容易走的路，孩子们要是不比画手语，现在一定会说话。太令人伤心了。"虽然菲立克斯跟米莉安说话毫无问题，却无法和孙儿交谈。米莉安的长子现在就读全球唯一一所正统犹太教聋人大学，正在学希伯来文和意第绪文。米莉安说："我整天盯着别人的嘴唇看，不希望孩子重蹈覆辙。我的孩子很快乐，他们知道该怎么拼字，也能跟我说他们的感觉，还有他们想要什么。"我好奇他们在学校有没有听人朋友。"我女儿刚开始上学的时候，全年级都没有别的听障儿童。她怎么办？她教其他孩子手语，有些人到现在还是她最好的朋友。"

菲立克斯非常希望孙儿植入耳蜗。米莉安说："每次家族聚会，大家都只聊这些。"菲立克斯要给每个孙子100万元动手术，他对我说道："我应该反过来，要是他们不动手术，我就从每人手上拿走100万元，然后把钱给别人。"他故意做出压低声音的样子，用极大的声音耳语道："其实，她就不希望我过得开心。"米莉安转过来，对着我说："我并不希望生下听障孩子，这出乎我的意料。但既然生下来了，我还是很高兴，因为他们属于我的世界，也能理解我这一路是如何走过来的。不过，如果我生出听人孩子，家人会更喜欢我。"然后两人都笑了。菲立克斯说："好吧，我们的故事就是这样。我觉得你的书应该要取名《听爸爸的就对了》。"

也许还要再等一段时间，植入耳蜗的人才能欣赏威尔第的音乐，或在一林子的乌鸦里听出一只斑鸠，但若只是想让植入者接收到够多的听觉资讯，以发展出流畅的语言能力，研发人员已经快要达成了。现在的障碍其实是观念问题。菲立克斯先前也愤恨不平地指出，很多聋人运动分子总表示，植入人工耳蜗是种族屠杀，意图摧毁、消灭聋人族群。有些人把小儿植入耳蜗比拟为侵入性手术，跟"矫正"双性人的手术如出一辙——很多双性的成年人都反对这种手术。英国的聋人运动分子赖德把植入手术视为"终极手段"，而布德侯则提到一场语言及文化灭绝运动。东北大学的蓝恩写道："你觉得有人敢站起来说'几年内我们就可以消灭黑人文化'吗？"在他眼中，植入手术就是这样的进攻。他说："要是听人把聋人视为一支有自己语言的民族，而非残障，就不会有这么深的误会了。"动了手术以后,究竟是潜藏的那个听人被释放了出来,还是原本的聋人被彻底摧毁?虽然有运动分子要求,父母让孩子动手术之前一定要先见过听障人士,可惜听力专家和医院不太支持。很多医生并未告诉父母如何联络聋人族群,也很少有父母在拿到联络方式之后真的动身拜访。只有瑞典立法规定,父母必须先和聋人代表碰面,在了解他们的生活之后,才可以替孩子做如此重大的医疗决定。

问题确实在于我们如何定义亲子关系。100年前,孩子其实是财产,除了杀掉以外,父母几乎可以为所欲为。今日的孩子拥有更多权利,但父母仍可以决定孩子该穿什么、吃什么、何时睡觉。跟身体完整性有关的决定,也是父母的职权吗?有些反对植入手术的人主张孩子满18岁再让他们自己做决定。因为牵涉到神经问题,这显得不切实际,但即使不论这点,这个提议仍有问题。到了18岁,你所选的不只是听不听得见,更要在熟悉的文化和未曾经历的人生之间选择。届时你对世界的认知全来自身为听障的经验,要放弃,就等于完全否定当下的身份。

装上人工耳蜗的儿童多半都经历过社交障碍,若说手术的目的是要孩子更有自信,那么结果有好有坏。有些人成了加州大学伊凡斯口中的"文化游民",既非听人,也不属于聋人圈。大部分的人喜欢二元对立,不喜见二元思维遭到威胁挑战,但二元对立会导致恐同、种族歧视、排外等排除异己的直觉反应,大部分的人都避之唯恐不及。听人和听障者之间的墙已经因为各式各样的科技而倒下:助听器和耳蜗植入创造了新的现象,有些运动分子称之为"生化人混合体",指身体功能以某种方式变强了。

虽然某些人到了青少年时期就把植入的装置关掉,但大多数人还是认为手术极其有用。2002年有项研究指出,三分之二的父母表示孩子从未拒绝使用植入的人工耳蜗。相较之下,不肯系安全带的青少年恐怕还比较多。

芭芭拉·马楚斯基跟丈夫罗夫·寇门戛说,如果他一定要有小孩,她就生。丈夫的回答是:他要。她当时还在工作,怀儿子尼可拉的时候,她甚至挺着9个月的身孕在宝侨公司西弗吉尼亚州的仓库开叉车。当时是1987年,听力学一词她甚至都没听过。尼可拉6个月大的时候,她决定找专家检查,心想也许孩子耳朵感染了病菌。她等了3个月才预约到时间,结果专家把这家人转去约翰·霍普金斯医院做进一步检查,于是又等了3个月。她拿到检查结果的时候,大家都以为她会陷入绝望,对此她很不悦。但她对我说:"你之前邀访的时候,我说,'要是你想找的是因此大受打击的人,就别来,我没有那一类的故事。'但我现在可以告诉你,当时我晚上都睡不着,总是哭个不停。我常躺在床上想,'要是他聋了,以后想踢足球怎么办?'我把他未来可能做的事都想过一遍,每一件都想过。"

芭芭拉和罗夫一开始替尼可拉选择了口语教育。芭芭拉说:"我最后选了一个老师,她跟我介绍她奇妙的疗法,还说她的孩子成效非常好。我每天都想,'今天她就要创造奇迹了'。奇迹从未发生。"尼可拉很爱垃圾车,所以芭芭拉常带他出去,花几小时跟在垃圾车后面,一边努力教他看到的东西怎么说,一边希望如果教的字词都是他有兴趣的东西,他就会对字词本身产生兴趣。"口语教育太可怕了,不管教什么,目的都是要他们说出来。教法令人喘不过气来,而且完全不自然。简直把我推到疯狂的地步。"那个时候,人工耳蜗植入手术还是新技术,罗夫想考虑,可是芭芭拉不肯。"这个决定我不能做,我无法决定要不要把孩子的头切开。你现在是要替成年以后的他做决定,可是他现在还只是个小宝宝。像这样的决定,跟孩子将来会成为什么样的人有关,但他们都还只是婴儿,未来会如何你无法预测。"

芭芭拉发现尼可拉太少和人接触,决定再生一个,生个听得见的弟弟妹妹,将来可以帮他翻译。临盆那天,芭芭拉把新生儿听力测试的标准步骤告知院方。医院的人宣布布莱妮的听力正常。"她躺在摇篮哭,我则跟尼可拉玩,我还记得自己不耐烦地大喊:'布莱妮,你没事,你听得到我说话。尼克需要我。'我当时并不知道,自己真正想要的是另一个听障孩子。一知道她听不见,那差不多是生下来一两个月内,我就打电话给听力师说:'帮我订助听器。'所以,3个月大的时候,她就戴了助听器,还开始接触手语,情况变得很不一样。"后来有两个老师被派来教芭芭拉手语,也让布莱妮接触更多语言。可是,芭芭拉却觉得家里有老师在,让人喘不过气。她回想道:"我不停地说,'我孩子的进度刚刚好!'而他们则跟我说,'你要是能早点开始,他们就会更聪明。'他们说得没错,但我不想听。"

布莱妮能发出各种各样的音素,专家认为她很适合接受口语教育。当时尼可拉已经开始接受口语教育,却无法发出正确清楚的语音。"我实在不觉得这在他身上行得通,开始犹豫,'我是为了妹妹牺牲哥哥?还是为了哥哥牺牲妹妹?毕竟我们无法既学口语又学手语。'于是我做了决定,我们开始比画手语。"

他们家离寄宿的马里兰启聪学校有2小时车程,她替两个孩子都报了名。学校有双语-双文化的环境,但上课用手语。芭芭拉则在学校附近注册了美国手语翻译训练课程。罗夫只能在地区的高中上美国手语课。不过芭芭拉不得兄妹住校。"本来我不想要孩子,但后来我爱上我两个孩子。"于是她每天开车载兄妹上下学。学校的听障教职员都反对这样的安排,可是芭芭拉心意已决。"这个部分我很厌恶:聋人的聋孩子就是宝,听人的聋孩子则低人一等、没那么重要。我的孩子也能感受那种负面压力。这一路上每一步我都质疑聋人族群的做法。我大可说,'好吧,把我的孩子带走,让他们住在宿舍。去吧,反正你们是专家。'我的两个孩子会发展得更好吗?我可以告诉你,那些等于失去父母的孩子,更跟不上。"手语翻译课程一结训,她立刻去学校当义工,最后在学校担任秘书。芭芭拉费尽心思要让孩子有自信。"从小到大,我总说,'你们想做什么都可以,这件事不会限制你们。'后来我才突然明白,跟他们无关,一切得看他们面试时,坐在对面的听人怎么想。"

最后,芭芭拉成了聋人文化的斗士。她说:"我拥抱聋人文化的时间并不太长,现在我碰到父母,都说,'听好,学美国手语会是你这辈子做过最难的事,你怎么学都永远不够好,还是无法看懂孩子在比画什么,也永远无法用手语畅所欲言。'事实就是如此,很难。"

我认识芭芭拉的时候,她在当地一所大学担任主任,部门的工作是提供听障学生家庭服务。尼可拉和布莱妮远不如她那么热衷聋人运动。尼可拉表示，自己能为听障人士做的，就是走到外界，去工作、去做他自己。芭芭拉毫无异议，毕竟她之前努力了这么久，就是为了让孩子有这样的自信。她抱怨道："聋人圈总要成员以自己为荣，接着就不让他们走了。孩子要在启聪学校长大，然后上高立德大学，再回启聪学校教书。他们对世界的认识就只有这样，没有带来新意，也没有多元的东西。"芭芭拉则让两个孩子念加州大学的北岭分校，该校有坚实的聋人研究课程，聋人学生也多。

两个孩子的英语写作都很出色。尼可拉很少用口语，但布莱妮大学时却决定再次接受语言治疗，也考虑装人工耳蜗。她希望能进入制片业，希望在听人的世界里也能悠然自得。芭芭拉说："布莱妮希望能让听人越方便越好，她的口语词汇很多，问题是她不敢说。她在大学有个翻译，翻译对她说：'你不应该说话，因为听障人士说起话来都很难听。'于是她写了封电子邮件给我先生，说：'我的声音很难听吗？'这人是翻译，是布莱妮赖以沟通的求生索。我要是看见这女人，很可能会掐死她。"布莱妮很担心，要是聋人圈的朋友知道自己要动手术，会有什么反应？芭芭拉说："她要怎么做？要放弃梦想、接受现况？还是去动手术，让自己更有可能找到理想工作？他们是活在听人世界的听障，这才是现实。"

芭芭拉虽然担心孩子在听人世界的处境，却毫不后悔。她说："我的孩子要是听得见，我女儿跟我一定处不来。我们两人的性格都很强硬，而我儿子则会惹出一堆麻烦。我的孩子要是听得见，我就会去工作，也只好把孩子送给别人照顾。生下听障的孩子，让我成为更优秀的母亲。我喜欢为目标而战，也喜欢替别人找到能力。我们彼此处得很好，我们一家人，真的。我希望他们的孩子也是听障，希望他们拥有跟他们一样的孩子。"

在听人的世界中，听障人士往往处于弱势。问题就在于，大家是想在主流世界当边缘分子，还是在边缘世界当主流分子？很多人选择后者，这合情合理。同时，那些反对人工耳蜗植入手术，有时还反对助听器等科技的人士，由于声音比较大，所以让人以为他们的想法代表普遍意见。可是，这些看法也可能构成限制。加拿大的听障人士伍德考克写道："某些聋人似乎会给人隐约的压力，要人放弃助听器，这有点类似解放聋人版的烧胸罩运动。聋人社群歧视任何形式的听力。我虽然听力逐渐退化，但此时若是在安静的房间里，门上有人重重敲了几下，我也还听得见。这么一来，就有人用怀疑的眼光看我，甚至公然质疑我为何出现在听障人士中。这太荒谬了。"评论家李则写道："虽然我自认完全具备聋人的资格，也有能力参与聋人文化，但我也有能力和英语口语人士沟通，因此有时我会被人贴上标签，说我的想法和听人一样，不是真正的聋人。"

史威勒有听障，他在听人世界长大，接受口语教育，很晚才找到聋人的身份认同，并以优美的文字写了出来。他使用助听器等装置，对此他写道："基本上，一装上助听器，就等于每一句话都要在心中翻译一遍。感觉就像高三学生拿假证件到大学的酒吧喝酒，装装样子的确能骗过大家，但这种探索世界的方式，背后的根本立场是难以为继的自欺欺人，一边骗别人：我听得见你们说话；一边骗自己：只要其他人以为我听得到，不管我漏听多少，或是感觉多孤独，都没关系。这会把人逼疯。但我一直这样，也只会这样。"乔许一路读到高立德大学，他入学后不久，校刊进行民意调查，问学生若是有颗药丸吃下去马上可以获得听力，他们吃不吃？大部分的人都说不吃，因为他们以自己为荣。史威勒写道："但我们是谁？是谁从我们的眼里向外看？"多年后他在自己的网站上贴出一篇简短的自我介绍："2005 年，乔许植入人工耳蜗，手术大为成功。同时，他也深以使用美国手语为荣。听障族群因防卫的心态与不信任而分崩离析，他不愿接受这种态度，并深信人与人的共通之处应该可以，也将会战胜差异。"

尽管人工耳蜗的争论还沸沸扬扬，可植入的助听器等各式辅具仍不断发展、修正。同时，研究以生物、非辅具方式治疗听觉的研究也已开花结果。听力受损有很多种，但原因多半是丧失耳蜗中的听觉毛细胞。这些细胞接收声音时，能将声音转换成神经可传导的形式传至大脑。细胞形成的时间为胚胎发育阶段的前三个月，过了便无法再生——至少过去是这么认为。20世纪80年代，现任职于弗吉尼亚大学的柯尔文发现成年鲨鱼的毛细胞远多于幼年的鲨鱼。之后的研究则证实，鱼类和两栖动物类终其一生都不断产生毛细胞以取代死去的细胞。数年后，波士顿大学"细胞与分子听力研究实验室"的主任柯坦奇发现，雏鸡的毛细胞若因耳毒性毒物或高音量而完全受损，之后仍能再生。经过测试，这些雏鸡也的确恢复了听力。这些新发现让研究人员开始调查上述过程在人类身上是否也能实现。

1992年，柯尔文的实验室研究人员以视黄酸喂养老鼠胚胎，生下来的老鼠有6或9排的毛细胞，一般的老鼠则仅有3排。以此研究为基础，1993年爱因斯坦医学中心的一支团队在《科学》期刊上刊登一篇论文，描述团队利用视黄酸混合胎牛血清治疗成年老鼠受损的内耳，已经成功使毛细胞再生。然而由于大多听觉障碍都属于退化性（即使先天失聪，也多半是在子宫中失去听觉毛细胞），新生的毛细胞究竟能否在内耳中存活，还是会像先前的细胞一样死亡，仍是未定之数。

史代克是堪萨斯大学耳鼻喉学的教授，目前他正着手确认要如何让神经干依附在毛细胞上，而耳蜗的反应正是借由依附的过程传送到脑部。20世纪90年代末期，医学界对干细胞的认识越来越深，也因此有人开始问，如何让干细胞特化为听觉毛细胞，再将其植入内耳？2003年，赫勒和同事成功从老鼠干细胞中培养出听觉毛细胞。6年后，英国雪菲尔大学有个团队证明人类胚胎的听觉干细胞可在体外培养，然后再发育为可用的听觉神经元或毛细胞，此过程中对细胞使用视黄酸可以帮助发育。

从基因角度研究听障，因为涉及选择性堕胎，让聋人圈大感不满，但其实这些基因研究的主要目的并非终止妊娠。科学家希望能发展出基因疗法，帮助听觉毛细胞在子宫中及出生后生长。由于已发现ATOH 1基因是听力毛细胞发展的关键，研究人员目前把重心放在能引导、诱发动物体内 ATOH1 基因表现的疗法，并防止氧化压力等作用破坏现有细胞。老化会导致听力问题，其中氧化压力作用极可能是主因。另外，信息必须经由传导通道从毛细胞传到脑部，控制此通道的基因也是目前的研究对象。

目前正在研究的科技包括：植入电极以刺激神经纤维、微型植入的技术、完全植入体内的耳蜗装置、植入式助听器等。

20 世纪 60 年代初期，美国爆发流行性风疹，许多婴儿因而失聪。这一代人又被称为"风疹肿"，现在正值中年。目前美国已有疫苗让大部分的准妈妈不致感染流行性风疹，大部分的孩子也不再感染流行性风疹或脑膜炎。听障人口变少了，而人工耳蜗则代表有很大比例的听障儿童能在听人的世界里生活。"自神开天辟地以来，现在大概是聋人最好的时光了。"希尔巴克在莱辛顿的毕业典礼上说过这么一段话，然而现在也是听障人口不断凋零的时刻。听障人士的生活越来越如意，但人数也越来越少。父母若想知道听障孩子会有什么未来，已经不能再问成年的听障人士，因为这些人的成长背景已是昨日黄花。今日的父母如果不帮孩子动植入手术，就等于选择了一个日益缩小的世界。现代的聋人运动诞生于 1960 年，那年斯多基率先从语言学的角度分析，确立美国手语是十分复杂精细的语言。至于这场运动的式微，有人认为是肇因于 1984 年美国食药局通过了耳蜗植入术。布德侯表示："我们仍在为自己寻找答案，例如说：我们是谁？语言对我们有何意义？这个世界如何与听障人士互动？我们才刚开始有所发现，就要面对这些压力。"帕玛说："优生学和多元文化是劲敌。"

2006 年，一群聋人提出要在南达科他州建立一座聋人小镇，并取名为"罗伦"，以纪念罗伦·克雷，预估最初人口将有 2500 人。幕后主导此计划的人物是米勒，他说："社会没有把我们'融合'得很好。我的孩子找不到人生的榜样：市长、厂长、邮差、企业家，都没有。所以我们要建造这么一个地方，来展示自己独特的文化、独特的社会。"然而当地的乡镇委员会拒绝此项提案，计划失败了。南达科他州的人听到听障镇的反应，就跟20世纪50年代的白人社区听到黑人社区的消息一样。不过，即便是听障人士，反应也分为两极。《听障周报网》写道："有些人质疑为何需要这样的城镇，他们说这种'孤立'早已过时。"

如果是本卡拉，恐怕就不会有人说出同样的话，毕竟那样的聚落已经过一代代的发展。主流社会可能会认为这是有缺陷的聚落，是遗传问题的放大版。但那样的聚落并非人为，而是垂直形成的。一般人认为垂直很自然，水平就不自然。在费德曼这些听人眼中，植入手术比听障更"自然"，反对手术，看来才是刻意而不自然。这样的观点深入人心，也有越来越多人选择植入耳蜗，边缘文化的人数更少了，带来更多压力，更多人想要动手术，如此循环，最后聋人世界仅存寥寥数人。失去聋人文化将让人十分心痛，不让任何孩子接受植入手术则可能会被视为残酷。父母借由限制孩子的选择，将孩子定义为自己的延伸，而非独立自主的个体。然而植入耳蜗以后，很可能就牺牲了孩子在聋人世界怡然自得的机会。任何身份只要成了选择，就会发生不可逆转的改变，即使是选择此身份的人，也面临同样的情形。

多年来，听障人士的典型生活就是去听障的社交场合跟人面对面交际，但现在听障人士都能上网聊天，这些场合已经逐渐消失。听障人士以前往往会聚在听障剧院，但今日的电视、电影已配上字幕，上剧院的动力也逐渐消失了，现在的聋人文化，是否仅能定义为人与人当面交流时使用的某种共同语言？

正如聋人文化被迫融入主流，主流文化也吸收了聋人世界。懂美国手语的美国人，人数高达200万。21世纪初期的几年，美国手语课教学人数增长了432%，使得美国手语成为大学中最常教授的第五门语言，也是总人口中排名第十五位的最常教授的语言。有许多人被手语迷住，是因为觉得这种肢体沟通系统极具诗意。在这个人工耳蜗的时代，听障孩子学习手语已较不普遍，倒是有父母要听得见的宝宝学习手语，如此一来，他们在控制口腔肌肉开口说话前，就能先使用手语。申请高立德大学的听人也越来越多。听障人士对此感到五味杂陈。他们注意到，现在语言已经和文化分流，很多学生学手语，却丝毫不了解"聋人之道"。

"聋人之道"这个时髦的用语,指的是深切体会聋人的价值观。高立德的英文系教授谢尔斯认为:"美国手语大受欢迎,代价是手语成了一种手工艺或嗜好,由爱好者自愿在教堂地下室开课传授,就像拼布或有氧舞蹈。"她指的是学校教育以外的美国手语课程。

我完全相信世上有聋人文化,也认同这是一种丰富的文化。要承认某个文化,会牵涉到哪些社会责任?我们可以赋予这个文化类似古迹的地位,使其得以永久保存,不被摧毁吗?只要父母和孩子同意,讨论聋人文化传承便不会有问题。可是我们的社会不可能把孩子从父母身边带走,交给另一群人抚养。听人父母的孩子大约有九成仍会由亲生父母以自认为适合的方式抚养。若人工耳蜗手术可以改善,若基因疗法日益进步,能有效治愈孩子,这些疗法就会横扫一切。垂直的认同会永远流传下去,水平的认同却不会。蓝恩因此怒而写道:"听人父母和听障幼童之间的关系,就是听人社会和听障族群之间关系的缩影,充满了家长心态,迷信医疗,遵循种族中心主义。"确实如此,但蓝恩似乎忘了,父母有绝对的权利抱持家长心态。虽然听障人士要学口语很难,但是父母学习手语也不容易,这不是因为父母偷懒或轻视手语,而是因为他们的大脑完全根据口语表达来发展组织,到了为人父母的年纪,神经的弹性早已丧失了大半。父母替孩子选择植入手术,部分原因是这样孩子就能和他们沟通。这很可能是明智之举,因为亲子间的亲密互动是双方心理健康的基石。

人工耳蜗的辩论其实是一具支架,让我们得以站在上面,讨论另一个更大的主题:同化与异化——让人类标准化到何种程度,是值得称颂的进步指标,到怎样的程度,又会成为戴着面具的优生学?惠勒是听障研究基金会的执行官,他曾说:"我们可以战胜美国新生儿听障的问题,只要让每个新生儿都接受测试,再将父母组织起来,形成政治力量,如此一来,不论父母有多少钱,孩子都能获得需要的东西,那么,每年出生的 12000 名听障宝宝,就会成为 12000 名认同自己是听人孩子的宝宝。"问题在于,大家想要这样吗?现在的情况就像一场你死我活的竞赛。一个队伍由医生组成,他们能让听障者变成听人,深富人道精神,且能创造奇迹；另一队则是聋人文化的代表，个个是富有远见的理想主义者。然而一方获胜就会让另一方失去意义。聋人文化变得强劲，同时却也逐渐凋零。《聋人之眼》的导演加芮表示："聋人文化大概只能维持一代。"有些学者则说聋人文化是"皈依者的文化"。

我在全国听障协会认识了罗斯，他说："若是世上到处都是儿童期的治疗法，我可能就不会有听障，也不会是同性恋。身为听障人士和同性恋，我并不因此就觉得没人爱我，也不会不爱自己，反而觉得事实就是如此。"如果在疗法臻于完美之前，聋人文化就能变得像现在的同性恋文化一样受到瞩目、势力庞大且十分自豪，也许光凭"风疹肿"这一辈运动分子的成就，就有办法让听障文化长长久久。但如果在这一切发生之前，治疗方法就先行问世，几乎所有的听人父母和底层的听障父母都会把孩子送去治疗，那么高立德事件之后的惊人成就便将成为历史的终点，而非起点。届时，本章所说的一切都会变成巴比伦古文明的传奇，遥远而悲凉。萧柏格曾参加高立德的大小抗议活动，他写信告诉我："虽然身上的障碍从未让我不自在，我也不觉得人工耳蜗手术是意在摧毁听障文化的邪恶力量，但我确实感觉灭绝正步步逼近。世界各地永远还是会有听障人士，可是在五十到一百年内，在发展国家将会几乎完全根除。之所以说'几乎'，是因为总会有移民、无法医治的症状、固守文化的人等。但像我这样的人，不会再有了。"

世界上如果有更多文化，会变得更好吗？我相信会。人类哀悼物种消失，害怕生物多样性减少将严重危害地球，同理，我们也应该害怕多样文化凋零，因为世界之所以充满朝气，多元的思想、语言、意见功不可没。阿满都·汉帕帖·巴是马利的民族学家，他说："一位老人过世，就是一座图书馆烧毁。"然而现在发生在聋人族群间的事，过去也发生在贵格会教友、美国原住民、整个部族甚至国家上。我们住在文化的焚化炉中，据估计到了21世纪末，现存的6000种语言将会有整整一半消失。巴别塔正逐渐崩毁。随着这些语言消失，传统的生活方式也将一并消失。澳洲语言学家伊凡斯曾写过，当务之急是找出"一套保留语言及认知的新方法，让多元性成为关注的焦点"，并指出所有物种中，唯有人类的"沟通系统在各个层面都是根本上可变的"。聋人文化将和许多种族一起消失，聋人的语言也将和许多语言一起湮灭。

上述的统计数字令人心凉，仅有的一丝希望，在于看见新文化一直在诞生。本书记录的许多族群，若是没有网络，或若是网络无法跨越地理、语言、年龄、收入的差异，把价值观相同的人聚在一起，就不可能出现。书中有些族群本身就是文化。现在我的手指一动，一串串的字就出现在我眼睛盯着的荧幕上，背后的功臣正是电脑程序语言，那也是一种语言，而且这类语言发明得很快。保存历史固然可贵，但也不应该因此阻拦创新。

我父亲的文化程度很低，他在纽约布朗克斯区的廉价公寓长大，一路奋斗到专业阶级，让我及兄长在优渥的环境中成长。他有时会怀念自己当年离开的世界，也试着向我们说明他的心境。但那不是我们的现实，也恐怕不是任何人的现实。他出生的时候，近代东欧犹太移民刚来到美国，做的是劳力工作，说的是意第绪语，那样的世界早已消失。毫无疑问，我们失去了某些东西，然而我却比较喜欢自己从小经历的美式繁华生活。贾姬和我谈过今日最虔敬的哈西德派犹太人："他们觉得跟自己人在一起很安心。周五晚上过安息日，上犹太教堂，有自己的学校，有自己的传统，什么东西都有自己的。为什么要管外面的世界？聋人族群也是这样，这个族群会越来越小，不与世人为伍的人会越来越边缘化。我们不能再装聋作哑了。"

我的第一本书描述一群前苏联艺术家，他们昂首面对残酷而压迫的体制，展现出勇气和才气。然后，冷战结束了，这群人的惊人成就也成了历史。虽然有些人打入西方的艺术市场和博物馆，但很多人再也没有创作出像样的艺术作品。聋人文化一向是英勇的成就、美丽而精巧的奇迹，而现在却像前苏联的异议分子或意第绪的剧场，渐渐变得微不足道。聋人文化发展出的某些东西会传承下去，但是昂首阔步的时机已经过去。时代不断进步，每进步一点，就毁去一些东西，但也把湮没事物的源头编写入进步之中。我并不想经历我父亲昔日的生活，但我知道，若非有那样特殊的逆境锤炼出来的精神，便不可能有我。

权利运动分子帕顿眼见美国手语大受听人欢迎,问道:"这两种相互冲突的强烈欲望怎么能并存呢?怎么能既想消灭听障,又去歌颂'创造并保存一种独特的人类语言'这个由听障带来的最耀眼成就呢?"但这两件事互不相关。你可以欣赏聋人文化,但同时选择不把孩子交给这种文化。丧失多样性很可怕,但为了多样性而多样性,却是自欺欺人。若人人都能拥有听力,却要保存纯粹的聋人文化,就像在某些历史小镇里人人都硬是过着 18 世纪的生活。在未来,天生没有听力的人仍然会有共通之处吗?他们的语言仍会有人使用吗?当然会,就像电力时代蜡烛仍无处不在,化纤时代我们仍穿棉衣,有了电视大家仍然读书。我们不会失去聋人文化带给我们的赠礼,我们也应该要思考,聋人文化的哪一部分十分珍贵,又为什么珍贵?但是任何想从水平方向推动的社会议程,最终都将敌不过追求医疗进展的垂直需求。

第三章　侏　儒

我第一次参加的侏儒聚会，是2003年在马萨诸塞州丹佛举办的"美国小个子"会议，在那之前，我完全不知道世界上竟有这么多种侏儒症，也不知道这个分类中有这么多种外形。侏儒症的发生率很低，原因通常都是随机的基因变异。由于侏儒的父母多半身高正常，所以侏儒并没有垂直族群。偶尔会有人谈到要替"小个子"建造小人镇，侏儒运动人士也大多住在几个大都市里，有几型侏儒症极为罕见，但在阿米许教派的比例颇高。话虽如此，世上从未有矮人明显集中在某片地区的记录。换言之，美国小个子组织的全国大会不只是上上课、和医学专家聊一聊而已，在某些与会者心中，这是一年一次暂时摆脱孤寂的机会。在这些聚会中，众人情绪激昂。我曾遇到过一位侏儒，她告诉我，她"一年就快乐这么一个礼拜"，不过其他人也强调，不论是生活在大人国，还是跟美国小个子的朋友相聚，两种日子他们都喜欢。美国身材矮小的人有超过10％参加"美国小个子"团体，其他少数族群也有类似的团体，但角色都没有这个组织在侏儒圈那么吃香。

一到当年聚会的举办地点"希尔顿逸林度假中心"，举目所见尽是小个子，我很惊讶自己看他们的眼光竟然变了。我看到的不再只是矮小的身材，反而看到某个人美貌出众，某个人即使以侏儒而言也非常矮，有个人很爱笑，笑起来又很吵，有个人一脸无比聪明的模样。我这才发现，自己平常面对小个子有多"一视同仁"，也领悟到此时终于没人盯着他们的身高，他们想必个个松了口气。当然，美国小个子大会让人因身高而相聚，但所幸身高在这里也变得无足轻重。

外人若对拉丁裔或穆斯林投以如此异样的目光，他一定很难承认自己是这么看。若有人因为某人的种族或信仰而很难欣赏这人的其他个人特质，即便只是一下子，恐怕也有歧视的嫌疑。然而，这样的社会规矩，侏儒症似乎一向是例外。《侏儒生活及侏儒症》的作者贝蒂·阿德森表示："在政治正确的美国，唯一允许的歧视就是侏儒歧视。"达尔顿是哥伦比亚大学产科及遗传学的系主任，也是高风险怀孕的顶尖研究者，她告诉我："要是你说孩子心脏有个洞，大家都会说，'可是你治得好，对吧？'但每次我跟别人说，他们的孩子生下来会是侏儒，他们却一脸厌恶的表情。"

世上有许多我不曾听过、不曾见过，甚至从未想过的侏儒症，但我在美国小个子聚会的第一天所认识的人当中，有很多人都能一眼认出这些症状。第一天晚上我下楼前往大会的舞厅，看见一对"原基性侏儒症"兄妹，两人发育健全、比例完美，身高只有大约75厘米。两人的父母就站在一旁，护卫着两人不被别人踩到——即便在侏儒大会也有这类危险。我还知道女孩在学校乐队搞打击乐，由一名同学替她推小小的轮椅，而鼓则放在她的大腿上，根据另一个侏儒者的说法，她看起来"就像小木偶"，而这人也不过91厘米高。这场大会也举办了运动比赛，有一场马拉松长度的才艺表演，从基督教音乐表演到地板舞，应有尽有。此外还有时装展，从正式盛装到休闲风格，款式众多，都是为小小的身躯量身定做。会议还让许多人找到日思夜盼的约会机会。有个侏儒喜剧演员就打趣道："假若你在一周内交到的男友比过去一年都多，那你应该是个美少女，还参加了美国小个子大会。"

活动第二天，我认识了玛莉·柏格斯，她告诉我这个组织改变了她的一生。1988 年，她的女儿小珊出生，妇产科医生一开始以为她是由于早产，因此身形特别小。一个月后，小珊还在新生儿加护病房，医生诊断出她有软骨发育不全。玛莉告诉我："我们当时倒宁愿生了个听障或视障的孩子，只要不是侏儒都好。当你怀了孕，想象着可能会出什么问题时，你绝不会想到这个。我们当时的想法是，'我们为什么要怀这一胎？'"

小珊戴着氧气罩和监测器回到父母位于华盛顿特区郊区的家。6 个月后，医生宣布小珊的身体很健康，玛莉便带着她第一次参加当地的小个子聚会。小珊 1 岁半时，为了减轻脑水肿的问题，脑中装了引流管。脑水肿是脑脊髓液在脑中累积所造成。软骨发育不全的人在成长期常会出现骨骼问题，小珊很幸运都没发生。玛莉和丈夫找来许多踏脚凳，放满整栋屋子。两人也买了电灯的延长开关，还改动了厨房水槽中水龙头的位置。跟外界的重重难关比起来，调整家里摆设容易多了。玛莉说："曾经有人在杂货店的货架间不停追着我们发问，我们后来学会了，要瞪回去，这样可以把对方吓跑。我也看到小珊不跟其他小朋友玩，因为她个子太小，没法做一样的事情。看了真是平添心酸。"

小珊上幼稚园之前，父母告诉她，同学可能会为她取不好听的绰号。两人事先整理了可能的绰号，一一教她该如何应对。玛莉也到学校说明小珊有特殊需求，并给了老师一本有关侏儒的书，让老师可以念给全班同学听。学校把水槽跟饮水机的高度都调低了，还装设扶把，让小珊可以扶着坐上马桶。班上的同学都知道小珊的故事，可是每一年总有新生不知道，其中有些人就替她取了难听的绰号，于是她决定到每个新入学的班级演讲。她会说："我个子很小，但是我已经 8 岁了，今年上三年级。我是侏儒，我跟你们一样，只是比较矮。"她小学时年年这么做，之后就没有人取笑她了。

小珊 5 岁那年，柏格斯一家人参加了第一场美国小个子组织的全国大会。玛莉说："我们走了进去，看见几千个侏儒，小珊吓坏了。我的另一个女儿身高正常，我当时还以为她要哭了。我们花了两三天时间才适应。"接下来几年，柏格斯说服亲朋好友一起参加聚会，认识小珊以外的侏儒。玛莉说:"祖父母见了成年的侏儒就能明白,'好吧,小珊长大后就会像这样。'"她想了一下,又说:"我们参加是为了小珊本人,但也为了能更自在地和她相处,能用正确的方式爱她。"

中学的日子比小学辛苦。玛莉说:"有些人原本是她多年的朋友,突然就不想跟她一起出去玩了。同学打电话约周五晚上去溜冰或看电影时,都不邀她。她们都假装这件事跟她是侏儒无关,可是她知道有关。"学校体育组因为她担任田径队的经理而表扬她。她也参加学生会,还当选班上的财务股长。但除此之外,她只有一两个朋友。玛莉说:"她有点寂寞,她暗恋过学校的男孩,但最终明白一般身高的男孩子没兴趣跟她交往。后来她开始注意美国小个子组织里的帅哥,那是重要的转折点。"

我认识小珊的时候,她正深陷于初恋的酸甜苦涩。那时她十五六岁,很迷人,而且成熟得令人讶异,身高 114 厘米,比一般软骨发育不全的青少年要稍微矮一些。玛莉对于未来十分乐观,她对我说:"我倒宁愿她找个小个子男友或丈夫,这样她就不会那么辛苦。这也算是某种门当户对。我是说,你生下了侏儒孩子,但事情不会就这么结束,我们可能还会有个侏儒女婿,然后有侏儒孙儿。以往我们是一般身高的家庭,但等我们都不在了,这就会是个侏儒家庭!我很难设想当初要是我刚怀孕就知道这件事,很可能就不生了。"

威廉·黑尔是侏儒,也是第一位以写回忆录闻名的身心障碍者,他在 1745 年记叙自己拜访一位将军的往事,写道:"其手下勇士个个高大,戴上军帽更显魁梧。与将军并肩行于队伍之间,更显一己之渺。我竟觉自己并非人类,而是一蠕虫,为此暗自神伤。吾亦有心为国为君报效帐前,奈何无力为之。"这种遗憾,夹杂着渴望超越不足的心情,常见于侏儒的笔端唇间。然而,虽有早年的黑尔写下这篇可敬的文章,现代文学也书写身为小个子的经验,两者间却有很长一段空白——蛮横粗劣的歧视压得这样的自尊自重难以抬头。伍迪·艾伦有次就嘲讽道,"侏儒"(dwarf)是英语最逗趣的四个词之一。若你的本质在别人眼中就是种笑料,负担将何其沉重。我每回说到这本书的其他类别,听众总能意识到整个计划的严肃性,一言不发,可是一提到侏儒,朋友都笑了出来。例如,我聊到某次大会有个侏儒流氓威胁要在早上 8 点放炸弹,结果饭店只得疏散所有宾客(大部分人前一晚都玩得很累)。光想到有 500 多个侏儒站在饭店的中庭,睡眼惺忪,很多人都还带着宿醉,朋友便乐不可支。这一点让我很有感触。我知道不久以前,大家若想到 500 个睡眼惺忪的同性恋,一定也会同样觉得好笑。但是同性恋的身份可以隐瞒,一群同性恋站在一起也不会让人看了忍俊不禁。路人看到坐轮椅的人可能会世故圆滑地移开视线,可是却会盯着侏儒看。看得见的人嫁给视障人士让人钦佩,但一般身高的人嫁给侏儒,却会有人怀疑这女人有恋物癖。侏儒仍然出现在怪胎秀中,出现在抛掷侏儒比赛中,还出现在色情片中。在色情片中,侏儒性爱自成一类,满足了物化他人的窥淫癖好。这再次证明了相较于其他身心障碍族群,社会对侏儒最麻木冷酷。芭芭拉·史匹格尔目前是美国小个子推广宣导部的主任,她表示自己的祖母就说过:"你是漂亮的姑娘,但没人会娶你,你什么都要学会自己来,因为这辈子你都要一个人过。"她的继母就曾经抱怨,说不想让人看见自己和她一起走在街上。

八成以上的侏儒有骨骼发育异常,这是侏儒的主要症状,其中又以软骨异常最为常见,会导致四肢短小、大头,但躯干正常。这些人的父母往往身高正常,也没有侏儒的家族史,之所以生下骨骼发育异常的孩子,可能是因为全新的基因变异,也可能因为双方都带有隐性基因。其他类型的侏儒症还包括"垂体性侏儒症",原因是缺乏生长激素。另外还有"心理社会性侏儒症",由严重肢体虐待所引起。

传统上,母亲得承受生下侏儒的所有责难,直至今日仍要面对这些压力。在中世纪到 18 世纪之间,社会普遍以为"生出怪胎"代表女性欲求不满,满心淫思邪念才导致婴儿畸形。

这种理论名唤"想象论",数百年来不断引发热烈争论。普林斯顿大学的历史学家许特曾说:"19 世纪,胚胎学和遗传学有了新发现,让科学家找到新的方式来解释外貌相似的问题。但即便医学界不再认为母亲心里想象的事物将影响孩子,仍无法完全避免有人以此来解释孩子的外貌。"莫利肯是小儿外科医生，他曾经写道，每个父母都想知道自己究竟做了什么才导致今日的状况。"大部分案例的答案都是'没有'，但所有母亲都备受指责。"

父母一开始接触的医生，多半没有遇到过侏儒症，父母也往往忘不了医生谈到这个症状时有多伤人。阿德森记得有个医生对新生儿的父母宣布刚刚检查出的症状，他说："你们刚生了一个马戏团侏儒！"另一个医生的建议也同样麻木不仁，他说孩子应该"送去安养院，或送到佛罗里达州的侏儒团"。有个母亲则表示，大部分医生都一副她女儿有瑕疵，因此没有资格像"真正的"宝宝那样受到妥善照顾的模样。另一个人则描述自己在产房里和侏儒丈夫在一起，医生走过来对着两人说："很遗憾，你们的孩子是侏儒。"

医生这样的行为岂止无礼冒失。医生以什么方式将侏儒症的消息告知父母，可能深深影响父母有没有办法照顾、疼爱这个孩子。父母若能立刻知道孩子的寿命不会受到影响，之所以有侏儒症，也不是因为父母在怀孕期间做了什么事，而且这个孩子将能快乐、健康、独立地度过一生，对父母将有很大的帮助。父母的态度则会影响亲戚朋友；父母若觉得丢脸，朋友也跟着尴尬。除了美国小个子组织之外，"魔法基金会"及"人类成长基金会"都开设有信息丰富的网站，也赞助线上聊天室以及各地的互助团体，让生下侏儒孩子的一般父母有机会认识活得正向、充实的侏儒。不过，很多人一开始的反应还是难过、震惊、不愿接受。侏儒萨金特在网络上写道："不管我们（侏儒）觉得活着有多棒，我还是忍不住想，我不舒服的时候，我母亲（比我）更痛苦……我的与众不同带给她多少沮丧、伤害、灰心、挫折。"

麦特·罗洛夫是美国小个子组织的前任会长，也是热门电视节目《小个子，大世界》里的父亲。他说："我父母从不想知道我想做什么、娶什么样的太太、生多少孩子。他们在意的是我能靠什么为生、娶不娶得到老婆、能不能生小孩。"他娶了爱咪，爱咪也是侏儒，两人生了4个孩子。《小个子，大世界》在"学习频道"播出已有四年时间，记录了罗洛夫一家在俄勒冈州波特兰市自家农场生活的点点滴滴。这个节目有偷窥之嫌,但毫不煽情,也帮助大众以正常的眼光看待侏儒。

爱咪儿时住的房子没有什么特殊的调整,登门拜访的朋友都不明白电话为何要放那么高,她得爬上凳子才拿得到。"我妈说,'如果爱咪得学习适应外面的世界,她在家里也许就该先习惯、先学着适应。'几乎没什么东西是根据我的需求设计的,这样很好,让我变得更独立。"罗洛夫家有两个身高正常的男孩,另一个孩子札克则有软骨发育不全症。爱咪不希望屋子全配合家里的小个子摆设,而使其他孩子觉得自己是外人,因此尽量让家里"保持正常"。她鼓励札克以自己的侏儒症为荣,但也不要太把侏儒症放在心上。"有一天他说,'妈,我们刚刚在玩,其他小朋友有点太粗鲁了。'我说,'札克,你应该感谢他们,也许他们没有把你当小个子看,只是跟你一起玩、一起闹?这样很好。'"

这种一视同仁的精神也用在家中其他孩子身上。杰若米是老大,个子也最高。"我得提醒麦特,我们不能因为杰若米个儿高就占他便宜。我不希望他觉得自己在家里唯一的用处就是他很高。"然而,就连《纽约时报》在评论她的孩子在电视上的样子时,都说杰若米是"帅气的年轻运动员,玩起足球优雅而慵懒",而他的弟弟札克则"聪明而认真"。聪明认真没什么问题,有趣的地方在于社会的传统观点不认为某种身体是美的,而作者在描写这样的身体时,也很善意地用了不同的词语。

丽莎·赫德立在"全国公共广播电台"主持节目,还是某家水疗集团的执行官。她出身纽约望族,曾经是芭蕾舞者,现居纽约市和康涅狄格州两地。她为HBO制作执导的影片《侏儒:非童话》气氛轻松欢乐,却也清楚揭露镜头记录的主角遭遇的种种困难。丽莎的女儿萝丝有软骨发育不全,她出生的时候,丽莎还没有片中的那种智慧。丽莎分娩后住院时,"医院的人给我一本小册子,叫'我的孩子是侏儒'。还有其他资料,上面印了一张照片,照片中有个没牙齿的男人在扫街。另一张照片则是好几个侏儒在牧羊。"丽莎决定,她将竭尽所能让萝丝远离这种异样眼光。

萝丝2岁时,丽莎替《纽约时报》写了一篇文章,提到:"为人父母本就有苦有乐，但只因为一个名词，我的丈夫和我就不知不觉加入一个社群，社群成员的共通之处不只是为人父母的苦乐，还有深沉的伤心不解——对于随机事件有新的理解，对于现实的体会开始偏斜。即使在我最荒诞不经的灾难狂想中，我也从未想过，有天我竟会生出这么一个与众不同、招来侧目的孩子，以至于我对上街购物或海滩散步都有了不同的想法。一开始我就知道，其他人对特异孩子的反应将影响你对世界的感受。但也许更重要的是，别人的反应和我给的信息有关！如果我心情很好、很乐观，大家也就乐于指出我女儿的特别之处：眼睛明亮、笑容迷人。"

萝丝4岁时，开始留意到自己的状况，丽莎带她去看儿童心理师，希望她未来和世界打交道时，若遇到难题障碍，能够有人倾吐。丽莎说道："萝丝放学后每周去一次，但她从进去的第一刻就讨厌这件事。她不想谈自己，几乎是深恶痛绝。我知道，我们当时把她的症状当成一种病，一种需要治疗的东西，但其实她根本不需要治疗。"

丽莎还有3个孩子，两个年纪比萝丝大，一个比萝丝小。她也必须不断调整自己和萝丝及这3个孩子间的关系比重。丽莎说："我对她的需求尤其敏感，近乎神经质，有次萝丝的学校在卡内基音乐厅办音乐会，她踏着侏儒特有的滑稽步子走了出来，走到她的座位上。我看着我先生，像是在说，'我们忘了她是侏儒吗？'我总是一次次震惊，为这类处境心碎。"丽莎认为假装没这回事，对自己、对萝丝，甚至对这个世界都很不诚实。"我非常疼萝丝，无法想象没了她，日子怎么过。就算给我全世界，我也不会拿她交换。可是我个子很高、很瘦，还曾是芭蕾舞者。我曾经想象她也可以这样。若你的孩子无法分享你的人生经历，你就会哀悼自己失去了那个想象的人生。但另一方面，我对于她是谁这件事，也有近乎狂暴的强烈感情。"

萝丝不愿自怜自艾。"她很坚强，奋不顾身，但她打的这场仗对她毫不留情。我不愿受到瞩目，所以不喜欢这样。这就像你并不想出名，可是身不由己。我们走在街上，就会有人说，'嗨，萝丝。'她总想逃避，可是没办法。"丽莎说道。

萝丝并不认为自己和其他小个子是同一种人，因此这家人并未参与美国小个子的活动。这样的决定对人生态度有多少影响，又反映出多少人生态度，其实很难判断。"互助团体和会议，那是我们一家人平常就会参加的吗？我们会参加任何团体或组织吗？答案是绝对不会。我问萝丝说，'你觉得认识其他小个子，生活会不会比较好？'她说：'不会，我想住在这儿，过我现在的生活。我有很多朋友。也知道自己是谁。'"丽莎有个朋友，女儿比萝丝小1岁，也是小个子。这家人积极参加美国小个子组织的活动，每次聚会都带回大量照片，上面都是"非常可爱的年轻小个子"，可是萝丝毫无兴趣。"这暗藏一个问题：这种否定的态度，有多少是我们培养出来的？"丽莎说道。

世人总千篇一律地说侏儒常很"勇狠"（一个特别讨厌的字眼），也不断有报道以"人小脾气大"为标题。有些文章姿态很高，但有些也反映出一个永远活在好奇目光下的人会发展出什么样的人格。丽莎说："我其他孩子的脾气都没她硬，我丈夫和我也是。萝丝总是气呼呼的，这是因为她每时每刻都要面对这样的事情。"

丽莎全家人的生活围绕着萝丝转的程度，远比丽莎所以为的还要大。这家人本有机会搬去伦敦，但因为不想让萝丝离开熟悉的生活，于是全家决定留在美国。萝丝热衷运动，对骑马情有独钟。丽莎很以此为傲，说："要是我做主，绝不会帮她选这活动。但我大儿子是非常出色的骑士，全国榜上有名的选手，这些光荣萝丝都看在眼里。她愿意走进赛马场，站在评审前面。她和身高正常的孩子一起比赛，那些小女孩都很可爱，绑着马尾，有一双修长的腿，但萝丝还是得了奖。她坐得直挺挺的，十分自豪的样子。大家不停地说，'太了不起了！'但她不希望自己因为是侏儒才了不起。她想要和别人公平竞争。"

丽莎常受邀去开导别人，并说服很多妇女生下肚中的侏儒孩子。她也会建议送养，并提起她碰到过一个惊慌失措的家庭，完全不知如何面对生下身心障碍儿的未来。"这家人的大女儿是啦啦队队员，觉得如果'妹妹是这样的怪胎'，她一定会大受打击。这就是那个母亲当时的用词。她最后把宝宝送走。她新生的宝宝永远也不可能当威斯特彻斯特郡的啦啦队队员,所以她没办法爱她。"她碰到的另一个家庭已生下侏儒小孩,丽莎说:"那家人的经济能力和家庭组成和我们很类似,于是我就想,'这太好了,两个女孩可以一起长大。'"后来那对夫妇决定要让女儿接受骨骼延长手术,她大吃一惊。这种手术会反复打断骨头,延长肌肉,一向很有争议。"那真是艰难的一课,原来虽然两家的女儿都是小个子,也不代表我们有同样的精神或情感。上上下下轮椅五年。从医学的角度看,骨骼延长术让我不寒而栗,但我更害怕的是那个年纪的孩子正在不停培养自我认同、找出自己是谁。他们要怎么活出最好的自我?像这样不停地东修西改,不可能做到。"

丽莎说,尽管自己心中仍有许多疑惑,但最初令她心惊胆战的事,现在都已不成问题。"很久以前,我带着她到约翰·霍普金斯医院看病。我在电梯里抱着她,有个母亲带着孩子走进来,孩子流着口水,显然有重度唐氏综合征。我用非常怜悯的眼神看着她,像是说,'噢,我知道怎么处理自己的孩子,但要是碰上你的状况,我就不知道该怎么办了。'而她也用一模一样的眼神看着我。"

父母可以将侏儒症视为一种身份,并与这种身份建立关系:参加侏儒大会,让孩子在幼年时接触其他侏儒,加装矮个子也能轻松使用的电灯开关,改装厨房,方便小个子下厨。然而这么做有风险:若孩子从小到大都以身材矮小作为主要的身份认同,恐怕会觉得自己一直被困在非己所愿的环境中。即使孩子没有这种委屈感,仍得面对这个身份认同的先天限制。你可以选择自己的交友圈,跟宗教信仰、种族、性倾向、政治理念、嗜好兴趣、社会经济地位相同的人来往,但侏儒的人数不够多,生活圈不可能只有侏儒。

父母可能宁愿完全融入主流,同时说服孩子个子高矮并无差别,鼓励他们和任何身高的孩子交朋友,告诉他高个子的世界就是世界真实的样貌,他必须学着习惯。但如果别人不断告诉你,你真的没有什么障碍,也可能造成压力。芭芭拉就说过,她每回要父亲帮她从碗橱里拿个玻璃杯,母亲就会说:"你自己就拿得到。"然后坚持要她从房间另一头搬梯子过来，而不直接拿杯子给她。她说："这有时会有点太极端。"跟大家一样，只是矮一点，这叫"正常化"，但社会环境不见得总是支持正常化，而且避开小个子世界，代价可能是极端孤立。中学的日子通常不好过，身高正常的青少年很少会跟106厘米高的人交往。芭芭拉说："我当时喜欢的人，我是指男人，多半非常高。那时我无法想象自己跟小个子在一起，也从未想过自己会嫁给一个——不，是两个小个子。"

某个适合某位侏儒和家庭的做法，并不见得适合另一位侏儒和家庭。大部分家庭都多管齐下，多少接触一些小个子的世界，也让孩子能够轻松在非小个子世界生活，并根据孩子的特殊需求和欲望寻求疗法。三者如何平衡会因家庭而异。研究指出，个子矮小的人，整体快乐指数普遍比父母高，换言之，抚养侏儒的压力似乎比当侏儒还大。另一项研究则发现，软骨发育不全者认为自己"状况不严重"而非"严重"或"致命"的比例，是家人亲戚的4倍。人的自我认同虽然可能有种种问题，但和别人的自我认同比起来，似乎还是比较容易坚守。当然，收入和教育程度也都有所影响，若孩子除了身材矮小之外，还有智能障碍或严重的骨骼及健康问题，养育起来显然更为棘手。有趣的是，有些侏儒的近亲认为侏儒本人会承受更多侏儒症的压力，这样的人，自己的各项快乐指数也比较低。

现在我们依然会用二分法把人分成两种：有身心障碍和没有身心障碍。经官方认定有身心障碍的人，我们就给予社会援助、法律保障、专属车位。但障碍的疆界却很难明确定出。一个150厘米的男人很可能想要变成180厘米，但他没有障碍。一个120厘米的男人则要面对许多重大难题。很多侏儒都有严重的肢体障碍，但即使不讨论疾病，身材矮小本身就有不利之处。《美国身心障碍者法案》将侏儒列为障碍，归在骨头病变之下，但是美国小个子组织却一向反对把侏儒列为障碍，只不过今日的立场已经不同。没有法律规定超市要提供方法让人从高架子上拿到货品，也没有法律规定加油站油枪和提款机要装设在小个子能使用的高度。联邦政府也不会出钱补助改装设备，让身材矮小的人一偿开车上路的夙愿。米勒是软骨发育不全的侏儒，他曾担任公平就业机会委员会的委员，于在职的时候说："美国小个子组织在全国整体身心障碍运动中并不那么活跃，但是我想我们已经往那个方向前进。"这也显示美国小个子已经改变路线，开始投入定义不断扩展的身心障碍运动，并争取范围更广阔的身心障碍服务。这项改变由宣传部主席史特拉蒙多和安诺德领军，两人都比米勒年轻一辈。

汤森则在她的著作《非凡的身体》中主张："'肢体障碍'是由法律、医疗、政治、文化、文学共同交织而成的排外论述。"然而，很多时候极为矮小的人之所以无法做某些事，不是由于社会的态度，而是因为实际空间的安排都由主流决定，适合个子比较高的人使用。某些侏儒认为，围绕着障碍一词的论调表面上高洁动听，但不过是存心捣乱。有个侏儒的母亲就担心："我不知道是否该申请残障停车证。我女儿会因此觉得受到歧视吗？在学校，我们应该申请厕所专用的踩脚凳吗？的确有很多适应的问题，但这应该称之为障碍吗？"小个子演员琳达·杭特曾写道："毕竟，侏儒症和癌症、心脏病不同，既不致命，甚至也不是疾病，但确实影响肢体，也无法避免。这件事无法克服，侏儒症就是你的一部分，但你并不等于侏儒症，这个差别非常重大。"

用来称呼小个子的词汇有很多，而社会大众并不理解这些词汇的微妙差别。美国小个子组织的第一次聚会其实是1957年内华达州雷诺市的宣传噱头，当时聚会的名称是"美国小矮子"（Midgets of America），这个羽翼未丰的组织在1960年改名为"美国小个子"（Little People of America），希望能吸纳各种状况的小个子。原本的名称用的是"midget"，该词的原意是蚊、蠓、蚋一类恼人的小虫，今日普遍认为极为无礼，就像小个子版的"黑鬼"、"拉丁佬"、"玻璃"。很多母亲都跟我说过，很担心自己的孩子会被冠上这样的称号，但是社会大众仍然不清楚这个词汇极为侮辱人，很多人用的时候其实并无恶意。若使用者没有歧视之意，那么这样的用词不当还能视为歧视吗？巴纳姆的马戏团节目中，最受欢迎的小明星是"匀称型侏儒"，这类侏儒的身材比例和身高正常的人相同。有些人身材矮小是因为脑垂体异常而非骨骼发育异常，这些人就常被称为midget。2009年《纽约时报》商业版有篇报道用了"小矮子"一词,美国小个子组织发起严正抗议,该报为此修订写作指南。然而,"侏儒"这个词汇也会引发沉重的联想。芭芭拉生了两个软骨发育异常的孩子,她很努力要让两人在成长过程中以自己为荣。有次她女儿问她,要怎么跟幼儿园的小朋友谈自己的身高,芭芭拉说:"就说你是侏儒。"女儿两手往腰上一叉,说:"但我又不是故事里的人。"

最近有位记者哈瑞斯问阿德森,个子矮小的人希望别人怎么叫自己,她回道:"大部分的人都希望别人叫他的名字就好。"

蕾贝卡·甘迺迪于 1992 年生于波士顿,当时医生都担心她可能吸入了胎粪,立刻把她送进新生儿特殊照护病房。有个医生注意到她头大、四肢小,于是向蕾贝卡的父母丹和芭芭拉宣告,两人刚出生的孩子"不是患了侏儒症,就是有脑部损伤"。脑部可能有损伤这件事实在太可怕,因此三天后 X 线检查出蕾贝卡软骨发育异常的时候,所有人都松了一口气。院方对蕾贝卡的状况很乐观。丹说:"上一代的父母听到的预测都很负面,但我们听到的却很正面——也许太正面了,大意是说,'一切都没事,开开心心带她回家吧。'"身心障碍人士一直致力于改变大众的态度,从丹遇到的几位医生来看,他们确实做到了。然而,身心障碍也需要设法调整适应,如果医生把未来的难题说得太轻松,对父母来说并无好处。

前 5 个月,一切似乎都很顺利,但蕾贝卡随即感染了呼吸道病毒,扩及整个脆弱的呼吸道系统,最后在加护病房住了一个多月,动了气管切开手术。有两年的时间,她都得吸氧,家里也有一整支看护团队长驻。蕾贝卡两岁半的时候,气管已经发展得够成熟,可以把气管切口封上,此后她一直还算是健康的孩子。丹回忆道:"侏儒症不是什么大问题,但其他状况都很严重,我们总是在想,那两年动了气管切开手术,还请了夜间看护,对她之后的人格发展有什么影响?但我想我们现在还不知道。"

蕾贝卡生病的时候,丹发现了美国小个子组织,还有人安排他认识露丝。"露丝有份好工作,后来发现她还跟我们读同一所大学。她聪明又风趣，要是蕾贝卡长大以后跟她一样，我会很高兴。"他说。经由露丝介绍，他们全家开始参加地区的美国小个子活动。丹和露丝在网络刚兴起的时候就创建了美国小个子的网站，之后丹也继续管理、更新网站，做了好几年。

蕾贝卡有学习问题，丹归咎于听力受损，这在软骨发育不全者的身上不算少见。我访问丹的时候，蕾贝卡10岁半，她父亲心想最难熬的青春期要来了。丹说："蕾贝卡很喜欢镜子里的自己，但我不自欺欺人。我猜，她对侏儒症作最无情的批评日子未到。我跟很多成年侏儒谈过，几乎没有例外，大家都说到了20多岁，她们都以自己为荣，不想有任何改变，可是青春期每个人都活在地狱。她现在的朋友就不多了，以后交朋友会变得越来越难。"

丹开始写《小个子：从我女儿的眼睛看世界》一书。他说："在我眼中，侏儒症是差异的一种隐喻：我们珍不珍视、害不害怕，若有机会会不会将之根除？"丹为了写书做了些功课，从中获得不少心得，对蕾贝卡很有帮助。他知道侏儒的脊椎受到压迫，不能长时间走路，于是替车子申请了残障车牌。丹说："美国小个子组织的前会长奇权斯跟我说：'与其让她30岁时不得不骑残障机车，不如现在就申请残障车牌。'"丹在书中抱怨很多人觉得自己可以大摇大摆走过来询问他女儿的事，这种行为显示出"一种把蕾贝卡当成公有财产的心态，似乎她父母有责任跟全世界解释她怎么了"。不论喜不喜欢，侏儒孩子的父母常常觉得自己的家庭应该要成为多元的象征，并向外展示。丹说："我确实希望自己因为努力应付这些而成为更好的人，但我仍然不认为自己多有耐心。说真的，你的命运都掌握在外力的手里，你只能顺势而为。我经历的事情的确让我更懂得顺势而为。"

有200多种基因问题会造成身材极为矮小。大约有70%左右的侏儒为软骨发育不全，此外还有"假性软骨发育不全"、"骨骼发育异常"、"畸形发育不良"，也都会造成侏儒症。美国小个子组织对侏儒的定义是"由于医学因素，身高不满147厘米者"。这样的正式定义并不包含身高超过147厘米的侏儒症患者,也不适用于没有基因变异,但由于营养不良、父母施虐或疏于照顾而导致身材矮小的孩子。话虽如此,美国小个子组织还是十分欢迎这些人。软骨发育不全的侏儒,女性的平均身高是122厘米,男性是130厘米。美国约有20万人身材矮小。美国遗传学家麦库西克的专长是结缔组织方面的疾病,他曾估计全球大约有数百万个侏儒。这些人可能要长途跋涉才能找到专家协助,医疗费用可能高得吓人,保险给付的金额却可能只是杯水车薪。美国小个子的医疗顾问理事会有20多人是医生,会员在每次会议中都能获得有利的专业建议。

"软骨发育不全"的主因是某个基因过度活跃,同一基因也会让一般人在青春期结束后不再长高。但若是某个核苷酸产生变异,这个过程就会提早加速进行。软骨发育不全者的躯干和一般人相近,但四肢短小,与躯干不成比例,头颅大,前额突出。"先天性脊椎骨骺发育不良"则会造成较多障碍,多半比软骨发育不良者更为矮小,通常有内翻足、腭裂、两眼间距宽、小嘴,由于肋骨生长得比脊椎快,也会造成桶状胸。"畸形发育不良"的特色则是内翻足和腭裂,还有"搭便车拇指":拇指位于手掌较低的位置,而且不容易弯曲。此外还有"花菜耳",也就是耳朵因为钙化而变形,常出现在拳击选手身上。畸形发育不良的侏儒往往有严重驼背,无法行走。症状的成因是隐性基因,换言之,双亲身上都带有此基因,而且多半毫不知情。虽然统计数据不尽相同,但大抵而言,新生儿软骨发育不全的案例约为两万分之一,所有侏儒症的发生率则为一万分之一,有些可能致命。

新生儿的四肢相较于头颅和躯干原本就短,也因此侏儒症和听障一样,可能立即发现,也可能慢慢才察觉。侏儒多半在两岁以前诊断出来,由于胸腔狭小,气管可能也很狭窄,这种危险将导致呼吸急促、阻塞、睡眠障碍。软骨发育不全的婴儿,脑干受到压迫的风险也较高,可能有生命危险。大脑下半区的压力增加,也可能影响其功能。有项研究调查了软骨发育不全的死亡率,发现1~4岁的死亡风险超过五十分之一。儿童、少年或青年夭折早逝的概率也大为增加。侏儒症新生儿的体温略高于一般婴儿,由于二氧化碳滞留,因此更容易出汗。耳朵由于颅面形态变异而反复感染，造成损伤，再加上脑水肿，都让问题益发复杂。其他侏儒症的原因包括缺碘、子宫内发育受限、社会心理剥夺等，发生概率较低，但都和心智发展迟缓有关。虽然小个子的认知和智力发展多半会快速展开，但他们或因肺部发育不全导致发育早期缺乏氧气，或因耳朵反复感染而影响听力，或需要花大量心力来应对社会的歧视，因此在学校可能十分辛苦。

及早诊断十分重要，若有适当的预防措施，可避免许多严重的并发症。软骨发育不全的孩子应接受 X 线及扫描，以监控神经及骨骼的发育。若下颚太小无法容纳牙齿，可能就得动复杂的牙科手术。有些人的脊柱太薄，神经受到压迫，导致体弱无力、酸麻疼痛。由于气管狭小，侏儒也较容易气喘。若有脊椎侧弯而未及早矫正，侏儒孩童很可能会变成驼背。骨骼发育异常的婴儿，不应该扶他坐起来，因为他的头太重，脊椎无法支撑。此外，也不应让他坐在会让他弯腰驼背的椅子上，若是汽车座椅，则应放上靠垫，避免他的下巴压在胸前。

许多软骨发育不全的幼童会由于头颅太重，因此趴着的时候脖子无法撑起头部，最后只有五分之一的人能学会爬行。孩子往往把头放在地上当作支撑点，用脚推进，像在耙雪或倒退耙雪，此外还有蜘蛛爬、滚木、匍匐前进、臀部着地拖行。这些姿势的名称都生动地描绘了实际的动作。软骨发育不全的孩子开始走路时，多半是用折叠刀的姿势站立，也就是头抵地，同时伸直双腿，然后撑起上身，最后完全站直。他们的肌张力可能很低，关节可能异常松弛或紧绷。许多侏儒孩子在做上述或其他动作时，方式往往很特异，或要等到发育后期才能完成。小个子也最好不要从事体操、高空跳水、杂技，并避开碰撞的运动，否则可能造成关节或骨骼问题。他们适合从事游泳、打高尔夫等低冲击的运动。由于侏儒症孩童的适当食量是同龄儿童的一半，因此很多人都有体重问题。这一点，美国小个子协会也希望借由宣传和指导刊物及座谈会来探讨并解决。

成年以后，小个子可能会有慢性的背部问题、过敏、鼻窦问题、关节炎、风湿、听力受损、脊椎变形、睡眠障碍、慢性颈部疼痛、瘫痪或上下肢无力等问题，终其一生可能会比一般人动更多手术。大多数侏儒成人最重大的问题是骨骼，而骨骼发育异常往往又跟脊柱腔狭窄、关节变形及退化、椎间盘问题有关。软骨发育不全的人由于脊椎较为狭窄，往往需要开刀解决脊椎压迫的问题，以减轻腿部抽痛、酸麻无力、刺痛的症状。脊椎侧弯则可能导致机械性或神经性的并发症，影响心肺还有行动能力。侏儒常要动手术，包括腰部手术，以解决脊椎狭窄的问题，避免瘫痪及疼痛。颈椎手术有助于改善四肢无力，膝外翻手术是以外科手术将骨头分区截断，脑水肿要植入引流管，阻塞型呼吸中止症则需要介入性治疗。

莱丝莉·帕克在亚拉巴马州的亨茨维尔读高三的时候，开始和克里斯·凯利交往，她的父母很不高兴，两人从没想过女儿长大竟会和侏儒谈恋爱，即使这位侏儒是地方上的名人，是广播节目的DJ。莱丝莉说："我就是标准的家中老二，并不突出。总之我迷上他了。我当时在学生自治会，办派对都请他当DJ。一开始我父母的态度是，'当机立断。他离过婚，还有孩子，还是侏儒，还是DJ，一无是处。'"莱丝莉觉得自己在跟明星谈恋爱，可是父母不这么认为，于高三那年将她逐出家门，几个月后莱丝莉和克里斯就结婚了。

克里斯小时候，父母为他试过市面上各种新"疗法"，包括注射从猴子的脑下垂体取得的生长激素。或许是因为注射了这些激素，或许是因为注射了这些激素之后幸运没出事，克里斯长到147厘米，以一个软骨发育不全者来说算高，而他也毫不认为自己身上的侏儒症是种需要治疗的疾病。莱丝莉说："他当DJ、演出单人脱口秀，是因为需要大众的认可，如此他才能对自己感到满意。他其实并不特别需要一对一的关系。"克里斯在前一段婚姻生下两个身高正常的孩子，因此莱丝莉在结婚几个月后怀孕时，完全没想过自己怀的孩子可能是侏儒。怀孕7个月时，她去做超声波。"医院的人说，'以7个月来说，他的头太大，大腿骨又太短。这是怎么回事？'"她心知肚明。"我伤心欲绝。还好提早发现，这样等他出生的时候，最难过的时间也已经过去。"莱丝莉无法告诉丈夫，自己因为孩子可能像他而伤心欲绝。

莱丝莉从小就男孩子气,青春期又来得早,因此自我形象有点扭曲。"小学三年级我已经开始发育,其他人都捉弄我。我一直很羞耻,觉得自己的身体很不对劲。"她认识克里斯时体重过重,婚后体型越来越大,怀杰克的时候变得极为臃肿,而且有些忧郁。"我还记得把他从医院抱回来的那天,我心想,'这是我所做过的最糟的保姆工作,他母亲什么时候要来接他?'"莱丝莉的父母知道孙子是侏儒时吓坏了,但时间一久,态度也渐渐软化。莱丝莉的母亲是儿科的护士,她介绍莱丝莉去"伯明罕儿童医院"找一位神经外科医生,这人有诊治小个子的经验。莱丝莉原本看的儿科医生告诉她,杰克常常呕吐很正常,还有孩子睡觉如果拱背,可以把他拉直。"结果那个神经专科医生说,'他晚上睡觉是不是头往后仰,拱起脖子?这样他们的呼吸才能顺畅,不受阻碍。不要动他的头。'我不知道这一点。"

克里斯跟地方医生一样,认为儿子的状况并不严重,而莱丝莉的父母则显然觉得她的生活很悲惨。莱丝莉和克里斯在处理这些状况时,变得越来越疏远,最后在杰克两岁时离婚。杰克幼年有时会哭着说:"我不想要这么小。"莱丝莉也想哭,她说:"要是让他知道你也为他心碎,会有什么问题?你不希望孩子认为你觉得他的状况无可救药,但你也不想否认他的感受。有几次我说,'你跟爸爸说过这件事吗?''没有,我哭是因为我不想像现在这样,也就是说我不想跟他一样。那会伤他的心。'"

杰克的学习有些迟缓,他一直把心思放在人际而不是课业上。到了三年级,莱丝莉担心他学习落后,带他去做自费检查,发现他有学习障碍,于是把他转到一所以特教为办学特色的"磁力学校"。他很不喜欢。"杰克会演戏,他上电视表演过。他很外向。他能想、能说,但若要写到纸上,他完全不行。侏儒儿童可以接受免费的职能治疗,改善动作能力,但是要由儿科医生转介。我不知道可以这样要求。"莱丝莉说。

杰克几岁大的时候,克里斯再婚,新任太太唐娜很快就怀孕了。唐娜跟莱丝莉一样,也以为自己会生个普通的宝宝,但刚出生的孩子有软骨发育不全。唐娜大为震惊,打电话给莱丝莉寻求建议,莱丝莉非常愤怒。"感觉就像是，'你这贱人，就是因为他把每一分钱都花在你身上，我才得告他，向他要孩子的抚养费。现在你还想要我让你的路好走一点？'"可是等莱丝莉亲眼看到宝宝安迪的时候，她就知道自己的任务了。"我开始祈祷，'以后杰克就只有这一个兄弟，我需要学会放下。'我放下了。"莱丝莉很会照顾唐娜，替她预约了伯明罕的医生，还提醒她未来可能会遇到的骨科问题。莱丝莉告诉我："几年前克里斯跟唐娜来找我，说，'我们在拟遗嘱。如果我们俩有什么万一，你愿意收留安迪吗？我们希望由你来照顾他。'我只是一直哭。'老天，愿意，我非常愿意。'"

莱丝莉和克里斯的育儿观十分不同。杰克告诉我："爸爸比较畏缩，而妈妈总是一副'这还用说？你当然要去玩乐乐棒球，你当然要去打棒球，你跟别人没什么两样。'"莱丝莉说："他很黏人。'妈，你去哪儿？''我只是要去厕所，45秒就出来。'但是他一副惊恐的模样。我说：'快从子宫出去！我已经把你生出来了！快走！'但他就是需要有人对他说，'没问题，你做得到。'"莱丝莉提到杰克12岁的时候，有次她外出参加家族聚会，每个人都责怪她让孩子一个人在走廊上乱跑。"我说，'他已经初一了，你们这样想不是因为他的年纪，而是因为他的身高。'"

最后，青春期的典型问题来了。杰克说："除非有人当面提起，不然我不觉得自己是小个子。大家通常都会提。"莱丝莉补充道："每个人都爱杰克，他很受欢迎。'好，我跟你去舞会，我们是朋友。'大家都爱他，杰克每次都是第一个出来跳舞的。过去两年他的两个心理医生都说：'真希望所有孩子都有他这样的自信。'可是我知道，很快我们就要进入痛苦的阶段，他会开始想交女朋友。"

杰克13岁时，莱丝莉决定带他参加美国小个子的大会。莱丝莉说："我们一个人也不认识。他都计划好了，要认识那边的所有朋友，要去舞会，要做这个做那个。他累坏了，我也累坏了。"后来杰克对我说："平常我都用自己的身高当话题跟人搭讪、交朋友。第一次参加大会的时候，我就只是我自己而已。"那一周杰克只跟高个子交朋友，大部分都是侏儒的兄弟姐妹。莱丝莉跟他说："你太崇尚主流了吧！为什么不交一些小个子朋友呢？"但他还没有做好心理准备。第二年就不同了。"他就像真正的青少年。我偷偷溜进舞会，整个人几乎贴在墙上。我看见了，'他在跳舞！跳慢舞！'"莱丝莉还发现儿子对年纪较大的女孩子谎报年龄。要猜出侏儒的年龄有时并不容易，况且杰克的个子还算高。莱丝莉说："我跟他说，我真该戳破你，你哪有18岁。但另一方面，我又很高兴他办到了。"杰克很喜欢美国小个子，但他能在他所属的世界里自在开心，对莱丝莉而言也非常重要。就像杰克跟我说的："我又不是只有身高可谈。"

治疗与接纳的拉锯，贯穿了本书，莱丝莉也对这个议题特别有共鸣。我认识她的时候，她才刚动过胃绕道手术，已经瘦了14千克，还想再瘦45千克。她说："胖是我最大的问题，矮，则是杰克的问题。我觉得自己这样做是遗弃他，因此很内疚。我要怎么对自己的孩子说，'你要学会接纳自己，接受自己的样子。'而我自己却做不到？我的目标不是将他变高。可是，如果有可以控制那个基因的实验，我会立刻冲过去。我太厌恶自己的身体，因此，可以为他做的任何事，我都毫不犹豫。但我不想把自己的问题加到他身上。不幸的是，要让人明白这两件事情，几乎不可能。"

虽然大多数侏儒都深受社会大众嘲弄之苦，也可能面临重重限制及健康问题，但侏儒都跟小孩一样乐天的老套说法似乎还是有其依据。最近的研究显示，这很可能是一种对自身处境的补偿心态，而不是这种症状的生物性状。然而，很多小个子都认为，这种看法忽视了他们的人生困境。小个子早期的情绪发展似乎都算正面，在童年的整体快乐程度上，表现也比整体社会还要好。等孩子开始问自己为什么跟别人不一样的时候，父母的考验就来了。粉饰太平跟过度强调一样有害。在《与差异共处》一书中，人类学家亚布隆写道："大多数父母发现自己不时会忍不住过度保护。"侏儒症的孩子常常抱怨自己被当成小婴儿。克兰德尔是加州"小个儿基金会"的创办人，他在给侏儒儿父母的指南中就建议："一过了正常使用婴儿车的年龄，就要戒掉婴儿车。没错，你走一步，孩子可能要走四步，逛街的时候可能会拖慢你的脚步。但是，你最好提早半小时到,配合孩子的步伐,和他一起走,而不要把他放进推车里,当成小婴儿。""成长限制协会"是美国小个子组织的英国版,该会在2007年做了调查,最后总结道,以正常方式对待侏儒孩子,孩子多半会比较自信,成年后也较有成就。

到了青春期,侏儒和一般身高的兄弟姐妹相比,情绪会较为抑郁,较为缺乏自信心。另外,相较于父母也是侏儒的人,父母身高正常的侏儒会更加抑郁。这可能也显示,不论再怎么努力,有相同亲身经历的父母仍然更能深切体会、体谅孩子的感受。更重要的是,这反映了成长过程中,水平认同还是不同于垂直认同。相较于家人的身高、比例都很正常的孩子,侏儒孩子成长的过程中,身边的成人若有和他们类似的身形,则他们在内化"正常"的概念时,也比较能肯定自己。青少年的身高定型之后,侏儒和同侪的差异也变得一目了然。届时,很多原本很习惯在一般人的世界中生活的侏儒,会突然觉得非常需要和其他侏儒接触,因为只有他们才不会觉得自己的外表有种变态的肉欲。参加美国小个子之类的组织可能是道福音,也可能是场试炼。亚布隆就指出,有些人原本把一切不如意都怪到身高上,加入"美国小个子"之后,就必须面对自己的缺点,可能因此大受打击。

侏儒发育成熟、看起来不再比实际年龄还小之后,受到的注目会越来越多。最近一项研究就发现,软骨发育不全的成年人"自信心较差,教育程度较低,年收入低,找到配偶的概率也低"。收入统计的数据证明,体制的确对侏儒不公。该研究发现,虽然侏儒的家人在人口分类上应该和他们类似,但是侏儒的家人中,有四分之三的人年收入超过5万美元,却只有不到三分之一的侏儒有同样的收入。参加"美国小个子"组织的侏儒,到了读大学的年纪有一大半都进了大学,但是组织外的大学生比例恐怕就没有这么高了。艾因是软骨不全症患者,现在是约翰·霍普金斯医院的小儿骨外科医生,他回忆自己申请医学院的经验,说道:"我本来以为这个领域的人最了解状况,想不到他们偏见最深。很多医生跟我说,'你没办法做医生。别申请了!'第一个面试我的人跟我说,由于我的身高,我无法赢得患者的敬重。"歧视之深,着实令人吃惊。露丝是美国小个子组织的前会长,有次带她的房客共进晚餐,结果服务生不断问房客:"她要吃什么?"露丝说:"找到好工作、受过好教育的人是我,公寓也是我的,她付房租给我,可是这些人的态度却好像我什么都做不来。"

有些侏儒认为自己不加入美国小个子其实是一种政治立场。沃林是《迈阿密先锋报》的运动记者,也是名小个子,他谈到美国小个子的问题,并总结道:"当一个人与众不同,当你是什么足以决定你是谁时,你总有起身抗拒的冲动。"《新闻日报》引述另一位小个子的话:"信不信由你,侏儒这辈子最难受的事,是第一次碰见另一个侏儒。平时照镜子,你在镜子里看到的不是侏儒,而是自己想看到的样子。可是上街看到另一个小个子,你就看到真相了。"美国小个子组织的成员常批评这些批评者根本是自厌,还未跟自己的侏儒身份和解。确实如此,沃林就谈到有名年轻女孩带他参观美国小个子的聚会,他说:"她接受自己的程度,我这辈子都望尘莫及。"

贝弗莉·查尔斯生于 1973 年,出生那天医生告诉她母亲珍娜,她女儿将永远是个小不点。但珍娜没受过什么教育,也没有接触过侏儒症,不明白小不点究竟有多小。她丈夫是终身都得坐轮椅的越战老兵,她把消息转述给他,他回道:"大个子小个子都没关系,我们都会一样爱她。"接下来的 3 个月,珍娜每周都带贝弗莉去儿科检查成长状况,但是贝弗莉不怎么吃东西,体重也迟迟不增加。她回想道:"医生说只要体重不减,就不用担心,可是她 3 个月大的时候体重开始下降,我真不知道该怎么办。"后来医生才发现贝弗莉的鼻子完全阻塞,无法一边呼吸一边吃东西,所以吸奶对她来说是一大难题。

查尔斯一家人住在宾州的兰开斯特,当地的医生介绍他们去赫希尔看专科医生,其中一位专科医生又建议他们去德国的一间诊所,还说他会协助募款,让珍娜和贝弗莉过去。珍娜告诉我:"但我很怕,我怕他们见了我的孩子长得那么小,会把她从我身边抢走。"骨骼发育异常会造成肢体变形,但贝弗莉却没有这种特征,因此她的侏儒症很可能是脑垂体激素不足所造成,可是赫希尔的医生说他们能做的都做了。没有人告诉夫妇俩,在不到 2 小时路程的地方,就有研究侏儒症的一流中心约翰·霍普金斯医院,也没人告诉两人,若是及时注射成长激素,对贝弗莉这一类型的侏儒症可能有正面效果。

两人很快发现,贝弗莉显然有严重学习障碍。为了怕她寂寞,她母亲每天陪她搭校车。她小学很孤单,中学更糟。贝弗莉跟我说:"他们一直笑我,一直笑我。"有个男孩不停欺负她。珍娜说:"我不主张暴力,但我那时跟贝弗莉说,下次他再烦你,你就使劲一拳往他鼻子揍过去。"男孩的父母找上珍娜,问:"你女儿把我儿子打得流鼻血,她人呢?"珍娜指了指贝弗莉,109 厘米的个子,正坐在沙发上。后来就没人笑她了。

读完高中后,贝弗莉还是住在家里,她先到救世军的商店工作,后来又进了印刷厂。2001 年,贝弗莉 27 岁,珍娜在电视上看到有个组织叫"美国小个子",她闻所未闻,也不知道世上竟然有小个子团体。她和贝弗莉唯一见过的小个子,是在兰开斯特市中心一家杂货店里做事的老夫妇。珍娜打电话给当地美国小个子分会的会长,说:"我想跟你谈谈我女儿,你能到法兰德利餐厅跟我们吃顿午饭吗?"正如珍娜所说,从那一刻起,贝弗莉重生了。贝弗莉说:"我从此不再孤单。"他们参加了当地分会的聚会,而且总是母女一起去,第二年又第一次参加全国大会。

我认识查尔斯一家人时,贝弗莉再过几天就满 30 岁,也还住在家里。她孩子般的气质打动了我,我们说话的同时,她就窝在母亲的腿上。珍娜向我强调,除了上班以外,两人从不分开。珍娜说:"不管去哪里,我都不让她落单。你看看史玛特[1]是怎么被绑架的,我一点也不想冒险。"

在 20 世纪 50 年代的新英格兰,侏儒症是种耻辱。蕾思丽·施耐德的母亲知道自己生下侏儒后情绪崩溃,在精神病院住了三年。蕾思丽

---

〔1〕 2002 年,14 岁的伊丽莎白·史玛特(Elizabeth Smart)某天晚上在自家房内被闯入的一对夫妻绑架,之后遭禁锢、虐待、性侵 9 个月,最后幸运获救。翌年她的真实经历改编为电视电影。她也于 25 岁出版回忆录《我的故事》(My Story),获得极大反响。——编注

说:"我母亲当时 30 岁,她体质本来就弱,而且她就是无法接受。所以她从来不看我、不抱我。我出生了,她也倒下了。"蕾思丽的父亲并不比母亲好。"医生告诉他,我生出来会是侏儒,母亲则被送去麦克莱恩,那是最后一根稻草,之后他就搬回父母家,而我则在缅因州各地长大,有时跟着外婆,有时跟着几位姨妈。"

蕾思丽说,她母亲出院回家后,"她已经尽了全力,但她从来没有认真面对我是小个子这件事。我们出去买东西时,只要有人说了什么,或看了一眼,我母亲就会说,'老天,我为什么要面对这种事?'"蕾思丽的父亲仍然很疏远。跟她最亲的,反而是几个临时保姆,多半是移民到当地的法裔加拿大人。"她们都出身温暖慈爱的法裔天主教家庭。虽然我父母都是正统派的犹太教人,但我以前常常跟她们一起上教堂。我不敢想象,那时要是没有她们,我的日子会怎么样。"

蕾思丽直到 11 岁,都还未遇到过别的小个子。那年她母亲听说了美国小个子组织,便带着蕾思丽参加地区的聚会。蕾思丽第一次参加全国大会则是在 16 岁。"全国总会不断寄会刊过来,上面有很多年轻人兴高采烈的照片。都是同一批人。美国小个子组织中,有些人只是旁观,有些人默默参与,也有些人非常投入。不知道为什么,我跟那群人特别投缘。"蕾思丽高中生活过得很惨淡。"我觉得,如果我身高正常的话,高中生活应该就会像我在美国小个子那样。"她积极寻找约会的机会,可是一星期的时间很难跟谁熟到可以长期交往。"很多人最后都交了男女朋友,但如果有更多时间思考,我们应该不会考虑交往。我最后找到一个很棒的人,但我们的兴趣有天壤之别。"

很长一段时间都没人告诉蕾思丽,她母亲为什么崩溃住院那么久,但她一直略有所知。母亲为了自己而发疯这件事一直是她的沉痛心事,她说:"也因此,我对于儿童早期发展及客体关系理论非常有兴趣,或许也是因为这样,我没有孩子,反而有很多还没化解的怒气。"

蕾思丽在美国小个子组织的很多挚友都来自加州,所以她申请了加州大学洛杉矶分校,被录取了。她找了个治疗师,开始吃抗抑郁药物,就这么一直吃到现在。"我这才明白,原来这么久以来,我的身心运作一直没有达到正常水准。突然间,哇,原来正常是这种感觉?"

我们认识的时候,蕾思丽已经快 50 岁,也已经和生命达成和解。她说:"回顾过去,我一直觉得自己不会想过另一种人生。我因为是侏儒,才经历了许多很棒的事。"她是达斯汀·霍夫曼的朋友,他拍过一部影片,片中有个侏儒的角色,两人便是在那时结识。她也和法学教授保罗·米勒谈了 9 年恋爱,因而认识第一届克林顿政府里的很多人。"我见识到另一种人生。我之所以会回学校读书,保罗功不可没。"我刚认识蕾思丽的时候,她正负责推动阿布奎基市的"保护与倡导制",这是地方政府的重要职务,与公民权利有关。她说:"我有时会想,对我的人生影响比较大的,究竟是什么,是我有侏儒症?我有抑郁症?还是我身边那么多抑郁的案例?克服侏儒症比克服悲伤还容易。"

蕾思丽和保罗分手后,开始和布鲁斯交往。布鲁斯是艺术家,也是侏儒。"如果我个子不小,就不会和布鲁斯在一起。身为小个子,我才能走到这一步,又有什么好遗憾的?"布鲁斯的家庭和蕾思丽的家庭恰恰相反,既开明又包容。他出生的时候,医生建议他父母:"带他回家,怎么对别的宝宝,就怎么对他。"他的父母奉行不渝。虽然如此,他也承认,"有时我看着另一个侏儒,都有种我们是小孩装大人的感觉。说真的,接受自己的外貌,是一辈子的课题。"布鲁斯有严重的肢体障碍。"要是可以重来,我不会想当侏儒。太辛苦了。我的并发症和动过的手术都比蕾思丽多,我太累了。在我看来,当侏儒最好的事情就是认识她,不过我无论如何都会爱上她。"

许多侏儒都大力反对抛侏儒这项"运动",也就是把侏儒绑上安全带,然后由某个身高正常(通常还醉醺醺)的人将他往垫子或铺上软垫的地方扔,扔得越远越好。目前有立法禁止抛侏儒活动的,只有法国、美国的佛罗里达州、密歇根州、纽约州,以及伊利诺伊州的春田市。法国及佛罗里达州的禁令都有人提出法律上的质疑,不过仍然通过了。纽约的禁令于 1990 年通过,之后有几次必须强制执行。2002 年 3 月,长岛有家酒馆举办抛侏儒比赛,警察对所有参赛者开出罚单。2008 年 2

月，史泰顿岛有间酒吧的老板原本想举办"侏儒保龄球"聚会，这种变化版的抛侏儒活动是把侏儒放在滑板上，在球道上往前推，撞倒一整排球瓶。当地有家报社报道这项活动同样违法，聚会因此取消。2005年，美国证券交易委员会调查证券交易员的福利是否过多、不适当，结果发现富达证券花了16万美元为旗下某个明星交易员举办了一场奢华的告别单身派对，派对上的庆祝活动就包括抛侏儒。

这种把人当成物品的活动至今竟然尚未绝迹，实在令人震惊。然而，这项活动最令人发指之处，在于侏儒往往有骨骼问题，若是受到撞击，就可能恶化。参加抛侏儒大赛的侏儒多半经济拮据，参加比赛的话，一晚就能赚上一大笔。有些人抗议，说自己应该有权决定如何赚钱，并指出职业美式足球同样也会损害身体。其他人则认为，容忍这种做法，伤害的不只是那些自愿被丢来扔去的侏儒，还包括整个侏儒族群：社会大众会认定侏儒是次等人，嘲弄的风气因此难有禁绝的一天。反对抛侏儒活动的人表示，某些侏儒被抛，便暗示着所有侏儒都可以这样被抛。他们也指出抛女人甚至抛狗的活动都不可能有人允许。

美国小个子组织里有些人认为，侏儒在无线电城音乐厅的圣诞特别活动中扮演小精灵，其实也很羞辱人。但对很多侏儒来说，无线电城等表演厅的钱很好赚，而且侏儒演员也指出，很少有人请侏儒演出主流角色，除了少数例外，例如彼得·汀克莱杰演过《下一站，幸福》、《超完美告别》，还因为演出HBO剧集《冰与火之歌：权力的游戏》而获得艾美奖。有个侏儒演员就对我说："西班牙有句谚语：只要不受冻，哪管别人笑。"侏儒演员马克·波维内利说："一拿到剧本，我都会先翻一遍，看我是要咬人脚踝，还是揍人下体，还是跟某个高个儿打架。"2009年，美国小个子禁止受雇于无线电城的侏儒参加大会。有个侏儒的父母说："我女儿在无线电城表演过，她很喜欢。她是小儿骨科的护士，这辈子从没想过要靠扮小精灵维生。"史特拉蒙多是美国小个子宣传委员会的主席，也是密歇根州立大学的生物伦理学博士候选人，他说："侏儒症者被人刻意丑化时，那些丑化的角色都是由真正的侏儒症患者来扮演，如此一来，事情就变得更复杂。"大众对侏儒的刻板印象一成不变。美国国家广播公司的节目《名人学徒》中，黑人美式足球跑卫沃克奉命为万用清洁剂做一个消毒广告。他说道："我们就找些小个子来，让他们在浴缸里用万用清洁剂洗澡，然后你把他们拿出去晾，怎么样？"名嘴瑞佛斯回道："还可以把他们晾在我家阳台上。"吉米有个侏儒孩子，他表示这些名人是在鼓励大家嘲笑他女儿。这种事对侏儒来说司空见惯，也让他们穷于应付。吉米说："如果我把沃克做的这件事用在黑人身上，你想会怎么样？"他于是向联邦通信委员会申诉。

印尼弗洛勒斯岛曾发现疑似侏儒族的骨骸，当时钱思乐就在《卫报》上指出，有些报道的语调非常轻蔑，令人毛骨悚然。"媒体报道一开始介绍这些古代的侏儒属于'人类'的一种，但接下来就想尽办法拉开他们和我们现代人类的关系，说他们是'东西'、'生物'。他们明明就知道如何制造石器，没有火柴也能生火，还会组织狩猎远征，这些成就，比现今你在结账柜台看到的大部分人都还要厉害。"在今日，中非的阿卡、埃非、穆布提等民族，身高多半都不到147厘米。他们常常被称为"俾格米人"，该词有很深的贬义。然而，他们恐怕无暇在意这件事，非洲的俾格米人往往终生为奴，工作至死，不但是种族大屠杀的目标，甚至沦为食物，被希望获得"魔力"的侵略者吃掉。

2009年，哈瑞丝在线上媒体《沙龙》上写了一篇文章，鼓吹终结"小矮子"一词。该杂志的读者多半受过良好教育，也很有教养，但是这篇文章却引来不寻常的回应。有一个人说："自己想办法。脸皮厚一点——等等，厚脸皮的是侏儒，对吧？我猜小矮子的脸皮很薄。真可惜。鬼才想跟你们一样。"另一个人说："如果某个人或某群人告诉我，比较喜欢别人怎么称呼他们，我完全支持。可是如果这些人告诉我，'一定'只能用他们同意的字眼，我的回答是叫他们去吃屎。"

安娜·阿德森于1974年生于纽约的贝斯以色列医院，她的父母贝蒂和索尔第一眼见到她时满心喜悦。贝蒂抱了抱安娜，几分钟后有人把安娜带去擦洗。第二天早上过了，下午也过了，贝蒂不明白护士为什么不把孩子抱给她。她一问再问，终于有个护士把安娜抱了过来，但看来十分不情愿。当晚，索尔和4岁的儿子大卫回家后，骨科医生走入病房。贝蒂回想道："他跟我说，孩子有一半的概率可能有贺勒综合征，会导致智能发育迟缓及早夭。然后他就走了，我哭了一整晚。"

第二天，就在贝蒂和索尔带安娜出院之前，医院的神经科医生告诉两人，安娜得了一种叫"软骨发育不全"的疾病。他问："你们家族中有个子很矮的人吗？"贝蒂说："我们祖父母都来自东欧，很多亲戚都很矮。""有人头颅很大吗？"贝蒂说："我，我都戴大帽子。"神经科医生神情严肃地说道："她的个子会很矮。"贝蒂问道："多矮？"他回答道："不到150厘米。"他没有谈到可能的并发症，也没提软骨发育不全的女性身高多半在120厘米上下，而非150厘米。贝蒂到纽约大学的医学图书馆读资料，还写信给一位小儿内分泌科医生的远房表亲，他回信道："有相关的机构，像是人类成长基金会和美国小个子组织。这些团体中的很多人都过得很好。对于这件事，你女儿日后或许不会像你这么不安。"

贝蒂和索尔每回出门到所住的布鲁克林区散步，只要看到身心障碍人士，贝蒂就泫然欲泣。她说："生活是场战役，但门一关上就是舒适的天地，可是现在没门可以关了。我想见见有侏儒孩子的家庭，也想见见快乐的成人侏儒。我不停地找，后来找到了，才终于喘一口气。"安娜4个月大时，贝蒂家的人到约翰·霍普金斯医院求诊，并找到科彼茨医生。"他会把孩子抱起来，用匈牙利口音说，'你这孩子真漂亮！'他告诉你所有你该知道、该注意的事。他还会写封长信给你的儿科医生，帮你挂号回诊。每回去约翰·霍普金斯医院，我都知道医疗问题一定可以解决。"科彼茨医生于2002年过世，有位畸形侏儒症者的母亲写道："在他的葬礼上，我哭得比自己父亲过世还难过。"一位软骨发育不全侏儒的母亲则写道："科彼茨医生是我这辈子所遇到过的最伟大的人。"

20世纪70年代，约翰·霍普金斯的"莫尔门诊"每年都会为小个子及其家人举办研讨会。安娜10个月大时，贝蒂首次参加，她回忆道："现场人潮汹涌，很多人的畸形问题我见都没见过，大人小孩，高矮胖瘦都有，还穿着泳衣！我焦虑地盯着别人看，又觉得这样盯着人看很不好意思，就把眼睛闭上。然后又看。后来就慢慢习惯了。到了那天结束前,他们都有了名字,成了我认识的人。三十年后,很多人成了我的朋友。我体会得更深,也更正面。"

贝蒂不久之后就踏上争取权益的运动之路。安娜 5 岁时,莫尔门诊有个社工邀请几位侏儒儿父母参加周末座谈会,协助院方辅导其他父母。贝蒂和索尔去了,很快就和东岸的几十个家庭联手成立了一个团体,名叫"侏儒孩子的父母"。贝蒂和三个母亲写信给地方上的医院、诊所,如此一来,只要有侏儒孩子出生,她们就可以把那家人邀来家中,并伸出援手。"我们提供信息,并介绍医生,但最重要的,或许还是让他们认识同一条路上的前辈。"贝蒂说道。

贝蒂帮了很多父母,但也有人并不领情。她谈到自己曾跟一位怀胎 7 个月的女性聊天,对方才刚知道自己怀的是侏儒。"我说,'听着,未来不会事事如意,但很多时候其实没那么可怕。'她没有打电话来,于是我第二天打给她。她说,'我们已经决定堕胎。'"贝蒂告诉她,美国小个子组织里有许多人都很渴望领养侏儒孩子。女人说:"我跟我先生都是再婚。我们都长得很好看,喜欢滑雪。我们的过去都不如意,现在我们在一起,生活非常美满,我们不想处理这些事。"贝蒂向我倾诉那段遭遇,之后我问道:"如果你怀孕没多久就知道怀了侏儒,你会考虑拿掉吗?"她热泪盈眶,说道:"我希望不会,我真的希望自己不会。"

贝蒂当时已经非常清楚侏儒儿童的父母会遇到哪些阻碍,但家中的安娜倒是活泼又喜欢交朋友。贝蒂说:"我到学区的蒙特梭利学校去。她做了该做的所有事,抱了蒙特梭利的招牌沙鼠,也和沙鼠一起玩。她还可以和母亲分开、会画画。"学校却说他们没办法收安娜,怕她会掉下楼梯。在一次次的信件往返之后,校长投降了,但阿德森夫妇早已决定要让安娜进入社区犹太会堂的附属幼儿园。在新生说明会上,校长说:"你的孩子有任何特殊需求,都请告诉我们,我们才好帮忙!"安娜在那里如鱼得水。

安娜从 12 岁开始吃素。她上街争取过生育权,还到宾州挨家挨户按门铃为凯瑞和奥巴马拉票。初中的时候,学校不让她参加滑雪旅行,安娜就动员同学去校长室门口抗议。贝蒂想起这段往事,笑道:"这就是我们家安娜。有她，我怎么能不感到欣慰？"

到了青春期，安娜虽然在各方面表现杰出，却觉得自己无心于课业。后来她宣布自己是同性恋。贝蒂说："她从大学打电话向我表白。第二天我写了封长信给她，告诉她，对我来说，最重要的不是她爱男人或女人，而是她爱人，也被爱，是她感受到激情热爱，也发现有人同等爱你的美好惊喜。幸运，且全心付出。我知道自己的反应对她有多重要，也很庆幸自己能坦白告诉她，我认为同性相爱跟男女之间的爱情一样真实，也一样正当。"安娜的父亲和兄长也一样支持。

相较于性倾向，安娜花了更长时间接受自己的侏儒症。她在青春期初期就不再参加美国小个子的活动，觉得待在身高正常的家人和朋友间，她已经心满意足。但 25 岁时，虽然有些犹豫，她又回去了。很快她便成为当地分会的会长，还在全国大会筹办"差异中的差异"工作坊，让小个子中的异数参加，这些人的种族、宗教、身心障碍、性倾向都与大多数小个子不同。2004 年的旧金山大会中，她发起第一个供 LGBT 与会者参加的工作坊和欢迎会，对于保守的美国小个子组织是一大突破。自此之后，她在大多数的会议中都办过类似活动。

安娜还是少女时，贝蒂就决定要写两本书，一本给一般大众，另一本给学术界，借此向自己所认识、所爱的侏儒致敬、喝彩。安娜说只要那本书不是写她，那就写吧。数年后，安娜注意到母亲的书房里堆满了文件，就给她个惊喜：送她一个文件柜，上面还系了红丝带，附上一张纸条，上面写着："妈，整理一下吧！"到了定稿的时候，安娜已经快 30 岁，也同意母亲写她的故事。贝蒂那本宝贵的《侏儒的生活》便在后记中提到她，笔触圆融、充满爱意。

那本书以及贝蒂所写的无数学术文章，协助梳理了侏儒的历史，指出哪些历史人物可能是侏儒，并分析证据，证明侏儒从埃及王朝时期及古希腊至今所扮演的各类角色。这段历史有很大一部分是苦难及虐待史。古往今来，特异的身体总被描述为罪恶的化身，是神谕，也是嘲笑、救济、处罚的理由。圣经《利未记》规定，只有体格完美的男人可以成为祭司，这显示了人类自古便不断强调标准的体型。贝蒂说道："我想找找有没有前辈做跟我一样的事情。早期的书，书名大多是'怪胎'或者'维多利亚怪谈'或'人类奇闻'之类的。我心想，自有人类以来就有侏儒，但他们是什么样子？过的又是何等生活？美国小个子组织成立以前，侏儒多半互不相识，除非一起从事娱乐杂耍，或古时候被国王或女王选入宫廷。"

贝蒂常年来一直是美国小个子组织宣传委员会的领袖。2009 年，她深感年轻一辈的侏儒充满热诚，决定递出手上的薪火。在美国小个子大会的晚宴上，理事会颁发给她 2009 年杰出服务奖。那时安娜已经和她的女友共度快乐生活，住的地方离贝蒂和索尔只隔了几条街。她在颁奖典礼上的演讲十分动人。

贝蒂说："如我所愿，她爱人，也被爱。如果安娜是普通人，我的世界会不会变得比较狭隘？会。我很清楚自己获得了什么礼物。若有人问我，'贝蒂，你想生个女同性恋侏儒吗？'我不会打勾说要。但她是安娜，是家里的支柱。我希望她的人生之路不要那么陡峭，却也很高兴她优雅地攀越了高峰。"

玛莎・安德卡弗是个小个子，曾写过一封电子邮件给 Yahoo! 新闻群组"小个子的双亲与侏儒症"，信里说道："我已经发展出一套安全又方便的方法，那就是用名片。正面写道，'没错，我注意到你对我的态度。'（不知为何，社会大众总以为我们不会注意到他们如何对待我们。）背面则写道：'我明白你做的事、说的话可能没有恶意，但仍然很伤人，我不喜欢，如果你想要更了解有侏儒症的人，请上 http：//www. lpa-online. org.'"有个小个子在网络上写道："我买了一部小小的 MP 播放器，拿来听音乐，这样就听不到别人怎么说我。我就这样待在自己的小世界里，想做什么就做什么。"网络对小个子而言是无价之宝。"现在这一辈的年轻侏儒能够这样互动，对当年的我们而言，是做梦都想不到的。"有位年长侏儒曾这么跟我说。

哈利・韦德是侏儒界举足轻重的运动人士。他有肢体障碍，必须靠拐杖才能走路。他是同性恋，几乎失聪，经常失禁，父母是犹太屠杀的幸存者，他是家中独子。他有时太过狂傲，让人疲于应付，而他从事运动的方式也往往带着怒气，但他又有无穷的精力。他57岁那年在纽约被一辆出租车撞上，不幸丧命。有时我谈完他所经历的痛苦磨难，大家会开玩笑说他就像圣经里的约伯。然而，他却决定把自己的种种劣势当成荣耀的王冠。他接受一切，因而变得英勇不羁。我还记得他说过，参加美国小个子组织的同性恋侏儒因为担心歧视，不会说出自己的同性恋身份，但他从不在乎别人的意见。他也说："大家会用'仙女'来称呼男同性恋，如果我是仙女又是矮人，我就是自己的魔法童话故事。至于有没有角色给茱蒂·嘉兰[1]，我就不知道了。"

哈利抱怨道，大部分的侏儒满脑子都是主张接纳融入的政治诉求，所以不愿承认自己有障碍。"如果他们不承认自己有障碍，你觉得他们会承认自己是同性恋吗？"哈利从父母战时的经历中学到，忽视自己的身份其实无法保护自己。他在这个信念中成就了自己的尊严。在他的葬礼上，他87岁的母亲夏洛蒂见到现场一片哀戚，还有这么多公众人物，包括纽约市议会议长、该州某个参议员等达官显要都到了，吓了一大跳。夏洛蒂告诉记者，儿子的成就她无法居功，其实她还常想要他节制一点，部分是因为担心他的健康，另一部分也是厌烦那些歧视。她说道："虽然我非常想保护他，但我阻止不了他行义。"

侏儒在任何地方都躲不掉旁人的异样眼光。他们还出现在童话故事里，那种深入人心的灵界生物形象更加深别人的好奇。这种重负，是侏儒在身心障碍族群中独有的。《纽约时报》就有篇文章谈到"残酷的民间故事"，故事里的侏儒都是丑恶的"侏儒妖"。亚布隆写道："在历史文化中，侏儒的地位特殊，甚至被视为具有魔力，这成了侏儒的包袱。社会大众因此对侏儒无比好奇，偶遇时总盯着侏儒瞧，往往一副不可置信的模样，有时甚至还想拍照留念。"这种敬畏侏儒的态度十分诡异，而且往往和蔑视一样令侏儒十分不舒服。毕竟，这样的反应强调了差异。安

---

[1] 茱蒂·嘉兰（Judy Garland）为美国五六十年代知名演员，代表作品为《绿野仙踪》，饰演主角桃乐丝。——译注

是英国的侏儒,她说她很少想到自己个子小这件事,就像她很少想到自己有牙齿。个子小只是她的一部分,不用特别留意。但她也承认,她认识的人,大多特别关注这件事。

泰勒·冯普登患有"柯兹洛斯基型"的脊柱干骺端发育不良,世上只有百万分之一的人患有此症,特征是个子在侏儒中相对较高。此外,这种症状也没有软骨发育不全者那种独特的脸部轮廓。泰勒就是这样,他身高 137 厘米,出生时则有 53 厘米,体重 3.9 千克,光从数字看不出有侏儒症。他满 1 岁时,身高排在前 10%。然而他却病痛不断。每回泰勒的母亲崔西替他换尿片时,只要动到腿,他就痛苦地大叫。到了 1 岁开始学走路时,他显然非常不舒服,总是动不动就要别人抱着。"总之不太对劲。"泰勒的父亲卡尔登说道。但内分泌科及骨科的医生都找不出问题。到了泰勒两岁半时,父母带他去斯坦福大学找一位遗传学家评估状况,这人又介绍两人去找加州大学洛杉矶分校的一位侏儒症专家,泰勒这才第一次真正诊断出问题。

我认识泰勒时他 16 岁,已经动过四次拉直四肢的手术,有严重的背部问题,肋骨压迫肺部,医生还建议他换掉两边的髋骨。他说:"我打石膏的时间加起来有 40 个星期,差不多就是我人生一年的时间。"他告诉我,自己逐渐明白这辈子只要活着,就多少要忍受痛苦。

泰勒的祖母出身北卡罗来纳州的美国原住民切罗基族,有 10 个兄弟姐妹。她的家族选择不加入印第安保留区,从此不见容于族人,又因为肤色而遭到白人族群排斥。她的老家没有铺地板,母亲用尿水替家里的泥地消毒。上大学的时候,她认识了泰勒的祖父,一个加勒比海的黑人。两人一结婚,祖父就在加州找到工作,夫妻两人从东岸搬到西岸,但一路上很多旅馆都不让两人同住一房,就因为丈夫是黑人,而妻子不是。卡尔登说:"我父母的故事让我知道怎么抚育泰勒。我母亲走进旅馆,旅馆的人觉得她是白人,但她觉得自己是黑人。有时我们怎么看自己,跟世界怎么看我们,中间有很大落差。"

夫妇两人一获知泰勒的诊断结果,便竭力安排一切,想让他过正常生活。崔西说："我们拼命读正向思考的书，我的最大用意是建立他的自信，结果我们可能做得有点过火，因为他现在简直称得上狂妄。他不管去哪儿，都有朋友照顾，就像保镖一样。我原本以为他会被塞进置物柜或垃圾桶，结果从来没发生。"泰勒听她这么说，哈哈笑了起来："我只有一次自愿被人放进置物柜，赚到了十块钱，还满值得的。"

这家人因为卡尔登的工作，再度回到东岸，泰勒则在波士顿一带上小学。用他自己的话说，他"全校闻名"。他哥哥艾力克斯告诉我："泰勒是国王。"泰勒长得异常帅，一直到 10 岁左右，他的身材比例看起来都不太像侏儒。他说："那之后，就开始有人侧目了，就像车祸时自然会有人慢下脚步看一眼，好奇有没有人死去？有没有血？人就是会想看一眼。"泰勒刚读完五年级，冯普登一家便搬到圣地亚哥附近。升初中时他适应得不错，但之后他们家在一段距离外的波威买了新房子，又得换学区。泰勒说："那段时期我很愤怒，交友也不顺利。到了七年级，大家都交了朋友，而我，我觉得'我为什么还要重来一次？'，就是在那时候，我开始瞪着镜子说，'我真的很不喜欢，不喜欢这双腿，又短、又粗、又弯，比例也怪。手臂、手掌、脚趾甲，全身上下我都不喜欢。'"

某次动完手术之后，医生给泰勒开了强力止痛药。他说："我感觉很爽，很开心。我抽了很多大麻，嗑了很多摇头丸、迷幻药、迷幻蘑菇。"崔西很难过，但并不讶异。"他很气我们，决定要惩罚我们。"她说。

"灵性"在泰勒的生活中一直占有一席之地。卡尔登是个虔诚的基督徒，每周都在自己的教会唱诗歌，还用卡尔登·大卫的艺名发行了一张宗教音乐的专辑。卡尔登说："我相信有神，而且神不会乱造东西，泰勒不幸要背负这么沉重的负担，但我相信，若不是因为你应付得来，神不会要你承担这么多。"泰勒则说明道："我从出生就去教会，现在也去。我在最愤怒的时期发现自己和基督教格格不入。如果万物真有主宰，我不认为他可以百分之百慈爱、强大，但同时又任凭这么多文明腐朽败坏，还让人类一生下来就忍受这种痛苦。"不过随着时间过去，他的怒气渐渐消退。"我的问题无法解决，但可以渐渐接受。我把毒给戒了，之后，就在去年，我上了高二，身边全是我遇到过的最酷的人。我还修了四门大学先修课。"

泰勒后来说，他真正想要的，总是有办法做到。"但总是比大部分人要多走上一两步。身体其实很痛苦，尤其腿和脚踝。我做负重训练、游泳，全是因为在意自己的健康和外表。和朋友一起去远足，我背部痛得像要裂开，屁股几乎就要掉落，得留下来休息。'泰勒，嘿，老兄，怎么啦？走吧！'我痛不欲生，我想这点大部分人都无法体会。要是有人拿'小矮子'来开玩笑，我还得故意发笑。我并不觉得好笑，但他们并不是真的存心伤人，而且我也不想成为那种看不惯'喜剧中心频道'就大肆讨伐的激进分子。我小学时努力当班上的开心果，初中时默默坐在角落，现在则努力找出中庸之道。其他人并不知道身为我是什么感受，但话说回来，我也不知道身为正常人是什么感受。"

以前泰勒只想独自度过余生，但现在他希望能找到另一半。他以祖父为榜样，再次想象自己的未来。他说："看到他所面对、克服的事情，我顿悟了——我觉得那是种顿悟，我明白侏儒症会影响我做的每一件事，但我可以选择不讨厌侏儒症，不该受侏儒症限制的地方，就不要被侏儒症限制。"

有些侏儒创建了 datealittle.com、littlepeoplemeet.com、lpdate.org、shortpassions.com 等交友网站。有个小个子说："别人在学基本相处规则的那几年，大部分侏儒都错过了。我们不谙世事，看电影时不懂得要倾身轻轻把手放在女伴胸部上。首先，我们难得有约会。再者，我们的手也不够长。"他们的难题不只是社会规范而已。沃林进一步解释道："很多人连上床都有困难。我们的四肢太短，要不就是太僵硬，没办法抱住伴侣。很多人又有脊髓损伤，可能很难勃起，或者不知道高潮何时才来。"侏儒也要决定，自己是喜欢和一般人在一起，还是想跟其他小个子在一起。美国小个子的网站上有个女人抱怨在和一般人做爱时很难接吻，也看不到他的眼睛。韦德曾说："对身高相同的人而言，下半身非常神秘，必须伸手才能触及，因此令人神魂荡漾。对我而言则恰恰相反。我每天都看着别人的腰部以下，我觉得亲密关系是有机会看着某人的脸。和一般人做爱时,我必须面对下半身,而不是上半身,这件事让我很困扰。"

对很多小个子而言,要找另一个小个子还是要找一般人当伴侣,还牵涉到身份政治。有些人认为,和一般人结婚的侏儒并没有接受自己是侏儒的事实,而且如此一来,希望另一半身高和自己相同的侏儒,选择就变少了。小个子如果和不同身高的人结婚,忧郁的比例似乎偏高。以前美国小个子的侏儒几乎都跟另一个小个子结婚,但现在和一般人结婚的比例越来越高。以前和一般身高的人结婚在美国小个子组织中会被当成异端,但现在也渐渐有越来越多人接受。然而,在美国小个子以外的地方,大部分侏儒还是跟其他侏儒互结终身。

沃林写道,在认识妻子之前:"我害怕自己永远结不了婚——说害怕可能还无法形容我当时那种痛苦的感受。"我在收集这一章的资料时认识了一位母亲,她的女儿是位美丽的侏儒女孩。有一天,我提到我有个朋友可能会想认识她女儿,这位不轻易流露情感的母亲一听就热泪盈眶。她说:"我女儿已经30多岁,这几年来你是第一个这样说的人。我儿子身高正常,全世界的人都想把自己的女儿或朋友介绍给他,可是从来没有人想过,我女儿并不是无性人。"

生孩子则是另一项难题。很多侏儒妇女的骨盆开口不够大,无法让胎儿通过,因此几乎所有人临盆时都得剖宫产。要剖宫产就得打麻醉药,这对小个子来说有很大的风险。抱孩子对侏儒父母的身体可能也是很大的负担。侏儒向来缺乏隐私,生孩子也是,总有人不断问侏儒父母各种怀孕生产的问题。有位侏儒母亲在网络上谈道:"最奇怪的话通常出自成人之口。这孩子是你的吗?我若看到有人带着孩子,根本不会问这个问题,可是我每个礼拜都要被人问好几次。"阿德森写道:"对于小个子夫妇而言,生育后代的决定不但是对自己人生的肯定,更是抱着信心奋力一搏,对孩子的人生有所期待。"确实,也因为如此,很多小个子不论有没有亲生骨肉,都领养了被身高正常的父母遗弃的侏儒孩子。

但也有很多身高正常的父母,不论别人怎么劝,仍不愿把侏儒孩子送走。柯林顿·布朗出生时,"我一眼就看到他的两只手伸得直挺挺,两条腿也直挺挺,身体很小。我几乎要晕倒了。"他的父亲老柯林顿如此回忆。虽然隔着布幕,小柯林顿的母亲雪柔看不到他,但她听得到。孩子没哭,医生和护士一言不发。雪柔终于大喊:"怎么了?"这时医生才压低声音回道:"出了点问题。"虽然雪柔说想看看孩子、抱抱他,但他却很快被带走。之后有医生向她说明,她的孩子因为畸形发育不良,身体严重畸形,很可能夭折。医生说,通常情况这么严重畸形的孩子会被送到安养院,他建议由院方来处理小柯林顿的安置问题,雪柔无需涉入,毕竟父母若是从未见过孩子,要放弃也比较容易。雪柔大怒,向医生说:"那是我的宝宝,我要见我的宝宝。"医生的预后诊断语焉不详。当时全世界已知罹患畸形侏儒症的案例只有几千人。雪柔回想道:"他们所知道的资料就是那两段话,我们接下来的日子会怎么样,就只有那两段话。"

雪柔终于看到小柯林顿时,他躺在保温箱里,雪柔只能摸摸他的脚趾,但她一碰,孩子的眼睛就张开了,而她看见那双眼睛又蓝又漂亮。她还看到很多特征,后来她逐渐明白,那些都是畸形侏儒症的标记:拇指无法和其他手指合拢,从手掌底部伸出来,看起来就像搭便车的手势,还有扁鼻子、花椰菜耳朵、唇腭裂。他还有脊椎侧弯和内翻足,双脚蜷缩在身下,就像飞机的降落架。头颅无比巨大。雪柔说:"很多孩子的症状比较轻微,但所有可能的症状,他一应俱全,我都把他的状况想成豪华综合版。"老柯林顿说:"我们先回家,我还记得我开进我们住的那条街,看着雪柔,感觉一片空虚,你懂吗?"两人又回去上班,老柯林顿在有线电视公司当工程师,雪柔则在电话客服中心工作。小柯林顿两周大时动了第一次手术,治疗脐疝。一个月后,布朗夫妇带他回家,他好小好小,老柯林顿用一只手掌就能捧住。

两人一带他回家,雪柔就尽量把他当一般的宝宝照顾。"我年轻的时候,以为生命都是按表上课,上高中、找工作、结婚。可是生了柯林顿这样的孩子,让人不禁想问,自己以前仰赖的一切都怎么了?"小柯林顿11个月大时,雪柔找到了科彼茨医生。雪柔说:"从那一刻起,柯林顿的一切都交给了他。要是没有他，柯林顿不可能会走路。"老柯林顿说："走进他的诊所时你可能很沮丧，但走出来时你会豁然开朗，充满新希望。"雪柔说："在他心里，他们不是患者，而是他的孩子。其他人从来没办法做到这种程度，以后也不会，因为世界上不可能再有像他一样的天使。"

科彼茨医生很出名的一点，就是他会替患者拟定长期的手术计划，而非只动一次手术就希望能解决患者所有的问题。他动的手术，一路上都会看到益处，并为下一次手术铺路。最后，他替小柯林顿动了29次刀。雪柔说："我问我们家的儿科医生，柯林顿以后会变成什么样子，他给了我一本马戏团团员的书。我去找科彼茨医生，他说：'我跟你说吧，他以后会是很帅的小伙子。'"众所周知，在科彼茨的候诊室一向得等很久。单纯的定期回诊往往要花上一天。"即使要等10小时我也完全没问题，他会说，'抱歉，我一定得帮这个看一看。'我们都知道，如果是自己的孩子需要他，他也会这么对别人说。"雪柔说道。

小柯林顿快满3岁时已经做过6个月的频繁手术，手术后科彼茨医生为他指派一位理疗师，之后他就开始走路。他的内翻足、胫骨、腓骨小头、膝盖、髋骨，科彼茨医生全动过刀。小柯林顿动了十一次背部手术、唇腭裂手术、腹股沟疝气手术。有6个月的时间，他全身打上石膏，只能平躺，头上有一圈金属用四根针固定在头骨上，以免他移动颈椎和脊椎。雪柔说："我陪他住院，一个月、两个月，他要多久才能恢复我就陪多久。"雪柔工作的电话客服中心让她多请了一段长假。为了柯林顿的手术计划，布朗夫妇投保了两份亲职保险，即便如此，保险未给付的费用仍是天价。"你听过有部电影叫《价值六百万的男人》吗？"雪柔问我，一面指了指她儿子，"这儿就有个价值百万的侏儒。"

由于畸形侏儒症是隐性基因的性状，雪柔和老柯林顿生出的任何孩子，都有四分之一的遗传概率，于是两人决定不再生下一胎。老柯林顿说："一开始，日子是半年、半年地过，生了我们家这样的孩子，看事情不会长远。"雪柔说："最难的是走到外面，面对第一句难听的话或异样的眼光。我总是有股淡淡的念头：遇到我跟柯林顿的人，应该把这当成学习的经验。我们都拿这件事开玩笑，'好吧，妈，你看那个人。他们在看我！'然后柯林顿就会对他们挥挥手，笑一笑。"老柯林顿说，"有次我们去店里，有个小孩一直在我们身边晃来晃去。柯林顿那时12岁，就跑到下一排货架，等那孩子一经过，就跳到他面前吓他。那孩子吓坏了，放声大哭。我跟柯林顿说，'你不应该这样。'他说：'可是爸，感觉超好的。'我说：'我知道，好吧，让你乐一次。'"

柯林顿说："我小时候，很怨恨自己为什么个子这么小，很气愤为什么别人有的机会我都没有。你或者正面迎战，或者软弱倒下。别人不懂如何面对，是他们的问题，但我不知道怎么教他们面对，就是我的问题了。"老柯林顿补充道："有次他说，'如果我的个子正常，我就会很棒，对吧？'他那时11岁，住在医院病房。我不得不离开，因为我哭了，感觉十分无助。我回去的时候，他说：'爸，没关系，我知道答案了。'"

小柯林顿说："我超迷运动，想当运动员。我们以前都在街上玩曲棍球，但大家的身材越来越壮，开始撞倒我，所以我没法玩。我的童年因此错失了很大一块。"小柯林顿花了很长时间动手术，躺在床上不能动，那段时间他都在家自学。学习能让他忘却一切，而他也很用功。"我发现自己没别的事可做，所以大部分进度都领先班上同学。我决定把书读好，我至少得有一件事做得比别人好吧。"他毕业的时候被霍夫斯特拉大学录取，是家中第一个读大学的人。他决定主修财务金融，自愿当辅导小老师，还协助举办新生训练周。"我希望这辈子都在大学度过。我参加了强调男子气概的兄弟会，跟学校所有的女孩都是朋友，我到处约会，过得很开心。"

柯林顿的手指无法合拢，扣纽扣还是需要别人帮忙，但其他方面越来越独立，也拿到了驾照，还有一辆为他量身改装的车。老柯林顿说："我还记得他是什么时候告诉我们他正在开车。有个朋友告诉我，他在长岛的高速公路上看到我儿子！我说，'你看到柯林顿开着一辆厢型车，还上了高速公路？'于是我查了他的课表，偷偷溜去学校。我不希望他知道我在那儿，就把车停在后面。我想，老师若不是喝醉了，就是圣人，因为竟然有人帮柯林顿改装了座椅还有方向盘。他咻地一下开出学校。我看得目瞪口呆，一个字都说不出来。"雪柔说："他一进大学就认识了一群小伙子，之后四年一直混在一起，也常去酒吧之类的地方。我说，'那你要怎么坐上酒吧的高脚椅？'他说：'妈，他们会把我抬上去。'我又说：'你只有90厘米高，你朋友180厘米高，你喝两杯啤酒，就等于他们喝四杯。'我听到他喝酒又开车，吓坏了。有次我经过一家酒吧，看到他的车停在那里——车子改装成那样，很好认。我觉得直接冲进去不太好，就发了3个短信给他，然后回家等他的电话。后来我把这件事告诉柯林顿以前同窗的母亲，她说，'他人在酒吧，是你运气好。'我就想，'是啊，如果你在他出生的时候跟我说，他会和大学死党喝酒，还酒后驾车，我大概会乐坏。'"

社会大众似乎会因为小柯林顿的身高而忘了该有的礼仪，但他逐渐学会划定他可容忍的界限。他说道："以前我心情真的会变很糟，我会哭，现在我就直接去找那个人。我妈总是说，'客气一点，客气一点！'但有时你就是客气不起来。有次我从某个人座位旁边走过，然后他跟朋友说，'噢，天啊，你看那个小矮子。'我说，'你再说一次！'然后打翻他的啤酒，酒洒在他的大腿上。如果是小孩子，你不能吼。他们什么都不懂。我会去找他们的父母，'听好，你们为什么不教孩子一些礼貌，也显得自己有点教养？'但就算是在很有格调的地方，状况也没改善。"一年后我和小柯林顿在曼哈顿一家高级餐厅用午餐，我想起了这段对话。餐厅是他选的，在曼哈顿市中心，离他办公室很近。我和他往座位走去，一路上原本正在聊天的人都不聊了，盯着我们看，只有少数几人用眼角余光偷瞄。即便我和环尾狐猴或麦当娜一起现身，也不可能引来更多注意。那些目光不带有恶意，但还是让人不自在。我从未领教过这种眼光，以前我曾推着多重障碍的孩子走在圣地亚哥的码头，但那感觉也完全不同。善意的同情有时会让人烦不胜烦，但还是比看得目瞪口呆好一些。

18岁那年，小柯林顿在金融业找到个暑期工读的机会，每周有五天独自到美林证券的曼哈顿办公室上班，骑摩托车、搭火车、搭地铁，来回各一个半小时。"能学多少本事，我就要学多少本事。我父母为我操太多心了，但我想让他们放宽心，就得经济独立，行动也独立。我以前经常住院，于是父母成了我最好的朋友。但现在再没有什么困着我、阻拦我，我想做很多很多事。"

小柯林顿这一生最大的问题就是行动能力。路程远的话，他就骑摩托车。他只要一走路就发痛，疼痛来得比泰勒这些人都快。"我的臀部、膝盖、关节都很不好。骨头和骨头之间缺少软骨。天气一冷，状况更糟。"话虽如此，柯林顿竟能如此轻松自如地转动身体，还是让我十分赞叹。他的手指不能弯曲，但他能把刀叉卡在手指之间。"很多都是我自己摸索出来的。以前我常把披萨或三明治放在手背上。写字的话，我用两根手指写。如果能够改变一件事情，我希望能和正常人一样走路。不过，我还是整晚跳舞，我什么都能做。"其实，我第一次在美国小个子组织见到小柯林顿时，他就在跳舞，我都已经上床入睡，他还醒着。第二天，他浑身发痛，走路一跛一跛，但同时也乐得忘乎所以。他笑我是舞池里唯一一身高正常的人："你就像小个子一样显眼。"

那年暑假，柯林顿在美林证券的法务部门打工，负责填表格，而他当时就下定决心，一定要获得升迁。毕业后，他进入美国共同资本管理公司，为公司的技术分析师整理损益表、财务报告，搜集即时股市行情，并帮助交易员找出某些网络股的趋势。那段期间，他因为地铁的友善设施不足而吃了许多苦头。后来，他获准在纽约大都会运输署的下一场公开会议对理事会提出建言。会议那天，我在市中心的会议室看到他的亲戚朋友组成了大队人马，前来为他加油助阵。柯林顿沉着而自信地开口说道："我今天代表纽约所有身心障碍的市民站在各位面前。我所经历的事情显示了《美国身心障碍者法案》、公民权利受到侵犯，也显示了坐轮椅的市民在使用大都会运输署的地铁及火车时会面临的危险。我今天这段发言的目的，是要指出贵单位运输系统的现况，让各位知道这些状况会如何影响使用者，并且找出解决方案。我希望在追求平等的道路上，各位能成为我的队友，并努力解决问题。"之后吃早餐的时候，雪柔对我坦承，这种事如果是她，绝不可能办到。

雪柔说，她常常思索自己究竟想不想过另一种生活。"他出生的时候，有个护士哭了，说：'噢，我觉得好难过。为什么是你们？你们人这么好。'我说：'为什么不是我们？'我会和人交换吗？我现在绝对不会。"老柯林顿也附和道："我上班的地方常有新人，当他们偷懒，或者说某些事情做不来的时候，我就说自己认识一个人，我也不说是我儿子，就说这人每天早上要花半小时穿衣服才能出门呼吸新鲜空气。'你们这些人有手有头脑，上帝给的工具你们都有，却不懂珍惜。'"他顿了顿，"而且说实在的，我以前也不懂珍惜，是小柯林顿教会了我。"

雪柔和老柯林顿都多少有些敬畏自己的儿子，敬畏他的勇气、学业及事业的成就，还有他开阔的心胸。雪柔说："我觉得他今天的成就，我们没有贡献。我做了什么？我爱他，就这样。前两天，有人打电话来，这些人社会地位比我们高，也受过更好的教育，他们打电话来说自己不知如何是好。他们是得州政界人士，觉得这样的污名会对他们造成伤害，于是把宝宝送养。当时，他们就是打算这么做，跟我一开始的决定正好相反。前两天柯林顿回家，说，'妈，我在曼哈顿看到一个盲人拄着拐杖。四周的人匆匆忙忙，只有他孤独一个人。我很想哭，很替他难过，就过去帮他带路。'柯林顿的心里永远有那道光，我们很幸运，能第一个看到。"

个子矮小还有许多不常见的类型，确切基因还有待发现，但主要类型的基因已经找到，这些基因很多都有密切关联。例如软骨发育不全多半是纤维母细胞生长因子第三型受体产生显性突变。同一基因的另一种突变形式则会导致季肋发育不全，这是一种症状比较轻微的侏儒症。同一基因位置的另一突变则会造成致死性畸胎，这种类型的骨骼发育不良足以致命。由于软骨发育不全属于显性遗传，因此两个软骨发育不全的侏儒生出的孩子有50%的概率是侏儒，身高正常的概率是25%，而双显性的概率也是25%，双显性就会导致死胎。还有很多骨骼发育不全也会导致死胎，或者出生不久即夭折。找出软骨发育不全的基因，可以更了解此症状背后的原理，并在产前诊断出双隐性的案例，而由于双隐性必然以悲剧收场，筛查出来后，父母就能选择是否终止怀孕。在这个过程中，父母也可以选择拿掉软骨发育不全的健康胎儿。

此基因由美国生物化学家瓦斯穆兹于 1994 年发现，此后，先天性脊椎骨骺发育不良、假性软骨发育不全、畸形发育不良的基因也一一被找出。瓦斯穆兹对世人可能会如何利用他的发现十分忧虑。他在美国小个子组织几位干部的陪同下出席了记者会，宣布研究成果。蕾思丽当天就和他一起站在讲台上，她回忆当天，说瓦斯穆兹"对可能的影响心知肚明，而他想要这个世界在他宣布消息的同时也看到我们快乐、健康、满足地和他一起站在讲台上"。他主张，这项检测只应用于找出双显性的案例。因为侏儒症并不常见，因此并不包含在一般的基因筛查中，但人们仍然可以在做羊膜穿刺或绒毛取样的时候要求检验软骨是否发育不全，而人工受孕者也可以在植入前要求额外筛查。此外，有许多案例都是在怀孕后期做超声波检查时检验出来的。根据最近一项问卷调查，有四分之一的受测者表示，如果发现腹中的胎儿是侏儒，他们会选择堕胎。更有甚者，医疗专业人员也有 50% 以上的人在问卷中表示自己会这么做。

从那时起，筛查就成为小个子圈内争辩不休的热门话题。有些夫妻希望可以筛查出身高正常的胎儿，确保生下的孩子是侏儒。马萨诸塞州大学的桑哈维医生支持侏儒人士的选择权，他写道："许多父母都深信，孩子如果像自己，可以凝聚家人感情，强化社会联系。"贝蒂和史特拉蒙多曾以美国小个子宣传委员会主席的身份投稿《纽约时报》，表示如果医生拒绝这项请求，就是"积极强制进行优生学"。有一对小个子夫妇就谈到自己接受人工受孕前基因筛查，只是为了避免双重显性，结果有好几家诊所都说他们支持"健康"怀孕，只愿意植入非侏儒的胚胎。卡萝和她先生都有软骨发育不全症，她表示："我想要孩子长得像我，你不能告诉我不行，否则也太专横自大了！"很多小个子受够了这一切，于是决定领养侏儒儿童，这些儿童往往不被原生家庭所接受，在发展中国家尤其如此。

金妮和她先生有两个软骨发育不全的孩子，一个是亲生的，一个是领养的。金妮说:"我最怕哪天我亲生儿子对我说,'都是你的错。'我跟我先生不能对父母这么说,因为他们也没料到。但我儿子却大可以说:'你知道我的基因,却还是要生,害我变成侏儒。'"金妮和丈夫决定领养同样也是侏儒的老二,她说那是因为"我觉得侏儒症改变了身体,也改变了灵魂。两个小个子之间有种紧密的联结,也许是同性的朋友、一生的伴侣,或其他各种可能。我认识我先生的时候,我们的共同之处不只是身体外观,还有生命经验。我先生在内战时期的黎巴嫩贝鲁特长大,而我则生长于波士顿,所以我俩的出身有天壤之别,但因为都是侏儒,所以我们很相似"。

许多侏儒的生命都很充实、丰富,侏儒症对他们而言往往不是障碍,而只是些许不便。另一方面,种种医疗难题仍让人却步。产前筛查趋势的观察者注意到,较富裕的家庭多半选择高价的筛查方案,而贫穷人家就只能把侏儒孩子生下来,这样的人口变化令他们十分忧心。沙斯比亚是为软骨发育不全症争取权益的运动人士,他曾在BBC的广播访谈中提到这些议题,他说:"我对于残缺的态度很矛盾。传统觉得残疾很悲惨,我并不这么认为,但我也不同意激进人士的观点,他们认为残疾无关紧要,我觉得残疾是一个困境。"他分别指出刻意要怀或不怀侏儒孩子的问题。提早知道自己怀了侏儒孩子的好处,在于可以提早适应。如果感到悲痛,可以在孩子出生前放下悲痛,或终止怀孕。不知道的好处则是你不用选择,因此心里没有负担。对于准父母而言,选择可能很可怕,而且难以承受。

针对基因筛查的议题,美国小个子组织曾经以一篇声明回应,其中有部分写道:"我们小个子对社会也有贡献。我们必须告诉大众,虽然我们面临困难,但(跟大多数身心障碍人士一样)很多困难都来自环境,而我们也很珍惜任何为社会多样性提供独特观点的机会。接纳自己、骄傲、归属、文化,是美国小个子成员的共同感受。"皮丝莉是侏儒,也是遗传咨询师,曾为美国小个子组织撰写意见书。她强调,希望基因的新知不会被用于消灭人类的多样性。她说:"若胎儿得了绝症,不可能存活下来,那么让这家人有机会及早决定,而不用经历整个怀孕的过程,会非常好。可是，我们觉得患有软骨发育不全或其他非致命型骨骼发育不全的人，可以活得很健康、有贡献。我们并不质疑任何人选择人工流产的权利，但仍想要呼吁各界，或许这不该变成终止怀孕的理由。"目前，基因筛查多半用于诊断，让家人知道日后会发生什么事、该怎么做。例如，孩子如果有第四型黏多糖症，就必须监控视力及听力是否恶化。这样的孩子有时会有颈椎不稳定的问题，若能对脊骨上端施以融合术，有助于避免严重脊髓损伤。软骨发育不全是因为某个基因过早启动，使骨骼停止生长。有些研究人员正在研究如何关闭此基因，这项研究不会消灭这个基因，但会改变基因的活动，根绝其表现型。

贺弗兰曾形容侏儒症"代代相传，受到珍视。这种性状就如同听障，同时被视为耻辱、残疾，以及骄傲之源。它更是一张入门券，让人得以加入一个复杂、迷人、极为排外的文化"。皮丝莉说："从小到大，我并不觉得自己不想成为现在这样子，只是不明白为什么大家要用那种眼光看我。我不断被刺伤。年纪较大之后，我脖子出了问题，导致慢性疼痛。我们现在知道，软骨发育不全者寿命较短。有时你真想知道，世界多了这么不同的小个子观点，好处是否大于这个症状所带来的真真切切的生活障碍和痛苦。有些人可能会说，如果只是身形较矮，但没有手术、没有痛苦，我们会乐于走上侏儒这条路，可是实际上，你只能全部接受，或全数拒绝。"

莫妮克·菖哈丝是旅居纽约的法国人。怀孕 5 个月时，她和俄籍伴侣奥列格·皮列戈夫一起去做超声波检查，以为一切都没问题，应该 5 分钟就会结束。"我们在那里等着，想知道是男孩还是女孩，然后询问医院发生了什么事，院方说，'医生会写入报告中。'"莫妮克回想道："等我们终于见到医生，他提到孩子的四肢和头颅的大小不成比例。但当时听起来不太严重。"莫妮克的产科医生建议她到专科实验室做超声波检查，那里的医生也证实胎儿的头颅很大，但看到奥列格的头颅也很大，就鼓励两人暑假找个地方好好玩。

等两人回来，莫妮克已怀孕 7 个月，妇科医生建议她再做一次超音波检查，这次由另一个医生操作。那位医生将两人转介给另一位遗传咨询师，咨询师说，孩子很可能有骨骼发育不良的问题。莫妮克说："她用了这么一个医学术语，我感觉有点冰冷、好遥远。我突然开始担心，像是有什么东西压在身上。"咨询师说："坏消息是胎儿确实有问题，好消息则是我们知道问题是什么。软骨发育不全是最常见的侏儒症，并发症也比其他侏儒症少。但还是可能会有脑水肿、延髓颈髓压迫、脊椎狭窄、限制性与阻塞性肺病、中耳炎、胫骨弯曲等问题。"莫妮克几乎昏倒。她向我解释道："我一点也不想面对，我当时怀孕快8个月，一面想着'我恨这些研究，真希望我们什么都不知道'，同时又想'真希望我们早点知道'，我的产科医生不想给任何建议，也就是说，她没有给我任何支援。她要我去查美国小个子组织，除此之外什么也没说。"

莫妮克也跟她在法国认识的医生谈过。"他们都说可以避免的问题、麻烦、差异，就避开。他们都觉得应该拿掉。"纽约的遗传咨询师介绍两人去看一位有遗传学背景的心理师。"心理师说，不管怎么选，未来都会有后悔的时刻。这些话对我有很大的负面影响。我当时想，'我不想要做出会后悔的决定。'就这么简单，这么基本。"

至于堕胎的可能性，奥列格说："对我家人而言，完全不可能。他们原本是俄国东正教，后来改信天主教，而且很虔诚。我母亲从莫斯科传真过来，要我们重新考虑，但我没有告诉莫妮克。这件事，我母亲没有权利决定。"莫妮克说："奥列格不想知道别人怎么想，我却想知道每个人的意见。我到处问，然后做出选择。我做每件事都这样。最后我们终于决定堕胎。在法国，不管怀孕到了哪个阶段都能堕胎。我得离开纽约，跟家人在一起。他们不赞成我生下这个孩子，我需要家人的支持。"

于是奥列格和莫妮克去了法国，到莫妮克的家乡里昂就诊。当地有位资深的医生，法国中部、东部复杂的产前遗传案例都找她审阅。两人预约好时间。莫妮克说："她非常有经验，让她看过的人几乎都选择堕胎。我们坐下跟她谈，有个助手拿着相关文件走了进来，开始例行的流程。我心想，'我在做什么？'我浑身发抖。医生说，'你如果不想做，就别做。'我很惊恐。奥列格说，'如果你把孩子留下来，也没关系。'我得到最后一刻，才明白自己的真正心意。突然，我清楚知道自己想要这个孩子。"莫妮克流着泪跟我说这个故事，但最后她微微笑了起来。"突然，我就明白了。"她重复道。

莫妮克和奥列格回到纽约。"那时我们得跟时间赛跑，得尽快知道跟软骨发育不全有关的一切。"后来两人通过朋友认识了丽莎，以及她女儿萝丝。莫妮克说："我们既然决定要慎重面对，这件事也就不再可怕，就算当时我们已经知道骨科等各种并发症有多么棘手，也不再恐惧。那个心理师说错了，我从来不后悔。当时我希望自己不用做出选择，但现在我很高兴自己做了选择。生下这孩子，是我主动做出的决定，而不只是听天由命的结果。"

我刚认识莫妮克和奥列格时，阿纳托尔4岁。莫妮克说道："我们想替阿纳托尔生个侏儒的弟弟或妹妹，但是没办法，他的症状是机缘巧合。不过无论如何，我们一定不能让他感到孤单、感到自己是异类。我们会安排他和美国小个子组织接触，如果觉得投缘，就继续参加。"莫妮克非常以法国的医疗为荣，但她也同样推崇美国的社会环境。她和奥列格带阿纳托尔去找约翰·霍普金斯医院的侏儒骨科医生艾因。她说："我觉得如果阿纳托尔能把他当成榜样，会很好。"她也很喜欢艾因医生的患者几乎全是小个子，而且精通小个子可能需要的所有手术。她尽量找机会让阿纳托尔和同年龄小朋友一起玩，有障碍的、没有障碍的，都接触。

莫妮克说："我很相信'塑造差异'。我想让他知道，'好，你跟别人不一样，那么，你能从中获得什么益处？'我开始爱上阿纳托尔的比例，他短小精悍的模样。他说，'我想要像蜘蛛人那样又高又壮。'我说，'阿纳托尔，你不会长得像蜘蛛人或爸爸妈妈那么高，但是你可以又小又强壮。'他说：'我不想跟别人不一样！'我心想，'好，麻烦开始了！'"在欧洲大部分的地方，大家重视的身份仍然是集体、一致的身份：天主教徒、法国人、白人。大家都尽量避免差异，而且骨骼延长手术在南欧居然还很热门。莫妮克说："我前阵子看到一所优良学校的宣传资料，宣传资料最后说，'本校欢迎身心障碍的孩子就读。'法国的学校看不到这样的宣传资料。纽约真的是最适合居住的地方，现在也正是最适合的时候。幸好我不是在我祖父母的时代碰上这种事。"

莫妮克和法国家人的关系有许多层面。她说:"那里远比美国讲究美感。我母亲还是会想,'可怜的阿纳托尔。'我知道她很爱外孙,但我的生活对她而言太过陌生。她尊重我的选择,可是无法理解,于是我创造了一个家庭,让这个家庭把我从创造我的家庭中带走。"

几年后我跟阿纳托尔谈到身为小个子的日子,那时他已将近7岁,弟弟的身高刚刚超过他。我问他,他会不会因此感到难过。他想了想,说:"不会,我很高兴他可以帮我拿东西。"但他还是十分自豪地让我看他的床,他和弟弟共用卧室,睡的是上铺,还跟我详细说明他在学校的表现比弟弟好上多少。莫妮克说:"阿纳托尔自己摸索出各种做法,他很独立。学校小朋友也比想象中友善,虽说嘲笑还是有。"她笑了出来,"不过他个性好,别人也自然而然对他好,所以也许他这辈子不会过得太辛苦。"

对侏儒而言,"功能追随形式",他们的身体外形决定了能力。侏儒要面对两大问题:别人眼中的他们是什么样子,是其一;世界不为他们这样的身材而设计,则是其二。然而,在应不应该接受骨骼延长手术的争论上,这两件事最是纠缠难分。这种手术通常在发育长高的年纪开始,大多是八九岁。先打麻醉药,然后在小腿骨每隔4厘米打进一根钢钉,钢钉会穿透皮肉。每根小腿骨大约有10处被打断。由于小腿骨全都失去作用,因此外侧要装上大型支架,并与凸出的钢钉相接。过了一个月左右,骨头开始愈合,原本裂成一段段的骨头开始相互接合生长。在几乎接合的时候,调整支架,让骨头再次裂开,延长小腿,让骨头之间仍留有裂隙。如此反复数次,长达两年,骨头不断裂开,不断恢复,韧带、肌肉、神经不断拉扯延伸。等到小腿完全康复,就换到前臂,然后是大腿,再换上后臂。一旦动了骨骼延长手术,就代表童年的尾声一直到大部分青少年时期都得不断忍受痛苦,肉体支离破碎,代表那些年你的身体都覆上金属支架,手脚还有钢钉凸出。但手术的确有用,可以增加35厘米,也就是120和155厘米的差异,让人从别人眼中的怪胎变成正常人。这样的介入性治疗要价在 8 万～13 万美元。

骨骼延长手术是种整形，也是功能性的介入性治疗，只不过动手术的人多半避谈整形的层面。怀疑这项手术的人认为手术很复杂、痛苦，还有很多麻烦的副作用，而且既然小个子不动手术也可以在社会上过得不错，也就没有必要接受手术。就像有些人反对人工耳蜗植入手术，反对骨骼延长手术的人也不认同手术隐含的辱意，暗示着这些症状是需要矫正的。

想要政治归政治、医疗归医疗，向来都不容易。动过骨骼延长手术的人通常很肯定这种手术，研究也显示，手术能增强自信。有个动过手术的小个子就说："时时刻刻抬头往上看实在太辛苦了，不只脖子不舒服，心里也不舒服。"这样的回答有股自我应验预言的味道：选择动手术的人，想必需要提升自信心，而之后的人生花了这么多年进行手术，要他说手术没有什么用处，想必也十分困难。不过，出现并发症的人往往最反对此手术。

2002 年，美国小个子组织原本想邀请美国骨骼延长术的顶尖外科医生帕里参加当年度的全国大会，结果因为成员反对而取消，从这次事件便能具体看出此项议题在该组织内部的争议。穆勒在孩提时代动了骨骼延长手术，之后便毫无保留地支持这项手术，她说："所有新手父母最重要的事情就是接纳孩子，也让孩子接纳自己。孩子在成长过程中不应该认为自己身上有某种状况，等他长大后，父母就会动手'解决'。"不过，她也表示手术能让人免于经历矮个子的种种不便。她很高兴自己动了手术。美国小个子组织有位高层人士说："应该要等到当事人的年纪大到能和你好好讨论手术的时候再说，而且动手术必须真的是他们自己的决定。我们建议他们先去看心理师，坦诚长谈一番后再做决定。"但这个论点和主张延后人工耳蜗手术一样，都有严重瑕疵。这个手术只有在发育期，也就是儿童转为青少年的时期施行才有效。比语言习得的时间要晚，但也远比完全成熟还要早。

有些医生宣称，骨骼延长手术可能有助于预防脊椎问题等侏儒症常见的骨科问题。各方对这个议题激辩不休。甘迺迪决定不要让自己的女儿动骨骼延长手术，他很坦白地写道："一位侏儒症患者，之所以能从骨骼延长术中获益良多，只是因为他的上手臂变长了。除了能够擦拭自己的身体，还有什么是你能够想到的最重要的事情呢？"骨骼延长手术会因案例而异，风险和益处也无法一概而论，而且因为这还是种新技术，长期的结果也还无从得知。骨骼延长手术的并发症严重程度不一，可能很轻微，也可能很严重且造成永久影响，而且并发症的概率也高于其他骨科手术。但是此手术的目标族群即便不动手术，也会面临许多骨科问题，如此一来，情况就更难判断。

有些孩子似乎轻而易举就能拥抱自己的特点，但其他人则觉得差异难以忍受。同理，有些父母能忍受孩子与众不同，有些则不行。9岁的时候，我愿意为了改变性倾向放弃一切。如果当年的我有这样的手术可选，我一定毫不犹豫。现在我48岁，却很庆幸我没有委屈自己的身体。关键在于厘清9岁时抱持的偏见有哪些会随时间改变，又有哪些是内心真正在意，而且会一直延续到成年的。父母的态度往往会影响孩子的心态，而外科医生一定要能透视这道朦胧的薄膜，才能看清哪种做法对当事人最有利。有位母亲曾经告诉我："我女儿恨透了当侏儒。我们请侏儒到家里来做客，都是很好的人，她会指着这些人说，'我宁死也不要像这些人，这些人都是怪胎，我讨厌他们。'她并不想加入他们的世界。我们很努力要让她的日子好过一点。"她的女儿坚持动手术，动了以后也很开心。医疗伦理学家法兰克在《哈斯汀中心报告》中提到选择性的儿童手术，他说："既然有可能矫正，也就无可避免要讨论是否接受矫正。"

外科手术起源于切除术，进阶版则是现代的介入性治疗。虽说古希腊时代就有骨科手术的相关文献，但最具现代手术雏形的案例，还是始于18世纪的法国医生安德里。安德里著有《骨科百科全书》（1743年），又名《矫正及预防儿童畸形之道》，傅柯在《规训与惩罚》的开场便引用书中的一张图片，图中是一棵弯曲的树，树身绑上一根笔直的木桩。他以此作为迫害的象征，十分有名。傅柯很可能会认为，骨骼延长手术是强调服从的社会加诸在人身上的酷刑。然而，尽管创造对侏儒友善的社会可能是更崇高的理想，但要求侏儒个别适应社会显然更容易。问题在于，那些去适应社会的侏儒是否会助长社会的不公不义？他们又是否背负了道德的义务，要以拒绝接受手术来继续催促世界去适应侏儒？有些侏儒一直努力想要过好自己的日子，对他们而言，这样的要求很可能过于沉重。

虽然人类生长激素无法让骨骼发育不全的人大幅增加身高，但很早就已获得许可，可用于垂体性侏儒症。近年来，也有越来越多普通的年轻人使用人类生长激素，有些是个子不高的人，为了好看想要长高，有些是父母不想要孩子因为个子矮而吃亏。这种荷尔蒙疗法就跟骨骼延长手术一样，必须在发育期进行，多半是在10多岁使用。这种激素对脑垂体系统正常的人是否有效仍有待商榷，但有些研究指出此疗法最多可增高10厘米。美国食药局最近通过以"优猛茁"来治疗"原因不明的矮小"，男性身高最后若不足160厘米，女性若不足150厘米，皆可使用。当然，除非等到身形长足的那一天，否则根本无从知道一个人的最终身高，但那时要注射优猛茁（注射用重组人生长激素）也已经太迟，因此整个疗程根据的都只是数据和猜测。在重要的发育期接受优猛茁治疗，费用为1.2万~4万美元。有些富裕的父母也会让身高正常的孩子注射生长激素，原因是他们认为高大的孩子占有优势。

身材高大有许多公认的优点。高个子在选举时获得的票数较多，最近还有研究显示，183厘米以上的男性，薪水平均比个子较矮的人多12%。在电影、广告，以及时尚伸展台上，高个子都是美的象征。从古至今，比例匀称一向被推崇为美的精髓。维特鲁威在耶稣的时代就写到希腊雕刻家深谙此理，并展现出普世的理想。他在开场时说："造物主设计的人体中，人脸从下巴到额顶发根的长度，恰好是身高的十分之一。"文中描述的是一种和侏儒大相径庭的身形。语言中有大量赞美词和高大有关，例如"昂然挺立"，也有很多贬词和矮小有关，例如"短缺"、"短少"、"微不足道"、"弱小"。英文的侏儒一词还能当动词用（使……显得矮小），使用时多半充满贬义。这一切都无异于雪上加霜。专栏作家萨菲尔在《纽约时报》撰文表示冥王星被重新分类为"矮行星"之后，所有语种的教科书都用了这个充满贬义的形容词。记者理察森曾经调查小个子的生活状况,写道:"侏儒永远无法同化。只要电影明星还是瓜子脸、丰唇,只要女人的梦中情人还是'身材高大、皮肤黝黑、相貌英俊',侏儒就会是永不改变的差异。"

琦琦·佩克天生患有"克尼斯克发育不良",这种随机产生的变异会导致一种少见的侏儒症,最主要的特征是缺乏"第二型胶原蛋白"。第二型胶原蛋白是人体软骨以及眼球晶状体的组成物质。这种侏儒症不只身材矮小,还关节粗大、扁鼻、近视、听力受损,身体中主要由软骨组成之处也都会扭曲变形。琦琦的软骨看起来就像有洞的瑞士干酪,导致类似关节炎的症状、关节僵硬、桶状胸,而且手掌大、脚掌宽。此外,有个医生形容她的髋部"就像正在融化的冰",而骨头则异常细瘦,末端又异常宽大。她出生时医生并未看出她的病症,但她满月时,母亲克莉西带她去做定期检查,发现她的体重竟不增反减。医生要克莉西不要再亲喂母乳,改用奶瓶,这样才能严格记录琦琦的喝奶习惯。接下来几周的发展十分惊险,琦琦被诊断出生长迟缓,当时已命悬一线。她被送到密歇根大学附属医院,医院就在佩克家开车可达的距离内,虽然那里的医生从未见过克尼斯克症(当时全球也只有200起案例),但他们从X线片中看到她奇特的骨骼形状,做出了正确诊断。

接下来一个月,全家忙着向遗传学等各专科医生求诊。克莉西说:"我只想找到人告诉我,她以后会变成什么样子,但根本找不到。"琦琦检查出有严重近视,两个月大就配了眼镜。克莉西回忆道:"我跑了四个地方,才找到她的小脸能戴的眼镜。当小姐帮琦琦调整眼镜时,琦琦一直叫、一直叫、一直叫。突然她不叫了,只是直勾勾盯着看。你可以从她的表情看出,她突然发现,'我看得到了!'"但因为软骨也是耳朵内部重要结构的一部分,所以琦琦还有严重的听力缺陷,六个月大就装了助听器。克莉西说:"那是另一场精彩的经历,你试试帮六个月大的孩子戴助听器让它不被抓下来看看。我们弄丢了好多副,这东西并不便宜,不能这样浪费。"不过到那时,琦琦已经开始长高,虽然不如一般孩子快,但以她的症状来说,速度算是很稳定。

克莉西的父母知道诊断结果后大受打击。"我妈说，我告诉我爸后，他立刻走到高尔夫球场，狠狠打了一整篮的球，然后进屋开始研究，发现明尼苏达州有个克尼斯克团体。"他们全家飞到当地拜访这个团体。克莉西说："我还记得自己因为担心亲眼见到患病的成人会太过震惊，先做好了心理准备。然后我就遇到她，她是很了不起的人，超级友善，适应得超级好，无所不知，无所不答。我和我父母都获益匪浅。"但日子还是过得非常辛苦，克莉西在诗歌中找到抒发的渠道。诗歌的格律代表掌控，无能为力的时候正适合追求这样的掌控。她说："我们当时不知道琦琦能不能活下来，也不知道她需要什么样的手术，不知道她的脊椎会怎么样——椎间盘是由软骨构成。她一直到 2 岁才会走路，就连学着站起身的时候，看起来都像有关节炎，仿佛她已经 80 岁。"有克尼斯克症的人都胸有成竹、意志坚强。"而且很聪明，也许因为一出生就要开始解决问题。就连托儿所的老师都说琦琦总是知道自己要什么，心里也一直有很健康的自我形象。"她又补充道。

我认识琦琦的时候，她读五年级，将满 11 岁。我们坐在客厅聊天，她身旁就摆着一对拐杖，那时她才刚装上让背部保持挺直的矫正器。克莉西和我穿着牛仔裤，她却穿着一袭小礼服和一双大靴子，散发出一种无可救药的欢乐气息，那是无法矫正的。她说："早上起床，我全身僵硬，无法握拳，然后去学校的时候，手指也还没办法写字。"她在建筑物内都以三轮车代步。之后，她向我宣布，她计划长大要当兽医及摇滚明星。克莉西说："我相信只要是她真正想做的，有一天她一定可以做到。"琦琦曾经想养吉娃娃当宠物，这样她跟小狗就可以一起当小不点。但家中经济并不宽裕，最后她养了仓鼠。

我去佩克家的时候，琦琦和哥哥乔许刚刚吵了一架。琦琦用脚踢开某个东西，结果东西打到乔许。琦琦说："我得把它移开。"乔许问："你为什么不弯腰移走？"琦琦说："我不想，这样要再起身会很难。"乔许的愤怒有理，但琦琦却一副"人在远方"的样子，我在很多身心障碍儿的脸上都曾看到这样的表情，他们都知道自己因为与众不同而享有特权，却不知道界线在哪里。她说道："有时我哥哥觉得大家太关心我，我一直跟他说，这不是我的错。"乔许说："不，就是你的错。"琦琦毫不讳言："有时候我们会真的说很讨厌对方。"然后她顿了一下，环抱双臂，斩钉截铁地说："其实我们真的很爱对方。"

琦琦二年级的时候，克莉西跟琦琦的父亲迦勒离婚。克莉西说："琦琦的父亲觉得她不需要那么多医疗照护，我们意见不同。她动手术的时候，迦勒都不在医院。我觉得他是害怕。过去10年，我也只不过是勉强浮在水上，挣扎着呼吸而已。我所有的假期都在密歇根大学的医院度过。"克莉西向我描述不断循环的行程：骨科医生，一年看4～6次。眼科医生，一年1～2次。听力治疗师、耳鼻喉科医生，一年至少各2次。风湿病医生，定期回诊。琦琦得定期接受物理治疗，而克莉西则每天陪她伸展。克莉西说："有好多决定要做。她身上痛，如果能做人工髋骨会有帮助，但太早做又会阻碍其他部位的生长。那么，到底什么时候做比较好？因为是罕见疾病，所以没什么资料，说真的，这才是最麻烦的。"克莉西叹了口气。"以前我常跑马拉松，有个人告诉我，如果全程保持微笑，就不会觉得痛苦。这方法很管用。我现在也是这么面对这件事。"

养育琦琦让克莉西突然明白了很多事情。克莉西后来写道："我从小就很害羞，少女时期担心自己是不是超重几千克，要不就担心发型、化妆适不适合。然后她走进我的生命，突然我觉得，'我为什么一定得是某个样子？她就永远不会成为那种样子。'我为什么要执着于那些事情？我们都会发脾气，但即使在我快要失控时，我也能看到她的优点。我一直都很害羞，很在意自己的外表，也没什么自信。可是我的这个孩子，在最极端的情况下却能成为自信心的化身，让我无比惊奇。我想到'勇敢'这个词，我必须把它说出来，当成座右铭，当成音节、节奏。而她，她比我勇敢。"

克莉西和迦勒离婚几年后，琦琦的腿动了一次大手术。几个月后，克莉西被诊断出患有乳癌，需要动手术，还得接受化疗及放射线治疗。克莉西说："有段时间我和琦琦常互开玩笑，说看谁比较常去看医生。生下琦琦这么久，癌症也变得比较容易面对。我只觉得，这不过是另外一件要处理、要克服的事情罢了。往前走就对了。我没有瞒着孩子。乔许比较害怕，琦琦则直接面对。她的反应是：'一直都是妈妈带我去看医生，现在换我带妈妈去看。'我切除乳房肿块之后，躺在沙发上休息，她把湿毛巾放在我头上，还切了脐橙喂我。"

琦琦听说母亲要剃掉头发才能接受化疗，就提议由她来剃。剃好之后，琦琦宣布自己也要剃发。克莉西想阻止她，可是她态度十分坚决。她说："妈妈为我的手术付出太多，我希望她不是因此才罹患癌症。我常常觉得自己跟别人不一样，也知道这件事有多难受。所以我希望有人陪着母亲，不要只有她一个人跟别人不一样。"

第四章　唐氏综合征

任何接触过身心障碍议题的人，都一定读过《欢迎来到荷兰》，这是爱米丽·金斯利于1987年所写的现代寓言。事实上，这些人自我开始撰写本书以来，已有数百人将文章转寄给我。Google显示，网络上转发这篇文章的次数超过5000次，牵涉的主题各异，从白血病到头颅异常都有。读者投稿专栏"亲爱的艾比"每年10月都会重刊此文。这是治疗医生必会送给身心障碍新生儿父母的读物，还改写成歌曲，有乡村民谣，也有清唱剧。这篇文章还是会议的主题，也收录在某集《心灵鸡汤》中。甚至有人以此为自己的身心障碍儿命名，例如荷兰·亚比该。该文在身心障碍界的地位，就如同《我是如何爱你》一诗在情诗界的地位。许多人告诉我，这篇文章带来了希望和力量，让他们得以扮演好父母的角色。也有人告诉我，这篇文章过于美化现实，让人怀抱错误的期待。还有人说，有特殊需求的孩子带来的是特殊的快乐，而这篇文章对这点承认得还不够深。以下是全文：

　　人们常请我谈抚养身心障碍儿的经验，让没有这类独特经验的人了解这件事,帮助他们想象当事人的感受。那感觉就如同……

怀着孩子,就像在计划一趟美好的旅行——就说去意大利吧,你买了一堆旅游书,拟出完美的旅游计划:罗马竞技场、米开朗琪罗的大卫像、威尼斯的贡多拉。也许你还学了几句实用的意大利语。一切都令人兴奋不已。

热切期待了数个月之后,那一天终于来了。你整理好行囊,踏出家门。几个小时后,飞机着陆了。空姐走了进来,说:"欢迎来到荷兰。"

你说:"荷兰?怎么会是荷兰?我订的是意大利的机票啊!我应该要到意大利,我这辈子的梦想,就是去意大利啊。"

但飞机的航程改了,降落在荷兰,你也只得留在荷兰。

重要的是,飞机并没有载你到一个恐怖、恶心、脏乱,而且充满瘟疫、饥荒、疾病的地方。你只是到了不一样的地方。

现在你只得出去买新的旅游书,重新学习另一种语言,还会遇到一群你原本不会遇到的人。

只是个不一样的地方罢了。那里的步调比意大利慢,没有意大利那么光鲜亮丽。但是等你待上一阵子,调匀了呼吸,向四周张望……你会开始注意到荷兰有风车……荷兰还有郁金香。荷兰甚至有林布兰。

但是你认识的人都去意大利……总是炫耀那里有多好玩,而你后半生都会不停地说:"是啊,我原本也要去那里。那是我本来的计划。"

因此你感到痛苦,而且痛苦永远永远永远不会消失……因为那个梦想无法实现,是很大很大的打击。

但是……如果你后半生都在哀叹自己无法前往意大利,你就无法全心享受眼前非常独特、非常美好的事物……无法享受荷兰的一切。

全美有七八百万人有智力障碍,有十分之一的美国家庭直接受到心智迟缓的影响。唐氏综合征的病因是第 21 对染色体变成 3 条，这是最常见的智力障碍，美国每 800 个新生儿会有一例，换算成全美总人数则在 40 万以上。由于唐氏综合征胎儿流产或死胎的比例超过 40%，所以实际怀了唐氏综合征宝宝的案例要远高于前述的数字。唐氏综合征患者除了心智发育迟缓，还可能伴随心脏问题（案例超过 40%）、关节松弛、甲状腺功能不足、消化道畸形、白血病、早发性阿尔茨海默症（至少有四分之一的人有此问题，60 岁以上的比例更高）、乳糜泻、身材矮小、肥胖、听力及视力问题、不孕症、免疫系统疾病、癫痫、小嘴、舌头外突。唐氏宝宝的肌肉张力低，因此影响行动力和协调力发展，而口腔肌肉张力不足更影响了语言能力。但每个唐氏综合征个案的特征不尽相同，唯一共通的是心智发育缓慢。唐氏综合征者患癌的概率极低，而且动脉不会硬化。他们的脑部较小，大部分区块的面积都减少，皮质的神经元也较少。此外，他们的突触密度也较低、髓鞘形成（包覆神经元轴突外部的过程）较慢。他们出现抑郁症、精神疾病、干扰行为、焦虑、自闭症的概率也较高。世界各地自古以来一直都有唐氏综合征的案例，黑猩猩和大猩猩身上也曾出现相同症状。

要筛查唐氏综合征，最可靠、最早发展出来的方式是羊膜穿刺。医生利用针筒抽取 28 克左右的羊水，检查羊水中少许的胚胎细胞是否有某几种症状。由于羊膜穿刺可能导致流产，对胚胎而言也像是种入侵，因此有些人不愿进行。至于绒毛取样，可以做的时间比羊膜穿刺早，但流产的概率更大。第二孕期所做的三指标筛查会检查孕妇血液中是否有和唐氏综合征相关的蛋白及荷尔蒙。这种检查于 1988 年推出，能够筛查出三分之二到四分之三的个案。若再检测另一种荷尔蒙，便成为四指标筛查，筛查率可增加为五分之四。

医院从 20 世纪 70 年代开始用超声波检查先天缺陷，随着显影科技及解读扫描影像的能力越来越进步，唐氏综合征的诊断率也越来越高。怀孕初期（约在绒毛取样的同一时期）也有颈部透明带超声波，检查胎儿颈部的皮下积水。如果胎儿有唐氏综合征等不正常情形，该处的积水会增加。怀孕末期，利用立体超声波能知道更精确的信息。现在还有几种新型的非侵入性血液检查,若准确度相去不远,就有可能取代上述检测技术。其中一种检验的是经胎盘流到孕妇血液中的胎盘信使核糖核酸,另一种检查的则是血液中的第 21 对染色体碎片。不过,目前还没有技术能确认心智或生理障碍的严重程度。

爱米丽怀孕期间,由于觉得羊膜穿刺极可能伤害胎儿,和丈夫查尔斯商量决定不做。爱米丽说:"我当时要是做了羊膜穿刺,就会把孩子拿掉,也就错过了人生中最辛苦却也最充实的经历。"杰森·金斯利于 1974 年出生于纽约市北部的威斯特彻斯特郡。医生告诉查尔斯,这样的孩子应该送到专门机构,还建议金斯利夫妇不要去看孩子。他说这个"蒙古症"的孩子永远学不会说话、思考、走路,也无法与人交谈。院方一直假定爱米丽不会带宝宝回家,因此一直为她注射镇静剂,并开药让她停止分泌乳汁。爱米丽回想道:"他们说他永远也无法分辨我们和其他大人的不同。永远不可能具备创意,永远不可能具备想象力。我当时收集了路易斯·卡罗的首版作品,也热爱歌剧作家吉伯特与沙利文,但这些我都收了起来。我有一整箱东西想跟孩子分享,都是很精致、很棒的东西。然后,我打开电视,突然发现大家看起来都跟我不一样。大家都很完美!我呢,我消失了。我整整哭了五天。"

当时威罗布克州立学校虐待院生的丑闻刚刚爆发,爱米丽和查尔斯不忍心把孩子送到收容机构。不过,那是 20 世纪 70 年代,后天教养论正席卷社会,孩子若出了严重问题,很多人都希望用不一样的思维及无比的关爱来改善。杰森出生时,医院的某位社工提到名为"早期疗育"的实验性新计划,或许能帮助唐氏综合征儿习得基本技能。爱米丽说:"我们至少要放手一试,要是最后发现这么做不过是徒增心酸,我们再把他送去专门机构。这样,至少我们是根据自己的经验做决定,而不是道听途说。"于是爱米丽和查尔斯把杰森带回家。到了他 10 日龄的时候,全家去了"心智迟缓机构"。爱米丽回忆:"我站在停车场,怀里抱着 10 日龄的孩子,可是门上写着那几个大字,让我举步维艰。我站在门口,浑身无力。查尔斯停好车,见我呆呆站着,便一把抓住我的手肘，连拖带拉把我带进屋内。"

机构医生的说法和两人在产房里听到的完全相反：应该尽量给杰森各种刺激，尤其要刺激他的感官，毕竟谁也不知道孩子一旦接收了足够的外界刺激，可能会发生什么事。家里的婴儿房原本全是优雅柔和的颜色，夫妻俩把布置全拆了，漆上鲜明的红色，印上绿色和紫色的花朵。爱米丽跟当地超市要来圣诞节用过的大型雪花装饰，也放到墙上。两人还从天花板以弹簧垂吊物件，如此一来，挂饰就会不停摇摆弹跳。爱米丽说："一走进去可能会觉得眩晕。"房内也放了收音机和唱片播放机，时时刻刻都有音乐。两人日夜不断跟杰森说话，借由伸展和运动尽量活动他的四肢，好增加他的肌肉张力。爱米丽整整哭了6个月。她回忆道："我为他掉的眼泪，都能把他淹没。我还突发奇想，说不定我可以发明一种非常小的镊子，伸入他体内，把每个细胞多余的染色体给挑掉。"

杰森4个月大的某一天，爱米丽第800次对他说："看到那朵花了没有？"这时杰森伸出手来指了指那朵花。爱米丽说："他也可能只是在伸懒腰，但当时我觉得他是在说，'好喔，妈妈，我知道了。'传给我这个信息，'我不是一团土豆泥，我是个人。'"爱米丽立刻叫来查尔斯，欢呼道："他的人真的在这副身体里面！"下一个阶段的发展让人欣喜若狂。爱米丽和查尔斯几乎每天都设法为杰森寻找新体验。爱米丽缝了一块毯子，每隔几英寸就换一种布料，有毛巾布、天鹅绒、人工草皮等，这样杰森只要一动，就能体验新的触感。6个月大的时候，夫妻俩拿了一个超大烤盘，在里面装满40包果冻粉，把杰森放进去，这样他就可以扭来扭去，感觉果冻奇妙的质地，顺便吃一点。两人还用刷子刷他的脚底板，让他蜷起脚趾。他的学习状况很好，远远超出爱米丽和查尔斯的期望。虽然他和一般智力障碍者一样，说起话来十分含糊，但已足以和人沟通。爱米丽教他字母，他自己自然而然学会数字，并在看《芝麻街》的时候学会几个西班牙词汇。爱米丽从20世纪70年代开始便是《芝麻街》的编剧。

杰森从4岁开始阅读，比大部分的同龄孩子还早。有一天他用字母积木排出新闻头条：Son of Sam（山姆之子）。6岁时他已有四年级的阅读能力，还能算简单的数学。金斯利夫妇也开始辅导唐氏宝宝新手父母。"我们觉得，不应该有人听到'孩子已经没有希望'这种说法，于是我们满怀热情，踏上这条圣战的征途。我们会在孩子出生后的 24 小时内与他们会面，跟他们说，'你们绝对需要加倍努力，但别听别人说这不可能。'"杰森 7 岁就能用 12 种语言从 1 数到 10，他当时还学了手语及英语，也很快就能分辨巴赫、莫扎特和斯特拉文斯基。爱米丽带杰森四处巡回演讲，听众有妇产科医生、护士、心理师，还有唐氏综合征宝宝的父母。杰森 7 岁那年，两人已经演讲了 104 场。爱米丽觉得自己打败了唐氏综合征，这场仗她是赢家。

爱米丽安排杰森成为《芝麻街》的固定来宾，他和其他小朋友玩，大家知道他的症状，却不歧视，这样做可以让下一代的孩子自然而然学会包容。过去电视上从未有唐氏综合征演员，但她还是根据两人的经历写了一部剧本，要求制片一定要找唐氏综合征宝宝演出。戏中以杰森为原型的角色，最后也由杰森来配音。知名主持人珍·波莉制作了一集特集，邀请杰森和他另一个也接受早疗的唐氏综合征朋友上节目。两个孩子最后写了一本书《算我们一份》，书中杰森写到当年那个妇产科医生告诉父母放弃自己，自己将永远无法知道父母是谁，甚至无法说话。他写道："给身心障碍儿一次机会，让他们能够完整成长，让他们感觉自己有一杯半满的水，而不是半空的杯子；让他们想想自己有什么能力，而不是有什么障碍。"杰森成了第一位唐氏综合征名人，也因为他如此知名，唐氏综合征开始成为水平的身份认同。爱米丽则因推动身心障碍人士走入主流媒体，30 年后获颁美国卫生及公共服务部的特别奖。

有人曾经告诉爱米丽，她的孩子是次等人。事实证明这种想法是错的，也因此，社会应当开始质疑过去对唐氏综合征的所有假设。杰森不但打破了纪录，也破除了各种不看好他的预言。不过，虽然他的学习状况远高于其他唐氏综合征者，依旧有所局限，还是有很多小地方超出他的能力。他能读，但不见得总能理解自己读到的东西。爱米丽说："我知道我无法挑掉那个染色体。但我真心认为，也许大家都不知道这些孩子能做什么。杰森做到的事情，以前没人做到。然后到他 8 岁左右，外面的世界追上来了,甚至超前,这时我才明白哪些事情杰森做不到,而且永远也无法做到。那些训练出来的技能全都很棒,但在真实世界里,能用多种语言计数,还是没有应对进退的能力重要,但他就是学不来。我并没有让唐氏综合征消失。"

杰森可能会一把抱住陌生人,浑然不觉两人并非朋友。他想参加过夜的营队,但住了一周之后,爱米丽接到电话,得知其他小朋友不喜欢他,也不喜欢他动不动就抱人。有些父母说,如果杰森不走,他们就要把自己的孩子带回家。踢足球时,他会忘记甚至不知道自己属于哪一队。有一些非唐氏综合征宝宝的朋友,后来也开始嘲笑他。他还是玩幼儿玩具,看的卡通也都是给幼儿看的,设定的观众年龄只有他的一半。奇迹似乎正逐渐瓦解。杰森可以当电视明星、成功的作家,但最平凡无奇的事情他却做不好。爱米丽说:"他得重新适应,对他来说,那实在太可怕了,可怕得超乎想象。"杰森也非常痛苦。某天晚上,爱米丽替他盖被子,他说:"我恨这张脸,你能帮我找家店弄张新的脸,一张正常的脸吗?"又有一天晚上,他说:"我真的受够了唐氏综合征。它什么时候会走开?"爱米丽只能在他的头上亲一下,要他快睡。

爱米丽开始重新构思演讲的内容。她还是希望大家不要把孩子送到收容机构,她想传达自己很爱儿子,儿子也爱她,但她不想过度美化。就在此时,她写了《欢迎来到荷兰》。杰森出生时,有人告诉她,养育他的这段路有如地狱。虽然事实并非如此,但那段路也绝对不在意大利。杰森因打破模式而出名,但很难说究竟是拉着他不断前进比较好,还是让他舒舒服服留在原地比较好。有更多成就,他这辈子是否就会过得比较开心?还是,成就也只不过是虚荣心的投射?

杰森踏入青春期后,同学开始办派对,但他从来不曾获邀,所以周六晚上总是待在家里看电视、自怨自艾。爱米丽打电话给其他唐氏综合征青少年的父母,问道:"你家孩子周六晚上也跟我儿子一样孤单吗?"于是,杰森14岁时,金斯利家开始办派对,每个月一场,有食物、有汽水,还可以跳舞。爱米丽说:"这让他们觉得自己很正常,他们很喜欢这样。"父母则坐在楼上,聊聊共同的经验,所以这其实是两场聚会。

我认识爱米丽的时候,每月聚会的活动已迈入第15年。她买了一部卡拉OK机,而这些孩子(很多都已经不是孩子了)则玩得不亦乐乎。爱米丽说:"我总是说,'要致力融入社会,但一定要在唐氏综合征的社群中留一点根。'你家孩子最后的朋友都来自那里。"

杰森一直都上特教班,但还是通过考试,拿到了高中证书。爱米丽在纽约阿米尼亚找到高中毕业后的进修课程,有学习障碍的年轻人(多半没有其他身心困难)在此学习管理金钱及时间,学习烹饪、做家事,以及文书处理等工作技能。杰森的经历及考试成绩都远高于大部分申请人,但爱米丽说:"其他父母看到杰森要申请那所学校都吓坏了,他们觉得学校会变成'启智学校'。于是我去找校长,问,'这所学校的入学资格是什么?是眼睛的形状吗?还是可不可爱?是的话,我们去市政厅,我让你看看哪几个学生应该开除。'"一直到爱米丽威胁要告上法庭,杰森才终于获准入学。后来校方说他是"模范学生"。

然而,难以克服的事仍然很多。杰森想开车。他在《算我们一份》中写道:"男生觉得好玩,女生觉得好帅。会开车就能吸引女孩。"他早就昭告天下,等他年纪一到,他就要一辆红色的绅宝涡轮敞篷车。说到这儿,爱米丽停了下来,显得十分沮丧。"你要怎么跟孩子说,他永远也开不了车?我跟他说:'你的反应时间比别人长。'我尽量说得像是生理差异。他又不笨。他不应该开车,他没有开车所需的判断力,但这要怎么跟他说?"杰森的处境很孤单。和其他唐氏综合征者相比,他太聪明,他说话其他人跟不上,听不懂他的双关语,不会玩他的游戏。然而,和一般人相比,他又不够聪明。"他没有同伴。"爱米丽说这句话的时候,又是自豪,又是悔恨,五味杂陈。

杰森如此介绍自己:他有家人,有只狗,还有一道白色的木栅栏。他算有个女友,女友也是唐氏综合征患者。爱米丽带他去切除输精管。虽然很多唐氏综合征的男性都不孕,但偶有例外。爱米丽说:"只要有一个精子就会'中奖'。我们不知道那女孩有多少能力避孕,不想把责任留给她。如果他想结婚成家,我会替他办场世纪婚礼。但如果他想为人父母,我无法想象他要如何办到。"

查尔斯的梦想是看到儿子独立生活，于是替杰森找了一间公寓，让他一个人住。杰森在邦诺书店找到第一份工作，负责把不要的杂志封面拆掉，拿去回收。杰森觉得这件事无聊透顶，就设法找有趣的事做。后来上司跟他说，那些事并非他的工作内容，他回道："我是独立的成人，会自己做决定。"——完全展现查尔斯和爱米丽致力于培养的精神，只是用错地方。不久之后他被开除。下一份工作则是白原市公共图书馆。他发明了一种自成一格的录影带上架法，而图书馆馆员自然希望他按照馆方的方式做事。杰森和他们争辩，最后馆员也只好请他离开。

爱米丽解释："他希望能开家店，告诉大家每部迪士尼卡通的主旨。你来店里排队，他会说，'下一位！'你就走上前说，'杰森，请你说说《钟楼怪人》的主旨好吗？'他就会说，'这部戏是要告诉我们，看一个人，要看他的内在。看他是不是好人，比看他们长得好不好更重要。总共五十元，谢谢。下一位！'你跟他说，这些大家早就知道了，而且也不是在店里得知的，他听不懂。在某些非常非常基本的地方，他真的很无知。"爱米丽两手一摊，一脸哀戚地跟我说："大多数父母最重要的任务，是让孩子觉得自己无所不能，我最重要的任务则是泼他冷水。一言以蔽之，就是'你想做的事，你的脑袋不够聪明，没法做'。你知道我有多痛恨说这些话吗？"

杰森20岁时，父亲诊断出癌症，3年后过世。杰森重度抑郁，爱米丽也开始抑郁。她替杰森找了个治疗师，并向威斯特彻斯特郡的智障公民协会求助。查尔斯曾在该组织担任理事长。她想申请居家康复，由支援人员到申请者的家中提供服务，并指导独立生活的技能。但官僚作业繁复费时，最后她终于忍不住在委员会面前落泪说："我孩子这样下去会害死自己。我一个人实在撑不下去。"终于，协会安排了个案辅导员给杰森，一周来20小时。爱米丽说："这帮助很大。但我渐渐明白这样还不够。我得咬牙承认，他再聪明，也需要更多规矩及监督。他就是无法按时吃饭，吃得也不够营养。他还不准时起床上班。"

爱米丽认为杰森需要住进团体之家。她说："这感觉非常挫败。我们这么努力，就是想让他变成不需要团体之家的唐氏综合征儿。但我必须找出对他最有利的路，而不是只望着我们为他建构的理想。"爱米丽替杰森在当地机构报名，却发现得排队等上八年。她说："抚养像杰森这样的孩子，孩子带来的问题还是最小的。官僚制度快让我活不下去的时候，是杰森伸出手抱着我。"没有资源对抗机关制度的人，常常无法获得服务。要想对抗，需要教育、时间、金钱。说来讽刺，这些服务原本是为缺少这三者的人而设，这实在令人心酸。

有一天，爱米丽无意间看到纽约哈兹戴尔有间房子出售，觉得那里非常适合设立团体之家。房子有三间卧室，刚好够杰森和两个朋友一起住，距离大公车站也近，对街就有超市、银行、药店。爱米丽买下房子，请 Acr（启智公民协会）经营。现在房子由纽约州心智迟缓及发展障碍处向她承租，租金则是她的贷款还款金额。杰森和两个最要好的朋友一起搬了进去，他们都是在爱米丽的派对上认识的。三人定期收到身心障碍者社会福利津贴，这笔钱会直接汇给 Acr，协会再拿这笔钱支付团体之家的维护费及员工薪水。

爱米丽说："他们相亲相爱，自称'三剑客'。"杰森在当地的广播电台工作，做得很愉快。爱米丽说："我现在逐渐稍微放手，最终的任务是让他欣赏自己——他也真的很棒！他的任何成就，都是他用执着达成的。任何事对他而言都不容易。"她顿了顿。"他很有尊严地面对这一切。我真的非常非常赞赏，但也很为他难过，因为他够聪明，知道他做不到的事情，别人都做得到，也知道自己的人生和别人不同。"

即使孩子从未学会独立生活所需的技能，也还是能累积经验和故事。爱米丽说："他跟我说想看某部影片，而我告诉他，他这么聪明，应该看更好的影片。我以前常想，如果我不断推他，他在这世上的日子就可以过得更好。可是现在我想：'好吧，如果他喜欢这样，我有什么资格干涉？'所以我不会帮他买《小面包机历险记》的绘本，但如果他想买给自己，我也不阻止。你可能会看到一堆荷兰郁金香和风车，但你永远也到不了意大利的乌菲兹美术馆，就这么简单。"几年后，杰森又开始抑郁，爱米丽有些忧心，开始反思自己决定让杰森成为史上最高功能的唐氏综合征孩子，究竟对不对。她说："若重来一次，我会做出不一样的选择吗?他的才能丰富了我们的亲子关系,我不想放弃,但我也承认能力没那么好的唐氏综合征孩子比较快乐,不会整天想着一切有多不公平。从很多方面来说,他们的日子比较好过,但这样比较好吗?毕竟杰森也从语言文字、从思考中获得很多快乐。"杰森和朋友的书再版之时,我参加了两人在邦诺书店的朗读会,杰森现场回答观众的提问,应对如流、台风稳健。爱米丽容光焕发,杰森也神采飞扬,两人都为杰森的才能而开心。台下的唐氏儿父母也一脸兴奋,人人满怀希望。签名时,大家都带着敬意走向杰森。他和爱米丽是英雄,而杰森也喜欢当英雄。我明白他很孤独,但他的自豪写在脸上。

有一次我去爱米丽家,她打电话给杰森,说要带他跟室友一起去看《班战斯的海盗》。一阵静默之后,我听见她幽幽地说:"喔,好吧,那我自己去好了。"世人总说唐氏综合征者心地善良,事实的确如此,但他们的脑筋也很直,而杰森丝毫没察觉爱米丽略带失望的反应,不像六七岁的孩子已能察言观色。爱米丽说:"他不是很会自省。他连自己的情绪是从何而来都不太清楚,要他观察别人、猜测我的想法,就更不可能了。"几年后她说:"其实,从某些方面来说,他是第一个能真正自省的唐氏综合征孩子。罹患了唐氏综合征,还会自省,这没什么好处,因为你内省的时候,看到的只有各种不足。他就是能自察到这么深。前几天杰森谈到,他如果没有唐氏综合征就可以做哪些事。我从来不敢这样异想天开,会走火入魔的。"

近期把唐氏综合征比作"到风车及郁金香花丛间度假"这一比喻,是自有历史记录以来头一次出现。认为"白痴"有可能得以改善,这想法最早由19世纪法国医生伊塔尔所提出。当时他想教育阿韦龙省的野男孩,他的理论其后由学生赛冈加以发扬。赛冈是巴黎"不治者安养院"的院长,他设计了一套评估智力障碍的制度,也是第一个肯定早疗优点的人。他写道:"如果白痴无法于幼时受教,则年岁又有何神奇之力于日后启迪其智?"19世纪中期,赛冈侨居美国,为身心障碍者建立看护及教育机构,协助他们融入普通生活,之后这些人多半都能靠劳力自力更生。

即便赛冈带来如此偌大改变,其他人仍认为心智障碍者不只笨,还心性邪恶、道德败坏。这种道德批判不免让人想到想象论,这项理论认为女性之所以生下侏儒,是由于生性放荡。换言之,畸形和残障都被当成品行不佳的证据。1848 年,医生豪威写了多篇文章给马萨诸塞州州议会,在那优生学尚未问世的年代,他的文章就显示出这种不具人性的主张:"这种人永远是社会的负担。这种人游手好闲,且往往心怀不轨,是国家繁荣昌盛的重担。他们不仅无用,更可怕的是,每个人都像箭毒木,一一毒化四周的道德空气。"

唐氏综合征最早出现于 1866 年约翰·唐医生的笔下。由于这些人的眼睛较细较小,很像蒙古人,他便根据面部特征称他们为蒙古人或蒙古痴呆。唐医生主张,人类进化始于黑人,再到亚洲人,再到白人,而生来便有蒙古症的白种人其实是返回较原始的亚洲人状态。这样的主张承认了进化论,在当时被认为相当进步。

赛冈训练的心智迟缓人士原本都有工作可做,到了 1900 年,这些工作由大批涌入的移民接手——移民的工作效率更高。原本教育智力障碍人士的机构,在效率取向的工业社会中,也转变成将他们隔离起来的场所。当时的医疗文献也记载了如何区分轻度、中度及重度智障。优生学家提出伪科学的证据,证明心智迟缓与犯罪率的关联,绝育的法律也于此时制定。

一直到 1924 年,还有一位英国科学家发表文章,说这些孩子生理上就属于蒙古族。这样的观点终于在 20 世纪 30 年代受到质疑,当时英国医生潘洛斯利用抽血检查,证明与唐氏综合征白人基因较相近的,是其他白人而非亚洲人。潘洛斯也推断出,和唐氏综合征最相关的因素是母亲的生育年龄,他发现 35 岁是分水岭,之后宝宝的罹病风险会大幅攀升。1927 年,美国著名法学家霍姆斯在最高法院判决书上写道:"与其等后代因为堕落而犯罪再加以处决,或任由这些人因智能低落而挨饿,不如在证明这些人无法适应社会的时候,就让社会断绝他们传下血脉的机会,这才是全世界之福。三代都智能低落,委实够了。"强制节育的法案适用于许多身心障碍的弱势族群,但该法特别侧重智力障碍,且直到 50 年后才废止。1958 年,法国遗传学者勒琼在国际遗传学大会中发表他发现的证据,证明唐氏综合征是第 21 号染色体多了一条所致(原本应该只有两条),因此唐氏综合征在科学界又称为"三染色体 21 症"。

1944 年,精神分析师艾瑞克森(他发明了"身份认同危机"一词)在朋友米德的力劝下,将出世数日的儿子送到收容所,而且不让其他孩子知道家中有这么一个弟弟,以免外界知道他生了个"智障",有损他的名望。旁人告诉他,这儿子活不过两岁,但其实尼尔活了 20 年。在当时,生下身心障碍儿会被视为人间悲剧,欧宣斯基笔下的父母长期处于"慢性悲伤",便完全反映了这种想法。提出如此描述的,不止欧宣斯基一人。1961 年,精神分析师索尔尼特和史塔克就主张刚生下唐氏综合征儿的母亲应获得以下协助:"休养身体。有机会好好审视原本期盼孩子的想法及情绪。至于那个不想要的、令人害怕的孩子,医生和护士应提供实际的解释及安排。依她力所能及,主动参与为新生儿安排计划并提供照顾。借由上述做法,这位母亲才能尽量减少或得以克服生下迟缓儿的创伤。"

1966 年,剧作家米勒和摄影家妻子莫拉丝将两人的唐氏综合征孩子送到收容机构,且从不对外透露自己有这个孩子。1968 年,伦理学家佛莱彻在《大西洋月刊》写下:"将唐氏综合征宝宝送走,无论送走指的是藏在疗养院,还是更尽责、更一了百了,都无需为此歉疚。很令人难过,没错。很可怕。但毫无罪恶。伤害一个人才需要歉疚,而唐氏儿不是人。"20 世纪 60 年代末 70 年代初期会出现威罗布克州立学校如此惨绝人寰的地方,其实主要是有些父母听信了迟缓儿不是人的说词,将他们丢在那么不堪的环境中。

然而,即便歧视智力障碍者的现象越演越烈,同一时间,帮助障碍人士的运动也正逐渐展开。善待障碍人士的主张,正切合后启蒙主义时期对整体早期教育看法的转变。自古以来,幼儿教育一直是母亲的领域,19 世纪初德国创建第一所幼儿园,大家才开始同意专家也有置喙余地。到了 19 世纪末，蒙特梭利把她在罗马照顾智能不足者的心得用于一般儿童。很快，托儿所便如雨后春笋般在欧洲各地成立。在美国，罗斯福总统的新政补助教职，托儿所开始出现，接着第二次世界大战期间鼓励妇女就业，规模又进一步扩大。同时，降低儿童死亡率的做法也一一推出，并特别锁定贫民。新兴的行为主义科学大唱优生学的反调，主张后天的影响凌驾先天，通过教育及发展，一个人可以有无限可能。在此同时，刚萌芽的心理分析领域也正如火如荼地研究幼年创伤如何妨碍健康发育，一些支持者开始质疑穷人、身心障碍人士的诸多缺陷是否可能肇因于幼年的匮乏，而非先天的不足。

　　1935 年的《社会安全法》纳入一项条款：联邦政府应拨出经费补助治疗身心障碍人士。之后调查人员立即展开研究，想知道环境提供的刺激和机会能否让贫童超越现有的限制。"依附理论"的创始人鲍尔让世人看到母亲妥善的照护对健康孩子的发育无比重要。在今日看来，这一切都是理所当然，因此我们很容易忘记 60 年前这种观念有多么激进。

　　优生学日后成为纳粹屠杀犹太人的借口，也因此丧失了公信力。同时，第二次世界大战结束后大量伤兵也稍稍减缓了社会对残障人士的整体歧视。1946 年，美国教育局建立了特殊儿童科，针对特殊需求人士设计的教育课程因此有了改善，但这些儿童仍与外界相隔。1949 年，一个唐氏综合征儿的母亲格林伯格在《纽约邮报》上刊登广告，想寻找和她有相同烦恼的父母。一年后，这群人成立了启智公民协会，今日名为 Acr。这个协会至今仍是该领域最重要的组织。许多父母只从先天的角度思考唐氏综合征：孩子有基因变异，所以无计可施。可是格林伯格和其他发起运动的父母却主张后天教养：孩子有基因变异，所以要做很多事。

　　约翰·肯尼迪当选总统后成立了一个委员会，专门负责研究心智迟缓及可能的解决办法。他的妹妹尤妮丝是推动身心障碍人士融入社会的一大先锋。1962 年，她为姐姐萝丝玛丽写了篇文章，登上《周六晚间邮报》。该文强调即便是显赫又聪明的家庭，也可能生出迟缓儿。她发现大多数心智迟缓者都被送到恶劣的环境中，令人心酸。当时，反思社会不平等的民权运动已席卷美国，她改变障碍人士处境的理想更显得意义非凡。一直以来，黑人都被视为先天低下，当他们终于挺身战胜这样的分类，也无异于打开一扇大门，其他弱势团体从此得以踵步其后。1965年，"先锋计划"开始实施，主张穷人并不是因为先天缺陷而陷入困境，而是因为没有及早接受合适、有益的刺激。先锋计划结合健康、教育、社会服务，并训练父母积极配合，参与孩子的治疗过程。

到了20世纪60年代末期，先锋计划的观念已经开始运用在智力障碍者，尤其是唐氏综合征儿。当时已经发现，唐氏综合征者的自理能力会因人而有极大差异，而光凭诊断就断定新生儿有多少能力，是很荒谬的事。当时的趋势似乎认为，在出生时就报废某些人非常不公平，反之，社会应该尽量强化他们的能力，好让他们过更好的生活，也避免之后付出更大的代价。早期疗育比事后弥补更为划算。1973年，尽管尼克松总统否决，国会仍通过《康复法》，明文规定"美国所有符合残障资格者，皆不该因残障之故，被排拒于联邦政府所补助之计划或活动之外，或无法从中受惠，或遭受歧视"。即便里根总统的时代削减了不少预算，身心障碍儿的项目依然有效。这些人群的地位变得稳固了，也得到社会大众普遍的同情。这场运动在1990年《美国残障人士法》通过时到达胜利顶峰，该法扩大了1973年版本的保障范围，不再仅限于联邦补助的计划。"人道"的观念已渐渐改变，而父母在残障人士的支持下，也从这样的想法中获得更多能量。有些人的生命一直被认定一无是处，而这些新观念则肯定这些人的价值。如果少数民族和穷人应该获得协助和尊重，唐氏综合征等患者也应该如此；如果给其他族群的协助应及早送出，给智力障碍者的协助也不该拖延。

早期疗育现在是一项联邦计划，婴儿只要有问题便可适用，范围很广，包括出生体重过轻、脑瘫、唐氏综合征、自闭症等，而计划也大幅提高了这些人群的生活能力。孩子3岁之前可接受早期疗育，治疗内容可能包含物理治疗、职能治疗、营养咨询、听力及视力服务、托育协助、语言发音治疗、辅助科技使用教学，并为适应困难的父母提供支持与训练。此计划十分注重孩子的各类感官刺激，医院则必须告知父母有上述服务。任何社会经济地位的人都能接受早期疗育，有时上门服务，有时在特殊中心进行。这些早疗服务也是一种训练父母的方式，可能还可以让父母放心把孩子留在家中。各州提供给同一种障碍儿的服务品质常有天壤之别，例如纽约的唐氏综合征早疗就非常优良，据说有人还为此举家搬到纽约州。

早期疗育彻底展现了后天比先天重要的论点，心理分析、民权及同理心最终战胜了优生学、绝育及隔离。联邦政治、父母发起的权益运动、心理学，这三者构成奇异的组合孕育出了早期疗育。同时，社会对一般儿童及整体早期教育新理论有另一番认识，这也促成了早期疗育。今日早疗一词无所不在，不但包含许多类型的工作，而且也还在不断演进。

然而，推动唐氏综合征新疗法，并让更多人接纳唐氏综合征的，仍然是父母。父母要求医生用治疗一般儿童的态度治疗唐氏综合征儿童的生理疾病，结果唐氏综合征者的预期寿命竟有长足的进展。早期疗育或许是个抽象且不断变动的名词，涵盖各种做法，但也有系统地代表了以激进的思维重新思考身心障碍者的人生。科学和生物疗法无法突破的障碍，改用社会模式切入，结果大获全胜。在解决特殊需求时，很多特定技巧都十分有用，但一言以蔽之，身心障碍儿就如同普通孩子，给予关爱、鼓励参与、加以刺激、寄予希望，他才能茁壮成长。

伊莲·格莱格里的女儿琳生于1970年，比杰森要早上几年。她出生的时候，产科医生对她父亲说："你女儿有蒙古痴呆症。"那年伊莲才23岁，大儿子乔2岁半，她决定从此不再生育。伊莲从未听过早期疗育，她说："琳的婴儿期很长，一直到12个月大才能坐起，将近2岁才会走路。"在YAI这个机构，医生建议她和琳一起做些简单运动。两年后，她回到机构，工作人员说院方收了一个不时会痉挛发作的重度障碍小女孩，需要护士，问她愿不愿意在那里兼职工作。伊莲说："于是琳参加了布鲁克林区的第一个学前课程，每周2次，每次2小时，而我就在旁边尽量跟着学。"她对早疗这个新兴领域越来越感兴趣，之后琳的学校还请她协助主持早疗计划。

当时早疗运动刚萌芽,而琳跟杰森一样从中获益良多。她参加特殊奥运会的体操和溜冰比赛。她的运动能力一直比认知能力好,因此伊莲把她放在主流系统的课外活动班,但没有接受主流课程。她参加一般的女童军团,也和一般的孩子一起上游泳课。伊莲说:"她一直和年纪较小的孩子一起活动,10岁时身边都是6岁的孩子。哪里有成效,就让她待在哪里。"

伊莲回想,有时她需要有人提醒她,儿子也同样需要别人的赞美。琳一直到将近2岁才会走路,但她个子太矮,看起来远比实际年龄小。伊莲回忆道:"每个人到我家都会说,'她会走了!'有天我儿子走到我面前说,'妈,你看!'然后在我面前走来走去。他说,'我也会走路。'之后我就跟大家说,'到我家来的时候,两个孩子都要看,也都要赞美。'"

尽管琳格外需要人照顾,但乔和妹妹的关系大致还不错。伊莲记得,有次学校同学跟乔说,他妹妹是弱智。同学的原意是侮辱,乔却没注意到,只说:"她是啊。"然后开始谈起妹妹的状况。伊莲说:"我原本希望能亲自教乔那个字,这样他听到的时候才不会受到惊吓,谁知他竟然早就知道,而且不以为忤,就像听到有人说他妹妹的头发跟眼睛都是棕色的。"多年后,乔和妻子的几个儿子出生前,产科医生都建议两人去找遗传学家。乔都答应了,但每次都说即使胎儿有唐氏综合征,他也要留下来。伊莲说:"我听了很惊讶。那时我才知道,原来乔从来没把妹妹当成负担。"

琳成年后在学生餐厅工作,赚的是最低工资,住在专门给身心障碍人士居住的社区住宅。我认识这家人的时候,她已经在那里住了10年。她有小学一年级的阅读程度,能用计算机做简单的运算。伊莲说她常忍不住想,若是琳接受了今日的早期疗育,能力会增加多少?我认识伊莲的时候,她和琳刚从迪士尼乐园回来,同行的还有乔、他太太及两个小孩。伊莲说:"琳是个好姑姑,她带着他们玩游乐项目,为他们买衣服。她做得很好,两个侄子都很爱她。他们跟她一起玩,她也跟他们玩,她真的很喜欢跟两个侄子在一起。我希望琳能当老师或医生,而她现在是学生餐厅的员工。但对她来说,这样好极了。她很喜欢领到薪水支票,然后去银行兑现,再把钱存入支票户头。自己开支票,这对她来说可是件大事。所以我也学会喜欢这件事。"

伊莲在 2008 年退休,在那之前一直是 YAI/全国身心障碍人士协会的助理主任,这也是她在琳 2 岁时前往拜访的协会。伊莲在 YAI 的工作之一,就是向其他父母介绍早期疗育。"就算再穷,甚至有毒瘾,所有父母还是想帮助自己的孩子。早疗既然是免费的,他们就会去做,而且社工离开之后,他们多半还会带着孩子反复做。"YAI 为身心障碍人士的家庭提供心理咨询及喘息照护,一天服务 2 万人。伊莲也为产检验出唐氏综合征的父母提供咨询。她说:"有人怀孕 4 个月了,必须在一两周内就决定是否拿掉。我一一说出美好的一面及困难的一面。父母或许永远无法接受发生在自己身上的事,却会接纳自己的孩子,那是不同的两回事。身为父母或有所失,但来到世间那个活生生的孩子,父母最后几乎都会爱上。"

结束早疗之后,教育身心障碍儿的两个关键运动是"主流化"跟"融合"。这两种教育也会影响普通孩子,这一点不同于早疗。20 世纪七八十年代,父母提倡主流化,如此一来,身心障碍学生才能进入一般公立学校附设的特教班。20 世纪 90 年代,教育潮流开始转向融合,让身心障碍儿和普通孩子在同一间教室上课,通常有专门的辅导人员在一旁协助。最近一次通过的重大法案就是 1990 年的《身心障碍者教育法案》,所有身心障碍儿从此都能依法在不受限制的环境中接受免费、适宜的公共教育。身心障碍儿融入了普通的学校,也改变了美国课堂的面貌。除非状况太严重,否则智力障碍的学生多半会同时上普通班和特教班的课程,只有在可行的方法都试过,仍然无法创造不受限制的环境时,才可能上特教学校。在讨论这些原则是否适当时,背后有两个根本的问题:什么做法对有障碍的孩子有利?什么做法又对普通(没有诊断出障碍)的孩子有利?有些父母抱怨儿女班上有身心障碍儿会让人分心,还会拖慢全班的进度。宾州州立大学障碍研究学程的共同主持人贝吕比有个唐氏综合征的儿子,他则认为融入式教育的好处是"对所有人都好":普通人在面对残疾者时，往往感到不信任，也不自在。教室里如果有身心障碍者，有助于打破这样的感觉，也让身体健全的人更具人道关怀精神。唐氏综合征儿如果能融入普通教育，就有语言发展、常规学习的榜样，相较之下，若学习环境一直指出他们的局限，便较难激发他们的潜能。融入式教育让唐氏综合征宝宝做好进入职场的准备，之后就能在有人监督的情况下工作，而非只能在庇护工厂工作，或无所事事。许多唐氏综合征者都在这样的教育下学得更自立。公立学校常必须按规定实施融入式教育，但要把私立学校也纳入，还待努力。

这么做也有缺点，参加融入式课程的唐氏综合征孩童多半不会接触到同类，而没有唐氏综合征的人在和唐氏综合征儿交往时，多半会保持距离。全国唐氏综合征协会的创办人之一莫尔顿说："如果学校的长官、校长、老师全部都相信这套，也以此教育自己，我想融入式教育会做得很好。但这也得看孩子本身。有些孩子不适合进入融合式课程，就像有些孩子适合读耶鲁大学。"协会的共同创办人古德温则表示："过于坚持只会养出孤独的孩子。青春期已经够棘手了，你不可能期待正常的青少年成为障碍儿的挚友。事实就是如此。"

贝琪的女儿 1978 年出生于纽约。当时贝琪年轻、健康，从未想过孩子会有并发症，结果女儿卡森生下来有唐氏综合征。那个时代，私人执业的医生多半会建议父母把孩子送去收容机构，门诊医生则多半建议父母将孩子带回家。贝琪认为，这是因为如果医生和患者有私交，多半会归咎自己，觉得很羞耻。她的产科医生说："你为什么不再生一个健康的孩子？至于这一个，我们就忘了吧？"丈夫巴顿担心贝琪从此栽入身心障碍的世界，自己会失去她，也曾考虑过"忘了"这个选项。贝琪也很害怕，但更怕抛弃孩子。她打电话给儿时好友雅顿，跟她说医生要她把孩子送去收容机构。雅顿是社工，她说贝琪绝对不该把孩子送走。然而，很快大家就发现唐氏综合征宝宝和家人的资源非常匮乏。贝琪原本是室内设计师，过了几个月，她决定要为同样处境的父母创办一个组织，并请雅顿来帮忙。雅顿回忆道："这是我本行，而她则能用父母的眼光看事情。"1979 年，全美唐氏综合征协会于是成立。有鉴于先前从来没有唐氏综合征的科学会议，科学研究的成果十分零散，因此协会第一个执行的计划，就是为研究唐氏综合征（三染色体 21 症）的科学家举办会议。当时全美唐氏综合征计划的年度经费共约 200 万美元，而如今则已将近 1200 万美元，但以此症影响的人数而言，这样的金额仍旧太少。贝琪到华盛顿拜会国立卫生研究院的院长，院长告诉她，有了羊膜穿刺，很快就不会再有唐氏综合征儿。25 年后，贝琪半开玩笑地说："不知道他有没有遇到过天主教徒？"

卡森 2 岁时，贝琪再度怀孕，这次她考虑做羊膜穿刺。她不确定如果当初知道卡森有唐氏综合征，自己会不会堕胎。她说："我不知道自己为什么要这么做。把孩子拿掉？我不敢说。但至少我想知道。然而不知为什么，胎儿一直挡住针头，测不出清楚的结果。羊膜穿刺到第 22 周还在做，但胎儿满 24 周生下就可活命，所以我觉得非常不安。最后我跟巴顿说：'就算你明天就跟我离婚也没关系，总之我不做了。是我怀的，我就要生下来。'"结果贝琪生下正常的儿子，几年后又生了一个同样正常的男孩。贝琪说："我的三个孩子感情很好。当初产科医生还警告我，说我的婚姻会因此破碎，后面生的孩子也会跟着受苦。但我真心觉得，唐氏综合征儿的兄弟姐妹长大之后，都会变得温柔又体贴，也许生活会比别人还完满。"

古德温一家人很喜欢纽约市，但卡森 11 岁时，贝琪觉得她无法发展出成人的判断力，因此不适合在纽约这种城市培养独立性。"于是我想到康涅狄格州的格林威治，那里每个角落都有警察。我对那座小镇的印象是很安全，很适合她这样的年轻女孩四处晃。"卡森个性很热情，也很喜欢认识人。弟弟上高中的时候，她爱上跳舞。贝琪说："我常看到她从房里伸出手，抓住弟弟的朋友陪她跳舞。这些人现在都成年了，有些人到今天还说，'要不是卡森，我不可能知道这个舞步。'"

我认识卡森的时候，她原本在全食超市上班，刚刚失去工作，原因是她似乎总是把番茄放在袋子的最下层。贝琪说："她不喜欢番茄。我敢保证，如果是甜甜圈，一定会放在最上层。"卡森无法理解其他人有不同的想法和感觉，她母亲喜欢爵士乐手约翰·内柯川而不是小甜甜布兰妮，她就觉得很奇怪。她知道唐氏综合征让自己跟别人不一样，但她不明白究竟哪里不一样。贝琪说，正因如此，跳舞让她非常开心："她喜欢跟别人做一样的事情。"

过去 30 年来，全国唐氏综合征协会陪着唐氏综合征孩子一起成长。卡森出生以来，协会核发了数百万元的科学补助，也支持社会科学家针对智力障碍人士研究更好的教育方针。协会的年度会议是由科学家向父母发表研究成果，协会还创办每年一度的"好伙伴健走活动"，在全美 200 个地方举行。唐氏综合征者和朋友一起健走募款，也唤醒大家的注意。现在健走活动每年能替协会募到大约 50 万美元，帮助各地的唐氏综合征者和家人融入这个大家庭。

全美唐氏综合征协会一路走来几经风雨。有些父母担心，像这样研究唐氏综合征治疗方法与减缓方法的组织，并没有给予唐氏综合征者所需要的肯定。反堕胎的身心障碍运动人士一直不认同选择性的终止怀孕，认为那贬低了身心障碍人士的生命价值。有些人也劝协会高层以更强硬的立场反对堕胎。然而，协会虽然希望看到更多人把唐氏综合征宝宝留下来，却不乐见法律如此强迫父母。

1984 年，里根总统签署了《无名宝宝修正案》，将忽视或延缓治疗身心障碍儿的行为认定为虐童，但在此之前，父母和医生若不想让这样的婴儿活下去，基本上不会有问题。普林斯顿大学的伦理学教授辛格支持女性在怀孕期间可随时堕胎，也有权终结新生儿性命。他为这个立场辩护时采取效益主义，认为女性若终结了一个不想要的孩子，便会再生出一个想要的，虽然这个孩子夭逝会让母亲不快乐（而且即便生下来，一生也无法尽如人意），但之后生下健康孩子所得到的快乐会更多。虽然辛格的立场十分极端，却也反映了常见的态度：大众总认为唐氏综合征者的生命较无价值，并假定他们的人生会让他人不快乐，也让自己不快乐。有个母亲说，曾有精神科医生问她和唐氏综合征儿子的相处情形，她回答好极了，医生却说不用那么语带防卫。布里斯托是全国身心障碍者协会的会长，他说："辛格的中心思想不啻为种族屠杀的辩词。"

2000 年，反对产前筛查的声音已经汇聚成一股力量，共同为身心障碍者争取生存权。研究身心障碍的学者亚许和帕仁斯从生殖观点讨论此问题，并写道："产前诊断强化的医疗模式，把问题的核心放在身心障碍本身，而非社会对身心障碍者的歧视。产前进行基因检查，之后再选择性地堕胎，不但有道德上的疑虑，而且据以判断的信息还是错误的。"几年后，亚许写道："研究人员、医界人士、政策制定者，这些人盲目支持基因检测，结果是人们依据错误的身心障碍信息选择堕胎，而他们所表达的观点也会让现在及未来的身心障碍人士更难在社会立足。"凯斯是小布什任内总统生命伦理委员会的主席，他主张在产前诊断出来的疾病，应该用"致死"的方式来"治疗"，而不是照顾这些罹病的孩子。

阻止某种类型的人出生，就是在贬抑这类人的价值。如果某个社会经常把唐氏综合征胎儿拿掉，显然就是认为罹患唐氏综合征十分不幸。这不是说有人对唐氏综合征者恨之入骨或想要赶尽杀绝，毕竟，很多可能选择堕胎的人若遇见唐氏综合征者，还是会付出善意。但根据我的经验，善意的同情也可能是一种歧视，并带来负面影响。若有人同情我是同性恋，即使这反映了他有一颗宽容的心，而且他的态度也无比客气，我还是不想与他为伍。亚许表示，女性怀了身心障碍儿，往往会担心处境凄凉，并因此选择堕胎，而处境之所以凄凉，则是沙文主义之故。但这种沙文主义是可以消弭的。新堡大学的麦克劳林写道："哀怜女性被迫做出某项决定，并不代表我们认为她做错了，或认为她让自己成为歧视的共犯。反之，这是在指出她也是受害者。"但这些女性的所作所为不仅反映了社会现象，更创造了社会现象。现在已有越来越多的人选择堕胎，之后类似的案例可能更多。谁适应谁，取决于人口数，只有当身心障碍很常见的时候，大家才会去讨论身心障碍者的权利。某个族群的人口不断减少，就表示越少人会想去适应他们的需求。

美国每年有 5500 个唐氏综合征宝宝出生，其中约有 625 个出生前就已经诊断出来，但母亲选择不终止怀孕。费尔查德就做了产前检查，当时有个医生向她保证："你希望看到的发展，你都会看到，只是时程跟别人不一样。"这不是事实。很多事情永远不会在唐氏综合征宝宝身上看到,但这段话还是有助于这家人留下宝宝,而费尔查德之后的几胎也都没做羊膜穿刺。她写道:"我可以选择,而我选择了生命。如此一来,我支持的是选择权本身,还是尊重生命?政党往往说政策无法两全其美。我选择了生命,而我也很高兴我当时作了这个选择。"

唐氏综合征和听障、侏儒症一样,可能是当事人的身份认同,也可能是悲惨的疾病,但也可能二者兼具。可能值得珍惜,也可能应该消灭。有这些症状的人以及照顾他们的人,可能觉得充实而丰盛,也可能觉得处境凄凉、身心俱疲。也可能以上皆是。伊莲说:"我还没见过哪个家庭选择把孩子留下来,结果却很后悔。"待产的孕妇如果诊断出唐氏综合征宝宝,也会有人积极鼓励她们和有抚养唐氏综合征宝宝经验的家庭联系。许多父母都写过回忆录,告诉大家养育唐氏综合征宝宝的心得及收获,并表示相较于唐氏综合征本身,这世界对唐氏综合征的态度更棘手。当然,不喜欢家中有唐氏综合征儿的人,多半不会写回忆录。社会经济地位低的人也不会写,他们想要获得良好的治疗便已困难重重,光想到就可能却步。

就我个人观察,有些父母虽然绝望,却对孩子的身心障碍强作乐观,有些人则在照顾的过程中感到由衷的快乐,而有时,第一种也可能转变成第二种。我遇到过的某些身心障碍运动人士坚称每个人的喜悦都是真切的,我也遇到过心理师认为没有人真心感到快乐。实情是,虽然有些人落在光谱的两端,但大多数人都散落在这广大光谱的各处。

迪德丽·斐瑟斯通并不想生小孩,所以得知自己不孕时十分开心。然而,她却在1998年发现自己怀孕了,顿时进退维谷,于是决定顺其自然。她当年38岁,但并不打算做羊膜穿刺。她说:"我认为有些事情就是不归你管,如果那个孩子应该在肚子里独自待上9个月,就不要去烦他,不要拿什么东西在他身旁戳来戳去。"她丈夫威尔森·麦顿希望做羊膜穿刺。迪德丽说:"他喜欢做事有计划,所以我想,那就为他做吧。可是前一晚我问他,'万一发现不对劲,怎么办?'他说,'我不觉得那有任何差别。'我说,'要是发现有什么问题,我会把孩子拿掉。你也知道,我不想当任何人的母亲,我连当正常孩子的母亲都没勇气。若是出了什么问题,我随时都能堕胎。但你做不到,所以最好别再逼我做羊膜穿刺。'"

两人后来没去做检查。迪德丽说:"谢天谢地,要是去了,那会是我人生最严重的错误。不知道的事情,你就无法去评估。"迪德丽是珠宝商,也是设计师,女儿凯瑟琳出生的前一天,她原本要为时装秀搭配配饰。当天下午她去工作,看了衣服,回家,吃了点泰式料理,当晚就不停呕吐。威尔森知道她要临盆了,但她坚持是外带的餐点有问题。第二天早上 10 点,接产士一替她接生,就要她立刻去找儿科医生。医生确认凯瑟琳有唐氏综合征。迪德丽说:"我那时就已经知道,凯瑟琳会是我见过的最好的人。威尔森比较难接受,因为他和女儿没有怀胎九月的那种血肉相连。"医生安排两人第二天去做基因筛查,确认诊断结果。迪德丽说:"当时眼泪从我眼里流下来,而她则往上伸出手来。一滴眼泪从她一只眼睛滚了出来,她伸手擦了擦我的脸,那时她才出生 23 小时。"

琳和卡森出生时还没有早疗,而凯瑟琳降临人世的时候,世界已经变了。威尔森认为他们应该要穷尽所有可能的疗法。迪德丽说:"在婴幼儿时期,最辛苦的地方是她一周要做三次语言治疗,然后是职能治疗,身体治疗,还要做颅骶治疗。她行程很满,我想要出门一趟都很难。这应该是最辛苦的部分,另外,有人要靠你才能活下去,这件事也很难适应。我跟威尔森说:'如果你应付不来,你可以走,没关系。我不会为此跟你吵架,也不会认为你很糟糕。但你不能一直这么沮丧。'"威尔森解释道:"我从没想过要走,但我不像迪德丽那么快进入状态。"

迪德丽自己也很吃惊。她说:"我原本很笃定,以为自己如果当了母亲,会完全无法应付那种差异太大的孩子。但我发现我很爱她,这让我松了口气。她非常可爱。我朋友生养孩子的过程都是从完美的原点开始,然后才渐渐学着面对孩子的局限和问题。我生的这个宝宝,每个人都觉得是个麻烦,但我这一路走来,却不断发现她有多么了不起。我一开始就知道她的缺陷,之后发现的就全是惊喜。我从没遇到过像她这么善良、温柔、贴心、敏感的人。她很有趣。她总是突出光明的一面。我不知道这有多少是她的个性,又有多少是唐氏综合征的特性。她一旦决定不做某件事,就不会做那件事。这也是唐氏综合征者的典型性格。"

生下有特殊需求的孩子后,母亲免不了要充当算命者。迪德丽说:"有个朋友打电话给我,哭着说,'我刚刚发现孩子有唐氏综合征,怎么办?'我说,'你想要怎么办?'她说,'那是我的宝宝,我想要生下来。'我说,'这么说吧,这是我这辈子遇到过的最好的事,当初要是提早知道,我一定不会生下来,然后犯下大错。你也见过我孩子,我们很开心。'"说着迪德丽又加上一句:"唐氏综合征还不算太麻烦,至少凯瑟琳不算太麻烦。自闭症可能就不太一样。我会不会想办法让她的日子好过些?会,我会想尽办法。我会不会想把她变成正常人?我不会。也许哪一天她会改变主意,想去动整容手术,或者看她长大后有哪些方法可用,想要把自己变正常一点。我会不会支持她?如果有那么一天,我会,但我希望自己把她养育得更坚强、更有自信,我希望她能喜欢自己的样子。"

爱米丽早年遇到的各种偏见伤害,迪德丽倒是从未遇到过。迪德丽说:"还是有人不要自己的孩子,还是有人在发现时选择堕胎。我没资格评论。你讨厌吃皇帝豆,我喜欢吃皇帝豆。现在有很多政治正确的问题我觉得荒谬不已。但我会用尽一切办法,让嘲笑不同的孩子这件事无法为大众接受。相较于别的时代、别的地方,我们现在对歧视的容忍度是最低的。"

她说她有一次去凯瑟琳在纽约翠贝卡区的公立小学,有个5岁的小女孩对她说:"我听说凯瑟琳在你肚子里的时候,你的卵子破了,她才会变得那么奇怪。"迪德丽说:"如果卵子破了,就不会有小宝宝了。"小女孩说:"你的意思是说,她没有坏掉?"迪德丽说:"没有,她没有坏。她只是有一点不同。"迪德丽环顾操场,说:"看那边的小女生,她有红色的、卷卷的头发,而你有金色的头发。这个小男生是黑人,但他的爸爸妈妈都是白人,是意大利人。他妹妹是他妹妹没错,但跟他没有血缘关系。"附近有对父母就说:"我是韩国人,但我丈夫是白人。"另一人说:

"我没有跟男人结婚,我的伴侣是女人,所以我的小孩也不一样。"世界上不同的事物无穷无尽,不正常才是正常,凯瑟琳不过是其中一种变化。迪德丽又说:"有时我看见父母带着唐氏综合征儿,我会说,'我女儿也是这样,她今年8岁了。'对方十之八九都会说,'恭喜,欢迎成为我们的一份子。'我想我们很多人都觉得自己很幸运。"

迪德丽是相当有耐心的母亲。我不止一次看到她在凯瑟琳反抗时循循善诱。她总能转个弯,避免直接冲突。凯瑟琳常喜欢穿不合适的衣服,有时天气很冷,她却坚持穿夏天的连衣裙。"我说,'你何不在裙子下穿条裤子?或穿在裙子外面?'有时她的打扮看起来像游民,这点她很擅长。我该说什么?我要做的应该是建立她的自信,而不是摧毁自信。"

但她终究得和体制奋战,这时就无法保持同样的幽默感了。威尔森说:"一定不能让她成为班上学得最慢的孩子。也许百分之百的融合式教学并非最佳选择。我们正在考虑一个专门照顾特殊孩子的团队。"

只要是跟女儿教育有关的事,迪德丽就有股母虎的本能。"她在第一家幼儿园一点也不适合,我第二天就要求转学。她的教育太重要了,比呼吸还重要。我去过教育局,来回跑了几趟,最后索性找一位保姆照顾凯瑟琳7天,接着打包电脑、备用电源、电线、手机、充电器、几天用的衣物、书,然后去了教育局,说,'我要找负责特教的人。''抱歉,她现在不在,你可以之后再来吗?''不行,我就在这里等,没关系,我带了7天用的东西,我就坐在这儿,看她什么时候有时间。我不想催她。'我就坐在那里,把各种东西从皮箱里拿出来,务求每个人都能看到,先是内衣裤,下面有充电器,我把充电器拿出来,再把内衣裤放回去。过了四个半小时,有人过来说,'需要帮忙吗?'"到了2月底,凯瑟琳转去另一所学校。迪德丽说:"我的态度一直很好,但我也表达得很清楚,你一定要回应我的需求。"

五年后,我向迪德丽询问凯瑟琳的学习状况,她说:"我问她在学校学了哪些生词,她说学了'机会'和'缺乏'。我问她缺乏的定义是什么,她想了想,最后说,'妈,是你。'"迪德丽大笑。"我不怕别人知道,我根本不知道该怎么当母亲，这我早就承认了。问题是你怎么自学。有时我觉得自己是好母亲，有时觉得自己很糟。我从没说过我知道怎么当母亲，我连怎么当妻子都不太确定。"

唐氏综合征宝宝发育缓慢，智力也无法达到成年人标准，但发育过程多半十分稳定。对一般孩子的众多发育阶段能够体会的人，就能对唐氏综合征宝宝感同身受。在凝视他人的眼睛、维持眼神接触、模仿行为，唐氏综合征儿都学得很慢。唐氏综合征宝宝要到两三岁才开始说话，到三四岁才能造出有两三个字词的句子，且往往无法了解文法的基本原则。我有次问了一位工作上要接触唐氏综合征的人，在唐氏综合征者中，为什么有些人比较聪明？她回答："在非唐氏综合征者中，为什么有些人比较聪明？"这样比拟虽然可行，但有些人的唐氏综合征确实比另一些人"严重"。派特森是研究三染色体 21 症的遗传学家，他写道："几乎可以确定，我们所知的唐氏综合征种种症状，并不单由第 21 号染色体造成，其他染色体上的基因也有影响。唐氏综合征的差异很大，这是一个很可能的原因。"

唐氏综合征者多半热情、喜爱交友、希望讨别人喜欢，而且不懂嘲讽。较大型的研究显示，很多唐氏综合征宝宝也很固执、好反抗、咄咄逼人，有时出现情绪困扰。除了生理问题，许多患者也有大量行为问题，包括过动与"对立性反抗症"。症状比较轻微的人，往往有抑郁症和严重焦虑。社会对唐氏综合征的印象并非毫无根据，只是不够全面。有唐氏综合征很辛苦。根据近期一项大型研究，唐氏综合征儿往往"对自己的看法较负面"，而且"常经历失败，因而导致不确定感及'习得无助感'，这又和抑郁症等问题有关联"。

有唐氏综合征的人多半较不好动，行为也多半稳定，也就是说，相较于罹患双极情感疾患、自闭症等好动而行为脱序的人，照顾者的压力较小。唐氏综合征者不论大人小孩都容易受到肢体虐待或性虐待。有行为问题的唐氏综合征者常会被家人送走，但他们往往也让机构的辅导人员心力交瘁，且不容易带到公共场所，因此不太可能适应机构的环境。

上述种种当然又加重了潜藏在行为背后的症状。

唐氏综合征的许多症状都有治疗方法，但没有任何方法能减缓唐氏综合征本身。虽然现在已有基因疗法的初步研究，但多出来的那个染色体既无法压抑，也无法移除。不过，已有人以此为目标展开基因疗法的初步研究。从20世纪40年代起，维生素疗法就一直用在治疗唐氏综合征上，还有人使用抗组胺药物及利尿药，不过上述疗法都还看不出任何效果，有些还有轻微的副作用。此外，整形手术可以把唐氏综合征者的外形变得更像普通人。其中，缩短舌长的手术有时会有实质的帮助，据说可减少口水流出、改善发音，并让呼吸更顺畅。此外还有各式美容手术，包括隆鼻、脖子抽脂、改变眼形使眼睛变大。全美唐氏综合征协会等团体反对上述做法，认为不仅徒增痛苦，甚至可说是残酷，认为这是唐氏综合征版的骨骼延长术。他们对这类歧视唐氏综合征样貌的行为十分愤怒。这些组织希望能用公共教育来改变大众对唐氏综合征者长相的反应，而不是改变患者的长相。

米歇尔·史密斯在美联银行担任财务顾问，是个完美主义者。完美主义者若生下身心障碍儿，多半会十分辛苦。她把完美主义代入母职，而如果世上真有照顾身心障碍儿的完美方法，米歇尔已经找到了。就连放弃完美这件事，她都做得如此完美。

米歇尔在怀孕约三个半月时抽血检验甲胎蛋白。产科医生说她的检验结果显示唐氏综合征的风险很高，建议她做羊膜穿刺。她回忆道："我甚至没告诉我丈夫有这个选项。我只想逃避。以前的我一定会变成那种极端好胜的纽约妈妈：衣服、发型师、工作，完美无瑕。我若看到身心障碍人士，会不知如何是好，干脆别过头去。但我怀孕时奇怪的事开始发生。我打开电视随便转，就转到《与天使有约》其中一集，里面有个角色有唐氏综合征。怀孕8个月的时候，我去家德宝卖场，有个唐氏综合征小女孩直直朝我走来，她父母不在身边，接着她把手放在我的肚子上。我当时想，显然有人要我好好照顾这一胎。"

助产士帮米歇尔接生儿子狄伦时，觉得他的脖子有点粗，于是查了米歇尔的抽血检验报告。1小时后,她告诉米歇尔,她儿子有唐氏综合征。米歇尔说:"医院的人把他放在我肚子上,他对我做了个古怪的表情,当时我甚至觉得他是个智者,而我只是个孩子。我被他吓到了,但却是以一种很美的方式。"

米歇尔下定决心不用畏惧的态度面对一切,但一开始很难。孩子挑起她所有的恐惧和不安。她带狄伦出院回家时,因为担心警卫可能会说些什么,只敢从后门走进公寓大楼。每回她抱着狄伦走进电梯,都会忍不住脱口告诉别人狄伦的症状。她说:"我总觉得大家都盯着我们看,但那其实是我自己的评判在作祟。"

米歇尔说,她丈夫杰夫无法接受生了个唐氏综合征宝宝。她说:"婚前通常会谈到孩子,有时谈钱,有时谈宗教信仰,但很少有人谈怀了特殊宝宝该怎么办。"杰夫说,若米歇尔当初做了羊膜穿刺,就不会有今天的局面。米歇尔说:"还是会,他还是会出生。"杰夫抑郁了8个月,等他走出来时,米歇尔已经决定要离婚。

狄伦出生不久,米歇尔就开始研究治疗唐氏综合征宝宝的方法。她读了《欢迎来到荷兰》,对她帮助很大。她说:"最开始的那两周,我读了11本书。后来我遇到其他妈妈,幸好有她们。我们有个四人团体,自封为'唐妈妈',而且以她们的个性,我们原本就会成为朋友。"这几位母亲教她如何洽谈早疗,以及之后的种种事务。

米歇尔在世贸中心找到一门早疗课程,但狄伦三个月大时"9.11"事件爆发,世贸中心也走入历史。就在米歇尔思考下一步时,她觉得自己心中的那位战士又冒了出来。"服务协调人一直很谨慎,不断拿捏依法该给你什么,又如何为政府省钱。某次结束申请后,我很不开心,其中一个妈妈就说,'噢,你这个可怜的新兵。来吧,打起精神来。'于是下一次申请时,我就请了一位专攻特教的律师同行。我真不知道,穷困的人或没受过教育的人生下唐氏综合征儿该怎么办,你可能还有很多事情都不知道。"

很快大家就发现,狄伦有些问题无法用早疗解决。他的肠子常出状况,得不断跑医院。米歇尔说:"我都有急诊室的常客卡了。我常打电话过去,然后就自己去办入院。"狄伦需要动三个大型手术,哥伦比亚医院的医生评估他的存活率是 2%。杰夫和米歇尔在加护病房陪他连住 9 周。米歇尔回想道:"他身上接了 14 种仪器,然后医院的人又拿来第 15 种,是洗肾机。我坐在那里,看着他,心里想着,'你就走吧,没关系。我自己也做不到。'但我觉得非常内疚,我无法眼睁睁看着孩子死去。神父过来做了 4 次临终祝祷。医院二楼有几位女士被我儿子的情况打动,每天上楼拿着玫瑰念珠帮他祈祷。"在狄伦与死神搏斗的时候,唐氏综合征反而变成次要,这时杰夫也已经克服他一开始的负面反应。虽然以婚姻而言,他的转变来得太晚,但对他儿子却不算太晚。米歇尔说:"一直要到我们快失去他,杰夫才明白自己有多爱他。现在两人已无法分开,杰夫很疼孩子。"

1 岁大的时候,狄伦出院了,大肠截去 56 厘米,心脏也动过刀,但之后的健康状况一直相当良好。米歇尔说:"他常放屁,很臭,但这又有什么关系?"狄伦的早疗成效很好。米歇尔又说:"如果是我发现儿子的班上有特殊儿童拖累了全班进度,我也会很厌恶,于是我向其他母亲施展浑身解数。经营这家托儿所的女士认为融合是生活的一部分。上学第二周她打电话告诉我:'他放屁很严重——不要误会,我的意思是,他已经跟别人不一样了,如果这个小朋友有唐氏综合征又很臭,别人会不想跟他玩。'这话说得很直,却也很对。于是我们找到一种酵素'无屁豆',这能控制体内的气体。"不过米歇尔仍然希望狄伦的好脾气能让他赢得其他人的心。"我外婆有一只小狗,他对这只小狗很好奇,手里也正好拿着他最喜欢的一块积木,就把积木给了小狗。他把自己最喜欢的东西送给别人,他就是这么善良。"

中途省悟的人总是更热切投入,米歇尔就是如此。"以前我的人生就像是用 AM 收音机收听 FM 频道。说来也怪,这件事会发生,仿佛就是要我看清自己有什么能耐。以前我缺乏的能力,现在都被他磨了出来。过去我很肤浅,自尊心很强,注意物质和形象。我很爱评判人、动不动就批评,现在我能评判什么?我们应该要分享自己的才能和天赋,但首先得知道自己有什么才能和天赋。现在我应该要帮助别人,而不只是用我的才能来赚钱。"

米歇尔辅导新手父母,鼓励她们把唐氏综合征儿留下来。有一次,有对夫妇把孩子送人领养,她大受打击。我问她,若别人没有她的这种热情、信念、责任感,怎么办?她回道:"她们都会有。特殊孩子的父母自然而然就会流露出来。我在这些母亲身上感受到无比的坚强和勇气。我总是这样告诉她们,'我知道你不确定自己要做什么。相信我,你是最适合这孩子的母亲。'"她停了1秒,然后微笑,"其实她们大概很想打我。"

唐氏综合征有95%的案例都是自发突变所引起,而不是基因遗传,有唐氏综合征的人也很少能够生育。产前检查最初是为了要检查某些重大的基因异常,唐氏综合征就是其一。也因为唐氏综合征是最容易筛查出来的基因问题,所以一直是堕胎与否的辩论重点。虽然数据各有差异,但目前在产前检验出唐氏综合征的孕妇,约有70%选择堕胎。讽刺的是,过去40年来,唐氏综合征宝宝的发展比其他异常宝宝都要好上许多。过去唐氏综合征宝宝都在收容机构中一天天衰弱,10岁即夭折,现在他们可以读书写字,还能工作。有了充足的教育和医疗照护,很多人都可以活到60岁以上。美国唐氏综合征者的平均寿命大约50岁,这个数字是1983年的两倍。世界也为有特殊需求的人做了不少调整,因此唐氏综合征者和世界有了更多互动。辅导就业协助高功能唐氏综合征者找到工作。社会变得更包容异己,唐氏综合征者和家人一起去餐厅或商家,更可能得到亲切的服务。加拿大近期有一项研究询问唐氏综合征者的父母,如果有方法可以治好唐氏综合征,他们会不会采用。有四分之一以上的人说不会,三分之一的人说不确定。

世人原先以为,针对性的堕胎应该会让唐氏综合征几近绝迹,但自从产检发明以来,每年唐氏综合征新生儿的比例却不减反增,或至少持平。这些儿童在人口中的分布并不平均。生下唐氏综合征宝宝的母亲中,有80%是未做产检的35岁以下女性,经济状况也多半不好,毕竟经济状况较佳的人,即使不属高风险人群,也可能做产检。研究显示,在唐氏综合征宝宝的父母中，物质条件较差的人可能比较不苛求完美，也不那么望子成龙，因此较快接受唐氏综合征宝宝得永远仰赖父母的事实。有些机构专门负责办理收养唐氏综合征宝宝的业务，其中一家的主任告诉我："真希望我能让你看看把小孩送来的都是些什么人，那张名单简直就是美国名人榜。"越来越多妇女选择做产检，若发现有唐氏综合征，就把胎儿堕掉，但同时，也有越来越多怀了唐氏综合征宝宝的高龄产妇选择把孩子养大。过去唐氏综合征患者多半活不过 10 岁，现在可活到 60 岁，因此世界上唐氏综合征人口不断增加。预计 2000～2025 年，美国的唐氏综合征人口可能增长一倍，达到 80 万人之多。

2007 年，美国妇产科医生学会建议孕妇在第一孕期接受颈部透明带检查，检查结果为高风险者，可选择在第二孕期接受基因咨询及羊膜穿刺或绒毛膜采样。身心障碍权利团体反对这套做法。保守派的专栏作家威尔有个唐氏综合征儿子，他认为这种做法不啻为越战中的"搜寻与歼灭任务"。中间派则希望大家能更了解抚养唐氏综合征儿的感受。斯坦福大学教授奎克发明了抽血检验唐氏综合征的最新方法，他说："这些检验将导致唐氏综合征新生儿绝迹的假设实在过于简化事实。我妻子的表哥就有唐氏综合征，而他是很棒的人。在孕期检查出来，并不等于就不生了。"不过，运动人士担心，当产检变得更加容易，想把唐氏综合征宝宝留下来的妇女可能会被迫堕胎。同时，由于没有买健康保险的人会较难做产检，因此有些人担心这会使唐氏综合征成为穷人专属的病症。

不过，贝吕比却指出，若产前筛查变得普及，而保险又不再给付唐氏综合征宝宝的医疗及教育费，唐氏综合征反而可能变成富人专属。有了检查，人们就会想做，并根据结果行事。有个研究显示，人们往往认为，相较于无法做检查的人，若是有妇女选择不做产检，或决定留下有障碍的孩子，"这些人应该要负更多责任，受到更多责备，而且也不那么值得同情或接受社会帮助。"这些和人口分布有关的讨论似乎相互矛盾，也显示唐氏综合征这类病症多么令人迷惑，它既可视为负担，也可视为奢侈，有时候连同一个人都可能这么想。贝吕比写道："有很多事情都要看是科技顺应人性，还是人性适应科技。"他也在报纸专访中说道："美国国家儿童健康与人类发展中心为这项新检验花了1500万美元。但这笔钱大可用来研究唐氏综合征人士体内的生物化学状态，这是目前更迫切的研究。"

产前筛查和支持唐氏综合征者，这两件事并不冲突，就像耳蜗植入手术并不必然导致手语绝迹，也像发明了传染病疫苗并不等于我们就不治疗传染病患者。然而，现代医学讲求经济，主张一分预防通常抵得上十分治疗。当产前检验唐氏综合征的技术越来越普及，这个领域的研究经费也变得越来越少。以往觉得无法治疗的唐氏综合征主要症状，现在已胜利在望，却又面临上述经费问题，令人格外心痛。2006年，柯斯塔证明，出现类似唐氏综合征症状的老鼠使用百忧解（盐酸氟西汀）后，原本受到压抑的海马体就变得正常。他之后又发现，治疗阿尔兹海默症的药物（盐酸美金刚）用在具有类似症状的老鼠身上，能改善记忆力，最可能的原因是该药能让神经传导物质安定下来，而他认为唐氏综合征宝宝的学习之所以出现障碍，就是因为受到神经传导系统的干扰。2009年，加州大学圣地亚哥分校神经科学主任莫布里指出，此类老鼠的去甲肾上腺素增加后，学习水准可追上一般老鼠。2010年，洛克菲勒大学的格林加德借由降低乙型淀粉样蛋白的含量，使此类老鼠的学习和记忆恢复正常。乙型淀粉样蛋白也和阿尔茨海默症有关。莫布里表示："我们更了解也更能治疗唐氏综合征，相关资料也大增。2000年以前，没有任何公司想为唐氏综合征开发新疗法，现在至少有四家公司和我联系。"加纳是斯坦福大学唐氏综合征研究与治疗中心的副主任，他表示："过去人们认为这个问题没有希望、无法治疗，何必浪费时间，但过去10年神经科学有了革命性的发展，我们才知道原来大脑非常有可塑性、很有弹性，各个系统也都有望修复。"

一如听障人士的耳蜗植入手术和侏儒的骨骼延长术，唐氏综合征有个迫切目标，只是这次无关身份认同，而要力求科学的治疗方法。如果唐氏综合征者能变得像一般人一样，我们是否应更谨慎看待堕胎这件事？柯斯塔表示："遗传学家认为唐氏综合征将会消失，既然如此，为何要补助治疗？我们仿佛是在跟那些鼓吹早期筛查的人赛跑。如果不快点找到替代方案,这个领域就可能瓦解。"

安洁莉卡·拉蒙-希梅内斯在27岁生下女儿艾瑞卡,那一年是1992年。艾瑞卡是第一胎,她产前从未想过羊膜穿刺。但孩子出生后,安洁莉卡立刻察觉不太对劲。"我还记得我拉着医生的手臂,说,'求你告诉我。'我丈夫的眼神告诉我出事了。"医生告诉安洁莉卡,宝宝有"轻微唐氏综合征",但唐氏综合征的轻重程度在新生儿阶段其实无法辨别。

医生建议送养,安洁莉卡不愿意,不过她也思考该如何告知众人。"我打电话给我父母,说,'孩子有……'然后就说不下去了。我父亲说,'她十根手指都有吗?十根脚趾也都有吗?'我说,'有,有。'他说,'不管是什么问题,我们会处理。'世人常说父母对孩子的爱是没有条件的,我父母就是这样。"她的神父说:"神赐给你这个孩子,自有他的道理。过去你每回遇到阻碍都能克服,这次也一样。"

但不是每个人的反应都如此镇定。安洁莉卡说:"很多朋友的反应都像有人过世一样。我忍不住问为什么。'为什么会发生在我们身上?'然后突然想通了,'等等,她是活生生的人,也需要我们爱她、关注她。'我还是想跟大家宣布我们家的宝宝出生了,于是我写了封长信,宣告我们现在的生活。"

安洁莉卡是天主教徒,不过她在曼哈顿下城的圣公会圣三一堂担任文书工作,有个同事的朋友也生了唐氏综合征孩子。"她跟我在电话中聊了一个多小时,告诉我该读哪几本书,说80年代以前的不要看,还要加入父母互助团体。我那时才终于走出'为什么'的阶段。"艾瑞卡出生的时候,正是波莉为杰森做专题节目的那一年,此后唐氏综合征宝宝的影像画面越来越常出现,和前几年有天壤之别。

孩子六周大时,安洁莉卡为艾瑞卡报名早疗课程。"孩子生下来若有身心障碍,原有的高期望和梦想全都破碎了。她一岁的时候,我总是想看看她能否跟上早疗中心的其他孩子。她连抓东西都很吃力,大小肌肉的运动能力都不好。有一天她的协调能力居然能捡起一片谷片,我高兴得想要跳起来。几年后,她需要动手术装中耳通气管。我们当然想尽力而为，如果听不到，语言要怎么发展？结果医生说，'她不会达到完美。'我心想，他怎么敢说这句话，他自己也永远无法达到完美啊。"

孩子的语言能力会不断发展。"她会指着自己想要的东西，我们就鼓励她，'跟爸爸妈妈说你想要什么？'有一次她去接受评估，看适不适合上学。心理师问我，艾瑞卡早上会不会自己叠被子。我说，'这个嘛，不会，我们都很忙，我干脆帮她叠好，然后带她出门。'心理师在表格中勾了'没有给予机会'这一项。现在我总是尽量给她机会，不管是拉外套拉链、绑鞋带，都尽量让她自己做。她会写自己的名字、地址还有电话号码。"

艾瑞卡和许多唐氏综合征宝宝一样，判断力很差。安洁莉卡说："我们设法教她，'这很危险，这不危险。'她毫不怕生。我们教她，第一次跟人见面的时候，应该要握手。我们必须向她解释，'不是每个人你都能抱，不是每个人都是好人。'"安洁莉卡的神色肃穆起来。"没人打电话给她，也没什么人邀她去参加派对。我们让她跟身心障碍儿一起上课，芭蕾舞课、音乐课之类的。我觉得这些有特殊需要的孩子是她的同伴，我希望她的好友拥有跟她一样的经历。我为特殊的孩子成立了女童子军团，里面的女孩有自闭症、有唐氏综合征，也有人坐轮椅。"

这项工作占去安洁莉卡很多时间。"我还有个小女儿莉亚，她即将踏入青春期，很在意别人对她的看法。'如果姐姐是有特殊需求的人，别人会不会就不跟我玩了？'我们告诉莉亚，'不用为此感到难堪，是上帝把她赐给我们。'"至于艾瑞卡，目前没有迹象显示她知道旁人可能为她感到难堪。"她明白自己跑得没有别的孩子快，也没办法像别人那样跳绳，但她从来不问为什么。艾瑞卡是那种'你对我好，我就对你好'的人。我一方面希望她能察觉，另一方面我又觉得，如果她察觉了，就不会快乐了。"

从一开始，安洁莉卡就非常努力想从自己的经历中找到意义，而她也逐渐把艾瑞卡的身心障碍当成修身养性的机会。艾瑞卡9岁时，安洁莉卡患了乳癌。她说："生了艾瑞卡之后，我变得更坚强，因此能面对这件事。因为她，我成了更坚强的人。"三一会堂跟"9.11"的事发地点仅隔几条街，飞机撞上的时候，安洁莉卡就在会堂里。她在一片混乱中仍能保持冷静，而她认为这件事也是艾瑞卡的功劳。她说："神让我们早一点经历这些事，也许是因为我们的经验能帮助别人，自己也能从中成长。我认为我现在的使命就是让别人知道我们的经历，并邀请他们到我家里来聊聊。我无法阻止飞机飞过来。我无法阻止自己的病或她的状况。没人能阻止未来。"

贝克在回忆录《等待亚当》中写道："大家若努力回想高中生物学了什么，可能会想起来，物种的特性有一部分是靠个体中的染色体数量来决定。亚当多了一条染色体，因此他和我很不一样，就像骡子和驴子也很不一样。亚当能做的事比'正常'的同龄孩子少，但他不止如此，他也做不一样的事。事情的先后、喜欢的东西、看事情的角度，都不一样。"贝克描述儿子改变了她的人生。"他把握当下，过得十分快乐。相较之下，争名逐利、哈佛人的行事，看来就像安静的绝望。亚当让我的步调慢了下来，让我注意到眼前的事物有多神秘，有多美，而不只是跌跌撞撞在各种困难的要求中摸索，追求头衔和成就，这些东西本身丝毫没有乐趣。"

唐氏综合征宝宝有一张专家口中的"娃娃脸"，多半不会随着长大改变。这些孩子"小小的朝天鼻，鼻梁低，五官小，额头大，脖子短，两颊较圆润，下巴也圆，因此脸看起来也比较圆"。近来有项研究发现，父母对家中的唐氏综合征孩子说话时，不论是用字遣词或语调变化，都像是在对婴幼儿说话。也就是，父母或许无法意识到孩子脸部生理特征所含的意义，却不知不觉回应了这些特征。智能发展差异会限制孩子和父母的亲密程度，但研究显示，唐氏综合征儿的父亲陪伴孩子的时间，远远比一般孩子的父亲还要多。

其他研究也显示，一般而言，孩子对唐氏综合征同胞多半较亲切慷慨，也比较没有敌意。这些孩子也比较有同情心，比较成熟。即便心智迟缓儿的同胞可能会遭外界排斥，有情绪或心理问题的概率也较高，但不影响上述研究的发现。唐氏综合征孩子和非唐氏综合征同胞的关系温暖祥和，没有一般兄弟姐妹那种吵吵闹闹。非唐氏综合征孩子和唐氏综合征同胞一起玩的时候，可能比较讲究礼让，笑声也可能比较少。然而，黎敏在《新闻周刊》写到他弟弟的时候说："我弟弟并不等于他的障碍问题，他是热爱运动和网上游戏的青少年。他太在意自己的头发，有时有点自负。他对每个人都很好，还能让你笑到肚痛。他是个普通男孩，就跟大家一样。凯文没有'特殊需求'，他只需要机会。"

尽量减少障碍，或拥抱障碍，或二者兼具，这些做法都会影响兄弟姐妹的态度。采用哪种方式，跟家中的互动有关，也跟唐氏综合征的严重程度有关。社会常特别关注高功能唐氏综合征孩子战胜自己的传奇，他们比病友聪明、成功，也让父母喜不自胜。然而，这些孩子的能力还是远远不及一般孩子，因此若是以一般水准的聪明和成就来衡量一个人的存在价值，多少也否定了唐氏综合征孩子。他们不是那么灵光，以一般人的标准而言也做不了太多事，但他们有真正的美德，也能够成就自我。许多唐氏综合征者的父母跟我聊天时，一开场总要说自己的孩子有多高功能，我于是纳闷自己为何刚好都探访到有高功能孩子的父母。等我开始跟孩子说话，我发现有些孩子以唐氏综合征而言确实极为聪明、程度很好，不少人还有几项专长，然而这些父母如此兴高采烈地用"高功能"一词来概括，反而忽略了孩子真正的成就水准。

这些父母无一例外，都说孩子十分贴心。唐氏综合征宝宝很固执，一旦认定某件事，就怎么也说不动，但他们却往往热切地取悦身边人，让父母非常感动，这点在本书讨论的其他病症中十分少见。很多人都知道唐氏综合征宝宝天性善良，但他们其实还很任劳任怨，这点就比较少人讨论了。

亚当·德里·波菲属于比较低功能的唐氏综合征宝宝，而且还诊断出有自闭症。他 26 岁的时候，心智年龄只有四五岁。看过杰森在邦诺书店的演讲后再见到亚当，会很难想象两人都是唐氏综合征者。

亚当的母亲苏珊住在纽约州伊萨卡，22 岁那年发现自己怀孕了。"那时是 70 年代末期，大家想要过另一种生活。我知道自己想要孩子，既然我当时也没别的事好做，我就顺其自然。"她的父母连忙帮她安排婚礼。他的丈夫杨有个唐氏综合征侄子，但两人从没想过基因筛查。亚当出生第二天被诊断出有唐氏综合征。苏珊说："我一分一秒都没有考虑过把他送养。我很快就开始思考要如何把危机化为转机，根本没时间伤心。我父母觉得这件事太悲惨了，所以我一定得把事情扭转过来。我当时只有22岁，还非常年轻。"苏珊替亚当申请了"补充保障收入"，第一张支票一到，她就注册了康奈尔大学"学习与孩子"这门研究所课程。她还在日间照护中心担任志愿者，并开始接触早疗。

苏珊的研究及学习至关重要。她说："一般孩子会自动自发学习，不论你做什么，他们自己就会开始学习。但亚当，你得把学习这件事放在他面前，而他也许只能做到你期望的四分之一。"

在他第一次微笑之后，物理治疗师注意到他有奇怪的痉挛现象，于是苏珊带他去做脑部扫描，结果发现他持续发生肌阵挛，可能导致严重发育迟缓。苏珊和杨让亚当打了6周的肾上腺皮质激素，这是一种和压力有关的荷尔蒙。打针似乎让亚当十分痛苦，于是他们带他去看神经科医生。医生说："如果会好，那也得靠亚当自己好起来，你们能做的只有祈祷。"

苏珊还记得："当时镇上有个'一家人'公社，成员的名字都是社长取的，有自由、感激、追寻、海洋及旅居等。他们围成一圈，为我们治疗。公社有一片很美的土地及一个很美的池塘，每天我们都一丝不挂带着宝宝在那儿玩，大家就在池塘里游泳、聊天。他们想出一套说法，说孩子的灵魂正在考虑是否要留在这世上。就算是刚出生的孩子，也要很努力才能融入世界，而他刚来的时候，似乎还没下定决心。"

苏珊带亚当复诊的时候，痉挛停了。不过亚当一直有上呼吸道感染的问题，左耳也几乎听不到。他的视力很差，还有单眼斜视，戴了一阵子眼罩，之后改戴度数很高的眼镜。亚当一岁生日那天，外婆送他一只狗玩偶，那变成他最喜欢的东西。苏珊说："然后他开始出现一些奇怪的行为。他很喜欢把东西拿起来，盯着看。我就狠下心来，把玩偶放到大厅的另一边，结果他竟然爬过去抓。我再把玩偶拿开，他又去找。然后我把玩偶放进透明盒子里，这样他就能看到玩偶，接着想办法把玩偶拿出来。"

苏珊和杨又生了个孩子，苏珊说："这样亚当就有伴了。"孩子叫蒂格，话少、多疑、漂亮、专注，对哥哥非常有义气。亚当小时候上公立学校，蒂格常护着他。她说："要是老师听不懂他要什么，我就想办法让他们听懂。我以前早上常去他的教室，一直待到自己上课快迟到才走。他被嘲笑，我比他难受。很多时候，我想他根本不知道别人是在笑他。"蒂格总是带朋友回家看哥哥。"我用他们跟我哥哥相处的方式来评估他们是什么样的人。"

当时苏珊和杨已经分居，而苏珊努力想把亚当转到新学校。她说："早疗也有负面影响，让人有期待，也有压力。你常看到那些天才儿童，像杰森，还有影视片《日子照样过》的那个。今天我觉得亚当已经发挥出他最大的潜能，但当时我觉得他做得不如别人，而原因则是我做的不如别人的父母。在伊萨卡这一小群唐氏综合征孩子里，他的进展最慢。"大家都选择融入式教育，苏珊也就跟着选，但亚当知道自己格格不入，有一天他上数学课，把身上的衣服全脱了下来。苏珊说："孩子需要待在有成就感的地方，要有同伴。没错，他们需要榜样，但他们自己也要成为榜样。"苏珊的父母为中度到重度心智迟缓的孩子创办了夏令营，亚当自一开始便年年都去，在那里亚当的能力足以帮助其他孩子。

苏珊在犹太大家庭中长大，但家人不信教。她觉得犹太文化很亲切，但对犹太信仰所知十分有限。有一天，蒂格说她想多了解犹太教，苏珊就到最近的犹太教会堂帮蒂格报名宗教教育课程，也带两个孩子参加聚会。苏珊说："他喜欢固定的行程。他喜欢照表上课、做仪式、吟唱。犹太教很适合我们，因为这个宗教的核心里就有很多苦难、很多神秘事物。"她常引用犹太思想的片段，其中她最喜欢的是犹太法典里"神在对话中"的概念，这个概念出自《出埃及记》三十七章九节。她说："摩西五经写到他们在旷野中建了一个极大的会幕，并在用来抬十诫石板的约柜上造了两个天使，彼此相对，因为神就在那里，在人与人之间。亚当出生的那天，我的生命开始有了意义，直到今天仍然如此。神在我们之间,我在他出生后不久就知道这件事,可是犹太教让我有了可以描述的语言。"

亚当记下一些希伯来文,刚好够他举办犹太教传统的 13 岁成年礼。那之后不久,苏珊认识了威廉,他是白人盎格鲁萨克逊新教徒,在某座古老教堂的录音室中担任音响工程师。威廉看见苏珊和亚当互动的情景,立刻爱上了她。威廉还记得:"苏珊说,'我是两个孩子的母亲,其中一个有唐氏综合征,这辈子都要跟着我。未来不可能只有我们两人在一起。'"6 个月后,苏珊和威廉结婚了。威廉说:"亚当很早就开始学我打扮,对我而言,这是莫大的赞美,但去外面就很尴尬了。例如说,我现在穿着牛仔裤、咖啡色皮带、牛津衬衫,他就穿得跟我一模一样。我猜我应该很时尚吧。"

苏珊和威廉结婚时,亚当正进入青春期。任何 14 岁的男孩进入青春期都很麻烦,但对一个很多方面都只有 4 岁半的人来说,事情更棘手。苏珊说:"威廉经历过亚当荷尔蒙旺盛的那个时期。有时亚当会突然决定把某个地方搞得一团乱,例如有时会去拉火警警报。"威廉说:"亚当在试探他的能力有多大。一个 4 岁的孩子不乖,把他扔回房间就好了。至于亚当,苏珊已经抱不动了,所以她就找出一种说话的方式,以无比的耐心,苦口婆心对他循循善诱。有一次,他又踢又吐口水,我从他后面温柔地压制住他,把他拎起来,带回他楼上房间。我还记得他脸上的表情,像在问'怎么了?'他很快就不再出现那样的行为。"

苏珊热爱舞蹈,后来她学了即兴舞,这种舞蹈背后的理念是,舞蹈是一种沟通方式。"舞动新英格兰"这个舞团每周举办一次课程,大家可以在无酒精、友善的环境中光着脚随心所欲跳舞。苏珊很早就发现,自己和亚当沟通的方式大多是非语言的沟通,所以她对这个团体很有共鸣。苏珊说:"其他唐氏综合征者都热爱交友、很外向。亚当不太一样。我之所以喜欢那种舞蹈形式,有很大一部分原因是不必说话就能和别人互动、接触。"

每年夏天,舞团都在缅因州一个湖的岸边租下一块地,团员可以自行选择穿不穿衣服,然后跳上整整两周的舞,活动非常强调团体营造和志愿精神。亚当每天在厨房帮忙 2 小时。苏珊说:"大家都穿紫色。那个地方对我们很友善,也肯定我们。亚当在那里一口气用上他那一年学到的所有东西,也做好准备,迎接来年的到来。"

蒂格在初中三年级那年感染了淋巴结热,在家待了好长一段时间,由母亲照顾。苏珊回忆道:"有一天,她没来由地突然对我说,'以后我不管住在哪里,都会替亚当留个地方。'听她这么一说,我开始思考围绕在亚当身边的支援团队,蒂格是自愿加入的,没人要求过她。"对蒂格而言,这一切都是理所当然。她说:"从某些角度来说,我一直是姐姐。有时我觉得很烦,晚上还要照顾他,但我从来不希望生命里没有他。他道谢的时候从来不止是表达感激,他还表达了爱。我知道他爱我,这就够了。拿全世界来跟我换我都不要。"

有时威廉很不适应家中的互动方式。他说:"最重要的二人组永远是苏珊和亚当。苏珊跟我说话时,亚当一插嘴,我们就不聊了,有时我会恼火。"威廉加入这个家庭时,最大的冲突来源是声音。亚当最喜欢做的事是听百老汇音乐剧。我认识亚当不久,他就说要唱歌给我听。他唱起歌来像是非常起劲地用单音哼歌,仿佛一部扩大音量的冰箱。他常跟着自己最喜欢的录音一起唱,把音量开到最大,一遍又一遍地听。威廉是音响工程师,靠耳朵赚钱。亚当最后答应,威廉开车的时候,他不在车里唱歌。而面对家中的声响,威廉也找出应付之道。我请蒂格聊聊跟亚当一起生活是什么情况,她说:"慢。"威廉附和。"我们过的是亚当的时间,就像是在跟 4 岁的小孩一起玩,你得把自己的行程放下。我学会一件事,螺帽不一定要在 30 秒内拧紧,如果用上 5 分钟,一样可以拧紧。亚当是我的禅学师父。"

亚当读完职业学校后参加了产学合作,负责黏贴标签和邮票,然后把信封封口。后来那份工作不是很顺利,他开始自愿到慈善厨房帮忙,在桌上摆盐罐和胡椒罐,把刀叉用餐巾纸包起来。苏珊说:"喜欢帮忙是他的一个优点。其实,有另一个唐氏综合征儿的母亲跟我说,她告诉儿子,如果他跟亚当一样,就带他出去玩。她说,'亚当总是面带微笑,而且很听妈妈的话,如果你像亚当一样,我就带你一起去。'之后那孩子一开始胡闹,他母亲就说,'你这样是跟亚当一样吗?'这法子很有效。亚当成了模范生,连比他聪明的孩子都得拿他当榜样。"

一到安息日,亚当就不能看电视或影片,所以他改用耳机听音碟或百老汇音乐剧。周五晚餐他负责做餐前谢辞。他也会进行洗手的洁净仪式,然后慢慢泡浴盐澡。他喜欢泡澡,但由于体质容易感染霉菌皮肤病,所以在其他日子都不能泡澡。苏珊说:"他的排泄还是有问题,所以我们要他定时上厕所。我希望能让他更常倾听自己身体的声音,有时他还是会出状况。我们得跟他的心智年龄打交道。"

我问心智年龄是什么意思。苏珊说:"你就想,一个6岁的孩子你要怎么看护他,或想想6岁的孩子能做什么,那差不多就是亚当需要的东西。可能更像5岁,在某些地方更像4岁。因为6岁孩子能认的字多半比他多,也会打电话,还知道发生紧急状况时该怎么办。但要是房子着火了,而亚当在看电视,他会不知道要跑,也许烧到很热很热的时候会吧。他知道红绿灯说'走'的时候就要走,可是他不懂得看看左右有没有车子转过来。我们请别人照顾亚当时,我总跟对方说:'你就想象有个人10年来一直都是5岁。'在家他是小帮手,做了很多5岁孩子可以学得来的事,只不过一般5岁小孩还没等学会,就又已长大了。"蒂格补充道:"一群6岁的孩子聚在一起,能做的事情加起来会比任何一个6岁孩子都要多。有些人可能从小住在城里,父母是专业人士,所以懂点电脑。另一个住在乡下,认识各种野生植物,入了森林不会迷路。如果有哪个人一直都是6岁,他的能力会朝横向发展。亚当就是这样。"

生了亚当之后,苏珊面对许多矛盾,但她现在已经不打算解决了。"他出生的时候,我最关心的是让他学会沟通。现在我知道,一个人就算不说话,也能沟通。"某次生日,苏珊帮亚当买了一顶毛毡帽,像《屋顶上的提琴手》的那种鸭舌帽,还买了一张百老汇选集给他,其中亚当最喜欢的歌是《歌舞线上》的《独一无二》。我在伊萨卡的某一天晚上,亚当说有东西要给我看,于是我在客厅坐下。他要苏珊拿她的帽子,他自己放了光碟,然后两人就跳了一小段舞,类似《歌舞线上》编导麦可·班尼所作的表演。两人举起帽子、转圈圈,在该踢的时候踢腿。亚当竟然学会了舞步,而且苏珊只提示了他一点,他就跳完了整段舞,虽然有些笨手笨脚,但有其迷人之处。看着这段我个人专属的歌舞表演,我突然想到苏珊如此坚持以舞蹈作为沟通方式,也想到这个家成功创造出亲密感。苏珊坚信快乐是有弹性的,似乎也正因如此,这个家才充满了爱。

美国的智力障碍人士大约有四分之三与父母同住。有份研究写道:"父母养育孩子,是受天性驱使,而若孩子每次只能进步几厘米,父母更应妥善发挥这种天性。"又说:"若有家庭认为无法再承受照护的重担,应提供安置的协助。在培养身心障碍者能力的同时,也不能忽视每日照护者的需求。"

年纪较小的唐氏综合征宝宝是否该送到收容机构,取决于症状的严重程度,唐氏综合征宝宝的行为是否干扰全家,也取决于父母有多少能耐承受抚养身心障碍儿的压力。若父母把心思全放在更需要照顾的孩子身上,可能就无心顾及其他儿女所需要的关爱。但若把孩子送去收容机构,也可能严重影响同胞的心情,他们会觉得自己也可能被送走。

有研究显示,把孩子送到安置机构之后,有75%的父母表示很内疚,有一半的人表示"经常"或"每天"感到内疚。有很多人觉得安置这个举动显示自己是不称职的父母。当孩子回家探望他们,他们多半觉得开心,但也感到压力;当孩子返回安置机构,他们觉得难过,却又松了一口气。小型的安置机构往往较有人性,但父母心里反而会更难受,那是由于小机构更有家的感觉,而父母往往忍不住反复思量,把孩子送走的选择究竟对不对。若负责照护的职员人数不多,有些父母还会出现竞争意识。父母多半表示,孩子送到安置机构之后,日常生活变得较为轻松,但心里并没有比较好过。话虽如此,他们也很少把孩子接回家,多半还是维持原本的决定。研究人员注意到,把孩子送去安置后,父母的心情往往比较好,但他们同样也注意到,选择留下孩子的父母,心情也比较好。由此多少可以推论,安置孩子后日子过得比较开心的人,多半比较可能选择安置,而把孩子留在家里比较开心的人,也多半选择留下孩子。这终究也是一个解决认知差异的问题：为了避免内在冲突，大家会调整心态，顺应自己所做的决定。

安置不是一个晚上就能完成的决定，而是一段过程，一开始借由喘息照护及白天或周末方案将孩子和父母暂时分开，让父母摸索一下届时的感受。同样，父母也可能因为减轻了部分负担而暂缓安置。除了逐渐调整心态、适应安置，父母在寻找合适的机构并研究申请方法时，也会遇到许多实际上的困难。有个研究这项议题的人谈到，有位母亲告诉他："要我把孩子送到这些地方，我办不到！"两年后，她将孩子送到她曾经如此厌恶的地方。这位母亲说："打电话到地区中心的时候，我害怕极了。"很多唐氏综合征者都在18～21岁之间住进安置机构，正好是一般年轻人离家生活的年纪。有些专家认为，按照一般人的人生阶段设计人生的路，对唐氏综合征者有好处。

安置机构中的儿童及青少年比例已经下降了四分之三，但由于平均寿命变长，因此机构中的整体人数仍不断增加。虽然目前仍有39个州有大型的州立安置机构，但大部分都已被各式小型、人际关系较为亲密的社区型照护机构取代。超过半数的父母只参观了一家机构，就将孩子送进去，有时是因为地利之便，但往往忽略了照护机构的品质参差不齐。2011年，《纽约时报》报道纽约州各处住宿型机构暗藏严重的虐待。报上写道："有职员性侵、殴打或挑衅院民，即使是惯犯，也很少遭到开除。"又说："州政府纪录显示，2009年，州立且有营业许可的安置之家有13000起通报遭虐的案件，只有不到5％的案件转介至执法单位。"若想起诉被控虐待的照护员工，往往得面对一大困难：受害者多半不会说话，或认知严重受损。

当地的执法者指出，由于上述原因，案例很少遭到起诉。但除此之外，似乎还有另一个原因。很多案例中，有发展障碍的当事人并没有家人积极关心他们的生活，也因此无人为他们发声。有些家庭为了是否送安置已经焦头烂额，这些虐待事件更是雪上加霜。尽管美国平均补助每位智力障碍人士每天380.81美元的住房及治疗费，但实际数字在各州甚至各郡之间都有极大差异。

在过去，若有家庭将孩子送去安置，总会有人建议他们不要太牵挂孩子，但今日仍有许多人投入大量感情。离家安置并不等于脱离家庭。很多人至少一个月会去探视一次，通电话的次数就更频繁了。许多父母都希望能到场协助孩子慢慢转换环境，以免造成"迁徙创伤"。伊莲建议道："要让年轻人进团体之家，最好得趁你还在世的时候。我听过很多恐怖故事，有的父母家里有四五十岁的患者，哪天父母过世了，这些患者就会被送到新的环境中，在那里，院方要求他们做的事，他们根本就没受过训练，不知道该怎么做。"很多父母退休后仍然照顾家中的唐氏综合征儿，他们都说，在与世隔绝、失去人生意义的老人世界中，孩子是一大慰藉。不过，除非父母能活得比孩子久，或有兄弟姐妹或朋友接替，否则大部分唐氏综合征者最终都需要外界的照护，很少能完全自立。一直住在家中的唐氏综合征者，父母过世时，大约有四分之三会搬到住宿型安置中心。

有些唐氏综合征者适合住在家里，有些则适合住在外面，这反映了唐氏综合征者本身的个性，以及这家人的特质。住在家里，环境十分熟悉，也会得到更多关爱。然而，成年后的唐氏综合征患者如果和父母同住，可能就缺乏与同伴接触的机会，因而相当寂寞。随着年龄渐长，这些人离家能做的事会比别人少，多半也缺乏交友能力。有个父亲在宾夕法尼亚州乡下当建筑工人，他说女儿高中时非常快乐，是学校啦啦队队长，还是校友返校活动的核心成员，天天跟朋友腻在一起。可是一毕业，同学都离家读大学去了，或有自己的事要忙，最后他只能让女儿每天陪着自己坐在卡车上。女儿每周在超市打几小时的工，完全没有社交生活。Acr 协会一年两场的舞会是她生活的动力。近来有研究显示，住在家中的成年唐氏综合征者中，在父母人际网络以外还有朋友的，只有四分之一。

除了父母所写的回忆录，现在也有越来越多唐氏综合征者亲撰的回忆录，这些都构成了相当重要的自我维权运动。仅在美国，现在就有800 多个自我维权团体向议员、社会工作者及父母表达诉求。许多团体都隶属在"以人为先"这个大旗帜之下。"以人为先"是 1968 年从瑞典发起的国际自我维权组织，1973年在温哥华举办北美第一场会议。在"请让我们有选择"的会议中，有许多"心智障碍"人士到场参加。以人为先组织在全球43个国家活动，会员约有1.7万名。组织的网站上写道："我们认为，如果我们能在会议中谈谈，能跟彼此谈谈，我们就能跟所有人谈谈我们认为重要的事情。我们跟父母、福利机构、社工、市议会和市长谈；跟州议员、州议会、州长甚至跟总统谈。也许有时很难听懂我们在说什么，但大家还是听我们说话，因为他们知道，我们知道自己在说什么。"智力障碍人士能够以如此规模动员组织，即便有人在旁协助，仍然令人赞叹，尤其想到数十年前医学界是如何预测这群人的未来，更让人觉得了不起。

唐氏综合征者一直到20世纪60年代末期才开始出现名人，但在那之后，演员、运动人士、作家、艺术家都纷纷出现了。第一本由唐氏综合征者所写的重要著作是《奈杰尔·杭特的世界：一名蒙古症青年的日记》，1967年于英国出版。奈杰尔的父亲是校长，他和妻子希望用教育其他孩子的方式教育奈杰尔，并把他放在自己学校的普通班上。奈杰尔的日记记录了他每天的生活，还提到母亲生病过世的事情，十分动人。杰森和米歇儿合著的《算我们一份》则用欢快且带点幽默的文笔写下生活点滴，并以过来人的角度记叙两人遭遇的某些困难。2000年，唐氏综合征者温蒂·史密斯在费城共和党全国代表大会上朗读自己写给小布什总统的信，之后她到美国卫生及公共服务部旗下的智力障碍人士总统委员会服务。布什是否为了选举而消费身心障碍人士，各方众说纷纭，一名批评者说，这是"我看过最丑陋的政治作秀"。

曾经有很长一段时间，唐氏综合征者中最家喻户晓的人物莫过于出演电视节目《日子照样过》的演员克里斯·柏克，但之后又出了很多人：2005年过世的织品艺术家史考特，还有年轻演员齐默尔曼，他演过电视剧《青春密语》，同时还参加比佛利山庄高中的足球校队。德国演员柏得罗有不少影迷，波特则在福斯电视的《欢乐合唱团》一剧中出演唐氏综合征啦啦队队员，她还有自己的脸书粉丝专页。雅顿曾记叙她和柏克走在一起，常有陌生人走过来要签名。她说："真的难以置信。他主要的身份是明星,然后才是身心障碍人士。"日子一久,如此潜移默化的影响十分深远。曾有个沉着泰然的年轻女孩向我自我介绍时说:"我有唐氏综合征,就像克里斯·柏克。"研究显示,唐氏综合征者的学习模式和一般孩子可能不同,而新的研究则要探究能否利用唐氏综合征者的长处(例如极佳的短期视觉记忆)来帮助他们学得更多、更快、更好。由于他们对视觉信息掌握得比听觉信息更好,因此尽早让他们读书识字特别重要,这对他们语言发展的影响可能超过一般孩子。贝吕比和贝克等人都在回忆录中提到孩子有灵光一闪的敏锐观察和能力,甚至有信手拈来的智慧,这类才智在智力测验中是无法找到的。

格瑞·帕玛在描述儿子奈德的回忆录中提到,儿子很喜欢和没有障碍的人互动、聊天。格瑞认为把奈德困在心智迟缓人士之间是种诅咒。多年来,帕玛夫妇都没有告诉儿子他有唐氏综合征,最后当他们说出来时,儿子说:"我觉得这件事有点难相信。"他无法理解自己的不足之处,正显示他还没有准备好踏入外面的世界。他和很多唐氏综合征者一样,有许多长处,例如他能演奏好几种乐器,还写得一手好诗,但他从城区的这一头搭公交车到另一头一定会迷路。他集强大的"能"与极端的"不能"于一身,有如谜团。格瑞承认,有时他把奈德当成小婴儿,对此他深刻检讨,但也同样批评外界不断把奈德视为婴儿。有时奈德想和他人有更深入的接触,可是其他人却只认为他很可爱、很好玩,对此格瑞不无抱怨。奈德写诗,他的诗反映了他的语言的深度、他的天真,还有他的愿望:

女孩

女孩干净。女孩甜。

是我想遇见的一群人。

年轻女孩是我所爱。

女孩是天使来自天。

我疯,为女孩;我狂,为了爱。

女孩是鸽子的羽尖。

> 长大以后我变老，
> 我想拥抱的女孩，我会把你们找到。
> 我想亲吻所有的女孩，
> 若没有女孩，我将万分思念。

唐氏综合征者也会动心，也有性欲。唐氏综合征的男性多半不孕，女性则和一般人一样有生育能力。很多父母担心孩子的性行为可能导致怀孕，生下孩子后又无法照顾。唐氏综合征者下一个有待开拓的领域是婚姻。在《日子照样过》中，柏克扮演的角色娶了一个唐氏综合征女子，两人住在父母家车库上方隔出的小公寓里。

汤姆·罗巴兹和凯伦·罗巴兹都是事业心很强的华尔街人士，在就读哈佛商学院时认识对方。20世纪80年代中期，两人结婚满6年，决定生个孩子。凯伦怀孕过程十分顺利，夫妻俩完全没想到孩子会有唐氏综合征。汤姆大受打击，但凯伦说："我们会像爱其他孩子一样爱大卫。别人若不知道该说些什么，我们就请他们恭喜我们。"

汤姆说："我常忍不住落泪。后来有个陌生人打电话到医院来，说，'你们并不孤独。'那是我们第一次看到希望。"打电话来的人是芭芭拉·钱德勒，曼哈顿父母互助团体的主任。凯伦说："我还记得我问，'把唐氏综合征孩子养大，会有快乐的时候吗？'她说，'有，有快乐的时候。也有心碎的时候。'"这么坦白的回答让凯伦有了动力。两人向上西城的某个儿科医生求助。医生说："你们没什么可做的。"两人大为吃惊。汤姆问："这话的意思是，我们连要考虑的事情都没有吗？"夫妻俩后来找到某个专攻基因缺陷的专科医生，她告诉他们，要尽量给婴儿各种刺激。纽约州的早疗计划安排物理治疗师到他们家访视，语言治疗师则利用喂食和咀嚼来训练大卫的口腔运动能力。罗巴兹夫妇也加入了互助团体。凯伦说："我们有些最亲密的好友就来自这个团体。我们决定动手写一本小册子，介绍早疗之后有哪些选择。我们是律师、是投资银行家，知道该如何做功课。我们只要打电话给各个公立、私立和教会学校，然后整理资料就好了。结果并没那么简单。公立学校的官僚体系困难重重。我曾打电话给一个私立学校,说,'听说你们接收有特殊需求的孩子。'对方说,'没错。'我说,'那,我想谈谈我的孩子。他有唐氏综合征。'对方说,'啊,不收那么特别的。'然后我们又试了教会学校,还是不行。我们到底该怎么办?"

于是凯伦和父母互助团体募集了 4 万美元,创建了库克基金会,也就是现在的库克中心,纽约市推动身心障碍儿融入式教育最大的机构。自成立以来,该机构就开放给任何社会经济背景的学童。这个学校没有宗教派别的色彩,但由于当年凯伦说动天主教纽约总教区特殊教育部门的主任提供空间,所以一开始和该教会走得较近。教会提供的空间是两个大型公共厕所,后来由互助团体的一个成员改建成两间教室,他用成本价承包了这个工程。凯伦说:"如果以前有人告诉我,接下来的 20 年我都花在建设库克中心上,我大概会说他们有毛病。可是后来我们遇见了其他人,大家有了感情,有了共同的使命。一旦心里有了一把火,就能处理一直否认、难受的情绪。至于从那里展开的事情……越做就越投入了。"

他们请来两名特教老师,凯伦说:"一人一间厕所。"这对夫妇的原则从一开始就是孩子应该接触一般的学生,因此两人为孩子注册了公立学校,上某些科目,其他科目则在库克上。大卫上库克的课,也上公立学校的课,成为纽约市第一个融入普通班课堂的身心障碍儿。凯伦说:"在两个世界你都要能立足。杰森和他的父母开启了很多扇门,我们才能够走出门外。年纪小一点的时候,我们的孩子比较能完全融入班上,因为那时大家上课学的,不过是颜色还有应对进退的能力。可是之后差距会越来越大,而我们的孩子最需要学的是生活技能。要怎么加入健身房?要怎么从自动提款机领钱?别的孩子自然而然就会的,我们的孩子要费点工夫。于是我们不断培养他们这些能力,这样他们才能在融入教育环境之余,也融入生活环境。"

大卫 7 岁那年,罗巴兹夫妇生下第二胎。克里斯多夫开朗、活蹦乱跳,但 13 个月大就开始痉挛发作,最后演变成重积性癫痫。痉挛会反复发作，而且几乎停不下来，通常会有生命危险。凯伦说："我当时一直想，'好吧，如果只是痉挛，我们连唐氏综合征都碰过了，痉挛我们能处理。'可是那不只是痉挛而已。"克里斯多夫还有认知发展迟滞、心智迟缓，语言能力比别人慢，运动能力也有问题。凯伦说："我从不曾为大卫掉泪，却为克里斯多夫哭个不停。这样的事，一个家庭怎么会出现两次？"之后克里斯多夫还诊断出胼胝体部分发育不全。胼胝体是左右脑的神经连接，一般人的胼胝体是克里斯多夫的1万倍大。他之所以有这个症状，很可能是因为凯伦在第一孕期感染了某种病毒。

凯伦说："如果是唐氏综合征，有很多孩子都经历过，至少已经知道有条路可以走。"克里斯多夫有非常擅长的事情，但也有很明显的缺陷。我认识罗巴兹一家人的时候，克里斯多夫刚凭摸索自行学会电脑上的接龙游戏，这件事大卫不可能做到。但大卫的情感十分丰富，克里斯多夫则从未对任何人表现出什么兴趣，甚至可能过完圣诞节也没注意到那天是特别的日子。凯伦说："有大概5年，他每周都会痉挛发作，每回我们外出都要担心会发生什么事。"

克里斯多夫的问题开始浮现的时候，凯伦再度怀孕。他18个月大时，妹妹凯特出生了，没有任何身心障碍。凯特小时候觉得跟克里斯多夫不亲，而她跟大卫虽然差了9岁，却更加亲密。凯伦说："大卫注意到妹妹超越他的时候，心里很不服气，有时对她不是很客气。"

全家人正为家庭互动苦恼，库克中心则不断兴盛。我去参观的时候，中心已成立20年，有186名员工。汤姆谈到融入时说道："要想学会如何在人类社会中生存，就不能脱离社会。从同伴身上可以学到的东西，和老师教导的一样多。"凯伦说："特殊教育是一套服务，无数的地方都能提供——但你得提供，不能只是随便把孩子丢在普通班上，不训练老师，也不给额外的协助。我们在库克的精神标语就是：'人人都融入，人人有收获。'一般孩子学到的是同理心，是懂得欣赏多元。"库克现在帮助一些学校申请特殊教育的项目，对公众进行教育，训练辅助性专业人员，让他们更了解融入式教学。库克也和企业合作，辅导身心障碍的孩子就业。

我认识罗巴兹一家人的时候，大卫 23 岁，曾协助国际唐氏综合征协会募款。他在新闻集团和《运动画刊》完成了实习。汤姆说："杂志送印之后，他负责把杂志归档。其他人都不想做，可是他很喜欢。"他在有人监护的情况下过着半独立生活，也和杰森一样，位于唐氏综合征圈子里高处不胜寒的一端。凯伦说："能力比较强的孩子，比较能察觉自己和别人不同。大卫说他想找个工作，想有房子，想结婚，说了很久。我们说前两样我们都能帮他，第三样他只能靠自己。"

大卫的个性是他最大的魅力。凯伦说："我总说，大卫这么讨人喜欢，一定能走得很远。每回他用那双蓝眼睛看着你……"她摇摇头，笑了出来。"他要是见了某个人，知道他家有人生病，下次就会说，'你爸爸还好吗？'他打电话的时候，总想知道，'谁谁谁还好吗？'他会问我妹妹，'表妹们好不好？'他心里充满了爱。"汤姆附和道："智力测验测量两个层面：数学推理和语言能力。但人还有情绪智商及同理心智商。大卫总能同理别人的感受。他也许不知道他们在想什么，但他知道他们的感受。我们都知道，每个人都有擅长跟不擅长的事情。我永远也打不了篮球。知道自己跟别人不同会令人难受吗？还是只是渐渐接受自己的身份？"

大卫高中毕业后，就没有公立的特殊教育可读了。凯伦说："中学后的课程很少。"最后他们终于在宾夕法尼亚州找到一所大卫能读的学校。大卫 21 岁那年第一次离家，这对他和父母而言都不是件容易的事。我认识罗巴兹一家人的时候，大卫因为恋爱出了问题而大受打击，开始吃抗抑郁的郁复伸（文拉法辛）。他很喜欢学校里的某个唐氏综合征女孩，女孩也鼓励他追求，但其实她已经有男朋友，男友还是大卫的朋友。两人后来跟大卫绝交，他焦虑得什么事都无法做。大卫朋友太多，套用汤姆的话，他朋友"多得像名片架上的名片"。凯伦说："大卫是电话专家，而且喜欢跟人保持联络，但他也喜欢有条有理。所以你，你可能是周二晚上。每周二晚上他都会打电话给你。我们是周日和周三。'大卫，你可以改天晚上再打给我们吗？''不行，你们是周日和周三。'我想，他要这样一板一眼心情才能稳定。我喜欢知道自己哪一天要做什么，他也是。"

聊着聊着，我们谈到治疗。汤姆说："如果你跟唐氏综合征圈子里的人谈过，你会发现，大家对唐氏综合征该不该治疗莫衷一是。这个话题有些人连谈都不谈，因为谈治疗就等于抹杀唐氏综合征者存在的价值。有些人甚至会说，就算有仙女棒，一挥就能让孩子变得正常，他们也不会这么做。"我问汤姆，如果他有仙女棒，他会怎么做。他问道："如果大卫还是大卫，只是没有唐氏综合征，那么我会立刻动手。我会这么做，是因为我觉得大卫带着唐氏综合征在这世界生活太辛苦了，我希望他的日子能过得快乐、轻松一些。因此为了大卫，我会动手。但世界有各色各样的人才能变得更美好，如果每个唐氏综合征者都治好了，那会是一大损失。个人的心愿和社会的心愿正好背道而驰，问题就在于我们集体学到的东西是否多过我们造成的伤害。"

凯伦摇摇头："我赞成汤姆的意见。如果我可以把大卫治好，我也会为大卫这么做。但我觉得，处理这件事让我们成长了许多，有了很多人生目标。23年前他出生的时候，我一定无法相信自己能走到今天这一步，但我做到了。为了大卫，我会马上把他治好，但我们自己呢，这些经验不管拿什么来换，我都不要。这些经验造就了今天的我们。我们原本可能是另一个样子，而那绝对远远比不上现在的我们。"

第五章　自闭症

抑制疾病，是进步的里程碑。现在有无数的传染病都可以用疫苗来预防，或用抗生素来治愈。抗反转录病毒疗法可以控制许多人的艾滋病病毒，致命的癌症也能永久缓解。母体接触病毒很可能导致胎儿失聪，这件事揭露之后，听人父母生下的听障孩子就减少了，而人工耳蜗手术也降低了听不见的人数。垂体性侏儒症的疗法问世之后，小个子的数量也下降了。唐氏综合征能事前筛查，因此有些准父母选择堕胎，另一方面，治疗方式也更为有效。精神抑制剂减轻了精神分裂症的症状。天才和罪犯出现的频率依旧。但，令人不解的是，自闭症的案例似乎增加了。

有些专家认为，这只是因为现在更常诊断出自闭症，但诊断技术改善，并无法充分解释为何自闭症从 20 世纪 60 年代每 2500 名新生儿一个案例，增长到今天每 88 名新生儿就有一例。我们不知道自闭症人数为何逐渐增多，其实，我们根本不知道什么是自闭症。自闭症不是某种已知的生物实体，而是很多行为的组合，因此，与其说自闭症是一种疾病，不如说是种综合征。这种综合征包含了多种殊异的症状和行为，而我们对于自闭症发生于大脑何处、为什么会出现、由什么引发，所知十分有限。唯一能用来检验自闭症的，只有外显的表现。诺贝尔生理医学奖得主坎德尔说："如果我们能了解自闭症，就能了解大脑。"这话的言外之意是，只有等我们了解了大脑，才能了解自闭症。

许多自闭儿的父母都投身权利运动。自从艾滋病危机的高峰之后，还没有哪项运动如此积极要求资金投入和相关研究。今日已有大量组织（很多都取了简短响亮的名字，例如"心安"）不断探究自闭症成因的理论，发展行为疗法，推动合适的学校教育、身心障碍津贴、支援服务以及有人照看的居家环境。2006年，父母组成的团体"立即治疗自闭症"推动国会通过《战胜自闭症法案》，在5年内拨款10亿元补助自闭症及相关病症的研究。因赛尔是美国国家心理卫生研究院的主任，他说："白宫打来关切自闭症问题的电话，比其他事务加起来都多。"1997～2011年，每年出版的自闭症相关书籍文章增长了6倍以上。

一般认为自闭症是一种广泛性的失调，影响了行为的各个层面，也影响感官感受、运动功能、平衡、对于身体的感知，还有内在意识。自闭症本身并不影响智力，这种综合征的根本问题在于社会功能失调。自闭症者的主要症状包括缺乏语言能力或语言发展迟缓、非语言沟通能力低弱、出现重复动作（包括如不断摆动手臂等自我刺激的行为）、很少看人的眼睛、对于结交朋友兴趣缺失，很少自发玩游戏，也很少玩需要想象力的游戏，同理心、察觉力和社交能力较为不足，欠缺与他人情绪交流的能力，固执、兴趣范围狭窄，对于像转动的轮子或亮晶晶的东西等物品十分着迷，但以上症状不尽然会出现在每个自闭症者身上。自闭症孩童或成人的思考方式多半非常具象，可能难以理解譬喻、幽默、讽刺及挖苦。他们常有强迫、刻板的行为，对于某些物品非常依恋，但选择何种物品似乎又没有规则可言，而且他们不玩玩具，而是按照大小或颜色排列。自闭症者可能会有咬手、撞头等自残行为，也可能有感觉动作方面的缺陷。许多自闭儿可能没有发展出用手指东西的能力，必须直接把别人带到他想要指出的东西旁边。有些人会出现"言语模仿"，也就是重复别人所说的词句，但往往不明白话中之意。自闭症者说话可能没有语调起伏，而且交谈时可能会滔滔不绝，且不断反复谈论自己着迷的事物。进食往往有固定仪式，吃的种类也极为有限。他们的感官无法承受过于拥挤的空间、人与人的肢体接触、霓虹灯或闪烁的灯光还有噪声，而且对此异常敏感。像衣服上的标签这类微微刺激的东西，许多自闭症者往往难以忍受。大部分人喜欢的东西，自闭症者常常觉得难以理解。虽然大部分自闭儿很早就显现出征兆（不过不一定有人发现），但是大约有三分之一的人原本发育正常，然后多半在一岁四个月到一岁八个月之间开始退化。由于上述症状的轻重程度有高有低，因此自闭症被认定是种光谱，光谱上有各类症状，程度不一。

《欢迎来到荷兰》一文将身心障碍描写成一处陌生但美丽的所在，洋溢着恬静的幸福，对此，有名自闭儿的母亲提笔回了一篇挖苦的文章《欢迎来到贝鲁特》，把养育自闭儿比喻为哪个人冒冒失失把你丢进战区中心。父母的煎熬，一部分是由于自闭儿有些症状十分极端，包括常把粪便涂在墙上、很多天不睡、过度亢奋、无法与他人建立情感或交谈，还时常冷不防出现暴力行为。目前还没有方法治疗自闭症的非典型神经状态，但我们可以通过教育自闭儿、服药，或者调整饮食和生活方式来减轻孩子的抑郁、焦虑或生理及感官问题。有的疗法对某一个人的效果比其他方法都好，但原因为何，目前也还无人解开。更令人感到挫折的是，许多孩子对任何疗法都没有反应，不过要发现这件事，却得先经历漫长的治疗，然后才放弃。目前所知最为有效的疗法不仅耗费人力，而且极其昂贵，但无数"走出自闭症"的故事却让父母奋不顾身追逐这渺茫的奇迹。于是，父母很可能把自己逼到疯狂、破产边缘，但孩子的行为问题还是没有解决。大部分的父母最终接受了无法治疗的症状，转而把心力投注在能够治疗的症状上，然而，自闭症却违背了《宁静祷文》，不容把世事划分得此般利落。

世人总说自闭症者无法爱人，而我一开始研究时，就很想知道既然孩子无法回应父母的爱，父母又有什么方法可以继续爱孩子？自闭儿往往像是住在自己的世界里，不太回应外界的信息。孩子对父母的安慰似乎没什么反应，不大和父母互动，也没有讨父母欢心的动机。由于无法分辨自闭儿的状况究竟是情绪缺陷，还是表达缺陷，因此照顾这样的孩子可能让人心力交瘁。重度自闭症究竟是能听懂一切，只是无法表达，还是对某些事物就是浑然不觉？这一点我们几乎一无所知。究竟该如何爱自闭症者，这其实是帕斯卡赌注：如果他们能感受到爱，却没有人给他们爱，他们必然十分痛苦；如果他们无法感受爱，却有人给他们很多爱，爱就徒然浪费了——两害相权，后者似乎轻一些。问题是情绪并非免费的礼物，爱孩子，孩子却无法回应你的爱，这样的爱，成本极为惊人。不过，虽然大家都说自闭症患者情感冷漠，多数的自闭儿至少最后还是能发展出一定程度的依恋。

其实还可以用另一种眼光来看待自闭症。一些人（许多都落在自闭症光谱上）高举"神经多元"的大旗，宣称自闭症即使是种障碍，也仍是内涵丰富的身份认同。本书讨论的症状大多都在身份与疾病之间拉扯，但自闭症的冲突是最极端的。跟心力交瘁的父母大谈自闭症的命运并不差，听来可能极为无礼。不过，其他父母则用比较正面的角度看待孩子与众不同之处。主张神经多元性的运动分子为了自身的尊严而游说政府，有些人认为自己是替整个自闭症人群发声，也不愿接受可能会消灭自闭症的疗法。由于目前没有这样的治疗方法，因此这样的说法还只是抽象的哲学概念，不过其论点却足以影响我们思考，何时及如何使用手上可用但有限的介入疗法。

贝琪·伯恩斯和杰夫·韩森原本打算只生一个孩子，但女儿西西 2 岁时，贝琪决定再生一个，然后几乎就立即怀孕了。贝琪回想自己在做羊膜穿刺时跟杰夫说："要是发现了什么问题，该怎么办？"他说："爱孩子就对了。"贝琪说："于是当时我们下定决心要爱有特殊需求的孩子，完全不知道自己早已生了一个。"

西西一直是乖宝宝，总是自己玩得很开心，只不过以婴儿来说，她睡得太少了。刚出生的茉莉比较不好照顾，但跟人的互动比较多。随着时间过去，杰夫和贝琪开始担心西西不会说话。她从来不说"牛奶"，只会递出杯子。医生要贝琪放心，说她只是新手妈妈太过紧张。杰夫是英文老师，后来他在明尼苏达州的一所高中找到教职，于是举家搬到明尼亚波里斯城外的圣路易斯园。西西3岁的时候，贝琪参加一个妈妈团体，在那里听其他母亲谈论自己的孩子。"我心都凉了。一定出了什么大问题。"贝琪说道。她到当地的医疗单位要求做早疗评估。评估人员说："很奇怪，她对我的首饰比较有兴趣，对我的脸没兴趣。"然后她说道："希望你不要觉得这件事跟你或你丈夫做错了什么有关，希望我用'自闭症'这个词，不会吓到你。"杰夫到当地图书馆借来自闭症的书，他说："我把那一大摞书砰的一声放到柜台上，图书馆馆员那惊吓的表情，我永远都忘不了。"

处理自闭症，早疗是关键策略之一。贝琪立刻带西西去一所公立托儿所，那里也有几个儿童同样有特殊需求。西西接受了语言治疗、功能治疗、物理治疗还有音乐治疗。然而，她却显得越来越孤僻，还开始自残，也不睡觉。西西4岁时，家人带她去看当地一个神经科医生，他说："如果做了这么高品质的早疗都还不说话，那么她永远也不会说话。你们应该学着习惯。她有重度自闭症。"

其实西西这辈子开口说过4次话，每一次都切合情境。西西3岁时，贝琪给了她一片饼干，她把饼干推了回去，说："妈妈，你吃。"杰夫和贝琪互看了几眼，等着世界马上要有所改变。但西西再也没说话，就这么过了一年，之后有一天，贝琪起身去关电视，西西说："我要看我的电视。"3年后某天在学校，她开了灯，然后说："谁没关灯？"然后某天，有个木偶戏师傅到西西班上，他问道："小朋友，这个帘子是什么颜色？"西西回道："紫色。"她能够组织这些句子并且说出来，显示沉默的背后还是有清晰的思考，让人不免有所期待。贝琪说："我觉得对她而言，说话就像塞车，而里头的线路让她的思绪无法走到嘴边。"要是生了个完全没有语言能力的孩子，虽然也让人心痛，但情况毕竟简单多了。可是生了个只说过4次话的孩子，那是每天都在可怕的混沌中煎熬。既然偶尔有那么几次，交通能顺畅到让她开口说话，说不定只要找到正确的介入性疗法，就能让交通完全畅通？和西西说话时你得像个未知论者，时时提醒自己，她可能听进你说的每一句话，但你说的话也可能对她毫无意义。

贝琪说道:"我想她恐怕不会有语文,我相信她的某个地方藏有野性的智慧,我担心她的灵魂被困住了。"孩提时期,西西检测出来的智商是50,而她最近看的治疗师则认为她没有智能障碍。我认识西西的时候,她10岁,最喜欢拿着一大把蜡笔在一面桌子和一张纸上画,这样她就能感觉到蜡笔滑过纸和桌子的相交处时,手上的触感有何改变。但有那么一刻,她突然画一张张脸,椭圆形的长脸,有眼睛、嘴巴,还戴着帽子。然后,她又不画了。"刚刚有条线通了。就像她开口说话,也是因为有条线通了。"贝琪说道。

西西第一次接受麻醉,是在很小的时候动牙齿手术。贝琪想,如果她当时死于麻醉,会不会好些?她回忆道:"我母亲说,'你只是不想要她再受苦。'可是西西通常并不苦,苦的是我,我都疯了。她麻醉醒来的时候,我看着她苍白的脸色、淡金色的头发、高高的颧骨,突然明白过来,就某方面而言,我俩的关系不一样了,因为她会一直在我身边。"西西究竟能不能认出旁人,或者别人在她身旁时她在不在意,都还是个谜。贝琪说道:"有时你觉得自己像个家具,就算她依偎在你身边,很可能也只是因为她需要感受大力的按压。不是'喔,我好爱你',而是'这东西暖暖的,我可以推一推、压一压'。我不知道她认不认识我。"

贝琪替生命的这段历程写了一本小说《倾斜》,记叙了和西西共度的日子。"她站在厨房柜子旁用手腕敲木板,我们就知道她想要食物,但行为专家说,如果她一使性子,我们就拿食物给她,等于是奖励她使性子,还贿赂她,好让她静下来。但世界如此令人慌乱无措,哪个人不想要食物?这孩子现在快变成一个球了。"

另一章中,贝琪写道:"她在洗澡,我回去一看,发现她开开心心地在浴缸里漂着,把身边一些棕色小玩意推过来又推过去。那些棕色小玩意慢慢四分五裂。那些棕色小玩意是屎。喔,天哪,谁来帮帮我'出来出来出来',我大叫。我竟然以为她能听懂?她还是在微笑。我一把将她拽出来,她沉重的身躯从浴缸一侧滑了下去,结果她头发上沾了屎,我手上也沾了屎,而她哈哈大笑。我没办法让她坐回浴缸,得先把里头的屎冲进排水管,可是我又不能在水槽里替她清洗,她坐不下,于是我在地上铺了几条毛巾,把抹布放在水槽里泡湿,拎到她头上挤,一面看着水从她身体两侧流下,然后看到她腿上好几道还未愈合的伤口,心想:好极了,这是在伤口上撒屎!"

杰夫和贝琪必须依照西西的行为来布置居家。所有柜子都有183厘米高,这样她才够不到。冰箱则用挂锁锁上,以免她拿食物来做些奇怪的事。西西常常因为不睡觉或四处冲撞而进医院。医生不断建议两人把西西送走安置。贝琪得了严重抑郁症,因此住院了。"我真希望生不如死的是别人,不是我。"她后来说道。贝琪快出院的时候,杰夫发现西西想要掐死茉莉。社工替西西安排了一个地方,让她去那里住3个月。"他们知道我一定受不了,没跟我说她会永远住在那里。"贝琪说道。"2000年1月1日,她永远离开我们的家。"当时她7岁。

安置机构的医生建议贝琪和杰夫至少等一个月再去探视,让西西先适应新环境。虽然西西似乎适应得不错,贝琪却承受不住,几个星期后,西西生日那天,她又住进医院。她说:"丢弃跟她有关的东西,感觉就像是丢弃她。我们留下挂锁跟高柜,聊表纪念西西跟我们同住的时光。"她参加了一个身心障碍儿之母的互助团体,成员正争取在社区设置团体之家。我第一次去看西西的时候,她已经在团体之家住了2年。那里有一个有脑瘫的女孩,每次母亲离开的时候,她总会哭出来。贝琪说:"我有次跟我妹妹聊天,我说,'我走的时候,西西从来不哭。'我妹妹说,'你想,她要是哭了,你心里什么感受?'"父母若生下西西这样的孩子,总害怕自己对孩子的爱根本没有用,又担心自己爱得不够,伤了孩子。很难说父母比较怕前者还是后者。西西被送走安置3年之后,贝琪说:"我终于愿意正视自己不喜欢去探视她。如果没在排定的时间去看她,我会真的很歉疚。我参加的妈妈团体里有个女人说,'因为你怕你要是哪天没去,就再也不会去。'"

我和贝琪约了共进午餐,她很抱歉地说:"我得把手机开着,西西在医院,我怕医院的人找我。"我向她安慰致意,说这时候她一定很难受。"恰恰相反,只有这时候,我才知道我这个母亲对她还有点用。大部分的时候,任何曲线相似的物体都可以取代我。"

然后,西西偶尔像是暂时走出了自闭症。"有一天我要走了,我说,'亲我一下!'然后她把脸向我的脸凑了过来。有个工作人员说,'西西在亲她妈妈!'我那时并不知道,原来她不对别人这么做。当然她做的也不是我们平常说的那种亲一下,可是当时她给人的感觉真柔软,所以那一下也算是亲吻吧。亲亲她的脸颊就像是在吻一种非常柔软、惹人怜爱的东西,甜蜜得仿佛不存在。有点像她本人吧。"

贝琪有次说明道:"对西西而言,声音和感官刺激很可能就像是收音机被转到两个电台的中间。我是说,世界有很多噪声嗡嗡作响,很多的要求,很多让人不舒服的地方,还有电话响,汽油的味道,有内衣裤,还有计划和选择。世界给人的感觉就像那样。西西喜欢穿把脚好好包住的鞋子。有时,即使是春天,她也会穿上靴子,只为了感受靴子裹着脚。她喜欢玩非洲人的头发。她喜欢吃薯条,喜欢那种酥脆、咸咸的口感。谁不喜欢呢?她喜欢莎莎酱这类在嘴里很刺激的东西。她觉得钻到东西底下很好玩。她喜欢动态,喜欢坐车看着窗外。她以前还喜欢手肘后面的软皮,会跟在别人身后,伸手抓那里的皮肤。其实,她这些跟感官有关的问题,只要把程度减轻一点,就会变成我的问题。我喜欢走路时踩碎脚下的树叶。同样我也喜欢把薄冰踩得喀啦响。有些东西,我担心一旦靠得太近,我会忍不住一直摸,像是母亲以前那件河狸皮的外套,又软又舒服。还有,我对很多东西都敬而远之。加长型轿车总让我觉得毛骨悚然,越长我越害怕。我总是想要排列字词,总是在想字是如何组合起来,又是如何分开、各自溢散。她则拒绝字词。她不让知识插手。你得退回到直觉阶段,只有这样才能读懂她。"

虽然西西不说话,但她懂一些手语,偶尔会比画出"还要"、"请"、"该走了"、"外面"、"水",还有"果汁",但也没什么规律。贝琪去看她的时候,西西会拿出自己的外套和靴子,表示想出去。如果她不想出去,她就会拿走贝琪的外套,态度坚决地放在地上。贝琪说:"她会做某些动作,也知道动作是有意义的,我们必须学会她的语言,我们可能觉得很难懂,但我们的语言对她而言也一样难懂。"

和西西相处的亲密时光，几乎一刻也不能放松。贝琪最喜欢和西西一起待在游泳池。然而，这代表要到游泳池这样的公共场所去，而西西没有办法在公共场所调整自己的行为。我跟她们见面之后的某一天，贝琪和西西去了圣路易斯园育乐中心的游泳池。两人在关门前1小时到达，那个时间有很多人带着小孩。西西一到那儿，就脱掉泳衣的下半身，在水里排便，还玩自己的粪便，接着光溜溜地跑来跑去，没人抓得住她。有个母亲大喊："有污染！有污染！"然后所有人动手把孩子拉出水。救生员吹起哨子、大吼大叫，一片混乱之中，西西就站在那儿捧腹大笑。

西西10岁生日那天，我和杰夫、贝琪、茉莉一起去团体之家看她。我们带了个蛋糕，但为了安全没带蜡烛。礼物放在一个购物袋里，拿出来之后，西西就爬进购物袋，待在里头。她唯一喜欢的另一样东西是缎带，不断盘绕拆开，拆开再盘绕。杰夫说道："这个派对打乱了作息，可能让西西很痛苦，我不知道我们这么做究竟是为了谁。"实际上，两人这么做，是为了让工作人员看到西西的父母很爱她，让他们知道应该要照顾她。杰夫很好奇，"她看到我们走进来的时候，脑子里想的是什么？——'啊，又是这些人。'"

贝琪说常有人不停用各种疗法轰炸他们。"他们问，'试过维生素疗法吗？''试过听力训练吗？''说不定是食物过敏？'我们试过听力统合训练，买了那些乱七八糟的维生素，也做了感觉统合，还试过排除过敏原的饮食法：不吃小麦、玉米，然后又试了无麸质和无牛奶饮食，不吃酪蛋白，不吃花生酱。你希望能看到改变，但其实你是在虐待孩子。最后我觉得自己放弃了她，我都还没试过所有可能。不如我去俄国吧。把我的头砍下来吧。受鞭刑好了，自焚好了。去露德圣地求圣母显灵好了！我读过一篇文章，说有些特殊儿童的父母设了一个研究中心，每周进行40小时的疗程，但是这对负担不起的人、怀疑即使做了这一切孩子也无法变得正常的人而言，实在强人所难。她就是她，我看得出她有一套自己的规范，也想办法要知道什么事物让她觉得舒服。我只能做到这么多。"

每隔一阵子,西西会突然变得暴力,不但朝团体之家的工作人员扔东西,满地乱滚,还会咬自己。医生想借药物解决这个问题。我认识她9年了,她吃过安立复、妥泰、思乐康、百忧解、劳拉西泮、丙戊酸钠、妥解郁、利培酮、安纳福宁、乐命达、苯海拉明、褪黑激素,还有顺势疗法的解压舒眠锭。我每回见到她,她的药都调整过。我们第一次见面几年之后,西西的破坏行为不知为何突然变激烈,连团体之家的工作人员都觉得无法处理。贝琪和一位工作人员把西西带到急诊室,护士说要等精神科住院医生来了才能完成住院手续。贝琪说:"好吧,但她不会乖乖待在这儿。"一个半小时后,西西开始对着贩卖机乱捶。两个小时后,终于轮到贝琪和治疗师会谈,两人谈到一半就听到候诊室传来一声哀号。西西想砸破玻璃,结果被一个警卫带进铺上软垫的房间。她不停地撞门,而刚才的护士、警卫还有一名看护工全想尽办法要她待在房里。后来他们叫来两名持枪警卫坐在门外。贝琪说道:"哇,太好了。手枪!我们正需要这玩意。"西西在医院待了8天,医生不停地试各种药物,可是能试的都早已试过,医院能做的也不多。有次他们打电话给团体之家,说:"给她吃早餐谷片没问题吧?她好像想要一天吃10碗。"她出院的时候胖了4.5千克,行为却没有什么实质改变。

同时,这家人还得面对杰夫的双极情感疾患[1]。他偶尔发病,呈现多种精神紊乱症状。贝琪不得不警告团体之家的员工,要他们注意杰夫可能随时失去理智。"我不是想要贬低他或让他难堪。我爱他。但我不得不决定这么做。我这么做是为了西西,不是为了杰夫。他觉得要是西西没有诊断出自闭症,他可能就不会得双极情感疾患。太天真了,但我也是这样看待自己的抑郁症。我们对西西的爱,让我们变成这副模样。"西西送去安置之后的前三年,杰夫因抑郁症发作而住院两次,贝琪则因抑郁症而住院三次。杰夫说:"也许有些人的大脑结构不一样,可以应付这一切,但我俩最后都进了精神病房。"

贝琪不愿意让西西穿时下的青少年衣物,牛仔吊带裤是她多年来每

---

[1] 即躁郁症。——编注

天的制服。在团体之家，西西和一个重度自闭的男孩艾密特变成朋友。艾密特和西西一样长期心情低落，不睡觉，偶尔有暴力行为，而且吃了非常多的药。贝琪有次走进西西的房间，发现艾密特和她在一起，但裤子和尿布都脱了下来——"算是在探索吧"，而西西则在窗边跑来跑去。看护本来不应该让两人单独在一起，可是就那么凑巧，有人叫她去别的地方处理紧急状况。"西西和艾密特永远也不会有谈恋爱的念头，但可能想要亲密感，想要欢愉。两人这辈子都太苦了，也许这样能找到一点快乐。"不过团体之家的员工不可能容忍这种事，而且所有人都担心万一西西怀孕了怎么办。

贝琪说："大家总说，'真不知道你怎么办到的！'但这又不是说我可以在哪天早上醒来说我不玩了。"我回答说有些人确实决定不玩了，就把责任交给国家。贝琪说："每次听到别人这么说，我的肠子就像被人拿着铁耙耙过。"一天晚上茉莉回家说："如果上帝是万能的，为什么上帝不把西西的自闭症拿走？"杰夫说："也许西西本来就应该要是这样子。"茉莉声明道："好吧，那么上帝是你跟你，是这张桌子，是一切。"贝琪接着补上一句："上帝也是西西。"

之后贝琪跟我说："状况好的时候，我在她身上看到上帝的光；状况不好的时候，我祈求上帝体谅。自闭症就是这样，自闭症就是自闭症。西西就是一门禅学。为什么西西有自闭症？因为西西有自闭症。变成西西是什么感觉？就是西西的感觉。别人都不是西西，而我们永远也不会知道那是什么感觉。这件事就是这件事，不是别的事。也许你永远也不可能改变这件事，也许你不应该再试。"

自闭症的英文是"autism"，这个词由瑞士精神科医生布鲁勒于1912年首次提出，用来形容一种"思考不符合逻辑，也不基于现实"的状态。至于现在称为自闭症的症状，过去很多年曾被归类为"儿童精神分裂"。1943年，从澳洲移民美国的精神科医生肯纳指出自闭症是一种独特的病症。他选择用autism一词，是因为这个词的原意是"自我"，能表现出他所研究的孩童那种极度与外界隔离的孤独。肯纳认为自闭症是"缺乏母爱的温暖"所引起,这样的想法之后又被匈牙利精神分析大师马勒发扬光大。"想象论"认为,母亲若有不可告人的欲望,将会导致孩童畸形或有心理问题。在讨论侏儒症等肢体畸形时,早已扬弃这样的想法,然而却继续沿用在精神病患者身上,而且还相当符合弗洛伊德提出的早期人格形成论。肯纳说父母不爱孩子,导致孩子自闭,这个理论之后衍生出"冰箱母亲"的概念。不过,他后来又承认,自闭症可能是先天的。而说出"婴幼儿之所以自闭,是因为父母不想要这孩子"这段话的,正是20世纪中叶极具影响力也备受争议的奥地利裔美国心理学家贝特罕。

神经内科及儿科医学博士瑞宾从1954年开始研究自闭症,她告诉我:"我们那时认为,这是非常神秘而少见的精神病症。得自闭症的儿童都极为聪明,但有精神障碍。自闭症由母亲造成,要采用精神分析的那套方法治疗,目的则是打破与外界相隔的玻璃球,让球内的蝴蝶飞出来。当时没人相信有高功能自闭症。"心理学家林兰德有个自闭症的儿子,他写了《婴幼儿自闭症:自闭症综合征及其对行为神经学理论的意义》一书,以纯生理理论解释自闭症成因。1965年,一群美国父母创建了"全国自闭症儿童协会"。第一次开会时,据说成员都戴上小冰箱形状的名牌。"应该要有人跟我们这些母亲道歉。这是我们应得的,也是父亲应得的。"尤丝塔西亚如此说道。她是知名自闭症学者天宝·葛兰汀的母亲。

奥地利小儿科医生亚斯伯格于1944年发表了一份个案研究,研究中的4个儿童状况和肯纳观察的儿童十分类似。然而,肯纳变成英语世界最有影响力的精神科专家,而亚斯伯格的研究却一直默默无闻,而且到1981年以前还只有德文版本。亚斯伯格和肯纳一样,认为自己的患者有能力改善许多状况。他也看出他们的优点,包括有创意、艺术品位甚佳,洞察力也超过同龄儿童。亚斯伯格认为他所记录的症状都是源于中上阶层给孩子太大的压力,而当孩子让他们失望时又撒手不管。

亚斯伯格症的儿童在年幼时都很会说话,只是使用语言的方式往往异于常人。这些儿童的认知发展大多正常,对人际互动很有兴趣,只不过多半不太擅长。有个亚斯伯格的年轻人建了个网站,并把同理心解释为"成功猜中别人的感受"。他们通常缺乏基本的社交能力，亚斯伯格医生创造了一词，称他的患者为"小教授"。和典型的自闭症者相比，这些人多半较有病识感，而这也导致许多人罹患抑郁症。比起主动发起话题，他们回应别人的时候比较自在。美国精神医学学会正着手取消"亚斯伯格症"一词，将亚斯伯格症者纳入自闭症光谱。此后这道光谱将包括极为严重的自闭症者，以及其他相关诊断，例如儿童期崩解症。也就是，这样的改变承认了我们几乎无法清楚区分与诊断这些症状。

虽然有些人认为，高功能自闭症者具有语言能力，但对于有重度社交障碍的人，词汇丰富并不见得帮得上什么忙。自闭症者大多看来冷漠无情，而亚斯伯格症者看来又过度热心，可能站得太近，又不停大谈非常冷僻的话题。有个研究人员就提到，她访问过一位亚斯伯格症者，当时她觉得对方没什么问题，两人聊得也很愉快。下一周两人聊了同样的事情。再下一周，还是同样的对话。有位临床医生跟我说，他有个患者10岁的时候闯入街上的车流，差点被车撞到，还导致车祸。他母亲说："我不是告诉你，过马路要看左右两边吗？"他说："我看了左右两边啊。"我还遇到过一个精神科医生，他说他有个患者是数学天才，智商140，语言能力完全没问题，但有社交障碍。当麦当劳柜台的美女店员问他今天想来点什么时，他说："我想摸你的胯下，谢谢。"对方叫来警察的时候他一头雾水，他明明就回答了问题，还说了"谢谢"。

在自闭症光谱上有些名人，例如葛兰汀，她是作家、教授，还设计了处理牛只的设备。又例如创建"自闭症自我维权网络"的尼尔曼，这些人都很能管理自己的生活，也足以应付人际关系。然而，两人都跟我说，这项技能是学来的，这些良好的社交互动，其实都靠不断地学习。葛兰汀写道："我的大脑就像网络搜寻引擎，设定好只搜寻图片。我在大脑的网络里放越多图片，就有越多模版告诉我遇到新的情境时该怎么做。"自闭症光谱上许多人最初都是像在揣摩演戏一样来学着哭或笑。罗宾斯著有自传《看我的眼睛》，写到自己花了无数时间记下人类的表情，如此他才能解读或做出这些表情。"以前我根本不懂看别人的眼睛代表什么。我觉得很丢脸，因为大家都觉得我该这么做，我也知道该这做，但就是做不到。长大后，我教自己要表现得很'正常'。我现在很厉害了，唬一般人的话，一整晚没有问题，说不定还可以更久。"每个自闭症者都有独特的强项和弱项。某个人可能非常擅长某个领域，但其他方面都不太行。另一方面，自闭症虽然一直被喻为光谱，但光谱上障碍最严重和最不严重的这两群人差异实在太大，让人很难接受老是用光谱结构做比喻。

我二十多岁时，和一个自闭症者交上朋友。他一直到7岁才开始说话，总是为不好笑的事哈哈大笑，也完全不顾微妙的应对进退细节。他很理性、一板一眼，而且心算飞快，靠短线股票交易赚到许多钱。他有照相记忆，收藏了一批非常好的艺术品。我有个周末去拜访他，他用音响放同一张菲利普·格拉斯的专辑，仿佛格拉斯的音乐还不够重复似的，就这样重复放上一整个周末。又有一次，我提到我要去洛杉矶，他自愿替我详细列出我每一个目的地该怎么走。他告诉我，他很迷恋这个城市，曾花4个月开车到处跑，每天开上10小时。后来他做了一件很伤人的事，但不愿意承认自己错了，我俩因此闹翻。我一直以为他不按照社会规范做事是在装模作样，后来才明白破坏我俩友谊的，其实是种无法修复的脑神经症状。

诗人珍妮·法兰克林那重度自闭的女儿安娜是她创作的灵感。她在以安娜为主题的诗作中，引用了希腊神话中大地女神得墨忒尔失去女儿佩尔塞福之星的典故：得墨忒尔的生命中有一半的时间看不到佩尔塞福之星，也因此她把冬天带到人间，借此表达她失去女儿的无限悲痛。诗人写道：

> 我最后一个听见你尖叫。
> 因为我不希望那是真的。
> 　你受尽苦楚痛喊，
> 而太阳仍从树叶间闪耀。
> 　不该那样。

> 每个不是你母亲的人都想安慰我。
> 我矢言不笑。
> 即便经历如此椎心而前所未有的打击，
> 我当时仍不知道，
> 信守承诺，
> 竟如此容易做到。

安娜玩玩具的方式十分奇怪，每回拿到新玩具总要仔细端详一番，仿佛在为玩具分类，然后就把玩具丢开。她会在摇篮里起身，自顾自发出吱吱啾啾的声音。她从来不指东西。珍妮不停打电话给她的儿科医生，医生则不断告诉她不要担心。安娜快2岁的时候，珍妮参加妈妈宝宝班，上课第一天她就注意到其他儿童和她的互动比安娜以前和她的互动都要多。珍妮说："我突然明白，原来我一直都在使出浑身解数吸引她注意。"她又带安娜回去看儿科，医生又一次说安娜看来没问题，但珍妮说："她现在的话比以前要少。"医生一听，态度就变了，立刻送安娜去看小儿神经科医生。康奈尔大学医学中心的临床医生表示安娜和人已经很亲近，算不上自闭症患者，最后将她诊断为"PDD－NOS"（未分类广泛性发展障碍），批评者说该词的意思是"医生没有决定是什么病"。那位医生说："不要离开了这里，又回头查自闭症的资料。这不是自闭症。"珍妮说，这种半吊子的诊断真是"帮倒忙"。

珍妮的丈夫盖瑞特是肿瘤科医生，看惯了生死。珍妮则一向以为所有事情都会照着计划走，因此完全不知所措。她在一首诗中写道："我并不只是／一瞬间失去了你；／还放弃了无尽的可能／不再想象你可能会变成什么样子。"她开始研究自闭症教育，并替安娜申请早疗服务。此外，她和盖瑞特还自费以每小时200美元的钟点费请专业医生每周上4小时的行为治疗课，安娜的公费治疗师也接受了这位专业医生的训练。珍妮和盖瑞特卖掉马萨诸塞州的度假小屋，每一分钱都给了治疗师。珍妮每周花20小时和治疗师一起上课。安娜的脾气可能一发就是45分钟，珍妮的手臂上布满了瘀青和抓痕。

这些密集且有系统的行为早疗，在安娜身上似乎有作用。当时纽约市还没有学校采取这套制度，但4岁时安娜申请到里德学院。这所学校位于新泽西加菲市，总共只有24名学生和26位老师。盖瑞特得留在纽约工作，但珍妮为了让安娜可以去上学，搬到新泽西。里德采用"应用行为分析"（ABA），这套教学法最早由加州大学洛杉矶分校的神经心理学家罗法斯所研发，既有正向鼓励，也有严厉的体罚，十分类似动物训练。现在大部分的ABA课程都只保留激励，孩子做了该做的事，就会得到奖励。如果做了不该做的事，例如撞头、摆动手臂或发出高频噪声等"刻板行为"，则会被制止，然后被引导做出该做的行为。每次表现得好，孩子就能在点数板上多加一张贴纸，累积某个数量的贴纸以后，孩子就能选择奖品。安娜7岁时已有一些语言能力，但很少用。每回她一开始像幼儿那样咿咿呀呀，老师就会命令她拍手、转圈、摸自己的头，借此打断她。若她能适当回应，咿呀的内部机制似乎就会断掉，这时她就能得到一张贴纸。然后她必须回答问题，例如："你住哪里？""你几岁？""你怎么来学校？"有时老师会要她念书、唱歌，或者上一个单元的课，做到都能得到奖励。集满贴纸后，她就有5分钟可以做自己想做的事，但前提是不能回到那些刻板行为。有时她会要点心吃，有时要人家背她。

珍妮在家也维持这套方法，"只有在她的房间里，在睡前我跟她说过晚安、念完10本书给她听之后，如果她又咿咿呀呀，就随她去吧。"我认识珍妮的时候，安娜在里德快念完三年级，进步很大，不再自残，还能忍受逛超市。之前她每天抓珍妮、拉她的头发，现在一个月大概只发生一次。要她开口说话也容易多了。看到安娜似乎很喜欢这样的进展，珍妮松了口气。"刚开始，她对着家里那套ABA又哭又闹，那是世上最让我难受的事，但是她在学校从来不哭。只要用对方法，这套教学法并不严苛。"

安娜4点放学回家，珍妮用集点板和奖励制陪她练习到9点。安娜上床睡觉后，珍妮总是太过亢奋，无法入睡，于是就读读书、写写东西、看看电影，让自己静下来。"我几乎整晚醒着，在黑暗里做点独自一人能做的事。这时候我也不用眼巴巴看着别人从事正常活动,而我却无法参与。"珍妮凌晨5点起床替女儿做早餐,然后陪她反复练习,一直到校车来为止。这时珍妮也累坏了,于是爬回床上,直到4点钟的钟声再次响起。"一开始我觉得很可耻,但现在也接受了,只有这样我才能撑过去。"

珍妮抑郁过、崩溃过,甚至想过自杀。"但我不能放弃孩子。她不是自愿被生下来的,这个问题也不是她自愿要有的。她这么脆弱无助,我如果不照顾她,谁来照顾?"安娜刚到里德上课的时候,珍妮希望她会变得"和同伴没有差别",能够融入主流,但现在看来似乎不可能。"没有差别"这个口号让父母一次次燃起希望,却很少成真。安娜因为和别人不一样而被嘲笑,而讽刺的是,正是因为她被笑也无动于衷,让她还不足以接受一般的学校教育。珍妮说:"我希望安娜有一天能进步到知道自己被嘲笑。"

珍妮刚怀孕的时候,每天早上孕吐严重,一度考虑要堕胎。她说:"虽然不是很想承认,但有时我的确想过,这样说不定对大家都好?"她说她去法国玩的时候,曾参观莱塞齐耶德泰阿克的史前博物馆,"我看见一个母亲抱着小宝宝的骨骸,两人下葬的姿势十分奇怪,大概难倒了人类学家,但却没有难倒我。我心想,'要是出了什么事,要是安娜和我能就这样消失,该有多好?'但我绝对不会伤害她。"

自闭症常连带出现许多行为能力缺乏的问题,有时这些问题会让人痛苦万分——自闭症者痛苦,想要照顾他们的人也痛苦。史考特有个自闭症的孩子,他在《石板》杂志上写过相关经历:"看到地上那一团裤子和尿布的时候,你知道来不及了。一道鲜红直直画在门上、墙上、墙壁的饰板上。走过转角,卧室就像犯罪现场。斧头杀人案?其实,只是你女儿,现在是她状况最差的时候。到处都是粪便。一抹抹鲜血如油漆般发亮,黑色血块、黄棕色粪便,还有一池直径90厘米的呕吐物。你女儿就站在池中,一手拿着破破烂烂的《家族》杂志,另一手伸向电视。她一丝不挂,只有双脚穿着长袜,血浸到脚踝。她两手不停地滴血,满脸血污,像食人族,脸上的表情则十分迷惑。你替她脱下湿透了的长袜,她摇摇晃晃想站稳,在你后背印上一个血手印。淋浴的水如温暖的雨降下,她在雨中继续用力,想把硬得有如法国面包的积粪挤出来。行为学家、肠胃科医生、生活技能专家,都提供了策略、疗法、影片、饮食法、润滑油、日程表。她当然知道你要什么——好好上厕所。有时她就这么做了。进去、坐好、上完。这样的事情,概率大概是5%。你在马桶里发现了几个大如垒球的粪便。每一个,你都哇的一声叫,老伴快来看,两个人用赞叹的眼神凝视,仿佛望着彩虹或流星。你就是这么兴奋。"

冯克玛是耶鲁儿童研究中心的主任,他说他有个患者,25岁,是数学天才,他的成就有很大一部分得归功于他母亲无微不至的照顾。他对母亲说:"人为什么需要母亲?人为什么需要家庭?我不懂。"他母亲后来说:"他每一件事都用理性来思考,他不懂我听了会有什么感受。"英国的精神分析师米歇儿发现:"在极端的案例中,'你不存在'这件事残酷得让你喘不过气。这不是指你被抹去了,而是你从来就不存在,根本不必被抹去。两方的灵魂毫不对等:你认得对方,但对方并不认得你。"

在爱尔兰传说中,孩子出生时可能会被偷走,留下一个妖精的孩子作为交换。这个孩子长得和原本的孩子一模一样,但没心没肺,只想一个人独处,总是紧抓着一块木头,因为木头让他想起妖精的故乡。他不说话,只唧唧呱呱嗯嗯啊啊。如果母亲想摸摸他、想爱他,他会哈哈大笑、吐口水,还会做出奇怪的举动来报复。唯一的解决办法,就是把他丢到篝火中。马丁·路德曾写道:"这样的交换之子没有灵魂,只是一团肉。"

麦基尔大学流行病学教授史匹哲曾在国会前针对自闭症议题作证。2001年他形容自闭症者是"身体活着,灵魂已死",看来像是重述了以上传说。可想而知,自闭症的维权人士对这样的比喻十分反感。知名自闭症维权者巴格斯说:"有人视你为原本那个好好的人的鬼魂,就拿这个不存在的标准来看你,这对很多身心障碍者而言都是种情绪暴力。"巴格斯等追求神经多元化的运动分子可能会说，有些孩子看起来像是"迷失"在另一个世界中，但也许他在那个世界十分满足。当然，提出这种主张的人，本身都有沟通能力，而既然自闭症的核心特征就是缺乏同理心，那么自闭症自我维权者的主张能否代表其他人，就有待商榷了。不过，自我维权者的确说中一件事：父母多半只能揣测孩子想要什么，并据此替孩子选择疗法。父母可能很努力要帮助孩子走出自闭症，但事与愿违。同样，父母也可能在帮助孩子改掉自闭症的部分习性之后，发现孩子变得较不快乐，也讨厌"被治疗"。

南西·柯基生下两个自闭症孩子，命运待她不能说是十分宽厚。但她完全负起教养之责，沉着冷静，只是代价十分高昂。她说："19年来，我不停为这些孩子争取权益、挺身抗争，性格因此大变，随时都能和人吵起来，很好辩。最好别惹我。该做的事我一定要做，想要的东西我一定要拿到。以前我从来不是这样。"我遇到过的家庭有很多都想尽办法在极糟的状况中看到光明的一面，但南西却斩钉截铁地说生活很悲惨、很令人憎恶，甚至说若她知道孩子生下来会这样，她一定不生，这反倒让我觉得很新鲜。

南西的母亲在费欧娜1岁半的时候，注意到她有些古怪。有一天她去理发厅，和一个女人聊了起来。女人有个自闭症儿，状况听起来就跟外孙女一样。她打电话给南西，说道："我挂了一个小儿神经科医生的号，希望你能带费欧娜去看。"南西当时正怀着第二胎，四个半月大，她决定顺母亲的意。医生看了费欧娜一眼，说："她是PDD。"南西吓到了。"这不是一周就能解决、能治好的事情。"她回忆道。费欧娜有典型的自闭症特征，和其他人完全没有互动，也看不出任何语言发展的迹象。她很讨厌别人摸她，也不肯穿衣服。南西说："我们家所有食物都锁在地下室里，不然会被丢到墙上。而且，她还可能把房子都烧了。"两岁八个月大时，费欧娜开始到马萨诸塞州大学上早疗课程。"3点钟左右，我全身就开始发抖，因为我知道她差不多3点半回来。我不想要她回家。有人来帮忙照顾孩子时，我就把自己锁在房里。我只想坐在最黑的衣柜深处,没有光、没有灯、没有人。"

南西的老二路克两岁那年夏天,南西和姐姐坐在鳕鱼角的沙滩上,姐姐说:"你又有麻烦了。"南西大吃一惊。"和我女儿打交道的经验,让我以为儿子是完全正常的。"然而,南西和姐姐不一样,她完全没有照顾一般孩子的经验。"突然,我整个人生就是不断地检验、检验、检验。"南西说道。她先生马可士是会计师。"他每天跟国税局打交道,很习惯官僚古板又荒谬的那一套。对付保险公司、申请给付、学校的总务制度,他很有耐心,也知道该怎么办,这部分由他负责,孩子的部分一律由我负责。我俩开车走马萨诸塞州收费公路去波士顿儿童医院检验,来来回回已经几年了。我孩子一个17岁,一个19岁了,我还在做这件事。"

虽然两个孩子经诊断都在自闭症光谱上,但两人表现出的自闭症症状十分不同。费欧娜8岁时从二楼的窗户跳下去,因为她想做马铃薯泥,而她知道如果能在车库找到前门的钥匙,就可以拿到马铃薯来煮。经过指导,费欧娜终于发展出语言能力,只是她的语法和表达的感情都很奇怪。"如果我在饭桌上和某个人说话,而我女儿也在,她会自言自语。我听交响乐、听歌剧,也和几个女性朋友搞剧场。每次我都替费欧娜买张票,因为她喜欢盛装打扮,也喜欢音乐。她会喃喃自语,很古怪,也不懂得理解别人的感受,但她不会打断你,也不烦你。"路克在年幼时脾气很好,但青春期对他影响很大。他从幼儿园开始吃安拿芬尼,但青春期时症状严重加剧,于是改吃利培酮和克忧果。"他很抑郁,说真的也不是很敏捷。他只谈自己有兴趣的事情:影片、电影、动物。没有任何常识。如果有4岁小孩咒骂他,他可能会把他揍倒。他会发怒,但2分钟后又变得很讨人喜爱。非常麻烦。"费欧娜从一年级到八年级都在辅导员陪同下上主流学校。路克则由于智能不足,加上行为问题,因此无法接受主流教育。

南西不吝于表达愤怒,但也会感到绝望。孩子小的时候,那种绝望的感觉几乎要溢出来。"我会在清晨3点起床,然后发现一切并不是噩梦。早上我会看着马可士说:'你昨晚竟然还敢睡?'比起刚结婚的时候,我俩已经没什么话题了。"马可士的工作时间很长,就南西看来,已经长到超出实际所需。她母亲就住在几条街外,有时会问起她过得如何,但很少探望她,而她婆婆则完全事不关己。"没人卷起袖子帮忙,没人喜欢我的孩子。我的孩子是不可爱,但如果有人装一下,也许我会好过些。"南西说道。

南西和马可士买了马萨诸塞州医疗保险,这是一种津贴型的保险,如果要为孩子找兼职看护,就可以申请补助。后来马萨诸塞州医疗保险删减预算,南西一家人不再符合投保资格,只得自己支付看护费,但金额非常巨大。费欧娜 14 岁时,南西决定替她报名寄宿学校。南西和马可士为了让她进那所学校,使尽浑身解数。"我丈夫崩溃得哭了,他说,'我不知道我们还要怎么样,你们才能看到她需要的是什么。'我这辈子只看过他哭两次,那是其中一次。"路克 15 岁时,两人也把他送进去。"这两个孩子需要的看管,就和 3 岁幼儿一样多,所以两人一年有 281 天待在学校。"

路克很喜欢漂亮女孩,但他搭讪的方式太拙劣,往往被拒绝。这些经历让他难受,南西得不断解释,他才好过些。他还很难控制,力气大得吓人。南西和马可士有次参加婚礼,把孩子留给以前也照顾过路克的姐姐,结果路克把姐姐的两岁孩子抱起来甩到房间另一头。"他去年打了我母亲,还叫我父亲闭嘴。"南西说。南西家是鳕鱼角海滩俱乐部的会员,南西从小就在那里游泳。我认识这家人的那一年,俱乐部告诉南西,路克在泳池旁朝一个女孩子做出不雅的动作,他们不再欢迎他。其实,他只是想搭讪,结果搞砸了。南西去信解释,说路克因脑部的生理问题,不太能自我控制。没有用,路克仍然不能回去。"我们已经习惯住在麻风病区了,对吧?"南西说道。

虽然南西总是愤愤不平,说起孩子还是十分温柔。"我的孩子都感情丰富,讨人喜欢,也贴心。费欧娜小时候不太有反应,但现在我们会坐在沙发上,我会拍拍她、抱抱她。我以前常替她盖棉被,然后亲她一下,告诉她我爱她。我会说:'说我爱你',她就跟着我说:'我爱你。'最后她明白了这句话的意思,还会主动跟我说。有一次我在沙发上睡着了,她拿来了毯子替我盖上,还亲了我一下。费欧娜的自理能力超出我们的期望。外人说,'你们应该感到自豪!'确实如此。"但南西总担心有人占费欧娜便宜,一直想让两个孩子动绝育手术。"我们此生能指望的最好状况,竟然就是永远没有孙子。"南西哀伤道。"我先生有时会说,'你会再嫁给我吗?'我说:'会啊,但不要有这两个小孩。'我们若早知道这一切,绝对不会生。我爱我的孩子吗?爱。我什么都会帮孩子做吗?会。我生了孩子,做了这一切,也爱孩子。但我不会再做一次。我觉得,要是有哪个人说他会,一定是在说谎。"

有些不说话的自闭症者似乎完全没有语言能力,既无法接收也无法表达。有些人难以控制发音所需的口腔-面部肌肉组织,如果有键盘让他们打字,可能会有帮助。人的思绪以一连串的字词出现,这是种无意识的过程,但有些人做不到。有些人有严重智能障碍,无法发展语言能力。语言能力和智能障碍的关系是难解的谜。不说话的背后究竟藏着什么原因,没人真的知道。艾莉森是"自闭症之声"的前任副会长,也是"自闭症科学基金会"的创办人及会长。她告诉我,她11岁的女儿终于有语言能力了,但"意思是她会说'我要果汁',而不是'我感觉你不了解我在想什么'。"

米琪则谈到解开她儿子的沟通密码有多难。虽然他孩提时期的词汇很少,但每回一哭,就会反复说"机器人"。于是她买了玩具机器人给他,还带他去看机器人电影,但他难过时还是哭喊着"机器人"。两年过去了,换了几个治疗师,米琪终于发现,孩子是因为背部动手术矫正驼背时,脊椎旁放了金属柱,觉得自己变成了机器人。米琪说:"他无法表达,而我无法搞懂他。他的智商测验成绩在正常范围内,但自理能力很差。如果他无法自己穿衣服,却是个天才,这代表什么?这代表他无法自己穿衣服。"她儿子的口语能力有限,而且偶尔才开口说话。"他急了才会说话,这是神经的问题。他会越来越焦急,仿佛唯有这样,他才说得出话来。小时候还好,现在这种情况越来越让人难过。他不会结婚生子、当爷爷、买房子。一个人成年以后所做的这些事情,会让生命具有质地。从这里望向未来,什么也没有。"

另一位母亲谈到自己13岁的儿子，说："要是他听不见，得用手语，我会去学手语。但我却没办法学他的语言，因为连他自己都不会。"

有个叫卡莉的加拿大女孩，从未使用语言，却在2008年13岁的时候开始打字。父母不知道她原来识字，还能听懂人们的谈话。她父亲说："我们目瞪口呆，这才发现，原来里面藏了个文思清晰、聪明、有感情的人，而我们从来没见过。即使专家都把她归为中度到重度认知受损。"她最早写的几句话是："如果我能跟大家谈谈自闭症，我会说我不想这样，但我就是这样。所以，别生气。请体谅。"后来她又写道："自闭症很辛苦，因为没有人了解我。大家看到我不会说话或举止异常，都以为我很笨。我觉得人们只要碰到看起来或感觉起来不一样的东西，就会害怕。"有个父亲写信给卡莉，问她，他的自闭症儿子会希望他明白哪些事，卡莉回信道："我想，他会希望你明白，他知道的事情比你以为的更多。"卡莉的父母问她为什么突然走出自闭症，她说："我觉得行为治疗帮了我。我相信行为治疗帮我整理了思绪，可惜不能把我变正常。保持信念也有帮助。然后奇迹发生了，你们看见我打字，然后帮助我忘记我有自闭症。"

哈利·史拉特金和萝拉·史拉特金住在曼哈顿上东区一栋别致的房子里。哈利是调香师，擅长交际，也懂得享受，替歌手艾尔顿·强、主持人欧普拉等人设计个人香氛。萝拉则经营香氛蜡烛，事业有成。富裕家境让夫妻获得其他人得费尽千辛万苦才能争取到的服务。两人也是举足轻重的自闭症运动分子和慈善家。这对夫妇于1999年生下一对双胞胎，亚历山卓看来发育十分正常，但大卫14个月大时开始在走廊上跑来跑去，还不停地咯咯傻笑，母亲觉得十分古怪，转诊几次都没用，最后医生诊断他有"广泛性发育迟缓"。医生用这个词，往往是为了让事情听起来没那么吓人，而萝拉听了也的确放宽了心。她回想道："听起来不算太可怕，发展迟缓的意思像是还会发展，只是得花点时间。"但后来她打电话给另一位医生，得知大卫很可能有自闭症。"就像有人拿把刀插进我的心脏，我们的世界也从此不同。"

早疗中心派了位治疗师到家里帮大卫上课，萝拉则一头钻进书堆。她说："我们不知道自己要面对什么，只能马不停蹄。有一晚，我在日记里写下心事。他有可能说话吗？上学？交朋友？结婚？大卫会怎样？我忍不住哭了起来。哈利说，'萝拉，别哭，这帮不了大卫，也帮不了我们。你得把所有精力都拿来做有建设性的事。'第二天早上，我们就开始动手。"

这对夫妻着手创立"纽约自闭症中心"，从事教育、社区推广和医学研究，把所有能用的人脉都用上了。两人发现纽约没有学校采用应用行为分析教学，于是去会见纽约教育局长，说他们想建立一所采用这种教学方法的学校。两人认为人人都应享有受教的机会，所以希望这所学校能纳入公立学校体制。自闭症特许学校纽约中心于 2005 年在哈林区成立，和一所普通的公立学校"第五十号公立学校"共用校舍。纽约自闭症中心的校长和教职员都由哈利、萝拉及另一个自闭儿的母亲艾琳亲自挑选。市政府每年平均补助该校学生每人 8.1 万美元，平均每个学生就有一位老师照顾。这里布置活泼、光线明亮，是公立学校制度的绿洲。该校校长杰米替第五十号公立学校八年级的学生设计了一项活动，让他们和特许学校的儿童一起学习，而现在已有越来越多儿童吵着要参加，特许学校的名额供不应求。此外，还有 1000 多个家庭排队等着入学。

萝拉和哈利捐了 50 万美元给纽约的杭特学院，让学校创办一个课程，教导教育人员如何与自闭症儿童相处。这对夫妻希望有足够多受过训练的教职员，如此才能有更多类似的学校构成网络，让纽约每个自闭儿都有机会接受这样的课程。萝拉说道："一个课程是优良还是糟糕，差别就在于能不能使你独立生活。"除此之外，两人还和康奈尔大学及哥伦比亚大学合作创建最先进的中心，提供高品质的早疗课程，自闭症者还能在那里不断接受临床照护。两人也创建了一个智库，名为"长大成人"，希望能研究出该如何为自闭症成人改善住宿机构，并提供合适的职业训练。史拉特金夫妇推动上述计划的同时，也不断帮助大卫。萝拉说："第一年还怀抱着希望。当时你当然不这么觉得，第一年你总还想象孩子的症状很轻微，他一定会走出来。"

到了那一年年底，萝拉对大卫的治疗师说："我想知道，和你治疗过的孩子相比，大卫的程度大概在哪里？"他回答说："要我说，你儿子可能是我见过的最严重的孩子。"萝拉告诉我："他并不明白我还没认清这件事。那天，我失去了希望，那是我这辈子最难受的一天。我还以为我们有进步，以为他可能会开始说话，也许会上普通的学校，以为我每件事都做对了。我很早就找人协助，找了世界上最好的医生，找来最好的教育人员，一周让他接受40小时的治疗，从没有人上过那么多治疗课。有这么出色的教育课程，大部分的孩子都能有惊人的进展，我们在特许学校每天都能看到这样的例子。可是大卫却不可能跟他们一样。我输了。过去的日子结束了。从那天起，我得开始使用'重度自闭症'这个词，必须拥抱这样的未来，与它和平共处。"

史拉特金夫妇试过各种介入性治疗。某次，有个治疗师告诉两人，大卫喜欢做什么，就跟他一起做。萝拉说："大卫以前喜欢绕着家里的餐桌跑，于是她就说，'跟他一起跑。'这些人要你进去他们的世界，但我希望能把他们带出那个世界。"之后的状况十分低迷，大卫从未发展出任何语言，看起来似乎也毫无理解能力。多数的自闭儿能用手语或图片沟通，但他却没办法。萝拉和艾琳创立特许学校时，都以为自己的儿子会去那儿上学，但是以公立学校的制度，学生入学靠的是抽签，而两个孩子都没抽中。艾琳极为失落，但史拉特金夫妇知道，大卫即使去世界上最好的学校，成果也非常有限。

大卫每晚会在2点半醒来，然后满房间乱跳。萝拉回想道："有天晚上，他对着墙四处撞来撞去，我转身看着我先生，说，'我们得好好考虑，这世上有地方可以收容大卫这样的孩子。我们不能再这样下去了。'哈利的反应非常激烈，他说，'不准再说这种话，我孩子哪儿都不去。'我知道将来有一天，哈利一定会无法再忍受这一切，所以就对他说，'我会去了解。'"大卫永远坐不住，萝拉说，"他一直吃利培酮，这种药应该有非常强的镇静效果，却完全没有影响他的超好动行为。我想，他的侵略行为确实减少了，这点很有帮助，但他吃这种药很久了，我也不知道一旦不吃会如何。我们有一次试过让他停药，结果就像是要某人戒掉海洛因。哈利建议我们去弄来一些射野猪的飞镖,射他屁股,把他射昏。"

大卫年纪大一些之后,变得更加暴力,破坏力也更强。纪录片《自闭儿的一天》中,哈利眼泛泪光地说他得把周末小屋的门全都上锁,"以免大卫跑进水池。但有的时候,你又希望他真的跑进去,因为你不想他这辈子再这样受苦了。"大卫的双胞胎妹妹一度忍不住说:"我放学不想回家,我不想走进那个屋子,我再也不想听了。"哈利说:"我们说的这个小男孩,他吃自己的粪便,要不就抹在墙上。他可以连续6天不睡觉,把萝拉逼得要去看医生。他还曾经用手扯下一把他妹妹的头发。"

萝拉开始认真寻找住宿型安置机构。"一定会非常非常痛苦,但我知道他最后一定会去那儿,这只是迟早的问题而已。"她坐在第五大道旁家中的客厅里,低着头,说着这无可避免的一切,语气既平静又哀伤。她说:"我每天替他做早餐、午餐。我用爱替他做早餐。我很担心机构的环境,而且,不会有人知道他喜欢吃脆一些的培根,还有意大利面他只喜欢加一点奶油,不要太多。"

投入运动能让一个人免于自省,但萝拉选择投身运动时,十分清楚自己这么做,是为了转移部分哀伤。她说:"我忙着学校的事,但我儿子不读这所学校。我赞助研究计划,但研究大概帮不上他。我还有个智库,这个智库设计出来的机构,大概永远也不会照护到他。正因为我能为他做的太少,如果知道我至少能帮某些家庭实现愿望,我会好受些。我也有过那些愿望,但在我们身上不曾实现。"

自闭症无以名状,某些医生说某些症状代表自闭症,而这些症状就是我们描述自闭症的唯一方法。我们不知道自闭症的成因,也不明白它的机制。医学常用"原发性"一词形容自闭症,其实这代表自闭症目前还无法解释。研究人员发展出"核心缺陷"的无数假说,将所有症状都归咎于这个核心缺陷。其中一个流行的理论是"心盲",指无法了解别人的想法和自己不一样。将一个糖果袋拿给一个儿童看,问他认为里头有什么。他认为里面有糖果。打开袋子,只有一支铅笔。然后再问他,另一个儿童会认为阖上的袋子里有什么?非自闭症的儿童认为另一个儿童也会像自己一样被骗,而自闭症的儿童则预期另一个儿童会知道里头有一支铅笔。人在观察或从事某件事的时候,镜像神经元通常会变得活跃。最近有不少医学显影的研究显示,自闭症者只有自己做事时,镜像神经元才会活络起来,观察别人做事则没有反应。这符合心盲的定义。伦敦大学学院的福瑞斯提出一种理论,主张自闭症者缺乏核心统整的能力,这种能力让人得以整理外界信息,并从中学习。其他人则谈到不够灵活。还有人提出,自闭症者的核心问题是注意力过度反应和反应不足。这些主张很可能都对,却无一可好好解释其余的。

246

自闭症者纳希尔在回忆录《把智障送进来》中写道:"自闭症者最大的难题,在于连自己的脑袋都让他没法招架。他们注意到的细节比别人更多。就我所知,有人只要到一栋大楼走一圈,就能凭记忆把所有细节画出来,不只是房间,从电梯扶手、走廊到楼梯井,统统能画出来。"他还提到另一位女性,只要听过一遍,就能把一首曲子由头至尾弹出来。他也写道:"但同时,自闭症者分类、处理这些信息的能力就很有限。高输入加上低输出,最后一定会阻塞。于是,自闭症者只得设法做些不用牵涉到他人的简单事情。"约翰被诊断出有亚斯伯格症,他回忆道:"机器从来不会欺负我,从来不耍我,不伤我的心。机器由我掌控,在机器附近我觉得很安心。"虽然脑部显影技术并未揭露太多自闭症的机制,却发现这些外显现象背后的有机作用物。耶鲁大学做了一项研究,发现有自闭症或亚斯伯格症的成人处理人脸的信息时,脑部活跃的区域,是非自闭症者处理物体信息时所用的脑部区域。不过,有刻板行为的自闭症者在处理自己着迷的事情时,动用的可能是大部分人用来辨识脸部的区域。因此,自闭儿看到母亲和茶杯时,脑部有反应的区域可能一样。但他很迷日本动漫《数码宝贝》,看到数码宝贝时,脑中的另一区可能突然有了反应,而这一区却是我们大部分人用于处理亲密关系的区块。

鲍勃·里尔与苏·里尔原本并未打算领养身心障碍儿。不过,1973年鲍勃在犹他州担任客座教授,两人听说当地有个混血的孩子无人领养，于是决定接纳他成为一家人，他们家已经有一个白种的亲生儿子，还有一个领养的混血女儿。犹他州的法律规定，提出申请后必须等候一年方能完成领养程序，但里尔夫妇的律师却说两人可以跳过这套制度。苏跟我说："我们那时就是没把这些蛛丝马迹拼在一起。"

这家人回到纽约上州塔利的家，发现刚领养的孩子班恩显然不太对劲。鲍勃说道："他软趴趴的一团，我们把他举起来，他也不会全身紧绷。"里尔夫妇致电犹他州儿童及家庭服务处，要求调阅班恩的病例。过了几个月都没回应，里尔夫妇于是请律师去信服务处，对方说可以把班恩送回犹他州。苏说道："什么，我难道要把他当成毛衣退货？'嗯，这个，我儿子有瑕疵，我打算把他送回去。'"儿科医生替班恩做了一连串测试，最后建议苏和鲍勃把儿子带回家，好好爱他。鲍勃是实验心理学家，之后也一直待在该领域，但照顾班恩成为他最牵挂的事。苏原本是体育老师，之后回到雪城大学攻读特殊教育博士。

当地的学校不愿收留班恩，让班恩受尽了苦，里尔夫妇为此把区政府告上法庭。苏告诉当局："你不能因为他的肤色深，就不让他进学校，那么你告诉我，你因为他有自闭症就把他挡在门外，依据的是什么法规？"学校的功课为他特别调整过，但他还是得写作业，只不过他的字词很少，也无法开口说话。有些无法言语的人能用书写沟通。有些人控制肌肉的能力不足以手写，就改为打字。连打字都无法掌控的人，就得想别的办法。班恩学了"辅助沟通法"，在他打字时，由一个人扶住他的手臂，但不引导他的动作。辅助沟通法所表达出的意思，是否真为障碍者自己的言辞，抑或是辅助者的意思，一直以来都很有争议。班恩的父母确信他通过辅助沟通法所表达的，都是自己的意见。

班恩长大后常会用头撞地板、用刀子割自己，还会把头伸出窗外。苏说道："他的行为就是一种沟通方式，不是最好的方式，但是也有其他孩子用药物或者酒醉驾驶雪上摩托车来沟通。"班恩十多岁的时候，鲍勃和苏带他去睿侠电器行，那是他最喜欢的一家店。他在扶梯上突然恐慌起来，盘腿坐在地上，开始用手猛力捶头，不停尖叫。四周的人全围了上来。苏一向随身携带辅助沟通的键盘，她把键盘拿出来，班恩在上头打道:"打我"。"我心想:'噢,这下可好,这里是购物中心的正中央,还有保安,你是黑人,我是白人。'然后他又打出一样的字,就像电唱机盘一样。"苏的脑海突然闪过一根针卡住的样子,然后伸出手,用手背在班恩的肩侧敲了一下,说:"倾斜。"班恩站了起来,然后三人平静地走到购物中心的另一端。

班恩在高中出现了极为严重的行为问题。苏说道:"我不喜欢他的辅导员威利,他又胖又邋遢,老是穿着运动裤,但我又觉得自己可能太以貌取人。后来他因为强暴自己的3岁女儿而被逮捕。那段时间,班恩不停地打字说威利伤害他,而且对他的语言治疗师说得非常详尽,详尽到治疗师不得不请校长报警。威利会说:'班恩心情不好,我们去重训室举重。'他就是在重训室强暴班恩,另一个人则在旁边观看。于是我们把班恩带回家,辅导他,确保他不要觉得一切是自己的错。"班恩回到学校之后,和同班同学建立起正面的关系,这次也碰上很合得来的辅导员。高三的时候,他用辅助沟通法为校刊写了一篇专栏文章。他还邀请一位没有身心障碍的女孩参加舞会,而她也答应了(女孩的男友确实有些气恼)。他在舞会被选入舞会国王候选小组。毕业典礼时,他走向前领取证书,全场都站了起来。苏说起这件事的时候,她和鲍勃都忍不住哭了。"毕业典礼有几千人参加,而这些人全都起立为班恩鼓掌。"

里尔夫妇很早就决定要帮助班恩,而不是"治好"他,这让我大感诧异。苏说道:"他姐姐有次问我,'你有没有想过,要是班恩是正常人,会是什么样子?'我说,'我觉得对他自己而言,他很正常。'我会不会希望他没有这些行为问题?当然。我会不会希望他有更好的语言能力?当然。"很多时候他打出来的句子就像神谕一样难解。有一次他不断地打,"你可以哭",没有人明白他究竟想表达什么。有一天他打,"我想要停止,那些愚蠢的感觉,愚蠢的伤害。我很生气,然后显得很笨"。鲍勃谈到他去参加会议,身旁的父母全都恨不得找到治疗的方法,"他们会说'明年会更好'这类自欺欺人的话。我们家则很前卫,我们说,'不,现在就会更好。我们要为他做到最好。'"

班恩读完高中后,鲍勃和苏在13千米外为他找了栋房子,付了首付款。他领到的社会福利津贴则用来支付贷款以及大部分水电费。他以做木桌为生,作品都在手工艺展出售。一直有人陪着他,有时是受过训练的辅导人员,有时是房客,用照顾来交换住宿。班恩热爱水,里尔夫妇为他找到游泳的地方,还替他买了按摩浴缸。10年后,苏的母亲死了,里尔全家用分到的遗产赴欧洲露营3个月。苏说道:"家里每个人都可以选一件想做的事情,班恩选了要在任何有水的地方游泳。于是他去了地中海、爱琴海,在泳池、湖里、溪里游泳。我们还有一张他在雅典的照片,他就坐在雅典最高处的石墙上,手里拿着他的小鼓棒敲打石墙,脸上是纯粹的喜悦。"

从欧洲回来后,鲍勃诊断出得了阿尔茨海默症,我为这本书采访他的时候,他的病情已经十分严重。鲍勃有整整两年不希望苏以外的人知道这件事,但班恩却打出"爸爸生病了"。他也发现苏十分难过,打出"妈妈心碎了"。终于,鲍勃坐下来说明,说班恩是对的,爸爸生病了,但他不会马上死去。这次的诊断让里尔家的人明白,原来班恩对全家的影响竟然如此深远。鲍勃说道:"要是没有班恩,我处理这个消息的方式绝对完全不同。"苏说道:"我觉得自己从班恩身上学到很多解读别人的方法,要想办法了解他们说不出来的想法或感觉。即使某人的想法或感觉很混乱,也应该把他当人看。我们要如何做才能让你觉得安全、被爱、一切没问题?因为有了班恩,我才找到方法做到这一切。等鲍勃有需要的时候,我已经准备好了。"

自闭症与大脑两个半球之间连结不足而半球内部又连结过多有关。神经元修剪有助于避免大脑负荷过重,但自闭症者似乎缺乏这种机制。许多自闭儿的头一生下来便比一般人小,但是到了六个月至一岁两个月大时,很多人的头已经大于一般人。自闭儿的大脑多半比一般人大$10\%\sim15\%$,这样的状况似乎会随着成长而减轻。人类的大脑由灰质和白质组成,灰质产生想法,白质则将想法从一区传到另一区。有人曾在自闭症者脑内制造白质的区域发现发炎现象。太多东西太快产生,就造成了严重的噪声,这很像你每次拿起电话,听到的不止是你要找的人发出的声音，还有几百个人的谈话声。虽然你跟对方都口齿清晰，还是会淹没在杂音中。有人还曾在自闭症者的小脑、大脑皮质、边缘系统观测到神经丧失。自闭症的基因很可能在成长发育的重要阶段改变了脑内神经传导物质的量。

自闭症很可能只是一个泛称。也许未来我们会发现，自闭症的行为只是症状，而背后的成因有很多种。就像癫痫的病因可能是大脑结构出现基因缺陷、头部损伤、感染、肿瘤、中风等，失智也许是由阿尔茨海默症、脑血管退化、亨丁顿舞蹈症或帕金森症所造成。虽然人类已经辨识出来的基因中，很多的功能都彼此相关，并在脑中形成一个网络，但自闭症的综合征并非由某一基因或某一组基因造成。目前我们也不清楚，与自闭症有关的基因是否总是或有时需要环境触发才会活化？若需要，哪些因素会造成触发？研究人员研究了许多可能的影响：怀孕期的荷尔蒙、德国麻疹等病毒、塑胶及杀虫剂等环境毒素疫苗、代谢失衡、沙利窦迈及丙戊酸钠等药物。自闭症或许是由基因造成，可能由于自发的变异，也可能是遗传所导致。自闭症和父亲的年龄高度相关，很可能是因为父亲年纪较大，精子自发性出现了生殖系的新突变。在近期的一项研究中，研究人员比较了二十多岁与三十多岁的父亲，发现后者生出自闭儿的概率增长为4倍，且父亲的年纪越大，情况似乎越严重。研究人员还提出另一个假说，认为自闭症可能是妊娠期间母子基因不亲和所导致。还有人提出选型配种的理论，认为在这个手机挂帅的网络时代，人们更容易找到性格相同的人，也因此有轻微自闭倾向的人——所谓"过度系统化者"——更容易结合生下后代，凸显自闭症性状。

如果我们能知道自闭症者的大脑如何运作，就能推论出是哪些基因受到影响；又或者如果我们知道自闭症涉及哪些基因，就能发现自闭症者的大脑如何运作。如果我们对两方面都只有片段的了解，两个目标都会很渺茫。自闭症牵涉的基因可能多达200种，有些证据显示，要同时拥有其中的几个基因，综合征才会显现。有时候，上位基因（又名修饰基因）会影响主基因的表现，有些时候，环境因素也影响了这些基因的表现。"基因型"（你所拥有的基因）和"表现型"（你所显现的行为或症状）的关系越紧密，就越容易看出其中的关联。至于自闭症，有些人有相同的基因型，表现型却不同；有些人有同样的表现型，基因型却相异。基因研究显示，自闭症的"外显率差距极大"。换言之，有的人身上可能带有已知的风险基因，却没有自闭症；也可能恰恰相反，有人得了自闭症，身上却没有任何已知的风险基因。

同卵双胞胎的其中一人若有自闭症，另一人也有的概率高达60%～90%，只是症状可能更重或更轻，这显示自闭症的遗传基础很强。虽然同卵双胞胎有些特征如眼睛的颜色、唐氏综合征症状永远都一样，但其他特征则不一定，而在认知疾患中，相关性最高的是自闭症，比精神分裂、抑郁症或强迫症都高。

至于异卵双胞胎，若一人有自闭症，另一人也有的概率是20%～30%。异卵双胞胎的基因并非完全相同，但有几乎一模一样的环境。若家里某个孩子有自闭症，兄弟姐妹也有的概率是一般人的20倍。自闭症者的近亲即使没有自闭症，也可能有某些亚临床型的社交障碍。以上情形显示自闭症有强烈的基因因素，但光是基因，并不足以完全解释自闭症的所有案例。

某些常见的病症可能由单一异常的基因所引起。罹患亨丁顿舞蹈症的人，身上都带有异常的亨丁顿基因。就这一点而言，自闭症和亨丁顿舞蹈症相反。有数百种基因异常都可能使某人较容易患自闭症。任一种罕见的基因变异不会出现在很多人身上，但大多数人身上都有某种基因变异。基因组充满了热点，也就是比较容易、比较常发生突变的区域。有些疾病如乳癌，就和几种特定的基因突变有关，每种都出现在某个染色体的某一段。有这类突变的女性多会怀孕生子，因此突变易于追踪，自闭症基因则比较难掌握全貌，原因就在于，许多和自闭症相关的罕见基因突变似乎与遗传无关。这类变异散落在基因组各处。史戴特是耶鲁"神经基因学计划"的共同主持人，他表示："说你手上正在研究的部分基因组里面找到一个自闭症关联峰，就像是说你家离星巴克很近——谁家附近没有星巴克？"美国国家精神卫生研究院的主任因赛尔说："正常的脑部要长成，需要5000个基因，理论上，任何一个都可能出错，导致自闭症。"冷泉港实验室的伟格勒表示，不论是哪一种突变，与之相关的自闭症案例都不超过全体自闭症的1%，而且牵涉的许多基因都还有待辨识。目前也不清楚自闭症的复杂症状是由数个各自分开的遗传效应所导致（例如语言和社会行为由不同的效应所导致），还是多种基因导致了某种遗传效应，连带影响了脑部多个区域，造成自闭症综合征的种种特征。和自闭症有关的基因多半具有多效性，能造成多种效应。有些效应和自闭症的并发症有关，比如过动、癫痫、肠胃问题等。这些基因的效应值大都很小，如果你有某个基因，得自闭症的概率可能会增加10%~20%，相较之下，有其他疾病风险的对偶基因，很多都会使得病概率增加10倍。

许多基因疾病之所以产生，是因为某个基因的结构不正常。有些疾病是因为某个基因完全消失，还有些疾病则是因为同样的基因多出好几个。这样说吧，假如"我很快乐"这个句子代表基因组的序列，最常见的疾病模式是这个句子变成"我很乐快"或"我恨快乐"之类的。不过在极少的情况下，这个句子可能变成"我艮么夫"，又或者变成"我很很很很快乐乐"。伟格勒和同事赛巴特主要研究的，就是这类的复制数变异。基因学的基本规则是人的基因都是成对的，一半来自母亲，一半来自父亲。但有时候，有些人的某个基因或基因群组会有3个、4个甚至多达12个复制数。如果是基因缺失的状况，则可能只有单复制，或者完全没有。一般人的身上平均有至少十多个复制数变异，大致上是无害的。基因组的某些位置似乎和认知障碍有关，这些位置一旦重复，就比较容易得精神分裂、双极情感疾患、自闭症。然而，这些位置如果有基因缺失，却只和自闭症有关。伟格勒发现，他的自闭症受试者当中，许多人的基因都有大量缺失，最多可能少了27个基因。他正在研究基因重复和基因缺失的自闭症者，是否会有相同的综合征。他发现其中有显著相关性，例如患者若有基因缺失，这个人的头就比在同样位置有基因重复的人大。

最终的目标，是绘出这些基因的图谱，描述每个基因的功能，再发展出模式系统，厘清分子及细胞的机制，最后将发现的成果做实际的运用。我们现在仍在找出罕见的变异，目前了解的只是冰山的一小角。伟格勒指出，即使我们掌握了所有的信息，也必须承认，基因间的相互作用并不完全符合数学计算出来的基因图谱。"个性和缺陷很可能互相影响，你跟我可能有类似的缺陷，但我们会做出不同的抉择。说一个两岁孩子会决定自己能做什么、不能做什么，听起来很怪，但他们很可能真的会做决定。两个孩子，同样生长于贫困的环境，一个当上牧师，另一个变成小偷，有可能对吧？我觉得这样的选择也可能出现在体内。"

格斯温德是加州大学洛杉矶分校神经行为学中心的副主任，他说："我们现在的状况就像25年前的癌症基因学，认识的基因大概有20%，如果考虑到这项研究开始的时间比精神分裂和抑郁症晚了许多，这样的进展其实相当惊人。"自闭症其实是一个概略的分类，涵盖的症状多如繁星。我们一发现某种自闭症亚型的独特机制，就不再以自闭症称之，而会另取一个诊断名称。雷特症也会造成自闭症的症状。苯酮尿症、结节性硬化症、神经纤维瘤、脑皮质发育不良并伴随局部癫痫、提摩西综合征、X染色体脆折症、朱伯特综合征往往也会。我们常会说这些病患有"自闭症型的行为"，但他们并没有自闭症。然而，如果自闭症是以行为来定义，那么，只是因为找出这些自闭症的行为源头，就说这些人"没有自闭症"，似乎只会适得其反。

过去研究人员很少投注心力在上述罕见综合征上，但近期已经有些人开始注意，认为如果我们能够了解这些症状为何会导致自闭症行为，也许我们就能更全面掌握自闭症的机制。西罗莫司是一种在器官移植时常用的免疫抑制剂，研究发现若用于结节性硬化症的成鼠身上，也能压抑痉挛发作，并且扭转学习障碍以及记忆问题。若用在同样有硬化症的人类身上，或许也有类似的效果。席尔瓦博士在谈到该项研究时说："记忆不只是储存有用信息，也需要丢掉琐碎无用的细节。我们的研究显示，基因突变的老鼠无法区分重要和不重要的资料。我们怀疑这些老鼠的脑部有太多无意义的杂讯，干扰了学习。"这番话让人想起许多自闭症者自述的感受，"杂讯"很可能是此综合征的一大机制。

X染色体脆折症及雷特症都是单一基因突变。有X染色体脆折症的人，会因基因突变而制造某种蛋白质，进而阻断大脑合成蛋白。虽然我们还未找出这种基因突变造成智力和行为缺陷的机制，但现在有个理论：这些症状都是由于蛋白质制造过多所引起。有人用人工培育出有 X 染色体脆折症基因突变的老鼠，发现这些老鼠会生产过多蛋白质，也会出现学习问题和社交障碍。X 染色体脆折症有个疗法：阻断 mGluR5 受体，这是造成大脑合成蛋白质的主要刺激物。以药物阻断此受体后，可以有效减少过多的蛋白质，抑制痉挛，患有 X 染色体脆折症的老鼠行为也因此变得正常。雷特症的相关基因与致病机制都跟 X 染色体脆折症不同，但也有人针对该病的基因突变所影响的路径开发出药物，用在人工育种的雷特症老鼠上，也缓解了症状。

不论是 X 染色体脆折症还是雷特症，研究结果都发现，即使是成年老鼠，投药之后症状都出现惊人的反转。此两种综合征的药物都已进入人体临床测试的初期，而初步的资料显示，至少有一种化合物可以改善 X 染色体脆折症孩子的社交能力。最近的生物医学研究有好多令人兴奋的发现，但都是在老鼠身上的成效良好，无法复制在人类身上。话虽如此，上述发现仍有重大意义，告诉我们，发展障碍未必是先天的脑部问题，也未必无法反转。如果发展障碍是因为分子路径功能不全所导致，也许不必改变基因就能解决自闭症的某些症状。换句话说，自闭症的症状反映的不是大脑的发育状况（大脑的发育通常不可逆），而是大脑的功能，而大脑功能是可以调整的。然而，如果某人的大脑并未发展出某一功能，那么我们显然无法通过外力激发出这项功能，借此完全解决症状。"自闭症之声"的首席科学官道森曾说："你把他们车上坏掉的引擎修好了，还是得教他们如何开车。"

2012 年，伟格勒和冷泉港实验室的几位科学家发现，X 染色体脆折症影响的基因和原发性自闭症儿的异常基因有关。这似乎表示，有望用来治疗 X 染色体脆折症的药物，或许也可帮助更广大的自闭症者。伟格勒和赛巴特认为，我们最后会更了解罕见基因变异造成的作用，有些可能会使酶失效，或复制过多酶，而药物或许可以模仿或抑制此影响。其他作用则可能影响神经传导物的数量，或者改变突触的 pH 值或环境，而这些影响或许也可以扭转。伟格勒说道:"如果未来没有出现更多药理疗法,我会很惊讶。我们永远无法认识所有基因,也不可能找出适合所有人的疗法,但我们是能找出方法治疗某一种子分类病患。"

拜伦·科恩是剑桥大学的研究员,专研自闭症,他认为女性领悟力心强,天生擅长了解他人;男性则偏重系统思考,天生擅长整理事实和一板一眼的信息。从这个角度来看,自闭症可说是过度表现了男性气质,导致领悟力不足,又太过系统化。出生前若睾固酮含量异常的高,会不会影响大脑结构并导致自闭症?拜伦科恩一直在调查此事的可能性。母亲若怀的是男孩,子宫内本来就有较多男性荷尔蒙流动,也因此睾固酮只要稍稍超标,男婴患自闭症的概率就比女性高。这可能部分解释了为何自闭症的男性人数是女性的2倍。

确实,自闭症者往往擅长系统化思考,许多人有某种超乎常人的技能。有些人是天才,生活中很多事情都无法自理,但在某个领域却有超强的能力。有时这项能力比较平凡,可能是立刻列出每一年复活节的日期;有时这项能力相当实用,例如画出分毫不差的图,或是记住精细的设计,或者从罗马上空飞过一次就能画出完美的罗马地图。这些能力是否和出生前的睾固酮量有关,还有待讨论,但这些表现确实带有男性色彩。

极度严重的创伤也可能激发类似自闭症的行为。有些人出生不久后受伤就出现了自闭症。罗马尼亚的齐奥塞斯库执政时期,孤儿院那些几乎自生自灭的儿童也常出现类似自闭症的行为。不过检查之后发现,这些儿童不只不和人打交道,对于物质世界也没什么反应。贝特罕是犹太大屠杀的幸存者,曾经看过达豪集中营的同伴出现类似自闭症的退缩人格,并据此误认为所有自闭症都和虐待有关。不过,虐待确实有可能加剧与自闭症有关的种种症状。

自闭症往往让父母和医生不知如何是好,因此未能发现其他疾病,或不去处理。哈佛医学院的褒曼曾说,她有个自闭症患者总会间歇性扭动翻转身体,大家一直以为这些也是自闭症的症状,因此没去检查。后来她被转诊到胃肠科,医生发现这个患者有食道溃疡,经过治疗之后,她就不再扭动身体了。耶鲁大学的福克玛说从前有个9岁小男孩,动作能力出了严重问题,连笔都无法拿。这孩子三年级时,全班都在学字母草写,福克玛建议给这孩子一部笔记本电脑,老师拒绝了,说不该给这孩子"拐杖"。福克玛说:"如果你少了一条腿,我给你拐杖,那是一桩善举。"

自闭症者当中,大约有三分之一的人诊断出至少一项精神问题,相较之下,一般大众只有10%。这些使情况更复杂的精神问题很少有人治疗。大约有五分之一的人有临床抑郁症,约18%的人有焦虑问题。那席尔有个自闭症朋友伊丽莎白,她从没有自闭症的父母身上遗传了抑郁倾向。他哀戚地写道:"医生都不太愿意开抗抑郁药,或者是在诊断中明确指出抑郁症——所有症状不都是她的自闭症造成的吗?"最后她自杀了。

谢斯塔克和伊弗森创办了"立即治疗自闭症基金会",一直是自闭症研究的最大私人赞助者,后来和"自闭症之声"合并。两人成立了"自闭症基因研究交换计划",是世界上最大的开放资源基因银行,招募了许多一流的自闭症基因学者。"过去相信,自闭症是父母管教不当所导致。这种说法意味着过去五十年来的研究都只是白忙一场。"伊弗森说道:"我们的儿子杜夫出生时,自闭症并不受关注,也没人仔细研究。我觉得我并不擅长科学,但如果你家着火了,你人在三楼,你非跳不可。我就是这样获得自闭症的科学知识。"她希望自闭症学者能更常接触自闭症家庭。"我们能做的事情中,最有效的就是成为研究资料的一部分。"

杜夫和卡莉一样走出了自闭症,而且智力正常,显示过去多年一直有个心智完全被困在无声世界中。他9岁时,伊弗森要他用手指出字母S,他做到了,她立即发现这孩子识字。"我吓了一大跳。你原本以为他们无法思考,也不认为他们能读书识字。"她发现杜夫能够表达自己的意思之后,就问他,这么多年来他都做些什么。他答道:"听。"他的教育仍有许多问题,需要一对一的协助,但他的认知能力正常。伊弗森说道:"很多人认为,一个人如果一副智能障碍的样子,就不可能聪明。其实这是可能的。"

伊弗森一直研究自闭症最难解的谜：自闭症者的外在表现和内心世界的关系为何？"有些自闭症者看起来似乎毫无意愿沟通。我无法确定，但看来如此。还有些人极度渴望别人的了解。我就注意到，我儿子的障碍和他的个性有极大的鸿沟。他做的事大多不是他想做的事，行为也不是出于情愿。早上常常见他发出哼哼哈哈的声音，还不断摆动双手，就像有一场化学风暴逼他不得不这么做。但即使如此，我现在知道他这是在说话，他的心情还是比之前好多了。即使是有限的沟通，一切却变得完全不同了。"

自闭症的症状繁多，又很少同时出现在单一案例中，诊断时要非常精细小心，再加上自闭症光谱的一端和正常的界线非常模糊，诊断起来就更为困难。格斯温德指出："这有点类似智商、体重，或是身高。有最合适的体重，超重几千克可能大家觉得没那么好看，但也有严重的肥胖问题，会影响健康。"每个人都有思绪失控的时候，如果这道光谱和正常仅有一线之隔，却要用来做明确的诊断，实在不容易。瑞宾说道："孩子的差异其实并非黑白分明，而我们把他们分门别类的唯一理由，是教室需要二分法，如此才能把学生分到适合的班级或中心。这是政策问题，不是生物问题。"

我们有无数的诊断问卷和清单，不过很少能完全满足诊断的需求，其中包含："自闭症行为检察表"、"儿童期自闭症评量表"、广为使用的"幼儿自闭症检查表"、长达7小时的"社会与沟通疾患的诊断访谈"、"自闭症诊断性访谈（修订版）"，以及颇受推崇的"自闭症诊断观察量表（一般通用）"。几乎没有一套工具能够同时用来诊断会说话和不说话的人，而所有诊断也可能因为施测者不同而得到不同的结果。举自闭症诊断观察量表为例，施测者要看的是他能不能哄劝儿童，让他发挥想象力玩角色扮演。我观察过的施测者中，有些人非常活泼有想象力，有些人则或假笑，或专横傲慢，或兴致索然，无法激发儿童的想象。此外，施测者还要能区分儿童是做不出来（自闭症）或不想做（个性或心情的问题）。任何人的自闭症症状都会随着时间而有高低起伏，就像每个人每天的行为表现也会有所不同。现在有越来越多成年人想接受诊断，因此这些测验也应该要能适用于各种年龄层。然而，由于自闭症是一种发育障碍，如果 3 岁前没有显现出任何症状，就不会被诊断为自闭症。3 岁之后若出现类似自闭症的行为，并不会被认为跟发育有关。

医学界往往太急于否定父母的直觉。毕尔是 20 世纪初期的内科医生，他曾说："聪明的母亲往往比蹩脚的医生更会诊断。"父母和孩子朝夕相处，观察到的东西可能和医生的专业观察一样重要。两者对立，对大家都是损失。但如果父母的观点不符合医学的疾病模型，医界往往不愿意接受。很多父母都觉得诊断就像是跨越冥河进入冥府，但其他人，例如赛德却觉得诊断是一种天启。赛德是为障碍人士争取权益的运动分子，创立了神经多元网 Neurodiversity. com，家里那个 10 岁时诊断出亚斯伯格症的孩子现在已经是青年。她说道："我认为，诊断能帮我们认清生活里出现的模式。之前觉得莫名其妙的事，现在已经可以理解，也觉得受到认可。同时，知道诊断结果之后，我也可以感觉到期待降低了——这样想似乎不太对、不太健康。上帝有很多方法打造大脑。克雷公司的超级电脑是用在非常复杂密集的运算上，处理的资料极其庞大，运作时的温度非常高，得放在液体冷却槽中。这种电脑还需要某种特别的三阶储存单元。要让克雷电脑运作，就需要这样特殊的保护环境，这能算电脑的缺陷吗？不算！这电脑超强的！我孩子就是这样。他需要协助，需要关注，他非常了不起！"

马文·布朗的母亲艾索达把自己能影响的、不能影响的事情详详细细分得一清二楚。若是遇到无法改善的事物，她也不怨怪。我们很容易以高姿态轻视别人经历困境后体会到的"平凡智慧"，以糖衣来裹覆困境，或简化其样貌，或使其智慧看似更高妙。然而我认识的母亲之中，艾索达似乎最能平心静气看待孩子的状况。她一生都没什么选择，也因此格外随遇而安。她要求给孩子最好的服务，但并不期待这些服务能让他脱胎换骨。自闭症儿生在中产家庭，受父母百般呵护，这样的故事就像英雄史诗，是堂吉诃德不断向风车挑战。相反的，艾索达默默接受一切，当然也因此而得到快乐，这两点我都十分欣赏。

艾索达生长于南卡罗来纳州一户穷困的非裔美国农家，父母生下10个孩子。20世纪60年代她来到纽约，找了一份打扫房子的工作。她早早嫁人，30岁已经是5个孩子的母亲。马文排行第二，艾索达说，2岁时他已经跟别人不一样。"他3岁开始说话，然后就停了，一直到5岁都没再试过开口说话。"1976年他快4岁时诊断出有自闭症。艾索达回忆道："他从不哭，只是很开心地玩，跑来跑去。他起得很早，每天凌晨2时就醒来。他一起床，我就跟着起床。他坐不住。我也习惯了。"打扫房子不是轻松的工作，而艾索达做了很多年，每天更因为马文而只有三四小时的睡眠时间。她说："我总是祈祷不要太累，我祈求指引，帮助我做对的事，也祈求力量，让我能够包容他，因为我每天都需要这些。"

艾索达替马文报名雅可比医院的自闭儿课程，医院位于纽约布朗克斯区附近，离她家有1小时路程，其他学生多半就读雅可比附近的公立小学。马文不喜欢来回跑，艾索达就带着全家人搬到学校附近。马文喜欢挥动双手，还有很多重复的行为，语言能力也有限。虽然艾索达的丈夫在马文10岁时离开，但他有个坚毅、细心关爱的母亲，他也一直上同一所学校，住同一栋公寓。只要艾索达能够维持不变的，她都尽最大努力做到。"他快乐的时候，就开开心心的。他难过的时候，会说，'我很难过！'生气时会说，'我很生气！'我就喝阻他，拍拍他。我会说，'你坐着，放松一下。'我能让他冷静下来。"艾索达是耶和华见证人教派的虔诚信徒，教友给她很多力量。"我们教会是我最大的安慰，一直都是。每个人都愿意帮忙。所有人都认识他，他也认识所有人。"

马文渐渐大了，某些部分也变得比较容易照顾。他睡得更多，比较能够独处。但他对自己的状况也更有自觉。马文20岁以后，艾索达不再替人打扫房子，改在纽约州的弗农山找到工作——照顾老人家，变得轻松些。专家建议她，马文去团体之家可能有帮助，于是她把马文安排进去。在带马文去团体之家之前，她说："你想留在那里才留。"她答应每周末带他回家。一开始马文说他不喜欢那里，但艾索达坚持要他试一试再说。一年过去了，他并没有比较开心，于是艾索达带他回家。5年后，马文去上布朗克斯区的日间课程，有一天他突然发起脾气，在场的其他人后来说有个老师激怒了他。虽然马文没有暴力史，但日间课程的工作人员还是报了警，警察制服了他，将他送去精神病院。艾索达听说儿子被关了起来，立刻到医院接他。马文非常害怕，完全不懂发生了什么事。艾索达气坏了。"我写信给市长，给警察局长，给所有人。我请以前雇我打扫房子的人帮我写信。他们把全州搞得灰头土脸，整个课程都要接受调查。"课程负责人是个女人，由于还有其他受到惊吓的人也有同样的经历，她最后被撤职。艾索达把马文转到另一个日间课程接受就业辅导。他在有人督导的状况下任职于书店和邮政公司，也学会了清洁工作。

我认识艾索达的时候，她已经62岁，照顾婴儿43年。"他需要有人时时看着，可是他叫我'我的朋友'。"她说这句话的时候有种家常的自负，一脸满足，又带着羞涩的微笑。艾索达成为社群的信息来源，和数百名父母碰过面，也替马文制作影片，拿到曾经帮助过他的中心播放。"我会说，'你们看过我儿子现在的样子，现在看看你们的孩子到处乱跑、不说话的样子。我儿子以前就是这样。你们如果放弃，孩子就不会有机会。'"她停下来，开怀笑了出来。"我回头看看过去，我对主说，'谢谢你领我走了这么远的路。'"

美国自闭症协会估计，全美大约有150万人位于自闭症光谱上。美国疾病管制中心表示，全美21岁以下的人，有自闭症的人数为56万人。美国教育部指出自闭症每年增长的速率是10%~17%，未来10年美国的自闭症人数可能达400万人。近来的研究显示，世界上可能有1%的人属于自闭症光谱，这个数字之所以骤升，部分是因为自闭症范围变广，过去可能被归类为分裂病型或心智迟缓的人、表现得很古怪却没有接受诊断的人，现在都可能被归到自闭症光谱上。父母的积极倡导已经帮助自闭症儿建置了比其他疾病更好的服务。如果某个诊断类型有更好的服务，某些医生就会如此诊断孩子，好让他获得那些服务，即使那诊断不完全适合孩子。过去父母可能对自闭症的标签避之唯恐不及，以免有人把孩子的障碍怪在自己头上，现在父母为了符合特教服务的规定，反而希望孩子贴上这个标签。加州的诊断结果就大为改变：根据该州资料，过去20年间自闭症的服务成长了12倍，同一时间诊断出心智迟缓的案例恰好也不断减少。研究自闭症的学者施赖布曼预估，自闭症者一生要花费500万美元，即便保了全险的父母都要面临每年极庞大的花费。应用行为分析其实是一种教育方法而不是医疗方法，且需要大量人力，许多保险公司拒绝给付。许多父母因此控告保险公司、学校理事会、地方政府，或者三者一起告。重度缺陷的孩子几乎如同无底洞，再加上这些法律程序，父母往往疲于奔命，濒临崩溃边缘。

自闭症本身究竟有没有增加？为了回答此问题，许多人投入了无数的时间心力，仍然没有共识。不过，若说诊断病例及发病率都增加了，应该无人质疑。在我写作此书的10年间，听过我的章节目录而想介绍朋友跟我聊自闭症处理经验的人，是其他症状的10倍以上。美国国家精神卫生研究院的主任因赛尔就记得，20世纪70年代波士顿儿童医院收了个自闭症的孩子，主任医生把所有住院医生都叫去观察，原因是他们很可能再也不会见到自闭症儿。今天，因赛尔住的那条路上住着9户人家，里头就有两个自闭症儿。海曼是美国国家精神卫生研究院的前主任，也是哈佛大学的前教务长，他说："诊断出自闭症光谱的案例增加，反映了自闭症已除去污名，教育也更普及。这代表自闭症的发病率并未增加吗？不，但这让我们无法判断有没有增加。"许多研究发现，若运用现在的诊断标准，许多过去被认为不是自闭症的人，都会被认定为自闭症，当然这样的研究多少有推断猜测的成分。

许多科学家认为，退化性自闭症并非退化，而是身上带有某些基因型的儿童发育到了某个阶段之后，症状就开始显现出来。自闭症就像牙齿或体毛，时间到了就出现。然而很多退化性自闭症儿的父母却持相反主张，认为退化是由环境的某种刺激所引起。由于退化发生的时期正好是儿童接种疫苗的时期，因此很多父母把孩子的自闭症归咎于注射疫苗，尤其是麻疹、腮腺炎、德国麻疹三合一疫苗，还有以硫柳汞这种含汞物质为防腐剂的疫苗。三合一疫苗于20世纪70年代在美国推出，到了 80 年代已经很普遍。但出生后一年内，由于来自母体的抗体会使疫苗无法发挥作用，因此第一剂多半于 13 个月时注射。1998 年，英国皇家自由医院的肠胃科医生韦克菲尔德在《柳叶刀》期刊发表了一篇论文，文中提出三合一疫苗和自闭症儿的肠胃问题可能有关。韦克菲尔德及同事只提出 12 个案例，但记者仍大幅报道，而很多父母也不再让孩子接种疫苗。英国的麻疹疫苗注射比率从 92% 跌至不到 80%，罹患麻疹的病例则大幅攀升。1998 年英格兰与威尔士地区只有 56 个儿童感染麻疹，且无人死亡。2008 年英国却有 5088 起通报病例，还导致两个儿童死亡。

无数的人口统计都一直无法证实疫苗和自闭症有关。美国疾病管制中心的一项研究追踪了 14 万名孩童，最后并没有发现关联。而一项日本的研究甚至发现，没有注射疫苗的儿童得自闭症的比例还比较高。后来，有人发现韦克菲尔德受雇于一名律师，而这名律师正在和几家疫苗制造商打官司，韦克菲尔德研究的 12 名受试者有 11 名涉入这场官司，而且英国法律援助公司还曾经支付韦克菲尔德酬劳。整件事爆发之后，前述研究的 13 位作者有 10 人正式宣布不再挂名，《柳叶刀》期刊的编辑之后也出来为刊登论文道歉，说这件事真是"错得离谱"。2010 年英国医学总会针对此事调查之后，该期刊完全撤销了这份研究。越来越多新证据宣告疫苗无罪，韦克菲尔德的信徒开始主张这一切都是粉饰太平，并且提出其他论点，仍然把焦点放在疫苗上。定期向孩童施种的各类疫苗都已不再使用硫柳汞，然而自闭症的诊断比例并没有减少，有些人便改口说自闭症是因为混合注射数种疫苗，会攻击免疫系统，或单纯就是因为注射了太多疫苗。

看到孩子出现退化性自闭症，父母的打击似乎比孩子一出生就发现有问题更大。父母满心认为，他们能够再找回那个曾经和他们一起欢笑游戏的孩子。我们对于退化性自闭症的了解，很多都来自父母对于孩子发育状况的描述。一般而言，父母多半在孩子 16 个月大时注意到孩子失去语言能力。我认识一个孩子，他因为有个自闭症哥哥，算高危险群，所以被带去接受评估。6 个月大时，他会咯咯笑、玩耍，和负责诊断的医生开心互动。到了一岁多一点，这孩子似乎不再认得同一位诊断医生，也不再发笑，不再微笑，身旁有人他也没有反应，看起来浑身无力、两眼无神。很难相信他和先前那孩子竟然是同一人。有些研究者质疑，这样的退化现象是否源于功能丧失？或者，婴儿时期显现出的社交能力可能来自另一个脑区，有别于成熟时期社交能力所属的脑区。研究人员统计，自闭症个案中，有20%～50%和退化有关。

记者科比所写的《伤害的证据》一文记叙了"自闭症疫苗说"的发展史，并且报道了两派分歧意见：一派是深信疫苗害了自己孩子的父母，另一派则是参与研发疫苗的科学家及制订研发政策的政治人物。两方都认为另一方的动机是金钱上的利益冲突，拿出来的参考科学资料也都经过刻意扭曲。美国的"国家疫苗伤害赔偿计划"提到，许多原告的律师无法提出足够的科学证据证明他们所主张的因果关系，也因此5000多起宣称疫苗造成儿童罹患自闭症的索赔案，目前都一一遭到驳回。这两派人马常常隔空交火。凯蒂是"自闭症之声"的共同创办人鲍勃和苏的女儿，她就表示自己的儿子接种了疫苗之后，立刻就显现出自闭症的症状，而他后来之所以能恢复，部分是因为治好了疫苗造成的伤害。她力劝父母及父母支持的科学家放弃"失灵的策略"，改为支持她的看法。鲍勃和苏在"自闭症之声"的网站上贴出澄清声明，表示女儿的"个人观点和我们不同"。前《花花公子》女郎及喜剧演员珍妮·麦卡锡也大力拥护"疫苗说"。批评者则认为她靠着这一路抨击打开了知名度，还赚到可观的演讲费。

2008年3月，亚特兰大联邦索赔法院在韩娜·保玲一案中让步，表示水痘疫苗或许加剧了某个儿童潜在的线粒体问题，使其出现自闭症类型的症状。反疫苗人士皆视此案为迟来的正义。有些人将自己的行动比拟为早期的反烟草运动。谢弗是"谢弗自闭症报告"的创始人，收养了一名自闭症青少年，他就表示："五六十年代肺癌和心脏病大为流行，而那些烟草公司手上那么多的科学报告竟都显示烟草与之没有任何关系。"

很多主张神经多元以及自闭症权益的运动分子则恰恰相反，对疫苗论非常愤怒，觉得这些论调毫无科学基础，也污辱了自闭症者。赛德就说："陪审团和法官听了这些故事，就凭感觉行事。可是凭感觉行事，得到的不一定是正义。"

流行病学研究显示，预防接种和自闭症并无相关性。这是否表示没有一个儿童是因为疫苗而出现状况？有个孩子出现退化症状的母亲告诉我："儿科医生给他注射了疫苗，24小时之内他的白细胞数就变成3.1万。他人在医院，院方说是败血症。回来以后他对外界的反应就变差了，变差很多。那就像我带着一个孩子进医院，却带着另一个出来。"伊弗森说："你无法用大量证据反驳某人的经验。"因赛尔主任说："在我看来，该受瞩目的是案例持续增加的食物过敏、气喘、糖尿病、自闭症，还有过去10年就激增为40倍的小儿双极情感疾患。我在想，有没有什么更开阔的理论可以解释这个现象。我不知道。但我觉得这一切听起来像是环境因素。"可惜，现代生活可以列出太多环境变数：手机、坐飞机、电视、维生素药片、食品添加剂。很多人认为环境重金属使小孩生病，也有人把矛头指向其他物质，尤其是双酚A。双酚A是一种人造的高分子聚合物，含有雌激素，用于塑胶，每年的产量超过300万吨。基因学家大多承认，上述问题都还没有彻底解开，而且要解开可能还要很多年。

不过，斯坦福的精神科医生郝迈尔和同事却在2011年扭转了深入人心的科学知识。他们调查了同卵及异卵双胞胎的自闭症状况，建立数学模型后发现，研究的个案中只有38％是由基因导致，而在58％的个案当中，共同的环境因素似乎才是主因。同卵双胞胎都有自闭症的比例比预期要低，显示基因并非唯一因素；异卵双胞胎的比例则比预期要高，显示环境（也许是子宫环境）扮演重要角色。瑞许是加州大学旧金山分校人类基因研究院的主任，也是前述研究的设计者，他表示："我们并不是否定基因的影响，恰恰相反。但对于有自闭症光谱障碍的人而言，基因不是唯一的成因。"《一般精神病学档案》的编辑科尔说这项研究"开拓了新局面"。同一时间，另一群人在同一本期刊发表了一项研究，发现母亲若于怀孕前或怀孕期间服用选择性血清回收抑制剂这一类抗抑郁药，孩子患自闭症的概率比较高。这些都只是初步资料，而目前研究较充分的资料仍显示自闭症有70％的遗传可能，不过主流科学也必须重新思考环境因素是否可能造成重大影响。

马克·布莱希毕业于普林斯顿大学，精明练达，创办了一家商业顾问公司。他也大力支持预防注射会导致自闭症的说法，对此议题的了解比其他支持者都要深入。他和妻子伊莉丝经历 10 次人工受孕、10 次流产、2 次子宫外孕，终于生下两个女儿。小女儿米凯拉 1 岁前发育似乎都很正常，但是到了快 2 岁时，伊莉丝开始觉得不对劲。两岁九个月大时，医生诊断出孩子有自闭症。马克说："我没有放心上，工作太重要，米凯拉又好带。我面对悲痛的方法就是拼命学，什么都学，几乎要去念神经科学的在职学校，整个心思都被这件事占满。"

我认识马克的时候，米凯拉已经 12 岁，而且有了长足的进展。马克列出 10 个照顾过她的人：治疗师、保姆，医生，都照顾过体弱多病的她。马克很清楚，能负担这一切的人少之又少。不过，他还是十分沮丧。"米凯拉一开始诊断出有全类型自闭症，话也不会说。现在她很忙、很可爱、喜欢交朋友。语言虽然还没达到亚斯伯格的水准，但很接近了。但是她只想谈小木偶和蟋蟀吉米尼。我们现在的任务，就是把她的心思移开。我只希望她能谈谈蟋蟀吉米尼以外的事情。"

马克全心投入他的权利运动。他对我说："我觉得自闭症就像脑部长疹子，可是，如果你的想法政治不正确，例如你认为自闭症是由疫苗和汞所引起，就会有人指责你阻碍科学探索真相。真蠢，我们认为自闭症这个流行病才是重点，而且跟环境有关。我对现在的解决方案很不满，对科学很不满，对制度很不满。基因研究错得一塌糊涂。疾病管制中心的工作是管理疫苗安全，于是他们就做出一大堆狗屁报告，里头只有自己想要的结果。"马克谈到一份研究（他是共同作者），研究显示自闭症儿剪下的胎毛汞含量较低，证明相较于其他儿童，自闭症儿把汞排出体外的能力较差。他也在如《神经毒物学》等名望甚高的期刊发表数篇论文，都经过同事审查。看着他充满热诚的样子，很难不被说动，唯一的问题就是他引用的科学研究结论都已有人彻底推翻，而他驳斥的科学研究结论则多半有极强的实证基础。当然，科学永远可以再修正，但是冷泉港实验室的主任斯蒂尔曼指出科学不该别有居心,但显然这门科学有。

马克说:"我以前是美式足球队的队长,当过学生会的会长,拿过全国绩优奖学金,从小就让父母很欣慰。推动自闭症权利这件事关乎使命,不是赢别人,不是赚比别人更多的钱,也不是拿更好的成绩。一旦你做了我决定做的这件事情,就等于把自己放逐到受人敬重的圈子边缘。这是种解放。我才不管《纽约时报》怎么想,我只想要做对的事情,影响这个世界。"

美国的法律保证受教育权,却没有保证同等的医疗权。教育是政府的责任,医疗照护却是个人的责任,大多由保险公司掌控。也因此,有些倡权人士宁愿将治疗自闭症的议题留在教育界而非医疗界。目前以教育方式介入似乎也比医疗更为有效,因此目前的疗法多半以学校教育为主。自闭症和唐氏综合征及其他障碍一样,最好及早发现、及早处理。

早发现才能进行早疗。柯林和耶鲁的同事做了一项实验,让有自闭症和没有自闭症的儿童看《灵欲春宵》。研究人员利用电脑追踪,发现两个主角在吵架时,自闭症者的目光并没有来来回回跟着两人,这点和没有自闭症的受试者不同。以此研究为基础,他们又让婴幼儿看其他孩子和母亲的影片,发育正常的婴幼儿盯着眼睛看,可能有自闭症的婴儿则盯着物品或嘴巴。虽然一般认为早期诊断十分重要,因为早疗是有效的,但大家对于早疗该做些什么,却莫衷一是。席格是加州大学旧金山校区的心理学家,她于《帮助自闭症孩童学习》一书中写道:"对于治疗,大家各持己见,发展、行为、教育、认知、医疗等各种切入角度的差异又大,使自闭症治疗变得非常复杂。看法相异的实务工作者往往不懂对方的语言。"

费斯特是美国的行为心理学家,他提出人类和动物一样,都能通过制约来学习。这个想法促成了20世纪60年代的行为干预法,现在则用来治疗自闭症,尤其用于应用行为分析法。这类疗法背后的原则是观察儿童,找出负面或强迫行为,并训练他们发展正面的替代做法。若表现良好,就得到正面增强,例如儿童一开口说话就可以获得自己想要的东西。负面行为则不会得到强化,闹脾气绝对不予奖励。世上的行为疗法有很多种,大多数教法对儿童而言都很勉强,必须不断维持,但很多父母认为这非常重要,就像很多听人父母也得勉强自己学另一种语言,好跟听障的孩子沟通。

其他有效的自闭症疗法则注重了解自闭症者的行为。格林斯潘的"发展取向、注重个别差异、以关系为基础的治疗模式"("地板时间")要人们坐下来,和自闭症儿一起在地板上建立连结。这套方法让他声名大噪。"听觉统合训练"和"感觉统合治疗"则试图处理自闭症儿感官过于敏感的问题。语言治疗则让他们认识语言,并改善发音。印度的慕哈帕德海完全没有专业背景,她发明了"迅速激励法"来治疗自己的儿子。她儿子以前无法说话,现在则能用键盘写诗。

治疗犬类似导盲犬,对自闭症的大人小孩往往极为有用,不但在恐慌发作时能够稳定情绪、提供定向,也是自闭症者和外在社会的情感桥梁。有个母亲在看到家里多了一只治疗犬之后儿子凯勒伯的改变,大感欣慰。"他似乎比以前更有安全感,头脑更清醒,处理事情的能力好像也好多了。凯勒伯和治疗犬咬咬每天24小时都在一起。知道对方会永远陪伴自己,对他们很重要。"一篇简述凯勒伯能否带狗去上学的案件摘要中提到:"有了咬咬之后,凯勒伯情绪低落的时间减短了。他可以完成作业,每晚睡6~8小时,从家中换到学校等公共场所时,他也更能适应环境的转换。"

有传闻说,自闭症的人不能吃麸质、酪蛋白等许多食物中含有的物质,因此有些父母会调整孩子的饮食。有些自闭症者有焦虑的症状,因此会服用百忧解、乐复得、帕罗西汀等选择性血清素回收抑制剂的抗抑郁剂,用药结果似乎好坏参半,有五分之一到三分之一的人会得癫痫,得靠抗痉挛药来改善。常用于治疗过动症的兴奋剂有时也会开给自闭症者,帮助他们稳定情绪。除此之外,还有各类镇定剂、氟哌啶醇以及硫利达嗪等抗精神病药物。

上述疗法不见得人人有效,而治疗所花的时间及费用也极为可观。

即使自闭症者发展出语言及自理能力，有一定程度的社会认知，也能维持这些能力，仍然不会变成非自闭症者，两者的认知差距还是十分显著。纳希尔就曾谈到，他到成年后才发现一件多数孩子都视为理所当然的事，"我这才逐渐明白。交谈是种表演，只是一连串的并列。我对你说了些什么，里头的某个句子、主题或看法和你这个人有关，也可能完全无关。于是你就回了点什么，然后我们就这样，一直谈下去。"明白这些事情，有助于解决自闭症者的某些难题，但无法消除自闭症。

布鲁斯·斯贝德在伦敦当摄影师已经有 27 年，他总能看见不同寻常的美，这一点从他这一生为自闭症儿子罗宾拍摄的照片就能看出。影像拍得十分深刻，照片中人有时受尽折磨，有时生气蓬勃，有时对着相机怒目而视，有时又如痴如醉。罗宾可以无比贴心。布鲁斯说："他以前常做一个动作，我跟我太太海莉特称之为'学小鹭'。不知道你有没有看过凤头䴙䴘跳求偶舞？这种鸟会站在水面，摇头晃脑发出高频的声音。罗宾则会看着你的眼睛，摇头晃脑，有时他会说，'看我！看我！'这是个信号，表示他接受你了。"但同时，罗宾也精力无穷，让人筋疲力尽。他长大后变得更加强壮，怒气爆发时也变得越来越可怕。他有时会在街上闹脾气，布鲁斯和海莉特就得坐在他身上，等他平静下来。夫妻俩想再生孩子，用布鲁斯的话说，是想生个"懂得玩耍"的孩子，但两人身心俱疲，无暇多想。

罗宾 9 岁时去了寄宿学校。布鲁斯说道："否则我会无法工作，只能领失业救济金照顾他。"第二年罗宾回家过暑假，他老是肚子饿，而她母亲不忍心拒绝他。"她不停拿东西给罗宾，车子的后座丢满包装袋。"罗宾吃得很开心，但增胖的速度也快得吓人，很快就逼近 136 千克。"我和他母亲的婚姻差点破裂。"罗宾因为体型变得太大，开始害怕走路，很快所有脚趾甲就开始内生。海莉特有了外遇。"我们经常吵架，吵得无法挽回，哈莉特总说该离婚了，但我们都无法独自面对这一切，总是离不了。"

后来，罗宾的学校有个儿童偷溜出校，死于校外，揭露学校有督导不周的问题。任何父母看到这种事都会忧心忡忡，学校也因此关门。罗宾的暴力倾向太严重，全英国只有两所学校愿意收。布鲁斯和海莉特选了约克郡的海斯立庄园及学院，这是占地近22公顷的农场，有自己的小旅馆、草地、酒吧、小酒馆、理发厅、邮局、烘焙坊，供校内70名自闭症学生使用。罗宾到校的那天，他的新护理者建议大家一起四处走走，结果罗宾冲向他，给了他一记头槌，跳到他身上将他撞晕。接下来他自残了几个月，也时常用头大力撞东西，把门都撞破了，还因为撞得太过频繁照了一次头部X线。他用手不停抓皮肤，抓到出血。之后他习惯了这地方的节奏，暴力行为才渐渐消退。

罗宾的性欲十分旺盛。布鲁斯说："他常常自慰。他会尽所能看你的鼻子，一看性致就来。我猜是因为有洞的关系，他性欲就是那么强。他想看我的鼻孔，我就让他看，只看一下，让他发泄一下性欲。我不想扫他兴，他这辈子没什么开心的事，这是我能为他做的，只要不去想那是我儿子，还有这件事跟性有关，其实也不算太难。但我不希望他满脑子想着鼻孔，所以尽量不要太常让他看。学校里有个女孩，每回罗宾见了她就会加快脚步。虽然她很吵，而罗宾很怕吵，但如果她在同一间教室里，罗宾整个人都害羞起来。"现在罗宾在学校似乎变得快乐多了，但行为仍然很不稳定。我认识布鲁斯的几个月前，罗宾放假回家后无法入眠。他连续4天没睡，后来布鲁斯和海莉特找医生开了一些安眠药，吃药后他睡了3小时，但一醒来就到处乱碰乱撞，看起来很烦躁的样子，于是海莉特就坐到他床边，想让他静下来。罗宾一把抓住她的手，对着肌腱咬了下去。"她不得不去医院。她吓坏了，全身发抖，差点昏了过去。那天晚上真是太惨了。"两人把罗宾送回学校，心想回家这件事是否对他造成太大压力。"但他上上周回来的时候，又乖又讨人喜欢。我们过得很开心，他把自己的脏盘子放到洗碗机，那可是很大的进步。我们好骄傲，就像别人家里有孩子以优异成绩从剑桥毕业那样自豪。"

契诃夫在剧作《樱桃园》中说："一种病，若有千万种疗法都说能治好，这大概是不治之症。"自闭症的疗法千奇百怪，从保持乐观到江湖骗术都有。这些疗法中，效果可疑的列出来可能比有效的方法还要长，有些父母一心幻想有完美的特效药，听了吹嘘的梦想家把各种奇怪的疗程说成是突破以后，就任人摆布。考夫曼夫妇于20世纪80年代开发出"选择疗法"以及相关的"爱子起身计划"，用以治疗自己的儿子，还说孩子的自闭症最后完全治愈了。其实，有个评论家就提出治疗过这孩子的医生都怀疑他可能根本没有自闭症。这套疗法的首次咨询费是2000美元，之后孩子上一周的课程要价1.15万美元。纽约有个精神科医生设计了"拥抱治疗法"，孩子出现行为问题的时候，父母就用肢体制住，但这样似乎会加大孩子和父母的冲突。书店里则充斥着《远山远处》一类的书，描述蒙古的巫师如何引领孩子走出自闭症。看来，如果孩子表现出色，所有父母都觉得有必要写一本书，书名倒不如都叫《我做对的事》算了。很多父母采用的方法也许只是刚好蒙对时间，恰好在孩子"走出来"时用上了，但他们却以为人人适用。

这类行为或概念疗法测试根本不够，还是有人投入可观的时间与金钱，不过大抵而言，这些疗法并不会危害儿童身体。然而，"螯合疗法"却可能造成长远伤害，甚至在短期内就可能让人白白受苦。这个疗程一开始是设计来排出第一次世界大战中伤兵体内的重金属的。方法是将合成化合物注入人体内，多半通过静脉注射，有时也采用肌内注射或口服，使化合物与体内金属结合，然后排放至血液、尿液与毛发中。有一派人士主张自闭症肇因于某些疫苗采用的含汞防腐剂，这些人多半会建议螯合疗法。此疗法虽然有大量研究，但都无法证实有效，然而估计美国还是有多达十二分之一的自闭儿接受过螯合疗法，至少有一个儿童死于低血钙（钙含量过低导致心脏衰竭），还有更多人出现头疼、反胃、抑郁。有些父母宣称孩子采用螯合疗法后进步神速。正因为有这些人诚心支持，为自闭症儿进行化学"排毒"的生意欣欣向荣，很多都未经法规管制，往往是地下行为。"柳菩林"是一种去势药物，造成身体重大改变的效果之强，在药疗法中数一数二。现在有一种正在申请专利的诊疗程序就使用了柳菩林。出生前的睾固酮量对于自闭症的发展可能有影响，这种治疗程序则将此影响和青春期的正常发育混为一谈。虽然没有可验证的证据证明该法疗效，有对父子却大力提倡。马里兰医学委员会及其他至少6州的主管机关已经吊销父亲的执照，至于儿子，因为不是医生，因此便以无照行医的罪名起诉。其他的生理干预疗法，例如把儿童放到高压充氧的房间中，或把他们和海豚一起放进水箱里，或让他们摄取蓝藻，或大量摄取维生素，多半没有坏处，但也没有成效，不过这些疗法仍可能有危险，而且当然会误导人，所费不赀。

我第一次见到艾美·吴尔芙时，她谈到女儿安琪拉。"她不会说话，时常失禁，住在24小时照护的机构中，非常美，很爱我们，而且一分钟都不能没人照顾。她喜欢走路。她不会扣扣子。她能够把餐具分类，能用叉子用餐，汤匙就有点难了。她没法切东西，常常要用吸管。她很少害怕，也没什么知觉，你一不留意，她就跑到大街上，站在车流中央。她的理解力大于表达力，但没人知道她理解了多少东西。有些东西能让她开心。有时她显得漠不关心。有时她很开朗，和人的互动很多。有时她一看到我就欣喜若狂，她能这样，真好。她很喜欢人，只是不要一次出现太多人。她讨厌医生，讨厌牙医，讨厌鞋店，讨厌理发师，讨厌大场面，讨厌出乎意料的事。现在她的生活大致上还算平静。出生后的那14年简直是地狱。"

1972年，艾美20岁，决定离开从小生长的纽约，离开五光十色的都市生活，搬到新墨西哥州陶斯的一个非主流聚落。她嫁给治疗师兼针灸师，1979年怀孕。安琪拉出生了，很快大家就发现她显然有问题。由于骨架不正、髋骨位移，疑似有内翻足，因此她必须穿上全身支架。安琪拉的肌张力很低，肌肉松弛，无法维持姿势，看起来就像布娃娃。她一直到2岁才会走路。能说话，但学得非常慢，而且瘦得可怜。陶斯当地的协助十分有限。"那儿没有抗抑郁药，没有服务、没有网络、没有治疗师。有的是茅厕、正在晾晒的杏桃、印第安土屋、蒙古包、嬉皮、拉美古文化，还有美国原住民的仪式。这个聚落曾让我十分心仪，但当时不知为何，我和安琪拉却离其他人十分遥远。"她的丈夫虽然自称是治疗师，却不知该如何面对身心障碍儿，于是一走了之。

安琪拉3岁时，艾美离了婚，把她带回纽约重新开始。那时安琪拉还有一些语言能力，背得出"一闪一闪亮晶晶"，在街上能认出哪一辆是家里的车，也开始练习上厕所。然后，这些能力一点一点消失了。她变得不会说话，开始失禁，肌张力也没有改善。艾美有长期的药物滥用史，那时她整个失控。"她4岁左右，我酒醉驾车，她在后座，我把伏特加倒进她嘴里。当时觉得只要这么一路开过海堤，开进长岛海湾，我和她就一了百了。"

但她没这么做，反而加入匿名戒酒会，从此再也没喝醉。有了父母的支持，她开始寻求治疗方法。

安琪拉从不攻击人，但她常常自残。不过，通常她只是"失控，有时候情绪极为低落，大部分的时候则叫人无法猜透"。安琪拉7岁时，有同事告诉艾美，有个日本女人北原喜代对自闭症儿很有一套。她在日本东京近郊的吉祥寺建立了一所学校。艾美和她在波士顿见了一面。她的翻译说："北原女士说，'把你的重担交到我们肩上。'北原女士能在6个月内让安琪拉说话，但你得把她带到日本去。"于是艾美和她母亲把安琪拉带去日本，让她进入武藏野东学园。学校不准艾美进入校区，她只能在安琪拉出来运动时通过铁丝网围篱看着她。"我留在东京，每天都隔着围篱看她，她看起来还可以。学校常常让她溜轮鞋。我们后来发现，为了训练她上厕所，学校不给她水喝。一切变得很黑暗、很奇怪。我们在那里待了5个月，后来我带着心爱的孩子匆忙逃离了那个鬼地方。"后来波士顿也开了一所武藏野东学园，但一直有人指控校方对身心障碍的学生施以肢体暴力。

艾美一直梦想有个健康的孩子。"我渴望另一个宝宝，后来就生了一个。一直到诺亚出生前，我一直十分痛苦。后来我决定要生他，这帮助我抚平了原来的伤痕。"她当时觉得怀孕很可怕，而且"不停做检验，做到只剩一口气"。艾美的父母出资成立了团体之家，由纳苏郡精神健康医学协会负责经营。诺亚出生前不久，11岁的安琪拉就搬了进去。我认识诺亚时，他就读高中，义务担任自闭症儿的音乐治疗师。"从6岁开始，他在路上一看到对街有盲人，就会走过去帮忙。他心胸开阔，没有我还放不下的那种愤怒。"诺亚附和道:"我从中学到很多包容和接纳。如果有人在我妈旁边提到'智障',天啊,她的反应!其实没必要,就算5秒钟前她才认识那个人,她也要拼了。"

"我如果梦到她,梦里的她还是会跟我说话。语言能力消失这件事太难接受了。到今年我才终于放下,接受她就是没办法好好上厕所。放下是一个连续不断的过程,永远没有尽头。我得努力控制怒气,我得努力保持清醒。曾经有很亲的家族成员暗示我了结她的生命,说他们会帮忙。也有人建议最白痴的疗法,什么可以放在浴缸里的东西啦,宝宝用的神仙水啦,我这儿还有好几本别人给的《当好人遇上坏事》,各种狗屁。我也亲眼见到薪资结构不公的问题,第一线的工作人员非常有热诚,也往往是专家,很有心得,但赚的钱却和餐厅服务生差不多。要看一个社会好不好,看患者受到什么照顾是很有效的方法。我们的社会太可恶了。"艾美这番话说得跟候选人一样慷慨激昂。"我的故事有超越一切的悲痛,无休无止。感觉不到时间,一切只是不变再不变。我没办法靠日子的变化感觉岁月流逝,都忘记自己几岁了。"

虽然自闭症的缺陷人尽皆知,但一般大众却不太清楚自闭症者可能有我们所欠缺的长才。自闭症的受试者在某些认知测验中表现得比其他人要好,例如空间思考评量。乔伊丝在美国国家精神研究院担任自闭症的协调人,她有个自闭症女儿,她说:"如果移走某些能力,让某人不再有自闭症,会不会也移走了某些事,而人类也从此不再那么有趣?自闭症的基因结构或许也带来了创意和多样性。"托基尔是丹麦一家电信公司的主管,有个自闭症儿子,他在哥本哈根设立了一家专业人员经纪公司,安排自闭症者加入企业的专案计划。在他的公司,这些人可不是能力不足的人,只能等待善心人雇用,而是有特殊技能的人。

但是"怪才"这样的想法,也可能让人忘了自闭症者也是人。罗宾斯就写道:"身为专才有好有坏,激光般的专注力是有代价的,不擅长的领域,能力就十分有限。我所设计的东西,有些兼具简约和功能,确实是天才之作,很多人跟我说那些设计都是创意天才的手笔。但这些东西,今天我完全看不懂了。这倒不令人伤心,我的心智并没有消退,也没有消失,只是经过重新设定。我确信我脑力还是和以前一样好,只是现在的设定能注意更多事情。"我听葛兰汀说过同样的事情,而我那个喜欢播格拉斯专辑的朋友也告诉过我,随着他的社交能力逐渐变好,他的纯数学能力也跟着变差。治疗本身就可能是种疾病,拿走了大家认为有问题的东西,可能也就拿走了这个人的天赋。

我第一次遇到天宝·葛兰汀的时候,她60岁。她最广为人知的地方,就是能够把自己的自闭症意识说给没有自闭症的人听。她是驯牛师,也设计家畜设施,美国大多数屠宰场都使用她的设备。葛兰汀表示,恐惧是她的主要情绪。动物为了避开猎食者,都有极高的惊跳反射能力,而她过度发达的惊跳反射就像那些动物。"我用图像思考,我明白这应该能帮助我了解动物,因为我的思考方式就像动物。"她觉得牛只养殖业既无效率又不人道。改善动物的处境是她向来的目标,而她认为最有效的方式就是改造屠宰动物的地方。

她在20世纪50年代早期确诊,那时她还是孩子,自闭症症状一应俱全。有人告诉她母亲尤丝塔西亚,说那是因为她对女儿太过冷淡。尤丝塔西亚受得了天宝的古怪行为,却无法承受女儿的冷淡无情。尤丝塔西亚在回忆录中写道:"闹脾气很难处理,大便乱抹很难闻,但拒人于千里之外伤透人心。神在人的耳畔悄声说,'你们要生养众多。'然后留了这样的烂摊子给我们收。"天宝则回忆道:"我2岁半的时候,会坐在一个地方闻四周的味道,吃地毯起的毛球,大声尖叫,都是很典型的行为。"她母亲发明了一套自己的行为系统来帮助天宝,还请来了奶妈,两人不断和天宝互动。我后来遇见尤丝塔西亚,她说:"她们沉溺在自己的世界中,那是地狱的边界,你要把她们拖出来。"后来天宝上美术课,展露出对透视图的天分。她母亲竭尽所能鼓励她发展这项能力。天宝回忆道:"你做了别人希望你做的事,一定会希望获得赞美。孩子很小的时候,一定要有人一周花38小时陪那个孩子,让孩子一直有事可做。我觉得方法倒不是那么重要。"

她对自己所获的关爱相当感激。"当时的人会把我这样的孩子送去安置机构。有15年的时间我常恐慌发作，所有人的日子都不好过。要不是我三十多岁时发现了抗抑郁药，大概会被如结肠炎等压力相关的健康问题击垮。上大学后我很幸运，找到几个非常好的良师益友。"她顿了一下，看着我，仿佛刚才她自己都吓了一跳。"我是说，如果我母亲把我送走，我会怎么样？我想都不敢想。"尤丝塔西亚发现，她什么都得自己发明。我们聊天时她不禁问道："为什么医生知道的还没有我多？"天宝青春期时跟母亲说："我没办法爱人。"尤丝塔西亚写道："青春期对任何孩子而言都不好过，但自闭症儿童的青春期，简直就像恶魔的诡计。"不过，天宝的寄宿学校有很多校长低价买来的受虐马匹，而天宝在照顾马匹中找到了自己的快乐。

多年后，尤丝塔西亚已能欣赏天宝长成的样子。"她没有天生的概念，也不能依靠直觉，全靠自己的一点智慧，即使这样有时仍不够踏实。这些年她就这样慢慢摸索出一套方式去'面对你眼前的面孔'。她只有自制的、脆弱的面具保护自己，却还想面对我们，多么聪明勇敢。自闭症只是我们身上某些特质的加强版。而研究自闭症就是我的驱魔仪式。"这么说，并不表示整件事就没有令人失望的地方。"虽然她的成就惊人，但她也知道我称为'人生'的那个梦想，有一部分她永远也无法实现，这也解释了她为何那么希望我了解她的梦：不被遗忘。她希望能获得认可，这件事既明显且真切，仿佛爱太不稳固、太神秘，难以依靠。"

天宝从父母那里收到数千封信件，每次都很快给予建议。"这些儿童，有些你得把他们拉出来。如果手段不强硬一些，无法让他们有什么进展。"天宝主张行为治疗及医学治疗，还有任何能够让人识字的方法。"你的孩子在超市大哭大闹，那是因为他感觉自己像是塞在摇滚演唱会的麦克风内。他看东西都觉得像万花筒，听力时强时弱，而且充满电流干扰。我觉得有些儿童看到的，就像是信号不清楚的HBO电影台，即使是信号不清楚的HBO偶尔也会看到一点影像。"天宝坚信，如果能让一个人拥有越高的功能，他就可能越快乐。自闭症的儿童应该要配合自己的能力发展技能。"你的孩子很喜欢地理，可是父母、老师、治疗师却不帮助他把兴趣发展成专业，反而念念不忘社交能力训练。社交能力训练的确很重要，但不能只在意这件事，却忽略了他的天赋。"天宝把自己的成就归功于自闭症。她向我解释道："天才也是种不正常。"她没有自吹自擂，而是把全世界都称为疾病的事物变成她耀眼成就的基石。

谈到这，就要提到神经多元运动，以及这种运动如何赞颂自闭症的某些层面。曾经有家数一数二的自闭症慈善机构名叫"立即治疗自闭症"，后来与"自闭症之声"合并。虽然反对自闭症的疗法有一些像反对星际旅行，但神经多元提出的抗争口号之中，有一个就是"不要立即治疗自闭症"。所有身份政治都是这样，这种态度因为反歧视而出现、引人注目，并游走于"揭露根本真相"和"试图创造此真相"之间微妙的界线。保守派的人不满地表示，要求整个社会接受自闭症者的非典型社会逻辑，无异于破坏了社会之所以为社会的基本原则。"自闭症的行为和社会格格不入"的说法让神经多元运动分子大感不满，他们强调自闭症行为自成一格，虽然不同，但同样正当。他们为了自己所定义的公民正义而奋战。因赛尔曾说："我们应该要把精神分裂、双极情感疾患、自闭症都当成某人碰上了一些事，而世上仍然有人可以对抗这些疾病。"辛克莱是成年的自闭症者，也是"自闭症国际网络"的共同创办人，他写道："自闭症不是有人罹患了什么东西，也不是有人被困在一个'壳'里。自闭症的背后并没有躲着一个正常的孩子。自闭症是一种存在方式，它渗透一切，为各种体验、感觉、知觉、思想、情绪、遭遇、生存的各个层面染上色彩。我们不可能把自闭症跟自闭症者区分开，即使可以，那么留下来的那个人，就不是原先那个人了。"在大多数身心障碍的世界中，政治正确的修辞是强调人，而非症状，例如"有听觉障碍的人"，而不是"聋人"，或者说"有侏儒症的人"，而不是"侏儒"。有些自闭症倡权者对这种看法很不满，反对把他们看成"身上附有什么东西的人"，他们偏好"自闭症者"一词，而非"有自闭症的人"。辛克莱就曾说,"有自闭症的人"这样的说法就像在形容一个男人是"有男性特征的人",或说天主教徒是"有天主教信仰的人"。

很多神经多元性运动分子质疑,现有的疗法究竟是为自闭症者的利益着想,还是为了让父母的日子更好过。自闭症儿的某些特质可能让人不得安宁,但逼一个孩子放弃这些特质,他得受多少苦?瑞宾在谈到自己的成年患者时说道:"我们不应该把自己追求成功的价值观强加在别人身上,这些人的需求真的不同。"乔伊丝有个自闭症女儿,她说:"最辛苦的地方,就是尽量不要把孩子的症状当成自恋伤痕。"换句话说,自闭症是发生在孩子身上,而不是父母身上。艾力克斯有亚斯伯格症,他建的网站"错误星球"是鼓励自闭症者及其家人的论坛,共有4.5万名用户。他说:"联结最紧密的组织,都由自闭症者的父母所创立,注重的事情也都跟自闭症者不一样,尤其如果父母认为所谓成功就是把孩子变成儿时的自己,更是如此。"尼尔曼有亚斯伯格症,大学时代就已是重要的自我倡权者,以亚斯伯格的俗名"亚斯"称呼自己。他说:"社会向来都用常态分配曲线来看事情。我离正常值有多远?我要怎样才能更融入?但是那条曲线的顶端是什么?是平庸。如果我们坚持把差异看成病态,美国社会的命运就会变成这样。"

2007年12月,纽约大学儿童研究中心以绑票信的形式,为研究中心的治疗方案制作了一系列广告。有封信不怀好意地写道:"你的孩子在我们手里,我们会确保他这辈子无法照顾自己,也无法与社会互动。这不过是第一步。"上头署名"自闭症"。另一封说:"你的孩子在我们手上。我们正逐渐破坏他的社交能力,让他走向完全孤立的人生。一切就由你决定。"署名则是"亚斯伯格症"。当时的中心主任柯波威兹希望如此一来,有精神健康问题但未受治疗的儿童就能交付给专业医生。然而许多人,包括位于自闭症光谱上的人都认为这些广告十分侮辱人,充满歧视。自闭症运动分子率先发起抵制运动,领头人就是尼尔曼。他在自己的网站"自闭症自我倡权网络"上写备忘录给成员:"这系列电视广告令人反感,利用社会最古老也最不尊重身心障碍者的刻板印象来吓唬父母,让他们不敢不使用纽约儿童研究中心的服务。虽然确诊的自闭症及亚斯伯格症常有某方面的社交困难,但我们不是没有能力,而且只要有人支持、接纳、包容我们原本的样子,我们的社交生活也可以有声有色。"尼尔曼发起了一人一信的抗议活动,并且找来美国各大身心障碍团体支持他的立场。抗议活动很快就升级,引来《纽约时报》、《华尔街日报》、《华盛顿邮报》的报道。柯波威兹大感震惊。12月17日,他坚持继续播出广告,但反对声浪越来越大,两天后广告就撤掉了。这是神经多元性运动的胜利,也是身心障碍权利运动的胜利,极富意义。柯波威兹在溃败后举办了一场线上公民大会,吸引了400多人参加。

尼尔曼并非不懂得应对进退,但你能感觉他得很努力才能做到。他说:"一般神经状态的人际互动就像第二语言。第二语言可以学,也可以说得很流利,但就是不会像使用第一语言那么自在。"高中时代的尼尔曼聪明过人但有社交缺陷,学习方式也异于常人,这让他显得既超能又无能,要找出他应该上哪些课就变得十分棘手。他说:"大家对亚斯光彩的一面有刻板印象,但一个人的学业表现不论是好是坏,你都得承认并尊重每个人的差异,还要认清人类的神经系统十分多元。从公关的角度看,弗农·史密斯有亚斯伯格症又得了诺贝尔经济学奖,是件好事;提姆·佩吉有亚斯伯格症又得了普立策奖也是好事。这些都能让人支持并尊重人类神经多元性的正当性。但如果说,一个人只有表现出特殊才能,他的不同之处才值得敬重,那就大错特错了。"2010年,尼尔曼20岁的时候获奥巴马总统任命为"国家身心障碍委员会"会长,引发猛烈批评,批评者认为,他把自闭症描绘得如此正面,国家可能会删减自闭症儿的治疗预算。

"神经多元性"一词最早由澳洲社会学家辛格提出,她的母亲和女儿都有亚斯伯格症,她自己也在自闭症光谱上。她说:"我那天去一个犹太会所参加研究班,他们希望我们想出一套超越上帝的十诫,我的第一条就是'钦崇多元'。"辛格和美国记者布卢姆所见略同,而且虽然她是第一个使用这个词汇的人,但布卢姆却是第一个发表的人,时间是1998年。辛格说:"我们当时都注意到心理治疗渐渐式微,而神经科学正慢慢崛起。我对神经科学在解放运动上的意义很有兴趣。过去女权运动和同性恋人权运动为自己人所做的事，神经科学也可以为神经状态与众不同的人做到。"自闭症光谱扩张了，自闭症者的沟通也更加密切，运动也随之加速。辛格说："对于没有网络就失去社交的人而言，网络就是种修复装置。"对任何为语言、社会规范所苦的人而言，这么一个非即时的沟通系统无异于上天的礼物。

蔻拉克以"自闭症女歌伶"之名写博客已有多年。她被诊断出有亚斯伯格症，也是倡导神经多元性的重要人物，此外还有个有自闭症及脊柱分裂的成年孩子。她说道："自闭症的孩子很爱父母，你可能得学会分辨孩子怎么表达情感，如果孩子不像一般儿童那样表达爱意，也不要放在心上。听障的孩子可能永远说不出'我爱你'，听障的父母也可能永远听不见这句话，但那并不代表听障的孩子不爱父母。许多亚斯伯格症和自闭症者只要身旁有别人，就会像神经状态及社交能力正常的人举办一场大派对一样耗费心力。"许多自闭症者一与人四目交接便坐立难安。"神经多元网"创立者赛德说她学会把目光移开，并把这当成尊重儿子的需求。反之，孩子则学会了肢体接触，有时也会抱她一下，这些她都十分珍惜。

蔻拉克认为，神经多元性的概念涵盖的远不止自闭症。她在信中向我说："有双极情感疾患、精神分裂、阅读障碍、妥瑞症等症状的人都应该'签名支持'。自闭症儿的父母在思考孩子能做到什么、不能做到什么的时候应该要讲理，也不应该预期孩子会变'正常'。自闭症者本身就有价值，而不是因为他们变得比较不自闭才有价值。"辛克莱写道："每个人和周围互动的方式都不一样。如果一味强求你所期待的正常，只会得到挫折、失望、不满甚至愤怒及怨恨。与人交往时如能带着尊重，不抱成见，并敞开心胸学习新事物，你就会发现一个想象不到的世界。"有个运动分子曾对我评论道，"治疗"自闭症者的意图有别于治疗癌症，比较像是治疗左撇子。

许多支持神经多元性的运动分子都担心一旦有了基因筛查，选择性堕胎就会造成"种族屠杀"。尼尔森有亚斯伯格症，创办了"亚斯自由"网站，他说："我不希望自己年老的时候发现，以后都不会有像我一样的人出生。"堕胎议题和本书所有的症状一样，反映了身份认同和疾病模式两者间的冲突。尼尔曼说道："我们从不说自闭症并非障碍，而是说自闭症并非疾病。只要给自闭症者受教的机会，以及发展的机会，让我们用自己的方式做好事情。"赛德则说："我从不否认，基因研究或许有可能发现有效疗法来处理自闭症者常遇到的问题。我完全赞成开发拮抗剂，这类药物可能可以矫正口腔运动功能或血清素代谢功能缺陷，减轻长期焦虑，减少过度刺激或攻击的倾向。但我还是最关心如何让这些已经存在的、位于自闭症光谱上的人过得更好，而这一群人刚好也包括我的孩子。"

有些重度自闭症儿的父母对这些口齿清晰的自我倡权者嗤之以鼻，认为他们根本不算真正的自闭症者。这里有个核心矛盾。诊断比例变高了，这有利于主张自闭症是流行病，如此才能游说政府增加研究资源。但诊断比例是因为纳入高功能自闭症者才得以升高，而这些人却往往反对前述研究。葛林克是乔伊丝的丈夫，也是《非异常心灵》的作者，该书主张根本没有流行病。他说："光谱的两端都有反科学的看法，神经多元派的人看到科学家想治疗自闭症就大感光火，而反疫苗派的人看到科学家该做的研究不做也怒不可抑。两者的前提迥异，不可能有真正的对话。他们无法和彼此对话的原因，就在于两派人士的知识论及哲学基础有天壤之别。"

因赛尔说："这是我所知最分裂、最两极的一群人。我觉得这些孩子有很严重的问题，而你一主张他们只需要别人接受他们的现状，便是严重轻视他们，也轻视自己。如果是大多数的癌症或传染病，我不认为我们会这么做，而对这种脑部功能失调的人，我当然希望我们也不要这么做。大多数父母都希望孩子的人生能尽可能丰富完满，但如果你无法自行如厕，或不会使用任何语言，就不可能活得尽情淋漓。"

"请不要写他们的事！"我提到神经多元性的时候，《谢弗自闭症报告》的编辑谢弗如此对我说。"这一小群人意见多,媒体又常关注。他们总是把自闭症说得没什么大不了。说失明不是病,就像是从盲人乞讨的锡杯里偷钱。有些人原本应该要推动政治还有社会变革,一听你这么说就以为那根本不是问题。这样会拖慢经费拨给和研究的速度。"其他批评者谈起他们更是咬牙切齿。贝斯特有个自闭症的孩子,他也是"厌恶自闭症"的博主。该博客最近贴出一只替自己口交的公猴,还附上一句"思考疫苗审判的神经多元蠢蛋"。反神经多元性、反基因论的博客"自闭症时代"则贴出一张感恩节卡片,上面是用影像处理做出的画面:艾莉森及因赛尔和不支持疫苗论的同伙正在享用感恩节大餐——一个婴儿。

赛德表示,因赛尔说自闭症"带走了孩子的灵魂",她认为这样的说法"装腔作势且充满歧视"。她进一步说明道:"我不认为他曾举出任何具体的例子证明有父母因为'过于接受现况'而忽视了孩子的医疗需求,或不让孩子受适合的教育,或放任孩子沉沦到随意便溺的世界中,或让孩子无法尽其所能学习沟通,或妨碍某些与自闭症相关的研究,不让人找出问题的成因与治疗方式。像谢弗这样的人,虚构了个无足轻重的敌人,然后说:'噢,这些神经多元派的人只不过想要放任自闭症孩子自生自灭,做的事对孩子一点帮助也没有。'都是狗屁。任何神智正常的父母都不会放任孩子自生自灭。"

另一方面,有两个自闭症孩子的温特劳布写道:"我的孩子发育不正常,并不代表我不爱他们。不管是什么问题,只要威胁到他们的未来和快乐,我都会尽一切所能帮助他们尽可能正常工作生活。注意,这里的'正常'并不是指'一个模子印出来的机器人孩子,训练成对我言听计从',而是指'像大部分没有自闭症的人一样,能够过独立、有意义的人生,能说话、能沟通、能与人建立并维持关系'。"

运动分子歌颂自闭症的某些层面,却仿佛代表所有自闭症者发言,对此有些自闭症者十分不平。米歇儿是自闭症者,他在博客上不断和神经多元性运动开战。他说:"许多自闭症光谱上的人都对社会没有好感,而神经多元论接触的正是这群脆弱的听众。自闭症者感觉自己没有价值、自我评价很低,而神经多元性则让他们有一个逃避的出口。同理,自闭症儿的状况有时可能十分严重,而他们的父母也希望眼中的孩子是没有缺陷、没出状况的。"当然,涵盖范围更广的身心障碍权运动也可能视科学为眼中钉。辛格就说:"我之所以脱离身心障碍权运动,就是因为这些人一切都讲社会学。他们讨厌生物学的程度,可以和主张神造万物的创造论者媲美。"不过,神经多元性运动分子多数时候并不反对生物学。名字既然冠上"神经"二字,就很清楚显示生物学也是他们论点的一部分。他们想探讨的,是这部分生物学所代表的意义。

这些人之所以互相嫌恶,很大一部分是因为对爱的看法各有不同。推动应用行为分析或支持疫苗论的人,都认为不接受他们看法的家庭,就是不管小孩死活。很多主张神经多元的运动分子则认为应用行为分析不人道,而疫苗论则是在侮辱人。蔻拉克就曾说,应用行为分析只适合用在动物身上。赛德则认为,父母若说自己的小孩是因为疫苗才得自闭症,无异于贬损自己的后代:"自闭症光谱上的人都中了毒的错误观念不断扩散,长期会对我的孩子产生深远影响。从科学上来说,这是一派胡言,而且隐含伤人之意。"

有人批评自闭症的运动分子表现得很自闭症,包括乖僻、专注、注重细节,天生不善于想象听众聆听之后的反应,而且除非以理性、有知识为证的理由说服他们,否则多半不太愿意让步等,这些批评未免失之天真。这些特质,多少让自闭症者无法如愿成为令人信服的运动人士,毕竟大抵而言,运动非常需要个人魅力之助。反神经多元性运动为何如此激动,则比较难解释。谢弗曾抱怨神经多元分子"眼中的我们不懂得爱人、很邪恶,而我们根本不是这样的人"。然而,在雅虎"伤害的证据"讨论串中,骂另一方"懒惰"、"疫苗野蛮人"、"贱婊子"、"只为钱做事",还有"自以为是的法西斯菌洁癖怪胎",说他们四处散播"不怀好意的公关空话"的,也正是反神经多元派的人。

史宾斯是美国国家精神卫生研究院的小儿神经科学家,她曾说:"当我们减缓了重度自闭症者的某些症状时,他们看起来确实比较开心。从临床医生的角度来看,我真的不觉得他们喜欢待在'自己的世界'。他们想要走出来。我们也希望能配合神经多元性的政治诉求，但科学和临床的证据必须走在政治的前面。"拜伦科恩表示："自闭症既是障碍，也是差异。我们必须找出方法减轻障碍，同时又尊重并珍惜这些差异。"

自闭症是一种光谱，想要套用非黑即白的原则，根本上就错了。有些人因为沟通能力不佳而感到挫折，有些人似乎不放在心上。有些人接受了口语对自己而言很难或做不到的事实，改用键盘或其他辅助科技沟通。有些人则借由仔细观察，发展出过得去的沟通技能。有些人因为社交障碍而大受打击，有些人对友谊兴趣缺失，有些人则用自己的方式结交朋友。有些人被自闭症给摧毁，有些人以有自闭症为荣，有些人则接受自闭症是生命的一部分。但这其中带有社会制约，若你经常受到轻视，那么相较于有人支持加油，就比较不可能有自信。个性也有影响，有些自闭症者生性乐观开朗，有些人比较退缩抑郁。一般神经状态的人有哪些个性，自闭症者就有哪些个性。

海曼表示："若状况很严重，当然有影响。另一部分则取决于你的生命目标，以及能否达成目标。还有你是否因为现在的想法、感受，或不满意自己现在的样子，而感到沮丧、无力。"因赛尔说："神经多元性的说法，伤害的是失能十分严重的人。至于光谱另一端的人，则可能因为这种论点而接受自己，就像我们也会受到鼓励去接受他们的独特之处。我听到这一派有部分人士的说法是，如果你愿意接受我们本来的样子，就代表你将会帮助我们尽力发挥潜能。"安娜的母亲珍妮就满怀热情地谈到前述宣言。"如果我能接受安娜宁愿穿尿布也不愿学会上厕所，就没有什么不能接受的事。要是她能发展出自我意识，足以加入神经多元性的运动，我对她就再无所求了。如果安娜有一天能够跟治疗师说：'我妈那贱女人，这一切都是她逼我的。'我会觉得我成功了。"

葛兰汀则主张，自闭症者和社会都必须调整自己。她描述无法沟通、上厕所有困难还常常自残的人有多么痛苦。"如果能够预防最严重的几种无口语自闭症，那很好。但如果你消灭了所有自闭症的基因，也就消灭了科学家、音乐家、数学家，最后只剩下枯燥乏味的公务员。我脑海中常出现一个画面：一群原始人围着火堆聊天，然后在一旁的角落，有个亚斯正忙着敲出第一个石矛，研究要如何把矛头绑在树枝上，并割下一些动物的肌腱想要绑上去。社交型的人搞不出科技。"

有人说，重度失能的自闭症者要经历种种问题，而活跃于神经多元派的人都只有部分问题。然而，有三个自闭症网站的站长共同发了声明反驳，表示他们都无法独立如厕，其中一人也没有语言能力。"我们会不停挥舞双手、弹手指、摇来摇去、扭来扭去、磨蹭、拍手、跳上跳下、尖叫、哼哼哈哈、大喊、嘶嘶喘气、啧啧咂嘴。"他们如此写道，并断言这样的行为并没有让他们不快乐。支持神经多元性运动的巴格丝有重复行为，而且没有口语能力，她在名叫《我的语言》的影片中说出她的看法："我的思考及反应方式看起来、感觉起来跟一般的概念大相径庭，有些人不觉得那称得上思考。只有当我用你的语言打出字时，你才觉得我的确在沟通。大家都以'神秘、难以捉摸'来形容像我这样的人，而不愿承认是他们自己无法理解。人之为人，有很多样子，只有每种样子都获得承认时，才可能有正义和人权。"

迈耶汀被诊断出有亚斯伯格症，现在正任职于华盛顿大学，她写道："如果自闭症光谱上的人全都'走出来'，努力让制度变得更有弹性，最后能照顾到我们所有的'特殊需求'，那么这个世界就会变成更舒适、不那么排斥异己的地方，对任何人而言都是。在那个世界中，儿童有不一样的学习方式，就像是有不同发色、发质一样自然。在那个世界中，每个人都'有口音'。"乔伊丝谈到，她女儿每回"吃力地说出不太能表达的事情时"，最后总会解释道："妈妈，我想这是因为我有自闭症。"像这样的话，20 年前有可能听到吗？而这样能够接受自我的自省能力，是否代表成熟、解放，甚至战胜疾病的里程碑？葛林克写道："每次有人因为我女儿而同情我，我都不懂为何要那样。自闭症并不是羞于见人的疾病，而是一种要去适应的障碍。这并不是污点或反映家人做得不好，而是人类各种生存方式中的一种。"

墨菲尔斯有个自闭症儿，她写道："目前还没有什么东西能让艾丹突然觉醒，能让自闭症背后那个理想的孩子露脸。反而是我想通了，我被改造了，不但能用全新的眼光看艾丹本来的样子，也能用全新的眼光看我自己。"赛德说:"'无法治愈'这四个字令人心碎,但你也可以想成自闭症很坚毅。从不同切面凝视这颗宝石,并不会贬低深度障碍的人所面对的各种难题。我想看的是事情的全貌,也包括美的一面。自闭症就像做梦的能力,都是人性的一部分。神展现了无限可能,而这就是世界各种可能当中的一种。这是人类处境的一部分,或者,也可能是人类诸多处境的一部分。"听障的药物和权利运动都不断快马加鞭,但自闭症呢?药物和运动都举步维艰。自闭症和听障不同,即便在最开明的外界人士眼中,自闭症都还未发展成一种文化。自闭症也没有语言学家承认的正式语言,更没有哪所大学有教育自闭症者的悠久历史——如果不把麻省理工学院也算进去。有了听障剧、听障社会习惯、听障俱乐部等制度机构的支撑,听障人士声明有自己的文化,而这一切在自闭症世界中却付之阙如。自闭症背后的科学十分复杂,也就代表自闭症的医学进展要超越身份政治诉求,还要等待。但是神经多元派人士应可从听障模式中清楚看出,他们是在赛跑,而他们最大的优势就是另一方的脚步慢如乌龟。然而,自闭症者无可置疑的实际贡献也是自闭症的另一个优势。虽然"回溯诊断"的科学根基并不稳固,但仍指出莫扎特、爱因斯坦、安徒生、杰弗逊、牛顿等无数具有前瞻视野的人物,若在现代都有可能被诊断为自闭症。试想,世界上如果没有海伦·凯勒,大部分的人可能不会觉得多遗憾,但如果世界上没有这几位天才,每个人的生命会变得多贫瘠。

比尔·戴维斯生长于纽约布朗克斯区,从街头帮派一路混到组织犯罪。1979年的某一天,有个一心想当模特儿的女孩走进他管辖的夜店。"她从花瓶里拿出一朵康乃馨,插在我的衣襟里,然后说:'你跟我是一对。'我们从此在一起。"他说道。10年后,比尔跟洁搬到宾夕法尼亚州的兰开斯特,在那里生了女儿洁西。5年后两人的儿子克里斯也出生了。洁在家陪孩子,比尔照管酒吧。克里斯到了两岁便不再说话。2岁半的时候,他开始在角落里前摇后晃。洁知道事情严重了,虽然她没有驾照,但某天早上还是表示她要开车载克里斯去费城的滨海院,那是一家儿童医院。她在那里没有得到满意的答案，两天后她说："我要去巴尔的摩的肯尼迪·克里格研究机构，如果没效，我们就去新泽西的哈登菲尔德，到班克罗夫特学校去。"比尔说："你不能无照驾车到处跑。"第二周她就通过驾照考试。比尔说："我后来发现，这些地方都是全国顶尖的，但她是什么时候发现，又是怎么发现的？而且竟还同时学会交通规则？"

克里斯不睡觉，常摆动双手，自残，把粪便抹得全身都是，还拿粪便丢父母。他咬自己，抠眼珠，盯着天花板的风扇看，一看就是几小时。洁以直觉看出克里斯需要无比的耐心。他觉得难的是要用循序渐进的方式教他，包括亲密关系。她和比尔把每件事都分割成许多小任务。比尔说："我们会说，'我可以碰你吗？''喔谢谢，你真棒。'他不肯走到下一个路口，我就带他走到一半，然后说，'走得真好！'"

克里斯不太能理解因果关系。他喜欢车子移动的感觉，一停下来等红灯他就尖叫。洁做了红色和绿色的卡片，每回车子接近红灯时，她就给克里斯看红色的色卡；车子要开动时，就给他看绿色的色卡。一旦他明白了中间的关联，就不再尖叫了。洁推断，孩子可以吸收视觉信息，于是她想出了一套闪示卡和符号系统，"我一直在注意他都看了哪些东西。"她对行为学家卡邦的研究很感兴趣，于是开车到宾夕法尼亚州州立大学，去他的办公室堵他。他说："女士，我得走了。"洁说："你不懂。除非你答应帮我，不然我不会让你走出办公室。"在纠缠了一个小时之后，他告诉洁，她可以来上他的下一门课。她在那儿待了一周，然后花了几年的时间用他的方法发展出许多有用的变化。卡邦对这些调整后的方法非常有兴趣，还派了一支团队到兰开斯特去观察她怎么带克里斯。克里斯6岁时，洁开始接收其他的自闭症儿。她发现其中有个不会说话的男孩喜欢钟，于是买了几个钟给他，还赞美他有这样的兴趣。有一天，男孩突然对自己说："胡安，做得好！"从此开始说话。

洁雇用了富兰克林与马歇尔学院还有罗格斯大学的实习生来帮忙实施她发明的技巧，在她家辅导并指导这些实习生。她在克里斯的房间架设了几部相机，替这些实习生录影，这样他们做错了她才能纠正。她还带他们去参加会议以及训练课程。他们申请研究所的时候，洁为他们写推荐信。克里斯长大时，洁已经训练了四十多名实习生。当地的其他家庭逐渐知道她的课程后，她也开始派学生去其他家庭实习。

洁不愿意相信克里斯若到了 5 岁还不说话，就永远也不会开口。克里斯在 7 岁开始吐出几个字词，10 岁已能说出短句。他学会把美国总统的相片和他们的名字配在一起。为了让他学会数学以及如何数钱，洁还制作了数学游戏。我第一次看见克里斯的房间时，里面全是学习教材，用来学数数的串珠和弹珠从束口袋里溢出来，一个档案柜里放着 500 多张自制的闪示卡，到处都是乐器，还有一柜又一柜的碗，碗内放着各式各样的东西，从硬币到芝麻街塑胶怪物都有。此外，还有 400 多卷录影带堆在房间周围，挤在柜子里，塞在东西下方或旁边，简直就是卡带版的亚历山大图书馆。

每次有新的实习生来，洁就会说："这里有 200 元。你到隔壁房间去，我们在里头藏了某个东西。你得猜猜是什么、在哪里。"然后那个人走进昏暗的房间，其他实习生则开始尖叫、喷喷咂嘴、胡言乱语。新实习生越来越烦，最后会说："我不懂你们在干吗？你们想要什么？"然后洁就会说："快，去找，找到我就给你 200 元！"等那个人终于愤而离开，洁就会说明："自闭症儿的日子就像这样。"

比尔看洁这么投入，也不甘示弱，一手包办跟州政府打交道、申请治疗补助。比尔回忆道："地方上的学校都碰到过激动的父母，父母会说，'我孩子需要 40 小时的治疗。'学校的人会说，'抱歉，没办法。'我则会说，'听着，在埃瑟里奇对柯林斯的法院判例中……'他们都很讨厌我。但我从小在纽约爱尔兰帮派的大本营长大，我当然不怕一个兰开斯特的学校老师。"比尔和洁如果能够证明两人在家所做的事比学区的课程更适合克里斯，学区就必须提供经费。比尔算出了年度预算：教材的花费、工作坊的成本、实习生的薪资。同时，开发各种治疗法已经成了全家人的功课。克里斯的姐姐洁西会拿来两个一样的乐器，例如说三角铁，然后在桌子底下敲奏，接着她要克里斯也敲同样的乐器。这个训练法背后有一套原理，洁曾经跟洁西解释过。学区委派的第一位心理学家到家里审查这家人提出的要求时，问 8 岁大的洁西："你在干吗？"她回道："收集声音辨识的资料。"心理学家告诉学区的委员会："戴维斯家懂的比我还要多。他们申请什么，就照准吧！"

然而，由于戴维斯一家人没有健康保险，所以还是有很多东西要自费。克里斯上体操课、语言课，去医院做检查，还要向许多医生咨询，都没有纳入医疗补助项目。比尔说："我做 4 份酒吧招待的工作，每周带回家的工资有时可以到 2500 元。可是，我对天发誓，我们还是付不起房租。山穷水尽的时候，我就在酒吧募款。我会去费城人队要到一颗棒球，去飞人队要一根冰上曲棍球棒，然后拿到酒吧卖，一次募到 6000 元。"

克里斯和很多自闭症者一样，也有肠道问题。上厕所对他而言是酷刑，他常常能憋多久就憋多久。比尔说："于是便意一直累积，然后接二连三爆发，他会说'洗澡'，然后抱住我。我把他清理干净，然后消毒房间。老天，真够脏的。里头堆满老影片，他还踩在上头，而且他刚刚还在那儿撒了泡尿。太恐怖了。可是只能这样。"他们家感觉既肮脏却又同时洋溢着爱。比尔告诉我，洁的童年过得很苦，因此有机会在完美的家庭中抚养孩子，一直是她宝贵的梦想。"要她放任屋子变成这样，那可是真的下了决心。"他说。

克里斯 9 岁时，戴维斯夫妇决定让他进入学校体制。学区同意由洁训练戴维斯的老师。克里斯入学前那年暑假，他的导师来到家中。"她心胸非常开放，很愿意学，而且人很好。我知道自己可以跟她合作。"洁说道。那年秋天，克里斯入学了，班上还有两个小男生，洁训练过的那位老师，以及 4 位助教。

克里斯入学之后，洁开始说她很累。"她常常早上 6 点起来，半夜 3 点上床睡觉。总是在写东西，总是在上网，总是在打电话，总是到处跑。所以她竟然开口说，'你能送他去吗？'我很惊讶。"后来她终于看了医生，她才 45 岁，就长了恶性的宫颈肿瘤，有葡萄柚大小，而且已经转移到肺部还有脊椎，有个肾脏已经失去功能。她还有轻微的心脏病，而且还因为内出血太多,必须紧急输血5小时。

我认识洁时,医生宣告她只能再活5个月。护士到家里替她做化疗,洁希望这样能多争取一些时间。即便没了头发,而且有些瘦弱,她还是很美,而且有一种温柔的气质,正好和比尔的粗犷形成对比。虽然她的状况不好,但她还是坚持要我去拜访。她对我说:"我运气好,克里斯已经开始上学了。他已经准备好照顾自己。他需要什么,比尔一定会帮他。我能用他的眼光看事情,但比尔却能体会他的感受。我该做的都已经做了。"她原本安了一个闭路电视的系统,用来监督克里斯的老师,现在系统还在,所以她不必起身也能看到楼上他房间内的一切。"对我来说,这样的经验真是太奇怪了,所有事情都挤在一起,我不行了,克里斯去上学了。其实,比起克里斯,我还更担心我女儿和丈夫。说真的,克里斯只是个快乐的孩子。不过,要让他理解什么是情绪很难,我很努力要让他知道以后不会看到我了。"

克里斯一度变得很暴力,多半冲着比尔,他会咬他、捶他、用头撞他。但他前阵子把很多的影片搬下楼,和影片窝在一起,陪着病榻上的母亲。我到的那天,洁吃了药,充满哀凄惆怅,而克里斯很烦人、很吵,不断打自己和身旁的东西。"不要打爸爸。"比尔说道,一手抚平克里斯紧皱的眉头,另一手牵着洁的手。然后克里斯突然用他含糊的口齿对洁说:"我爱你。"接着把头放在她的胸前。

我见到她10天之后,在10月某个安静的午后,洁过世了。她把自己的教材都留给帮助过她的几所大学。比尔说:"把东西全写下来也没用,真正重要的是洁本人,而不是我记录的东西。"洁过世前不久,兰开斯特市颁给她"红玫瑰奖",肯定她的贡献。曾经质疑过戴维斯家教育需求的"中间单位"宣布,每年将赞助10个家庭参加全国自闭症大会。富兰克林与马歇尔学院宣布举办"洁·戴维斯实习计划"。宾夕法尼亚州州立大学则宣布成立"洁·戴维斯父母奖学金"。至于"自闭症研究组织"则创办了"洁·戴维斯纪念奖"。

比尔坚忍地走过伤痛。"克里斯被诊断出有自闭症那天,我俩的婚姻就已经完全改变。我们很少做爱,很少有亲密或浪漫的时刻。如果两人出外用晚餐——大概一年才去一次，谈的也是克里斯。有些事就这样取代了另一些事。如果克里斯永远不工作，也不结婚，那又怎样？让克里斯做自己。所有的一切都是克里斯教的。他教我们怎么应付他、他怎么学习、怎么让他过自己的生活。前两天晚上，我们开车去一个他母亲和他以前常去的地方，然后他就哭了起来。我知道原因是什么。我儿子不是一个谜。我确实知道他是什么。"比尔一直很喜欢纹身，他开始把克里斯的障碍纹在自己身上。他的胸前刺了"自闭症"，还有一个超大的自闭症拼图丝带，那是"美国自闭症协会"的标志，以及"解开自闭症"组织的标志：一个U、一个A、一把钥匙。

我和比尔失联了一阵子，后来再次碰面时，比尔说道："洁把克里斯逼得太紧。洁一过世后，他就说'不去学校'。我想，如果他真的只想要每天看电视，我们应该不断逼他做别的事情吗？"比尔因为克里斯旷课而遭到起诉。这家人被洁的医药费给拖垮了，无家可归，有阵子就睡在兰开斯特的公园长椅上。洁过世后18个月，克里斯成熟了，乱涂粪便的状况不再出现。他开始了解，世界有一套和他不一样的规则，而他必须遵守。我们几乎可以说，他需要一位严母无微不至的呵护，才能走出来和外界沟通，但要让他看到沟通的目的，则需要父亲的窘迫处境。仿佛母亲给了他语言，而父亲让他开始使用语言。

比尔坚称克里斯有语言能力，对此我一直难以置信。他只偶尔表现出能理解几十个词汇，而且大部分的时候只说名词和死背起来的短句。我最后一次去拜访的时候，看到他在电脑上打出复杂的句子，吓了一大跳。我坐在那里，看他登入拍卖网站，开始搜寻影片。克里斯其实认得很多字，只是并没有表现出喜欢用字词和人沟通的样子。不过他情绪方面的能力也有所成长。我一走进去，他就开始挥动双手，并且发出高频率的声音。我以为他是起了戒心，但后来我坐到沙发上，他也跑过来窝在我身旁。

葛兰汀形容自己是"火星上的人类学家"，后来神经科学家奥立佛·萨克斯把这个词借去当自己的书名。但克里斯就像是火星人，置身在挤满人类学家的房间。比尔说："我怕他其实一直都能感受到这一切，就把这些都跟他说了,还跟他说我全心、毫无保留地爱他。只是以防万一。"假定人类天生就向往渴求有人爱自己、赞美自己、接纳自己,这算不算是一般神经状态人士的偏见呢?

现在有两派传说,走向相反,但造成的问题却几无二致。一派传说源于自闭症父母的各种奇迹记录,其中最为极端的,是记叙美好的男孩女孩从病痛当中走出,仿佛一切不过是冬霜,春阳一出自会消融。经过父母轰轰烈烈的英勇战斗之后,他们蹦蹦跳跳走向开满紫罗兰的春日田野之中,语言能力完全正常,率真迷人,洋溢着清新的喜悦。这样的故事给人错误期待,完全抹杀了家中有人诊断出自闭症所面对的煎熬。另一派传说的主要剧情是孩子并未好转,但父母却不断成长,最后不再想要改善他的状况,反而加以歌颂,而他们对于这样的转变也十分满意。这同样粉饰了很多家庭面临的困境,也可能让人看不清自闭症的各种真实缺陷。虽然许多自闭症者的生活仍然神秘难解,但家中若有自闭症儿,日子是众所周知的辛苦。社会的歧视的确让处境更艰难,但如果说一切都是社会歧视所引起,未免失之天真。家中若有孩子从不用你能理解的方式表达爱,让人万念俱灰;家中的孩子若整晚不睡,你得随时随地守着,他还时时尖叫闹脾气,却又无法表达自己为何生气,这些经验会让人不知如何是好、难以招架、筋疲力竭,而且得不到回报。治疗及接纳双管齐下可能减轻这些问题,搭配的比例依个案的状况而定。重点是,切忌一心只想着治疗,或一心只想着接纳,然后就一头栽下去。

身心障碍的世界有很多杀害子女的案例。那些结束家中自闭症儿生命的人,通常都说自己不想再让孩子受苦。如果有人质疑自闭症权利运动,只要看看这些故事,就能明白主张自闭症者的生存权,的确是当务之急。

1996 年,6 岁的查尔斯-安东尼被母亲杀害。他母亲没有入狱服刑,而是在中途之家服务了一年,之后还获蒙特利尔的自闭症协会推选为民众代表。1997 年,7 岁的卡西不愿从桥上跳下去,被母亲用浴袍的带子勒死。"她格格不入。因为她跟别人不一样，所以大家都很怕她。我很久之前就想动手了，我不该拖这么久的。"她母亲因杀人而被判18个月有期徒刑。1998年，皮耶被母亲推到水里淹死，他母亲被判3年缓刑。1999年，小詹姆士4岁，在所住的安置机构被父亲持刀刺死。老詹姆士被判5年有期徒刑。同年，13岁的丹尼尔被母亲活活烧死，而他母亲被判刑6年。2001年，加百列6岁，被父亲拿东西闷死，尸体则被丢进湖里，后来他父亲对一项较轻罪名认罪，被判4年。同样在2001年，雅德维加掐死自己13岁的儿子强尼，她被判关入精神病院。法医表示，她"对于优秀的标准极为严苛，可是她再也无法达到"。2003年，安洁莉卡的母亲尤安娜本想将她电死，后来把她压入水中淹死。尤安娜被关了3年。泰伦斯被母亲和教会的教友送去驱魔，结果窒息而死。有个邻居在描述驱魔过程时提到他母亲的表现，说："他们压住他，过了快两个小时，他几乎无法呼吸。然后，虽然那孩子几乎无法说话，但他母亲说恶魔借着他的嘴说话了，他说：'杀了我，把我拿下。'她说教会的人告诉她，那是治好他的唯一办法。"后来母亲以不起诉处分，但主持驱魔仪式的牧师则被判两年半有期徒刑及处1200美元罚款。2003年，丹尼拉掐死自己10岁的儿子杰森，后来遭判缓刑5年。她的丈夫哀恸不已，在作证时表示："一直到那天为止，她都是任何人梦寐以求的完美母亲。"2005年，派崔克36岁，被母亲用东西闷死，他母亲被判2年缓刑。同年，珍开枪射死27岁的自闭症女儿莎拉，然后放火烧了房子，连自己也一起被烧死。《辛辛那提问询报》说两人都"死于无望"。2006年，克里斯多福被父母关在家中烧死。两人各判6个月徒刑。2006年，荷西拿刀划开儿子尤里西斯的喉咙。他打电话报警，说："我再也受不了了。"荷西坐了三年半的牢。黛安杀害了5岁的儿子布兰登。验尸报告指出他死于头骨破裂，以及过度服用泰诺止痛药。他的两腿布满烫伤的伤痕——他母亲为了管教他，常把他泡入滚水中。她被判刑10年。2008年，雅各被父亲开枪射杀。他父亲以丧失心神为由，拒不认罪。

从上述的判刑可以看出，法院一贯认为杀害子女是养育自闭症儿的压力所导致，虽说不幸，但其情可悯，量刑多半很轻，且法庭及媒体多半相信犯人的自白：杀人是出于无私利他的动机。莎维亚在毒死 6 岁的自闭症儿子后说："要我眼睁睁看着我的儿子慢慢变成傻子，我实在办不到。"法官希望能从轻量刑，劝说道："她真正的惩罚，是必须活在自己罪行的阴影之下，只要活着一天，就会被记忆纠缠。"在谈到查尔斯安东尼的谋杀案时，蒙特利尔自闭症协会的会长表示这起案件"于理不容，于情可悯"。萝拉说："许多家庭都跟我们谈过，他们说，'我们都有不可告人的黑暗念头。'"卡蜜有个自闭症的孩子，她写道："把康复歌颂成传奇的同时，我怕我们也设下了无法达到的高标准，让 50 万名自闭症儿的父母觉得自己很失败。"卡蜜继续写道，自闭症的孩子可能可以有长足的进展，但如果你的预期是完全康复，也就是期待"孩子没有自闭症应该有的样子"，就会让"情绪陷入危境"，甚至可能动手杀人。

然而，孩子死了便拍拍手走开，这种行为以无私来形容，其实大有问题。有项量化研究显示，杀害身心障碍儿的父母当中，有将近一半的人并未服过刑。约尔是成年的自闭症者，他在博客上写道："若有人感冒了，虽然你也可以结束他的性命，让他不再受感冒之苦，但比较合适的做法还是提供医疗协助，让他们多休息、多喝水，还有多关心他们。如果酒驾意外撞死无辜的儿童都要关上一辈子，那么为人父母计划谋杀自己的孩子，当然应该要判处同样的刑责。"

把身心障碍全然视为疾病，认为身心障碍完全与身份认同无关，是很危险的事，麦卡伦医生的话便证明了这一点。2008 年，她在闷死 3 岁女儿凯蒂后解释自己为何这么做，她说："自闭症把我掏空了。也许我可以用这种方法治好她，她在天堂里会是个完整的人。"麦卡伦的朋友说："麦卡伦没有一晚能好好入睡。她每本书都读。她这么努力。"凯蒂的祖父对这样的辩解大为不满，他写道："有些报纸报道这么做是要结束凯蒂的痛苦，我跟你保证凯蒂一点也不痛苦。她是个漂亮、珍贵、快乐的小姑娘。每一天都有人给她很多爱，而她也用拥抱、亲吻还有笑声来回应。我读到一些人的言外之意都是要我们宽恕杀害我孙女的凶手，我绝对无法接受。"又有一次，他说："如果这些人都是自闭症的'倡权者'，那么'反对者'会是什么样子，我连想都不敢想。"

德雷克是"还未死"组织的研究分析师,他写道:"6月9日,《芝加哥论坛报》登出麦卡伦一案,标题是《杀女案引发各界关注自闭症的苦果》,从标题便可明显看出该文的主旨。文章花了很多篇幅悲悯麦卡伦,并从负面的角度谈论自闭症。相较之下,描述受害者及哀悯家属的心声就短多了。"《融合每日快报》的编辑雷诺兹就撰文谈过这类报道。"每次一有这样的案子,邻居和亲戚都说凶手是慈爱、全心奉献的母亲。每一个案子,凶手都被描绘成受害者,孩子有身心障碍,而社会福利制度又无法提供适当的协助。"雷诺兹埋怨,有人利用这类谋杀案来获取治疗课程的补助,并担心这"将更让人认为,这些孩子是父母及社会的沉重负担。杀童就是杀童,没有任何理由可以合理化这种罪行,也不应该同情杀人凶手。这些女人除了杀人之外,还有无数的选择"。

其他人若听到有人声称父母有无数的方法可以面对自闭症儿,恐怕会大力反对。其实,这些最后对孩子下了狠手的父母,很多一开始曾努力寻找安置孩子的设施,结果却落空了。海蒂曾经想和5岁的孩子同归于尽,最后未遂,她说:"这个世界从家人到教育制度,所有人都不断拒绝扎克,我不能让他活在这样的世界。"约翰一度想要杀死26岁的儿子理查、妻子,然后自尽,但没有如愿。审判结束之后,他才终于替儿子找到安置机构。他太太说:"原本已走投无路,非要等到有人快送命了,他们才终于找了个地方安置理查这样的人。"上述这类凶杀案发生时,我们多半很痛惜,显示我们多少觉得自己对这些父母也有些责任。如果真如此,我们就应该要给他们及他们的孩子更多支持,让他们在走到尽头前有更多选择。我们需要短期照护,还有免费且令人满意的住宿型安置机构,还需要用正面的态度谈论自闭症,如此一来,父母才不会急于终结自闭症,即使牺牲孩子,也在所不惜。

自闭症儿的父母多半睡眠不足,也往往因为医疗费用而一贫如洗。他们的孩子随时需要有人照看,让他们无法招架。他们很可能离婚了,而且与外界隔绝。他们可能得花无数时间和医保机构及地方教育当局作战,为孩子争取资源。也许为了处理紧急状况而太常缺勤,因此失去工作。孩子可能会破坏东西或者有暴力行为,因此他们和邻居的关系也多半不好。压力会使人走上极端，极端的压力则会使人触犯社会最重大的禁忌：杀害自己的孩子。杀害家中自闭症儿这件事，有些人表示是因为爱，有些人则承认是出于恨，或是愤怒。黛博拉杀子未遂，她向警方自首道："我等了 11 年，等不到他说，'妈，我爱你。'"情深则迷，这些父母这么做，大多出于激烈的情绪，硬要区分那是爱抑或恨，乃是不当约化。父母当局者迷，不知所感为何物，只知感受强烈。

遇害的美国自闭症孩童中，有一半是父母下的手，而这些父母中，又有一半的人声称自己这么做出于利他之心。社会对这种说法的包容已经出现可怕的后果。犯罪学家经常指出，生物伦理学家使用"利他"一词，不只使杀害子女的案例增加，也使凌虐案件更常出现，使原本就有暴力倾向的父母更加肆无忌惮。若有哪个案件轰动社会，大家也支持犯罪的动机是出于无私利他，之后往往会有人仿效。美国联邦调查局的罪犯侧写员认为，像这样的杀人案，真正的动机常是权力欲和掌控欲。法院从轻发落，无异于告诉社会大众、父母以及自闭症者，自闭症者的生命价值比其他人要低。这套逻辑和优生学十分类似，令人心惊。

第六章　精神分裂症

　　唐氏综合征在孕期就会得知，也因此伤害从一开始就可能破坏父母与胎儿的感情。自闭症的难题则是在幼儿期出现或发现，当父母发现孩子出现变化时，通常已经对孩子产生感情。精神分裂症带来的冲击则是，这种症状多在十七八岁或二十岁才开始显现，而父母必须接受这十多年来所认识、钟爱的那个孩子，恐已找不回来，即便孩子表面上看起来仍是同一人。一开始，几乎全世界的父母都会认为精神分裂症是入侵者，像一层遮蔽物掩盖了自己钟爱的孩子，因此必须设法把孩子从捆绑中释放出来。但其实，精神分裂症很可能跟阿尔茨海默症一样，不是一种"外加"的疾病，而是一种"取代"和"删除"的病。这种病并未遮盖原本的那个人，而是在某种程度上除去了这个人。然而，有些陈迹旧痕还是会残存下来，个人生命史中顽强的部分尤其明显。这么说是因为，罹患精神分裂症的人往往会记得孩提时发生的事，而那时精神疾病的影响还不显著。他会告诉父母他们做过（或努力做过）哪些对的事情，一如他们会说出受过的创伤。他会记得表亲堂亲的名字，也能保留某些技能，也许是打网球时一记厉害的反手球，也许是感觉惊讶或讨厌时能竖起一边眉毛。也许还能保留其他特质：幽默感、讨厌吃西兰花、喜欢秋天的阳光、更喜欢使用圆珠笔。他最基本的人格特质也可能会存留着，例如待人和善。

精神分裂症残酷之处在于，哪些事物会消失而哪些不会，毫无道理可言。精神分裂症可能会让人丧失情感能力，因而无法和人建立关系、爱人或信任他人，可能是让人无法完全运用理性来思考，也可能是失去专业工作能力。患者有可能失去自理生活的基本能力，还可能丧失自我察觉及清楚分析的大部分能力。最广为人知的一点，是患者会逐渐迷失在另一个世界的声音中，误以为这个声音来自外界，而他和这些声音的关系，会变得比真正的外在世界更真实、更重要。这些声音多半很残酷，还经常鼓励患者做出奇怪或不适当的举动。听到声音的人多半很害怕，几乎全都变得偏执。有时，患者还会同时出现幻视及幻嗅，他的世界因此变得充满实际威胁，他像是陷入无边地狱，无从逃脱。奇怪的是，很多患者会逐渐和妄想的对象建立感情，不过虽然如此，非妄想的世界逐渐淡去仍让他们孤单无比，仿佛永远隐居于某个危险的私人星球，永世不得离开，也不得有客人来访。有5％～13％的精神分裂症患者会自杀。不过，从某个角度来说，死亡还是苦难中最轻微的部分。有个精神分裂症患者罗杰最后自杀了，他的妹妹就说："最后，罗杰的死，我母亲放下了；但他所经历的人生，我母亲永远也放不下。"

世界上最悲惨的事，莫过于把梦境视为真实。能够从睡梦中醒来，逃离那令人恐惧的噩梦，伸懒腰迎接崭新的一天，那种轻松的感觉实在幸福。精神疾病很可怕，会打乱患者区分自我和现实的能力。幻想与现实之间原本有层隔膜，而精神分裂症患者的隔膜却千疮百孔，因此想到一件事跟经历一件事变得几无二致。患者在早期往往有抑郁症的症状，这是因为精神疾病本身就让人痛苦，同时也因为患者脑中的想法在本质上就很令人绝望。这个时期自杀的可能性最高。之后的阶段，患者整体情绪反应的能力都降低了，看起来可能会很茫然且没有喜怒哀乐。

访问精神分裂症患者的时候，我发现状况严重的人似乎都不会自艾自怜,这跟我接触过的抑郁症等精神失调患者大相径庭,后者经常唉声叹气,我本人也是其一。精神分裂症患者在初期阶段确实会害怕、悲伤,但久病的人却不会如此。他们会抱怨某个妄想,或因为无法自理生活而觉得内疚,却很少怪罪疾病本身。很多人原本正要迈向美好人生,例如有个面貌姣好的女性,她父母总念念不忘她原本可以尽情谈恋爱,但她本人却似乎未这样想。有个年轻人性情温和、高中时人缘极佳,他父母告诉我,他若有一辈子的朋友会有多快乐,但他本人从不这么说。有个男人首次发病时正在哈佛就读,成绩优异,但他从未抱怨自己错过了大好事业,为此遗憾的是他的父母。疾病仿佛把这些患者和上述的人生完全切割开来,所以他们对人生浑然不觉。面对疾病,他们有种坚定的雍容,我无时无刻不觉得感动。

我一认识哈利·华生,他就推翻了我对精神分裂症的原有印象。他已年届三十八,却俊美得难以置信,态度坦率,令人如沐春风,言谈平易近人且妙趣横生,倘若我事先不知情,根本不会察觉任何异样。当时他正参加姐姐帕米拉的宴会,同行的还有他母亲凯蒂。帕米拉事业有成,凯蒂有股与生俱来的优雅气质,以及自然流露的智慧。电影《费城故事》若缺临时演员扮演上流家庭,这三人简直浑然天成。凯蒂日后告诉我:"我想他一直希望这件事能比实际上更有趣。他一开始是大量冒汗,第二天便几乎下不了床。"

哈利除了帕米拉这个同母异父的姐姐,在父亲比尔那里也还有两个同父异母的姐姐。他1969年出生于加州,是4个孩子中的幺子,也是唯一的儿子,集家族的宠爱于一身。凯蒂说:"他棒球打得极好,10岁左右,教练要他当投手。哈利说,'我觉得自己没办法承受那种压力。'这句话从10岁孩子的口中说出来,是不是很怪?他也告诉过我,即使在那么小的时候,他也已经觉得有点不对劲。"

帕米拉是小说家,也是记者,她说:"这样的故事大家也听多了。他过去确实是天之骄子,擅长运动、人见人爱,是大家追捧的对象。他12岁时,我母亲和他父亲(也就是我继父)离婚了,那一年我正好离家上大学。他父亲的家训是不可以表现出软弱的样子，所以哈利虽然觉得自己不对劲，却只能隐藏起来。"哈利高中毕业之前仍有朋友，看起来也像是正常的青少年。凯蒂说："他表现出来的样子比实际状况好，所以即便经过诊断，他的几个治疗师也没能看出他真正的状况。他现在仍然觉得，如果他表现出正常的样子，世界也会用比较正常的方式对待他。也就是说，他并没有获得足够的帮助。"

帕米拉说："我们有很长一段时间不知道发生了什么事，所以并未采取行动，没有替他安排合适的治疗。结果很惨。我继父替他找了一个贪心、无能又缺乏医德的心理医生，我们都不知道哈利的状况有多糟。哈利一直要到多年后住院治疗，才发现那家伙是江湖术士，这简直伤透了他的心。之后他再也无法像原先那样信任其他治疗师。"要辨识精神疾病需要循序渐进的过程。帕米拉说："有很多年，哈利不论说了或做了什么不太对劲的事，我都没放在心上。我 24 岁那年他满 18 岁，变得郁郁寡欢、心事重重。我母亲劝我回家过圣诞节，趁机跟他聊聊。我们就关在他房里整整 6 小时。他跟我说所有人都认为他是同性恋。他很确定他女友也这么认为，他所有的朋友这么认为，就连我母亲和他父亲也这么认为。我说，'这太离谱了，没人认为你是同性恋。'他吐露了真心话，看起来也解脱了，而我也很开心自己能帮上他的忙。现在回想，那其实是非常复杂的长期妄想。他真的需要好好治疗。"哈利进了罗林斯学院，主修哲学，也修了心理学，凯蒂说："他显然想了解自己是怎么回事。"第二年圣诞节，帕米拉和哈利去棕榈泉找哈利的父亲和几个姐妹。帕米拉说："哈利非常凶。一天晚上，他突然宣布他跟我一个妹妹一起吸了迷幻药，吸了以后才发现，自己的脑袋一直都像吸了迷幻药。基本上，那算是宣告他有精神分裂吧。"不过，哈利虽然在 1992 年毕业时出了几件奇怪的小插曲，但似乎都还能撑着。

毕业后 4 年，他的精神病首度全面发作。他很畏惧自己脑内的思维。1996 年春天，他住进旧金山的兰利·波特精神病医院。凯蒂说："他当时疯得很严重，我不知道该跟他聊什么，于是我们玩起了拼字桌游。他手指着街上的一辆厢型车，说那是 FBI 藏匿设备之处。他认为护士都打算毒死他，他不想吃药。他入院之后，我去了他的公寓一趟，乱成一团，仿佛反映了他脑内的状态。"

哈利在医院住了10天，出来后，找到一份计算机程序设计的工作。凯蒂说："一开始还算顺利，过了一阵子，他开始说自己的公寓遭到窃听。原来他自行停了其中一种药。我说，'你来我家过夜吧！'他说，'你家也遭窃听了，我告诉你信号发送器藏在哪里。'于是他把我带去洗衣间，指着一个地方，说东西就在那儿。于是我又把他拖去兰利·内波特医院，之后几年状况就这样反反复复。他一离开医院，三天内你就可以发觉他自欺的情况越来越严重。"战线逐渐失守。帕米拉说："不幸的是，到那个时候，那些声音已经控制住他。那些声音这样全天候轰炸，你怎么打得赢？父母能及早发现孩子的心理疾病至关重要。如果我们在他15岁就发现不对劲，结果可能会不一样吧？我们却是直到他30岁，那么无助、惊恐、以为所有妄想都是真的之后，才带他去接受治疗。"

凯蒂那一年仿佛坠入了地狱，而且越堕越深。她说："他父亲在那帕有栋房子。1997年哈利去那里度了周末，然后就不肯离开。将近一年之后，有一天我出现在那里，他看到我便尖叫，'你在这里干吗？'仿佛恶魔附身。我说，'我跟你爸觉得你应该要回城里，定期去看医生，跟我一起住在家里，然后吃药。'他说，'我不要。'我说，'你不要的话，我们就把你赶出去，让你流落街头。'我很怕他就这么办，所以找了私家侦探四处跟着他，确保他不会出事。他原本就偏执，妄想FBI的人在跟踪他，现在我竟还找私家侦探跟着他。他对着我大吼，说他有多恨我。48小时之后，他搬回家。"帕米拉回忆道："哈利还有酗酒的问题，在那帕的时候他喝个不停，龙舌兰一瓶瓶地喝，喝到不省人事为止。他还活着真是奇迹。他喝着喝着就会抑郁起来，这时便开车上金门大桥，有时就站在桥上，想着要不要跳下去。他说有一次他差点就跳了。但他不喜欢冒险，所以他的自杀倾向可能没我们想的那么强烈。"

从那帕回来之后几个月，哈利回到家，凯蒂大松一口气，但又难以承受他疯得这么离谱。凯蒂说："有时我带人回家，却不知道他什么时候会冒出来。他经常自行停药，结果又得住院。我会不时去他房里转一转,这跟进入药虫的房间刚好相反,我若没看到瓶子反而会紧张。"他很快就搬回自己的公寓。凯蒂说:"我会去按门铃,但他不会应门,所以我就自己进去。我得走上非常陡峭的楼梯间,然后他会出现在上方。我很确定他不会把我推下楼梯,但他会尖叫,那叫声很可怕。"帕米拉说:"他变得很胖、很凶、很爱生气,任何人说什么他都不信。他常一脸明显的轻蔑,跟他说话很痛苦。他就像歌手吉姆·内莫里森晚年的样子,成天窝在家中,在沙拉碗里装满意大利面,然后坐在电视前面吃。怎么看都无法想象他要以什么方式、样子、形态来好好活下去。"

从那帕回来 3 年后,哈利 32 岁,凯蒂想让他重新开始,于是选了哈佛附设的麦克林精神医院。帕米拉说:"把他从旧金山带到麦克林真是了不起的成就,我还是不太知道我母亲是怎么办到的。哈利那时成天缩在他旧金山那个小小的洞里,而我母亲只能劝他过去,因为她在法律上没有任何权力强迫他。"哈利成了医院长期住院的病患,开始吃新药,也开始看治疗师,同一个人一直看到现在。哈利个子不高,当时的体重却有 100 千克。医生说服他,说这样不时髦也不健康。6 个月后他开始节食,也开始跑步。每回他在麦克林医院种满青草的院区短跑冲刺时,其他病友就会哼起电影《洛基》的主题曲。

凯蒂说:"拖着沉重的身体行动,真是为难他了。接着我突然想到,为什么院内没有健身中心?"于是凯蒂募款建了一个,哈利协助选器材。凯蒂之所以这么做,有部分是因为她相信健身有益身心,但另一部分是这样她就有借口常常进出医院,又不会让哈利看出她是来查勤。现在健身中心每个月有七百多人次使用。哈利住进麦克林之后瘦了 27 千克。帕米拉说:"他每天跑步,也肯开口谈自己的病情。说真的,和他离开旧金山之前的状况相比,他现在的状态真是光明得难以置信。"但是,从他精神病症状初次浮现到他住进麦克林医院,中间相隔了太多年,有些问题已经开始出现。帕米拉解释道:"不只浪费了时间,而且在精神病肆虐了 15 年之后,他的脑袋也跟以前不一样了。他遍体鳞伤,但你也能看出他有多聪明、能言善道又风趣,他的人生原本会多有意思、多有活力。他一方面病得太重,什么事都无法做;但另一方面又康复得太好,知道自己错过了多少事。他知道他不该跟别人说脑内的声音是真的,但又无法说服自己那不是真的。他告诉我,他很担心'理事会'很可能要对他下手了。我说,'老天,这些声音真的很糟,竟然这么无聊又无趣。理事会?最烂的电视连续剧恐怕还比较精彩。'然后我们就一起哈哈大笑。他还跟我讨论一个他还没克服的障碍,就是他其实并不真的希望那些声音离开他。虽然那些声音令他畏惧,但也已经成了他的朋友。"凯蒂则说:"哈利很辛苦,他无法决定自己究竟想待在真实世界,还是另一个世界。"

哈利现在独自一人住在剑桥的公寓,每天跑步 1 小时,看看电视,也常看电影、上咖啡馆,定期看治疗师。他对鱼很有兴趣,拥有一个淡水鱼缸及一个海水鱼缸。他还有份温室的工作,那是麦克林职训计划的一部分。但在他的世界里,所有事情都无法维持长期稳定。我有一次去拜访凯蒂,她跟我说哈利不去温室了,她说:"他的世界暂时没有进展,就停在现在这个渺小状态。"

凯蒂不断想帮助哈利突破现状,结果累得心力交瘁。虽然她已做得比预期的还要好,但她这样不断受挫,还是产生了不良影响。帕米拉说:"我生了孩子之后就解脱了,因为我真的无法日复一日活在惊吓中。"帕米拉说话时,一面把手机放在我们中间的桌上。"我带这部手机一半是为了他,一半是为了我的孩子。每当他觉得有幻觉、希望找人倾诉的时候,就会打电话给我。如果他没打来,就表示一切都还好。"凯蒂也认为这样比较好,但也常常为此感到沮丧。她说:"我一直希望帕米拉能多投入一些。"同时,凯蒂也觉得自己应该尽量担起照顾哈利的责任,能做多久算多久。她说:"他很孤单,但只要一有人想跟他做朋友,他就会变得偏执。他跟我说他去跑步,有个人对他说,'哈利!哈利!'原来是他常去的小餐馆里负责做松饼的人,于是两人便聊了一会儿。对此哈利表示,'我觉得我是群体的一分子。'"哈利和母亲也常开玩笑。凯蒂帮麦克林重新装修住院病房,一直和医院有联系,哈利就对她说:"唔,妈,看来我替你找到事业的第二春。"

要在鼓励和压力之间找到平衡,仍然近乎不可能。帕米拉说:"能做的，他已经尽量做了。有时候，我觉得我们就像双胞胎。他所说的任何事，我都可以从自己的经验推断。我是小说家，他也算是小说家，只是他自成一派。他创造了另一个世界，有时自己就住进那个世界。里头有人物、有星球。他很有美感，这也引发了他的妄想。那是个很危险、恐怖、寂寞的世界，但也有美丽的时刻。我母亲功劳很大，她的功劳就是不肯放弃。我继父无法待在那里奋战，对他而言太痛苦了，但这件事却激发了我母亲的斗志。这一切都是我母亲、医生的功劳，但更是哈利的功劳。事实证明他真的很坚韧，他是我的英雄。他是打了15年越战的人。他仍然每天起床，找出值得开心的事情。我有勇气过他这种生活吗？我不确定。"

哈利生病之前，凯蒂一直过得很好。她说："以前我凡事都不放心上，是经历一番挣扎才百般不愿地走进心理疾病的世界。现在我总是帮助别人，或者提供建议，或者帮他们找医生。我确信这可以培养品格，但坦白说，我还是比较喜欢快快乐乐、轻轻松松的日子。"她知道哈利会为自己影响了她的生活而内疚，所以她尽量不让自己受影响。我问她，哈利耗去了她多少时间和心神，她眼眶立刻盈满泪水，耸耸肩，勉强笑了一笑，几乎是歉疚地说："全部啊，全部。这是没办法的事。"

精神分裂可大致分为正性、负性和认知的症状。正性症状是出现精神幻觉，负性症状和认知症状则包含精神错乱、缺乏动力、情感迟钝、失语、退缩、记忆减缩以及自理能力下降。有个专家这样跟我形容，说这是"自闭加上妄想"。这种说法虽不完全贴切，却也不无道理。有个病患这样形容她的正性症状："可怕的画面不断向我袭来，一刻也不得喘息，这些画面栩栩如生，我的身体都有真实的感觉。我无法说自己真正看到了影像，因为这些'影像'背后并没有真正的事物。但我确实能感觉到，我的嘴里似乎真的塞满了鸟儿，然后我用牙齿把鸟咬碎，鸟羽、鸟血、碎鸟骨塞满我的喉咙。或是我看到人，我把这些人埋在牛奶瓶里，任其腐烂，然后我吃下这些腐烂的尸体。或是我大口吞下一颗猫头，然后猫头同时也啃食我的重要器官。太血腥、太难忍受了。"

另一位患者则如此描述自己所经历的负性及认知症状:"不论何时,我对任何东西都没有情绪反应,包括我自己。唯一剩下的,只有对四周事物还有我内心事件的抽象概念。就连这个刺穿我生命核心的疾病,我也只能客观看待。我清醒地全程旁观一名天资聪颖、教养良好的人就这么渐渐被毁坏,没有什么事比这更恐怖。而这,就是发生在我身上的事。"诺贝尔生理医学奖得主坎德尔论及精神分裂症如何让人失去对愉悦的期待,他说:"试想,有个人只要上馆子用餐就会十分开心,却提不起兴趣上馆子。"心理学的享乐原则说,人总是趋乐避苦,但对于有精神分裂症的人来说,这句话有一半不符合事实。

爱米丽·内狄更生如此描述逐渐堕入精神疾病的状态,刻画鲜明得令人不寒而栗。

> 我感觉到心智劈出一道裂口
> 犹如大脑裂开
> 我试图拼起
> 裂缝对上裂缝
> 却无法吻合对接。
> 之后的思想,我努力将其
> 与之前的相接
> 但次序散乱不成调,
> 像球一颗颗
> 散落在地。

虽然精神分裂症出现时,大多数人的感觉就像是有东西突然把脑袋劈开,但精神分裂症其实是一种发展型的失调,出生之前就已刻入大脑。这是种退化性的症状,相较之下,自闭症虽然全面且持久,但多半不会随着时间恶化。精神分裂症的症状鲜少出现在童年或青春期早期。一般而言,精神分裂症有五个可预测的阶段,但在青春期发病之前是无迹可循的。然而最近的研究指出,较晚走路及说话、喜欢自己玩、学业表现不佳、有社交焦虑，以及口语短期记忆较差都是征兆。之后，正性症状开始浮现，这是平均为时 4 年的前驱症状期。这个阶段的青少年或成人会开始改变认知、知觉、意志及运动功能，偶尔会有奇怪的念头一闪而过，必须努力分辨不合逻辑的想法是真是假，也会变得猜疑而小心。有些患者似乎从小就和现实世界有些脱节，令人不太理解，后来他们逐渐陷入精神疾病。但大部分的人都是突然就变了，有时是因为创伤，有时则没有明显的触发因素，突然就变了一个人。此时他们会进入精神分裂的发病期，开始出现幻觉或奇异的妄想，例如被控制妄想、思想插入、思想传播、思想抽离。此阶段好发于 15~30 岁之间，多半维持两年。

目前还无法得知，究竟是成熟期的什么事件触发了精神病发作。主要有三种可能：一是青少年体内荷尔蒙激增，改变了脑内基因的表现。二是青少年时期大脑会以一层物质包覆神经纤维，使其功能发挥到最好，此过程称为"髓鞘化"，而精神分裂症患者的髓鞘化出了问题。第三则是"突触消除"（或突触削减）出了状况。婴儿时期正常大脑发育的过程中，新的细胞会不断游移、定位，然后发展出突触相连，此时会产生过多突触。到了青春期，只有对特定个人十分有用的突触会反复加强，并因此保留下来，成为长久的神经架构。在不健康的大脑中，突触可能会过度修剪、修剪不足或者修剪错误。

发病之后，渐进期的症状还会进一步发生变化，除非有效利用药物控制，否则会导致临床退化。随着病患每次发作，症状就更加恶化，大概于 5 年后稳定下来，开始进入慢性的残留症状期。此时，大脑的灰质已经受损，无法复原。正性症状多半会减轻，负性症状则变得更严重。病患依旧失能，而且仍不断出现症状。在第一次发作时，80% 以上的病患对于抗精神病药物的反应良好，但这个时期接受治疗的病患，则只有 50% 达成相应的反应。

珍妮丝·利伯 1953 年出生时，母亲康妮患有妊娠毒血症（孕妇出现可能致命的高血压），产程非常不顺。珍妮丝似乎从一开始就对身边的事无动于衷。康妮以为她可能有自闭症,儿科医生则说她心智发育迟缓。后来珍妮丝渐渐展露出数学的天赋,大家就更加认定她是自闭症。22 岁那年,在她大学四年级时,珍妮丝精神病发作。父亲史蒂夫把她带回家,她一到家便把所有喜爱的东西全扔到窗外,说是有声音叫她这么做。康妮打电话给她的医生,医生开了"硫利达嗪"(一种早期的精神病药物)要她周末先吃。到了周一,珍妮丝去看了精神科医生,确诊为精神分裂症。

康妮决定要了解精神分裂症的一切,但是民间并没有太多资料。后来她和史蒂夫到哥伦比亚大学参加一场精神分裂症的研讨会,认识了"精神分裂症与抑郁症研究联盟"。该联盟当时已筹募 5 万美元要资助科学研究,康妮很快就当上会长,一当就是近 20 年。她卸任之后,由一直负责投资基金的史蒂夫接任主席一职。利伯夫妇把联盟打造成世界级私人机构,不断资助精神及脑部研究,截至 2011 年为止,已发出 3000 笔资助给 31 国的科学家,总计将近 3 亿美元。利伯夫妇每年要审核 1000 多件研究申请案。两人最关注的,是那些具有原创性但在别处无法申请到经费的年轻研究者。纽约长老会医院的帕迪斯表示:"诺贝尔奖得主大多都能从利伯夫妇那儿学到科学新知。"

康妮和史蒂夫把时间都奉献给了联盟。珍妮丝的某个精神科医生曾问她,介不介意父母这么忙,珍妮丝说:"我没办法常看到我母亲,但我知道她在忙什么。她把自己奉献给我还有其他人。奉献给人类。"史蒂夫则认为,两人如此投入,也等于是在向珍妮丝保证她是父母生命的重心,同时也减轻了孩子因为生病所感到的压力。他说:"与其把她整个人都当成挑战,不如将她视为挑战的象征,这样比较健康。"利伯夫妇一开始以为大约 10 年后就能看到足以改变女儿生活的科学突破,结果期待落空,于是两人决定转而直接帮助珍妮丝。2007 年,两人在哥伦比亚大学开设了利伯门诊,提供康复服务。珍妮丝也在那里参加为精神分裂症患者开设的日间课程,学习实用的生活技能,包括与人相处时如何察言观色等。虽然精神疾病仍旧缠身,但她做得非常好,现在已可独立生活。

康妮建议过数千名患者的父母。她说:"我的名字出现在很多资料上,我们也一直公开自己的电话。所有人都能找到我们,如果我帮得上忙,我就会帮。"她微微一笑。"有些人想占便宜,但我还是愿意聆听。"

精神分裂症和自闭症一样,只是统称。精神分裂症一词由布鲁勒于1908年首创,当时他指的其实是多种精神分裂的症状。1972年,杰出神经科学家普拉姆说了一句名言:"精神分裂是神经病理学家的坟墓。"意思是过去没有人了解病原,未来也不会有。虽然我们对精神分裂症的了解已多于自闭症,但仍不清楚这种病症应该根据生物性(基因型)还是行为模式(表现型)来分类。虽然精神分裂症的基因型和表现型有很多种,却找不出特定形式或发展过程与特定遗传标记的关联。有些人没有基因缺陷,也得了此病;有些人有基因变异,却没患病。基因标记指的是可能的风险,但不是绝对会得。家族里有某个人得了精神分裂症,有相同缺陷基因的另一人却可能罹患双极情感疾患或重度抑郁。

精神分裂症显然有家族遗传。要预知未来是否会罹病,最可靠的方法就是看是否有近亲罹患此症。然而,大部分的精神分裂症患者都没有家人得病。哈佛大学教授列维也是执业心理师,她表示:"事实一,大部分精神分裂症患者的父母都没有精神分裂症。事实二,精神分裂症的案例并未减少,有些地方甚至增加。事实三:精神分裂症患者的生育率很低。如此一来,我们该如何解释造成精神分裂症的基因为何一直存在?有个可能的解释是,带有并将精神分裂基因遗传给后代的人,大部分都未罹患此症。"同卵双胞胎的共病率仅略高于50%,显示两人都有极高的罹病风险,却不见得都会发作。双胞胎不论有无患病,下一代罹患精神分裂的风险都一样高。换言之,某个人可能携带了容易发病的基因,却没有发病,然后又把基因遗传给孩子,而孩子就可能有精神分裂症。某些身上带有基因的人是受到什么保护才没有发病,目前还无从得知。精神病的发病机制之一是神经传导物质(尤其是多巴胺)失衡。精神分裂症患者的大脑前额叶及海马体的体积都缩小了,而且还有纹状体失调的现象。很可能是基因搭配环境因素,导致体内生物化学改变,然后对大脑构造产生退化性的影响。新的研究显示，高风险基因很可能会因为某种寄生虫而活化。

每个人的基因图谱里都有3000个左右的基因，但基因的表现如何，取决于染色体的设定，还取决于外在因素如何压抑或增进基因表现。体内生化反应决定了基因是否活化，以及活化时间、方式还有程度。精神分裂的基因可能并未表现出来，而有保护作用的基因则可能过度表现。精神分裂和自闭症一样，大部分的案例并非由单一基因异常所造成，而是由多个所谓"单一族系变异"，也就是"多个复制数变异"，每个变异很可能都足以造成此病。若父母是高龄得子，孩子较常出现这类变异，尤其是高龄的父亲。另一套发病模式则是自发性基因突变，就和唐氏综合征产生的过程一样。现在逐渐发现，精神分裂、自闭症、双极情感疾患等患者都有某些自发性基因缺陷，可能是复制数突变，也可能是单一基因突变。精神疾病是否都位于同一光谱上，而不是一组组各不相干的疾病？耶鲁大学精神病学主任、著名期刊《生物精神病学》编辑克里斯托表示："要我说，这比较像是网格。"

要确定基因缺陷究竟会造成什么影响，最好的办法就是实验，将缺陷基因植入老鼠身上，观察老鼠是否出现类似人类疾病的症状，接着研究人员再设法了解该基因如何影响脑部发展。我们当然无法得知老鼠是否有幻觉，但有些转基因老鼠变得离群索居、极具攻击性或缺乏社交能力，有些不愿接近异性老鼠，或看到陌生老鼠会退缩。很多有食物奖励的事情，正常老鼠会乐意尝试，转基因的老鼠却拒绝，即使拿食物奖励也没用，这点和精神分裂症患者失去生活动力的情况十分类似。坎德尔构思了这些架构庞大的研究方法，现在用他的话来说，已经找到"精神分裂症的典范转移"。很多疾病都是因为某个基因持续表现所引起，关闭该基因，症状就消失了。然而，精神分裂症的病原虽然也可能是基因，但是关闭基因并无助于减缓病症。精神分裂症一旦出现，就不会中止。

2011年，我有幸听到一位生化科技业主管和诺贝尔奖得主詹姆斯·沃森[1]的私下对话。沃森有个精神分裂症的儿子。该主管认为，现有的精神分裂研究既分散又混乱，而他有个伟大的计划，要让所有人一起合作，这样该领域的研究者就能互通有无。他希望募集4亿美元来解决问题，以期获得突破性发展。沃森说："我们离携手合作共创成果的阶段还很远。我们现在所知的还不够多，也还没有任何发现足以让其他研究者跟进。我们需要的是崭新洞察，而非只是修正已知。我如果有你这4亿美元，我会找100个聪明的年轻科学家，每人支助400万。如果选对人，当中会有人做出点成果来。"

我遇到的患者家属都很害怕前述这种难以预测的基因表现。有个男士告诉我，他女友不愿跟他结婚，就是因为他哥哥患有精神分裂症，未来两人的孩子有可能得病。沃尔许在她为患者亲友所写的指南中指出："精神分裂症的历史就是谴责的历史。"而首先谴责的，就是母亲。弗洛伊德从未说早年的创伤会导致精神分裂，也从未主张针对精神疾病进行精神分析，但"让孩子得精神分裂症的母亲"这种恶毒说法，最早却是由弗洛伊德学派的弗洛姆·赖克曼于1948年提出的，随后就有了谴责整个家庭的各式理论。有个作者写道："病患的疾病运作，就类似一位设法调解父母之间的情绪差异但还是失败的调解人。"另一个英国社会科学家贝特森则表示，精神分裂症最有可能发生的情形是："孩子一对母亲撒娇，母亲就显得焦虑退缩。"这样的想法就是"系统取向家族疗法"的前身，背后的概念是整个家族的心理病理都会显现在某一个家人身上，成为精神疾病。

美国国家心理卫生研究院主任因赛尔说，1950年以来最显著的进步，就是终结"谴责和羞辱"这一套。但就我的经验，那些要面对精神分裂症的人，仍然常被谴责及羞辱淹没。1996年，家族系统理论已在学术圈内失宠20年之后，一份全美民调却发现，57%的受访者仍相信，

---

[1] 和弗朗西斯·克里克共同发现DNA结构的美国分子生物学家，并因此获诺贝尔生物医学奖。——编注

精神分裂症是父母的行为所造成。还有一堆泛滥成灾的励志书（例如超级畅销书《秘密》）主张，只要正向思考，心灵就会健康。这类哲学先前就曾出现，并被写入"基督教科学会"等美国 19 世纪的形而上学思潮，著名心理学家、宗教学者詹姆士称之为"心灵健康者的宗教"，歌颂"所向披靡的勇气、希望、信赖，也因此鄙夷一切怀疑、恐惧、忧虑"。这种观念之所以风行，是因为这暗示着健康的人是以其勇气赢得健康，但若是已经出状况的人，这种说法暗指了他们是因为不善自律、个性软弱才罹患疾病，这令他们十分痛苦。

当母亲把外界的责怪内化，便或多或少阻断了精神分裂者最需要的支持。生物伦理学家巴克拉有个精神分裂症的儿子，她写道："我有时觉得自己胸前绣上了红字 S，这个字母可能代表'造成精神分裂症'（schizophrenogenic），但也像是标示了个人的耻辱。"另有个母亲写道："整个世代的精神健康养成教育都要专家相信，精神分裂症的祸首是家庭。这些人至今还在治疗我们的儿女，并继续冤枉我们。"创办"治疗倡议中心"的精神科医生托利认为，这种谴责的问题非常荒谬，他写道："养育过孩子的人都知道，父母不可能因为宠溺过孩子或态度前后不一，就导致精神分裂症这么严重的病。"

20 世纪 90 年代，长岛犹太医院的医生想邀请菲利浦和鲍比·史密瑟这对兄弟加入精神分裂症的基因研究，当时他们的母亲极为反对。她问："这对我们有什么好处？" 10 年之后，菲利浦、鲍比以及两人未得病的哥哥保罗都三十多岁了，这时保罗的妻子弗蕾妲想知道自己孩子的患病风险有多高。她开始调查夫家的家族，才发现疾病无处不在：保罗的姑姑成年后因为"产后抑郁"而一直待在疗养院，有个叔叔"头脑有病"，还有很多"怪怪的"堂亲几乎无法料理自己。虽然保罗和弗蕾妲高中就开始交往，但保罗不让任何人见到他父亲，而弗蕾妲在婚前也只见过他一面。她说："我们会以为，保罗的两个弟弟一出现奇怪的行为，他母亲就会跟医生提到精神分裂症的家族病史。结果没有，所以两人花了好几年才诊断出来。"

秘而不宣的习惯很难打破。保罗说："每年我们都会先跟弗蕾妲的家人一起过感恩节，然后再跟我的家人一起过。如果两家一起过，我会变得很防备，我母亲也会很防备，怕有人对我弟弟指指点点，而且弗蕾妲的家人看到这些病患也不好过。即便是我最要好的朋友，我也不提这件事。我跟家里其他人不一样，我不否认这件事，只是不喜欢谈。我对弟弟有感情，每天都想着他们，但我们的生活有关系吗？不算有。他们药吃得很凶。"保罗和弗蕾妲现在有两个儿子，两人每天都活在恐惧中，就怕儿子罹患精神分裂症。两人想过用捐赠的精子，但后来实在办不到。保罗说："我们赌基因的骰子。"弗蕾妲说恐惧让她非常疲惫："我们也算是在虐待他们。我读到一篇文章，说有精神分裂症的人具有某些特征，然后我们就把孩子脱光，彻彻底底检查全身上下，并确认有没有蹼趾。有人说精神分裂症患者多半出生于冬天，于是我们算准时间，让孩子在夏天出生。很疯狂，我知道，但从某些方面来说，也算是种解脱。大家都想要自己的孩子最聪明、最会运动。但这些我们都不在乎，只要他们健康就好。"2008年，保罗和弗蕾妲同意参加一份精神分裂基因的意见调查。弗蕾妲说："我们守在电话旁，等着要知道那是什么基因，这样就可以带孩子去检查。"

1668年，《天路历程》的作者班扬写道："让他们……去恢复他已然疯癫的心智……能办到者……便能得尽所想名望，便能高卧至正午方起。"精神分裂症的治疗从班扬的时代到现代并没有太大进展。几个世纪以来，精神分裂症的治疗一直没有效果，而且有时十分野蛮残酷。在19世纪，他们把拔牙纳入疗法；20世纪中叶，则把前额叶切除术纳入疗法。

治疗精神病药物的发展，始自1950年的"冬眠灵"，从此治疗精神分裂症患者的正性症状有了奇迹式的突破。可惜，这些药物对于负性症状的效用微乎其微。梅柏格是艾默理大学一项神经成像计划的主持人，她说："就好像现在有一栋房子失火了，你找来了消防车，在房子四处洒满水。大火被扑灭了。但即使火舌不再吞噬墙壁，房子还是烧焦了、熏黑了,处处淹水,结构摇摇欲坠,几乎可说是无法住人。"

疾病造成的损害仍然存在,为了减少损害而采用的手法本身更是种折磨。冬眠灵(盐酸氯丙嗪)削减人格特质的程度和前额叶切除术不相上下,新的药物虽然比较好,但从自行停药的人数就可以知道病患有多厌恶服药。20世纪70年代,前苏联政府利用精神病药物来虐待并压制囚犯,此举还诱发出他们的心理障碍症状。一位幸存者在美国参议院针对苏联政权滥用精神药物的听证会上说:"遭受这种处置之后,人会失去个人特质,脑袋变得迟钝,情绪遭到摧毁,记忆丧失。个人的细微特色全被抹去。我虽怕死,但我宁愿他们开枪射死我,也不愿过这种日子。"同一时期,美国的精神病患者古特金也在精神病院系统中接受相同治疗,她的描述与前者非常类似:"我和我自己、我的想法、我的人生远远相隔,我成了药物和精神科治疗把戏的囚徒。我的身体像大熊一样沉重,每回想要挪动自己外在世界的体型就举步维艰。这些药不是用来治疗或帮助人,是用来折磨和控制人。"另外一个患者说:"下巴肌肉发狂失控了,于是你狠狠咬住面颊内部的肉,下巴却如上锁般无法松开,只能任由疼痛阵阵袭来。一节节脊椎变得僵硬,头和脖子都很难移动。有时背弯得像一把弓,站都站不直。疼痛钻入你的每一丝纤维之中。你疼得坐立不安,觉得自己得站起来走一走,踱个步。一开始踱步,你又觉得自己得坐下休息。"这些谈的都是比较早期的抗精神病药物和精神抑制剂,但现代药物的副作用程度虽然不同,本质依然类似。

我和麦尔坎·皮斯的家人见面时,他已经过世,52岁,死因不明。他死前的那12年,是他成年后状况最好的时光,然后有一天,团体之家的护士发现他蜷缩成一团,姿势看起来很舒服,但全身冰冷,已经断气。他的弟弟道格说:"他严重过胖,主要是因为服药。他一辈子酗烟。因为他还年轻,所以警察也来了,但他们在现场就几乎排除了自杀的可能。"

皮斯家族在麦尔坎那一辈共有17名孩子,当中4人患有重度精神疾病。很多人对这件事绝口不提,麦尔坎的母亲潘妮对这种态度深恶痛绝。麦尔坎死时，潘妮85岁，她说："我嘴上老挂着这件事，跟很多人都说。"

高中的时候，麦尔坎并未显现出可据以推断的病症。潘妮回想道："他真的很擅长运动，桥牌也打得极好，克里比奇纸牌也是。还有，噢，这孩子很爱竞击运动。他爱滑雪，他什么都爱。我们完全想不到。"1975年的冬天，他在富兰克林·皮尔斯大学就读一年级时，开始听到声音，而且出现偏执的幻想。第二年3月，他的室友打电话告诉皮斯夫妇，情况非常不对劲，于是夫妻两人把麦尔坎带回家。潘妮说："我们知道他问题大了，他做的事都没什么道理。"他的弟弟道格说："他完全失控，他自己不知道原因，我们也不知道。"那一年的11月，麦尔坎攻击了他父亲。道格说："我父母把他送到康涅狄格州哈特福医院的安生机构，那家已经是比较好的私人精神医院。结果，医院实际上就是把他关起来，喂他吃镇静剂。我哥哥变成了鬼魂，住在他原本的躯体里，你伸手也摸不到，因为他变得太过痴呆。其他病患看起来就像电影《活死人之夜》中的人。"没多久，麦尔坎不听劝告，自行出了院，而他的父母则不时以法律途径把他送进医院。几年下来，他反复入院出院好几次。

不住院的时候，麦尔坎和父母同住。麦尔坎另一个弟弟彼得说："我父母想办法用爱让他恢复健康。"但麦尔坎不肯按时吃药。他的妹妹波莉说："他一觉得自己变得正常，就会想，'我不用再吃了。'然后就出事了。一而再，再而三。"他一停药，就会变得偏执。彼得说，"只要一有人走近，他就会想，'哼，你只是想把我送去医院，逼我吃精神病的药。'当然，他说的也没错。"

每个人都想让他尽量维持正常状态。道格说："你唯一能做的，只有温柔地告诉他实情。"波莉记得："有一次真的很好笑。我记得有次他问我母亲，金恩博士遭人开枪射杀的时候她人在哪里，是否能证明人不是她杀的。"有时竟也带点诗意。有一次他办理住院，有人问他在想什么，他说："我不喜欢性，也不喜欢法式深吻。印度洋外有天然气，北极深处有钻石。"虽然疯狂，但他的本性还是维持一致。潘妮说："他并没有消失，他还是喜欢动物，喜欢玩牌。他想念自己生病前的朋友。"波莉说：

"他的所有特质都还在,他还是原本的那个他,只是你想找的时候不一定能找到。"

后来他越来越常住院。道格说:"年复一年,说的都是同一件事:'你一定要按时吃药!'而麦尔坎不愿意。不服药,他觉得更自由,比较有活着的感觉,有点亢奋,多半也会非常焦虑。你会宁愿保持清醒、感觉活着,还是要当个活死人?他想找到两者间的平衡点。"麦尔坎的父亲得了癌症时,彼得决定该插手了。彼得说:"麦尔坎的本质,由我来照顾,我不会让原本的他被后来的他取代。"

早期的精神病药物中,氯氮平会使白细胞的密度下降,造成颗粒性白细胞缺乏症,因此在1975年下市。最后研究人员发现,氯氮平是治疗精神分裂症最为有效的方法,虽然可能有副作用,但对很多患者而言仍是利大于弊。1990年氯氮平重新上市的时候,麦尔坎开始服用这种药。彼得说:"他一直都在,足以让我去爱,但有时他被挤压得很严重。有了氯氮平以后,他又回来了。微笑、欢笑、幽默感都回来了。如果你知道某个人是什么样子,你就能带他们找回自己。"麦尔坎和人相处时一直非常温暖。波莉说:"他为每个人操心。"道格则表示他十分同情麦尔坎所要面对的现实,"他总觉得自己这一路上对不起很多人。我们发现了一封2002年的信,是最早为他看病的医生写的。30年后,他在信上写着:'亲爱的麦尔坎:就我所知,没有,你从来没有伤害任何人。希望你一切安好。科夫医生敬上。'"潘妮说:"这一点他从来没变。我从未因为他生病而不爱他,也从未因此更爱他,甚至也从未用不同的方式爱他。"

麦尔坎39岁时,因为状况不错,去了弗明罕的辅助之家,并在连锁超市找到帮顾客装袋的工作。道格说:"这件事他应付得来,能这样真是太好了!我们开心得都要在街上跳舞了。"麦尔坎吃氯氮平以后,有5年状况都很好,然后又开始出问题。道格说:"他总是把脑筋动到自己的药上。他后来又入院了。有一天我去医院看他,医生说,'好了,麦尔坎能回家了,他会没事的。'于是我把他带回弗明罕。那天晚上他企图自杀,吞了洗衣粉。"麦尔坎立刻被送回医院。彼得说:"想吃汰渍洗衣粉自杀，真是荒唐。意象倒很有趣：我要把这个疾病洗掉！"

波莉的第一任丈夫及彼得的第一任妻子一直很怕麦尔坎，也无法忍受他，这也使双方的婚姻关系紧张，最后两段婚姻都破裂了。然而，麦尔坎的那些甥侄都很喜欢他。彼得说："他的存在方式太过独特，就只是这样。除了发疯的时候，他并不奇怪。他状况好的时候，大家一团和气。"麦尔坎在弗明罕的那几年是他比较快乐的日子。他已有数十年不愿意开车，但开始服用氯氮平之后，事情就有所改变。后来彼得替他买了一辆福特卡车，他说："看见他脸上挂满笑容，把车开出车行，是我这辈子最开心的时刻。"麦尔坎在弗明罕的团体之家也深受欢迎。团体之家的某个人告诉彼得："每天早上，麦尔坎都会到交谊厅来，说：'莫里斯，今天带你去哪里玩？'"彼得说，"他的任务之一，就是用他那辆红色卡车载大家出去玩，就像开出租车一样。"

麦尔坎的过世，没人料到。彼得说："当然，这个病会缩减你的寿命，还有药，虽然对你有帮助，但也会减损你的寿命。但至少，他已竭尽所能让自己达到最佳状态。他的生活还不错，因此我们能接受他的过世。"

麦尔坎原本参加了哈佛麦克林医院的精神分裂症基因研究计划。他死后，研究人员希望能研究他的大脑。潘妮对此深表赞成，道格则很喜欢提及自己在告别式上的一番话："麦尔坎因病无法完成大学学业，但他最后进了哈佛，而且还给那里的神经科学家上了堂课。"验尸官采了血液样本，只是为了确定没有人为疏失。几个月后，麦尔坎的家人得知，那拯救他的氯氮平，最后也害他送命。彼得在给我的信中写道："我们原先甚至不知道氯氮平可能会致命，是后来才逐渐了解。看起来是因为他的肝脏无法代谢氯氮平的毒素，毒素越累积越多。有些人跟我们提到，标准程序是要定期检查肝功能，确保没有毒素累积。也就是说，很可能有人为疏失，但我们不会去追究。氯氮平的剂量若太高，会导致心律不齐，还有昏迷或呼吸中止。现在我们要面对这最后的不幸：最后害他送命的，是我们逼他吃下的药，是他大半辈子用尽全力抵抗的药。在我们歌颂他的人生、办告别式的时候，还不知道真正的死因，这也许是件好事。这个消息把我们击垮了，我们无法再站起来歌颂赞美。"

20世纪60年代的解放运动质疑精神疾病这个概念是否有问题。傅柯就提出一套系统性质疑，认为精神错乱不过是自诩精神正常者玩的权力游戏。美国当代社会学家高夫曼则主张，精神病院让人发疯。苏格兰精神科医生连恩说："世上并没有精神分裂症这种'病症'，这个标签是社会事实，也是政治事件。"他说精神分裂症是"人在无法生存的状态下发明出来的特殊生存策略"，并且主张"疯狂不尽然是崩溃，也可能是突破。疯狂有可能是解放和更新，也可能是奴役和存在意义上的死亡"。美国当代精神病学教授萨斯则大力鼓吹精神分裂症从来只是虚构。

上一代的人见证过一项大型的社会实验"去机构化"，从此有急性精神疾病的患者不再住在国家级的大型机构中，也因此大幅减少了美国精神分裂症患者长期住院照护的人数，从20世纪50年代的50万人，下降到今日的4万多人。这项运动集乐观、经济、意识形态于一身，十分耐人寻味。它的乐观精神有其道理，经济方面又能节省开支，意识形态却十分僵化。虽然以往治疗精神分裂症的方式很不人道，现行的治疗方式却又无关痛痒。上述机构关闭之后，本应改由社区的设施来提供服务，但人力和物力都没有转往社区设施。联邦的指导纲领写得无比模糊，至于监督则可说是不存在。

把治疗视为社会管控的机制，惹恼了想全面推动治疗政策的人。许多人批评精神分裂症所引起的相关社会现象，最受瞩目的应数精神科医生托利："人有疯狂之自由，这种自由是虚幻的自由，是不愿清楚思考的人对于无法清楚思考的人做出的残酷欺瞒。"1990年，美国法官恺撒毫不留情地写道："受治疗的权利变成了不受治疗的权利，结果我们使很多人活在安静的绝望之中，破坏了爱他们、照顾他们的人的心理和情绪健康，也破坏了家庭，最终伤害、摧毁了障碍人士。"

治疗师约翰逊是《远离疯人院：去机构化的真相》一书的作者，他不满地写道："说精神疾病是迷思，这件事本身才是迷思。"他主张去机构化是个政治结果。由于生物精神病学的出现，改变了民众对于"不正常"的观念，进而理所当然地认定精神医疗相关费用不需花费在监护式照护上。前述的政治考虑于是在这样的背景下兴起，几乎全送往机构安置会招致严重后果，但几乎全面去机构化也一样不好。研究精神分裂的安德森指出，公立医院"自成小型聚落，病患像家人一样住在一起，而且有机会受雇到医院附设的农场、厨房、洗衣店工作"。新制度的缺陷之一，就是太急着下指令。治疗师约翰逊写道："我的患者不适合立即进入现有的计划，而他们可能适合的计划又不存在。拟订计划的官僚往往连一个患者都没见过，遑论治疗。"制度当中一旦出现缺乏同理心的状况，便会把还不懂如何进入团体生活的人送入团体，而团体可能也还不知道要如何应对。患者若缺乏支持，用药又不规则，病情常会快速恶化。然而，若有家庭想终止这种情况，却往往在法院那里碰壁。有位精神分裂症患者的老父亲就说："当局说，如果他们要活得像流浪动物，那是他们的选择和权利。为什么快速自杀不合法，慢性自杀却是种权利？"

玛德琳·格兰蒙特的哥哥威廉出现反常行为的时候，父亲不愿意接受现实。威廉在美国大学入学考试中数学考了满分，进了哈佛，直接读大二。到了大三结束时，他不得不离开学校。玛德琳说："我父亲觉得十分丢脸。"威廉于是住到他们家位于新罕布什尔州乡间的房子。玛德琳说："他靠生大蒜维生，家里到处都放了刀。他睡在地上。我父亲替他在森林里找了一间小房子，远离夏天来度假的居民，这样就没人会看到他。事实上，我父亲那30年间也只见过他3次。"威廉每周会走到镇上的杂货店，通常只围了毛巾，一路自言自语。当地青少年会捉弄他。他的父亲仍坚持他只是有点古怪，但他妹妹很担心。后来霸道的父亲逐渐衰老，玛德琳便动身去探望威廉。她说："到处都是老鼠屎，美乃滋罐子开了，开始腐烂。到处都是破盘子。他的卧室真的很恶心。他一脸好奇地看着我，但他已经丧失了语言能力，只发出一点细碎的声音，就这样。"

于是，玛德琳接手这件事。她请求担任法定监护人，拿到精神分裂症的诊断证明，带威廉前往住宿型照护机构。他在那里恢复了基本的口语能力。玛德琳说:"我有次替他带了花,几朵百合,他凑过来闻了闻。之后我每一次去都会带花,现在还是。我每两三周带他出门一趟。他没办法主动和人聊天,说的话也很少,但他能明白的事情似乎越来越多。基本上他到52岁才第一次接受治疗。像我父亲那样否认病情的态度活生生侵蚀了他,现在他只是个空心的残骸。他的一生就这样一点一滴流失,但原本可以不用这样的。"

大脑由灰质、白质、脑室组成:灰质由细胞体构成,白质是连接细胞体的轴突,并能创造突触。脑室则是充满液体的空间,让脑脊髓液可以在当中流动循环。脑部组织一旦丧失,脑室的空间就会加大,精神分裂症的一大特色就是大脑侧室变大。自闭症的特色是突触连结过多,而精神分裂症则是突触连结不足。精神分裂症患者的树突棘较少,联络神经元也较少。树突棘可以创造突触,而联络神经元则能调节脑部活动的脑细胞。精神分裂症的正性症状似乎和颞叶的不正常现象有关,颞叶负责听觉还有情绪感知。负性症状则似乎和额叶和前额叶受损有关,这两个部位是认知还有注意力的中枢。

容易罹患精神分裂症的基因会受各种因素触发,包括子宫环境中的各种变数。怀孕、临产、分娩的各种并发症都对胎儿脑部发育有害,而精神分裂症的病患更有可能有这样的病史。孕妇若是感染了德国麻疹或流感等疾病也会增加风险。冬天出生的人罹患精神分裂症的概率较高,这很可能和第二孕期病毒感染比例较高有关。也有人指出怀孕期间遭遇压力和精神分裂症相关,例如:母亲怀孕期间国家遭逢军事入侵,或者配偶过世。第二次世界大战期间,荷兰闹饥荒,20年后精神分裂症的病例大增。科学家提出,可能是因为产前的压力导致荷尔蒙增加,干扰胎儿的神经发育。压力可能启动母亲的多巴胺系统,因而导致胎儿的多巴胺系统失调。

出生后的事件,例如幼年头部创伤,也会增加罹患精神分裂症的风险。生活中的压力也有影响。从未开发地区移居到城里的人,要面对外在排山倒海而来的不熟悉事物,患病的概率尤其高。出生后的各项环境因素当中,和精神疾病症状加剧最为稳定相关的,就是滥用药物,包含：酒精、甲基安非他命、迷幻药、可卡因、大麻，若在青少年时期吸食，影响尤其大。日本人在战后为了加速重建，让工人吸食安非他命，结果诱发了流行性的精神疾病。虽然大部分的人在停止吸食后都已经康复，但有些人仍间歇发作，有的人则受到长期甚至永久性伤害。另外，1980年一项首开先河的研究则调查了5万多名瑞典义务役军人，发现吸食大麻超过50次者，罹患精神分裂症的概率就跃升为其他人的6倍。耶鲁精神科医生德苏萨表示："药物滥用和精神病之间的关系很可能就像抽烟和肺癌，是促成的因素，但不是必要因素。不过有些研究认为，若是能完全杜绝吸食大麻，或许就能减少全球精神分裂症的比例，至少达10%。"

精神分裂症的案例中，某些基因和环境的组合使得神经传导物质多巴胺、麸氨酸、去甲肾上腺素、血清素和γ-胺基丁酸失调，结果是某条多巴胺路径的活性过高，诱发精神病及其他正性症状。即便是健康的受试者，若因人为刺激而分泌太多多巴胺，也可能激发精神分裂症的症状；压抑分泌量，则可以减缓症状。另一条多巴胺路径的活性若太低，则会造成认知受损等负性症状。大脑某些区域的神经传导物质若过高，治疗精神疾病的药物能阻断大脑处理这些物质；在另一些区域，则能模拟这些物质应有的分量。有效的精神病药物都能减少多巴胺的量，但光是降低多巴胺，不一定每次都能消除精神分裂症的症状，因此最新重点研究的药物，多半以能够影响麸氨酸等传导物质的特定受体为主。哥伦比亚大学的阿比-达加姆正在厘清，哪些多巴胺受体受到过度刺激，哪些刺激不足，希望投药时能标明出更确切的目标。

非化学的介入方式则可能扮演重要的辅助角色。某些症状对药物没有反应，但谈话治疗可能会有帮助。认知行为疗法教人如何整理目前的想法和行为，虽然这种疗法追踪记录的成果最为丰硕，但其他谈话疗法也各有专家力倡。法学教授萨克斯记述自己采用心理分析改善精神分裂症的经验，读来十分动人。你对大脑所做的事都会改变大脑，而你如果能让精神分裂症患者维持理智一段时间，会有实质的正面影响。这里的理论就是，如果因中风而失去语言能力的人能通过语言治疗重新学会说话，那么有精神病的人或许也能借由训练，让自己多少走出来。

由于这个疾病和大脑灰质逐渐丧失有关，如果能够及早发现、及早治疗并加以维持，就能减轻病况，并避免无可挽回的伤害。哥伦比亚大学精神医学研究中心主持人、纽约州精神医学研究中心主任利柏曼表示："治疗界在20世纪很长一段时间所弥漫的那股虚无主义，已经站不住脚。现在已是人类史上对抗精神疾病最有利的时代，前提是你知道如何尽快找到好的治疗方法，也知道去哪里找。"就跟自闭症一样，早期发现、早期介入很可能是关键。正是由于这样的想法，催生了国际早期精神医学会。早期行为介入可以减少自闭症症状的表现，训练似乎会影响大脑的实际发展。至于精神分裂，早期介入也可能有帮助，只不过此处的"早"会是18岁，而不是18个月。麦格拉尚是耶鲁大学的精神医学教授，他提出在首次精神病发作时及早诊断并投药，可能得以实际截断大脑退化的过程，否则随着精神分裂不断加重，大脑也会不断退化。

由于当前的疗法并不足以对付精神分裂症，越来越多的人把重点放在更早期的阶段，也就是在前驱症状期（发病前期）就加以预防。根据利柏曼的说法，这时候的患者就像英国童谣中危墙上的蛋形矮胖子，一不小心就会摔破。在此情况下，"以我们现有的方法，预防精神分裂症发病要比发病后再力求复原容易得多"。康奈尔医学院精神医学系主任巴洽斯指出，患者的自理功能保持得越久，就能记得越多清醒的时刻。所以就算只能把精神分裂症初次发病的时间往后延，也有其价值。专家拟出了一份清单，列出前驱症状期的状况：多疑，不寻常、魔幻或怪异的想法，行为出现极端改变，自理能力下降，无法正常上学或工作。然而，这些也可能是青春期的正常症状，让人难以分辨。在许多研究中，被认为是前驱症状期的个案最后只有三分之一确实罹患精神分裂症，不过其他个案有很多则是发展成其他严重的精神障碍。从2003年开始，麦格拉尚就让显然处于前驱症状期的人服用精神病药物"奥氮平"（商品名"奥氮平片"），结果显示罹患精神分裂的比例略有下降，但同时也让原本可能不会罹患精神分裂的人出现肥胖、迟缓、眼神空洞的问题。他说:"正面的成效只有略微提升,但负面效果却很明显。"很难说我们该拿这些数据怎么办,因为虽然强效药物有可能避免精神病初发,但这些药物的副作用太多,不应该用在只是看起来脾气暴躁的人身上。问题是我们无法分辨两者。

英国和澳大利亚的研究都显示,认知行为等非生物疗法可以减轻症状或者延后发病时间。抗氧化剂以及ω3脂肪酸等保护神经的物质,都有可能延后精神病的发病时间,又不会导致副作用。麦格拉尚表示:"看来不管采用哪一种介入方式都没关系,心理认知行为介入和用药一样有效。如果你能让他们不断参与,不断和他人交流,并且不断质疑自己所经历的症状,你就能延后急性精神病发作的时间。这可能是因为,大脑会因为学习而获得连结,而上述行动有助于避免连结消失。"高风险的家庭应该一一列出哪些注意事项,而医生则要频繁为病患看诊,因为病患可能在几天之内突然恶化为精神病。虽然在确定有精神疾病之前,不建议使用药物治疗,但仍要准备好在焦虑或抑郁时采取比较激烈的手段。

之前有一股声浪,要求在《精神疾病诊断与统计手册》第五版(DSM-5)中,把前驱症状期独立划分为一种疾病,称为"精神病风险综合征"或"轻型精神病综合征",但在2012年的春天并没有获得采用。DSM-5是一本诊断及统计手册,也是精神科医生的圣经,如果能够据以将前驱症状期诊断为病症,则医生在积极治疗患者时,就能获得保障和保险给付。但由于每个人罹患精神疾病的风险很难量化,编写手册的人最后决定,如此可能造成不必要、贬低而且有害的治疗。若可能罹患精神分裂症,的确应该以良性介入及密切监控来加以治疗,但也不能忽视贬低的议题,这项议题和自我形象以及医疗保险都有关系。麦格拉尚写道:"我认为,至少应将精神病风险综合征视为真正的精神失调,此综合征确实存在,而且如果忽视,可能十分危险。"然而克里斯托指出:"任何心理疾病,在越早期的阶段,医生越难知道要对付的是什么疾病。早期介入大多比较好,但也比较困难,而有时则因为太过困难,所以并没有比较好。手册上写些什么,就跟裙子的长短一样,是潮流问题。但我们拥有的,却是一分为二的医疗系统。好的临床医生如果认为患者看来确实生病了,可能会为了帮助患者申请保险并让他们有资格接受治疗,而在汇报他们的症状时撒谎。不好的医生照着表格打勾,最后苦的却是患者。"

就算早期发现,要维持终身治疗也可能十分困难。利柏曼谈到自己早年看过的一个患者:"他当时21岁,就读于顶尖的常春藤盟校,班上前几名,很受欢迎,爱运动,似乎注定成就斐然。他出现了精神病的症状,我诊断为精神分裂症,开了药给他。他几乎完全复原,然后就想回学校,而他不喜欢吃药,所以把药给停了。他又开始生病,又回来,我们给他治疗,他有起色,又回学校,然后病情又再恶化。我们替他治疗,他进步了。又来一次。然后再下一次,他没有起色。之后再也没有康复。"

乔治·克拉克是麻省理工学院的物理学家,研究理论天文物理。他人很好,而且整个人看着就很聪明的样子。他的妻子夏洛蒂经历过苦日子,因此性格坚毅,既能批判人,又能同情人,仿佛她的习惯就是四处找寻缺点再加以原谅。她的细框眼镜后面有一双明亮的蓝色眼睛,雪白的头发梳得一丝不苟,还有一双灵活的手,一面说话就一面用手标示断句。我认识两人时,夫妻都已80多岁,而我看到乔治把难题交给夏洛蒂处理时,心里有多么感激。

乔治和夏洛蒂于1980年结婚,当时两人各有一个问题女儿。乔治的女儿贾姬当时19岁,4年前被诊断出患精神分裂症。夏洛蒂的女儿伊莱克塔和贾姬同年,说话前言不搭后语,思维混乱,非常令人担心;但一直到18年后才接受诊断。夏洛蒂告诉我,乔治的日子比她更难过,因为贾姬原本前途一片光明,而伊莱克塔一直很怪。夏洛蒂说:"我生下她那天就知道她不一样,她四肢软趴趴的,就像一袋糖。"夏洛蒂尽量像对待她的其他孩子一样对待她,要建立感情得格外努力。"她对周围事物浑然不觉。其他孩子都很怕她,觉得她哪里怪怪的。"伊莱克塔的父亲当时在美国国际开发总署工作,全家住在巴基斯坦,几个年纪较大的孩子在国际学校都适应良好，但 5 岁的伊莱克塔却进度落后。一年后，她父亲调到约旦，她也改上安曼的美国学校，请了一个家庭教师，还由夏洛蒂亲自督导。夏洛蒂说："到了 8 岁，她能读书识字。但她就是不感兴趣。说真的，她对什么都不感兴趣。"

伊莱克塔 9 岁那年，父亲因心脏病骤逝，夏洛蒂带着全家搬回华盛顿特区。伊莱克塔在当地学校读四年级，结果遭同学欺凌。夏洛蒂把她转去特殊学校，情况改善了，但时间不长。到了 14 岁，她已经完全失控。她母亲回想当年的情况："请恕我用语粗俗，那时谁想上她，她就让谁上。她成绩也差到快被退学。于是我把她送去寄宿学校。她在那里很不快乐。我说，'你在这里我很不快乐。你高中一定得毕业。'于是她拿到了高中同等学历证书。然后她说她要当美发师。我心想，'美发师？'但她很喜欢，也做得很好。那是她状况最好的时候。但慢慢地、慢慢地，她就疯了。"

某个晴朗的 10 月早晨，夏洛蒂打电话给当时 37 岁的伊莱克塔。伊莱克塔说："我没办法在电话上说。"夏洛蒂说："过来喝杯咖啡吧。"伊莱克塔到的时候又说："我没办法在屋子里说。"于是夏洛蒂说："我们出去散个步。"伊莱克塔再度说她无法在人行道上说，只有走在马路中间，她才能说。于是两人一面闪躲车辆，伊莱克塔一面说麻省理工学院的黑手党要抓乔治，而且他可能也是黑手党。几个月后，夏洛蒂接到一个电话，伊莱克塔有个朋友在健身房发现她卷缩成胎儿的姿势哭泣。朋友把她带到急诊室，医生想替她做心电图，她大声尖叫，身体扭动，四肢乱甩，最后被送进精神科病房，终于她也在那里正式被诊断出患有精神分裂症，另外她也有酗酒问题。

接下来几年，伊莱克塔的精神病都由药物控制，但她也深受副作用之苦，体重暴增至 140 千克。夏洛蒂说："她以前是家中的美女，现在却胖到几乎无法行走。"伊莱克塔的口齿也变得迟钝，睡觉的时间变得很长。她认识了另外一个精神分裂症患者泰咪，两人谈起恋爱。2006 年初，伊莱克塔吃了 10 年氯氮平之后，症状又开始恶化。夏洛蒂回忆道："我记得我跟她说，'你没吃药对不对？'她说，'我不需要吃药！'口气非常凶。"到了10月，她不应门，电话也不通。不管是泰咪还是夏洛蒂都不知道发生了什么事。夏洛蒂说："她有一张我的副卡，我要看到账单才能知道她去了哪里，知道她还活着。但后来账单突破1万美元，我只好把卡取消。"

夏洛蒂终于说服法官批准警察破门而入。"水槽都塞住了，到处是食物，上面长满了蛆。我又上了两次法院才能将她送医。她到了医院，不肯进浴室，洗澡时还得要两个护士架着。不过，药物慢慢生效。她开始自己洗澡，之后也很开心见到我们。"伊莱克塔现在50岁了，从上次崩溃之后就没再工作过。夏洛蒂说："她还是能剪头发，不过技术没有以前好。我鼓励她偶尔帮我剪头发，她也帮泰咪剪。这样，某一部分的她才能继续活着。"

夏洛蒂和乔治小时候就认识，之后失去联络。后来夏洛蒂丧夫，乔治离婚，有朋友为两人重新牵线。两人刻意买小一点的房子，空间不够让贾姬和伊莱克塔搬来同住。夏洛蒂说："贾姬以前很美，非常有活力，也受欢迎。她小时候身上就已显出她爸爸聪明的影子。她长笛吹得极好，下棋得过冠军。"贾姬15岁的时候，一年前她还轻松解答数学题，突然就一筹莫展了。乔治还发现，以前贾姬能向他解释的方程式，他现在再解释给贾姬听，贾姬却听不懂。乔治向麻省理工学院的主任治疗师求助，他说贾姬得了精神分裂症。贾姬的母亲于是离开父女俩，离开这段原本就已经问题重重的婚姻。

夏洛蒂和乔治在一起的时候，贾姬19岁，刚刚被赶出团体之家。夏洛蒂说："我那时正在考虑是否要跟乔治同居。我决定要。贾姬那时应该要吃冬眠灵，可是她把药都倒进马桶。我搬进去第一天，晚餐时，贾姬把一个盘子丢到房间另一头。以前从没有人在我的餐桌上这样做，以后也没有。"夏洛蒂开始制定生活公约。贾姬刚满20岁不久，有天夏洛蒂叫她整理床铺，然后她就爆发了。乔治听到她大吼大叫，就到下楼来。夏洛蒂说："乔治很强壮，贾姬也是。乔治把她的两只手腕抓住，她就朝他脸上吐口水。他就这么一直抓着。终于，贾姬说，'爸，我不知道怎么了。'"

几个月后，贾姬从马萨诸塞州一路搭便车到纽约，要给久别的母亲一个惊喜。她母亲问她这一路还顺利吗？她说她"只被强暴了5次"。夏洛蒂说："当然，你永远不知道该相信什么。你不知道发生了什么事，她也不知道。"接下来几年，贾姬依据精神状态，几度进出精神病院、团体之家等地方。最后，她开始服用氯氮平。夏洛蒂说："她吃药了，现在是个好孩子。"

我认识贾姬时，她49岁，服用氯氮平已有15年，和其他7位女性一起住在团体之家。她上日间课程，她称这些课程为"社团"。如果她的社工觉得有必要，她就去医院住上几天或几周。她和大多数精神分裂症患者不一样，并没有因为服用精神病药物而变得肥胖。她打网球、每天游泳1英里，还做瑜伽。伊莱克塔阴沉又了无生气，贾姬则正好相反。

每周六，夏洛蒂和乔治都会邀贾姬和伊莱克塔到家里来玩。伊莱克塔常带泰咪来，贾姬则有时会找"社团"或团体之家的女性朋友一起来。夏洛蒂说："幸好贾姬和伊莱克塔还处得来，至少以精神分裂症患者来说还算不错。我实在不想说，我不想再当她们的母亲了。但总有那么一天，你已经81岁，不应该再像照顾5岁小孩一样照顾她们。我甚至不觉得这样做她们会开心。伊莱克塔还记得自己健康时的样子，因此开心不起来。贾姬则因为忘得太多，也开心不起来。"

我去夏洛蒂家用过一次午餐。贾姬很快投入进来，不停地说话，还端出一堆问题来问。伊莱克塔则像只海牛，体型庞大，动作温纯而缓慢。贾姬常无端自创用词，例如称她的车为"我的签证"。午餐开始时，她面无表情用飞快的速度念起里尔克的诗，等夏洛蒂要她再念一次、念清楚些，她又说："我做不到，太痛苦了。"她很自豪地告诉我，自己是如何在浴缸里背诗，"我都泡在冷水里朗诵。"接着她侃侃而谈运动对治疗心理疾病的好处，说得有模有样，然后又说："我跟我姐姐打网球，都能看出她什么时候作弊。她在计划未来的时候都是这个样子。那就是作弊。"

接下来的对话变得一团乱。我问贾姬服药的情形，她向我解释她不想得静脉曲张，因此不能服避孕药。她说："但是我想，除了我爸的灵之外,没有男人能让我怀孕。那是他写的圣经里说的。我觉得自己有责任,就像耶稣基督递了两千根香烟出去时,也觉得自己身负重任——那才不是饼,我个人认为,那是两千根香烟。这就是为什么她一直杀害我和我爸的灵所生的几个女儿。其中一个由于某个原因比我大10岁。另外一个,我给她1.25元买汽水。我比较喜欢替女人生孩子。大部分的人都不承认自己是 同性恋,但他们其实是。在我看来,他们全都是 同性恋。"

接下来她仔细打量我,突然说道:"你还要小黄瓜吗?"然后把盘子递给我。我拿了一些小黄瓜。她接着说:"我真的很喜欢白天上的课,而且我也真的对诗很有共鸣。我喜欢艺术创作。这些日子我真的很愉快。"刚才我们不着痕迹就进入精神病的状态,现在又不着痕迹地回到现实世界。贾姬显然对这样的转变浑然不觉。夏洛蒂后来说:"这毛病总是来来去去,似乎也没对人造成伤害,包括她自己,只是要花点时间习惯。"

伊莱克塔很少有这样天马行空的妄想。夏洛蒂说:"如果贾姬现在得的是精神分裂症,那么我觉得伊莱克塔比较像是没得这个病还吃药。不过她当然有这个病,只是这个病症实在很难掌握。"伊莱克塔的负性症状较明显,她说:"我只觉得昏昏欲睡,我得努力打起精神才能出去购物。一个月只去得了一次,所以我常吃很多不新鲜的东西。"我问她是不是有次停了药,结果病得非常严重,她眼泪立刻涌现,说:"我只是想再体验亢奋的感觉。"

此时贾姬插嘴:"我帮你!你在这儿等着。"她命令道,然后跑去找了几首最近写的诗。其中一首几乎是胡言乱语,但是另外一首里有几句是这么写的:

而当我努力要找到

那个爱人,让她看看

我有多爱她,找到的却只有

空虚和狂乱

那背景里嘈杂的声音,

每 4 秒淹没我说话的声音……

"嘈杂的声音"就是天外飞来的幻听，毫不留情地涌来，淹没想要保持理智的心，而这首诗就是出自理智清明的心。这个认为自己替父亲怀了 400 个孩子的人，竟然写出如此充满自觉的诗作，令人吃惊。我想到希腊神话里复仇三女神追杀俄瑞斯忒斯，那种无尽的外在折磨中麻木的悲痛。我对夏洛蒂说："你确实忙到分身乏术。"

她回答："有时人生没有选择。"

当患者无法持之以恒服用他厌恶的药时，他可能会设法不让家人发现或干涉，但家人往往还是会首先发现，并采取行动。父母的爱，总是希望能够唤醒另一方对等的情绪。精神分裂症患者和自闭症患者一样，往往被视为无法与人建立情感联结，但事实常常并非如此。哈佛大学教授列维表示："情感迟钝或者情绪空洞，已经变成精神分裂症的刻板印象，但其实情感并非总是迟钝，而且在很多案例中，大部分的时候并不迟钝。"精神分裂症专家戴维森和斯泰纳写道："他们看起来也许像木头，很空洞，也许与自己都十分疏离，但有精神分裂症的人常描述自己热切企求爱和建立感情，这点与空壳的形象有极大差异。"父母应该要知道，淡淡的情意即便看似不能消除精神分裂症患者的孤立，却也能让他们心安。

病患如果和某个人有互信关系，比较可能按时吃药，这个人可能是父母、朋友，或是医生。弗雷泽在麦克林医院工作，主要负责年轻病患，她说："我的患者有 40%～50% 都不听话，有时他们会来跟我说，'弗雷泽医生，我觉得好多了，我想停药。'有些人看起来一副不管我赞不赞成，他们都会去做的模样。于是我说，'我不觉得这么做很明智，你这样很可能会复发。不过，也许在这个疗段，我们应该要找出答案。'然后我们就列了个计划，每周减少 30% 的药量。我会说，'你希望的事，我会帮你，但是你得答应我，如果你开始出现幻觉，你或你父母一定要立即打我的呼叫器。你得答应如果有这种情形,你就得立即服药。'同时,我也会告诉病患家属,病患可能会有自杀的念头。几乎所有病患的症状都会复发,他们也因此明白自己真的需要药物。这是个学习的过程。如果治疗的效果完全消失,你会失去自觉。但如果是逐步消失,你就会知道出问题了。他们会感到害怕,然后,但愿他们会告诉我。"

有个精神分裂症患者的母亲告诉我,她儿子的治疗师要他写下座右铭,贴在家里的冰箱上。她说:"上面写着,'我是好人,别人也觉得我很好。'这句话对他的影响极大。"

乔治·马柯罗在新泽西读高中时有很多朋友。他青少年时期常吸大麻,高三时试了迷幻药 LSD。数周后,他决定再试一次,但这次他吃的不是 1 颗,而是 4 颗。他回想道:"之后,一切都变得怪怪的。我猜我体内原本就有这个病,迷幻药则加速病情发作。"在大学里,乔治的物理学得非常好。他父亲朱赛贝说:"他是我们家最聪明的人。"乔治记得:"1991 年 11 月 1 日,当时我在波士顿学院,有天起床觉得自己像吃了迷幻药。但我什么药都没吃,也什么都没做。这种感觉持续了 8 年都没消失。"乔治向校内的医生求诊,医生说这感觉会自然消失。当时乔治接受了这个说法,但他现在非常愤怒。"如果我听到有人说,'我觉得自己像嗑了药,但我明明没有。'我会说,'我们最好安排你去检查检查。'"

他不愿意告诉家人朋友发生了什么事。"我怕他们觉得我发疯了。我用喝酒、抽大麻来代替吃药。所有感觉都被放大。东西尝起来很难吃。如果我那时就开始吃药,就不用过 8 年那样的日子。"虽然出现种种症状,但他的各门物理课平均成绩还拿了 3.7。乔治说:"但症状逐渐增强,声音变得越来越显著。"他在华尔街的一家网络新创公司工作,几个月后,他不去了,不论他父母怎么说、怎么做,他就是不肯回去上班。乔治的父母在他高中时离婚,之后他便和母亲布莉姬同住。她向我解释:"刚入社会的年轻人不知道怎么过日子,总得有人推他们一把。我当时以为他也是,只是比较极端。我很担心,有时还十分恼火,但我没看到真正的问题。"

一切变得越来越奇怪。朱赛贝回忆道:"他说他知道街坊邻居在想什么。"布莉姬则深感困惑,她说:"不过,我还是不觉得他得了精神分裂症。"

乔治的父母坚持要他去看治疗师,大约4个月后他才透露自己一直听到声音。布莉姬说:"我太害怕了,连精神分裂症这个词都没想到。"她和乔治的父亲花了数月才找到奈森,他是普林斯顿医院的精神科医生,主治思考障碍。他立刻看出乔治病得很重,开了药给他。乔治除了大学毕业后在华尔街待过一阵子,之后都没工作。

乔治以前常把药含在嘴里,趁父母不注意时吐掉。有次复发,他撞车撞了3次。10年之后,他终于愿意按时吃药。声音还是持续,但总是那几种。他说:"有时他们会说一些很尖锐的话,但我可以假装没听到。你知道吗,有些声音真的很混账。有时同一段对话我得重复很多次,因为新来的声音不知道你跟以前的声音说过什么。一开始,我还以为那些声音来自身旁的人。后来发现,那些声音说要做的事情都没做。现在,我听得到他们说话,也跟他们说话,但我才不信他们会怎么样。我跟你说话的时候,就能不理他们。服药从未让声音消失,但让我比较容易应付他们。我很喜欢跟某些声音说话,但有些我就没法忍受。虽然我很讨厌这整件事情,但某些声音如果不见了,我一定会很想念。"

乔治几年前搬去和朱赛贝同住。朱赛贝几乎把一生都给了这个小儿子,他说:"我不找新对象,因为我不能分心。该为乔治做的,我全得去做。"乔治的哥哥表示,如果朱赛贝走了,他会照顾乔治。我认识这家人的时候,乔治35岁,正服用氯氮平,也定期量血压。他说:"我状况比以前好。到公共场合我还是有点偏执,但还能应付。我父母一直紧盯着我服药,也很关心我的行为举止。我也没做什么,基本上就是每天对声音说话。如果爸回家的时候我正在跟他们说话,我就会去别的房间。我不喜欢别人看到我自言自语,就连我父亲也不例外。"朱赛贝则找到应付这些声音的方法。他说:"乔治和他们有说有笑的时候,我就说,'乔治,让我也加入吧,我想知道大家都说了些什么。'然后我们就拿这件事来说笑一阵。"布莉姬说:"感觉不是什么太高层次的对话,就像是几个人站在街角聊天。每回听到我就心烦,但是我都会深吸口气,从不叫他闭嘴。"

乔治每周找奈森医生复诊,而朱赛贝通常会一起去,并在诊疗时全程坐在一旁。乔治喜欢这样的安排,这样同一件事就不用跟父亲说一次,又跟医生重复一次。乔治说:"除了吃药、看医生,我也没什么能做的。只希望出状况的频率能降到最低。我的状况让我父母饱受压力,我也知道不是我的错,但我还是觉得不好受。"

朱赛贝说:"我不在乎这件事对我的影响,但我还是会坐在房里哭,哭他错过了这么多。生命应该怎么样、可能怎么样,都跟他无关了。"布莉姬说:"他真的是非常好的人,懂分寸、心肠好,又温柔。他值得拥有更好的生活。一开始我想,'他永远也过不了正常生活。'然后又想,'什么是正常生活?谁过的是正常生活?我们一个个都在做些什么?我很以三个儿子为荣。大儿子有天分又有决心,小儿子做什么像什么。但乔治很懂分寸,你看他脑子里这么乱,却能做到这样。我或许最以他为荣。'"

随着早期介入运动出现的,还有康复运动。这种运动主张用生物疗法解决正性症状,同时用心理社会方法改善负面及认知症状。重点在于,即便临床状况不佳,也要协助患者改善生活品质,强调即便是有障碍的人,还是应该让他们尽量发挥仍保有的能力。即使精神病症状依旧持续、认知能力逐渐受损、社交能力有限,也应该确保有专人为个案处理医保问题,带他们去看门诊,而且有地方可住。应该要有人帮病患找到能够包容并支持他们的工作地点。应该有康复计划协助病患发展职业技能,有社交技能训练教导他们应对进退。用电脑上的训练协助病患增强记忆力、判断力以及注意力。只要能让病患和社会保持联结,任何方法都很珍贵。有个母亲,她的儿子最近被诊断出精神分裂,某天她开车到加油站,看着正在加油的青少年。她向我说:"两年前,我会觉得他的人生很悲哀、很浪费、很没意义。我现在觉得,'唉,要是我儿子也能像他一样就好。'"

玛妮·卡拉汉的妹妹诺拉一直持续在跟英国歌手艾瑞克·克拉普顿说话。诺拉和玛妮同住了一段时间，但有一天，玛妮怀着 8 个月的身孕从自己的房间走出来，发现当时 24 岁的诺拉双手拿着剪刀站在门口。玛妮回想当时的情景道："我说，'你在这里做什么？'她说，'我不知道我在这里做什么。你是谁？'于是我在早上 7 点打了电话，说，'爸、妈，我现在立刻带她回家。'"接下来的几年，诺拉都和母亲同住，药有时吃，有时不吃，到最后吃药已经无效。玛妮说："最后我母亲中风了。我不敢说是诺拉造成的，因为我母亲本来就有不确定性的高血压，但和诺拉同住总是有害无益。诺拉把母亲推到地上，导致她肩膀骨折，于是我去了缅因州政府，申请监护权。我每天都要跟她说话或做跟她有关的事情四五次以上。"诺拉现在 53 岁，住在辅助居家，但还是把她和克莱普顿的对话巨细靡遗地告诉姐姐。虽然她现在这个自我仍是个饱受困扰也带来困扰的自我，但以前的诺拉大多都保存了下来。玛妮说："她把人看得透彻。仿佛是我们在自己这套社会秩序中学会了掩饰和隐瞒，而精神分裂的人却能一眼看穿。她虽然爱争吵，行为又荒唐走板，但她也只是尽她所能过日子，就跟我们所有人一样。我不能遗弃她。我会去她那个简单的小公寓看她，就算这么痛苦，她心里还是有奋斗的动力，每天还是努力过日子，维持尊严。这里插几朵花，那里放些漂亮的东西。一点点的小巧思，那并没有消失。"

哥伦比亚大学的利柏曼认为，我们并未充分利用手上的工具，并为此十分沮丧。他说："问题在于，人是在慢性的荒原中变成心理疾病患者。窝在房间的一角，抽着烟，什么都不做，一个月去看一次医生，拿些药。我们现在有医疗和社会的方法可以帮助人，但是因为资源有限、缺乏觉醒，再加上偏见，很多人都没有获得帮助。"他表示，精神分裂症患者中，只有一小部分属于对药物治疗没有反应的"顽固型"，需要长期住院。至于其他人，急性发作时有医院照护，再加上足够的社区服务，就足以应付。"我们院里有些人被家人遗弃了，又无法独立生活，我们也无法为他们找到有人监护的住所，只好把他们送去游民收容所。"美国精神分裂症患者每年平均每 5 名就有 1 名无家可归。这些人很快就会停药，然后又因为急性发作而回到医院。这对他们的医疗无益，对国家的财政也无益。

《2008 年全国药物使用及健康调查》的报告指出，严重心理疾病的医疗照护，最大障碍就是费用。美国的精神分裂症患者中，找医生求诊的不到一半，服用处方药的略多于一半。未接受治疗的人，有一半把问题归咎到费用及保险上。我问弗雷泽，工作时要接触精神分裂症患者，是否让她心力交瘁？她说："最让我心力交瘁的是管理式照护。早就已经核准的精神病药物，若想加大剂量还得再填一张表格。这件事真的会影响我提供的照护品质。"在美国，治疗精神分裂症每年要花费 800 亿美元，如果能够有计划地积极接触病患，这笔开销就能控制。大部分的病患只要在协助下继续接受适当治疗，就不至于堕入极度疯狂，也不需要后续昂贵的住院治疗或监禁，而这些费用多半都由纳税人买单。但现在的做法是，病患的家人得自己组织互助团体、自己建社区中心、建网站，还得书写充满建议的回忆录。

家属唯有在患者会对自己或他人造成"立即"危害时，才能将患者送到机构安置。而虽然至少有五分之一的精神分裂症患者会试图自杀，但家属要证明仍然十分困难。有个男性患者停药后因为犯了小罪而入监服刑，有人看到他在吃狱中马桶里的粪便。由于吃人类排泄物并不会立即导致死亡，因此他并不会对自己造成危害，法官于是不愿让他就医。马萨诸塞州心理健康部门前主任达克沃斯就说："想进州立医院比进哈佛医学院还难。"因此，患者的家属被迫定期编造一些症状，好获得机构安置的服务。

精神分裂症患者有一半到三分之二的人与家人同住，或者主要由父母照顾。然而，根据最近的一份调查，这些家庭中只有 3% 认为这是合理的安排。利柏曼说："问题在于人会逐渐心力交瘁，更何况患者似乎并不感激家人为他做了这么多事。"家庭必须是治疗中心、门诊中心，同时还有很多双眼睛帮忙看着，很多双手帮忙煮饭、打扫、安抚或压制。

简而言之，家庭同时是一套相互牵扯却又不断轮替的组织，有时训练病患纪律，有时为病患提供庇护。

家人为了这项工作，往往必须放弃或牺牲事业，使得经济陷入困境，而且时时要面对生病的家人，压力也很大，用这个领域的话来说，就是要"不屈不挠地接触"。哥伦比亚大学公共卫生学院的流行病学家苏瑟就接触过极为贫困的患者。他说："一定要注意，别让病患家属觉得有道德压力，因而强迫自己去做超出能力范围的事。"虽然家人的参与有助于改善患者的生活，他们仍然不会因此就变回生病前的样子，而家人也必须权衡代价和成效。

世界卫生组织最近进行了一项大型研究，想找出精神分裂症患者最好的治疗成效出现在哪些地方。最好的短期成果出现在尼日利亚和印度。当地往往仅有极为基本的医疗，患者状况之所以改善，似乎是因为当地社会中固有家庭结构的支持。来自印度的德苏萨说："我一开始在这里受训时，很难理解为什么会有家庭把儿子或女儿丢下来就走了。其他条件如药物、剂量、照护机会、社会经济地位都一样时，治疗结果较好的，多半是与家人关系较好的患者。"如果是完全健康的人，发展中国家的这种亲族制度是否适合西方人还有待商榷，但是大家庭比较容易分工，因此有心理疾病的人显然能接受比较高品质的照护。在塞内加尔，如果有人入住精神病院，多半会有一个家人陪床，一直到他出院为止。这样的习惯让精神病患者能够安心，知道自己永远隶属于这个社会。

西方则相反，家人多半会剥夺患者参与社会的权利。有些患者没有病识感，因此得用强硬的手段处理，但有些却可能是最了解自己症状的专家，还有些人会建议家人该怎么与自己互动。过去20年来，社会渐渐不再歧视患者的家庭，相关互助团体因而快速增加。"丹佛社会互助团体"的创办人立特本身患有精神分裂症，他的诉求是："只给有建设性的批评。不要把所有冲突都归结到疾病的症状上。让我们在家庭中找到立足之地，不要只是'生病的家人'。"有个互助团体的网站呼吁："用一起探究的心情来面对妄想。如果对方开始生气，就不要再逼问。"

虽然精神分裂症的正性症状最令外界不安，也最吓人，但是负性症状往往带给家人更多负担,他们得处理儿女的敌意、不注重个人卫生,还有缺乏动力的问题。要提醒自己这些不是性格缺陷,确实相当难。有个精神分裂症患者的父亲就说:"我那贴心、聪明、风趣的儿子不只病得很重,还变得疏离、冷漠、易怒、粗鲁无礼。你很容易就会觉得,他非常讨厌。"

25年后,这个父亲还是为同样的问题所苦恼:"儿子就像讨厌的陌生人,你该怎么继续爱他?"有个母亲说:"这些孩子已经死了,只是一直没有埋葬。"20世纪80年代初期,几个精神分裂症患者的家庭在马萨诸塞州创立运动团体"心理疾病者家庭公社",该团体表示:"生病的孩子住在另一个世界,而那个世界让父母或有意或无意地感到害怕。"光靠鼓励和爱无法治愈精神分裂症,但冷漠则可能让病情严重恶化。

麦尔坎·泰特有严重偏执的精神分裂症,过去16年不断威胁要杀害家人,他的家人也不断设法替他治疗。他不断住院,又太快出院,自己也不愿意好好吃药。终于,在1998年的12月,他的母亲和姐姐开车把他从南卡罗来纳的家中送出门,姐姐在路边开枪射死他,然后不停流泪。她在出庭受审时说:"我很怕有一天麦尔坎会完全失去理智,伤害我跟我女儿,而我真的不知道还能怎么做。"后来她被判无期徒刑。

罗斯玛丽·巴里欧的家族布满精神分裂症的痕迹。她的叔叔在二战结束后回家时,变得有点"脑筋不正常"。他和罗斯玛丽的家人一起住在波士顿近郊的莫尔登,那里是爱尔兰劳工社区。罗斯玛丽还是小女孩时,很喜欢去叔叔房间。状况好的时候,他会在自动钢琴上放上弹奏纸卷,然后教孩子跳爱尔兰踢踏舞;状况不好的时候,他会和自己的幻觉吵架。罗斯玛丽将近30岁时,弟弟强尼17岁,开始出现精神病症状。罗斯玛丽告诉母亲,弟弟不太对劲,但母亲听不进去。后来强尼开始砸东西,还是罗斯玛丽把他带去马萨诸塞州综合医院。罗斯玛丽回忆道:"除了家人,母亲不愿意让任何人看他,也不准我们告诉别人他有精神病,于是强尼就跟所有人断了联系。"

罗斯玛丽最后生了9个孩子,老三乔伊是家中长子。她说:"他有一头漂亮的红棕色头发,一双浅褐色的眼睛,还有酒窝,可爱极了。大家都好爱他。"高中的时候,乔伊开始出现问题,父母还以为他染上毒品了。他成绩一落千丈,一整晚不睡觉。罗斯玛丽说:"他17岁的时候,我终于跟他说,'我跟爸爸要带你去检查,我们一定要找出是怎么回事。'他怕极了。"那天晚上,他第一次崩溃。罗斯玛丽说:"厨房有个长长的储物间,尽头有扇窗户,橱柜都是玻璃做的。我晚上回家,玻璃全破了,厨房天花板上全是血。"

罗斯玛丽发现乔伊被送进医院,他手臂上的动脉被割断了。罗斯玛丽赶到医院,乔伊说:"对不起,妈,对不起。"见罗斯玛丽流泪,乔伊又劝道:"我在这里,总比姐姐和妹妹在这里好。"他在医院住了一个月。

过去母亲把强尼孤立起来,罗斯玛丽决心不再重蹈覆辙。"我很伤心,但生病就是生病了。我要直接面对事情的真相。"乔伊念完了高中,在照相馆找到一份工作。有一天罗斯玛丽接到电话,说他冲进车流当中,还前言不搭后语地大吼。那次出院以后,罗斯玛丽决心替他找个中途之家,但不到一年他又病发。莫尔登的心理医疗服务由三市联合政府部门负责,但承办人员表示,他还知道自己的姓名和地址,代表他病得不够重,因此无法让他住院。他住到莫尔登山边一座贫瘠、布满岩石的山坡上。罗斯玛丽不让他回家,担心他可能伤害兄弟姐妹。"你能为了一个病得这么重的人,牺牲其他8人吗?他内心那么温柔,如果他真的伤害了谁,之后他能背负这件事继续活下去吗?我也得保护他。"

为了保持联系,她答应给乔伊烟钱。每次只给他一包的钱,这样他就得每天到家里来。罗斯玛丽说:"我先确定他有东西吃,然后把钱给他,他就走了。"她丈夫萨尔一直无法面对儿子的病。乔伊病发30年后,我想前往访谈,罗斯玛丽坚持在她女儿家进行,因为她丈夫无法忍受她谈乔伊的事。罗斯玛丽说:"有一年感恩节要到了,天气实在很冷,我跟法院的书记官说,'你今天一定要让我见到法官。'"在这同时,罗斯玛丽还得告诉乔伊,要他去法院领取烟钱。罗斯玛丽把乔伊拉到法官面前。"他的球鞋连鞋底都没有。身上很脏,因为他一整晚都躺在地上。我对法官说,'当你知道自己的儿子是以这副德行在过日子,还会有心情帮其他人过感恩节吗?'法官这才同意让他入院。"

他状况稳定后出了院,搬去和 80 多岁的祖父母同住。他们住在萨默维尔,为了维持心理健康,他得每天到 8 千米外的莫尔登注射氟奋乃静。罗斯玛丽说:"第一天他从萨默维尔搭公交车到莫尔登,他一直等、一直等,都没有人。他上了公交车,又回去萨默维尔。他去了 3 天,但是负责人员请病假,也没人跟我们说。乔伊一次针也没打到。到了第四天,他开始出现幻觉。他到他祖父的后院,像动物一样在地上爬。我公公走到后阳台,说,'乔伊,你进屋里来,爷爷帮你。'"结果乔伊攻击他祖父,老人家伤势重到得住院动脑部手术。倘若他祖父因此过世,乔伊就会被控告谋杀罪。乔伊被送到医院,在专门收容心理病患的布利吉华特州立医院住了一年。

罗斯玛丽说:"唉,他确实病了。然后医院的人发现他的保险给付用完了,于是第二天他就奇迹似地康复了,被送回家中。我说,'如果有人因为你们今日的所作所为而受到任何伤害,我就把医院告倒。'"结果乔伊被转到另一家医院,最后他终于恢复到可以出院的程度。这时,他已经二十五六岁。罗斯玛丽倒不是不愿让他回家,只是,她一旦把他接回家,有些只提供给无家可归者的服务,他就不能享用了。最后罗斯玛丽把乔伊送到中途之家,和他叔叔强尼一起住。乔伊临终前几年把心思都放在为院友拍照上,他的影像呈现了荒芜感,却又怀着无比温柔,十分撼动人心。他也画素描,这是他自幼习得的技巧。他的精神科主治医生至今仍在办公室挂着他的画,是他的墨水自画像。我看到那幅画时,她对我说:"你得非常仔细看才看得到,在乔伊的耳边还有一个人,那就是对着他耳语的声音。"2007 年 4 月 5 日,强尼吃肉时被噎死了。两天后,乔伊被诊断出有肺癌。罗斯玛丽边流泪边说:"他一诊断出来,我们就让他搬回家,管他结果会怎样。他每天都要化疗。医院的人发现他脑部也有癌细胞,于是又进行另一种化疗。后来癌细胞又跑回肺部,而他从来不抱怨。乔伊对我说,'妈,看来我是不行了。'他还说,'妈,如果我能撑,让我撑。但如果我慢慢走了,就让我慢慢走吧。'后来就是这样。我坐在那儿,他就在我面前慢慢走了。"乔伊就葬在强尼旁边。

我见到萨尔时，乔伊已经过世 6 个月，他整个人十分委顿，瘦到只剩 50 千克，既憔悴又伤心。罗斯玛丽有满腔的心事要吐露，但萨尔的悲伤却让自己向内退缩。罗斯玛丽问："我能让萨尔好起来吗？不能。我能让他想活下去吗？不能？我为乔伊奋斗了 32 年，这一路上无时无刻不在保护他、为他奋斗。我还是救不了他。我救不了他。"

在强尼噎死之前的 6 个月，罗斯玛丽把从小住的老家交付信托管理，而且无法撤销。"这么一来，万一中途之家不经营了，而这两人活得比我们还久，也不至于露宿街头。现在既然已经安排好了，如果我哪个孙子孙女得了病——这是很可能发生的——他们也不会无家可归。我们已经做好准备，等着看下一个是谁。"

精神分裂症患者的自我倡权和聋人权益、小个子政治及神经多元性相比，截然不同，因为后三者的倡权者应该清楚知道自己是谁。他们最常受到的抨击是，他们不懂主流的现实状况：侏儒无法真的理解高个子的情况，自闭症患者也无法明白人际往来的乐趣。不过，他们通常都能完整理解自身的状况，但精神分裂症最大的特色，就是妄想，而这会让他们的身份认同主张变得非常复杂。若有人从自身的精神分裂症中获得归属感，就表示他接纳自己了吗？抑或这只是否定现实的表现，是疾病症状的一环？而病觉缺失又让精神分裂症患者的决定变得更加复杂。所谓病觉缺失，就是你生了一种病，症状之一是相信自己没有生病。英国詹姆士一世时期的戏剧《诚实的荡妇》中，剧作家托马斯·德克尔就写道："你不知疯，便证明你疯。"

精神分裂症患者的自我倡权带出了一个很尴尬的本体论问题：除了患者目前所经历的一切，是否还有一个更真实的自我，是能够和出现症状的自我分离开来的？法学教授萨克斯在回忆录中写到自己的精神分裂症，他如此说："选择自我这件事，我们应该避开。"有个父亲说："我以为我儿子好起来的意思是他不会再听到那些声音，但那其实只代表他不再那么常聆听那些声音。"我有时觉得，我们强调精神病患者能察觉病情，就像是强调罪犯幡然悔悟。自觉和懊悔都意味着，偏离常态的人虽然表现得行为异常，但他们的内在世界其实更接近我们，这令人大感安慰。可是，除非他们改变行为，否则处境一样会很不利。

虽然一般而言，走出精神分裂症后，智商越高的人生活品质会越好，但高智商的人也比较容易自杀。深刻理解自己病情的患者常会失去自信，也更抑郁，即使是比较能照料自己的人也一样。此外，虽然有些人自杀是因为幻听下的指令，但跟妄想消失的人相比，有妄想的人比较不容易自杀。主流社会希望精神分裂症患者有自觉，并因此能按照社会的期待行事，然而这件事不应遭到曲解。克里斯托说："你绝对想不到，有多少和你互动的人其实脑内都有声音在说话，只是他们有自觉不去理会那些声音。我常常很敬佩我的患者，很多人虽然不断出现幻觉，却能自理得非常好。他们都知道自己发生了什么事，这救了他们，却无法让他们快乐。"

近期的《纽约客》杂志上有篇文章谈到一位精神病患者琳达·毕修普，医院的病历上记载她"极为聪明"且"人非常和善"，还"完全否认自己有病"。她不愿意在任何说她有心理疾病的文件上签名。文章提到："发作的时候，她认为自己是某个故事中的女主角，经历了不公平的事情，这个角色让她对自己有了信心，人生也有了目的。"琳达最后在一间废弃空屋饿死了自己，她相信这么做是服从上帝的旨意，而且她显然也和内心的疯狂和平共处。从很多层面来说，她比克里斯托那些神智更清明的病患还要快乐。

"疯人尊严"运动认为，应该要扩大"自决"这项基本人权，让有精神分裂症等心理疾病的人也能享有。这项运动把罹患各种精神疾病的人集结起来，为这群可能无法隶属于其他任何群体的人创造出水平身份的认同感。参加的成员想要减少对精神病药物的依赖，希望能拿回治愈的掌控权。钱柏林是首批运动人士之一，她说："如果不是自愿，那就不是治疗。"葛拉瑟在《纽约时报》上写道："同性恋运动把'酷儿'一词收编为光荣的标记，而不再是耻辱。同样的，这些运动分子也非常自豪地说自己疯了，并表示自己的症状并不会阻绝他们成为有用的人。""疯人尊严"运动在全球各地都有人响应，这包括近年来在澳大利亚、南非及美国的抗议事件。这些抗议事件吸引了来自社会的支持者注意，和一群爱偷窥者来看好戏。北卡罗来纳州的"疯人尊严"团体"阿什维尔激进心理健康公社"发起人就说："以前只要一经确诊，便被贴上标签，一旦被人发现，职业生涯和人际交友就会遭判死刑。我们希望借由讨论这件事来改变一切。"

"疯人尊严"运动的支持者提出了一系列促进健康的做法。欧克斯是国际心智自由组织的负责人，经确诊得了精神分裂症。他用运动、互助咨询、改变饮食、野外徒步旅行来治疗自己。他拒绝吃药，也大力鼓吹其他人抵制精神病学的体制。他谈到自己年轻时被迫吃药的情形，说："他们用破城的大铁球来进攻我心灵的大教堂。"至于他后来所做的努力，他说："人类的灵魂很古怪、很独特，难以征服、难以理解，无法停下，而且极其美妙。所以真正重要的，其实就是在面对所谓正常的时候，能够找回生而为人的意义。""加州心理健康个案网络"的辛曼表示："欧克斯之于精神病幸存者运动，就像麦尔坎·X之于黑人民权运动。他用最质朴纯粹的方式说出了真相。"

欧克斯也的确让体制注意到他的诉求。他曾经组织一次大罢工，抗议以生物学模型来解释精神疾病，当时美国精神病学会出面和抗议群众会谈，却找不到交集，最后发表了一份声明："这些障碍足以影响心理、脑部及行为，可惜在科学以及临床医疗皆有长足进展的今天，仍有一小群个人及团体不断怀疑真相与临床医学的公信力。"近来运动人士布利金更发起运动，反对使用精神疾病药物，他表示："病患看起来像是有进步，其实那是种失能，是丧失了脑部能力。"

要否定心理疾病的生物性本质（或者，应该说心理健康具有的生物性本质），非但荒谬，甚至可说是感情用事。但如果只把欧克斯及辛曼视为疯子，不加理会，同样令人惋惜。两人之于傅柯和连恩，就像杰弗逊之于卢梭，先有想法，才有行动，但孕育出新概念的哲学家很少将之付诸实行。有句古话说："疯人执掌疯人院。"现在"疯人尊严"运动让这句话成真了。这些运动人士认为自己是要抛开压迫的枷锁。他们都有严重的疾病，也承受过暴虐的压制。现在的问题在于，他们有没有办法解决压制的问题，又不会错谈心理疾病的本质。

主张"疯人尊严"的人士大多批评医界人士鼓吹以药物作为主要的疗法，但即便如此，他们很多人还是得仰赖药物才能正常生活，他们也支持其他人用药或不用药的自主权。他们坚称，对于非得服药的人，还有很多方法可以减轻副作用。有些运动人士则表示，说到药物，他们"支持有选择"。以药物治疗精神分裂症有其风险，可能导致神经损伤、代谢失常、慢性中毒、糖尿病、血液相关疾病，体重也可能快速上升。很多人罹患精神疾病后，最初的感受就是失去太多东西，因此会在私下自行评估治疗的效用与引发的副作用。运动人士浩尔在《降低伤害指南：摆脱精神疾病药物及戒断》一书写道："一边是药厂的药物宣传，另一边是某些运动人士反对药物的主张，在这样两极的文化中，我们希望提供减少伤害的方式，让大家能自己作决定。"

英国小说家艾伦写道："仿佛有某种协定，仿佛你首度崩溃时签下了一张合约，倘若你真的走出疯狂，回到'正常'世界，你得答应不再提发病的事。人们给失去心理健康贴上污名，这不但剥夺了病患的自身经验，也等于是在告诉他们，这些月这些年，或者这些反复发生的片段时刻，他们都不存在。今日出现"疯人尊严"这类团体，想要正视自信心的问题，这很奇怪吗？"这项运动就如同本书记录的其他运动，用意是支持那些遇到某种棘手症状的人，协助他们，让他们觉得自己完整、有价值。

"疯人尊严"运动强调的是培养良好的自我照护技能，以此维护身心健康。运动人士的诉求并不是回到病发之前的状态，而是要让病患有能力采取具体的步骤，建立足以自理的生活，且诚实面对问题。有个网友在网上评论时如此回应艾伦："根据医生的说法，我疯了。我也以自己为傲，而如果要假装'疯'不是我的一部分，那就太蠢了。"伊卡鲁斯计划的网站说明是这样写的："这个网络是由一群有共同经历的人所组成，我们就活在这些经历当中，也深受这些经历影响。这样的经历常被诊断并归类为精神疾病的症状。我们认为这些经历是需要修炼及照护的疯狂天赋，而不是疾病或失调。"

不论自己的处境为何，都要接受自己。这话固然没错，但精神分裂症患者要做到这一点，困难尤其大。我遇到的某些人的确能在这种处境中找到意义，但似乎没有人因此而喜不自胜。运动人士的言辞虽然动人，但是"疯人尊严"运动的影响力却远比不上自闭症权利运动。我想，部分原因是精神分裂的痛苦太深，几乎永无止境，更有甚者，患者通常都很晚才发病，这更是雪上加霜。自闭症患者无法想象自己没有自闭症的样子，别人也无法想象。自闭症成了他们密不可分的本质。精神分裂症患者却能想象自己没有精神分裂的样子，因为大部分患者生命中的前20年都没有此症。如果他们主张"身心健康"，他们谈的不是遥不可及的虚构情况，而是熟悉的过往。赞成"疯人尊严"运动的人，会觉得这套说法很正面，也富有哲学含义，但慢慢走入精神病状态的人，在被负性症状及精神病药物麻痹之前，大多觉得这一切只是种折磨。

艾伦很认同"疯人尊严"这类运动的必要性，但她也说："人手上拿到什么牌，就得打什么牌，而在这个过程中，人就会逐渐变成某个样子，成为他自己。但有人会真心希望自己的孩子心理健康出问题吗？他们的伴侣呢？朋友呢？从我自己和朋友的经验，以及我从病房发现的真实情况，伴随精神分裂的，只有无望和绝望。"耶鲁大学生物伦理跨学科中心的约斯特写道，要把"疯人尊严"运动跟身心障碍权相提并论，看似容易，"但其实，不论社会的偏见能消弭得多彻底，心理疾病永远使人受苦。"

沃特·佛瑞斯特的儿子彼得在高二开始出现精神分裂，他总是和兄弟姐妹吵得很凶，最后家人不得不动手把他压制住。沃特说："感觉就像他的头顶被吹走了。他一向很受欢迎，然后开始出现一些小问题，而现在我们得把他压在地上。"几周后，彼得在车上说："爸，你不要这样握方向盘，不然我要下车了。"沃特当时觉得一头雾水。他说："彼得一直有他自己的幽默感，所以我那时还在思索是怎么回事。过了几天，彼得走入学校心理师的办公室，然后就完全无助地崩溃了。"

彼得很快出现急性病症，沃特发现问题一天比一天严重。某天晚上,彼得突然攻击沃特,还想把他推出窗外。最后,他拿出菜刀攻击,沃特不得不报警。彼得在急性病房住了6个月。沃特和大部分父母一样,花了许多心力才慢慢明白儿子的问题并不是暂时的。沃特说:"给我们最多协助的治疗师说,'这就像你家有个四分卫明星球员。他被卡车撞到,四肢全断。你现在该期待的,不是他未来还是四分卫明星球员,而是他还能行走。'"

彼得现在待在住宿型机构,一年回家看父亲4次。沃特说:"我带他外出用晚餐,他回家过个夜,然后回去。这样的关系有什么光明面吗?有快乐的时光吗?没有。我希望他能做最低工资的工作,在超市帮顾客装袋之类的,让我觉得他做了些让自己有价值的事。但他状况越进步,感觉反而越糟,越令人难受,因为'原本可能可以怎样'的想法会令你心碎。说真的,他若是死了,还好一些。对他比较好,对大家也比较好。世上大概没有比这更狠心的话了吧。但他的日子过得非常非常苦,其他人也跟着苦。那辆卡车,与其造成这样的伤害,何不干脆把他撞死?"

沃特望着窗外好一阵子。"而现在,我快要哭了。跟你说吧,这件事就跟死了一样。人能给其他人的东西不多,快乐是其中一项,尤其是给孩子快乐,而我完全无法给彼得快乐。"

有精神分裂症的人往往遭人排挤、嘲弄、误会。发疯、精神错乱、怪人这类有贬低意味的字眼,在社会中也几乎猖獗如故。《飞越疯人院》这部电影影响了一整代人对精神分裂症的观感。该片1975年于俄勒冈州立医院拍摄时,原本有机会请真正的精神病患来当临时演员,但制片拒绝了,说这些病患"看起来不够奇怪,一般大众对心理疾病患者的印象并不是这样"。虽然心理疾病也应受到《美国身心障碍者法案》的保障,适用的保护措施却不多。门诊计划及住院设施都少得可怜,能让精神分裂症患者独立生活的环境也不多。1990年,美国有研究显示,如果知道想租房子的人有精神障碍,40%的房东会立刻拒绝。表明自己有精神分裂症的人,即便已有多年未发病,多半也得不到工作机会。仅有

10%～15%的人能保住全职工作,但其实规律的工作形态对患者可能极有好处。有位顶尖的研究人员就说:"我见过的治疗方式中,以工作最为有效。"房东往往大力抗争,不愿让心理疾病的治疗和住宿机构进驻自家社区。美国国家心理卫生研究院的贝克就直言:"很多人无法忍受和慢性精神分裂症患者共事。医生和护士也不喜欢治疗无法康复的病患。"

这些患者虽然行为古怪,但大多对陌生人不构成危险。他们杀人的可能性是一般大众的5～18倍,多半和药物滥用有关。然而,即使计入滥用药物的人,也只有0.3%的患者会真的动手杀人。1998年有研究发现,非药物滥用的精神病患者有暴力倾向的比例和一般大众一样,但对家人施暴的可能性则高了5倍。患者若与家人同住,家人约有四分之一会遇到肢体伤害或威胁。然而,由于患者的暴力行为很可能是对幻觉的反应,因此也可能随机对陌生人发作,给人类似飞机空难那种不知何时轮到我的感受。正因如此,即便概率比致死车祸还要低上许多,我们仍无比害怕。

2011年,有两起精神分裂症患者杀人的案件登上新闻头条:迪雄·查波杀害负责照顾他的社工史蒂芬妮。贾瑞德·劳夫纳在亚利桑那大开杀戒,共造成6死13伤,其中美国众议员吉佛斯身受重伤。事发之前,两人都被认为有潜在的暴力问题,而这两起案件也证明体制确实失灵了。

从小到大,迪雄的母亲伊薇特都觉得他将来会当牧师。到了19岁,他变了个人。伊薇特回想道:"他会说恶魔要他做某件事。他会谈到诅咒、施法害人什么的。"到了21岁,他觉得皮肤上总有东西在爬,于是不断冲澡,晚上也总有东西吵得他无法入睡。然而,因为药物的副作用,他无论如何不肯吃药。他因伤害罪五度遭到逮捕后,才被转到政府的心理健康部门。2006年11月他之所以遭逮捕,是因为从小养育他的继父把他开除,结果他把继父左眼眼窝的骨头打断了3块。警方的报告上写着,警察抵达时,他继父"拿布按着头,口中不停流出血来"。

虽然迪雄有暴力犯罪的前科,他还是在全州各地从一个机构转到另一个机构,最后安置到一个团体之家。他过去的一切,这个机构只是一知半解。史蒂芬妮是个子娇小的年轻女性，由于团体之家的经费不足，她一人得独自照顾7个精神分裂症患者。是体制辜负了她，也辜负了攻击她的人。2011年1月20日，迪雄在某个教堂的停车场殴打史蒂芬妮，然后拿刀刺死她，再将她半裸的尸体留在现场。她母亲说："她只不过是帮助别人，实在没有必要因为这样的工作而被杀。"伊薇特对史蒂芬妮的家庭深表同情。她解释，多年来她一直努力让儿子接受治疗。

贾瑞德和迪雄不同，他从未入院。但是，早在吉佛斯众议员于亚利桑那州土桑市的超市举办民众见面会，而贾瑞德把现场闹得天翻地覆之前，就已经有不少人知道他情绪很不稳定。他前一年还在皮马社区大学就读，当时行为就已十分古怪，还造成威胁，校方共报警处理了5次。在他开枪之前数月，有个学生在电子邮件中写道："我们班上有个精神不稳定的人，把我吓得要死。他就像是那种会带自动枪到学校，然后就上了新闻的那种人。"

2010年9月，学校强迫贾瑞德休学，并要他先取得精神状况正常的证明，否则不能回去上课。一位教过他的教授告诉《华尔街日报》："他很显然有精神方面的问题。他说的是一种语言，其他人说的是另一种语言。"休学2个月之后，贾瑞德买了支手枪。2个月后，他动手了。与他同住的父母只是说："我们也不明白为什么会这样。"

2011年5月，攻击事件的4个月之后，联邦地方法院的伯恩斯判定贾瑞德的精神状态无法出庭受审。《纽约时报》报道："22岁的贾瑞德坐在椅子上前摇后晃，审讯进行到一半，他把脸埋在手中，又突然一声怒吼，打断法官的话，'她就死在我面前。你这个卖国贼。'"法庭委派的精神科医生发现他"出现妄想、怪异想法，还有幻觉"。伯恩斯最后强制他接受药物治疗。他的律师表示："根据正当法律程序，劳夫纳先生享有身体权，可以拒绝接受非必要的强制性精神病药物治疗。"上诉法庭让他停药。之后贾瑞德15个小时不睡，不断来回踱步，把脚都磨破，还绝食。狱方以他会对自己造成伤害为由，重新给药，而伯恩斯法官也判定狱方有权这么做。

让贾瑞德重新接受药物治疗的理由，是他会对自己造成伤害，但如果之后他恢复能力，得以接受审判，判决结果却可能是死刑。全美刑事辩护律师协会的前任会长奥尔曾问道："如果帮助某个人恢复能力的目的，是要他们为死罪或谋杀罪付出代价，这样合乎道德吗？适当吗？"狱方的心理学家表示，她每次和贾瑞德会面，他总不由自主地啜泣，并把脸遮住。最后他因能免除死刑而认罪，但他的罪行及病情本身就是惩罚，比司法制度所能判的任何刑罚都还要重。贾瑞德和迪雄一样，都活在长期的煎熬中。

美国收容最多精神分裂症患者的机构是洛杉矶郡立监狱。监狱里的患者人数，至少是医院里的3倍。美国监狱里有将近30万人有各类心理疾病，其中大部分的人只要接受治疗，就不至于犯下罪行。另外还有55万人在看护所。他们的罪行大多跟暴力无关，只是各种小罪。这些人对于社会现况无动于衷，犯下这些小罪几乎可以说是不可避免的。负责处理他们的不是医生，而是警察，然后是狱卒，以及其他犯人。美国矫正署统计，2011年马萨诸塞州有25%的囚犯需要心理治疗，相较之下，1998年只有15%。

省下心理医疗的钱，增加了狱政制度的负担，两相权衡，美国这种制定预算的方式显然是省小钱花大钱，十分荒谬。迪雄案及贾瑞德案的审判，将花掉纳税人数十万美元，让人不免想到，如果当初愿意付这些费用的零头，受害者是否就不会丧命？我们只能凭良心决定是否要配合有肢体障碍的人，但是用合适的方式对待有重度精神疾病的人，其实对双方都有好处。换言之，即便不凭良心来忖度，好歹经济上也对自己有利。

"其他小女生偷穿母亲高跟鞋的时候，我把自己用绷带一圈圈绑起来，觉得这样很酷。"苏珊·瓦恩里希如此回想。她以前总忍不住咬嘴唇，所以她嘴上若非有伤疤，便是新伤口还在流血。她觉得很丢脸，问母亲芭比说："为什么我就是忍不住？"芭比说："你慢慢就不会这样了。"

但是一直到1973年苏珊进了罗德岛设计学校，精神分裂症才完全显现。

苏珊说："我一直都知道有些不对劲。但一直到大一，其他人才看出来。"苏珊大一那年，她父亲离开了她母亲。苏珊说："这冲击太大了，于是症状开始浮现。"她无法做功课，于是开始看一位弗洛伊德学派的心理分析师，治疗方式包括回溯童年。不巧，苏珊的症状之一正是退化至童年阶段，但她需要的是走出来，而不是越退越深。她说："我非常依赖他，基本上我白天都在家，晚上才出门，在街上乱走、看月亮。我看到变形的身体、流血的脸、恶魔、树上挂着尸体。我看到的真人都变得扭曲，不是缺胳膊就是少腿。我还记得柏油路上的污渍，还有矮树丛勾到的塑胶袋，这些都让我觉得好可怕。"

大二的时候，苏珊进了设计学院的玻璃吹制系。她说："我极度渴望靠近火。"

到了大三上学期，学校要她退学。"我当时爆发了，用香烟烫自己，用拳头捶破窗户。状况比较好的时候，我会去布朗医学院的图书馆，一直查、一直查，查我到底怎么了。"苏珊那年住了三次院。医生跟她说，她这一生都得吃药，但就是不愿意告诉她，她究竟是怎么了。而她，则拒绝把父母的联络方式告诉医院。"虽然我当时完全不明白自己怎么了，但我有非常非常强烈的欲望要保护家人。我当时相信自己有小宝宝胸部和大人胸部，小宝宝胸部之后会掉下来，由大人胸部取代。但我相信，如果我母亲到我的公寓过夜，会有男男女女的小人从我胸部跑出来。男人拿着镰刀，女人拿着粗麻布袋。他们会伤害她。我很怕我母亲看到这些，这样她就会知道我身上有恶魔。我无法忍受。"

大二升大三那年暑假，她哥哥去旅行，她帮忙照顾猫。那只猫总躲在一张绿色的合成皮躺椅下。"我觉得那张椅子长满跳蚤，然后跳蚤变成精子。我拿出一罐油漆，把整张椅子漆成白色，又拿菜刀不停地往椅子上戳。"她有好几个月没洗澡，而且后来整整10年没刷牙。"我就像只动物，头发油腻打结。我会拿刀割自己，然后用血在墙上乱画。"

1979年，苏珊的心理分析师终于判定她得住院，也许得住一辈子，于是打电话到苏珊家，问苏珊保的是哪一种险。在那之前，芭比从未听说过精神分裂症。苏珊说："这件事触动了我母亲的开关。她到罗德岛来,把我推进车里,逼我离开了这个人。"芭比带苏珊去求诊,医生说她得立刻住院。苏珊的脸之前长出毛来,很可能是对药物的反应,而她也决定留着这些毛。芭比说:"我看到我女儿,以前总希望她是个漂亮的小姑娘,结果她脸上竟然长了毛,这太可怕了。"苏珊说:"我对于长毛这件事有各种妄想。那毛一直长到我的下巴,而且又浓又粗,像是性征的毛。"芭比决定立刻带苏珊前往卡多纳的四风医院,那是开车不算太远的医院中最好的一家。负责诊断的是院长格拉斯·伯伦,苏珊说:"我还记得那天我坐在他的诊室,甚至记得我在靴子上刻的、绿 T 恤上画的大卫之星。还有上面的香烟痕。他告诉我,我哪里出了问题。他告诉我诊断的结果。"苏珊住进了四风医院。

当时,苏珊的父亲已经完全从她的生命中消失。很快,芭比再嫁。芭比说:"我希望我的人生能继续前进。遇到朋友,我只说,'苏珊有点问题,算是离婚引发的吧。'我真的很希望她能走出我的生活,有人接手后,我觉得松了口气。我这么说并不光彩,但我记得当时就是这个感觉。我希望苏珊生病时,我能认识某个跟今日的苏珊一样的人,那么我就会觉得有希望。但当时没有。"

苏珊在四风医院待了 4 个月,出院,然后入院待了 6 个月,1980 年在中途之家待了 9 个月,之后才搬回家,当时她 24 岁。芭比说:"有时我下班回家,她会躲在某个地方,叫她也不回应。格拉斯·伯伦说,'你得叫她离开。'我说,'但要怎么做?'他说,'你就跟她说,只要她能有起色,你愿意为她做任何事,但是现在这样下去对她没好处。'于是我跟她说,她非走不可。那大概是我这辈子做过最难的事。"芭比流着泪说道。"她走了,走之前写了张纸条,说她要去自杀。然后她打电话给格拉斯·伯伦,去了四风医院。"

苏珊欣喜若狂地形容四风医院:"那是精神病的乌托邦。到处都有鸭子跑来跑去,还有一间鸡舍。我常常一整天待在松树林里。如果今天有哪家保险公司听到这件事,大概会吓傻吧。格拉斯·伯伦的治疗方式很厉害。我是婴儿。他安抚我、拥抱我。他在大雨中把我从路上的坑里抱出来。"在那之前,格拉斯·伯伦在精神病患的居处开办了安宁疗护计划，收容生理疾病末期的非精神病病患。苏珊说："像我这样的人，很明显有精神病，无法活在现实中，而安宁疗护计划让我们不得不面对最重大的现实，也就是死亡。即使那时我神智不清楚，也多少明白这件事，这事把我吓得回到现实。我在这里毁灭自己，然而这些人却千方百计想活下去。让我忍不住问：你呢，你想活，还是想死？我明白，我比较想活下去。"

苏珊的情感也开始复苏。"我记得经过这么多事情之后，第一次感觉到爱。我甚至不记得对方是谁——可能是格拉斯·伯伦。我只觉得开始知道爱一个人的感受，我记得我没有欣喜若狂，就像是我小时候去钓鱼，有时鱼上钩了，这时鱼线的另一端会轻扯动，就像那种感觉。我把自我封闭了这么多年，也和外界断了联系，然后，药物带走了一些症状，而随着精神病慢慢消退，我的心多了成长的空间。之后精神病又发作了几次，那些时候我就不太能感觉到爱。但是没有发病时，我的同理心和人际关系就会扩增。"苏珊又重拾画笔，格拉斯·伯伦则替她改造了一栋外屋，成为她的画室。她说："我的作品有阴郁的一面。但作品最重要的还是创意，而创意就是赋予生命。"

苏珊完成最密集的疗程之后，接下医院的一个职位。这个工作有津贴，而她脸上的毛，则由保险公司给付电解除毛费用。她当时 26 岁。她说："要我准备面对外面的世界，还是太过勉强。我不知道总统是谁。自信心就像瑞士乳酪一样千疮百孔。我还是会看到灾难性的画面。我一点也不知道该怎么照顾自己的身体。"她开始看治疗师，跟了齐妮亚 20 年。"她要我把每天的行程列出来。上面有'起床'跟'刷牙'，因为我根本不知道一天该怎么过。"齐妮亚也答应要和芭比见面谈谈。芭比说："那对我帮助极大。我真的得好好哭一哭，说说心里的话。但是苏珊的病不是我，是她自己。当我开始放手，她便逐渐走了出来。"

苏珊将近 40 岁时，病情算是颇为稳定了。奥氮平片这种药让她的生活"彻底翻转"。她每晚睡 13 小时，说话有条理。最后她改吃 安立复，镇定效果不那么强。苏珊说："我就像闪电般成长。你今天看到的，跟 5 年前完全是两个人，身心发展、健康、外观、语言能力，各方面都是。

我很努力要从每个层面消除残留的疾病。我还是会断断续续稍微发作，但只持续一两天。感官过度刺激、有点偏执、认知错误，还有思考及视觉会扭曲。有些人一有压力，背就出问题。我一有压力，脑子就出问题。但之后就好了。我有很多事情都要追上进度，最难的可能是恋爱。"

我认识苏珊的时候，她已将近 50 岁，但还没有完全体验过性爱。苏珊笑道："我很想体验爱，但我知道爱是什么吗？到现在为止，我母亲就是爱。我可怜的母亲。她帮我报了三个交友服务——是同时。真是如坐针毡！但我把那当成成长的机会。精神分裂症让我能够找到内心的另一部分，如果没有这个病，我可能无法探索这部分的自我。"

苏珊也开始试着和久别的父亲联系。有一天，她跟我说她和父亲通了电话，这是数十年来的第一次。她说："我跟他说，我爱他。虽然他抛弃了我，但我还是想这么说。他快八十了，所以我之前给他写了封信，觉得这样能让他好过些。我想让他知道，我之所以能爬出来，有一个工具是他给的，那就是艺术，是他培养了我的创造力。一周后他打电话来。我们很客套地谈了谈挖蛤蜊之类的事，总之就是他在那边做的事，然后他有点泫然欲泣，突然冒出一句：'我永远无法原谅自己就这样离开了你们！'我费了好大的劲才忍住没有立刻跳上车，开到他那里。但我决定不再打电话给他。我和他太像了。"

芭比最后终于能够接纳、理解女儿，甚至以她为荣。她在旅游业工作，把赚到的钱全给了苏珊。而苏珊，她卖那些丰富、古怪、美丽的艺术品，收入大部分都捐给了四风医院。她也到公共场合演讲。芭比听过她在大中央车站对一场心理健康晚宴的来宾演讲，她说："我不敢相信。那里大概有 300 多人。这可是苏珊啊。我是说，她是怎么做到的？"苏珊和芭比的心结已经几乎完全解开。芭比说："她真的比任何时候的我都还要坚强。是谁救了她？是她的艺术创作，是格拉斯·伯伦医生，是我跟她几个哥哥的支持。但最重要的，是苏珊自己。苏珊心里一直有什么东西想要走出来。我应该得个奖牌，真的，但苏珊应该得很多很多奖牌。她不得不经历这么多事情，我心里真的很不好受。但我也明白，如果她没有这些经历，就不会是今天这样子。而今天的她，是非常美好、迷人、美丽的女人。她以前常说,'妈,你手上拿到的牌就是这样啊。'我想我终于明白,如果你学会和不愉快的事共处,那么有时事情就会突然变得愉快了。"

精神分裂症患者的妄想不一定都残酷无情。有个母亲说:"我儿子玩填字游戏,结果声音一直告诉他答案,把他气得半死。"有个年轻的印度男子跟我说,他有很正面的妄想,相当特别,他说:"我会听到叶子念情诗给我听。"还有个男人说:"我想找到一种药,这种药能赶走讨厌的声音,留下我喜爱的声音。"人和声音之间的关系,可能会因关爱甚至只是多加注意而和睦一些。有位来自旧金山的母亲就说:"就算它们不友善,也是他的朋友。这是很私人的事,而且他也很了解它们。他的精神科医生跟他说,对这些声音好一点,跟它们说话时把它们当孩子。"

虽然精神分裂症自古就出现在文献中,并在1世纪前就定了名称,但由于这种病症十分神秘,世上还是有各种迷思。美国加州大学伯克利分校精神病学教授格林写道:"当大家认为某种病十分费解、难以看穿之时,多半会有两种极端反应,不是贬低,就是浪漫化。真不知道哪一种比较糟。"没有经历过三度灼伤的人可能不知道那是什么感觉,但若有一度灼伤的经验,就多少能想象那种痛苦。抑郁症是一般情绪的极端版本,精神分裂症则完全不同。德国存在主义的精神科医生雅斯培指出精神病患者与一般人的思考有"天壤之别"。精神分裂症患者多半无法取用已知的语言,但就算可以,也没有言语能够形容那种状态。我们只能借由比喻来了解精神疾病有多可怕。

若有人的兄弟、姐妹、儿女或朋友得了精神分裂症,爱他们的人都知道,这个人虽然因为基因而饱受折磨,但他所经历的一切,综合起来就是他。杰写了一本书谈他弟弟的病,他在书中写道:"在收费的专业人士眼中,罗伯特仿佛只是血肉做的容器,里头装着(不好的)化学物质,该物质的量某天不知何故上升了,他因此生起病来,于是现在应该要在容器里注入其他(好的)化学物质,这就剥夺了罗伯特还大量保有的东西,也就是他的人性。如果有人要把他的人性化约成生物特性,我们怎么能不大声反对?"双极情感疾患作家柏曼说:"心理疾病无法脱离人而独立治疗,两者环环相扣。'哪里是心理疾病的终点,哪里又是我的起点?'以我而言,两者是一体的。我和敌人交了朋友。我的治疗之所以成功,正是因为兼顾了我和我的心理障碍,而没有切割两者。"

有时,我们是从对药物的反应中找到后见之明。如果你吃了丙戊酸钠,也有起色,那你罹患的就是双极情感疾患。如果奥氮平片让你状况好转,你很可能有精神分裂症。这些药物虽然有用,但是相关的研究仍然众说纷纭,各种未经证实的理论错综复杂,内容尽是探讨各种神经传导物质的模糊角色。用这种化约式的思考来探究心理疾病的本质,无异于认为疾病可以完全用化学来解释,这样的想法能让赞助研究的人满意,而研究也可能对患者有帮助,但这仍然没有说出实话。精神分裂症没有边际,一旦入侵,就会成为被入侵者的一部分。

典型的精神分裂症是种很可怕的疾病,但说也奇怪,一旦知道你或孩子得的是什么病,心反而就安定了下来。分类能塑造身份认同:世上有一群人罹患了或正在对抗这种疾病。然而,这种病症的运作方式确实有十分细微的差异,有时甚至是令人困惑的阶段变化。起草《精神疾病诊断与统计手册》第三版的精神分析师傅利曼说:"精神疾病诊断的问题,就在于我们已经从类比模式走到数字模式,现在的所有事情都没有复杂程度之分,而是有很多的'是'或'否',就像有很多的'0'跟'1'。把人分门别类有很多实际的好处,但是临床的经验显示,人的思维不是这样运作的。你要处理的,是很多层的连续现象。"

没人能确切说出山姆·费雪究竟出了什么问题。我认识他的时候,他33岁。把他介绍给我的精神科医生正在为他治疗精神分裂症,但另一位临床医生诊断他有亚斯伯格症。山姆显然有情绪障碍,有些时候会极度抑郁,偶尔出现一阵轻度狂躁,这不属于精神障碍,但他会自视太高。他在社交互动上心机十分深沉,显示出边缘性人格障碍。他还很焦虑,有多种恐惧症,有强迫型与自恋型人格违常的症状,也长期受创伤后压力综合征之苦。简而言之,他的大脑集各种精神病症状之大成,仿佛开了场团圆盛会。他说:"没有人真的了解我。我太怪了。"

山姆出生时有黄疸,虽然足月,体重却不到 3 千克。他不愿意吃东西,医生担心他撑不下去。他的父母帕特里夏亚和温斯顿在他的婴幼儿时期几乎都待在费城儿童医院,那里的医生帮他检查是否有脑部肿瘤或肾脏疾病。山姆还有脊椎侧弯和隐睾症,必须动手术切除。他从来没有爬过,也很晚才开始走路。他母亲回想,他在幼年做了标准化测验,显示他是"语言天才,但拼图能力则有迟缓问题"。

山姆在幼儿园时期首次看精神科医生,医生说他"走在深渊的边缘"。小学的时候,山姆不会算数,也因为有协调问题而无法写字、画图。帕特里夏亚记得:"我和温斯顿都跟彼此说,'现在有计算机啊。不会运动或画画有什么关系?'山姆说话是成段成段地说,说得很完整流利。到花店去,他能叫出所有罕见植物的名称。在我们看来,那好极了,但那其实应该是种征兆,代表的事情一点也不好。虽然专家一直告诉我们,在大部分的情况中,缺陷都会盖过优点,但我们当时还是一心一意认为优点一定会盖过缺点。"

山姆五年级的时候,有几个高年级的学生把他绑在篱笆上,他尖叫了 25 分钟之后,才有个老师发现了他。他还不止一次被踢下楼。父母把他转到公立的特教学校,但他在那里一样格格不入。帕特里夏亚说:"山姆看来就像有逆向读写障碍。他能写也能读,可是除此之外,他什么都做不了。"

山姆发现自己是同性恋,但高中时仍极力隐瞒。后来在学校的厕所出了一件事,山姆说有人"强暴未遂",而且愤恨地说:"那个贱人辅导老师说,'他高中即将毕业,你小他一年,所以我们不会处理。'这件事几乎毁了我的人生。"山姆觉得这件事被大事化小,但他父亲却觉得他小题大做。温斯顿对这件事情的解释是,有人对山姆露出下体,又主动对他求欢。不论发生了什么事,山姆都深受伤害,并开始听到声音。他说:"那是我中学仇人的声音,自此我从非常温和变得非常好战。"

家人带他去看精神科医生,但是山姆吃了药之后,却没有取得立即而神速的效果。温斯顿说:"吗啉酮没什么用。劳拉西泮有帮助。利培酮,太惨了,把他的协调能力都搞坏了。氟奋乃静,一塌糊涂,他老是干呕。然后是硫利达嗪。后来渐渐发现这是一场长期抗战。"

到了他高中最后一年,山姆第一次半真半假地自杀。温斯顿说:"他想把自己淹死,我把他从浴缸里拉出来。不过他很可能一直憋气。"山姆的自理能力似乎有所改善,但3年后他碰上了执法人员,结果被送进医院。温斯顿说:"他原本在自言自语,结果被警察盯上,他不是说了'我想杀人',就是说了'我想自杀'。他遭到保护性拘留,结果他就爆发了。8个人一齐才把他制住,然后给他吃了氟派啶䣳。我十分无助。他说:'随便给我什么,让我死。'太可怕了。"后来的山姆,用他自己的话说,进入了"肥猪山姆阶段"。他解释道:"我那时有严重的种族歧视,而且讨厌所有人。从21~24岁,我只吃垃圾食物,一天大概吃8餐。我迷上冰球,迷得无可自拔。我也不知道为什么会变得这么恐怖、恶心、讨人厌,但我就是变成这样。"

温斯顿和帕特里夏亚带山姆去古德农庄参观。古德农庄是马萨诸塞州的康复机构,山姆在那儿待了一晚,坚持要回家,说那里的人"比我更肥、更恶心"。费雪夫妇不知如何是好。弗洛伊德说,了解自己的行为能帮助你改变行为,而山姆一个人就能否决这句话。他很清楚自己出了什么问题,因此觉得自己比古德农庄里的人更优越,但他无法处理这些问题,所以被送入了农庄。

他儿时迷植物学,肥胖时期迷曲棍球,后来改迷全盛时期的摇滚乐,这一点让他和温斯顿有共同话题。已经几乎被世人遗忘的音乐,他寻根探源,把黑胶版本全找了出来,而且他认为收到订购的唱片,是他唯一真正快乐的时刻。但自从他打了某个店员之后,普林斯顿唱片行就禁止他出入。温斯顿通常负责善后。"我很喜欢和他在一起的时刻,但压力真的太大了。我是他唯一的朋友。我们已经到了我不知道还能撑多久的阶段。如果能把山姆留在古德农庄,他最后可能会存在主义式地省悟,他若不想办法过日子,就得待在医院里,但我们不忍心逼他。"只要山姆显现出对其他人有任何兴趣,温斯顿和帕特里夏亚都尽量支持。问题是,这样的原则似乎助长了他某些最令人困扰的缺陷。温斯顿说:

"有一次我们在一家唱片行看到刀子乐团某张专辑的封面,他十分害怕。我设法弄到主唱的电话号码,山姆开始和他通电话。但他太常打电话去了,他总是这样。通常都是对方的太太或女朋友说,'你不能再让这孩子打电话来了,我快疯了。'本来一切都很理想,发现一张令他害怕的唱片,找到歌手,和歌手做朋友可望不再害怕,结果变成一场噩梦,让他觉得自己很糟糕。"

山姆把时间都花在自己编造出来的摇滚乐团上,还替乐团制作专辑封面、画图、编歌单、写专辑说明及歌词。山姆说:"我的歌词探讨的是爱、恨、报复。都跟同性恋有关。"我跟山姆花了好几个小时欣赏他的专辑封面。他在其中一张封面上如此写道:"轨道上的遗忘。关于英国军队生活、外太空、怪异现象,还有性的冷酷现实,以及偶然的快乐。"他也玩电吉他,家里有3把。

山姆还很迷恋军人。他说:"他们是唯一了解我的一群人。他们直直看着我的眼睛,像是对我很有信心,也想让我觉得自己毫不脆弱。他们跟我父母不同,我父母什么都不做。"在温斯顿看来,他迷恋军人并非全无道理:"他总幻想有人保护他,所以他总是逼我帮他跟军人碰面。"有人可能会质疑,他对旁人的迷恋,很可能会让对方不堪其扰,这样放任他,明智吗?但这种"感应性精神疾病"[1]的状况,部分成因就在温斯顿进入了山姆那混乱的世界。温斯顿说:"我找了份报社工作,然后发现自己可以去报道美军迪克斯堡的基地。他们带我们参观。他拍了这些士兵的照片,还跟他们见面、聊天。"山姆也对外国军队很有兴趣。温斯顿说:"我们去英格兰的时候,就坐上火车前往布里斯托,让他自由行动。后来他跟某个服役的男人聊得很开心。"对于这一切,帕特里夏亚觉得很矛盾,但也睁一只眼闭一只眼,毕竟她工作的时候,都是温斯顿陪着山姆。她说:"山姆的精神科医生要我强硬干涉。但温斯顿想对他好,我要怎么强硬干涉?"

山姆也打电话给军人。温斯顿替他弄到英国军方的名录。山姆说:

---

[1] 意指一个有精神病症状的人,将妄想的信念传递给另一人。——编注

"我知道这些军人被吓到了,我也知道他们觉得自己在做重要的事。英格兰的男孩和男人都很俊美。皮肤非常粉嫩好看。我第一次坠入爱河就是爱上英国军人。那次经验非常痛苦,但那是一见钟情。我们聊了一个小时,我就想跟他共度终身。我后来再也没见过他。他是吉布斯中士。我那时 27 岁,他 33 岁。我想亲亲他,可是他手上拿着机关枪。之后我心碎了。我们养的第一只猫在那之后死了。那段时间真的很难熬。"温斯顿解释道:"那个人就在海德公园旁边某个高大的政府机构门口站岗。山姆跟他聊了 20 分钟,只知道他姓吉布斯。但是这个人成了他的梦中情人,好像两人谈了一场恋爱似的。"

帕特里夏亚说:"我们知道山姆为何这么迷军队。这是一种性的固恋,很常见,但同时,他也认为自己住在战区,而且觉得这些人知道活在战争时期是什么感觉。我不敢相信他们居然会跟他聊天,但就是发生了。后来弄巧成拙,因为他一直打电话一直打电话。我说,'把每次打的电话都记下来,还要拟一张表,确定什么时候可以打过去。'我打开电话账单,有整整 4 页。我说:'你不觉得你太频繁打电话了吗?'他爆发了。'才没有,没有太频繁打电话,没有。他们又不介意。'"帕特里夏亚终于强硬起来,说:"你不能继续打这些电话。"结果山姆打了她。温斯顿打电话报警。但两人还是担心更严格的限制只会让事情恶化。

温斯顿说:"我跟山姆每年去一趟蒙特利尔。我会带他去看黑卫士兵团吹风笛。6 年前,山姆问,他可不可以跟黑卫士兵团说话。他们派了一个人来,结果那人是同性恋。他跟山姆一直保持联系,我们第二年回去时,山姆一心一意要献出童贞。我给了他几个保险套,然后那个男人带他去男同性恋澡堂。我在电话旁边等着,会很糟呢,还是很好?结果什么都没发生。那男的发现自己不想负责。现在他成了仇人,山姆遇见的所有人都成了仇人。"

我第一次和山姆见面时,是在普林斯顿吃午餐。他和帕特里夏亚一起下厨,那是两人最融洽的共同活动,最后确实做出一顿美味的餐点。山姆宣布:"今年冬天是我这辈子最惨的时候,我自杀未遂 6 次。"同桌的帕特里夏亚说:"你只是想自杀,你根本没试。"山姆说:"我刀子就放在身旁。我两次情绪崩溃。我对药物非常过敏。"帕特里夏亚说:"还有酒精。"温斯顿说:"还有毒品。"帕特里夏亚说:"还有人。还有人生。"山姆领补助福利金,也就是残障津贴,父母也给他零用钱,他现在正打算搬到英格兰。"但是帕特里夏亚很贱。她简直是乌鸦嘴。'不准你搬去英格兰!想都别想!'一直这样说个不停。我跟她说,如果我今年不去,我这辈子就完了。但不论我跟她说多少次,都没有用。"

其实,这一对无所适从的父母身上流露出很多的爱和智慧。温斯顿说:"我不相信有正常这件事。正常不过是极端的平均。"帕特里夏亚说:"他觉得命中注定的唱片一寄到家里,他的问题就会解决了。或者,也许搬到英格兰,他的病就好了。做事没分寸,缺乏自制力,又没办法贯彻始终,那才是问题。其他的都是现实而已。他没朋友,又没工作。我和他父亲的存在,只是证明了他有多依赖。如果他要什么东西,我们不答应,那就是,'你们不让我过自己的生活。'我们如果说,'我们最希望的,就是能让你过自己的生活。'在他心里就会变成,'你们想把我赶出去。'他分析现状的能力跟我一样好,可是这改变不了现状。坦白说,幻觉的影响还是最小的。"

那天我离开普林斯顿,向山姆道别时我说:"嗨,谢了!我知道有外人到家里问你一堆问题,可能让人很不自在。"想不到山姆竟然给了我一个温暖的拥抱,看着我的眼睛说:"我不觉得你像外人。"那一瞬间,我在房里感到人与人建立情谊的能力,觉得十分感动,而他赤裸裸地展示那隐藏在疾病底下的部分自我,也触动了我。接着,这一切突然又消失了,只剩下他喃喃说着我从未听过,可能也不曾存在的一张唱片。

山姆的一个医生告诉我,他可能有神经性的症状,而这症状部分是源于胎儿时期的发育过程,以我们目前还无法归类的方式呈现出来。谈到诊断,帕特里夏亚哼了一声,既是笑,也是压抑的呜咽。她说:"最近日子很难过,总是大吼大叫,摔门,血压也上升了。我现在要么跟他吵,要么就逃,而我们不应该吵,我也不应该逃。我大部分的时候,除非特别特别累,不然都尽量忍住。山姆最近看的精神科医生在某个会议上报告了他的个案,回来之后说,'大家都同意要让他有规律。'我看着他,用眼神说,'你觉得我是什么人,白痴吗?'难道我没想过要让山姆有规律吗?你到我家看看,看能不能弄点规律来!为了让他有规律,人类知道的方法我们都试遍了。"

他们的进展就是不再期待进展,这样日子比较清静。帕特里夏亚说:"问题在于,我们年纪越来越大,还没写遗嘱,实在不知道该写什么。没有人照顾山姆。我幻想我们能撑到他 55 岁,那时他就可以申请到辅助居家照护。也就是说,我得撑到 80 岁。这对温斯顿尤其苦,但我也很苦。可是山姆更苦。他能从小地方看出我们放弃了,他一定看得出来。他非常非常敏感。我希望不要让他看到我们是这么绝望。"

每个家庭都会面对不同的困难,却仍旧努力以爱来跨越鸿沟,并且几乎都能从任何挑战中找到希望的讯息,以及成长或获得智慧的机会。某些时候,精神分裂症以及相关的精神疾病可能也有些作用。然而,精神分裂症或许自成一格,本身就是无偿的伤痛,得不到回报。听障有丰富的文化;侏儒症以美国小个子为中心,获得许多能量;许多唐氏综合征孩子天性极为善良可爱;自闭症倡权团体的自我实现。上述种种,却不曾真正出现在精神分裂症的世界里,即便有以疯为荣的运动亦然。某些带来问题的疾病同时会带来丰富的认同,人们因而迟疑是否该加以治疗。但精神分裂症却几乎无论如何都急需治疗。我在研究过程中遇到许多了不起的父母,如果孩子没有精神分裂症,他们和孩子都会过得更好。在我看来,他们所受的苦似乎永无止境,而且是罕见地结不出果实。

注解

书中所列注解为浓缩版，更详尽内容请见：http://www.andrewsolomon.org/far-from-the-tree/footnotes。

以下针对注解说明。首先，受访者皆有权选择以真名或化名出现，使用化名者皆于注解中标出。虽然希望尽量真实呈现化名者身分，但若受访者要求，部分个人资料仍经调整以保护隐私。

引用文字如取自出版品，出处皆列于注解中。其他内容则引自1994～2012年所进行的采访。

为避免本书篇幅过长或充满删节号，某些书面文字引用时稍加浓缩，全文则参见网站注解中。

第一章 | 儿子

1. Winnicott's statement is in the paper "Anxiety associated with insecurity," on page 98 of *Through Paediatrics to Psycho-analysis* (1958).
2. My investigation of Deaf culture resulted in an article, "Defiantly deaf," *New York Times Magazine*, August 29, 1994.
3. The Cochlear corporation website (http://www.cochlear.com) contains numerous instances of the word *miracle*; see also, for example, Aaron and Nechama Parnes's report from the 2007 Cochlear Celebration, "Celebrating the miracle of the cochlear implant," at http://www.hearingpocket.com/celebration1.shtml. For the other side of the story, see Paddy Ladd, *Understanding Deaf Culture: In Search of Deafhood* (2003), page 415: "In the 1990s, genetic engineering has initiated the process of trying to identify 'the deaf gene,' thus bringing within theoretical reach what might be termed the 'final solution'—that of eradicating Deaf people altogether." Harlan Lane likened attempts to eliminate deafness to attempts to eliminate ethnic groups in Paul Davies, "Deaf culture clash," *Wall Street Journal*, April 25, 2005.
3. For more on the ideal age of implantation for cochlear implants, see Chapter II: Deaf in this book.
4. Studies establishing a heightened risk of abuse for children who do not resemble their fathers include Rebecca Burch and George Gallup, "Perceptions of paternal resemblance predict family violence," *Evolution & Human Behavior* 21, no. 6 (November 2000); and Hongli Li and Lei Chang, "Paternal harsh parenting in relation to paternal versus child characteristics: The moderating effect of paternal resemblance belief," *Acta Psychologica Sinica* 39, no. 3 (2007).
5. The theologian John Polkinghorne reported this interpretation in keeping with what he had learned from Dirac. From page 31 of Polkinghorne, *Science and Theology: An Introduction* (1998): "Ask a quantum entity a particle-like question and you will get a particle-like answer; ask a wave-like question and you will get a wave-like answer."
5. "All I know is what I have words for" comes from part 5.6 of Ludwig Wittgenstein, *Tractatus Logico-Philosophicus* (1922): "Die Grenzen meiner Sprache bedeuten die Grenzen meiner Welt." C. K. Ogden translates the sentence as "The limits of my language mean the limits of my world"; that version occurs on page 149 of Ludwig Wittgenstein, *Tractatus Logico-Philosophicus*, translated by C. K. Ogden (1922).
5. From the entry "apple" in *The Oxford Dictionary of Proverbs*, edited by Jennifer Speake (2009): "The apple never falls far from the tree: Apparently of Eastern origin, it is frequently used to assert the continuity of family characteristics. Cf. 16th cent. Ger. *der Apfel fellt nicht gerne weit vom Baume*."
6. From the opening of Leo Tolstoy, *Anna Karenina*: "Happy families are all alike; each unhappy family is unhappy in its own way." The line is the first in the book and occurs on page 5 of this edition: Leo Tolstoy, *Anna Karenina*, translated by Constance Garnett (2004).
7. Early development of gay children is discussed on pages 16–21 of Richard C. Friedman, *Male Homosexuality: A Contemporary Psychoanalytic Perspective* (1990).
7. For more information on gender-atypical color preference as a predictor of homosexuality, see Vanessa LoBue and Judy S. DeLoache, "Pretty in pink: The early development of gender-stereotyped colour preferences," *British Journal of Developmental Psychology* 29, no. 3 (September 2011).
10. The unforgettable last line, "Wherever they go, and whatever happens to them on the way, in that enchanted place on the top of the Forest a little boy and his Bear will always be playing," occurs on pages 179–80 of A. A. Milne, *The House at Pooh Corner* (1961).
11. See Amos Kamil, "Prep-school predators: The Horace Mann School's secret history of sexual abuse," *New York Times Magazine*, June 6, 2012.
13. The quotation about "wounded, confused people" is from a Facebook post by Peter Lappin.
14. For more information on surrogate partner therapy, see the website of the International Professional Surrogates Association, http://surrogatetherapy.org/.
15. The gay-damning quotation comes from "The homosexual in America," *Time*, January 21, 1966.
16. Hendrik Hertzberg, "The Narcissus survey," *New Yorker*, January 5, 1998.
16. On December 22, 2011, Michigan governor Rick Snyder signed House Bill 4770 (now Public Act 297 of 2011), the Public Employee Domestic Partner Benefit Restriction Act. The text and legislative history of House Bill 4770 can be found on the website of the Michigan legislature, http://

www.legislature.mi.gov/mileg.aspx?page-getobject&objectname=2011-HB-4770.

16　On Uganda, see Josh Kron, "Resentment toward the West bolsters Uganda's antigay bill," *New York Times*, February 29, 2012; and Clar Ni Chonghaile, "Uganda anti-gay bill resurrected in parliament," *Guardian*, February 8, 2012; see also, three notes down, reference to Scott Lively.

16　The description of torture and murder of gays in Iraq comes from Matt McAllester, "The hunted," *New York*, October 4, 2009.

17　The *This American Life* episode "81 Words" (at http://www.thisamericanlife.org/radio-archives/episode/204/81-Words) is an absorbing account of the removal of homosexuality from the *Diagnostic and Statistical Manual of Mental Disorders*; see also Ronald Bayer, *Homosexuality and American Psychiatry: The Politics of Diagnosis* (1981).

17　The passage references Scott Lively, *Redeeming the Rainbow: A Christian Response to the "Gay" Agenda* (2009). Scott Lively has recently been sued by a Ugandan gay rights group, who have accused him of fomenting persecution of gays in their country; see Laurie Goodstein, "Ugandan gay rights group sues U.S. evangelist," *New York Times*, March 14, 2012.

17　The response of the surrogate-shopper to Ray Blanchard appears in "Fraternal birth order and the maternal immune hypothesis of male homosexuality," *Hormones & Behavior* 40, no. 2 (September 2001), and is described in Alice Domurat Dreger, "Womb gay," *Hastings Center Bioethics Forum*, December 4, 2008.

17　The debate over Maria Iandolo New's administration of dexamethasone to expectant mothers is chronicled in Shari Roan, "Medical treatment carries possible side effect of limiting homosexuality," *Los Angeles Times*, August 15, 2010.

18　For an example of African-American objections to the language of civil rights being used by gay people, see this statement by North Carolina minister Rev. Patrick Wooden, quoted in David Kaufman, "Tensions between black and gay groups rise anew in advance of anti-gay marriage vote in N.C.," *Atlantic*, May 4, 2012: "African-Americans are appalled that their Civil Rights movement has been co-opted by the so-called Civil Rights movement of the homosexuals. It is an insult, it is angering when LGBT groups say there is no difference between being black and being homosexual."

19　"If you bring forth what is within you . . ." is Saying 70 in Elaine H. Pagels, *Beyond Belief: The Secret Gospel of Thomas* (2003), page 53.

19　Maternal infanticide statistics occur on page 42 of James Alan Fox and Marianne W. Zawitz, "Homicide trends in the United States" (2007), in the chart "Homicide Type by Gender, 1976–2005." See also Steven Pinker, "Why they kill their newborns," *New York Times*, November 2, 1997.

19　Parental rejection of visibly disabled children is discussed on pages 152–54 of Meira Weiss, *Conditional Love: Parents' Attitudes Toward Handicapped Children* (1994). For a dated, albeit useful, review of literature on familial adjustment to severe burn scars in children, see Dale W. Wisely, Frank T. Masur, and Sam B. Morgan, "Psychological aspects of severe burn injuries in children," *Health Psychology* 2, no. 1 (Winter 1983).

19　A recent study from the CDC found that the majority of adopted children have significant health problems and disabilities. The report was put together by Matthew D. Bramlett, Laura F. Radel, and Stephen J. Blumberg and published as "The health and well-being of adopted children," *Pediatrics* 119, suppl. 1 (February 1, 2007).

20　The first occurrence of the term *commercial eugenics* appears to occur in M. MacNaughton, "Ethics and reproduction," *American Journal of Obstetrics & Gynecology* 162, no. 4 (April 1990).

20　See Francis Fukuyama, *Our Posthuman Future: Consequences of the Biotechnology Revolution* (2002).

21　Freud explores the polarities of emotion within love and hate in *The Ego and the Id* (1989).

21　See Matt Ridley, *Nature via Nurture: Genes, Experience, and What Makes Us Human* (2003).

22　The Clarence Darrow quotation comes from his closing argument for the defense in the Leopold-Loeb murder trial, republished in *Famous American Jury Speeches* (1925). From page 1050: "I know that one of two things happened to Richard Loeb; that this terrible crime was inherent in his organism, and came from some ancestor, or that it came through his education and his training after he was born."

22　Statistics on the incidence of disability occur on page 25 of Paul T. Jaeger and Cynthia Ann Bowman, *Understanding Disability: Inclusion, Access, Diversity, and Civil Rights* (2005).

22　The quotation by Tobin Siebers occurs on page 176 of *Disability Theory* (2008).

23　The idea that the most effortful years of dealing with a child with special needs are the first decade of his life, when the situation is still novel and confusing; the second decade, because it is adolescence; and the last decade of the parents' life, when they are old and weak and worry acutely about what will happen to their child after they are gone, is described as the U-shaped stress graph—high at the beginning and at the end. See the discussion by Marsha Mailick Seltzer and her colleagues in their chapter, "Midlife and later life parenting of adult children with mental retardation," in *The Parental Experience in Midlife*, edited by Carol Ryff and Marsha Mailick Seltzer (1996), pages 459–532.

23　The quotation from Simon Olshansky ("Most parents who have a mentally defective child . . .") occurs on page 190 of his paper "Chronic sorrow: A response to having a mentally defective child," *Social Casework* 43, no. 4 (1962).

23　Aaron Antonovsky discusses the "sense of coherence" extensively in *Health, Stress, and Coping* (1980).

23　The quotation from Ann Masten (". . . the ordinariness of the phenomenon") occurs on page 227 of her paper "Ordinary magic: Resilience processes in development," *American Psychologist* 56, no. 3 (March 2001).

24　Parents reported deterioration of their health due to caregiving demands in Bryony A. Beresford, "Resources and strategies: How parents cope with the care of a disabled child," *Journal of Child Psychology & Psychiatry* 35, no. 1 (January 1994).

24　The study finding cellular alteration in longtime caretakers is Elissa Epel et al., "Accelerated telomere shortening in response to life stress," *Proceedings of the National Academy of Sciences* 101, no. 49 (December 2004).

24　The statistic that fathers who described a significant caregiving burden died younger than fathers with a lighter caregiving burden appears on page 204 of *Cognitive Coping, Families and Disability*, edited by Ann P. Turnbull, Joan M. Patterson, and Shirley K. Behr (1993), in Tamar Heller's chapter "Self-efficacy coping, active involvement, and caregiver well-being throughout the life course among families of persons with mental retardation," citing B. Farber, L. Rowitz, and I. DeOllos, "Thrivers and nonsurvivors: Elderly parents of retarded offspring" (1987), paper presented at the annual meeting of the American Association on Mental Deficiency, Detroit.

24 The study in which 94 percent of parent-participants reported that they were getting along as well as most other people is Douglas A. Abbott and William H. Meredith, "Strengths of parents with retarded children," *Family Relations* 35, no. 3 (July 1986).

24 The quotation about increased marital closeness and empathy occurs in Glenn Affleck and Howard Tennen's chapter, "Cognitive adaptation to adversity: Insights from parents of medically fragile infants," in *Cognitive Coping, Families, and Disability*, edited by Ann P. Turnbull, Joan M. Patterson, and Shirley K. Behr (1993), page 138.

24 The study in which participants overwhelmingly reported positive parenting experiences is Allen G. Sandler and Lisa A. Mistretta, "Positive adaptation in parents of adults with disabilities," *Education & Training in Mental Retardation & Developmental Disabilities* 33, no. 2 (June 1998).

24 Glenn Affleck and Howard Tennen compare optimistic and pessimistic parents in the chapter "Cognitive adaptation to adversity: Insights from parents of medically fragile infants," in *Cognitive Coping, Families, and Disability*, edited by Ann P. Turnbull, Joan M. Patterson, and Shirley K. Behr (1993), page 139.

24 See Miguel de Unamono, *The Tragic Sense of Life in Men and Nations* (1977), page 5: "It is not usually our ideas that make us optimists or pessimists, but our optimism or pessimism—of perhaps physiological or pathological origin, the one as well as the other—that makes our ideas."

24 The comparative happiness study is P. Brickman, D. Coates, and R. Janoff-Bulman, "Lottery winners and accident victims: Is happiness relative?," *Journal of Personal & Social Psychology* 36, no. 8 (August 1978); the subject is the central theme of Daniel Gilbert, *Stumbling on Happiness* (2006).

24 See Martha Nibley Beck, *Expecting Adam: A True Story of Birth, Rebirth and Everyday Magic* (1999).

24 The quotation from Clara Claiborne Park (". . . it is still love") occurs on page 267 of *The Siege* (1967).

25 The quotation from the unnamed mother ("This thought runs like a bright golden thread . . .") comes from page 56 of Mrs. Max A. Murray's 1959 article, "Needs of parents of mentally retarded children," reprinted in *Families and Mental Retardation*, edited by Jan Blacher and Phelps L. Baker (2002).

25 Marty Wyngaarden Krauss and Marsha Mailick Seltzer catalog pitfalls and resources for parents of disabled children in "Coping strategies among older mothers of adults with retardation: A life-span developmental perspective," in *Cognitive Coping, Families, and Disability*, edited by Ann P. Turnbull, Joan M. Patterson, and Shirley K. Behr (1993), page 177.

25 See, for example, Kate Scorgie and Dick Sobsey, "Transformational outcomes associated with parenting children who have disabilities," *Mental Retardation* 38, no. 3 (June 2000).

25 See, for example, Robert M. Hodapp and Diane V. Krasner, "Families of children with disabilities: Findings from a national sample of eighth-grade students," *Exceptionality* 5, no. 2 (1995); Rosalyn Roesel and G. Frank Lawlis, "Divorce in families of genetically handicapped/mentally retarded individuals," *American Journal of Family Therapy* 11, no. 1 (Spring 1983); Lawrence J. Shufeit and Stanley R. Wurster, "Frequency of divorce among parents of handicapped children," ERIC Document Reproduction Service no. ED 113 909 (1975); and Don Risdal and George H. S. Singer, "Marital adjustment in parents of children with disabilities: A historical review and meta-analysis," *Research & Practice for Persons with Severe Disabilities* 29, no. 2 (Summer 2004). Risdal and Singer's meta-study found that "there is a detectable overall negative impact on marital adjustment, but this impact is small and much lower than would be expected given earlier assumptions about the supposed inevitability of damaging impacts of children with disabilities on family well-being."

25 Dubious professionals abound in Jeanne Ann Summers, Shirley K. Behr, and Ann P. Turnbull, "Positive adaptation and coping strengths of families who have children with disabilities," in *Support for Caregiving Families: Enabling Positive Adaptation to Disability*, edited by George H. S. Singer and Larry K. Irvin (1989), page 29.

25 The quotation from the mother exasperated by her encounters with dubious professionals occurs in Janet Vohs, "On belonging: A place to stand, a gift to give," in *Cognitive Coping, Families, and Disability*, edited by Ann P. Turnbull, Joan M. Patterson, and Shirley K. Behr (1993).

26 For an in-depth exploration of institutionalization in the United States and campaigns to marshal support for families' efforts to care for their disabled children at home, see Joseph P. Shapiro, *No Pity: People with Disabilities Forging a New Civil Rights Movement* (1993).

26 Geraldo Rivera's 1972 investigation of conditions at the Willowbrook State School in Staten Island is included in the DVD video documentary *Unforgotten: Twenty Five Years After Willowbrook* (2008).

26 The quoted description of conditions at Willowbrook comes from John J. O'Connor, "TV: Willowbrook State School, the Big Town's leper colony," *New York Times*, February 2, 1972.

26 Russell Barton used the term *mental bedsores* on page 7 of *Institutional Neurosis* (1959).

26 The observation about the "highly restrictive manner" in which many families find themselves living is made by Jan Blacher in "Sequential stages of parental adjustment to the birth of a child with handicaps: Fact or artifact?," *Mental Retardation* 22, no. 2 (April 1984).

27 The care of disabled people in preindustrial society is discussed on pages 2–3 of Lennard Davis, *Enforcing Normalcy: Disability, Deafness, and the Body* (1995).

27 Adolf Hitler is quoted on page 33 of *Exploring Disability: A Sociological Introduction*, edited by Colin Barnes, Geof Mercer, and Tom Shakespeare (1999), citing to M. Burleigh, *Death and Deliverance: Euthanasia in Germany, 1900–1945* (1994).

27 For a discussion of compulsory sterilization in Europe and the United States, see pages 34–35 of Richard Lynn, *Eugenics: A Reassessment* (2001).

27 The "Ugly Law" was Section 36034 of the Chicago Municipal Code (repealed 1974). It is discussed at length in Adrienne Phelps Coco, "Diseased, maimed, mutilated: Categorizations of disability and an ugly law in late nineteenth century Chicago," *Journal of Social History* 44, no. 1 (Fall 2010).

27 The Jim Crow comparison is expounded by Justice Thurgood Marshall in the 1985 Supreme Court decision *City of Cleburne, Texas v. Cleburne Living Center, Inc.*, in which he states of the mentally ill, "A regime of state-mandated segregation and degradation soon emerged that, in its virulence and bigotry, rivaled, and indeed paralleled, the worst excesses of Jim Crow." The decision can be found in its entirety at http://www.law.cornell.edu/supct/html/historics/USSC_CR_0473_0432_ZX.html.

27　The quotation from Sharon Snyder and David T. Mitchell occurs on page 72 of *Cultural Locations of Disability* (2006).
27　Figures on educational attainment of disabled children and economic status of disabled adults rely on the discussion on pages 45–49 of Colin Barnes and Geof Mercer, *Disability* (2003).
28　The Royal College of Obstetricians and Gynaecology's proposal to establish guidelines for euthanasia of severely ill preemies is discussed in Peter Zimonjic, "Church supports baby euthanasia," *Times*, November 12, 2006.
28　The full text of the US Rehabilitation Act of 1973 (29 USC § 701) can be found online at http://www.law.cornell.edu/uscode/text/29/701, and the Americans with Disabilities Act (42 USC § 12101) at http://www.law.cornell.edu/usc-cgi/get_external.cgi?type=publ&target=101-336.
28　Vice President Biden's speech is described in "Biden praises Special Olympic athletes," *Spokesman-Review*, February 19, 2009.
28　For a scholarly discussion of disability law's shrinking protections, see Samuel R. Bagenstos, "The future of disability law," *Yale Law Journal* 114, no. 1 (October 2004). Note also, for example, the US Supreme Court decision in the case *Toyota Motor Manufacturing v. Williams*, 534 U.S. 184 (2002) (full text at http://www.law.cornell.edu/supct/html/00-1089.ZO.html), which mandated a narrow interpretation of what constitutes "substantial limitation" of "major life activities."
28　Erving Goffman, *Stigma: Notes on the Management of Spoiled Identity* (1986).
28　The quotation from Susan Burch occurs on page 7 of *Signs of Resistance: American Deaf Cultural History, 1900 to World War II* (2004).
28　Michael Oliver's statement "Disability has nothing to do with the body, it is a consequence of social oppression" occurs on page 35 of *Understanding Disability: From Theory to Practice* (1996).
29　Figures on changes in life expectancy over time can be found in Laura B. Shrestha, "Life Expectancy in the United States," Congressional Research Service, 2006.
29　The quotation from Ruth Hubbard about abortion for Huntington's disease occurs on page 93 of her essay "Abortion and disability," in *The Disability Studies Reader*, 2nd ed., edited by Lennard Davis (2006).
29　Philip Kitcher is quoted on page 71 of James C. Wilson's essay "(Re)writing the genetic body-text: Disability, textuality, and the Human Genome Project," in *The Disability Studies Reader*, 2nd ed., edited by Lennard Davis (2006).
29　The quotation from Marsha Saxton occurs on pages 110–11 of her essay "Disability rights and selective abortion," in *The Disability Studies Reader*, 2nd ed., edited by Lennard Davis (2006).
29　The quotation from Sharon Snyder and David T. Mitchell occurs on page 31 of their book, *Cultural Locations of Disability* (2006).
29　William Ruddick discusses the "hospitality view" of women in his article "Ways to limit prenatal testing," in *Prenatal Testing and Disability Rights*, edited by Adrienne Asch and Erik Parens (2000).
29　The quotation from Laura Hershey comes from her article "Choosing disability," *Ms.*, July 1994.
30　The quotation from Ruth Hubbard occurs on page 232 of her article "Eugenics: New tools, old ideas," in *Embryos, Ethics, and Women's Rights: Exploring the New Reproductive Technologies*, edited by Elaine Hoffman Baruch, Amadeo F. D'Adamo, and Joni Seager (1988).
30　For criticism of the Human Genome Project, see Mary Jo Iozzio, "Genetic anomaly or genetic diversity: Thinking in the key of disability on the human genome," *Theological Studies* 66, no. 4 (December 2005); and James C. Wilson, "(Re)writing the genetic body-text: Disability, textuality, and the Human Genome Project," in *The Disability Studies Reader*, 2nd ed., edited by Lennard Davis (2006).
30　Donna Haraway refers to the "act of canonization" on page 215 of her *Simians, Cyborgs, and Women: The Reinvention of Nature* (1991).
30　Michel Foucault's reference to "a technology of abnormal individuals" occurs on page 61 of *Abnormal: Lectures at the Collège de France, 1974–1975* (2003); his reference to "physical vigor and the moral cleanliness of the social body" occurs on page 54 of *The History of Sexuality*, vol. 1 (1990); his discussion of error occurs on page 22 of his introduction to Georges Canguilhem, *The Normal and the Pathological* (1991).
30　All of the quotations in this passage come from Deborah Kent, "Somewhere a mockingbird," in *Prenatal Testing and Disability Rights*, edited by Erik Parens and Adrienne Asch (2000), pages 57–63.
32　John Hockenberry's view of "Jerry's kids" occurs on page 36 of *Moving Violations: War Zones, Wheelchairs and Declarations of Independence* (1996).
32　Rod Michalko likens helping to name-calling on page 20 of *The Difference That Disability Makes* (2002).
32　Arlene Mayerson discusses the danger of "benevolence" to the disabled in Nancy Gibbs, "Pillow angel ethics," *Time*, January 7, 2007.
32　Results of the happiness study are reported in David Kahneman et al., "Would you be happier if you were richer? A focusing illusion," *Science* 312, no. 5782 (June 30, 2006).
33　The quotation from Steven R. Smith occurs on page 26 of his paper "Social justice and disability: Competing interpretations of the medical and social models," in *Arguing About Disability: Philosophical Perspectives*, edited by Kristjana Kristiansen, Simo Vehmas, and Tom Shakespeare (2009).
34　For more information on the "pro-ana" and "pro-mia" movement, see Virginia Heffernan, "Narrow-minded," *New York Times*, May 25, 2008.
34　The quotation from Lucy Grealy occurs on page 157 of her *Autobiography of a Face* (1994).
35　See Dylan M. Smith et al., "Happily hopeless: Adaptation to a permanent, but not to a temporary, disability," *Health Psychology* 28, no. 6 (November 2009).
35　The failure-to-diagnose suit is described in Rebecca Allison, "Does a cleft palate justify an abortion?," *Guardian*, December 2, 2003.
35　The quotation from the mother of the child with a cleft palate comes from Barry Nelson, "Born with just a little difference," *Northern Echo*, December 2, 2003.
35　The quotation from Bruce Bauer occurs in Eric Zorn, "At 15, Lauren is coming forward for kids like her," *Chicago Tribune*, April 24, 2003.
35　Chris Wallace is profiled in Chris Dufresne, "Amazing feat," *Los Angeles Times*, October 8, 1997.
36　The quotation from Joanne Green comes from her article "The reality of the miracle: What to expect from the first surgery," *Wide Smiles*, 1996.
36　The passage by Alice Domurat Dreger occurs on pages 55–57 of *One of Us: Conjoined Twins and the Future of Normal* (2004). It has been condensed.

36	The French study finding an inverse relationship between tolerance for disability and socioeconomic status is Annick-Camille Dumaret et al., "Adoption and fostering of babies with Down syndrome: A cohort of 593 cases," *Prenatal Diagnosis* 18, no. 5 (May 1998).
36	The American study finding attitudinal differences toward disability among different socioeconomic strata is Elizabeth Lehr Essex et al., "Residential transitions of adults with mental retardation: Predictors of waiting list use and placement," *American Journal of Mental Retardation* 101, no. 6 (May 1997).
36	Studies on racial and socioeconomic disparities in rates of out-of-home placement of disabled children include the above-cited studies by Dumaret and Essex; Jan Blacher, "Placement and its consequences for families with children who have mental retardation," in *When There's No Place Like Home: Options for Children Living Apart from Their Natural Families*, edited by Jan Blacher (1994); Frances Kaplan Grossman, *Brothers and Sisters of Retarded Children: An Exploratory Study* (1972); Robert Hanneman and Jan Blacher, "Predicting placement in families who have children with severe handicaps: A longitudinal analysis," *American Journal on Mental Retardation* 102, no. 4 (January 1998); and Tamar Heller and Alan Factor, "Permanency planning for adults with mental retardation living with family caregivers," *American Journal on Mental Retardation* 96, no. 2 (September 1991).
37	The quotation from Jim Sinclair ("... this is what we hear when you pray for a cure ...") occurs in his 1993 essay, "Don't mourn for us," at http://www.jimsinclair.org/dontmourn.htm.
37	The quotation from Aimee Mullins occurs in Susannah Frankel, "Body beautiful," *Guardian*, August 29, 1998.
37	Bill Shannon is profiled in Bill O'Driscoll, "Turning the tables," *Pittsburgh City Paper*, March 29, 2007.
38	See "Oscar Pistorius hopes to have place at London Olympics," British Broadcasting Corporation, March 17, 2012; "Oscar Pistorius: The 'Blade Runner' who is a race away from changing the Olympics," Associated Press/*Washington Post*, May 16, 2012; and Tim Rohan, "Pistorius will be on South Africa's Olympic team," *New York Times*, July 4, 2012.
39	See Adam Doerr, "The wrongful life debate," *Genomics Law Report*, September 22, 2009.
39	The quotation from the French court decision comes from Wim Weber, "France's highest court recognizes 'the right not to be born,'" *Lancet* 358, no. 9297 (December 8, 2001); the aftermath is described in Lynn Eaton, "France outlaws the right to sue for being born," *British Medical Journal* 324, no. 7330 (January 19, 2002).
39	See Adam Doerr, "The wrongful life debate," *Genomics Law Report*, September 22, 2009; Ronen Perry, "It's a wonderful life," *Cornell Law Review* 93 (2008); and the decision in *Turpin v. Sortini*, 31 Cal. 3d 220, 643 P2d 954 (May 3, 1982); that California Supreme Court case pertained to a suit with the deaf child named as plaintiff. The full text of the decision can be found on the Stanford Law School website, http://scocal.stanford.edu/opinion/turpin-v-sortini-30626.
39	*Curlender v. BioScience Laboratories*, 106 Cal. App. 3d 811, 165 Cal. Rptr. 477 (1980). The decision can be found in its entirety at http://law.justia.com/cases/california/calapp3d/106/811.html.
39	The quotation from the wrongful-life lawsuit brought by the parents of a child with Tay-Sachs occurs in the court decision in *Miller v. HCA, Inc.*, 118 S.W. 3d 758 (Tex. 2003). The decision can be read in its entirety on the website of the Supreme Court of Texas, http://www.supreme.courts.state.tx.us/historical/2003/sep/010079.pdf.
42	The quotation from Nigel Andrews comes from his review "Glowing wonder of an Anatolian epiphany," *Financial Times*, March 15, 2012.
42	The quotation about increased growth and maturity in parents of disabled children comes from Richard P. Hastings et al., "Factors related to positive perceptions in mothers of children with intellectual disabilities," *Journal of Applied Research in Intellectual Disabilities* 15, no. 3 (September 2002).
42	See Kate Scorgie and Dick Sobsey, "Transformational outcomes associated with parenting children who have disabilities," *Mental Retardation* 38, no. 3 (June 2000).
42	The study of mothers who saw advantages in their parenting experience is described on page 138 of *Cognitive Coping, Families, and Disability*, edited by Ann P. Turnbull, Joan M. Patterson, and Shirley K. Behr (1993), in Glenn Affleck and Howard Tennen's chapter, "Cognitive adaptation to adversity: Insights from parents of medically fragile infants."
42	The study comparing developmental outcomes in children of mothers who tried to find meaning in their experience is described on page 135 of *Infants in Crisis: How Parents Cope with Newborn Intensive Care and Its Aftermath*, edited by Glenn Affleck, Howard Tennen, and Jonelle Rowe (1991).
44	The quotation from Tobin Siebers about inclusion occurs on page 183 of *Disability Theory* (2008).
45	The quotation from Roy McDonald comes from Danny Hakim, Thomas Kaplan, and Michael Barbaro, "After backing gay marriage, 4 in G.O.P. face voters' verdict," *New York Times*, July 4, 2011; the quotation from Jared Spurbeck comes from his article "NY senator's grandkids made him realize gay is OK," *Yahoo! News*, June 26, 2011.
45	Personal communication with Doug Wright.
46	See Ann Whitcher-Gentzke, "Dalai Lama brings message of compassion to UB," *UB Reporter*, September 21, 2006.
47	This Western naïveté about nirvana was explained to me by Robert Thurman in 2006.
47	Jalāl al-Dīn Rūmī (Maulana), *The Essential Rumi* (1995), page 142: "Don't turn away. Keep your gaze on the bandaged place. That's where the light enters you."

第二章 ｜听障

49	"I was planning to write on the Deaf": My article "Defiantly deaf" was published in the *New York Times Magazine*, August 29, 1994.
49	Interactions between protesters and Lexington Center for the Deaf administrators were described in David Firestone, "Deaf students protest new school head," *New York Times*, April 27, 1994.

49 An index of state schools for the deaf in the United States can be found on the Laurent Clerc National Deaf Education Center's website, http://clerccenter.gallaudet.edu/Clerc_Center/Information_and_Resources/Info_to_Go/Resources/Superintendents_of_Schools_for_the_Deaf_Contact_Information.html.

50 Figures on the percentage of deaf children with hearing parents come from Ross E. Mitchell and Michael A. Karchmer, "Chasing the mythical ten percent: Parental hearing status of deaf and hard of hearing students in the United States," *Sign Language Studies* 4, no. 2 (Winter 2004).

51 See St. Augustine, *Contra Julianum*: "We acknowledge, indeed, how much pertains to our own transgressions: from what source of culpability does it come that innocent ones deserve to be born sometimes blind, sometimes deaf, which defect, indeed, hinders faith itself, by the witness of the Apostle, who says, 'Faith comes by hearing (Rom. X. 17).'" This passage is from *Augustini, Sancti Aurelii, Hipponensis Episcopi Traditio Catholica, Saecula IV–V, Opera Omnia, Tomus Decimus, Contra Julianum, Horesis Pelagianea Defensorum, Liber Tertius, Caput IV–10. Excudebatur et venit apud J. P. Migne editorem*, 1865, cited in Ruth E. Bender, *The Conquest of Deafness: A History of the Long Struggle to Make Possible Normal Living to Those Handicapped by Lack of Normal Hearing* (1970), page 27.

51 Education of deaf children by noble families is the subject of Susan Plann, *A Silent Minority: Deaf Education in Spain, 1550–1835* (1997).

51 The history of the deaf in France and the work of the Abbe de l'Epee is the subject of James R. Knowlson, "The idea of gesture as a universal language in the XVIIth and XVIIIth centuries," *Journal of the History of Ideas* 26, no. 4 (October–December 1965); and Anne T. Quartararo, "The perils of assimilation in modern France: The Deaf community, social status, and educational opportunity, 1815–1870," *Journal of Social History* 29, no. 1 (Autumn 1995).

51 See Phyllis Valentine's chapter "Thomas Hopkins Gallaudet: Benevolent paternalism and the origins of the American Asylum," in *Deaf History Unveiled: Interpretations from the New Scholarship*, edited by John Vickrey Van Cleve (1999), pages 53–73.

51 For a detailed history of the Deaf community on Martha's Vineyard, see Nora Ellen Groce, *Everyone Here Spoke Sign Language: Hereditary Deafness on Martha's Vineyard* (1985).

51 The story of Gallaudet University is told in Brian H. Greenwald and John Vickrey Van Cleve, *A Fair Chance in the Race of Life: The Role of Gallaudet University in Deaf History* (2010).

51 Alexander Graham Bell set forth his proposals in "Memoir upon the formation of a deaf variety of the human race," a paper presented to the National Academy of Sciences on November 13, 1883, and published in the 1884 *Memoirs of the National Academy of Sciences*; and in "Historical notes concerning the teaching of speech to the deaf," *Association Review* 2 (February 1900).

51 Thomas Edison's interest in the oralist movement sprang in part from his experience as a hearing-impaired person. Edison served for a time as a member of the Advisory Board of the Volta Bureau, the organization founded by Alexander Graham Bell to promote education in "speech reading, speech and hearing" to the deaf; see John A. Ferrall's article "Floating on the wings of silence with Beethoven, Kitto, and Edison," *Volta Review* 23 (1921), pages 295–96.

51 Bell and the ascendancy of oralism are discussed in Douglas C. Baynton, *Forbidden Signs: American Culture and the Campaign against Sign Language* (1996); Carol Padden and Tom Humphries, *Inside Deaf Culture* (2005); and John Vickrey Van Cleve, *Deaf History Unveiled: Interpretations from the New Scholarship* (1999).

52 The quotation from George Veditz appears in Carol Padden and Tom Humphries, *Deaf in America: Voices from a Culture* (1988), page 36.

52 Patrick Boudreault is an assistant professor at California State University, Northridge. All quotations from Boudreault come from my interview with him in 2008 and subsequent communications.

52 Aristotle's conclusions about the comparative intelligence of the deaf and the blind were set forth in *The History of Animals* and *On Sense and the Sensible*. Aristotle contended that "of persons destitute from birth of either sense, the blind are more intelligent than the deaf and dumb" because "rational discourse is a cause of instruction in virtue of its being audible." These quotations occur at *Sense and Sensibilia* 437a, 3–17, on page 694 of *The Complete Works of Aristotle: The Revised Oxford Translation*, edited by J. Barnes (1984).

52 William Stokoe's *Sign Language Structure: An Outline of the Visual Communication Systems of the American Deaf* was originally published in 1960 by the University of Buffalo's Department of Anthropology and Linguistics and was reprinted in the *Journal of Deaf Studies & Deaf Education* 10, no. 1 (Winter 2005).

52 Hemispheric lateralization and sign language are discussed by Oliver Sacks in *Seeing Voices: A Journey into the World of the Deaf* (1989), pages 93–111; and in Heather P. Knapp and David P. Corina's chapter, "Cognitive and neural representations of language: Insights from sign languages of the deaf," in Kristin A. Lindgren et al., *Signs and Voices: Deaf Culture, Identity, Language, and Arts* (2008), pages 77–89.

52 The effect of left-hemisphere damage on the ability to produce Sign is the subject of Ursula Bellugi et al., "Language, modality, and the brain," in *Brain Development and Cognition*, edited by M. H. Johnson (1993); and Gregory Hickock, Tracy Love-Geffen, and Edward S. Klima, "Role of the left hemisphere in sign language comprehension," *Brain & Language* 82, no. 2 (August 2002).

52 Studies demonstrating that people who learn Sign in adulthood tend to use the visual part of their brain more include Madeleine Keehner and Susan E. Gathercole, "Cognitive adaptations arising from nonnative experience of sign language in hearing adults," *Memory & Cognition* 35, no 4 (June 2007).

53 The *Peter and the Wolf* study—J. Feijoo, "Le foetus, Pierre et le Loup"—originally appeared in *L'Aube des Sens*, edited by E. Herbinet and M. C. Busnel (1981), and was subsequently cited by Marie-Claire Busnel, Carolyn Granier-Deferre, and Jean-Pierre Lecanuet, "Fetal audition," *Annals of the New York Academy of Sciences* 662, Developmental Psychobiology (October 1992). Japanese acoustics researchers Yoichi Ando and Hiroaki Hattori described babies' prenatal acclimation to airport noise in "Effects of intense noise during fetal life upon postnatal adaptability," *Journal of the Acoustical Society of America* 47, no. 4, pt. 2 (1970).

53 Newborn language preferences are discussed in Jacques Mehler et al., "A precursor of language acquisition in young infants," *Cognition* 29, no. 2 (July 1988); and Christine Moon, Robin Panneton Cooper, and William P. Fifer, "Two-day-olds prefer their native language," *Infant Behavior and Development*

16, no. 4 (October–December 1993).

53 "Declining non-native phoneme perception" has been a major focus of study by infant psychologist Janet F. Werker of the University of Ottawa; her academic reports on the subject include "Cross-language speech perception: Evidence for perceptual reorganization during the first year of life," *Infant Behavior & Development* 25, no. 1 (January–March 2002); and "Infant directed speech supports phonetic category learning in English and Japanese," *Cognition* 103, no. 1 (April 2007). A less technical description of her work can be found in her article "Becoming a native listener," *American Scientist* 77, no. 1 (January–February 1989).

53 For information on early language development, see Robert J. Ruben, "A time frame of critical/sensitive periods of language development," *Acta Otolaryngologica* 117, no. 2 (March 1997). Early rapidity in the acquisition of sign language is discussed in John D. Bonvillian et al., "Developmental milestones: Sign language acquisition and motor development," *Child Development* 54, no. 6 (December 1983). Studies on the decline in the brain's ability to acquire language over time include Helen Neville and Daphne Bavelier, "Human brain plasticity: Evidence from sensory deprivation and altered language experience," *Progress in Brain Research* 138 (2002); Aaron J. Newman et al., "A critical period for right hemisphere recruitment in American Sign Language processing," *Nature Neuroscience* 5, no. 1 (January 2002); Rachel I. Mayberry et al., "Age of acquisition effects on the functional organization of language in the adult brain," *Brain & Language* 119, no. 1 (October 2011); and Nils Skotara et al., "The influence of language deprivation in early childhood on L2 processing: An ERP comparison of deaf native signers and deaf signers with a delayed language acquisition," *BMC Neuroscience* 13, no. 44 (provisionally published May 3, 2012).

53 The deaf man who had no language at all until the age of twenty-seven is the subject of Susan Schaller, *A Man without Words* (1995).

53 The estimate of the incidence of hearing impairment in prisoners comes from Katrina Miller, "Population management strategies for deaf and hard-of-hearing offenders," *Corrections Today* 64, no. 7 (December 2002).

53 The rate of vocabulary acquisition of deaf children of hearing parents is reviewed in Raymond D. Kent, editor, *The MIT Encyclopedia of Communication Disorders* (2004), pages 336–37.

54 The Douglas Baynton quotation ("The difficulty of learning spoken English . . . a soundproof glass cubicle") comes from *Forbidden Signs: American Culture and the Campaign against Sign Language* (1996), page 5.

54 The observation that a mother must "impose herself upon his natural play/learning patterns, often against his will" comes from Eugene D. Mindel and McKay Vernon, *They Grow in Silence: The Deaf Child and His Family* (1971), page 58, as cited in Beryl Lieff Benderly, *Dancing Without Music: Deafness in America* (1990), page 51.

54 All quotations from Jackie Roth occurring in this chapter come from multiple interviews and communications with her since 1994.

54 Although it is often thought that IDEA mandates that children with disabilities be educated with their nondisabled peers, the law actually calls for the education of disabled children in such a way as to "ensure their access to the general curriculum to the maximum extent possible," in the "least restrictive environment" possible. See Sultana Qaisar, "IDEA 1997—Inclusion is the law,'" paper presented at the Annual Convention of the Council for Exceptional Children, Kansas City, Missouri, April 18–21, 2001; and Perry A. Zirkel, "Does Brown v. Board of Education play a prominent role in special education law?," *Journal of Law & Education* 34, no. 2 (April 2005).

54 Statistics on the decline of residential schools come from Ross E. Mitchell and Michael Karchmer, "Demographics of deaf education: More students in more places," *American Annals of the Deaf* 151, no. 2 (2006).

54 Judith Heumann declared that separate education for deaf students was "immoral" in her article "Oberti decision is core of the ED's inclusion position," *Special Educator*, November 2, 1993, page 8, as cited in Jean B. Crockett and James M. Kauffmann, *The Least Restrictive Environment: Its Origins and Interpretations in Special Education* (1999), page 21.

55 Justice Rehnquist's words occur in *Board of Education v. Rowley*, 458 U.S. 176 (1982); the full text of the decision can be found at http://www.law.cornell.edu/supremecourt/text/458/176.

55 Statistics on high school completion, college attendance, and earnings potential of deaf children and young adults come from Bonnie Poitras Tucker, "Deaf culture, cochlear implants, and elective disability," *Hastings Center Report* 28, no. 4 (July 1, 1998).

55 Studies finding superior performance of deaf children of deaf parents compared to deaf children of hearing parents include E. Ross Stuckless and Jack W. Birch, "The influence of early manual communication on the linguistic development of deaf children," *American Annals of the Deaf* 142, no. 3 (July 1997); Kenneth E. Brasel and Stephen P. Quigley, "Influence of certain language and communication environments in early childhood on the development of language in Deaf individuals," *Journal of Speech & Hearing Research* 20, no. 1 (March 1977); and Kathryn P. Meadow, "Early manual communication in relation to the deaf child's intellectual, social, and communicative functioning," *Journal of Deaf Studies & Deaf Education* 10, no. 4 (July 2005).

55 Helen Keller's observation is famous, but it may also be apocryphal. According to the tireless research librarians at Gallaudet University, this sentence appears to represent a distillation of sentiments expressed in two published sources. See Tom Harrington, "FAQ: Helen Keller Quotes," Gallaudet University Library, 2000, http://www.gallaudet.edu/library/research_help/research_help/frequently_asked_questions/people/helen_keller_quotes.html.

55 The quotation from Lennard Davis appears in *My Sense of Silence: Memoirs of a Childhood with Deafness* (2000), pages 6–8. It has been condensed. "To this day if I sign 'milk,' I feel more milky than if I say the word" occurs on page 6; the rest of the passage occurs two pages later.

56 Figures on the incidence of deafness come from "Quick statistics" on the website of the National Institute on Deafness and Other Communication Disorders, http://www.nidcd.nih.gov/health/statistics/quick.htm.

56 The quotation from Carol Padden and Tom Humphries ("Culture provides a way for Deaf people to reimagine themselves . . .") appears in *Inside Deaf Culture* (2005), page 161.

56 The Gallaudet protests were extensively covered by the mass media; one representative article is Lena Williams, "College for deaf is shut by protest

over president," *New York Times*, March 8, 1988. The Deaf President Now! story has since been told in depth in Jack Gannon, *The Week the World Heard Gallaudet* (1989); Katherine A. Jankowski, *Deaf Empowerment: Emergence, Struggle, and Rhetoric* (1997); and John B. Christiansen and Sharon N. Barnartt, *Deaf President Now!: The 1988 Revolution at Gallaudet University* (2003).

57 Gould's resignation was described in David Firestone, "Chief executive to step down at deaf center," *New York Times*, June 22, 1994.

60 This passage is based on my interview with Lewis Merkin in 1994 and subsequent personal communications.

60 All quotations by MJ Bienvenu come from my interviews with her in 1994 and subsequent communications.

60 For more information on the genes and epigenetic influences that contribute to deafness, see Lilach M. Friedman and Karen B. Avraham, "MicroRNAs and epigenetic regulation in the mammalian inner ear: Implications for deafness," *Mammalian Genome* 20, no. 9–10 (September–October 2009); and A. Eliot Shearer et al., "Deafness in the genomics era," *Hearing Research* 282, nos. 1–2 (December 2011).

60 Information on the genetics of deafness can be found in Kathleen S. Arnos and Pandya Arti's chapter, "Advances in the genetics of deafness," in *Oxford Handbook of Deaf Studies, Language, and Education*, edited by Marc Marschark and Patricia Elizabeth Spencer (2003); Mustafa Tekin, Kathleen S. Arnos, and Arti Pandya, "Advances in hereditary deafness," *Lancet* 358 (September 29, 2001); and W. Virginia Norris et al., "Does universal newborn hearing screening identify all children with GJB2 (Connexin 26) deafness?: Penetrance of GJB2 deafness," *Ear & Hearing* 27, no. 6 (December 2006). Also useful are two recent review articles on the practical applications of genetic research: Marina Di Domenico et al., "Towards gene therapy for deafness," *Journal of Cellular Physiology* 226, no. 10 (October 2011); and Guy P. Richardson, Jacques Boutet de Monvel, and Christine Petit, "How the genetics of deafness illuminates auditory physiology," *Annual Review of Physiology* 73 (March 2011).

61 Connexin 26 mutations on GJB2 were first reported in David P. Kelsell et al., "Connexin 26 mutations in hereditary non-syndromic sensorineural deafness," *Nature* 357, no. 6628 (1997).

61 Syndromal forms of deafness include Usher syndrome, Pendred syndrome, and Waardenburg syndrome; information on all three can be found on the website of the National Institute on Deafness and Other Communication Disorders, http://www.nidcd.nih.gov/health/hearing/Pages/Default.aspx.

61 For authoritative background reading on gap junctions and their role in deafness, see Regina Nickel and Andrew Forge's entry in the *Encyclopedia of Life Sciences (ELS)*, "Gap junctions and connexins: The molecular genetics of deafness" (2010); and H-B. Zhao et al., "Gap junctions and cochlear homeostasis," *Journal of Membrane Biology* 209, nos. 2–3 (May 2006).

61 Increases in deafness due to assortative mating are discussed in Kathleen S. Arnos et al., "A comparative analysis of the genetic epidemiology of deafness in the United States in two sets of pedigrees collected more than a century apart," *American Journal of Human Genetics* 83, no. 2 (August 2008); and Walter J. Nance and Michael J. Kearsey, "Relevance of connexin deafness (DFNB1) to human evolution," *American Journal of Human Genetics* 74, no. 6 (June 2004).

61 The Hittites are mentioned in the article by Arnos cited above. An additional, more detailed source is M. Miles, "Hittite deaf men in the 13th century B.C." (2008). Descendants of the Hittites in modern Anatolia continue to possess the 35delG mutation; see Mustafa Tekin, "Genomic architecture of deafness in Turkey reflects its rich past," *International Journal of Modern Anthropology* 2 (2009).

61 The quotation from Nancy Bloch about the discovery of the GJB2 gene appears in Denise Grady, "Gene identified as major cause of deafness in Ashkenazi Jews," *New York Times*, November 19, 1998.

61 The quotation from Humphrey-Dirksen Bauman ("The question of what lives are worth living ...") comes from *Open Your Eyes: Deaf Studies Talking* (2008), page 14.

61 All quotations from Christina Palmer come from my interview with her in 2008 and subsequent personal communications.

62 The Whorf-Sapir hypothesis was originally proposed by Benjamin Lee Whorf, whose writings have been anthologized in *Language, Thought, and Reality: Selected Writings of Benjamin Lee Whorf* (1956). Chris Swoyer, "The linguistic relativity hypothesis" in *The Stanford Encyclopedia of Philosophy* (2003) provides a convenient summary.

62 I met and interviewed William Stokoe in 1994.

62 The MJ Bienvenu quotation ("We do not want or need to become hearing ...") comes from her article "Can Deaf people survive 'deafness'?," in *Deaf World: A Historical Reader and Primary Sourcebook*, edited by Lois Bragg (2001), page 318.

62 The Barbara Kannapell quotation ("I believe 'my language is me ...'") comes from her article "Personal awareness and advocacy in the Deaf community," in *Sign Language and the Deaf Community: Essays in Honor of William C. Stokoe*, edited by Charlotte Baker and Robbin Battison (1980), pages 106–16.

62 The quotation from Carol Padden and Tom Humphries ("Deaf people's bodies have been labeled ...") comes from *Inside Deaf Culture* (2005), page 6.

62 Edgar L. Lowell's "shepherd/wolf" statement is quoted in Beryl Lieff Benderly, *Dancing without Music: Deafness in America* (1990), page 4.

62 Tom Bertling's "baby talk" reference appears in *A Child Sacrificed to the Deaf Culture* (1994), page 84.

63 Beryl Lieff Benderly's "holy war" comment occurs in *Dancing without Music: Deafness in America* (1990), page xi.

63 The exhibit *History Through Deaf Eyes* is described in Jean Lindquist Bergey and Jack R. Gannon, "Creating a national exhibition on deaf life," *Curator* 41, no. 2 (June 1998); Douglas Baynton, Jack R. Gannon, and Jean Lindquist Bergey, *Through Deaf Eyes: A Photographic History of an American Community* (2001); and "Groundbreaking exhibition charts 'History Through Deaf Eyes,'" *USA Today*, February 2006. The quotation from Kristen Harmon (now a professor of English at Gallaudet University) comes from her paper "I thought there would be more Helen Keller: History through Deaf eyes and narratives of representation," in *Signs and Voices: Deaf Culture, Identity, Language, and Arts*, edited by Kristin A. Lindgren et al. (2008). It has been condensed.

63 An example of advocacy for the adoption of deaf children by deaf adults can be found in Barbara J. Wheeler, "This child is mine: Deaf parents and their adopted deaf children," in *Deaf World: A Historical Reader and Primary Sourcebook*, edited by Lois Bragg (2001).

63 The quotation about the Moonies is from Edward Dolnick, "Deafness as culture," *Atlantic Monthly*, September 1993.

63 Heppner is quoted in Edward Dolnick, "Deafness as culture," *Atlantic Monthly*, September 1993.

63	The "four stages of deaf identity" were originally enumerated in Neil S. Glickman, "The development of culturally deaf identities," in *Culturally Affirmative Psychotherapy with Deaf Persons*, edited by Neil S. Glickman and M. A. Harvey (1996), as cited in Irene Leigh's chapter, "Who am I?: Deaf identity issues," in *Signs and Voices: Deaf Culture, Identity, Language, and Arts*, edited by Kristin A. Lindgren et al. (2008), pages 25–26.
63	This passage is based on my interviews with Caro Wilson in 2007 and subsequent personal communications.
68	Kristen L. Johnson's dissertation, "Ideology and Practice of Deaf Goodbyes," earned her a PhD from the UCLA Department of Anthropology in 1994. She is currently affiliated with the English Department at Ohio State University.
69	For more information on Bi-Bi education, see Carol LaSasso and Jana Lollis, "Survey of residential and day schools for deaf students in the United States that identify themselves as bilingual-bicultural programs," *Journal of Deaf Studies & Deaf Education* 8, no. 1 (January 2003); and *The Oxford Handbook of Deaf Studies, Language and Education*, edited by Marc Marschark and Patricia Elizabeth Spencer (2003), page 45. A useful resource page for the layperson, "Bilingual bicultural deaf education," can be found on the Rochester Institute of Technology website, http://library.rit.edu/guides/deaf-studies/education/bilingual-bicultural-deafeducation.html.
70	The quotation from Harlan Lane ("The dilemma is that deaf people want access . . .") comes from his article "Do deaf people have a disability?," *Sign Language Studies* 2, no. 4 (Summer 2002), page 375.
70	This passage is based on my interview with Bridget O'Hara in 2010 and subsequent personal communications. Her name and all others in this passage are pseudonyms. Some other identifying details have been changed.
74	The story of the abuse of Catholic boarding-school students in Wisconsin was originally reported by Laurie Goodstein in "Vatican declined to defrock U.S. priest who abused boys," *New York Times*, March 25, 2010; the quotation comes from Goodstein's follow-up article, "For years, deaf boys tried to tell of priest's abuse," *New York Times*, March 27, 2010.
74	The show about sexual abuse in the Deaf community is Terrylene Sacchetti, *In the Now*; it was performed at Deaf Women United and subsequently on a thirty-six-city tour.
74	This passage is based on my interviews with Megan Williams, Michael Shamberg, and Jacob Shamberg in 2008 and subsequent interviews and personal communications. I note in the interests of full disclosure that I employed Jacob to assist me with research for this chapter.
79	This passage is based on my interview with Chris and Barb Montan in 2008 and subsequent personal communications.
82	Writings representing the anti-oralist pole include Humphrey-Dirksen Bauman, "Audism: Exploring the metaphysics of oppression," *Journal of Deaf Studies & Deaf Education* 9, no. 2 (Spring 2004); and Paddy Ladd, *Understanding Deaf Culture: In Search of Deafhood* (2003). Articles critical of their perspective include two by Jane K. Fernandes and Shirley Shultz Myers: "Inclusive Deaf studies: Barriers and pathways," *Journal of Deaf Studies & Deaf Education* 15, no. 1 (Winter 2010); and "Deaf studies: A critique of the predominant U.S. theoretical direction," *Journal of Deaf Studies & Deaf Education* 15, no. 1 (Winter 2010).
82	Total Communication is described in *Hearing, Mother Father Deaf*, edited by Michele Bishop and Sherry L. Hicks, (2009); and Larry Hawkins and Judy Brawner, "Educating children who are deaf or hard of hearing: Total Communication," *ERIC Digest* 559 (1997). Signed Exact English is the subject of Diane Corcoran Nielsen et al., "The importance of morphemic awareness to reading achievement and the potential of signing morphemes to supporting reading development," *Journal of Deaf Studies & Deaf Education* 16, no. 3 (Summer 2011). On Simultaneous Communication, see Nicholas Schiavetti et al., "The effects of Simultaneous Communication on production and perception of speech," *Journal of Deaf Studies & Deaf Education* 9, no. 3 (June 2004); and Stephanie Tevenal and Miako Villanueva, "Are you getting the message? The effects of SimCom on the message received by deaf, hard of hearing, and hearing students," *Sign Language Studies* 9, no. 3 (Spring 2009). For a comparison of ASL grammar and that of spoken languages, see Ronnie B. Wilbur, "What does the study of signed languages tell us about 'language'?," *Sign Language & Linguistics* 9, nos. 1–2 (2006).
82	Interview with Gary Mowl in 1994.
83	The anecdote about Benjamin Bahan is told in the 2007 film *Through Deaf Eyes* (2007), at 59.19–1.00.24.
83	For a useful resource in this area, see Tom Harrington and Sarah Hamrick, "FAQ: Sign languages of the world by country," on the Gallaudet University website, http://library.gallaudet.edu/Library/Deaf_Research_Help/Frequently_Asked_Questions_%28FAQs%29/Sign_Language/Sign_Languages_of_the_World_by_Country.html.
83	Interview with Clark Denmark in 1994.
83	These sign languages are discussed in Humphrey-Dirksen Bauman, *Open Your Eyes: Deaf Studies Talking* (2008), page 16.
83	Bengkala is the focus of I Gede Marsaja, *Desa Kolok: A Deaf Village and Its Sign Language in Bali, Indonesia* (2008). The first report in the medical literature of the strain of deafness prevalent there is S. Winata et al., "Congenital non-syndromal autosomal recessive deafness in Bengkala, an isolated Balinese village," *Journal of Medical Genetics* 32 (1995). For a general, accessible discussion of syndromic deafness within endogamous communities, see John Travis, "Genes of silence: Scientists track down a slew of mutated genes that cause deafness," *Science News*, January 17, 1998. Additionally, for an opinionated overview of the academic research on the subject, see Annelies Kusters, "Deaf utopias? Reviewing the sociocultural literature on the world's 'Martha's Vineyard situations,'" *Journal of Deaf Studies & Deaf Education* 15, no. 1 (January 2010).
84	These complex webs of relations are the subject of Hildred and Clifford Geertz's oft-cited *Kinship in Bali* (1975).
87	This passage is based on my interviews with Apryl and Raj Chauhan in 2008 and thereafter, and personal communications.
89	Volta originally disclosed the findings of his 1790 experiment to the greater scientific community in a presentation to the Royal Society, "On the electricity excited by the mere contact of conducting substances of different kinds," *Philosophical Transactions of the Royal Society* 90 (1800).
90	Useful general references on the history of cochlear implants include Huw Cooper and Louise Craddock, *Cochlear Implants: A Practical Guide* (2006); the Deafness Research Foundation's "Cochlear implant timeline" at http://www.drf.org/cochlear+timeline; and National Institute on Deafness and Other Communication Disorders, "Cochlear implants" (last updated March 2011), http://www.nidcd.nih.gov/health/hearing/coch.asp. Fan-Gang Zeng et al., "Cochlear implants: System design, integration and evaluation," *IEEE Review of Biomedical Engineering* 1, no. 1 (January 2008), is a recent

scholarly review of the state of the science. For discussions of the ethical controversy surrounding implantation, see John B. Christiansen and Irene W. Leigh, *Cochlear Implants in Children: Ethics and Choices* (2002); and Linda R. Komesaroff, *Surgical Consent: Bioethics and Cochlear Implantation* (2007).

90 Figures on the numbers of individuals who have received cochlear implants come from the above-cited National Institute on Deafness and Other Communication Disorders fact sheet on cochlear implants, at http://www.nidcd.nih.gov/health/ hearing/coch.asp; and from Irene W. Leigh et al., "Correlates of psychosocial adjustment in deaf adolescents with and without cochlear implants: A preliminary investigation," *Journal of Deaf Studies & Deaf Education* 14, no. 2 (Spring 2009).

90 Statistics on the proportion of severely hearing-impaired children under the age of three who receive implants come from Kate A. Belzner and Brenda C. Seal, "Children with cochlear implants: A review of demographics and communication outcomes," *American Annals of the Deaf* 154, no. 3 (Summer 2009).

90 Figures on racial and socioeconomic disparity in the distribution of implants come from John B. Christiansen and Irene W. Leigh, *Cochlear Implants in Children: Ethics and Choices* (2002), page 328.

90 Cochlear's CEO made the remark about the as yet untapped market for implants in an interview with Bruce Einhorn, "Listen: The sound of hope," *BusinessWeek*, November 14, 2005.

91 Lorry G. Rubin and Blake Papsin, "Cochlear implants in children: Surgical site infections and prevention and treatment of acute otitis media and meningitis," *Pediatrics* 126, no. 2 (August 2010), indicates that postoperative surgical site infections occur in up to 12 percent of patients receiving cochlear implants; other complications include acute otitis media and bacterial meningitis. See also Kevin D. Brown et al., "Incidence and indications for revision cochlear implant surgery in adults and children," *Laryngoscope* 119, no. 1 (January 2009): "The revision rate was 7.3% for children and 3.8% for adults." Also, Daniel M. Zeitler, Cameron L. Budenz, and John Thomas Roland Jr., "Revision cochlear implantation," *Current Opinion in Otolaryngology & Head & Neck Surgery* 17, no. 5 (October 2009): "A small but significant percentage (3–8%) of all cochlear implant procedures requires RCI surgery. The most common indication for RCI is hard failure (40–80%), but other common indications include soft failures, wound complications, infection, improper initial placement, and electrode extrusions."

91 The R2-D2 comment is from personal communication.

91 The source of the anecdote about the woman who received a cochlear implant in early adulthood is Abram Katz, "The bionic ear: Cochlear implants: Miracle or an attack on 'deaf culture'?" *New Haven Register*, March 18, 2007.

91 HHS's position on hearing screening for newborns can be found in the National Institute on Deafness and Other Communication Disorders fact sheet "Newborn hearing screening" (last updated February 14, 2011), at http://report.nih.gov/ NIHfactsheets/ViewFactSheet.aspx?csid=104.

91 From the National Association of the Deaf's organizational history timeline (http://www.nad.org/nad-history): "1999 ... The NAD successfully co-drafts and pushes for passage of the Walsh Bill (Newborn and Infant Hearing Screening and Intervention Act of 1999)." "2003 ... Newborn and infant hearing screening hits 90%, as an outcome of NAD advocacy efforts."

91 The Australian study demonstrating improvement for children implanted before their first birthday is Shani J. Dettman et al., "Communication development in children who receive the cochlear implant under 12 months," *Ear & Hearing* 28, no. 2 (April 2007).

91 The study finding less progress in development of spoken language by children implanted at the age of four than in those implanted at two is Ann E. Geers, "Speech, language, and reading skills after early cochlear implantation," *Archives of Otolaryngology—Head & Neck Surgery* 130, no. 5 (May 2004).

91 The impact of cochlear implants upon brain plasticity is discussed in James B. Fallon et al., "Cochlear implants and brain plasticity," *Hearing Research* 238, nos. 1–2 (April 2008); and Kevin M. J. Green et al., "Cortical plasticity in the first year after cochlear implantation," *Cochlear Implants International* 9, no. 2 (2008).

92 Recent studies on adolescents implanted as children include Alexandra White et al., "Cochlear implants: The young people's perspective," *Journal of Deaf Studies & Deaf Education* 12, no. 3 (Summer 2007); Lisa S. Davidson et al., "Cochlear implant characteristics and speech perception skills of adolescents with long-term device use," *Otology & Neurotology* 31, no. 8 (October 2010); Elena Arisi et al., "Cochlear implantation in adolescents with prelinguistic deafness," *Otolaryngology—Head & Neck Surgery* 142, no. 6 (June 2010); and Mirette B. Habib et al., "Speech production intelligibility of early implanted pediatric cochlear implant users," *International Journal of Pediatric Otorhinolaryngology* 74, no. 8 (August 2010).

92 The study of open speech discrimination in children receiving cochlear implants was conducted by Susan B. Waltzman et al., "Open-set speech perception in congenitally deaf children using cochlear implants," *American Journal of Otology* 18, no. 3 (1997), as cited by Bonnie Poitras Tucker in "Deaf culture, cochlear implants, and elective disability," *Hastings Center Report* 28, no. 4 (July 1, 1998). A 2004 study had similar findings: Marie-Noëlle Calmels et al., "Speech perception and speech intelligibility in children after cochlear implantation," *International Journal of Pediatric Otorhinolaryngology* 68, no. 3 (March 2004).

92 The survey of parents' perceptions of their implanted children's hearing and verbal comprehension was conducted by Gallaudet Research Institute, *Regional and National Summary Report of Data from the 1999–2000 Annual Survey of Deaf and Hard of Hearing Children and Youth* (2001).

92 The review concluding that implants offer only coarse and degraded versions of sound, and that children with the implant perceive fewer fine distinctions of spoken language than their peers can be found in *Oxford Handbook of Deaf Studies, Language and Education* (2003), page 435.

92 In its brochures "The Reason to Choose AB" and "Hear Your Best," Advanced Bionics prominently quotes from Michael Chorost, author of *Rebuilt: My Journey Back to the Hearing World* (2006): " The Bionic Ear appeared to offer more potential for being upgraded in the future as new and better coding strategies and software became available so that I could conceivably have more and better hearing."

92 Interview with Robert Ruben, 1994.

92 Degrees of deafness and ways of classifying hearing loss are delineated in Richard J. H. Smith et al., "Deafness and hereditary hearing loss overview," *GeneReviews* (1999–2012), at http://www.ncbi.nlm.nih.gov/books/NBK1434/.

93 Although NAD's 1993 position paper condemning "invasive surgery on defenseless children" does not appear to have been published on the NAD

website, the full text is archived on an Israeli website at http://www.zak.co.il/d/deaf-info/old/ci-opinions.

93 The modification of NAD's position regarding cochlear implants was voted at the NAD's Board of Directors meeting held October 6–7, 2000; see National Association of the Deaf, "NAD position statement on cochlear implants," October 6, 2000. Additional resources on the debate within the Deaf community about cochlear implants: Marie Arana-Ward, "As technology advances, a bitter debate divides the deaf," *Washington Post*, May 11, 1997; Felicity Barringer, "Pride in a soundless world: Deaf oppose a hearing aid," *New York Times*, May 16, 1993; and Brad Byrom, "Deaf culture under siege," *H-Net Reviews*, March 2003.

93 Christina Palmer made this statement directly to me. The "deaf ethnicity hypothesis" is the subject of Richard Clark Eckert, "Toward a theory of deaf ethnos: Deafnicity = D/deaf (Homaemon • Homóglosson • Homóthreskon)", *Journal of Deaf Studies & Deaf Education* 15, no. 4 (Fall 2010).

93 This passage is based on my interview with Dan, Nancy, and Emma Hessey in 2007 and subsequent communications.

97 Figures for the cost of cochlear implantation come from the Alexander Graham Bell Association's FAQ "The cost of cochlear implants," at http://nc.agbell.org/page.aspx?pid=723. Others estimate the total cost at $50,000 to $100,000; see the University of Miami School of Medicine's "Costs associated with cochlear implants," at http://cochlearimplants.med.miami.edu/implants/08_Costs%20Associated%20with%20Cochlear%20Implants.asp.

97 Figures on cost savings attributable to cochlear implantation come from two studies: Andre K. Cheng et al., "Cost-utility analysis of the cochlear implant in children," *Journal of the American Medical Association* 274, no. 7 (August 16, 2000); and Jeffrey P. Harris et al., "An outcomes study of cochlear implants in deaf patients: Audiologic, economic, and quality-of-life changes," *Archives of Otolaryngology—Head & Neck Surgery* 121, no. 4 (April 1995).

97 The quotation from the first mother ("If your child needs glasses …") comes from the article "Implants help child emerge from silent world," Associated Press/*Casper Star-Tribune*, April 24, 2006; the second ("If at 20 …") comes from Anita Manning, "The changing deaf culture," *USA Today*, May 2, 2000.

97 This passage is based on my interview with Bob Osbrink in 2008 and subsequent communications.

99 The quotation from Rory comes from Arthur Allen, "Sound and fury," *Salon*, May 24, 2000.

100 Teresa Blankmeyer Burke's statement occurs in her essay "Bioethics and the deaf community," in *Signs and Voices: Deaf Culture, Identity, Language, and Arts*, edited by Kristin A. Lindgren et al. (2008), pages 69–70.

100 Paula Garfield and Tomato Lichy describe their feelings about having a deaf daughter in Rebecca Atkinson, "I hoped our baby would be deaf," *Guardian*, March 21, 2006.

101 This passage is based on my interview with Felix, Rachel, and Sharon Feldman in 2008 and subsequent personal communications. All names in this passage are pseudonyms.

103 Harlan Lane likens cochlear implantation to genital surgery on infants with intersex conditions in his paper "Ethnicity, ethics and the deaf-world," *Journal of Deaf Studies & Deaf Education* 10, no. 3 (Summer 2005).

103 See Paddy Ladd, *Understanding Deaf Culture: In Search of Deafhood* (2003), page 415: "In the 1990s, genetic engineering has initiated the process of trying to identify 'the deaf gene', thus bringing within theoretical reach what might be termed the 'final solution'—that of eradicating Deaf people altogether."

103 Harlan Lane likened attempts to eliminate deafness to attempts to eliminate ethnic groups in Paul Davies, "Deaf culture clash," *Wall Street Journal*, April 25, 2005.

103 John B. Christiansen and Irene W. Leigh report that only half of the parents they surveyed had communicated with deaf adults prior to a decision to implant their children, and that some of those who did were met with hostility for even considering the procedure; see their paper "Children with cochlear implants: Changing parent and deaf community perspectives," *Archives of Otolaryngology—Head & Neck Surgery* 130, no. 5 (May 2004).

103 Gunilla Preisler discusses the Swedish practice of requiring parents of deaf children to learn about deafness from Deaf people in "The psychosocial development of deaf children with cochlear implants," in *Surgical Consent: Bioethics and Cochlear Implantation*, edited by Linda Komesaroff (2007), pages 120–36.

104 Studies describing both the social gains and difficulties faced by young people with cochlear implants include Yael Bat-Chava, Daniela Martin, and Joseph G. Kosciw, "Longitudinal improvements in communication and socialization of deaf children with cochlear implants and hearing aids: Evidence from parental reports," *Journal of Child Psychology & Psychiatry* 46, no. 12 (December 2005); Daniela Martin et al., "Peer relationships of deaf children with cochlear implants: Predictors of peer entry and peer interaction success," *Journal of Deaf Studies & Deaf Education* 16, no. 1 (January 2011); and Renee Punch and Merv Hyde, "Social participation of children and adolescents with cochlear implants: A qualitative analysis of parent, teacher, and child interviews," *Journal of Deaf Studies & Deaf Education* 16, no. 4 (2011).

104 J. William Evans used the phrase *culturally homeless* in "Thoughts on the psychosocial implications of cochlear implantation in children," in *Cochlear Implants in Young Deaf Children*, edited by E. Owens and D. Kessler (1989), page 312, as cited in Harlan Lane, "Cultural and infirmity models of deaf Americans," *Journal of the American Academy of Rehabilitative Audiology* 23 (1990), page 22.

104 References to physical enhancement as "cyborg" occur in Brenda Jo Brueggemann, "Think-between: A deaf studies commonplace book," in *Open Your Eyes: Deaf Studies Talking*, edited by Humphrey-Dirksen Bauman (2008), page 182.

104 The study in which two-thirds of parent-participants reported no resistance by their children to using implants was conducted at the Gallaudet Research Institute and reported in John B. Christiansen and Irene W. Leigh, *Cochlear Implants in Children: Ethics and Choices* (2002), page 168.

104 This passage is based on my interview with Barbara Matusky in 2008 and subsequent communications.

107 Kathryn Woodcock expressed her dissatisfaction with the disapproval of many in the Deaf community of the use of speech and hearing by other Deaf people in "Cochlear implants vs. Deaf culture?" in *Deaf World: A Historical Reader and Primary Sourcebook*, edited by Lois Bragg (2001), page 327.

107 The quotation from Irene Leigh comes from *A Lens on Deaf Identities* (2009), page 21.

107 Quotations from Josh Swiller occur on pages 14–15 and 100–101 of *The Unheard: A Memoir of Deafness and Africa* (2007). His personal website is at

http://joshswiller.com. See also Jane Brody's interview with Swiller, "Cochlear implant supports an author's active life," *New York Times*, February 26, 2008.

108 The first paper documenting the finding that sharks regenerate receptive hair cells is Jeffrey T. Corwin, "Postembryonic production and aging in inner ear hair cells in sharks," *Journal of Comparative Neurology* 201, no. 4 (October 1981). Further research is reported by Corwin in "Postembryonic growth of the macula neglecta auditory detector in the ray, *Raja clavata*: Continual increases in hair cell number, neural convergence, and physiological sensitivity," *Journal of Comparative Neurology* 217, no. 3 (July 1983); and in "Perpetual production of hair cells and maturational changes in hair cell ultrastructure accompany postembryonic growth in an amphibian ear," *Proceedings of the National Academy of Science* 82, no. 11 (June 1985).

108 Regeneration of cochlear hair cells in birds was first reported in Douglas A. Cotanche, "Regeneration of hair cell stereociliary bundles in the chick cochlea following severe acoustic trauma," *Hearing Research* 30, nos. 2–3 (1987).

108 Early experiments with the use of retinoic acid to stimulate hair cell regeneration are described in M. W. Kelley et al., "The developing organ of Corti contains retinoic acid and forms supernumerary hair cells in response to exogenous retinoic acid in culture," *Development* 119, no. 4 (December 1993). Retinoic acid and calf serum were administered to rats by Philippe P. Lefebvre et al., "Retinoic acid stimulates regeneration of mammalian auditory hair cells," *Science* 260, no. 108 (April 30, 1993).

108 For an example of work by Staecker's group, see Mark Praetorius et al., "Adenovector-mediated hair cell regeneration is affected by promoter type," *Acta Otolaryngologica* 130, no. 2 (February 2010).

109 Further research on the cultivation of auditory hair cells and their introduction into living organisms is reported in Huawei Li et al., "Generation of hair cells by stepwise differentiation of embryonic stem cells," *Proceedings of the National Academy of Sciences* 100, no. 23 (November 11, 2003); and Wei Chen et al., "Human fetal auditory stem cells can be expanded in vitro and differentiate into functional auditory neurons and hair cell-like cells," *Stem Cells* 2, no. 5 (May 2009). For a general review on the state of research into hair cell regeneration, see John V. Brigande and Stefan Heller, "Quo vadis, hair cell regeneration?," *Nature Neuroscience* 12, no. 6 (June 2009).

109 Exploring potential gene therapies to promote the growth of auditory hair cells: Samuel P. Gubbels et al., "Functional auditory hair cells produced in the mammalian cochlea by in utero gene transfer," *Nature* 455, no. 7212 (August 27, 2008); and Kohei Kawamoto et al., "Math1 gene transfer generates new cochlear hair cells in mature guinea pigs in vivo," *Journal of Neuroscience* 23, no. 11 (June 2003).

109 The ATOH1 gene figures large in Shinichi Someya et al., "Age-related hearing loss in C57BL/6J mice is mediated by Bak-dependent mitochondrial apoptosis," *Proceedings of the National Academy of Sciences* 106, no. 46 (November 17, 2009).

109 The transduction channel is the focus of Math P. Cuajungco, Christian Grimm, and Stefan Heller, "TRP channels as candidates for hearing and balance abnormalities in vertebrates," *Biochimica et Biophysica Acta (BBA)—Molecular Basis of Disease* 1772, no. 8 (August 2007).

109 Vaccine researcher Stanley A. Plotkin describes the history of rubella in the United States and attempts to staunch it in "Rubella eradication?" *Vaccine* 19, nos. 25–26 (May 2001).

110 Marvin T. Miller is quoted in Monica Davey, "As town for deaf takes shape, debate on isolation re-emerges," *New York Times*, March 21, 2005.

110 The comment that isolationism is no longer fashionable comes from Tom Willard, "N.Y. Times reports on proposed signing town," *Deafweekly*, March 23, 2005.

111 Statistics on the number of ASL users come from the Gallaudet University Library; see Tom Harrington, "American Sign Language: Ranking and number of users" (2004), http://libguides.gallaudet.edu/content.php?pid=114804&sid=991835.

111 The 432 percent increase in ASL courses in a decade is documented in Elizabeth B. Welles, "Foreign language enrollments in United States institutions of higher education, Fall 2002," *Profession* (2004).

111 For a representative work promoting teaching sign language to babies, see Joseph Garcia, *Signing with Your Baby: How to Communicate with Infants Before They Can Speak* (2002).

111 The term *Deafhood* was coined by the British Deaf activist Paddy Ladd, author of *Understanding Deaf Culture: In Search of Deafhood* (2003).

111 The quotation from Edna Edith Sayers decrying the trivialization of sign language and its appropriation by hearing persons occurs in *Deaf World: A Historical Reader and Primary Sourcebook*, edited by Lois Bragg (2001), page 116.

111 The passage from Harlan Lane ("The relation of the hearing parent to the young deaf child…") occurs in *The Mask of Benevolence* (1992).

112 Jack Wheeler's remarks appear in a Deafness Research Foundation fund-raising brochure, "Let's Talk About Conquering Deafness" (2000).

112 Lawrence Hott and Diane Garey commented that "deafness is almost always one generation thick" in their film, *Through Deaf Eyes* (2007), which is available on DVD from Gallaudet University. The phrase *culture of converts* was first used by Frank Bechter in his essay "The deaf convert culture and its lessons for deaf theory," in *Open Your Eyes* (2008), pages 60–79.

113 From the introduction by Aina Pavolini to Amadou Hampate Ba, *The Fortunes of Wangrin* (1999), page ix: "After the independence of Mali in 1960, he formed part of his country's delegation to the UNESCO General Conference held that year in Paris; it was on this occasion that he made his passionate plea for the preservation of Africa's heritage with the famous statement, 'En Afrique, quand un vieillard meurt, c'est un bibliotheque qui brule' ('In Africa, when an old person dies, it's a library burning down')."

113 Estimates on the disappearance of languages come from Nicholas Evans, *Dying Words: Endangered Languages and What They Have to Tell Us* (2009); Evans's words come from Nicholas Evans and Stephen C. Levinson, "The myth of language universals: Language diversity and its importance for cognitive science," *Behavioral & Brain Sciences* 32 (2009), page 429.

113 For more commentary on the demise of Sign, see Lou Ann Walker, "Losing the language of silence," *New York*, January 13, 2008.

114 My first book was *The Irony Tower: Soviet Artists in a Time of Glasnost* (1991).

114 Carol Padden's question ("How can two conflicting impulses exist…") occurs in *Inside Deaf Culture* (2005), page 163.

第三章 | 侏儒

115 My primary sources for much of this chapter are Betty M. Adelson, *Dwarfism: Medical and Psychosocial Aspects of Profound Short Stature* (2005) and *The Lives of Dwarfs: Their Journey from Public Curiosity toward Social Liberation* (2005).

115 Proposals for towns for little people are discussed in John Van, "Little people veto a miniaturized village," *Chicago Tribune*, June 16, 1989; and Sharon LaFraniere, "A miniature world magnifies dwarf life," *New York Times*, March 3, 2010.

115 Victor A. McKusick was the founder of the discipline of medical genetics, and the leading investigator in the field of dwarfism among the Amish. For an accessible introduction to both Ellis–van Creveld syndrome and cartilage hair hypoplasia, see his review "Ellis–van Creveld syndrome and the Amish," *Nature Genetics* 24 (March 2000).

115 Because dwarfism is often not apparent at birth and does not always require medical intervention, calculations of incidence based on hospital records are inadequate, and even experts on dwarfism tend to offer figures rather tentatively. The renowned geneticist Dr. Victor McKusick told Betty Adelson in 1983 that he estimated that there were several million people in the world with dwarfism; see Betty M. Adelson, *The Lives of Dwarfs* (2005), pages 128–29. Joan Ablon comments that numbers range from twenty thousand to a hundred thousand, and quotes Charles Scott, a geneticist with a specialty in dwarfism, who estimated numbers at twenty thousand to twenty-five thousand; see Joan Ablon, *Little People in America: The Social Dimension of Dwarfism* (1984). Achondroplasia is said to occur in one in twenty thousand births, so if there is an American population of 318 million people, there should be about sixteen thousand Americans with achondroplasia, and Adelson told me that if you include all forms of skeletal dysplasia, the number approximately doubles, which would indeed give a number around thirty thousand, though she pointed out that this does not include hypopituitary disorders, Turner syndrome, juvenile arthritis, kidney disease, and various iatrogenic conditions, for which there are no precise figures; see Betty M. Adelson, *Dwarfism* (2005), pages 21–23. LPA has a membership of more than six thousand, some of whom are average-statured family members of dwarfs. With all of this in mind, it's impossible to say what proportion of dwarfs belong to LPA, but it seems likely that it is upward of 10 percent.

116 Betty Adelson's statement "The only permissible prejudice in PC America is against dwarfs" and subsequent statements from her, unless otherwise noted, are from correspondence and personal interviews conducted between 2003 and 2012.

116 The quotation from Mary D'Alton ("… you can fix that, right? …") comes from a personal interview in 2010.

116 This passage is based on my interview with Mary Boggs in 2003.

118 William Hay recalled his visit with a general in *Deformity: An Essay* (1754). On page 16, Hay described himself as a hunchback, "scarce five Feet high"—quite possibly a person with diastrophic dysplasia. He was also a member of the House of Commons. With the phrase "a worm and no man," Hay was quoting from the Bible, Psalms 22:6: "But I am a worm, and no man; a reproach of men, and despised of the people." For a recent article about Hay, see "William Hay, M.P. for Seaford (1695–1755)," *Parliamentary History* 29, suppl. s1 (October 2010).

118 Betty Adelson refers to Woody Allen's theory of the essential funniness of the word *dwarf* on page 6 of *Dwarfism: Medical and Psychosocial Aspects of Profound Short Stature* (2005). Allen's fondness for *dwarf* is apparent in *The Complete Prose of Woody Allen* (1991), which contains numerous examples of the word used in a humorous context.

119 For scholarly discussion of modern freak shows, see Michael M. Chemers, "Le freak, c'est chic: The twenty-first century freak show as theatre of transgression," *Modern Drama* 46, no. 2 (Summer 2003); and Brigham A. Fordham, "Dangerous bodies: Freak shows, expression, and exploitation," *UCLA Entertainment Law Review* 14, no. 2 (2007).

119 A post–World Cup dwarf-tossing event in New Zealand eventually led to a pink slip for British rugby player Mike Tindall after paparazzi spied him cavorting there; see Richard White, "Mike Tindall gropes blonde," *Sun*, September 15, 2011; Robert Kitson, "Mike Tindall defended by England after incident at 'dwarfthrowing' bash," *Guardian*, September 15, 2011; and Rebecca English, "After World Cup shame, a £25,000 fine and humiliation for Tindall (and Zara's face says it all)," *Daily Mail*, January 12, 2012. In January 2012, Leopard's Lounge & Broil in Windsor, Ontario, hosted a dwarf-tossing event; see Sonya Bell, "Dwarftossing: Controversial event at Windsor strip club draws 1,000 fans," *Toronto Star*, January 29, 2012. At least one adult entertainer bills herself as "the world's smallest porn star"; see Allen Stein, "Stoughton cop resigns after he left beat to see dwarf porn star," *Enterprise News*, July 20, 2010.

119 Barbara Spiegel's recollections come from my interview with her in 2003 and subsequent communications.

119 Statistics on the percentage of skeletal dysplasias attributable to de novo mutations and recessive genes come from Clair A. Francomano, "The genetic basis of dwarfism," *New England Journal of Medicine* 332, no. 1 (January 5, 1995); and William A. Horton et al., "Achondroplasia," *Lancet* 370 (July 14, 2007).

119 For a scholarly review article on pituitary dwarfism, see Kyriaki S. Alatzoglou and Mehul T. Dattani, "Genetic causes and treatment of isolated growth hormone deficiency: An update," *Nature Reviews Endocrinology* 6, no. 10 (October 2010). Psychosocial dwarfism is discussed in Wayne H. Green, Magda Campbell, and Raphael David, "Psychosocial dwarfism: A critical review of the evidence," *Journal of the American Academy of Child Psychiatry* 23, no. 1 (January 1984); and the newspaper article "The little boy who was neglected so badly by his mother that he became a dwarf," *Daily Mail*, August 28, 2010.

119 The quotation from Marie-Hélène Huet comes from pages 6–7 of her book *Monstrous Imagination* (1993).

119 John Mulliken is quoted in Allison K. Jones, "Born different: Surgery can help children with craniofacial anomalies, but it can't heal all of the pain," *Telegram & Gazette*, May 23, 1995.

119 Betty Adelson describes the thoughtless manner in which some doctors have broken the news of a child's achondroplasia to parents on page 160 of *Dwarfism: Medical and Psychosocial Aspects of Profound Short Stature* (2005).

119 The mother's recollection of doctors' attitudes toward her child comes from a Yahoo! discussion group post by Brenda, June 12, 2001.
120 Joan Ablon quotes the mother and father whose doctor told them, "I regret to tell you that your child is a dwarf," on page 17 of *Living with Difference: Families with Dwarf Children* (1988).
120 The quotation from Ginny Sargent ("No matter what we [as dwarfs] feel…") comes from a Yahoo! discussion group post, September 4, 2001.
120 Matt Roloff's reminiscence of his parents' lowered expectations of him comes from a personal interview in 2003; he makes a similar statement on page 28 of *Against Tall Odds: Being a David in a Goliath World* (1999).
120 This passage is based on my interview with Amy and Matt Roloff in 2003 and subsequent communications.
120 Descriptions of the Roloff children come from Virginia Heffernan, "The challenges of an oversized world," *New York Times*, March 4, 2006.
121 This passage is based on my interview with Lisa Hedley in 2008 and subsequent personal communications. Her documentary on dwarfism, *Dwarfs: Not a Fairy Tale*, was first broadcast as part of the HBO *American Undercover Sundays* series on April 29, 2001. Though I have kept Lisa's name because of the prominence of her film, her daughter's name, Rose, is a pseudonym.
121 One of the brochures Lisa Hedley was given was John G. Rogers and Joan O. Weiss, "My Child Is a Dwarf" (1977), published by LPA.
121 This quotation from Lisa Hedley ("With one word my husband and I became unwitting members of a community…") comes from her article "A child of difference," *New York Times Magazine*, October 12, 1997.
124 The quotation from Barbara Spiegel comes from my interview with her in 2003 and subsequent communications.
124 Alasdair G. W. Hunter reported on his evaluation of the comparative life satisfaction of dwarfs and their parents in "Some psychosocial aspects of nonlethal chondrodysplasias I: Assessment using a life-styles questionnaire," *American Journal of Medical Genetics* 78, no. 1 (June 1998).
125 Study participants tended to rate their achondroplasia as "not serious" in Sarah E. Gollust et al., "Living with achondroplasia in an average-sized world: An assessment of quality of life," *American Journal of Medical Genetics* 120A, no. 4 (August 2003).
125 LPA now explicitly concerns itself with disabling conditions often accompanying short stature and includes disability rights among the organization's advocacy areas. See http://www.lpaonline.org/mc/page.do?sitePageId=84634#Disability.
125 Paul Steven Miller's comment about LPA and disability occurs in chapter 6 of Dan Kennedy, *Little People: Learning to See the World Through My Daughter's Eyes* (2003) at http://littlepeoplethebook.com/online-edition/chapter-06/.
125 Rosemarie Garland Thomson's reference to "exclusionary discourse" occurs on page 6 of *Extraordinary Bodies: Figuring Physical Disability in American Culture and Literature* (1997).
126 The anonymous mother's concerns about the implications and ramifications of physical accommodations come from a personal interview in 2003.
126 Linda Hunt differentiates between dwarfism and disease in her letter in response to Lisa Hedley, "A child of difference," *New York Times Magazine*, November 2, 1997.
126 Joan Ablon describes the history of LPA in "Dwarfism and social identity: Selfhelp group participation," *Social Science & Medicine* 15B (1981); and Betty Adelson in both *Dwarfism* (2005), pages 187–90, and *The Lives of Dwarfs* (2005), pages 319–21.
126 William Safire discusses words used to describe little people in "On language: Dwarf planet," *New York Times*, September 10, 2006; see also Lynn Harris, "Who you calling a midget?," *Salon*, July 16, 2009.
126 Barnum's most famous performers were the proportionate dwarfs Charles Sherwood Stratton and his wife, Lavinia Bump Warren, known to audiences as "General and Mrs. Tom Thumb." Stratton is author of the extravagantly titled autobiography *Sketch of the Life: Personal Appearance, Character and Manners of Charles S. Stratton, the Man in Miniature, Known as General Tom Thumb, and His Wife, Lavinia Warren Stratton, Including the History of Their Courtship and Marriage, With Some Account of Remarkable Dwarfs, Giants, & Other Human Phenomena, of Ancient and Modern Times, Also, Songs Given at Their Public Levees* (1874). For a brief contemporary account of Stratton's career, see "Giants and dwarfs," *Strand Magazine* 8 (July–December 1894); for a modern analysis, see Michael M. Chemers, "Jumpin' Tom Thumb: Charles Stratton onstage at the American Museum," *Nineteenth Century Theatre & Film* 31 (2004). Lavinia Warren is the subject of Melanie Benjamin's recent novel *The Autobiography of Mrs. Tom Thumb* (2011).
126 The offending article: David Segal, "Financial fraud is focus of attack by prosecutors," *New York Times*, March 11, 2009. The public editor's follow-up: Clark Hoyt, "Consistent, sensitive and weird," *New York Times*, April 18, 2009.
126 Interview with Barbara Spiegel in 2003 and subsequent communications.
126 Betty Adelson's advice about names is quoted by Lynn Harris in "Who you calling a midget?," *Salon*, July 16, 2009.
126 This passage is based on my interview with Dan Kennedy, author of *Little People: Learning to See the World Through My Daughter's Eyes* (2003), in 2003 and subsequent communications.
127 For more information on the association between hearing loss and cognitive skills among dwarfs, see G. Brinkmann et al., "Cognitive skills in achondroplasia," *American Journal of Medical Genetics* 47, no. 5 (October 1993).
128 For authoritative and detailed information on dwarfing conditions, consult the National Organization for Rare Disorders (http://www.rarediseases.org), the National Library of Medicine's Genetics Home Reference (http://ghr.nlm.nih.gov), and the Mayo Clinic (http://www.mayoclinic.com/health/dwarfism/DS01012).
128 Victor McKusick's estimates are quoted on page 128 of Betty M. Adelson, *The Lives of Dwarfs* (2005), citing Susan Lawrence, "Solving big problems for little people," *Journal of the American Medical Association* 250, no. 3 (March 1983).
128 The genetic mechanism of achondroplasia was first described by Clair A. Francomano et al., "Localization of the achondroplasia gene to the distal 2.5 Mb of human chromosome 4p," *Human Molecular Genetics* 3, no. 5 (May 1994); R. Shiang, et al., "Mutations in the transmembrane domain of FGFR3 cause the most common genetic form of dwarfism, achondroplasia," *Cell* 78, no. 2 (July 29, 1994); and Gary A. Bellus, "Achondroplasia is defined by recurrent G380R mutations of FGFR3," *American Journal of Human Genetics* 56 (1995), pages 368–73.
128 Achondroplasia prevalence rates come from Sue Thompson, Tom Shakespeare, and Michael J. Wright, "Medical and social aspects of the life course

	for adults with a skeletal dysplasia: A review of current knowledge," *Disability & Rehabilitation* 30, no. 1 (January 2008).
129	Findings of increased mortality rates in children with achondroplasia come from Jacqueline T. Hecht et al., "Mortality in achondroplasia," *American Journal of Human Genetics* 41 no. 3 (September 1987); and Julia Wynn et al., "Mortality in achondroplasia study: A 42-year follow-up," *American Journal of Medical Genetics* 143A, no. 21 (November 2007).
129	Complications of hydrocephalus are discussed in Glenn L. Keiper Jr. et al., "Achondroplasia and cervicomedullary compression: Prospective evaluation and surgical treatment," *Pediatric Neurosurgery* 31, no. 2 (August 1999).
129	Dwarfism caused by inadequate iodine intake/uptake, known as cretinism, is discussed in Zu-Pei Chen and Basil S. Hetzel, "Cretinism revisited," *Best Practice & Research Clinical Endocrinology & Metabolism* 24, no. 1 (February 2010).
129	For more detailed scholarly resources on physical problems experienced by dwarfs, see Patricia G. Wheeler et al., "Short stature and functional impairment: A systematic review," *Archives of Pediatric & Adolescent Medicine* 158, no. 3 (March 2004).
129	Dental problems in short-statured children are described in Heidrun Kjellberg et al., "Craniofacial morphology, dental occlusion, tooth eruption, and dental maturity in boys of short stature with or without growth hormone deficiency," *European Journal of Oral Sciences* 108, no. 5 (October 2000).
130	Physical activities that create pressure on the spine and increase the risk of developing osteoarthritis are contraindicated for people with bone disorders; see Tracy L. Trotter et al., "Health supervision for children with achondroplasia," *Pediatrics* 116, no. 3 (2005).
130	See Richard Pauli et al., *To Celebrate: Understanding Developmental Differences in Young Children with Achondroplasia* (1991).
130	LPA facilitated its members' participation in a study by Jacqueline T. Hecht et al., "Obesity in achondroplasia," *American Journal of Medical Genetics* 31, no. 3 (November 1988). The problem of monitoring weight gain in children with atypical growth is addressed in Julie Hoover-Fong et al., "Weight for age charts for children with achondroplasia," *American Journal of Medical Genetics Part A* 143A, 19 (October 2007).
130	Useful scholarly articles on medical complications of dwarfism include Steven E. Kopits, "Orthopedic complications of dwarfism," *Clinical Orthopedics & Related Research* 114 (January–February 1976); Dennis C. Stokes et al., "Respiratory complications of achondroplasia," *Journal of Pediatrics* 102, no. 4 (April 1983); Ivor D. Berkowitz et al., "Dwarfs: Pathophysiology and anesthetic implications," *Anesthesiology* 7, no. 4 (October 1990); Cheryl S. Reid et al., "Cervicomedullary compression in young patients with achondroplasia: Value of comprehensive neurologic and respiratory evaluation," *Journal of Pediatrics* 110, no. 4 (1987); Rodney K. Beals and Greg Stanley, "Surgical correction of bowlegs in achondroplasia," *Journal of Pediatric Orthopedics* 14, no. 4 (July 2005); and Elisabeth A. Sisk et al., "Obstructive sleep apnea in children with achondroplasia: Surgical and anesthetic considerations," *Otolaryngology—Head and Neck Surgery* 120, no. 2 (February 1999).
131	This passage is based on my interview with Leslie Parks in 2003 and subsequent communications.
133	The cliche about cheery children is exemplified by Drash et al., who are regarded as "dated" and too narrowly focused by Thompson et al. See Philip W. Drash, Nancy E. Greenberg, and John Money, "Intelligence and personality in four syndromes of dwarfism," in *Human Growth*, edited by D. B. Check (1968), 568–81. Philadelphia: Lea and Febiger, 1968; and Sue Thompson, Tom Shakespeare, and Michael J. Wright, "Medical and social aspects of the life course for adults with a skeletal dysplasia: A review of current knowledge," *Disability & Rehabilitation* 30, no. 1 (January 2008), pages 1–12.
133	Studies by Joan Ablon have concluded that dwarf children often develop bright personalities to compensate for their social challenges; see *Living with Difference* (1988), page 17; and "Personality and stereotype in osteogenesis imperfecta: Behavioral phenotype or response to life's hard challenges?," *American Journal of Medical Genetics* 122A (October 15, 2003).
134	For findings of a relatively contented childhood, see Alasdair G. W. Hunter's three-part report, "Some psychosocial aspects of nonlethal chondrodysplasias," *American Journal of Medical Genetics* 78, no. 1 (June 1998); James S. Brust et al., "Psychiatric aspects of dwarfism," *American Journal of Psychiatry* 133, no. 2 (February 1976); Sarah E. Gollust et al., "Living with achondroplasia in an average-sized world: An assessment of quality of life," *American Journal of Medical Genetics* 120A, no. 4 (August 2003); and M. Apajasalo et al., "Health-related quality of life of patients with genetic skeletal dysplasias," *European Journal of Pediatrics* 157, no. 2 (February 1998).
134	Joan Ablon's comment about overprotectiveness occurs on page 64 of *Living with Difference* (1988).
134	Richard Crandall's words of warning about strollers occur on page 49 of his book *Dwarfism: The Family and Professional Guide* (1994).
134	For the Restricted Growth Association survey, see Tom Shakespeare, Michael Wright, and Sue Thompson, *A Small Matter of Equality: Living with Restricted Growth* (2007); conclusions about parental treatment and eventual emotional adjustment can be found on page 25.
134	A significant incidence of depression in young adults was found in Alasdair G. W. Hunter, "Some psychosocial aspects of nonlethal chondrodysplasias, II: Depression and anxiety," *American Journal of Medical Genetics* 78, no. 1 (June 1998); see also Sue Thompson, Tom Shakespeare, and Michael J. Wright, "Medical and social aspects of the life course for adults with a skeletal dysplasia: A review of current knowledge," *Disability & Rehabilitation* 30, no. 1 (January 2008). Hunter cautiously ventures that "adults who were born to unaffected parents may be at greater risk of depression than those who had an affected parent" (page 12).
135	Joan Ablon describes common emotional experiences associated with LPA membership in chapter 8 of *Little People in America: The Social Dimension of Dwarfism* (1984), "The encounter with LPA."
135	The study finding that dwarfs have lower self-esteem, less education, and lower annual incomes, and are less likely to be married is Sarah E. Gollust et al., "Living with achondroplasia in an average-sized world: An assessment of quality of life," *American Journal of Medical Genetics* 120A, no. 4 (August 2003).
135	The survey finding significant income disparity between people with dwarfism and their average-size family members is described in Betty Adelson, *Dwarfism: Medical and Psychosocial Aspects of Profound Short Stature* (2005), page 259.
135	Michael Ain describes his job-hunting difficulties in Lisa Abelow Hedley's documentary *Dwarfs: Not a Fairy Tale* (2001).
135	The quotation from Ruth Ricker was recounted to me by Dan Kennedy in 2003.
135	All quotations from John Wolin come from his article "Dwarf like me," *Miami Herald*, January 24, 1993.
135	The LP who described the experience of seeing other dwarfs for the first time was quoted in Ken Wolf, "Big world, little people," *Newsday*, April 20,

1989.
136 This passage is based on my interview with Janet and Beverly Charles in 2003.
137 This passage is based on my interview with Leslye Sneider and Bruce Johnson in 2005 and subsequent communications.
139 Basic sources on dwarf-tossing include Alice Domurat Dreger, "Lavish dwarf entertainment," *Hastings Center Bioethics Forum*, March 25, 2008; and Deborah Schoeneman, "Little people, big biz: Hiring dwarfs for parties a growing trend," *New York Post*, November 8, 2001.
139 The passage of New York's "Dwarf Tossing and Dwarf Bowling Prohibition" (1990 NY Laws 2744) was reported in Elizabeth Kolbert, "On deadline day, Cuomo vetoes 2 bills opposed by Dinkins," *New York Times*, July 24, 1990. For more on the French ban and challenge, see the report of the United Nations Human Rights Committee, *Views of the Human Rights Committee under article 5, paragraph 4, of the Optional Protocol to the International Covenant on Civil and Political Rights, Seventy-fifth session, Communication No. 854/1999*, submitted by Manuel Wackenheim (July 15, 2002); and Emma Jane Kirby's BBC report "Appeal for 'dwarftossing' thrown out," British Broadcasting Corporation, September 27, 2002. The Florida ban and challenge are described in "Dwarf tossing ban challenged," United Press International, November 29, 2001; and "Federal judge throwing dwarf-tossing lawsuit out of court," *Florida Times-Union*, February 26, 2002.
139 Law enforcement crackdowns against dwarf-tossers and bowlers are described in Steven Kreytak, "Tickets issued for dwarf-tossing," *Newsday*, March 11, 2002; and Eddie D'Anna, "Staten Island nightspot cancels dwarf-bowling event for Saturday," *Staten Island Advance*, February 27, 2008.
139 The Fidelity party and SEC penalty are described in Jason Nisse, "SEC probes dwarf-tossing party for Fidelity trader," *Independent*, August 14, 2005; and Jenny Anderson, "Fidelity is fined $8 million over improper gifts," *New York Times*, March 6, 2008.
139 For comparison of dwarf-tossing with contact sports, see Robert W. McGee, "If dwarf tossing is outlawed, only outlaws will toss dwarfs: Is dwarf tossing a victimless crime?," *American Journal of Jurisprudence* 38 (1993). The real life consequence of the idea that dwarf-tossing is acceptable behavior was most recently demonstrated when a thirty-seven-year-old man with achondroplasia sustained permanent spinal cord damage after being unwillingly tossed by a boor at a British pub, likely inspired by the Mike Tindall escapade; news of the incident inspired a number of dwarf celebrities to speak out in solidarity and concern. See the news reports "Dwarf left paralysed after being thrown by drunken Rugby fan," *Telegraph*, January 12, 2012; "Golden Globes: Peter Dinklage cites Martin Henderson case," *Los Angeles Times*, January 16, 2012; and Alexis Tereszcuk, "The little couple slam dwarf tossing," *Radar Online*, March 20, 2012. See also Angela Van Etten, "Dwarf tossing and exploitation," *Huffington Post*, October 19, 2011.
139 The discussion of Radio City and LPA and the quotations by dwarf actors are all from Lynn Harris, "Who you calling a midget?," *Salon*, July 16, 2009. For more on the debate about dwarfs as entertainers, see Chris Lydgate, "Dwarf vs. dwarf: The Little People of America want respect—and they're fighting each other to get it," *Willamette Week*, June 30, 1999.
140 Herschel Walker's and Joan Rivers's offensive *Celebrity Apprentice* episode (season 8, episode 6) was broadcast on April 5, 2009. Jimmy Korpai's complaint to the FCC about *Celebrity Apprentice* is described in Lynn Harris, "Who you calling a midget?," *Salon*, July 16, 2009.
140 The first scientific studies on *Homo floresiensis* were Peter Brown et al., "A new small-bodied hominin from the Late Pleistocene of Flores, Indonesia," *Nature* 431, no. 7012 (October 27, 2004); and Michael J. Morwood et al., "Archaeology and age of a new hominin from Flores in eastern Indonesia," *Nature* 431, no. 7012 (October 27, 2004).
140 Alexander Chancellor's commentary occurs in his article "Guide to age," *Guardian*, November 6, 2004.
140 For information on the plight of Pygmies in modern Africa, see *Minorities under Siege: Pygmies Today in Africa* (2006); and African Commission on Human and Peoples' Rights International Work Group for Indigenous Affairs, *Report of the African Commission's Working Group on Indigenous Populations/Communities: Research and information visit to the Republic of Gabon, 15–30 September 2007* (2010).
140 Responses to proposals to ban use of the term *midget* are described by Lynn Harris in "Who you calling a midget?," *Salon*, July 16, 2009.
141 This passage is based on my many interviews with Betty Adelson between 2003 and 2012.
142 Quotations from mothers bereft at Kopits's passing were posted as reader comments at Bertalan Mesko, "Dr. Steven E. Kopits, a modern miracle maker," *Science Roll*, January 27, 2007, http://scienceroll.com/2007/01/27/dr-steven-e-kopits-a-modern-miracle-maker/.
144 For more information on cultural interpretations of physical difference, see David M. Turner, "Introduction: Approaching anomalous bodies," in *Social Histories of Disability and Deformity: Bodies, Images and Experiences*, edited by David M. Turner and Kevin Stagg (2006), pages 1–16.
144 Leviticus 21:16–24 (American Standard Version): "Then the Lord spoke to Moses, saying, 'Speak to Aaron, saying, "No man of your offspring throughout their generations who has a defect shall approach to offer the food of his God. For no one who has a defect shall approach: a blind man, or a lame man, or he who has a disfigured face, or any deformed limb, or a man who has a broken foot or broken hand, or a hunchback or a dwarf, or one who has a defect in his eye or eczema or scabs or crushed testicles. No man among the descendants of Aaron the priest who has a defect is to come near to offer the Lord's offerings by fire; since he has a defect, he shall not come near to offer the food of his God. He may eat the food of his God, both of the most holy and of the holy, only he shall not go in to the veil or come near the altar because he has a defect, so that he will not profane My sanctuaries. For I am the Lord who sanctifies them.'" So Moses spoke to Aaron and to his sons and to all the sons of Israel."
144 Martha Undercoffer's comments were made in a Yahoo! discussion group post on September 23, 2002.
145 The quotation from the dwarf who uses an MP3 player to block out unwanted comments occurs on page 29 of Tom Shakespeare, Michael Wright, and Sue Thompson, *A Small Matter of Equality* (2007).
145 This passage is based on my interview with Harry Wieder in 2003 and subsequent communications. His memorial service is described in Susan Dominus, "Remembering the little man who was a big voice for causes," *New York Times*, May 1, 2010.
146 William Safire refers to "cruel folklore" and "Rumpelstiltskins" in "On language: Dwarf planet," *New York Times*, September 10, 2006.
146 Joan Ablon's comment about the magical status of dwarfs occurs on page 6 of *Living with Difference* (1988).
146 Anne Lamott's remark occurs on page 25 of Tom Shakespeare, Michael Wright, and Sue Thompson, *A Small Matter of Equality* (2007).
146 This passage is based on my interview with Taylor, Carlton, and Tracey van Putten in 2008 and subsequent communications.

注解

148 The quotation from the LP about dwarfs' romantic difficulties occurs on page 241 of Betty M. Adelson, *Dwarfism* (2005).
148 John Wolin's remarks occur in his article "Dwarf like me," *Miami Herald*, January 24, 1993.
148 The comment about the sexual incongruity between LPs and APs comes from an LPA chat room, April 15, 2006.
149 The quotation from Harry Wieder comes from my interview with him.
149 Betty Adelson describes attitudes toward mixed-height marriages on pages 57–58 and page 246 of *Dwarfism* (2005).
149 Increased rates of depression in LPs in mixed-height marriages were reported by Alasdair Hunter in "Some psychosocial aspects of nonlethal chondrodysplasias, II: Depression and anxiety," *American Journal of Medical Genetics* 78, no. 1 (June 1998); and "Some psychosocial aspects of nonlethal chondrodysplasias, III: Selfesteem in children and adults," *American Journal of Medical Genetics* 78 (June 1998).
149 On dwarfs' marriage tendencies inside and outside LPA, I've relied on personal communications with Betty Adelson.
149 John Wolin's remarks occur in his article "Dwarf like me," *Miami Herald*, January 24, 1993.
149 For scholarly overviews of reproductive complications and anesthesia in achondroplastic dwarfs, see Judith E. Allanson and Judith G. Hall, "Obstetric and gynecologic problems in women with chondrodystrophies," *Obstetrics & Gynecology* 67, no. 1 (January 1986); and James F. Mayhew et al., "Anaesthesia for the achondroplastic dwarf," *Canadian Anaesthetists' Journal* 33, no. 2 (March 1986).
149 The quotation from the dwarf mother about rudeness from strangers comes from Ellen Highland Fernandez, *The Challenges Facing Dwarf Parents: Preparing for a New Baby* (1989).
149 Betty Adelson's remarks about dwarfs who bear children occur on page 249 of *Dwarfism* (2005).
150 This passage is based on my interviews and other communications with Cheryl, Clinton, and Clinton Brown Jr. between 2003 and 2010.
155 See the previously cited scholarly sources on genetics of dwarfism: Clair A. Francomano, "The genetic basis of dwarfism," *New England Journal of Medicine* 332, no. 1 (January 5, 1995); and William Horton, "Recent milestones in achondroplasia research," *American Journal of Medical Genetics* 140A (2006).
155 For more information on lethal skeletal dysplasias, double heterozygosity, and prenatal diagnosis, see Anne E. Tretter et al., "Antenatal diagnosis of lethal skeletal dysplasias," *American Journal of Medical Genetics* 75, no. 5 (December 1998); Maureen A. Flynn and Richard M. Pauli, "Double heterozygosity in bone growth disorders," *American Journal of Medical Genetics* 121A, no. 3 (2003); and Peter Yeh, "Accuracy of prenatal diagnosis and prediction of lethality for fetal skeletal dysplasias," *Prenatal Diagnosis* 31, no. 5 (May 2011).
155 The discovery of genes responsible for achondroplasia was first reported in Clair A. Francomano et al., "Localization of the achondroplasia gene to the distal 2.5 Mb of human chromosome 4p," *Human Molecular Genetics* 3, no. 5 (May 1994); R. Shiang et al., "Mutations in the transmembrane domain of FGFR3 cause the most common genetic form of dwarfism, achondroplasia," *Cell* 78, no. 2 (July 29, 1994); and Gary A. Bellus, "Achondroplasia is defined by recurrent G380R mutations of FGFR3," *American Journal of Human Genetics* 56 (1995), pages 368–73. The discovery of the gene responsible for diastrophic dysplasia was first reported in Johanna Hastbacka et al., "The diastrophic dysplasia gene encodes a novel sulfate transporter: Positional cloning by fine-structure linkage disequilibrium mapping," *Cell* 78, no. 6 (September 23, 1994); for pseudoachondroplasia, in Jacqueline T. Hecht et al., "Mutations in exon 17B of cartilage oligomeric matrix protein (COMP) cause pseudoachondroplasia," *Nature Genetics* 10, no. 3 (July 1995); and for SED, in Brendan Lee et al., "Identification of the molecular defect in a family with spondyloepiphyseal dysplasia," *Science*, New Series 244, no. 4907 (May 26, 1989). For background on the genetics and incidence of dwarfism, see Clair A. Francomano, "The genetic basis of dwarfism," *New England Journal of Medicine* 332, no. 1 (January 5, 1995); and R. J. M. Gardner's "A new estimate of the achondroplasia mutation rate," *Clinical Genetics* 11, no. 1 (April 2008).
155 John Wasmuth's remarks about the proper use of prenatal diagnosis are quoted on pages 17–18 of Dan Kennedy's *Little People* (2003).
156 The survey of attitudes toward abortion following prenatal diagnosis of achondroplasia was described in Jen Joynt and Vasugi Ganeshananthan, "Abortion decisions," *Atlantic Monthly*, April 2003.
156 John Richardson refers to couples who wish to screen out average-size fetuses on page 9 of his memoir, *In the Little World: A True Story of Dwarfs, Love, and Trouble* (2001).
156 The quotation from Darshak Sanghavi comes from his article "Wanting babies like themselves, some parents choose genetic defects," *New York Times*, December 5, 2006.
156 Betty Adelson and Joe Stramondo referred to "coercive eugenics" in an unpublished 2005 letter to the editor of the *New York Times*.
156 The anecdote about clinics' refusal to implant dwarf embryos comes from Andy Geller, "Docs' designer defect baby: Disabled by choice," *New York Post*, December 22, 2006.
156 The quotation from Carol Gibson comes from the article "Babies with made-toorder defects?," Associated Press, December 21, 2006.
156 This passage is based on my interview with Ginny Foos in 2003 and subsequent communications.
157 For discussion of potential economic disparity in the burden of disability resulting from the proliferation of prenatal diagnoses of dwarfing conditions, see Amy Harmon, "The problem with an almost-perfect genetic world," *New York Times*, November 20, 2005.
157 Tom Shakespeare's comments about impairment were made on the BBC radio program *Belief*, broadcast on December 30, 2005.
157 The LPA statement was issued in 2005 as "Little People of America on preimplantation genetic diagnosis" and can be found on the organization's website, http://data.memberclicks.com/site/lpa/LPA_PGD_Position_Statement_2007.doc.
157 All quotations from Ericka Peasley come from my interview with her in 2009.
157 For more information on Morquio syndrome, see Benedict J. A. Lankester et al., "Morquio syndrome," *Current Orthopaedics* 20, no. 2 (April 2006).
157 Gene therapy for chondrodysplasias is discussed in R. Tracy Ballock, "Chondrodysplasias," *Current Opinion in Orthopedics* 11, no. 5 (October 2000), pages 347–52.
158 The quotation from Virginia Heffernan ("…a cherished inheritance…") comes from her article "The challenges of an oversized world," *New York Times*,

March 4, 2006.
158 The following passage is based on my interviews with Monique Duras, Oleg Prigov, and Anatole Prigov in 2004 and 2008 and other communications. Their names are pseudonyms. Some other identifying details have been changed.
160 On geographic differences in preference for limb-lengthening surgery, see P. Bregani et al., "Emotional implications of limb lengthening in adolescents and young adults with achondroplasia," *Life-Span & Disability* 1, no. 2 (July-December 1998).
161 The development of and controversy over limb-lengthening is discussed in David Lawrence Rimoin, "Limb lengthening: Past, present, and future," *Growth, Genetics & Hormones* 7, no. 3 (1991); Eric D. Shirley and Michael C. Ain, "Achondroplasia: Manifestations and treatment," *Journal of the American Academy of Orthopedic Surgeons* 17, no. 4 (April 2009); and Lisa Abelow Hedley, "The seduction of the surgical fix," in *Surgically Shaping Children: Technology, Ethics, and the Pursuit of Normality*, edited by Erik Parens (2006). The technique is described in detail in S. Robert Rozbruch and Svetlana Ilizarov, *Limb Lengthening and Reconstructive Surgery* (2007), http://www.jaaos.org/cgi/content/full/17/4/231.
161 Betty Adelson refers to the price of limb-lengthening surgery on page 95 of *Dwarfism* (2005).
162 The controversy within LPA about Dror Paley is described by Betty Adelson on pages 90–94 of *Dwarfism* (2005).
162 For Gillian Mueller's comments on limb-lengthening, see her article "Extended limb-lengthening: Setting the record straight," *LPA Online*, 2002, at http://www.lpaonline.org/library_ellmueller.html.
162 The quotation from the LPA executive about the need to wait until a child is old enough to consider thoughtfully the ramifications of limb-lengthening surgery occurs on pages 170–71 of Dan Kennedy, *Little People* (2003).
162 The therapeutic potential of limb-lengthening is discussed in Hui-Wan Park et al., "Correction of lumbosacral hyperlordosis in achondroplasia," *Clinical Orthopaedics & Related Research* 12, no. 414 (September 2003).
162 The quotation from Dan Kennedy about the benefits of longer arms occurs on page 186 of *Little People* (2003).
162 For more information on complications of limb-lengthening surgery, see Douglas Naudie et al., "Complications of limb-lengthening in children who have an underlying bone disorder," *Journal of Bone & Joint Surgery* 80, no. 1 (January 1998); and Bernardo Vargas Barreto et al., "Complications of Ilizarov leg lengthening," *International Orthopaedics* 31, no. 5 (October 2007).
163 The quotation from Arthur W. Frank about the imperative to "fix" comes from page 18 of his article "Emily's scars: Surgical shapings, technoluxe, and bioethics," *Hastings Center Report* 34, no. 2 (March/April 2004).
163 For more on Nicholas Andry and the history of orthopedic medicine, see Anne Borsay's chapter, "Disciplining disabled bodies: The development of orthopaedic medicine in Britain, c. 1800–1939," in *Social Histories of Disability and Deformity: Bodies, Images and Experiences*, edited by David M. Turner and Kevin Stagg (2006).
164 FDA approval of Humatrope for "unexplained shortness" was reported in Mark Kaufman, "FDA approves wider use of growth hormone," *Washington Post*, July 26, 2003.
164 Growth hormone treatment for short stature is discussed in Carol Hart, "Who's deficient, who's just plain short?" *AAP News* 13, no. 6 (June 1997); Natalie Angier, "Short men, short shrift: Are drugs the answer?" *New York Times*, June 22, 2003; "Standing tall: experts debate the cosmetic use of growth hormones for children," ABC News, June 19, 2003; and Susan Brink, "Is taller better?" and "When average fails to reach parents' expectations," *Los Angeles Times*, January 15, 2007.
164 Studies finding a positive correlation between height and income include Nicola Persico, Andrew Postlewaite, and Dan Silverman, "The effect of adolescent experience on labor market outcomes: The case of height," *Journal of Political Economy* 112, no. 5 (2004); Timothy A. Judge and Daniel M. Cable, "The effect of physical height on workplace success and income," *Journal of Applied Psychology* 89, no. 3 (2004); and Inas Rashad, "Height, health and income in the United States, 1984–2005," W. J. Usery Workplace Research Group Paper Series, Working Paper 2008-3-1. For a summary of the research in layperson's terms, see "Feet, dollars and inches: The intriguing relationship between height and income," *Economist*, April 3, 2008.
164 The quotation from Vitruvius ("For the human body is so designed by nature . . .") occurs on pages 72–73 of *The Ten Books on Architecture* (*De Architectura*) (1960).
164 The quotation from William Safire comes from his article "On language: Dwarf planet," *New York Times*, September 10, 2006.
164 John Richardson's comment on the abiding difference of dwarfs occurs on page 9 of *In the Little World* (2001).
164 This passage is based on my interview with Crissy and Kiki Trapani in 2008.

第四章 ｜唐氏综合征

169 Emily Perl Kingsley's inspirational essay "Welcome to Holland" was first featured in Dear Abby's column "A fable for parents of a disabled child," *Chicago Tribune*, November 5, 1989. For information on the concert band piece by Steven Barton, see http://www.c-alanpublications.com/Merchant2/merchant.mvc?Screen=PROD&Store_Code=CAPC&Product_Code=11770; for guitarist Nunzio Rosselli's 2006 CD *Welcome to Holland*, see http://www.cduniverse.com/productinfo.asp?pid=7245475; for information on other adaptations, see http://www.gosprout.org/film/prog07/bio.htm. The essay is featured in Jack Canfield, *Chicken Soup for the Soul: Children with Special Needs* (2007), and can also be found all over the Internet.
170 The President's Committee for People with Intellectual Disabilities (at http://www.acf.hhs.gov/programs/pcpid) is my source for statistics on the number of people and families affected by intellectual disabilities.
170 Down syndrome prevalence estimates come from Jan Marshall Friedman et al., "Racial disparities in median age at death of persons with Down syndrome: United States, 1968–1997," *Morbidity & Mortality Weekly Report* 50, no. 22 (June 8, 2001); Stephanie L. Sherman et al., "Epidemiology of Down syndrome," *Mental Retardation & Developmental Disabilities Research Reviews* 13, no. 3 (October 2007); and Mikyong Shin et al., "Prevalence of

注解

Down syndrome among children and adolescents in 10 regions," *Pediatrics* 124, no. 6 (December 2009).

170 Statistics on the rate of miscarriage in Down syndrome pregnancies come from Joan K. Morris, Nicholas J. Wald, and Hilary C. Watt, "Fetal loss in Down syndrome pregnancies," *Prenatal Diagnosis* 19, no. 2 (February 1999).

170 For general information on health problems associated with DS, see Don C. Van Dyke et al., *Medical and Surgical Care for Children with Down Syndrome* (1995); Paul T. Rogers and Mary Coleman, *Medical Care in Down Syndrome* (1992); and Claudine P. Torfs and Roberta E. Christianson, "Anomalies in Down syndrome individuals in a large population-based registry," *American Journal of Medical Genetics* 77, no. 5 (June 1998).

170 For more information on tumor resistance in Down syndrome, see Henrik Hasle et al., "Risks of leukemia and solid tumors in individuals with Down's syndrome," *Lancet* 355, no. 9119 (January 15, 2000); Quanhe Yang et al., "Mortality associated with Down's syndrome in the USA from 1983 to 1997: A population-based study," *Lancet* 359, no. 9311 (March 23, 2002); and Kwan-Hyuck Baek et al., "Down's syndrome suppression of tumour growth and the role of the calcineurin inhibitor DSCR1," *Nature* 459 (June 25, 2009). The decreased risk of arteriosclerosis in Down syndrome is discussed in Arin K. Greene et al., "Risk of vascular anomalies with Down syndrome," *Pediatrics* 121, no. 1 (January 2008), pages 135–40.

171 See Elizabeth H. Aylward et al., "Cerebellar volume in adults with Down syndrome," *Archives of Neurology* 54, no. 2 (February 1997); and Joseph D. Pinter et al., "Neuroanatomy of Down's syndrome: A high-resolution MRI study," *American Journal of Psychiatry* 158, no. 10 (October 2001): 1659–65.

171 The risk of depression in people with Down syndrome is discussed in Dennis Eugene McGuire and Brian A. Chicoine, *Mental Wellness in Adults with Down Syndrome* (2006).

171 Studies demonstrating the existence of Down syndrome in primates include Sunny Luke et al., "Conservation of the Down syndrome critical region in humans and great apes," *Gene* 161, no. 2 (1995); and Harold M. McClure et al., "Autosomal trisomy in a chimpanzee: Resemblance to Down's syndrome," *Science* 165, no. 3897 (September 5, 1969).

171 For more information on the history of prenatal testing, see Cynthia M. Powell, "The current state of prenatal genetic testing in the United States," in *Prenatal Testing and Disability Rights*, edited by Erik Parens and Adrienne Asch (2000).

171 The relative risks incurred in different methods of prenatal testing are discussed in Isabelle C. Bray and David E. Wright, "Estimating the spontaneous loss of Down syndrome fetuses between the times of chorionic villus sampling, amniocentesis and live birth," *Prenatal Diagnosis* 18, no. 10 (October 1998).

171 For more information on the triple screen, see Tim Reynolds, "The triple test as a screening technique for Down syndrome: Reliability and relevance," *International Journal of Women's Health* 9, no. 2 (August 2010); Robert H. Ball et al., "First- and second-trimester evaluation of risk for Down syndrome," *Obstetrics & Gynecology* 110, no. 1 (July 2007); and N. Neely Kazerouni et al., "Triple-marker prenatal screening program for chromosomal defects," *Obstetrics & Gynecology* 114, no. 1 (July 2009).

171 New developments in prenatal screening are the subject of Roni Rabin, "Screen all pregnancies for Down syndrome, doctors say," *New York Times*, January 9, 2007; and Deborah A. Driscoll and Susan J. Gross, "Screening for fetal aneuploidy and neural tube defects," *Genetic Medicine* 11, no. 11 (November 2009).

171 This passage is based on my interviews with Emily Perl Kingsley in 2004 and 2007, and additional communications.

173 Jason Kingsley and Mitchell Levitz, *Count Us In: Growing Up with Down Syndrome* (1994), page 28.

177 New York State's Residential Habilitation program is described at http://www.opwdd.ny.gov/hp_services_reshab.jsp; other states have similar programs.

179 Jean Marc Gaspard Itard described his efforts to educate a feral child in the early nineteenth century in *De l'Education d'un Homme Sauvage, ou Des Premiers Developpemens Physiques et Moraux du Jeune Sauvage de l'Aveyron* (1801), published in English under the title *The Wild Boy of Aveyron* (1962).

179 Edouard Seguin is quoted on page 9 of the *Handbook of Early Childhood Intervention*, edited by Jack P. Shonkoff and Samuel J. Meisels (2000). For more information on Seguin, and works on the history of mental retardation in the United States, see Edouard Seguin, *Idiocy and Its Treatment by the Physiological Method* (1866); *Mental Retardation in America: A Historical Reader*, edited by Steven Noll and James W. Trent (2004); and James W. Trent Jr., *Inventing the Feeble Mind: A History of Mental Retardation in the United States* (1995).

179 Samuel Gridley Howe's condemnation of disabled individuals was first published in his *Report Made to the Legislature of Massachusetts, upon Idiocy* (1848) and has been anthologized in *Mental Retardation in America: A Historical Reader*, edited by Steven Noll and James W. Trent (2004).

179 John Langdon H. Down's first description of the syndrome now associated with his name was published as "Observations on an ethnic classification of idiots," *London Hospital, Clinical Letters & Reports* 3 (1866), and has more recently been reprinted in *Mental Retardation* 33, no. 1 (February 1995).

179 Seminal documents in the history of the concept of "Mongolism" referenced in this section include John Langdon H. Down's above-cited report; Francis Graham Crookshank, *The Mongol in Our Midst: A Study of Man and His Three Faces* (1924); L. S. Penrose, "On the interaction of heredity and environment in the study of human genetics (with special reference to Mongolian imbecility)," *Journal of Genetics* 25, no. 3 (April 1932); L. S. Penrose, "The blood grouping of Mongolian imbeciles," *Lancet* 219, no. 5660 (February 20, 1932); and L. S. Penrose, "Maternal age, order of birth and developmental abnormalities," *British Journal of Psychiatry* 85, no. 359 (New Series No. 323) (1939). Contemporary historical analysis of the subject includes Daniel J. Kevles's chapter, "'Mongolian imbecility': Race and its rejection in the understanding of a mental disease," and David Wright's chapter, "Mongols in our midst: John Langdon Down and the ethnic classification of idiocy, 1858–1924," in *Mental Retardation in America: A Historical Reader*, edited by Steven Noll and James W. Trent (2004); and Daniel J. Kevles, *In the Name of Eugenics: Genetics and the Uses of Human Heredity* (1985).

179 The argument that Down's view was progressive is proposed in David Wright, "Mongols in Our Midst: John Langdon Down and the Ethnic Classification of Idiocy, 1858–1924," in Steven Noll and James W. Trent Jr., editors, *Mental Retardation in America: A Historical Reader* (2004), page 102.

179 The replacement of disabled workers in the job market by immigrants and historic classifications of intellectual impairment are both discussed in the introduction to Richard Noll, *Mental Retardation in America* (2004), pages 1–16.

180 Oliver Wendell Holmes declared that "three generations of imbeciles are enough" in *Buck v. Bell*, 274 US 200 (1927).

180 See Jerome Lejeune et al., "Etude des chromosomes somatiques de neuf enfants mongoliens," *Comptes Rendus Hebdomadaires des Seances de l'Academie des Science* 248, no. 11 (1959). Almost simultaneously, but independently, the gene was found by Patricia Jacobs in England; see Patricia Jacobs et al., "The somatic chromosomes in mongolism," *Lancet* 1, no. 7075 (April 1959).

180 Erik Erikson's institutionalization of his Down syndrome child is described in Lawrence J. Friedman, *Identity's Architect: A Biography of Erik H. Erikson* (1999).

180 See Simon Olshansky, "Chronic sorrow: A response to having a mentally defective child," *Social Casework* 43, no. 4 (1962).

180 The quotation from Albert Solnit and Mary Stark comes from their article "Mourning and the birth of a defective child," *Psychoanalytic Study of the Child* 16 (1961).

181 Arthur Miller and Inge Morath's institutionalization of their son with Down syndrome is described in Suzanna Andrews, "Arthur Miller's missing act," *Vanity Fair*, September 2007.

181 The statement that "a Down's is not a person" was made by Joseph Fletcher in his article (with Bernard Bard) "The right to die," *Atlantic Monthly*, April 1968.

181 See Ann Taylor Allen, "The kindergarten in Germany and the United States, 1840–1914: A comparative perspective," *History of Education* 35, no. 2 (March 2006).

181 For further information on the history and philosophy of Montessori education, see Gerald Lee Gutek, *The Montessori Method: The Origins of an Educational Innovation* (2004).

181 The history of disability service and education organizations (including the Association for Retarded Citizens) and the growth of the disability rights movement are examined in Doris Zames Fleischer and Frieda Zames, *The Disability Rights Movement: From Charity to Confrontation* (2001).

181 The full text of the Social Security Act of 1935 can be found at http://www.ssa.gov/history/35act.html. Matching federal funds for the care of the disabled is authorized in Section 514 (a): "From the sums appropriated therefor and the allotments available under section 512, the Secretary of the Treasury shall pay to each State which has an approved plan for services for crippled children, for each quarter, beginning the quarter commencing July 1, 1935, an amount which shall be used exclusively for carrying out the State plan, equal to one-half of the total sum expended during such quarter for carrying out such plan."

181 John Bowlby's groundbreaking works include *Maternal Care and Mental Health* (1952), *Child Care and the Growth of Love* (1965), and the "Attachment trilogy": *Attachment* (1969), *Separation: Anxiety and Anger* (1973), and *Loss: Sadness and Depression* (1980).

182 The establishment of the President's Panel on Mental Retardation in 1961 is chronicled on pages 83–86 of Edward Shorter, *The Kennedy Family and the Story of Mental Retardation* (2000); see also Fred J. Krause's official history, *President's Committee on Mental Retardation: A Historical Review 1966–1986* (1986), at http://www.acf.hhs.gov/programs/pcpid/docs/gm1966_1986.pdf.

182 See Eunice Kennedy Shriver, "Hope for retarded children," *Saturday Evening Post*, September 22, 1962.

182 See Edward Zigler and Sally J. Styfco, *The Hidden History of Head Start* (2010).

182 The quoted passage comes from §504 of the Rehabilitation Act of 1973. For the full text of the law, see http://www.access-board.gov/enforcement/rehab-act-text/title5.htm; for more information in layperson's language, see the website of the National Dissemination Center for Children with Disabilities, http://nichcy.org/laws/section504.

183 New York State's Statewide Early Intervention Program is described in the booklet *The Early Intervention Program: A Parent's Guide*, at http://www.health.ny.gov/publications/0532.pdf; the state's comprehensive evaluation and intervention standards are promulgated in Demie Lyons et al., "Down syndrome assessment and intervention for young children (age 0–3): Clinical practice guideline: Report of the recommendations" (2005).

183 For more information on early intervention, see Dante Cicchetti and Marjorie Beeghly, editors, *Children with Down Syndrome: A Developmental Perspective* (1990); Demie Lyons et al., "Down syndrome assessment and intervention for young children (age 0–3): Clinical practice guideline: Report of the recommendations" (2005); Marci J. Hanson, "Twenty-five years after early intervention: A follow-up of children with Down syndrome and their families," *Infants & Young Children* 16, no. 4 (November–December 2003); and Stefani Hines and Forrest Bennett, "Effectiveness of early intervention for children with Down syndrome," *Mental Retardation & Developmental Disabilities Research Reviews* 2, no. 2 (1996).

184 This passage is based on my interview with Elaine Gregoli in 2005.

186 For discussion of the history of reform in the education of disabled children, see Richard A. Villa and Jacqueline Thousand, "Inclusion: Welcoming, valuing, and supporting the diverse learning needs of all students in shared general education environments," in *Down Syndrome: Visions for the 21st Century*, edited by William I. Cohen et al. (2002).

186 IDEA is also known as Public Law 94-142. For more information on this legislation, see US Congress, House Committee on Education and the Workforce, Subcommittee on Education Reform, *Individuals with Disabilities Education Act (IDEA): Guide to Frequently Asked Questions* (2005).

186 Michael Bérubé argues for the universal benefits of inclusion on pages 208–11 of *Life as We Know It* (1996).

187 This passage is based on my interview with Betsy Goodwin in 2004 and subsequent communications.

189 For further discussion of the "Baby Doe" legislation, see Kathryn Moss, "The 'Baby Doe' legislation: Its rise and fall," *Policy Studies Journal* 15, no. 4 (June 1987); and H. Rutherford Turnbull, Doug Guess, and Ann P. Turnbull, "*Vox populi* and Baby Doe," *Mental Retardation* 26, no. 3 (June 1988).

189 Peter Singer condones infanticide of profoundly disabled infants in his essay "Taking life: Humans," on pages 175–217 of *Practical Ethics* (1993); see also his book *Rethinking Life and Death: The Collapse of Our Traditional Ethics* (1994). Disabled individuals respond to Singer's pronouncements about the value of their lives in Not Dead Yet's "NDY Fact Sheet Library: Pete Singer" (at http://www.notdeadyet.org/docs/singer.html); and Cal Montgomery, "A defense of genocide," *Ragged Edge Magazine*, July–August 1999.

189 The mother whose doctor suggested that she was being "defensive" by expressing satisfaction with her relationship with her Down syndrome child was quoted in Bryony A. Beresford, "Resources and strategies: How parents cope with the care of a disabled child," *Journal of Child Psychology & Psychiatry*

35, no. 1 (January 1994).

189 Marca Bristo's response to Peter Singer's philosophy occurs in Cal Montgomery, "A defense of genocide," *Ragged Edge Magazine*, July–August 1999.

189 The quotation from Adrienne Asch and Erik Parens comes from their essay "The disability rights critique of prenatal genetic testing: Reflections and recommendations," in *Prenatal Testing and Disability Rights* (2000); the quotation that follows comes from Adrienne Asch, "Disability equality and prenatal testing: Contradictory or compatible?," *Florida State University Law Review* 30, no. 2 (Winter 2003).

189 Leon Kass sets forth his objections to prenatal diagnosis in his essay "Implications of prenatal diagnosis for the human right to life," in *Intervention and Reflection: Basic Issues in Medical Ethics*, edited by Ronald Munson (2000).

190 The quotation from Janice McLaughlin ("Mourning the choice a woman is compelled to make . . .") comes from her paper "Screening networks: Shared agendas in feminist and disability movement challenges to antenatal screening and abortion," *Disability & Society* 18, no. 3 (2003).

190 My source for estimates of the numbers of abortions following prenatal diagnosis of Down syndrome, and the numbers of prenatally diagnosed DS babies born annually, is Brian Skotko, "Prenatally diagnosed Down syndrome: Mothers who continued their pregnancies evaluate their health care providers," *American Journal of Obstetrics & Gynecology* 192, no. 3 (March 2005).

190 The quotation from Tierney Temple Fairchild's doctor ("Almost everything you want to happen will happen") occurs on page 81 of Mitchell Zuckoff, *Choosing Naia: A Family's Journey* (2002).

190 The quotation from Tierney Temple Fairchild comes from her article "The choice to be pro-life," *Washington Post*, November 1, 2008; see also her speech "Rising to the occasion: Reflections on choosing Naia," *Leadership Perspectives in Developmental Disability* 3, no. 1 (Spring 2003).

190 Memoirs of parents of children with Down syndrome include Willard Abraham, *Barbara: A Prologue* (1958); Martha Nibley Beck, *Expecting Adam* (1999); Michael Bérubé, *Life as We Know It* (1996); Martha Moraghan Jablow, *Cara* (1982); Danny Mardell, *Danny's Challenge* (2005); Vicki Noble, *Down Is Up for Aaron Eagle* (1993); Greg Palmer, *Adventures in the Mainstream* (2005); Kathryn Lynard Soper, *Gifts: Mothers Reflect on How Children with Down Syndrome Enrich Their Lives* (2007); Mitchell Zuckoff, *Choosing Naia* (2002); and Cynthia S. Kidder and Brian Skotko, *Common Threads: Celebrating Life with Down Syndrome* (2001).

191 This passage is based on my interview with Deirdre Featherstone and Wilson Madden in 2007 and subsequent communications.

194 David Patterson discusses the genetic phenomena that give rise to such a wide variety of manifestations in Down syndrome in his chapter, "Sequencing of chromosome 21/The Human Genome Project," in *Down Syndrome: Visions for the 21st Century*, edited by William I. Cohen et al. (2003).

194 One study finding that people with Down syndrome are generally agreeable is Brigid M. Cahill and Laraine Masters Glidden, "Influence of child diagnosis on family and parental functioning: Down syndrome versus other disabilities," *American Journal on Mental Retardation* 101, no. 2 (September 1996).

194 For more on psychopathology in DS, see Ann Gath and Dianne Gumley, "Retarded children and their siblings," *Journal of Child Psychology & Psychiatry* 28, no. 5 (September 1987); Beverly A. Myers and Siegfried M. Pueschel, "Psychiatric disorders in a population with Down syndrome," *Journal of Nervous & Mental Disease* 179 (1991); Dennis Eugene McGuire and Brian A. Chicoine, *Mental Wellness in Adults with Down Syndrome* (2006); and Jean A. Rondal et al., editors, *The Adult with Down Syndrome: A New Challenge for Society* (2004).

195 The quoted study, finding that people with Down syndrome experience considerable emotional difficulty, is Elisabeth M. Dykens, "Psychopathology in children with intellectual disability," *Journal of Child Psychology & Psychiatry* 41, no. 4 (May 2000); see also Elisabeth M. Dykens, "Psychiatric and behavioral disorders in persons with Down syndrome," *Mental Retardation & Developmental Disabilities Research Review* 13, no. 3 (October 2007).

195 The sexual abuse of disabled individuals occurs not only at the hands of caretakers and nondisabled predators but also at the hands of other disabled individuals, especially in group settings; see Deborah Tharinger, Connie Burrows Horton, and Susan Millea, "Sexual abuse and exploitation of children and adults with mental retardation and other handicaps," *Child Abuse & Neglect* 14, no. 3 (1990); Eileen M. Furey and Jill J. Niesen, "Sexual abuse of adults with mental retardation by other consumers," *Sexuality & Disability* 12, no. 4 (1994); and Eileen M. Furey, James M. Granfield, and Orv C. Karan, "Sexual abuse and neglect of adults with mental retardation: A comparison of victim characteristics," *Behavioral Interventions* 9, no. 2 (April 1994).

195 Behavioral problems and parenting stress are discussed in R. Stores et al. "Daytime behaviour problems and maternal stress in children with Down's syndrome, their siblings, and non-intellectually disabled and other intellectually disabled peers," *Journal of Intellectual Disability Research* 42, no. 3 (June 1998); and Richard P. Hastings and Tony Brown, "Functional assessment and challenging behaviors: Some future directions," *Journal of the Association for Persons with Severe Handicaps* 25, no. 4 (Winter 2000).

195 For a recent review of progress in gene therapy for Down syndrome, see Cristina Fillat and Xavier Altafaj, "Gene therapy for Down syndrome," *Progress in Brain Research* 197 (2012).

195 The main promoter of multivitamin regimens—aka orthomolecular treatment—and the target of most of the referenced criticism was Henry Turkel (1903–92), whose treatment incorporated vitamins, antihistamines, and diuretics; see Henry Turkel, "Medical amelioration of Down's syndrome incorporating the orthomolecular approach," *Journal of Orthomolecular Psychiatry* 4, no. 2 (2nd Quarter 1975). Papers critical of supplementation include Len Leshin, "Nutritional supplements for Down syndrome: A highly questionable approach," *Quackwatch*, October 18, 1998, http://www.quackwatch.org/01QuackeryRelatedTopics/down.html; Cornelius Ani, Sally Grantham-McGregor, and David Muller, "Nutritional supplementation in Down syndrome: Theoretical considerations and current status," *Developmental Medicine & Child Neurology* 42, no. 3 (March 2000); Nancy J. Lobaugh et al., "Piracetam therapy does not enhance cognitive functioning in children with Down syndrome," *Archives of Pediatric & Adolescent Medicine* 155, no. 4 (April 2001); W. Carl Cooley, "Nonconventional therapies for Down syndrome: A review and framework for decision making," in *Down Syndrome: Visions for the 21st Century*, edited by William I. Cohen et al. (2002); and Nancy J. Roizen, "Complementary and alternative therapies for Down syndrome," *Mental Retardation & Developmental Disabilities Research Reviews* 11, no. 2 (April 2005). For more information on growth hormone, see Salvador Castells and Krystyna E. Wiesniewski, editors, *Growth Hormone Treatment in Down's Syndrome* (1993).

195 See Rolf R. Olbrisch, "Plastic and aesthetic surgery on children with Down's syndrome," *Aesthetic Plastic Surgery* 9, no. 4 (December 1985); Siegfried M.

Pueschel et al., "Parents' and physicians' perceptions of facial plastic surgery in children with Down syndrome," *Journal of Mental Deficiency Research* 30, no. 1 (March 1986); Siegfried M. Pueschel, "Facial plastic surgery for children with Down syndrome," *Developmental Medicine & Child Neurology* 30, no. 4 (August 1988); and R. B. Jones, "Parental consent to cosmetic facial surgery in Down's syndrome," *Journal of Medical Ethics* 26, no. 2 (April 2000).

195 The National Down Syndrome Society sets forth the organization's position on facial normalization surgery in "Cosmetic surgery for children with Down syndrome," http://www.ndss.org/index.php?option=com_content&view=article&id=153&limitstart=6. Mitchell Zuckoff also discusses the subject in *Choosing Naia: A Family's Journey* (2002).

195 This passage is based on my interview with Michelle Smith in 2004.

198 The percentage of instances of Down syndrome that arise from spontaneous genetic mutation comes from D. Mutton et al., "Cytogenetic and epidemiological findings in Down syndrome, England and Wales 1989 to 1993," *Journal of Medical Genetics* 33, no. 5 (May 1996). For a recent review of DS genetics, see David Patterson, "Genetic mechanisms involved in the phenotype of Down syndrome," *Mental Retardation & Developmental Disabilities Research Reviews* 13, no. 3 (October 2007).

198 For statistics on termination of DS pregnancies I have relied upon Caroline Mansfield et al., "Termination rates after prenatal diagnosis of Down syndrome, spina bifida, anencephaly, and Turner and Klinefelter syndromes: A systematic literature review," *Prenatal Diagnosis* 19, no. 9 (September 1999). Mansfield came up with a 92 percent rate, which has been the standard number for many years. A recent meta-analysis, however, suggests that Mansfield's estimate is inflated, and that the abortion rate is somewhat less than that; see Jaime L. Natoli et al., "Prenatal diagnosis of Down syndrome: A systematic review of termination rates (1995–2011)," *Prenatal Diagnosis* 32, no. 2 (February 2012).

198 Figures on life expectancy in Down syndrome come from David Strauss and Richard K. Eyman, "Mortality of people with mental retardation in California with and without Down syndrome. 1986–1991," *American Journal on Mental Retardation* 100, no. 6 (May 1996); Jan Marshall Friedman et al., "Racial disparities in median age at death of persons with Down syndrome: United States, 1968–1997," *Morbidity & Mortality Weekly Report* 50, no. 22 (June 8, 2001); and Steven M. Day et al., "Mortality and causes of death in persons with Down syndrome in California," *Developmental Medicine & Child Neurology* 47, no. 3 (March 2005).

199 The study finding that more than a quarter of respondents would not choose a cure for DS if one was available was described by Karen Kaplan, "Some Down syndrome parents don't welcome prospect of cure," *Los Angeles Times*, November 22, 2009. Kaplan was quoting and reporting on a paper presented by Angela Inglis, Catriona Hippman, and Jehannine C. Austin, "Views and opinions of parents of individuals with Down syndrome: Prenatal testing and the possibility of a 'cure'?," abstract published in Courtney Sebold, Lyndsay Graham, and Kirsty McWalter, "Presented abstracts from the Twenty-Eighth Annual Education Conference of the National Society of Genetic Counselors (Atlanta, Georgia, November 2009)," *Journal of Genetic Counseling* 18, no. 6 (November 2009).

199 For statistics on DS population trends, I have relied on a report by the US Centers for Disease Control, "Down syndrome cases at birth increased" (2009); Joan K. Morris and Eva Alberman, "Trends in Down's syndrome live births and antenatal diagnoses in England and Wales from 1989 to 2008: Analysis of data from the National Down Syndrome Cytogenetic Register," *British Medical Journal* 339 (2009); and Guido Cocchi et al., "International trends of Down syndrome, 1993–2004: Births in relation to maternal age and terminations of pregnancies," *Birth Defects Research Part A: Clinical and Molecular Teratology* 88, no. 6 (June 2010).

199 Figures on the percentage of children with Down syndrome born to women under thirty-five come from the National Down Syndrome Society. For more on the factors at play in decision-making following prenatal testing, see Miriam Kupperman et al., "Beyond race or ethnicity and socioeconomic status: Predictors of prenatal testing for Down syndrome," *Obstetrics & Gynecology* 107, no. 5 (May 2006).

199 Socioeconomic differences in attitudes toward parenting Down syndrome children are explored in Annick-Camille Dumaret et al., "Adoption and fostering of babies with Down syndrome: A cohort of 593 cases," *Prenatal Diagnosis* 18, no. 5 (May 1998).

199 Predictions that the population of people with DS might double by 2025 come from Jean A. Rondal, "Intersyndrome and intrasyndrome language differences," in Jean A. Rondal et al., *Intellectual Disabilities: Genetics, Behaviour and Inclusion* (2004).

199 The American College of Obstetricians and Gynecologists recommended universal nuchal translucency screening in "Screening for fetal chromosomal abnormalities," *ACOG Practice Bulletin* 77 (January 2007). Press reports on the recommendations include Roni Rabin, "Screen all pregnancies for Down syndrome, doctors say," *New York Times*, January 9, 2007; and Amy Harmon, "The DNA age: Prenatal test puts Down syndrome in hard focus," *New York Times*, May 9, 2007.

199 George Will used the phrase *search and destroy* in his article "Golly, what did Jon do?," *Newsweek*, January 29, 2007.

199 For a study of the impact of parent-to-parent contact on pregnant women's decisions on abortion after prenatal diagnosis of Down syndrome, see Karen L. Lawson and Sheena A. Walls-Ingram, "Selective abortion for Down syndrome: The relation between the quality of intergroup contact, parenting expectations, and willingness to terminate," *Journal of Applied Social Psychology* 40, no. 3 (March 2010). Advocacy for parent education is discussed in Adrienne Asch, "Prenatal diagnosis and selective abortion: A challenge to practice and policy," *American Journal of Public Health* 89, no. 11 (November 1999); Adrienne Asch and Erik Parens, "The disability rights critique of prenatal genetic testing: Reflections and recommendations," *Prenatal Testing and Disability Rights*, edited by Erik Parens and Adrienne Asch (2000); Lynn Gillam, "Prenatal diagnosis and discrimination against the disabled," *Journal of Medical Ethics* 25, no. 2 (April 1999); and Rob Stein, "New safety, new concerns in tests for Down syndrome," *Washington Post*, February 24, 2009.

199 Stephen Quake is quoted in Dan Hurley, "A drug for Down syndrome," *New York Times*, July 29, 2011. Quake's work is also discussed in Jocelyn Kaiser, "Blood test for mom picks up Down syndrome in fetus," *ScienceNOW Daily News*, October 6, 2008; Andrew Pollack, "Blood tests ease search for Down syndrome," *New York Times*, October 6, 2008; and Amy Dockser Marcus, "New prenatal tests offer safer, early screenings," *Wall Street Journal*, June 28, 2011.

199 Babak Khoshnood et al. anticipate an increase in economic stratification of families with Down syndrome children in "Advances in medical technology

- and creation of disparities: The case of Down syndrome," *American Journal of Public Health* 96, no. 12 (December 2006).
200 Michael Berube discusses the long-term ramifications of reductions in support for families with DS children in Amy Harmon, "The problem with an almost-perfect genetic world," *New York Times*, November 20, 2005.
200 The study finding that women who after testing knowingly choose to give birth to a child with Down syndrome are more harshly judged than those who had no opportunity for testing is Karen L. Lawson, "Perceptions of deservedness of social aid as a function of prenatal diagnostic testing," *Journal of Applied Social Psychology* 33, no. 1 (2003). The quotation appears on page 76.
200 The first quotation from Michael Berube ("So much depends . . .") occurs on page 78 of *Life as We Know It* (1996); the second comes from Amy Harmon, "The problem with an almost-perfect genetic world," *New York Times*, November 20, 2005.
200 Pharmaceutical advances in the treatment of Down syndrome are discussed in Dan Hurley, "A drug for Down syndrome," *New York Times*, July 29, 2011.
200 The study finding improvement in hippocampal development in mice administered Prozac is Sarah Clark et al., "Fluoxetine rescues deficient neurogenesis in hippocampus of the Ts65Dn mouse model for Down syndrome," *Experimental Neurology* 200, no. 1 (July 2006); for the memantine study, see Albert C. S. Costa et al., "Acute injections of the NMDA receptor antagonist memantine rescue performance deficits of the Ts65Dn mouse model of Down syndrome on a fear conditioning test," *Neuropsychopharmacology* 33, no. 7 (June 2008).
200 The study finding improvement in mice following elevation of norepinephrine levels is Ahmad Salehi et al., "Restoration of norepinephrine-modulated contextual memory in a mouse model of Down syndrome," *Science Translational Medicine* 1, no. 7 (November 2009).
200 See William J. Netzer et al., "Lowering β-amyloid levels rescues learning and memory in a Down syndrome mouse model," *PLoS ONE* 5, no. 6 (2010).
200 Quotations by William Mobley, Craig C. Garner, and Albert Costa come from Dan Hurley, "A drug for Down syndrome," *New York Times*, July 29, 2011.
201 This passage is based on my interview with Angelica Roman-Jiminez in 2007.
203 The quotation from Martha Nibley Beck ("If you'll cast your mind back to high school biology . . .") occurs on pages 327–28 of *Expecting Adam* (1999).
203 The quotation about babyfaceness comes from the study of the pitch of parents' voices: Deborah J. Fidler, "Parental vocalizations and perceived immaturity in Down syndrome," *American Journal on Mental Retardation* 108, no. 6 (November 2003).
204 Fathers' adaptation to Down syndrome is discussed in W. Steven Barnett and Glenna C. Boyce, "Effects of children with Down syndrome on parents' activities," *American Journal on Mental Retardation* 100, no. 2 (September 1995); L. A. Ricci and Robert M. Hodapp, "Fathers of children with Down's syndrome versus other types of intellectual disability: Perceptions, stress and involvement," *Journal of Intellectual Disability Research* 47, nos. 4–5 (May–June 2003); and Jennifer C. Willoughby and Laraine Masters Glidden, "Fathers helping out: Shared child care and marital satisfaction of parents of children with disabilities," *American Journal on Mental Retardation* 99, no. 4 (January 1995).
204 There are a great many studies of the experiences of siblings of disabled children. Researchers focusing on the subject include Brian G. Skotko, Jan Blacher, and Zolinda Stoneman.
204 The quotation from Colgan Leaming comes from her article "My brother is not his disability," *Newsweek Web Exclusive*, June 1, 2006.
205 This passage is based on my interviews with Susan Arnsten, Adam Delli-Bovi, Teegan Delli-Bovi, and William Walker Russell III in 2007 and subsequent communications. Susan's artwork may be seen at http://fineartamerica.com/profiles/susan-arnstenrussell.html.
207 Exodus 37:9: "The cherubs were with wings spread upwards, sheltering the Ark cover . . . with their faces toward one another."
210 Statistics on the percentage of mentally retarded adults who live with their parents come from Tamar Heller, Alison B. Miller, and Alan Factor, "Adults with mental retardation as supports to their parents: Effects on parental caregiving appraisal," *Mental Retardation* 35, no. 5 (October 1997); see also Clare Ansberry, "Parents devoted to a disabled child confront old age," *Wall Street Journal*, January 7, 2004.
210 The quotation about nurturing and support comes from Arnold Birenbaum and Herbert J. Cohen, "On the importance of helping families," *Mental Retardation* 31, no. 2 (April 1993).
210 The relationship between severity of disability and out-of-home placement is explored in Jan Blacher and Bruce L. Baker, "Out-of-home placement for children with retardation: Family decision making and satisfaction," *Family Relations* 43, no. 1 (January 1994).
210 The fears of siblings following outplacement of a family member are discussed in Frances Kaplan Grossman, *Brothers and Sisters of Retarded Children: An Exploratory Study* (1972).
210 For my discussion of families and placement of children with Down syndrome, I have relied upon the following papers by Bruce L. Baker and Jan Blacher: "Out-of-home placement for children with mental retardation: Dimensions of family involvement," *American Journal on Mental Retardation* 98, no. 3 (November 1993); "For better or worse? Impact of residential placement on families," *Mental Retardation* 40, no. 1 (February 2002); "Family involvement in residential treatment of children with retardation: Is there evidence of detachment?," *Journal of Child Psychology & Psychiatry* 35, no. 3 (March 1994); and "Out-of-home placement for children with retardation: Family decision making and satisfaction," *Family Relations* 43, no. 1 (January 1994).
211 The quotation from the first mother ("I could never put my child in one of *those* places!") occurs on pages 229–30 of Jan Blacher, *When There's No Place Like Home: Options for Children Living Apart from Their Natural Families* (1994); the quotation from the second ("Calling the Regional Center was the scariest phone call I ever made") comes from Jan Blacher and Bruce L. Baker, "Out-of-home placement for children with retardation: Family decision making and satisfaction," *Family Relations* 43, no. 1 (January 1994).
211 For discussion of the appropriateness of young people with Down syndrome leaving the family home at a similar age to typical young people, see Zolinda Stoneman and Phyllis Waldman Berman, editors, *The Effects of Mental Retardation, Disability, and Illness on Sibling Relationships* (1993).
211 Figures for the reduction in numbers and proportion of children and youth living in residential institutions come from K. Charlie Lakin, Lynda Anderson, and Robert Prouty, "Decreases continue in out-of-home residential placements of children and youth with mental retardation," *Mental*

Retardation 36, no. 2 (April 1998). According to the State of the States in Developmental Disabilities Project report "Top Ten State Spending on Institutional Care for People with Disabilities" (at http://www.centerforsystemschange.org/view.php?nav_id=54), "Alaska, District of Columbia, Hawaii, Maine, Michigan, New Hampshire, New Mexico, Oregon, Rhode Island, Vermont, and West Virginia no longer fund state-operated institutions for 16 or more persons," leaving thirty-nine of the fifty states still funding state-operated institutions for sixteen or more persons. The increase in life expectancy of people with Down syndrome and other forms of intellectual disability is discussed in Matthew P. Janicki et al., "Mortality and morbidity among older adults with intellectual disability: Health services considerations," *Disability & Rehabilitation* 21, nos. 5–6 (May–June 1999).

211 Information on the number of institutions visited by families prior to placement, and criteria used in evaluating them, come from Jan Blacher and Bruce L. Baker, "Out-of-home placement for children with retardation: Family decision making and satisfaction," *Family Relations* 43, no. 1 (January 1994).

211 The quotation about abuses in residential facilities for the developmentally disabled in New York State comes from Danny Hakim, "At state-run homes, abuse and impunity," *New York Times*, March 12, 2011.

212 Information on trends in residential placement and statistics on public expenditures for people with intellectual disabilities come from Robert W. Prouty et al., editors, "Residential services for persons with developmental disabilities: Status and trends through 2004," Research and Training Center on Community Living, Institute on Community Integration/UCEDD College of Education and Human Development, University of Minnesota, July 2005; K. Charlie Lakin, Lynda Anderson, and Robert Prouty, "Decreases continue in out-of-home residential placements of children and youth with mental retardation," *Mental Retardation* 36, no. 2 (April 1998); and K. Charlie Lakin, Lynda Anderson, and Robert Prouty, "Change in residential placements for persons with intellectual and developmental disabilities in the USA in the last two decades," *Journal of Intellectual & Developmental Disability* 28, no. 2 (June 2003).

212 Parents describe their adult DS children as a comfort in Tamar Heller, Alison B. Miller, and Alan Factor, "Adults with mental retardation as supports to their parents: Effects on parental caregiving appraisal," *Mental Retardation* 35, no. 5 (October 1997); and Clare Ansberry, "Parents devoted to a disabled child confront old age," *Wall Street Journal*, January 7, 2004. Figures on the numbers of people with DS moved to residential placement after the death of their parents come from Marsha Mailick Seltzer and Marty Wyngaarden Krauss, "Quality of life of adults with mental retardation/developmental disabilities who live with family," *Mental Retardation & Developmental Disabilities Research Reviews* 7, no. 2 (May 2001).

212 The quotation from the father about his DS daughter's dwindling social life comes from a personal communication.

212 The study finding that adults with DS tend to socialize within their parents' network of friends is Marty Wyngaarden Krauss, Marsha Mailick Seltzer, and S. J. Goodman, "Social support networks of adults with mental retardation who live at home," *American Journal on Mental Retardation* 96, no. 4 (January 1992).

213 For more information on People First, see "History of People First," http://www.peoplefirstwv.org/aboutpeoplefirst/history.html. Figures on the number of selfadvocacy groups in the United States and the quotation given both come from the "People First Chapter Handbook and Toolkit" (2010), http://www.peoplefirstwv.org/images/PF_of_WV_Chapter_Handbook_final.pdf.

213 See Nigel Hunt, *The World of Nigel Hunt: The Diary of a Mongoloid Youth* (New York: Garrett Publications, 1967).

213 See Jason Kingsley and Mitchell Levitz, *Count Us In: Growing Up with Down Syndrome* (1994).

213 A transcript of Windy Smith's speech at the 2000 Republican National Convention is hosted on the ABC News website at http://abcnews.go.com/Politics/story?id=123241&page=1. The quotation about "grotesque political theater" comes from Tom Scocca, "Silly in Philly," *Metro Times*, August 9, 2000.

214 For an interview with Chris Burke, see Jobeth McDaniel, "Chris Burke: Then and Now," *Ability Magazine*, February 2007. Burke maintains a personal website at http://www.chrisburke.org; Bobby Brederlow's is at http://www.bobby.de/. Judith Scott is the subject of her sister Joyce Scott's memoir, *EnTWINed* (2006); see also John M. MacGregor, *Metamorphosis: The Fiber Art of Judith Scott: The Outsider Artist and the Experience of Down's Syndrome* (1999). For an interview with Lauren Potter, see Michelle Diament, "Down syndrome takes center stage on Fox's 'Glee,'" *Disability Scoop*, April 12, 2010.

214 For more information on short-term memory and information processing in Down syndrome, see Robert M. Hodapp and Elisabeth M. Dykens's chapter, "Genetic and behavioural aspects: Application to maladaptive behaviour and cognition," in Jean A. Rondal et al., *Intellectual Disabilities: Genetics, Behaviour and Inclusion* (2004).

214 Greg Palmer, *Adventures in the Mainstream: Coming of Age with Down Syndrome* (2005). Ned Palmer's poem appears in the book on page 40; the quotation appears on page 98.

215 The marriage saga of Corky (Chris Burke) and Amanda (Andrea Friedman) begins at season 4, episode 3, "Premarital Syndrome" (originally broadcast on October 4, 1992; see http://www.tvguide.com/tvshows/life-goes-on-1992/episode-3-season-4/premarital-syndrome/202678). For the backstory on this love story, see Howard Rosenberg, "There's more to 'life' than ratings," *Los Angeles Times*, April 18, 1992, and "They'll take romance," *People*, April 6, 1992.

215 This passage is based on my interview with Tom and Karen Robards in 2007 and subsequent communications.

第五章 ｜ 自闭症

221 My source for historical information on autism prevalence, and autism in general, is Laura Schreibman, *The Science and Fiction of Autism* (2005). On March 30, 2012, the CDC upped its autism prevalence estimates from 1:110 to 1:88; see Jon Baio, "Prevalence of autism spectrum disorders: Autism and Developmental Disabilities Monitoring Network, 14 sites, United States, 2008," *Morbidity & Mortality Weekly Report (MMWR)*, March 30, 2012.

221 The quotation from Eric Kandel comes from my interview with him in 2009. He has spoken about this, also, in Eric Kandel, "Interview: biology of the

mind," *Newsweek*, March 27, 2006.
222 According to the Coalition for SafeMinds website at http://safeminds.org, "SafeMinds" stands for "Sensible Action for Ending Mercury-Induced Neurological Disorders."
222 The full text of the Combating Autism Act of 2006 (Public Law 109-416) can be found at http://thomas.loc.gov/cgi-bin/bdquery/z?d109:S843:; the text of the Combating Autism Reauthorization Act of 2011 (Public Law 112-32) can be found at http://thomas.loc.gov/cgi-bin/query/z?c112:H.R.2005:. The role of parent advocacy groups in promoting the bill is described in Ed O'Keefe's report for ABC News, "Congress declares war on autism," broadcast December 6, 2006. Cure Autism Now and Autism Speaks merged in 2007; see Autism Speaks February 5, 2007, press release, "Autism Speaks and Cure Autism Now complete merger" (http://www.autismspeaks.org/about-us/press-releases/autism-speaks-and-cure-autism-now-complete-merger).
222 Thomas Insel's remark was a personal communication.
222 The astonishing proliferation of books and films about autism is vividly revealed by WorldCat, a consolidated catalog of library holdings worldwide. A search of the keyword *autism* for 1997 yields 1,221 items; for 2011, 7,486 items.
222 The diagnostic criteria for autism ("299.00 Autistic Disorder"), Asperger syndrome ("299.80 Asperger's Disorder"), and PDD-NOS ("299.80 Pervasive Developmental Disorder Not Otherwise Specified") can be found in *Diagnostic and Statistical Manual of Mental Disorders DSM-IV-TR*, 4th ed. (2000), pages 70–84.
222 For a reliable, basic introduction to autism, see Shannon des Roches Rosa et al., *The Thinking Person's Guide to Autism* (2011).
223 Sources of estimates on the incidence of regression in autism include C. Plauche Johnson et al., "Identification and evaluation of children with autism spectrum disorders," *Pediatrics* 120, no. 5 (November 2007); Gerry A. Stefanatos, "Regression in autistic spectrum disorders," *Neuropsychology Review* 18 (December 2008); Sally J. Rogers, "Developmental regression in autism spectrum disorders," *Mental Retardation & Developmental Disabilities Research Review* 10, no. 2 (May 2004); and Robin L. Hansen, "Regression in autism: Prevalence and associated factors in the CHARGE study," *Ambulatory Pediatrics* 8, no. 1 (January 2008).
223 Emily Perl Kingsley's 1987 essay, "Welcome to Holland," can be found all over the Internet, as well as in Jack Canfield, *Chicken Soup for the Soul: Children with Special Needs* (2007). Susan Rzucidlo's retort, "Welcome to Beirut," also self-published, can be found at http://www.bbbautism.com/beginners_beirut.htm and on a few dozen other websites.
224 My original work on neurodiversity may be found in my article "The autism rights movement," *New York*, May 25, 2008.
224 This passage is based on numerous interviews with Betsy Burns and Jeff Hansen between 2003 and 2012 and other communications.
225 The neurologist was perhaps overly pessimistic to assert that Cece would never talk if she hadn't begun to do so after intensive early intervention: a 2004 paper concluded that 90 percent of autistic children develop functional speech by the age of nine: Catherine Lord et al., "Trajectory of language development in autistic spectrum disorders," in *Developmental Language Disorders: From Phenotypes to Etiologies* (2004).
225 Jim Simons, who has been a leading funder of autism research through the Simons Foundation, noted in a personal communication that when his daughter got a fever, her autism symptoms dissipated and she was able to function better than she usually could. That other bodily conditions might have some impact on the expression of autistic symptoms and might underlie sudden, nonpermanent transformations such as Cece's is a subject of investigation, though there is not enough science yet to make therapeutic use of the idea. For a discussion of the correlation between fever and behavioral improvement, see L. K. Curran et al., "Behaviors associated with fever in children with autism spectrum disorders," *Pediatrics* 120, no. 6 (December 2007); Mark F. Mehler and Dominick P. Purpura, "Autism, fever, epigenetics and the locus coeruleus," *Brain Research Reviews* 59, no. 2 (March 2009); and David Moorman, "Workshop report: Fever and autism," Simons Foundation for Autism Research, April 1, 2010, http://sfari.org/news-and-opinion/workshop-reports/2010/workshop-report-fever-and-autism.
226 The first quotation from Elizabeth (Betsy) Burns's 2003 novel, *Tilt: Every Family Spins on Its Own Axis*, occurs on page 96, the second on pages 43–44.
226 Researchers have found a higher-than-average incidence of psychiatric conditions among family members of individuals with autism; e.g., Mohammad Ghaziuddin, "A family history study of Asperger syndrome," *Journal of Autism and Developmental Disorders* 35, no. 2 (2005); and Joseph Piven and Pat Palmer, "Psychiatric disorder and the broad autism phenotype: Evidence from a family study of multiple-incidence autism families," *American Journal of Psychiatry* 156, no. 14 (April 1999).
231 The *Oxford English Dictionary*, 2nd ed. (1989), offers the following passage from Eugen Bleuler's 1913 paper, "Autistic thinking," *American Journal of Insanity* 69 (1913), page 873: "When we look more closely we find amongst all normal people many and important instances where thought is divorced both from logic and from reality. I have called these forms of thinking autistic, corresponding to the idea of schizophrenic autismus."
231 The term *childhood schizophrenia* was coined in the 1930s and was loosely used to refer to a wide range of cognitive impairments manifesting in early childhood. Propagators of the term include Lauretta Bender, a child psychiatrist practicing at Bellevue Hospital, who published numerous reports of her clinical observations. For a contemporary expression of concern about the inappropriate application of the term, see Hilde L. Mosse, "The misuse of the diagnosis childhood schizophrenia," *American Journal of Psychiatry* 114, no. 9 (March 1958); Robert F. Asarnow and Joan Rosenbaum Asarnow review the history of the diagnosis in "Childhood-onset schizophrenia: Editors' introduction," *Schizophrenia Bulletin* 20, no. 4 (October 1994).
231 Leo Kanner's seminal 1943 report, "Autistic disturbances of affective contact," is included in an anthology of his papers, *Childhood Psychosis: Initial Studies and New Insights* (1973).
231 In 1943, Kanner noted the supposed coldness of the mothers of autistic children, but left open the possibility that the condition was inborn. See "Autistic disturbances of affective contact," in *Childhood Psychosis: Initial Studies and New Insights* (1973), page 42. By 1949, Kanner had more fully developed his parent-blaming theory; the term *refrigerator* appears twice in his 1949 article "Problems of nosology and psychodynamics in early childhood autism," *American Journal of Orthopsychiatry* 19, no. 3 (July 1949). But Kanner's attributions changed as understanding of the neurological basis of autism evolved. From a remembrance by his colleagues Eric Schopler, Stella Chess, and Leon Eisenberg, "Our memorial to Leo Kanner," *Journal of Autism &*

Developmental Disorders 11, no. 3 (September 1981), page 258: "The man credited with the term 'refrigerator mother' explained to the members of the National Society for Autistic Children, at their annual meeting in 1971, that the blame for their child's autism implied by this term was now established as inappropriate and incorrect."

231 Bruno Bettelheim's notorious statement "The precipitating factor in infantile autism is the parent's wish that his child should not exist" occurs on page 125 of *The Empty Fortress: Infantile Autism and the Birth of the Self* (1967).
231 Interview with Isabelle Rapin in 2009.
231 Bernard Rimland posited a biological hypothesis of autism causation in *Infantile Autism: The Syndrome and Its Implications for a Neural Theory of Behavior* (1964).
231 Laura Schreibman, *The Science and Fiction of Autism* (2005), is the source of the refrigerator name-tag anecdote. From pages 84–85: "It is widely rumored that these first attendees wore name tags in the shape of little refrigerators."
231 The quotation from Eustacia Cutler occurs on page 208 of her autobiography, *A Thorn in My Pocket* (2004).
231 Asperger's original paper was published in German during World War II: Hans Asperger, "Die 'autistischen psychopathen' im kindesalter," *Archiv fur Psychiatrie & Nervenkrankheiten* (*European Archives of Psychiatry and Clinical Neuroscience*) 117, no. 1 (1944), pages 76–136. Uta Frith translated the paper into English in 1981, giving it the title "'Autistic psychopathy' in childhood"; that translation was later included in the anthology *Autism and Asperger Syndrome* (1991).
232 The *little professor* moniker's first appearance in the professional literature occurs in Hans Asperger, "Die 'autistischen psychopathen' im kindesalter," *Archiv fur Psychiatrie & Nervenkrankheiten* (*European Archives of Psychiatry and Clinical Neuroscience*) 117, no. 1 (1944). From page 118: "Die aus einer Kontaktstorung kommende Hilflosigkeit dem praktischen Leben gegenuber, welche den 'Professor' charakterisiert und zu einer unsterblichen Witzblattfigur macht, ist ein Beweis dafur."
232 On proposals for revisions to the *DSM-5* diagnostic criteria for autistic spectrum disorders, see Claudia Wallis, "A powerful identity, a vanishing diagnosis," *New York Times*, November 2, 2009; and Benedict Carey, "New definition of autism will exclude many, study suggests," *New York Times*, January 19, 2012. For scholarly discussions of the *DSM* changes, see Mohammad Ghaziuddin, "Should the DSM V drop Asperger syndrome?" *Journal of Autism & Developmental Disorders* 40, no. 9 (September 2010); and Lorna Wing et al., "Autism spectrum disorders in the DSM-V: Better or worse than the DSM-IV?," *Research in Developmental Disabilities* 32, no. 2 (March–April 2011).
232 All of these anecdotes about social deficits of individuals with Asperger syndrome come from personal communications.
232 Temple Grandin's story first came to widespread attention through the title essay in Oliver Sacks, *An Anthropologist on Mars* (1995), and through her autobiography, *Thinking in Pictures: And Other Reports from My Life with Autism* (1995). She has also been the subject of several television programs, including the 2006 BBC documentary *The Woman Who Thinks Like a Cow*, and the HBO biopic *Temple Grandin*. ASAN organizational website: http://www.autisticadvocacy.org/. For an interview with Ari Ne'eman, see Claudia Kalb, "Erasing autism," *Newsweek*, May 25, 2009.
233 Temple Grandin likened her mind to an Internet search engine in an interview with me in 2004. She had previously used the image in her autobiography, *Thinking in Pictures: And Other Reports from My Life with Autism* (1995), page 31.
233 The quotation from John Elder Robison occurs on page 2 of *Look Me in the Eye: My Life with Asperger's* (2007).
233 This passage is based on my interview with Jennifer Franklin in 2008 and subsequent communications. The quotations from poems are from her book *Persephone's Ransom* (2011).
235 My basic source on ABA is Laura Ellen Schreibman, *The Science and Fiction of Autism* (2005). Works by O. Ivar Lovaas include "Behavioral treatment and normal educational and intellectual functioning in young autistic children," *Journal of Consulting & Clinical Psychology* 55, no. 1 (February 1987); and "The development of a treatment-research project for developmentally disabled and autistic children," *Journal of Applied Behavior Analysis* 26, no. 4 (Winter 1993).
236 The passage from Scott Sea occurs in his article "Planet autism," *Salon*, September 27, 2003. It has been condensed.
237 Juliet Mitchell's comments are from personal communications. She has written about autism in *Mad Men and Medusas: Reclaiming Hysteria* (2000).
237 For a recent use of the changeling metaphor, see Portia Iversen, *Strange Son: Two Mothers, Two Sons, and the Quest to Unlock the Hidden World of Autism* (2006), pages xii–xiv. For scholarly discussion of changeling myths as a response to disability, see D. L. Ashliman, "Changelings," *Folklore & Mythology Electronic Texts*, University of Pittsburgh, 1997, at http://www.pitt.edu/~dash/changeling.html; and Susan Schoon Eberly, "Fairies and the folklore of disability: Changelings, hybrids and the solitary fairy," *Folklore* 99, no. 1 (1988). For two autistic activists' perspectives, see Amanda Baggs, "The original, literal demons," *Autism Demonized*, February 12, 2006, at http://web.archive.org/web/20060628231956/ http://autismdemonized.blogspot.com/; and Ari Ne'eman, "Dueling narratives: Neurotypical and autistic perspectives about the autism spectrum," 2007 SAMLA Convention, Atlanta, Georgia, November 2007, at http://www.cwru.edu/affil/ sce/Texts_2007/Ne'eman.html.
237 Martin Luther's assertion that changelings were only soulless pieces of flesh comes from *Werke, Kritische Gesamtausgabe: Tischreden* (1912–21), vol. 5, p. 9, as cited in D. L. Ashliman, "German changeling legends," *Folklore & Mythology Electronic Texts*, University of Pittsburgh, 1997, http://www.pitt.edu/~dash/changeling.html.
237 The quotation from Walter Spitzer comes from his article "The real scandal of the MMR debate," *Daily Mail*, December 20, 2001.
238 Amanda Baggs, *Autism Demonized*, privately published weblog, 2006.
238 This passage is based on my interview with Nancy Corgi in 2007. All names in this passage are pseudonyms.
241 Reviews of language impairment and language development in autism include Morton Ann Gernsbacher, Heather M. Geye, and Susan Ellis Weismer, "The role of language and communication impairments within autism," in *Language Disorders and Developmental Theory*, edited by P. Fletcher and J. F. Miller (2005); and Gerry A. Stefanatos and Ida Sue Baron. "The ontogenesis of language impairment in autism: A neuropsychological perspective," *Neuropsychology Review* 21, no. 3 (September 2011). For discussion on oral-motor function in autism, see Morton Ann Gernsbacher et al, "Infant and

241　toddler oral- and manualmotor skills predict later speech fluency in autism," *Journal of Child Psychology & Psychiatry* 49, no. 1 (2008).
241　Alison Tepper Singer's comments were made in an interview in 2007.
241　The quotations from Micki Bresnahan are from our interview in 2008; the unnamed mother expressed her view about learning Sign in a personal communication in 2008.
242　The quotations from Carly Fleischmann and her father come from two reports: John McKenzie, "Autism breakthrough: Girl's writings explain her behavior and feelings," ABC News, February 19, 2008; and Carly Fleischmann, "You asked, she answered: Carly Fleischmann, 13, talks to our viewers about autism," ABC News, February 20, 2008.
242　The passage about Harry and Laura Slatkin is based on my interview with them in 2008 and subsequent communications.
244　The scene described here appears in *Autism Every Day*.
245　The term *the autisms* was first proposed by Daniel H. Geschwind and Pat Levitt in "Autism spectrum disorders: Developmental disconnection syndromes," *Current Opinion in Neurobiology* 17, no. 1 (February 2007).
245　The "mindblindness" hypothesis was proposed by Simon Baron-Cohen in *Mindblindness: An Essay on Autism and Theory of Mind* (1995).
245　Mirror neuron dysfunction in autism is discussed in Lindsay M. Oberman et al., "EEG evidence for mirror neuron dysfunction in autism spectrum disorders," *Cognitive Brain Research* 24, no. 2 (July 2005); and Lucina Q. Uddin et al., "Neural basis of self and other representation in autism: An fMRI study of self-face recognition," *PLoS ONE* 3, no. 10 (2008).
246　The "weak central coherence" hypothesis is proposed in Uta Frith, *Autism: Explaining the Enigma* (2003).
246　Arousal hypotheses are discussed in Corinne Hutt et al., "Arousal and childhood autism," *Nature* 204 (1964); and Elisabeth A. Tinbergen and Nikolaas Tinbergen, "Early childhood autism: An ethological approach," *Advances in Ethology. Journal of Comparative Ethology*, suppl. no. 10 (1972). Numerous respected autism researchers subsequently challenged Tinbergen regarding his speculations; see, e.g., Bernard Rimland et al., "Autism, stress, and ethology," *Science*, n.s., 188, no. 4187 (May 2, 1975).
246　The quotations by Kamran Nazeer occur on pages 68 and 69 of *Send in the Idiots: Stories from the Other Side of Autism* (2006).
246　John Elder Robison speaks of his fondness for machines on page 12 of *Look Me in the Eye: My Life with Asperger's* (2007).
246　For the report of the Yale face-processing study, see Robert T. Schultz et al., "Abnormal ventral temporal cortical activity during face discrimination among individuals with autism and Asperger syndrome," *Archives of General Psychiatry* 57, no. 4 (April 2000).
246　The Digimon aficionado features in David J. Grelotti et al., "fMRI activation of the fusiform gyrus and amygdala to cartoon characters but not to faces in a boy with autism," *Neuropsychologia* 43, no. 3 (2005).
246　This passage is based on my interview with Bob, Sue, and Ben Lehr in 2008 and subsequent communications.
247　The seminal book on FC is Douglas Biklen's *Communication Unbound: How Facilitated Communication Is Challenging Traditional Views of Autism and Ability/Disability* (1993).
249　For more information on brain development in autism, see Stephen R. Dager et al., "Imaging evidence for pathological brain development in autism spectrum disorders," in *Autism: Current Theories and Evidence* (2008); Martha R. Herbert et al., "Localization of white matter volume increase in autism and developmental language disorder," *Annals of Neurology* 55, no. 4 (April 2004); Eric Courchesne et al., "Evidence of brain overgrowth in the first year of life in autism," *Journal of the American Medical Association* 290, no. 3 (July 2003); Nancy J. Minshew and Timothy A. Keller, "The nature of brain dysfunction in autism: Functional brain imaging studies," *Current Opinion in Neurology* 23, no. 2 (April 2010); and Eric Courchesne et al., "Brain growth across the life span in autism: Age-specific changes in anatomical pathology," *Brain Research* 1380 (March 2011).
250　Useful recent reviews of the state of the science in autism genetics include Judith Miles, "Autism spectrum disorders: A genetics review," *Genetics in Medicine* 13, no. 4 (April 2011); and Daniel H. Geschwind, "Genetics of autism spectrum disorders," *Trends in Cognitive Sciences* 15, no. 9 (September 2011).
250　Prenatal contributors to autism are discussed in Tara L. Arndt, Christopher J. Stodgell, and Patricia M. Rodier, "The teratology of autism," *International Journal of Developmental Neuroscience* 23, nos. 2–3 (April–May 2005).
250　For more information on the association between paternal age and autism, see Abraham Reichenberg et al., "Advancing paternal age and autism," *Archives of General Psychiatry* 63, no. 9 (September 2006); Rita M. Cantor et al., "Paternal age and autism are associated in a family-based sample," *Molecular Psychiatry* 12 (2007); and Maureen S. Durkin et al., "Advanced parental age and the risk of autism spectrum disorder," *American Journal of Epidemiology* 168, no. 11 (December 2008).
250　The possible contribution of genetic incompatibility to the development of autism is discussed in William G. Johnson et al., "Maternally acting alleles in autism and other neurodevelopmental disorders: The role of HLA-DR4 within the major histocompatibility complex," in *Maternal Influences on Fetal Neurodevelopment*, edited by Andrew W. Zimmerman and Susan L. Connors (2010).
250　For more on assortative mating hypotheses, see Simon Baron-Cohen, "The hyper-systemizing, assortative mating theory of autism," *Progress in Neuropsychopharmacology & Biological Psychiatry* 30, no. 5 (July 2006); and Steve Silberman, "The geek syndrome," *Wired*, December 2001.
250　A new multicenter sibling study has identified mutations in 279 genes occurring only in the autistic subjects; see Stephen Sanders et al., "De novo mutations revealed by whole-exome sequencing are strongly associated with autism," *Nature* 485, no. 7397 (May 10, 2012).
250　Influences on genetic expression are discussed in Isaac N. Pessah and Pamela J. Lein, "Evidence for environmental susceptibility in autism: What we need to know about gene x environment interactions," in *Autism: Current Theories and Evidence*, edited by Andrew Zimmerman (2008).
250　Variable penetrance is the subject of Dan Levy, Michael Wigler et al., "Rare de novo and transmitted copy-number variation in autistic spectrum disorders," *Neuron* 70, no. 5 (June 2011).
250　Figures on autism and genetic concordance in identical twins come from Anthony Bailey et al., "Autism as a strongly genetic disorder: Evidence from a British twin study," *Psychological Medicine* 25 (1995).

251 Studies on the broad autism phenotype, i.e., the manifestation of autistic traits in immediate and extended family members of people with autism, include Nadia Micali et al., "The broad autism phenotype: Findings from an epidemiological survey," *Autism* 8, no. 1 (March 2004); Joseph Piven et al., "Broader autism phenotype: Evidence from a family history study of multiple-incidence autism families," *American Journal of Psychiatry* 154 (February 1997); and Molly Losh et al., "Neuropsychological profile of autism and the broad autism phenotype," *Archives of General Psychiatry* 66, no. 5 (May 2009).

251 For scholarly discussion of the genome-wide incidence of autism-related genes, see Joseph T. Glessner et al., "Autism genome-wide copy number variation reveals ubiquitin and neuronal genes," *Nature* 459 (May 28, 2009).

251 This 20 to 30 percent statistic reflects risk to the sibling over general population risk as established by the CDC. Accepting an autism prevalence that is constantly being recalculated but that is hovering at about one in a hundred, and a risk for siblings is about one in five, we come up with this comparative statistic; see Brett S. Abrahams and Daniel H. Geschwind, "Advances in autism genetics: On the threshold of a new neurobiology," *Nature Review Genetics* 9, no. 5 (May 2008).

251 Interview with Matthew State, 2009.

251 Interview with Thomas Insel, 2010.

251 Interview with Michael Wigler and Jonathan Sebat, 2008.

252 More background on pleiotropism and autism can be found in Annemarie Ploeger et al., "The association between autism and errors in early embryogenesis: What is the causal mechanism?," *Biological Psychiatry* 67, no. 7 (April 2010).

252 For a study linking genes associated with autism and co-morbid conditions, see Daniel B. Campbell et al., "Distinct genetic risk based on association of MET in families with co-occurring autism and gastrointestinal conditions," *Pediatrics* 123, no. 3 (March 2009).

252 Sebat and Wigler's report on their autism genetics research is Jonathan Sebat et al., "Strong association of de novo copy number mutations with autism," *Science* 316, no. 5823 (April 20, 2007).

252 Jonathan Sebat's study of the association between microdeletions and increased head circumference is described in the Simons Foundation press release "Relating copy-number variants to head and brain size in neuropsychiatric disorders," at http://sfari.org/funding/grants/abstracts/relating-copy-number-variants-to-head-and-brain-size-in-neuropsychiatric-disorders.

253 The quotation from Daniel Geschwind comes from a personal interview in 2012. Geschwind's recent papers on the genetics of autism include "Autism: Many genes, common pathways?," *Cell* 135, no. 3 (October 31, 2008); and "The genetics of autistic spectrum disorders," *Trends in Cognitive Sciences* 15, no. 9 (September 2011).

253 For studies of rapamycin's effect on learning, memory deficits, and seizures in mice, see Dan Ehninger et al., "Reversal of learning deficits in a Tsc2+/- mouse model of tuberous sclerosis," *Nature Medicine* 14, no. 8 (August 2008); and L-H. Zeng et al., "Rapamycin prevents epilepsy in a mouse model of tuberous sclerosis complex," *Annals of Neurology* 63, no. 4 (April 2008).

253 The quotation from Alcino Silva comes from a 2008 UCLA press release, "Drug reverses mental retardation in mice," at http://www.newswise.com/articles/drug-reverses-mental-retardation-in-mice.

253 The role of mGluR receptors in autism is discussed in Mark F. Bear et al., "The mGluR theory of fragile X mental retardation," *Trends in Neurosciences* 27, no. 7 (July 2004); and Randi Hagerman et al., "Fragile X and autism: Intertwined at the molecular level leading to targeted treatments," *Molecular Autism* 1, no. 12 (September 2010). For a study finding amelioration of behavioral abnormalities in genetically engineered mice administered mGluR antagonists, see Zhengyu Cao et al., "Clustered burst firing in FMR1 premutation hippocampal neurons: Amelioration with allopregnanolone," *Human Molecular Genetics* (published online ahead of print, April 6, 2012).

254 For a preliminary report of findings in a clinical trial of drug treatment for Rett syndrome, see Eugenia Ho et al., "Initial study of rh-IGF1 (Mecasermin [DNA] injection) for treatment of Rett syndrome and development of Rett-specific novel biomarkers of cortical and autonomic function (S28.005)," *Neurology* 78, meeting abstracts 1 (April 25, 2012).

254 For discussion of potential drug therapies for fragile X syndrome, see the recent review article by Randi Hagerman et al., "Fragile X syndrome and targeted treatment trials," *Results and Problems in Cell Differentiation* 54 (2012), pages 297–335. Recruitment efforts are under way for a new fragile X study; see the press release "Clinical trials of three experimental new treatments for Fragile X are accepting participants," FRAXA Research Foundation, March 22, 2012.

254 The quote by Geraldine Dawson comes from her presentation at the Alexandria Summit, "Translating Innovation into New Approaches for Neuroscience," in 2012. Dawson is chief scientific officer for Autism Speaks.

254 For the study finding similar genetic mutations in fragile X and in autism, see Ivan Iossifov et al., "De novo gene disruptions in children on the autistic spectrum," *Neuron* 74, no. 2 (April 2012); and Cold Spring Harbor Laboratory's press release about the study, "A striking link is found between the Fragile-X gene and mutations that cause autism," at http://www.cshl.edu/Article-Wigler/a-striking-link-is-found-between-the-fragile-x-gene-and-mutations-that-cause-autism.

254 Simon Baron-Cohen discusses his "empathizing/systemizing" hypothesis in "The extreme male brain theory of autism," *Trends in Cognitive Science* 6, no. 6 (June 2002); "Autism: The empathizing-systemizing (E-S) theory," *Annals of the New York Academy of Sciences* 1156 (March 2009); and "Empathizing, systemizing, and the extreme male brain theory of autism," *Progress in Brain Research* 186 (2010).

255 The association of high levels of fetal testosterone and autistic traits is discussed in Bonnie Auyeung and Simon Baron-Cohen, "A role for fetal testosterone in human sex differences: Implications for understanding autism," in *Autism: Current Theories and Evidence*, edited by Andrew Zimmerman (2008); and Bonnie Auyeung et al., "Foetal testosterone and autistic traits in 18 to 24-month-old children," *Molecular Autism* 1, no. 11 (July 2010).

255 The study of savants is the lifework of Darrold Treffert; for just two of his reports on the subject, see "The savant syndrome in autism," in *Autism: Clinical and Research Issues*, edited by Pasquale J. Accardo et al. (2000); and "The savant syndrome: An extraordinary condition. A synopsis: Past, present,

future," *Philosophical Transactions of the Royal Society*, Part B 364, no. 1522 (May 2009). The perfect map of Rome was created by Stephen Wiltshire and is displayed on his website, http://www.stephenwiltshire.co.uk/Rome_Panorama_by_Stephen_Wiltshire.aspx.

255 Michael Rutter reported on the impact of institutionalization on Romanian orphans in Michael Rutter et al., "Are there biological programming effects for psychological development?: Findings from a study of Romanian adoptees," *Developmental Psychology* 40, no. 1 (2004).

255 Bettelheim's comparison of autistic children to concentration camp inmates occurs on pages 66–78 of *The Empty Fortress* (1972).

255 Margaret Bauman's clinical experiences are discussed in Rachel Zimmerman, "Treating the body vs. the mind," *Wall Street Journal*, February 15, 2005.

255 Statistics on the percentage of autistic individuals with comorbid diagnoses of depression and anxiety were provided by Lonnie Zwaigenbaum at a 2009 presentation at Cold Spring Harbor Laboratory. Studies establishing a high frequency of comorbid psychiatric problems include Luke Tsai, "Comorbid psychiatric disorders of autistic disorder," *Journal of Autism & Developmental Disorders* 26, no. 2 (April 1996); Christopher Gillberg and E. Billstedt, "Autism and Asperger syndrome: Coexistence with other clinical disorders," *Acta Psychiatrica Scandinavica* 102, no. 5 (November 2000); and Gagan Joshi et al., "The heavy burden of psychiatric comorbidity in youth with autism spectrum disorders: A large comparative study of a psychiatrically referred population," *Journal of Autism & Developmental Disorders* 40, no. 11 (November 2010).

256 The quotation from Kamran Nazeer comes from pages 161–62 of *Send in the Idiots: Stories from the Other Side of Autism* (2006).

256 This passage is based on my interview with John Shestack and Portia Iversen in 2008.

257 The quotation from Daniel Geschwind comes from personal communication in 2011.

257 The quotation from Isabelle Rapin comes from a 2009 presentation at Cold Spring Harbor Laboratory.

257 Laura Schreibman discusses autism diagnostic instruments on page 68 of *The Science and Fiction of Autism* (2005).

257 I have taken the August Bier quotation from Victoria Costello, "Reaching children who live in a world of their own," *Psychology Today*, December 9, 2009. The original German is *Eine gute Mutter diagnostiziert oft viel besser wie ein schlechter Arzt* and may be found at http://dgrh.de/75jahredgrh0.html.

258 Interview with Kathleen Seidel in 2008. I note in the interest of full disclosure that I employed Kathleen Seidel to help me with research, citations, and the bibliography for this book starting in 2009.

258 This passage is based on my interview with Icilda Brown in 2005. All names in this passage are pseudonyms.

260 The Autism Society of America's estimates of the incidence of autism come from their organizational website, http://www.autism-society.org/.

260 For recent studies on autism prevalence, see Gillian Baird et al., "Prevalence of disorders of the autism spectrum in a population cohort of children in South Thames: The Special Needs and Autism Project (SNAP)," *Lancet* 368, no. 9531 (July 15, 2006); Michael D. Kogan et al., "Prevalence of parent-reported diagnosis of autism spectrum disorder among children in the US. 2007," *Pediatrics* 124, no. 5 (2009); and Catherine Rice et al., "Changes in autism spectrum disorder prevalence in 4 areas of the United States," *Disability and Health Journal* 3, no. 3 (July 2010).

260 Diagnostic substitution in California is the subject of Lisa A. Croen et al., "The changing prevalence of autism in California," *Journal of Autism and Developmental Disorders* 32, no. 3 (June 2002); see also Marissa King and Peter Bearman, "Diagnostic change and the increased prevalence of autism," *International Journal of Epidemiology* 38, no. 5 (October 2009).

260 Estimates of the lifetime cost of supporting individuals with autism come from Laura Ellen Schreibman, *The Science and Fiction of Autism* (2005), page 71; see also Michael Ganz, "The lifetime distribution of the incremental societal costs of autism," *Archives of Pediatric & Adolescent Medicine* 161, no. 4 (April 2007).

261 The quotation from Steven Hyman comes from a personal communication in 2008.

261 See Marissa King and Peter Bearman, "Diagnostic change and the increased prevalence of autism," *International Journal of Epidemiology* 38, no. 5 (October 2009); and Dorothy V. Bishop et al., "Autism and diagnostic substitution: Evidence from a study of adults with a history of developmental language disorder," *Developmental Medicine & Child Neurology* 50, no. 5 (May 2008).

261 For information on regression in autism, see Sally J. Rogers, "Developmental regression in autism spectrum disorders," *Mental Retardation & Developmental Disabilities Research Reviews* 10, no. 2 (2004); Janet Lainhart et al., "Autism, regression, and the broader autism phenotype," *American Journal of Medical Genetics* 113, no. 3 (December 2002); and Jeremy R. Parr et al., "Early developmental regression in autism spectrum disorder: Evidence from an international multiplex sample," *Journal of Autism & Developmental Disorders* 41, no. 3 (March 2011). For the idea that regression in autism may be the expression of an unfolding genetic process, see Gerry A. Stefanatos, "Regression in autistic spectrum disorders," *Neuropsychology Review* 18 (December 2008).

261 Eric Fombonne presented this in a talk at UCLA in 2012. It represents work by Judith Miller that reclassified old files using modern diagnostic criteria. Miller showed that prevalence was previously underestimated (i.e., at that time, many children were excluded from studies—as not meeting diagnostic criteria—who would now be included). She will be the first author on a paper that summarizes this work, which is not yet published.

261 Andrew Wakefield first proposed an association between the MMR vaccine and autism in "Ileal-lymphoid-nodular hyperplasia, non-specific colitis, and pervasive developmental disorder in children," *Lancet* 351 (1998).

261 Official figures on measles incidence and deaths in the UK following increasing rejection of the MMR vaccine can be found in the UK Health Protection Agency report "Measles notifications and deaths in England and Wales, 1940–2008" (2010).

261 Thomas Verstraeten et al., "Safety of thimerosal-containing vaccines: A twophased study of computerized health maintenance organization databases," *Pediatrics* 112, no. 5 (November 2003).

262 The *Lancet*'s apology for the 1998 paper by Andrew Wakefield was announced by editor in chief Richard Horton in "A statement by the editors of The Lancet," *Lancet* 363, no. 9411 (March 2004). The final retraction occurred six years later, after the UK General Medical Council announced the results of its investigation; see Editors of the Lancet, "Retraction—Ileal-lymphoid-nodular hyperplasia, non-specific colitis, and pervasive developmental disorder in children," *Lancet* 375, no. 9713 (February 2010). The story was reported by David Derbyshire, "Lancet was wrong to publish MMR paper, says editor," *Telegraph*, February 21, 2004; Cassandra Jardine, "GMC brands Dr Andrew Wakefield 'dishonest, irresponsible and callous,'" *Telegraph*,

January 29, 2010; and David Rose, "Lancet journal retracts Andrew Wakefield MMR scare paper," *Times*, February 3, 2010.
262 For a brief overview of the history of vaccine causation theories of autism, see Stanley Plotkin, Jeffrey S. Gerber, and Paul A. Offit, "Vaccines and autism: A tale of shifting hypotheses," *Clinical Infectious Diseases* 48, no. 4 (February 15, 2009).
262 The 20–50 percent regression estimate comes from Emily Werner and Geraldine Dawson, "Validation of the phenomenon of autistic regression using home videotapes," *Archives of General Psychiatry* 62, no. 8 (August 2005).
262 David Kirby, *Evidence of Harm: Mercury in Vaccines and the Autism Epidemic: A Medical Controversy* (2005).
263 The Wright family conflict was reported in Jane Gross and Stephanie Strom, "Autism debate strains a family and its charity," *New York Times*, June 18, 2007.
263 Jenny McCarthy's books include *Louder Than Words: A Mother's Journey in Healing Autism* (2007) and *Mother Warriors: A Nation of Parents Healing Autism Against All Odds* (2008).
263 The Hannah Poling case is discussed in Paul A. Offit, "Vaccines and autism revisited: The Hannah Poling case," *New England Journal of Medicine* 358, no. 20 (May 15, 2008).
263 The quotation from Lenny Schafer comes from a telephone interview with him in 2008.
264 For an example of papers promoting the hypothesis that autism is associated with environmental metals, see Mary Catherine DeSoto and Robert T. Hitlan, "Sorting out the spinning of autism: Heavy metals and the question of incidence," *Acta Neurobiologiae Experimentalis* 70, no. 2 (2010). In contrast, recent research demonstrates the absence of any association of autism with genes that regulate heavy metals in the body: Sarah E. Owens et al., "Lack of association between autism and four heavy metal regulatory genes," *NeuroToxicology* 32, no. 6 (December 2011).
264 See Yumiko Ikezuki et al., "Determination of bisphenol A concentrations in human biological fluids reveals significant early prenatal exposure," *Human Reproduction* 17, no. 11 (November 2002).
264 The study of twins and environmental factors is Joachim Hallmayer et al., "Genetic heritability and shared environmental factors among twin pairs with autism," *Archives of General Psychiatry* (July 4, 2011).
264 The quotation from Neil Risch comes from Erin Allday, "UCSF, Stanford autism study shows surprises," *San Francisco Chronicle*, July 5, 2011.
264 The quotation from Joseph Coyle comes from Laurie Tarkan, "New study implicates environmental factors in autism," *New York Times*, July 4, 2011.
264 The study finding an increased incidence of autism in children of mothers who used SSRIs during pregnancy is Lisa A. Croen et al., "Antidepressant use during pregnancy and childhood autism spectrum disorders," *Archives of General Psychiatry* 68, no. 11 (November 2011).
264 These results rely on complex models and specific assumptions that may not be met. Joachim Hallmayer's data show a 22 percent rate of concordance among dizygotic twins, and slightly more than 60 percent for monozygotic twins; see Joachim Hallmayer et al., "Genetic heritability and shared environmental factors among twin pairs with autism," *Archives of General Psychiatry* 68, no. 11 (November 2011). A simple and standard means of ascertaining heritability is Falconer's formula, which is hb2= 2(rmz–rdz), in which hb2 represents general heritability, rmz is monozygotic twin correlation, and rdz is dizygotic twin correlation. This would lead to a heritability estimate of about 70 percent, consistent with previous results. A recent very large study comparing siblings and half siblings supports a ratio of 60 percent or higher; see John N. Constantino et al., "Autism recurrence in half siblings: Strong support for genetic mechanisms of transmission in ASD," *Molecular Psychiatry*, epub ahead of print (February 28, 2012).
264 This passage is based on my interview with Mark Blaxill in 2008.
265 Blaxill is coauthor of Amy S. Holmes, Mark F. Blaxill, and Boyd E. Haley, "Reduced levels of mercury in first baby haircuts of autistic children," *International Journal of Toxicology* 22, no. 4 (July–August 2003); and Martha R. Herbert et al., "Autism and environmental genomics," *NeuroToxicology* 27, no. 5 (September 2006).
266 The reports of the Yale study of the responses of autistic subjects to *Who's Afraid of Virginia Woolf?* are in Ami Klin et al., "Visual fixation patterns during viewing of naturalistic social situations as predictors of social competence in individuals with autism," *Archives of General Psychiatry* 59, no. 9 (September 2002); and Ami Klin et al., "Defining and quantifying the social phenotype in autism," *American Journal of Psychiatry* 159 (June 2002).
266 See page 5 of Catherine Lord and James McGee, *Educating Children with Autism* (2005), in which she explains, "Although there is evidence that interventions lead to improvements, there does not appear to be a clear, direct relationship between any particular intervention and children's progress."
266 The quotation from Bryna Siegel occurs on page 3 of *Helping Children with Autism Learn: Treatment Approaches for Parents and Professionals* (2003).
266 Early reports by Charles B. Ferster on his work in behavioral interventions include "Positive reinforcement and behavioral deficits of autistic children," *Child Development* 32 (1961); and "The development of performances in autistic children in an automatically controlled environment," *Journal of Chronic Diseases* 13, no. 4 (April 1961).
266 ABA is discussed at length in Laura Schreibman, *The Science and Fiction of Autism* (2005); and Michelle R. Sherer and Laura Schreibman, "Individual behavioral profiles and predictors of treatment effectiveness for children with autism," *Journal of Consulting & Clinical Psychology* 73, no. 3 (June 2005).
266 For a recent, comprehensive literature review on behavioral interventions for autism spectrum conditions, see Maria B. Ospina et al., "Behavioural and developmental interventions for autism spectrum disorder: A clinical systematic review," *PLoS One* 3, no. 11 (November 2008).
266 For more on Floortime, see Stanley I. Greenspan and Serena Weider, *Engaging Autism: Using the Floortime Approach to Help Children Relate, Communicate, and Think* (2006).
266 The AAP has concluded that the efficacy of AIT has not been established; see American Academy of Pediatrics Policy Committee on Children with Disabilities, "Auditory integration training and facilitated communication for autism," *AAP Policy Committee on Children with Disabilities* 102, no. 2 (1998).
267 The Rapid Prompting Method is described in Portia Iversen, *Strange Son: Two Mothers, Two Sons, and the Quest to Unlock the Hidden World of Autism* (2006); and Tito Rajarshi Mukhopadhyay, *The Mind Tree: A Miraculous Child Breaks the Silence of Autism* (2003).
267 Scholarly papers on service animals include Olga Solomon, "What a dog can do: Children with autism and therapy dogs in social interaction," *Ethos* 38,

no. 1 (March 2010); and Francois Martin and Jennifer Farnum, "Animal-assisted therapy for children with pervasive developmental disorders," *Western Journal of Nursing Research* 24, no. 6 (October 2002).

267 The first quote about Kaleb and Chewey comes from Amanda Robert, "School bars autistic child and his service dog," *Illinois Times*, July 23, 2009; the second is taken from the decision in *Nichelle v. Villa Grove Community Unit School District No. 302, Board of Education 302* (Appellate Court of Illinois, Fourth District, decided August 4, 2010; full text at http://caselaw.findlaw.com/il-court-of-appeals/1537428.html). For more on the outcome of the lawsuit filed by the parents against the school district, see Patrick Yeagle, "Dog fight ends with hall pass," *Illinois Times*, September 9, 2010.

267 For a popular work on the gluten- and casein-free diet, see Karyn Seroussi, *Unraveling the Mystery of Autism and Pervasive Developmental Disorder: A Mother's Story of Research and Recovery* (2000).

267 A recent Cochrane Review paper concluded, "There is no evidence of effect of SSRIs in children and emerging evidence of harm. There is limited evidence of the effectiveness of SSRIs in adults from small studies in which risk of bias is unclear"; see Katrina Williams et al., "Selective serotonin reuptake inhibitors (SSRIs) for autism spectrum disorders (ASD)," *Evidence-Based Child Health: A Cochrane Review Journal* 6, no. 4 (July 2011).

267 Statistics on the prevalence of seizure disorders in people with autism come from the National Institute of Neurological Disorders & Stroke's "Autism Fact Sheet" (2011), at http://www.ninds.nih.gov/disorders/autism/detail_autism.htm.

267 Psychopharmacological treatments are discussed in Melissa L. McPheeters et al., "A systematic review of medical treatments for children with autism spectrum disorders," *Pediatrics* 127, no. 5 (May 2011).

267 The passage from Kamran Nazeer occurs on page 28 of *Send in the Idiots* (2006).

267 This passage is based on my interview with Bruce Spade in 2007. All names in this passage are pseudonyms.

269 The quotation from Anton Chekhov comes from page 30 of David Mamet's translation of *The Cherry Orchard* (1987). From the original Russian: "Если против какой-нибудь болезни предлагается очень много средств, то это значит, что болезнь неизлечима," http://ilibrary.ru/text/472/p.1/index.html.

269 Barry Kaufman's books include *Son Rise* (1976) and *Son Rise: The Miracle Continues* (1995). Although the Option Institute's promotional materials cite anecdotal evidence of the Son-Rise Program's effectiveness, and refer to research soon to be featured in peer-reviewed journals, rigorous evaluations of the program have yet to be published; see Jeremy Parr, "Clinical evidence: Autism," *Clinical Evidence Online* 322 (January 2010). A 2003 survey conducted in the UK found that "involvement led to more drawbacks than benefits for the families over time." A 2006 follow-up concluded that "the programme is not always implemented as it is typically described in the literature," which significantly complicates the task of evaluation; see Katie R. Williams and J. G. Wishart, "The Son-Rise Program intervention for autism: An investigation into family experiences," *Journal of Intellectual Disability Research* 47, nos. 4–5 (May–June 2003); and Katie R. Williams, "The Son-Rise Program intervention for autism: Prerequisites for evaluation," *Autism* 10, no. 1 (January 2010). In March 2010, the UK Advertising Standards Authority ruled that an advertisement for an Option Institute lecture was misleading in that it implied that the Son-Rise Program could cure autism when, in fact, this has never been established; see "ASA adjudication on the Option Institute and Fellowship," issued March 3, 2010, http://www.asa.org.uk/Asa-Action/Adjudications/2010/3/The-Option-Institute-and-Fellowship/TF_ADJ_48181.aspx. For the allegation that the child was never autistic at all, see Bryna Siegel, *The World of the Autistic Child* (1996), pages 330–31. Siegel writes, "I've run across a couple of the professionals who were among those alleged to have diagnosed the boy as autistic, and both remain uncertain that the boy actually was autistic before treatment."

269 For more on Holding Therapy, see Jean Mercer, "Coercive restraint therapies: A dangerous alternative mental health intervention," *Medscape General Medicine* 7, no. 3 (August 9, 2005).

270 Rupert Isaacson, *The Horse Boy: A Father's Quest to Heal His Son* (2009).

270 The dangers of chelation are discussed in Saul Green, "Chelation therapy: Unproven claims and unsound theories," *Quackwatch*, July 24, 2007.

270 Mercury causation hypotheses are discussed in Karin B. Nelson and Margaret L. Bauman, "Thimerosal and Autism?," *Pediatrics* 111, no. 3 (March 2003).

270 The death of an autistic boy during IV chelation is reported in Arla J. Baxter and Edward P. Krenzelok, "Pediatric fatality secondary to EDTA chelation," *Clinical Toxicology* 46, no. 10 (December 2008).

270 For information about the "Lupron protocol" and state medical board disciplinary actions against its promoters, see Trine Tsouderos, "'Miracle drug' called junk science," *Chicago Tribune*, May 21, 2009; Steve Mills and Patricia Callahan, "Md. autism doctor's license suspended," *Baltimore Sun*, May 4, 2011; Meredith Cohn, "Lupron therapy for autism at center of embattled doctor's case," *Baltimore Sun*, June 16, 2011; Maryland State Board of Physicians, Final Decision and Order in the matter of Mark R. Geier, M.D. (March 22, 2012), at http://www.mbp.state.md.us/BPQAPP/orders/d2425003.222.pdf; Statement of Charges under the Maryland Medical Practice Act in the Matter of David A. Geier (May 16, 2011), at http://www.mbp.state.md.us/BPQAPP/orders/GeierCharge05162011.pdf; and out-of-state suspension notices and orders on the websites of the Medical Board of California, State of Florida Department of Health, Medical Licensing Board of Indiana, Commonwealth Board of Kentucky, New Jersey State Board of Medical Examiners, State Medical Board of Ohio, Virginia Department of Health Professions, and the State of Washington Department of Health Medical Quality Assurance Commission.

270 Melissa L. McPheeters et al., "A systematic review of medical treatments for children with autism spectrum disorders," *Pediatrics* 127, no. 5 (May 2011), discusses alternative as well as conventional treatments.

270 This passage is based on my interview with Amy Wolf in 2004 and subsequent communications. All names in this passage are pseudonyms.

272 The Musashino Higashi Gakuen School's organizational website is at http://www.musashino-higashi.org, and the Boston Higashi School website is at http://www.bostonhigashi.org.

273 The study of enhanced abilities in autism is a special focus of Laurent Mottron and his research team at Hopital Riviere-des-Prairies in Montreal. Reports of their work include M. J. Caron et al., "Cognitive mechanisms, specificity and neural underpinnings of visuospatial peaks in autism," *Brain* 129,

no. 7 (July 2006); Laurent Mottron et al., "Enhanced perceptual functioning in autism: An update, and eight principles of autistic perception," *Journal of Autism & Developmental Disorders* 36, no. 1 (January 2006); Robert M. Joseph et al., "Why is visual search superior in autism spectrum disorder?," *Developmental Science* 12, no. 6 (December 2009); and Fabienne Samson et al., "Enhanced visual functioning in autism: An ALE meta-analysis," *Human Brain Mapping* (April 4, 2011).

273 This and subsequent quotations by Joyce Chung come from my interview with her in 2008 and subsequent communications.
273 Thorkil Sonne's innovative business venture is described in David Bornstein, "For some with autism, jobs to match their talents," *New York Times*, June 30, 2011.
273 The quotation from John Elder Robison on being a savant occurs on page 209 of *Look Me in the Eye* (2007).
273 This passage is based on my interviews with Temple Grandin in 2004 and 2008.
274 The following quotations in this passage from Eustacia Cutler come from *A Thorn in My Pocket* (2004), page 38 ("tantrums are hard to handle"); page 106 ("God says be fruitful and multiply"); page 151 ("Adolescence is hard enough for any child"); page 164 ("slowly, with no innate concept"); and page 219 ("despite her extraordinary accomplishments").
274 The next quote ("You have to pull them out of the limbo") is from personal communication with Eustacia Cutler in 2012.
276 The quotation from Jim Sinclair comes from his essay "Don't mourn for us," *Our Voice* 1, no. 3 (1993).
276 The quotation from Jim Sinclair likening the expression *person with autism* to *person with maleness* comes from his 1999 essay "Why I dislike 'person-first' language," archived at http://web.archive.org/web/20030527100525/http://web.syr.edu/~jisincla/person_first.htm.
276 The quotation from Isabelle Rapin comes from a 2009 presentation at Cold Spring Harbor Laboratory.
276 The quotation from Alex Plank comes from my interview with him in 2008.
276 Quotations from Ari Ne'eman here and following are from my interview with him in 2008 and subsequent communications.
277 Ari Ne'eman's December 7, 2007, memo to Autistic Self Advocacy Network members, "An urgent call to action: Tell NYU Child Study Center to abandon stereotypes against people with disabilities," can be read in its entirety on the organization's website, http://www.autisticadvocacy.org/modules/smartsection/print.php?itemid=21.
277 For news reports about the ransom notes protest, see Joanne Kaufman. "Campaign on childhood mental illness succeeds at being provocative," *New York Times*, December 14, 2007; Shirley S. Wang, "NYU bows to critics and pulls ransom-note ads," *Wall Street Journal Health Blog*, December 19, 2007; Robin Shulman, "Child study center cancels autism ads," *Washington Post*, December 19, 2007; and Joanne Kaufman, "Ransom-note ads about children's health are canceled," *New York Times*, December 20, 2007. In 2010, a scholarly paper was published about the ransom notes scandal: Joseph F. Kras, "The 'Ransom Notes' affair: When the neurodiversity movement came of age," *Disability Studies Quarterly* 30, no. 1 (January 2010).
278 Ne'eman's appointment to the National Council on Disability was announced in the December 16, 2009, White House press release "President Obama Announces More Key Administration Posts." The ensuing controversy is described in Amy Harmon, "Nominee to disability council is lightning rod for dispute on views of autism," *New York Times*, March 28, 2010.
278 This and subsequent quotations from Judy Singer come from an interview I did with her in 2008.
278 The first published use of the term *neurodiversity* occurs in Harvey Blume, "Neurodiversity," *Atlantic*, September 30, 1998. Judy Singer's first published use of the term *neurodiversity* occurs in her essay "Why can't you be normal for once in your life: From a 'problem with no name' to a new kind of disability," in *Disability Discourse*, edited by M. Corker and S. French (1999).
278 The quotations by Camille Clark come from personal e-mail communications.
279 The quotation from Jim Sinclair ("The ways we relate are *different*") comes from his essay "Don't mourn for us," *Our Voice* 1, no. 3 (1993).
279 The quotation from Gareth Nelson comes from Emine Saner, "It is not a disease, it is a way of life," *Guardian*, August 6, 2007.
279 The quotation from Richard Grinker, author of *Unstrange Minds: Remapping the World of Autism* (2007), comes from my interview with him in 2008.
280 The "baby-eating" image was created by Adriana Gamondes and published as "Pass the Maalox: An AoA Thanksgiving nightmare," *Age of Autism*, November 29, 2009 (removed from the blog, but archived at http://web.archive.org/web/20091202093726/http://www.ageofautism.com/2009/11/pass-the-maalox-an-aoa-thanksgiving-nightmare.html).
281 The quotation from Kit Weintraub ("The fact that my children have an abnormality of development") comes from her 2007 essay, "A mother's perspective," published on the website of the Association for Science in Autism Treatment, http://www.asatonline.org/forum/articles/mother.htm.
281 The quotation from Jonathan Mitchell ("The neurodiverse reach a vulnerable audience") comes from his 2007 essay "Neurodiversity: Just say no," http://www.jonathans-stories.com/non-fiction/neurodiv.html.
282 Newsgroup posts characterizing ideological opponents in insulting terms come from the Evidence of Harm discussion group on Yahoo! and were quoted in Kathleen Seidel's May 2005 letter "Evidence of venom: An open letter to David Kirby," published at http://www.neurodiversity.com/evidence_of_venom.html.
282 The quotation from Sarah Spence comes from personal communication in 2011.
282 Simon Baron-Cohen's statement that "autism is both a disability and a difference" occurs in Emine Saner, "It is not a disease, it is a way of life," *Guardian*, August 6, 2007.
283 The passage from the autistics.org website appears in Amy Harmon, "How about not 'curing' us, some autistics are pleading," *New York Times*, December 20, 2004.
283 *In My Language*, MOV video, directed by Amanda Baggs, privately produced, January 14, 2007, http://www.youtube.com/watch?v=JnylM1hI2jc.
283 The quotation from Jane Meyerding ("If people on the autistic spectrum all came out") comes from her 1998 essay "Thoughts on finding myself differently brained," published online at http://www.planetautism.com/jane/diff.html.
284 The quote by Richard Grinker ("When people pity me for my daughter, I don't understand the sentiment") occurs on page 35 of his book *Unstrange*

Minds: Remapping the World of Autism (2007).

284 The quotation from Kate Movius ("Nothing has yielded a 'eureka' moment") comes from her article "Autism: Opening the window," *Los Angeles*, September 2010.

284 For speculation that various historic and literary figures might have been autistic, see Michael Fitzgerald, *The Genesis of Artistic Creativity: Asperger's Syndrome and the Arts* (2005).

285 This passage is based on my interview with Bill, Jae, Chris, and Jessie Davis in 2003, and further interviews with Bill, as well as other communications.

285 Vincent Carbone's method is described in Vincent J. Carbone and Emily J. Sweeney-Kerwin, "Increasing the vocal responses of children with autism and developmental disabilities using manual sign mand training and prompt delay," *Journal of Applied Behavior Analysis* 43, no. 4 (Winter 2010).

289 The Jae Davis Parent Scholarship program is described in Justin Quinn, "Local parents get scholarships to attend conference on autism," *Lancaster Intelligencer-Journal*, July 30, 2004; and "For mother and son, life lessons as death nears: Woman ravaged by cervical cancer prepares autistic son for her passing," *Lancaster Intelligencer-Journal*, August 20, 2003; the Jae Davis Internship Program is mentioned in Maria Coole, "Report recommendations could put Pa. at forefront in autism services," *Lancaster Intelligencer-Journal*, April 23, 2005. In September 2004, the Organization for Autism Research announced the establishment of the Jae Davis Memorial Award; see "OAR Seeks Nominations for Community Service Award in Honor of the Late Jae Davis," at http://www.researchautism.org/news/pressreleases/PR090204.asp.

289 Oliver Sacks, *An Anthropologist on Mars: Seven Paradoxical Tales* (1995).

290 News reports on murders and attempted murders of autistic children and adults by their parents that are described in this section: Charles-Antoine Blais: Peter Bronson, "For deep-end families, lack of hope can kill," *Cincinnati Enquirer*, October 9, 2005. Casey Albury: Kevin Norquay, "Autism: Coping with the impossible," *Waikato Times*, July 17, 1998; Paul Chapman, "Mom who strangled autistic child tried to get her to jump off bridge," *Vancouver Sun*, July 11, 1998; and "Murder accused at 'end of her tether,'" *Evening Post*, July 14, 1998. Pierre Pasquiou: "Suspended jail term for French mother who killed autistic son," *BBC Monitoring International Reports*, March 2, 2001. James Joseph Cummings: "Man gets five years in prison for killing autistic son," Associated Press, 1999. Daniel Leubner: "Syracuse: Woman who killed autistic son is freed," *New York Times*, May 12, 2005. Gabriel Britt: "Man pleads guilty to lesser charge," *Aiken Standard*, August 7, 2003. Johnny Churchi: Barbara Brown, "Mother begins trial for death of her son," *Hamilton Spectator*, May 5, 2003; and Susan Clairmont, "'Sending you to heaven' said mom," *Hamilton Spectator*, May 6, 2003. Angelica Auriemma: Nancie L. Katz, "Guilty in autistic's drowning," *New York Daily News*, February 19, 2005. Sentencing information comes from the New York State Department of Corrections and Community Supervision. Terrance Cottrell: Chris Ayres, "Death of a sacrificial lamb," *Times*, August 29, 2003. Jason Dawes: Lisa Miller, "He can't forgive her for killing their son but says spare my wife from a jail cell," *Daily Telegraph*, May 26, 2004. Patrick Markcrow and Sarah Naylor: Peter Bronson, "For deep-end families, lack of hope can kill," *Cincinnati Enquirer*, October 9, 2005. Christopher DeGroot: Cammie McGovern, "Autism's parent trap," *New York Times*, June 5, 2006. Jose Stable: Al Baker and Leslie Kaufman, "Autistic boy is slashed to death and his father is charged," *New York Times*, November 23, 2006. Brandon Williams: Cheryl Korman, "Judge: Autistic's mom to serve 10 years for torture of her vulnerable child," *Tucson Citizen*, September 19, 2008. Jacob Grabe: Paul Shockley, "Grabe gets life in son's murder," *Daily Sentinel*, March 31, 2010. Son of Zvia Lev: Michael Rotem, "Mother found guilty of killing her autistic son," *Jerusalem Post*, February 22, 1991.

292 The quotation from the president of the Montreal Autism Society comes from Debra J. Saunders, "Children who deserve to die," *San Francisco Chronicle*, September 23, 1997.

292 Laura Slatkin's remark about "that hidden, dark thought" is quoted in Diane Guernsey, "Autism's angels," *Town & Country*, August 1, 2006.

292 The quotation from Cammie McGovern comes from her article "Autism's parent trap," *New York Times*, June 5, 2006.

292 The quotation from Joel Smith comes from the essay "Murder of autistics," published on his weblog, *This Way of Life*, http://www.geocities.com/growingjoel/murder.html.

292 The quotation from Karen McCarron comes from the Associated Press reports "'Autism left me hollow,' says mother accused of murder," *Dispatch-Argus*, June 6, 2007; and "Mom convicted in autistic girl's death," *USA Today*, January 17, 2008.

292 Karen McCarron's friend is quoted in Phil Luciano, "Helping everyone but herself," *Peoria Journal Star*, May 18, 2006.

292 The quotations from Mike McCarron, Katie's grandfather, come from a discussion of Kristina Chew, "I don't have a title for this post about Katherine McCarron's mother," *Autism Vox*, June 8, 2006, at http://archive.blisstree.com/feel/i-dont-have-a-title-for-this-post-about-katherine-mccarrons-mother/comment-page-2/#comments/; and an interview with journalist Phil Luciano, "This was not about autism," *Peoria Journal Star*, May 24, 2006.

293 Stephen Drake's and Dave Reynolds's remarks occur in Not Dead Yet's June 22, 2006, press release, "Disability advocates call for restraint and responsibility in murder coverage."

293 Heidi Shelton is quoted in Larry Welborn, "Mom who drugged son gets deal," *Orange County Register*, May 4, 2003.

293 John Victor Cronin's wife's comment appears in Nick Henderson, "Attack on wife: Mental health system blamed," *Advertiser*, October 13, 2006.

294 The quotation from Debra Whitson comes from the article "Woman charged with trying to kill son," *Milwaukee Journal Sentinel*, May 14, 1998.

294 Statistics on the percentage of filicides attributed by their perpetrators to "altruism" come from Phillip J. Resnick, "Child murder by parents: A psychiatric review of filicide," *American Journal of Psychiatry* 126, no. 3 (September 1969).

294 For a discussion of the impact of altruistic explanations for filicide, see Dick Sobsey, "Altruistic filicide: Bioethics or criminology?," *Health Ethics Today* 12, no. 1 (Fall/November 2001).

294 Possible motivations for filicide are discussed on page 111 of John E. Douglas et al., *Crime Classification Manual: A Standard System for Investigating and Classifying Violent Crimes* (1992).

第六章 ｜精神分裂症

296　Statistics on suicide risk in schizophrenia come from Maurizio Pompili et al., "Suicide risk in schizophrenia: Learning from the past to change the future," *Annals of General Psychiatry* 6 (March 16, 2007).

296　The quotation from the sister of a schizophrenic man comes from Carole Stone, "First person: Carole Stone on life with her schizophrenic brother," *Guardian*, November 12, 2005.

297　This passage is based on an interview with Kitty and Pamela Watson in 2007 and on subsequent communications. All names in this passage are pseudonyms.

302　Useful general introductions to schizophrenia include Christopher Frith and Eve Johnstone, *Schizophrenia: A Very Short Introduction* (2003); Michael Foster Green, *Schizophrenia Revealed: From Neurons to Social Interactions* (2001); Rachel Miller and Susan E. Mason, *Diagnosis: Schizophrenia* (2002); E. Fuller Torrey, *Surviving Schizophrenia* (2006); and the NIH booklet *Schizophrenia* (2007).

302　The quotation from the schizophrenic woman describing her positive symptoms ("I could find no rest, for horrible images assailed me . . .") occurs on page 37 of Marguerite Sechehaye, *Autobiography of a Schizophrenic Girl: The True Story of "Renee"* (1951).

302　The quotation from the patient describing negative symptoms of schizophrenia ("I am all the time losing . . .") occurs on page 2 of Christopher Frith and Eve Johnstone, *Schizophrenia: A Very Short Introduction* (2003).

302　The quotation from Eric Kandel is from a personal communication in 2009.

302　The poem quoted is Emily Dickinson's "I Felt a Cleaving in My Mind," no. 937 in *The Complete Poems of Emily Dickinson* (1960).

303　The life course of schizophrenia is described in greater detail in Elaine Walker et al., "Schizophrenia: Etiology and course," *Annual Review of Psychology* 55 (February 2004). See also figure 1 in Jeffrey A. Lieberman et al., "Science and recovery in schizophrenia," *Psychiatric Services* 59 (May 2008).

303　The contribution of hormones to the development of schizophrenia is discussed in Laura W. Harris et al., "Gene expression in the prefrontal cortex during adolescence: Implications for the onset of schizophrenia," *BMC Medical Genomics* 2 (May 2009); and Elaine Walker et al., "Stress and the hypothalamic pituitary adrenal axis in the developmental course of schizophrenia," *Annual Review of Clinical Psychology* 4 (January 2008).

303　For more information on white matter in schizophrenia, see G. Karoutzou et al., "The myelin-pathogenesis puzzle in schizophrenia: A literature review," *Molecular Psychiatry* 13, no. 3 (March 2008); and Yaron Hakak et al., "Genomewide expression analysis reveals dysregulation of myelination-related genes in chronic schizophrenia," *Proceedings of the National Academy of Sciences* 98, no. 8 (April 2001).

303　The synaptic-pruning hypothesis was originally proposed in I. Feinberg, "Schizophrenia: Caused by a fault in programmed synaptic elimination during adolescence?," *Journal of Psychiatric Research* 17, no. 4 (1983). For a recent review article on the subject, see Gabor Faludi and Karoly Mirnics, "Synaptic changes in the brain of subjects with schizophrenia," *International Journal of Developmental Neuroscience* 29, no. 3 (May 2011).

304　Statistics on response to antipsychotics over the short and long term come from Jeffrey A. Lieberman and T. Scott Stroup, "The NIMH-CATIE schizophrenia study: What did we learn?," *American Journal of Psychiatry* 168, no. 8 (August 2011).

304　This passage is based on my interview with Connie and Steve Lieber in 2008 and subsequent communications.

304　Brain & Behavior Research Foundation (formerly NARSAD) website: http://bbrfoundation.org/.

304　Figures on grant-making come from the Brain & Behavior Research Foundation (formerly NARSAD), "Our history" (2011), http://bbrfoundation.org/about/our-history. As of 2012, the most recent NARSAD grant statistics were: total given, $275,947,302.20; total number of grantees, 3,117; total number of grants given, 4,061; total number of institutions, 426; total number of countries (other than the United States), 30.

304　Herbert Pardes made this remark at a NARSAD gala in 2010.

305　Bleuler's invention of the word *schizophrenia* is discussed in Paolo Fusar-Poli and Pierluigi Politi, "Paul Eugen Bleuler and the birth of schizophrenia (1908)," *American Journal of Psychiatry*, 165, no. 11 (2008).

305　Frederick Plum declared that "schizophrenia is the graveyard of neuropathologists" in his paper "Prospects for research on schizophrenia. 3. Neurophysiology: Neuropathological findings," *Neurosciences Research Program Bulletin* 10, no. 4 (November 1972).

305　For more information on the genetics of schizophrenia, see Nancy C. Andreasen, *Brave New Brain* (2001); and Yunjung Kim et al., "Schizophrenia genetics: Where next?," *Schizophrenia Bulletin* 37, no. 3 (May 2011).

305　The most comprehensive study of schizophrenia risk in relatives is the Roscommon (Ireland) Family Study; see Kenneth S. Kendler et al., "The Roscommon Family Study. I. Methods, diagnosis of probands, and risk of schizophrenia in relatives," *Archives of General Psychiatry* 50, no. 7 (July 1993); and numerous subsequent reports published by Kendler and his colleagues from 1993 to 2001. For a review and synthesis of twin studies discussing the various sorts of environmental influences that might contribute to the differential development of schizophrenia in twins, see Patrick F. Sullivan, Kenneth S. Kendler, and Michael C. Neale, "Schizophrenia as a complex trait: Evidence from a meta-analysis of twin studies," *Archives of General Psychiatry* 60, no. 12 (December 2003).

305　All quotations from Deborah Levy come from my interview with her in 2008 and subsequent communications.

306　Studies on dopamine function in schizophrenia include Anissa Abi-Dargham et al., "Increased baseline occupancy of D2 receptors by dopamine in schizophrenia," *Proceedings of the National Academy of Sciences* 97, no. 14 (July 2000); and Philip Seeman et al., "Dopamine supersensitivity correlates with D2High states, implying many paths to psychosis," *Proceedings of the National Academy of Sciences* 102, no. 9 (March 2005).

306　For more information on hippocampal function in schizophrenia, see Stephan Heckers, "Neuroimaging studies of the hippocampus in schizophrenia," *Hippocampus* 11, no. 5 (2001); and J. Hall et al., "Hippocampal function in schizophrenia and bipolar disorder," *Psychological Medicine* 40, no. 5 (May 2010).

306　Epigenetics of schizophrenia is explored in Karl-Erik Wahlberg et al., "Geneenvironment interaction in vulnerability to schizophrenia," *American Journal of Psychiatry* 154, no. 3 (March 1997); and Paul J. Harrison and D. R. Weinberger, "Schizophrenia genes, gene expression, and neuropathology: On the matter of their convergence," *Molecular Psychiatry* 10, no. 1 (January 2005).

306 The question of parasites and schizophrenia, Jaroslav Flegr's hypothesis that schizophrenia is exacerbated by toxoplasmosis, is described in Kathleen McAuliffe, "How your cat is making you crazy," *Atlantic*, March 2012.

306 Copy number variations in schizophrenia are the focus of Daniel F. Levinson et al., "Copy number variants in schizophrenia: Confirmation of five previous findings and new evidence for 3q29 microdeletions and VIPR2 duplications," *American Journal of Psychiatry* 168, no. 3 (March 2011); Jan O. Korbel et al., "The current excitement about copy-number variation: How it relates to gene duplication and protein families," *Current Opinion in Structural Biology* 18, no. 3 (June 2008); and G. Kirov et al., "Support for the involvement of large copy number variants in the pathogenesis of schizophrenia," *Human Molecular Genetics* 18, no. 8 (April 2009). The contribution of paternal age to schizophrenia is discussed in E. Fuller Torrey, "Paternal age as a risk factor for schizophrenia: How important is it?," *Schizophrenia Research* 114, nos. 1–3 (October 2009); and Alan S. Brown, "The environment and susceptibility to schizophrenia," *Progress in Neurobiology* 93, no. 1 (January 2011).

306 For more information on spontaneous mutations and schizophrenia, see Anna C. Need et al., "A genome-wide investigation of SNPs and CNVs in schizophrenia," *PLoS Genetics* 5, no. 2 (February 2009); and Hreinn Stefansson et al., "Large recurrent microdeletions associated with schizophrenia," *Nature* 455, no. 7210 (September 11, 2008).

306 John Krystal's comments come from my interview with him in 2012.

306 The development of transgenic mice that display schizophrenia-associated traits was first described in Takatoshi Hikida et al., "Dominant-negative DISC1 transgenic mice display schizophrenia-associated phenotypes detected by measures translatable to humans," *Proceedings of the National Academy of Sciences of the United States of America* 104, no. 36 (September 4, 2007); and Koko Ishizuka et al., "Evidence that many of the DISC1 isoforms in C57BL/6J mice are also expressed in 129S6/SvEv mice," *Molecular Psychiatry* 12, no. 10 (October 2007). For a recent review article on transgenic mouse research, see P. Alexander Arguello and Joseph A. Gogos, "Cognition in mouse models of schizophrenia susceptibility genes," *Schizophrenia Bulletin* 36, no. 2 (March 2010).

307 The quotation from Eric Kandel comes from a personal communication. For a review of work by Kandel and his colleagues, see Christoph Kellendonk, Eleanor H. Simpson, and Eric R. Kandel, "Modeling cognitive endophenotypes of schizophrenia in mice," *Trends in Neurosciences* 32, no. 6 (June 2009).

307 Maryellen Walsh's observation ("The history of schizophrenia is the history of blame") occurs on page 154 of her book *Schizophrenia: Straight Talk for Family and Friends* (1985).

307 Frieda Fromm-Reichman introduced the concept of the "schizophrenogenic mother" in her paper "Notes on the development of treatment of schizophrenics by psychoanalytic psychotherapy," *Psychiatry* 11, no. 3 (August 1948); this was followed by the proliferation of the term throughout the scientific literature, e.g., Loren R. Mosher, "Schizophrenogenic communication and family therapy," *Family Processes* 8 (1969).

307 The source of the quotation characterizing the schizophrenic patient as an "unsuccessful mediator" between parents is Murray Bowen et al., "The role of the father in families with a schizophrenic patient," *American Journal of Psychiatry* 115, no. 11 (May 1959).

307 See Gregory Bateson et al., "Toward a theory of schizophrenia," *Behavioral Science* 1, no. 4 (1956).

307 Examples of parent-blaming in the literature of systems-oriented family therapy include Ruth Wilmanns Lidz and Theodore Lidz, "The family environment of schizophrenic patients," *American Journal of Psychiatry* 106 (November 1949); Murray Bowen, Robert H. Dysinger, and Betty Basamania, "The role of the father in families with a schizophrenic patient," *American Journal of Psychiatry* 115, no. 11 (May 1959); and Gregory Bateson et al., "Toward a theory of schizophrenia," *Behavioral Science* 1, no. 4 (1956). For an extended critique of parent-blame theories, see John G. Howells and Waguih R. Guirguis, *The Family and Schizophrenia* (1985).

308 The quotation from Thomas Insel ("blame and shame") comes from a personal communication in 2010.

308 The NAMI finding that 57 percent of respondents believed that schizophrenia is caused by parental behavior is described on page 41 of Peter Wyden, *Conquering Schizophrenia* (1998).

308 In the pop-psychology bestseller *The Secret* (2006), Rhonda Byrne declares unequivocally, "Humans have the power to intentionally think and create their entire life with their mind."

308 "The religion of healthy-mindedness" serves as the title of a chapter in William James, *The Varieties of Religious Experience* (1905). The quotation about "the conquering efficacy of courage, hope, and trust, and a correlative contempt for doubt, fear, worry" appears on page 95.

308 The quotation from Patricia Backlar ("I sometimes felt as though I wore a scarlet letter S . . .") occurs on pages 15–16 of her book *The Family Face of Schizophrenia* (1994).

308 The quotation beginning "An entire generation of mental health professionals" occurs on pages 160–61 of Maryellen Walsh, *Schizophrenia: Straight Talk for Family and Friends* (1985).

308 The quotation from E. Fuller Torrey ("Any parent who has raised a child . . .") occurs on page 152 of his book *Surviving Schizophrenia* (2006).

308 This passage is based on my interview with Paul and Freda Smithers in 2008. All names in this passage are pseudonyms.

309 The quotation from John Bunyan ("Let them . . . recover one to his wits that was mad . . .") comes from "The Jerusalem sinner saved, or, good news for the vilest of men," in *The Miscellaneous Works of John Bunyan*, edited by Richard L. Greaves and Robert Sharrock (1979).

309 For a layperson's reference on the history of treatments for schizophrenia, see Robert Whitaker, *Mad in America: Bad Science, Bad Medicine, and the Enduring Mistreatment of the Mentally Ill* (2003). Henry Cotton's theory of "focal infection" (for which tooth-pulling was supposedly a remedy) is described in Richard Noll, "The blood of the insane," *History of Psychiatry* 17, no. 4 (December 2006). For more information on the history of lobotomy, see Joel T. Braslow, "History and evidence-based medicine: Lessons from the history of somatic treatments from the 1900s to the 1950s," *Mental Health Services Research* 1, no. 4 (December 1999).

309 Thorazine is a trademark for chlorpromazine. For more information, see Thomas A. Ban, "Fifty years chlorpromazine: A historical perspective," *Neuropsychiatric Disease & Treatment* 3, no. 4 (August 2007).

309　The quotation from Helen Mayberg ("It's as though you have a house burning down…") comes from personal communication in 2011.
310　The quotation from the Russian political prisoner ("One loses his individuality, his mind is dulled…") comes from the samizdat publication *Chronicle of Current Events* 18 (March 5, 1971), translated from Russian and cited in John D. LaMothe, *Controlled Offensive Behavior: USSR*, Defense Intelligence Agency Report ST-CS-01-169-72 (1972). Soviet use of psychiatric medication was described in Carl Gershman, "Psychiatric abuse in the Soviet Union," *Society* 21, no. 5 (July 1984).
310　The quotation from Janet Gotkin ("I became alienated from my self…") occurs on page 17 of the Committee on the Judiciary report *Drugs in Institutions* (1977), which contains the transcript of hearings held on July 31 and August 18, 1975.
310　The quotation beginning "The muscles of your jawbone go berserk" occurs on pages 35–36 of Jack Henry Abbott, *In the Belly of the Beast* (1981).
310　This passage is based on interviews with Penny, Peter, Doug, and Polly Pease in 2008 and subsequent communications.
313　The McLean schizophrenia genetics study is ongoing; recruitment information is available on their website, http://www.mclean.harvard.edu/research/clinical/study.php?sid=68.
313　For more information on clozapine intoxication, see Carl R. Young, Malcolm B. Bowers Jr., and Carolyn M. Mazure, "Management of the adverse effects of clozapine," *Schizophrenia Bulletin* 24, no. 3 (1998).
313　Foucault's treatise on mental illness is *Madness and Civilization: A History of Insanity in the Age of Reason* (1964).
314　See, for example, Erving Goffman, "The insanity of place," *Psychiatry: Journal of Interpersonal Relations* 32, no. 4 (November 1969).
314　The quotations from R. D. Laing occur on pages 115, 121, and 133 of *The Politics of Experience* (1967).
314　The seminal works of "antipsychiatry" include Erving Goffman's and R. D. Laing's works cited above, as well as Thomas Szasz's books *The Myth of Mental Illness* (1974) and *Insanity: The Idea and Its Consequences* (1987).
314　Figures on the reduction in institutionalized populations come from page 421 of E. Fuller Torrey, *Surviving Schizophrenia* (2006).
314　E. Fuller Torrey's statement "Freedom to be insane is an illusory freedom" occurs on page 34 of his book *Nowhere to Go: The Tragic Odyssey of the Homeless Mentally Ill* (1988).
314　Judge Berel Caesar is quoted on page 160 of Rael Jean Isaac and Virginia C. Armat, *Madness in the Streets: How Psychiatry and the Law Abandoned the Mentally Ill* (1990).
314　The quotations from Ann Braden Johnson ("the myth that mental illness is a myth" and "Bureaucrats who drew up programs…") occur on pages 4 and xiv, respectively, of *Out of Bedlam: The Truth About Deinstitutionalization* (1990).
314　Nancy C. Andreasen describes the function of hospitals as communities on page 32 of *The Family Face of Schizophrenia* (1994).
315　The quotation from the frustrated father ("The authorities say it is their choice and their right to live like stray animals…") occurs on page 11 of Rael Jean Isaac and Virginia C. Armat, *Madness in the Streets* (1990).
315　This passage is based on my interview with Madeline Grammont in 2008. All names in this passage are pseudonyms.
316　For a large-scale study of schizophrenia risk in twins, see Alastair G. Cardno et al., "Heritability estimates for psychotic disorders: The Maudsley twin psychosis series," *Archives of General Psychiatry* 56, no. 2 (February 1999): 162–68.
316　For a review of enlarged lateral ventricles in schizophrenia, see Danilo Arnone et al., "Magnetic resonance imaging studies in bipolar disorder and schizophrenia," *British Journal of Psychiatry* 195, no. 3 (September 2009).
316　The function of dendritic spines is described in detail in Anissa Abi-Dargham and Holly Moore, "Prefrontal DA transmission at D1 receptors and the pathology of schizophrenia," *Neuroscientist* 9, no. 5 (2003).
316　Temporal lobe function in schizophrenia is discussed in Christos Pantelis et al., "Structural brain imaging evidence for multiple pathological processes at different stages of brain development in schizophrenia," *Schizophrenia Bulletin* 31, no. 3 (July 2005).
316　For more information on synaptic connectivity and frontal lobe function in schizophrenia, see Gabor Faludi and Karoly Mirnics, "Synaptic changes in the brain of subjects with schizophrenia," *International Journal of Developmental Neuroscience* 29, no. 3 (May 2011); and Francine M. Benes, "Amygdalocortical circuitry in schizophrenia: From circuits to molecules," *Neuropsychopharmacology* 35, no. 1 (January 2010). Synaptic connectivity in autism is discussed in Carlos A. Pardo and Charles G. Eberhart, "The neurobiology of autism," *Brain Pathology* 17, no. 4 (October 2007).
316　For discussion of the contribution of maternal infection to schizophrenia, see Douglas Fox, "The insanity virus," *Discover*, June 2010; and Alan S. Brown and Ezra S. Susser, "In utero infection and adult schizophrenia," *Mental Retardation & Developmental Disabilities Research Reviews* 8, no. 1 (February 2002).
316　Studies documenting an increase in schizophrenia in offspring of women who experienced the death or life-threatening illness of a close relative during pregnancy include Ali S. Khashan et al., "Higher risk of offspring schizophrenia following antenatal maternal exposure to severe adverse life events," *Archives of General Psychiatry* 65, no. 2 (2008); and Matti O. Huttunen and Pekka Niskanen, "Prenatal loss of father and psychiatric disorders," *Archives of General Psychiatry* 35, no. 4 (1978). Unforeseen mental health consequences of war are documented in Jim van Os and Jean-Paul Selten, "Prenatal exposure to maternal stress and subsequent schizophrenia: The May 1940 invasion of the Netherlands," *British Journal of Psychiatry* 172, no. 4 (April 1998); and Dolores Malaspina et al., "Acute maternal stress in pregnancy and schizophrenia in offspring: A cohort prospective study," *BMC Psychiatry* 8 (2008). Schizophrenia following famine is discussed in Hans W. Hoek, Alan S. Brown, and Ezra S. Susser, "The Dutch famine and schizophrenia spectrum disorders," *Social Psychiatry & Psychiatric Epidemiology* 33, no. 8 (July 1998); and David St. Clair et al., "Rates of adult schizophrenia following prenatal exposure to the Chinese famine of 1959–1961," *Journal of the American Medical Association* 294, no. 5 (2005).
316　Prenatal stress hormones and dopamine activation in schizophrenia are explored in Alan S. Brown, "The environment and susceptibility to schizophrenia," *Progress in Neurobiology* 93, no. 1 (January 2011); and Dennis K. Kinney et al., "Prenatal stress and risk for autism," *Neuroscience & Biobehavioral Reviews* 32, no. 8 (October 2008).
316　For a recent study finding an increased risk of schizophrenia following traumatic brain injury, see Charlene Molloy et al., "Is traumatic brain injury a risk

factor for schizophrenia?: A meta-analysis of case-controlled population-based studies," *Schizophrenia Bulletin* (August 2011).

316 Meta-analyses of studies on increased risk of schizophrenia in immigrant populations include Elizabeth Cantor-Graae and Jean-Paul Selten, "Schizophrenia and migration: A meta-analysis and review," *American Journal of Psychiatry* 162, no. 1 (January 2005); and Jean-Paul Selten, Elizabeth Cantor-Graae, and Rene S. Kahn, "Migration and schizophrenia," *Current Opinion in Psychiatry* 20, no. 2 (March 2007).

316 For studies establishing an association between severity of schizophrenic symptoms and recreational use of cocaine, methamphetamine, and cannabis, see, e.g., Killian A. Welch et al., "The impact of substance use on brain structure in people at high risk of developing schizophrenia," *Schizophrenia Bulletin* 37, no. 5 (September 2011); and P. A. Ringen et al., "The level of illicit drug use is related to symptoms and premorbid functioning in severe mental illness," *Acta Psychiatrica Scandinavica* 118, no. 4 (October 2008).

316 Methamphetamine use and psychosis in postwar Japan are discussed in Hiroshi Suwaki, Susumi Fukui, and Kyohei Konuma, "Methamphetamine abuse in Japan," in *Methamphetamine Abuse: Epidemiologic Issues and Implications*, edited by Marissa J. Miller and Nicholas J. Kozel (1991); and Mitsumoto Sato, Yohtaro Numachi, and Takashi Hamamura, "Relapse of paranoid psychotic state in methamphetamine model of schizophrenia," *Schizophrenia Bulletin* 18, no. 1 (1992).

317 For the Swedish cannabis/schizophrenia study, see Stanley Zammit et al., "Self reported cannabis use as a risk factor for schizophrenia in Swedish conscripts of 1969: Historical cohort study," *British Medical Journal* 325, no. 7374 (November 23, 2002).

317 The quotation from Cyril D'Souza comes from my interview with him in 2007. One of his recent articles that addresses this topic is R. Andrew Sewell, Mohini Ranganathan, and Deepak Cyril D'Souza, "Cannabinoids and psychosis," *International Review of Psychosis* 21, no. 2 (April 2009).

317 Dysregulation of neural transmitters is described in Paul J. Harrison and D. R. Weinberger, "Schizophrenia genes, gene expression, and neuropathology: On the matter of their convergence," *Molecular Psychiatry* 10, no. 1 (January 2005).

317 Studies and review articles by Anissa Abi-Dargham and her colleagues include Anissa Abi-Dargham et al., "Increased baseline occupancy of D2 receptors by dopamine in schizophrenia," *Proceedings of the National Academy of Sciences* 97, no. 14 (July 2000); Anissa Abi-Dargham and Holly Moore, "Prefrontal DA transmission at D1 receptors and the pathology of schizophrenia," *Neuroscientist* 9, no. 5 (October 2003); Bernard Masri et al., "Antagonism of dopamine D2 receptor/beta-arrestin 2 interaction is a common property of clinically effective antipsychotics," *Proceedings of the National Academy of Sciences* 105, no. 36 (September 9, 2008); Nobumi Miyake et al., "Presynaptic dopamine in schizophrenia," *CNS Neuroscience & Therapeutics* 17, no. 2 (April 2011); and Robert W. Buchanan et al., "Recent advances in the development of novel pharmacological agents for the treatment of cognitive impairments in schizophrenia," *Schizophrenia Bulletin* 33, no. 5 (2007).

317 Elyn Saks credits talk therapy with saving her life in *The Center Cannot Hold: My Journey Through Madness* (2007). Cognitive behavioral therapy for schizophrenia is discussed in Xavier Amador, *I Am Not Sick, I Don't Need Help* (2007); Jennifer Gottlieb and Corinne Cather, "Cognitive behavioral therapy (CBT) for schizophrenia: An in-depth interview with experts," Schizophrenia.com (February 3, 2007); Debbie M. Warman and Aaron T. Beck, "Cognitive behavioral therapy," National Alliance on Mental Illness (2003); Susan R. McGurk et al., "A metaanalysis of cognitive remediation in schizophrenia," *American Journal of Psychiatry* 164, no. 12 (2007); and Sara Tai and Douglas Turkington, "The evolution of cognitive behavior therapy for schizophrenia: Current practice and recent developments," *Schizophrenia Bulletin* 35, no. 5 (2009).

318 The quotation from Jeffrey Lieberman ("There is no better time in the history of mankind to have a mental illness than now . . .") comes from my interview with him in 2008.

318 International Early Psychosis Association website: http://www.iepa.org.au.

318 Thomas McGlashan discusses the potential benefits of early treatment in an article written with Scott Woods, "Early antecedents and detection of schizophrenia: Understanding the clinical implications," *Psychiatric Times* 28, no. 3 (March 2011).

318 Jeffrey Lieberman's comment about the "Humpty-Dumpty situation" comes from the article "A beacon of hope: Prospects for preventing and recovering from mental illness," *NARSAD Research Quarterly* 2, no. 1 (Winter 2009).

318 The quotation from Jack Barchas comes from a personal communication in 2010.

318 Early symptoms of schizophrenia are described in Nancy C. Andreasen, "Schizophrenia: The characteristic symptoms," *Schizophrenia Bulletin* 17, no. 1 (1991); and Tandy J. Miller et al., "The PRIME North America randomized double-blind clinical trial of olanzapine versus placebo in patients at risk of being prodromally symptomatic for psychosis II: Baseline characteristics of the 'prodromal' sample," *Schizophrenia Research* 61, no. 1 (March 2003).

318 Thomas McGlashan and his colleagues reported their findings in Thomas H. McGlashan et al., "Randomized, double-blind trial of olanzapine versus placebo in patients prodromally symptomatic for psychosis," *American Journal of Psychiatry* 163, no. 5 (May 2006); and Keith A. Hawkins et al., "Neuropsychological course in the prodrome and first episode of psychosis: Findings from the PRIME North America double blind treatment study," *Schizophrenia Research* 105, nos. 1–3 (October 2008). McGlashan's assessment of the results as only "marginally significant" comes from Benedict Carey, "Mixed result in drug trial on pretreating schizophrenia," *New York Times*, May 1, 2006.

319 Studies from the UK and Australia finding benefit in cognitive-behavioral therapy include Patrick D. McGorry et al., "Randomized controlled trial of interventions designed to reduce the risk of progression to first-episode psychosis in a clinical sample with subthreshold symptoms," *Archives of General Psychiatry* 59, no. 10 (October 2002); Mike Startup, M. C. Jackson, and S. Bendix, "North Wales randomized controlled trial of cognitive behaviour therapy for acute schizophrenia spectrum disorders: Outcomes at 6 and 12 months," *Psychological Medicine* 34, no. 3 (April 2004); Mike Startup et al., "North Wales randomized controlled trial of cognitive behaviour therapy for acute schizophrenia spectrum disorders: Two-year follow-up and economic evaluation," *Psychological Medicine* 35, no. 9 (2005); P. Kingsep et al., "Cognitive behavioural group treatment for social anxiety in schizophrenia," *Schizophrenia Research* 63, nos. 1–2 (September 2003); and Andrew Gumley et al., "Early intervention for relapse in schizophrenia: Results of a 12-month randomized controlled trial of cognitive behavioural therapy," *Psychological Medicine* 33, no. 3 (April 2003).

319 For more information on prevention of psychosis by omega-3 fatty acids, see K. Akter et al., "A review of the possible role of the essential fatty acids and fish oils in the aetiology, prevention or pharmacotherapy of schizophrenia," *Journal of Clinical Pharmacy & Therapeutics* (April 19, 2011); Claire B. Irving

et al., "Polyunsaturated fatty acid supplementation for schizophrenia: Intervention review," *Cochrane Library* 9 (January 20, 2010); and Max Marshall and John Rathbone, "Early intervention in psychosis," *Cochrane Library* 15, no. 6 (June 2011).

319 The quotation from Thomas McGlashan comes from my interview with him in 2007.

319 The concept of a "psychosis risk syndrome" was first developed by Thomas McGlashan and incorporated into the design of the PRIME study: Keith A. Hawkins et al., "Neuropsychological course in the prodrome and first episode of psychosis: Findings from the PRIME North America double blind treatment study," *Schizophrenia Research* 105, nos. 1–3 (October 2008). McGlashan and his colleagues argue for the establishment of the syndrome as a diagnostic category in Scott W. Woods et al., "The case for including Attenuated Psychotic Symptoms Syndrome in DSM-5 as a psychosis risk syndrome," *Schizophrenia Research* 123, nos. 2–3 (November 2010). Their proposals attracted considerable opposition; see, e.g., Cheryl M. Corcoran, Michael B. First, and Barbara Cornblat, "The psychosis risk syndrome and its proposed inclusion in the DSM-V: A risk-benefit analysis," *Schizophrenia Research* 120 (July 2010); and Allen Frances, "Psychosis risk syndrome: Far too risky," *Australian & New Zealand Journal of Psychiatry* 45, no. 10 (October 2011). For a scholarly review of the controversy, see Barnaby Nelson and Alison R. Yung, "Should a risk syndrome for first episode psychosis be included in the DSM-5?," *Current Opinion in Psychiatry* 24, no. 2 (March 2011); for a journalistic discussion, see Sally Satel, "Prescriptions for psychiatric trouble and the DSM-V," *Wall Street Journal*, February 19, 2010. A report of the decision of the DSM working committee finally to drop the diagnosis is presented in Benedict Carey, "Psychiatry manual drafters back down on diagnoses," *New York Times*, May 8, 2012.

319 The quotation from John Krystal ("What they do in the *DSM* is a fashion question . . .") comes from a personal communication in 2012.

319 The anecdote from Jeffrey Lieberman about an anonymous patient comes from my interview with him in 2007.

320 This passage is based on my interviews with George Clark, Charlotte Clark, Electa Reischer, and Jackie Clark in 2008 and subsequent communications.

324 The quotation from Deborah Levy comes from my interview with her in 2008.

324 The quotation from Larry Davidson and David Stayner ("While perhaps appearing wooden and vacant to others . . .") comes from their paper "Loss, loneliness, and the desire for love: Perspectives on the social lives of people with schizophrenia," *Psychiatric Rehabilitation Journal* 20, no. 3 (Winter 1997).

325 The quotation from Jeanne Frazier comes from my interview with her in 2008.

325 The quotation from the unnamed mother whose son's therapist proposed a motto is from a personal communication, 2008.

325 This passage is based on my interviews with George, Giuseppe, and Bridget Marcolo in 2008 and subsequent communications. All names in this passage are pseudonyms.

327 For more information on recovery and the recovery movement, see Robert Paul Liberman et al., "Operational criteria and factors related to recovery from schizophrenia," *International Review of Psychiatry* 14, no. 4 (November 2002); Jeffrey A. Lieberman et al., "Science and recovery in schizophrenia," *Psychiatric Services* 59 (May 2008); and Kate Mulligan, "Recovery movement gains influence in mental health programs," *Psychiatric News* 38, no. 1 (January 2003).

328 The quotation from the unnamed mother ("Two years ago, I would have thought he was living a sad, wasted, pointless life . . .") comes from a personal interview in 2009.

328 This passage is based on my interview with Marnie Callahan in 2008. All names in this passage are pseudonyms.

328 The quotation from Jeffrey Lieberman ("The problem is . . .") comes from my interview with him in 2011.

329 Statistics on homelessness among people with schizophrenia occur on page 3 of E. Fuller Torrey, *Out of the Shadows: Confronting America's Mental Illness Crisis* (1997).

329 See the US Department of Health and Human Services, Substance Abuse and Mental Health Services Administration, *Results from the 2008 National Survey on Drug Use and Health: National Findings* (2008).

329 The quotation from Jeanne Frazier ("The thing that makes me emotionally drained . . .") comes from my interview with her in 2008.

329 Estimates of costs associated with schizophrenia come from Eric Q. Wu et al., "The economic burden of schizophrenia in the United States in 2002," *Journal of Clinical Psychiatry* 66, no. 9 (September 2005).

329 Elevated rates of suicide in schizophrenia are reported in Kahyee Hor and Mark Taylor, "Suicide and schizophrenia: A systematic review of rates and risk factors," *Journal of Psychopharmacology* 24, no. 4 suppl. (November 2010); and Alec Roy and Maurizio Pompili, "Management of schizophrenia with suicide risk," *Psychiatric Clinics of North America* 32, no. 4 (December 2009). See also Maurizio Pompili et al., "Suicide risk in schizophrenia: Learning from the past to change the future," *Annals of General Psychiatry* 6 (March 16, 2007).

329 The anecdote about the feces-eating prisoner who remained uncommitted following a petition to the court occurs on page 142 of E. Fuller Torrey, *Out of the Shadows* (1997).

329 The quotation from Kenneth Duckworth ("It's harder to get into a state hospital than into Harvard Medical School") comes from Deborah Sontag, "A schizophrenic, a slain worker, troubling questions," *New York Times*, June 17, 2011.

330 Figures for the percentage of individuals with schizophrenia who live with their families rely on Richard S. E. Keefe and Philip D. Harvey, *Understanding Schizophrenia: A Guide to New Research on Causes and Treatment* (1994) (estimating 65 percent, page 173); Agnes B. Hatfield, *Family Education in Mental Illness* (1990) (estimating 65 percent, page 15; the family survey finding that only 3 percent of respondents thought their schizophrenic relatives should live in the family home is discussed on pages 16–17); and Ellen Lukens, "Schizophrenia," in *Handbook of Social Work Practice with Vulnerable and Resilient Populations*, 2nd ed., edited by Alex Gitterman (2001) (estimating 50–70 percent, page 288). For more information on living arrangements and parent satisfaction, see Benedicte Lowyck et al., "Can we identify the factors influencing the burden family-members of schizophrenic patients experience?," *International Journal of Psychiatry in Clinical Practice* 5, no. 2 (January 2001).

330 The quotation from Jeffrey Lieberman ("The problem is that people burn out . . .") comes from my interview with him in 2009.

330 The quotation from Ezra Susser ("You have to be really careful . . .") comes from my interview with him in 2008.

330 The referenced WHO study is Dan Chisholm et al., "Schizophrenia treatment in the developing world: An interregional and multinational cost-effectiveness analysis," *Bulletin of the World Health Organization* 86, no. 8 (July 2008). A 1999 study from Nigeria disputes the claim that schizophrenia outcomes are better in developing countries; see Oye Gureje and Rotimi Bamidele, "Thirteen-year social outcome among Nigerian outpatients with schizophrenia," *Social Psychiatry & Psychiatric Epidemiology* 34, no. 3 (March 1999).

330 The quotation from Cyril D'Souza ("It was very difficult for me to understand...") comes from my interview with him in 2007.

330 The description of treatment of mental patients in Senegal is based on personal reporting I did there in 2000.

331 The quotation from Esso Leete ("Criticize only constructively...") comes from her article "Interpersonal environment: A consumer's personal recollection," in *Surviving Mental Illness: Stress, Coping, and Adaptation*, edited by Agnes B. Hatfield and Harriet P. Lefley (1993).

331 The advice to "approach delusions in a spirit of shared inquiry" is made at East Community's "Family and friends" webpage, http://www.eastcommunity.org/home/ec1/smartlist_12/family_and_friends.html.

331 The quotation from the father ("My loving, bright, amusing son...") occurs on page 34 of Raquel E. Gur and Ann Braden Johnson, *If Your Adolescent Has Schizophrenia: An Essential Resource for Parents* (2006); the quotation from the mother ("These kids die but they never get buried") occurs on page 96.

331 The quotation "The sick child inhabits a different world..." occurs on page 3 of Nona Dearth and Families of the Mentally Ill Collective, *Families Helping Families: Living with Schizophrenia* (1986).

331 The murder of Malcolm Tate is described on page 79 of E. Fuller Torrey, *Out of the Shadows: Confronting America's Mental Illness Crisis* (1997). A judgment in *Lothell Tate v. State of South Carolina*, affirming Lothell Tate's conviction for the murder of her brother, was issued by the South Carolina Supreme Court on April 13, 1992.

331 This passage is based on my interview with Rosemary Baglio in 2008.

334 Anosognosia is the subject of Xavier Francisco Amador, *I Am Not Sick, I Don't Need Help!* (2007).

334 "That proves you mad, because you know it not" occurs in act 4, scene 3 of Thomas Dekker's 1604 play, *The Honest Whore*, reissued by Nick Hern Books in 1998.

334 The quotation from Elyn Saks ("We should not be in the business of choosing selves") occurs on page 2 of her book *Refusing Care: Forced Treatment and the Rights of the Mentally Ill* (2002).

335 For more information on IQ and outcomes in schizophrenia, see Janet C. Munro et al., "IQ in childhood psychiatric attendees predicts outcome of later schizophrenia at 21 year follow-up," *Acta Psychiatrica Scandinavica* 106, no. 2 (August 2002); and Maurizio Pompili et al., "Suicide risk in schizophrenia: Learning from the past to change the future," *Annals of General Psychiatry* 6, no. 10 (2007).

335 The quotation from John Krystal ("You have no idea how many people you interact with who are hearing voices...") comes from my interview with him in 2012.

335 Linda Bishop is the subject of Rachel Aviv, "God knows where I am: What should happen when patients reject their diagnosis?," *New Yorker*, May 30, 2011.

335 Judi Chamberlin's comment ("If it isn't voluntary, it isn't treatment") occurs in David Davis, "Losing the mind," *Los Angeles Times*, October 26, 2003. Chamberlin is the author of *On Our Own: Patient-Controlled Alternatives to the Mental Health System* (1978).

335 The Mad Pride movement is discussed in Gabrielle Glaser, "'Mad pride' fights a stigma," *New York Times*, May 11, 2008.

336 The quotation from the Asheville Radical Mental Health Collective organizer ("It used to be you were labeled...") comes from Gabrielle Glaser, "'Mad pride' fights a stigma," *New York Times*, May 11, 2008.

336 The quotation from David Oaks ("They took a wrecking ball to the cathedral of my mind"), Sally Zinman's praise of Oaks, and the American Psychiatric Association's response come from David Davis, "Losing the mind," *Los Angeles Times*, October 26, 2003.

336 Peter Breggin describes drug-induced improvement in schizophrenics as a "disability, a loss of mental capacity" on page 2 of *Psychiatric Drugs: Hazards to the Brain* (1983).

337 Psychiatric drug "pro-choice" advocates are featured in L. A. Robinson and Astrid Rodrigues, "'Mad Pride' activists say they're unique, not sick," ABC News, August 2, 2009.

337 The quotation from Will Hall occurs on page 3 of his book *Harm Reduction Guide to Coming Off Psychiatric Drugs* (2007).

337 This quotation from Clare Allan ("There seems to be some sort of agreement...") and the one that follows ("Rightly or wrongly, the truth was I didn't feel proud...") come from her article "Misplaced pride," *Guardian*, September 27, 2006; "According to my doctor, I'm mad..." appears in the comments section of that article.

337 The statement "We are a network of people living with..." occurs on the Icarus Project website, http://theicarusproject.net/.

338 Alison Jost discusses Mad Pride in her article "Mad pride and the medical model," *Hastings Center Report* 39, no. 4 (July–August 2009).

338 This passage is based on my interview with Walter Forrest in 2008. All names in this passage are pseudonyms.

339 The anecdote about the casting difficulties involved in the production of *One Flew Over the Cuckoo's Nest* occurs on page 38 of Otto F. Wahl, *Media Madness: Public Images of Mental Illness* (1995).

339 The survey finding that 40 percent of landlords immediately rejected mentally ill applicants for apartments is reported in Joseph M. Alisky and Kenneth A. Iezkowski, "Barriers to housing for deinstitutionalized psychiatric patients," *Hospital & Community Psychiatry* 41, no. 1 (January 1990).

339 For details on the miserable employment prospects of people with schizophrenia, see Eric Q. Wu et al., "The economic burden of schizophrenia in the United States in 2002," *Journal of Clinical Psychiatry* 66, no. 9 (September 2005); and David S. Salkever et al., "Measures and predictors of community-based employment and earnings of persons with schizophrenia in a multisite study," *Psychiatric Services* 58, no. 3 (March 2007).

339 The effectiveness of employment as therapy was noted by Stephen Marder in Mark Moran, "Schizophrenia treatment should focus on recovery, not

just symptoms," *Psychiatric News* 39, no. 22 (November 19, 2004). Marder is a coauthor of Robert S. Kern et al., "Psychosocial treatments to promote functional recovery in schizophrenia," *Schizophrenia Bulletin* 35, no. 2 (March 2009).

339 The quotation from James Beck ("Many people can't tolerate working with chronic schizophrenics...") occurs on page 97 of Rael Jean Isaac and Virginia C. Armat, *Madness in the Streets* (1990).

340 Statistics on risk of homicide by people with schizophrenia come from Cameron Wallace et al., "Serious criminal offending and mental disorder: Case linkage study," *British Journal of Psychiatry* 172, no. 6 (June 1998).

340 For the 1998 study on violence in psychiatric patients, see Henry J. Steadman et al., "Violence by people discharged from acute psychiatric inpatient facilities and by others in the same neighborhoods," *Archives of General Psychiatry* 55, no. 5 (May 1998).

340 Increased risk of violence to family members of people with schizophrenia is documented in Annika Nordstrom and Gunnar Kullgren, "Victim relations and victim gender in violent crimes committed by offenders with schizophrenia," *Social Psychiatry & Psychiatric Epidemiology* 38, no. 6 (June 2003); and Annika Nordstrom, Lars Dahlgren, and Gunnar Kullgren, "Victim relations and factors triggering homicides committed by offenders with schizophrenia," *Journal of Forensic Psychiatry & Psychology* 17, no. 2 (June 2006).

340 The murder of Stephanie Moulton by Deshawn Chappell is discussed in Deborah Sontag, "A schizophrenic, a slain worker, troubling questions," *New York Times*, June 17, 2011; John Oldham's letter to the editor in response to "How budget cuts affect the mentally ill," *New York Times*, June 25, 2011.

341 Quotations that appear in this account of Jared Loughner's shooting spree and the aftermath come from the following sources: "We have a mentally unstable person in the class...": Matthew Lysiak and Lukas I. Alpert, "Gabrielle Giffords shooting: Frightening, twisted shrine in Arizona killer Jared Lee Loughner's yard," *New York Daily News*, January 10, 2011. "It seemed obvious that he had mental problems" and "We don't understand why this happened": Leslie Eaton, Daniel Gilbert, and Ann Zimmerman, "Suspect's downward spiral," *Wall Street Journal*, January 13, 2011. Loughner "rocked back and forth," "experienced delusions, bizarre thoughts...": Mark Lacey, "After being removed from court, Loughner is ruled incompetent," *New York Times*, May 25, 2011. "Mr. Loughner has a due process right...": Mark Lacey, "Lawyers for defendant in Giffords shooting seem to be searching for illness," *New York Times*, August 16, 2011. "Is it ethical and proper...": Mark Lacey, "After being removed from court, Loughner is ruled incompetent," *New York Times*, May 25, 2011.

341 Judicial authorization for continued medication for Jared Loughner is reported in "Judge allows forced medication for Arizona shooting suspect," *New York Times*, August 28, 2011.

341 Loughner's guilty plea was reported in Fernanda Santos, "Life term for gunman after guilty plea in Tucson killings," *New York Times*, August 7, 2012.

342 The Los Angeles County Jail is described as the facility containing the largest number of schizophrenics in the United States in the article "Treatment not jail: A plan to rebuild community mental health," *Sacramento Bee*, March 17, 1999. For a comprehensive general source on mental health and the criminal justice system, see the Council of State Governments report *Criminal Justice / Mental Health Consensus Project* (2002).

342 Statistics on the total number of people with schizophrenia in jail and on probation come from Paula Ditton, *Mental Health and Treatment of Inmates and Probationers* (1999).

342 Massachusetts statistics come from the most comprehensive available study of mental illness in incarcerated persons: Sasha Abramsky and Jamie Fellner, *Ill-Equipped: U.S. Prisons and Offenders with Mental Illness* (2003).

342 This passage is based on my interviews with Susan Weinreich and Bobbe Evans in 2007 and subsequent communications.

346 The four quotations about voices and delusions come from personal communications.

347 The quotation from Michael Foster Green ("When an illness is viewed as inexplicable and impenetrable...") occurs on the first page of his book *Schizophrenia Revealed* (2001).

347 Karl Jaspers uses the phrase *abyss of difference* on page 219 of *General Psychopathology* (1963), as cited by Christopher Frith and Eve Johnstone on page 123 of *Schizophrenia: A Very Short Introduction* (2003).

347 The quotation from Jay Neugeboren ("For paid professionals to act as if Robert were merely a vessel of flesh...") occurs on pages 136–39 of his book about Robert's schizophrenia, *Imagining Robert: My Brother, Madness, and Survival* (2003). It has been condensed.

347 Andy Behrman describes his experiences with bipolar disorder in his essay "Mental health recovery: A personal perspective," About.com, December 29, 2011.

348 The quotation from Richard C. Friedman ("The problem in psychiatric diagnosis...") comes from personal communication in 2011.

348 This passage is based on my interview with Patricia, Winston, and Sam Fischer in 2008, and subsequent communications. All names in this passage are pseudonyms, except the name of David Nathan.

图书在版编目（ＣＩＰ）数据

背离亲缘：那些与众不同的孩子、他们的父母，以及他们寻找身份认同的故事 / （美）安德鲁·所罗门著；简萱靓，谢忍翾译.—— 长沙：湖南科学技术出版社，2018.1
ISBN 978-7-5357-9433-8

Ⅰ．①背… Ⅱ．①安… ②简… ③谢… Ⅲ．①儿童教育－特殊教育 Ⅳ．①G764

中国版本图书馆CIP数据核字(2017)第 202437 号

FAR FROM THE TREE: PARENTS, CHILDREN AND THE SEARCH FOR IDENTITY
Copyright © Andrew Solomon, 2012
Simplified Chinese translation copyright ©2017 by Hunan Science & Technology Press
All Right Reserved.
湖南科学技术出版社获得本书中文简体版中国大陆地区独家出版发行权。
著作权登记号：18-2013-512
版权所有，侵权必究

BEILI QINYUAN NAXIE YUZHONG BUTONG DE HAIZI TAMEN DE FUMU YIJI TAMEN XUNZHAO SHENFEN RENTONG DE GUSHI

背离亲缘：那些与众不同的孩子、他们的父母以及他们寻找身份认同的故事

著　　者：	[美]安德鲁·所罗门
译　　者：	简萱靓　谢忍翾
责任编辑：	张　新　孙桂均　刘　英
文字编辑：	陈一心
出版发行：	湖南科学技术出版社
社　　址：	长沙市湘雅路 276 号
	http://www.hnstp.com
邮购联系：	本社直销科　0731-84375808
印　　刷：	长沙宇航印刷有限公司
	（印装质量问题请直接与本厂联系）
厂　　址：	长沙市岳麓区望城坡航天大院
邮　　编：	410205
版　　次：	2018 年 1 月第 1 版
印　　次：	2018 年 1 月第 1 次印刷
开　　本：	710mm×1000mm　1/16
印　　张：	50.25
书　　号：	ISBN 978-7-5357-9433-8
定　　价：	148.00 元

（版权所有·翻印必究）

背离亲缘

下

FAR FROM THE TREE
Parents, Children and the Search for Identity

【美】Andrew Solomon 安德鲁·所罗门 著

简萱靓 谢忍翾 译

湖南科学技术出版社

FAR FROM THE TREE

Parents, Children,
and the Search for Identity

Andrew Solomon

SCRIBNER

New York   London   Toronto   Sydney   New Delhi

SCRIBNER
A Division of Simon & Schuster, Inc.
1230 Avenue of the Americas
New York, NY 10020

Copyright © 2012 by Andrew Solomon

All rights reserved, including the right to reproduce this book or portions thereof in any form whatsoever. For information, address Scribner Subsidiary Rights Department, 1230 Avenue of the Americas, New York, NY 10020.

First Scribner hardcover edition November 2012

SCRIBNER and design are registered trademarks of The Gale Group, Inc., used under license by Simon & Schuster, Inc., the publisher of this work.

For information about special discounts for bulk purchases, please contact Simon & Schuster Special Sales at 1-866-506-1949 or business@simonandschuster.com.

The Simon & Schuster Speakers Bureau can bring authors to your live event. For more information or to book an event, contact the Simon & Schuster Speakers Bureau at 1-866-248-3049 or visit our website at www.simonspeakers.com.

Manufactured in the United States of America

5   7   9   10   8   6

Library of Congress Cataloging-in-Publication Data

Solomon, Andrew.
Far from the tree : parents, children and the search for identity / Andrew Solomon.
    p.   cm.
1. Children with disabilities—United States—Psychology. 2. Exceptional children—United States—Psychology. 3. Parents of children with disabilities—United States. 4. Parents of exceptional children—United States. 5. Identity (Psychology)—United States. 6. Parent and child—United States—Psychological aspects. I. Title.
HV888.5.S65 2012
362.4083'0973—dc23
                             2012020878

ISBN 978-0-7432-3671-3
ISBN 978-1-4391-8310-6 (ebook)

See p. 907 for a continuation of the copyright page.

那些与众不同的孩子、他们的父母，
以及他们寻找身份认同的故事。

安德鲁·所罗门 著
简萱靓　谢忍翾 译

献给约翰。
为了他的异，
我甘愿放弃这世上所有的同。

——安德鲁·所罗门

不完美是我们的天堂,
看,在苦涩之中,有欢欣,
因为我们内在的不完美如此炙热,
欢欣就在缺陷的文字与固执的声音之中。

——华莱士·史蒂文斯《时代气象之诗》

编辑及体例说明

本书原文共计十二章，中文版分上下册各六章。上册处理的主题为听障、侏儒、唐氏综合征、自闭症及精神分裂症，下册处理的主题为身心障碍、神童、遭奸成孕、罪犯、跨性别。

注解的原书页码依序置于正文旁边，全书注解位于书末，注解的句首的参照页码为原书页码，读者可依此翻查书中正文旁边的原书页码。

目 录

第七章　身心障碍	（1）
第八章　神童	（52）
第九章　遭奸成孕	（123）
第十章　罪犯	（183）
第十一章　跨性别	（244）
第十二章　父亲	（322）
致谢	（349）
注解	（355）

第七章　身心障碍

搭火车
有人说山上比较适合他
于是我们搭上早班火车，
希望能在绚烂的午后，
抵达明亮、洁净的城市。
我带齐他全部所需：
有漂亮照片的杂志、
他盼了一整年的圣诞糖果、
他的水壶，以及造型奇特的汤匙。
儿子安静而快乐，打着盹。
他发育中的胸膛起起伏伏，
无声赞颂着上天，他的气息冒着泡，
乳白如初生之犊。
火车在岩堆与橡木丛中挺进
数小时，突然间，右侧有

海洋凶恶的眼睛粼粼闪烁。
这不是上山的路
又为何人人都说着西班牙语？
我以前懂西班牙语
穿着制服的列车长比手画脚
表示要检票，但
我皮包里只有地图两张
画着德州海岸。
列车长停下火车。不能这样任由我们。
高耸的桃花心木亭
隐约现身于棕榈树绿荫下。
车厢里三排座位凭空消失。他们原来所站之处，满地是沙。
我得找到我的行李箱。
里头有几把刀子、一部相机
能记下我们的遭遇。
我们前方的座位
消失了。
我们后方的座位
也不见了，座位上的人不见了。
沙尘窸窸窣窣上涨，直逼我的双踝。
我在隔壁车厢找到行李箱。
箱扣一开，刀身碎裂成锈，
相机沾满了沙。
只剩下五个座位。
在我们那两个座位上，坐着另一个深色头发的女人
正把毯子塞入
另一名智障男童的膝下。
我想起一句西班牙片语：
Dónde está mi hijo?（我儿子在哪？）
一个年轻女人回答：

他们已经赶他下车。

车子又开了，速度很快。

车厢内的沙子已漫上我的膝盖。

车外，沙漠一望无际。

在无垠沙丘的某处，

儿子独自爬行。

甚至没带助行器。

这辈子每天早上，

我们都搭上这班列车

一路前行，直到分开为止。

——伊莲·帕伦西亚

"身心障碍"一词可用来称呼脚踝不好导致走远路十分辛苦的老人、失去手脚的退役军人，也可以用来称呼被归类为心智迟缓的人，或任何功能严重受损的人。多重障碍指的是有两种或更多障碍的人，重度障碍是指损伤程度非常严重的人，重度多重障碍人士则指必须面对很多困难的人。有些重度多重障碍者肢体不听使唤、缺乏移动能力、不具语言思考能力以及自我意识。他们的外表虽然多少与一般人相似，却可能无法习得自己的名字、无法抒发感情，或无法表达愤怒或快乐等基本情绪。他们甚至可能无法自行进食。即便如此，他们不容置疑仍是人，且多半都有人爱。那是一种不带个人动机、不求回报的热爱。爱他们的人选择一种不同的爱，而不是诗人威尔伯所说的"有理由的爱"。他们因为这些孩子的存在而看到美与希望，而不是因为这些孩子的成就。养儿育女大多不免需要努力改变、教育自己的孩子，希望孩子变得更好，但重度多重障碍人士可能无法改变，父母投注的心力，不是基于孩子可能会、应该要或将来会变得如何，而是单纯基于他们现在这个样子，这当中带着一种动人的纯粹。

重度多重障碍不具清晰的判定标准，因此要收集相关资料，就比定义清楚的单一残疾人士还要困难。不过大致上，美国每年出生的新生儿中，约有 2 万名是重度多重障碍宝宝。由于医疗进步，许多原先必然无法活过婴儿期的宝宝都活得比以前久。

这些孩子显然活得痛苦，照顾他们的人也会受到拖累，即便如此，我们还是得尽力延续他们的生命吗？大家为此争吵不休。若在 30 年前，父母得到的建议不外是放弃重度障碍的孩子，方法多半是任其自生自灭。然而近 20 年来，人们却会告诉父母要留下孩子，并珍爱他们。对于要照顾重度多重障碍的孩子而被迫放弃工作的家庭，大多州政府都提供收入津贴，并安排喘息服务、健康照护，以及居家服务。重度多重障碍人士如果还有学习能力，现在的教育制度也较为接纳包容。这么做不仅出于慷慨慈悲，而且因为他们越能自理，一生的生活成本就越低。社会安全局每花一块钱为障碍人士提供职业复健，就能省下七块钱。

大卫·哈登与莎拉两人在 20 岁出头结为夫妻，准备在纽约展开光明的人生。大卫在全纽约市最顶尖的达维律师事务所工作，莎拉婚后不久便怀上第一胎。儿子杰米在 1980 年 8 月出生，产后第 3 天，一位实习医生走进病房对莎拉说："孩子刚才全身变蓝，我们不知道是怎么了。"医生诊断不出任何异状，只好让他们带部呼吸中止监测仪回家，杰米只要呼吸一停止，监测仪就会发出警铃。但警铃从未大作，大卫与莎拉也认为孩子应该没问题。孩子 3 个月大时，小儿科医生说杰米的头部大小未跟上正常的生长曲线，建议孩子接受颅部 X 线检查，看看婴儿头骨上有弹性的颅缝是否过早愈合。检查后，确定颅缝并无问题。莎拉回忆当时说道："我们大大松了一口气，也就不再猜疑为什么他的头一直没长大。"

几周后，医生建议两人去找神经科医生。他们去了纽约市哥伦比亚长老教会医院就诊，那里的神经科医生在杰米的视网膜上发现胡椒盐状的病变。他说："这麻烦大了，你们如果还想再生，我建议先暂缓。这孩子眼睛看不到，而且智力很有可能严重迟缓，还有，他大概活不久。"说完便拿起话筒，说道："我这儿有一对夫妻，两人麻烦大了。不过好消息是……"两人一听到"好消息"便满怀希望地凑过去——"……我要跟你说另一个患者……"于是大卫和莎拉一言不发走出诊室。

隔天早上，莎拉对大卫说："不知道为什么，但我强烈认为，应该要让杰米受洗。"两人好几年没去教会了，不过仍然翻开黄页，找到附近一间教堂。莎拉说："那时我还不懂，但我想我承认他是有灵魂的。曾经有人拍拍我的头，告诉我：'上帝自有奥秘的旨意。'我听了和他翻脸。我相信生命是个奥秘，但我不觉得世界上会有某位神，基于某个原因，让我们遇上这种情况。不过话说回来，教会给了我们安定的力量。"大卫说："故事就从莎拉要求让杰米受洗开始。"

当时莎拉能接受的，仅止于杰米双眼看不见。她认为他之所以发展迟缓，全是视力造成的。她不肯相信杰米的大脑已经停止发育。看完神经科一个月后，她和大卫带杰米去做脑电波检查。检查师把电极贴上杰米的头皮时，不停地戳他的头骨。大卫说："就在那一刻，我们决定成为维权者，挺身而出。我们对她说：'住手！该死的，不准这样对我们的孩子。'那是第一次。我一直都是一个循规蹈矩的人，但杰米改变了我，让我成为更出色的律师。他逼我发展出争取权益的能力，那靠的是激情，而非论理。我们很注重隐私，却同意接受访问，正是因为这是争取权益的一种方法。而杰米是这方面的先驱，从一开始看医生的时候就是这样，我们很以他为傲。"

杰米2岁时可以自己坐起，但3岁时又不行了；他11岁前还有办法翻身，但现在也无法了。他从未发展出说话与自己进食的能力，刚开始还能尿尿，但排尿的神经链接很快也丧失功能，只能一辈子插导尿管。莎拉说："当我们得知杰米心智迟缓时，我很害怕。我一直想着海伦·凯勒的故事，想着只要能找到那把关键的钥匙、只要我不停地在他手上画符号，他就能学会说话。他的每个老师都督促我，对我说：'对对对，这就是你该做的，继续继续，激发他所有的潜能！'这样的鼓励虽然很重要，但又给我带来罪恶感。"

杰米的医生都颇为确定他的状况很反常，于是哈登夫妇在他4岁的时候，决定再生一胎。女儿莉莎出生时十分健康。4年后，两人觉得应该再为莉莎生一个弟妹，将来好帮她照顾杰米，因此又生下了山姆。山姆 6 周大时，某天莎拉要把他放上床，突然间，他开始抽搐，莎拉立刻知道那是痉挛发作。

莎拉解释："有了诊断就会评估预后，有了预后，至少比较心安。"但医生检查不出个所以然，即使他们很快便知道两兄弟的症状显然是一样的。哈登夫妇在医疗期刊与《非常父母》杂志上刊登广告，寻找有类似症状的儿童，也带两兄弟到纽约大学儿童医院、波士顿儿童医院以及马萨诸塞州眼耳医院检查。两人也联系了约翰·霍普金斯医院的医生。杰米和山姆的这一连串症状似乎很独特，没人知道这两个孩子该怎么治疗、病症会如何恶化，又能活多久。

山姆的情况比杰米严重，他的骨头太脆弱，腿经常骨折，后来终于动了脊椎融合手术。他靠喂食管进食的时间也比杰米早，且终日呕吐。2 岁时因为不停痉挛，在医院躺了 6 周。入院前，山姆的大脑认知功能比杰米健全，但待了 6 周后，便丧失功能了。

大卫与莎拉被压得喘不过气来。莎拉说："大家一直问：'为何不找人帮忙？'但需要别人帮忙的这个想法就和所需的帮助一样可怕。"她告诉莉莎，山姆会跟杰米一样，莉莎回答："把他送回去，换个宝宝回来。"莎拉无法接受这段话，因为那正是她心里所想的。莎拉说："并不是我不爱他，而是我实在太沮丧了。我当时每天设定的目标就只是把整堆衣服洗完，却仍然无法每次完成。"山姆确诊后几个月，莎拉心情荡到谷底。她说："我坐在厨房地板上，努力说服自己，把两个孩子带去车库，发动车子，让一氧化碳把我们三人一起带走。"

当然，也有开心的时候。莎拉说："早知道同样的事情会再度发生，我们当初就不会冒险再生一胎。但话说回来，如果有人跟我说：'我们可以为你抹去一切经历。'我也不愿意。山姆身为弟弟，拥有许多优势。我已经知道该怎么做，照顾起来比较得心应手。他也比较惹人爱。杰米是战士，懂得为自己争取权益，山姆则是百依百顺。我每次都会想到伍迪·艾伦电影里那颗能引发情爱感受的银色球体。"大卫也同意道："家里有张照片很可爱，是他还小的时候，莎拉跟他一起跳舞时拍的。照片里他是真的站着，跟着莎拉一起摇摆。他随时都有可能倒下去，可是两人就像佛雷德与琴吉,在一起时就变得很不可思议。我大开眼界,一个看不见、心智迟缓、不会说话、没有行动能力的人,竟然可以这样感动他人、使人卸下心理防线,远非我们所能及。看着他不断感动别人,我们就这样撑了下来。"

杰米快9岁的时候,莎拉有次想把他拉出浴缸,一不小心害自己受伤,导致椎间盘突出。当时三个孩子都长水痘,两兄弟又包尿布,换尿布时困难重重。大卫说:"我觉得每个家庭主妇都应该获颁奖章,而莎拉应该要拿到16个紫心勋章。那时我们有山姆,他常痉挛,得成天跑医院。我们还有个4岁大的孩子。然后还有杰米,他常有突发状况。这实在超出我们所能。"1989年6月,两人在一家成人照护机构帮杰米争取到紧急安置。那家机构位于北康涅狄格州,车程约40分钟。接着大卫和莎拉加入一场集体诉讼,要求州政府以社区照护机构取代大型医疗机构。"杰米让心智迟缓部大失颜面,因为他们竟然只能让这样一个8岁孩子去一间60张病床的成人机构。"大卫话中十分以孩子为豪。《哈特福德报周刊》撰文报道这场诉讼,当期的封面就是杰米,后来哈特福德障碍者协会终于在1991年成立照护之家。哈登夫妇决定也送山姆进去,并每天探视。那时莉莎已上了小学,两个儿子也不住家里,莎拉心想,既然触摸是她和两个儿子的最佳沟通方式,不如去上按摩课程。之后她成了按摩治疗师,并在其后15年以此为业。

山姆住进照护之家2年后的某一天,看护在他洗澡时违反规定,出去帮他拿药,留他一个人。他平常洗澡都会坐在浴缸内的椅子上,臀部绑上安全带固定。那天不知是忘了还是魔鬼毡没黏紧,看护离开不过才3分钟,回来后发现山姆已经滑入水中。大卫在办公室接到电话后立即打给莎拉,那时她正开车送莉莎到寄宿学校,于是三人在急诊室会合。大卫说:"医生进来时,我们一看他的表情就知道事情不妙。我和莎拉有如遭晴天霹雳,莉莎则非常愤怒,知道有人搞砸了。"莎拉说:"我们曾说希望孩子离开人世,但真要发生时却还是陷入恐慌。这对山姆来说是最好的安排。我极度想念他,失去他我心很痛——但这场艰苦的抗战,他也奋斗够久了,我相信他现在有了更好的归宿。"

哈登夫妇当晚去了照护之家看杰米,那位留山姆一人坐在浴缸里的看护也在那里。莎拉说:"她大受打击,坐在沙发上啜泣。我抱了抱她,对她说:'玛维嘉,我们谁都有可能犯这个错。'她是不该留他一人在浴缸里,但要做到一刻也不松懈实在太难。我们也是,总是搞得一团糟。如果他当时在家中,我可能也会把他留在浴缸里,跑去拿条毛巾什么的。这种贴身照顾工作真的很艰苦,要找到合格的人一直做下去几乎不可能,而且薪水又低。如果犯错就要闹上法院,这样对事情有帮助吗?这个行业已经够吃力不讨好了,我不想再让其他有心入行的人却步。更何况杰米还在那,我们还得回去。这些人全天候照顾我们的孩子,是我们的救星。"

那位看护以过失致死罪遭到起诉,大卫说:"我们对检察官说:'希望你不要追究。她会因此失业,而且再也无法做同样的工作,我想她已经学到教训了。'我们都想怜悯她,也希望伤痛赶快过去。"玛维嘉最后被判5年徒刑,暂缓执行,缓刑的条件之一是保证不再从事贴身照护工作。判决出来后,大卫把山姆以前挂在脖子上用来擦口水的领巾送给玛维嘉。大卫回忆道:"她放声大哭,悲伤的声音回荡在法院的大理石走廊里。"

山姆的葬礼影片中尽是满满的爱,是对山姆的爱,也是对大卫、莎拉、莉莎与杰米的爱。"我想过山姆总有一天会离开,觉得届时应该会有解脱感。的确是有这样的感觉,但除此之外,却也深深感到失去的痛苦,觉得如果时间能倒流,让我回去救他,说什么我都愿意。我没预料到自己会有这样的感受。"4年后,两人终于要埋葬山姆的骨灰。莎拉说:"我一直觉得老天亏待我两次:一次抢走我想要的孩子,一次夺走我爱的孩子。就让我在此埋葬我的愤怒吧。"

我第一次看到杰米时,他已经20岁出头,乍看下一脸呆滞。我注意到他的房间很漂亮,墙上挂满了裱框的照片与海报,床上铺着图案精美的棉被,衣柜里挂着体面的衣服。我觉得给盲人挑选这些好看的东西有点奇怪,但莎拉说:"这是尊重的表现,也让他身边的人知道我们很照顾他,希望他们能一样照顾他。"杰米个子高,骨架也大,上下床都得靠滑轮。要让他感到舒服，得费莫大心力，而虽然他看起来可以忍受不舒服，但我第一眼看到他时，却觉得他没有能力快乐。然而，当莎拉和大卫与儿子共处一室，我看到了熠熠生辉的人性。莎拉说："山姆离开后，杰米变温和了。不过也可能是我们变了。"

之后几次拜访，我发现杰米有时会睁开眼睛，像在盯着人看。他会哭，会微笑，偶尔还会发出几声像在笑的声音。我试着把手放在他肩上，因为他主要靠触觉沟通。莉莎抱着万一他能听懂的希望，请假两周为他朗读《纳尼亚王国》。用这种方式表达情意有点怪，不过我发现，妹妹的出现和她的声音，都能平服杰米的情绪，而她能接受他的本质，对她也是好事。大卫说："他活得很原始，不会刻意表现或追求或完成任何事，就只是单纯当个人。他是纯粹的存在。他无意间展现了人类最根本的样貌。我发现，这样的想法让人有能量面对随之而来的要求。"

照护之家的员工后来团结起来罢工抗议。莎拉说："我完全支持他们的诉求，但想到他们随时都能一走了之，就觉得难过。我希望他们能真心爱杰米，跟我一样无法丢下他。他们工作做得挺好，也很喜欢杰米，但他们不爱他，再加上之前山姆的遭遇，让我很难信任他们。"几年后，杰米搬去另一间较远的照护之家，莎拉来信说："去米德尔敦市就像去赏鲸，往往我们抵达的时候杰米已经睡着了，只能听到里头的人说：'你们应该早一个小时来的，他刚才玩得好开心！'比较不好的时候，就是我们看着他不舒服，然后想办法找出原因，于是又变得跟以前一样七上八下。我们总期待能有快乐时光，希望能像两周前，看到他'浮出水面'享受生命的样子。"

莎拉和大卫说，两人的婚姻常是轮番陷入低潮，然后互相为对方打气。大卫说："把对方拉出来很费心力，但伴侣就是这样。"我第一次见到哈登夫妇时，两人正开始接受完形治疗，第一个练习是用蜡笔画出人生的时间轴。莎拉说："画的时候，我标上三个孩子的出生时间，之后就再也不想填上任何东西，接着我哭了出来。悲痛是那么多，我们勉强才把生活打点好，根本没有时间去感受。我们得把很多事情吞下肚，才能活下去。"

艾伦·罗斯在《不平凡的孩子》一书中提到，父母"不免会期望孩子超越自己，或至少拥有跟自己同样的社会经济地位"。他接着写道："如果孩子不符合期望，父母往往需要他人协助，才能调整行为、适应现实，他们得学着接受'他们的孩子'与心中'某个孩子'的理想形象间有一段差距。"导致亲子关系紧张的，往往不是孩子的缺陷有多严重，而是父母的适应能力、健康的家人间的互动关系，以及父母是否在意外人的眼光。投注在孩子身上的金钱、时间，以及外界的支持等，也是很重要的要素。人际孤立或许是最大的压力来源，有可能是朋友疏离，或是父母自己因朋友的同情或不理解而与之疏远。健康的孩子通常能为父母拓展社会人脉，身心障碍的孩子则往往缩小了父母的人脉。

苏珊·艾波特是亲子依附理论的权威，她曾撰文提到，在非身心障碍的家庭中，"并不是父母单方面为无助的孩子提供照顾，而是父母与孩子仔细地同步舞出繁衍与生存的舞蹈。孩子一生下来就知道自己的舞步为何，但就像跳国标舞一样，需要舞伴配合。而父母生下孩子，受到荷尔蒙的牵引，很自然会展现出抚育的行为，但要让这行为持续，就需要舞伴好好配合。"相同的概念常出现在依附的研究文献中。演化生物学家赫迪说："世界上所有的哺乳类动物，母爱的表现其实都断断续续，而且不断根据外在刺激而改变。育儿这件事需要不断尝试，还要有外力强化及维持。育儿这件事本身就需要培育。"乔治和所罗门在医界极具重量的《依附手册》中，提到亲子依附之情"是交互的，并不是单向的线性发展"。重度多重障碍儿童往往只能表达食欲与痛苦，吃饱了、舒服了，便能让人看出满足，那么，这样的孩子与父母的相互交流，又是何等样貌？

然而父母对重度多重障碍儿童的亲子依附之情却屡见不鲜，这跟所有的爱一样，多少是一种投射。人们认为，自己爱孩子是因为孩子可爱，爱父母是因为父母曾经照顾自己。然而，很多被父母冷落的孩子还是一样爱父母，很多孩子并不讨人喜欢，父母也一样全心全意付出感情。小儿科医生诺尔提到过一对夫妇，两人的女儿经诊断发现患有前脑发育畸形症，脑部只具有原始的功能，形同一具空壳。诺尔写道："两人一直相信孩子非常正常。"孩子只活了几周便过世。"我打电话致哀，发现两人悲痛的程度并不亚于其他父母。对两人来说，她就是自己的孩子。"

路易·温洛普和妻子格兰塔在女儿梅希出生那天十分高兴。隔天傍晚，梅希喝过奶后，看似在妈妈胸前沉沉睡去。护士本来决定就让她这样睡，但格兰塔因生产不顺而感到不适，便对护士说："还是把她抱回育婴室吧。"护士走在医院灯光明亮的走廊上，发现宝宝变成蓝色。在接下来的24小时，梅希不停地痉挛，当时医院无法确定她是因为缺氧才发作，还是因为发作所以无法呼吸。痉挛停止后，她的脑细胞严重出血，出血可能是大脑受损的结果，也可能是原因。路易说："她可能完全没问题，也可能生命垂危，两者间有一个灰色区域。如果当时我们能提早发现她根本不是在睡觉的话……唉，但这也说不准会怎么样。"路易问医生，梅希是否会平安无事。医生回答："是我的话，不会赶着现在就去哈佛捐钱帮她保留名额。"路易和格兰塔怒不可抑。路易说："我不敢相信他居然用这种方法告诉我，我女儿可能会重度智障。"两人接着向听力师求助，而对方表示梅希会失去部分听力。路易说："我不是情绪很外显的人，但当时听他这么说，我的眼泪马上就掉下来。这时医生说：'你得坚强起来，否则无法度过这一切，她也是。就算无法为自己坚强，也要为她坚强起来。'我振作起来，停止流泪，当时我想：'对，我得当坚强的那个人。'"但其他父母总是避着他，让他很受伤。"如果你带着有特殊需求的孩子去中央公园，其他父母总装作没看见你，绝不会主动接近你，不会邀请你的孩子去跟他们的孩子一起玩。我知道他们是怎么想的，因为在梅希出生前，我也跟他们一模一样。"

路易与格兰塔之后又生了第二个女儿洁宁，洁宁很健康。路易说："梅希改变了我们对待洁宁的方式。我生怕自己为了照顾梅希而冷落洁宁。但另一方面，洁宁每学会一件小事，我们都格外开心，觉得洁宁的一切都是奇迹而深受感动，因为我们知道，健康成长并非理所当然。"

虽然温洛普夫妇挫折不断，却也偶有所得。路易说："我们知道，一直还有另一个梅希。其他人跟梅希只有短暂的接触，都觉得我们疯了，但我们得到足够的闪光。我们非常爱她，从来没想过自己可以付出这么多爱。一直到现在，我还是惦记着另一个幽幽存在的梅希，那个未曾暂时终止呼吸的梅希，那个和我们相处了一天的梅希。有那么一两次，我想过，或许梅希走了对大家都好。我实在不晓得我这是在同情她所受的挫折和痛苦，还是自私作祟。我白天做梦也想，夜里做梦也想，想着梅希身体健康，在跟我说话。"

哲学家王苏菲的哥哥患有唐氏综合征，她问："当父母究竟有什么好？换句话说，他们牺牲自己、拉扯孩子长大，是希望获得什么回报？"大半个20世纪，一般人普遍认为家有残疾儿童的家庭是得不到任何回报的，这些家庭所经历的情绪，可用康复咨询师欧山基著名的概念来总结："慢性悲伤"。心理学界往往借用弗洛伊德的《哀悼与忧郁》文中那满怀情绪的语言，以各种与死亡有关的词汇来描绘这些孩子出生。父母若表达出自己的正面情绪，就被解读成了掩盖愤怒及自责的过度补偿，以及难以压抑的想要伤害孩子的愿望。1988年一份回顾文献便如此作结："发展障碍界的研究人员与提供相关服务的人认为，这家人会一同经历重大困难，并长期感到悲伤，所以必须通过家庭支持，一家人才能从愁云惨雾中走出。"

对于王苏菲的问题，各家有各家的答案，不同时代也有不同的解答。一如本书所探讨的许多身份认同族群，障碍族群在社会上已获得极大进展，而"愁云惨雾"也稍见消散。研究显示，观察障碍孩童父母的人，观察到的压力往往比父母自身感受到的多。这就跟障碍这件事一样，对于只能以想象来理解障碍的外人来说，事情似乎惨得无法想象，但对于许多终日与障碍为伍的人而言，其实没那么可怕。同样，照顾障碍儿童虽然辛苦，但父母终究会习惯。只不过这跟唐氏综合征、自闭症与精神分裂症的孩童一样，安置问题可能会很棘手。

重度障碍人士可能有严重的健康问题，或发生骇人的痉挛，但他们所需的照顾有一定的节奏，而只要有节奏，人类便能适应，必定可以胜任照顾工作。相较于强度较低但不定时发作的压力，强度高但稳定的压力比较容易处理。这就是为什么唐氏综合征儿童的父母反而比精神分裂症或自闭症儿童的父母还要轻松。唐氏综合征儿童较稳定，照顾工作变化较小，但精神分裂的儿童却不然，怪事随时会发生。至于自闭症儿童，你不晓得事态何时会急转直下。

父母对孩子的期待若是不加节制，或是因无知而产生错误期待，便形同毒药，而具体诊断一个人究竟有哪些障碍，则可带来莫大助益。古柏曼在《纽约客》里写道："语言对医术而言，便跟听诊器和手术刀一样重要。医生所使用的词汇中，又以他对疾病的称呼最具影响力。疾病名称会成为患者身份认同的一部分。"预后再不好，都比没有预后而一团混沌好。只要未来的路是明晰的，多数人都有办法接受。由于知识就是力量，即使未来并不乐观的症候，只要是已知的，和患上所知不多的症候相比，也能活得更有尊严。身份能建立几分认同，得看有几分确定性。

保罗·唐诺文与克莉丝在 1990 年代中期结婚，并搬到保罗科技业工作所在的湾区定居。不久后，克莉丝怀了连恩，生产过程颇为顺利，连恩出生时体重 3.6 千克。但连恩并没有睁开眼睛，医生开始觉得不对劲，检查后发现他的眼球只有豆子般大小。克莉丝回忆道："生活从此开始走下坡。"当时连恩还得立即动手术，松开堵塞的肠道。一周后，他又动了心脏手术，接着又发生血栓，差点因此丧命。连恩 6 周大时，已动过 6 次重大手术，医疗费用超过百万美元，所幸保罗的保险能支付一切。

保罗说："我们唯一能确定的是，他以后会看不见。除此之外，他会不会好转、能否安然无恙、之后还会发生什么状况，我们一概不知。照顾有特殊需求的孩子时，其中一个目标就是要帮助他们发挥潜力，所以最好能弄清楚他们的潜力究竟在哪里。但我们从没弄清楚过。这真的很糟，因为这么一来，我们就无法设立目标，也没法实现。但从另一方面来说，这样也不错，因为我们会锲而不舍地一再尝试。"连恩最后经诊断确定患有"联合畸形"（CHARGE）综合征，也就是重度多重障碍患者的统称，C代表猫眼，也就是眼睛结构中有个洞；H代表心脏缺陷；A代表鼻后孔闭锁，也就是鼻腔通往喉咙的通道是关闭的；R代表生长、发育障碍；G代表生殖系统、尿道异常；E则代表耳朵异常和耳聋。连恩虽然看不见，但他并没有猫眼症状，听力也良好。不过，他仍然符合联合畸形综合征大部分的诊断标准，另外还有其他不包含在此综合征中的症状。然而保罗说："要知道事情到底怎么了，有个简单的答案总是比较方便。"

连恩不肯进食，吃了也会吐出来。肺中积水导致他肺部发炎。虽然装了鼻饲管，但出生后第一年的体重几乎没有增加。他不开心的时候，会故意屏住呼吸，导致昏迷，这种行为是他表达痛苦的沟通方式，经常发生。保罗与克莉丝帮连恩做过五十几次的CPR。保罗说："好友问我：'你什么时候才要送他去机构安置？'他敢问我这个问题，我很尊重。这个问题很伤人，但是个好问题。之后我决定不这么做，这也是我的选择。生命有其自然的过程。等他18岁或22岁时，应该就会让他住进照护之家之类的地方。我们的责任就是让他有最好的生活品质，并帮助他发挥潜能，不管他的潜能有多少。"

连恩将近1岁时，体重只有6.3千克。动手术装了直接喂食管后，前三个月他长了3.6千克。他需要装永久引流管消除脑水肿。他的脑干受到脊髓压迫，医生以手术削去他一部分的脊髓，让脑干能正常移位。另外，因为他的二尖瓣开始闭合，因此又动了心脏手术，于是引流管就得开刀拿掉。连恩18个月大时已经动过15次手术。保罗得医院、公司两地跑，克莉丝则直接住进医院。她一想到那段日子便开始流泪，语带歉意地说道："我记得自己当时并不常哭。那段日子危机一直没断过。"

保罗与克莉丝一开始还盼着连恩有一天说不定会说话走路。等他2岁大时，两人知道连恩一辈子都会有问题，但还是期盼情况多少能改善。再过几年，保罗终于明白连恩的生活只会越来越困难，他说道："我记得自己只崩溃地大哭过一次，就是第一天晚上哭的那一回。当然，之后也偶尔会掉泪，可能是某个周二，看到别人家6个月大的孩子双脚又踢又蹬的时候，会难过地流下一两滴泪水。"克莉丝说："早期疗愈的那些人让我们活了下来，接着，他们觉得我们准备好了，于是希望我们加入分享团体和其他小孩一起游戏，但我那时还没准备好加入。"保罗记得，夫妇俩第一次为连恩设下目标时，洋洋洒洒写了30页。他说："到了第二年，我们只求三件事：能走、能吃、能说话。"

我第一次看到连恩的时候，他漂亮的眼睛似乎凝视着远方，然后见他往眼窝轻轻一拨，一下子便取下一颗眼珠。她一边为连恩更换眼珠一边说："造这对眼珠子的人真的是艺术家，他仔细看过我和保罗的眼睛，然后造出我们的孩子可能会有的眼睛。这对眼睛不只是为了美观，更是要让眼窝的骨骼正常发育。"连恩当时7岁，坐在轮椅上，很难判断他对于外界刺激有多少反应。保罗贴上连恩耳边温柔哼着："这是连恩，最棒的连恩，连恩连恩连恩，我爱你。"连恩笑了，我们无从得知连恩是因为听得懂而回应，是对这样亲密的沟通报以微笑，还是因为他微微变形的耳朵单纯感受到空气吹拂而有所反应，但总之，保罗知道如何逗连恩笑，也让自己开心。

没人料想得到，一个孩子4年内必须动20次手术，父母所能做的，也只有见招拆招。没有经历过的父母很难体会这种循序渐进的必要。虽然这些介入性治疗的累积效应可能很残忍，但少做任何一个，又有致命之虞。保罗坦承，自己有时也不确定该不该让连恩动手术，但他总觉得连恩能感受快乐，而他和克莉丝相信，一个人只要能有正面体验，就应该接受医疗协助。保罗说："连恩的笑容支持我度过许多夜晚。"他拿出连恩17个月大时的照片给我看，那时连恩命在旦夕，鼻子里还插着喂食管。但照片中，连恩的确在笑，看起来几乎是幸福洋溢。连恩出生几年后，保罗和克莉丝决定再生一胎。这次两人做了产前检查，照了胎儿心脏照超声波——胎儿心脏如果有缺陷，就代表患有和连恩一样的综合征。然而，两人早已决定，无论如何都要生下孩子，做检查只是让自己有心理准备。大女儿克拉拉健康出生，几年后，小女儿艾拉同样健康降世。

连恩逐渐长大变重后，生活起居越来越倚重保罗帮忙，于是保罗换了一份较轻松的工作，每天赶在5点前到家，陪连恩做两三小时的康复疗程。唐诺文夫妇必须清楚知道，自己对于体制、家人、连恩以及自己，可以抱持什么期望。两人深思熟虑之后，决定不让全部的生活都绕着连恩的问题转。保罗说："有些父母干脆辞去工作，做起特殊教育，于是过去的生活就此结束。但我们有自己的人生，而连恩只是我们人生的一部分。我们的婚姻哲学是，夫妻的关系优先。没有健康的婚姻，孩子也无法拥有健康的人生。"克莉丝补充道："有人或许觉得我们的教养方式不对，但我还没研究过一切，我也不可能什么都知道。我不打算重新思考我们的决定，事情就这样吧。"

夫妻俩在家时，常让连恩待在咖啡桌下。他会滑进那里，而两人则在桌下挂满玩具，正好是他触手可及的距离。某次聚会中，新朋友对两人说："嘿，你家小朋友在咖啡桌下，他还好吗？"遇到这种情况，保罗和克莉丝总是乐于解释。如果小孩子问了起来，两人也不隐瞒。保罗说："我会说：'他看不到。'孩子则问：'什么？'我就会回答：'这样说吧，你的鼻子能看到什么？'他们说：'什么意思？'我说：'这就对了，鼻子连看的知觉都没有，甚至不会想要去看，所以他是完全没有空间感的。'他们听了就会跑去问母亲：'妈咪，你的鼻子能看到什么？'"保罗形容7岁大的连恩是"一个美丽的灵魂、一副尚全的心智，配上一具令人沮丧的残缺躯体"。连恩无法爬行，但若有支撑物便能坐着，甚至能在平滑的木地板上拖行，夫妻俩于是不铺地毯。连恩的肌肉大多过于无力，无法使用，而有些韧带又太紧，手永远弯着，两腿也无法伸直。但若向他轻轻丢出一个大球，他接得住。他无法咀嚼，只能吃流质食物。保罗说："真希望我也能跟他一样吃这么多巧克力布丁。"

我去拜访的那几天，连恩有时会哭。保罗跟我解释："当他觉得自己不是大家关注的焦点时，就会这样哭。"保罗认为，连恩只要听到自己的名字就足以感受到归属感，克莉丝则相信连恩知道身边一切动静，她说："你要跟他相处够久，才有办法看出他所发出的智性讯号。他的老师和助手喜欢他这样闹脾气，因为这代表他会思考。"连恩听到笑话会笑，似乎也喜欢某些电视节目，听到《芝麻街》与《美国偶像》的节目时会静静躺着，一副心满意足的样子。保罗正努力引导他爱上曲棍球。他说："这是可以学习的。"连恩虽然无法自行更衣，但知道要伸出手臂，让父母顺利帮他穿衣服。保罗说："他接收进去的比表现出来的多。但他的人真的在。"

我和连恩见面时，他在特殊日间学校上课，保罗和克莉丝希望换个环境，让他学习更多知识。克莉丝说："不挑战一下，怎么知道他有多少能耐？"但相较于其他身心障碍儿童的父母，唐诺文夫妇较少跟体制抗争。两人奋战了一年，还是无法为连恩争取到轮椅，最后干脆自己付钱买。夫妻本来找到一间属意的房子想买，但该区负责特殊需求服务的人不肯提供协助，最后两人选了现在的房子，因为该区的社会服务很完善。保罗说："毕竟连恩不可能这星期二就去跑马拉松，也不可能下星期四就去哈佛念法律。但这不代表我们不为他争取权益、不努力为他取得所需的资源，只不过这得靠协调合作，而非一味竞争或采取负面手段。因为有个依赖的孩子，我学会如何让另外两个孩子独立。两个女儿想做什么就做什么，而无论她们做什么，我都引以为傲。这样大家都自在一些。"

唐诺文一家都是虔诚的天主教徒，保罗每周日带女儿上教堂，有时也会带上连恩。连恩状况差的前几年，保罗和克莉丝天天去望弥撒。保罗说："连恩躺在医院时，望弥撒就是我的心灵寄托。不过，与其说我们很虔诚，倒不如说是习惯了那种仪式。"克莉丝接着说："仪式有一套程序，能够安定人心，让我有力气面对混乱的每一天。"保罗列出 10 项让他坚持下去的力量，第一项便是"保持信仰"，他指的是最广义的信仰，"不一定得是宗教信仰，只不过对我来说恰好是宗教。我觉得神对我们的生命自有计划，但有几次负担真的太沉重，我们只得更加奋力硬撑。我的信仰因此变得更切身，也更真实。"带连恩上教堂也有社会功能。保罗说："我们教会的孩子全都没有缺陷。他们必须知道并不是所有事情都符合常理，而连恩就是一个例子。"

我和唐诺文一家相处了一个周末，快结束前，克莉丝说她对于新年新希望充满信心。我问她有什么新希望,她说:"这跟你也有关。我立志做以前不敢做的事。和你分享我的事以及我们生活的难处,就是我回馈世界的一种方式。我决定要这么做,也很高兴真的做了。这让我能够这样倾吐一切,也让我得以回顾一路走来有多么辛苦,而我又有多爱儿子。"

家有障碍儿可能导致社会孤立,但也能开拓新人脉,并习得适应这些过程的方法,毕竟过去数十年来已发展出系统化的知识。抚养障碍儿有助于重新审视夫妻与朋友关系,夫妻若不够亲密,或与友人情谊不够深厚,将走得很辛苦。某项研究发现:"社会孤立依旧和郁郁寡欢、更多沮丧与疏离感有正相关性。"参加支持团体、发声组织以及医疗研究计划,都能帮助父母重整所遭遇的经验。与孩子的照护人员互动往来,也能加强与社会的联系。对于外部现实已定、必得接受的人而言,要走下去,就得调整内心的现实去适应。许多因应方式都如禅修般简单而纯粹,与其试着解决混乱,不如在混乱中找寻美与快乐。我想起一个朋友曾说过,当她发现丈夫无法满足她的需求时,便选择改变自己的需求,最后两人走得长久又美满。"除了懂得同理与同情,你还必须相信自己仍能为自己与家人创造有意义的生活。确切的术语称为"内在控制源",与"外在控制源"相对。前者指能自行控制行为,后者指个人感受到自身行为完全受外在情况与事件控制。要建立内在控制,必须根据生命的优先价值,积极寻找适合的生活方式。举例来说,若一个人把自己身为丈夫或父亲的角色视为最优先的价值,一周却工作高达上百小时,就是不适当的生活方式。说来讽刺,障碍儿的父母往往会斩钉截铁地告诉自己生活无法掌握,以此获得控制感。最重要的事情,往往是相信世界上有比自身经验更伟大的力量,而最常见的凝聚力来源就是宗教,但也有其他机制。你可以相信神,相信人性本善,相信正义,或单单相信爱的力量。

究竟是正面经验带来正面观感,还是正面观感产生正面经验,这是鸡生蛋、蛋生鸡的问题,难以断定何者为真。推崇苦难的高贵,固然是一种对策，但有些父母与障碍疾病学者颂扬奇迹的观念，视养育障碍儿为奇妙的经验，到最后这经验不但很有意义，甚至变得比其他教养经验更吸引人。于是障碍儿便如同家中火光明亮的壁炉，凝聚了家人，一同团结欢唱。但这种氛围有其危险，倘若父母觉得生活苦不堪言，遇上这种论调会更难过、更自责、更受打击。然而，这个论点对抗的毕竟是对身心障碍家庭的歧视，想想这类家庭自古以来所受的各种严重歧视，就会觉得在所难免。

马克思·辛格一出生便一眼向左歪，另一眼瞳孔扩大。苏珊娜和彼得带儿子去看神经内科，被转介给纽约一位顶尖的小儿神经内科医生。检查后医生对彼得说："带你漂亮的妻子回家，再生一个吧，这个孩子对你没任何好处，我不确定他这辈子能不能走路、说话、认人、活动，甚至是思考。"神经内科医生说马克思患有"丹迪-沃克综合征"，这是一种先天性脑部畸形，患者小脑及其周围充满液体的区域发生异常。其他医生进一步诊断出马克思患的是"朱伯特综合征"，也就是丹迪-沃克综合征的一种亚型。之后的检查又显示他并没有朱伯特症，所以现任医生再次将他的症状归类为较广的丹迪-沃克综合征。苏珊娜评论道："都到了这个地步，是哪一种已经没有多大差别了。"

苏珊娜说，获知诊断结果的那天，是她人生的谷底。她说："我不确定立即发现问题对我们到底有什么好处，反而让我无法很快和他建立感情。"辛格夫妇接着带马克思去看神经眼科，想确认他的眼睛究竟出了什么问题。医生诊断后确定马克思看得到，其余则一概不确定。苏珊娜说："第一个医生说他会变成植物人，第二个则说他会有轻微的发育迟缓。我们听了一堆检查结果，却没人能预测他的未来。医生说不到尸体解剖的那一天，我们无法知道他发生了什么事。没有明确的预后，日子实在很难过。"

马克思还小时，苏珊娜选择不公开谈论他的病情。"当时我并不晓得接下来会发生什么事，也不希望万一马克思的问题并不显著，却得感受他人的异样眼光。"苏珊娜从事艺术经纪，代理许多知名艺术家，包括勒维特与曼戈尔德。她说:"我不带他出席艺术界的活动。我把他藏起来。当时不该这么遮遮掩掩,我们两人都因此感到寂寞。"马克思3个月大时,辛格夫妇雇用了来自特立尼达的保姆薇若妮卡,她从此与这家人共同度过了20年的岁月。苏珊娜说:"她就像第三个父母,也许还不止。如果马克思得在我们与她之间选择,他大概会选她。她无时无刻不在陪着他,从没失去耐性。"夫妻俩听从建议,试着再生一个,但苏珊娜一直流产,后来两人决定领养。两人坐在领养机构时,接到薇若妮卡的电话,说马克思发高热,刚从学校回到家。苏珊娜于是取消会面,带马克思去看医生。"他不常生病,除了他的障碍所造成的问题,他其实很健康。但领养机构说我们被马克思占去太多心力,无法再照顾一个孩子,拒绝了我们的申请。或许有个像马克思这样的手足,生活并不容易,但我想两人都会因此获益良多。"

只要有人以手臂环抱着撑住马克思,他就能走。苏珊娜说:"除非他不想走。这时候他会停下来,双腿交叉,别人拉也拉不动。如果他想看电影或看电视,还真的能跑起来。"马克思能上厕所,左手臂与右腿也能自由活动。苏珊娜解释说:"他能做的比表现出来的还要多,却常常不做,等你去帮他,看谁撑得久。"马克思听得懂,只是无法开口。从许多层面看来,这已经远比无法表达也无法接收还要进步,但仍然带来许多挫折。听得懂却无法回应,会让人发狂。马克思能点头摇头,彼得和苏珊娜因此期待他能学会手语,便到美国手语机构上了两年课。不久两人确定马克思控制肌肉运动的能力不足,无法学习手语。他能比画出"多一点""好了""音乐"以及"对不起"。他不喜欢人工发声机器,但迫不得已时,能用机器将打字与其他符号转为声音,表达颇为复杂的意思。他也能读懂短句,还会写自己的全名。

苏珊娜说:"不管做什么事,马克思几乎都乐在其中。他好奇心强,什么都不怕,只怕大狗。他调适得很好,也感受到我们对他满满的爱。他念的是特殊学校,不会遭到排挤或嘲笑。另外,他的外表没有残缺,不会让人不敢接近,这点很有帮助。老实说,我长得还没他端正,但我认为他是真的很好看。他也和人十分亲近,虽然无法控制肌肉亲你一下,但常常给人大大的拥抱。每次我们和薇若妮卡坐在一起,他都会伸出手抱着她。如果我们笑,他会朝她看去,确认她也在笑。他这方面真的很贴心。"

马克思9岁那年第一次参加特殊夏令营,苏珊娜天天打电话到营区关心他的状况。最后,一位同营队的小朋友接起电话,和气地建议她:"辛格妈妈,马克思玩得很开心,我露营时爸妈从不管我,或许你也应该试试。"之后,马克思又参加"希伯来特殊儿童学院"举办的营队。辛格夫妇是犹太人,但并不信教,不过特殊儿童专属夏令营常常都由宗教机构主办。苏珊娜说:"我不喜欢宗教,但我也学到重点不是我。马克思每年都参加那个营队,每次回来都变得更成熟,收获多得惊人。"

与其他案例相比,马克思算是非常社会化,心理也相当独立。他第一次坐巴士去观看特殊奥林匹克比赛时,还推开苏珊娜。苏珊娜说:"那让我很骄傲。我从一开始就想让这孩子觉得自己是全世界最棒的,我成功了。他有时实在很自大,让我不禁有点后悔。但我就是做到了。"她笑着说:"不管怎么说,照顾障碍儿都不是愉快的事,但马克思给我们带来许多欢笑。因为他的到来,我得改变自己对成功的想法。成功对我及对他来说代表什么,已经变得不一样。他的快乐就是他的成功,而我的快乐就是我的成功。我希望他在学校能更用功,希望他能有更多成就,而不是凡事过得去就好。但或许他注定就是这样一个孩子。他个性跟我很像,或许我就是爱他这点,我们都很快活平和,基本上是快乐的,也乐于调整。"

马克思有幽默感,喜欢金凯瑞的电影,同时也是古典音乐迷。苏珊娜说:"我父亲对歌剧非常着迷,我的名字苏珊娜就是来自《费加洛婚礼》。有人送我一张芭托莉的唱片,我放来听,马克思从此便迷上她。"苏珊娜曾带马克思去纽约的大都会歌剧院与卡内基音乐厅看芭托莉演出,也到亨特学院看她接受采访,甚至参加她的唱片签名会。苏珊娜说:"他是超级粉丝。芭托莉为她的狗取名费加洛,我必须说,她这些年来对马克思一直很好。"她为他签唱片,甚至还送他签名照。苏珊娜有只脾气不好的老狗,在马克思12岁那年过世。她说:"没人真的喜欢它,马克思却爱它如兄弟。马克思去夏令营之前,我问他:'我真的很想再养一只,可以吗?'他一直说:'不行不行不行。'最后我说:'那如果我们叫它塞西莉亚·芭托莉呢?'他才说:'好。'我们养了狗,但那是公狗,只能取名巴托利,我们都叫它巴特。"我第一次与辛格一家见面时,马克思20岁。苏珊娜说:"青春期对这样的孩子来说很辛苦。他不再是我从前那个小天使,至少大部分时候不是。他爱女生,特别爱漂亮女生,但在她们面前常有不礼貌的举止。他有朋友,但不是非常亲。我想他知道自己跟我们并不一样,他对谁都很依赖。"

那年年初,事态急转直下,彼得和苏珊娜也不知道原因。马克思行为脱序,严重到得带他去看神经科医生,开的药却让事情变得更糟。最后两人才知道,原来是薇若妮卡告诉马克思,她夏天结束后要离开了。当时她还未向苏珊娜和彼得提及此事,马克思则无法解释出了什么事。"孩子能思考、有反应、能爱人,也跟我们一样有情绪,唯独无法向我们诉说想法,这最令人难受。要是我面对这么大的恐惧与悲伤,却无法向人表达,我没法想象会是什么样子。后来我们好好谈过,他就接受了事实,等他从夏令营回来之后,我们请了新人,他也很喜欢她。他调适得比我想象的好,也比我们好。我自己就哭了好多次。"

薇若妮卡之所以离开,是因为20年实在太长,她累了。马克思的体型很大,要搬动他非常吃力,而且她想回家,也害怕马克思总有一天会离开她住进照护之家。苏珊娜说:"每次一谈到这件事,她就哭。我不断告诉她:'你知道的,这是对马克思最好的安排。'她自己也很清楚。我觉得马克思到了上大学的年纪就该离家,每次看到孩子40多岁了还跟年迈父母住在一起,我都觉得难过。我希望能陪他度过转换期,从旁帮助,以免我和彼得走了以后,他会一团乱。"

要找到适合马克思的地方并不容易,他虽然行动不便、无法开口,却具备理解力,工作人员不但要照顾他,也要跟他说话,理解他的想法。辛格夫妇最后终于找到看似适合的选择,但在我拜访两人时,该机构仍在施工,两人只能耐心等候。苏珊娜对于照护之家是就事论事。"他离开时,我不会觉得是莫大的失落,他去营队时我也不会。他不在家时,我和彼得处得比较好。周末没人帮我们照顾马克思,如果彼得要出去打一整天高尔夫球,我就得照顾马克思一整天,反过来也一样。空巢期对我们应该不成问题。如果孩子很正常的话,事情大概就不是这样了。想到自己居然一点也不难过,反而让我难过。"

我听过不少孩子健康的母亲说,多么希望孩子能永远柔弱、依赖,不要经历青春期的叛逆,也不要经历长大后的离巢独立。但愿望最好还是别乱许,障碍儿是父母一生的责任,85%的心智迟缓的孩子一辈子与父母共同生活或受父母照料,直到父母行动不便或去世为止。这些孩子的状况,会让父母在老去时极为焦虑,成了父母永远无法卸下的责任。家中有需要特殊关照的孩子,有些父母一开始会十分积极,之后却渐渐无法负担,迈入中老年后更会陷入绝望。有些一开始想把孩子送养的父母,最后反而渐渐爱上孩子。

身心障碍人士的预期寿命不断增加,1930年代时,住进照护机构的心智迟缓男性平均寿命为15岁,女性为22岁;到了1980年,男性平均寿命增加至58岁,女性则是60岁,其中行动不便者过世较早。至于父母,最后会习惯日常照护,也与孩子建立起情感,而想象中的健康孩子已成追忆。但在此之前,父母往往难以招架初期的压力。不过,一项研究发现,若家中有发育迟缓的成年人,将近三分之二的年迈父母觉得,持续照顾孩子能让自己活得有目标,而超过二分之一的人觉得与孩子同住较不寂寞。

比尔和罗丝是密歇根安娜堡"疯狂智慧"书店的老板,两人在1994年迎接第一个孩子,红发男孩山姆。山姆出生时很健康,但几个月后,问题接踵而来。他胃口差、肌张力低,成长速度也落于人后,不会坐也不会翻身。小儿科医生一开始以为他感染病毒,但在他6个月大时为他检测了神经与内分泌系统,才发现两者严重失调。小儿科医生说他"有预感"山姆大概活不久,说他的病情很可能恶化,神经系统可能发生髓鞘脱失的问题,进而损害感官、认知与行动能力,还有可能变得"像植物人"。依照罗丝的说法,当她听到这些消息时,"心里仿佛压着铅块"。

比尔和罗丝投入所有精力,想找出问题。比尔说:"这6个月来,我们一直以为儿子只是长得比别人慢。然而,才一个周末的时间,我们就得接受他跟别人完全不一样,还得找出解决办法。"夫妻俩联系了一个又一个小儿科医生,每个人都说两人找错人了,自己只看"正常小孩"。最后,罗丝联系了名单上的一位医生,她向护士描述儿子的状况,对方回答道:"温布雷医生最喜欢这种案例。"接着两人又到哥伦比亚长老教会医院拜访德维沃医生,这位神经科医生后来陪伴两人走过这段漫漫长路。比尔记得:"我们问他:'山姆有机会过正常生活吗?他还有这个可能吗?'德维沃医生缓缓说:'看起来大概没有机会。'那时我就知道,我们面对的,是无法治愈的疾病。"

比尔的大姐有脑瘫,所以他觉得自己受过足够训练,有办法照顾障碍儿。罗丝说:"如果他在一出生就被诊断出来,事情可能就不是这样。那6个月所建立的感情非常重要,我当时已对他投入了所有感情。我印象很深刻,刚得知消息后的几周,我不知道自己能不能再快乐起来,一心只想用我的命换他的命。只要他能好好的,我甘心放弃一切。这两种心情都很深刻,我以前也从未有过。"

山姆永远无法行走、说话、进食,也听不到声音。他得靠胃造口管进食、坐轮椅,还会不时痉挛。他将近10岁时,只有14.5千克重,常胃食管反流,身体也痛。他的退化性神经代谢异常经确认是一生无法诊治的。比尔说:"过去几年来,有些亲戚可能见过山姆或听说过他的事,而他们对山姆的印象,用他们的话来说,就是'植物人',简直是停留在1950年代的想法。还有许多朋友和亲戚虽然未必了解他的意思,但知道他实际上能感受的比看起来的要多。另外大约有20%的朋友会真正花时间与山姆相处,尝试认识山姆。他们会看着他的眼睛,跟他玩游戏或念书给他听。山姆就像一面镜子,能反映出每个人对意识的概念。"有人问罗丝,是否认为山姆知道她是谁,罗丝说,山姆其实认得很多人。山姆喜欢视觉刺激、喜欢泡入水里,还喜欢骑马康复。比尔说:"他骑马时,脸上总挂着微笑。他心情好的时候,感受真的很丰富。"山姆有许多家庭照片，其中一张摄于他儿时看护的结婚典礼。看护邀请山姆当戒童，他去了，身体固定在轮椅上，手里捧着绒布戒枕与婚戒。罗丝说："那个周末他的状况很不好，痉挛不断发作，我们得用药物控制他。但婚礼一到，他却振作起来，稳稳走上红毯，脸上容光焕发。我想他知道婚礼是很特别的。"

由于山姆的失调部位依然成谜，所以也无法预测问题什么时候会再次发生。他4岁时，比尔和罗丝决定再生一胎。朱莉安娜一开始看起来很健康，但她4个月大时也开始出现难以进食的状况。到了第5个月，罗丝和比尔带她去给温布雷医生检查。我和这家人第一次见面时，朱莉安娜就要7岁了，失调程度比山姆轻微。她听力严重受损，但并非全聋，走路虽然吃力也走不远，但确实能走。她也不需用手术在腹部插进胃造口管直通胃部，而是使用侵入性较低的鼻胃管。朱莉安娜如果把管子拔掉，罗丝也知道该如何装回去。她没有痉挛，整体看起来比山姆健康。她和山姆一样体型娇小，虽然我们见面时她已经7岁，看起来仍像2岁大的孩子。比尔说："她是小仙女，像是从另一个星球来的小女孩，快乐、有趣。她也跟山姆一样非常敏感，虽然认知发展有限，情绪却日渐丰富。面对许多事情，两人的情绪反应就跟同年龄的孩子一样：会爱、会嫉妒、会兴奋、会黏人、会悲伤，也能展现同理心、欲望与希望。"

罗丝比比尔更清楚地意识到，孩子不会活太久。朱莉安娜病情虽稳定，山姆却显然不断恶化，一天比一天难受。一般说来，一周里他会好两天，胃痛三天，往往痛上数小时，要不就是轻微痉挛，或是呕吐，其余两天则陷入低潮，需要人整天抱着抚慰。罗丝说："我真的很希望别人能了解，我们的生活并非只有悲惨。山姆对我来说一直是美好的礼物，未来也不会改变。有些人选择放弃像山姆和朱莉安娜这样的孩子，我不会怪他们，这件事真的太难了。但我从未想过放弃。"两个孩子都曾与比尔的父母一同在长岛的海边别墅度过夏天，当时山姆病情不断加剧，他们便联系了当地的小儿科医生。医生提到，在纽约，只要拒绝使用维生装置，让孩子就此离去并不难，然而一旦接上维生装置，要再拿掉就很难。两人听了勃然大怒,比尔说:"我们感觉被侵犯,她根本不了解,我们觉得山姆是想活下来的。"比尔和罗丝出去散步,走了好久。罗丝说,山姆会让他们知道该怎么办。她说:"在外人看来,山姆的生命早已残缺不堪,但我们跟他相处了9年,知道他能感受快乐,感受爱,能享受身旁的事物,喜欢上学。如果这些都还没变,就不该让他走。"

几年前,比尔与罗丝决定领养孩子,而就在山姆病情加剧的同时,两人接获通知有适合的女孩可领养,夫妻其中一人得到危地马拉完成领养手续。这件事两人一直拖着没去办,但山姆已经在医院待了35天,而新女儿还在等,最后两人决定,比尔留守医院,罗丝去危地马拉。罗丝说:"要离开真的很难,但他一直等着,等到我回来那天他才走。"

山姆过世两年后,我与比尔和罗丝见面,两人又去了一次长岛。领养的女儿梨拉当时才2岁大,个头已经比7岁的朱莉安娜高。朱莉安娜那时也只有10千克重。领养前,社工曾担心正常的孩子会无法适应这家人,但事实证明担心是多余的。罗丝说:"我们用另一种方式爱梨拉。我不停地设法兼顾两种爱。梨拉会说话,能跟人互动,会逗人开心,自然能吸引大家注意,我觉得朱莉安娜会因此受冷落。但接着我又担心,自己是不是花太多时间在朱莉安娜身上?要两全的确不容易。"比尔则说:"很多人会把注意力都放在梨拉身上,这时朱莉安娜就在一旁看。不停地看、不停地想。有时看她这样静静看着别人那么注意妹妹,实在令人心痛。"

朱莉安娜与山姆不同,她不用坐轮椅,娇小的体型也与她迟缓的认知相符。这样的认知能力若是搭配7岁女孩应有的身躯会很奇怪,但落在一个看来不到2岁的身躯,便显得没那么怪。除了插了一根鼻胃管,她看起来跟别人没什么不一样。比尔与罗丝等她离开,确定她听不见两人说话后,才坦言不晓得她还能活多久。我问两人,她是否能听懂别人的话,比尔想起某次全家人去看神经科,他念出自己为山姆的死所做的笔记,念到一半,朱莉安娜突然哭了起来。比尔说:"朱莉安娜不见得是对语言产生反应,但她的确感受到些什么。可能是感受到父母的情绪,或是身边的气氛。我们一直小心翼翼,在她面前从不讨论会令她不开心的事，就跟对待认知正常的小孩一样。以防万一。"

我离开长岛两年后，朱莉安娜过世了，年纪与山姆差不多。当时她的病情不断恶化，去世前先是无法走路，接着无法控制其他运动功能，最后甚至无法坐起。比尔在电子邮件中写道："但感觉得出来，朱莉安娜对自己的命运并没有非常不满。她不时沮丧，有时会自怨自艾哭出来，但她也有某种天赐的智慧，心平气和、逆来顺受，真是好样的。然而，她还是受了许多皮肉之苦，不只是她，我们也觉得痛苦。"我称赞比尔一直给予朱莉安娜如此良好的照顾，对此他回道："遇到这样重度障碍的孩子，我想我身边每一个人都会这么做。我得这么相信，才能建构出美好的世界。"

朱莉安娜死后，比尔说："如果能重来，我会选择好走一点的路。但现在我已经历了这一切，如果要选，我还是会选择生下山姆，也会选择生下朱莉安娜。我在这两个人身上经历的爱，要怎么交换？我跟山姆，比跟这辈子的任何人都亲。我陪他躺在床上，看着他眼睛的时间比这辈子跟任何人相处的时间都长。我花了很多时间陪朱莉安娜，就只是跟她在一起，就只是好好爱她。所以，这个问题就像是在问父母愿不愿意拿这样的爱换取一个虚构的'比较好的'孩子。我愿意一切再来一次。"罗丝握住比尔的手，脸上是深切的怜悯。她说："其实我认为，我们有这些想法，并不是因为相信上帝。大家总爱跟我们谈上帝，说什么：'上帝给予你们的，不会过于你所能承受的。'但像我们家这样的孩子，从来就不是上帝命定的礼物，是我们选择让孩子成为礼物。"

许多人都研究过重度障碍儿的同胞，但目前尚无定论。有份研究指出，这些人"觉得与重度障碍的兄弟姊妹生活，让自己变得更负责、更有耐心"，也更能发现"别人的好，自己也更有幽默感、对事情更有弹性"。但也有研究发现，他们会感到"难堪、歉疚、孤立，也对身心障碍手足的未来感到忧虑"。另一份临床研究则比较重度多重障碍儿的手足只是"单纯不好受"，还是有临床抑郁症。结果发现，虽然这些人普遍较不快乐，但是经诊断罹患心理疾病的情形，却不比同侪严重。障碍儿的情况越明显或越严重,大家就越不期待他们将来能正常行动,他们的手足往往也就越好调适。反之,一开始看似正常、后来才出现问题的孩子,就需要更多解释。看来,障碍儿的病情越严重,手足就调适得越好。一份报告指出:"显然是因为,孩子的障碍越显著,家人就越能看清情况,也调适得较好。"还有一项研究发现,若有明确的诊断,障碍儿的弟妹就比较容易向朋友解释状况,会活得轻松许多;若是手足的病情没有清楚的诊断,则会活得较辛苦。

照护机构曾经流行一阵子,当时最普遍的说法是家有障碍儿,对于健康的手足并不公平,因为障碍儿会占去父母过多精力与注意力,并让健全的手足觉得难堪。近期的研究则指出,其实兄弟姊妹往往不喜欢父母把障碍儿送到机构安置。肖恩在《双胞胎》一书中详细描写双胞胎姐姐被送走时自己感受到的痛苦。现今一般认为,把障碍儿留在家中,对健康的手足往往较好,而这对障碍儿可能也较好。值得注意的是,这些讨论都把健康儿童的利益置于障碍儿之前。

伊芙和约翰·莫里斯就读于康奈尔大学时,在舞会上一见钟情。两人早早结婚,搬到圣地亚哥定居。伊芙说:"那时我真的好爱他,我谁都不要,连孩子也不想要。"她一直到30岁才决定怀孕。她说:"我也不想放弃自由,没想到事后证明,我喜欢当母亲更胜于享受自由。"两人的妇产科医生是虔诚的摩门教徒,当地医院剖宫产率高达20%,对此他深不以为然。艾莉克丝出生前,他曾对约翰和伊芙说他"不认为大自然有那么容易出错",夫妻听了很感动。伊芙准备生产时,医院为她装上胎心音监测器,多位医生事后看了监测结果,发现当时已有胎儿窘迫现象,伊芙应该立即剖宫生产,但显然两人的医生当时并未发现。孩子生下时,已经"近乎死亡",爱普格新生儿评分是0,身体呈现可怕的深紫色,医护人员马上抱她到新生儿加护病房。约翰说:"我本想当普通的父亲,结果梦就这样在我眼前粉碎。"

孩子刚出生时,所有医生都小心翼翼,不敢对艾莉克丝的症状下任何定论,或许是担心新生儿的病况会影响父母对宝宝的疼爱,或许是不想背负医疗责任，又或许是无法预测艾莉克丝的问题有多严重。虽然他们应该早就知道孩子是脑瘫儿，但直到数个月后，才有人告诉伊芙和约翰诊断结果。新生儿举凡出生前、刚出生或3岁以内因大脑受损而导致障碍，都称为脑瘫。脑瘫有千百种症状，导致各种行动不便。艾莉克丝还是婴儿时，伊芙每次喂她，她就尖叫、呛奶，这是因为她喉咙里常有反流的胃液，但当时莫里斯夫妇并不晓得艾莉克丝的障碍有多严重。约翰说："我们花了很长一段时间，才知道出了大问题。"伊芙说："我当过啦啦队队长，书念得好，后来考进康奈尔大学。父母很疼我，从没对我施暴。我这辈子都很顺遂，当时实在很难相信顺利的日子就这样终止。也因为如此，我一直拒绝接受事实。等到我终于面对艾莉克丝的问题时，对她的爱已经胜过世上任何事物了。"

约翰是律师，有一些处理过失责任的经验。艾莉克丝18个月大时，他和伊芙对医生与医院提出控告。两年后，双方达成和解，院方必须支付一笔巨额赔款，之后每年还需再偿付定额赔偿，由法院严密监督，至于约翰与伊芙，则必须每年交年度开销报告。结案后，两人立刻付款定制了跑步型婴儿车与复康巴士，并雇用一名年轻看护爱瑞卡，由她兼职照顾艾莉克丝。约翰说："爱瑞卡不完全是我们的女儿，也不只是朋友，更不是单纯来帮忙做事的人。她统统都是。"我初见爱瑞卡时，她刚结婚，艾莉克丝在婚礼上担任伴娘，盛装打扮，坐着轮椅走过红毯。伊芙说："为了把她留在我们的生活中，我们愿意为她做任何事。希望她能生孩子，我会为她照顾孩子，让一切就这样继续下去。"爱瑞卡住的地方离莫里斯家约一两千米，房子则是约翰与伊芙的。约翰说："记得《同村协力》这本书吗？我正在努力打造一座小村落，让艾莉克丝身边永远都有亲人、至交、好友、同学。"艾莉克丝2岁时，约翰与伊芙生了儿子迪伦，与约翰最爱的歌手同名。迪伦和善、健康、热情，夫妻俩的痛苦因此减轻不少。伊芙说："我的建议是再生一个，这样你才会知道一般有孩子的感受应该为何。"

两人最重大的工作，是在圣地亚哥的洛玛角盖一栋房子，除了原有储蓄外，还用了艾莉克丝一部分的赔偿金。房子坐落在山坡上，远眺海景，由伊芙亲自设计。走廊与转弯处宽敞，方便轮椅行动，客厅一角挂着一个大秋千——艾莉克丝很喜欢移动的感觉。屋顶的澡缸已几乎没有使用，因为要把艾莉克丝搬进搬出澡缸变得越发困难，但她小时候非常喜欢泡澡。她有间设备齐全的专属浴室，以及一间符合人体工学的卧房，床铺嵌在墙间，能防止她滚落床下，还有块"感应区"，充满喷泉、光线、声音与振动设备，只要按下按钮就能开启（但她若能按，也只是刚巧碰到）。房子美而低调，空间宽敞舒适，功能齐全，还带有质朴的手工气息。屋梁是外露的树干，橱柜门则是用伊芙在娘家附近收集的柳枝制成。这栋房子也象征夫妻俩已经接受残酷的事实。伊芙说："艾莉克丝6岁时，我们终于承认并接受她的病情与一切，这就是她的状况，以后也不会改变。我们把某些康复疗程给停了，不再试着教她新东西。"

伊芙很早便加入脑瘫儿的妈妈团体，但从来不去看治疗师。伊芙说："我们提出诉讼之后，我有时会希望她已经死去，于是我开始考虑接受治疗。但在诉讼期间，对方就有权知道你对治疗师说了什么，但我不想让任何人知道我对这件事的感受。我在白人盎格鲁撒克逊新教徒社区长大，社区的每个人原本都应该一样，行为也要遵循同一套规范。我和她在家里反而轻松。但我们全家从来不一起外出用餐，因为她的行为太难预料了。每当约翰有朋友来访，或是有庆生活动，或是我去看我父母时，我都希望她能呈现最好的一面。我甚至希望她在你面前也能好好的。"伊芙一脸悲伤。"有时我真的万分难过。当我听到朋友说自己的女儿有多么不乖时，我发现自己竟然说：'真庆幸我没女儿。'但我确实有女儿，只不过她几乎是另一种生物。没人能理解这种感受，就连我也只能确定当下这一刻的感受，此外无法预测。你来采访时，我心想：'我很乐于和你谈谈，但请不要问起过去或未来的事，因为我所知的，也只有当下。'"

我与莫里斯一家人初次见面时，两人刚拟好遗产规划，指名由爱瑞卡担任两个孩子的监护人。迪伦25岁后，照顾艾莉克丝的法定责任就落在他身上，而法院判定的年金也应足够负担看护的费用。伊芙对迪伦未来的角色忧心忡忡。她说："我不希望他必须扮演约翰现在的角色。"

迪伦当时16岁，坚定表示自己很爱姐姐，永远都乐意照顾她。迪伦跟我说："我想她应该一场棒球赛都没错过。我就是这么长大的，这辈子受这件事影响很深。"迪伦的教练表示，他知道迪伦家里一定有障碍儿，因为除非辛苦照顾过某人，否则他从来没看过这么成熟的孩子。

伊芙一直反对以手术帮艾莉克丝装上胃造口管。我和艾莉克丝见面时，她18岁，没有胃造口管也过得很好，但必须每4小时进食一次，以防胃食管反流。脑瘫患者很少像艾莉克丝这么严重。伊芙参加了脑瘫妈妈团体，其他成员家里的脑瘫儿都能走路，也至少有基本的语言能力，其中一个已经上大学，还有一个在社区的超市打工，负责将结账的商品装袋。约翰说："事情总是有好有坏。那些孩子知道自己格格不入、交不到男女朋友，还常被其他孩子嘲笑。但没人嘲笑过艾莉克丝，她的障碍太严重、状况太无助，就连最粗鲁的4岁小孩都不会笑她。至于我们，我们得担心她会痉挛发作，但不必担心她在学校偷抽大麻。父母的角色基本上大同小异：抚养、付出爱、随时提供孩子最好的机会。就这方面来说，我们对艾莉克丝和对迪伦是一视同仁。"

约翰和伊芙逐渐习惯照顾女儿的需求，且习惯成自然。艾莉克丝生理状况比以前稳定，但随着她的成长，一家人也渐渐无法享受从前的乐趣，比如带她去游泳，或抱着她在屋里走动。光是协助她上下床和如厕，对于逐渐年迈的约翰与伊芙就已十分吃力。伊芙说："心情越来越轻松，但肉体负荷则越来越重。"同样是无助，在婴儿身上看起来很无辜，但出现在成人身上却变得非常奇怪。她的舌头不受控制、四肢胡乱挥动、身体扭曲歪斜、肌肉挤在一起。但除了动作不受控制，艾莉克丝的打扮总是无可挑剔。伊芙解释道："我帮她擦指甲油、留长发、穿漂亮衣服，让大家可以找出话跟她讲。他们会走过来对她说：'你的指甲真漂亮！'而不是谈论她哪里有问题。"伊芙最无法忍受别人的同情，而大家常常只是同情，没有感情。"我讨厌那种怜悯的表情，讨厌人家说：'你真是好妈妈。'"

和莫里斯一家相处一周之后，我大为震惊：两人要做的事这么多，生活却鲜少受此影响。约翰有跑步习惯，艾莉克丝则喜欢风吹拂脸颊的感觉，所以他总是把她放进轻量型推车，每天推着她跑 8 千米。伊芙则以轮椅推她到码头散步，并在每年万圣节为她制作与轮椅相衬的装扮，她扮过乘着太空船的外星人、冰激凌车，最近一次则是甜甜圈专卖店。伊芙学的是艺术，制作的戏服令人赞叹。谈到教养，约翰与伊芙分别扮演不同角色。约翰韧性较强，伊芙则较能体察女儿的感受。有天下午伊芙对我说："他不会受她的哭声影响，甚至可以躺在她身旁，让她哭个 15 分钟，他就只是静静地陪着她。我的话，则会想办法解决。"伊芙说明，如果是可以解决的问题，她的焦虑就有用，但多数问题都无法解决，这时约翰安然处之的态度就发挥重要作用。伊芙负责打理艾莉克丝的个人卫生，包括每两天帮她洗一次澡，约翰在家时则负责喂她吃饭。艾莉克丝无法咀嚼固体食物，吞咽流质食物则容易呛到。约翰必须为她调制食物，混合高蛋白营养补充品与谷片，有时拌点婴儿副食品调味，一天喂她 5 次。约翰和伊芙每天早上五点半起床，帮艾莉克丝准备好上学。把她叫醒换装大约需要 40 分钟，还得喂她吃东西。校车六点半到，亲自开车送她上学会轻松些，但两人希望让她搭乘校车，感受同学间的互动气氛。艾莉克丝 18 岁时，医疗保险制度的健康维护组织把她转出原本的小儿医疗系统。我拜访两人时，伊芙正要带她去见新的家庭医生与精神科医生等。几天后，来了一位轮椅师傅，全家人一同讨论艾莉克丝现在的轮椅需要如何调整改装，才能更适合她。为了订一张新椅子就花了 3 个多小时。

伊芙在艾莉克丝还小时有写日记的习惯，但她从来没拿出来回顾。她说："我们记得对她的所有期望，还有那些教她自己翻身、抬头的康复课程，每个时刻我们都记得。"伊芙想起不久前骨科医生告诉她，未来艾莉克丝吞咽会再次出现问题，最终还是得插胃造口管。伊芙说："我原本以为艾莉克丝已经不会再进步，也不会再退步。看来实在没有松懈的机会。"约翰同意道："社区的脑瘫联合协会多次邀我担任董事。有些人不是说'我为工作奉献'吗？我是为家庭奉献。但话说回来，如果父母都能替孩子许个愿，我会要求什么？不是上哈佛，而是活得快快乐乐。艾莉克丝大多时候都很开心，所以，如果我只能有一个愿望，我希望她快乐，而这个愿望已经实现。"

重度障碍界少有惊世丑闻，但艾希莉的遭遇可说是震惊了圈内人。艾希莉的姓氏从未公开，1997年出生时看似十分健康，3个月后却变得常常哭闹，父母一开始以为是肠绞痛，后来才知道是静止性脑部病变。这种病和脑瘫一样，都是病因不明、状态稳定的脑部损伤。艾希莉的身体功能因而十分有限，一辈子都无法说话、走路、自行进食，也无法翻身，只能睡觉、醒来、呼吸，以及微笑。

为了保护个人与家庭隐私，艾希莉的父亲拒绝与任何媒体面对面接触，只称自己为"艾爸"（艾希莉的老爸）。电话中他告诉我，自己和妻子一开始拒绝给艾希莉插胃造口管，因为一想到要动手术就反感。艾爸说："她没办法咀嚼，也一直不能好好用奶瓶。我们一天得花6～8小时帮她补足营养。"最后，两人终于还是同意动手术插入胃造口管。艾希莉虽然脑部功能受限，却也并非毫无反应。她的父母在书面声明中表示："艾希莉喜欢我们的陪伴、我们的声音。对她说窝心话时，她总会绽放出大大的微笑。她喜欢浸淫在音乐中、出外散步、在暖天游泳、荡秋千，等等。"艾希莉的父母改称她为两人的"枕头天使"，因为她总是躺在枕头上，从不惹麻烦。两人也提倡以此来称呼重度多重障碍患者。

艾希莉逐渐长大，照顾工作也越加困难。父母每小时都得帮她变换姿势、调整支撑背部的枕头。艾爸对我说："我们要确认她是否盖好被，把衣服拉下盖住肚子，还要帮她擦口水，等等。另外还得换尿布、从胃造口管喂食、换衣服、洗澡、刷牙、伸展，还要逗她开心。"艾希莉越长越大，这些工作也越来越繁重。艾爸说："活动时想要带着她越来越困难。我想要有能力背她，但全身酸痛。她体型越来越大，体重越来越重，这成了她最大的敌人，我们这才明白，得想办法解决这个问题。"艾希莉6岁那年，某天她母亲（艾妈）与自己的母亲聊天，突然想起一位邻居曾靠注射荷尔蒙预防自己长太高。这种疗程在1950年代并不罕见，毕竟当时没人喜欢身高超过180厘米的女性。

艾希莉的小儿科医生建议艾爸艾妈去西雅图儿童医院找内分泌医生

冈瑟。几周后门诊，冈瑟表示注射雌激素确实能使生长板合起，延缓艾希莉的成长速度。艾希莉只要一不舒服就哭，打个喷嚏就能哭上1小时，艾爸想她一定无法适应月经与可能的经痛，便提议摘除子宫。另外，未来她要翻身还有固定在轮椅上时，胸部可能造成不便，所以他也请医生把女儿的乳蕾（呈杏仁状，在青春期会膨大成为乳房的微小腺体）一并割除。如此一来，要搬动艾希莉就会容易许多，而且他坚称，这有助于循环、消化，并改善她的肌肉状况，减少褥疮与感染的概率。用她父亲的话来说，让艾希莉永远保持儿童体型，她的"身体会更符合她的心智发育"。

艾妈与艾爸必须说服院方的医疗道德委员会，让他们同意这套疗程是可行的，艾爸为此还做了简报投影片。委员会花了大量时间研究讨论，主席迪科马说："这对父母的要求主要分成两部分。我们讨论是否该核准生长抑制疗法，以及是否该动子宫切除手术。第一个问题：这些做法是否可能促进这个小女孩的生活品质？第二个问题：这些做法可能带来哪些伤害？而这些伤害是否远胜过可能带来的益处，因此不应执行手术？委员会努力厘清这样的手术会对一个小女孩造成哪些负面影响。像艾希莉这样的小孩，真的在乎自己比常人矮30厘米吗？最后的结论是，对于艾希莉这种案例来说，长高的益处并不大。"冈瑟说："到后来，委员会是被艾希莉与其父母之间明显的情感和爱所感动，才认定这么做是对的。"

2004年，西雅图儿童医院切除艾希莉的子宫与乳蕾，那时她6岁半。摘除子宫必须切开腹腔，医生将阑尾一并割除，以免未来发生阑尾炎时艾希莉无法表达。最后她身高135厘米，体重29千克，永远不会有月经、乳房永远不发育，也不会和家族中许多人一样罹患乳癌。她的父母写道："手术成功实现了我们所有的期望。"

艾爸建议冈瑟与迪科马医生将此事公之于世，于是该案例在同年10月刊载于《小儿与青少年医学期刊》，引起轩然大波。宾州大学生物伦理学中心的卡普兰形容这场手术是"以药理手段解决社会问题，但问题的根源是美国社会没能妥善照顾重度障碍儿与其家庭"。他认为若有更好的支援服务，艾希莉的父母根本不必走上极端。女性主义者与身障社运分子则在美国医疗协会总部前聚集抗议，要求协会发表正式的公开谴责。一个博客写道："假如'艾希莉'是个'正常'儿童，而父母要求执行残废手术，绝对会被关进牢里，那正是他们该去的地方。而那些'医生'则应该被吊销执照。"另一个博客也写道："与其这样一次切掉身体的一部分，不如杀死她，岂不更干脆利落？"另外，"身心障碍社运女性主义观点组织"则表示，她们"不意外'艾希莉疗法'的第一个对象是个小女孩，毕竟女孩，特别是身心障碍的女童，最容易遭受去性化与残废化的对待。"《多伦多星报》则指控这是"设计残废"。

其他障碍儿的父母也加入抨击行列，"身心障碍权利教育与防护基金会"的公关部长艾波斯坦本身也是障碍儿父母，她说"枕头天使"一词将障碍儿"永久幼童化"。另一人写道："我儿子 11 岁了，他不会走、不会说话，不会这个，不会那个。他也会越来越难抱动。但我不懂，为什么要移除健康的组织与器官？"还有一个家长说："照顾 150 多厘米高、50 千克的成人障碍者并不容易，这点我很清楚，因为我的椎间盘因此受损。但一想到以手术停止孩子生长，竟是获准实施的医疗行为，我就觉得反胃。按照他们的逻辑，是不是也可以把她的四肢切除？我说真的，反正她也用不到手跟脚。"生长抑制术引发的种种意见，某方面也呼应了社会大众对侏儒患者实行骨骼延长术的态度。

一连串的抨击吓坏院方行政人员和艾爸艾妈。艾爸说："那些言论太极端、太暴力。有些人还寄电子邮件威胁我们。"联邦委任监督机构"华盛顿保护与倡议系统"对此做出裁决：非自愿的绝育手术须事前取得法院同意，否则不得进行，故医院此举违法。西雅图儿童医院根据报告，指派中立第三方人士为代表，为被建议做生长抑制手术的障碍儿辩护。两派人马自此辩论不休，许多评论者表示，问题早已超出医疗伦理范围。到了 2010 年末，"西雅图生长抑制与道德工作小组"不得不妥协，发布新的行为准则："就道德层面而言，生长抑制法可能是可接受的决定，重度障碍儿的父母为了其他决定而采取的医疗处置，也会有类似的益处及风险，而这些决定，一般人都难以接受。然而，医疗人员及机构不得仅因父母要求，便采取生长抑制手术，而须订立标准，如适用条件等，且应经过周全的决策过程，并邀请道德顾问或委员一同参与。"

工作小组的某个成员在医学伦理期刊《哈斯丁中心报告》中抱怨社会对艾希莉疗法的抨击，他写道："这种侵犯私人医疗决定的行为完全是无的放矢，仅仅表达出这样的疗法顶多伤害了第三方的感受，使其了解到一己的道德或政治观点并非普世皆同，除此之外，何伤害之有？按照这些人的标准，若父母想为听障儿植入人工耳蜗，以手术矫正内翻足与脊椎侧弯，或为绝症病童签下放弃急救同意书，也应注意可能会使他人不快。"但在同期期刊中，另一个投稿人则认为："如果有此类障碍的病童不应接受生长抑制，则任何儿童都不应该接受，否则就等于歧视。"

过去50年来，艾希莉这类案例引发的道德争论不断增加，且越变越复杂。身份认同问题难解，患者的医疗急需或社会要务也不容忽视。艾爸建立网站，从自己的角度叙述故事，浏览人次高达300万人。我采访时，艾爸说他现在一周花10小时左右经营博客。他说目前对他表达强烈抗议的都是少数人，他和艾妈收到的电子邮件有95%都表达支持。"微软全国广播公司"曾调查过7000多人，其中高达59%的人支持艾希莉动手术。艾希莉的父母写道："1100多个照顾过枕头天使的看护与家属写信来加油打气。如果家里有情况与艾希莉相似的孩子，父母若相信手术能增进孩子的生活品质，就应该极力争取手术机会。"但闹出争议之后，很多医院已不提供这样的手术。

冈瑟说："因为怕滥用而禁止有益的手术，这种主张本身可能就犯了滑坡谬误。如果有手术可用，却因为怕滥用而不用，那么大部分的医疗行为都应该停止。"普林斯顿大学生物伦理学教授辛格在《纽约时报》上说："对艾希莉的生活而言，最重要的应该是不让她受苦，让她尽可能享受人生。再者，她不是因为身为艾希莉而珍贵，而是因为拥有爱她、在乎她的父母与手足而珍贵。接受手术对她与家人来说，都是最好的安排，不该被侈谈人类尊严的高调所阻碍。"

和艾爸谈过后，我确定他深爱艾希莉，也对艾希莉的手术深信不疑。为了这本书，我拜访过无数家庭，许多人都不晓得该拿日渐长大、难以照顾的孩子怎么办。身心障碍运动人士强调,手术剥夺艾希莉的尊严,但我亲眼看过许多障碍人士得靠装设铁链的滑轮起重器才能上下床,还得穿上金属支架维持肌肉张力,并得靠悬挂绳索系统才能洗澡,我并不认为这样就活得更有尊严。亚瑟·卡普兰等人强调,障碍儿的家庭需要更多社会支持。但艾爸艾妈并非装不起绳索和滑轮系统,也不是请不起看护,两人之所以选择手术,是喜欢亲自抱着孩子的亲密感。多数人,无论是小孩还是大人,无论是有身心障碍还是健康,都喜欢身体接触胜过机器辅助。值不值得为这样的亲密感动手术,可以讨论,但若无视亲密需求,认为提供更多辅助器具就能解决问题,就画错重点了。

有些运动人士说,这手术并不是为了艾希莉好,而是为了减轻她父母的压力。但这两件事原本就是一体两面。艾爸艾妈生活若能轻松一点,就能从容不迫地给她更多正面关怀,她也就能过得更好。她的痛苦一减轻,父母的生活品质也能改善。两者就像太极阴阳。比接受手术更重要的,是艾爸与艾妈从未离开艾希莉,也无意这么做。艾希莉喜欢坐车兜风,聆听各种声音,也喜欢有人抱她起来、拥她入怀,而这项手术能让她尽情享受这些乐趣,无需住进照护之家。父母的照护往往最无微不至,或许她也能因此多活几年。

"会改变的爱不是爱",此话不然,爱随时在改变,像流体一样,源源不绝,也随着生命不停变化。我们还未认识自己的孩子,就已爱上孩子;而了解孩子后,爱的方式也随之改变。社运人士为艾希莉失去的东西而愤怒,她长不高,性征不会成熟。长高、发育,这些都是自然的生命历程,但并不会因为是多数人的经历就拥有无上价值。这只是一场精密的得失计算,权衡"长大、发育"与"生长抑制、摘除子宫"之间的轻重。从来没人说明显有认知能力的人也适合接受艾希莉这种手术。

在安妮·麦唐诺的案例中,前述的轻重权衡则变得复杂得多。安妮也是枕头天使,一辈子无法走路、说话、自行进食,也无法照顾自己。她在 1960 年代住在澳洲的医院,因为营养不良,体型一直很娇小。安妮在《西雅图邮讯报》专栏中写道:"我和艾希莉一样,生长也遭到抑制。全世界大概只有我能说:'试过了,不喜欢,宁可长大。'后来有人教我如何沟通，生活从此不一样。我 16 岁时，有人教我用手指着字母板上的字母拼字。两年后，我靠着拼字与律师沟通，争取到人身保护令，才得以离开待了 14 年的医院。"安妮最后进入大学，取得科学哲学与艺术的学位，还到世界各地旅行。安妮说："艾希莉注定成为长不大的彼得潘，但她还有机会学习与人沟通。让她永远躺在枕头上非常不道德，应该积极让她为自己发声。"

从安妮的故事与文章可知，我们很难了解无法表达意见的人在想些什么。然而，安妮之所以成长受阻，是因为父母遗弃、收留机构失职，而艾希莉则有爱她的父母相陪、悉心照料。安妮原先没有机会发展智能，艾希莉则备受鼓励。安妮写道："希望她不知道她身上发生了什么事，但我想她恐怕是知道的。"艾爸的确不该断定艾希莉的心智毫无发展空间，即便是大脑最基础的部分也有可塑性，也就是说，随着时间过去，多数人都能发展。一位小儿科医生抗议："没人能断定 3 岁小孩未来在'精细'的沟通能力上会有何进展，孩子的发展深受父母的抚养与照顾方式影响。很多人即使当了三年的父母亲，仍然充满疑惑与挫折，不知道未来该如何面对。"对于艾希莉的故事，德雷格以一则感人的亲身故事回应：她母亲在祖父晚年仍每天细心为他擦拭眼镜——"搞不好他还看得见"。

自主能力较高的障碍人士必然是为能力较低者发声，他们的意见非常珍贵，毕竟与一般人相比，他们的遭遇与自主能力较低的障碍人士较为相近。像安妮这样自主能力由低转高的人，则更有资格说话。然而，推己及人很多时候也可能是一厢情愿的自我投射。安妮看起来只是在重述自己的故事，而不是真正在回应艾希莉的例子。无论是艾爸艾妈，还是宣称代她发言的声援团体，都无法真正了解艾希莉的心意。身心障碍权益推动团体不满社会拒绝提供配套措施，但艾爸却也有相同的感受：一群手握权力的人非常专制地否决他与孩子的特殊需求。

艾爸写道："所有障碍人士都被迫吞下集体的理想与意识形态，无论个体是否得到裨益。在强调儿童福祉与个人权益的现今社会，这种做法令人无法苟同。艾希莉过得好不好，我们每天感同身受。我们设法以此帮助其他情况类似的孩子。很多批评者本身也是障碍人士，他们套用自己的经验，认为手术不适合他们。艾希莉与那些有能力写博客、寄电子邮件、为自己做决定的人显然完全不同。将艾希莉和这些人隔开的，是道巨大的鸿沟，而不是某些人所害怕或声称的滑坡谬论。牛顿定律适用于多数情况，但并不适用于极端案例。爱因斯坦便指出，牛顿定律无法解释高速环境，相对论则能善加解释。同理，身心障碍族群的意识形态有其道理，我们也予以支持，但在这个极端案例中，它错得一塌糊涂。"

人类对大脑的了解既深入又浅薄。关于大脑的可塑性、神经元新生，我们所知仍太少。面对沉默的个体，我们也只能不断猜测。无论做多做少，都会犯错。昆库生下来就有脑瘫，现在已成为身心障碍议题的顾问与讲者。他曾说，障碍治疗虽然立意良好，却也可能导致严重的负面效果。他提到自己早年所接受的物理治疗近乎强暴，"在我 3～12 岁那段期间，一周 3 次，会有比我年长、有力、有权势的女人把我带去她们的房间、她们的空间、她们的场子，脱掉我部分的衣服，入侵我的个人空间。她们会抓我、碰摸我，操控我的身体，让我疼痛不堪。我不知道自己除了配合，还有什么选择。这件事虽然与性无关，但对我来说，就是一种性侵害。过程中的权力与操控成了凌虐。治疗师的初衷当然与强暴犯不同，但是照护归照护，方法不见得都适宜。许多专业照护人士都以为，既然自己是在提供照顾服务，做什么都是对的，质疑他们的行为适不适当，就是在质疑他们关爱别人的心。"

昆库强调，并非所有出于爱的行为都是好的。即使无关身心障碍，我们在家里都是这种行为的受害者与加害者。而水平的身份认同族群，则可能受到更多、更大的伤害，原因就在于立意即使善良，认识往往不足。如果我不是"同性恋"，而跟我父母一样是异性恋者，父母就不会这样伤害我，但两人并非故意，只是不够了解身为"同性恋"的感受。然而，追根究底，两人立意还是良好，这点对我成年的身份认同极为重要。我不确定艾爸究竟是帮了女儿还是害了女儿，但我相信他的本意善良。所有父母一路走来都是跌跌撞撞、不断犯错，良好的立意无法消弭过错，但多少能减轻错误的程度，在这一点上，我的想法与昆库不同。

被你所爱的人伤害并不好受，但若知道他们只是想帮忙，感觉就会好一些。

"种族屠杀"一词在提倡身份认同的运动中经常出现，聋人认为，现今这么多听障孩子接受人工耳蜗植入手术，等同于种族屠杀。唐氏综合征者与其家人认为，选择性堕胎是种族屠杀。但很少人提倡杀害聋人与唐氏综合征族群，或是任其自生自灭。虽然有些父母杀害自闭儿，一般大众仍认为这种行径骇人听闻，而且是错误的。但若说到重度障碍族群，能接受以死作为解决方案的人则多上许多，部分原因是重度障碍儿通常得靠极端的医疗介入才能生存。重度障碍儿是现代的产物，让他们就此死去的想法则可视为一种"顺其自然"。

辛格在《重思生与死》一书中，引述了澳籍小儿科医生尚恩的话。尚恩提到自己照顾过两名儿童，其中一人脑部严重出血，导致大脑皮质全毁，身体只剩自律神经的功能。邻床儿童的身体大致健康，但心脏功能受损，若不接受心脏移植，就无法存活。前者血型正好与后者相符，能提供后者所需的心脏，救他一命，但若要这么做，就得在前者推定死亡前摘除器官，这当然不可能，最后两个孩子在几周内相继去世。尚恩说："大脑皮质一旦坏死，人就死了，我认为从死者身体摘下移植器官应该合法。"辛格则不同意，他认为皮质坏死不等于人死，不过他也觉得这两个孩子白白去世是场不幸。身心障碍倡权者主张，牺牲重度身心障碍儿的性命来挽救非身心障碍儿，就跟牺牲一名健康儿童来挽救另一名健康儿童一样不可思议。与活人相比，死人的权利显然较少，而尚恩就认为上述案例中，第一名孩子已经不再享有活人的种种权利。从科学的角度而言，尚恩说的或许没错，但说一个能呼吸、打鼾、打呵欠，甚至露出疑似轻松微笑的人已死，听起来还是不太对劲。

辛格坚称问题的核心是"何谓人格"。他认为并非只有人类才称得上人，具高度觉知的有情动物也算是人。同样的，并非所有人类都是人。他在《实践伦理学》中写道："就道德而言，杀害身心障碍婴儿的意义与杀害一个人并不相同。很多时候这种杀害行为丝毫无错。"他在别处又写道："举例来说，若比较重度障碍人士与狗、猪等非人类动物，后者往往具备更多能力，诸如理性、自我意识、沟通等能力与潜力，以及其他可说是具有重要道德意义的能力。"辛格的主张其实是"我思，故我在"的反面，也就是凡不会思考的，即不存在。几乎所有人都同意，若是父母不愿意，我们不能夺走他们孩子的性命。但如果父母不愿意留下孩子，是否该让孩子继续存活？这个问题就难多了。1991年，怀胎5个月的卡拉·米勒出现阵痛，紧急前往休斯敦的医院。医生说她是"严重流产"，并问她与先生是要顺其自然，还是要试试仍在试验阶段的最新手术，术后孩子有希望存活，但脑部会严重受损。两人祷告之后，决定不冒险一试。院方接着又告诉这对夫妇，医院的政策是要救活所有出生体重在500克以上的新生儿，如果两人无意救活孩子，就得立即离开医院。由于卡拉当时正严重出血、性命垂危，所以两人选择留在医院。很多州允许卡拉在这个怀孕阶段堕胎，但孩子一旦出生，她便不得拒绝院方对孩子施救。最后婴儿出生了，重达630克，医护人员在新生儿喉部插入管子，输送氧气到她发育不全的肺部。她眼睛看不见，而且至今无法走路或说话。

米勒夫妇细心照顾她，但也同时以"错误生命"的罪名控诉医院违反自己的意愿，因此应赔款补助孩子终身的治疗费用。法院裁定院方须支付米勒夫妇4300万美元的损害赔偿费，但判决在上诉时被推翻。官方政策保全了孩子的性命，官方政策也说这对夫妻这辈子得自行负责孩子的需求。

米勒案引起广大抗议，更有17个身心障碍组织联手向法院提交法庭之友意见书，内文写道："多数成年障碍人士，包括天生就有障碍的人士，都选择活下来，过着有品质的生活。多数身心障碍儿的父母也珍视孩子，相信孩子能活得有品质。"重视障碍族群的《接纳每日快报》写道："许多身心障碍权利运动人士认为，米勒夫妇的诉讼案鼓励杀婴，特别是身心障碍儿。"身心障碍运动圈子以外的人，意见则较不一致。范德堡大学的小儿科医生克雷敦表示："我认为违背父母意愿是十分不适当的，尤其他们面对的是这样的孩子。"波士顿大学的卫生法与生物伦理专家安纳斯则说:"对这样的孩子来说,什么才是最好的,其实根本没人知道,也不应硬定公式。"

就法律层面而言,1978年纽约曾有一判例,法官写道:"究竟是生而残废好,还是一开始就别出生好,如此大哉问,恐怕只有哲学家与神学家能回答。法律显然无法解决这个问题,尤其法律与人类社会皆认为生命几乎全具崇高价值,不存在的生命则否。任何相关说法的牵涉层面都极其深广。"

歌剧是挖掘悲剧之美的艺术。对茱莉亚·霍兰德来说,歌剧倒是让她准备好面对人生。她在英国国家歌剧院担任总监,早在二女儿伊莫珍出生前,就想深入思考疾病的意义,更在德蕾莎修女于加尔各答设立的"垂死之家"当过志愿者。她怀伊莫珍时一切顺利,但在2002年6月19日怀孕第38周时突然半夜急产,疼痛异常剧烈。茱莉亚回忆道:"我以前难产过,但跟这次比起来,上次那24小时根本是小事一桩。"她打电话给助产士,对方建议她去牛津的急诊室。医院的行政人员说她已在别家接生中心登记,他们无法收她。争执到一半,茱莉亚羊水破了,行政人员建议她立即前往接生中心。茱莉亚的另一半,也就是孩子的父亲杰·亚登,开了40分钟的车送她到接生中心,接生中心再打电话请助产士帮忙。此时宝宝的心跳率只有正常的一半,助产士要两人立刻前往邻近医院。茱莉亚这时已在痛苦哀号,得知孩子情况危急后,尽管产道口只开了3厘米,仍使劲想把宝宝生出来。一到医院之后,几分钟内孩子就出来了。两周前,茱莉亚胎盘曾经出血,但因伊莫珍当时已头位朝下,堵住了血,血液因此没有排出茱莉亚的体外。

留在子宫内的血形同毒药。每100个孕妇中就有一个会孕期出血,通常孩子不会有事。但伊莫珍似乎时有癫痫发作,于是茱莉亚和杰带她去原先拒绝收留他们的牛津医院,医生则安排伊莫珍住进新生儿特殊照护病房,差一点就要进加护病房。事后茱莉亚写道:"在地狱边缘的灵薄狱里,这些宝宝已死,现在则在阴阳两界之间徘徊。他们已经出生,但尚未拥有生命。"到了周末,伊莫珍眼睛睁开了,10天后,她跟着父母回家。

小小伊莫珍的嘴巴老含不到茱莉亚的乳房，而且无时无刻不在哭喊。茱莉亚说："她哭得没道理。我另一个女儿也哭，但我一靠近就会停下来。她通常是为了找我才哭。但伊莫珍并不是因为需要我而哭，我不管做什么都安抚不了她，让人十分厌烦。"伊莫珍越来越难照顾，她似乎睡得很少，而醒时几乎总在哭喊。如果杰使劲甚至狂暴地摇晃她，能让她暂时安静下来，但几周后，他必须回去上班。茱莉亚回忆道，伊莫珍 6 周大时，"我曾经把她摔到床上大喊：'我恨你！我恨你！'现在回想，当时上天似乎是要我放弃这孩子。"医生语带机锋，又有几分保留，依旧表示伊莫珍应该不会有事。茱莉亚和杰试了按摩疗法，请教哺乳专家，做了肠绞痛治疗，还做了哭闹和喂奶记录。伊莫珍偶尔会静下来或乖乖睡着，但从来没表现出开心的样子。之后她开始一喂奶就吐。茱莉亚在网络上看到两个让她晴天霹雳的统计数字：重度障碍儿的父母，十有八九"濒临崩溃"，而英国这类家庭的父母，有 16% 把孩子送去机构照护。

国民保健署派员探访茱莉亚后称她为圣人。茱莉亚说："她当然要设法让我和宝宝建立感情，毕竟保健署不想照顾这些孩子，能免则免。伊莫珍哭闹不停，我的确有资格被封为圣人。"茱莉亚除了伟大，也很愤怒。她写道："有天深夜，没月光也没烛光，小伊嚎个不停，我在黑暗中来回摇着她的小小身体，渐渐地，我觉得自己越摇幅度越大。要是抓她的头去撞墙，大概就是这种感觉吧。其实也很简单，我只要摇得再用力一点，她头骨那么软，就会像水煮蛋壳一样裂开。我没跟别人提过这种幻想，但我深受其扰，我在真的幻想弄死自己的孩子时，心情竟然那么自在。"伊莫珍迟迟不笑，可见脑部的确受损了，茱莉亚和杰一直想阻止的绝望终如暴风般直扑而来。

几周后，因为政府有喘息照护补助，茱莉亚得以在周末休息，把伊莫珍留给看护人员。她一直期待这样的自由，但后来发现，把女儿留给"比自己更知道如何爱她"的人，简直是一种侮辱。虽然没有诊断出病名，但小儿科医生还是开了一堆药给伊莫珍，并且提醒将来会有"大麻烦"，但这些话并不足以为未来指明方向。杰开始退缩。茱莉亚解释说："我气他不爱自己的孩子。这只会让我想到我被困住了，再不可能也得付出这种得不到回报的爱。"这样充满矛盾的感情，吞没了所有她本来能给杰的爱，于是他威胁要离开。茱莉亚写道："我们逐渐发现，原来伤痛能让人变得如此自私。"

  杰提议闷死伊莫珍，让她解脱，也让两人解脱，反正看起来跟猝死差不多。茱莉亚一听吓坏了，但她的确也希望伊莫珍死掉。她说："我无法跟她一起生活，但没了她，我也无法活下去。对她来说，到底怎么做最好？她有权利活下来吗？'权利'听起来好沉重，不是吗？我觉得我们一点也不了解孩子与生命到底是什么。"后来茱莉亚决定闷死孩子，但这次换杰劝退她，说她一旦坐牢，大女儿伊莲娜这辈子就毁了。当时伊莲娜才2岁，已变得越来越孤僻，也越来越不开心。茱莉亚试着调整心态，做好准备。她写道："为一个还在世的人哀悼，感觉很诡异。你知道自己不该这么做。"当时两人也讨论过向保健署提出控诉。茱莉亚与杰有机会争取到300万英镑的费用，用来照顾伊莫珍，直到她20岁为止。但两人得先证明牛津医院的人把他们送到接生中心是医疗过失。院方的确有过失。但除此之外，还要证明当初茱莉亚如果能顺利入院，伊莫珍的大脑就不会出这么大的问题。相关评估工作得费时6年，茱莉亚很怕长期抗争，也怕最后没有经济来源，却得为一个脑损的孩子负起全责。

  伊莫珍将近5个月大时，眼睛突然开始眨个不停，父母带她去看小儿神经科，医生为她检查后，小心翼翼地说："她这辈子可能没办法走路或说话。"茱莉亚心想，如果新生儿特殊照护病房是地狱边缘，现在就是地狱了。进一步的检查要数日才能完成，医护人员以为茱莉亚会和其他母亲一样，留在医院过夜。这家医院就是当初不让茱莉亚入院生产的那家。茱莉亚说："第一天晚上，我的态度极度恶劣。我说：'我不会留下来。'这个伟大的地方对不起我，我还说了：'去你的！'我走过其他父母身边，不和任何人对上眼，我不要再当圣人了。我上车，回家。"茱莉亚一直希望能让伊莫珍死去，还向医院申请"放弃急救"声明。那个周末，茱莉亚从医院载伊莫珍去受洗，受洗只让她更确定自己希望伊莫珍走。对她来说，医生对生命的执着简直是种折磨。

到了周二，神经科医生让茱莉亚与杰看了伊莫珍的断层扫描结果。他抬头道："你们看，原本椭圆形的灰色部分正在萎缩，逐渐变黑。"茱莉亚写道："他手指向眼睛的位置，那里一片漆黑，外围看起来像餐垫的蕾丝花边。医生解释，黑色部分是大脑皮质原来的位置，蕾丝花边则是伊莫珍的皮质残骸。"医生说："严格来说，她没有智能。"

茱莉亚告诉医生，她需要时间来接受这一切，医生也同意让伊莫珍留在医院一周。茱莉亚一心想着，孩子永远无法认得她，可能只知道饿，也许还有一点软硬的触觉，此外无他。接下来到底该怎么办，全看茱莉亚的决定。她和杰没有结婚，虽然出生证明上"父亲"一栏填的是他的名字，但过时的英国法律并未赋予他任何权利（之后便修改了）。杰一直问医生，伊莫珍有没有可能和闭锁症男孩克里斯多夫·诺兰一样。克里斯多夫出生时缺氧，他母亲执意自行教育他，后来新药出现，他因此能使用一小部分肌肉，打字作出美妙的诗。茱莉亚说："当医生说'她不可能像他一样'时，我竟然多少松了一口气。在这之后，杰斩钉截铁地表明他不会照顾她，不是伊莫珍走，就是他走。我当时想，真正需要我的是伊莫珍。我要看到证据，否则我不相信她不需要我，而她对我的需要，也是我自尊的来源。"后来茱莉亚写道："那不是我以往想象的那种得不到回报的爱。实情是，我的爱只存在于真空内。"

伊莫珍回家前两天，茱莉亚不再天天去医院报到，既然伊莫珍永远也不可能知道她有没有去探视，她就算出现了，看起来也只像在做样子。茱莉亚蜷曲在漆黑的房间里，躺在床上。保健署的人来探访，这位探视者曾收养过一名脑瘫儿。茱莉亚说："她很有智慧，讲话很有哲理。当时我问她：'如果已经下定决心放弃孩子，什么时候是最佳时机？'她这么回答：'不管什么时候，那都将是你所做过最可怕的事。'这个回答很有帮助，因为根本没有最佳时机。"

保健署探访员一走，茱莉亚立即打电话给律师，想知道如果把伊莫珍留给体制照顾，她会不会失去伊莲娜。对方向她保证不会。她请教该如何对医院说，并写下说词。到了伊莫珍该回家的那天，茱莉亚没去医院,她和杰坐在电话旁等着电话响。护士打电话来说伊莫珍状况很好,并问茱莉亚什么时候去接她。茱莉亚说:"我不会去了。"护士很震惊,沉默了半晌,接着请茱莉亚和杰隔天到医院会面。到了医院,茱莉亚照着律师的话回答:"我不适合当这个孩子的母亲。"主治医生没有质疑她的决定。茱莉亚说:"那场会议很平和。"医生问两人是否想过伤害她,语气暗示了两人该如何回答。杰说:"我不能说没有。"医生接着说:"那就把重担交给我们吧。"临走前,两人去看伊莫珍最后一眼,茱莉亚抱着她,向社工说:"你知道,我确实是爱她的。"离开医院时,茱莉亚想回头,但杰坚持离开,他说:"我跟她,你选一个。"车子驶离医院,茱莉亚静静掉泪。到家后,两人把衣服、摇铃、奶瓶、哺乳护罩、婴儿床、奶瓶消毒锅、婴儿椅统统丢掉。

几天后,寄养母亲妲妮雅·毕儿到医院接伊莫珍。妲妮雅是信心坚定的基督徒,独自抚养一名身心障碍儿。妲妮雅日后为《卫报》撰文写下自己的故事:"我走进伊莫珍的房间,看到她躺在婴儿床上,我感觉到房内有股困惑、失落与混乱的气氛。我和她的父母彼此打量。究竟是什么人忍心丢下这个漂亮而破碎的小人儿?伊莫珍有种不一样的气质,她很坚定。她不会被人忽视。我有一条背巾,之后就成了小伊的栖身之处。她躺在我心上,吸着我的手指。在这之后的数月,我只要醒着,走到哪儿都带着她。"初次见面的第一天,杰与茱莉亚把婴儿推车和汽车安全座椅交给妲妮雅,茱莉亚对妲妮雅印象深刻,觉得她既坚强又可敬。茱莉亚说:"我觉得她并不把我看成可悲又失败的母亲,为此我很感谢。"根据英国的社会福利制度,自小就被送去照护之家的孩童应安排收养,官方说法是,孩子有人收养,情况较稳定。然而,养父母和寄养父母不同,养父母不会获得补助,所以国家设计这样的制度,动机并不单纯。对茱莉亚来说,另一个人有能力爱她的孩子,是解脱也是侮辱。收养一旦成定局,就无法回头,茱莉亚与孩子的亲子关系与权利也就正式终止,对此她感到害怕,希望能维持母女关系。

几年后,茱莉亚告诉我:"我想,妲妮雅现在也觉得,我们对伊莫珍的感情对伊莫珍也有好处。而我,我现在也变了,我乐见由妲妮雅来当养母。"但妲妮雅不想收养伊莫珍了。茱莉亚说："时机已经过了。"她本来希望能和妲妮雅做朋友，但并不成功。伊莫珍来访时，杰总爱搔她痒，直到她笑出来，他还会把她抱上钢琴椅，弹钢琴给她听。茱莉亚写道："小伊听到音乐便停止哭叫，抬起她重重的头，仿佛专注于欣赏音乐。看她睁大眼睛，嘴巴微开，似乎表现出对音乐的敬畏。"她开始为身心障碍儿筹划募款活动，并积极参与伊莫珍生病时所待的收容所的活动。她把自身经验写成书出版。这家人无法与伊莫珍同住，却也无法不以她为重。

妲妮雅写道："我知道我看到小伊的家人所不曾认识的小伊。有一天，她笑了，虽然只有一下，但她真的笑了。我发现她对口哨声有反应，听到会笑。小伊第一次过生日时，坐在她的椅子上踢着铃铛。她听到铃铛声就笑，还张大嘴巴要吃捣碎的巧克力蛋糕。她慢慢会体会到，活着，很值得。"茱莉亚说，那样的微笑只是肌肉的反射动作，医生也这样说。她所认识的那个孩子，与妲妮雅描述的实在太不一样，简直是两个不同的人。我第一次与茱莉亚见面时，伊莫珍还能咀嚼食物，茱莉亚称之为她的"技能"。一年后，她失去这项技能，只能靠胃造口管进食。伊莫珍现在得服用贝可芬，许多患有阵发性疾病的儿童都靠这种药物舒缓肌肉。除此之外，她还服用3种抗惊厥药、两种消化系统的药物，以及助眠的镇静药。她睡在睡眠架上，板子的形状能顺应她的手脚，睡觉时要绑上绑带，避免四肢失控扭曲。她一周接受3次物理治疗，在这样的安排下，伊莫珍能有20年的寿命。

茱莉亚说："这一次次严重的癫痫发作原本会让她没命。大自然要用这种方式摧毁她，但不成，有种药能抑制痉挛发作。希望自己的孩子死去，这很痛苦。从某方面来说，我气的是他们发明了这些孩子。在我出生的年代，这样的孩子根本不能存活。由于现在的医疗介入越来越进步，也越来越霸道，因此出现了越来越多的伊莫珍。"而另一方面，妲妮雅则写道："伊莫珍一直有重度障碍，但她认得她的家人，生的养的都认得，就连祖父母来探访她，她都会很兴奋。"妲妮雅的气质平静笃定，相较之下，茱莉亚则大起大落，经常不知所措。伊莲娜曾问："妈咪，如果我大脑也坏掉的话,可不可以也去跟妲妮雅一起住?"茱莉亚应妲妮雅的要求,撤销伊莫珍的放弃急救声明。除非妲妮雅收养伊莫珍,否则这些决定权仍在茱莉亚手上。茱莉亚表示:"不过我不会擅自做主,那样太残忍了。"

茱莉亚把自身经验写下,先是发表在报纸上,之后出版成书。她在文中恳求赎罪,大众的反应则正反不一。有些人称赞她勇敢,有些人说她只爱自己。在最后一次访问那一天,她告诉我:"昨天我推伊莫珍上街,推轮椅走过6个路口真是噩梦。人行道上停满大车,我只能在两辆车之间找够大的缝隙穿过,然后再走上大马路,车子在身边呼啸而过。能走过6个路口,够称为烈士了。每次带着伊莫珍,就是我体验障碍儿之母的时候,行人会微笑让路给你,那种'真可怜,还好我不是你'的微笑。我都能想象每天回家时又当了一回圣人,但同时我又是世界上最愤怒的人。"

根据辛格的定义,伊莫珍、艾希莉等都称不上"人"。但依我的采访经验,所有同住且照顾过这些孩子的父母所描述的孩子,都展现人的许多特质。任何个案,我们都不可能确知这些人格特质有几分是真的在那里,又有几分是想象或投射出来的。辛格并不是要这些相信孩子有人格特质的父母不把孩子当人看,倒是开启了一个道德框架,让人们认为这些孩子是可以割舍的。我想,这不至于像身心障碍人权运动团体所说的那样,让许许多多的障碍人士遭遇纳粹式的种族屠杀,但我也觉得,辛格的论点恐怕没有他所以为的那样理性。他错就错在假定自己和科学都是全知的。

澳籍障碍社运人士博威克就撰文指出,伦理学家在思考这个问题时,"重点在于如果真有一群非人的'人类',要怎么界定这一群人的身份"?博威克说,当一个人无法说服医生自己意识清醒时,我们便接受他是植物人。换句话说,重点不在于有没有意识,而是如何清楚展现意识。博威克认为意识多半难以捉摸,并引用《神经学档案》上的一篇文章,文中写道,在84个"植物人"中,有将近三分之二的人在三年内

"恢复意识"。他写道："我们一定要问，既然有这样的证据，为什么当资料显然有其他同样说得通的解读时，这些理智、懂伦理、有道德的作者，却仿佛自己从中得出的结论永恒不变、千真万确。"博威克坚称，就算真有非人的人类，我们也无法确切认出。说到这里，很难不想到安妮与克里斯多夫。许多专家认为此二人不具人格，但两人最后都展现出人格的光辉。我们总说除非罪证确凿，否则一个人不该被判死刑。同理，这些看似清楚的案例，也值得我们再好好想想。

在思考辛格与博威克的话时，我想到唐氏综合征儿童亚当·德里-波菲的母亲苏珊·安斯坦，以及她坚定的犹太信仰：上帝并不存在人的身上，而是在人与人之间。我也想到聋人文化的研究发现，两个人只要需要沟通，就会很自然地开始用起手语，但如果一个孩子长期孤立，就无人唤醒这样的能力。我也想起杰·纽伯伦，他弟弟的精神分裂症被定位为体内化学物质的问题，和个人无关，和灵魂也无关，这件事令他无比愤怒。辛格的理论，背后的科学观太自以为是，但要我们一律平等看待所有人的生命，又太滥情，两者我都不喜欢。当然，我们得找出一套实际的解决办法，但若相信有一清二楚的标准答案，未免太过天真。我们赋予彼此人格，并赋予或否认身心障碍儿的人格。与其说人格是被发现存在，不如说是经人引介而生。精神分析师罗宾斯说："意识不是名词，而是动词。如果把意识当成一成不变的物品来理解，只会酿成灾难。"妲妮雅在伊莫珍身上看见某种基本的东西，某些我们或许会视为上帝恩典的特质，但茱莉亚却没看到。然而宣称任一方是在做梦，都是傲慢不公的表现。

蚁后的女儿会照顾母亲与手足，某些鸟类会协助父母照顾弟妹。但总体来说，人类之外的生物，在养育的行为中很少有互惠关系。人类养育后代并非短期的单向关系，而是持续一生的双向关系。即便父母尚未老年失能，尚无需由成年子女赡养，双方能否展现互惠，也会影响父母的社会地位与自我肯定。父母究竟能否得到这种回报，通常可从孩子幼年给予的回馈窥知一二，例如孩子满怀崇拜的凝视、依赖所隐含的情感，还有牙牙学语的孩童口齿不清表达出的爱意。但对于重度多重障碍儿的父母来说，这类幼年时期的互惠并不常出现，而最终的互惠更不可能发生。

然而照顾儿童的快乐不仅仅来自互惠。法国作家蕾克蕾曾谈过"我们对孩子的深切热爱"，女性主义心理学家玛妮夫也说过，母亲回应孩子需求的能力"不仅促进她对孩子的认同，也为自己带来快乐、成就感，更是一种自我展现。"精神分析学家很久以前便提出，在某种形式上，母亲照顾幼儿就是在照顾自己。弗洛伊德对此的描述是："父母对孩子的爱十分感人，但追根究底又是如此幼稚。说穿了，不过是父母自恋的重现。"

为了撰写此章，我采访了许多父母，他们几乎都因为这种共同利益而变得更坚强，但也不是所有人都能做到。有些身心障碍权利运动人士、反堕胎人士、宗教基本教义派认为，那些不愿意抚养障碍儿的父母一开始就不该怀孕。但现实是，准父母总是非常乐观，即便有人冷静设想过最坏的状况，也无法在事情发生前充分预测自己的反应。

人与人的关系总是有矛盾之处，亲子关系亦然。安娜·弗洛伊德坚信，母亲永远无法满足小宝宝的需求，因为这需求是无止境的，但总有一天，双方都能脱离对彼此的依赖。然而，重度多重障碍儿的需求远远超出一般小宝宝，他们永远需要帮助。英籍精神分析师帕克在《撕裂》一书中写道，在开放的现代社会中，母亲的矛盾有多重，可是挖不得的秘密。多数母亲偶尔都想摆脱孩子，而她们大多将这种想法与谋杀画上等号。帕克则认为养育是两种冲动的结合：紧抓不放的冲动，与放手的冲动。若想当称职的母亲，除了爱孩子、教养孩子之外，更要给孩子空间、懂得放手。根据帕克的说法，"过度干预是海妖，疏于关心是漩涡"，教养孩子得在两者间辟出一条航道。她说，一味追求亲子和谐，是过于感情用事，"这可能会留下阴影，让人不断懊悔为何两人永远无法达到合而为一的喜乐境界"。完美永远在地平线彼端，我们越是追求，越显得完美遥不可及。

母亲对正常孩子的那一份黑暗矛盾，对于孩子独立自主非常重要。

但对于永远无法独立的重度障碍儿来说，父母的负面情绪没有任何好处，这些孩子需要的，是世间难有、纯洁无瑕的爱。然而要求重度障碍儿的父母降低负面情绪，要求他们比健康孩子的父母更乐观，实为荒谬。根据我的经验，这些父母会同时感受到爱与绝望。人无法选择不要矛盾情绪，只能选择如何面对矛盾情绪。矛盾情绪有两面，多数父母选择这一面，而茱莉亚则选择另一面，但我并不认为各个家庭所面对的左右为难有太多不同。受时代思潮陶冶的我，要赞美那些选择留下孩子的父母，及其伟大的牺牲奉献。但我同时也尊重茱莉亚诚实面对自己，也让其他家庭所做的一切看起来都像是出于选择。

第八章 神 童

　　说来或许很难相信，但天赋异禀与生而残障竟十分类似：孤立、神秘、吓人。借由研究，我发现了一些模式，其中最惊人的是，很多人原先排拒显然的异常，最后却懂得重视。同样，很多人原先渴望显然的优异特质，最后却发现这些特质常让人退避三舍。许多准父母害怕生出身心障碍的孩子，却渴望孩子多才多艺。这些孩子可能为世界创造美好，有可能因成就非凡而极感快乐，也可能把父母的人生推向奇妙的新格局。聪明人的孩子往往也聪明，但绝顶聪明却是一种异常，一如本书中那些迥异于父母的水平身份认同。虽然心理学与神经学在20个世纪已有重大突破，但我们对于天才与神童的理解，还是跟自闭症一样浅薄。天才儿童与身心障碍儿的父母都一样得照顾孩子，但永远无法理解孩子。

　　天才儿童在12岁前，就在某个领域展现与成人无异的优异能力。只要是从小展现惊人天赋的孩子，我都广泛以神童一词称之，即使其中有些孩子并非典型的神童，其天赋能力是不太为人所知地逐步养成。"神童"（prodigy）一词源自拉丁文"prodigium"，指违反自然常规的奇人异物。这些人实在过于异常，差异之大，不亚于天生残疾。但人类对异于常态的焦虑，不仅来自词源。几乎没人想被当成神童，更何况神童往往让人联想到小时了了、怪物等负面字词。许多神童自己都认为身为神童既可悲又古怪，一辈子无缘融入社会，事业也难成功，即使表演出色，也只被当成娱乐，而非艺术。

神童一词通常反映了时机，而天才则反映一般人所没有的能力。许多天才都很晚熟，而神童长大也未必是奇才。法国诗人拉迪盖说："世上有神童，正如世上有出众的成人，但两者鲜少相同。"不过在本书里，我所接触到的个案大多从神童一路长成具备超凡能力的天才，因此我并未严格区分这两个名词。本章重点在探讨一个人无论处于哪个阶段，一旦展现异于常人的能力，会对家庭的互动关系带来什么样的改变。这就跟精神分裂与身心障碍一样，无论出现在人生哪个阶段，都有影响。不过自幼聪颖过人与最终达成非凡成就，确实为两种非常不同的身份认同。

养育天才儿童就如同抚养身心障碍儿，父母得配合孩子的特殊需求调整生活重心。除此之外，两者也都需要寻求专家协助，而且专家给出的主要对策也常会削弱父母的权威。天才儿童的父母需要向有相同经验的团体求助，而且很快就得面临是否接受主流教育的抉择。若把孩子送去智力程度相近的班级，与同学年龄就会差异太大，交不到朋友；若把孩子送去跟同龄孩子一起学习，则可能会因为表现太突出，被当成怪人孤立起来。天才横溢跟任何发展障碍一样，都会阻碍亲密关系，而比起书中提到的其他家庭，天才儿童的家庭也不会比较快乐或健康。天才儿童最常出现在体育界、数学界、围棋界及音乐界。我把重点放在音乐神童，因为比起运动、数学与围棋，我更懂音乐。音乐神童如何发展，全看父母能否配合。再怎么天赋异禀，也要有人训练，父母不支持，孩子就永远不可能接触乐器或训练。正如圈内专家费德曼与葛史密斯所说："神童是一门团体事业。"

孩子的行为大多从父母身上学来，父母反复告诉孩子，以前自己如何，现在如何，将来可能如何，希望能同时保有成就与纯真。在建构这些说法时，父母往往会把学得快与学得精深搞混，前者并不寻常，后者才是目标。支持与压力往往是一线之隔，而深信孩子有能力和逼孩子照你的蓝图走，往往也是一线之间。无论是一味培养天赋而不顾人格发展，或是追求均衡发展却忽略孩子的特殊才能，都会毁掉天才儿童。孩子可能以为你只爱他的优异表现，也可能以为你并不在乎他有什么才华。神童往往得牺牲当下，才能成就假想的未来。若说社会大众对于极度异常的孩子期望太低，对于天才儿童的期望则往往高过了头，有害无益。

乐感并不是种进化优势，但只要有人的地方，就有音乐。人类学家米森在《听尼安德塔人唱歌》一书中主张，音乐对于认知发展至关重要。人们对婴儿讲话时喜欢用夸张的语调，近来也有研究探讨此一行为，发现婴儿喜欢像旋律般抑扬的发音。学者布莱克说，音乐"存在于每个人体内，等着被唤醒与发展"。一个人听到另一个文化的音乐，也能分辨乐音是悲是喜。虽然人类先天便具备分辨音乐的能力，但音乐跟语言一样，需要后天环境的塑造。我们吸收自身文化中最具特色的和弦进行，并感受一段音乐是否符合习得的期待。社会学家贾非亚提出，音乐与语言是同一套系统，婴儿很早便习得其中奥秘，而且音乐是"帮助我们不断社会化的主要方法"。

正如聋儿会以肢体开始沟通，音乐神童也很早就开始用音调表达自我。对音乐神童而言，音乐即语言。据说汉德尔在开口说话前早已会唱歌，钢琴家鲁宾斯坦想吃蛋糕时便哼起玛祖卡舞曲。音乐心理学家斯洛巴达专门研究人类为何对不同的音符与节奏组合有不同的情绪反应，他写道："音乐和语言不同，不像英文那样具有指涉意义。但音乐的确有多层次的复杂结构特性，类似语言的句构和文法。"这表示，一如语言学家乔姆斯基所说，脑内深层的音乐结构一旦接触外在音乐就受到刺激活化。纽约州巴德学院的院长伯恩斯坦幼时也是神童，他说："要成为杰出的音乐家，首先得偏好以音乐作为语言之外的另一种沟通方式。"音乐一如口语或手语，是一种表达的工具，也需要有人接收、反应并鼓励，因此，父母的参与对于孩子显露音乐天赋至关重要。

美国孩子的英语自然非常流利，但不见得个个都能成为诗人。同理，即便音乐是孩子的第一语言，也不保证他日后能有精湛的发挥。

认识艾夫根尼·纪辛的人都唤他"桑亚"。毫无疑问，桑亚的第一语言是音乐，而这个语言他父母也懂，他母亲艾米莉亚是钢琴老师。20世纪70年代中期，艾米莉亚的朋友会去莫斯科拜访她，听她儿子弹钢琴，但艾米莉亚一直不肯让孩子去专业学院上课。（她说："他们在那里过得很苦，没有童年可言。"）一位朋友对此深不以为然，于是在1976年桑亚5岁时，安排这家人与坎特尔见面。坎特尔在知名的格涅辛音乐学院任教，一开始也百般不愿，她回忆道："那时已经9月，我说考试早就结束了，这个朋友回答：'你只要见见那个小男孩，就知道一切才刚开始。'一周后，那个母亲带着儿子出现，他顶着一头天使般的卷发，睁着一双深邃的眼睛，我在他身上看见聪慧的光。他看不懂乐谱，也不晓得音符名称，却什么都会弹。我要他把故事转换成音乐，我告诉他：我们现在要走进漆黑的森林，里面充满野生动物，非常可怕，接着太阳渐渐升起，小鸟也开始唱歌。他听完，从低音弹起，象征黑暗危险的地方，接着越弹越清脆飞扬，小鸟醒了，第一道曙光升起，最后是近乎狂喜的快乐旋律，手在琴键上飞舞。我不想教他，这样的想象力可能很脆弱，惊扰不得，但他母亲说：'不用担心，你是聪明可靠的帮助者，只要是新东西，他都有兴趣，试试吧。'"

纪辛一家过着前苏联政权下犹太知识分子的典型生活：物质贫乏，困顿不断，经常挨饿受冻，意识形态又往往侵扰心灵，精神上的快乐多少带来一些弥补。这家人设想桑亚的姐姐艾拉会跟母亲一样当钢琴老师，桑亚会跟父亲伊戈尔一样当工程师。桑亚11个月大时，就能完整唱出姐姐练习的巴赫赋格曲。他开始把所有听到的东西都哼唱出来。艾米莉亚回忆道："带他上街其实很尴尬。他一旦开始这么唱，就会持续下去，停不下来，最后我被他这能力吓着了。"

桑亚2岁2个月大时，在钢琴前坐下，用一根手指弹出唱过的一些曲调。隔天他又重复了一次，到了第三天，他左右开弓，十指并用。黑胶唱片一播完，他就能立即重弹。他母亲说："他能用那双小手弹出肖邦的叙事曲、贝多芬的奏鸣曲以及李斯特的狂想曲。"到了 3 岁，他开始即兴创作，特别喜欢以音乐刻画人物。他回忆道："我会叫家人猜猜我弹的是谁。"坎特尔按照俄国传统教法，教导桑亚表演者的想象力与精神应该与作曲家一致。艾米莉亚解释："坎特尔最成功的地方，在于保留了他的天赋，她知道如何补充原有的，而非取而代之。"我问桑亚，他如何避免耗尽幼时天分，他回答："很简单，父母把我带得很好。"桑亚 7 岁时开始谱曲，弹琴时，看起来就像那是一种必要的释放。他说："我放学回来，常常连外套都不脱，便坐上琴椅弹奏。我也让母亲了解到，这就是我需要的。"桑亚常把自己想学的列出给坎特尔看，他说："如果想学的曲子很难，我会在后面加上括号写下：'列宁说困难不表示不可能。'"

他在 1983 年 5 月开第一场独奏会，那年他 11 岁。他回忆道："我有种解脱的感觉。中场休息时，我迫不及待想赶回台上继续弹。"音乐会结束后，作曲家工会里某个高层人士的妻子向师徒致意，并承诺将邀请桑亚演出。这在当时困顿的年代，等同于成名致富的入场券，但坎特尔却感到不安。她回答："他还很小，不应该经常公开露面。"旁边一个自称是医生的人插嘴说："看到这孩子急着回台上表演安可曲，就知道，对他来说，强忍着内心的渴望不抒发，反而更危险。他需要舞台。" 1 个月后，桑亚便到作曲家联谊厅表演。

翌年 1 月，著名指挥家巴伦波因来到莫斯科，听了桑亚演奏后便安排他到卡内基音乐厅表演。演奏家在前苏联艺术界享有特殊地位，因为诠释性表演不像创作性表演，不会涉及意识形态的问题。但前当局一直想把天才藏在国内，因此卡内基一事，桑亚与老师都被蒙在鼓里。几个月后，桑亚在莫斯科表演了肖邦的两首钢琴协奏曲。表演结束后，桑亚的父母说要给他一个惊喜——到国内的一个小镇玩。几年后，他才知道那趟旅行的目的：父母知道演奏将会造成轰动，所以带他出城，以免他受到过多赞美。

桑亚开始巡回演出后，也同时接受家教课，学习"历史、文学、数学、辩证唯物主义、列宁思想、军事科学等一般学科"。他一直没有年纪相仿的好友,而不必到普通学校上课对他而言是种解脱。1985年,他首次离开苏联,到东柏林为领导人昂纳克演奏。桑亚回忆:"前一个节目是杂技表演,接着换我弹奏李斯特改编自舒曼的作品《奉献》,以及肖邦的《E小调圆舞曲》,我的节目之后则是魔术表演。"两年后,新的开放政策放宽了旅游限制,桑亚为举世闻名的指挥家卡拉扬演奏。卡拉扬眼泛泪光,指着桑亚说:"天才!"桑亚与许多神童不同,他并不哀叹童年消逝。他说:"有时我会遗憾自己的人生这么早就定型,毫无抵抗的机会。不过就算我的职业生涯更晚展开,音乐仍然会是我唯一重视的事。"1990年19岁时,桑亚首度在卡内基音乐厅登台演出,震惊世界。1991年,桑亚举家移民纽约,坎特尔也一起过去。

1995年,我首次与桑亚见面,在那之前只听过别人描述他是"月亮的孩子"——古怪、封闭、难以理解。初次见面,他就清楚表示除了已知事实,自己没太多事可说。他一直不爱说话,对记者没好感,也不像许多名人那样喜欢受到瞩目。功成名就对他而言,除了能让他继续表演,毫无意义。桑亚过高又过瘦,头大得夸张,有双棕色大眼,皮肤苍白,褐色头发乱成一团,东西不小心放进去可能会找不到。整体看起来高瘦得不是很好看,气质融合了紧张与安详。看着桑亚坐上钢琴椅,就像看着台灯插上电:原以为只是摆在一旁的装饰品,真正的功用突然显而易见。与其说他是倾注能量给乐器,不如说他是从乐器接收到能量。他说:"如果突然无法弹琴,我不确定自己活不活得下去。"桑亚弹琴的神态,仿佛能以崇高德行救赎世界。

20世纪90年代,桑亚不论到何处巡回演奏,都有母亲与坎特尔相伴。两个女人既亲密又相互尊重,在评论桑亚的表现之前,一定先和对方商量。每到一个新的表演场地,桑亚会先排练一次,坎特尔坐在一旁聆听、指点,艾米莉亚则会到处走动,确认音响效果正常。她们不给桑亚任何骄傲自大的机会。他说:"她们不想让我自视为伟大天才,但如果我表现得好,她们也从不吝于夸奖。"桑亚的父亲与姐姐退到后方,陪在他身边的是母亲及老师,某个评论家称三人为"三头怪兽"。

若说桑亚弹琴之流利一如我开口说话,那么他说话便笨拙一如我弹琴。他流露出绝顶聪明和细密的心思,但并非由言谈表达出来。桑亚有轻微的言语障碍,说话时总爱拉长爆破音的子音,就像气球砰的一声破掉。他讲话时常停顿,字与字之间的连结也不自然。他年幼时,坎特尔向他解释概念,他若不回应,她会更详细地说一次。最后她问:"你懂了吗?"桑亚就会回答:"嗯,我老早就懂了。"他没有想过听懂就要说懂。他二十几岁时与某个管弦乐团共同演出,演出前乐团首席看到他休息时间也在练习,便说她自己要偶尔休息才能有好表现。桑亚回答:"所以你才当不了独奏家。"他天生很关心人,但言谈中洋溢着这种机敏的直白。评论家米基特在《华盛顿邮报》上写道:"正因为他精湛的技巧搭配朴拙而感人的尖锐,表演才如此引人入胜。"

我从前就反复思考音乐是否有可能是人的第一语言,在与桑亚首次见面一年后,我决定问他。当时我们坐在他曼哈顿上西城区的家中,我只是一时兴起,向他请教拉赫曼尼诺夫装饰奏的结构。"这个吗?"桑亚问,一边弹了六小节。在我们会谈的录音里,谈话瞬间转为音乐弹奏,但最令人惊奇的是他情绪的转变:言语没有表达出的情绪都在音符里了。那让我联想到鱼,从本来在船头甲板上跳动,一翻身投入大海悠游。桑亚音乐的最美之处,是那渴望受到理解的呼喊,除了高超的弹奏技巧外,这一点也格外突出。虽然他只弹奏出我指出的片段,但那是我第一次觉得与他聊得尽兴,那种亲密感像是倾吐秘密,又像拥抱。

桑亚告诉我:"音乐能表达我的感受,我完全不懂如何用言语传达自我,也不喜欢讨论音乐。音乐自己会说话。"他通过音乐理解世界,所以观众似乎也能通过他的音乐理解世界。

在首次见面十多年后,我问他是否已完全弹出自己的领悟,桑亚仅仅回答:"还没。"之后又补充:"小时候弹琴,就只是单纯喜欢音乐,照着感觉弹而已。我发现随着想法越成熟清楚,就越发了解要完整表达是多么困难。以前曾想要学指挥,但现在不想了,正是因为我发现弹琴原来这么难。这也是我现在上台前总比以往紧张的缘故。"我所听过的神童成长经验,没有比这个说法更贴切的了。

对桑亚来说，音乐是亲密感的来源，其他人则用音乐来表达囿于境况或性情而无法传达的想法。钢琴家叶芬·布朗夫曼（人称费玛）是一鸣惊人的天才原型。1958年出生于前苏联塔什干，父亲纳伍被苏联军队征召入伍，后来成为德军俘虏。他逃出监狱，跋涉将近1000千米回到莫斯科，却被斯大林打入监狱拷打。费玛的母亲宝琳娜在波兰曾被关入纳粹监狱。纳伍以前是小提琴手，在塔什干音乐学校任教，宝琳娜则在家教钢琴。费玛说："我们一直怀疑遭人监听，只能通过音乐表达想法，所以我们才这么认真练习。"音乐成了一种自由的国度，在布朗夫曼遭监听的屋子里，这个媒介让大家得以表达无法言说的一切。费玛成熟的表演之美，有部分是因为那种缠绵不去的不吐不快。如果有些音乐家是因为大脑天生不善于处理语言，而选择用音乐与人对话，那么一生未婚（和纪辛一样）且与母亲同住的费玛，就是因为童年有重要的话想说而无法说，一直未从被压抑无法说话的状态走出，因而以音乐表达那种迫切感。暧昧不明能道尽千言万语，20世纪的俄国音乐家一直善用音乐这种特性，如此政府便无从指证颠覆分子。一个人无论被囚困于何种沉默，总能通过音乐获得解放。

天才从哪起源，过去至少2500年来，一直是哲学家喜欢辩论的话题。柏拉图相信天才由诸神授予人类，人是被动的接受者。朗基努斯则认为天才来自作为，也就是天才并非由上天赐予神性，而是自己创造神性。洛克认为父母能创造天才（他没生过孩子，这也难怪），他说："在我的想象中，孩子的心智如水一般，能轻易导引而定向。"这样的想法起于理性时代，"天才"也是在这个时代转变成现今的词义。到了浪漫时期，天才的形象转而染上一层神秘色彩。康德说："若创作乃出自个人天赋，此人便无从得知作品的构思是如何得来。"叔本华则说："才华让人命中他人无法命中的目标，天才则命中他人看不到的目标。"

1869年，高尔顿在《遗传的天才》一书中表示，天才无法靠后天养成。优生学家特曼是高尔顿的信徒，他在第一次世界大战时开发出测量智商的"斯坦福-比奈智力量表",以此为征召的士兵分级。协议停战后,他坚持用该表测量学龄前儿童,以预测学业表现。由于这种量化的智力测试本身就带有偏见,低智商的评分结果大多展现了"不受欢迎"族群的劣等特质。测验问世后,世人不断争辩高智商与天才的关联。特曼追踪了 1500 名高智商儿童,70 年后,批评者表示,这些人后来的成就,并不比当初他们的社会经济地位所能预测的还要高。特曼排除了一个他认为不够聪明的孩子肖克利,此人后来与人共同发明出晶体管而赢得诺贝尔物理学奖。尽管如此,优生学家仍力倡心理测量法。普本诺提倡强迫"劣等"族群节育,他认为"低技术劳工的孩子,从来没有成为美国杰出的科学家"。希特勒熟知高尔顿与普本诺的学说,而普本诺也与这位纳粹伙伴积极合作,不停为纳粹辩护,直到情势不利才罢休。"生而优越"的观念因犹太大屠杀而声势锐减,1944 年,人类学家克鲁伯更主张环境造就天才。公元 5 世纪的雅典人、意大利的文艺复兴及中国宋朝为何天才辈出?天才所占的人口比例难道不是固定的吗?

如果天才来自遗传,精英治国就没有比天赋君权公正多少,两者都以神秘色彩包装世袭的优势。倘若天才来自人为,那么有能之人的声望与财富就是应得的。共产主义认为,只要努力,人人皆可成天才。法西斯主义则认为,天才比凡众等而上之。许多人空有才华而一无所成,是因为缺乏自律,但只消往矿坑一探,便能得知光靠努力无法成就天才,也未必保证致富。一部天才史,就跟智力障碍或精神疾病的历史一样,政治意味浓厚。

里昂·佛莱雪 1928 年生于旧金山,父亲是移民,日后成为女帽制造商,专为喜剧演员露西儿·鲍尔设计帽子。里昂的哥哥被逼学弹钢琴,他则静静坐着旁听。里昂回忆道:"哥哥出去打球,我就坐上钢琴椅,按照老师所教的弹奏。"父母随后改让里昂上课,不久他开始跟随俄裔老师修尔学琴。"他是旧金山一带的神童制造机,觉得不把我弄哭,就是他教得不好。但下课后,他会带我出去吃羊排大餐。"

1937 年,旧金山管弦乐团的指挥听完里昂的第一场独奏会后,认定这个孩子应该去意大利跟随著名钢琴家许纳贝尔。许纳贝尔委婉拒绝了，他没兴趣教 9 岁小孩弹琴。几个月后，指挥邀请许纳贝尔共进晚餐，偷偷让里昂现身，强迫许纳贝尔听他弹琴。结果许纳贝尔当下就收里昂为徒，条件是他不得再继续开演奏会。许纳贝尔知道里昂的母亲只想成名，而他得确保孩子专心学习音乐。里昂和母亲在 1938 年来到意大利科莫，在许纳贝尔门下学习从未学过的一切。里昂说："神童制造机把音乐和技巧分开，许纳贝尔则坚持，技巧就是随心所欲的能力。他主张在弹一首曲子前，先找张舒服的椅子坐下，仔细研读乐谱，而非想都不想就埋头猛弹。"许纳贝尔收学生从不超过 6 个，并要求每个人旁听其他人的课。里昂回忆："他一整堂课只教十二个小节，每个人上完课都像喝醉一样脱力，站不住。我们脑袋里不只装满了信息，还有灵感。许纳贝尔教授的是超脱。"

在第二次世界大战爆发前夕的意大利，这对犹太师徒处境堪忧，许纳贝尔很快就把里昂送回家，自己则随即移民纽约，里昂的父亲只好到美国东岸的工厂工作。里昂说："这责任对孩子来说过度沉重。"但他母亲早已铁了心，他无可奈何地说道："她给我两条路：当史上第一个犹太人总统，或是成为伟大的钢琴家。"

里昂 1944 年首次在卡内基登台演出，当时他 16 岁，事业从此一飞冲天。三年后，许纳贝尔宣布他的课程结束了。里昂说："他叫我离开时，我非常失落。之后，我在收音机里听到他弹了一首贝多芬的奏鸣曲，弹得美极了。但换作是我，可能不会那样处理那首曲子。"

里昂过了二十年的光辉岁月。36 岁那年，他得了局部肌张力不全症，那是一种神经疾病，肌肉会不由自主地收缩，导致他右手第三与第四指不听使唤。患者初次发觉疼痛后若置之不理，继续重复练习精细的肌肉运动技巧，便会患上此病。里昂的儿子朱利安是爵士乐手，他解释道："他母亲叫他练，他就死命不断反复使用右手，用到再也不能用。"里昂历经一段抑郁期，婚姻也随之破碎。他说："我沮丧了好几年，才发现我追求的是音乐，而不是当用双手弹琴的钢琴家。"他东山再起，这次当的是指挥家、老师，以及左手钢琴家，表演曲目虽有限，却技惊四座。

里昂的成熟之处在于具有充分自觉。他说:"演奏时,你可以置身其中,也可以只当说书人。就像是说:'从前从前,有一个……',这种方式反而能表达得更丰富,让听众的想象力任意驰骋,而不是从旁下指示:'这是我的体会,你也应该一样。'这件事天才做不到,但成熟的表演家做得到。"他说聪慧的年轻学生,就像要以一个装饰品为中心盖起一栋房子。里昂说:"我教他们:'卧室在这里,厨房在这里,客厅在那里。你要先让这些定位,才能开始装饰。结构第一。'"他儿子挖苦道,里昂这种极度细腻的思考方式并未延及人际关系:"不是说他人不好,而是他无法理解他爱的人在想什么。但换作音乐,他该有的全有了。"

我问里昂,肌肉病变是否带给他任何好处。他说:"我被迫,也得以拐个弯,让自己扩展一些,那个跟'眼界'相应的词叫什么,'耳界'?如果我有机会重活一次,而且没有得病,我可能不会想做任何改变。"局部肌张力不全症让他看到,许纳贝尔教的果然没错:音乐家必得谦虚。里昂说:"许纳贝尔把表演家比喻成高山向导,目的是带你攻顶一览美景。向导本身不是目的,景色才是。"

里昂 70 多岁时,以注射肉毒杆菌来放松手部长久以来的紧张肌肉,并以罗夫按摩疗法协助软组织运动。他再次以双手弹奏,之后的录音得到极高评价。朱利安说:"技巧已不若以往,但音乐性极佳。他弹的不是音符,而是背后的意义。"里昂说:"我离痊愈还远得很。弹琴的时候,八九成的注意力都在手上。关节的软骨几乎都磨损了,只剩手指的骨头磨来磨去,感觉有点像小美人鱼。她爱上人类,并如愿变成人类,代价是每走一步都跟走在刀山上一样痛苦。这个童话故事我一直牢牢记着。"

音乐神童有时会被拿来与童星比较,但童星演的是儿童,毕竟没人想花钱看 6 岁小孩演哈姆雷特。孩子表现得再超凡入圣,都不曾永远重写任何领域。伯恩斯坦说:"神童确立传统智慧,从不加以改变。"音乐表演有规则、结构和形式可循,可以很快吸收。演奏深度则来得较晚。莫扎特是典型的神童代表,但他若没活过 25 岁,就不会以知名作曲家传世。英籍律师巴林顿于 1764 年仔细审视了 8 岁的莫扎特，之后写道："他通透乐曲的基本原则。此外，他也是转调高手，可以从一个调变换到另一个调，浑然天成且有见地。"但莫扎特也是不折不扣的孩子。"他弹奏大键琴给我听时，爱猫一走过来，他就立刻跳下椅子，我们得花费一番工夫才能哄他回去弹琴。有时他还会两腿夹着棍子当马，在房里跑来跑去。"每个神童都既幼稚又成熟，音乐造诣极高，个性却不成熟，对比之强烈令人惊奇。我访问一个小提琴神童，她 7 岁时转攻钢琴，并说如果我能对她母亲保密，她就告诉我原因。她说："因为我想坐下。"

从小就接受严格训练的人，日后成为杰出音乐家的少之又少。茱莉亚学院的卡普林斯基在年轻学生之中堪称举世最有声望的钢琴老师，她说："孩子在十八九岁之前，很难看出是否拥有足够的情感能力来表达作品内涵。"成熟的孩童最后可能成为幼稚的成人，迈可·杰克森就是最好的例子。日本有句谚语说，十岁神童，十五才子，二十凡人。

短跑选手若纵容自己轻视马拉松选手，实为不智，同理，父母若助长孩子的自恋习气，对孩子也毫无好处。一个人最好先有成就，再成名。若成名在先，往往就难有成就。著名经纪人哈姆兰协助过许多音乐巨星发展事业，实在看够了童星父母急于让孩子 12 岁就进卡内基音乐厅登台，厌倦地叹道："你不该靠到卡内基音乐厅表演来发展事业，而是先有了事业，卡内基音乐厅自然会邀请你去表演。"

在许纳贝尔眼中，里昂就是身怀绝技的孩子，而非一组不巧依附在孩童身上的高超琴艺。然而，许多父母无法分辨两者细微的差异。专门研究神童的精神科医生孟伦表示："当孩子天赋惊人时，父母往往只看到天赋，看不见孩子。"范·克莱本是美国 20 世纪的著名神童，不过一直到 23 岁才一举成名。当时正值冷战，他在柴可夫斯基钢琴大赛中夺冠，美国人夹道热烈欢迎他凯旋荣归。他的母亲就是他的钢琴老师，上课时总是说："你要明白，现在我不是你的母亲。"谈到童年，克莱本说："除了练琴，我还有想做的事，但我知道母亲要我做的事是对的。"克莱本与母亲同住，直到她逝世，但他在身兼经纪人的父亲去世后承受不了压力，得了抑郁症，又酗酒成瘾，放弃了大半事业，变成德州沃斯堡当地的社会活动人士。他慷慨、亲切，一心维护传统，以他为名成立的钢琴比赛，日后地位也与柴可夫斯基钢琴大赛一样崇高。

1945年，全球仅5项钢琴比赛，现今则有750项。哈佛大学音乐教授列文说："最受欢迎的，都是些技巧难度很高的曲目。30年前，只有不到1‰的钢琴家弹奏这些曲子，现在却高达80%。这不叫进步，这叫炫技，徒有形式，毫无内涵。我们不该要求年轻学子先弹出音符再加上感情，这就像要求厨师'先煮食物，再来调味'。"

比起天赋，彼得森夫妇苏与乔更重视儿子德鲁的个人需求，不过两者并不相悖。德鲁一直到3岁半才会讲话，但苏从来不认为他发育迟缓。他1岁半时，苏给他念书时漏了一个字，德鲁会立即凑过来，在书页上指出漏掉的字。德鲁当时不太说话，却对声音十分敏感。苏说："他对教堂钟声很有反应。一听到鸟叫，就停下脚步。"

苏小时候学过钢琴，她在一架老旧的直立式钢琴上教德鲁基础乐理，他从此爱上乐谱。苏说："他想看懂谱，我只好靠仅存的一点记忆，教他认识高音谱表。"德鲁说："那就像学了13个字母后就开始认字读书。"他靠自己摸懂低音谱表，到了5岁开始正式上课时，老师说他已经可以跳过前6个月的课程内容。一年后，德鲁登上舞台，在卡内基独奏厅演奏贝多芬的奏鸣曲，还到意大利参与青年表演，其他表演者都比他大上10岁。苏说："我很高兴，但也觉得无需过于小题大作，毕竟他还只是个小男孩。"

德鲁的家人对于该找谁来教授他钢琴各持己见，于是有人建议苏去找罗托。罗托当下表示自己无暇教他，但愿意听他弹奏一曲，再为他推荐适合的人。德鲁一弹完，罗托便说："我每周二下午4点有空当。"几年后，她回忆道："他只能勉强够到踏板，弹起琴来却细腻如成人。我当时想：'天哪，这就是天才。那不是模仿，也不是被动填鸭的成果。他那音乐感悟完全发自内心。'"

但她的热心并未获得接受。苏说："那太极端，吓到我了。"乔则说："这样的安排太荒谬。"苏无法每周带德鲁去曼哈顿上课，但她为德鲁在新泽西罗托所推荐的老师那报名学琴。罗托每隔几周就会寄电子邮件给苏，关心他的近况，过几个月就邀请德鲁弹琴给她听。苏说："当时觉得一切很随意，但现在回想起来，这都是她有意安排的。"

某天，在去幼儿园的路上，德鲁问母亲："我想学东西，可以待在家里学吗？"苏愣住了。她说："他那时已经在读这么厚的教科书，而老师还在教大家认字母。"德鲁说："一开始感觉很寂寞，后来渐渐习惯，知道自己跟其他人不同，不过大家还是会跟你做朋友。"父母就带德鲁去蒙特梭利学校，后来又转到私立学校，帮他买了新钢琴，因为他 7 岁时宣称家里的直立钢琴音色太平板。苏说："除了房屋头期款，我们从未花过这么多钱。"进入中学之后，他开始频繁表演，还加入游泳竞赛队，一周练习 9 小时。德鲁 14 岁时，苏为他找到哈佛设计的在家自学课程。我见到德鲁时他 16 岁，已经上完一半的哈佛学士课程。

我和彼得森一家相处时发现，这家人不只用心为彼此付出，举手投足也没有一般学习古典乐家庭那种高高在上的气息，我十分惊讶。苏是学校的护士，乔则是福克斯汽车的工程师，德鲁给全家的生活带来很大的变化，但两人既不害怕，也不一味追求，只当那是一门技艺，勤勉去学。乔说："你会如何形容一个普通家庭？我大概只能想到，普通家庭就是快乐的家庭吧。我的孩子就为这个家带来许多欢乐。"我问他，德鲁这么优秀，是否会影响两人对弟弟的教养？苏说："的确会有不同，也会让人分心，情况就好像艾瑞克有个身心障碍或装义肢的哥哥。"

音乐对德鲁的吸引力强到难以抽离。他说，"我以为能在哈佛找到真正吸引我的科目，比音乐更吸引我，结果没有，而且我好像也不想找到。"当时罗托正在曼哈顿音乐学院任教，德鲁便转至该校接受音乐教育。苏回忆道："他说，'我不要经纪人，不要现在就出名。我不要沉浸在音乐里的童年，我要沉浸在音乐里一辈子。'"她曾接到邀请，要德鲁上欧普拉秀。苏回想道："他当时 7 岁，他说，'我又不是表演杂技的。'"到了 16 岁，德鲁仍然不想有经纪人。他的说法是："要懂得为自己争取。"

我问德鲁，以他如此有限的生命经验，为何能表达出如此丰富的音乐内涵,他说:"我不会用言语表达,只会通过音乐,也许我也只能通过音乐去感受。"我们一直以为,要表达特定的亲密感,有时要通过言语,有时通过性,有时通过运动,但有没有可能音乐才是亲密感的所在,语言只是形式?我见到他一年之后,德鲁获选入大师班,由28岁的中国钢琴家郎朗授课,我从旁观察两人互动。郎朗能言善道,手下有6个学生,他对德鲁话最少,德鲁的回应也最少,然而,德鲁弹奏的方式改变了,他把郎朗的音乐领悟表现得淋漓尽致,全班无人能及。苏说:"他的天赋凸显我的责任所在,说实话,除非问他,否则我根本不晓得自己做得对不对。"德鲁对她说:"你总是不断质问。我天生不墨守成规,你天生就爱质问。"苏回答:"幸好,你的答案很有说服力。"

音乐天赋可分成三部分:肢体活动、模仿能力以及诠释能力。肢体协调,才能精准运用手部或嘴部演奏乐器。音乐家得擅于模仿,才能重现其他人展示的技巧。《纽约》杂志的乐评家戴维森说:"不能以为这只是复制就轻忽了。我们也是这样学会说话、写作以及表达想法。拥有模仿天赋的音乐家,年纪轻轻就能将曲子诠释得十分细腻。这是从老师、从唱片、从聆听其他钢琴家那里学来的,还是发自内在?实情是两者都有。"列文说:"一个人如果还不会发音,就很难表达意思。绝顶聪明但忽略技巧的人,就跟技巧精湛但脑袋空空的人一样,都不会成功。若想成功,得先结合这些看似互不相容的元素,再加上严格训练,并融入人生经历,才算完成。"正如印象派画家雷诺瓦所说,磨炼技巧并不妨碍天赋。

音乐表演就如同比画手语,得靠灵活的双手来表达情感上与知性上的意义。某些人从一开始就看到意义,例如德鲁;有些人则是日后才豁然开朗。身兼老师的大提琴手伊瑟利斯曾跟我抱怨,太多老师把音乐当竞技运动。他说:"传授音乐应该是信仰与科学的结合,能快速舞动手指的确很厉害,但那跟音乐无关。是音乐改变人,而不是人改变音乐。"

米克黑·佩列姆斯基与娜塔莉这对夫妻都在前苏联担任公职:米克

黑在前苏联原能署工作，娜塔莉则在物理工程研究院。女儿娜塔莎在1987年出生，从小就对钢琴展现过人的兴趣，弟弟米夏则不然。娜塔莉回忆道："有天我在厨房，纳闷着'是谁在弹琴？'回头一看，发现是宝宝在弹儿歌。我丈夫说音乐家都过得很惨，求我别让她上钢琴课。"但娜塔莉心想只上几堂课应该还好。6个月后，娜塔莎在儿童演奏会上表演肖邦的玛祖卡舞曲。娜塔莉说："她4岁就决定要当钢琴家！"娜塔莎在学校一直名列前茅。"我们不担心，她数学、物理、化学都学得很好，就算音乐才华后继无力，她还是有很多事能做。"

苏联解体后，苏联时代的特权人士都成了可疑分子。1993年某日深夜，米克黑在下班回家路上遭人毒打，当晚医生告诉娜塔莉："要有守寡的心理准备。"有家美国公司多年来屡次挖角米克黑，但佩列姆斯基一家人不愿离开俄国。娜塔莉在攻击事件后改变心意，"三天后，我带文件去医院，握着米克黑的手，帮他签名。他差点陷入昏迷，等他醒来，我告诉他：'你要去加州了。'"

米克黑先行，其他人在1995年出发。娜塔莎上四年级，所有同学都大她2岁。几个月后，她已能说一口标准流利的英语，每次考试都拿第一。这家人买不起好钢琴，最后终于找到一架廉价钢琴，娜塔莉记得，"声音听起来好空。"为了让娜塔莎演奏，娜塔莉说服校方让她自学。娜塔莉说："每个人都说，'你一定以她为荣！'我以前都会说，该感到光荣的不是我，是娜塔莎自己，但后来才得知美国人不这样应对，所以现在我都回答，'我深以女儿为荣。'这样对话才能进行下去。"娜塔莎也认为，是自己的本能驱使自己成功。她说道："父母做了哪些事情让我练习弹琴？这就像是问父母做了哪些事情让我吃饭睡觉一样。"

娜塔莎13岁到意大利比赛，一位评审看到她的参赛曲是普罗高菲夫的《第六号钢琴奏鸣曲》，便说："你弹不来，这首曲子谈的是监狱，你没进过监狱。"娜塔莎很愤慨，她说："我不会为了要弹好曲子而去坐牢。"她认为，即使没有亲身经历，音乐家仍能诠释各种情感。"就算经历过，也不见得能让我弹得更好。我是演员，不是故事中的人物，我的工作不是亲身体验，而是重现。肖邦写了玛祖卡舞曲，有听众想听，我就得把音符解码，让他听懂，这并不容易。但这跟我的个人经历无关。我们要继续让世界充满音乐，如果你除掉某样东西，例如消灭了布拉姆斯《第二钢琴协奏曲》的世界，就会不对劲。有布拉姆斯存在的这个世界，才是我的世界，而这个世界的一部分也要经由我完成。"

娜塔莎14岁时高中毕业，拿的是最高荣誉奖，并获得纽约曼尼斯音乐学院的全额奖学金。她签下经纪合约，搬到东岸，展开全职学生生涯，平时住在纽约市的寄宿家庭，周末则在郊区与经纪人待在一起。母亲担心纽约让人心灵匮乏，娜塔莉说："那里的人无暇拓展视野，人们只忙着求生存，跟莫斯科一样。"女儿回答："我就是靠视野生存的。"初到纽约时，娜塔莎常和母亲通电话，但娜塔莉说："那是我送她的礼物，让她过自己的日子。"

我第一次见到娜塔莎时她15岁，开始访问时她16岁。一年后的2004年，我到卡内基音乐厅聆听她的首演，曲目是拉赫曼尼诺夫《第二钢琴协奏曲》。她出落得亭亭玉立，长发披垂，身材颀长，身穿无袖的黑天鹅绒服装，好让双手自由摆动，脚踩着高得吓人的高跟鞋方便她轻松踩踏板。她的衣着柔美，音乐却气势如虹，赢得满堂喝彩。她父母并没有出席——"他们就是因为支持我才不来。"娜塔莎演出前这么告诉我。娜塔莉解释道："如果我去了，一定会坐立不安，担心每个音符，这对娜塔莎没帮助。"

娜塔莎在曼尼斯迅速窜红。她20岁时告诉我："老师要我清楚知道自己究竟在做什么。但这样有碍自发性。如果你知道自己现在要冒险，知道要冒什么险，就不叫冒险了。弹琴应该是百分百的直觉加上百分百的逻辑才对。"在场的弟弟调侃她："好有逻辑的陈述啊！"娜塔莎反击："但同时也很直觉！弹奏的同时，我也在动脑，也在呼吸之类的，但我并没有——"她一时语塞，这并不常见，她母亲便把话接完："——没有在想自己。"娜塔莎点头同意。"所以我才不放心，她一弹琴就忘了吃饭，越变越瘦。"

娜塔莎摇头道："人生其他事都会让我分心。"

2005年，她受邀与英国歌手史汀共同参与查尔斯王子的公益演出。

母亲说:"她和麦当娜变成好友。"娜塔莎反驳:"我没有跟她成为好友!她跟我说,'你们这些玩古典乐的都太正经了,你应该改穿热裤。'"《纽约时报》拒绝评论她的首演,却报道了她之后的某次演出:"年轻如她,自有其清新质朴,却又如刚砍下的木材一样青涩。她纵身跃入谱中,待她再度浮现,带出的是你从未听过的全新音符和乐段。"娜塔莎如此成功,却依然毫无架子。娜塔莉说:"每个人都把我叫住,跟我说,'你女儿好有亲和力!'一开始是'你一定很以她为荣!'现在则是'她好有亲和力!'这种赞美很美式。"

有些人听到某个音就能轻松辨音,就如同多数人看到某个颜色也能说出颜色名。只有千分之一到万分之一的人具备这种绝对音感。多数人只有相对音感,也就是能辨认音程。因此,虽然大家都会唱生日快乐歌,但只有少数几个人能听出唱的是否为降 E 大调。有绝对音感的人,能准确无误地辨识出每个音符,因为对这些人而言,每个音符都有特色。某个研究提到,母亲用钢琴弹音阶给 3 岁女儿听,边弹边唱出音名。一周后,家里微波炉铃响,女儿问:"微波炉每次都唱 F 调吗?"还有小孩抱怨某个玩具声音不准,低了四分之一个音阶,其实那是因为电池快没电了。

有些人并非天生拥有绝对音感,但经训练后便能辨音。例如,先学会准确发出 G,再以此向上或向下计算出其他音符,有这种潜在能力的人就多得多了。一般而言,能唱出音名才表示有绝对音感,若一个人没学过音名,就无法得知他究竟有没有绝对音感。耶鲁大学的精神科医生罗斯发现,有些人虽未学过音名,听到乐队表演自己喜欢的曲子时,仍能分辨是否降了半调。麦基尔大学的心理学家列维廷则发现,有非常多的人能准确唱出自己喜欢的流行歌曲的第一个音。另外一位研究学者则证实,许多人能正确指出哪个是电话的拨号音。

绝对音感未必能增进音乐能力。一位歌手曾说,合唱团其他人唱的音低了四分之一个音,让她很困扰。她直觉想照乐谱唱,但这导致她跟其他人的音不和谐。还有一个音乐家则说,青年管弦乐团指挥告诉他,

"你每次都只顾着吹出升 Fa，没顾到其他事。升 Fa 在不同调里扮演不同音符，在 D 调是第三音，在 G 调里则变成导音。"为了成为音乐家，他只好学着压抑自己的绝对音感。

音乐力与许多异常现象一样，有其对应的生理机制。有绝对音感的人，大脑听觉皮质的颞叶平面较大。小提琴手控制左手的大脑区域比一般人大，许多音乐家控制运动协调与语言的大脑部位都比常人更有分量或代谢更快，这表示音乐兼具运动和语言的特性。不过这些大脑特质究竟是音乐能力的基础，还是经反复练习而得，目前还不得而知。

罗伯·格林伯格是语言学教授，妻子欧娜则是画家，虽然两人都不特别擅长音乐，儿子杰还是婴儿时却会全神贯注地聆听鹅妈妈童谣录音带，歌曲一停就哭，两人就得从头播放给儿子听。杰 2 岁开始拉大提琴，3 岁时自己发明记谱法，几年后就拿到茱莉亚音乐学院奖学金。"如果有个 8 岁小孩能作曲，没有钢琴的协助，也能 1 小时内在你眼前谱出整整半个乐章华丽的贝多芬风格钢琴奏鸣曲，你该怎么办？"茱莉亚音乐学院的作曲老师塞缪尔·奇曼写道。

杰 14 岁时，在电视节目《六十分钟》说明自己脑中随时都有多轨运作，而他只是把听到的声音写下来。他说："我的大脑能一次控制两到三轨音乐，同时处理日常生活与各种事情。脑袋会下意识以光速发出指令，在我听来，这些指令就像一首早已写好的曲子，流畅地演奏出来。"养育这样的神童是种全职工作。罗伯说："我们得贷款并牺牲自己的事业，但这不是为了送他上台表演。为了儿子的幸福、精神健康、自信，还为了他能交到朋友，并跟对老师，这些都是必要的改变。"

神经科学家奥卓森曾提出："科学家与艺术家的创造过程相差无几，两者都高度仰赖直觉，而且灵感常来自潜意识或梦境等心智状态，大脑的联合皮质在这些时候产生新连接。"杰形容自己作曲时的状态的确符合上述观察。我问他如何找到音乐灵感，他说："是灵感来找我。通常都来得很不是时候，身边没笔没纸，更没有装载音乐软件的电脑。有次我走路走到一半，突然听到一个终止式，有两支双簧管、一支低音管以及一支迪吉里杜管的声音,于是我回家了,接着有更多灵感涌现,最后所有旋律结合成一首完整的作品。"

杰 14 岁时与索尼古典乐签下唱片合约。其中一张是他的《第五交响曲》与《弦乐五重奏》,唱片封套上有他的一段文字,足以一窥他偏离常人的心智:"全曲除了《终曲》还有几处需稍作修改以外,《幻想曲》是最后写成的一章。这是整个作品里结构最完美的一章,原因是依循了方程式 $y = \dfrac{1}{x^2}$。这个方程式的图形位于 x 轴与渐进线 y 轴之间,虽然很接近,但距离不等于零,在 $x=1$ 与 $x=0$ 之间稳定地缓缓上升,几乎要触及 y 轴,却未真正触及。坐标另一侧的图形则是这一侧的镜射。五重奏表达的是弗洛伊德理论中人类心理的三个面向:超我,又称良心,负责克制作品中的其他部分(慢板);自我,与现实接触,符合古老格言所说的'对于感受者,人生如悲剧;对于思考者,人生如喜剧'(诙谐曲);以及本我,代表冲动与直觉、潜意识与终极的满足(最急板)。"从这些文字,你根本无从想象他的曲子有多么抒情又多么扣人心弦。

杰举止羞怯客气,有时甚至是无礼。如果你话不多,他便一脸无聊;如果话很多,他又面露轻蔑,似乎在说,双方无需多费力气,不如去做别的事。一个记者跟我说,采访他"仿佛对牛弹琴"。他父亲说:"他喜欢现场音乐表演,从中汲取养分。但他讨厌被动表演。舒伯特不需要上台,为什么他就要?"杰独来独往,身上散发着胜利的气息,恰似在证明那些社交活跃的音乐家可想而知缺少了他才有的正宗味。罗伯说:"他懂得应付成人,但很多成人就怕他这种少年英才,觉得备受威胁,会感到不悦或却步。"杰表现出来的,显然只是一小部分的他。他的音乐甚至是他的博客所呈现的他,比本人更受人欢迎。他沉静好思、自负又不谙世事,不禁让人想到集天才和障碍于一身的自闭症患者尼尔曼。杰说:"不管有意或无意,我的音乐总能表达我的情感。"许多人借由音乐向他人传达情感,杰则是通过音乐向自己表达情感。

过去,人们大多认为天才是着了魔。亚里士多德相信,凡天才必疯狂。帕格尼尼遭人指控把自己交给魔鬼。1891年，意大利的犯罪学家隆布罗索就说："天才是一种退化性精神疾病，属于悖德症的一种。"近来神经科学证实，创造力与精神疾病都来自大脑的相同区块，两者都与丘脑中第二型多巴胺的受体变少有关。创造力与精神疾病位于连续光谱上，之间没有明显分界。

行为神经学之父贾许温德观察发现，神童除了天赋异禀，也常有读写障碍、语言发展迟缓与气喘等问题，他称之为"优越者的病症"。这些症状有时很严重。曾有一家人告诉我，儿子2岁时就能分辨20首以上的曲子。他会大叫"马勒第5号！"或是"布拉姆斯五重奏！"，到了5岁，男孩经诊断接近自闭症边缘，由于强迫行为已渐渐出现，为了防止恶化，他们听从小儿科医生的建议，生活中完全杜绝音乐。后来自闭症状趋缓，但男孩也失去对音乐的热爱。有些研究人员宣称，热衷于音乐是一种对声音极为敏感的自闭形态。以色列精神科医生诺伊认为，音乐是这些孩子对抗外界噪声、镇定心神的方式。本章谈到的音乐家有许多人都可能符合临床自闭症光谱障碍的标准。

天才疯狂一线间，许多父母因此战战兢兢对待天赋异禀的孩子。澳大利亚天才儿童专家格罗斯认为，有天赋的孩子抗压性比一般孩子好，但天赋极高的孩子抗压性却较差。纽约爱乐乐团总裁梅塔表示，他与妻子常对彼此说："还好我们家没有这么杰出的孩子。"天才钢琴家阿巴斯14岁便耗尽才华，但30多岁又重返舞台，他说："孩子的肩膀太瘦弱，有时撑不起他的才华。"

与神童合作过的人都知道，人的智性、情绪与生理年龄一旦不同步，很可能会崩溃。拥有成人心智的孩子，日子并不比拥有孩子心智的大人好过。茱莉亚音乐学院院长波利希说："一个原本正常的小孩，一拿起小提琴或坐到琴键前，就立即在你眼前变了个人，实在吓人。"他的同事卡普林斯基补充道："天才是种异常，而异常的症状往往不止一种，很多天赋异禀的小孩也同时有注意力缺失症、强迫症或阿斯伯格综合征。父母在面对孩子这两面时，往往很快就承认孩子光明、具天赋、突出的一面，其他却一概否认。"音乐表演就是持续练习敏感度，而敏感则常常导致脆弱。对于一般被视为病患的特殊孩子，父母必须学会在疾病中找到身份认同，而天才儿童的父母则得学习在面对天才的身份认同时，辨认出可能伴随而来的疾病。有些人即使没有诊断出疾病，但情感上最亲密的对象是没有生命的物体，其实是很寂寞的，对此他们也得学会调适。精神科医生孟伦说明："如果你一天花5个小时练琴，而其他孩子都在外面打棒球，你就跟他们不同。就算你深爱练琴，不想做其他事情，也不代表你就不觉孤单。"伯恩斯坦直言："独处是创造力的关键。"

自杀的风险挥之不去。音乐神童布雷默高中毕业时才10岁，他曾在访问中坦言："美国是要求完美的社会。"他14岁那年，父母外出购物，留他一人在家，回来时发现他已对着头部举枪自尽，没留下任何遗言。他母亲说："他生下来就是成人。我们只看着他的身体一天天长大。"贾德12岁与伦敦爱乐管弦乐团同台表演，18岁在李斯特钢琴大赛中夺冠，22岁跳崖自杀。小提琴手拉宾一度崩溃，之后"恢复"，最后却在35岁跌倒去世，血液中验出高浓度的镇静药物巴比妥酸盐。知名荷兰神童克里恩斯精通小提琴、钢琴、指挥与作曲，后来朝自己头上开枪，遗言中自称音乐生涯再也撑不下去。

朱利安·韦博拉撰文描述天才儿童的情感需求时写道："天才儿童的自杀问题日趋严重。"即便如此，仍有人坚持目前毫无研究证实这些孩子的情感比其他人脆弱。这不代表优秀与自杀无关，而是有些人可能因能力过人而自杀，也有人因为拥有相似的能力而拒绝自杀。天才既是保护罩，也是罩门。天才自杀的概率较高也较低。虽然两个概率经过平均之后的数值是相等的，但不代表两者在本质上是相同的。驱使某些人自杀的，何以让另一些人活着？两者之间的微妙差异，仍有待进一步探索。

天才一旦自杀，父母往往受尽责怪，有些孩子也的确是受父母所逼。追求名人光环的母亲，或永不满意的严父，在专业文献中常常出现。有些父母以帮助孩子为重，有些则只想帮助自己，更有许多人分不清两者的差异。有些父母一心追梦，却没看见孩子。曼哈顿音乐学院院长席洛塔说："文艺复兴时期，意大利有许多母亲阉割孩子，以成全他们的音乐事业。现代天才所经历的精神毁损,残暴程度并不亚于他们。"天赋异禀虽与心理健康、独立思考及智慧完全无关,却格外需要这些能力来保护自己。天才儿童若是失败,就得一辈子背负曾经前途看好的记忆,并饱受折磨。关于神童人生的记述总是走向辉煌或悲剧的极端,但大多神童其实是在两个极端间苟安一隅。小提琴手海飞兹曾形容天赋异禀是"通常会致命的疾病",而自己是"少数能侥幸存活的人"。

为图钱财而行的剥削,是各种剥削中最不体面、最直接的一种。巴别尔在《觉醒》一文中,描绘了战前俄国的神童次文化,在当时,神童常被视为全家人走出贫穷的捷径。"男孩四五岁时,母亲就会带他去见萨格斯基先生。萨格斯基有座神童制造工厂,制造出一个个身穿蕾丝领口与漆皮皮鞋的小小犹太人。"钢琴神童露丝·史兰倩丝卡在自传《琴缘一生》里叙述自己遭受毒打,"我只要一弹错,他的老方法就是走过来,一言不发,狠狠赏我一巴掌。"她在1931年首次登台,当时才4岁,获得热烈好评。她记得拉赫曼尼诺夫对她说:"一年后你会非常杰出,两年内就会变得不可思议。想吃饼干吗?"某天,她无意听到父亲说:"我教露丝弹贝多芬,是为了赚钱。"她的心情跌入谷底。她放弃钢琴时,"我才16岁,觉得自己50岁了,看起来却像12岁。"父亲赶她出门,狠狠撂下一句,"你这没用的贱货!没有我,你别想再弹什么!"

有位心理学家紧跟着匈牙利钢琴家欧文·尼莱吉哈奇,研究他的完整童年,并详细记录下来。欧文的父母从不叫他自己穿衣、切食物,他吃的比家里其他人好,也从来没上过学。父母擅用他的天才获得特权,也曾受邀带欧文为欧洲皇室演出。日后欧文说:"我就像张名片。5岁的时候,才发现自己身边尽是陌生人。"他父亲不停地跟各个赞助人闹绯闻,母亲则拿儿子赚来的钱挥霍。

12岁时,父亲去世,母亲把他最主要的快乐变成烦人的劳务。欧文说:"我妈恨我。"他也因此恨她,有次还称赞希特勒了结她的性命。他和许多从小被捧过头的天才一样,展现出受伤的自恋者那种混合着自负又极度缺乏安全感的特质。他说:"不管遇到什么阻碍,我都直接放弃。"他结婚10次,离婚9次,有一阵子还无家可归。他活到很大的岁数,却很久才表演一次，结果总是好坏参半。他弹琴是为了讨好或对抗母亲，没了母亲，欧文便失去表达真实情感的动力。

罗伦·哈兰德的父亲是传奇指挥家托斯卡尼尼的乐团副首席，脾气也跟老板一样差。罗伦告诉我："我从小被打到大。如果我弹的不是他要的，就会从琴椅上被打趴下。"1955年他11岁，首演大为成功，人生从此加速前进。"我14岁的时候一年要表演50场，每年录一张唱片，16岁开始出现重度抑郁症，右手掌与手臂也逐渐失控。"在卡内基音乐厅首演52年后，他说："上台令我害怕，甚至是恐惧，让我大伤元气。我不知道自己能有所选择，也不知道人生还有其他事可做。我没有一件事做得满意，不只技巧不够完美，音符也无法凸显出人类情感、灵性探问以及对美的追寻的完整色彩。"

罗伦的私生活渐渐变乱。他说："我不确定这算不算性成瘾，不过在性这方面，我无法对我的婚姻忠诚。我没有任何借口，就是蠢而已。没人能听我倾诉那些渴望、欲求、需要。天赋的副作用是炼狱，但没人警告我。于是音乐失去控制，越跑越快、越跑越快，我把持不住。每次表演后我都会躲起来，音乐会一结束，观众还站着鼓掌欢呼，我就下台，找到后门溜出去，沉溺在羞耻中。"罗伦曾与天才儿童的父母合作，警告父母可能面临哪些危险。他说："想了解天才，不能从我们对一般人的了解来推断。我们能先了解天才，再回推常人，但反过来则行不通。"换句话说，托尔斯泰能教我们了解农场工人，农场工人大体上则无法带我们领略《安娜·卡列尼娜》中隐喻的复杂现象。

控制欲强烈的狠心父母自古就有。对小莫扎特来说，父亲就是"上帝之下，万人之上"。帕格尼尼谈到父亲时说："如果他觉得我不够勤奋，就不给我食物，以迫使我加倍努力。"19世纪初期，克拉拉·维克的父亲一心要训练她成为浪漫时代的独奏钢琴家。她父亲每天检察她的日记，里面还有许多段落出自他的手笔，有的是他亲手所写，有的则是他逼迫女儿抄下。克拉拉的传记作家写道："他坚持要使用第一人称，仿佛整本都是克拉拉自己写的。他似乎逐渐取代了她的人格。"他发现克拉拉爱上作曲家舒曼时说道:"我跟他,你选一个。"她嫁给了舒曼,而她父亲则拒绝把日记还给她。

20世纪六七十年代,美国俄亥俄州克里夫兰市的旅馆数量还不多,著名的克里夫兰管弦乐团安排客座音乐家住在董事会成员的家中,帕尔曼、祖克曼与阿胥肯纳吉因此住进斯科特·法兰科父母的家。斯科特5岁开始学钢琴,有绝对音感,很快便能以任何调子进行即兴创作。他说:"我母亲以前常写些通俗小曲,她希望我能在这个领域发展得更好,父亲则对自己的工作毫无兴趣,鉴赏能力也无处发挥,所以他很能体会,我若能做自己有兴趣的事会有多好。"

斯科特的第一个钢琴老师知道他天资优异,他自己也知道。他说:"能力有如神圣天命,那感觉好似触摸得到,而且立即把你与其他同学隔离甚至疏远开来。"他为父母而弹奏,"于是我开始认为,父母爱我,是因为我能做到这些事,或许不是因为我这个人。这种压力使音乐变成敏感话题。我和妻子最近邀朋友来家里享用午餐,席间一个友人请我弹琴,我回答,'不。'语气真的很无礼,而且那种愤怒又回来了,甩都甩不掉。"

斯科特认为母亲的控制欲已超出音乐的范围。"无论我要去哪里上课、交什么朋友、将来要从事哪一行、跟谁结婚、穿什么衣服、说什么话,她都想主导。如果不顺她的意,她就大发雷霆。她性情多变,永不餍足,完全不在乎跨越别人的界限,并把我视为她的延伸。我父亲没办法保护我,也可能是不愿意,或者两者都有。"

斯科特开始在克里夫兰音乐学院跟随一位俄籍钢琴老师学琴,这个老师非常瞧不起美国中西部。他说:"每堂课都冗长又痛苦。如果哪里不对,她最难听的批评就是'听起来很有西班牙味',她会说:'你弹的巴赫,怎么听起来这么西班牙味?'但我参加了克里夫兰管弦乐团举办的协奏曲比赛,拿到第一名,她完全无法相信。"奖品的一部分是与交响乐团同台首演。不久后,斯科特去了耶鲁,并在那里找到毕生的事业:

写音乐剧。

斯科特告诉父母自己是同性恋时,两人怒不可遏。他说:"我无法忍受那种狭隘的爱。爱一个人就要全盘接受,不能只爱光鲜亮丽的部分。"20多岁时,父母让斯科特气到不再作曲。他说:"父母逼得我想把那个神童吃掉,这样他们就没办法为了自身的目的,到处宣传。当然,这么做也有副作用,那就是我也害了自己,我的事业与灵性都因此遭殃。我当时人生失去重心,感到做什么事都毫无意义,生活只剩吸毒、性爱以及看心理医生。"斯科特有10年不碰钢琴。"但音乐仍不断侵扰我,一站在钢琴旁,心中就涌上无法宣泄的情绪。"最后,斯科特终于重拾纸笔,谱写音乐剧,也因此登上百老汇。

他说只要歌词对了,灵感就会立即浮现,我说这听起来是颇为愉悦的过程。斯科特说:"音乐本身反映各种难以置信的高低起伏,但我的创作大体上从痛苦出发。那些鲜明的遗憾、绝望与无望来自我的人生经历。"他让我看手机里一张他5岁时的照片,照片里他笑容满面。"这是证物一。"接着他给我一张清单,上面罗列他服用的抗抑郁药物。"证物二。那个在笑的小男孩,我觉得是我原本的天性,他若没被'破坏'、完好如初地长大,我现在写的就是乐观的音乐,而不是这种狂飙激荡的风格。"他甩甩头,我在他这段声明里,听到的是悲伤多于怒气。他又说:"那曲调一定也一样美。"

小提琴手陈美的生活,各方面都由她母亲掌控,包括银行账户、衣着,甚至17岁发专辑时拍摄的性感撩人封面照。为了怕割伤手,她连面包都不准切,也不能交朋友,以免分心。她母亲说:"我爱你,因为你是我女儿,但如果你不拉小提琴,你对我而言就毫不特别。"陈美21岁时换了新的经纪人,原因是她"极度希望拥有正常的母女关系"。她想要的是陪伴,而不是监督。从此之后,母亲再也没跟她说过话。BBC拍摄团队邀请陈美的母亲接受访问时,她写道:"我女儿将近三十,我生命中的那段岁月早已结束。"陈美红得发紫,名下财产据估计高达6000万美元,但她说:"我觉得12岁的自己,比现在的我更苍老。"她解释道:"我随身带着她寄给 BBC 的那封电邮，只要一旦对我们的关系感到悲痛，并设想着或许可以不用这么糟糕，我就把信拿出来看，然后明白，事情不可能改变。"

尼古拉斯·霍奇斯出生在音乐的世界里。母亲是歌剧演员，曾在伦敦柯芬园演出，为了家庭而放弃事业。尼可 6 岁开始学钢琴，9 岁就开始创作一出以希腊神话的珀尔修斯为主题的歌剧。16 岁时，他告诉父母自己想当作曲家，而不是钢琴家。尼可说："他们一副被我捅上一刀的模样，我一直以为一切都是为了我，后来才知道都是为了她。那时我才惊觉，母亲根本不在乎我想要什么。"

尼可长大后，与音乐的关系越紧密，也越明白自己无法兼顾钢琴家与作曲家的身份，而弹琴比较赚钱。他想"专心发展自己已经扮演的角色，而且要更上一层楼"。母亲很高兴。"于是我写信告诉她，我再也不想跟她说话，之后我们一年没联系。"现在，他所弹奏的大多是母亲不喜欢的当代音乐。即使已过了 25 年，他表示："那感觉几乎像一个人出轨后，另一半很难完全忘怀失去信任这件事。当我弹奏 19 世纪的音乐，她就会说：'噢！真好！噢，你确实喜欢这音乐！噢，没错，就是如此！'有次她来找我，我放了肖邦的音乐，她就说：'噢！所以你还是喜欢肖邦？'这就如同跟人说：'噢，你喜欢男生，但也还是喜欢女生吧？'她希望我能做点为她而做、能满足她的事。"

尼可最后决定重返舞台，半是抵抗，半是默认。他说："我回归了她最初对我的计划，但这次是我自己选择的。在 16 岁时突然让她那么失望之后，我更容易看清自己真正想要什么。"

以音乐为事业需要极大的决心。钢琴家鲁道夫·塞尔金还在全球声望最高的柯蒂斯音乐学院担任总监时，有学生告诉他："我一直思考该去念医学院，还是当钢琴家。"塞尔金："我建议你去当医生。"男孩回道："但你还没听过我弹琴。"塞尔金说："会问这个问题，就表示你当不成钢琴家。"但下定决心当音乐家的人，仍应懂得质疑自己的决定。即使是在乐坛一直屹立不倒的天才大提琴手马友友，也于神童岁月结束后考虑过其他职业。他写道："我的人生看似已然注定，但我非常希望有机会选择。"他十分感谢父母，他们知道"天赋的琴艺必须与发展成熟的情感结合，才能创作出健康的音乐"。声乐家泰瑞莎·马勒是作曲家古斯塔夫·马勒的后代，她也同样庆幸未被逼着走上音乐一途。她说："若是被逼，我或许会更成功，但我或许就不会发现自己有多需要音乐。因为没人逼我，所以我知道一切都是我自己的选择。"

神童经历光辉岁月后，要决定放弃音乐，也同样需要决心。卡普林斯基表示："他们长大后，就很难清楚区分职业与自我。即使很不想当音乐家，也无法想象自己从事其他工作。"有些杰出的音乐家就是不想靠演奏为生。钢琴神童范皇就告诉我："年轻时，成功可望而不可即。慢慢长大后，眼看着想触及的目标越来越近，才发现，那跟你想象的不太一样。你在大海中艰难地泅渡，每件事都比看起来还要棘手，先前那个东西远望觉得很美，走近一看才发现很粗糙，而且就要崩解了。但你已经游了这么远，也只能继续游下去。"

野田健的母亲野田贵代在《村声》周报上看到钢琴班招生广告，便帮5岁的野田健报名。两年后，老师建议他参加茱莉亚音乐学院大学预科班的征选。贵代一直想当舞者，但她出身东京政要家庭，父亲不让她跳舞，她想给儿子她所失去的机会：投身艺术。野田健回忆道："突然间，母亲开始坐在我身旁，看我练习，确认我一天练2小时，犯错就处罚我。我爱音乐，但我开始痛恨钢琴，钢琴是不会振动、顽固又难搞的乐器，根本和打字机无异。"父母婚姻触礁那段时期，练习变得更痛苦。野田健说道："怒吼不断，简直是场噩梦。天才儿童的父母应该也要有资格考试。我努力说服自己，她不是爱慕虚荣，因为她一天到晚跟人说她不是想当星妈。但她就是。我表现好的时候，她就充满母爱，表现不好时，就变得很可怕。"与此同时，野田健的父亲无异于抛弃了他。"他常瞧不起我做的事，其实并不是针对我，而是针对她。因为我没时间交朋友，又需要有人爱我，所以我拼命练习，如此她便会爱我，就算只是偶尔也好。你知道，我跟她之间有两条脐带，一条是大家出生时都有的那条，另一条则是音乐。"

野田健称他的"第一份事业"起于 16 岁，1979 年他首次亮相，与指挥巴伦波因同台演出，大受好评，哥伦比亚艺术家管理公司立即与他签约。巴伦波因对野田贵代说："他弹琴时，内心有好多感情，有好多心事，但身体却非常紧绷，几乎要扭曲变形。我担心他会害到自己。"野田健拜巴伦波因为师，虽然磨练技巧很吃力，但他弹奏时却有深刻的洞彻世情的悲怀。他说："我是老灵魂。"但灵魂再老，也需要青春的滋润。野田健说："我很早就开始受训，被推上某条道路，不停地拜见名人大师，十人里有九人看到的我，是他们一心想塑造的我。这会令人陶醉，让人害怕，最后可能要你的命。"母亲在他 18 岁那年为了一个意大利画家而离开他的父亲。"一切豁然开朗，我明白她自己也被困住了，只能把我当成她的出口。"

他 21 岁从隐蔽状态转为公开，为了心理健康，也为了音乐，他必须这么做。他说："年轻人喜欢爱情故事、战争故事、正邪对抗的故事与老电影，因为他们的情感生活大多十分绚烂，而且本该如此。他们把这些渲染过的情绪带入表演，效果也总是动人心弦。但随着人逐渐老去，幻想的激情不再新鲜。曾有段时间，我能够描绘这种幻想的生活，知道什么叫失去、什么叫失败的爱情、什么是死、什么是性的狂喜。我曾有能力凭想象揣摩这些感觉，这也是才华的一部分。但这能力会逐渐枯竭，每个人都是。因此许多天才在 20 岁前后陷入'中年'危机。想象力如果没有人生历练的浇灌，表演时会越来越无法重现这些情感。"

野田健与许多指挥大师合作演出，经纪人帮他排定好几年的行程。27 岁时，他遇到危机，险些自杀。"我喘不过气来，弹琴变得小心翼翼，像是有精神洁癖，一个音都不放过。我的音乐一直都很干净，但到后来，干净却变成神经兮兮，无法传达任何东西。"他去见了哥伦比亚艺术家管理公司的总裁，表明要解约。他的经纪人说："但你未来五年的演出都排好了。"野田健回答："那么我想取消我的人生。"15 年后，他告诉我："那是我这辈子做过的最刺激的事。"

野田健的存款够他过上一段舒服的日子,不用工作。"所以整整一年的时间,我就在纽约走来走去。坐在公园里、上博物馆、去图书馆,做所有我以前做不了的事。人们问我:'接下来要去哪里表演?'我总回道:'哪里都不去。'那是我这辈子最棒的一年,因为我是谁、我的自我价值感,都跟我的天赋完全无关。"

随后,纽约大都会歌剧院的艺术总监詹姆斯·莱文邀请野田健担任副手,野田健的第二段音乐人生就此展开。野田健负责训练歌剧演员。莱文有点难亲近,野田健则温暖开朗,打动了许多表演者。他说:"我现在的音乐人生就像一场美梦。我爱舞台剧、爱歌剧演员,我爱大都会。"他偶尔会参与表演,通常是上台伴奏。他喜欢不受瞩目的位置。他表示:"上台只是要向自己证明,我不是因为怯场才停止表演。"

野田健花了好几年才明白新事业与旧事业一样累人。他每天早上5点前起床研读歌剧,6点半抵达大都会,花几个小时练习、排演、训练,深夜10点或11点才回家。他45岁时一度感染葡萄球菌,急诊医生要他填紧急联络人,他赫然发现自己并没有想通知的人,于是陷入忧郁。他感到身体内的音乐再次枯竭。音乐一向引领他往前走,唯有当音乐衰微时,他才会发现底下的自己精神衰弱。"你每天都在重现这些情感,非常容易以为自己都经历过。迈入中年后,我开始渴望人生,那些我在书上、电影里或他人的家庭里看到的人生。"

47岁那年,野田健第一次认真谈感情。他说:"以前谈过很多场恋爱,都是有点戏剧化的爱,像流星一样一闪即逝。终于开始认真生活后,我很怕自己的艺术生产力消逝不见。"这种恐惧不时让他退缩。野田健说:"第一次和韦恩分手时,他心都碎了。第二次分手后,过了三周他就回来找我。"野田健还描述他有一种社交障碍,那是他经年累月的孤立所造成的。某次同性恋游行途中,他告诉韦恩自己要去大都会练习,韦恩说:"你是我的同伴,不能就这样离开。你不可以就这样跑回歌剧院躲进练习室。"野田健告诉我:"我从不跟其他小孩一起玩,又何必在47岁跟伴侣一起玩?"不久之后,野田健把钢琴与琴谱捐出去。"回家没钢琴可弹的感觉很单纯,单纯得美好。"

435

野田健与父亲疏远了一阵子之后，又和父亲恢复友好。贵代也表示，她对于自己在野田健孩童时期的所作所为十分悔恨，而两人后来也重修旧好。野田健说："我对她的爱，有时强烈而无法遏抑。我从不恨她，但这份关系实在太过强烈，我得奋力抵抗，才能找到人生的其他重心。"他顿了一下，又说："我人生的驱动及重心，都来自母亲的鞭策。她的鞭策让我走了很远。她给了我第一段音乐人生，而我恨那段日子，为此我永远无法原谅她。但若不是她，就不会有第二段我钟爱的音乐人生，为此，我感激不尽。"

有些人喜欢获得掌声，却以为自己是热爱音乐。卡普林斯基说："可惜，这些人以后都会很惨。因为大多时候，和你在一起的是音乐，而不是观众。"乐评家戴维森说："14岁时，你选择音乐是为了满足他人期待，而且你也擅长音乐，能由此获得回报。但到了十七八岁，如果缺乏其他动力，你可能会崩溃。若说音乐是为了表达，此时的你该开始表达自己的感觉，而不是他人的。"

天才儿童想取悦的大人有时会相互竞争。许多音乐家与老师之间存在着彼此珍视的语言，是父母无法掌握的，一如聋儿在学校学习手语的情况。师生关系往往会介入亲子关系，里昂与母亲及老师许纳贝尔的关系正是一例。这种关系可能像离婚，剪不断理还乱，父母与老师各下各的指令，各有各的目标，孩子夹在中间，十分尴尬。有个老师跟我说，他有个学生为了母亲与老师给她的建议背道而驰而深感焦虑，最终因此放弃大好前程，转攻数学。

得克萨斯州天才儿童肯蒂·鲍康比的潜力就同时受到父母与老师的肯定，但为了让她发挥潜力，所有人都受了伤。那时是20世纪60年代，肯蒂住在得克萨斯州克利本市，各方面都显示出与其他小孩的差异。她是养女，父母都是美国北方人，喜欢在收音机上聆听芝加哥交响乐团演奏。两人带肯蒂去学芭蕾舞，她讨厌芭蕾舞，却深受为芭蕾舞课钢琴伴奏的老师吸引。她告诉父母："如果你们让我停上芭蕾舞课，我愿意改练钢琴，而且绝不会放弃。"牧师借给肯蒂的父亲一台1893年的史坦威直立式钢琴，当年教区居民是用带篷马车将这架钢琴载到得克萨斯州。

肯蒂的老师曾和达拉斯男声合唱团到得克萨斯州四处演唱，肯蒂7岁时，他带她一同表演。肯蒂说："在米尼奥拉市，有位女士说，'我想要你的签名。'我说：'可是我还不会写草体。'她说：'亲爱的，那不重要，你就要成为下一个范·克莱本了。'"之后大家开始私下戏称她为"范·克莱本"。肯蒂说："我开始觉得自己像表演马戏的人，最后，我跟父母说：'我不舒服，肚子好痛。'"

8岁时，父母帮她把表演给停了。有人介绍他们认识沃斯堡一带德高望重的兰克福女士，范·克莱本国际钢琴大赛实质上可以说是她创立的。兰克福愿意帮助肯蒂到沃斯堡的私立学校就读，每周给她提供食宿，接管她的音乐教育。肯蒂的父母拒绝了，但认真看待女儿的才能评鉴结果，兰克福于是成为肯蒂的老师。肯蒂的母亲规定肯蒂一天练习4小时，但肯蒂原本就下定决心要这么做。她说："我4岁就说过，'我要当钢琴演奏家。'而且我没有其他选择。"那年，她在沃斯堡一场比赛中获胜。10岁时，兰克福被诊断出大肠癌晚期，只剩3个月寿命。大家不想让肯蒂目睹绝症，她从此未再见到她的恩师。她告诉父母，没有兰克福，她无法弹琴。随后他们接到一通电话。兰克福在临终前请知名的匈牙利钢琴家莉莉·克劳丝收肯蒂为徒，那时她是得克萨斯州基督教大学的驻校艺术家。

肯蒂说："我受宠若惊，莉莉·克劳丝可是欧洲天后，穿的是织锦礼服，平时颈间都戴着三圈式珍珠项链。小提琴家加里米尔后来跟我说：'欧洲的男人都爱莉莉·克劳丝。'"肯蒂那时已学过门德尔松的g小调钢琴协奏曲，心想新老师应该会赏识。"她听了一下，说：'好啦，亲爱的，让我来教你如何弹钢琴。'她把我琴架上所有的谱撤下，全数扔到地上，然后说：'弹个音阶。'我弹了C大调音阶，接着她说：'弹g小调。弹降B大调。弹对反音阶。弹四个八度。'她要求的都是我未曾听过的东西，我整个人生被打败、崩溃了。"肯蒂的母亲有点怕兰克福，但她非常崇拜莉莉·克劳丝，甚至把她的衣裳拿回家缝补。肯蒂将许多感情转而投射到新老师身上。她说："如果闻名世界且性格强烈的演奏家在你11岁时走入你的生命，母亲怎么可能不相形见绌？克劳丝的一举一动我都想模仿。"肯蒂与克劳丝建立起的深厚关系，是母亲无法打入的。但母亲也成了肯蒂的教练，确保她每天练习数小时。肯蒂说："没有什么事比练习重要，永远。"

一年半间，肯蒂一首曲子也没弹，就只是练习琶音、颤音、音阶、彻尔尼、三度音音阶、八度音音阶。"我觉得自己要疯了，协奏曲去哪里了？"终于，克劳丝认为肯蒂可以弹莫扎特奏鸣曲了。她们发展出一套模式：克劳丝整个夏天都在欧洲巡回演出，这段时间肯蒂要把谱背下来。等克劳丝9月回来，肯蒂就能用"正确方式"重新学习这些曲子。当时肯蒂的父亲有机会升迁，但如此一来就必须搬家，而只要肯蒂还跟着克劳丝学琴，搬家就想都别想。

后来大家都戏称肯蒂为"莉莉·克劳丝的学生，范·克莱本大赛的下届冠军"，这只会让肯蒂被"锁上螺栓、越扭越紧"。她想进茱莉亚音乐学院，却又离不开克劳丝。她说："我是唯一学到克劳丝真正技巧的学生，我跟着她14年才学到。"肯蒂决心要以舒伯特《流浪者幻想曲》的协奏曲版本一战成名，克劳丝却说："那首曲子只有我能弹。"麻烦开始出现。肯蒂说："克劳丝夫人用尽一切方法延续她的事业。她渴望青春如我，但没有办法。"

母亲的关注与父亲的牺牲让肯蒂倍感压力，她感觉到克劳丝想把她推向成功，要既能成就自己的美名，又不至于超越自己。兰克福的遗愿犹言在耳，而她身为养女，更觉得必须证明自己价值非凡，以免遭到弃养。从得克萨斯州的余兴表演时期就开始的那股严重焦虑感又出现了。她到得克萨斯州基督教大学注册入学，努力在维持课业与健康之间挣扎，越来越辛苦。最后，她终于开始准备以普罗高菲夫《第二钢琴协奏曲》参加范·克莱本大赛。

比赛前不久，她生了重病，1个月瘦了14千克。医生诊断她有厌食症，而往后的5年，她越来越瘦，最后152厘米的她只有39千克重。她的肾脏也逐渐失去功能，一度得依赖机器维持生命。克劳丝日记里甚至写到她在肯蒂死前向她道别。肯蒂则在医院思考自己的绝望。"好几次我怪母亲，'就因为我没赢范·克莱本大赛，所以你不爱我。'我认为她只视我为钢琴神童。克劳丝夫人爱我，我是她的宝贝，她唤我肯蒂宝贝。但世人总把我当成'钢琴手肯蒂·鲍康比'，为什么不能就只是'肯蒂·鲍康比'？"最后她得知自己患了克罗恩病，一年后，双脚才能再次行走。

接近30岁时，她写信给莉莉·克劳丝："克劳丝夫人，我必须离开你，我必须离开沃斯堡，离开我父母，以及我所知的这个世界，到纽约市去。"为了读茱莉亚音乐学院，肯蒂变卖了所有东西。她说："我父母哭个不停。他们知道我得去完成某件事，但并不清楚那是什么。"

她在茱莉亚找到的，是人。"我受够了孤单一人，不管是巡演、事业还是人生，各方面都受够了。"在茱莉亚时，肯蒂开始与小提琴手夏斯特谈恋爱。安德鲁受邀进入达拉斯交响乐团，肯蒂嫁给他，回到得克萨斯州。没多久，婚姻开始出现裂痕。肯蒂说："他是备受尊重的指挥，而我却无所事事。"她与克劳丝的关系因克劳丝自视优越而变质，而现在她发现自己很难不与丈夫一较高下。她说："我准备好要离开他了。"接着她发现自己怀孕了。为人母这件事意外地再度把两人结合起来，也让肯蒂得以将精力从自己身上转移出去。她说："身为神童，你总是房间里最重要的那个人。我一直扮演完美小姐，但现在，重点不在我身上了，我才发现，这才是我一直以来真正想要的。"

肯蒂后来成为当地圣功会教堂的管风琴乐师与乐团指挥。我参加该教会的礼拜，问了教会成员对教堂的音乐有什么看法。大家都知道肯蒂是优秀的音乐家，但许多人出了教会就不听古典音乐，还有些人在加入这个教堂之前根本不喜欢古典音乐。他们觉得听肯蒂弹奏有点像在观赏《芭比的盛宴》，信徒起立、坐下、手忙脚乱地拿出诗歌本，而这时崇高和谐的乐音就在身旁倾泻而下。

神童的父母无法得知，孩子的能力是否足以支撑音乐事业，也无法得知孩子究竟想不想过这种生活。以音乐为业的压力太大，即使喜欢表演,也不见得想终生四处巡回表演,那样的生活无法与人维系稳定关系。父母是否为孩子打算,让他(她)长大后能真正喜爱自己的人生?许多天才儿童的父母执着于独奏,对于音乐这行的其他形式(如加入管弦乐团或室内乐团等)不屑一顾。

大卫·华特曼的姨母芬妮·华特曼有"英国最知名的钢琴老师"之称,"里兹国际钢琴大赛"就是她创办的。大卫的两个姐姐都是神童,父母已经没有足够的精力把第三个孩子也推上音乐道路,而是期望他成为一个全面发展的优秀学生。他自己也决意不当神童,只把大提琴当兴趣。青春期时他爱上室内乐,也喜欢和团员往来。在剑桥读哲学时,他加入业余的四重奏乐团,为了保留学生宿舍,又继续攻读博士,一边思考未来是否要当专业大提琴手。

1979年,大卫与其他三位神童出身的音乐家共同创立"安德里昂弦乐四重奏乐团",三十多年来,团员只换了一人,并发展得越来越好。大卫表示,接受广泛的教育让他知道自己能在很多领域有所发挥,这让他大松一口气。当然,起步晚还是得付出代价。"如果四重奏乐团一周没练习,我就会严重退步,其他人就没这个问题。我确信这是因为他们的技巧都已经深植于心。"不过他也承认,更广阔的教育有助于他的人际往来,他说:"清晰表达的能力对于四重奏乐团非常重要。"

我想知道,大卫是否后悔没有早点开始练习。他说:"那我可能会变成失败的独奏家,而不是成功的室内乐音乐家。如果十几岁时就能下定决心,或许我现在会是个更杰出的大提琴家,但我想,我会失去很多快乐,因此反而会让我比现在逊色。"

像野田健、肯蒂和大卫这样的音乐家其实仍以音乐为生,只是没有父母想象得那么轰轰烈烈。还有人决定继续演奏,但放弃登台表演。我大学时认识了麦卡萝,她当时便展现出钢琴家的天分,二十出头就要登上肯尼迪表演艺术中心首演。她的父母包下一辆巴士,要带亲朋好友一同前往观赏。上台前两天,大家接到通知,麦卡萝因受伤而无法演出。

我以为她是练习过度对肌肉造成重复使力伤害,结果只是小指痛。此后25年,麦卡萝再也没有公开表演。她独居在公寓里,家里有两架钢琴,每天练琴8小时。约会结婚都免谈,因为她必须"放弃一切"来追求艺术。偶尔出席聚会,即使她从未开过演奏会,她仍以钢琴表演家自居。

神童父母一旦尝到名利的滋味,就有可能转为剥削,但即使如此,这些人多半不是真的贪财,只是没有自我觉察,也没有能力区分自己的期待和孩子的愿望。孩子总能反映父母的野心。如果你的梦想是生下天才儿童,就会在孩子身上看见天分。若你相信名声能消除一切不幸,就会在孩子脸上看见他们对成名的渴望。虽然许多表演家都以自我为中心,但最自恋的往往是神童的父母。他们将自己的愿望、野心与身份认同投资在孩子的作为上,而非孩子本身。比起探索孩子是谁,他们更想追求名利。在我看来,他们有时虽显得十分无情,但很少怀着愤恨。他们施加在孩子身上的伤害,反映出他们对于两个人生之间的界限抱持着可悲的错误认知。绝对的权力造成绝对的腐败,而世界上拥有绝对权力的人,就是父母。这些天才儿童的父母虽然极度关注孩子,却又看不见孩子。孩子之所以伤心难过,往往不是因为练习很苦,而是因为不被看见。追求成就代表必须为了预期的胜利牺牲当下的快乐,而这种驱动力只能后天获得。放任孩子为所欲为,孩子就不可能在10岁之前成为世界级乐手。

我打电话给玛丽安·普林斯讨论访谈时间时,也邀请她带小提琴家女儿苏兰达一同前来共进晚餐,但玛丽安回答:"我们家对食物非常挑剔,所以会吃饱再过去。"普林斯一家抵达时,我示意要为他们挂外套,玛丽安代替丈夫与女儿回答:"不用。"三人就这样全程抱着外套接受访谈。问他们想喝什么,玛丽安说:"我们作息很固定,现在不是喝东西的时段。"于是在访谈的3小时内,三人滴水未进。我事先摆上了手工饼干,苏兰达不断偷瞄,每瞄一次,玛丽安就瞪她一次。我问苏兰达问题时,她母亲不停地插嘴代答。偶尔苏兰达自己回答时,又总是边说边焦虑地看着母亲，似乎担心自己答错。

音乐才艺是普林斯一家人的生活重心。桑德拉大苏兰达10岁，是钢琴家。维克拉大苏兰达4岁，是大提琴家。苏兰达5岁时，父母把三个小孩送进儿童管弦乐团，现在三人组成三重奏。玛丽安是非裔美国人，苏兰达的父亲拉维是印度人，以谱写弹奏柔滑爵士乐为生。玛丽安说："别人看了都说他们有天分、有音乐性。我们看到这三个孩子一起练习时，仿佛一人在弹奏。"英文里，孩子为了趣味而做，与音乐家为了谋生而做，用的恰巧都是"玩"（play）这个字，虽然同音异义，但很容易让人误把表演和练习当作娱乐活动。

玛丽安说："怀上苏兰达时，生活中就已经充满音乐了。"苏兰达4岁开始学钢琴。"但后来她爱上帕尔曼和小提琴。苏兰达将近5岁时获得她那把小提琴。虽然她从小耳濡目染，但她一拿到小提琴便能立即拉出音乐，这里面肯定还有天赋。"苏兰达说明："我选择小提琴，是因为觉得小提琴声听起来跟我的声音很像。"她未满6岁就开始在茱莉亚音乐学院上课，但根据玛丽安的说法，老师"只能勉强跟上苏兰达的需求"。她说："苏兰达所有东西都是一学就会，她想弹贝多芬D大调、布拉姆斯D大调、门德尔松e小调协奏曲。音乐理论对她来说就像呼吸一样自然。"

普林斯家三个小孩都在家自学，课程由玛丽安设计，拉维指导。我问苏兰达的交友情况，玛丽安说，兄姊就是苏兰达最好的朋友。我问苏兰达平常的娱乐，她回答："基本上就是到茱莉亚上课。"

苏兰达曾受邀到首都一场重要典礼上表演。苏兰达说："我很紧张，现场真的非常吓人，但我尽力弹好，没有搞砸。"玛丽安说，苏兰达与三重奏乐团受邀到国内各地巡回演出。"她在'宓多里与朋友们'的系列活动中表演，宓多里本人也在现场，有照片为证。我们正在寻找更多机会。"拉维难得插话，他补充："我们得再更上一层，开始有固定收入。"提到钱，玛丽安显然很尴尬，她说先前有一两场表演有酬劳，但孩子表演多半是为了好玩。她解释道："他们觉得快乐的事，刚好也能为别人带来快乐。我不认为我们是强迫型的父母。我们是投入、支持的父母，但我想我们并没有紧逼不放。我知道逼得太紧会怎样。我认为我们只是有能力回应孩子的需求而已。"

我通常不会要求受访的音乐家顺便表演一曲。但玛丽安腿上就放着小提琴琴盒,于是我问苏兰达想不想表演。玛丽安说:"苏兰达,你想拉什么?"苏兰达说:"我想我就拉巴赫的恰空舞曲吧!"玛丽安说:"《里姆斯基-柯萨科夫》如何?"苏兰达回:"不不不,恰空舞曲比较好。"听到苏兰达说选择小提琴是因为觉得琴音与自己的声音很像时,我很惊讶,现在看来,那显然是不让自己的声音被母亲盖过的唯一方法。苏兰达拉了恰空舞曲,曲终,玛丽安说:"好了,拉一下里姆斯基-柯萨柯夫吧。"苏兰达拉起每个高手都一定得会的《野蜂飞舞》。玛丽安又说:"维瓦尔第呢?"苏兰达拉了《四季》的"夏"。她的琴声清澈明亮,但天分并未好到足以解释为何要为这门技艺牺牲童年。我本来希望苏兰达一拿起琴就充满活力,但她反而拉出了小提琴的灼人悲凄。

父母的言行举止可能伤害孩子,但父母本身也可能与孩子同受古典音乐产业所害。许多经纪人似乎都认为,他们必须不断推出青年音乐家,观众才会继续掏钱。神童市场一直都有需求,但过去 30 年的模式是每周都要找到新人上场。共同打造这部赚钱机器的星探都短视近利,就连保持孩子心理健康也只是为了钱,戴维森说:"这就像在燃烧石油,不停供应神童,导致市场泛滥,新人供过于求,每一个能表演的内容都很有限,其中又有许多是观众不再抱浓厚兴趣的曲目。这些经纪人为孩子画的前程蓝图,还没展开就已是过去式。"

钢琴家内田光子对我说:"这是种匪夷所思的观念,你去问那些观众,愿不愿意让 7 岁小孩为他们出庭辩护?愿不愿意让天赋异禀的 8 岁小孩帮他们开刀?"评论家尼慕拉说:"神童不过是较为文雅的怪胎秀。在怪胎秀上盯着狗脸人身的男孩看叫作剥削,但盯着电视脱口秀节目里 6 岁的钢琴演奏者看却似乎没问题,甚至还很激励人心,证明了人类潜力无穷。"盯着侏儒看是不礼貌的行为,侵犯神童的隐私却没人在意。

把天赋异禀的孩童逼得太紧，后果可能不堪设想，但不推他们一把，也可能会有问题。伯恩斯坦的父亲被问及为何反对儿子的职业生涯选择时回答："我哪知道他会变成伯恩斯坦？"为了撰写本章，我采访了许多人，在这个过程中渐渐觉得，这些父母有一半是强迫孩子走入不快活的音乐生涯，另一半则是无理阻碍孩子发展。乔纳森·弗洛利尔则不幸地两者都经历过。

乔纳森于20世纪90年代初期诞生于厄瓜多尔，他渴望上音乐课，但母亲伊丽莎白觉得音乐不重要。父亲杰米在乔纳森出生前就放弃这段婚姻。他经营自己的音乐学院，但认为儿子不值得接受训练。杰米最后在乔纳森11岁时让步，让他学钢琴。短短3个月内，老师便告诉杰米，乔纳森才华过高，在厄瓜多尔恐被埋没，必须去欧洲接受训练。

乔纳森的母亲一听到儿子要出国便大发雷霆，为了留下他而上法庭争取监护权。乔纳森回忆道："她这是在害我，因为我对音乐的热爱便是我的全部。"2个月后，杰米关闭音乐学院，带儿子远赴欧洲。伊丽莎白告诉警察，丈夫要绑架儿子，两人只好连夜开车，越过安第斯山脉无人管控的边界地带进入哥伦比亚，再搭飞机到马德里。乔纳森学琴不到6个月便通过测验进入鲁道夫·海夫特音乐学院就读五年级。

母亲仍不放弃，尝试各种办法要他回来，乔纳森得不断向西班牙警方解释自己想留下。乔纳森说："母亲施加的诸多压力，让我不清楚自己做的到底是对是错，父亲也没办法告诉我。"为了寻求道德指引，他开始阅读亚里士多德的伦理学、柏拉图的《理想国》、圣多默、奥特嘉等。20岁时，我问他对于搬到西班牙有何想法，他回道："母亲说音乐会夺走我的童年，但我并不想要童年。"11～16岁间，乔纳森赢得20多场比赛。父亲找不到做音乐老师的工作，便改做行政工作。乔纳森说："我的神童岁月充满诸多压力。"离开厄瓜多尔4年后，他在15岁首度回国，参与一场大型音乐演奏。尽管母亲兴高采烈地迎接他，不过两人间已有难以跨越的鸿沟。

隔年，他取得曼哈顿音乐学院的全额奖学金，不久后在瓦伦西亚举行首演，获评"表演曲目与技艺都显示，他并非只是神童"。阅读学习改变了他。他说:"我开始发展出音乐家的其他特质。父亲总是要求我不断练习演奏曲目,但我认为那毫无意义。他选择与我对立,我恨他这样,我得做点得奖以外的事。"他在厄瓜多尔离开母亲,现在则离开了父亲。"他要我练会最受欢迎的曲目,然后录制唱片,我则认为这样做音乐太肤浅,会让自己迷失,于是他把我踢出马德里的家门,只给我2个小时收拾行李,非常戏剧化。"我问二度放逐对他有什么影响,他说:"几乎像是一场朝圣之旅,我就是这样以音乐家的行迹度过人生。有时我觉得手在键盘上移动,就像是盲人在点读文字,只有摸着乐器时,才能感受到众多意义。我不断追索,想为这个世界带来一些高贵的事物,跟基督之爱一样高贵。我不特别虔诚,但我相信冥冥之中自有事物在我们之上,所以音乐才得以成为音乐。虽然我无法看见,也不知道那是什么,但我能服侍它。"

乔纳森20岁时,坚持要先了解民间的玛祖卡曲才能弹奏受其启发的肖邦玛祖卡舞曲,他也坚持要先研究美声唱法的年代,才愿意弹奏夜曲。他告诉我:"最近我开始听30年代的厄瓜多尔音乐。毕竟我的人、我的想法,都根源自家乡,所以我必须保持这部分的自己。"我问到他离开母亲、家乡与父亲的创伤是否仍隐隐作痛。他说:"我不觉得我有其他选择,我懂他们为何反对我。人都讨厌自己不懂的事。"

美国作家戈尔·维达尔写道:"对双亲其中一人的恨,能造就恐怖伊万,也能成就海明威。而一对父母对孩子全心全意呵护的爱,则能毁掉一个艺术家。"早期的创伤与剥夺,点燃了许多孩子的创作灵感。有人研究过许多名人的故事,发现名单上有超过半数的人在26岁之前便失去父亲或母亲,概率是普通人的3倍。残酷的成长过程能抹杀天分,也能成就天分,重点在于父母的所作所为要能符合孩子的需求。席洛塔说:"天分要毁掉很容易,要完全靠后天培养则难多了。"

郎朗常被称为世界最知名的钢琴家,他体现了不打不成器这句话。他父亲郎国任梦想成为音乐家,却在"文革"时期被指派到工厂工作。

当他18个月大的儿子展现神童潜力时，希望再次燃起。郎朗从3岁起每天早上5时起床练习，他说："我热爱钢琴，爱到想吃了它。"他一周能背4首大曲子，记忆力令老师赞叹。他说："老师总要她的学生多学点，但总叫我慢点。"他7岁那年参加在中国太原市举办的首届全国儿童钢琴比赛，得到优秀奖，他冲上舞台大喊："我不要优秀奖，我不要！"另一位选手跑过去安慰他，说自己得的也是优秀奖，郎朗回答："你以为能跟我比？你弹的那是什么垃圾？"郎朗的奖品是一只狗玩偶，他把玩偶丢到泥地上猛踩，但父亲捡起玩偶，放在他沈阳家中的钢琴上，要郎朗别忘记自己哪里不够好。

郎国任曾供职于公安局，那是受人敬重的工作，但他却决定带郎朗去北京，想把他送进北京中央音乐学院的附属小学，郎朗的母亲周秀兰则留下来赚钱养家。郎朗说："我当时9岁，离家真的很苦，我也知道父亲为了我辞去工作。我感受到莫大压力。"郎国任把自己的座右铭告诉郎朗："别人有的，我一定要有；而我有的，别人却一定没有！"

郎国任形容辞职"像被截肢"。他租下最便宜的公寓，没暖气、没自来水，还对儿子谎报房租，报得比实际高上许多。"这么贵？"郎朗吓了一大跳，"那我真得好好练习了。"他思念母亲思念得发慌，还常常哭。郎国任从前一向不屑做家务事，现在却开始煮饭打扫。他们特地到北京拜见的老师对郎朗的评价十分苛刻。他回忆道："她说我弹琴像种土豆，还说我应该喝喝可口可乐，说莫扎特应该是可口可乐，我弹的却像没滋味的白水。她说：'你们东北来的傻大黑粗。'最后她说：'回去，别弹琴了。'就这样把我退掉。"

之后不久，郎朗为了在国庆表演上伴奏而留校，晚了2小时回家。郎朗一到家，郎国任抓起鞋子就是一顿毒打，随后给他一把药，说："你这懒惰的骗子！你凭什么活着！你还有什么脸回沈阳！你只剩死路一条，把药给吃了！"郎朗不肯吃药，郎国任把他推到阳台上，要他跳楼。郎国任后来说，当时这么做，用一句中国俗话说就是："舍不得孩子套不着狼。"换句话说，惯孩子只会惯出麻烦。但郎朗气极了，几个月不碰钢琴，后来还是父亲放下自尊，求他弹琴。

郎国任还求了另一位老师为儿子上课。为了回家后能监督进度，他整堂课都坐在旁边听。郎朗说："他从来不笑。他吓我，有时还揍我。我们日子过得像僧侣，音乐僧侣。"他们家有个朋友说郎国任从不表达关爱，满意时也不让孩子知道。那个朋友写道："只有等孩子入睡后，他才会在他身边坐下，静静地看着他，帮他拉拉被子，摸摸他的小脚。"

父子俩回沈阳过暑假，郎国任只当是换个地方练钢琴，周秀兰为此与他吵架，质问他："当不当'大师'到底哪里重要？你到底在干什么，每天都准备打仗吗？这哪里像个家？"郎朗会试图用音乐转移两人的注意力。一个朋友说："每回两人一吵，他的琴艺就会进步。"他用功过头，最后身子垮了，得每天到医院打点滴。即使如此，每天该练的琴仍旧得照练。郎朗说："我父亲是实实在在的法西斯主义者。神童有时非常寂寞，与世隔绝。"

最后他终于进了中央音乐学院的附小，接着在 11 岁参加甄选，想代表中国到德国参加国际青少年钢琴大赛。他没有获选。郎国任告诉妻子，她得筹钱让郎朗私下报名，但此举会惹人非议，也可能为此蒙羞。比赛开始前，郎国任认定郎朗最厉害的对手是一位日本盲人，他要郎朗去向他套话，问他弹琴的技巧。郎朗试着把对方的技法融入自己的演出。夺冠时，郎国任高兴得啜泣。其他人告诉郎朗他父亲的反应，他回应说父亲没有眼泪可流。

1995 年，郎朗 13 岁，参加了第二届柴可夫斯基国际青少年音乐大赛。父亲会偷听其他选手练琴，若听到有人与儿子曲目相同，便催促郎朗加紧练习。郎国任认为，如果前一个人弹得气势磅礴，你就该弹得细致灵巧；若前一个人弹得轻柔温婉，你就该气势磅礴。这一招能让评审印象深刻，也能抓住观众的注意力。有人后来问郎国任，13 岁的小孩怎么有办法在决赛弹出肖邦《第二钢琴协奏曲》这般悲伤的曲子，他回答说，他要郎朗想想离开亲爱的母亲与钟爱的祖国的感觉。最后郎朗赢了。

几个月后，郎国任帮儿子办理退学，离开中央音乐学院。他安排郎朗接受柯蒂斯音乐学院的葛拉夫曼面试，争取入校。郎朗回忆道："我爸说,'弹肖邦的钢琴曲要轻巧如风,弹贝多芬的钢琴曲则要浑厚沉重。运用爆发力时,要坚定、慷慨而自然,就像英国足球队加上巴西足球队。'"郎朗当场被录取,与父亲一起迁居美国。在柯蒂斯上第一堂课时,郎朗说:"我想赢得世界上的所有比赛。"葛拉夫曼问:"为什么?"郎朗说:"为了成名。"葛拉夫曼听了只是笑,但其他学生告诉郎朗,他应该专心当优秀的音乐家,而不是一心想着比赛。他不了解两者有何不同。虽然从此他说话更谨慎,但他始终没有放弃这种奥林匹克竞赛模式。葛拉夫曼告诉我:"大部分的学生,你要做的是激起他们对曲子的情感共鸣,但郎朗正好相反,我得让他冷静下来,他才学得进去。"

郎朗17岁开始雇用经纪人,对方帮他争取了一次重要的亮相机会:到芝加哥市郊参加拉维尼亚音乐节,乐评家如痴如醉,之后两年,他的音乐会场场爆满,也录制了多张唱片,还登上各家杂志的闪亮封面。他告诉我:"期望越高,我弹得越好。卡内基音乐厅的演奏是我的颠峰之作。"

每个伟大的神童故事就如同政治人物的生涯,主角都得经历一连串突如其来的逆境。听众对音乐家的情感在从幼稚的热爱进展到成熟的景仰之前,也得经历一段抗拒的青春期。但旁人的幸灾乐祸往往使这样的逆境更伤人。郎朗很能与人打成一片,无论哪一类听众,他都知道如何投其所好。有时他的这种作风更像碧昂斯,而非李斯特。虽然这些特质与深刻的内涵并不冲突,但他这种迎合大众的做法显然冒犯了某些讲究文化品位的人。郎朗热衷于推销自我,甚至把名字登记成商标,以"Lang Lang™"为名演出。他还与奥迪、万宝龙、索尼、阿迪达斯、劳力士及斯坦威签订赞助合约。《芝加哥论坛报》的莱茵早年曾帮助郎朗发展事业,几年后他表示:"音乐变成这位独奏家特技表演的装饰,他只需要一套白色的亮片西装和一座烛台,拉维尼亚就能把他包装成二代利伯拉契。"《纽约时报》的托马西尼在郎朗2003年卡内基音乐厅独奏首演结束后,撰文评论该场表演:"不连贯、自我耽溺、哄闹又粗拙。"

在作曲家的名作与演奏者对这些名作的诠释之间有股叙事张力,而由于郎朗生长在非西方文化环境中,这股张力更大。郎朗说:"中国的西方古典乐常常就像西方的中国菜,很像,但不正宗。"他能先完美诠释门德尔松的协奏曲,接着再自我陶醉地弹奏莫扎特的奏鸣曲,夸大所有的情绪与节奏。但接着,他又能回到优雅细腻的演奏。评论家只能承认他神乎奇技。托马西尼曾严厉批评郎朗,但5年后他形容郎朗的弹奏"能精准控制,让人感到快乐"。我每回观赏郎朗的演奏会,他总是乐在其中的样子,我十分惊讶。他说:"身为表演家,我不只在付出,也在获得。我父亲内向,母亲外向,我是两人的总和,我遗传了父亲的纪律与母亲的快乐。"

2005年在芝加哥,郎朗23岁,我首度与他坐下长谈。当天下午我听了他一场格外优美的演出,郎朗弹奏了肖邦的《b小调第三钢琴奏鸣曲》。表演结束后,400多人耐心排队,等着拿光碟给郎朗签名,郎朗从头至尾神采奕奕。签完名,郎朗邀我到他房间坐着聊。进到房间,郎国任正在看电视,他心直口快又不拘小节,与我握手寒暄几句之后,脱了衣服便躺下午睡。根据我的经验,大家都爱郎朗,没人爱郎国任。但郎朗并没有表面看到的那么温暖,而他父亲也没有表面看来的那般严厉——两人其实是合力完成一桩美事。郎朗说:"20岁功成名就时,我开始爱我父亲。他很懂得听我倾诉,又会帮我洗衣、打包。我都被他宠坏了。除了他,还有谁愿意在表演结束后的凌晨2时一边帮我按摩一边和我讨论表演?"

我曾告诉郎朗,按照美国人的标准,他父亲的管教方式算是虐待儿童,而他们现在感情竟然这么融洽,我很惊讶。郎朗说:"如果父亲这样逼我,我又做不好,那就是虐待儿童,而我会心灵受创,甚至完蛋。他不需要这么极端,我们或许还是能达到相同成就,毕竟当艺术家不见得要牺牲一切。但我们目标一致,所以既然他这样逼我,把我逼成了世界知名的音乐家,而我也乐于当这样的音乐家,那么我认为,对我来说,最终能这样长大是非常好的。"

近期有许多书老调重弹,回头探讨"熟能生巧"这个概念,主张1万个小时的练习才能达到技艺精熟的境地。这个数字来自瑞典心理学家艾瑞克森的观察,他发现柏林音乐学院的顶尖小提琴手,在20岁之前的10年间平均练习时数高达1万小时,大约比表现次一级的组别多出2500小时。技巧须通过反复练习才能发展,神经系统可能也是。近期有些研究以天分高低为受试者排名,之后再追踪各自的练习时间,结果显示练习时数比天分更重要。评论家布鲁克斯在《纽约时报》里写道:"最重要的特质不是神秘的天分,而是能有毅力地反复刻意从事无趣的练习。人通过行为建构自己。"

毫无疑问,这样的说法有其道理,否则教育就徒劳无益了,而累积经验也只是在浪费时间。搭飞机时,我当然偏好有10年飞行经验的机长,没人想搭新手驾驶的处女航,也没人想吃别人第一次做的舒芙蕾。但不断推崇1万小时的练习,并奉之为成功的基础,不免带着霍瑞修·爱尔杰[1]那种滥情。20世纪的伟大小提琴老师奥尔就告诉学生:"如果你表现不错,一天练习3小时,如果有点笨,一天练4小时。如果你得练得更勤,就别练了,去别的行业试试。"

愿意勤奋练习可能是种天性,但后天养成的勤奋或许至少也跟培养基本天赋一样重要。史坦福的心理学家米歇尔在20世纪60年代发展出所谓的棉花软糖测试。给一名4~6岁的儿童一个棉花软糖,他可以选择马上吃掉,但若是能忍着不吃,15分钟之后便能再获得一个。结果能等待的那些孩子,大学学习能力测试的成绩平均比等不了的孩子高出210分。近来宾夕法尼亚州大学的心理学家达克沃思让高中生选择当下拿走一块钱,或是一周后拿走两块钱。结果再次证明,无论智商如何,能抗拒诱惑耐心等待的人,学术成就都比另一群人高得多。她说:"聪明才智的确重要,但重要性仍不及自制力。"

艾伦·温纳专门研究天才,她详细描绘了两种迷思之间的角力,一种是认为天分来自天生的"大众迷思",另一种是天分来自努力和学习的"心理学迷思"。评论家罗史斯坦写道:"现代人如此打压天才,本身就是

---

[1] 霍瑞修·爱尔杰是19世纪美国作家,小说秉持的一贯风格,是困苦的少年如何通过不懈努力和正直的人格最终获得成功。——译注

种迷思，他们企图以贬低或矮化来掌握无法掌握的事物。"罗史斯坦建议那些强调单靠练习就能成功的人去听听巴赫与贝多芬的曲子，想想他们是否能单凭足够的努力便作出这些曲子。卡普林斯基打趣道，她听过某位精神科医生对于性与婚姻的说法，"若婚姻性福，性的重要性就只占10%；若不性福，性的重要性就占90%。"她解释道："若有天分，天分的重要性就只占10%；没有天分，天分的重要性就占90%，因为缺乏天分的鸿沟是无法跨越的。但要在音乐界出人头地，天分就只占很小的部分。"

音乐家常和我讨论，要拉好小提琴，究竟是要每天勤奋练习数小时，还是要多读读莎士比亚、学学物理和谈场恋爱。小提琴家曼纽因说："不论音乐还是人生，想要成熟，都必须通过生活才能达成。"创作歌手卡汉说："若要比勤奋，永远会有个被关在地下室的韩国女孩练得比你还久，要比这个是比不赢的。"但说得更深入些，此处的"正常生活"，其实是"更丰富的人生"的婉转说法。全心致力于某种乐器固然能造就精熟，但音乐需要的是人生历练。

一听到我要写的书与神童有关，大家就不断跟我提到余峻承这位7岁的钢琴家。他上过杰雷诺、艾伦·狄珍妮和欧普拉的脱口秀节目。我受邀参加他在纽约的首演，地点是公园大道上一位上海社交名流的公寓。峻承刚满8岁，但身材瘦小，看起来像6岁。他会带着严肃神情以不甚清晰的口齿念出下一首表演曲目，接着以惊人的力量与音乐性进行演奏，之后转身望向美丽的母亲许海慧，想知道自己表现得如何。

因为峻承的腿还不够长，小表演台上装了踏板辅助器。弹奏肖邦的《夜曲》时，辅助器歪了，踩了没反应。海慧爬进那个小空间，在儿子舞动的双腿间想调正辅助器。峻承一个音也没失误，海慧则一直修不好装置，只能不断地把辅助器抬起又砰地放下。那画面实在诡异：小男孩的心思全放在指尖，而穿着礼服的美女则蜷缩在他脚边不断发出噪声，任由音乐流出。那情景像是两人在对话，而我们则无意闯入。讽刺的是，那样私密的对话却只有观众在场时才会发生。

音乐会结束后许久，早已超过多数 8 岁小孩上床睡觉的时间，此时峻承却宣布自己刚学了贝多芬的《皇帝》钢琴协奏曲，然后当场弹给我们几个人听。进入管弦乐演奏的长乐段时，他大声数出无音乐的小节，如此才能一丝不差地扣入乐团合奏。他显得很不耐烦，急着展现自己，我的 8 岁侄女要我称赞她的泳技时也是如此。大人虽对峻承的天分啧啧称奇，却对他想说的话不感兴趣。看着他与这些人聊天，我猜他只有和母亲在一起时才显得和寻常孩子无异。

许海慧出生于澳门，17 岁到美国求学，25 岁结婚，一年后在加利福尼亚州帕萨迪纳生下峻承。从那天开始，海慧便每天弹琴给他听。她回忆道："他一直到 2 岁才开始说话。我本来很担心，结果他一开口，就能讲英语、广东话、普通话和一点点上海话。我松了一大口气！"峻承快 3 岁时，能用两根手指在钢琴上弹出几首小曲调，一年后，海慧就再也没东西能教他了。5 岁时，他又学了大提琴。海慧说："不久之后，他又要求学更多乐器。我说：'够了，峻承。实际点，两种足够了。'"

海慧放弃正在攻读的硕士学位。她当时已经与峻承的父亲离婚，但因为没钱，最后还是与峻承一起住在前公婆的家里，他们给了这对母子车库上方的房间。峻承的祖父母不赞成孙子对钢琴热衷"过头"。海慧说："他的祖母非常爱他，但是她只希望他当一个正常的 5 岁小孩。"峻承上幼儿园时，海慧觉得他可以上台表演了，便与当地的养老机构和医院洽谈免费演出，让峻承可以没有压力地表演。不久，这个小天才便登上各家报纸。海慧说："当我了解到他多么有天分时，我非常兴奋，但同时也很害怕！"

峻承 6 岁时，获得一笔优秀青年奖学金，足以支付一架施坦威钢琴的头期款。8 岁时，峻承与海慧每 2 个月飞往中国一次，向音乐教授李民铎学习。海慧表示，美国老师教峻承的是宽广的诠释想法，让他自由探索，而李教授则强调按部就班。"峻承以后会告诉大家，'我生在美国，但在中国受训练。'中国人听了一定高兴。"我问峻承，觉不觉得为了上课飞这么远很累，他说："嗯，幸好我没犯'残余嗜睡症'。"我扬起眉毛表示疑惑。他不好意思地说："其实，就是时差啦。"

为了配合表演和练习时间，峻承的课业是在家自学。海慧说："他早餐都吃得很饱，然后就会昏昏欲睡。所以我们会排轻松点的，练练基本功，做做功课等。接近中午时，他会睡个午觉，接着就做需要动脑的事，学学新曲子。重点在于时间管理。照理他现在应该上三年级，但他各科进度都超前了。"峻承已经在上大学预备课程和学测课程。海慧扮演他的经纪人，和他一起考虑演奏邀请。海慧说："我会先问老板的意思。"峻承不可置信地看着她说："我是你老板？"后来海慧说："如果他改变心意，想当数学家，我也接受。或许刚开始会不高兴，毕竟我们花了这么多时间在这上面——这就像跟男朋友分手，并不容易，对吧？"峻承向她保证道："我喜欢钢琴，就是要走这条路。"海慧微笑。"对啊，现在是。但这种事很难说，你才8岁。"

想弹得跟峻承一样好，必须有超凡的专注力。峻承说："我练多练少，全看心情。例如，如果我真的想完成某件事，或是即将要表演了，一天就练6～8小时。但如果没什么心情练习，大概就练4～5小时。我之前对作曲很有兴趣，但现在已经下定决心要专心演奏。"除此之外，海慧的纪律严谨也成就了峻承的琴艺。我问她是否想过从前的雄心壮志，她笑了笑，搂住峻承说："这就是我的工作。"我到洛杉矶拜访两人时，海慧刚再婚，峻承也在婚宴上表演。不过海慧不肯搬进第二任丈夫家中，担心峻承的练习会受到影响，所以夫妻隔着几条街住。这让我想到那些因为身心障碍儿的特殊需求而分住两地的夫妻。

小孩子都需要偶像，而峻承的偶像就是郎朗。峻承在《洛杉矶时报》杂志的访问中提到这件事，郎朗看到便主动与他联络。海慧说："我很钦佩郎国任。我不想听到人家说我逼迫孩子。但为了峻承，我想变得坚强，就像郎国任为了郎朗那样。"几年后，郎朗安排峻承与他在皇家阿尔伯特音乐厅同台演出。我前往聆听，会后与他们见面时，我看到郎朗是那样温柔呵护他的后辈，深觉触动。我从未见过他如此柔弱的一面。

我问海慧对1万小时的练习有何看法。她说："我相信后天培养比天分重要。峻承的父亲对音乐毫无兴趣，所以他的天分来自于我，而栽培他的，也是我。"她对美式教养很有一套自己的见解："在美国，每个孩子都要均衡发展，他们参加 10 种活动，但每一种都不特别擅长。美国人希望每个人都拥有相同的人生，执着过头，形成普遍平庸。这对身心障碍儿是很好，若非如此，他们很多东西都学不到。但对天才儿童却很糟。既然峻承天赋异禀，又从中获得许多快乐，那为何还要花时间学他没有兴趣的运动呢？"

在加利福尼亚州时，我问峻承对于正常的童年有什么看法。他说："我的童年本来就很正常。你想看看我房间吗？很乱，但你可以进去，没关系。"于是我和他一起上楼。他拿了架黄色的遥控直升机给我看，那是父亲从中国寄来的。书架上除了有满满的《苏斯博士》、《野蛮游戏》、《柳林风声》等童书，也有《白鲸记》，此外还有芝麻街的影片以及《布拉格音乐》、《威尼斯音乐》等系列的影音光碟。我们坐在地上，他拿出最爱的盖瑞·拉森漫画与我分享，接着我们一起玩桌游"捕鼠器"。他有一双魔术橡胶手指套，指尖上有灯，把一根手指放进嘴里，看起来就好像吞进嘴里的光经过肠胃，再从屁股跑出来。

我们下楼后，峻承坐在琴椅上，并垫上一本电话簿，让他能以舒服的高度弹琴。他扭动了一会儿说："感觉不太对。"便起身撕掉一页后重新坐下，弹起肖邦的《幻想即兴曲》，琴声中充满了细致的渴望，很难想象书架上摆满芝麻街饼干怪兽影片的人能弹出如此优美的琴音。海慧说："看到了吧？他不是正常小孩，何必要拥有正常的童年？"

古典音乐大多只问实力，因此是阶级流动的合适途径，勤奋的人正可由此打破地理、国籍或贫困造成的阻隔。多年来，多数神童都来自东欧犹太家庭，现在，则转由东亚人主导。葛拉夫曼幼年时也是犹太神童，他只收了 6 个学生，全是中国人。对于亚洲主导古典音乐界的现象，一般都单纯以人多势众来解释。葛拉夫曼说："在中国，学乐器的小孩超过 30 万人。在成都，如果你看到一个小孩手上没提着小提琴盒，表示他学的是钢琴。"汉语等声调语言能强化婴幼儿听力的敏感度，而典型华人的手掌宽、手指间距大，特别适合弹钢琴。许多亚洲文化都崇尚纪律与竞争，并不断强化。中国在"文革"时期禁绝学习西洋音乐，反而使西洋音乐带有禁忌之乐，更加诱人。

许多西方人则不信任"虎妈"式的教养。但匈牙利心理学家齐克森米哈里就写道："人无法既卓越又正常。"究竟应该何时开始发展专业，各地有各地的做法。欧洲学生选定主修学科的时间比美国学生早了很多，但仍比亚洲学生晚。若说音乐是种语言，培养文法直觉与纯正口音就得趁早。葛拉夫曼说："16岁开始学小提琴或钢琴，也能弹奏得不错，但若想当一流独奏家，就太晚了。"及早发展某项专业，必然有所牺牲。耶鲁音乐学院院长布洛克尔说："上流家庭的父母希望孩子能学习艺术、运动与社区服务，但孩子若志在音乐，这些事情就分掉了时间精力。若想追求卓越成就，往往必须及早认清志向、专心发展。"

若赌对了，对于先前的牺牲就较能释怀。郎朗告诉我，他已经接纳了自己的成长过程，那时我想到有些人要到很久以后才庆幸当年父母鼓励他们接受骨骼延长术。我想到许多事情，当下看似虐待，但最后若是成功，便又未必是虐待。另一方面，又有多少小孩当初是多么痛恨练钢琴，长大后却又感叹父母当年不该任由他们放弃？及早把孩子推向某个专业有其危险，孩子可能会以为迈向成功唯有此途。孟伦说："完全没有备案就太不负责任了。"神童最后若无法成功，意味着过去疏忽了其他的谋生技能，而唯一着魔苦练的技艺却无法赖以为生。布洛克尔曾在韩国一次会议上对着殷殷企盼把孩子送进西方音乐学校的父母演讲。解释完甄选流程后，他放下演讲笔记说："在这里看到各位，我真的感到很遗憾。在座许多人会在孩子12岁、13岁、14岁时就把孩子送出国，由一位父母陪着过去，妻离子散。学生年纪轻轻就经历这些事情，等他们到了我们这儿，会是一片空白。我的意思并不是说他们缺乏情感、渴望、才识或音乐，而是成长过程中，没有人抱抱他们，无法全家一起团圆吃饭，少了那样的滋润。"语毕，全场一片死寂。

若说许海慧对"正常童年"的概念不以为然，周善祥的母亲梅就是不得不认清儿子不可能有正常的童年。许海慧重视后天栽培，儿子的超凡本领或许可说是她逼出来的，相较之下，梅则是被儿子逼向不可避免又令她惊心的发展。周善祥生于1992年，15个月大就能数数，梅在他2岁时教他加减法，后来他自己弄懂乘法与除法。他曾经在花园中一边挖土，一边向母亲解释杠杆原理。3岁时，他问的问题已经是相对论才能解答的问题了。身为经济学家的梅对此感到不知所措。她说："具备这种能力的小孩是能够自我学习的。保护孩子是母亲的天职，但他太强了，根本不需要保护。这一路走来，不能说不辛苦。"

梅22岁离开台湾到美国念书，假日总是一个人过。善祥的父亲从未参与两人的生活。她说："我非常了解寂寞是什么，而我觉得他需要培养兴趣才能自得其乐。"于是虽然她本人对音乐毫无兴趣，还是让善祥从5岁开始学钢琴。第一堂课，善祥看着老师读谱，回家后，他自己画了五线谱，接着开始在上面创作，完全不用任何乐器。完整的音乐书写语言自己找上了他。梅买了一架二手钢琴，善祥整天坐在钢琴前面，不管在收音机上听到什么，都能立即弹出来。

梅为他注册上学。她说："其他母亲都说希望孩子能在幼儿园长大，我则希望他能长小。老师跟我说，他在学校任由其他孩子推挤他，于是有一天我去了学校一趟，正好看到有个孩子抢走他手上的玩具。我告诉他应该反击，他说：'那个小孩2分钟后就会厌烦了，到时候我就能再拿回来玩，没事何必打架？'他已经那么有智慧，我还能教他什么？但他看起来总是很快乐，我也只要他快乐。他以前常常看着镜子就自己笑出来。"

小学二年级快结束时，善祥已经学完整套高中数学。到了9岁，他已经准备好上大学。梅想了想，认为干净安全的犹他大学适合9岁小孩接受大学教育，于是去了那里。梅说："其他学生都觉得他在那里很奇怪，但善祥从不觉得。"同时，他的琴技也不断进步，能找经纪人了。

善祥10岁那年与经纪人哈姆兰一起参观洛沙拉摩斯国家实验室的物理研究部门。一位物理学家把哈姆兰拉到一旁，说善祥跟一般来参观的博士后物理学家非常不同，他太聪明了，没人知道"这个孩子的知识有多深多广"。几年后，善祥进入麻省理工学院，帮忙编辑物理、化学与数学领域的论文。梅用一种几乎是认命的口吻说："他什么都懂。有朝一日，我希望能和身心障碍儿的父母合作，因为我知道我们都一样迷惘。我完全不知道该怎么当善祥的母亲，也不知道该去哪里学。"

为了让善祥能跟着喜欢的老师学琴，虽然梅在伦敦没有工作许可，也无法在那里找到工作，她仍带着善祥搬过去。她说："这不是我所愿，但我感到别无选择。"不久之后，善祥便与受人敬重的钢琴名家布兰德尔见面。布兰德尔从未收过学生，却答应收善祥为徒。他不肯收钟点费，而当他得知梅因为买不起像样的琴，所以善祥都用店里的展示钢琴练习时，立即送了一架施坦威钢琴到两人家中。善祥 13 岁时，一位坚决反对将小孩打造为表演家的英国记者听了他的演出，在《卫报》中如此写道："他的琴音如此深具修为，而他又是如此乐在演奏，弹至低音时小小身躯全力倾向一侧，这一切都让我的反对显得恶意。"

梅感谢布兰德尔为善祥塑造了音乐家特质。她说："我的耳朵不够好，帮不上善祥什么忙。我能做的只有提醒他，他的一切不是自己努力得来的。"梅在善祥还是青少年时严格限制他的行程与曝光率，一年只准他表演 12 场。"但现在，布兰德尔先生说，善祥已经足以展开全年表演的生涯，而且他也 18 岁了，决定权已不在我身上。我比较希望他能当数学教授，那样的生活比较好，不需要到处巡回演出，但善祥已下定决心要把数学当兴趣，钢琴才是他的工作。"善祥在巴黎攻读纯数学的硕士学位，说是为了"放松一下"。我问梅担不担心善祥与其他少年天才一样会精神崩溃，她大笑："在这种安排下，如果有谁要崩溃，那也是我！"梅与许多特殊儿童的父母一样，放弃了自己的抱负。她原希望能取得经济博士学位，再找份举足轻重的工作，但善祥出生后，她只能放弃未完成的学位。她说："身为父母，尤其是华人母亲，牺牲是责任的一部分。我很想学会乐在牺牲，但到目前为止都还做不到。我一个中年人，在巴黎骑着自行车跑来跑去，气喘吁吁，是在干什么？但我也承认，他为我带来了精彩的生活。"

神童并不在《美国身心障碍者法案》的保障范围里，联邦也没有法令强制施行天才教育。但如果我们相信，大脑异于常人而较难融入大众

457

的学生需要特殊教育，同理，大脑异于常人而能力极佳的学生，我们也该为他们发展适合的课程。辛格尔在《大西洋月刊》中写道："问题不在追求平等，而是伴随而来对于卓越的偏见。"教育学家克劳德 2007 年在《时代》杂志中针砭《有教无类法案》背后的"极端平等主义"导致教育无法满足天才学生的需求。2004 年的《坦伯顿全国捷进报告》断言，学校教育制度的设计只会阻碍有卓越才能儿童的发展，这会使得父母又得自行面对不友善或冷漠的体制，自行替孩子的需求发声。波特斯坦冷冷地评论道："倘若贝多芬生在当代，他在幼儿园一定会被迫吃药，最后变成邮政人员。"

过去二三十年，反精英主义的论调点燃了美国政治圈与文化圈的战火，而这样的论调反映出大众偏好看似与普通人无异的卓越人士。这偏好被冠上民主之名，实则带有无趣的同化主义色彩，与因观念误差而要同性恋孩子举止变得更像异性恋的做法如出一辙，常是自欺欺人。许多天才儿童不是被排挤，就是得隐藏自己。许多人为了获得同侪认可，只得抛弃自我认同，设法装得较普通。一项针对超高智商学生的研究指出，这些学生中，5 个就有 4 个会持续警觉自己的表现是否与一般的孩子一致。另一项研究则指出，90％的受访者并不愿意被归类为"聪明"的人。

过去大家相信，宣扬神童的学业表现会破坏他们的社交机会，即使许多人早因资优而遭排挤。有些天才儿童的父母会开玩笑说，孩子只能跟 70 多岁的人当朋友。格林伯格就说，他儿子杰的人际关系主要都在网络上，那里没人知道他的年纪。网络让许多特定族群有了安身立命之处，神童也是。那里能淡化可能孤立他们的差异，让他们与志同道合的人交流。

20 世纪 90 年代，格罗斯针对学习进步神速的儿童进行研究。这些人在 11～16 岁进入大学，而多数都与较年长的同学成为一辈子的好友，无人对于资优跳级一事感到懊悔。相反的，与同龄族群困在一起的天才儿童通常会经历愤怒、沮丧与自我批评等负面情绪。目前大多数的资优课程有时会把资优的孩子和同龄孩子放在一起，其他时候则把能力相同的人集合起来上课，但孩子往往两边都无法完全融入。数学神童维纳就撰文提到，神童都了解"在一半属于成人世界、一半属于儿童世界中成长所带来的痛苦"。他进一步解释："与其说我是儿童与成人的混合，倒不如说我在需要陪伴时，就是完完全全的孩子；钻研学问时，就近乎彻彻底底的成人。"

在"神童"这个分类下，有两种完全不同的族群：动机强烈、心志专一的天生小表演家，以及爱音乐入骨，因此较可能延续事业的年轻人。后者的才智往往较广泛，好奇心旺盛、表达清晰、具幽默感，对自己也很有想法。他们在青少年时期追求的社交生活和一般人大同小异，长大后往往进入大学而非音乐学院。除了对音乐的热情与资质，他们也非常实际、聪明、沉稳且健康。

约夏·贝尔什么都擅长。他是同辈中最著名的小提琴家，10岁参加全美网球比赛，夺得第四名。他也是电玩比赛风云榜上的固定人选，更是魔术方块顶尖快手。他在麻省理工学院媒体实验室担任要职，在脱口秀上的表现也十分幽默。他长相俊美、有魅力，不管跟谁讲话，看起来都很感兴趣，但又和很多想保持隐私的公众人物一样，让人觉得看不透。第一次见到他的人，都很讶异他竟如此平易近人，而与他熟识的人，则感叹他竟如此难以捉摸。

约夏的父母并非天生一对，两人相识时，雪莉刚从以色列某个集体农场出来，亚伦则是圣功会的神父。亚伦后来离开神职，取得心理学博士学位，在印第安纳州布鲁明顿的金赛研究院担任要职，进行性学研究。雪莉回忆："跟我比起来，他是如此公正客观，不像我，对所有事情都抱有成见。"雪莉个性鲜明，与人相处不分你我。她想喂你吃东西、跟你一起喝饮料、一起玩牌、一起聊到深夜。她肤色较黑、肢体灵活、长相漂亮，看起来很有活力，却又易感动人。她对别人，对自己，都同样诚实。

亚伦在少年男声合唱团待过，雪莉则会弹钢琴，两人打算让所有孩子都学音乐。约夏1967年出生，2岁在梳妆台抽屉的手把间绑上橡皮筋，再推拉抽屉，制造不同张力，弹奏出高低音阶。长大后，他戏称说自己是"从橱柜（credenza）晋升至装饰乐段（cadenza）"。他4岁学小提琴，很快就学会新曲目。雪莉说："音乐一入耳，便留在脑海里。"音乐成了家人亲密分享的世界，但他的创意总带着悲伤。雪莉说："他会半夜哭着醒来，其他孩子若这样，我总能抱着安抚，但若是约夏，我什么也帮不上。"

约夏7岁时与老师及布鲁明顿交响乐团合作，演奏巴赫的二重协奏曲，在当地一炮而红。他的琴音悲戚哀婉，但技巧并不纯熟。他说："母亲虽然很投入，总陪我练习，但并不讲究纪律，父亲也是。我总在考试当天早上抱佛脚，演奏前一天才拼命练习，而且做事全凭直觉。有时我好几天不碰琴，还在练习时间偷溜出去，玩整个下午的电玩，等母亲来接我时才赶回去。"事后看来，他相信无人监督对他有益。他说："整天只泡在音乐里，其他什么也不做，有碍心理健康，对音乐本身也没好处。"

12岁那年暑假，约夏加入"草山音乐学院"的弦乐集训夏令营，并在那里首次接触金格的课程。金格是20世纪最伟大的小提琴老师之一，贝尔一家请他正式收约夏为徒。约夏说："他们一直很关心我的教育。如果母亲放手不管，我就不会成为音乐家了，至少不会像今天这样。"

雪莉得知《十七》杂志要赞助一场高中生音乐比赛。约夏在学校曾跳过一级，勉强过了参赛门槛。雪莉太焦躁，不敢去现场陪他。她回忆道："他们打来电话说他得冠军时，我在电话里放声尖叫。"接着她叹口气说："有孩子真的很棒，他们就是我的生活，可惜最小的女儿被冷落了。如果约夏在她生日那天有表演，我们会去听约夏演出。在她成长的阶段，我正陪约夏四处巡回演出，没听到她内心的呐喊。但天才儿童也有需求，这又要谁来回应呢？"时间分配不是唯一的问题。雪莉说："约夏的音乐让我快乐无比。他每一次的成功都让我感到快乐。其他孩子看得出来，也因此受伤。"约夏也很遗憾几个妹妹因自己的事业而受影响，但他觉得母亲的参与实在太重要，"大概也没别的办法"。

约夏的表演越排越多，母亲开始担心他要如何留住观众。她说："他

14 岁虽然拉得比 12 岁好很多，但感觉就不这么神奇。"另一方面，约夏在学校的日子也越来越难过。他说："树大招风。某些老师看到有人表现不平凡，觉得备受威胁。他们让我日子很难过。"他 16 岁时高中毕业。约夏说："高中毕业后还待在家里，这对我来说是想都不用想的。"这意味着雪莉的角色也得跟着改变。

她说："要共生，得有两个人；要分离，也得两个人共同面对。"听到约夏不想让她管理行程，她很难过。约夏搬进父母在布鲁明顿的公寓，雪莉常过去帮他洗衣服，"以维持参与感"。约夏回想道："以往，管理我的生活是我母亲生活的全部。后来我们分开了。渐渐地，我们终于感觉像两个不同的个体，我能跟她分享我的成功，互动时也比较像两个成人。"他 22 岁时，搬去与第一个认真交往的女友丽莎同居，她是小提琴家。他说："我们交往了 7 年，我对母亲的依赖有一部分转移到丽莎身上——有点不太健康。"

约夏在印第安纳大学顺利取得艺术家文凭，修完表演艺术、音乐理论、钢琴专业与德语，不久后在卡内基音乐厅举办个人首演，18 岁赢得著名的艾维理费雪职业大奖，当年另一位得主就是野田健。他现在一年表演高达 200 多场，除此之外，更是圣保罗室内管弦乐团的首席小提琴手。约夏是率先尝试跨界演出的古典音乐人，与 VH1 引领潮流，合作推出布拉姆斯匈牙利舞曲音乐影片，也与玩蓝草音乐的低音提琴手迈耶尔及爵士乐手柯瑞亚和马沙利斯合奏。此外，他还与史汀、蕾吉娜·史派克特以及创作歌手乔许·葛洛班联手录制唱片。约夏·贝尔每一张专辑都登上音乐杂志《公告牌》前二十名热门唱片，专辑《小提琴的浪漫》销量超过 500 万张，为年度最佳古典乐专辑。他得过一次格莱美奖，并多次入围，手上拥有一把价值 400 万美元的斯特拉迪瓦里名琴。他说："在演奏喜爱的音乐时，我会想象一些颜色，这把琴能帮我把那些颜色演奏出来。感觉就像遇到想娶回家的女孩。"他喜欢这样光鲜亮丽的生活，他就是古典乐界的摇滚巨星。但摇滚巨星的生活走近看起来并不那么亮丽。他母亲说："约夏压力太大了，什么东西都吸引不了他的注意力。"她哀叹约夏尚未 40 岁便开始吃药控制血压。我问她对这些负面影响是否感到难过。她说:"当他打电话来问我对某件事有何看法,就是我最开心的时刻,这让我觉得自己还是母亲。我们因音乐紧紧相连。我天生爱操心,所以得时时注意别过度介入。现在的我不再那么了解他了。"

我把这段对话告诉约夏,他很气愤。他说:"她很了解我。即便是现在,我最信任的仍是她。规划表演节目的时候,我还是会跟她一起推敲。音乐会结束后,我还是需要她的肯定。如果我觉得某次是我最好的表现,她却说她比较喜欢上次的演出,我会非常难受。"约夏在2007年与前女友丽莎生了一个儿子,他形容母子"基本上是黏在一起。这在婴儿时期很正常,但15岁了还跟母亲这么黏,就不健康。我二十几岁时,我妈还在帮我报税"。他没有事先征询母亲的意见就决定生小孩。他说:"我太在意她同不同意,重要的事情还是不要让她过问比较好。"

孩子拥有水平身份,父母总会害怕孩子孤单,雪莉也是。她说:"他有亲密障碍。他不想受任何人拘束,这我很清楚,因为他不想要我管他。他在公开场合非常自在、幽默又风趣。只要他出现的场合,其他人都黯然失色。天知道他等一下又要蹦出什么话来?我每次都很期待。但内心深处,其实藏着一个谜样的他。我想人们就是受他这一点吸引,他们摸不清他,我也摸不清。他还在襁褓中时我就安抚不了他,而从某方面来说,情况从未改变。我想那是他天才本质的一部分,而这也让我心痛。"

录音器材在1877年首度现身之后,便给社会带来全面的重大影响,音乐自此得以普及,即使不懂乐器、没钱看表演,也能享受音乐。今日,听音乐不再是特权,只要会操作iPod、买得起收音机,就能听音乐。从前只能在宫廷听到的华丽音乐演出,今日在超市、车上或家里就能聆听。在留声机出现前,现场表演带有不同的迫切感,一如人工耳蜗和照相技术出现之前手语和绘画的地位。喜欢现场演出的音乐家,可能觉得受制于这些科技带来的改变,然而希望自己的音乐能广为流传的音乐家,则可能大感兴奋。虽说因果关系还不明确,科技发展正遮蔽了音乐神童的前程,一如科技也同样威胁聋人、同性恋文化,以及自闭症光谱的"神经多样性"概念。天才儿童与许多所谓的身心障碍族群一样，都面临适应与灭绝的问题。

虽然优秀的音乐家越来越多，懂音乐的听众却越来越少，原因很多，包括20世纪后期音乐刺耳不和谐的迥异风格、反精英主义兴起、音乐会票价持续上涨、儿童音乐课程停开，此外，科技进步让听者细分为各有专精的小众群体。这与其他身份族群所面临的现况很类似，虽然大众越来越能接受，却也因医疗的进步而面临灭绝的威胁。现代人的生活和很多事物脱节，包括音乐。挖掘神童则是尝试让音乐重新进入生活。举例来说，看余峻承表演，是见证活生生的奇迹，这与在网络上听到他弹得多美妙是完全不同的两件事。戴维森说："8岁小孩坐在音乐厅，现场通过音乐传达某种东西，也在那个瞬间表达出所有的自己。而'他才8岁'是其中很大一部分，那才是大家有感觉的地方。除却表演者所做的事，就没有所谓表演。你能把舞者与舞蹈分割开来吗？不能。试图分开就显得做作。"

陶康瑞，生于美国，一般常说他是华裔。他年纪比余峻承大，比周善祥小。父母都是中国科学家，20世纪80年代早期为了到普林斯顿攻读研究生而移民美国。1989年，当时女儿刚出生，于是两人决定在美国多留一阵子。如果回去，就得遵行独生子女政策。母亲田名芳（音译）说："就是因为我们留下来，才会有康瑞。"后来她成为科学研究人员，在伊利诺伊大学制作预估气候变迁的计算机模型，康瑞父亲的英文名字是山姆，在阿尔卡特-朗讯贝尔实验室当工程师。两人都追求成就，但都与艺术无关。名芳说："我们成长于'文革'时期，唱的是爱国歌曲，我们也只听过这种音乐。"音乐对两人来说是奢侈品，一种希望孩子能享受的奢侈品。康瑞18个月大时，有朋友抱他坐上钢琴椅弹琴，康瑞不断推开那个朋友，自己弹了起来。朋友说："如果你们没能把他培养成音乐家，那就是你们的错。"康瑞不停地弹，父母担心他的手指受伤，老师则建议把琴锁上。

名芳并未被儿子的天分吓倒，但她担忧"神童"称号伴随而来的各种影响，尽量让康瑞发展其他无法立即掌握的才能。她说："他的天分不是我的功劳，但他的谦卑是。"康瑞琴技不断进步，但她也开始担心儿子错失发展琴技的良机。她说："伊利诺伊州尚佩恩的神童，到了别的地方不见得还是神童。"于是她在康瑞将近5岁那年休一年长假，全家搬往芝加哥，一年后又搬到纽约，康瑞到茱莉亚音乐学院拜卡普林斯基为师。之后，康瑞都在隔音的小琴房内练习。名芳说："大家说这样他不会有在音乐厅表演的感觉，但如果我们也能好好享受我们的人生，这样也不错。"

他们鼓励康瑞放弃比赛，他母亲说："比赛让人伤心。赢了，觉得对不起朋友；输了，又觉得对不起自己。"康瑞的理由略有不同，但同样出于对他人的关怀，"我已经有不少演出机会了，但很多人还没有。如果我去比赛，就会剥夺他们的表演机会。"名芳同意自己一家的看法与典型华人不同。"如果我们留在中国，我可能会想要儿子参加每场比赛，失败了可能也会比较失望。但我已经美国化，我现在相信，内心不平静的人，无法真正创造出美。"名芳认为自己是混血母亲，对华人来说太开明，对美国人来说又太严谨。康瑞则还没想清楚，他说："我并不想抗拒亚洲人这个标签，那样感觉太自卑了。但美籍华裔钢琴神童本来就带有太多标签。比起某些我认识的美国人，我父母因为成长时未经历自由，所以反而更崇尚自由。他们成长时也没有音乐，所以他们更推崇音乐。而我，则因此获益。"

由于康瑞的表演行程繁多，难以配合一般学校进度，所以他选择自学。他坦言，自己社交生活不多，但也认为学校生活不见得那么好。他说："大家都说我只会耍小聪明，我也无从反驳。"卡普林斯基担心他一旦读文科，会无法专心投入音乐，但名芳鼓励他一边就读哥伦比亚大学，一边继续茱莉亚音乐学院的课程。名芳说："音乐就像气候，是充满无限变数的庞大系统。康瑞的工作跟我的非常类似，都要在一团混沌中找出结构，才能理出头绪。"

一个人的才智刚受启发时，会自觉新奇，康瑞15岁时就是这样。他说："我觉得这个世界可以教我的，就跟《吠陀经》一样多，还有很多我不认识的人也是。书里有好多知识等着我学习。影片也是，艺术、生活、科学、数学，样样都等着我挖掘。我像海绵。生活在后现代，孩子随时听得到各种风格的音乐，也什么都想放来听，边听边发信息。我也是那样。"他认为他得开发新的听众群。他叹气道："我一直哀叹古典乐界没有独立摇滚乐界那么勇于尝试。我对音乐的看法每周都在变。我是青少年，容易内分泌失调。我尽量什么都碰。政治人物能把任何说法变成对自己有利的论调，这我做不到。我是艺术家，能做的只有把我的看法讲清楚。"

古典乐与流行乐之间的差距不断扩大，首要的解决办法，是由古典乐作曲家主动跨过这道鸿沟，写出两方听众都想听的音乐。戴维森说："一方嫌做作，另一方嫌不够专业，但无论如何，中间总有些非武装区。但无论两方的美感如何结合，你都得同时应付两个世界，一个是资本化的商业世界，另一个则是非营利世界。要在两个这么不同的经济模式间找交集，真的很难。"

眼看自己的语言即将灭亡，作曲家与演奏家纷纷加入过去一度瞧不起的主流，以求再次获得广大听众的认同，并从中获利。流行广告中常见郎朗的身影。约夏跨界演出，从电影主题曲到蓝草音乐都有。陶康瑞则认为，替自己的音乐开发观众也是工作的一部分。年轻的创作型演奏家如克里斯丁·桑德斯、尼可·慕礼以及卡汉皆致力于拉近古典与流行乐的距离，创作广受双方认同的乐曲。他们无一不为自己的身份族群奋斗，以免遭到抹灭。

克里斯丁·桑德斯伴随着福音、爵士和流行乐长大，3岁在教堂的才艺比赛中夺冠，当时他才学了一年的钢琴。4岁赢得康涅狄格州纽哈芬市的创作奖。他父亲席维斯特在嘉吉公司上夜班，克里斯丁和母亲史蒂芬妮总是一起度过黑夜。她说："音乐让我觉得安全，当我们想要自立自强，就会依靠音乐。"上了幼儿园后，老师说她儿子总是注意力不集中，无法静下来好好坐着。史蒂芬妮说："他不是在神游，他是在脑中作曲。让他在午睡之前弹个摇篮曲之类的音乐给其他小朋友听，他就不会扭来扭去了。"克里斯丁的房间就在主卧室隔壁，晚上他上床之后，因为夜深不适合弹琴，他们会听到他的手指敲击书桌的声音，仿佛桌上有琴键。

克里斯丁从开始学琴便引入即兴表演。席维斯特说："他会弹巴赫弹到一半，突然插入一段肖邦。"7岁时，老师要克里斯丁改学爵士。克里斯丁回忆道："我可以随兴弹奏，不会有人说，'不可以这样。'我总觉得我的手能独立思考，我叫它们'小人们'，因为每根手指都不听话，想做什么便做什么。"

老师为克里斯丁在耶鲁的大型演奏厅斯普拉格纪念厅安排了一场表演。克里斯丁说："那是一场三重奏表演。贝斯手65岁，鼓手大概58岁，我9岁，还是领奏。我完全没注意观众，那比较像是小时候玩玩具，大人有朋友作陪，你根本不在意他们是不是也在那儿，你只忙着玩小火车，或是把积木城堡盖好。钢琴就是我的玩具，我就在自己创造的世界中玩耍。"表演后观众全体起立鼓掌，他的父母则发现克里斯丁人在后台，穿着燕尾服躺在地上看书。各种邀约接踵而至，11岁时，克里斯丁的音乐上了电台，自制光碟也上市贩卖。隔年，他为全纽哈芬市1.5万名六年级学生表演。耶鲁秘密社团"骷髅会"还邀他在派对上演出。当时知名爵士钢琴家布鲁贝克的医生也在场，他事后安排布鲁贝克为克里斯丁上课。15岁时，克里斯丁认识了爵士乐手比利·泰勒，他为克里斯丁录制了第一张专辑。克里斯丁上高中时，一周最多有四场表演。

克里斯丁的谦逊态度让人不知不觉心生敬意。他外形俊美又有亲和力，再难的事都喜欢装出轻松的样子完成。朋友抱怨他没时间陪他们，他回答："你是我朋友，但音乐是我的爱，爱永远在第一位。"史蒂芬妮说："他得孤立自己，连我们都被排拒在外。有时这很痛苦。掌舵的人永远是他，我们只负责不要沉船。"席维斯特说："我们告诉他，'先祷告再弹琴。把天赋用来利人，而非利己。'"史蒂芬妮谈到，她是看谈论年轻明星的脱口秀，从中学习如何扮演克里斯丁的父母。"我不晓得自己懂不懂他的天赋，但我知道，不给他钢琴弹，就等于不让他呼吸。"但两人也不希望克里斯丁失去年轻人的快乐。克里斯丁夜间演奏会中场休息时，两人会溜到后台陪克里斯丁玩玩抓人游戏，打闹一番。

2006年，克里斯丁17岁，受邀到格莱美颁奖典礼上为传奇爵士钢琴手奥斯卡·皮特森演奏，他事前得知皮特森会坐着轮椅上台。克里斯丁上台弹了皮特森的《凯莉的蓝调》，克里斯丁说："我第二段副歌弹到一半时，听到一些掌声，本以为是为我鼓掌，结果我突然听到一个和弦，心想，'等等，我没弹这个和弦啊！'赶紧抬头看是怎么回事。"原来，皮特森勉为其难地下了轮椅，移坐到台上另一架钢琴前。接下来两人时而对弹，时而合奏，最后在观众的欢呼声中画上句点。

后来克里斯丁到曼哈顿音乐学院学习，根据席维斯特的说法，许多技巧他早就会了，只是不知其名。我问道，在克里斯丁发展音乐感受力时，夫妻各扮演什么角色。席维斯特认为，克里斯丁喜欢的某些和声得归功于他，史蒂芬妮则说，自己教了克里斯丁如何说故事。我到桑德斯家中拜访时，克里斯丁21岁，正在写一部歌剧，风格融合了爵士与古典，故事的雏形是他与一位迪拜次女高音的感情故事。他说："她的生平跟我一样怪。我的歌剧是在描述当其他人都选择运动时，我选择了爵士乐；其他人忙着购物和信奉伊斯兰教时，她潜心歌剧。"他又笑着说："究竟我想创作的是歌剧音乐、生猛有力的爵士、非洲古巴爵士，还是新的拉丁风格？人类自古就喜欢分类，把棍子放在这里，把梅子放在那里。事情总是如此进行，所有东西都会被归类，所以音乐才会有这么多类型和次类型。我的音乐是不受驯服的变种野兽，在纽约街头上自在奔驰。"

美国多数公立学校已无音乐教育。然而，我们的教育不仅让大家对古典音乐一无所知，还避之唯恐不及。2007年的选秀节目《英国星光大道》上，身材矮胖、神情阴郁的帕兹演唱普契尼的《今夜无人入睡》，曲毕全场起立欢呼，表演片段放上YouTube后点击次数近亿。严格说来，帕兹演唱的专业性显然不足，尽管如此，粉丝仍大受普契尼音乐之美和帕兹深切动人的表达感动。几年后，8 岁的小贾姬在美国类似的选秀节目上咏唱了普契尼的《亲爱的父亲》，同样震惊全场。当然，普契尼的作品本就通俗，但从这些例子能看出，一个人即使对古典乐不感兴趣，也能深受感动。

很怪的是，古典音乐在大众教育中逐渐消失的同时，真正音乐家的教育却一成不变。席洛塔说："本质上，音乐学院大概从法国恐怖统治时期之后就不曾改变。我们需要一个愿意打破传统的人，重新检视所有曲目，重新定义演奏会，以及重新检讨音乐到底要怎么听。"

邦妮·哈维与法兰克·慕礼是自然而然成了夫妻。邦妮的前男友被布朗大学退学，他于是把女友托给好友法兰克照顾。邦妮课余时间做兼职舞女，并在那里交了女友。她说："但我心里那个怪胎想，跟他玩玩、试一下也不错。结果吃到苦头，我爱上了他。"法兰克研究生没念完，对工作没什么远大抱负，偶尔拍拍影片。1974 年，邦妮在罗马绘画竞赛中夺冠，两人搬到意大利住了两年。

回家乡后，两人决定生孩子。她说："当时我不知道父母到底要怎么当。现在，我觉得那就跟艺术一样，有了材料后，尽力发挥创意和爱就是了。"尼可在佛蒙特州出生，9 个月大就能模仿鸟叫，很快还能辨认出红尾鸢的叫声。慕礼一家冬季待在罗得岛州的普罗维登斯市。尼可在那儿有位四年级同学是合唱团成员，一天，他邀请尼可跟他一起去合唱团，尼可一听到合唱团的伊丽莎白时代音乐，立即觉得自己找到了归宿。他说："普罗维登斯的市区已死。在市中心有座古老雄伟的圣公会教堂，主持教堂的人性情古怪，却能安排出最有趣的音乐。"几个月后，邦妮带尼可到波士顿的三一教堂，音乐总监问尼可喜不喜欢管风琴。尼可坐上琴椅，凭印象弹了巴赫的前奏曲与赋格曲，邦妮当场激动落泪。她说："他连脚踏板都踩不到！我常听到他哼唱，但根本不知道他会弹管风琴。这小天才一直瞒着我。"当天离开教堂后，尼可坐在哈佛广场的咖啡馆，在餐巾纸上开始创作起垂怜经。他顿时找到人生的重心。

法兰克说："这就如同小鸟唱歌，一触即发。"邦妮开始到卫斯理图书馆借光碟和乐谱回家，尼可从此迷上音乐。他说："今天研究法国作曲家梅湘，明天我又想着，'要把马林巴琴摸透！'我要的音乐，早期的要够早，现代的要够现代，就是不要 19 世纪的音乐。音乐让我快乐、让我着迷，简直是迷药！"

尼可 12 岁那年，邦妮回罗马的美国学院担任客座艺术家，尼可则进入意大利的公立学校。美国学院的作曲工作室供人免费使用，那里有位学者同意教尼可弹钢琴。邦妮说："在家里，他是平凡环境里的特殊孩子。但在那里，每个人都很特殊，所以他在那样特殊的环境里，应该能当平凡的孩子。"尼可说："整件事都让我入迷，每个人都尽力配合我。我变成了音乐家。"

尼可回到普罗维登斯上高中后，学校里所有音乐剧都由他导演，还在歌舞喜剧《欢乐今宵》里加入几段斯特拉文斯基与 ABBA 的音乐。这段时间，家中财务相当吃紧，尼可出现强迫症症状，强烈的抑郁症状蠢蠢欲动。14 岁时，他获选加入檀格坞的夏季音乐营，在那里认识了许多年轻作曲家，其中许多人师出名门，这是尼可第一次浸淫在纯音乐的环境里。虽然他的训练不及他人，却有他们所没有的经历，因此不觉得低人一等。尼可说："我懂外面的世界，知道怎么订前往那不勒斯的车票。很多人被管得很紧，远在韩国的家人会一天打两通电话到宿舍。"之后，尼可到哥伦比亚大学双修英语和阿拉伯语，并同时在茱莉亚音乐学院受训。他说："我进入癫狂的神游状态，所有你能想到的自我毁灭行为都出现了，只不过我不是去公园跟男人搞，而是写曲。我会半夜起床，把荧屏亮度调低，躲起来作曲。那种感觉就像偷吃东西之类的。后来我发现了停止强迫行为的办法，也是最糟的方法——酗酒。后来只好找了个很可笑的心理医生，把自己搞定。"

尼可是听觉动物，邦妮则是视觉动物，不过两人也有共同的语言，就是饮食。邦妮厨艺高明，自己种菜，还能宰杀并清理肉类。我认识尼可不久后，他寄来一张他喜爱的照片，照片上邦妮举着对半剖开的猪肉。邦妮的母亲是法国人，无懈可击的管家，家中有两部用来榨鸭血的机器，还会自己做糖渍紫罗兰。尼可搬进哥伦比亚的宿舍时，外婆寄松露切片器给他。尼可说他上大学前都不知道原来美乃滋有现成的可买。邦妮说:"我觉得最自豪的地方,就是他喜欢这部分的我。我一直希望他快乐。音乐让他快乐,但我也教他如何在厨房中动手做菜、尽情犯错、专心玩耍,并从中获得乐趣与安全感。而这对他和他的音乐都有裨益。"两人偶尔吵架了,和解方式就是在电子邮件中讨论食物。尼可说:"她会洋洋洒洒写上20段,跟我聊她的瑞士莙荙菜,然后我们就没事了。"

从邦妮话中能感觉她对事实的专注追求,而尼可则偏爱夸大,认为事实不光亮。因此,他们既喜欢彼此,也常惹恼彼此,但也都认为过程很重要。尼可说:"虽然你不见得听得到,但音乐中确实有个小机器按照设计的目的在运作。有些作品中,它就大刺刺地在那里;有些作品中,它则藏得很好,甚至不见踪影。"他的第二张专辑《母语》中,有一段朴实美好的旋律。"虽然是民谣,里头还是有套我好不容易理出的数学式,我按着式子作曲,然后再彻底忘掉它。世界万物背后,总藏着创造者的隐密叙事。"

尼可受托为美国芭蕾舞剧团写芭蕾剧、为大都会写歌剧,还为冰岛歌手比约克的专辑编曲。有些评论家认为他的音乐太过挑逗,对尼可影响至深的作曲家约翰·亚当斯就说:"年纪轻轻就这么在意声音的吸引力,恐怕不是好事。"对尼可来说,"好听就不厉害"这样的观念,根本是蛮横霸道的后调性遗毒。他说:"现代的古典音乐有种又丑陋又无孔不入的共通语言。《掷地有声》这张专辑美得很刻意,只是为了证明我能做到这个程度,又能同时保有音乐的意义和情感。如果要问我的音乐有什么情感深度,大概就是先不断反复哄你安心,然后再来点出其不意,夺走你的安全感。或是让音乐美得甜腻,让人不禁怀疑那是不是巫婆的糖果。"

尼可平常都开着两台电脑,一边作曲,一边玩拼字游戏和写电子邮件。他说:"我没什么野心,我有的只是执着,我从未企图往前迈进。"他坦言,大家在夸赞他的音乐美不可言时,也误以为这表示他尚未找到自己专属的声音。"如果我直接承认想法'偷'自何处,整段对话会容易许多。只要他们说我的作品并非原创,我就会说:'我干脆让你听听我抄袭的那一小节吧。'"但他不确定用语言描述音乐是好是坏。"有些人就爱大谈艺术的本质。他们会说：'可是听你的音乐有害无益。'一场音乐会不该让人听不懂。说实话，我觉得我这么做的部分原因是：我不是混蛋。我想为大家带来快乐。音乐是粮食，是拿来摄取的。我喜欢'胜过无声'这个说法。这段音乐是否有声胜无声？这是一门艺术事业，但也是一门娱乐事业，更是心灵和情感的滋养。这点不能忘记。"

家有神童，光环势必胜过父母。有些父母能坦然接受，邦妮则不太行。我的意思不是她嫉妒尼可的天分或成功，对此她显然骄傲又开心。只不过，儿子的成功凸显了她在艺术上的缺陷，而她又必须负担儿子的开销，不得不提前结束艺术工作。这是典型的女性困境：若不是因为当了母亲，她的事业能更多姿多彩；又若非为了工作，她或能成为更称职的母亲。面对母亲为自己的牺牲，尼可感到歉疚，更因而感到愤怒。而尼可如此独立，又让邦妮感到黯然失色。她本想当有孩子的画家，结果却成为会画画的母亲，而尼可则得背负她对自己的失望。两人的关系就像一首长长的《爱之死》，尼可得不断谋杀母亲，以成为她毕生最好的艺术作品。他说："我再也不想听她念叨为了让我成为艺术家，自己如何牺牲了当艺术家的机会。这烂透了。但另一方面，我完全承袭她对烹饪的爱，而且对所有事情的看法都受此影响。"对于尼可的胜利，邦妮有些置身事外。她说："大家都说，'恭喜你，尼可好厉害。'可是我又没做什么。大家该恭喜的，是我和法兰克教会他如何让自己开心。虽然他选择了不至于失控的忧郁人生，但那是他选择的。"

尼可对于自己的生平经历很坦然，同时却小心翼翼保护自己的灵魂。他故作神秘，不让人看穿。尼可说："早期英国教堂音乐中，你和事物的本质之间隔着层层帷幕。班杰明·布瑞顿的曲子不论多激昂欢畅，总带点迂回的意蕴。但你还是看得到那颗跳动的心，那遗骸。"大家最常形容尼可看似快乐，实则忧郁——跳动的心满是哀伤，前面的帷幕则快乐可爱。这种说法太简化他了。他融合了各种情绪，让我们能同时听见欢乐与哀愁，却未把这些情绪平均掉。有时你听见他的快乐，伸手一探，竟抓出一把忧愁，但好好端详，却又发现，忧愁中充盈喜悦的粒子。

　　修正对天才的偏见是整体社会的责任，部分原因是，天才大部分的成就取决于社会境况——从某些方面来说，这是最终的水平身份认同。在危地马拉贫苦家庭出生的滑雪天才，可能一辈子没机会发现自己的长处。天生精通计算机程序设计的人，在15世纪也没办法有什么发展。达·芬奇若生为因纽特人，会怎么打发时间？伽利略若出生于20世纪90年代，是否会对弦论有所贡献？理想来说，天才要施展长才，不仅需要工具与外在条件，也需要同侪的接纳和大众的仰慕。克鲁伯在20世纪40年代时说，天才激发天才。牛顿也坦言："若说我看得比别人远，那是因为我站在巨人的肩膀上。"天才与圣人一样，需要经历不少时间与多次奇迹，才能冠上美名。我们帮助身心障碍者，是为了成就更人性化的美好世界，我们或可以用一样的精神来看待卓越。怜悯只会让身心障碍者难以建立自尊，厌恶也同样会阻碍天才。怜悯与厌恶都反映了我们多么害怕极端异常的人。

　　茱莉亚音乐学院院长波利希发现，对古典音乐的热忱来自"后天习得的欣赏能力"。美国流行音乐在20世纪后期席卷全球，而"多元文化"则成了非营利组织申请补助的关键因素，在这样的背景下，一向被视为"精英专属"的古典音乐与实验音乐便以令人忧心的速度流失听众。许多人说古典乐与实验音乐不欢迎大众欣赏，这样的说法蔚为风潮，这是语义上的诡辩。没人阻止非精英分子进入古典音乐的神圣殿堂，但要能欣赏古典乐的确需要后天培养，而这样的培养大多来自欧洲贵族文化与宗教传统的熏陶，且越富裕的家庭越可能习惯并熟悉这些传统。致力培养古典音乐的鉴赏究竟值不值得？这才是大问题。罗马时期哲学家卢克莱修定义高尚之为艺术，是牺牲简单的快乐以交换难得的快乐。近两千年后，叔本华认为受苦的反义词是无聊。未受启发的人或许觉得古典音乐很无趣，但对浸淫其中的钻研者而言，古典音乐的内涵高深复杂，令人啧啧称奇。面对各种我们认为的缺陷，人类已懂得在那些困境中找到意义。学习欣赏普罗高菲夫尽管不易，比起克服听障与唐氏综合征带来的挑战仍相形见绌，但两者也不尽然没有相同之处，两者都是尽力追求意义。而在这两种情况中，积极赢得的快乐也终将取代不费工夫的消极愉快。

提供身心障碍者更好的服务，能让他们更能自理、提高能力，这种投资可产生数倍的投资报酬。同样，给予天才儿童适当的教育也对大众有利。我们如果把此身份群体当作推动科学与文化进步的功臣，却又不承认他们的付出并予以支持，整个社会都会蒙受损失。在现今倾向反智的社会中，成就非凡的人有时会被推崇为英雄，但也可能被视为怪胎。人类学家米德在1954年曾说："当代绝顶聪明的人才在美国都被白白浪费了。不管是老师、其他孩子的父母，还是同龄人，都不能忍受神童的存在。"选民喜欢的总统，是那种能和他们一起自在饮酒的人，而不是杰出的领袖，拥有他们所不具备的独特特质。名人一旦靠才华出头，大众很容易再也看不见他们的才华。这种现象毫无益处，社会评论家嘉蕾莉克称之为"仰慕的危机"。

我发现天才长大为人父母后，竟然有许多人不知如何养育家里的小天才。我采访肯蒂时，她女儿凯蒂已将近16岁，拥有绝对音感，会弹琴，学习声乐。肯蒂说："凯蒂3岁开始学琴时，我非常严格。'每天三点半弹琴，就这么办。'结果产生严重摩擦，我不得不放弃坚持。"我不懂这是为什么。肯蒂一向小心翼翼，避免批评自己的母亲，她回答说："因为我不希望她未来怪我害她过自己不想要的人生。"尼可拉斯也遇到类似的难题，他说："6岁就学琴会带来压力，这说法未免太不懂得感恩。如果我母亲当初没这样对我，今天我就不会成为音乐家。而我根本无法想象，不当或不想当音乐家是什么样子。"现在，轮到他面临教养难题。他说："如果你把一辈子都投资在家庭事业上，自然希望下一代也能传承下去，希望他们成为艺术家，知道所有你知道的事，并从你的经验中获益。天下父母皆然，但这从未实现。"

杰弗里·卡汉的父亲出身贫苦移民家庭，一家九口挤在两个房间，后来他成为受人尊敬的心理学家，也决心要儿子像自己一样成功。杰弗里在家时，常被叫去表演，"弹琴时，我能感受到真实的抚慰与快乐，但这一切都被污染了。我不想看到自己对音乐的爱被拿来喂养永不满足的父亲。"杰弗里与女孩玛莎在某个夏令营相遇，当时两人都 10 岁，写信给彼此，誓言要早早结婚，生两个孩子——结果两人真做到了。玛莎在伯克利大学主修音乐，最后变成心理治疗师，杰弗里则成为广受敬重的钢琴家与指挥家。

两人在 1981 年生下儿子加百利，玛莎发现他 2 岁就能唱歌且完全不走音，4 岁时他问她："你刚刚有没有听到火车发出的声音很像爵士乐的声音？"然而他的才华并没有受到严谨栽培，小提琴老师最后表示没有必要再学下去。加百利回忆道："母亲很严格，而到处表演的父亲则几乎没有参与到我的音乐教育，两人的做法说对是对，说错也是错。"

加百利听的音乐非常多元，他听德瑞博士、墓园三人组、痛苦泉源，也爱父母听的音乐：保罗·赛门的《优雅庄园》、琼妮·米歇尔的《蓝色忧郁》、披头士等。他弹爵士钢琴、唱合唱，也参加音乐剧演出。想学什么，他就去学。玛莎说："他十几岁时，学钢琴的进度简直神速。"但加百利就是对学业不感兴趣，玛莎为此担心不已，杰弗里却完全不以为意。玛莎说："我觉得他该做功课，杰弗里则不太相信教育制度。我记得他有次对我说：'加百利是超级天才。'我大概懂他的意思，但不像他那么理解。"

加百利高中时因功课不及格被退学。玛莎说："这么聪明的小孩毕不了业，实在令人气恼，但有这种感觉就代表我是紧迫盯人的母亲吗？"加百利有次顺道拜访了新英格兰音乐学院，考了听力测验，立即被录取，但念了近一年后，他觉得学院过于封闭狭隘。那时他跟布朗大学的一个女生交往，于是他向布朗大学提出申请，获准入学。他说："我的自大帮了我。我诉诸文字说明为什么之前的功课念得那么差，从而打动了他们。"就读于布朗大学时，他开始想留下永恒的成就。他说："诠释型艺术无法超越死亡，创作型艺术却能。"于是他开始作曲，第一部音乐剧就荣获肯尼迪表演艺术中心颁发的奖项。

加百利毕业后搬去纽约，着手创作后来的作品"*Craigslistlieder*"。

这首联篇歌曲以线上个人广告作为唱本，在 2006 年举行首演。他说，他曾在"脏兮兮的酒吧里，以一架破破烂烂的钢琴表演，台下观众都是布鲁克林的小文青，压根不懂古典音乐。结果他们都为之疯狂"。不过他的音乐，古典音乐家也认可。2007 年，娜塔莎·佩列姆斯基委托他作了人生第一首奏鸣曲。2008 年发行同名专辑后，又收到洛杉矶爱乐乐团委托创作。加百利首次登台时我有幸参与，当时他与林肯中心爵士乐社合作演出。虽然音乐本身带有古典情绪，又是一群音乐家共同演奏，但表演以他为中心，仍带来一股不可思议的亲密感。

他说自己只能写擅长的曲子，毕竟他做不到的事太多了。我问他是否后悔自己未接受完整的音乐教育，他说："每个童年被逼得很紧的艺术家，若非发展有限，就是和艺术的关系总有些变质，我觉得那不值得。我跟父亲关系深厚，而且毫无矛盾。如果我还从他身上承袭什么，那就是他对知识的渴望，以知识为基础和根基，决定我们为什么要做我们所做的事。"他父亲最不想看到的，就是天才儿子与自己一样，深受父母控制。杰弗里说："为了不插手他的成就，我退了好大一步，甚至退过头。加百利跟我说：'真希望你多逼我练习一点。'但我仍不禁想，正是因为我给他机会去寻找方向，才能成就他今日非凡的艺术表现。"玛莎说："加百利心地非常善良，他的音乐也是。他告诉我，他作曲时总想到我会如何反应，也很感谢我不吝于流露真情。"

加百利与温莱特、"最闪亮钻石"及史蒂文斯等流行乐手同台演出或录制专辑，也与大提琴手薇勒丝坦及男中音克利斯朵夫等古典乐明星合作，《纽约时报》称他为"全才的知识分子"。他说自己"想造就一种统一语言"，并表示"成为跨类型音乐艺人实在了无新意，但我在音乐厅里越来越觉得受压迫。我讨厌那个体制守旧的精英主义，完全没有玩讽刺的空间。古典音乐界根本不懂，约翰·列侬和保罗·麦卡尼对和弦与旋律的敏锐度并不亚于舒伯特。"

多数大人做不到的事，小孩更做不到。从长远来看，天才这件事，并没有比成长发育厉害多少。小孩能在两年内学会说话，五年内学会读写，还能同时精熟多种语言。他们能把字母的形状与声音及意义相连，能抓住抽象的数字概念，并学会以数字来理解身边各种事物。同时，他们还学着走路、咀嚼，可能还要学玩球、培养幽默感等。神童的能力总吓傻了父母，但普通小孩的父母也一样有理由被孩子的发展震惊。要记住这一点，才能在养育能力大幅超越自己或与自己天壤之别的孩子面前保持理性。

养育神童本身就是一场风险极高、结果又难预料的伟大投资，往往会牺牲社交发展，感到难以忍受的失望，不断搬家，甚至关系永久决裂。这一切的一切，竟是为了追求一种难以捉摸的生活形态，而且还不见得是神童长大后想要的。有些父母把孩子逼到崩溃，有些则无法支持孩子对自己的天赋的热爱，剥夺了唯一能让孩子快乐的生活。两种错误都有可能。前者较显而易见，在现代社会也较常见，但后者也同样严重。既然大家对如何教养普通孩子都没有共识，对教养优等生自然也不会有任何结论。神童对于快乐的定义与常人有天壤之别，许多父母因而茫然失措。

歌德的母亲提到她为儿子说故事时，"我把地、水、火、风比喻成美丽的公主，让自然界里的万物都有更深层的含意。我们想象星星之间有道路，还有未来会遇到什么伟大的智者。他热切地盯着我，如果他最爱的事物结局不如预期，脸上便写满愤怒，或强忍泪水。有时他会插嘴，'妈妈，那个倒霉的裁缝师就算杀死巨人，公主也不会嫁给他。'这时我便暂停，把悲惨的祸事留给第二天晚上。如此一来，我的想象常被他的想象所取代。第二天早上，我照着他的建议安排结局，告诉他，'你猜到了，就是这样没错。'这时他便会兴奋不已，我都能听见他心儿怦怦跳。"

"我的想象常被他的想象所取代"这句话，道尽了教养特殊儿童的美妙之处。父母的想象被取代的同时，便能帮助孩子发展想象力。对于神童的父母而言，虽然如此埋没自我很有智慧，但代价往往十分高昂，不过若能借着孩子的才华照亮前进方向，便能在孩子重塑的世界里找到无上的安慰。

第九章　遭奸成孕

遭人强暴后怀上的孩子,与侏儒和唐氏综合征儿一样,在起跑点就已困难重重。怀上这样的孩子,往往被视为灾难,原本家里的生活可能早已千疮百孔,现在更难以度日。做母亲的不确定自己是否有能力抚养孩子,也不知道忘不忘得了孩子的来历,身边还往往没有可靠的伴侣能提供协助。初为人母就够彷徨了,遭人强暴生子的母亲往往还得面对许多的敌意与嫌恶,亲人甚至可能让事情雪上加霜,而社会大众很可能苛薄评断母亲和孩子。

对大部分的身心障碍者而言,若不是身处同样的处境,要很努力才能看见其中的人性,若身处于相同处境,往往就能彼此关照、支持,产生集体认同。但若是遭强暴所生下的孩子,这样的缺憾是外人看不出来的,有时就连亲友甚至孩子本人也不知道,但孩子最终必然要面对它对心理造成的阴影。这种水平身份既深刻又不直接,往往变成家里的秘密,和领养同一情况。不管是谁开口、该说什么、何时开口、对谁开口,都得费尽思量、斟酌再三。孩子有听障、是天才儿童,或有自闭症情况时,父母瞒不了太久,其他人一定会发现,孩子自己通常也会发现。遭强暴所生的孩子则可能一辈子都不知道自己的真实身份，这也意味着，孩子怎么看待母亲、母亲怎么看待孩子，随时都可能动摇。领养情况中，许多专家相信即使孩子无法在当下完全理解，养父母也应尽早告知真相，然而，强暴与领养毕竟不同，强暴太复杂、太可怕，实在难以对小孩解释。要孩子想象父母也有脆弱的一面是很可怕的经历，遑论自己还跟这件事有关。

水平身份往往是由孩子先发展，再影响到父母。然而，遭强暴生下的孩子，却是从母亲的创伤获得水平身份，这时孩子处于第二顺位，往往也很难找到和自己一样特别的人，共同强化这份认同。母亲的水平身份较强，而孩子则因为这样的水平身份感到人生十分孤独。精神分裂症患者的母亲可能从来无意拥有这个身份，是孩子把她拉进这个身份；但强暴后生子的母亲原本就有切身的重大伤害要处理，而为人母的身份，则直接源自强暴受害者的身份。那是恨不得尽快忘却的伤痛，孩子的存在却永久昭显了原先加诸于她身上的暴力。她们不是事后才突然惊觉孩子有异，而是在尚未发现怀孕前，就知道出了什么事。她们跟其他生了与众不同的孩子的母亲一样，很快便得扪心自问，孩子与希望的、想象的差这么多，到底还能不能爱他。许多人，包括母亲本身在内，都认为强暴生下的孩子天生有缺陷。而这种身份与本书其他身份不同，尚未汇聚成活跃的群体，毕竟要大声高呼自己遭否定之处，并不容易。即使孩子知道自己的身世来历，也不容易找到其他相同背景的人。要关注一般显而易见的身心障碍者已属不易，更遑论这群与众不同、其不同之处又总不为人知的孩子。"污点公司"是少数专门解决这个问题的组织，它持守着这种理念："强暴幸存者是受害者……她们的孩子，则是遭人遗忘的受害者。"

从古到今，世人往往不把强暴视为对女性的侵害，反而像是丈夫或父亲的财产遭窃夺，令其蒙羞，带来经济损失（例如因此嫁不出去）。汉谟拉比法典就把多数强暴受害者归为奸淫者；一千年后的雅典城邦为了维护血脉，甚至将强暴与奸淫视为同罪；17 世纪的英国法律也抱持类似立场。

在充斥强暴情节的古典神话故事里,强奸多是纵欲的神所为。天神宙斯染指欧罗巴与丽达、酒神狄俄尼索斯强暴奥拉、海神波塞冬玷污埃特拉、太阳神阿波罗则对欧阿德涅下手。其中值得玩味之处,几乎每一段强暴故事中,受害者都生下孩子,而孩子们不仅不是耻辱的化身,反而都是半神。贞洁的女祭司被战神马尔斯强暴后,产下双胞胎罗穆路斯和雷穆斯,两人日后建立了罗马帝国。罗穆路斯后来又安排大规模强暴萨宾妇女,为自己的新城市增添人口,日后这个故事也常作为装饰出现在文艺复兴时期的嫁妆箱上。然而,自古以来大家也清楚这些孩子的身世可能会招惹敌意,例如上古与中世纪时期就默许妇女让强暴生下的孩子自生自灭。

479

史书中提及强暴时,则往往充满厌女倾向。罗马帝国的医学家盖伦声称,强暴不可能导致怀孕,如果怀孕,一定是同意且享受性交而导致高潮的结果。虽然圣奥古斯丁曾向妇女承诺"因淫欲而野蛮对待女性者,必受惩罚",他同时也宣称有了强暴,妇女才知谦卑:"无论早先是否因自诩贞洁而高傲,或沉浸于他人之赞美之词,亦不论倘未受侵是否可能自视甚高。"在美国的殖民时期,遭强暴的妇女不能自行申告,须由丈夫或父亲负责向地方的法官控告;若受害的是仆人,则须由主人代劳。这背后的想法是,妇女有可能假借遭强暴来掩饰两情相悦的不法性爱。这些妇女若无法证明自身清白,便被认定是有罪之人。清教徒时期的马萨诸塞州,女人若是遭强暴而怀孕,是会遭通奸罪名起诉。将罪名怪到女性头上的习惯,一直到19世纪初社会正义运动兴起后才开始改变。1835年,《金斯顿不列颠辉格报》写道:"不该以妇女品行不良为由,论其不该受法律保护。"过去美国并不承认黑人妇女遭强暴算是性侵害,毕竟人对自己财产的任何作为都不能算是强暴,而因此生下的孩子自然也是奴隶。被控强暴的黑人男性若未遭私刑处决,也多被判有罪。反观白人男性,往往只要与受害的白人女性和解,付钱了事,便能躲避法律制裁。19世纪法庭主要关切的重心是保护白人男性免遭诬告,若要控告强暴犯,女人必须证明自己曾试图抵抗,除了常以肢体伤害作为证据,另外还得"证明"此人确实在其体内射精。

到了20世纪中期,登记在案的强暴案件数仍低于实际发生数,原因是女人害怕揭露真相对自己不利。20世纪50年代,一名遭强暴而怀孕的妇女说:"男人若不想被孕妇指认为孩子的父亲,会找来5个好友一同发誓与那女人有染。至于被贴上淫乱标签的女人则早因未婚生子极度蒙羞,根本无力与一伙人对抗。"心理分析虽日渐盛行,却没有帮上忙。弗洛伊德对于强暴几乎没有涉及,但他的信徒却认为强暴犯有变态、无法克制的性癖好,且恰好符合女性"天生的"受虐癖。一直到1971年,犯罪学家阿米尔仍形容女人有"被男人强行拥有、粗暴对待的欲望,举世皆然",并认为"犯罪原因永远出在受害者身上"。

20世纪70年代的女性主义者对于此番论点甚感震惊,开始主张强暴并非性行为,而是暴力与侵害行为。布朗·米勒在1975年的巨作《违背我们的意愿:男人、女人和强暴》中强调,强暴行为关乎支配控制,而非欲望。由于男女权力不对等,强暴事件发生次数远比当事人承认的多,她呼吁社会应建立"无性别差异、不限特定行为"的法律,不再将强暴设想为双方主动参与的性行为。

美国法律将强暴定义为"男性对妻子之外的女性,不顾其意愿所强行施加的性交行为"。女性主义者对此定义多有批判,认为夫妻、情侣间的非合意性行为也应属之,且不一定要性器交合,只要是非自愿的性接触都算强暴。另外,受暴者不需提出曾极力抵抗的证据,对于施暴或受暴者也无性别限定。就此角度,熟人性侵也是强暴,就算对方口头同意后,若发生强迫行为也算强暴。对于所有性关系,傅柯有句名言:"霸王硬上弓的性行为与朝他人脸上挥拳,在本质上并无二致。"只是后者使用的是纯粹的暴力手法,前者则是以玷污爱的器官为手段。然而,强暴不仅伤害了那个对外与人互动的自我,也伤害了受害者亲密、隐私的一面。强暴不是单纯的性,也不是单纯的暴力,而是强悍地结合这两种动机和行为,以凌辱展现权力的不对等。

现今的医疗专业人员与执法人员多接受过良好训练,能妥善处理强暴证据。美国各州法律对强暴的定义仍有出入,有时也与联邦调查局等联邦机构不同步。各国定义差距更大,许多国家认为与强行侵入阴道相比,鸡奸罪行轻微许多。由于我的重点对象是强暴后怀孕生子并抚养的母亲,所以并没有采访被强暴的男性、儿童以及更年期后的妇女。然而,不管对谁来说,强暴都是以羞辱方式展现权力的手段。

正如社会觉醒运动转变了养育障碍儿童的经验,女性主义也改变了养育强暴之子的历程。不过才数十年前,"自豪的被害人"还是个可笑的念头,遭人强暴就如同伤残、畸形等,只会使当事人蒙羞。正因为这件事太少人愿意承认或讨论,因此遭到起诉的案例也不多。女性主义者则试图借由重新定义强暴,使其不再暗示受害者也要负担部分责任。性侵害、性犯罪行为等词汇,都强调了暴力,让大家理解,强暴关乎的并非女性的经验,而是男性的作为。

即便有偌大进展,强暴案仍旧常不为人知。我们警告女孩别随便上陌生人的车、别跟夜店认识的男人回家,但80%的强暴案件都是由熟人所为。美国有一半以上的强暴受害者不到18岁,其中四分之一的人(相当于总人数的八分之一)甚至未满12岁。亲密虐待、婚姻暴力之中若发生强暴,往往是惯常行为,因穷困而必须依赖男人的女性,往往无法主宰自己的身体。美国疾病管制中心曾表示,强暴是"通报率最低的罪行之一",估计性侵案通报率只有10%~20%。

养育遭强暴生下的孩子,相关著作并不多,即便有,也多半是以发生在国外的种族屠杀冲突为基础,或是被包装成反堕胎的偏颇作品。我的采访对象愿意帮助他人,所以热心分享自身故事。但令人心痛的是,她们显然为此付出高昂的代价。许多人只愿意和我在非常开放的公共场所见面,因为她们无法完全信任我,不敢和我在较为隐秘的场所共处。有的人则坚持在极私人的场所见面,因为话题太沉重,在无意间可能被他人听见的地方,她们开不了口。

玛琳娜·詹姆斯住在巴尔的摩,她向我保证她家附近的图书馆很安静、适合深谈,但我们抵达时,图书馆关了。3月春寒料峭,玛琳娜却带我们到公园,坐在长椅上。在这里,别人能看见我们,但听不到我们在说什么。26岁的玛琳娜常以"很显然"这个口头禅来强调她自觉最惊人的想法,仿佛只要是稍有智识的人,都能同意她的决定。

玛琳娜在2000年进入安提亚克学院就读,她说:"他们很强调力争上游、乐善好施,而我也一直很看重这些事。"大一结束后,她和男友到纽约度假,期间不小心怀孕,决定堕胎,两人关系也宣告结束,之后她回到安提亚克。20岁时,她参加学校里的一场派对,学生DJ在她的饮料里下安眠药并粗暴地强暴她。她说:"身体比脑袋记得更清楚。脑中没有画面,身体却有感觉。"

她没有提出控告。她说:"我知道辩护律师都怎么看强暴受害者。我喝酒、吸毒、玩乐。我最后能讨回什么公道?这么难过好像根本不值得。"但后来玛琳娜和学校其他女生提到这件事,才有人吐露自己也被同一个人强暴过。她们全都不想提出控告,但写了书面声明,由玛琳娜提交给校长,强暴犯才因此被开除学籍。但因为没有报警,所以每回想到他未来可能再犯,玛琳娜都感到满心愧疚。

后来玛琳娜发现自己怀孕了,本以为自己会再次堕胎,但到了第3个月,她改变心意。她不想再经历一次堕胎手术,她想生下孩子,再交给他人领养。但随着时间流逝,她对领养的幻想也破灭了。她知道自己怀孕前服用过药物,有个负责领养业务的行政人员要她别在表格上透露太多,以免吓跑有意愿领养的父母。她不喜欢说谎。她说:"中介人是唯一拿到好处的人,其他的利益相关人都只能任他摆布。我生下来的孩子会是混血儿,而当时所有的认养家庭都是白人,也很高兴我是受过良好教育的白人女孩。我的孩子要怎么建立种族身份认同,会是很重要的事,但我觉得这些人都没办法为她帮上忙。"

于是玛琳娜决定把孩子留在身边。"现在我有了雅缪娜(Amula),我也是个很成功的母亲。很显然,当初的决定没有错,但当时我对此还很不确定,因此很痛苦。"玛琳娜那年生下孩子,并根据"amulet"(护身符)一字为孩子命名,希望能为她带来好运,并保护她远离她的出身带来的那股恶势力。玛琳娜有严重的创伤后压力综合征,或许还有点产后抑郁症。她说:"我觉得自己像变了一个人,我甚至不记得自己过去是什么样子。"

玛琳娜继续攻读社工硕士，带着女儿一起上课，但她开始频频做噩梦，吃不下也睡不好。雅缪娜上了托儿所后，看到其他孩子都有父亲接送，不到2岁，她就问："为什么我没有爸爸？"玛琳娜听了很想哭，但又不想在女儿面前掉泪，于是开始接受咨询辅导。她说："但他们一直要我谈谈遭到强暴的事。大家都想要你巨细靡遗地去谈这件事，但我不想不断重复人生中那半个小时。人生还有这么多更值得我活下去。"

26岁的玛琳娜是个理想主义者，事事追求高标准，仿佛决心炫耀自己既不软弱，也不自我耽溺。她充满魅力、神态优雅，还有点严厉。她能大方谈论自己的软弱，却从不表现出来。究竟她原本就如此，还是遭受强暴后性情才有所转变，实在很难猜测。玛琳娜与其他我遇到过的因强暴生子的妇女一样，对于自己怀孕的原因满怀憎恨，对孩子却有万分喜悦。"我每天都感谢主让我拥有这个孩子，但也无法忽视她何以存在、忽视那段痛苦的经历。"

雅缪娜出生之后，玛琳娜才让母亲知道自己遭强暴。尽管如此，她还是带着雅缪娜搬到巴尔的摩，因为父母住在那里，能帮忙照顾孩子。她说："很显然，雅缪娜现在就在那里。"玛琳娜的姐姐妮娜搬来和两人一起住。玛琳娜说："过去我妈妈经常不在，所以姐姐就像我妈。而现在我像她妈妈，因为她不想再带头了。我对雅缪娜说，'你没有爸爸，但我们有妮妮阿姨。'我在安提亚克有很多同性恋朋友，所以我告诉她，很多小孩都有两个妈妈或两个爸爸。我试着积极为整个情况找个说法。"

最后，玛琳娜答应雅缪娜要帮她找个爸爸，但她自己对此却没兴趣。她说："我觉得自己没什么性欲。在这一切发生之前，我有。雅缪娜没有父亲我很难过，但不是为自己难过。"当然，从生物学角度来说，雅缪娜是有父亲的，玛琳娜也知道他的名字。"我能为她做的最好的事，就是保护她不受他威胁。朋友一直说，'你要先原谅他，才能接受事实，然后继续生活。'每次听到都想揍人。"

强暴和后续创伤考验了玛琳娜的信仰，但为了追求更远大的洞见，她越发依赖上帝。她是基督徒，但儿时玩伴都是犹太人，回到巴尔的摩之后，她和这些玩伴重新联络上，也开始改信犹太教。她说："我有好多年都过得毫无感觉，但接触犹太教之后，我又开始有了喜怒哀乐。犹太教让我感受希望与信心，也真的让我心里好过得多。这是我与世界维持互动的方式。"身为社工，玛琳娜常得面对性暴力的故事。她说："在女人每日经历的痛苦中，我个人的痛苦只是汪洋里的一点涟漪。"她也教导其他女人如何养育孩子。"这让我更重视回家后，要好好拥抱孩子、坐下来陪孩子玩。这不只是享受亲子时光，更是要让自己知道，我做得很好。"

玛琳娜也把雅缪娜的出身告诉老板和几个同事。她说："大家会问，我又不喜欢说谎。但这件事让人们不自在。"玛琳娜不愿说谎，但随着雅缪娜的问题越问越复杂、越问越急，要回答问题就更难了。玛琳娜说她并不觉得丢脸，但仍很担心雅缪娜要如何把强暴纳入她自我认同的一部分。"我只想让她知道，她绝对不是没人要的孩子。我做了正确的决定，选择留下她。即便是当时，我受过强暴，每日痛苦万分时，也从未想过，'真希望没怀上这孩子。'"玛琳娜和雅缪娜在一起时，并不会想起被强暴的事。"我想的是，'明天游泳要穿的衣服洗了吗？'我是在当妈妈。只有入夜时躺在床上，我才会想起那些事。"玛琳娜说自己和伊拉克回来的老兵很像。"他们经历过很可怕的事，言语永远无法表达。他们回来之后像变了个人，再也不知如何运用自己的肢体。他们不为任何人理解，并发现身边的人对他们的期待都变得毫无道理。这就是我的感觉。"

她猜想，在强暴后不久就生下孩子，或许真的减缓了复原速度。她说："我才刚经历一切，就得马上进入状况，好好照顾孩子。"但她承认，如果没有雅缪娜，她的复原方式大概就只能是想办法忘掉一切，她说："这样未来某一天，一切会再度爆发。"她担心开朗迷人的女儿可能和当年那个强暴犯拥有类似特质。玛琳娜说："她有一半的邪恶基因。身为母亲，我会穷尽所有努力让她成为令人喜爱、完美又体贴的人。可是，她拥有那个病态的人的DNA，而我会不会敌不过那些DNA？"

第九章 遭奸成孕

强暴与受孕概率之间的关系究竟如何,各方数据不一,再加上支持堕胎和反对堕胎两个敌对阵营的拉锯,让问题变得更加复杂。有人主张恐惧会引发身体释放化学物质,促进排卵,因此每 10 个遭强行性交的女性中,就会有 1 人怀孕,也有人估计受孕概率只有 3%。虽然暴力性侵可能对女性的生殖能力造成一时甚至是永久的伤害,但反复遭受性侵害者,在受害过程中怀孕的概率仍较高。当然,若受害者不是生育年龄,或是使用口服避孕药或子宫内避孕器,或者受害者是男性,则不会怀孕。若是非阴道性交的强暴,也不会怀孕。

研究发现,美国每年有 2.5 万～3.2 万起强暴导致怀孕的案例。1996 年一份研究遭奸成孕的报告指出,半数受访者选择终止怀孕,另一半中有三分之二留住孩子、四分之一流产,其余受访者则将孩子交由他人领养。根据这个数据推算,可知美国每年约有 8000 名女性选择留下遭强暴后所怀上的孩子。

由于现在有安全的堕胎方式可采用,这让留下孩子的女性能感到这么做是出于自由选择而非现实。此外,即便是反堕胎人士,往往也认为"遭强暴者例外"。在这方面,被强暴的妇女需要自主的权利,要堕要生、要自己养还是由他人领养,应能全权决定。选择养大孩子的女性,和身心障碍者的父母一样,愿意为了孩子勇敢面对他们的特殊身份。他们和孩子都可能得面对社会的诸多谴责。

许多女人之所以把强暴怀上的孩子留下来,可能是因为堕胎无门,可能是碍于宗教信仰,也可能是受伴侣、丈夫或父母控制。我也遇到过经历深刻自省之后,才做出不堕胎决定的人。有些人对我说,她们当初遭强暴时是受迫处于被动,而现在决定把孩子生下来,乃是以无声的方式重演过往。有人则说孩子就像活生生的证据,仿佛堕掉他们就是在否认遭强暴的那段过去。由于终止怀孕的决定,都与女性主义息息相关,许多人只能从反堕胎运动找到支持论据,加入一场原本不需加入的道德论战。许多强暴受害妇女想留住孩子,却表示感受到社会各方期望她们堕胎的沉重压力。

遭强暴和由此怀孕生产,是双重危机。哥伦比亚波哥大市的心理学家吉尔表示："强暴后受孕，不仅意味着无法甩开这场受暴的噩梦，还意味着这场噩梦通过她身体复活。强暴的行为剥夺了妇女对自己身体的认同与掌控权，故强暴后受孕形成一个痛苦的循环。若强暴使妇女受到创伤、人生破灭，那么怀孕则令她们进退维谷。与子宫内的暴力证据共存，等同把性侵者留在自己身体里。"

因强暴而怀上的胎儿，结合了母亲与侵犯者的基因。对有些女性来说，这胎儿象征自己的身体曾遭外人强行征服；有些女性则认为胎儿延续了自己的存在。《美国新闻与世界报道》有篇文章提到，一个平时反对堕胎的女性，如此开导自己因强暴而怀孕的姐姐，"如果你被人开枪打中，会留着体内的子弹走来走去吗？"但另一名情况类似的女人则说："孩子是无辜的，跟我一样是受害者。"除掉体内的"子弹"绝对必要，但"无辜孩子"的生命也绝不能剥夺。讨论这个话题时，各方的遣词用字总隐含道德的价值判断。反堕胎女性主义者坎普写道："大家每每称强暴怀上的孩子为'强暴犯的孩子'，而不是'强暴受害者的孩子'。强暴犯几时称得上是'这孩子的父亲'了？"我们应该改变用词，以"合理的"说法解释事发经过。根据坎普的说法，有名遭警察强暴的女人"认为孩子是她的。若拒绝接受孩子，则形同臣服于父权主义"。在这种观点下，母亲体内那颗象征性的子弹，已转化为她的力量来源。

有些人在依恋与排拒两种情绪间不断摆荡，还有人从一开始的恨到最后被爱所取代，那可能是在母亲首次感受到胎动的瞬间，也可能直到孩子长大成人后才发生。逐渐学会爱这些孩子的母亲，往往成为活跃的反堕胎分子。反堕胎组织"性侵后生命联盟"的创办人齐柏斯基就提到自己16岁时的怀孕经验，她说："孩子是我疗愈过程的一部分，当她开始在我肚子里动来动去，我便把她视为我的一部分，而不是那男人的。"德齐乌在受侵害后，也同样想尽办法否认自己怀孕的事实，不仅穿上束腹衣隐瞒身体的变化，还试过要让自己流产，但是当胎儿在她体内踢腿动手时，她说："我这才明白，体内的小生命也在挣扎。不知怎地我突然改变了心意，从此不再把孩子视为强暴犯的孩子了。"贝莉则说："基本上我的感觉是，'孩子，就只有我俩了。'我认为我们两个都是受害者。"

第九章 遭奸成孕

然而，知道孩子与自己受侵犯一事无关，跟把孩子视为毫无污点，是不同的两件事。德齐乌坦承："第一次抱起他时，我立刻忆及他的身世来历。有好多次，都觉得恨他入骨。我亲爱的小儿子一笑，就让我想起那男人强暴我时发出的猥亵笑声，于是我就拿儿子出气。"有人绝望地说："我一度努力要说服自己从来没遭强暴，但看着她时便立即明了：是，我真的遭强暴了。"帕皮雷妮专门研究因强暴受孕的女人，她写道："强暴幸存者往往比常人更害怕亲密关系，更不喜欢他人靠得太近，也更害怕遭人遗弃。母亲拒绝接受婴儿，可能进一步引发孩子的各种心理问题。'孩子不断让母亲想起遭人强暴的恐怖经历，最终也影响了两人的关系。'"[487]

1975 年 8 月的某日，住在纽约市皇后区的布兰达出门去领薪水，当时她在城里一个夏令营当辅导员。为了与母亲露德唱反调，她把衬衫前角打成结，露出晒成古铜色的肚皮。出了地铁后，途经一辆停在路边的出租车，此时车门突然打开，里头一名男子把她拉进车里。"事情来得太快，转眼我人就在车底板上。地板中间有个地方隆起，我的臀部就在那上头，我的脸被按在车底板上。"司机也移到后座，两个男人轮番强暴她后，把牛仔裤丢还给她，再把她推回街上，此时鲜血顺着她的两条腿往下流。

回家后，她洗了很久的澡，只字不提这件事。她说："我妈警告过我衬衫别这么穿，我偏不听，结果你看吧。所以我怪自己。我觉得所有人都知道了，仿佛我身上写着：'不再是处女'或是'强暴受害者：自找的'。"月经第一次没来时，她把事情始末告诉她最好的朋友，两人趁下课时间去家庭计划中心验孕。之后她打电话去询问，得知是阳性反应，整个人在电话亭崩溃大哭。当时 16 岁少女不需父母同意就能自行决定堕胎，但她"觉得堕胎不是能靠撒谎蒙混过关的事"。她先告诉了男友，结果他说再也不想看到她，接着她又向父母坦白，结果父亲文森特说："真的是这样吗？那你为什么没有报警？"事隔多年，她仍然颤抖着说："为什么？为什么？为什么？我突然问起自己为什么。我说，'妈，我当时穿的就是你叫我别穿的那种样式的衣服。'但我母亲回答:'就算你全裸站在那里,也没人有权对你这么做。'我卸下心中的大石头,大哭起来。"

不过他们仍然想保密。笃信天主教的父亲要她去波多黎各和亲戚住,孩子生了再让人领养。祖母则告诉所有人布兰达已经偷偷结婚,老公在军队里。她就读的表演艺术中学要她别再来上课,她的一个朋友四处找人联名抗议,后来校方妥协,但把她换到交响乐团比较不显眼的位置。此时布兰达觉得,自己应该为了孩子奋斗。

布兰达在高二的最后一周生下孩子,她想以祖母的名字为孩子命名,但她的父亲说:"我不希望我母亲的名字出现在那孩子身上。"布兰达说:"我想让孩子有个荣耀的名字,一个不会让她觉得丢脸的名字。我翻遍圣经,看到利百加这个名字有'迷人'的意思,当下就决定是这个了。"当布兰达的父亲看到孩子,便立即改变心意,写了卡片给布兰达:"谢谢你给了我第一个孙女。"

布兰达则陷入产后抑郁症。她说:"我猜一部分是生理因素。但另一部分是,每个朋友暑假都去玩了,只有我跟这个孩子关在家里。"家庭医生鼓励她接受心理咨询,但即便心理医生也是女性,布兰达要好几个月之后才有办法叙述强暴经过,而医生听了之后问:"这过程中,是否有任何一点让你感到舒服?觉得享受吗?"布兰达走出诊室,从此不再去看那个医生。文森特是汽车维修技师,露德是护士。布兰达的志愿是当医生,但家里有个孩子,她做不了太多事。她说:"于是我加入救护车队当志愿者。我带着女儿去受训,把她放在携带式的儿童围栏里,就这样考到救护技术员执照。"布兰达很喜欢救护工作,最后也成为合格的护理人员。

我问布兰达是否曾把对强暴犯的恨意投射到利百加身上,她说:"从来没有。看着她时,我看到了自己,完全没看到其他人。她出生前,我不曾打算剥夺她的生命,出生后也绝对不会。"但她当时努力想处理强暴的记忆。她度过了几年乱性的放荡日子,后来遇见在皇后区开鱼铺的奇普。8个月后,在利百加4岁那年,因为布兰达想搬出父母家,而奇普愿意当利百加的父亲，两人于是结婚。之后他们又生了两个小孩，三个孩子都一直以为奇普就是他们的父亲。

布兰达和奇普在利百加 15 岁那年分开，布兰达后来的一位男友强暴了利百加。此时布兰达认为该让利百加知道自己被强暴的过去，她对我说："她不能再继续活在谎言里。"利百加听完非常愤怒，变得越来越叛逆。她怀上第一任男友的孩子，因此布兰达 35 岁就当上祖母。两年后，利百加又和别人生了一个孩子。之后她又怀了第三个男人的孩子时，布兰达带她去堕胎。布兰达说："我不允许你这样葬送人生。或许我会因为这样下地狱，但我不得不插手。"最后，利百加加入了空军。

我第一次和布兰达见面时，利百加被派驻到伊拉克，两个孩子都交由布兰达抚养。她说："他们是我的心头肉。我从不知道自己能付出这么多爱，也没这样爱过自己的孩子，或许是当时我太年轻，也或许是因为经历强暴。但是当我感觉到那份爱时，我就知道我得放下强暴的记忆。我曾经问自己，'如果在街上遇见那两个强暴犯，我认得出来吗？'谁都可能是记忆中的那两个影子，但我把这件事情去人格化了。强暴的记忆犹在，但记得的是那件事，不是人。我只知道，我拥有他们永远不会知道的事物，他们永远不会知道他们有个漂亮的女儿，不知道他们有漂亮的孙儿。他们永远不会知道，但我知道。所以到头来，幸运的人是我。"

美国的堕胎法从殖民时期到 19 世纪中，都以英国普通法为根据，认为生命始于胎动初觉，也就是准妈妈第一次感觉到腹中胎儿的动作，这通常发生在怀胎 4～5 个月时。1857 年，刚成立的美国医学会开始宣扬反堕胎理念，认为即使在胎动初觉前，妇女也不应堕胎。1860～1880 年间通过的法律便认定，除非母亲生命垂危，否则任何时刻堕胎都是违法的。1904 年，美国医学会刊认定"真正的强暴很少导致受孕"，并宣称无论如何，胚胎权先于母亲的权益，因为"强暴罪行再重大，也无法合理化谋杀"。

1930 年代经济大萧条时期，大家庭养家糊口不易，导致非法堕胎不断增加，有些非正规手术的主刀人员没有受过专业训练，许多妇女因此死亡。1936年，重量级医生道契格致力为"应得保障"的妇女争取堕胎权益，同时也极力避免堕胎权遭人"滥用"。他担心，未婚妇女与寡妇若能堕胎，将导致"道德沦丧"。他倡议的法案虽从未实施，却影响甚大。根据该法案，下列人士有权堕胎：强暴受害者、智能障碍者、16岁以下少女，以及所有"营养不良又家中人口众多的女性，其因各种外在因素使怀孕生养成为重担"。1938年，英国一名医生因替一名14岁的强暴受害少女堕胎而遭审判，后来法院宣判无罪，反映了当时大众追求解放堕胎权，尤其强暴受害者更不应受限制的整体社会气氛。此次审判在美国获得媒体大幅报道，大众也因此开始公开讨论堕胎议题。

1939年，第一个美国医院堕胎委员会成立，以逐案审理方式，决定准许堕胎与否。到了20世纪50年代，类似的委员会已到处林立。他们只准许"治疗性"堕胎，也就是若以保护孕妇生命，或避免生出重大残疾婴儿为目的，则可批准。不过，若患者因怀孕导致精神情况恶化，医生建议堕胎，委员会批准的案例也日益增加。有关系的妇女要拿到精神科医生的诊断证明比较容易，但强暴受害者若没钱请精神科医生为她们开立诊断书，则必须证明她们近乎精神失常。还有些人被诊断为生性放荡，必须结扎。结果堕胎反而变成上层人士的特权，与道契格的立意完全相反。有个经典案例如下：一名女性在战后遭人强暴，调查报告里提到："她成了被动之物，无力说'不'。这里我们看到，女孩失去父母的爱之后，仍然不断寻爱，所作所为都是为了满足自己依赖他人的需求。"文中显然暗示，精神稳定的女性绝对不会遭强暴。

1959年，美国法律协会提议堕胎合法化，但仅限于因强暴或乱伦而怀孕、胚胎严重异常，以及母亲性命垂危者。1960年，伊利诺伊州让强暴怀孕者堕胎合法化，接下来10年内，共有12州依据法律协会提议的模式开放合法堕胎。然而，当时各州若有未婚女性遭强暴后怀孕，标准做法大多是把她们送到待产中心，那里的人则会尽量说服她们把孩子送人领养。院方总说这样对孩子最好，免得因跟着未婚母亲而一辈子蒙羞。至于想堕胎的妇女会被视为杀人凶手，想留住孩子的则被视为自私。于是当时许多人被迫放弃抚养权。索林根专门研究这些案例，他谈到1969年遭约会强暴的凯瑟琳抱怨自己被当犯人对待,她说:"我只是一个被迫帮某个有钱人家生了个小孩的人,完全不把我当人看。"另一名女性凯在1971年遭人强暴并怀孕,在她把孩子交由他人领养后企图自杀,她说:"我在情绪和心理上都羞愧不已、受尽打击,只想赶快了结一切。"

1973年,最高法院在"罗控诉韦德"一案中判定女性拥有堕胎权利。1976年的《海德修正案》停止女性堕胎的低收入户医疗保险,但孕妇性命垂危者不在此限,而一直到1993年,才进一步开放让强暴与乱伦怀孕者享有补助。自1973年罗控诉韦德案肯定女性的堕胎自由后,无论是企图削弱或强化该自由的立法,总会提起强暴议题。胚胎若有身心障碍,选择堕胎,是为了让孩子免于受苦受难;对强暴案网开一面,则是为了母亲着想。到20世纪80年代晚期,民调显示虽有半数美国人反对堕胎,但反对强暴与乱伦后堕胎的只剩下一小部分人。不让受强暴者堕胎的禁令多遭废止。1990年,爱达荷州州长安德鲁斯尽管反对堕胎,却否决了一项禁令,因为根据这项禁令,遭强暴后寻求堕胎者"会从受害者转为罪犯"。某些案例中,反堕胎方也同意强暴受害者可以堕胎,前提是孕妇乃"无辜的",和那些因管不住自己欲火搞大肚子的人不一样。

反堕胎运动主张胎儿皆无辜,强暴后怀上的孩子亦然。一名声援者写道:"孩子有不可剥夺之生命权,亦有权受法律正当程序的保障,若因父亲的罪行便予以剥夺乃大错特错。双重错误并不会变成对确。"一名强暴后生下孩子的母亲说:"我的孩子不是能任意抛弃的人。看着她的眼睛,没有人忍心相信,就因为某个我们甚至永远都不会认识的男人做出的错误选择,她就不配活下来。"有些人相信怀孕乃上帝旨意的展现,在圣经的《耶利米书》一章五节提到:"我未将你造在腹中,我已晓得你;你未出母胎,我已分别你为圣。"多数人将此理解为,生命早在受孕前便存在。许多坚决反堕胎人士主张,女性决定堕胎并不会感到自己获得权力,而反对女性堕胎是为了维护她们的权益。国际生命权利联合会创办人威尔基说:"这些女性已经历一次严重创伤,难道我们还要她们再参与一次暴力行为,要她们堕胎吗?"基思琳写了一本小册子《强暴后怀孕:希望的故事》,里面有段话言之凿凿:"我不是强暴后的产物,我是上帝的孩子。"一名博客讽刺回应:"强暴不是虐待!而是另一种圣灵成孕!"

所有争议重重的议题,正反方都选择性采用有利于自己的动听故事与数据来支持论点,堕胎论战也是。双方最大的差别在于,支持妇女有堕胎选择权者,与威尔基所言不同,并不会"要求"别人堕胎,但认为胎儿有"生存权"的一方,则打算强迫所有强暴后怀孕的女性生下孩子。英国心理分析师拉斐尔-雷夫就撰文指出,因强暴而怀上的胎儿可能一直是"体内的外人,受母亲勉强容忍且可能随时遭她驱逐,出生后也是半个陌生人,可能被排挤或处罚"。一名遭强暴的女性在路易斯安那州议会健康福利委员会前作证,把儿子比喻为"活生生、会呼吸的刑具,让强暴的过程在我脑内不断重播"。另一人则形容养育强暴之子是"言语无法形容的困境",感觉"孩子一出生就受诅咒"。她的儿子出现严重的心理障碍,最后由社会福利机构带离原家庭。

坎普认为堕胎是"太强调父系制度、不够重视个人价值的社会"所想出的解决方式,她根据这个论点,把支持堕胎者归类为反女性主义者。有些强暴后怀孕的女性认为,把孩子生下来形同"二度强暴";反堕胎的女性主义者则认为,这些女性若选择堕胎,才是受到"二度强暴"。对某些女性而言,堕胎可能比生下强暴怀上的孩子更具伤害。有个女性便以卡拉斯基为笔名写下自己的故事:她被父亲强暴后,父母为了保护自己的声誉,强迫她接受麻醉并堕胎。在受害者毫无选择的情况下堕胎,显然构成了另一次的伤害。

在所有反对强暴怀孕者有自由选择的声音中,最坚定者莫过于"艾略特机构"的创办人理敦。艾略特并无其人,根据该组织的网站说明,之所以以艾略特命名,是因为这个名字听起来正式又公正。自20世纪80年代初,某些支持胎儿生存权者甚至反对强暴怀孕者堕胎,理由是可能造成他们口中所谓的"堕胎后综合征",主要病症有沮丧、懊悔,以及出现自杀倾向。当时最高法院在罗控诉韦德案件的判决中断言堕胎是安全手术，提出这一病症就是要作为反驳最高法院的证据。艾略特机构的最终目的是立法，让所有孕妇都能向为她施行选择性堕胎而"损害其心理健康"的医生提出民事诉讼。针对因遭强暴或乱伦而怀孕者，理敦在他的著作《受害者与胜利者》中写道："许多女性表示，堕胎像是一种侮辱人的'医学强暴'。女性在堕胎过程中，性器官遭到蒙着脸的陌生人侵入，苦不堪言。"理敦与其他死忠反堕胎者常引用马虹的文章《怀孕与性侵》，文中主张，强暴后怀孕带来的情绪与心理负担"若经适当协助，能获得减缓"。另一名反堕胎人士马洛夫写道："乱伦导致的怀孕为世界带来一丝慷慨的光，带来一个新生命。若把孩子堕掉，等于是在对儿童的性虐待再加上肢体虐待。我们索性预期母亲堕胎后顺便自杀，用这种方法解决个人问题，岂不简便快速。"

对未来尚无明确想法的年轻女性与女孩，若遭人强暴后怀孕，对于孩子是否留下的决定，往往是为了反抗或屈从于家中长辈。其他女性则拒绝面对真相，有三分之一的强暴怀孕者，直到孕期中期才发现自己怀孕。太晚发现或采取行动，都会减少性的选择，但仍有许多女性在不得不下决定时，尚未从强暴的伤痛中复原。无论最后决定如何，强暴后怀孕都可能导致孕妇沮丧、焦虑、失眠，并引发创伤后压力综合征。强暴是永远的伤害，它留下的不是疤痕，而是永远不会愈合的伤口。我采访的一位女性就这么说："你能除掉孩子，却除不掉那段经历。"哲学家布里森自己就曾遭人强暴，她说："创伤不只停留在意识与潜意识里，更残留在身体上，渗入你所有感官，一旦受到触发，创伤的经历便又活了过来，伺机浮上表面。"怀孕把这样的伤痛化为实体，一直留在孕妇体内，直到孩子出生或堕掉。谈到治疗强暴妇女时遇到的问题，克罗埃西亚的精神病学教授弗戈·维克斯·马克说："受害妇女常失去重要的直觉能力，甚至想寻死，自杀倾向尤其明显。"

梅琳达从小就立志要投身聋人教育。她父亲是聋人，母亲是听人。她本身听力没问题，也比画得一手流利手语，是父亲的翻译员。她父亲只读到小学五年级，母亲高中毕业，梅琳达则一心要念大学。她出生在印第安纳州，当地只有波尔州立大学有聋人教育学位，于是梅琳达就到那里就读。大一那年她住在校区外，搭学校班车上下学。班车司机也是学生，梅琳达偶尔会和他们闲聊，其中一人叫瑞奇，主修儿童教育。

一天傍晚回家路上，梅琳达发现有辆未熄火的车停在她的住处前。由于室友常在那个时段从排球场练习完回来，她以为是载室友回家的人，于是没有锁门。等她听到脚步声靠近时，转身发现瑞奇就在身后。"他一把推我上床，说：'你敢尖叫，我就杀了你。'记得当时我看了一眼时钟，是 8 点 47 分。"电话响起，他便剪断电话线，后来她才知道是母亲打来的。"我捶墙壁、用力踢他，但他随后亮出一把刀，而我还不想死。他离开时，时间是 11 点 23 分。"

梅琳达坐在床上，动也不动，直到隔天早上 5 时 30 分，才请朋友带她去医院。护士不相信是强暴，没帮她紧急避孕，但还是叫了警察来帮梅琳达作笔录。警察问梅琳达要不要控告，她说她做不到。梅琳达该学期的学业成绩一落千丈，接下来的学期更因过度焦虑而生活停摆，半途休学。她回忆道："我甚至不敢踏出公寓。"

梅琳达搬回家和父母住，到长春藤科技社区大学注册，不过那里没有聋人教育课程。她发现自己怀孕后便告诉母亲，但为时已晚，无法堕胎。不过，梅琳达本来就不忍心堕掉孩子。她解释说："我只能改变，只能适应，否则就得继续困在恐惧里。所以我就改变和适应了。"适应过程痛苦连连，她因为焦虑和重度抑郁，住院两次，其中一次院方还得派人看着她，以免她自杀。当时有人请她到其他州教聋人学生，但她实在不敢一个人住。

儿子马古斯出生时，梅琳达的父母拒绝把他当孙子看待。梅琳达说："住处的客厅，围出一块我们的专属区域。"当她父亲在家时，马古斯必须待在她身边 150 厘米的范围内。她说："有一天马古斯碰了电视，我爸便想出手打他，我大喊：'你敢打他！从今以后就别想看到我。'"后来她妹妹领养了一个女儿，梅琳达的父母都会带这个小孙女去公园，也会到她学校参加祖父母日。但她母亲的同事问到孙子如何时，她母亲回答说："哪来的孙子？我没孙子。"

大学毕业后，梅琳达在"先锋计划"找到一份工作。当时她已患有强迫症，无法忍受不同食物相碰，有自残倾向，且无法单独前往没去过的地方，连星巴克都不行。她警告说："要是有人踏进我的安全范围，我就发脾气。"有一天，一个"先锋计划"的学童戴了一顶和瑞奇雷同的针织帽来上课，她把帽子从他的置物柜拿出来扔掉。她说："他才4岁！我不能再这样下去。"

梅琳达开始去请教一位自己也曾遭强暴的咨询师。刚开始，梅琳达根本开不了口。终于能开口时，她要求咨询师先把门锁上。咨询师建议她在明信片上写下她对瑞奇的控诉，并匿名寄给他，以排解她心中的郁闷。她每两天就寄一次，每次都在不同城镇寄。有时是电脑打字出，有时从杂志上剪字拼贴，有时则模仿儿童字体。一部分寄到他工作的地方，一部分寄到他家里。

寄了6个月的明信片之后，瑞奇控告梅琳达跟踪他，于是她被"先锋计划"开除，因为该单位规定员工不得有犯罪调查记录。她说："我工作了两年，从不惹麻烦，从不迟到，也从不请假，现在为了明信片就要开除我？"瑞奇随后又说要上诉取得孩子的监护权，梅琳达就此崩溃。她带着马古斯到儿童保护服务中心，要放弃抚养他。咨询师在那里和她见面，说服她带孩子回家，但梅琳达的母亲说，如果她改变心意，她愿意送她回服务处。

梅琳达在一个幼儿日托中心找到工作，精神状况依然脆弱，且似乎越来越分不清马古斯和瑞奇两人。她说："我觉得他们是相互关连的，不是两个人。当他碰我、跟我说话时，我会想：'这是你爸。'万一哪天我把他当成他爸，伤害他怎么办？我吓坏了。马古斯长相简直是那个强暴者的复制。"她露出迷惘的眼神。"有时他做了某些事后，我心想，'好棒！我以你为荣！'接着他跟我说话，突然间，我又变得甚至无法承认他。但没有了他，我早上要为了什么起床？我想如果他在身边，我可能不会自杀。"

一年后，梅琳达来信说自己已跟一个男人交往8个月，且已怀孕。她说："马古斯迫不及待要当大哥哥。我很快乐，治疗也很顺利，最棒的是，我父母再也不能指使我们了。"2个月后，她又来信写道："之前在一起的那个男人觉得我不适合他，现在和新婚妻子搬到密歇根住了。我把女儿取名为伊莉莎，坏消息是，她一出生就死了。怀她的感觉和怀马古斯完全不同。怀伊莉莎时，我做什么都会先考虑到她，有点怪吧？想忽略马古斯，希望他流掉，他却平安生下来；我尽力照顾好自己和伊莉莎，却失去了她。"6个月后，她放弃马古斯的监护权，他被送到打算领养他的寄养家庭去。梅琳达信中写道："我想见他时就尽可能去见他，但我应该要更常去的。我给不起的，他现在都有了。我现在不准单独和他相处，我觉得这样规定很明智。失去伊莉莎让我很痛苦，她生日那天，我打算和朋友一起下厨，我等不及要帮她做个'烂兮兮'蛋糕，一个9英寸×11英寸的黄色蛋糕，表面涂满花生酱，撒上鸟饲料，再写些字上去。我会把蛋糕放在她坟前，让所有野生动物都跟我们每天一样，享受她的存在与生命。"于是梅琳达继续挣扎，一边爱着死掉的孩子，一边爱不了活着的孩子。强暴带来愤怒与悲伤，虽然强暴使梅琳达将气转嫁到马古斯身上，却也得以让伊莉莎成为她绝望情绪更安全的出处。

近年来，学者根据进化理论，推断强暴是一种繁衍策略，自然选择时这类基因也比较容易保留下来。约翰森和蒂芬妮两人任教于华盛顿与杰斐逊学院，他们认为强暴犯"挑选受害者时，不只挑年龄，还依据各项生理与行为特征，挑选出最容易受孕者下手"，其中许多特征，也是一般吸引力的来源。《强暴自然史》的作者桑希尔与帕尔默主张，施暴的男性广为散布精子，满足自私的基因追求永生的驱力。

强暴犯脑子里满是强迫繁衍的幻想一说，恰符合女性主义理论。学者麦金侬便撰文强调此说："强迫怀孕始于强暴，又因无法堕胎而继续怀孕。这一切是如此眼熟，早在奴隶时期便有此现象，对于现今没钱堕胎的女性依然如此。"布朗·米勒说过，繁衍后代是许多强暴犯的主要动机。她说："自从发现性交会导致怀孕后，男人便开始强暴女人。"在发达国家，强暴可能是亲密虐待的关系中一种有效的繁衍策略。但除此之外，强暴是糟糕的策略：多数性侵受害者不会怀孕，怀孕的，也多选择堕胎。此外,强暴犯还可能被关押,繁衍机会因此下降。亚利桑那大学公共卫生学院的临床心理学家柯斯专门研究性暴力,她说,分析强暴行为时,不应只在进化论与社会理论中择一使用,而应该结合两者。

强暴犯常常再犯,但很多人不知道,18 岁前遭强暴的女性,成年后再次遭强暴的概率会是一般人的两倍。性侵害本身就能自我繁衍,前述两项统计形成对称,实在令人震惊。强暴犯通过强暴获得侵略的快感;同样的,受害者自尊受损、身心脆弱,她觉得世界并不安全,一语成谶,世界因此就真的变得不安全。

萝莉在密尔瓦基市长大,她和弗雷德关系很不错,弗雷德和妻子与三个子女住在对街。萝莉 12 岁时,弗雷德开始买糖果给她、开车带她兜风。取得她的信任后,有天他带她到车库,手拿一把 9 厘米手枪对着她的头,逼她帮他口交,并在数个月内重复了 4 次。后来弗雷德和家人搬到芝加哥,萝莉也从未将此事告诉任何人。

萝莉 19 岁时,弗雷德搬回密尔瓦基。当时和萝莉住在一起的人也认识弗雷德,因此有时她半夜醒来,会发现弗雷德就在她房里,手上拿着枪。他把她带到当年那个车库,反复长达一年多。萝莉对此事一直保持缄默,生怕母亲柯拉贝儿知情后难以接受。某天晚上,房东的妹妹说:"萝莉,弗雷德炫耀他和你睡过,你是自愿的吗?"萝莉回答不是。对方说:"我想也是。他对我女儿金洁做了一模一样的事。"金洁当时 14 岁,她母亲帮萝莉报警,萝莉带警察去车库,而金洁早就带他们去过那里。萝莉说:"天晓得还有哪些受害者?"

不久后,萝莉发现自己怀孕了,他告诉男友巴德,孩子的父亲可能是他,但也可能是弗雷德。弗雷德是黑人,萝莉和巴德是白人,所以她想等孩子出生就知道了。萝莉一直很怕母亲知情之后会责骂,但柯拉贝儿听说了此事之后并没有这么做。柯拉贝儿问:"你要堕掉,让人领养,还是自己养?如果要自己养,绝对不能把情绪发泄在他身上;如果不想要了,最好一刀两断,现在马上解决掉。"柯拉贝儿帮萝莉列出未来所有的问题,首先,如果是弗雷德的孩子,会面临种族歧视问题,又说当单亲妈妈很辛苦。萝莉思考了一天之后，告诉柯拉贝儿她要把孩子留下，她母亲说："我知道你一定会这么做，只是希望你在做好选择前先想清楚。"

萝莉搬回家住，但她陷入忧郁，怀胎 8 月时割腕自残。巴德发现后马上打 911 求救。萝莉坚称是因为强暴害她沮丧，跟怀孕无关，要不是怀孕，她会真的自杀。她说："儿子是我向前走的动力。"这说法就跟许多强暴后怀孕的母亲一样。萝莉被强暴，隐忍多年从未自杀，却在怀孕时企图自杀，令人不禁质疑她的逻辑。男婴出生时，肤色看起来很白，萝莉说："后来我帮他换尿布，看到阴茎是黑的。于是他们告诉我：'黑白混血宝宝出生时都是身体白、阴茎黑。'"萝莉为孩子取名为巴比并带他回家，而照顾的责任则大多落在柯拉贝儿肩上。

弗雷德因强暴萝莉和金洁而遭到起诉。他被判刑两年半，两年后因表现良好提早出狱。基因鉴定结果显示，巴比是弗雷德的孩子，他争取孩子的监护权，结果不成功，但他妻子屡次骚扰萝莉，要求和巴比见面。萝莉、柯拉贝儿和巴比最后离开威斯康星州，搬到西南部去。几年后，弗雷德再度入狱，因为他遭人控诉强暴 5 名女孩，以及性侵一名女孩至重伤，性命垂危。地方检察官求处两个无期徒刑及 15 年有期徒刑，但因提交文件时出现纰漏，案件遭驳回。弗雷德马上搬家，从此行踪成谜。萝莉说："他的强暴一次比一次暴力。结果现在他逍遥法外。"

我在萝莉和家人住的拖车场区与他们见面，那时巴比 12 岁。萝莉说她看着巴比时，很少想起弗雷德。她说："我姐姐称弗雷德为'精子捐赠者'，我相信巴比是我的奇迹男孩。"其他家人也逐渐接受巴比。萝莉补充道："我们家人，老一辈的都有种族歧视。但他们对巴比却很不一样。我的曾祖母有次脱口叫他黑鬼。接着她看着我，差点哭出来，之后就再也没叫错了。"萝莉和几任情人的关系都不好，巴比则从小会在出现家暴时负责保护母亲。她的工作记录也不佳，部分原因是因为她领有社会安全局的创伤后压力综合征补助金，如果工作薪水太高，就会丧失补助资格。所以她只在汉堡王、塔可钟等快餐店工作，却又很容易厌烦，无法和同事和睦相处。因此，他们一家主要靠柯拉贝儿在沃尔玛百货赚的薪水生活。

柯拉贝儿认为，等巴比开始问问题，就该把他的来历告诉他。于是在他7岁那年，萝莉告诉他，他父亲曾经拿枪指着她的头，强暴她。巴比告诉我："我不想认识他。"巴比长相端正、态度友善，以12岁的孩子而言，颇为成熟稳重，同时又非常敏感与情绪化。他经诊断，患有注意力不足过动症等学习障碍，很可能是遗传自不识字的弗雷德。有个医生说巴比可能还有双极性情感疾患。他和老师处不来，学校换了一个又一个。但他是外祖母的心肝宝贝。柯拉贝儿说："周末或每天一大早，他都会过来坐在我床上，我们一起看国家地理频道之类的自然影片。"但一家人还是经常情绪失控，萝莉说："我常常大吼大叫，每周二晚上都去上情绪管理课程。我们接受家庭咨询，我持续吃药，要吃到我回归正轨为止。"巴比常对朋友发脾气，有次跟母亲吵架，还拿起电视乱砸。萝莉说："咨询师说他不会打我，但他毕竟看过这么多暴力场合。"

萝莉某天因为男友叫巴比黑鬼，清晨5点把他赶出家门。3天后，她在网上聊天室和朋友聊这件事的时候认识了林哥，林哥在网上写道："答应我，别再回到这个人身边。"她和巴比去林哥工作的游艺场找他，林哥负责管理游乐设施。巴比求母亲给林哥一个机会。我认识萝莉时，两人已经在一起将近一年，都是彼此交往最久的对象。

但林哥的背景让萝莉担心。林哥说："我的家人都是罪犯。我父母在妓院相识，她吸毒。我在游艺场上还看过很多更糟的事，所以什么都无法吓倒我。"林哥讲到一半突然打住，要我用力打他。"我的手臂没有痛觉，因为我爸以前拿它当烟灰缸。"他卷起袖子，肩膀到手腕间到处都是白色伤疤。

林哥虽不相信心理治疗，但同意加入家庭咨询，讨论关于和萝莉结婚并领养巴比等事情。首先，他得先找到尚未离婚的妻子，才能签离婚协议书。萝莉和林哥两人都负债累累，但林哥自从认识萝莉后有了重大改变。他说："我怕热，讨厌拖车，讨厌猫。现在我在亚利桑那，和5只猫一起住在拖车场区里。"我问他是不是全为了萝莉，他说："是啊，为了萝莉，也为了巴比。"我去拜访时，他为了和他们待在一起，已辞去游艺场的工作,在百货公司值夜班。

萝莉说:"我不常想到弗雷德,但林哥的某些性行为,总让某些画面一闪而过。我有时过得好,有时过得不好,有时一整周都觉得很不好。但我们有很多家庭活动。我并不想回到过去改变什么,如果改变了,我可能会有别的孩子,但那不会是我的巴比。我有这儿子很满足。"

"我从哪里来?"是孩子最迫切想知道的一个问题。答案中若透露出恐惧或无力感,可能会破坏孩子的安全感。许多强暴后生子的受害者,都得解释为什么会在不适当的年龄生孩子、身边没固定伴侣,或者为什么经济来源或心态尚未就绪就生养孩子。女性越是感到遭受批判,就越容易隐藏秘密或否认真相。孩子若原本很有安全感,并未询问关于自己的身世,那么主动告诉孩子实情就可能形同暴力。无法保护自己的母亲,以能保护孩子为傲,而不让孩子知道这么可怕的事,也是一种保护。有个母亲就在网络上这么发誓:"我儿子永远不会知道自己是怎么生出来的。我不想让他觉得自己没人要,或觉得自己不是因为爱而来到世间。"

面对这样的创伤,隐忍与揭露同样沉重。常见的状况,是孩子无意间从非直接相关的第三人身上获知实情,觉得自己这辈子都被瞒着而深感遭受背叛。简而言之,吐露实情永远没有最好的时机或最安全的方式,但隐瞒却可能招致灾祸。领养咨询师高登说道:"家族中若有秘密,特别是两代之间有所隐瞒,便意味着这件事见不得人。"母亲若选择不告诉孩子身世,究竟在什么范围内才叫保护,在什么程度下则会变成否认事实而酿成大错?即使经过深思熟虑,决定讲或不讲都可能导致意料之外的后果。有个男人,成年后得知自己是强暴后生下的孩子。他说这让他松了一口气,不用再想着母亲可能是"'坏女孩'或'荡妇'等与未婚妈妈有关的形象"。他的母亲因为担心不被接受而选择隐藏秘密,反而造成儿子对她产生负面看法,进而影响他对自己的看法。孩童对于丢脸一事十分敏感,也容易内化,而如果他们成了父母羞耻的主因,他们将因此背上沉重负担。

若知道自己是多数母亲连想都不想要的孩子，可能会既愤怒又自我怀疑，就好像有些有基因变异的人认为，选择性堕胎等于宣称他们的生命毫无价值，还将消灭他们的同类人口。有些强暴之子成年后大力推动反堕胎，以此标志着他们出生在世的事实。依佐18岁时遭上司强暴，一生下女儿茱莉，连看都没看一眼，便放弃亲权，由人领养。21年后，茱莉找到了她，两人开心团圆。茱莉说："我好庆幸1963年时还没有堕胎这个选项，否则依佐很有可能会轻易结束我的生命。"依佐和女婿见面时，他对她说："我想和你握握手，我要感谢你没有把茱莉堕掉。"

有些人夸夸其谈自己幸运逃离堕胎的命运，仿佛当年自己在子宫里是聪明的双面间谍，却往往忘了对那段和他们有关的创伤表达一丝同情。雪莉是强暴之女，一出生便被送养，她撰文描述自己47年后与生母团圆时有多么失望。她去拜访生母10天，双方这才建立的关系却一日比一日紧张。母亲说见到她后，许多痛苦再度浮现。雪莉写道："我真的这么糟糕，让她这么痛苦？我一直这么问自己。当时我根本不知道，放弃孩子与重新团圆，对生母来说有多么煎熬。那时我还在处理自己的痛苦与待解的悲伤。"雪莉认为母亲的悲痛全然来自与孩子分离，却显然没有察觉到遭强暴之后的人生有多么痛苦。[501]

多年来，莉莎一直以为人生最大的秘密，是祖父自她5岁起就开始对她性侵。上七年级时，她在户籍资料上看到父亲称她为"继女"。母亲露易丝对莉莎说，她父亲不想让她知道此事，因为他怕莉莎知道后就再也不爱他了。露易丝说，她15岁时怀了学校某个男同学的孩子。对此莉莎表示："当时我很生气，现在也是。全家人都知道他不是我真正的爸爸，却没人告诉我。"

第二年，莉莎和几个朋友与他们的"智障"朋友唐尼等混在一起。那时唐尼20岁，莉莎上八年级，两人亲热过几次，但她从未想过更进一步的关系。某日她跟着他上楼看东西，接着就遭强暴。她大声尖叫，但没人有反应。她边发抖边走下楼，质问最好的朋友为何没伸出援手，对方说："喔，我以为你只是终于做了迟早会做的事。第一次都会痛。"

讽刺的是，到莉莎被强暴之后（对此她一直保密），祖父性侵她的事才爆发出来。母亲偷听到她和朋友说这事，逼她全盘托出。莉莎要求母亲别告诉继父。"她跟我说：'去睡觉，没事的。'接着她一定是下楼去跟爸爸说了。我听到他摔东西、大骂脏话。"他们报警处理。继父的父亲认罪，被判5年缓刑。莉莎收到他的道歉信，但看起来"像律师写的"。她说："对我来说，那根本没有意义。"莉莎的继父和他父亲从此断绝关系。

虽然有这段经历支持，莉莎和露易丝两人的关系还是莫名地紧张。莉莎说："爸爸用尽方法，让我觉得自己是有人爱的孩子，是家里的一分子。反倒是妈妈，什么都怪我，而妹妹都没错。"在遭到强暴后，莉莎开始滥交。她和许多性侵受害儿童一样，对于肢体亲密的界线毫无概念。她说："我跟谁都能上床。虽然被唐尼强暴，我还是持续自愿和他发生关系，一直到十一年级才停止。"随后她又仿佛十分困惑地说："我想，自从祖父开始性侵我，我就分不清楚性和爱的差别了。"

在莉莎20岁那年，露易丝对她坦承自己也曾遭强暴，而且不知道莉莎的生父是谁。两人的遭遇诡异的类似。露易丝和最好的朋友与两个较年长的男人出门。她们进入那两个男人的住处，好友和其中一个男人不知道去了哪里，而另一个男人则邀露易丝进到另一个房间，然后强暴了她。接着先前那个男人也进门强暴了她。后来她发现自己怀孕，但不知道哪一个是孩子的爸。莉莎逼母亲说出名字，露易丝显然瞎编了两个。莉莎说："我认为她只说了一部分。有些小地方连不起来。我也不能跟她说我很生气她从未跟我提起，因为她的声音听起来很难过。我永远不想再提到这件事。我到死也得带着一堆疑问吧。"

所有的秘密和谎言不断侵蚀着莉莎，她现在30多岁，仍不觉得自己是家里的一分子。她花了不少时间在网上论坛闲晃，让自己不那么寂寞。她最后终于拿到社工学位，负责主持团体治疗，为有相同遭遇的女性提供咨询服务。无论是私人生活还是工作，都奉献给了走出伤痛的工作。她说："我刻意淡化自己的经历和问题。但我却得告诉自己：'不要淡化你的问题。'"她和一个女伴住在一起，也有个前一段感情生的女儿，她非常疼爱她。她说："我觉得自己得随时照顾自己，因为没人会照顾我。我希望女儿能拥有和我完全不同的人生。"

我们初次见面时，莉莎正在向一个治疗师咨询，她很喜欢那个治疗师，却从未和对方谈到强暴的事。她不认为这几件事情有关联，那不过是可笑的巧合罢了。她说："我觉得没人会相信我，就连我自己，也觉得一个人遭祖父性侵、又被他人强暴，然后又发现自己的母亲也曾遭强暴，实在太离奇。知道所有事情的，只有我母亲和我的伴侣。还有你，你现在也知道了。祖父的魔掌以及之后事情所带来的创伤，我统统都想逃离。但我现在知道，这些事会永远跟着我，我永远不可能完全复原。我能做的，只有通过自己的经验，成为一名更好的社工人员。我懂我的情况，能体会她们的心情——是用健康的方式体会，而不需揭露我自己遭性侵的往事。"

强暴受害者与他们的孩子在社会上受到的偏见，虽不理性，却是真切属实。有人在博客写道："噢，好多小孩都是强暴和乱伦生下来的啊。儿童福利机构可要忙坏了，也措手不及啊。怎么办？跟流浪猫狗一样安乐死啊！"即使不那么极端的人，也存在很深的偏见。多数人对强暴犯都感到害怕和蔑视，因此也很容易以相同的态度看待他们的后代。我有几个自由派的朋友，全力支持聋人权益与神经多样化，却对抚养带着"那种基因"的孩子表现不安态度。"孩子是否天真无邪"在这种情况中变得视情况而定。对母亲来说，孩子是强暴事件的具体表现；对世人来说，孩子就是强暴犯的血脉。

面对这些偏见，母亲若还能把这份亲子关系视为心灵的快慰，这要不来自真实的宗教狂喜体验，要不就是为了逃避心里的矛盾。德齐乌在《受害者与胜利者》中说："我儿子帕特里克是遭强暴时怀上的，我曾想把他拿掉，但是他教会我如何原谅。他不仅愿意原谅生父，更愿意原谅我（我曾在他年幼时施加肢体和言语上的虐待）。"同一本书中，另一位母亲表示："女儿的身份何在？她是上帝的孩子。她是我的礼物，带领我走出恐惧与黑暗，迎向真爱之光。"这类奇迹总有两个层面：孩子战胜了他生父的可怕基因，母亲则战胜了最初的恐惧。热切的欢喜对于母亲和孩子都很有帮助，一位反堕胎人士写道："我是强暴之子，而且不仅强暴，还是乱伦。母亲为我牺牲自己，怀着不属于她的羞耻，让宝宝来到这个世界。若是在今日，宝宝可能根本无法降临。但她做的不仅止于此。她无法满足孩子的所有需求，例如安全、食物、栖身之地、教育等，所以决定放弃她的孩子——也就是我——的抚养权。我7岁那年，她无私地把我送人认养。"要把家人放弃自己，视为奉献的表现，多少需要坚强的意志。

蒂娜3岁时，对母亲叫了声"妈"，马上遭怒斥。母亲说："不准再这样叫我，我不是你妈。"蒂娜问："那我要怎么叫你？"母亲答道："你可以叫我唐娜。"后来，蒂娜的曾祖母告诉她："不是你的错，她被强暴才怀上你的。"蒂娜根本听不懂曾祖母在说什么。她说："开始认字后，我查了字典，但只看得懂暴力的部分，看不懂性的部分。即便如此，我仍然有好长一段时间觉得心灵受伤。"蒂娜看着姐姐柯里娜一遍又一遍叫"妈妈"，看她至少零零星星受到一点爱与关怀。蒂娜回忆道："我得不断提醒自己，我可能就是个继女。"母亲唯一对她做过的美好事情，是在她睡前帮她热甜牛奶。不过，说来讽刺，唐娜有伤害倾向，蒂娜与她不亲，或许反而多少保护了自己。

唐娜大学时精神崩溃，曾虐待当时年纪还小的蒂娜与柯里娜。蒂娜出生时，唐娜住在佛罗里达州，朋友打电话给唐娜的母亲，说有小孩出生了。朋友在电话里说："大女儿可能来不及了，但你得过来带走孩子，这样小女儿才有机会获救。"于是蒂娜的外祖母去接两个女孩。她发现柯里娜的指腹有部分没了，那是因为唐娜曾把她的手放上火炉惩罚。

蒂娜和柯里娜在密西西比州长大，外祖母对她们的关爱远比母亲来得多。她白天在学校教书，晚上做打扫工作，以此养活一家人。唐娜有时会来，她说自己一旦生活稳定，就要接走柯里娜，但她从来没对蒂娜许过这种承诺。蒂娜也很快就不再奢望得到母亲的认可，并把重心转到外祖母和阿姨身上，她们远比母亲值得信赖。正因如此，蒂娜比柯里娜更能看透母亲的伪善。蒂娜说:"看电视的时候,柯里娜坐在唐娜的腿上,而我只能一个人坐在旁边地板上。"

蒂娜 8 岁、柯里娜 10 岁时,58 岁的外祖母去世了。当时唐娜年近四十岁,显然无法照顾两个孩子。一个她们几乎不认识的舅公认为两人不应被拆散,同意照顾她们,于是她们就搬到康涅狄格州。苏珊舅妈与汤姆斯舅舅给了她们衣食无忧的生活,但管教严格,感情也不亲密,两个女孩很不快乐。唐娜给柯里娜寄了爱心包裹和圣诞礼物,蒂娜则什么都没有。汤姆斯舅舅告诉唐娜,如果不能同时寄给两个女儿,就什么都别寄。于是唐娜之后只写信来,写给蒂娜的冷淡而客套,给柯里娜的则充满感情,不断承诺要接她回家。柯里娜曾企图烧掉她们在康涅狄格州的住处,两年后,她企图再次纵火,于是被送进少年感化院。她出来后,另一个舅舅短暂收留她,但她想回唐娜那里住,而唐娜不愿意,柯里娜大受打击。苏珊舅妈与汤姆斯舅舅也不愿意再收留她,于是 15 岁的她,开始在密西西比街头流浪。[505]

舅舅不准柯里娜回来,让蒂娜觉得住在他们家很痛苦,她于是决定到寄宿学校去。蒂娜说:"或许我一直都有一点生存的本能。"她到女子学校就读,全校 160 人中只有 7 个黑人学生,她是其中之一。后来她吸食大麻被学校送去管教,舅舅和舅妈从此和她断绝关系。蒂娜回忆道:"学校其他人开始称我为'那个孤儿'。"与此同时,柯里娜开始卖身和吸毒,蒂娜申请上纽约大学时,柯里娜已染上艾滋病。蒂娜回忆道:"唐娜打电话来跟我数落柯里娜的不是。我说:'我能了解她为什么这么做,其他人要负大部分的责任。'唐娜说:'哪些其他人?'我说:'你和其他人。'于是她就不打电话来找我了。"但两姊妹仍保持联系,在柯里娜人生最后一年,蒂娜常去探望她,那年柯里娜 23 岁。

蒂娜说:"无论唐娜说过什么、做过什么,柯里娜总说我应该和她联系、原谅她。我真的打电话给她,因为我知道这对柯里娜来说意义非凡。我请她联系柯里娜,说她爱她,会为她祷告。我请她去找她,她都要死了。唐娜说:'我觉得我做不到。'然后又说:'我知道我过去的选择不见得正确,但如果有机会,请让我知道我能怎么补偿你。'我说:'只要你打电话给柯里娜，所有事情就一笔勾销。'她说：'我听说她在当妓女，还吸毒。'我说：'首先，你不知道这是真是假。再说，这很重要吗？她都要死了。你不需打电话来跟她讨论她的人生、她的所作所为。她只需要你打电话给她，说你为她祷告、你想着她，随便做点事，什么事都好，这就对她意义非凡了。'她说：'我不知道自己做不做得到。'最后她什么也没做。"

蒂娜申请上哥伦比亚法学院，随着成就不断累积，唐娜开始来找她。蒂娜以优异成绩毕业，唐娜打电话来问她会不会邀她参加毕业典礼，蒂娜说："我们好几年没联系了，上回联系时，我请你帮忙，你却连那个要求都做不到。现在你又何必要来参与我的人生？"

蒂娜成为一名公共辩护律师。她出生后经历了种种不公平的待遇，现在她通过为人辩护得到慰藉。我和她见面时，她已怀孕7个月，我问她害不害怕为人母。她说："尽管发生了这么多事，从很多方面来说，我还是觉得自己很幸运、有福气。外祖母给我们很多的爱，虽然我们只一起住了8年，我对她还是印象非常深刻。"蒂娜的未婚夫来自温馨和睦的家庭，"跟我完全相反"。未婚夫天生不吝表达亲昵，"有时我会突然变个人，例如突然说：'你不用每次进门，都要碰我。'但他理解我受过伤。"蒂娜努力建立人生，吸收过去、不再去想，她说："我不知道唐娜怀我的时候到底发生了什么事，但那个诅咒已经发挥过效果，该停了。"她一手放在自己隆起的肚皮上，仿佛是要说那一再被推开的爱，终于找到了归宿。

遭强暴后，把孩子生下并留在身边的母亲，从此与强暴犯有了永远的连接。某些案例中，是由憎恨与恐惧维系了这个连接，但在某些案例中，也有母亲做好心理准备，预期孩子或强暴犯哪天可能会想办法联系对方。基于某种超乎常理的生物本能，受虐儿童依赖虐待他们的父母；同样的，这些女性也仍受到强暴犯的束缚，无法完全挣脱那可怕而强烈的关系。对她们来说，无条件拒绝面对强暴犯，形同无条件拒绝孩子。如果她们在遭受强暴后没有感受到应有的愤怒，会毁了自己；但如果表现出这份愤怒，她们又觉得会对不起孩子。这与离婚后的伴侣所面对的情境类似，只不过更加极端。这种矛盾的情绪有时得等到世代轮转，才得以解决。有人告诉我，她的孩子出生时，眼睛与强暴犯的一模一样。她说："而她漂亮的孩子也拥有她那双眼睛。现在这是我们家的眼睛，不是那个强暴犯的眼睛了。"

对这些女性来说，最苦的一关，是万一强暴犯或其家人想来找孩子怎么办。强暴他人又逃过刑罚的男人，极少感到羞耻或悔恨，他们满肚子坏水，有时干脆打起孩子的主意，要争监护权。若是强暴受害者从未报案，的确有可能必须与强暴犯共享监护权。"污点公司"就是针对强暴或乱伦后被生下的子女，在网络上提供协助与支持，网站上有段话是这么说的："父亲（强暴犯）因此被认定无权探望未成年子女或取得监护权。然而，正如一般强暴案，举证责任常落在受害的女方头上，最后演变为公说公有理、婆说婆有理的局面。"

爱米丽每次抱住母亲弗萝拉，都会被她推开。爱米丽说："但她每次都要过大概1分钟，才会意识到她这是在赶我走。我想念她赶我走之前的那一片刻。"弗萝拉来自牙买加，肤色不深，为了追求更好的生活而移民纽约。爱米丽12岁时，弗萝拉已经结第四次婚。爱米丽说："她有魅力，漂亮、风趣。其他人都很喜欢她。她很虚假，看她演戏还是很有趣，好像在看科学实验一样。"身为独生女，爱米丽很寂寞。父亲菲尔不跟她们住在一起，但她每天都会和他见面或讲话。她11岁那年，父亲突然消失。没人告诉她发生了什么事，所以她以为他死了。就在她即将13岁时，她迷上了帅气的19岁男孩布莱克。他开始开车载她上下学，某天在车上，他靠过来亲她。一年两年过去，她越来越依赖他。15岁时，虽然知道他有女友，爱米丽还是把第一次给了他。

就在那年，有天爱米丽接到父亲打来电话，虽然他已经4年毫无音讯。父亲要她带上钱，到中央车站和他见面。爱米丽带着200元去了车站，菲尔突然出现，从柱子后面拦住爱米丽，把钱抢走就坐上火车离开。爱米丽心碎不已，还试图自杀。她说："事情突然，如搭云霄飞车，令人晕头转向，最后只留下的是一整柜的药。"母亲带她去看急诊。"我不知道该怎么解释，只能说，'我过世的父亲突然出现在中央车站。'他们真的以为我疯了。"精神科住院医生留她住院 23 天后，建议弗萝拉让爱米丽接受心理治疗。出院 3 周后，弗萝拉带着心不甘情不愿的女儿，一同搬到弗吉尼亚州。爱米丽说："我母亲用逃避来解决问题，对她来说，所谓心理治疗就是买一栋新房子。"

爱米丽的母亲在弗吉尼亚州替她找了份工作，到朋友的餐厅帮忙管账，爱米丽唤他们艾瑞克叔叔和苏瑟阿姨。艾瑞克叔叔请爱米丽去他哥哥店里帮忙，结果他哥哥开车载她上班之后强暴了她。爱米丽说："跟电视上演的不一样。没有被揍、没有刀和枪，从发生到结束只有 5 秒钟。我吓傻了。"

之后几天，她在浑浑噩噩中度过，最后终于报警，但那人早已逃走。接下来几周，爱米丽头痛欲裂，胸部胀痛。弗萝拉发现爱米丽怀孕时，她锁上门、拔掉电话线，思考该怎么办。爱米丽说："她跟学校说我得了阑尾炎。她每天一回家，就不停地尖叫。接着我就会听到她在浴室一边淋浴一边嚎啕大哭。后来艾瑞克叔叔和苏瑟阿姨来家里，说我毁了他们的名誉。当时我 16 岁，不该怀孕的，整件事情简直荒唐至极。"

弗萝拉带爱米丽到诊所堕胎。虽然她们并非天主教家庭，但弗萝拉认为天主教学校的教育品质较佳，所以爱米丽上的是天主教学校。当时她已对天主教深信不疑，因此生怕自己会下地狱遭烈火吞噬。她告诉医生自己反悔，于是医生就让她回家。她回忆道："和母亲开车回家的那趟路，是我这辈子最不堪的回忆。"弗萝拉说，如果爱米丽真的是被强暴，就不会在意失去孩子。回家后，她又安排她去别的诊所堕胎。5 天后，爱米丽拿掉了孩子。爱米丽说："有好一阵子，我都会在脑中默算并想象，从 16 岁算起的话，孩子现在几岁了呢？那阵子我看到婴儿就会哭。"

苏瑟阿姨向爱米丽保证，强暴犯已经逃到国外去了，但她总觉得他无所不在。爱米丽说："我陷入恐慌。之后某天，我从浴室走向厨房，母亲在我耳边说：'这件事从没发生过。'然后就结束了，好像脑袋里某个开关就关掉了。之后我再也没和人谈过这件事，也试着不再去回想。最后，好像就在脑海中自动消失了。"

弗萝拉又仓促搬回纽约，跟当初搬到弗吉尼亚州一样。她们过了几年正常的生活。爱米丽和布莱克再度成为好友。她上了大学，但中途退学，回家照顾得了晚期大肠癌的母亲。弗萝拉留给爱米丽一小笔遗产。不久她接到电话，布莱克说自己急需现金，请她借钱给他。她给他5000元，然后他便消失了，这件事的诡异，跟当年与父亲最后一次的会面如出一辙。

几年后，爱米丽找到布莱克要他还钱。他说可以还她一部分，要她去拿。爱米丽回忆道："他给我一杯饮料，里面不知道加了什么东西。接下来我只知道，自己的衣服被脱掉，不断有闪光和画面闪过。他把我的身体移来移去，摆出各种姿势。我简直难以置信。醒来时，他正在洗澡，而我瑟瑟颤抖。"爱米丽穿上衣服，开车回家。把发生的事情告诉警察男友，他带她到警察局报案。布莱克被捕并被起诉。"他们要我别跟他联系，但我必须知道，我想知道为什么。我认识布莱克那么久了，他可是我最好的朋友！"于是她打电话给他，但他基于禁制令拒绝跟她讲话。接着他回拨给她，求她撤销控诉。

爱米丽感觉自己怀孕了，却无法面对现实。她验孕验了七次，希望能得出阴性结果。和警察分手，她一心想着布莱克、强暴与怀孕的事。某次听证会上，她发现他可能要坐牢，于是趁着休会时间告诉助理检察官撤诉，因为她怀着布莱克的孩子。检察官请求暂缓听证，于是爱米丽离开法庭。"布莱克追出来问我：'发生了什么事？'我告诉他原因，接着立刻上车，猛地转了一百八十度大弯，驶离现场。"

布莱克先是说服爱米丽别堕胎。她回想道："然后他说我不会希望孩子的父亲坐牢。他说：'如果孩子问你他是从哪来的，你要怎么回答？'"这个问题让爱米丽想起自己父亲消失的痛苦，她告诉我："我睡不着、吃不下，快不行了。"最后她告诉助理检察官她不想再追诉强暴案，也叫布莱克别再来找她。"但他还是不断来找我，我猜他是想确定我没改变心意。怀孕5个月又一周时，他告诉我他正在和另一个女人交往，而且已经怀孕5个月,打算搬去跟她一起住。"虽然爱米丽没想过要和他一起生活,听到这个消息还是崩溃了。

当时爱米丽在日托中心上班。她说:"我是个快乐而有趣的人,身旁总是围着一群孩子,他们就是我的生命。但一回到家里,我就会关灯上楼,一直哭到第二天早上6点45分,再准备上班。"然后狄莉亚出生了。爱米丽说:"她像是我的仙丹灵药。对于一个新生儿,我要承担好多责任。"她开始思考狄莉亚出生证明书上父亲的名字。她决定填上布莱克的名字,怕未来哪天狄莉亚有紧急医疗需要,得靠有血缘的近亲帮忙。但爱米丽没想到布莱克会接到通知,因此她去法院拿取修改后的文件时,他也在那里。法官给了他探视权。爱米丽说:"我这才明白:'我这辈子都要跟他绑在一起了。他第一次探访前,我失眠了好几天。"别扭的和解就此开始。布莱克不定期送来孩子的赡养费,并探望狄莉亚。这个状态维持了两年,之后他又消失了。爱米丽说:"我太依赖狄莉亚,真的无法放手。她还小的时候,就像个玩具,脸颊胖胖的好可爱。但到了4岁,她开始问我跟她父亲有关的问题,问我她从哪里来。那感觉就像有人拿了锤子把我敲碎,散落一地。"

那时爱米丽已开始负责数间日托中心的营运。她说:"突然有一天,我就停住了。就像时钟突然不动一样。"各种症状开始发作:恐慌、晕眩、嗅幻觉、突然失去方向感,还开始掉发。医生把病症归咎于压力,建议她去看精神科医生。她说:"医生希望我能找人谈谈,接着他走进办公室,想要找几个推荐人选。之后发生了什么,我完全不记得了,只知道下一刻,我人在学校办公室,电话一直响,助理在外面用力敲门,她说:'爱米丽老师、爱米丽老师!医生说他打了1个小时的电话了,说你忘了拿外套和鞋子,你还好吗?'"爱米丽低头一看,脚上的袜子是湿的。那天外头下着雪。

爱米丽患了严重的广场恐惧症,工作也丢了。她说:"我不记得狄莉亚都怎么吃饱的,总之有人弄东西给她吃。除了去看精神科医生,我完全出不了家门,之后甚至无法踏出房门。有一阵子好几天没睡,整个人要垮了。"精神科医生开抗抑郁药给她,她定期与他会谈接受治疗,于是逐渐回到正轨。她说:"他救了我。"正当她开始好转时,布莱克出现在家门口,说他想见狄莉亚。他又开始偶尔来看看她们,然后再消失不见,不断循环反复。爱米丽决定要为狄莉亚振作起来,而且不能老是不让她见她父亲,但布莱克的动机总是令人捉摸不清。爱米丽说:"我不知道该怎么办,毕竟他是她父亲,而她也知道。如果我发生什么事,她会落到他手上。我得确保他不会伤害她,而唯一的方法,就是让他认识她,这样他才会在乎她。"布莱克的关心时有时无。爱米丽回忆道:"他不在时,狄莉亚有时会对我说:'我想要爸爸陪我。'他有时消失一整年,然后突然出现。她问我他去哪儿了,我只能说:'大概在工作吧!'或'他有空就会过来'或'我们来做点别的事吧',年复一年,我得不断转移她的注意力,而每次她一问起,我的心情就会跌落谷底。" 7 岁时,狄莉亚摔断腿,哭着要找爸爸,爱米丽只好打电话给布莱克。5 个月后,他回了电话,开始再度来访。后来爱米丽谈了段短暂的恋爱,生了一个儿子吉迪恩,比狄莉亚小 7 岁。布莱克对爱米丽说,她是他的人,生小儿子是背叛了他。他话中隐含的残酷性暴力让她害怕,决定逃跑,带着孩子搬回弗吉尼亚州。

我认识爱米丽时,狄莉亚 10 岁,刚赢得全国学业优异奖,已经跳级到资优儿童专属的磁石学校就读。她母亲说:"她从来不问自己是怎么来的,但我晓得她想知道。我们聊过关于我为何浑身是刺,关于我为何很轻易就把她推开。我永远、永远、永远不会让她知道这与她有任何关联。我总说是我自己的问题,说这是因为我的母亲总把我推开。但我对她弟弟却不会这样。"爱米丽最近刚订婚,她说未婚夫杰很不喜欢她对狄莉亚这么冷淡。爱米丽说不出口,没办法告诉他狄莉亚是强暴来的孩子。

"把我治好。"有天深夜,我们坐在她办公室地板上进行访谈时,她这么对我说。"为什么我没办法抱自己的女儿?我爱她,但每次她碰我,就觉得有千万把刀片划过皮肤,好像要死了。我知道我得由着她,因为她还小,我也尽量。但我的心思却不在她身上。她察觉到了,我知道。所以现在她都会先问过我,让我准备好。我们约定好,例如她不能从后

511

面抱我。有时候她会忘记，我就会吓得跳起来，就像猫碰到水一样。因为她父亲总能突然悄悄出现，你根本无从察觉他从何而来。她遗传了这个能力。"

守着这么大一个秘密非常辛苦。爱米丽说："大概一年半前吧。她写过一封很哀伤的信给我，上面写着：'小女孩想念纽约，小女孩想念她的父亲'。"杰陪爱米丽和两个孩子去纽约参加友人葬礼，他鼓励她看在狄莉亚的份上与布莱克联系。于是她联系他，安排父女共度一个下午。他来接狄莉亚时，与杰见了面，这件事成为爱米丽人生的转折点。"我一回到弗吉尼亚州，当年强暴、怀孕的事，统统浮现在脑海，身体的记忆也都回来了。"爱米丽说道。她终于把真相告诉杰，他听了震惊不已。

爱米丽补充道："她有些地方很像布莱克，不过没小时候这么像了。她让我想到自己，我也努力把注意力集中在这点。我不总是爱我自己，但我能爱她身上的我。可是她身上的其他部分却让我每天都很辛苦，因为其他母亲都能随着天生的本能走，我的本能反应却会让我做出可怕的事。我得不断有意识地努力不让自己被本能冲动牵着走。"

婚内强暴的概念，由黛安娜·罗素于20世纪70年代晚期提出，她强调有14%的已婚妇女都曾遭丈夫强暴。过去，婚姻导致强暴罪名不成立，但到了80年代末90年代初，各州逐渐开始修法去除这项例外。尽管政治上的右派人士大力抗议，有些人甚至提出类似殖民时期厌女论调的说法，表示婚内强暴若成控罪，将被某些妻子当作是报复无辜丈夫的手段。事实上，法庭上的婚内强暴案件，往往是惯常家暴行为的一部分。1989年的伯纳姆案中，妻子控诉丈夫强暴她70次之多，该案对促成这项转变举足轻重。维克多·伯纳姆多年来对妻子瑞贝卡"毒打、以枪托重击、拿枪指着、威胁伤害、捆绑强暴、逼迫招引陌生男子和丈夫3P、逼迫摆性爱姿势拍照、以赶牛棒电击、强迫与家中宠物狗性交"。审判过程不乏各种图像证据，也有多名男性出庭作证，他们曾受伯纳姆"邀请"与其妻子性交，但因看出瑞贝卡的恐惧而拒绝。《真实的强暴，真实的伤痛》的共同作者麦可欧蒙-普路玛也曾遭人强暴，她写道："被伴侣强暴的女性总是不断遭人责备，认为既然是伴侣，就不算'真正的'强暴。像我这样的女人，痛苦总被人说成是过度反应。进入一段关系，意味着你已不再有任何性权利。"

艾希莉有一头金发，像芦苇般纤细瘦弱，散发出需要人保护的气质。她出生于贫穷的白人家庭，住在宾夕法尼亚州西部。父亲在各个矿场打临工，家里根本给不了她什么保护。父母吸毒、忽视她，并对她施加肢体暴力。艾希莉的父亲后来因为找不到工作，便举家搬到佛罗里达州。艾希莉每每放学回家，就看到她忧郁的母亲躺在地板上，跟她早上出门时一模一样的位置。她从来不晓得今天有没有饭吃、家里什么时候会断电。刚满16岁那年，她在舞会上认识了35岁的马丁，接下来一年间，他陪着艾希莉上教堂、付钱让她去参加排球营，甚至暗示给她买车。那时她已经有个19岁的男朋友，但她从来不拒绝马丁的善意，而这种"纯友谊"，正是所有惯犯欲诱骗受害者上钩的惯用伎俩。

最后马丁开口了，说他要找人替他打扫公寓，提议艾希莉来帮忙。"我打扫了好几个小时，以为自己做得很好，结果他说：'不够干净，再打扫一回。'对我非常严厉。"他给她烈酒喝，她一喝醉，就被他强行肛交两次。

艾希莉现在回想，当时情势非常明显。她说："他很清楚自己拿着一手好牌：这孩子没人管，家里对她不好又不稳定，她一心想摆脱。而跟着他有吃、有车，这些都是我父母给不了的。而且他还有个好公寓、好工作。"这些优势看起来能让人生前进一步，于是艾希莉与男友分手，高中时辍学，就这样搬进了马丁的住处，结果他跟她父母一样是吸毒者。

她17岁时怀孕，肚子越大，马丁就越暴力，不断毒打艾希莉，她两度逃到受虐妇女庇护中心。有次他拿刀捅她，她差点没命。艾希莉说："我很怕孩子在我腹中就被他打死，或是一出生就被他抢走。那时我常想，真希望能把她从肚子里拿出来，藏在某个地方，这样或许她还能平安出生。我会祷告：'神啊，如果你让宝宝活命，我一定当个好母亲。"艾希莉的祖母是虔诚的教徒，为了不让她难堪，艾希莉在女儿出生前与马丁结婚。马丁继续打她，好几次害她险些早产，这是压力可能引发的危险状况。她的孕期经历了多次阵痛，最后她感觉到宝宝真的要出生了，她请马丁送她去医院。他途中却还绕路去买可卡因，等艾希莉抵达医院时，已经错过注射适合的麻药减低分娩疼痛的时机。

艾希莉本能地爱着刚出生的女儿希薇亚，但对于要如何为人母却毫无概念。艾希莉回忆道："我怕她。她情绪很不稳定，早晚哭个不停。"丈夫依旧对她的毒打，有时艾希莉甚至被打到无法动弹。阿姨说服她报警，马丁便带着一家人搬到亚拉巴马州，这样佛罗里达州的法律就管不到他。希薇亚5个月大时，艾希莉带着她逃到佛罗里达的庇护所去。她们只能在那里待30天，艾希莉在30天内考到驾照、买车、找到工作，还在教会找到人收留她，可以住到她找到住处为止。另外，她还提出离婚申请。艾希莉记得，每当宝宝睡着后，"我会感谢神又让我多拥有她一天"。

然而，随着日子过去，艾希莉越来越怀疑自己有没有办法靠一己之力照顾希薇亚。一旦开始工作，她就不能再领食物券。希薇亚常常生病，她们需要更好的健康保险，于是艾希莉成为俗称的"津贴妈妈"，靠政府的补助过生活，她们可以接受较好的医疗照护，却付不起房租。过了一年苦日子后，她回头找马丁。她说："收拾行李那天，我还相信他会帮我们，我们会过好的，并且相信我们还会是一家人。"结果，马丁反而性侵她、抢走希薇亚，并提出离婚。艾希莉有整整3个半月没见到女儿，最后她取得共同监护权，条件是她得继续留在亚拉巴马州。她说："整个情况就像是遭人挟持。"马丁故意让她知道自己如何虐待希薇亚。"有一天他开车到我家门口，车里不断窜出大麻烟。希薇亚3岁时，他还企图在我面前对她进行舌吻。她回来时身上常常有大片瘀青，头上还有被敲击的伤痕。"

希薇亚的潜在性格还让事情变得更加艰难。艾希莉说："她是个非常不快乐的小孩，我对此深感罪恶。我甚至害怕帮她洗澡，就是，我怕碰触到她的生殖器。我很怕自己因为从小受虐，也会对她做出什么事。她常闹脾气、抓我的头发，有一次把我打得流鼻血。她2岁时我送她一只小猫，她会抓住猫的后脚，把它扔到沙发上，还坐到它身上、拔它的胡须。我不知道她这样是因为看过太多暴力场面，还是她一直承受着暴力，就是她在我腹中时我一直遭到毒打，还是她天生就像他。"

艾希莉对此觉得无能为力。"她5岁那年，有天我和她一起泡澡，她说爸爸和她做过同样的事。我打电话给咨询师，她说：'先带她过来，别再问她任何问题了。'结果比我想的还糟，心理医生说他不仅跟她一起泡澡，还要她帮他洗下体，并且玩弄她的私密部位。"艾希莉申请保护令，马丁提出反诉称她说谎，申请单一监护权。艾希莉纪录良好，马丁前科累累，曾因持有毒品与殴打艾希莉被判刑，且曾因暴力行为被判强制治疗。然而，亚拉巴马法院却判他赢。判决出来后，艾希莉自杀未遂，之后希薇亚向艾希莉抱怨，马丁总趁她脱光衣服时进门，擅自和她一起淋浴、殴打她、不让她吃东西，生病也不让她就医。艾希莉回到法院再次上诉争取监护权，却又遇到同一个法官。"我把她在电话上跟我抱怨被虐待的对话录下来，但他不让我播放，反而还命令我必须负担丈夫所有诉讼费用，总共1.4万美元。我现在很怕他们要我坐牢。"

最后她终于放弃女儿。艾希莉说："实在太痛苦了。不是我不爱她，不是我不想要她摆脱这一切。只是不知道什么原因，上帝好像觉得她在那里比较适合，觉得我们最好别往来。能做的我都已经做了。"

26岁时，艾希莉决定去上大学，最后以GPA平均分数3.8分毕业，成为合格的社区咨询师。她和玛琳娜、布兰达、莉莎以及蒂娜一样，借由帮助别人来帮助自己。但她不只服务受害者，也服务犯罪者。"他们多数人，那些比较能管理自己生活的，都很会交际。有些看起来就像你这辈子见过的最好的人。他们很有社交手腕，能让人很自在，他们就是靠这个能力得逞，让受害者不敢吭声。所以，我在那里学到很多，帮助自己复原了不少，我想我也帮助他人复原、帮犯罪者复原。"

后来她认识一名男子，和他生了另一个女儿，是一段"双方自愿，想生孩子，年龄适合，彼此相爱的关系"。爱莉莎出生时，左耳听力严重受损，语言学得比别人慢，话也讲不清楚。之后医生又诊断出其他发育障碍,她父亲受不了便离开了。艾希莉说:"她需要特殊照顾,有时那真的很累,但我对爱莉莎的感觉和对希薇亚非常不一样。我觉得因为有了她,我才能大学毕业,才能活下来。"但希薇亚的处境每况愈下的阴霾仍挥之不去,特别在爱莉莎到了当年希薇亚被抢走的年纪时,艾希莉更加担忧。"昨晚我看着她。她睡着了,看起来有点像希薇亚,我忍不住别过头去,因为我怕她会死掉,或是失去她的监护权。我觉得我们该谈谈未成年性交罪,还有它造成的伤害有多大。和一个年纪大我两倍多的男人生孩子太不公平了。我知道这跟被陌生人强暴相比,这听起来没那么严重,但我和我的孩子都真的严重受害,而且孩子永远也不会好起来。"

未成年性交罪常遭滥用。我采访过一人,他和小他 6 个月的女友做爱,他 18 岁已成年,她 17 岁,而且女方父母也同意两人交往。尽管如此,他仍因此被捕。在这类情况下,可能很难坚持原则,要求年满 18 岁以上者绝不得与小于 18 岁者有任何性行为。然而,许多情况中,未成年性交确实为强暴。年轻女孩若父母疏于照顾,或者家里对她不好,像马丁这种男人对她们的影响说多大就有多大。

而希薇亚,从小受虐,到了 14 岁时已经身心破碎。艾希莉说:"她穿得像个男孩。你看不太出来她是女生,全身又脏又臭,还有精神错乱症状。"一谈起这个,艾希莉哭了起来,说话结结巴巴。她充满歉意地说:"上次跟她见面时,她说她听到一些声音,还说她爸爸会趁她换衣服或洗澡的时候接近她,所以她现在不洗澡,也不换衣服了。"

为了全天照顾爱莉莎,艾希莉没办法工作,她每个月只有不到 300 美元能用,住在低收入住宅里。她虽然再也没和希薇亚见面,仍然从爱莉莎的育儿津贴里拿钱出来,给从前那个强暴犯支付希薇亚的赡养费。她把所有希薇亚的照片都收了起来。艾希莉说:"我身上还有伤疤,都是他虐待我的痕迹。他现在把她变成另一道伤疤,我连看着她都受不了。我能敞开双手迎接她、能陪她去接受心理治疗,但我大概不会让她进我家。我怕她虐待爱莉莎。真希望我从未生下她。如果能回到从前,我会把她堕掉,或让别人领养。这一切对我不公平,对她也不公平。"

近期有份研究指出，"强制生产是展现权力与控制的武器之一"。许多遭亲密伴侣强暴的女性，都说对方是为了操控她们而强暴，就像传统的御妻术说，最好让老婆"足不出户，多生孩子"。问卷调查也发现许多女性都有类似说法，"他强暴我，让我一直怀孕，因为知道我不会丢下孩子"，以及"当你有了他们的孩子后，你就是他们的人了。生孩子一部分的目的，就是为了控制你"。孩子出生后目睹性暴力一再发生，很容易因此受到创伤，未来也可能成为性暴力的受害者或加害者。

虽然没有人该遭强暴，但女性的一举一动其实对于自身安全有很大的影响。然而，仍有些女性不断陷自己于险境之中。多数人能预见危险，但有些人要到事情发生了以后才会有所行动。和这么多遭强暴后生子的女性谈过后，我发现她们对于自己的选择可能导致什么危险，实在迟钝得让人惊讶。所有危险，就连先前曾对她们下手的攻击者后续的所作所为，都在她们意料之外。她们无法分辨哪些人值得信赖、哪些人不值得信赖。她们缺乏直觉帮助判断，除非坏人开始使坏，否则她们看不出什么叫人格有问题。

我认识的这类女性，小时候几乎都缺乏关爱与保护。她们几乎无知于何谓关怀的行为，所以就算看到了也无从分辨。有些人急需爱与关注，因此很容易下手。多数人太习惯被人冷落、虐待，因此遇到时，总选择默默接受。许多人以为虐待和亲密是同义词。有些人积极想改变现状，最后却发现自己重蹈覆辙，不断落入同样的泥沼里。

敏蒂从10岁起不断遭叔叔性侵，很难想象若没有这些遭遇，她现在会是什么样的人。她住在中西部的小镇里，叔叔就住隔壁。姐姐遭他性侵了9年，敏蒂则是每周一次，持续了7年，甚至有时他自己的小女儿就在一旁。他在她们堂妹还小时，就对她伸出魔爪，她13岁时终于反击报警。有个警探过来向敏蒂问话，但她一个字也没吐露。叔叔选择认罪协商，最后只需要社区服务和缴纳罚金。敏蒂回忆道："我祖母都看见了，但她只管叫我和姐姐荡妇——10岁的荡妇，什么概念！"照片中三年级的敏蒂还十分瘦小，第二隔年开始被性侵后，体重增了一倍，到高中最后一年时，已经将近125千克。

之后她上大学，但3个月后便辍学回家了。21岁时结婚，对方"是第一个愿意只是抱着我，陪我哭一整晚的人"。她尝试生孩子，但无法受孕，老公也无法满足她的性需求。她25岁离婚，和网络上认识的一名卡车司机开车全国各处跑，最后自己也拿到卡车驾照。由于渴望被威武的"主人"征服，她加入皮绳愉虐（BDSM）的世界。她说："是叔叔的影响。他在性的方面塑造了我。我不认为自己是想再次受害，倒比较像是在分析，我想知道那时我的感觉是什么、在想什么，以及我到底为什么让他这么做。"

皮绳愉虐理当属于双向互动，被奴役的一方同意受主人引导，主人虽是发号施令的一方，按理带着尊重。敏蒂想要一位这样的主人，于是在网络上认识了一位来自密歇根的男人，最后却发现他心理变态。敏蒂说："身为一个处罚别人、制定规则要对方服从的人，依旧可以是懂得关爱他人的人。处罚和虐待是不一样的。主人应该要爱臣服者、尊重臣服者。臣服是一份礼物。"那位密歇根男人因患糖尿病而难以勃起，两人从未性交，他改拿物品强暴她，还用过扫帚。他把她锁在屋内，告诉她自己已经付钱给邻居，如果她敢离开一步，他们会打电话告诉他。她花了3个月才逃出来，找到机会上网，最后在网络上找到"一处专门搭救有需要的臣服者"，那里的人协助她住进安全屋。

离开安全屋之后，她和朋友麦咪一起住。麦咪正准备结婚，并邀请敏蒂当伴娘。她当时已经怀孕，和未婚夫住在一起，对方很爱调情，敏蒂一直当那是友好的表现。敏蒂说："他都在未婚妻面前这样，而她看了也笑。所以我想应该没事。"刚搬去不久，敏蒂就得了严重流感，靠可待因咳嗽糖浆缓解症状。一晚醒来时，她全身无力、脑袋昏沉，却发现麦咪的未婚夫正在和她性交，一面在她耳边低声说要让她怀孕。她说："我以为是可待因的关系，以为自己在做噩梦。"敏蒂从叔叔那儿学会被性侵后如何假装没这回事，隔天醒来后，她照常过日子。第二次，他拿枕头捂住她的脸，不让她叫出声。第三次，他刚完事，麦咪恰好走进房间,他说自己在帮敏蒂按摩,治疗她的背痛。敏蒂一直忍着没说,默默接受。她说:"我实在太害怕了。他知道我非常脆弱,也知道我没起诉叔叔,也没起诉密歇根那个白痴——他知道我总是算了。"敏蒂继续和他们住在一起,并完成伴娘任务。

回到家后,敏蒂去看了妇产科,告诉医生自己被强暴,随后发现自己怀孕了。她说:"我没钱堕胎。父母如果知道了,一定会躲着我。我妈是基督徒。所以如果我还想待在家,就得把孩子生下。"敏蒂陷入重度忧郁,长久以来的纤维肌痛毛病又不断加剧,每天从早痛到晚。她回忆:"要不是怀着孩子,我大概早就自杀了。我这辈子一直都想自杀,从我叔叔那件事之后开始。"

怀胎4个月时,敏蒂认识了赖瑞。4年后我认识她时,两人仍在一起。敏蒂说:"他搬过来和我住之前,已经知道我所有的事。"生下葛莉特时,他也在产房里,敏蒂在葛莉特的出生证明上填上了他的名字。生下女儿让敏蒂如释重负。她说:"我和男性的关系一直不顺利。"敏蒂体重超过130千克,脖子上的项圈象征她臣服于赖瑞,身上的五芒星图案则来自她信奉的威卡教。她说:"我不是妙厨贝蒂、玛莎·史都华之类,也不像他妈妈和奶奶一样是那种整洁、贤惠、衣着得体的女人,但她们仍然很包容我。"然而她还是觉得自己当不了好母亲。"当母亲的责任之一,就是要对孩子施展一点权威。我太听话,不是有权威的人。"

戴项圈、听令行事的母亲,无法帮一个小女孩建立自尊心。在家里,敏蒂有时叫赖瑞"主人",葛莉特则叫他"爸爸"。敏蒂说:"如果她叫他赖瑞,我会不高兴,叫他主人我也不高兴。我觉得当父母就是这样。"她觉得自己总有一天得告诉葛莉特生父是谁,"但现阶段,我只想让赖瑞当她的爸爸"。

敏蒂的抑郁症、糖尿病和纤维肌痛都得吃药。她说:"吃了药,有时候连话都很难说清楚。我好几次无法抱起葛莉特。我坐着,她爬上我的大腿,但如果她开始乱动,我就受不了,这让我们的关系越来越糟。"敏蒂和葛莉特的关系,有点像她受制于男人的关系,带点逆来顺受的认命。敏蒂说:"她像是不时在提醒我。她很啰唆,很烦,但哪个3岁小孩不是这样。好几次我都想把她丢在路边，想怪她害我没法过自己的日子。但仔细想想，我的确正在过自己的日子啊，她就是我要过的日子。一想到这里，我又爱她爱得要命。"她换了口气，又说："但我还是宁可当初流产，没把她生下来。"

敏蒂喜欢以皮绳愉虐的世界为背景写诗和小说，写的几乎都是年轻女孩惨遭年长男性凌虐的情节。敏蒂总能在残酷中寻求美丽，残酷使她意图反抗、又逼她就范，然后她带着不幸的欢愉描述着残酷。她说："有些情节写着写着自己还哭了。"故事里的小女孩往往受尽凌虐，令人难以忽略其中敏蒂与葛莉特的影子，也不难看出敏蒂对于女儿那种混杂着愤怒与矛盾的情绪，就如同她气愤当年的那个自己，任人施虐。

在敏蒂的世界里，选择与无助竟仿佛没有差别。那些把强暴之子拉扯长大的女性，在我采访的对象中，有不少已经走出创伤的人，过着至少看似正常的生活；也有些人不断在边缘徘徊，敏蒂就是其中一例。她让我们看到，遭受性侵的女童，长大后能变得多么怪异。有些女性受害后，变得非常疏离难解，她们展现伤疤的方式，是没入幽暗之地，那样的世界和她们当初的遭遇一般，猥亵龌龊而令人不安。有些伤害的影响就这样持续一辈子。

我采访过许多父母与孩子，他们面对过异常特质带来的诸多困难，总想强调自己的正面经历，希望能作他人模范。有许多人度过困境而成为更好的人，也急欲分享自己的胜利。相反的，强暴生子的母亲则追求他人的认可。即使拥有圆满的亲子关系，孩子的身份仍无法改造她们。强暴后生下的孩子，大多都知道这点。早在出世之前，他们就能感觉到自己被失落的阴霾所包围，且日益加深。本身不是聋人或侏儒的外人，或许可以问心无愧地否认自己对受害者予以污名化，但一听到强暴，几乎无人能不觉得厌恶，而被强暴的女人与她们的孩子，也得永远背负这污名。在这个基因决定论的时代，有谁能站出来大声坦承自己的父亲是强暴犯，还敢指望众人不发一语？

就算强暴犯的后代永远无法具有受到歌颂的身份，但或许社会能慢慢接受。而这要感谢数十年来，教育、法律意识以及心理学在处理强暴议题时的与时俱进。大众越不把强暴当成禁忌的话题，受害者就越能认识彼此，母亲与孩子就越能找到他们需要的水平身份族群。而即便没有这样的帮助，有些女性仍能从创伤中孕育出良好的教养能力，其中有些人甚至相信，若非经历过如此可怕的暴力，他们也无法成为这么好的父母。

芭芭拉来自 20 世纪 70 年代北内布拉斯加州的农场家庭。她说："我对童年的回忆，充满了害怕，而且非常非常孤单。"哥哥吉姆和姐姐伊莲分别大她 5 岁与 7 岁，全校只有 10 个学生，跟她同龄的只有一人。母亲有暴力倾向，喜怒无常。"她以前常拿木衣架打吉姆，我躲在走廊另一端，只觉得无助。长大能跑赢她后，她会在我面前虐待我养的小猫小狗，迫使我回头，因为她知道我宁可自己被打，也不想让动物受伤。就连我所爱的动物，也被她拿来对付我。"

父亲曾对她性侵。她记得他曾对她露出勃起的阴茎，还有其他更不堪的事，不过她已不复记忆。伊莲和吉姆上高中后，下午时间经常只有她和父亲单独在家。"爸爸在地下室有间房间，里头有张嘎吱作响的老旧婴儿床。我记得自己曾躺在那张床上，知道门是锁着的，而爸爸也在那里。头上有扇窗，我会想象自己变成一只白色的鸟，从窗户飞出去。"她的阴道部位常年红肿不堪，母亲只叫她在上面擦点护唇膏。芭芭拉 13 岁时，母亲帮她买了一件细肩带礼服，让她参加婚礼时穿。芭芭拉穿上礼服，坐在厨房料理台上和母亲聊天。"爸爸站起来，向走廊另一端的厕所走去，我看过去，发现他阴茎勃起站在里头。我转头看着母亲，然后她说：'去加件衣服。'所以她是知情的。"

芭芭拉记得 9 岁或 10 岁的某天，被母亲打得特别惨。"我被打倒在地上，她穿着矫正鞋，朝我头上踢。我咬她的脚踝，接着跑到地下室，因为我知道爸爸有把手枪放在那里。她追上来，拳头紧握，一脸愤怒。她一看到枪，脸上的愤怒转为恐惧，我记得自己说：'你敢往前一步，我就开枪。'于是她转身上楼。"母亲每次揍完芭芭拉，就会做布朗尼。芭芭拉回忆道："那是她的道歉方式。如果我不吃，就表示我不爱她。所以我越来越胖。伊莲又瘦又漂亮，总有新衣服穿，我都只穿她的旧衣服。妈妈会替她打扮，让她参加啦啦队和女童子军。不过伊莲对我很好，印象中几次睡着后，有人帮我把被子盖好、抱抱我，那个人都是伊莲。"

芭芭拉最好的朋友是一只边境牧羊犬，叫南瓜。父亲会命令她拿皮鞭抽它。芭芭拉9岁时，南瓜生了小宝宝，他把小狗和砖头一起装进麻袋，扔进溪水里。芭芭拉以前常爬上家后方的山丘，在那里寻求平静。她回忆道："我常常对上帝说话。我会说：'为什么要让我遇上这些事？'我有好长一段时间对上帝十分不爽。"

她记得自己小时候是个"坏小孩"，曾剪断娃娃的头，还无故乱踢姐姐。"在我们家，生气不要紧，但不能哭。"十几岁时，有次她扭伤脚踝哭了，父亲赏她好几个耳光，叫她闭嘴。芭芭拉渴望获得认可。"有些狗不是宁愿被打，也不愿被忽略吗？"于是她开始帮忙搬运玉米种子，一袋都有23千克重，也做其他粗重的农活。父亲教她玩扑克牌和钓鱼，以示奖赏。

芭芭拉后来到林肯市上大学，终于摆脱从前的生活。在各个兄弟会、姊妹会忙着举办迎新周，芭芭拉参加了一场大型派对，一个看上去人很好的男生，邀她去他的兄弟会宿舍。他拿啤酒灌醉她，她说："之后我只记得，自己躺在床上被强暴。我记得自己大喊，'不要！'努力想反击，但我醉得太厉害，他又很壮。那时我还是处女，所以流了很多血。"他一放开她，她就爬进浴室锁起门，出来时，他给了她5块美金。回到宿舍后，她洗了3个小时的热水澡，然后在床上躺了两天。

事发过后，大学新生活很快变得一团糟。她开始暴食，靠食物让自己忘却伤痛，就像小时候家里教她的那样。她开始酗酒，课也不上了。几个月后，她认识了杰佛瑞，是她室友男友的朋友。她说："我们的关系很快就发展成性关系。那并不温柔，没太多情感，我甚至不怎么享受。"但这仍让她因此恢复正常生活，最后两人一起毕业。"那时我随口一问：'好，你现在打算怎样？'"于是两人结婚。她说："我选择杰佛瑞，是因为他是个在情感上会保持距离的人。"

他们搬到奥马哈市，一头栽进工作里，芭芭拉一周工作 75 小时。她说："那是逃避回家的好方法，家里没什么值得我回去的。"她告诉医生自己体力变差，医生开了抗抑郁药给她。吃药让她能更专心、更有活力，但她又开始酗酒，喝了酒人变迟钝就不会过度焦虑。虽然她害怕亲密关系，却又渴望关爱，于是开始找婚外情。她在一个网上性爱聊天室认识一个重生基督徒，她回想道："他不断谈论着爱，以及很多我没听过的事。他让我开始敞开心胸，接受基督——挺怪的，竟然是在网上性爱聊天室。从那之后，我总觉得神就在某处。"有天傍晚，她走进浴室后哭了起来。"我跪下来说：'求求你，在我死前，让我认识真正的爱吧。'"

不久之后，丹出现在她的生命中，她以为祷告应验了。她换了工作，在一家大型农业公司，负责支援太平洋西北地区的销售团队。由于时差关系，她会在公司多留 1 小时，而丹是她的一位远程客户，他后来开始在下班以后打电话给她。那时他正在争取 3 岁儿子的监护权，总寄孩子的照片给芭芭拉看，也请她给点意见。"他问了我很多非常私人的问题，比如'你怎么待这么晚？怎么没回家找老公？你们是不是都没一起睡了？'"

芭芭拉以为终于找到她的白马王子了。她对杰佛瑞全盘托出，而虽然他憎恨妻子和其他男人的这段新感情，但那时两人各过各的，他毫无置喙的余地。芭芭拉和丹每天晚上都聊上好几个小时。芭芭拉说："丹基本上就像我父亲，事情又再来一遍。但丹一直夸我有多聪明，让我很有自信。他爱我，他想娶我，想和我生孩子。他愿意搬来奥马哈，但身边有个小儿子，所以我得搬去加利福尼亚州。别忘了一件事：我们从未见过彼此。"

最后，她终于告诉杰佛瑞自己要去西部看丹，杰佛瑞则载她去机场。她回想道："当然了，事实完全不符合我的美好想象。我感觉像局外人一样，仿佛看着自己演出这个剧本。"两人一见面就上床，事中不忘戴套，而虽然她还是没办法乐在其中，事情仍算在正轨上，但后来他们开始吵架。"他抓起我往地上扔，撕破我的衣服，在我还搞不清楚状况时，就进来了。他那样做很伤人。之后他丢下一句，'你不就喜欢这样吗?'然后走进客厅看电视。"

芭芭拉一开始不愿承认自己被强暴,但她觉得自己的世界仿佛要瓦解了。于是打电话给杰佛瑞,说她要回家了。回到奥马哈后,她假装什么事也没发生,但发现自己怀孕后,她打电话告诉丹,仍多少以为或许两人能展开新生活。他说她怀孕只是为了逼他娶她。她没认真想过堕胎:"没有真实怀了孩子的感觉,所以根本没想到堕胎。"她只是告诉老公:"我们有了。"他们好几个月没做爱了,但杰佛瑞跟她一样拒绝面对现实,于是也就接受了谎言。

芭芭拉的生活越来越现实。丹怕她要赡养费,恐吓她,杰佛瑞则扮演称职的准爸爸,乖乖去上拉梅兹呼吸法课程、半夜出门买薯饼给她解嘴馋。芭芭拉回忆道:"但我们没有爱。我白天出门工作,应付了事,晚上躺在浴室地板上哭,请神杀了我。"一直到被送进待产室,她才清楚意识到自己要生孩子了。"看到宝琳的时候,才回神:'见鬼,有小孩了!'"

母爱并没有降临。芭芭拉哺乳、照顾女儿,但心中并没有爱。"她很可爱,但看着她,我看到的是丹。我只想去死。"有个朋友在咨询师办公室工作,她看出芭芭拉状况很不好,作主帮她预约会谈,芭芭拉也没力气拒绝。疗程开始3个月后某天,芭芭拉读到一本探讨界线的书。"我读到第8页,里头有个女人三十几岁,她谈到她父亲过去做的事,例如趁她裸体时进浴室,或在她面前尿尿等。那就是我,就是我的遭遇。书上说那是'隐性性侵害'。我这辈子一直都觉得自己哪里很不对劲,这才突然发现,那是过去加诸在我身上的,我无力改变,所以才会变成今天这样。我去叫醒杰佛瑞,把书拿给他看。他看着我说:'我一直都知道,一定发生过什么事。'"

芭芭拉开始和咨询师谈起童年,接着又谈起丹,最后她终于明白自己遭到强暴。她终于开始对丹感到愤怒,而越是生气,对宝琳的爱就越狂热。"我会边喂奶边哭,因为她的来历居然这么可怕,但她又是这么美丽。"下一步是向杰佛瑞坦承宝琳的身世,杰佛瑞听完说:"一部分的我想把你赶出去,再也不要见到你,但那不是我真正想要的。所以,我们还是一起想办法吧。"两人开始接受婚姻咨询，接着杰佛瑞与咨询师单独会谈，等他在理智上了解到她与丹的关系后，便坦然接受了一切，也担负起自己的责任，挽救两人名存实亡的婚姻。杰佛瑞向我坦承，如果一开始就知道孩子是丹的，事情必定会很不一样。杰佛瑞说："但我知道真相时，宝琳已经6个月大了。我早就爱上她，不管血缘上是谁的，她就是我的孩子，我无法抛下她。这让我了解，我也爱芭芭拉。"看着他和宝琳相偎相依的模样，芭芭拉"开始重新认识杰佛瑞，他比我以为的好太多了。也让我看清丹，原来他这么糟"。

芭芭拉的父母会知道丹才是宝琳的父亲，是因为丹曾叫女友打电话给他们。那年一家人在农场团圆过圣诞，某天晚上，芭芭拉和杰佛瑞抱着宝琳坐在客厅，芭芭拉的母亲突然问："我以前对你好不好？"芭芭拉说："不好。"母亲回答："我打过你一次，那次是你活该。"说完她叫他们滚，并警告芭芭拉，如果她敢回来，她会一枪射穿她的脑袋。一年后，芭芭拉的父亲寄卡片给她，里面附上一张她坐在他腿上的照片。卡片上写着："很遗憾没办法看着宝琳长大。"之后他打电话来说："如果你再继续说我以前怎样性侵你，我会杀了你。"但芭芭拉早已默默踏上权益运动之路，秘密是藏不住的。她接受当地报社的采访，也参加了一项与强暴性侵受害妇女有关的计划，并让他们使用她的照片。最后，为了协助新法案通过，她在内布拉斯加议会发表证词，议会终于废止性侵罪的追诉时效。525

我到奥马哈拜访芭芭拉和杰佛瑞时，宝琳6岁，看来是个开朗的小女孩，很愿意和人说话，也老爱向父母讨抱抱。她想要获得他们的注意，但对于关系的探索和回报也颇乐在其中。芭芭拉说："我从来不懂爱，甚至不懂什么叫作善良。那感觉就像40岁才开始学新语言。如果从小就听人说过，一定会容易得多。"接着她打了个颤。"有次我狠狠用手掌打了她一下，结果她的表情让人心都要碎了。自此我知道：'我绝对不会再这样对她了。'我不想变成我的父母。"

芭芭拉来自破碎失能的家庭，却打造了一个快乐的家。我们第一次聊天时，他们夫妻俩已经结婚18年，她跟女儿一同学习待人处事。她说："我以前总等着人家来找我。"现在她开始主动出击，并以身作则，鼓励宝琳一起。"我会跟她说：'你认为，交朋友有什么好方法呢？'我会带她去公园练习。在教育她的过程中，我也在教育我自己。我现在得开始活得像个真正的人，不然就干脆别活了。我给了宝琳生命，但从许多方面来说，她也给了我生命。她有自己思考的自由，我当时也有，我也做了选择。我大可跟我母亲一样，但我选择治好自己。想到我的家人，心情就很沉重，就连我父亲也不例外。他们都不是坏人，真的。"她想起多年前，自己跪在浴室地板上，请求神让她在死前认识爱。她说："我曾经以为丹就是神给我的答案，但现在我知道宝琳才是。她不仅是答案，还是途径。我先对神敞开心胸，接着对宝琳，然后是杰佛瑞。我想着，'好，下一个是谁呢？'"

强暴怀孕，若是以种族屠杀为背景，一向都会被人另外拿出来仔细检验。要灭掉某个种族，你可能会以为最合适的做法是强制节育。然而，在许多武装冲突中，征服者却选择让被征服的种族怀孕，逼他们为自己生下孩子。这个常见的现象称作"强制受孕"。"战争与儿童身份计划"就提出一份报告，估计全球目前约有 50 万人的身世就是来自于此。英国精神科医生塞佛特写道："强暴女人可说是男人在对男人传话，在告诉这些女人身边的男人：你们无力保护'你们的'女人。"布朗·米勒形容这种大规模侵犯女性身体是"主战场外的厮杀场地"。这类案例与先前探讨的案例完全不同，在先进国家、太平盛世，遭人强暴后怀孕并不会给自己惹来杀身之祸，也不会被逐出乡里，更不会因此嫁不出去。在西方社会，孩子的身世并不难隐藏，更能交给他人领养。勇于面对并将孩子留在身边的女性，往往也能找到不介意孩子身世的男伴。然而，许多地区都因种族冲突，导致遭强暴后怀孕的女性无所遁形。家人知道、左邻右舍知道，她们自此与遭强暴前的生活断裂开来。

1994 年 4 月 6 日，哈比亚利马纳总统的座机被击落，卢旺达大屠杀随即展开。接下来的百日内，少数民族图西族死亡人数高达 80 万。这场大屠杀与纳粹策划的犹太大屠杀不同，情绪高涨、无精心规划、不假他人之手,是活生生血淋淋的正面交战。当地最大民族胡图族组成青年民兵团,也就是联功派。联功派民兵及手执农具的农民发动杀戮,一直到图西族重新占领首都基加利才罢手。今天,胡图族再次受图西政权统治,觉得自己被这群讨厌的少数民族当作奴隶;图西族则对胡图族是如何害他们家破人亡的永远无法释怀。卢旺达居民在接受官方采访时都表示"Plus jamais"(再也没有下次),但我碰到的许多人都私下表示,下一场冲突迟早会再度爆发。

卢旺达有这么一句谚语:"没被揍过的女人,不是真正的女人。"文化背后隐含的厌女情节,只要以种族为名煽动,就很容易挑起。根据估计,约有 50 万名女性在这场突发的恐怖冲突中遭人强暴,并生下多达 5000 名孩子。一名女性回忆自己的遭遇,好几旅敌军杀红了眼,里头一名青年把她压在墙上,拿刀割下整个阴部内衬,血肉模糊地挂上竿子,插在她家门外。图西族的女人高挑、苗条、雍容贵气,许多胡图人认为她们太高傲,决心要教训她们。强暴不仅仅是为了羞辱受害者,更是一种杀人手段。许多男人都是艾滋病病毒携带者,领导人鼓吹他们将病毒尽情散播给图西族女性。大屠杀中的女性生还者,约有一半的人遭受强暴,其中大多因此感染艾滋病病毒。

在卢旺达大屠杀强暴行动中生下的孩子,被称作"les enfants de mauvais souvenir",意思是"惨痛回忆之子",有作家称他们为"死亡时期的活遗产"。根据研究卢旺达强暴事件的邦尼特博士的说法,卢旺达社会怪罪女人,因此,怀上孩子的女性"不愿承认,选择隐瞒,往往拒绝面对,或太晚发现真相"。她发现这些女性常想方设法流产、企图自杀或者杀婴,有些人则把孩子丢在教堂阶梯上。一时之间全国孤儿院林立。

为了了解战乱中大规模强暴生下的孩子与一般个案有何差异,我在 2004 年大屠杀满 10 年时前往卢旺达。我无法得知哪些女性曾抛弃或杀害自己的孩子,采访的都是把孩子留下的人。许多人被赶出家族,因为家人不想和"联功派的孩子"有任何瓜葛,多数人连养活自己和孩子都有困难。这些惨痛回忆之子既不被胡图族接纳,也不被图西族群所容纳,有些当地医院甚至拒绝给他们看病。卢旺达国立大学心理学院院长纳达亚姆·班杰说,因为当地社会认为,女人若宁愿被奸也不愿被杀,是非常可耻的事。

穆卡·玛那在卢旺达的"种族屠杀遗孀协会"工作,她说这些遭驱逐的母亲大多"从未找到对孩子的真爱。她们能为了孩子活下来,但仅限于此"。纳达亚姆班杰提到,曾有位女性,直到最后一刻,仍紧紧收缩阴道肌肉,想办法阻止孩子生下来,医生只得将她压制住为她剖宫生产。医生一将宝宝带到她面前,她便开始乱吼乱叫,后来被送进了精神病院。有些母亲把孩子取名为"战争"、"仇恨之子"或"小杀手"等。穆卡玛那表示:"孩子知道母亲不爱他们,却不知道原因。他们说话,母亲不听,哭了,母亲不哄,于是发展出奇怪的行为模式,他们也变得冷漠又不安。"

卢旺达的强暴受害者与其他受害者不同,她们这个人群形成了水平身份,与其他相同遭遇的人一起团结疗伤。尼拉亚比·玛娜在遗孀协会工作,专门帮助战乱时期的强暴受害者与她们的孩子,她说:"没人能忘得了她们的遭遇,所以她们倒不如一起记得。"其中有些女性从彼此身上获得的勇气与力量,足以弥补她们失去的传统社会地位。卢旺达国立大学的历史系主任卡林巴说,种族大屠杀后,意外带起新一波的卢旺达女性主义。他说:"太多男人身亡或入狱,因此许多重要工作不得不由女性接手。"这群母亲曾遭被迫受孕,以受害者的身份经过战乱,之后又受到社会文化进一步的加害,然后奋力迈向新社会——就算不是为自己,也得为她们的罪儿努力。

34岁的玛丽·罗斯,以平静的声调说起自己的故事时已经习以为常。大屠杀开始后,她逃到平时去的教会,但民兵不久也夺门而入,并在神父的同意下,几乎杀光了在场所有人。她逃出来,但被一名胡图族男子抓住,把她与姐姐占为妻子。这种做法并不少见,许多民兵逼迫妇女作他们的性奴隶,轻率地用了妻子一词,企图以此淡化自己的多重罪孽。玛丽·罗斯虽然逆来顺受,却恨他入骨。她说:"躲在路边,就会遇到这样的男人。他会走进村落,一家一家强暴。这男的随时都可能逼我接受他的朋友,我遭到很多人强暴。他说他把艾滋病病毒传给我了,所以不用浪费时间杀死我。"

强占玛丽·罗斯的人在图西族军队来临前逃跑了,姊妹俩虚弱又绝望地留在屋内。她们找医生做了检查,得知自己真的染上艾滋病病毒,而且还都怀上身孕。玛丽·罗斯的姐姐在2001年圣诞节去世,她收留了姐姐的儿子,和自己的女儿一起养大。她对我说:"我努力想忘掉发生过的事,专心把他们的肚子填饱。虽然忘不了他们是怎么来的,但我恨不了自己和姐姐的孩子。他们有时会问我,'我的爸爸是谁?'我告诉他们没有爸爸,从来没有。"

玛丽·罗斯的皮肤已开始产生病变,她很怕被邻居看出自己患有艾滋病。她说:"我不知道自己死后,孩子由谁来照顾。我挨家挨户问人有没有脏衣服要洗,也帮有钱有老公的胡图女人编头发。想到自己会死就好难过——不是为自己难过,是为孩子。有一天,我得告诉他们真相,我随时都在想,到底要怎么跟他们讲。我会告诉他们怎么做人,告诉他们遇到强暴要怎么办。我怕他们跟着我,不会有好下场;但我也怕之后没有了我,他们也不会有好下场。"

自古以来,强暴就是一种手段,而近来至少有36场冲突事件,包括孟加拉、车臣、危地马拉、非洲数国、东帝汶以及前南斯拉夫等地的冲突,也同样以强暴作为手段。一份人权观察报告提到:"这些强暴事件,显然是为了征服、羞辱与恐吓,不只是恐吓受民兵强暴的女性,而是恐吓当地整个社会。"据西方观察家表示,1937年中日战争期间,南京暴行的蹂躏过后,有大批怀孕妇女自杀,许多混有日本血统的婴儿也遭到杀害。孟加拉冲突结束后,受强暴怀孕生子的女性被认为"国家女英雄",但许多人还是把孩子丢进垃圾桶,留下孩子的,也永远不受社会接纳。科索沃战争后,普里斯提纳一名年轻人告诉英国的《观察家报》记者:"如果我是普通人,我会留下孩子。但在我们文化里,死了比被强暴好。我无法接受我妻子,她可能变得很肮脏、邪恶,变成敌人的堡垄。很多女人是明白人,她们什么都不说,在家里把孩子生下,想得更明白的人,就把脏孩子给杀了。"一名萨拉热窝战争时期的强暴受害者说:"那时生得很痛苦,痛死了。但跟切特尼克[1]对我做的事比起来,这根本不算什么。"她甚至连孩子都没看过一眼。"如果刚生完,有人想把孩子拿来给我看,我会把他们跟孩子一起掐死。"

记者史密斯写过麦薇塔的故事。麦薇塔在科索沃遭人强暴,怀孕生子。她当时20岁,不识字,老公在她怀孕后抛弃了她。史密斯写道:"麦薇塔生下了一名健康男婴。这是她短暂一生的第五次生产,但生产从未带来喜悦,只有恐惧。这名阿尔巴尼亚的年轻母亲抱起孩子后,下定决心,她把他拉进怀里,看着他的眼睛,然后往他脸上狠狠敲下去,接着折断他的脖子。"她哭着把孩子还给护士。史密斯又说:"她进了精神病监护所,眼泪再也没停过。"

丈夫被联功派民兵团杀害后,玛丽安自愿到民兵基地献身,她相信唯有如此,5岁的女儿才有机会活命。之后的几周内,她被强暴了无数次,他们说有一天会把她杀了,不过最后,图西军队释放了她。大屠杀结束后9个月,玛丽安生下第二个女儿,对孩子的强烈憎恨油然而生。玛丽安已感染艾滋病病毒,小女儿也验出阳性反应。她回忆道:"我想把她丢掉,但心里突然涌起另一种感觉。"最后,她决定要学着爱两个女儿。她说自己对两个女儿的情感并没有差别,但我问她还想不想把小女儿送走,她回答想。大女儿有纯正的图西族血统,看起来也像;小女儿肤色深,有着胡图人的脸部特征。邻居总说她们不可能是亲姊妹,但玛丽安要她们别道听途说。"等到我快死的时候躺在床上,她们问我为什么这么早死,我会把一切都告诉她们。"

两个女孩爱争宠,根据卢旺达的传统,老幺最受宠,但玛丽安觉得很难照着这套习俗来。她说:"我会因为艾滋病死掉,而老大会变成孤儿。这都是因为强暴害的,而小的那个是因强暴才生下的。知道这一

---

[1] 切特尼克(Chetniks),又称南斯拉夫祖国军。——译注

切,怎么可能不生气?我努力不去回想过去,因为过去让我害怕;我也不去设想未来,因为我知道我没资格做梦。"

在战乱地区生养这些孩子,负担极其沉重,她们丧失了社会地位,嫁人的希望更是渺茫。尽管如此,仍有数不清的女性出人意料地选择走上这条路。不过,虽然她们真心实意留下孩子,却不见得能满足孩子成长一切所需。东帝汶一名受害者说:"印尼军官轮流强暴我,把我当马,让我生了一堆孩子。我现在已经没有力气把孩子推向更好的未来了。"

近来有报告指出,强暴之子"象征着全国人共同经历的创伤,而社会大众并不想正视他们的需求"。这些孩子常面临法律上的问题。国籍常承自父亲,没了父亲,这些孩子便没有国籍。欧洲大学和平研究中心的伊斯梅尔说:"这导致孩子无法享有基本的社会福利,因为国际法假定儿童人权是国家的责任。"在越南,混血儿童在战后被称为"生命之尘",因为没有父亲为他们报户口,所以无法接受教育、医疗福利。有些人选择整形,让自己看起来更像美国人或更像亚洲人。波斯尼亚被强暴受害人的孩子,到克罗地亚寻求庇护遭拒,拿不到公民身份。1990年伊拉克占领科威特,当年强暴受害人的孩子至今仍然没有身份。伊斯梅尔认为,这些孩子"即使非直接受害,仍是强暴受害人,连基本的权利都遭剥夺"。她接着说:"直至今日,强迫受孕仍然被完全归类为女性议题,丝毫未顾虑到战祸下出生的孩子。这不但使他们被边缘化,也使他们同为受害者的事实进一步被忽略,也因此莫名其妙就归纳到加害者的阵营。"

联合国儿童权利公约认为儿童应享有公民权利,却没有考虑到强暴之子的权益,也未保证私生子享有平等权益。很多外国人都有意愿领养这些孩子,但政府因觉得丢脸,往往以民族认同之名禁止领养,或把领养程序搞得非常复杂。至于那些国人领养意愿高的国家,政府制定的相关政策却助长了这种耻辱的心态,例如英国虽愿意帮助民众领养巴尔干地区的强暴之子,却不准强暴受害人移民到英国。

玛瑟琳有双大眼睛，身材娇小，安静而不起眼，看起来颇为悲伤，举手投足像个缠人的小孩，神色慌张地抬头往上看，仿佛是等着人家开口允许她活下去。战争爆发那年她19岁，正在基加利探亲，住处遭人攻击。她马上找到另一家人，跟他们躲在一起，那家的户主是个老头，他赶走妻子，逼迫玛瑟琳当他的性奴隶。两个半月后，他说自己玩腻了。她遭人轮奸，心不甘情不愿地追随另一个强暴她的男人。那男人是个生意人，带着她一起去刚果。知道战争结束后，她求他放她回家，但那时她已有身孕，丈夫决定把她和孩子留在身边。她等了数月，终于等到他离家出差。她拿着3000刚果法郎（相当于5美元）迅速离家，劝说出租车司机送她到卢旺达，卢旺达的联合国难民署收容了她。生下女儿后，她为她取名为克莱曼丝。她的子宫由于受损，生产后不得不摘除。

由于玛瑟琳的嫂嫂过世，战争过后，她便帮哥哥打理家务，而哥哥不准患有艾滋病的克莱曼丝踏进家门。但玛瑟琳说，至少哥哥没有抛下遭人强暴且染上艾滋病病毒的自己。克莱曼丝和玛瑟琳的母亲住在一起，玛瑟琳一周去看她们一次。向克莱曼丝揭露身世很难，但要向她解释她们两人都活不久更难。克莱曼丝的身体已经开始长水疱，她母亲称那是"青春痘"。克莱曼丝病情严重时，外祖母就带她去找玛瑟琳，让她带她去医院。两人都健康时，克莱曼丝和玛瑟琳会一起度过欢笑时光。玛瑟琳生病时，克莱曼丝会待在她身旁安慰她。玛瑟琳常常想，让女儿先走一步是不是比较好，两相权衡后，她觉得不如维持现状。她说："大家可怜我，觉得我有个惨痛回忆之子，但她是我生命之光。这样慢慢死去很惨，但如果没有孩子在身旁安慰我，会惨上千倍。我要死了，至少我不孤单。"

我在吉塔拉马市郊采访了一名女性，她说她们全家人，包括丈夫与三个孩子，都遭一个男人杀害。他把她占为己有，在大屠杀期间将她作为性奴，后来她逃了。生了一个儿子之后发现自己得了艾滋病，孩子倒还健康。她知道自己要死了，害怕孩子没亲人照顾，于是她找到孩子的父亲，那个当年杀了她丈夫与孩子的人正在坐牢。她决定和他保持来往，每天做好饭菜送到狱中给他。她说起现在正在做的事，眼睛只能直愣愣地盯着地板。

东帝汶主教贝洛是 1996 年诺贝尔和平奖得主。谈起战时强暴，他表示："1999 年，有 3000 人死亡，说不清多少女性遭受强暴，还有 50 万人流离失所，其中 10 万人至今仍未返乡。"澳洲国立大学的里默指出，战争造成的各种伤害都有统计数字，唯有遭强暴与强迫受孕的女性人数从来无法详细计算。在她看来，"说不清"一词，不只是比喻人数众多，更是事实。

自 1869 年开始，《日内瓦公约》保障战时伤病者接受医疗，许多人主张，战时强暴受害者也应纳入保障。联合国人权委员会指出，不让强暴受害女性堕胎，是残酷不人道的行为，但美国持续遵循 1973 年的《赫尔姆斯修正案》，修正案内表示："不得以外援资金，协助以家庭计划为目的之堕胎，或鼓励、强迫任何人堕胎。"对于此段文字，目前的解释是任何接受美国资金援助的国家或组织，都不得讨论或帮助任何人堕胎，就连战时遭强暴而怀孕的妇女也不例外。全球正义中心的主任班修夫表示："其实，几乎所有战时因强暴受孕的女性都会选择堕胎。刚果有 40％的强暴受害人为儿童，13 岁的小孩要怎么养小孩？死亡率高得吓人。联合国估计，在战时遭强暴怀孕又被禁止堕胎的女性，有 20％会尝试自行堕胎，这还不包括自杀的人。"女性以土法炼钢的方式堕胎失败之后的治疗，使用所谓的善后工具包，是由美国政府出钱提供，班修夫说："所以我们知道是怎么回事。这些强暴犯是为了灭绝种族而强暴，我们要这些女人生下小孩，就是在帮助种族屠杀。"

埃弗辛长得高，表情丰富、非常戏剧化，拥有典型图西族女性的深邃五官与优雅气质。我采访过的许多女性都因为历经打击而死气沉沉，她却丝毫不受影响，有时前一分钟还在大笑，下一分钟马上泪流满面。她住在基加利市郊的一栋泥土屋里，房里一角放着一张极不相称的飞机座椅，另外还有两张破木头椅。唯一的光源，是从屋顶与墙壁间的细缝射进的自然光。虽然如此穷困，她仍穿着一袭棉质印花长裙，搭配图色相衬的头巾，优雅得无可挑剔。

大屠杀那年，埃弗辛20岁。她以为只有自己住的村庄出乱子，便逃到隔壁村的亲友家。但那儿也早就开始烧杀掳掠，她和亲戚决定跨越边境，到蒲隆地避难。就在即将抵达目的地时，背后响起一片枪声，埃弗辛不停地往前跑，家人则纷纷中枪倒地。她躲进一间屋子，屋里的老妇人答应把她藏起来。当晚，老妇人的儿子回来了，他是联功派民兵团的一员，一看到母亲藏在家中的美女，马上宣布要她当他"妻子"。3周内，他一再强暴她，她则尽可能顺从他，生怕没了他的保护，自己可能丧命。

1个月后，埃弗辛发现自己怀孕了，儿子尚德·狄伍出生后，日子变得极为难过，她搬进一个男人的家里，他命令她"把孩子处理掉"，否则就滚。埃弗辛用尽一切方法，让儿子知道自己是个累赘，无情地打他，偶尔还把他丢出家门。一起出门时，她总说："叫我阿姨，不准叫我妈妈。"另一方面，男主人日夜揍她，最后她终于鼓起勇气离开，搬进贫民窟里，我就是在那里与她见面的。她回忆道："然后，我才发现，儿子是我仅有的一切。有的时候，尽管我们经历了这一切，他都会笑，我从此爱上了他。"

国际刑事法院，又常称为国际战犯法庭，遵循的是1998年的《罗马规约》。规约明确规定，"意图借强暴影响任何族群之种族组成，或意图进行严重违反国际法之行动而违法监禁强迫受孕女性者"，是为违反人权。内文并未提到受害者应获得损害赔偿，主要关切的是处罚罪犯，尤其是位居高层、发起强暴行动的主谋。卢旺达问题国际刑事法庭在1998年有重大突破，当年该法庭审理地方首长阿卡耶素鼓励警察强暴图西族女性一案，最后以违反人权与施酷刑之罪名判他有罪。这是史上首次将强制怀孕当作种族屠杀手段起诉。不过，规约与判例暗示，其判决依据在于存在种族屠杀之意图，不在大规模强暴。对于遭受强暴并因此怀孕的女性而言，强暴犯意图究竟为何，并不重要；对孩子而言，也毫无意义。班修夫说:"遭酷刑的男性被社会当作英雄,受虐女性则被当成妓女,害家族蒙羞。"美军入侵伊拉克后,遭强暴的妇女超过半数遭家人杀害。

法律学者一直努力想为战时遭强暴的妇女制定一套更好的保护措施,但她们生下的孩子,却鲜少获得注意。这些孩子往往遭到虐待、抛弃,或两者都有。里默呼吁将这些孩子归类为退伍军人,"公开认定他们亦有权向政府申请补助,而不是被当作某种罪孽所衍生出的副产品"。这样归类,能让孩子获得津贴,也是正面肯定妇女的勇敢,并承认孩子处境艰难。"医治非洲"组织的区域主任加贝卡佑专门帮助这些母亲与孩子建立亲子关系,她说:"我们想培养这些孩子成为和平大使。"

克里丝汀抬头挺胸、举手投足带着好强的气质,完全不像我在卢旺达看过的强暴受害妇女。她从前住在基加利,18岁那年遇上大屠杀,一名民兵闯入她家说:"把衣服脱掉,躺下来,不然我就杀了你们全家人。"他屡次回来,每次强暴后,克里丝汀的父亲都会给他钱,请他离开。后来全家上路逃命,遇到路障,无法过桥渡河。他们在路边坐了2小时,一边看着其他人惨遭杀虐,一边等待。夕阳西沉,一名民兵杀气腾腾地走过来,他们拔腿就跑,但克里丝汀的母亲已经撑不下去,哥哥想去帮她,克里丝汀转头,看着他们两人被剁成碎块。她和父亲走了96千米路到吉塞尼市,两人白天四处躲藏,晚上沿路悄悄前行。然而等他们终于抵达时,当地也早已沦陷,于是他们又走了十几千米,一路走到刚果,在那里等待战争结束。就在等待之际,克里丝汀发现自己怀孕了。

她害怕自己染上艾滋病病毒,却迟迟没有勇气查明真相。她会因为恨而把还在襁褓中的女儿痛打一顿,后来她把孩子交给她的生父,不想再见到她。即使事情已经过了10年,一想到有这个孩子,她仍深感悲凄。她每天都去探望唯一存活下来的妹妹,1个月却顶多探望女儿一次。

克里丝汀和其他惨痛回忆之子的母亲不同,她之后再嫁。老公是实行一夫多妻制的刚果人,家里还有另一个妻子。她说:"经过这些事后,我没办法再嫁给卢旺达人了,连图西人都不行。刚结婚时,我尽量对他隐瞒自己的过去,最后还是全盘托出,而他一直对我很好。我难过时,他带我出门散步,我常常作噩梦,有时脑中闪过从前的画面,他会提醒我,我原本可能送命却活了下来,他也总能安慰我。"他甚至提议把那个孩子接过来一起住,但克里丝汀不想。

有时,尤其是当采访对象看来仿佛被夺去一切时,我会问她们是否有问题要问我。这种反向邀约,能让她们觉得自己不那么像实验对象。在卢旺达时,这些母亲问我的问题大多不外乎:你要在这里待多久?你访问过多少人了?什么时候公布研究成果?这些故事有谁会看到?访问完克里丝汀后,我问她有没有问题想问。"嗯……"她显得有点迟疑。"你写的东西跟心理学有关吗?"我点头,她深吸一口气,说:"可不可以告诉我,要如何多爱女儿一点?我好想爱她,也尽力了,但每次看着她,我都看到自己过去的遭遇,然后就被打断了。"说完,眼泪滑落脸庞,但接着她又重复了一次问题,语气几乎像在厉声质问:"可不可以告诉我,要怎么多爱女儿一点?"

事后我才惊觉,这个问题本身就承载了满满的爱,只是她自己不知道,但我已经没有机会告诉她。身为母亲,凡是孩子身世有难言之隐,又想解开自己内心矛盾,都会问自己这个问题。这个疑问尖锐地质疑了一件事:一个女人的爱,究竟有多少是来自哺乳类的天性?多少是来自社会习俗?又有多少是来自个人决心?

同样是家有特殊的孩子,与其他父母相比,因强暴而怀孕生子的母亲得更努力抛开内心的黑暗,好为孩子带来光明;而她们所拥有的支持,比其他人群都来得少。这些母亲和孩子需要专属的身份族群,在那里找到更多尊严,而零零星星的网络求助帮不了他们那么多。本书其他章节谈到的各类孩子身上都带着伤,而此章谈到的孩子,虽然错不在他们,本身却就是伤口。这些母亲吃尽苦头才生下孩子,也生怕这些痛苦的遭遇会限制她们的爱,但事实往往不如她们担忧的那么严重。即使她们再怎么筑起心理防线,母爱总能使其神迷喜极。

第十章　罪　犯

本章探讨的是犯罪，而犯罪都是孩子有所选择的刻意作为，错在孩子自己，这一点不同于书中大多数状况。父母也有错，他们若能给孩子良好的道德教育，又足够警觉，就能预防孩子犯罪——至少社会普遍都这么认为，因此罪犯的父母总是既愤怒、又自责，一方面竭力原谅孩子，另一方面也原谅自己。在世人眼中，精神分裂症、唐氏综合征患者及其父母是生逢不幸，罪犯及罪犯的父母却是人生失败。身心障碍儿的父母有政府补助，罪犯的双亲却常遭到起诉。

若你生下侏儒儿，你自己并不会变成侏儒，若你的孩子听不到，你的听力也不会受损，但孩子一旦误入歧途，父母似乎便难逃谴责。父母若为孩子的优秀表现沾沾自喜，那反之当孩子表现不佳时，当然也自觉有错。可惜，再高尚正直的家庭教养都无法保证孩子不堕落，但这些孩子的父母却往往觉得自己道德有失，并沉溺在指责中，因此无法帮助，甚至无法继续爱他们罪大恶极的孩子。

家有身心障碍儿常是种社会经验，其他状况相似的家庭也会敞开心胸欢迎你。家有坐牢的孩子，却往往陷入孤立。在少年机构的家属接见日，父母或许会友好地互吐苦水，但一旦离开这些违法才是常态的团体，多数父母便不愿与人倾吐。罪犯父母能取得的资源非常少，没有彩色印刷的指南述说孩子犯法的优点，也没有人以优美文笔为他们改写《欢迎来到荷兰》一文。这种不利处境也有好处：大家不会说你经历的都是小事，不会打造贴满五彩纸带与装饰的学习中心，要你把悲伤化为喜悦，也不会劝你以欢心回应孩子的罪行，否则便不爱孩子，更不会敦促你颂扬你想要哀悼的遭遇。

世上有数以千计的机构协助许多水平身份解决种种难题，包括启聪学校、主流化教育，以及精神分裂症的精神科专科医院。至于安置少年犯的州立机构，大多意在处罚，而非帮助他们改过自新。许多人是不会变好的。几乎人人都能改过向善的观念只是自由派人士的幻想。但的确有许多年少罪犯的偏差行为和环境有关，也因此社会有道德责任拯救他们所有人。因为救活的人，肿瘤科医生面对多数病患的死亡较能释怀。如果我们能降低可能成为惯犯的人数，即使只有一成，也能减少人间苦难，并降低诉讼与监禁的成本。设置监狱迎合了大众的信念：刑罚越严厉，国家就越安全。这跟孩子不打不成器的逻辑如出一辙。

监禁的三大基本原则是吓阻、剥夺行为能力以及报应。吓阻确实有几分效果，有意犯罪者想到未来的牢狱生涯可能就会却步，但效果不如一般人所预期。"打击犯罪：投资儿童"组织由 2500 名以上的各州市警察高层、检察官等执法人员组成，该组织表示："站在第一线打击犯罪的人都知道，光把罪犯逮捕送进监狱，无法解决犯罪问题。"有人搜集了 200 个相关研究进行后分析，发现行为治疗、家庭辅导等效果最好的改造计划能减少三至四成的再犯率，即使重刑犯也是如此，而以处罚为导向的疗法则没有效果，甚至有负面效果。美国国立卫生院建议："以威吓为手段不仅无用，还可能适得其反。"

剥夺行为能力得以收效，乃因人在牢里，无法轻易继续犯罪。但除非终身监禁，否则罪犯出狱后的表现仍是问题。监狱就是个大染缸，初犯常从老鸟那儿学到各式各样的作案手法。哥伦比亚大学全国成瘾及药物滥用中心的主任卡利法诺近日表示："少年司法机构已沦为犯罪大学，为再次犯罪及成年监禁铺好道路。"18岁以下的受刑者中，有超过八成的人在出狱后的3年内再次入狱。若不想要孩子坐牢，就让他们远离监牢，因为一旦在那里待过，未来便有可能一再入狱。

报应是报复一词的流行委婉说法，意指看到折磨自己的人受到教训时的恶意快慰。报应是对受害者的宠溺，他们觉得很无力，若看到对方入狱或遭处决，有时会觉得获得了该有的权利。但这种效果很有限，采访调查发现，许多要求处死罪犯的人，事后都表示处决并没有带来预期中的满足感。

蔻拉·奈森儿时住在明尼苏达乡间，受过言语与肢体虐待。她早早就结婚，生了两个女儿珍妮佛和曼蒂，但婚姻生活悲惨。她在20多岁罹患子宫颈癌，被告知再也无法怀孕。后来她爱上路克·马亚，这位俊俏、酗酒的美国原住民并不介意两人无法生子。结果，蔻拉竟怀了孕，生下彼得，让医生们大为意外。她说彼得是她的"奇迹宝宝"。对大女儿珍妮佛而言，刚出生的同母异父小弟是"我会走会说话的活娃娃"。然而路克越来越嗜酒、残暴。珍妮佛回忆道："他不知怎么了。我母亲当初嫁的那个好人，我们都爱的那个人，就这么不见了。"

路克失控时，珍妮佛会哄彼得一起上床，想保护他，但彼得还是目睹了母亲挨揍、被掐脖子。他自己也被狠狠揍过。彼得回忆道："有些时候真的很糟，但也有好日子。我第一次使用来福枪的时候，我们用水里的饮料罐当靶，我第一发就射中。他两只手一把抱起我，一副很以我为荣的样子。"路克有次爬上珍妮佛的床，把手放在她大腿上。珍妮佛6岁时曾被男性保姆性侵过，这次她极力反抗。她说道："对于这个人，好的回忆多，坏的少。只是，坏的真的很坏。"

一天，路克喝得烂醉，把彼得毒打了一顿后开车去酒吧。蔻拉终于忍无可忍，收拾行李带着孩子离家，当时彼得6岁，曼蒂已是少女，珍妮佛则早就搬出去了。蔻拉将路克赶出房子后搬回家中。结果路克闯入屋内，剪烂蔻拉的衣物，还把枪带走。蔻拉申请了保护令并申请离婚。之后几个月，彼得周末有时会和父亲见面，但路克通常都醉醺醺的。蔻拉开始和公交车技师伊森约会。

蔻拉申请了无过失离婚，在离婚中诉核准的前一周，曼蒂放学回家，发现路克在厨房。她打电话给蔻拉，蔻拉叫了警察，但路克在警察到达前逃走了。蔻拉带着孩子搬去伊森家，几天后回家，发现门是开的，赶紧报警。这次警察还是没发现异状，蔻拉请他们检查地下室。彼得回忆道："他们下楼，看到他在地下室，手边放着一把霰弹枪、一把点二二来福枪，还有一把点三三来福枪。他手持来福枪走出来，看起来像是要对警察开枪，但枪支卡弹，无法射击，可是警察不晓得，所以他挨了三枪，死了。"那时蔻拉和三个孩子都在楼上。

路克原本计划和蔻拉同归于尽，还留了纸条给儿子，说一切并非彼得的错，如果彼得想他，就"抬头看看猎户星座，因为那就是我，永远只当猎人，不当猎物"。彼得说："他有抑郁症，但不愿求助，因为他觉得别人一定会要他戒酒，而世界上他最爱的就是酒。我一直很希望他能把我看得比酒更重要，但他没有。"

彼得回忆道，事发之后，蔻拉有时正常，但其他时候却"做不了什么事，我得努力照顾她"。这对一个伤心的 6 岁儿童来说，是很沉重的工作，特别是他总想着"如果我做了不一样的事，说不定他就不会试图杀我妈了"。失去父亲让彼得心痛，"我父亲没我高，但他有件夹克我穿起来很合身，寂寞的时候，我就把夹克穿上。"

一家人搬去与伊森同住，珍妮佛说："谁想住在家电留有弹孔的房子里？"她高中时怀孕，生下女儿珊卓后便辍学，之后和珊卓的父亲分手，带着珊卓搬回家住，得了慢性偏头痛，她说："我有好几年都缩在黑漆漆的房间里，要不是珊卓跟我住同一间房，我大概什么都不会为她做。"珍妮佛曾陪彼得度过童年，现在则轮到 6 岁的彼得当珊卓的玩伴。"彼得收拾我的烂摊子，帮我照顾珊卓。"珍妮佛说道。

但彼得常常阴沉且孤僻。三年级的某一天，他觉得某个女生很烦，拿起铅笔就往她大腿深深刺下去。他得了注意力不足过动症，虽然明显很聪明，学业却出问题。后来一家人搬到不错的中产社区，新学校的辅导员想用"哌甲酯"解决彼得注意力不足的问题，但除了过动症他又同时有严重抑郁,而哌甲酯加重了彼得的焦躁不安,抗抑郁药也激发了轻躁症。这时,学校老师都已经视他为问题学生。

彼得一直不把伊森当父亲,日子过着过着,他也开始反抗母亲。蔻拉不知如何管教他。珍妮佛说:"母亲太爱他,只能不和他见面。"彼得13岁时闯入商店偷香烟,被控严重轻罪。一年后,他在购物中心偷滑板,为此入狱数天。那阵子他也常因为逃学惹上麻烦。蔻拉向她的医保单位为他申请心理咨询,但对方拒绝支付彼得的治疗费用。

珍妮佛最好的朋友安妮有个9岁女儿玛瑟拉。不久后,玛瑟拉告诉母亲,彼得强吻她、隔着衬衫揉她的胸部,并暗示珊卓受到的伤害更多。安妮随即致电珍妮佛,"我记得很清楚,电话一挂,我就吐了。"珍妮佛说道,她当晚就问了珊卓。"严重的性侵,从她6岁开始。我照顾过的小弟、愿意为他牺牲生命的小弟,竟然对我女儿做出这种事。"她立即报警。

蔻拉对彼得说:"你再怎么糟糕也不能这样,我真没想到你竟然做出这种事,也想不出有什么事比这更过分。但如今我知道了。我还是你母亲,依然爱你,所以你知道吗?你再也没有什么事是不能告诉我的了。"她对他下了最后通牒,如果他还想回家,就得接受协助,洗心革面。珍妮佛说:"母亲能做的都做了,他说不出自己需要什么,我们也不懂读心术。"

虽然彼得才15岁,但检方想将他送上成人法庭受审。珍妮佛为他写了封信,提到:"我弟弟应当受罚,但更重要的是,他需要帮助。"彼得被判处性侵害罪,必须入狱两年,之后再由"扩大少年法院管辖权"管制,这意味着,他一旦再犯,就要坐牢12年。他在服刑期间告诉治疗师,珊卓的父亲早在他之前就性侵过她。性侵专家仔细问过珊卓,表示她的陈述"太详细,不可能是编造的"。珍妮佛说:"唉,乱伦。我觉得自己应该住在拖车里[1]嫁给表哥、去上八卦谈话节目《杰里·斯普林

---

[1] 按刻板印象,美国会搞乱伦、近亲通婚、上八卦节目谈自家丑事者,多是住在拖车活动房屋的那一类低下阶层,故有所谓"trailer trash"(住拖车的人渣)的说法。——审订注

格秀》。太怪了,我被男保姆性侵,之后又被路克性侵。珊卓被父亲性侵,之后又是彼得。大家都说同一个地方不会被闪电击中两次,一点都不对。"

彼得在亨内平郡立收容学校认真工作,美其名为学校,其实是明尼苏达州明尼通卡市的少年犯监狱。他在那里首度为父亲的逝世落泪,也对伊森说爱他,"若不是有人逼,他绝对不会这样敞开心胸。"蔻拉说。彼得在那儿对创意写作产生兴趣,写了很多十四行诗,对过动儿而言这是惊人的成就。他的体型很吓人,但在狱中培养出沉静稳重的气质。随着他出狱的日子一天天靠近,珍妮佛说:"我好想念他,但又因此觉得愧疚,这样似乎背叛了女儿。"她一脸恳切。"我的弟弟再也不会有机会跟我的任何孩子单独相处,但我希望他回来,真的。"

收容学校办了悔过活动,让彼得与母亲、珍妮佛及曼蒂相见。为防止两个小女孩在这样的会面中受到进一步伤害,彼得不能和她们见面,安妮则选择不露面。珍妮佛写信告诉我:"女儿说,如果耶稣能原谅身旁十字架上的罪人,那么她也可以原谅彼得。我说:'你要证明我没有白白信任你。'结果我的所有要求,他都做到了。"但她仍很担心,怕珊卓被性侵的后遗症要到青春期才显现。

彼得出来数周后,在珊卓的提议下,全家人在蔻拉家庆祝圣诞节。隔年5月我回明尼苏达拜访时,一家人气氛已不同以往。时值初春,又是周六,彼得、曼蒂的未婚夫及珊卓在草地上玩美式足球,其他人坐在场边加油。当时彼得17岁,珊卓11岁,看到彼得扑倒珊卓时,我心头一惊,但完全感觉不到现场有任何不安或紧张的情绪,令人忧虑。然而,彼得已脱胎换骨,这点毋庸置疑。珍妮佛说:"从前住在这里的哀伤孩子已经不见了。"

彼得多次回收容学校拜访,我问他为什么,他说:"我以前跟学校的某个人很亲近,但他出去后就从我的生命中消失了,我很伤心,下定决心绝不这样对待其他人。所以我每个月都回去,看看那些帮过我的人。"珍妮佛说:"从前他有些需求我们无法满足,而他呼救的方式是通过珊卓。你知道吗?那几乎就像是,这一切必须发生,不然他无法获救。珊卓这可怜的孩子就像献祭的羔羊。"一年后,她来信提到:"这个礼拜,我终于能告诉彼得我原谅他,要不是亲眼见到他真的变了,我说不出口。他真的下定决心要活得有意义。我的弟弟虽有缺陷,却是个了不起的年轻人。我真的很高兴自己能见到这一切。"

我认识彼得两年后,珍妮佛结婚了。在预演晚宴上,她身上的T恤写着披头士的歌词LET IT BE(让它去吧),似乎反映了一家人的心境。用完餐后,我们一起看彼得打棒球,换场时他下场接受大家拥抱,等他回到场上后,蔻拉转过来对我说:"我终于得到我梦寐以求的儿子。"

安妮是珍妮佛的首席女傧相,玛瑟拉和珊卓则是伴娘。玛瑟拉看到彼得仍会不舒服,彼得同意等玛瑟拉离开餐宴后再来,但玛瑟拉选择留下。她和珊卓拿粉笔在车道上画格子,等大多数客人离开后,几个人穿着礼服玩起跳房子,彼得也一起。彼得因为亲密行为而犯法,他的家人改变了那份亲密的本质,程度却丝毫不减。

有一项大型调查研究了200多万名美国青少年,发现受访者每4人就有1人在过去一年曾使用、携带刀枪或涉入相关活动。还有资料显示,十分之一的青少年曾对父亲或母亲动粗。每年约有300万名青少年遭拘留,人数比芝加哥的总人口还多,其中有超过200万人被逮捕。青少年比成人罪犯更容易被捕,毕竟新手总是比较笨拙。约有70%的青少年嫌疑犯被送往少年法庭,33%获判缓刑,7%遭监禁,或被安置在其他机构。有位评论家曾形容逮捕就如同"校长室约谈的延伸"。

虽然这些数字高得吓人,青少年暴力犯罪率自1994年以来却稳定下降,现今的人均逮捕率只有当时的一半,其中因谋杀罪被捕的比例更下降了75%。此现象的原因众说纷纭,包括21世纪初那几年经济增长、毒品不再泛滥、拘禁的犯人增多而使许多潜在的暴力犯没有机会上街头犯罪、警察改变办案手法等。我们不可能搜集到可靠无误的犯罪率,只能以逮捕总数为参考,从中大略推估。有些时期社会会给警察压力,每件犯罪案都要逮捕到人,其他时候则比较放松。人心惶惶时,雇用的警察人数比较多,而随之上升的逮捕人次看起来就像是印证了大众的猜想。

结伙犯下同一起案件的少年，获判的刑罚会因家庭的参与而异。有位法官告诉我，罪犯的父母看起来若能对孩子有正面影响，她就会判处较短的刑期，因为"这些孩子可能有机会学习，而不会再去害别人"。我遇到过一名年轻人，他被判10个月刑期，但同党却被判5年，其原因就是没有家人支持。这样的想法有理，但也非常讽刺：这些孩子正是因为被剥夺了关爱而犯下罪行，之后又因同一原因而被延长刑期。青少年犯罪是基因、个性、个人倾向、家人的行为态度及整体社会环境相互作用的结果。天生坏胚子的想法似乎已然过时，但有些人仿佛天生就缺乏道德感，就像有人天生就没有大拇指。我们粗糙的科学还无法解开基因究竟是如何塑造品性。但有些人即使备受疼爱与支持，仍有暴力及破坏倾向、同理心荡然无存，或弄不清什么是真实。不过大部分的人之所以犯罪，仍得先有外在刺激，电影中那种骨子里就是心理变态的罪犯并不常见。

然而多数法律都围绕着一个观念建构：少年犯的坏是无药可救的。比如，少年法庭的检察官或法官可以宣布放弃管辖权，如此便可将少年犯移送至成人法庭，判处较重的刑罚，而近来选择这么做的人越来越多。说来讽刺，移送成人法庭受审的青少年，犯的大多并非谋杀或伤害罪，而是涉及毒品或侵犯财产。成人法庭早已案满为患，法官常驳回这些案子，但有时他们也会依照成人法庭的标准裁量，因此刑罚不是过轻，便是过重。此外，少数族裔、给人观感不佳或看来无家人做后盾的少年犯，更有可能被法官移送成人法庭。仅因以上状况便加重量刑，并不合理。20世纪90年代，除了内布拉斯加州之外，各州都立法让法官能更轻易将少年犯移送成人法庭，在成人法庭受审的少年犯人数自此激增。在2001年，最高法院还未裁决判处18岁以下的罪犯死刑为违宪，而当时的死刑犯中，就有12%不满20岁。

对于少年犯的处罚与改造，美国的态度混乱失措，放弃管辖权只是最新一例。美国第一个被处决的青少年是16岁的格兰杰，1642年因鸡奸牛马等动物而被处死。此后，共处决了300多名青少年，其中最年幼者仅 10 岁，于 1850 年被处死。穷困预防协会在 1819 年发表一份报告，哀叹："这是罪恶及绝望构成的大型学校，聚集了积重难返、不知悔改的罪犯。这是让人悔改的地方吗？" 1825 年，该协会试图打造最理想的改造环境，主张让罪犯从事"简单的劳动"，习得一技之长，如此日后社会才愿意接纳他们。19 世纪末，伊利诺伊州出现国内第一个少年法庭，法官量刑全凭其对少年犯性格之主观判断。芝加哥早期有位少年法庭法官说："法官要下的决断，往往不是孩子到底有没有犯罪，而是他是谁、怎么变成这样。为了他也为了国家着想，该怎么做才能避免他继续沉沦？" 1910 年，林赛法官写道："我国的刑法既不适用于白痴[1]，同理亦不适用于孩子。"法庭的裁量权过去向来是一种"国家监护"，也就是在成人的制衡系统之外，由国家政府扮演父母角色，全权处置，直到 20 世纪初才有转变。到了 20 世纪 60 年代，开始有人想改革这种毫无准则的系统。1967 年最高法院审理的高尔特案中，一名年轻人打电话性骚扰邻居，少年法庭判他到少年管束学校，最长得待上 6 年，但同样的罪行若是成人罪犯，最多只会罚款 50 美元，或拘役 2 个月。最后最高法院推翻下级法院的判决，判定少年罪犯应享有被通知控罪权、律师辩护权、证人对质权与交叉询问权，以及不自证己罪权。大法官方特斯代表多数意见执笔写道："即便是男孩，也不该受到袋鼠法庭式审判[2]。" 1974 年的《少年司法与犯罪预防法》限定了审判前拘留青少年罪犯的时间上限，并明文规定应将青少年与成人罪犯隔离，不见面也不交谈。里根政府要求回归"强硬"政策，司法部犯罪预防司司长抱怨，法院竟要听从"社工那套肤浅无益的心理学说"。各州开始使用放弃管辖权的制度，对青少年罪犯执行死刑，入监服刑的青少年人数也大增。到了 20 世纪 90 年代末期，几乎有一半的青少年罪犯被关进监狱，而不是参与社会服务或辅导计划。

---

[1] "白痴"（idiot）一词原仅是医学和法律的专业用语，指智力重度不足者，今天此词带贬义，中英文皆然，除非语境明确，否则应避用。——审订注

[2] "袋鼠法庭"（kangaroo court）一词来源众说纷纭，意指私设、不合法，程序或审理不公，恐有损被告权益的法庭或司法体系。——审订注

546   至今，少年司法制度仍具有父权思维，警察可自由裁量是否拘留青少年，通常警告一番就由父母带回家。过去约20年来，美国公民自由联盟等组织领导的左派人士为少年犯争取更多正当程序及更明确的权利，但正规化的结果却让体系无法视情节从轻发落。最近一份调查显示，只有三分之一的青少年罪犯觉得律师确实帮了他们。另一方面，右派人士则要求更为严格的判刑。左派人士希望孩子享有大人的权利，但不担负成人的责任；右派人士却恰恰相反。案件审理的速度非常缓慢，青少年在审判前可能要在拘留所苦熬将近一年，严重影响人际与学业发展。虽然逮捕青少年罪犯时，刑警照例宣读"米兰达权利"，但有至少一半的青少年不知道宣读内容的意义。现在的判决比高尔特案之前更严厉。诚如少年司法学者葛利索与施瓦茨在《受审少年》中所写："左翼提出与成人法庭相类的程序，右翼则引介惩戒的办法，两者相互拉动，联手创造出四不像的少年法庭，严厉、拙劣，又自相矛盾。"

青少年还不成熟，人类很早就立法规定饮酒、投票、性行为与驾驶的法定年龄。今日的生物研究证据显示，青少年的大脑结构与成人不同，所以区分成人与少年犯罪有其道理。15岁少年的前额叶皮质中，负责自我控制的区域尚未发展，大脑许多部位更要到24岁才发展成熟。虽然我们还未能掌握这另类人相学的完整含意，但以成人标准要求儿童，就生物学而言实属天真。犯罪的孩子在成年后的确可能继续犯罪，但另一方面，许多孩子就是因为年幼冲动，才犯下罪行。

遭逮捕的青少年，有一半以上毒品测试呈阳性反应，更有超过四分之三的人在犯罪时受到毒品或酒精的影响。被捕的青少年跟同龄的孩子相比，饮酒概率是2倍，使用大麻的概率超过3倍，服用摇头丸的概率超过7倍，吸食可卡因的概率超过9倍，使用海洛因的概率更高达20倍。这些数据无法阐明到底是药物与酒精真的导致青少年犯罪，还是药物滥用及犯罪同为某一种深层人格障碍的征兆，还是立法管制药物会逼得成瘾者涉入犯罪行动。不过从数据中可以看出，想要打击犯罪，青少年毒瘾治疗扮演重要角色。可惜，被捕的青少年中，只有1%获得戒毒治疗。

索菲亚・麦费及乔赛亚・麦费不知道 17 岁的儿子查克因可卡因毒瘾而当上了毒贩，更不知道他随身带着枪出没于南波士顿。某天晚上，查克带朋友回家，夫妇俩突然听到巨大声响，两人当然一头雾水。原来是朋友中有人开玩笑地拿着枪挥舞，提议要玩俄罗斯轮盘赌，其他人试图阻止，没想到他竟扣下扳机，射中自己的头部。乔赛亚冲上楼，却只来得及在他断气时抱住他。事发二十几年后，查克说："戒毒期间，那天发生的事不断在我脑中重演，我原本可以阻止这一切，却没有做到。"

查克在大学时染上严重的酒瘾与毒瘾，所有的科目都不及格。乔赛亚说若他不念书，就不再帮他缴学费。之后查克重新贩毒，不久遇到一个女孩，叫萝伦，她也吸毒。某晚两人嗑完药处于亢奋状态，拿着枪戴着面具到埃弗里特的加油站抢劫，查克还用轮胎撬棒把站长打得头破血流。乔赛亚为他找了个厉害的律师，法官最后判他缓刑。乔赛亚说："偷来的钱早被他吸进鼻子里。"不过他和索菲亚还是把钱还给受伤的站长，但令两人惊愕的是，查克与萝伦竟在 21 岁那年结了婚，不久便生下第一个孩子玛肯姬。查克吸完毒会殴打萝伦，两次因伤害罪入狱。这对夫妻都有严重毒瘾，主要吸食可卡因，但有时也用其他毒品。虽然如此，两人仍很快又生了两个孩子，麦蒂森及凯拉，接着就离婚了。

孩子跟萝伦一起住，她入夜就出门走私毒品，不见人影。最后，社会福利机构威胁要将孩子带走，于是查克带着三个女儿搬回家与父母同住，以免孩子被送去寄养家庭。不久，查克又开始吸毒，索菲亚与乔赛亚将他赶出家门，并于一年后提出申请，想取得孩子的临时监护权。索菲亚为了自己不得不辞职而愤愤不平。她说："我以前会埋怨自己——别这样，好歹她们也是你的孙女，但这一切都不在我的计划内。"

之后，查克尝试戒毒 14 次，此外也参加过无数次匿名戒酒会、日间课程，住过中途之家，完成数次排毒疗程。每次都撑不到 9 个月就复发。除了可卡因和酒精外，他也吸海洛因和奥施康定。他曾因假释期间再犯、酒醉驾驶、家暴及偷窃而坐牢。不乱来时，他俨然是另一人，但他太常乱来，即使真有另一层人格也于事无补。我和索菲亚及乔赛亚见

547

548 面时,查克已年近四十,女儿也和祖父母一起住了将近10年。对于父母的慷慨相助,查克既依赖又恼怒。他气愤父母告诉女儿他吸食海洛因,说:"她们听了会非常难过。"似乎没想过吸毒本身就令人难受。

乔赛亚与索菲亚好不容易才勉强接受自己得照顾三个女孩,想不到9年后,查克的新女友伊娃竟然又怀了孩子,还打算生下来。乔赛亚说道:"这两人到底在想什么?女的吸毒,男的也吸毒,才戒3个月,她就怀孕了?"孩子出生后,索菲亚注意到摇篮上只放了伊娃的名字,伊娃说这样才能申请单亲妈妈的政府补助。索菲亚说:"我心想,'老天,我们走到这步田地了吗?'我不想抱孩子,只想着,'可怜的小东西,你这辈子有什么指望?'"但玛肯姬、麦蒂森和凯拉还是满怀期待。索菲亚说:"他又一次戒毒。她们很生气,但一见到他就心软。她们一心向着他,我看了就难过。"到了圣诞节,伊娃毒瘾再犯,而小婴儿与她母亲同住。"孩子一直对我说:'奶奶,你会带宝宝回家吗?我们会照顾她!'现在?我哪里办得到?"索菲亚回忆道。

乔赛亚与索菲亚对三个孙女又爱又痛惜,你很难不动容。我和两个较小的女孩见面时,祖孙间的温情很让我感动,但表象之下暗藏绝望。"我们想知道,这次我们到底有没有做得比较好?"乔赛亚说。玛肯姬进入青春期没多久便开始吸毒,索菲亚报了警。玛肯姬被捕几次后,索菲亚告诉法官,自己无法再这样下去,法官问她要不要带玛肯姬回家,她说:"绝对不要。"玛肯姬说:"你对我爸从来不这样!"索菲亚回应:"我要是早知道,当时我就会这么做,这样我们今天或许就不会沦落到这个地步。"玛肯姬先是住进雅茅斯的临时庇护所,然后又到马萨诸塞州唯一一个治疗青少年毒瘾的地方戒毒。索菲亚和乔赛亚现在认为老二麦蒂森生来就有毒瘾,最小的凯拉看起来状况比较好,但她才11岁,一切都还难说。

549 乔赛亚说:"我母亲以前是清洁工,帮人清洁办公室地板,时薪一美元三角五分。我们从小就得照顾自己,之后把孩子养大,接着又要养孙女。"索菲亚说:"曾经有好一阵子,我以为一切会渐入佳境,也这样对孩子说。但现在一点希望也不剩了。我们以前都说:'这一切什么时候才会结束？'现在变成，'会怎么样就怎么样吧。'我的家族一向嗜酒，从某方面来说，这让我好过一点，毕竟可以把一切归咎于基因。早知道我就不生了。查克能做得更好，但我也知道他在外面并不好过。有次我对他说：'查克，我想回复自己的人生。'他说：'你以为我不想吗？'"

被关押的少年犯中，有高达四分之三的人患有心理疾病，相较之下，一般9～17岁的青少年只有五分之一有此问题。狱中的少年犯有50％～80％会出现学习障碍。青少年犯罪也跟低智商、性情冲动、自我管控能力差、社交技巧不足、行为失调、情感不成熟有关。这些内因性特性会在极幼龄时便显现。有一项研究要求父母形容家中的幼儿，10年后再访谈一次。从小就被说"难带"的孩子，犯罪的比例比从小被说"好养"的孩子高出一倍。另一个长期研究则追踪8～10岁就被当成"问题儿童"的男孩，发现这些人青春期的犯罪概率是对照组的3倍。当然，每个简单等式（难带的孩子长大后会触犯法律）的背后，都有另一种可能的解释（觉得孩子烦的母亲会教育出罪犯）。

12岁以前就犯下重大过失的孩子，跟年纪稍长才做错事的孩子相比，成年后更有可能成为惯犯，涉及暴力案件的概率也比较高。这可能反映了习惯，儿时养成的习惯特别难改。也可能某些很小就难以管教的孩子生来就缺乏道德感，他们的行为展现了自身某些根本的人格特质，几乎无法改正。若犯罪是出于习惯，以早期干预来戒除恶习也许有效。如果是基因影响，干预的成功率就小得多。当然，这两种可能性并不互相排斥。

在第六章中，我提到许多精神分裂症者都锒铛入狱，而在研究本章时，我也发现狱中有许多人都有或大或小的精神问题。把心理状态不稳定的人与大批犯人关在一起，很可能会加重罪犯伤害自己与攻击他人的倾向。缅因精神疾病全国联盟的执行官卡拉瑟说过："对有心理疾病而需要他人协助的孩子而言，没有比监狱更糟的地方了。"

布莉安娜·甘迪的母亲吸食快克成瘾，而她则生下来就有胎儿酒精综合征，由祖母抚养长大。她说："我都叫祖母'妈妈'，以免她忘记照顾我。"父亲在她的生命中完全缺席，"他没工作，也不来看我，不打电话，也不写信。我不知道他住在哪里，所以也没写信给他。"

布莉安娜15岁就已惹过各种麻烦，尤其喜欢逃学和撒谎。"我常常半夜醒来，从冰箱偷拿食物，然后再跟祖母说：'不是我！不是我！'但家里也没其他人。"她14岁开始逃家，晚上坐在公园，有时会有人过来邀她回家吃饭。她说道："就是普通路人，有些人没有孩子，但一直想要孩子，那段时间我就变成他们的孩子。"她也跟毒枭、游民往来。"我只是不喜欢被逼着做不想做的事。"

布莉安娜因伤害罪被关进看守所，她生起气来很可怕。"我在这里动过一次手。在哈伯庇护所攻击过主任，在圣乔攻击过员工，在圣克洛伊则攻击过主任和员工。"她一一列举，平静得令人惊悚。"我想当厨师或水电工。"她接着说，仿佛这句跟前一句接在一起很自然。"如果一时间找不到工作，我就织点东西来卖，而不是卖毒品。我以前卖过，但太麻烦了。我已经织了两件衣服、一顶帽子，现在正在织钱包。"

布莉安娜的祖母不知道该拿她怎么办。布莉安娜说："自从我被关以后，我们经常聊私事。很多我通常不会告诉她的事，我都说了，比方被强暴——我想想，一共两次。一次是3岁，邻居做的。一次13岁，被前男友强暴。"祖母建议她去青年职训局上课，虽然布莉安娜不想跟祖母住，但听到这个提议还是很受伤。她说："我一直想，为什么我从这里出去以后，她不想要我回家住，是不是她不爱我了？"但又说："我希望奶奶不要太爱我，别管我，不要再插手了。"对父母的爱既期盼又憎恶，是青春期常见的矛盾，但布莉安娜对于自己话中的前后不一似乎全然不觉。

分不清现实与虚幻，显然会催生犯罪行为，但除此之外，忧郁也会。杰克森·辛普森和母亲一样有忧郁倾向，但他母亲的忧郁是通过退缩与嗜酒显现出来，而他则是通过失败及侵犯显现出来。杰克森说他向来"对忧郁的人很有兴趣"，对母亲的抑郁症也想过很多，但似乎没看出来自己很可能也有相同状况。

杰克森五年级时加入帮派，他说："结果我开始贩毒、吸毒、持枪、偷窃、抢劫，你想得到的，我几乎都做过。我不是从小就这样。我知道这样做不对，但其实干了一阵子之后，会真的喜欢上。"不过直到落选篮球校队，他才因犯下重大伤害罪而进看守所。他一直想当篮球明星，但成绩远低于校队要求的最低平均成绩。他失望透顶，因此休学，后来到其他学校就读，从此一蹶不振。他以前因犯错被判缓刑，但篮球梦碎后他惹上更大的麻烦。母亲艾乐莎说："他知道错在自己，也很气自己这样。他自尊心严重受创，如果你每两个月就上一次法庭，知道不对还一直做坏事，这种状况对我来说，就是一种忧郁。"

篮球事件发生 6 个月后，杰克森因伤害罪被捕，当时他 18 岁，法院原本打算把他当成人审判。杰克森最后决定招供以换取认罪协议。他被送进收容学校。他说："我知道我加重了母亲的抑郁症。她在法庭上一直哭，几乎说不出话，得由我爸在一旁帮她。看她表情就知道了。我爸妈真的很失望。"

艾乐莎说："我开始喝酒，现在则吃抗抑郁药。"杰克森的抑郁症状也一直很严重，并伴随着强烈的不满，进食、睡眠失调。他无法勾画未来，还说："我爱父母，但一直认为自己是领养来的，因为在成长过程中，我觉得跟每个人都很疏离，连我都不了解自己。我就是这么格格不入，现在也还是。"杰克森犯下的错本身就带着惩罚：母亲为他所受的苦、他对自己的失望，都让他痛苦不堪，比较之下，坐牢监禁都还是其次。任何身体囚禁的隔绝，都远比不上他陷入的深切孤独。

儿童与青少年触法该如何处置？是勒戒、提供心理治疗，还是比照成人受审？大众为此争辩不休。然而，美国的青少年司法制度几乎可说是一部情节重大的虐待史。2003 年《纽约时报》揭露密西西比一座青少年看守所"常把少年少女五花大绑，铐在柱子或椅子上数小时，只因他们轻微违规，如在用餐时聊天，或是没说'是，遵命'等"。有人把某间看守所告上法庭，原因是"厕所和墙壁上布满霉菌、铁锈、排泄物。到处都是虫,整栋建筑物充斥着排泄物的味道。孩子常常得睡在散发霉味、尿骚味的单薄睡垫上"。很多儿童都表示狱监曾对自己施暴。很多人被关在囚室中长达23小时,环境污秽,导致传染病流行。密西西比监狱还把试图自杀的女孩剥个精光,关在隔离室中,室内没有光线、没有窗户,只有地面上一道小小的排水孔。

《纽约时报》还有另一则报道揭露了加利福尼亚州的青少年看守所中,"单独监禁的青少年常吃到狱方所谓的'果汁餐',也就是把一份波隆那三明治、一个苹果和一盒牛奶混在一起打成浆,拿吸管隔着铁门吸食。"加利福尼亚州政府有份报告指出,加利福尼亚州青少年看守所的体制"完全失灵,设备年久失修,员工训练不足,暴力为患,连最基本的安全保障都做不到"。美国检察总署发现内华达的看守所员工"对看守所的男孩施暴,包括:击胸、踢脚、撞墙或撞置物柜、挥巴掌、抓头撞门"。此外还有"言语凌虐,羞辱他们的种族、家人、外表、体型、智商以及外人以为的性向"。佛罗里达州的监察总长在一份报告中写道,某看守机构内有名17岁少年因盲肠破裂而向员工求助,但员工置之不理,少年就这样慢慢死去。类似事件不胜枚举。卡利法诺说过:"我们有51种不同的青少年司法制度,却没有一种是正义的,也没有一套全国标准规定如何执法、问责。"青少年司法体系中虐待情节之严峻,反映了其绝对权力使之腐败的程度之深。

为了深入了解在少年犯的世界观,我到亨内平郡立收容学校担任一项剧场计划的顾问。我之所以选择这个学校,是因为该校的理念并不典型。明尼苏达州正是以注重罪犯的重建计划闻名。

这里的大多数学生都是重罪累犯,学校也特别注重未成年性侵犯的课程。校方的想法是,剥夺犯人的自由就已经是种处罚。校园整洁,总面积68公顷,能容纳大约120个重罪少年犯。学校职员帮助青少年了解自己的情绪,以此遏制他们的暴戾。学校提供完整的高中课程,以艺术与体育为重点科目。之所以称为"学校",就是为了避免毕业生未来求职时遭雇主歧视。学校提供密集的个人、团体与家庭治疗,也有药物成瘾者专属的特别课程。在许多方面,这里都不像监狱,而更像训练新兵的寄宿学校。有犯人抱怨："他们要你整天思考，我宁愿去劈石头之类的。"有些孩子离开后和职员仍是好朋友，有些人会回来拜访，缅怀自己过去所受的处罚。许多人表示自己想上大学，虽然没几个人实现，但这种欲望仍反映出校方是以积极乐观的态度辅导他们。不过，学校也不是只提供心理咨询及工艺课。学生的行动自由仍然受到限制，连上厕所都要先取得同意，必要时还会大规模封锁，严格控制学生的一举一动。暴力事件虽说很快就被压下，但也屡见不鲜。

我负责的剧团有20个学生，几个大人在旁监督，希望能唤醒他们潜在的才能，也让他们学着用更好的方式表达痛苦。怀疑者公开谴责这种课程与处罚的精神相抵触，但让倔强不羁的孩子了解如何创造更好的人生，对整个社会都有益。这些罪犯残酷成性，因此看不清自己的内心。剧场计划的主任狄蒙纳为一把损坏的椅子写了一段动人的独白，他问孩子，这段独白想表达什么情绪，回答包括"暴怒"、"憎恨"、"软弱"和"气愤"，过了20分钟他们才想到"悲伤"。对于这一屋子悲伤的人来说，悲伤是种陌生的概念。

收容学校通过家庭治疗来解决少年犯和父母的冲突、训练他们在家时与家人用适当方式互动，也训练父母实施有效管教。这些做法对于让孩子脱离罪犯的身份认同，帮助父母了解孩子并非无药可救，可能至为关键。贝克是校内的个案管理人，他说："我让这些父母知道如何鼓励孩子。这些孩子只是渴望赞美，不管他们看起来有多坚强，他们仍然需要、想要受到称赞。"

后弗洛伊德思想认为，人的缺陷都来自于家庭关系，这种想法已经过时。然而，大家往往还是会把少年犯罪归咎到悲惨的童年环境，而恐惧、孤独、恨意与无人关心也的确可能引发犯罪。我看过许多罪犯的父母，有人只埋首于自己的问题，有人似乎不懂如何爱人，有人眼睁睁看着孩子受罪，丝毫不为所动。有些父母本身就是罪犯，无法想象或不稀罕不一样的人生。有人沉迷于酒精药物。有人一贫如洗，觉得为了生存可以不择手段。有的人对孩子满怀愤懑，因此无法爱孩子。有些人有重度抑郁。许多人都自认无能为力，干脆放弃孩子。

我问孩子，父母对于他们被关有什么感受，有些人听了大笑，一人嘲讽道："他们哪会在意？我在这里，他们就不用花钱养我了！"其他人并不知道父母人在何方，有人说："我听到其他人说父母有多么恨他们，真希望我也有那样的父母，总好过连父母都没有。"另一人说："出去后，我要找到我妈，为我给她造成这么多麻烦向她道歉，这样或许她就会爱我——如果有人真的能爱我的话。"一位女职员很亲切地叫一个孩子"儿子"，他毫不留情地说："我没有妈妈，从来没哪个女人叫我儿子，你也不准当第一个。"有人说："我时时刻刻都好想家，这没道理，因为我根本没有家。"

虐待与冷漠的故事很普遍，但并不是最常见的。我为本章采访过的父母中，多数即便不称职，或太爱自己，仍疼爱孩子，也都知道要为孩子设想，让孩子远离犯罪，或至少远离刑罚。有些人惧怕自己的孩子。许多人不断自责，表示想弥补前非。有职员告诉我，某些父母在孩子服刑时非常关心，但孩子一出去，又变得非常冷漠。没有了形式制度，这些父母就无法表达爱。至于能好好爱孩子的，往往也只是一味宠溺，不用头脑思考。话虽如此，爱仍是化解罪行与愤怒的一剂良方。破碎的家庭仍是家庭，破碎的家，也仍然是家。

孩子一落入司法体系，与父母的关系通常为四种模式。有些孩子一坐牢，就被父母抛弃，陷入孤独、失落、孤立无援。有些孩子被父母放弃，反而不得不开始为自己负责。有的父母继续关心孩子，甚至变得更积极，让孩子开始期待光明的未来。也有父母继续关心孩子，或变得更积极，却因拒绝认清事实、一味溺爱，导致孩子的反社会行为变本加厉。

达尚·马康的亲友都叫他阿酷，我们见面时他16岁，是个长相出色、能言善道的非裔美国人，应对的礼仪则同时反映了他的本性和教养。他还会开自己的玩笑。他看起来很值得信任，是可以托付支票簿或姊妹的人，因此也让人很容易以为他是受人拖累才身陷囹圄。他低着头说："这是我第一次犯法，也是最后一次。"虽然收容学校有许多孩子都带着一副难堪的样子——被剥夺基本自由的羞耻感令他们窘迫不安,但达尚看起来是真心悔过。

达尚的父亲是公交车司机,因饮酒引发中风过世,当时达尚才5岁。母亲奥德莉靠着她父亲的接济,在南明尼亚波利斯的贫困社区养大唯一的孩子。她的父亲仪表堂堂,是明尼苏达五旬节基督神教会的主教,掌管44个教堂,每次与他相见,他散发的威仪总让我微微敬畏。奥德莉是高大的美女,眼神温柔,端庄文静,和人应对时总是笑容满面,不过就近观察,会发现她友好的举止下也有些冷淡矜持。奥德莉和达尚住的地方与父母相隔6条街,兄弟姊妹彼此住家距离不到2000米,一家人几乎每天见面。达尚说母亲是他最好的朋友,还告诉我,他想把母亲的脸纹在手臂上,"这样她就能永远陪着我。"

为了让达尚远离犯罪,奥德莉搬到另一个社区,离开贫民窟最糟的地区。达尚说:"但我心里总有个声音蠢蠢欲动,要我回去那块是非之地。"他说自己在学校里很"不好惹"。根据奥德莉的说法,他之所以打群架,"每次都是为了保护别人。"她补充说道:"我希望他有同情心,只好忍受一些事情。"

三年级时,学校来了个新生达利,来自佛罗里达州州府塔拉赫西。达尚因为他据传骚扰某个低年级学生,和他大打出手。奥德莉回忆道:"两人把教室都拆了,桌子椅子飞来飞去。"不打不相识,隔天两人就变成最要好的朋友。奥德莉不喜欢达利对达尚的影响,六年级时把他转到另一所学校,拆散两人。两年后,达利也转到那所学校。因为帮派经常在大众交通工具上吸收帮众,所以达尚16岁时,奥德莉买了辆车子给他。达利没车,达尚喜欢开车载他。结果车子撞坏了,奥德莉要达尚改搭公交车,但他抱怨帮派因此找上他,向他招手,于是她帮他买了第二辆车。

达尚18岁前,奥德莉总共帮他买了5辆车,他撞坏其中3辆,每次都说是对方驾驶的错。我在脑海中想象这些撞烂的车,一边继续听他的故事。奥德莉说:"达利开始更依赖阿酷,所以我又把他转到其他学校。"新学校迎新,达利竟也出现。不久后,达尚有天和达利去城里玩,回来后奥德莉闻到他呼吸里的酒味。"我告诉他:'你爸如果不是酒鬼,现在就会在这儿陪着你。阿酷,你堕落了,我不会让这件事发生的,就算要把你一辈子锁在家里,我也在所不惜。'"但达尚无法想象没有达利的日子,"我们就像兄弟。"他说道。

达尚因为加重伤害罪而入狱服刑。他和达利在公交车站向一个女孩搭讪,三人想一起去看撞球赛,入场费是7元。达利提议抢劫,而达尚身上有枪。两人盯上一名单独行动的男孩,恐吓他,抢走80美元,还拿走他的外套和球鞋。之后达利穿上抢来的衣物,消息马上在学校传开,两人因此被捕。奥德莉说:"警察打电话来,说'加重抢劫与伤害罪',我听了一头雾水。"她坚称儿子从来不曾有枪,她不时会搜查他房间,所以知道这一点。她一走进少年看守所,达尚就哭了。她回忆道:"我说:'阿酷,我明天可能会把你打个半死,但今晚我要知道,到底发生了什么事?'这样他就知道,我对他的支持多过反对。"

到了法庭上,达利和达尚都怪罪对方。达尚说:"我们都说'宁死不屈',但事到临头,他还是只顾自己。"两人我都见过,达尚远比达利讨人喜欢,但枪毕竟是达尚的。被捕之后,他被拘留一周,之后在家监禁7个月,只要走出车库,脚上的电子脚镣就会发出警铃。他和奥德莉每天熬夜长谈,她一直问他为什么这么做,但他说不出来。

两个孩子都被判处8个月刑期,送进郡立收容学校,奥德莉说:"我觉得,他羞辱了自己。我妈以前常对我们说:'我不管你们是不是杀了人,我要你们回家跟我说。'这就是我想让阿酷知道的:不管你做了什么,仍然是我儿子。如果你杀了人,我会抛下你吗?不可能。我就这样跟他说。"奥德莉在收容学校很出名,每次参访日都第一个到,最后一个走。她天天写信给达尚,每封信末都署名"爱你胜过生命的妈妈"。当时她正计划要等达尚出来后好好庆祝一番,并为了共度的第一个周末订了拉斯维加斯的顶楼观景房。两人相互依恋。我认识达尚1个月后,他第一次获准由社工陪同外出4小时。我问他有何打算,他很肯定地回答:"我要去香氛用品店买生日礼物给我妈。"

伟大的爱与刻意视而不见仅一线之隔,而奥德莉两者皆曾体验。她告诉我:"他说他甚至没想过他们抢劫的那个男生真的动怒了,因为他从头到尾都在笑他们。其实阿酷还想把钱还他,但达利把钱从他手上夺走。"我很想相信这位妈妈所相信的,但狱监和其他犯人都告诉我,达尚是"血盟"的成员。明尼亚波利斯的帮派既多且杂,成员互相重叠,比中国历代的世袭头衔还难懂。达尚解释道:"我的几个表哥有自己的小帮派。"帮派名为佛格森,我觉得听起来比较像独立乐团的名字,而不是邪恶的暴力犯罪组织。"佛格森帮成员的家人都加入血盟,以前我们在学校吃完午餐后,会到走廊上打打架,很好玩,是打真的,但大家都边打边笑。"达尚继续补充道。我向奥德莉提到帮派时,她说达尚一直想受人欢迎,所以假装自己是帮派分子,好赢得尊敬。

达尚承认自己曾以暴力伤害为乐,"知道自己没有父亲后,我非常愤怒。"我渐渐了解,他加入帮派是因为渴望男性情谊,并以此平衡家族的教会背景,以及和母亲极度亲昵的关系。他如此形容自己和帮派的关系:"很多人都跟你有血脉关系,要不就是堂姊妹的丈夫,也有完全没关系的人,但大家感觉就像亲人,一起开派对、在公园打混,开开彼此玩笑什么的,我喜欢这种感觉,为了争地盘或看不顺眼打架只是其次。"

达尚出来前不久,我和他母亲一起去以马内利教堂。抵达时,大家正鱼贯而入。女士头戴钟形帽,与手提包及洋装搭配无间,脚踩细跟高跟鞋,鞋面上饰有水钻蝴蝶与丝带花朵。男士风流偶傥,穿着精致的打折西装,系上领带。教堂的气氛温暖友善,我见到了达尚的外祖母,也就是教会的主教夫人。一位男子已站上讲道坛,不久一位女士起立唱起歌来,很快大家纷纷加入,一旁还有电子风琴与一组鼓乐伴奏。大家轮流说着"赞美主"或是"主啊,我需要你"。第一次到这教堂的人受邀起立自我介绍。第一位上台的女士说:"我在双城区经商,今天是礼拜日,我不愿浪费这么美好的日子,因为没有基督,我什么也不是。"第二个人说了类似的话,最后以"我今天是来脱离罪恶的!哈雷路亚!"结束,接着,麦克风传到我手上,我温顺地说:"我受奥德莉·马康和主教夫人邀请而来,各位的信仰让我感动。"语毕全场鼓掌。

当天主教外出主持祝圣仪式,由主日学校的校长负责讲道。他一开场便谈到父母不愿知道孩子做了什么恶事,并引用《撒母耳记下》及《哥林多前书》来示范父母应如何警戒。他说:"你们要注意孩子都和哪些人在一起,一旦他们开始和坏朋友来往,就会跟着堕落,为非作歹。"他们谴责"坏朋友"玷污这座教堂的孩子的纯洁心灵,我听了非常震惊。接着现场一一列举邪恶。教会人士都有必要起身对抗"同性恋王国",并将现代的放债人逐出神圣之地。明尼亚波利斯黑人的种种问题,都是同性恋、犹太人或银行家的错,这种想法不禁让我想到达尚撞坏3辆车的借口,还有怪罪达利把达尚带坏的说法。教会信众的慷慨糅合了好战及仇视异己,说也奇怪,竟让人不禁联想到帮派的作风。基督有无尽的爱,但在最后审判又会展开恐怖裁决,而这群教友认为他们恩威并施的做法,正是基督精神的延伸。

6个月后,我拜访马康一家。达尚已经离开收容学校,他的外祖母前来探访,我们四人一起享用柠檬汁和红萝卜蛋糕。奥德莉说道:"虽然我很不想这样说,但进去那里的经验对阿酷来说或许该算是好事。虽然太过火,但吓吓他也好。"我听闻他仍隶属血盟,但和母亲同处一室,他只谈自己对未来的美好勾画:成家、找份白领的工作,倒不像欺瞒,而像老练得体的发言。等到只剩我们两人时,达尚才坦承:"我永远想过帮派生活。等我坐在办公桌前,一定会想:'如果我混街头,现在会做些什么?'但如果要卖毒品,就得随时提防,有的时候连堂兄弟甚至妈妈都不能相信。我受够了。"离开帮派不必大张旗鼓,只需跟同伙渐行渐远,心情则不无矛盾犹豫。我很想相信达尚的决心,但在那个阶段,他的清白感觉就像每天都可以视状况调整的决定。

后来我发现,奥德莉有个优点:义气。她跟大多数采访对象不一样,总希望和我双向交流。我终于坦承自己是同性恋后,她写了信给我,信中提到:"很感谢你对我们这么坦诚。在知道你是同性恋而且有个伴侣后,一切并没有改变。我们是黑人,阿酷被关押,我是独自抚养儿子的单亲妈妈,住在贫民区,而你从来没有因为这些事而看不起我们。有些人与爱和快乐无缘,我现在知道你有机会得到爱和快乐,我就很快乐。我交朋友看的是对方的心。我确定上帝是在伟大的目的下让我们成为朋友。"

我逐渐爱上到马康家拜访。达尚并未真的做他之前说的白领工作，但他的确没惹出大麻烦，也没再度入狱。后来他遇到真心喜欢的女孩，一谈起她便喜不自胜，不久两人订婚了。他以前偶尔装乖，也终究在母亲的期盼下成为循规蹈矩的人。事实证明，她坚强的信念不仅能在下一世获得救赎，这一世也能。

2002 年，我在电视上看完保罗·豪登的采访后，决定撰写罪犯父母的故事。保罗的女儿莱斯莉是"曼森女孩"的一员，曼森女孩是 20 世纪 60 年代的帮派，受魅力十足的首领指使，犯下可怕的罪行。莱斯莉在 1969 年 8 月往经营杂货店的雷碧昂卡背部捅了 14 刀。33 年后，保罗上《赖瑞金现场》，为女儿请求假释。保罗说："莱斯莉当初若没有沾染上大麻，绝对不会做出这种事。"赖瑞金不可置信："你怪大麻？"保罗说："曼森靠着大麻和迷幻药操控她们。"赖瑞金反驳："世界上有几百万人抽大麻，都没杀人。"节目上另一名专家也提醒大家，莱斯莉行凶前并没有吸毒。保罗的女儿是自己选择杀人，但他视而不见，这点引起我的注意。这让我想起，有些聋儿的父母怎样也不明白，孩子永远无法流利快乐地说话，有些精神分裂症者的父母也仍幻想从前那个健全的孩子总有一天会回来。

不久，我读到一篇扎卡瑞·穆萨维之母的访谈。扎卡瑞是"9·11"攻击事件的成员之一，在报道中，他母亲谈到儿子开始亲近伊斯兰基本教义派后，自己就与他渐渐疏远。他曾因为她没戴面纱而责备她，还听从堂兄弟意见，拒绝整理床铺，认为那是女人的工作。即便如此，她仍万万没想过某天会因儿子涉入攻击事件在电视上看到他的脸。她说："他怎么能涉入这种事？我吃不下，睡不着，一直问自己，'怎么可能？'我的孩子都有自己的房间、有零用钱，还能出门度假。如果他是穷孩子，或一直过得不快乐，我还能理解。但他们什么都不缺。"从这段话可以看到一个完全不知道儿子变成什么样子的母亲，以及一个完全无意让母亲知道的儿子。

我认识一个出身中产阶级家庭的年轻人，第一次见面时，他正在少年看守所服刑，他说他之所以偷车来砸，是"因为我做得到"。这名年轻人是丹·派特森，东西一旦到手，他就不再珍惜。他曾得意地拿价值300美元的汽车音响与人交换一包烟。我提到汽车主人时，他说："他们又为我做过什么？"他17岁时第10次因盗窃汽车遭逮捕。提到与父母的互动，他非常绝望，"每次我们交谈时，中间都像隔着一层玻璃窗。有一次警察抓到我后放我回家，我爸只说：'喔，上床去，我晚点再跟你谈。'我上了床，半小时后，我爬窗再次离家。后来他问我为什么要这样，我说：'因为你连谈都不跟我谈。'"丹出庭当天，母亲站在证人席上说："这不是我儿子，他不是这种人。为什么不让我带他回家就算了？"我问丹什么时候开始对父母说谎，他回答："他们不再关心我是谁的时候。"

莱昂纳·达莫在著作《一位父亲的故事》中描述和儿子杰弗里的父子关系。杰弗里于1978～1991年在密尔瓦基杀害17名年轻人，这本书既是名人传记，更是忏悔录。杰弗里显然是出身问题家庭的失调儿童，不过大多数在问题家庭长大的男孩并不会有强迫性性瘾，要靠谋杀并将尸体肢解吃掉来满足。莱昂纳写道："我这一生从此不断练习逃避与否认，回想最后那段日子，内心仿佛蜷缩了起来，大概料到会突然有个重大打击，又明知无望还奢望打击永远别来。我仿佛早就把儿子关进了隔音房，拉下帘幕，这样就不需听见、看见他变成什么样子。"

像这样太过否认事实以致人格分离的例子并不少见。瑞秋·金的著作《死刑结局：罪犯家庭诉说自己的故事》写了9个家庭的故事，他们都面临死刑判决，其中艾斯特的儿子大卫凶残杀人后便回家过圣诞节，绝口不提犯下的罪行。艾斯特说道："我手上有两个忙碌的事业，健康又有问题，还要照顾其他人，几乎忙不过来。我母亲和弟弟的身体都很差，那段日子很难熬。他（指大卫）一直很贴心，不想让我负担过重。"提到大卫的判决，艾斯特说道："我们一直没能给他健康有爱的成长环境，家里常吵架，气氛很紧张。虽然如此，大卫一直很善良。"像大卫这类处境的孩子，最大的心理难题是感到极度疏离，甚至受伤，原因是父母不愿承认他们长成什么样子。你即使杀了人，母亲仍认为你"很贴心"、"很善良"，只会让你觉得要干一票更不寻常、更惊心动魄的事，才能"居功受瞩"。说也讽刺，父母否认现实，可能使孩子犯下滔天大罪，但之后父母对这些罪行依然视而不见。

诺艾·马许从小就经常目睹父亲泰隆殴打母亲费莉西。费莉西身怀三胞胎时，被泰隆推下楼梯，一个胎儿因此流产。费莉西的首要工作是保护诺艾，她把他当成饱受折磨的牺牲者，这让两人后来无法发展出其他关系。诺艾6岁时，她离开泰隆，嫁给史蒂夫。她带着五个孩子，最爱的就是诺艾。史蒂夫发现自己新的处境非常不妙。"不管诺艾要什么，她若无法弄到，就会觉得自己做错事。"他说道。诺艾不停利用她的关爱，只要觉得有利可图，就着手挑拨费莉西与史蒂夫的关系。

诺艾的行为越来越离经叛道，包括"迟归、撒谎、偷窃"，史蒂夫如此回忆。费莉西坚信偷她钱的人不是诺艾，史蒂夫总说道："费莉西，宝贝，这里没别人了。为什么你不睁大眼睛看清诺艾已不再是诺艾了？"两人的婚姻无可避免地出现了摩擦。之后，史蒂夫因肺病而住院将近2个月。回到家后，诺艾的行为更加荒唐。费莉西回忆道："我曾问他：'诺艾，你这么恨我吗？我从没想过你会把自己的压力和情绪丢到我身上。'"他要她向警察谎称他在家。她说："开始为他撒谎后，我就再也不是我了。"

诺艾认为自己的痛苦大多源于他的懒鬼父亲。泰隆常不定期来访，有次他问诺艾缺不缺钱，"我说：'缺啊！'结果他给了我一些毒品，说：'喏，拿这去卖！'"诺艾这么告诉我。费莉西说诺艾跟泰隆一个样。"真想不到，这种事也会血脉相承。"她说道。自从诺艾的哥哥车祸身亡后，他和母亲的关系就更加恶化。诺艾说："她会整天坐在家里，我则不愿回家，两个人都很郁闷。"诺艾16岁时辍学，变成惯偷、毒贩。妹妹向父母告密，说他持枪。

费莉西开始在深夜接到流氓的恐吓电话，事情已不是她和史蒂夫所能掌控。她回忆道："我不得不向警察举报他，我觉得身为母亲，这是最卑劣、最困难的事，但我知道如果我真的爱儿子，我就得这么做。"警察在逮捕诺艾时动了粗，结果他被送进急诊室，但费莉西认为，既然诺艾以拒捕出名，这次的严惩算轻的了。审判时她和史蒂夫全力支持诺艾，三人坚强的阵线影响了最后的判决。法官认为身处如此美好的家庭，他应有机会悔过自新。被捕时，他口袋里有3000美元，他说那是史蒂夫的钱，史蒂夫心想，诺艾光是持有枪支就得坐上好长一段时间的牢，于是心不甘情不愿地配合演出。

诺艾坐牢期间，母子终于打破沉默。一开始两人间没多少话题，她总是泪流满面地离开。她说："他让我觉得自己好糟。"诺艾说："她要我努力向上，有时她以为我没在听，但我有。她说的我统统记得。"诺艾有100多双偷来的球鞋，简直是伊美黛的贫民版。收容学校规定一人最多只能有两双鞋，但可以更换，所以宠溺诺艾的费莉西每个周日都会带来两双，再拿走两双，让他在监狱里稳坐时尚王子的宝座。

在我认识的这些男孩心中，成长过程一直缺席的父亲地位似乎胜过其他朝夕相处的家人。没有什么能弥补匮乏的父爱，就连达尚强势的爷爷、彼得与诺艾正直的继父，也无法填补孩子那椎心的失落感。满心自责的母亲想弥补孩子内心深处的悲伤，却无能为力，反而让孩子迟迟不为自己的行为负责，直到政府介入，为她们代劳。但这些年轻人在日后最早建立的关系，却都是这类童年经验的翻版，同样伤痕累累。我心惊肉跳地一次次看见这些坐牢的孩子追求感情，却又不知如何去爱。他们往往很早生育下一代，就是反映了此一事实。在这些小父母的想象中，人是在当上父母之后变得成熟，而不是在成熟之后决定为人父母。这种关于为人父母的想法天真至极，但也乐观得让人感动，仿佛有了孩子，就能修补受损的自尊与无底的绝望。

诺艾16岁入狱前已育有两子。他骄傲地对我说："我女友给儿子用的尿布，都是我买的。"从小到大，他总听身边人谴责泰隆疏忽了这件事，但他显然没想过，自己买卖毒品还为此入狱或四处躲藏，这样失踪，对新家庭造成的伤害远比没有尿布可用还要深切。诺艾虽然有真心爱他的母亲、正面支持他的继父，却衷心相信父亲应该给予孩子的，便是尿布、毒品和球鞋。

世人总热衷于辩论犯罪倾向究竟是与生俱来还是后天养成，热切程度与讨论自闭症及神童的起因不相上下。国立卫生研究院的尚普与同事的实验指出，带有重度侵略基因的新生猴子若改由个性非常温和的母猴养育，即便体内的攻击基因仍具有生物活性，长大后仍不会好斗。人类的犯罪行为源于某个血清素转运子的功能改变而造成的基因异常。杜克大学神经科学家卡斯比研究体内有此多态性的人，发现这些人若在平和的环境中成长，发展出反社会行为的概率并不会特别高；这些人若小时候曾挨打，则有85%的人会展现反社会行为。可见基因并不会使人犯罪，但在某些状况下，却可能让人发展出犯罪行为。家庭能带来负面影响，也能带来正面影响。有研究认为"正向的家庭环境是年轻人不从事违法或不良行为的主要因素"，家庭关系亲密的孩子，较能抵挡犯罪的诱惑。萝森邦首开先河，比较多份研究后表示："比起其他因素，亲子关系更能解释犯罪。"

有的时候虽然不和谐的家庭气氛看似伤害了孩子，但人们终究发现，其实孩子才是不和谐的原因。单亲妈妈抚养的孩子犯罪率较高，但很难说这究竟是因为没有父亲陪同长大带来伤痛，或因为单亲妈妈都是些不善于选择配偶的女人，当上母亲后也做了一些不高明的选择，还是因为她们为了赚钱养家被迫超时工作，无可避免地难以兼顾亲子关系。

家庭关系出问题的孩子，比适应良好的孩子更容易结交不良同伴，到了这一步，已经很难厘清究竟是孩子被朋友带坏，还是孩子带坏了朋友。常有母亲告诉我："吉米只是交错朋友。"然后其他母亲告诉我，她们的孩子之所以误入歧途，就是因为交了吉米这个坏朋友。除了少数例外，大部分我认识的罪犯都不喜欢自己的罪行，这点我觉得值得注意。他们的行为让自己和被害人同样痛苦不堪，却不能自拔。许多时候，犯罪都比我研究的其他"疾病"更像疾病，我们"治好"可能不想被治好的身心障碍人士，却不去治疗这群既有机会也想要恢复的人。

卡琳娜·罗培兹在一团混乱中出世。她生于明尼苏达州圣保罗市，是家中的老三，母亲艾玛是墨裔美国人，有毒瘾，未成年。卡琳娜一个月大时，全家搬到得克萨斯州拉雷多市。当时父亲已离家，卡琳娜只知道他的名字，其他一无所知。母亲不久便怀了刚出狱的毒贩恺撒的孩子，于是迁到得克萨斯州圣安东尼奥市，生下小女儿安吉拉。艾玛每次一被恺撒打，就带着4个孩子回明尼苏达，之后恺撒再将她带回得克萨斯州。

卡琳娜12岁时，已经待过13所学校，联邦调查局的探员是家中常客。我认识卡琳娜时，恺撒正在狱中，被联邦政府判处10年徒刑。卡琳娜告诉我："我很高兴安吉拉和她的父亲仍有来往，即便是在狱中相见，也好过我什么都没有。"

恺撒入狱后，一家失去主要经济来源。但他被捕前已帮助艾玛戒了毒，她找到一份服务生工作，而卡琳娜则得照顾安吉拉。她对此愤愤不平，13岁起开始叛逆。"很多人是因为没人爱才加入帮派，但我不是。我很爱我的妈妈，但我们太常搬家，我到哪儿都没有归属感，加入帮派感觉就能解决这个问题。"

虽然艾玛常年过着穷苦动荡的生活，坚强的性格始终不变，而且带着一股咄咄逼人的自信。多年来，她白天经营清洁公司，晚上当餐厅服务生，努力存钱买房。她在决定信任你之前，就是不信任你；在决定喜欢你之前，就是不喜欢你，好恶十分分明。她发现卡琳娜加入帮派后，打听到帮众的集合地点，时间一到就闯入隔壁空屋。她说："我怒冲冲望去，看到那些女孩子拿着枪，坐成一圈，于是我穿过街道，敲门大喊：'卡琳娜，你现在就出来，跟我回家！'整个帮派都在那边，可能会杀了我，但我不管，我的孩子不准搞帮派。"

卡琳娜说道："我没有被妈妈带走，只不过那时的场面很怪。帮派现在对我来说没有意义，就这样，但明尼苏达的帮派更可悲，这些人都搭公交车，连买毒品的钱都没有。"卡琳娜开始跟毒贩来往，毒品源源不断，很快就染上了毒瘾，"吸了两年，天天吸。"渐渐地，她从吸毒变成四处帮毒贩跑腿，但在他们的权力机构里，她从来没有固定位置。

2002 年 11 月 22 号，卡琳娜跟姨妈的男朋友札维耶一起行动，取回一个塞满约 1800 千克可卡因的马鞍。包裹上没有她的名字，她只是帮一个"朋友"的忙。札维耶发动车子准备离开时，她发现有人跟踪。"我那时吸了毒，兴奋起来什么都不怕。所以我们就开上高速公路，后面跟了至少 10 辆车，警灯什么的都来了。他说：'我们应该只是超速。'我开始发狂。后来我们就慌了。"他们开出高速公路，结果前面是死路。她说："所以一切都是命中注定。"

艾玛出门找卡琳娜，第一站就是那位"朋友"的家，也就是包裹上的收件人。警察在那里看到艾玛，认定她与案件有关，逮捕了她。警察不相信一个 15 岁的女孩能独自运作到这种程度。艾玛回忆道："我对警察说：'10 年来，我辛苦工作，乖乖缴税，牺牲一切，只为了让孩子有好生活，你觉得我会为了他们毁了这些吗？'"她气愤自己被诬赖，但更担心女儿。她告诉我："当时我想，'好，事情不是我做的，但现在惹祸上身了，只希望我能脱罪。'但她却真的做了，惹出麻烦，还要为此坐牢。"

警方抓到那位"朋友"，他把一切推给卡琳娜。卡琳娜说："我说了实话，一句不假，但他们不相信我，他们说：'你如果不告诉我们你妈跟这件事有什么关系，就要被关 45 年。'我回答：'那我大概要关上 45 年了。我妈跟这件事一点屁关系都没有。'"艾玛和卡琳娜不知道能申请公派辩护律师，便从电话簿上选了一名律师。为了付清律师费，艾玛无法如期缴清房贷，于是她工作一辈子买来的房子就被银行查封了。

律师成功把卡琳娜留在少年法庭受审，但她一违反假释条例，就得到州立监狱服刑 7 年。她进收容学校时，母亲的案子尚未开庭，"我不在乎自己入狱，但我妈，我真的很担心我妈。都是我的错，小妹要怎么办？我是说，她可能要关上很多年，而且是在联邦监狱。"

5 月某个下雨天，收容学校一名执勤人员要卡琳娜打电话给母亲。卡琳娜解释说："我妈从没跟我提过开庭日，她说：'喔，我今天去了法院……'我的心一沉，然后她说：'案子驳回了。'我开始又哭又笑，跪下来感谢上帝，因为我每天都祷告妈妈的案子能够驳回。这大概比我的事情重要几千倍。关在里面时我想:'我回家甚至可能看不到妈妈。'这种判决我无法面对。但现在,我等不及要回家。"

我到收容学校探访别人时,总能感受到高压的权威、悔恨的沉重阴影。但卡琳娜却一副邀请我去玩的轻松样子,笑声在阴森森的建筑中回荡。她动辄骂脏话,再可爱地道歉,还拿自己的悲痛自我解嘲。她因滥用药物而被分进收容学校的奥德赛专案。"说实话,我脱胎换骨了。我还是会永远爱可卡因和大麻,因为我就是喜欢。我会怀念毒品,但不会再吸了。"最大的改变,是她开始意识到那些买走自己协助贩卖的毒品的人。"我从来没想过那些买货的人。我没见过那些卖淫、不管小孩的人,那些生活被毁掉的人。"

我第一次和卡琳娜见面时,她无比兴奋地描述恋情:"自从我被关之后,我男友路易每周都写信给我,每次开庭也都会到场。"她14岁时认识了21岁的路易。"我知道这不合法,但心理上,我已经不是小女孩。"我们约定几周后再见面,但等我抵达收容学校时,执勤人员说她不能见我。我以为她违规被关了禁闭,但其实她是受到打击。

后来她告诉我:"10月4号我回家探亲,路易礼拜天跟我妈一起来带我回家,他坐后座,我爬不过去,只亲了亲他的手。那天晚上我祷告:'请照顾他。'"第二天早上,她在进行高中同等学力测验的时候,得知路易在上班途中遭人枪杀。卡琳娜捂着脸向我转述这一切。"那是他升职后的第一个早上,以后他可以坐办公室了,结果他被南方帮的人抓到。我男友15岁时混过帮派,但他已经退出了。"

卡琳娜的咨询师怕她故态复发,但这场悲剧反倒警醒了她。她说:"我用他的名字发誓,绝对不再搞砸人生。那样太不尊重他了。"几周后,卡琳娜设法考完学力测验,并顺利通过。离开收容学校那天,她面试了两份工作,两家公司都录取了她。她和路易的家人仍然很亲,假释官对她的努力印象深刻,加上尿液检测也无反应,几个月后便让她和他们一起去墨西哥。警察抓了涉嫌射杀路易的几个帮派分子,每次开庭她都会到场,但因为证据不足,所以无法定罪。之后,卡琳娜跳槽到银行,薪水比较高。她决心买栋房子给母亲,补偿过去,把人生献给路易。"就算一个人,我也只想过得快乐,我要拥有我需要的物质生活,但我也想受人看重。我不想只当搞砸了人生的卡琳娜。"之后两年间,这个从来没在一所学校待满一年的女孩,在银行努力工作,顺利升迁。她还是会冒些愚蠢的险,无照驾驶之类的,但再也没碰过毒品和酒,而且认真与假释官见面,从不缺席。从收容学校出来一年后,她开始和一位男人交往,他能接受她在背上文了路易的名字。

568

我们不时联系。她出来 5 年后,在某天写了封电子邮件给我,信中提到:"我女儿刚满 2 岁,我 22 岁。今年像在坐云霄飞车。我和她父亲分开,之后又复合。我的继父,也就是安吉拉的爸爸,关了 10 年后终于出来,7 个月后又再度入狱,他今年 63 岁,要在狱里再待上 25 年。政府应该多花点钱帮助罪犯改造,让他们有机会翻身。只要能知道方法,我们大多数想要改变人生。"

除了天生倾向外,还有三大风险因子与罪犯的形成息息相关。第一是单亲家庭,半数以上的美国儿童都曾有过或长或短的单亲经验。全美有 18% 的家庭在贫穷线之下,但若是由单亲妈妈抚养的家庭,比例则是 43%。单亲家庭的孩子辍学概率较高,上大学的概率较低,也比较容易滥用药物。他们的工作地位较低,薪水也较微薄,多早婚,也多离婚,容易成为单亲父母。他们变成罪犯的概率也比一般人高出许多。

贾马·卡森的母亲布莉雪儿 14 岁时怀了他哥哥,一年后又怀了他,两人同母异父。贾马在帮派暴力猖獗的芝加哥南区长大。全家在他 10 岁时搬到明尼苏达州,我则在他 15 岁时认识他,那时他已三度入狱。尽管上臂刺有 "THUG"(混混)一词,他的举止仍很笨拙,像是干了傻事被抓到的孩子。布莉雪儿外貌出众,对什么事都有见解。有次她观赏孩子的剧场表演,一时兴起,对着职员和其他父母发表演说,说即使孩子"犯过错",也不代表他们就不可能是"你所能找到最有才华的孩子",所以他们值得拥有"我们能给予的一切"。演讲虽然精彩,贾马却抱怨他出庭时她从不到场。

贾马坦言,母亲在他第一次犯法时其实很支持他。"我很感谢妈妈对我从不假装,也懂她为什么会这样。她现在才 32 岁,跟我一样,还是个孩子。"虽然布莉雪儿已和 4 个男人生过 4 个孩子,她看起来的确像小孩,不清楚自己有什么责任。她坦言:"其实我有点庆幸贾马这辈子要在狱中度过,那代表有人会给他食物,让他有地方睡。他不可能好好照顾自己,我看得出来。"贾马对于自己能当上小头领颇为得意,她倒不然。贾马有点自豪地说:"那很难,得担心有人要杀你,毒犯也会抢你、朝你开枪。有人找你麻烦,你要让他们知道,'别来惹我'。一周 7 天、一天 24 小时,完全不能松懈。"我问他是否想过其他工作,他说:"我不知道,可能写点东西吧,可能做咨询,给跟我一样的人一点意见。懂我的意思吗?就是一些不太难的工作。"

第二个风险因子常常和第一个一起出现,那就是虐待或疏忽,每年影响 300 万名以上的美国儿童。依附理论的创始学者鲍比曾说,受到虐待或忽略的儿童觉得这个世界"既不舒服又难以预料,他们要么选择退缩,要么选择与之搏斗",于是或变得沮丧自怜,或产生攻击与犯罪倾向。这些孩子犯罪的数目几乎是常人的两倍。

在老挝内乱期间,华圭永的母亲给他套上轮胎,推入湄公河,让他和几个亲戚一起逃命。他 6 岁在美国取得难民身份,到了 12 岁,已是威斯康星郊区活跃的亚洲帮派分子,隔年,他与社区一名 18 岁女孩待在外面一整晚,坏了她的名声,之后在一场不合法的典礼中和她"成婚"。对他来说,她既是恋人,也是母亲,是他生平第一个觉得亲密的人,但他对她很不好,常抛下她和两个孩子,径自出门与朋友狂欢。她被打了一次又一次,终于离开他,他则染上重度毒瘾,人生不断沉沦。为了赚钱,他帮别人管一群未成年妓女,给女孩毒品当接客的报酬,之后更因此坐牢。

我采访他时,他 15 岁,难以自拔地反复懊悔不该那样对待妻子,更渴望和孩子有来往。他说:"那就像一根针往我心里钻,越钻越深。"但他过去的生命中从来没有正面模范可以效仿,看起来是全然的迷茫。他母亲最近刚从丛林出来,两人通了电话。他说:"我不知道要跟她说什么。"他母亲在对话中不停地哭,说他大概已经忘了她,他回道:"我没有忘记你,我只是不知道有父母是什么感觉。"

第三个风险因子也常跟前两者一同出现,那就是接触暴力。有一份采样研究调查发现,儿童若遭受身体虐待、目睹父母间的暴力、在社区中遇到过暴力事件,成为暴力犯的概率会比和谐家庭的孩子高出一倍以上。此外,受虐儿童当然也可能遗传父母的暴力倾向。然而,把这些儿童带离原生家庭,却往往无效,因为儿童福利制度也与高犯罪率有关。伊利诺伊大学社会工作学院的麦唐诺坦言:"儿童福利制度等于向少年司法系统供给少年犯。"

收容学校有名 13 岁的白人男孩莱恩·诺德史东,他逞强地告诉我,自己就是个法外之徒。"他们要我吃药,所以我看起来总是这么乖,这么无辜。"我问他犯过哪些法,他郑重地说道:"我 9 岁就抽烟!9 岁抽烟完全不合法。"莱恩 10 岁时在学校持刀恐吓一名儿童,遭校方退学,被关押则是因为性侵妹妹,他说:"从 11 岁开始,每天都做,但一直到我 13 岁,妈妈报警,才被起诉。"他第一次动手时,妹妹才 6 岁。"我想要什么就要什么,心想她没有办法说不。"

妹妹因为阴道破损,得住院治疗。莱恩虽然受过心理治疗,但似乎没有意识到他对妹妹所做的事与未成年吸烟完全不可同日而语。他的父母喜欢看性虐待色情片,经常在房里播放,而孩子就在房内进进出出。莱恩 8 岁和父母同睡一张床,两人也照样性交。这样令人不安的经验后来转变为犯罪行为,这或许是莱恩天性所致,但父母在他成长过程中的不良行为,无疑助长了他的天性。

问题儿童常有伤害自己的倾向。剑桥大学犯罪心理学教授法林顿表示,被定罪的少年男犯比普通男孩更喜欢啤酒,经常喝醉,使用更多非法药物,更早抽烟,赌博概率也比较高,可能性行为开始的时间也较早,性伴侣类型较杂,却很少避孕。上述许多行为与冲动控制力较差有关,但也往往显示他们自信心低落,甚至厌恶自己。

社会评论家哈里斯说过,犯罪行为受家庭环境的影响小于整体社会环境。青少年罪犯与成人不同,几乎都是团体犯罪,单独犯罪者不到

5%。犯罪模式也常受团体影响，这多少是冲动的驱使，少年总是急于融入团体、让人刮目相看。影响犯罪概率的因素还包括：身边是否有枪支毒品、贫穷程度、与邻居关系是否疏离，以及人口密度。女性犯罪率已达史上新高，但仍只占整体青少年犯罪率的四分之一左右。与男生相比，女孩更常因为受到伤害而犯罪。有项调查指出，经美国法庭判为少年犯的女性罪犯当中，有75%曾遭性侵。约有三分之二的重度少年犯是帮派分子，2009年美国有73.1万名帮派分子，其中近半数未成年，分属2.8万个帮派。

克里希纳·米拉多理平头，高帅结实，总有办法把囚犯装穿成时装。他的英文口音很重，有时很难听懂，且常想不出单词，得问我："这英文怎么说？"他告诉我，他出生于洛杉矶南部，一生下来就被拉丁裔母亲遗弃，连她的名字都不知道。父亲劳尔当时才18岁，是"南方帮十三"[1]的一份子。帮众是克里希纳仅知的家人。克里希纳11岁那年，父亲被遣返回危地马拉，他则留在洛杉矶，与一批批帮派分子住在一起。他有个堂兄中枪死在他怀中，他说："我从此清醒，因为那个人也可能是我。"劳尔要他离开洛杉矶，他认识一个住在明尼苏达州的女人，对方欠他人情。我第一次见到克里希纳时，他已经在她家住了4年。他从来不知道她究竟欠父亲什么人情，也不想追问。

我在收容学校见到克里希纳之后的周末，一位四十几岁、相当漂亮的爱尔兰裔美国女人向我介绍自己，说她名叫卡萝，还说："我儿子克里希纳想参与你的研究计划。"接着克里希纳走进房间，说："嘿，妈，把签名给他就对了。"一口英语毫无腔调。我站在那里，十分震惊。卡萝长得很像克里希纳，她告诉我，自己非常担心儿子，我说克里希纳在洛杉矶的童年很艰苦，之后的生活似乎也不好过，她看着我，仿佛我有些精神错乱，然后说："克里希纳在杜鲁斯出生长大。"克里希纳随后坚称，父亲说他生在加利福尼亚州南门，那是洛杉矶外围的拉丁贫民窟。但几

---

[1] 南方帮十三，即Sureños 13。Sureños为西班牙文的南方人，十三则指第十三个字母M，代表Mexican Mafia，即墨西哥黑手党。——编注

年后我和劳尔见面,他听了只是哈哈一笑。

克里希纳是我遇到过的最不令人起疑的骗子,撒起谎来泰然自若。他的谎言几乎都是气话,说自己没有母亲的弥天大谎就是一例。我第二天抓他的把柄,他回答:"如果她说她是我母亲,那就算是吧。"克里希纳的父母互相憎恨,所以无法从两人身上挖出真相。两人都希望我厌恶对方,但我忍不住喜欢这一家的每个人。我们首次谈话时,卡萝说道:"事情太复杂了,安德鲁。我很怕你写不出来,因为真的太难了。"

卡萝和劳尔在20世纪80年代晚期因为阿南达玛迦而相识。阿南达玛迦,有人称之为邪教,有人视为灵修活动,有人视为纪律。这群人宣扬身心灵合一、宣扬爱,但也曾遭人指控走私武器。阿南达玛迦有项教条是"改革婚姻",原本是用以反抗印度的种姓制度,后来演变成让背景完全不同的人成婚,以打破资产阶级的阶级与国籍概念。劳尔有签证问题,卡萝的婚姻失败。劳尔同意付钱帮助她离婚,条件是她要嫁给他。卡萝说:"如果你找到最大的难题,在导师的眼中是可以加分的。我不太会规划未来,其实还常常慢半拍,克里希纳这可怜的孩子就是在这样的状况中出生。"

他们和卡萝与前夫生的两个孩子一起住在杜鲁斯。卡萝有间烘焙坊,和劳尔一起经营,但最终还是把生意交给阿南达玛迦。克里希纳5岁那年,劳尔带着全家人搬到危地马拉,9个月后,卡萝两个较年长的孩子终于受不了,搬回美国与生父同住,卡萝认为要"抛弃爱,选择意识形态",和两个孩子再也没什么实际联系。她花了"混乱的5年"时间学习危地马拉的语言与文化。这段时间,她说:"劳尔变得极度大男子主义、专制,也可能他一直都很专制,只是在杜鲁斯时,房子、生意都是我的,所以没这么明显。"她要劳尔跟她一起回美国,否则就离婚。她确定自己能取得孩子的监护权。劳尔当着孩子面说,她早就说过自己已经准备好离开,就算没有他们也无所谓,为了孩子不被抛弃,他愿意回明尼苏达州试试看。

当时克里希纳10岁,妹妹雅修卡8岁,在危地马拉出生的弟弟巴修4岁。卡萝和劳尔到明尼苏达州的公立学校帮拉丁裔儿童上课,并参加了婚姻咨询。她回忆道:"当时孩子们非常快乐。克里希纳9岁时,我会坐在他的床边,一直念故事,然后聊个不停。我们读过《堂·吉诃德》,读过诗,读过好多故事,还有历史。我们曾经那么亲密,他都不记得了。"

回明尼苏达州9个月后,卡萝有天回家,发现家中无人,劳尔已经带着3个孩子回危地马拉。卡萝哀伤地说道:"我以为劳尔会和我一起努力。如果失败了,也会在这里离婚,然后清理过往,继续当朋友,但他真的很懦弱。"卡萝虽然对劳尔很生气,但也很生气克里希纳,当时他已经够大,能自己做决定了。克里希纳永远不能原谅母亲曾想把他丢在危地马拉,而她则不能原谅克里希纳把她丢在美国。我刚认识克里希纳的前两年,他坚称不记得自己的童年。我向劳尔提及此事,他只说:"孩子们非常生卡萝的气。"

卡萝通过美国大使馆控告劳尔绑架,并前往危地马拉尝试协调和解。她说:"每次见面都是在劳尔律师的办公室,房间锁上,旁边有两个配枪的警卫,我以为他们要杀了我。孩子也被洗脑得很严重。"最后,卡萝在两个国家都取得监护权,劳尔则因绑架的罪名被国际刑警组织关进大牢。"我们把文件拿给劳尔的父母看。进门时,床还是温的。他们一家人再度拐走我的孩子。"她绝望地离开危地马拉,两周后,劳尔的父母靠着贿赂让他出狱。

对卡萝而言,和劳尔分开有其必要,但她却为此赔上第二批孩子。她说:"我自由了,但也一无所有。就因为我想离开阿南达玛迦、想读研究所,而且我相信自己,所以劳尔想惩罚我。"几年后,克里希纳来信告诉我:"虽然父亲不怎么说爱我,但我知道他爱我;虽然妈妈无时无刻不说爱我,但我知道她不爱我。除了妈以外,我没看过爸交任何女友,他说他没时间,但我知道,是因为她让他心碎。"

卡萝在牛奶盒上刊登孩子的照片,请众人协助。这段时间祖父母把克里希纳藏在洛杉矶的堂亲家将近一年,他也加入了南方帮。他告诉我,自己的第一个任务是偷车,之后他们给他一把乌兹冲锋枪和一整排子弹,要他开着偷来的车去"找人对决"。他说:"我射光子弹才回来,感觉肾上腺素流进了心脏,心想:'对!这就是我要干的,这就是我的毒品。'"

9个月后,劳尔叫克里希纳回危地马拉,于是他去了。一年后,13岁的克里希纳到明尼苏达州找卡萝。卡萝道:"我也不知道是怎么回事,只知道当时是圣诞节,有时愿望在圣诞夜会实现。我让他进门,仿佛一切都很正常。"克里希纳在那里度过了愉快的两个星期,之后卡萝又说服某个阿南达玛迦的人出面交涉,让雅修卡和克里希纳与她一起过复活节。孩子们来到明尼苏达州后,她说他们这回留定了,不准他们走。克里希纳说:"她不是因为爱我们才这么做,而是因为她恨我爸,这是她的报复。"克里希纳对母亲怒不可遏,但他喜欢美国,不想回危地马拉。雅修卡则过得很不快乐,一心想回家。劳尔魂不守舍,但美国有他的逮捕令,他不敢过来,于是托朋友把雅修卡带回去。

到了大逃亡当天,雅修卡被卡萝的男朋友困在家里,她打电话给父亲,低声解释自己走不了。他要克里希纳把卡萝的男朋友引开房间,他们一走,雅修卡便往外逃。克里希纳说:"我帮助妹妹非法离开美国,感觉有点怪,因为大多数人都是想非法进入美国。"卡萝非常震惊,但看到克里希纳留下,多少感到安慰。克里希纳觉得报复的机会来了,他表示:"她太想要一个儿子,我要让她知道这有多难。我得让她尝点苦头。"卡萝解释道,她向来吃素,却开始和克里希纳一起吃鸡肉。她停下来,绝望地伸出双手,"为了培养感情,我什么都愿意做,但他不肯分享,也做不到。克里希纳永远不会真的投入,他满脑乱七八糟的想法,被彻底洗脑,心里只有危地马拉。"

这对母子的关系非常扭曲,带着双方的愤怒与挫折,但某夜克里希纳出门买大麻时,这样的关系彻底变了。当时他15岁,"我们正在布鲁明顿和湖街上讲价钱,突然一部红色林肯车停了下来,一个家伙开始对我们扫射。"他回忆道。警察盘问了在场所有人,但怀疑克里希纳与上个月一起39岁黑人命案有关。将他扣留下来。他说:"一开始我以为他们只是想吓我。黑人帮派战黑人帮派，奇卡诺[1]帮派战奇卡诺帮派，我猜我们就爱自相残杀吧。所以那不可能是我做的。"

但警察很快就对克里希纳提出控告，卡萝得知儿子会在成人法庭受审后，发动朋友写信、抗议，并涌入法庭。她的解释是克里希纳曾被绑架，受过创伤。亨内平郡史上第一次有谋杀案留在少年法庭审判。克里希纳有场硬仗要打。"我的律师说：'他们给我们15年。'我们？是你坐7年半、我坐7年半吗？我说：'没做过的事，我才不认罪。'"克里希纳非常坚决，案件最后终于被驳回，但他那时已入狱7个半月。

卡萝说："当他们放他出来时，大家都想：'他真的会重新做人。'但他立刻故态复萌。"克里希纳这辈子第一次同意母亲的说法。他告诉我："被关以后，我心里想着：'全都去死！'"家里状况并不好，只要有人带着蓝色手帕来，全都被卡萝赶走。蓝色手帕是南方帮的象征。克里希纳说："我觉得当母亲就该坚持到最后，就算我今天被判无期徒刑，她也该想办法陪我。我是在考验她。"她回答："克里希纳说他留在明尼苏达州是为了让我的日子不好过，他还为此加入帮派。其实他是想知道我是否真的爱他。我不觉得他有任何计划。帮派和邪教一模一样：阶级分明，有帮规。这种严格的组织根本没有意义，但一小群人却为了帮派奉献自己，还随时可以为帮派送命。他是在复制自己痛恨的那个童年。"

案子驳回2个月后，克里希纳因为持枪而入狱1个月。几个月后，又因违反假释条例被抓，16岁时被送进郡立收容学校一年，我们就是在那里认识的。克里希纳告诉我，他女友怀孕了（其实不然），还说："我甚至不想让卡萝看到孩子，不想听她说些什么'你刚出生那几年可不是这样'之类的话。"母亲并未对不存在的宝宝说过这种话，克里希纳却能这么愤怒，投射的影响确实惊人。过了一会儿，克里希纳说："我只是在想，如果孩子长大后像我会怎样，那会是我的错。想想差点哭了，我想哭。我的眼睛有点肿，但没眼泪。"显然他的心里已被愤怒填满，容不下其他情绪。

---

[1] 奇卡诺（Chicano），指墨西哥裔美国人。——译注

卡萝说:"如果他像某些孩子穿着一身黑衣、头发染成蓝色、身上穿环,我还能接受。就算刺青也行,只要跟帮派无关,我都可以接受。就算他是同性恋,也没关系。我永远无法接受暴力,也怀疑他是不是因此选择了暴力。他们支持他,他们为什么支持他?有人支持你吗?我的医疗保险支持我。他觉得加入帮派很得意,一个原因是可以使唤别人,他总是对着手机用西班牙文吼出指令。我跟他说:'听着,我整天使唤人,因为我教的是一年级。你要不要考虑一下?'"但卡萝也承认自己要为克里希纳的性格负起部分责任。她难过地说:"你知道我是什么样的人,我也知道你喜欢我。但相信我,当时的我不一样,你不会这么喜欢那个我。"同时她也认为,有一半白人血统这件事太复杂,儿子承受不了。"他太怕做自己。要混血儿站起来说'我不属于这里,也不属于那里,我就是我',实在很难。"克里希纳曾在信中对我说:"我应该告诉你我是谁,虽然有时我自己也不清楚。因为我的语言、文化、外表和行为,我常被归类为'小西班牙佬'[1],但拉丁弟兄又总因为我是'杂种'而嘲笑我、排挤我,不愿意完全接纳我。"

克里希纳很爱解释帮派生活,某天傍晚他告诉我,"加利福尼亚州的西班牙帮派在20世纪初就出现了,我不是瞧不起黑人帮派,但我们更重视义气和荣誉。帮派一开始并不真的是犯罪组织,是后来才腐化的。但想想安隆那些人,他们偷的可是老人的退休基金。我自己,还有我帮派里的所有兄弟都有个规矩,那就是不能对付老人,那很卑鄙。"三年后我和劳尔见面,发现克里希纳的口吻是在仿效父亲对道德的谆谆教诲。我为此章采访过许多孩子,多数人一开始都会说标准英语,放松后便说起方言。克里希纳一开始却操着一口拙劣的帮派语言,脏话连连,放松后则改讲文法完全无误的英语。他是否把帮派作风当成防护,用来掩饰那个敏感的真实自我?还是他其实极度冷酷,只是以表面上的温和来操控人心?这些问题,克里希纳自己也不知道答案。

出狱前一个月,克里希纳每天出外工作,晚上还能在成年负责人员

---

[1] 原文为"spic",指西裔,有轻蔑之意。——译注

的陪同下外出。我提出申请，带他出外用晚餐。之前我们夜里在收容学校见面时，他会聊起自己有多么想上大学。现在他对着沙朗牛排大快朵颐，心里所想的却是帮派。他说："那都是自己人，我才不会为了活在卡萝的屋檐下就不讲义气。"我提到自己正在采访卡琳娜·罗培兹，他笑着说："你知道她男朋友死了吗？是我的兄弟干的。"他甚至拍了拍胸脯。"事发那天我看到她在治疗室哭得死去活来，我笑了。"后来卡琳娜证实了这件事："他和谋杀案没什么关系，但确实以这件事为乐。"

577 　　我告诉他，这一切实在很难和那个几周前才跟我一起玩拼字游戏的男孩画上等号，那男孩充满了梦想。他说："但他们都是同一个人的一部分。咨询师要我查查什么是变态人格，看过20种变态人格特质后，我就停了，因为很可怕。我喜欢自己的恨。我的恨非常强烈，也有几分纯粹、真实。我有些厌恶爱，觉得那一直很虚假、让人失望。每个人都在想要控制我的时候说爱我。我爱恨，我恨爱。这样算不算一种变态人格？我不觉得自己很邪恶，希望不是。"3天后，克里希纳外出工作，再也没回学校。过渡期的生活只剩两周就要结束，在这时候逃跑实在很荒唐。他本来可以不留案底离开，现在却成为逃犯。3个月后，他在明尼苏达州南部被捕，回到收容学校。我在那儿碰到他时，对于他待在一个所有警察都认得他长相的城镇上略表惊讶，他说："我去过灰狗巴士站两次，想买票去洛杉矶，但这里实在太好玩了。"他抱怨卡萝竟犹豫要不要让他回家，他问："我妈有没有让我失望？我想她一开始就不让我有希望。"卡萝很难过，她说："他不知道为什么就是不懂得延迟享乐，但愿你能接手当他母亲就好了。"

　　克里希纳之后的行为，我后来才发现是个可预测的循环。只要被关，他就很乐观、充满希望，但一旦获释，这些特质就消失不见。他现在想继续过着帮派生活，但又不想犯罪，于是他打算写剧本给帮派分子演出。他要将他们的刀刃化为台词，枪支化为精彩舞台呈现。他向我描述他某个故事的情节后，突然陷入沉思。"我是混混。对我来说，当混混比较轻松，能认清自己的处境。相反地，试着积极生活的时候，我不确定自己处境为何，也不清楚自己的积极有多坚定。"

我听过他父亲的许多传闻,一直想知道劳尔究竟是克里希纳所热爱的那个温和智者,还是卡萝形容的那个怪胎控制狂。我认识克里希纳3年后,他恢复自由之身,打算去危地马拉一趟。我告诉他父亲,自己想在同一时间登门造访,劳尔回信:"随时欢迎。你不用花钱待在旅馆。我们很乐意接待你,这样我们就可以随时见面聊天。"

劳尔温暖有礼,第一眼就让人喜欢。他个头不大,一头卷发又厚又黑,看起来很像亚洲人,站在高大的儿子身旁显得更加矮小。他们到机场接我,我把行李丢进他们老旅行车的后车厢,一同前往克里希纳祖父母家,他们让我睡平常孙子孙女来访时住的房间,房里五斗柜上散落着圣诞老人灯饰、超大的蛋头先生以及教宗的画像。

劳尔告诉我,他和卡萝曾爱过彼此。"结婚前,我说:'我不接受以离婚收场的婚姻,有孩子后更不行。'但她还是走了,还想带他们一起走,那不是她应得的,她也做不好。"那天我们聊到深夜,劳尔一再谈起道德。他说:"我不觉得我们看到的是真的克里希纳。真正的他是5年前去美国玩的那个贴心男孩。好的一面终究会战胜,但不知道会不会在他被终身监禁或在枪战里送命之前。"之后他说:"我懂那种愿意赔上性命或愿意一辈子坐牢的想法,但不是为了帮派。克里希纳需要一个目标。"劳尔突然坦白起来,看着我问:"你可以帮他找一个吗?"

第二天早上,我们去阿南达玛迦学校,它位于一个叫作"柠檬汁"的贫困地区。3~6岁的孩子在两间教室上课,教室就在一栋简陋水泥屋的楼上及楼下,屋顶以铁皮盖成。学生唱歌欢迎劳尔和克里希纳,还跳了一小段舞,克里希纳尴尬地接受这些致意。老师问克里希纳愿不愿意为孩子上英文课,他说自己的刺青和混混外形会在社区里引起麻烦,他父亲听到这个借口显然很不开心。接着克里希纳说他得赶到其他地方,于是劳尔和我开车前往镇郊的一户小公寓,在那儿与各国的十几个阿南达玛迦信徒见面。我们坐在褪色的祷告垫上冥想,一边共享一碗扁豆泥,一边讨论善恶。

那晚,克里希纳出于虚张声势,带我到城里一块帮派控制的区域,介绍我与当地的南方帮认识。每个人身上都有枪和帮派刺青,聚会的屋外还一度响起枪声,但说也奇怪,那感觉就像是在大学校园里和某人的兄弟会会友见面。我终于明白,南方帮如何让人感觉既彻底危险又奇特地安全。帮派本身就是一种水平身分,而犯罪对克里希纳的人生起的作用,就如同失聪、侏儒症之于我调查过的其他生命,还有同性恋身份在我的人生中扮演的角色。我一直想起克里希纳在信中对我说无法介绍自己是谁,因为他也不知道自己是谁。他母亲将此一困惑归咎于他是混血,但这样的困惑也反映出克里希纳不知道自己是父亲的儿子还是母亲的儿子,是美国人还是危地马拉人,是好人还是坏人,以及种种数不尽的辩证。在那个丑陋社区的丑陋房间里,他很清楚自己是谁,也因此得以放松——我从没看他这么放松过。

之前我很讶异自己会受失聪世界吸引,但受这个世界诱惑,感觉又更奇怪了。不过,对圈内人来说,混帮派是豪爽热情的表现。你说我比较喜欢与南方帮一起混,还是与阿南达玛迦的人共度早晨、共享扁豆?没有哪个比较喜欢,也没有哪个比较不喜欢。我知道在场许多人都杀过人,但他们对我很好,因为克里希纳是他们的好兄弟,而这份关心正是他明确渴求的。他们的热诚感觉很真实、很包容。我以为和帮派兄弟一起在危地马拉的贫民窟里混,能看到克里希纳最强悍的一面,但相反地,我看到他最脆弱的一面。罪犯是一种身份,也和足球流氓、战争、套利交易等种种组织暴力一样,能制造强大的亲密感。社会有必要抑制犯罪行为,但我们不该忽略罪犯的身份认同。我谴责暴力,但我不否认,暴力让原本孑然一身的人建立战友般的情谊。确实,我不否认今日的世界地图之所以这么画,凭的是征服各地,而征服则源于年轻人的义气和侵略性。

在危地马拉的最后一天,劳尔安排克里希纳的爷爷载我去机场。克里希纳说:"嘿,需要我跟你一起去吗?"然后有点豪气地提起我的行李向车子走去。一路上,他和我谈危地马拉的诗,我提到毕晓普在巴西做的诗,诗中写出她在南北美洲间移居的感觉。我引了几段钟爱的句子,他借笔抄下。我本以为我下车后他就会离开,但到了机场,克里希纳又抢过我手中的行李,陪我进去,还帮我挑了一排好队伍。他解释说,之所以好，是因为他对柜台的女孩很有兴趣。他等我完成登机手续，陪着我走到安检区。我走了进去，转过身，他正对着我挥手。"谢了！"他大喊。"谢什么？"我问道。"谢谢你来，谢谢你做的一切。我会想你的，老哥。"他清清喉咙，看起来很害臊，加紧脚步走了。他那近乎孤苦的身影深深印在我心底。有那么一瞬间，我看到劳尔和卡萝口中那个贴心的克里希纳。

克里希纳搬回明尼苏达州，再次和母亲同住，之后我再次听到他的消息，他不幸中弹，性命垂危。他失去一个肾脏和部分胆囊，肝脏破裂，肺叶塌陷，还严重大出血。离开医院时，卡萝要他找别的住处。她冷冷地说："如果他们要来做个了结，我不想要这件事发生在我家。"之后，他几乎都在逃亡，手机号码一直换，但我打不通电话时还是能联系上他，因为他会回母亲家洗熨衣服。5个月后，卡萝带他回家，结果克里希纳又向几个帮派分子挑衅，他们朝他家扫射。那时雅修卡正好来住一阵子，事发第二天就回危地马拉。她留给克里希纳一封信，写道："我以前以为你只是需要生命重心，但现在我觉得这是慢性自杀，我不想参与。"卡萝说："于是我再度失去两个孩子。"

一个月后，克里希纳因为伤害罪被判刑16个月，这次他去了真正的监狱。我去探访时，他为之前向我说的假话道歉。那时他已对帮派失望，原因是案件中的某个南方帮成员转作政府的证人。"我是说，如果不懂就不要入帮。我们有规矩，有帮规，有些事必须做，有些事不能做。"我说既然遵守规矩这么吸引人，他何不遵守美国政府定的规矩？他笑了。克里希纳每周都打电话给卡萝，她说："他打给我，只是因为狱方准他打。我真的很蠢，一直相信那些改过向善的说辞，我问：'你之前写的剧本不是很乐观向上吗？'他说：'那不过就是写写罢了。'那真相是什么？只要能知道真相，我可以付出一切。就算真相很丑陋，非常非常丑陋，我也能接受。只要看得到，就算只有几分钟也好。这是我的梦想。"她哀伤地看着我。"安德鲁，跟我儿子比起来，我更理解你。"

克里希纳再次出狱后，考了大学入学测验（ACT），向几所大学提出申请，其中一所是加州大学洛杉矶分校，也是他的第一志愿。但学校还来不及审查申请书，他就和 4 个帮派朋友开车兜风，最后出了人命，有个墨西哥狂徒帮的人被射杀。他被指控为了帮派协助他人行凶，他认罪，被判刑 8 年，服刑地点是明尼苏达州的史提瓦特监狱，一所高度安全管理监狱。

克里希纳若非过于害怕，不愿多作尝试，应该能在另一个地方找到归属。他的聪明才智绝对足以上加州大学洛杉矶分校，而他却以虚张声势来面对一切，借此逃避他害怕的风险。他手上的枪只是过渡物[1]，就像《史奴比》漫画里奈勒斯手中的安全毯，只是更加炫目。他的大一生活在梦想的天边发出微弱的光，当他面对"现实如此"时，"可能如何"变得无比庞大，吓坏了他。寻求水平身份或许是人生最好的解放，但也可能毁了一个人。在这个例子里，比喻中的监禁把克里希纳推向实体的监禁。

史提瓦特监狱极为阴沉。克里希纳每次进会客室都一副整洁的模样，但原有的理想主义色彩却变得晦暗。有天下午他在那儿对我说："我不恨卡萝了，我曾经以为是她害我那么无力，但现在，我觉得她已用尽她所知道的方式来爱我。在成长的路上，我一直觉得很无力，连要住哪儿都不能选择，最后我终于明白，我加入帮派，是为了觉得自己确实很强大。结果呢？我又再次毫无力量，回到原点。只不过这次，是我自找的。"

卡萝几周后对我说："他想和受压迫的人一起做事，跟他的人做伴，跟那些弱势的拉丁族裔待在一起。结果他做了什么？他让他们自相残杀，害他们坐牢。他说那些人是他的人，其实没有他，他们会过得比较好。"我问她是否觉得没有他，她会过得比较好，她说："我从来没拥有过他，我一点也不怀念现在的他。但从前那个他——我很确定我知道他从前是什么样的人，我很想念那个人。还有，我以为那个他之后会变成的样子，我也很想念，全心全意地想念。"

---

[1] 指毛毯、玩偶等能为孩童带来慰藉的物件。在孩童迈向独立的过渡时期，过渡物是母亲的替代品，可提供安全感。——编注

我采访过许多族群，这群青少年罪犯给我的资料最混乱不清。他们不相信、不喜欢成年白人男性的权威角色，会下意识掩饰自己，而他们之所以入狱，一开始的部分原因也就是这一点。但更重要的是，他们自己也搞不清现实，不确定究竟发生了什么事，他们的故事总是无法预测。

监狱浓缩了人的情绪，因为人类的许多正常行为都受到禁止，囚犯的许多日常生活也不能自己决定：吃什么、何时吃、何时洗澡等，都不行。你不是在街头上，不能工作，不能犯下一桩又一桩罪行，不能嗑药逃避现实，只好反省。在这样抑郁的深思中，囚犯会沉溺于爱与恨、团圆与报仇，盘算着如何报复那个害自己坐牢的人。我遇到过的所有罪犯都把入狱怪到别人头上，有时连犯罪也怪别人。他们也企求能向他们伸出援手的人：丈夫或太太、男友或女友、自己的子女双亲，这些人较不保留的爱成为珍贵的纪念品，象征了纯真无罪。

在克里希纳看来，他所承受的冤屈，比他让别人承受的冤屈要来得真实。不过，我也遇到过其他孩子，他们似乎无法摆脱过往那压垮他们的罪恶感，干脆一不做二不休，真的成为罪犯。我和收容学校的一个男孩成了朋友，他叫亭德尔·威尔基，母亲是幼儿园老师。他在6岁那年和母亲吵了一架后跟学校护士告状，说母亲虐待他，接着又跟学校社工讲了一样的故事。母亲并没有虐待他，他只是想找她麻烦。结果是亭德尔和妹妹被带走，永久寄养，母亲则被禁止教书5年。因为这场错，他往后的人生从此蒙上阴影。

米特·艾巴是另一所监狱的帮派分子。他8岁时，母亲常常留他在家照顾几个妹妹，并叮嘱他有人敲门绝对不要理。有天，敲门声持续太久，他无法不理会，开了门，结果是警察，原来是邻居检举孩子被母亲留在家里无人照护。他们从母亲手中被带走，寄养换了一家又一家。米特和《吉姆爷》里的吉姆一样，都被一个过错困住，觉得自己毁了母亲和妹妹的人生，道德中心也因此崩塌。日后的罪行，包括贩卖毒品与伤害他人，都满足了他惩罚自我的需求。人说犯罪起因是童年受父母伤害，而犯罪结果则是父母受孩子伤害。做错事本身带来的痛苦往往掩盖了一切悔过之意。

爱不只是本能，也是技能。收容学校等治疗型的监禁计划通过团体聚会、写日记、写信等活动，提供反思的制度和动力。孩子进了收容学校后，父母也同时获得学习机会。在监狱里，关爱可被划分为各种参数，对某些人来说，这比运作规则不明的日常世界要容易应付得多。你在探访日现身，待完全程，带几双球鞋来，或协助孩子留住女朋友，待她如家人。你不需要心平气和也能做到这些明显又具体的行为。许多人脾气差、情绪不定，很难做到心平气和。有的人做不到每时每刻都很坚定，但有时能一周做到一次。"我父母说探访日会来，也真的来了！"如此以实际行为建立的信任对许多囚犯而言近乎天启。在某些个案中，孩子一旦出狱，前述支持便烟消云散，但对其他父母而言，这套做法让他们得以反复练习，等到孩子服刑完毕，父母也已经做好准备，以新的自信和能力去独力善尽亲职。

理想上，青少年若能重新融入家庭，应该反映了他或她不久后也能大致重新融入社会。我第一次参加亨内平郡社区矫正部的家庭探访日时，和两个情况看似十分相近的男孩聊过。两人同龄、判决相似，出狱日期也相差无几。然而不久后，我得知其中一人的父母每次都会开上2小时的车参加每场开庭、家庭咨询会议、探亲日，母亲也早就排队帮孩子找到出狱后的工地工作。另一个男孩总是意兴索然地参与他朋友的家人聚会，因为他那住在3.2千米内、受过良好教育的中产阶级家人，一次也没来过。这两个囚犯获释后，会进入两个截然不同的世界。

我去过门禁森严的克斯丁顿少年监狱。监狱位于英格兰北部的新堡附近，比收容学校更传统、更简陋。明尼苏达州的职员会告知院生，他们没有跟我谈话的义务。在克斯丁顿，狱方则邀我出席参观各种程序，包括新人的脱衣搜身。英国囚犯还未走到认识自己这一步，或至少是自以为认识自己，而这却是收容学校的特色。法兰克·巴克兰因为打表妹男友耳光而入狱，刑期将尽，他看起来却很畏怯。他说："我在这里把自己的暴力倾向克制得好好的。"事实上，他是狱中的模范生。"但我也想和其他家伙一样，出去喝一杯、认识一些女生。我不确定自己会不会又走向暴力。"谈到自己的未来性格,他的口气仿佛是在谈论一件自己无法控制的神秘事情。他母亲也有同感,无助地说:"只能看着办。"收容学校要这些年轻人思考和规划出院之后要做什么,相反地,我在克斯丁顿碰到的囚犯却没有一个知道自己获释后想要过什么生活。

在监狱里思考未来,的确有些幻想的成分,但从幻想是否前后一致及充满希望,也可看出囚犯出狱后是否有能力翻转人生。克里希纳和我边吃牛排晚餐边颂扬帮派生活的美好,那是个警讯。同样,卡琳娜把男友的死当成通过学习测验的动力,则让人看到了希望。收容学校以渐进式计划和支援性服务帮助囚犯重返社会。泰瑞·贝克说:"有的父母在孩子获释后出现问题时,都能自在打电话找我谈。"卡琳娜和她最喜欢的矫正官一直很亲近,还一次次回去找她咨询。在这些关系中注入人道关怀,能发挥极大的效用。

水平身份多半都有一个核心议题:集体无辜。有个触动人心的说法是身心障碍儿不应受责难。这章我们谈的是犯罪的孩子,当中某些人的父母也有严重过错。然而,很多罪犯的家庭也遭边缘化,受到无情对待,情绪和经济都陷入孤立,既沮丧又受挫。我不断遇到想帮助孩子却不知怎么做或无法有效做到的父母。他们就和身心障碍儿的父母一样,表面看似有权使用社会服务,实际上却无法取得。本来应能解决的问题,却因为社会大力抨击这些父母而恶化。我们不肯正视他们的真实生活,这不仅赔上我们的人性,更赔上我们的个人安全。

犯罪看来比许多状况更容易受决心支配,没人能靠着意志摆脱唐氏综合征,有些人却能走出犯罪的过去。要做到这一点,这些人通常需要很多后盾。犯罪预防研究已经举出各种有效的解决方式,但我们大多视而不见,把社会上这么多人都视为无药可救。从事少年犯相关工作的人,有四分之三相信世上有解决问题的有效方法,只有3%~6%的人认为少年法庭有帮助。正因我们对这些被社会放弃的儿童缺乏同情,所以他们无法获得有效的辅导。大众普遍有个偏见,认为治疗干预这种治疗计划太过爱护罪犯,此外,社会还常用另一个借口来拒绝提供这类辅导：这样做又贵又无效。两种借口都站不住脚。监禁未成年罪犯，一年花费 2 万～6.5 万美元，而辅导课程愈多的监狱，暴力事件愈少，因此能降低些许成本，但财务效益最高的，还是预防再犯。一起罪案会产生庞大的后续花费，包括财物损失、审判成本、受伤的医疗费用，以及受害人饱受惊吓后承受的精神负担。哥伦比亚大学全国成瘾与药物滥用研究中心主任卡利法诺说："辅导与究责并不互斥，反而相辅相成。"

加州大学美熹德分校的心理学教授薛狄许收集 163 个研究进行分析，证明家庭介入是最有效的做法。另一项分析则发现："家庭与双亲介入能大幅降低青少年罪犯待在牢狱与收容所等机构的时间。"青少年犯罪与唐氏综合征儿、自闭症儿一样，早期介入的效果最好。2001 年美国公共卫生署总署长的青少年暴力报告证实，在产前家访中教导准妈妈育儿技巧，的确能降低青少年犯罪率，若配合后续追踪，效果最佳。某位研究人员将此做法比喻为看牙医，要确保健康就得定期保养。这跟打疫苗不同，疫苗只要在孩子很小时打过一次，就能预防疾病。

缺乏耐心的社会往往要求辅导要更有针对性，也因此多数的家庭辅导计划往往等到高风险儿童长大后才开始，而且只针对已经有人犯罪的家庭。治疗方案大多以缩写出现：BPT、FFT、MST、SFT、BSFT、MFGI、FAST、FET、TFC，其中大多采用认知/行为模型，教导父母如何做到一以贯之、公平公正且坦然表现情感，也教导孩子如何认清自己的感受、管理愤怒、增进沟通能力。孩子与父母携手加强彼此化解冲突的能力。有些治疗方案也处理实际问题，比如帮助家庭获得足够的食物、衣物及安置住处，有些则先将孩子安置于模范寄养家庭，让亲生父母前往学习，之后再把孩子交还给父母。

耶鲁教养中心的凯兹丁与研究团队提倡无暴力、无恐惧的管教方式，把家庭改造为矫正场所，以免年轻人进入国家的矫正机构。有研究指出行为沟通法能降低一半的再犯率。另一份研究指出，对照组里缓刑中的少年犯与实验组中参加家庭治疗的相似少年犯相比，前者的再犯率是后者的 10 倍。还有一份报告指出，进机构服刑并参加家庭治疗者，再犯率为 60%，相较之下，没有参加的人再犯率高达 93%，形同原地踏步。有犯罪风险的孩子，家庭若没接受早期治疗，跟家庭参加了这类治疗的孩子相比，在18岁前因暴力犯罪被捕的概率高出了70%。尽管有这些数据，当今社会处理青少年犯罪的方式仍鲜少改变，只有十分之一的少年监狱运用家庭治疗，当中只有四分之一坚持这种做法。我们抱怨少年犯行恶，却不断选择报复以求满足，忽略预防的效果。

基础的家庭介入疗法，粗略估计每户花费从2000美元至30000美元不等。"高瞻培瑞托儿所方案"执行结果显示，针对被认定具有风险的新手母亲，每花1美元辅导，可省下7美元的后续花费，这还未算入这些未违法人口对经济的正面贡献。加利福尼亚州的"三振法"针对累犯大幅加重徒刑，但每预防一桩重罪就要花1.6万美元，每回假释的花费则将近1.4万美元，相较之下，以训练父母来预防重罪则每件只要6351美元。事实显示，用毕业激励奖助把孩子留在学校并不用花大钱，成效却极高。培瑞方案团队认为，美国若不能成功介入家中有5岁以下儿童的高风险低收入户，代价可能高达4000亿美元。不过，虽然今年用在防堵上的钱能大幅降低未来10年的监禁成本，我们却很难根据此一等式编列项目预算，尤其政治人物需要的是能在任期内看到成效的项目。

在任何这类辅导的讨论中，道德都是一大问题。若以治疗来回应暴力犯罪，我们传达了怎样的讯息？如果选择缩短监禁时间，本应关在牢狱内的人将犯下更多罪行。三振法是设计来缩减加州地区25%的成人犯罪，这个目标是否已经达成，很难说。目前仍无任何预防或治疗方案达成这么高的目标。另一方面，三振法的费用高得吓人，州政府已濒临破产。我们不可能废除司法系统，也无法以仁慈来击败犯罪，常常得以其人之道还治其人之身。另一方面，有数不胜数的证据显示，惩罚式的司法若能搭配治疗方案，威力更强大。选择治疗性介入而舍弃监狱制度，是无稽之谈，但像目前美国大多数州这样，只有监禁而没有治疗性介入，至少也同样不可理喻。

有些人无法认清人类的冲动非常多元，他们不会去做一开始就不吸引他们的行为，却因此自以为高人一等，并产生一种奇特的傲慢心态。有人认为性侵儿童很恶心，洋洋自得地说自己不会在性方面占小孩子便宜，却没体会到儿童对他们原本就不具性吸引力。有些人没有药物依赖的倾向，却对成瘾的人多有不齿；有些人胃口小，却轻视病态肥胖者。100 年前，我的同性恋取向会把我送入牢中，幸好我活在这个时代、这个地方，能忠于自己。如果我得否认自己的渴望，而异性恋者没有这样的渴望，无从否认，那么我的经历当然会和异性恋不同。在和囚犯相处的日子里，我看过许多人或不善于控制冲动，或软弱，或愚蠢，或破坏成性，但也看过许多受强迫症支使，身不由己。有些人即使时时刻刻都有熊熊燃烧的偷窃欲，却能展现过人勇气、克制欲望。这些人努力困住内心那无法歼灭的恶魔，而那些一想到偷窃就觉得厌恶的人则做到了守法，这两者完全不可同日而语。

　　罪犯的家庭往往既得承认孩子做了坏事，又无论如何得继续爱他，两者都很难。有些人放弃了爱，有些人则假装没看见孩子的恶行。理想状况是以上两者都别做，这是借用了爱罪人、恨罪行的观念，但罪人与罪行无法轻易切割，爱一个罪人，就是爱着这个人与他的罪。有人既看见也承认所爱之人黑暗的一面，且反因这样的认知而更爱对方，这种人实现了最真实的爱。最真实的爱，是即便在一片荒凉的景色中，目光也如鹰眼般锐利。我遇到过一家人，他们经历悲剧后，比其他人更能接受上述矛盾。还有一位母亲，她的爱似乎既是无比深刻，又把一个千疮百孔的人看得无比清楚。她的爱，一如李尔王小女儿寇蒂莉亚的爱，既黑暗又真实，既包容又牺牲自我。

　　1999 年 4 月 20 日，科罗拉多州利特尔顿市科伦拜高中的高四学生[1]艾瑞克·哈里斯和迪伦·克莱伯德在学校自助餐厅放置炸弹，爆炸时间设定在 11 点 17 分第一个午餐时段，两人计划射杀所有想逃跑的人。由于引爆器装置出了问题，炸弹没有爆炸，但克莱伯德和哈里斯仍挟持全校师生，杀害共 12 名学生、1 位老师，并随后开枪自杀。该起事件在当时是史上最严重的校园暴力事件。美国右派人士谴责"家庭价值"

---

[1]　美国高中多为四年制。

崩溃，左派人士则将炮口指向电影里的暴力情节，并呼吁加强枪支管制法。对美国整体文化面的批评大量出炉，想以此解释这些难以理解的事件。

当天的死亡人数，一般都认为是 13 人，科伦拜纪念碑也只悼念 13 个亡魂，仿佛克莱伯德和哈里斯并没有一同死于该日该地。从事件那时起，大众普遍猜测两个男孩应来自破碎家庭，过去也应有暴力犯罪记录，但事实却不然。世人在看到这样可怕的事件之后，一心希望良好的教养能预防孩子变成下一个克莱伯德和哈里斯，但恶意的滋长过程并非总是有迹可循，也不一定有办法解释。就如同自闭症者与精神分裂症者的父母纳闷自己过去所知的那个显然很健康的人到底怎么了？其他家庭忙于应付行为变得惊世骇俗的孩子时，也同样不解，他们自以为了解的那个天真孩子，究竟怎么了。

我着手准备采访汤姆·克莱伯德和苏·克莱伯德的时候，满心期待与这对夫妻会面有助于我理解两人之子的行为。但我越了解克莱伯德一家人，就变得越困惑。苏非常慈爱（迪伦过世前，她的工作是照顾残障人士），是许多被忽略或受虐待的儿童梦寐以求的母亲，汤姆则满腔热诚，能鼓舞任何人疲惫的精神。在写这本书的过程中，我认识了许多家庭，其中有几家会让我情愿成为他们家的一分子，克莱伯德家就是。两人陷入自家的希腊悲剧式家破人亡惨剧中，却从中学会难以置信的宽谅与同理。即使是在最亲近的关系中，一个人也总有些隐秘是别人无法知道的，这样的无从得知既深切又恐怖，而两人就是其中的受害者。爱好人比爱坏人容易，但失去你所爱的坏人，却可能比失去你爱的好人更难受。苏曾告诉我："有天晚上我看了电影《失婴记》，衷心同情罗斯玛丽[1]。"芭芭拉·华特丝事发后采访迪伦班上同学的父亲，提到克莱伯德一家，他说："他们困在玻璃箱里，手上能解开这个谜题的线索并不比其他人多。"

---

[1]《失婴记》(*Rosemary's Baby*)，罗曼波兰斯基经典恐怖片。剧中女主角罗斯玛丽做了怪梦后怀孕，最后发现孩子可能是魔鬼之子。——译注

苏有两个儿子，而幺子迪伦对她说的最后一句话，是 4 月 20 日他出门上学时，让身后的门砰的一声关上之前说的那句"再见"。当天中午，汤姆接到电话，得知学校发生枪击事件，而迪伦是嫌犯。他打电话给苏。苏说："我脑海中突然预见他可能会做什么事，所以那时镇上每个母亲都在祈祷孩子安全无事，我却必须祈祷自己的孩子在伤害任何人之前先死去。当时我想，如果这一切真的发生了，而他活了下来，他就得进入刑事司法系统，遭受处决，我无法承受二度失去他。那是我这辈子最艰难的祷告，我祈祷他自杀，这样我至少知道他是自己想死，而不是被警察的子弹射死，在我心中留下许多问号。我希望我的儿子自杀，而他真的自杀了，或许我那样想是对的，但我花了好多时间后悔自己如此祷告。"

当晚，警察要克莱伯德一家人离家，一方面让他们搜查整栋房子，另一方面也是为了保护他们的安全。"我想着迪伦已经死了，还想着他年轻健康，器官或许可以捐出去，但接着又想，有人会想要谋杀犯的器官吗？那是我第一次体会到，世人将怎么看待我儿子。"一家人在汤姆的妹妹家住了 4 天，在迪伦下葬当天回家。苏说道："我们不太清楚发生了什么事，只知道迪伦死了，是自杀，以及他与枪杀案有关。"

利特尔顿的居民开始哀悼，一位伊利诺伊州来的木工在校园附近的山坡地上立了 15 支十字架。汤姆说："这件事令我好振奋。我也想加入社区。我以为我们可以一起哀悼。"苏回忆道："那里摆了鲜花，迪伦和艾瑞克的十字架下有和其他人一样多的花。"

之后，部分受害者的父母毁了迪伦和艾瑞克的十字架。当地教会的青年团体种了 15 棵树，结果几位受害者父母在媒体的陪伴下前来砍倒了迪伦和艾瑞克的树。一周后，学校在毕业典礼上对受害的学生致颂辞，但校长却请迪伦和艾瑞克的朋友离场回避。不久后，相关报道开始使用 13 这个数字，而非 15。汤姆说："简单说就是：13 个孩子死了，两个纳粹干的，他们的父母要负责。这是场全民私刑。"苏反思道："我觉得其他父母相信自己经历了丧子而我没有，因为他们的孩子有价值，我的没有。我的孩子也死了。他死前下了可怕的决定，做出可怕的事，但他仍是我的孩子,而且他也死了。"

克莱伯德家的律师建议他们别跟媒体说话,但沉默却让当地人更加激愤。汤姆说:"读完某些东西,却完全不能回应。你明明知道文章是捏造的、误导的和煽动的。"苏说:"感觉就像一直挨打,再挨打,却不能反击。"为了转移悲伤,苏亲手写字条给每个遇害或受伤孩子的父母。她虽然不觉得自己该为事件负责,但想减缓事件的伤害。她后来解释道:"对我来说,让这个社区走出伤痛唯一的办法,就是设法和每个受害者建立一对一的关系。直到我能对这些人说:'如果你想和我谈谈,我随时有空。我们可以在你家或在牧师的办公室见面,如果你需要的话,可有人在旁调停。如果和我说话对你能有帮助,我随时等着。'那么我的旅程才算完成。"她从来没付诸行动,因为有个咨询师警告她,和他们联系,可能会再度伤害他们。她说:"但我除了为自己的孩子哭泣,也为他们的孩子哭泣。"这家人面对庞大的敌意,偶尔也收到意外的关爱。汤姆说:"科伦拜事件发生几周后,家得宝的一位收银员给了我大大的拥抱。邻居送食物过来。开车去修车轮框时,修车师傅跟我说:'至少你们没隐姓埋名。'他敬重这一点。"

随后几个月,调查发现科伦拜校园有霸凌气氛。汤姆说:"你得属于某个圈子,还要有运动员履历,否则毫无地位。所以迪伦才那么愤恨,要避免科伦拜事件,只有一个办法,那就是消除他那斗狠的气焰,而那种盛气正来自学校。他和艾瑞克没有对我们开枪,也没有去量贩店或加油站开枪,他们是在学校开枪。科伦拜校园的人际互动模式很不公平,而迪伦却无能为力。这足以激怒一个敏感的孩子,让他进行报复。"

克莱伯德一家以前从不知道,虽然迪伦身高193厘米,看来不好欺负,却曾在学校遭人羞辱。有天他回家时,衣服上到处都是番茄酱渍,母亲问他怎么了,他说那是他人生最惨的一天,不想多谈。他死后几个月,母亲才知道迪伦和艾瑞克在学校公然遭人推撞,同学还朝两人喷射番茄酱,骂两人死同性恋。"他当天的遭遇留下的贻害,我后来虽然看到,却没帮他,这让我非常心痛。"她说道。事发几周后,汤姆到警察局把迪伦的车开回来,一名警察说:"有天我儿子从学校回家,有人在走

590

廊用火烧他的头发，他的整个头皮都烧伤了。我想把学校一片片拆了，但他说那样事情只会更糟。"

校园屠杀事件一年后，警察把迪伦的日记交还给克莱伯德一家，他们不知道迪伦写了日记。苏说道："迪伦字里行间充满'我比他们聪明'，他看不起欺负他的人。我想，他喜欢把自己想得很完美，开枪杀人让他感受到那种自命不凡。他在高中的最后两年变得更内向、神经质，但这也不是太不寻常。大家有个刻板印象，误以为他和艾瑞克是那种悲惨可怜的小孩，因为太孤立，才密谋干坏事。他很聪明、很害羞。他有朋友，朋友也喜欢他。我听到外人认定我儿子受到排挤时很震惊，就跟听到他涉及枪击案时一样震惊。他以前很关心别人的。"汤姆迟疑了一下，说："或是看起来很关心。"

苏说道："我一直无法判定哪一种想法比较惨，是孩子天生如此，你做什么也改变不了，还是他本性善良，但某些事情激发了犯罪行为？悲剧发生后，大家对我们避之唯恐不及，也因此我们能体会儿子被排挤的心情。他让我们经历了他的现实生活：被唾弃、不受欢迎，面对讨厌自己的人也无法为自己辩驳。"律师帮他们过滤成堆的信件，以免他们看到最不堪的来信。苏说道："我可能读了三百封写有'我钦佩你'、'我为你祷告'等字句的信件，然后读到一封充满恨意的信，就被摧毁了。若有人贬低你，这份贬低的分量会远比所有的关爱还要重。"

汤姆和迪伦一样，高中时极度害羞，也因此觉得自己凭本能就能了解迪伦。迪伦的心情他感同身受，却不理解他的行为。苏则看到种种情势在迪伦身上交会，形成可怕的组合，包括沮丧、让人愤怒的校园环境，以及本身问题严重、对他影响很大的朋友。她说道："迪伦有点怕艾瑞克，想保护他，又有点受他控制。他被某个我无法了解的东西困住了，做出这些可怕的事。但我不相信、我无法相信他是这样的人。是，他是有意识地选择做下这么可怕的事情，但他的意识出了什么问题，以致他做出这种决定？他心里的某个东西坏了。那个害死、伤害了其他人的病因，也害死了我儿子。"

我很惊讶克莱伯德一家人仍待在这个充满痛苦回忆的城镇。苏说道:"就算我们搬了家,改了名,媒体也会找到我们,到时我不论遇到谁,我都是'那个凶手的母亲'。在这里,至少有人喜欢这个我,也有人曾喜欢迪伦,这就是我需要的,尤其是曾经喜欢迪伦的人。"汤姆坦言:"如果我们走了,他们就赢了。有些人想把我们击倒在地,而留下来,是我对抗那些人的方式。"我试探地说,事发后经历这一切,要继续爱迪伦一定很困难。苏回答道:"不,从来不会。这是比较简单的部分。试着理解很难,面对失去很难,要让自己和他的行为引发的后果和解很难,但爱他不难,对我来说一直很简单。"

跟克莱伯德一家聊天时,我觉得苏像德国人,汤姆像日本人。苏不断自省,背负着无比沉重的罪恶感。汤姆则表明这件事十分可怕,然后便试着向前看。他说:"你能怎么办?他觉得他有理由,也承担了后果:他已不在人世。我儿子造成他人痛苦,我很抱歉,但这件事,我们也很痛苦。我们失去了儿子,还得活着承受我们对孩子的记忆不断受人攻击。"他和日本人一样,把原因归咎于外界,但还算有限度。后来汤姆说:"我想象着艾瑞克对他说:'你要是不做,我就杀了你父母。'但迪伦是自愿参与的,这点你永远否认不了。"苏则相信,若主谋真是艾瑞克,迪伦应有能力抵挡艾瑞克的压力。她怀疑他是不是受过什么创伤成为导因,甚至是否曾遭人强暴,但从来没发现相关证据。她提到他高二的日记:"他的口吻就是个为人着想、懂得内省又忧郁的孩子,谈的大多是他喜欢某某女生,但对方不知道他的存在。悲剧发生前 3 个月,他谈过他想要的死法,还说:'我可能会和艾瑞克一起模仿 NBK。'"她后来才知道 NBK 是电影 *Natural Born Killer*(闪灵杀手)的缩写。"到了 1 月,迪伦都还没真的决定要做。他只想死,但为什么要炸掉学校?某个礼拜一早上,我坐进车里,想起迪伦,上班的路上一路哭个不停。我会和他说话,或唱歌。我得面对那份悲痛悔恨。"

这么重大的事件,会完全扰乱一个人对现实的感受。苏说道:"我本以为我能了解人,能关心人,深入理解别人。这件事之后,我才明白,我完全不知道别人在想什么。我们念童话故事给孩子听,告诉孩子世界上有好人和坏人。现在我再也不会这么做了。我会说,我们每个人都有能力当好人，也都能做出恶劣的决定。爱一个人，他的好与坏你都要爱。"苏工作的那栋大楼里有间假释办公室，她每次跟那些有前科的犯人一起搭电梯，都觉得既陌生又害怕。科伦拜事件后，她对他们的看法变了，"我觉得他们就像我儿子一样。他们也是基于某些原因，做了糟糕的选择，因此陷入可怕、绝望的情况。我听到恐怖分子的新闻时，心里想着：'那也是某人的孩子。'科伦拜事件让我更能将心比心，其他事情不可能做到这一点。"

在克莱伯德一家收到的信件中，有孩子把迪伦当偶像，也有女孩子爱上他。"他有自己的粉丝。"汤姆说道，嘴角微微扬起嘲讽的笑。出乎意料的善意也鼓舞了两人。事发几年后，在一场自杀研讨会上，一个男人走向苏，在她面前跪下并说："我只想告诉你，我非常钦佩你。我不敢相信大家竟然这样对待你。我每天打开报纸，都觉得会读到有人拿着草叉跑到你家门前的车道上。"还有几个陌生人拥抱过苏。但平凡生活仍可望而不可即。她提到近来有次去超级市场，收银员认出她驾照上的姓，"然后她说：'克莱伯德……你认识他？'我说：'他是我儿子。'然后她开始谈起：'一切都是撒旦的杰作。'我心想：'拜托，赶快把东西包好。'离开时，她在我身后喊着会为我祷告。这种事让人筋疲力尽。"

在我首度拜访汤姆和苏之前，朋友问我怕不怕这家人，仿佛我会染上屋内的某种邪恶。结果证实，两人打从骨子里平凡得难以置信。一位迪伦的朋友说，他以前都称他们为沃德与琼，典故是《天才小麻烦》里的那对阳光夫妻，因为这个家庭就是这么好相处、容易捉摸。他们让我看家庭的相簿和影片，其中让我印象特别深刻的是屠杀日前三天迪伦准备动身前往舞会的影片。他有点青少年的粗鲁，但也很温文，看起来是个好孩子。我绝对想不到他正即将展开滥杀。他的长发往后扎成整齐的马尾，一边调整租来的燕尾服，一边抱怨袖子有点短，笑着看女伴为他别上胸花，问道："爸，你录这干什么？"接着又笑着说："嗯，哪天我会拿出来看，想着我在想什么。"他掩饰得很好，令人难忘，因为他表现出来的感觉就是这个人在未来某天会记得自己曾盛装和漂亮女孩一起出发参加人生中最重要的派对。影片最后，他说："我绝对不生小孩，小孩只会把你的人生搞得一团乱。"愤怒的一刻突然莫名其妙地蹦出，又同样迅速地蒸发。

从 4 月 20 日校园浴血，到当年 10 月为止，夫妇对事件的细节都所知有限，只知道迪伦在枪杀现场，大概是自杀身亡。苏说道："我们一直坚持信念，相信他并没有真的杀人。"之后警方报告来了，"看了之后我的心又再次痛起来，因为我再也不能否认了。报告上面，他们说出他杀了哪些人，还有个学校的小地图，上面标注了小小的尸体。"然后他们看了"地下室录影带"，那是迪伦和艾瑞克故意留下的，里面的迪伦满腔恨意，既愤怒又自大，和舞会影片里的年轻人判若两人。苏说道："看这些影片的伤害跟事件本身一样大，所有为了保护自己而坚持的信念全破碎了。我们家没有仇恨的言论，我有部分犹太血统，但影片却反犹太，所有贬义词，黑鬼、犹太佬，他们都骂了。我看见了我这辈子的创作成果：我教育了一个魔鬼。所有我拒绝相信的事都是真的。迪伦是自愿参与，整个屠杀并非起于一时冲动，他买的、做的武器，都是设计来尽可能杀死最多人。他开枪是要致人于死地。这是我第一次知道迪伦在其他人面前的样子。看到他对世界的轻蔑时，我几乎要恨自己的儿子了。那卷影片留下他犯下变态凶残大错的模样，我想毁了那卷片子。从今以后，不管认识他的人记忆中的他有多美好，不管他的性格中有什么优点可说，那部影片都可以反驳。对我来说，这是令人窒息的空虚。"正如潘多拉盒底留着希望，这些影片也记录了一瞬间的善良：艾瑞克提到两人的父母时，迪伦回答："我父母对我很好，我不想谈这些。"594

我一和汤姆及苏谈到迪伦堕落之前的回忆，两人的声音便缓和了下来。汤姆回忆起儿子的童年时期，"迪伦好得令人惊喜，自动自发，很好奇。"每年迪伦生日，汤姆总会到过去两人一起徒步的山上，带一罐迪伦爱喝的胡椒博士汽水，以及他小时候最爱的无尾熊玩偶。夫妻俩花了 3 年才终于把迪伦的房间整理干净，变成舒适的客房。我登门拜访时都住那间房。苏说："他是很棒、很出色、近乎完美的孩子。他让你觉得自己是了不起的父母，因为他事事做得好。迪伦有难以置信的组织能力，条理清晰，执行能力特别强。"他 3 岁就能数到 110，还会用冰箱上的磁铁计算等式。他比别人早一年上幼儿园，成绩优异，上了资优课程。"他很小的时候，会把五六份拼图混在一起，觉得这样就能同时玩这些拼图，非常刺激。他喜欢迷宫，喜欢寻字游戏。他会和汤姆一起下棋。他就是很讨人喜欢。"苏斜斜看向我，悄悄说："你绝对猜不到，我有多久没机会拿儿子出来夸耀了。"之后她又说："他很有可塑性，只要跟他讲道理，说'所以我认为你应该怎样做'，差不多每次都能说动他改变主意。身为父母，以前我以为这是优点，但现在看来，却有可能是可怕的致命伤。"

校园屠杀事发的一年前，只有一个事件能看出苗头。迪伦在高三那年春天要求到朋友查克家过一夜，后来查克不得已取消行程，迪伦便乘机和艾瑞克开车出门兜风。两人开车到峡谷的道路上放烟火，途中在停车场停下，看到一辆厢型车的前座放着电玩，于是抓起石头，打破车窗偷走，然后回到车上打开车内灯，检查战利品。有个警察停下来查看发生了什么事，迪伦几乎是马上就承认自己偷窃，两个孩子被带回警局作笔录。苏说道："电话响起，是警局打来的，当时那是我们人生最黑暗的一夜。"他们前往警局，迪伦和艾瑞克两人都被铐上手铐。警察让父母把孩子带回管教，并要求两人参与转向计划。这种计划会把社区服务、教育指令、损害赔偿指派给青少年，用意是协助青少年，让他们不至于留下犯罪记录。这种做法向来被视为宽容，但苏在事后看来，却相信这是命运耍了恶意的一招。当初两个男孩若入了狱，就会分开，并离开那所让他们觉得自己很卑贱的学校。

一家人直到天亮了才回家，苏怒不可遏，无法跟迪伦说话。汤姆隔天和迪伦一起出门散步，惊讶地发现儿子竟然对于被捕十分愤怒。汤姆说："他深深觉得别人都错了，认为自己的行为完全正当，丝毫不觉得自己做了不道德的事。"苏也察觉迪伦态度有异，转向计划的记录也称迪伦想不通自己的行为哪里有错。"我说：'迪伦，我不懂，你跟我说说，你怎么能做出这么不道德的事？'他回答：'嗯，对方又不是另一个人，是一家公司，他们买保险就是为了这个。'我说：'迪伦！你吓到我了！'他说：'喔，我也吓到了，因为我不知道自己为什么这么做，我们只是突然间就做了。'"苏如此说道。她把事情归咎于青春期冲动,要他承诺不会再做这一类的事。"他说:'我答应,但我很害怕,因为这次我并不知道我会做出这种事。'于是我说:'好,你现在知道了。'"

苏问转向计划的人,迪伦是否需要接受咨询,他们为他安排标准化的心理测验,结果显示他并没有自杀、他杀或忧郁的迹象。苏说:"如果现在我可以向一屋子的父母说几句话,我会说:'永远别相信你所见到的。'他心地好不好?体不体贴?在他死前不久,我有一次外出散步,跟他要求说:'如果下雨,你要来接我。'他也做到了。需要他时,他会在你身旁,他也是我所遇到过的最棒的听众。现在我才明白,那是因为他不想讲话,他把自己藏了起来。他和艾瑞克一起在披萨餐厅工作。科伦拜事件发生前几周,艾瑞克的爱犬生病,看起来快不行了,迪伦就一人值两人的班,让艾瑞克有时间陪狗。"

迪伦和艾瑞克生前都写了些东西,字里行间透露了艾瑞克有杀人倾向,怒气都朝外发泄;迪伦则有自杀倾向,精力都用在自我否定和批评上。事情看起来就像是迪伦为了艾瑞克一起杀人,艾瑞克则为了迪伦一起自杀。到最后,迪伦为自己的生命倒数计时。苏不明白,"他怎么有办法保密到这种程度,他是这么痛苦。"

我问夫妇俩,如果迪伦也和我们一起在现场,他们想问他什么。汤姆说:"我会问他,你到底在想什么,还有你以为自己到底在干什么?"苏先低头看着地板几分钟,然后轻声说:"我会请他原谅我,原谅我这个做母亲的从来都不知道他在想些什么,原谅我既无法帮忙,也不是他能倾诉秘密的对象。"随后她又说:"我梦过迪伦千百回,梦到我跟他谈话,努力要他跟我谈谈自己的感受。我梦到我正哄他上床,拉起他的衣服,发现他满身割痕。他是如此痛苦,我却没发现。他把痛苦都藏了起来。"

某些受害家庭对克莱伯德夫妇提出控告。惨案事发4年后,两人在其他父母面前做口供,过程照例不对外公开。第二天,丹佛的报纸坚称全世界都有权利知道他们说了什么。苏说:"意思是,在我们经历一切之后,他们仍然相信我们难辞其咎。好像在问:'你们怎么可能不知道?怎么可能不知道?'我想说:'我无法回答,我真的不知道,真的不知道,真的不知道。你还能说几次？我们事先要是知道，怎会不求救，不找人说？'"

在面对了这么多沉重压力之后，苏被诊断出得了乳腺癌。她说："我不相信轮回，但你想想这一切的心痛、教育失败、痛失孩子。最后我认识了几个女人，她们的孩子都自杀了。6个女人中，3个人有乳腺癌。我以前总笑着说，这是我这出严肃戏里的轻松喜剧版本，因为在我们经历了这一切之后，乳腺癌倒是挺好、挺正常的事情。"科伦拜这场大冲击发生后，有整整两年她以为自己想死，但现在人生却把她推向新的明确目标。"那就像是，'等等！我还有事必须先做，我得解释迪伦是谁、是怎样的人。'最近我认识一个女人，她一个儿子自杀、一个入狱，我对她说：'现在你可能不信，也无法体会，但跌得这么深，你会从中得到启发。这不是你以前会选的路，但这条路会把你变成更好、更坚强的人。'"

科伦拜事件之后，苏遇到一名委托人，眼盲、独肢、失业、家庭困难很多。"她说：'我是有我的问题，但拿世上的任何东西给我，我都不愿跟你互换位置。'我听了大笑。我为身心障碍人士服务了这么多年，总想着：'感谢老天，我看得见，能走路，能搔头，能自己吃饭。'我想着，我们都靠彼此的不幸来让自己更好过，这件事有多好笑。"

苏说自己很幸运，"我很幸运，迪伦没有对我们下手。他对我们做过最坏的事，就是离开从我们。科伦拜事件后，我觉得迪伦杀了上帝。没有哪个上帝能跟这种事扯上关系，所以说一定没有上帝。当你的世界一无所有，你的所有信仰体系，你的自我概念，对自己、对孩子、对家人的信念统统消失后，就会有一个疑惑的过程：我是谁？我身体里真的有个人存在吗？最近有个同事问我周末过得如何，而那正好是枪击事件的周年，于是我说不太好，也说了原因，她说：'我每次都忘记你跟这件事有关。'我抱了抱她，说：'这是这些年来我听过最棒的一句话。'"但苏并没有忘记。"不久前，我在火车上跟邻座聊得很开心，接着我能感觉到，那个问题又要来了，'那你有几个小孩呢？'我得抢先一步，我得告诉他我是谁。我永远是迪伦的母亲。"

我对夫妻俩说，我觉得他们把自己的状况解释得异常清楚，跟本章采访过的某些人很不一样。汤姆说："我们能开诚布公地谈这些事，是因为儿子已经死了。他的故事已经完结。我们没办法期望他再做些什么，做些更好的事。说故事的时候，你要是知道故事已经结束，会更容易讲述。"在我们首次见面几年后，苏告诉我："很久以前，我们差点在加利福尼亚州买了一栋房子，但对方不接受我们提的价格，后来我们看到利特尔顿这栋房子，提出很低的价格，对方接受了，我们非常兴奋。当时我们说，加利福尼亚州的房子没谈成真是太幸运了。但是，当时如果谈成了，就不会发生科伦拜事件。事情刚发生时，我曾经希望自己没生过孩子、没结过婚。如果我和汤姆没在俄亥俄州相遇，就不会有迪伦，这起可怕的事也就不会发生。但随着时间过去，我开始觉得，对我来说，我很高兴我有过孩子，我很高兴我有过我曾有的孩子。因为虽然代价是这样的痛苦，但我对他们的爱是我这辈子最大的快乐。当我这么说时，我说的是自己的痛苦，不是其他人的痛苦。但我接受自己的痛苦。人生原本就充满苦难，这就是我的苦难。我知道对这个世界来说，迪伦没有出生会更好。但我相信，对我来说不会。"

第十一章　跨性别

599　　西方文化喜欢二分法：如果善恶可以分明，如果身心可以分离，如果男人皆阳刚而女人皆阴柔，人生似乎就不那么可怕。危害性别形同危害社会秩序。如果没有既定规则可循，似乎人人都可出手争取、重新定义一切，因此圣女贞德非得上火柱。如果我们赞同人们任意切除自己的阴茎或胸部，又怎么可能保持自己身体的完整？著名精神分析师费曼曾戏言："如果他们都穿上写着'别担心——不会发生在你身上'的T恤，可能有帮助。"性别本身就是很难掌握的概念，作家布鲁姆说："男性不是同性恋或异性恋，男性就是男性。构成男性特质的，非因男性是欲望的对象，也不是会喝啤酒或会握紧拳头。那是由什么构成，我们不知道，女变男的变性者不知道，他们的心理治疗师与外科医生也不知道。"然而，性别虽然难以定义，却不难知道。莫莉斯在20世纪70年代勇敢写下自己转变性别的历程，她说："变性症并不是性模式或性偏好，也完全不是性的行为。变性是一种激烈的、无法根除的终身信念，真正的变性人永远不会打消此欲念。"她解释道："我内在的不确定性就如同五彩的漩涡和云彩，是我内心的迷雾，我无法确定它究竟位于何处——在脑中、在心中、在胯下、在血液里。"

跨性别一词范围极广，只要一个人的行为大幅偏离起初的生理性别所假定的行为规范，就能称为跨性别。变性则通常指一个人通过手术或荷尔蒙改变身体，使身体得以配合心理性别。变装则指喜欢穿通常专供异性穿着的服装。

虽然这些词有多种用法，跨性别族群最广为接受的还是"跨性别"（transgender）及其缩写"跨性"（trans）。跨性男指生为女性，后转为男性。跨性女则生为男性，后转为女性。双性人则指出生时性器官不明，或一出生就具有双性生理特征的人。

我们的语言过于贫乏，用性（sex）这个字来同时指称性别及性爱，两者不幸"合而为一"，社会由此对跨性别儿童产生诸多反感。跨性别被视为堕落，而儿童的堕落既异常又令人不安。然而跨性别儿童所显现的并非性欲，而是性别。问题并不是这些儿童想跟谁在一起，而是想当什么人。跨性别运动人士基就说过："性别是指我是谁，性欲则指我对谁有反应。"这个区别很重要，但在梳理跨性别身份的复杂之际，不免揭露出这些事有多难分辨，对孩子、父母及社会大众都是如此。同性恋与跨性别分属不同类别，但两者间存在灰色地带，在儿童期尤其难以区分。阳刚的小女孩或阴柔的小男孩可能想立刻改变性别，也可能大一点才想，或可能根本不想。有位母亲提到，曾有男性友人问她，女儿那么像男孩，会不会是同性恋，她回答："她才4岁，我想她还没有性欲吧。"但这些孩子可能会露出一些端倪，显示"日后会受什么人吸引"。事实上，即使孩子对情欲还没有概念，却可能是"潜同性恋"。

格林在1987年出版的重要作品《"娘娘腔气质"与同性恋之发展》里，描写他15年来追踪44位阴柔小男孩的过程。其中只有一人变性，多数人长大后只是成为同性恋。性欲与性别是两个独立却又相互交缠的变数。由于跨性别表现在同性恋间比在异性恋间更普遍，因此此一表现的歧视也是一个同性恋议题。即使莫莉斯没这么主张，同性恋也是一种身份认同——不是你做了什么，而是你是什么。一个人即使从未与同性发生性关系，也可能是同性恋，而跨性别者也可能只展现生理性别。对同性恋与跨性别文化一无所知的人常常搞不清楚或将两者混为一谈，其原因是：恐同者的攻击对象一直都是性别不协调的人。喜欢时尚与装饰杂志且言行夸张出格的男同性恋，与学校里恰恰偏好和男人做爱的美式足球英雄，两者大相径庭。虽然美式足球员若想与男人结婚会遇到法律问题[1]，被队友发现也可能被骂难听的话，但不会如前者那般可能天天受到辱骂攻击，日子因而生不如死。

跨性别者的政治解放一直扎根于同性恋权利运动中。虽然同性恋人数远多于跨性别者，而跨性别运动也的确需要以人数为后盾，但两个议题相混也造成许多困扰。有些同性恋认为他们的跨性别兄弟姊妹与自己有一样的困境，只是更加艰难，于是为他们奋力发声；有些人则认为跨性别族群令人难堪，于是试图和他们分离，这种模式最常见于强调雄性的男同性恋身上。这样的划分在某些层面呼应了早期女性主义者与女同性恋的分裂，当时有些女性主义者认为女同性恋是她们身份认同的终极表现，其他人则认为在争取主流认同的战役上，女同性恋会削弱她们的战斗力。《就业歧视禁止法》旨在保护同性恋免受工作歧视，于2008年送交国会，内容却完全不保障性别表现。美国全国男女同性恋工作组织随后争取加入性别表现条款，确保没人会只因不符合性别类型而无法受雇或遭到解雇，结果提出法案的众议员法兰克说，他们要求太多了。性别不调和可能极早出现，儿童在三四岁（有时甚至更早）就可能注意到他们所认知的自己与别人口中的自己并不一致，这样的落差称为性别认同障碍（GID）。儿童还年幼时，性别不协调常被认为无伤大雅，但到7岁左右，就会被逼着配合性别刻板印象。跨性别儿童可能会因为这些压力而变得焦虑沮丧，常常不敢向父母坦承。布莉尔是咨询团体"性别光谱"的创办人，与培珀合著《跨性别儿童》一书，她说："如果不让他们转变性别，他们的内在能量都会耗费在性别认同上，以致无法成长。性别转换之后，孩子的心思精神就不再那么关注在这个中心问题上，学习障碍和其他症状往往因此不治而愈。"

---

[1] 2015年6月起，全美国同性恋已可合法结婚。——审订注

即使在20年前，多数跨性别者仍追求彻底转变到另一性别。现在的分类则模糊多了，有人选择隐藏，也就是身边所有人都相信他们一生下来就是现在这个性别，如果别人认定的性别是他们的生理性别，他们会觉得很失败。有人公开过着跨性男或跨性女的生活。许多人时而隐藏，时而公然跨性别。有人是超性别，觉得自己既非男性，也非女性。有些人的性别是流动的，有时是男，有时是女，有时两者皆非，有时两者皆是。有人受性别不安症之苦，因自己与生俱来的身体而身陷地狱，但有些人抵制这个词，认为该词很黑暗。有人乐于展现，有人极度保密。

以上这些类别的人可能曾求助于手术，或注射荷尔蒙，或接受各种生理介入性治疗，也可能没有。有个作者统称他们为"性别明暗变化"。根据《精神疾病诊断与统计手册》，每3万个男性基因与每10万个女性基因的人当中，就有一人将在一生中接受性别重置手术，但依照这个比例，美国应该只有1500个术后变性男与5000个术后变性女。这份数据背后的调查方法非常过时，也反映了对何谓性别重置手术十分极端的看法，比如新造或切除乳房这类手术仅因不涉及生殖器，就不被认可为重置手术。电脑工程师康薇分析了较近期的资料，估计美国国内有3.2万～4万个动过手术的跨性女，但极度无法接受自己生理性别的人当中，只有五分之一或十分之一的人会选择生殖器手术。全国跨性别平等中心估计全美国有高达300万人不认同生理性别，套用著名主播华特丝的话："双腿间长的和两耳间想的不一样。"

究竟是应该改动身体去配合心理，还是调整心理去配合身体？科学家、心理学家、神职人员与学者各执一词。有人相信通过心理治疗，所有不符合性别规范的人都能安于接受自己的生理性别，因此设计了一系列修复疗法，以解决身心不协调的问题。有人则支持荷尔蒙疗法与手术，认为医疗的角色是协助转换性别。父母则在医治及接受间左右为难，这样的困境在本书中处处可见。支持修复治疗的人坚持身体还是天然完整的比较好，医疗矫正太痛苦、风险太高，又太昂贵，除非万不得已，否则不应采用。反对方则认为严格的性别规范既过时又是种惩罚，不让跨性别者活在真实的自我中,只会让他们陷入绝望,甚至往往走上自杀一途。世俗的认知正以飞快的速度演变。身心障碍的社会模式,也就是跨性人的问题主要都源于社会对他们的态度,这样的说法尤其有人支持。

支持孩子转换性别(改变生理性别)的父母,必须以新名字称呼孩子,用新的代名词(他或她),"儿子"、"女儿"的叫法也要掉换,用词混乱往往接踵而至。有个母亲向我介绍跨性的儿子时,说的是"他是我女儿"。还有一个说:"我选择用孩子这个词,因为虽然我可以叫孩子伊莲,但就是没办法接受'女儿'一词。"社会学家大卫写道:"如果采访对象以男人身份活着,但谈的是以前身为女孩或女人时的事,我就用女性代名词。例如:'他记得以前还是女生时,她就很男孩子气。'"我们使用的称呼决定了我们的认知。

我认识的跨性别者大多不喜欢"男转女"和"女转男"这类说法,觉得这些称呼贬低了其所指的人。许多运动人士的说法是这些人出生后一直"被宣告为男性"或"被宣告为女性",日后才"确认为女性"或"确认为男性"。跨性别者常以"顺性别"(cisgender)一词称呼非跨性别族群,这是借用了化学中"顺"(cis)与反(trans)的概念,拉丁词首"cis"的意思是"位于同一边"。我选择以生理性别称呼性别转变前的跨性别者,转变后则以确认的性别来称呼,与受访者家人谈话时,也尽量这样影响对方。若有人想彻底遗忘自己转换性别前的名字,我则一贯使用转换后的名字。

单亲妈妈凡妮莎怀胎 27 周时,被匆忙推进丹佛的一家医院,生下一男一女。女婴看来强壮,但男婴体重不到 680 克,全身布满细软体毛,通过发育不全的皮肤可以看到体内的器官。医院会为早产儿补充肺表面张力素,以帮助呼吸。因为女婴比较强壮,所以院方先治疗她,结果她出现不良反应,几分钟便夭折了,男婴则活了下来。

一年后,凡妮莎认识并嫁给空军中士约瑟夫·洛莫罗。男婴的生父根本没看过孩子。约瑟夫过继了男婴,为他改名为约瑟夫·洛莫罗二世，小名乔伊。孩子20个月大时，全家被派驻到美国在冲绳的空军基地。约瑟夫回忆道："孩子整天哭个不停，但不是因为'我饿了'或是'我要换尿布'，都和生理需求无关。我们无法安抚他。他脾气闹成那样，我们无法带他出门。"

之后的4年间，医生发现乔伊有注意力不足过动症、抑郁、焦虑、伴随疾患与气喘，才3岁就要吃14种药。凡妮莎说："孩子从来不笑，我们整天低声跟他说话，说：'噢！好棒的小男生，好可爱的小男生！'男生、男生、男生。我每次帮他穿的，都是小男生的鞋子、小男生的外套。"乔伊那时就喜欢穿女孩子气的衣服，凡妮莎以为他可能是同性恋，担心军人丈夫会有何反应。

洛莫罗一家只能去看军医，军医对军方不乐见的诊断会非常谨慎，但乔伊5岁时，终于有位军医要凡妮莎上网了解性别认同障碍。凡妮莎说："光说出那个词，他就坐立不安，像被降级一样。我从来没听过跨性别这个词。我松了一大口气。别人也有相同状况吗？"有了网络以后，跨性别者与家属能马上找到联系的网络，获得信息与帮助，但当然也可能找到错误的信息。创立来保护、帮助跨性别孩子的网站，很容易吸引有变态性幻想的猎手或有杀人意图的恐跨性人士。不过在本案例，旨在协助家庭处理性别变异的"跨性别青少年家庭联盟"创办人之一、家里也有跨性别孩子的金·皮尔森，则通过网络找到凡妮莎。凡妮莎说："她带着我和其他父母参加一场论坛，我感激地哭了。"真相大白后，约瑟夫瞬间陷入重度沮丧。

凡妮莎开始称孩子为乔丝。"乔丝只愿意穿女生的衣服出门。当时我必须决定要不要为了保护乔丝而放弃婚姻？强迫乔丝当男生等于逼她自尽，我不是那种母亲。"当时凡妮莎和约瑟夫已经从中国领养了小女儿玉儿，"我愿意放弃约瑟夫、离开玉儿。这很不容易，但乔丝才5岁，却已经赎了十世的罪。"凡妮莎还在考量这些时，丈夫已逐渐回心转意，他说道："她有种灵光闪动，我这就明白，乔丝是来真的，不会变回去。"

我第一次与乔丝见面时，她8岁，她说："我是女生，我有阴茎。6岁以前大家都以为我是男生。我穿得像女生，告诉大家'我是女生'，他们花了很久才弄懂。"乔丝越来越坚持自己要随时当女生，于是有一天，约瑟夫带她到基地的学校上学时答应让她穿着有粉红兔的牛仔裙和粉红裤袜。

大多数小朋友都能接受，但他们父母就不一样了。凡妮莎说："第二天，乔丝教室门外聚集了一大群人，又吵又闹，我吓到了。"乔丝在自家花园玩，有人抢走她的脚踏车，把车扔进树林里。凡妮莎说："有人对着我们家丢东西，骂我们是恋童的变态，还有小女生尖声叫骂：'该死的同性恋。'"基地的军法署长夫人发起请愿，要把乔丝赶出校园。乔丝回忆道："大家发现我是女生的时候，真的很可怕。邻居伊莎贝儿说她要报警把我关进监狱，我好难过，我以为她是我朋友。"

凡妮莎让乔丝决定自己的穿着，而她每天都不选男生的衣服。凡妮莎说："她要穿上裙子才肯出门，但她笑得很开心，好吧，那我也要笑。我就这么做了。我紧紧牵着她的手，牵得比平常还紧，但她只是不停地大步往前走。"不久，凡妮莎与约瑟夫停掉她所有的药，气喘、忧郁、焦虑与伴随的疾患统统不见了。但军方表示无法保护乔丝，要他们离开冲绳，一家人于是被调到亚利桑那沙漠中的基地。

凡妮莎不想让乔丝继续待在军校，她在图森市找到一所公立学校，校长自由开明，两个女儿都注册入学。但乔丝的老师不肯以女生的名字称呼她，还对乔丝说凡妮莎是"坏妈妈"，大家都看得出来她是男生，妈妈竟然逼她当女生。乔丝说："她是很糟、很没礼貌的老师，根本不想让我上她的学校。"凡妮莎说："我又气又灰心。乔丝的自尊心受挫，又恢复抑郁。"乔丝嚷着胃痛、头痛，每天吵着不肯上学，学校则开始投送旷课通知单。

洛莫罗一家搬到另一座城镇。为了保护乔丝，在门窗上加装了警报系统，还买了一头大丹犬吓阻攻击者。凡妮莎寄信给当地某所学校的校长，开头写着："我的跨性别女儿今年8岁，我以她为荣。"校方的人事室主任表示："我们依法行事，本州没有反歧视法保护你的孩子。"到了11月，凡妮莎把女儿送进华德福学校，但学费一年高达2万美元，空军支付的薪水无法负担，最后只能选择在家自学。乔丝说："我很想念外出的时光。"约瑟夫说:"外界可能会伤害她,为了保护她,我们付出被孤立的代价。"

但孤立不是唯一的难题,乔丝说:"阴茎问题一直很困扰我,我想拿掉,但又觉得会痛。人家说我要到某个年纪才能拿掉阴茎,大概是 15 岁左右。"凡妮莎说:"18 岁,不过你可以先服用雌激素发育胸部。"乔丝解释:"等我当妈妈,我要领养宝宝,但我会有乳房可以喂宝宝吃奶。我要穿胸罩、洋装、裙子和高跟鞋。"她也告诉我,她要和彩虹发色、人美心也美的人结婚,语气听起来同样斩钉截铁。她说:"我们会在亚利桑那这里领养宝宝,然后看玉儿住在哪一州,就搬去她隔壁当邻居。我们要住在树屋里,我要留长发,一直长到加利福尼亚州那里去。"

之后凡妮莎告诉我:"除非乔丝情绪够稳定,能承受生理疼痛,否则我不会让她动手术。但如果她现在就准备好了,我绝对会马上着手。"凡妮莎计划给乔丝使用青春期阻断剂,阻断身体分泌睾固酮与雌激素,她说:"这样睾固酮就不会破坏她的身体,她永远不会长出喉结和胡须,看起来永远不会像男人穿女装。"她在图森找到一位愿意执行的医生,约瑟夫说服病历室出具新的出生证明,改掉乔丝的名字与性别。但凡妮莎仍刻意在家里各个角落留下男生的玩具,她说:"我不想要她为了证明自己是女生,整天玩芭比娃娃。"

我遇到的跨性别儿童大多选择隐藏身份。我很惊讶,这些孩子中有许多人竟然能从某个偏差(活在自己嫌恶至极的生理性别中),跳到另一个偏差(活在不符合身体的性别中)。乔丝为公开付出了高昂代价,但她给我的印象是,她过得比许多跨性别孩子都要真正自由。乔丝变成一个运动人士。很难想象一个 8 岁大、还想着住树屋的小孩竟要担当这个角色,但是,奇异地集超龄与幼稚于一身,就是她的本质。我们初次见面时,她刚与《国家地理》杂志合作拍完第二部纪录片,也已见过国会议员与亚利桑那州州长。我在想,约瑟夫和凡妮莎是否多少助长甚至创造了这样的运动人士的才华?然而,凡妮莎考虑过让女儿至少在某些场合隐藏身份不无道理,她反问道:"乔丝第一次见面都说些什么?'嗨,我叫乔丝,今年 8 岁,我跨性别,你是谁?'"

金后来与这家人变成朋友，2009年她荣获社区服务奖，但无法亲自出席，于是请乔丝代她领奖。台下700个观众，凡妮莎回忆道："她在台上转过身来低声对我说：'妈咪，我现在真的好怕站在台上。'但这悄悄话麦克风全收了进去，全场听了哄堂大笑，她反而放松了。"乔丝的即兴演说获得全场起立欢呼。凡妮莎说："乔丝很脆弱、很情绪化，但她想改变世界。"

凡妮莎又说道："小男生不会没事到处说自己是小女生。他们相信你愿意倾听，但我们却不懂得如何倾听。她有天突然说：'妈咪，为什么你以前想要我当男生？'我听了好痛苦，对她说：'那时候我还不懂，真的对不起。'她说：'没关系，妈咪，我爱你，而且现在一切都很好。'"

人生而自觉的事当中，性别是其中一项，这种认知包含内在的自我感，往往也还有外显行为的偏好，比如穿着及玩乐类型。但性别认同究竟源于哪里，有人假定来自基因，有人说是怀胎时子宫内的男性荷尔蒙的多少，也有人指向幼儿早期的社会影响，但成因至今仍很难解。哥伦比亚大学心理学教授迈耶-巴尔伯格专门研究性别变异，他曾说出多种可能的生物机制，并表示有高达400种罕见基因与后遗传学现象都与此有关，这些基因不会影响荷尔蒙分泌，但会影响人格特质。史派克是哈佛大学小儿科助理教授，同时也是首屈一指的内分泌学家，他说道："现阶段我们对大脑的了解，就像第一个太空人在月亮上拍的地球照片，在这些精彩的照片上能看到各大洲、海洋与天气系统。等到我们能看清楚地球上的车牌号码时，就能解开性别不协调的成因。"性别不协调的案例与自闭症一样，似乎比以前还要普遍许多，但究竟是案例真的变多，还是报告的案例变多，也跟自闭症一样，还无法确定。

有一派人主张跨性别有无关基因的生物因素，但说法非常混乱。合成雌激素己烯雌酚（DES）于1938年开发，直到20世纪70年代早期都用在预防流产上，对子宫内的男胎及女胎都造成许多副作用。2002年有人针对"DES儿子网络"的成员做了项调查，发现成员中跨性别发生的概率异常的高，达50%，足以支持孕妇荷尔蒙浓度会触发跨性别认同的假说。科学家也担心内分泌干扰素的影响。这一类化学物质从食物、地板抛光剂到包装材料无所不在，目前已知是造成两栖动物生殖系统畸形案例越来越多的主因之一。研究人员猜测，人类生殖器官异常以及非典型性别认同可能也肇因于此。

科学历史学家康居朗专门研究"变异"的概念，他在1991年写道："多元不是疾病，异常也不是病症。"跨性别无疑并不寻常，但大家争论不休的，是跨性别是否也是一种病症。性别认同障碍在1980年被纳为一种医学分类，《精神疾病诊断与统计手册第四版》明确规定儿童必须表现出5个症状中的4个，才能诊断为性别认同障碍。5个症状包括：强烈而坚定的跨性别认同，也就是渴望或坚持自己属于另一个性别；对于生理性别一直感到不安，或对该性别所扮演的角色感到不恰当，常见于儿童某种形式的跨性穿着；玩游戏时偏好扮演与想象自己属于另一个性别；长期渴望参与刻板印象中属于另一性别的游戏与休闲活动；喜欢结交异性玩伴。诊断出性别认同障碍的男孩普遍偏好女性服装与发型，游戏时经常扮演母亲，会避开打闹与体育活动，对于白雪公主之类的女性幻想角色有兴趣。诊断出性别认同障碍的女孩在被要求穿裙子时经常强烈排斥，偏好留短发，常被误认为是男生，会找机会打闹，喜爱运动，选择蝙蝠侠等幻想人物。在这个女人能去工地工作、男人可以跟男人结婚的时代，医疗界推崇的"蝙蝠侠对白雪公主"的性别认同分类显得过分简略，但在医疗文献中仍时常出现。该手册明确指出这种诊断方式不适用于双性别者。

大多数儿童幼龄期会玩男女性别都适合的玩具，跨性别儿童则常常排斥属于自己的生理性别的玩具。迈耶-巴尔伯格形容这些儿童"一出生就有普遍的性别非典型"特质。性别行为量表的两端分别为极端阳刚与极端阴柔，一般男孩多落在阳刚那个方向的3.5～5个标准差处，一般女孩也落在阴柔那个方向的相同标准差处，但跨性别儿童却动辄从生理性别的标准值往另一性别的方向偏离了7～12个标准差。换句话说，跨性别男童比多数女孩更女性化，跨性别女童则比多数男孩更男性化。"他们选择玩什么，几乎可说是种政治声明。"史派克说道。有性别认同障碍的成人在社交和职场上表现出明显的临床沮丧或功能障碍。有些未确诊的儿童会在青春期或之后显现诸症状。相反的，确诊为性别认同障碍的儿童中，只有四分之一在青少年时期显现完全的跨性别认同。换句话说，幼龄时玩什么有时无关未来的身份认同，有时则已道尽一切。因此，父母在决定如何教养这些孩子时，总是忧心忡忡。

许多接触跨性别儿童的专家都相信，整体社会辜负了他们。"性别认同障碍改革倡权者"的创办人文特斯写道："性别协调的男孩或女孩所做的那些正常或甚至值得仿效的行为，到了性别不协调的孩子身上，就成为心理疾患的症状。"意思是，在女孩身上被视为健康的行为，到了男生身上，就变成精神疾病的症状。运动人士讨论过，GID 诊断不只被用来防止生理男性将自己认同为女性、生理女性将自己认同为男性，更被拿来围堵和污名化阴柔的男同性恋与阳刚的女同性恋。史蒂芬妮补充道："如果有个男孩说，'我一定是女生，因为这些事只有女生才想要做。'并不代表他是跨性别者，只代表他有性别歧视。"麦伦与克蕾山卓这两位社会工作者都有和这个社群接触的经验，两人抱怨生理男性都被"运动矫正"，生理女性则被"礼仪矫正"。在 2009 年的美国精神医学学会大会上，就有抗议者聚集发起"马上改革 GID！"。艾伦瑟任职于加州大学伯克利分校的儿童与成人性别中心，专门处理儿童的性别认同问题，她说："精神医学专家一直在伤害所谓'性别异常'的孩子，他们需要再教育。"

但其他运动人士则大力反对，不愿失去这个诊断类别。鲁德索在《性别之谜》一书中写道："有正式诊断，各种荷尔蒙介入治疗及外科手术才于法有据，才能让数千个变性与跨性别者得以解脱。有些运动人士宣称，性别变异的'医疗模式'，'等于是把人类的多样性当作病症'，这些人往往忽略上述这点。若无某种诊断，性别重置手术充其量就只是极端的整形或美容手术，或在批评者看来，是一种流行、时尚与'热潮'。"将性别认同障碍列入《精神疾病诊断与统计手册》，跨性别者的心理治疗费用才能纳入保险给付范围。主持《精神疾病诊断与统计手册》第五版研究工作的奈罗说："保留的代价是贬低，删除的代价则是可能无法享受医疗福利。"他说当今的要务，是"让资源不仅可以取得，还会增加，而歧视也能减少"。这种困境让人想到聋人和侏儒人群的经验，他们或许不在意"残障"这个标签，但需要以此确保友善设施与服务。

然而，跨性别者的外科手术及激素介入疗法很少符合补助或免税的条件。为了解决这个问题，许多跨性别者都希望自己的情况能被归类为生理疾病。治疗师安杰罗拥有博士学位，致力于性别认同问题，他指出若一件事借由改变生理便得以解决，就不该被列为精神健康状况。有些运动人士坚持跨性别就跟怀孕一样，虽是种医疗状况，但并非疾病。美国医学会发出决议，该会"支持性别认同障碍的治疗若为医生所建议，应纳入保险给付范围"，不论是生理还是心理介入都因此有了施行的空间。若要将跨性别重新归类为内分泌或神经认知问题，一个做法是在世界卫生组织的《国际疾病伤害及死因分类标准》中增列条目。

只要 GID 还被归类为精神疾病，专家就会设法治疗，父母也会拒绝接纳。现在的重点不是这个标签，而是该回到孩子本身。国家儿童医学中心的精神科医生曼伏耶尔说："我们的目标，是让孩子适应、健康、有自尊，塑造性别并不是重点。"把每个孩子的心理健康放在第一位，而不是以统一的标准预告什么才能构成幸福，或什么价值标准才算健康，看来是正确的。曼伏耶尔不认为跨性别儿童天生就有障碍，而是比较容易遇到问题。阿姆斯特丹的性别发展学教授柯恩-凯蒂丝也同样试图"诊断并治疗功能问题（如分离焦虑、不恰当的养育与忧郁），如此一来，不管儿童最后展现哪种性别，家庭仍是健全的。"换句话说，性别认同问题不应掩盖深层的问题，也不应受这些问题干扰。

多数聋人不介意被称为听障，多数智能障碍人士也不排斥"唐氏综合征"一词，但"性别认同障碍"这个似是而非的词，却往往会激怒所形容的对象，而且气愤的还不只是这个词本身。本书谈论的大多数状况，既是一种正面的身份认同模式，也是某种负面的疾患模式。没人想被归到遭贬低的诊断类别中，但多数人反的是贬低，而不是医界的归类。把听障和自闭症视为身份的人，即使别人视之为障碍，仍然能认同这个身份。然而"性别认同障碍"一词不只暗指跨性别者有障碍，还表示他们的身份本身就是障碍，这种立场很危险。每个人都有多重身份，多数人都对自己的某些身份不满，但身份就代表我们是谁。同一律是最早的哲学定律之一，主张世事万物皆等同于自身。亚里士多德就解释，"人为何是人，或音乐家为何擅长音乐"这类"单一原因"的问题，答案只能是"因为每样事物都无法与自身分离"。洛克则宣称，"人就是人"是我们一切知识的最终基础。认为一个人事实上不该是自己，破坏了一个人的同一律，就会毁去他未来可能的样子。"性别认同障碍"一词的命名无异是意图消灭身份。我们可以讨论有什么更好的方式展现身份认同，但不该要求任何种类的人抛弃身份。20世纪在有人试图消除犹太人、图西族等众多身份认同下陷入了黑暗的深渊。如此大规模地消灭身份是不可能做到的，在细微层次欲抹灭身份差异同样也不可能成功。

贝蒂娜·韦第和格雷·韦第都出身于美国东北部的传统意大利天主教家庭。格雷是航空公司地面机械员，贝蒂娜则是幼儿园老师。后来格雷进了军用飞机制造商洛克希德·马丁公司，一家人搬到亚特兰大以南。次子保罗3个月大时就喜欢粉红色玩具，到了2岁，他会把衬衫套在头上，假装那是长头发，还穿上贝蒂娜的坦克背心当晚礼服。他2岁半时，贝蒂娜在一场车库拍卖上答应帮他买一件黄色小花礼服。贝蒂娜说："我当时想，在家里穿着玩，有什么关系？"那件礼服让格雷觉得不太舒服，但他和贝蒂娜一样，以为过阵子就没事了。哥哥艾瑞克4岁时，他的幼儿园为学生的兄弟姊妹举办参访日，贝蒂娜带着保罗参加。"好多小女生穿着蓬蓬裙，保罗惊呼：'妈妈，我想要那条裙子。'"贝蒂娜回忆道，"其他妈妈都咯咯笑了起来。"贝蒂娜告诉儿科医生，保罗每次到玩具店都往女孩区跑，医生说："那就制止他。"格雷说："保罗会说：'如果不能买女生的玩具，我们就离开玩具店吧。'"

保罗5岁时告诉贝蒂娜："妈妈，我想要以女生的形象去上学，穿着像女生、取女生的名字，玩女生的玩具。我想当女生。"贝蒂娜吓到了。他们回头找儿科医生，问他对性别认同障碍有什么看法，他告诉他们"那些小孩"多半会自杀，所以应该多去基督教书店，找书来认识这个问题，还要祷告。贝蒂娜在亚特兰大找到一位治疗师，预约了与格雷一起去的时间。"我已经做好独自面对的心理准备。"但在开车回家的路上，格雷对贝蒂娜说："好，我们就做吧。"贝蒂娜致电一位好友，两家孩子年纪相仿。她建议找一天让孩子们一起玩。"我跟她说：'请叫她宝拉。'她说：'贝蒂娜，这样好吗？其他小朋友会笑他。'我说：'你能试试看吗？'"朋友一家来了，大儿子问艾瑞克："呃，你弟怎么穿得像女生？"艾瑞克说："那叫跨性别，意思是男生想当女生或女生想当男生。我不太想讨论这个。"对方说："好，那我们去玩吧。"小儿子则根本没留意，大概是因为保罗的行为一直都很像女生。

贝蒂娜到她的天主堂与宗教教育主任见面。"我当时非常激动，说：'好，你要她以宝拉的身份参加吗？我们会把书面资料改掉。'我们就这样在教堂转换性别。"接下来，贝蒂娜通知校方，校长说："我们为所有孩子提供安全友善的环境，你的孩子也不例外。"宝拉只能用幼儿园护士的厕所，但除此之外，她就是宝拉。贝蒂娜的家人一开始就很支持，格雷的父母已经80多岁，一看到宝拉就接受了。

但贝蒂娜和格雷没考虑到社区的人。格雷说："突然间，我们住到了圣经区[1]。"贝蒂娜把情况告知邻居，她说："两年来，我每天早上都和一个男人一起到公交车站，一直觉得我们是朋友。结果，开学第一周，他在他家车道的出入口等我，手上拿着一叠从网络下载的文章，写着这有多邪恶。"校车上还有一对兄妹把手放在宝拉头上，祈祷她变回男生。宝拉回家后说："我觉得没关系，但这是不是表示他们不会跟我做朋友？"贝蒂娜拜访这对兄妹的母亲，"她对我说：'上帝不会犯错。'我说：'如果上帝不会犯错，你儿子怎么会近视戴眼镜？''这个嘛，那是另一回事。''怎么是另一回事？都是身体的一部分，哪里不一样？'我说：'听着，你是个好妈妈，我打从心底知道如果你遇到跟我一样的情况，也会这么做。你会听孩子说话，让他开心。'"

---

[1] 指基本教义派的基督福音教派在社会上及政治上占主导的地区，主要位于美国东南部及中南部，民风保守。——编注

贝蒂娜在两个孩子上的幼儿园工作,她把情况告诉每一个人,也警告上司可能会有人反应过激。过了几个月,上司说:"有个家长质疑你的教学能力,我告诉他:'没有比她更好的老师了,她的家庭生活并不影响工作,你的孩子运气好,能被她教导。贝蒂娜会很愿意坐下来回答你的任何问题。我要挂电话了,你何不先把你担心的事写下来,再打电话来问我?'"那个人再也没打来,女儿也继续待在学校上课。

我在费城的跨性别研讨会上首次遇到格雷与贝蒂娜。过了一会儿,一名漂亮的小女孩与格雷文雅的父母一起走过来,看起来像是已经参加过多次跨性别研讨会的模样。宝拉有点严肃地与我握手,接着就蹦蹦跳跳沿着走廊跑,祖父母在后面追着。贝蒂娜说:"这场会议对我们比对她重要,她知道自己在干什么,我们却毫无头绪。"我问这对父母,他们觉得宝拉以后的认同会是跨性别者还是单纯的女生。贝蒂娜说:"格雷已经不再当她是跨性别者,但一部分是因为他没有每天帮她洗澡。"

贝蒂娜和格雷给我看两人随身携带的"安全资料夹"。许多跨性别儿童的父母都有这样一个资料夹,万一碰上麻烦就可以把资料拿出来,因为执法机关与医疗体系对性别变异可能不熟悉或不友善。这些资料包括:孩子的儿科医生与心理治疗师的信函,确认孩子的性别认同;至少三位朋友或家人的信,若有可能,也放入牧师或其他教长的信,证明父母的教养能力;还有孩子的照片或影片,展示孩子出生到现在的非典型性别行为;反映性别或名字曾有变更的出生证明、护照、社会安全卡的复印件,若能取得的话,还要一份家庭调查,证明家庭状况稳定,最后则是刑事资讯局的文件,证明父母并无虐待儿童。

我问两人,贝蒂娜关心维权,这是否也让她比格雷更能接受一切,还是正好相反。格雷哭了出来,他说:"我很挣扎,因为那是我的宝贝儿子。我希望孩子快乐。但我找到这一切发生以前的家庭照,我想念那个小男孩。只有那么偶尔几次,我还是会心痛。"我问贝蒂娜是否有过同样的感受,她想了一下,说:"没有。我痛惜的是我和宝拉错过的时光,我错过她的婴儿岁月,花了那么多心力在一个根本不存在的人身上。"

许多跨性别儿童的父母都对我说,即使得到另一个孩子,还是会为失去的那个孩子哀伤。一位跨性男的母亲提出她的心得:"与孩子同性别的父母会觉得自己的孩子拒绝和自己同宗同族,不同性别的父母则没有这种被拒绝的感觉。"我在跨性别研讨会上遇到一位父亲,他说:"我理智上接受,但情感上仍对儿子有偏见,就连'儿子'都很难说出口。"他的女儿是自闭症儿,太太是听障。"自闭症和听障还好,没人会怪我。但这个——大家都笑我。他有残缺,为什么不能自己设法接受?我们每个人都有残缺与不足,不也都学着接受?"这位父亲的儿子对我说:"我还是婴儿时,就知道自己得隐藏一些事,我甚至很久都不知道那是什么。但我很快就知道自己不是什么,然后,剩下的,就是'我是谁'了。"[614]

有位父亲很排斥以女性代名词称呼跨性的女儿,最后求助于心理咨询师。"治疗师最后问,你坚持称他为男孩,那会让他快乐吗?答案当然是不会。但当他问我,如果以'她'称呼儿子,他快不快乐,答案很显然是快乐。接着他问我,对我来说,有什么比孩子的幸福更重要,我哭了。我怕被嘲笑,也怕他会被嘲笑,结果是我拒绝给他真正的幸福。"

小孩的性别行为如果不合宜,反映的是父母错误的性别观念,这种贝帖翰式的观念,是大半个 20 世纪的治疗所采取的理念。20 世纪四五十年代,心理学家曼尼主张性别是后天习得的一整套行为与态度,他认为健康的人必须具备坚定的性别认同,并全力鼓励女性要女性化,男性要有男子气概。曼尼在大卫·利马身上明目张胆地试验自己的理论。大卫是同卵双胞胎,他的阴茎在割包皮时意外被烧毁,曼尼建议大卫的父母把这个婴儿当女孩养,并到场监督他的性别重置手术,还指示父母只给他女孩的衣服及玩具。他要父母永远别告诉大卫发生了什么事。多年来,曼尼不断撰文欺骗大众,吹嘘这项实验有多成功,以此鼓励他人尝试类似疗法,造成数千人受害。大卫直到 20 世纪 90 年代晚期才接受《滚石》杂志的采访,最后内容扩大成一本书,书名为《性别天生:一个性别实验牺牲者的真实遭遇》。大卫的童年既愤怒又悲惨,与曼尼的描述完全相悖。他坚持站着撒尿,对曼尼、对别人逼他玩的娃娃和逼他穿的蓬蓬裙不屑一顾,在学校也变得非常暴力,最后父母终于崩溃,在他

14岁那年告诉他真相。他后来接受阴茎重建手术，以男人身份生活，但严重伤害已经形成，他在38岁自杀身亡。

近期的科学指出我们几乎不可能成功抵抗基因的设定，把男孩养成女孩。约翰·霍普金斯大学有项研究，对象是先天泄殖腔外翻的儿童（有男性的XY染色体与睾丸，但没有阴茎），这些人一出生即被阉割，性别为女性。许多人选择当男孩、长大后选择当男人，且每个都有"适度甚至显著的典型男性兴趣与态度"。雷纳将研究整理出版，他说："研究证实，这些小孩即使没有阴茎，甚至出生时睾丸即被切除，也就是被阉割，之后还明确被当女孩抚养，仍能发展出正常的男性性别认同。即使整个环境都说他们是女生，他们看起来还是发展出认同意识与性别角色。"

20世纪70年代，柯克·墨菲因为童年期女性化而在加州大学洛杉矶分校罗法斯博士主持的计划下接受治疗。罗法斯博士是理论家，发明了自闭症的奖惩制行为疗法，曾遭到一些自闭症者强烈反应。他站在单面镜后，指导柯克的母亲在柯克展现男性化行为时给予奖励，出现女性化行为时则加以忽略。虽然柯克在过程中变得很不高兴，尖叫起来，但罗法斯博士仍向她保证这么做没错。家中也把类似自闭症儿童行为疗法的代币制度融入游戏中，出现男性化举止就能得到一片蓝色代币，累积够多就能换得奖励；行为女性化则会拿到红色代币，集太多父亲就会拿皮带鞭打。最后柯克不再有女性化行为，多年来一直被认为成功案例。

实验人员将柯克化名为克瑞格，发表了他的故事，他成了代表人物，证明行为能够重塑。直接参与柯克疗程的治疗师瑞克斯创立了"家庭研究会"，一个通过游说来反对同性恋权益的宗教团体。最后他被爆料是同性恋。柯克后来加入空军，以阳刚男人的身份生活，直到2003年他上吊自杀，那年他38岁。他的母亲与同胞在2011年公开谈论那些疗法如何毁了他。姐姐说："这项研究得加上一条附记：柯克·墨菲就是克瑞格，他是同性恋，而且自杀了。我希望大家能记得这是一个应该受到保护、尊重的小男孩，他应该得到无条件的爱。我不希望大家记忆中的他就是一个实验对象。"1996年柏克出版了著作《性别冲击》，书中的纪实传达作者内心的极度惊恐，指证许多毁了柯克的做法当时还有人使用，也仍受到政府补助。确实，即使在我写这本书的时候，某些疗法都还有人使用。

托尼·费拉约洛的外表一直非常阳刚，因此，当他的名字还叫安妮的时候，所有替他看病的医生都认为他一定是双性者。我认识托尼时，他年过四十，父亲已有5年不跟他说话，母亲偶尔跟他见面，但还是叫他安妮。托尼对我说："他们错过了一个超酷的男人。"

5岁某天，安妮和双胞胎姐姐米雪儿一起与兄弟法兰克及菲力踢足球，安妮把上衣脱了，母亲说："女生不会脱掉上衣。"安妮哭了，说她是男生。安妮的母亲也叫安妮，这里称之为大安，她回忆道："她从来不玩娃娃，从来不穿裙子，也不肯拿小提包。我以为她会变成女同性恋。"儿童有三种早期行为常被当成身份认同的指标：孩子选择穿什么内衣裤、偏好哪种泳装、怎么撒尿。托尼说："我记得小时候曾经试着站着撒尿，我从来不穿女生的内衣裤和泳装，当时我甚至还不知道人会做爱，但已经知道我的性别是男性。"安妮五年级时在纽哈芬一所小学上课，老师问每个人长大想当什么，安妮回答想当男生，全班爆笑。11岁时，她开始自残。托尼说："下课的时候有个小孩会跑到户外，拿玻璃碎片割自己。我割了又割，然后抹上土，想让自己感染，想尽办法伤害自己。我父母都知道。没有任何人伸出援手。"安妮的姐姐米雪儿很早就确定自己是女同性恋，但她肌肉发达，擅长运动项目，大家都爱她，安妮有多受排挤，她就有多受欢迎。

安妮的父亲安东尼是虐待狂，至于服用安定成瘾的大安对此非常消极。多数的跨性别者在青少年时期都过得非常痛苦，安妮则是加倍痛苦，她虽然生理上、基因里并没有双性标记，但体内同时有自生的高浓度男性与女性荷尔蒙。"我同时长出胡子和乳房，这见鬼的是怎么了？"到了13岁，她每天都要刮胡子。"我吸毒、喝酒，被停学的时间比上学的时间还多。"安妮从13岁开始被邻居性侵，对方是父亲的好朋友。他会打电话请安妮过去帮忙。"我如果不去，就会被处罚。去了，就被强暴。"最后她终于把事情告诉另一位邻居，对方转告她父母。托尼说："两天后，我父亲邀那家伙来家里喝啤酒，从那天开始，我再也不相信任何人。"父亲常常不肯跟她说话。她16岁时被他赶出家门，走了24千米到纽哈芬，与女友同住。两人关系破裂后，她整整一个月无家可归。托尼低着头回忆道："后来我打电话给母亲，要求回家，就那样重陷沼泽。"

安妮从二十几岁到三十几岁都在夜店当公关，举办几百人规模的大型女同性恋派对，还成立了一个乐团"垂直微笑"，但她从来不觉得自己是女同性恋。之后她开始使用托尼一名，为了向家人妥协，拼成女性名汤妮。他说："我曾经向神祷告，希望自己是女同性恋的T，但T想要有乳房和小妹妹，跨性别者则想要阴茎。"三十五六岁左右，托尼因为车祸收到一笔保险理赔。家人建议他买房子，但他把钱拿去做了双乳切除术。

托尼对生殖器手术没兴趣。"那部分的身体没人看得到，从来不成问题，乳房就人人看得到了。医生拆绷带时，我怕得腿都软了。我带女朋友柯斯婷去海滩玩的时候说：'每件事对我来说都是全新体验。'之后我再也不刮胡子，我酷爱我的山羊胡。照镜子的时候，我看到一个早就该出现的人。以前我吃安眠药，好略过大部分的人生。但现在，我只想一直醒着。"我看到托尼时，他瘦了30千克左右，"如果你讨厌自己的身体，你就不会爱惜它。我现在饮食健康，也爱运动。"托尼把大部分的心理转变归功于他的治疗师柯林斯。他说："我曾是愤怒的女同性恋，现在我不想当愤怒的男人。"

托尼的弟弟菲力克斯说："我姐现在是我哥了，这辈子没看他这么开心过。"菲力克斯的孩子自然而然就从"汤妮姑姑"改成"托尼伯伯"。托尼的父亲和哥哥法兰克并不支持，大安则非常难过，他们在手术后一整年都没有见面。托尼说："后来她只说，'好，我要过去了。'我那时想，她会不会一开门就晕倒？她来了，然后说，'天哪，你看起来跟我的牙医好像！'"托尼手术后，米雪儿开始改称自己为尼克。托尼说："一开始我很不爽，这是我作为双胞胎第一次独自做的事，他见鬼了就非得跟风。不过我看得出来，他因为还没做到像我这样，所以不开心。他还是有乳房，还没过关。大家都说：'你确定他不是因为你做了才跟进？'我说：'不管他为什么要这么做，我都得支持他。'"

我问大安能不能看出安妮现在已经是托尼，她说："有的时候，我会说'托尼'，但大部分的时候会叫成'安妮'。我内心深处还是觉得那是我女儿。看着'他'的时候，我还是能看到她。"她转身朝着托尼说："你以前心里总是有把怒火，让你不痛快，但我以前一点也不了解，也算是笨吧。"托尼把一只手搭在她手臂上，说："我不觉得你笨。"大安说："我在电视上看过这类介绍，开始了解更多。你不是故意要变成这样。"她转向我："她很反常，我一开始很生气，但我逐渐理解她们心里的感受，她现在投入这一切运动，这样很好。"大安一下转过去对托尼说："你还是我的孩子。"一下又转过来对我说："我仍然爱她。""你知道，我指的是他。"我问托尼介不介意被称为"安妮"和"她"，他说："安德鲁，我母亲觉得我就是异性恋女，现在这样只是阶段性的。但我也了解母亲就是母亲，即使我母亲叫我'他们'，我也不在意。我在意的是我一年还是只见到她四五次。"

大安默默接受孩子，显然对孩子有爱，但她更在意托尼转变性别后家庭也分崩离析了。每次我问到有关她的事，她大多会提到丈夫。她低调不爱提自己，自然也就不爱提托尼。我问她对于安妮是同性恋有什么想法，她说，"我丈夫能接受她是女同性恋。"接着对着托尼说，"他知道你应该当男人，但还是会说，'为什么她不能跟其他人一样，乖乖当女同性恋就好？'"托尼对母亲说，"你已经能够好好应付，你会来看我，跟我聊天。"大安叹口气，转身对我说，"我丈夫去见他姨妈，她九十几岁了，她听了哭着说，'她还是你的孩子，你该去看她，你会习惯的。'牧师也说，'去看他，他是你儿子，告诉他，你对这件事不高兴，但还是要跟他说说话。'但他从不这么做。过节放假时，我希望能跟家里所有孩子聚聚，但他不准。他怕别人以为他妥协了。"我很讶异大安同意跟我谈。托尼曾经要她看某一集的欧普拉秀，内容跟跨性别儿童有关。她打电话给他说："你如果希望我跟安德鲁见面，我可以去。原来节目说的就是你。对不起。我不知道。"托尼解释道:"70 年代谁能了解?我母亲是好人,她心肠很好,但这件事太大了,她仅有的两个女儿都不是女儿。"我问大安,她回家后丈夫会怎么说。她说:"他会问我,她过得怎么样?他很想她。"

托尼体内的天然荷尔蒙比例(也就是他长胡子的原因)足够平衡,而且没有服用睾固酮。跟所有跨性人一样,托尼也常被问起生殖器官。他当他们是在问他的阴茎道具,"很多人问:'你有阴茎吗?'我都回答:'有啊,我有五根。'然后我就转移话题。'你女朋友知道你是跨性别者吗?'我都说:'爱就要诚实,我并不以自己为耻。'"托尼说他有次经过超市,看到以前的女同事,"她说:'天哪,是安妮吗?'我说:'事实上,现在是托尼了。'她握住我的手说:'你认为跨性人是上帝的错吗。'我只回她:'我这辈子没这么开心过。'我知道如果我生气了,在她口中我就会变成:'噢,你看那个跨性男,混账一个。'如果你跟我这个跨性人互动良好,下次你嘲笑跨性女或犯下仇恨罪之前,就会先三思。每个人活着都有作用,我就是这个。我想要成立非营利组织,一年帮助两个男人动胸部手术。去他的星巴克礼品卡,想送人礼物,就送他们乳房,送他们阴茎吧。"

几个月后,托尼真的成立了这样的基金会,以他挚爱的治疗师柯林斯为名。柯林斯几个月前刚去世,托尼说:"他启发我投身运动,我希望能启发更多人加入,也希望在那之后,大家就不需要再投身运动,因为一切已经没问题了。"我们和托尼聊天时,大安坦承她仍然担心错全出在她身上,她儿子回答:"没人有错,但我得说,即使是你的错,我也感谢你,因为转变性别是我这辈子最美好的事。"托尼讲完又笑着说:"人生不是在寻找自我,而是创造自我。"

转变为女性的生理男性往往因为长得高、骨架大,即使穿上女装也常被看穿。不过,手术后的生殖器、性反应、泌尿方式可以几乎和生理女性一模一样。反之,生理女性转变性别后只要长出胡须体毛、声音变粗,许多人甚至会出现雄性秃,那么出门便常常可以没有间距,但他们的性器官还是明显不同于天然的男性性器官，许多人无法站着排尿，且无人能达到男性性高潮。有位术前跨性女跟我说："身上的这些部位都很好，但就是不属于我，我很高兴它们不必永远跟着我。"一位跨性男听我转述后回答："我觉得自己就像宜家的那些组合家具，看起来很棒，后来才发现自己少了一些部位。"

想要盖过女性自然分泌的雌激素，只需要注射一点点睾固酮，分量跟无法分泌睾固酮的男性所需的量差不多。但要盖过生理男体内的睾固酮，就比较麻烦。女性若身体无法分泌雌激素，一周需注射1~2毫克的雌二醇，以维持绝经前的常态。男性一周则需注射28~56毫克的雌二醇，身体才会女性化。如此高剂量的雌二醇会增加不少健康风险，因此许多内分泌科医生都建议生理男尽早切除性腺，如此一来，所需的雌二醇剂量就能大幅降低。

多数跨性别领域的专家都谨守"亨利·班杰明准则"，要求患者在动手术或采用荷尔蒙疗法前，先以心理性别生活最少一年，并接受一整年的心理治疗，而且由两位医护人员（一位是医生）建议接受医疗流程。虽然有人抱怨浪费时间，认为陷入绝望的人越早转换就能越早获得幸福，但这些安全措施旨在避免有人在手术后后悔，也能保护医护人员免于背负法律责任。

经确认为女性心理的男性可能不只需要动阉割手术和阴道成形术，还需要接受电蚀除毛，疗程最长可达5000小时，费用超过10万美元。脸部女性化手术则包括额部、下巴与下颚削骨手术，还有鼻子整形、缩小喉结、隆乳、植发盖过秃头区域，以及声带拉紧术等。医生通常采用阴茎内翻术来建构阴道，先在直肠与尿道间清出一块空间，将阴茎皮肤向内翻形成阴道内衬，有时会辅以肚子、臀部或大腿间的皮肤。第二种方法是乙状结肠移植法，取一段大肠，做成阴道内衬，这样造出的阴道不但能自然分泌润滑液，长度也不受限。这个方法侵入性较强，费用较高，还可能导致黏液渗入阴道。两种方法都取阴囊皮肤来制作阴唇，并取部分龟头制作阴蒂。

经确认为男性心理的女性，多半十分排斥妇科检查，因此可能要切除乳房（双乳切除术）、子宫（子宫切除术）、卵巢（卵巢切除术）、输卵管（输卵管切除术）以及阴道（阴道切除术）。人造阴茎费用高昂，而且效果往往不令人满意，许多跨性男都选择不做，如果要做，主要有两种方法。一是生殖器整形手术，先以荷尔蒙将阴蒂增大，外科整形医生再用皮肤包覆住，形成约大拇指大小的阴茎。术后阴茎可以达到高潮，不过一般都不会大到足以进行性交。阴茎成形术则是从鼠蹊部或中腹部取下皮肤，卷成管状后接至阴部，看起来有点像提箱握把。第二阶段则是增加此皮瓣的血流，2～4个月后再取下，塑形成阴茎的形状。这样的阴茎没有性感觉，但植入矽管或手动泵便可勃起。最精密复杂的手术（要价至少10万美元）是取前臂的肉，连同该处原本的血管与神经一同塑出阴茎形状，之后再利用微创手术将阴茎的血管神经连上阴部的血管神经。这样的阴茎看起来最自然，也很敏感。无论是采用哪种方法，都是通过缝合大阴唇来制作阴囊。下一步则是尿道成形术，将尿道增长，延伸至新建龟头的末端，史派克说："想想那个器官有多复杂，而这样做竟然行得通，而且人类还仰赖这种手术。"

若家人支持，跨性别儿童在进入青春期前，可以使用荷尔蒙阻断剂抑制青春期发育，免去转换性别时的某些生理麻烦。这种疗法在女孩10岁、男孩12岁就能开始使用。柳培林是最常见的性腺激素释放素抑制剂，30年前为了治疗雄性激素依赖型肿瘤而开发出来，作为手术阉割的替代治疗。柳培林可能会造成骨质密度降低、记忆力减退，使用时需小心监控。此疗法能有效替跨性别孩子的家庭争取时间，如果孩子确定为跨性别者，阻断剂能避免他们步入"错误的青春期"，未来也能省去许多手术。女孩接受注射后，乳房不会发育，骨盆不会变宽，体脂不会增加，卵巢也不会开始排卵。由于雌激素不会激增，身高也不会受其限制，所以能继续长高。男孩接受注射后，不会长胡须与体毛，声音不会变低沉，不会长出喉结，骨骼不会变粗，肩膀不会变宽，手脚也不会变大。他们也可算准时间补充雌激素，使生长板闭合，限制长高。

如此一来，儿童期本质上的雌雄同体就能延长。若停止注射柳培林后没有开始使用异性的荷尔蒙，几个月后，原本延迟的青春期便会降临，步上生理性别发育的自然进程。异性的荷尔蒙能使服用者进入心理性别的青春期。此疗程最早由荷兰制定，在最初的实务研究中，没有任何儿童选择回到生理性别，且大部分的人会持续服用性腺激素释放素抑制剂，直到18～21岁间接受性别重置手术为止。柳培林延缓了某些事，但注射柳培林本身也是一件大事，预告了日后的深刻转变。有人担心在儿童期注射阻断剂，会让某些只是一时困惑的儿童陷入万劫不复，他们若认为自己做错了，也可能因为太过羞愧、害怕或困惑而无法回头。

在英国，性别重置手术费用是由国民保健署给付，荷尔蒙阻断剂的政策普遍非常保守。塔维斯托克诊所的性别认同发展服务要求患者得先经历大半个青春期，才能转变。诊所医疗团队中儿童及青少年精神科医生切列表示，诊所治疗过的青少年中，有20%的人度过青春期后便放弃接受医疗介入。这背后隐藏着一个现代主义式的谬误，以为"不为"就是"无所为"，以为延缓转变是谨慎行事，加速转变则是操之过急。催促儿童转换性别，将导致他们在精神上或医疗上终身受困，的确是可怕的错误。然而，强迫性别认同坚定的孩子按照原先的生理性别发育，未来即使耗费巨资经过层层痛苦的手术，也无法重建出符合自我认同的身体，这一样大有问题。塔维斯托克谨慎做法含有鲜明的残酷。

在美国，这些都是家庭问题，而非国家政策。布莉尔说："父母会说：'我还没准备好，没法处理这个问题。'但这就是一种处理方式，只是处理得很差。"史派克说："反对青春期阻断剂的人抱怨我们在孩子还太小时就进行'介入'，但我认为青春期本身就是最可怕的介入。"因性别不安症而使用柳培林通常无法获得美国的保险补助，价格又让人望而却步，只有父母愿意且有本钱支付的跨性别少年少女才用得起，如此便创造了阶级间的差异。同样的，世代间也有落差。我参加的跨性别论坛中，老一辈的跨性别者看到有些孩子便当众哭了出来，借用其中一人的话来说，是因为这些孩子永远不需要"按基因所定的性别活在这个世界上"。民权律师敏特是美国女同性恋权益中心的法务长，身为跨性男，他以前并未享受到柳培林的好处，他说这些年轻人是"超高阶级"。

以前的跨性别族群无法配合身份认同改变身体，这些人的感受为何?而未来手术更精良之后,跨性别族群又会经历什么?这既是科技问题,也涉及目的论。敏特承认:"为了让孩子表现出自己的真实认同,必须进行大幅度的生理介入,这挑战了我们对真实与自我认同的最基本理念。感觉可能会像被科技冲昏了头。"这不禁令人疑惑,与人工电子耳手术相比,这种手术会更像被科技冲昏了头吗?许多没有这类水平身份的外人认为,人工电子耳手术的目的是为了化不正常为正常,而跨性别手术则是放任不正常。但我们最好记住,反对人工电子耳手术的,是身份认同处于弱势的族群,而要求动跨性别手术的,也是身份认同处于弱势的族群。

　　珍妮佛·鲍兰将自己的性别转换经历写成两本书,并在《我的孩子们》与《欧普拉秀》等节目上侃侃而谈性别认同。我问她比较希望被当成女性还是跨性人,她说:"面对全国 2000 万观众,我很乐意当跨性人。但日常生活中,买东西、吃饭或加油时,我希望别人把我当女人。我以女性自居,小甜甜布兰妮与芭芭拉·布什都是女性,想想朱莉亚·柴尔德!我的女性化程度一定不输给她。"

　　我前往费城的高级住宅区梅因莱恩区拜访年届四十九的珍妮佛,地点是她母亲的家。她的房间装潢破旧,墙上贴满摇滚海报,看起来像男生的房间。她带我看了与房间相连的储藏间,说:"以前里面放了女装,我母亲的,我姊妹的,我随手就能从门后抓一件出来穿。"吉姆一直都知道自己是女生,但也知道他若转变性别,会给他人带来痛苦。"所以,那时我想,如果当得了男人,就当吧。直到快 40 岁时,我才明白自己已经尽力,44 岁那年终于动了手术。要说希望,与其说希望自己早点转变,我倒更希望自己生来就是女性。现在的我是个成年女人,但小时候却是个男孩。如果我觉得失落或感伤,那是因为觉得自己的生命不完整,也不懂自己是怎么从以前走到今天。"珍妮佛说。

　　成为珍妮佛前,吉姆得接受一堆手术:阴道成形术,剥开脸部皮肤削低眉骨,让五官更像女性,还缩小了喉结。她说:"结果手术其实很简单,没切掉任何部位。新的阴道看起来有模有样,也能正常运作,通水也通电。我看过的一些医生既不知道以前的我,也看不出什么异样。"

吉姆当时已婚,太太狄荻选择留下,但她曾对珍妮佛说:"你当女人有多成功,我就有多失败。"两人有两个孩子,是珍妮佛还是男人时生的。珍妮佛说:"狄荻是异性恋女人,也是我生命的中心,但不受我吸引。每个人都不断说她是圣人。但我觉得她跟我结婚很幸福,因为我人很好,又爱她,对孩子来说也是个好父母。这样说是不是太不懂谦虚?家家有本难念的经,小孩得癌症,父母出车祸,全家得搬到得克萨斯州去,这都免不了心碎,但人生就是这样。"珍妮佛那两个6岁及8岁的儿子再也没办法叫他爸爸,而他们又已经有妈妈,所以宣布要叫他"妈咪"。珍妮佛最后一次上欧普拉秀时,长子写了封信给她,这封信也在节目上宣读出来。信中写道:"有时我的确希望有个正常的父亲。但大多时候,我觉得自己是世界上最幸运的小孩。我想不出更好的人生是什么样子。"

转变就是转换身份,对本人而言如此,对周围的人也是。珍妮佛说:"我很高兴自己的故事能供大家谈论,让大家知道这行得通。你知道的,男孩与女孩相遇,男孩是女孩,女孩与女孩相遇,女孩留在女孩身边,古老的故事。对我来说,最大的改变并不是由男变女,而是从心里藏着秘密,变成不再真的有秘密。要是别人觉得你最大的梦幻与最深切的伤悲,第一很难懂,第二很可笑,那人生真是难以想象的艰苦。当双面人很累,而且最终都很悲惨,因为如果永远没人懂你,你又能怎么被爱?"大家常质疑跨性人自己认定的性别究竟有几分真实。珍妮佛说:"我称自己为性别移民。我是女人国的公民,但出生在别的地方,后来我来到这里,落叶归根了。"她顽皮一笑,说道:"以这种状况,或者该说是去根吧。"

珍妮佛在 2000 年的夏天决定向 84 岁的母亲坦承一切。她说:"我以为我母亲会很坚强,可是坚强是指受了打击后马上恢复,而我也很清楚,这样做会打击她。但她一脸困惑,我只好开始解释,还哭了出来。"我见到她母亲希尔德加德时她已经 91 岁,我们几个坐下后,她对珍妮佛说:"你当时还一直等到 5 点,等我们喝起琴通宁,然后就说:'我一直想当女生,但不知道怎么告诉你,因为我觉得你知道以后就不会再爱我了。'那时我听了崩溃,说:'我永远都爱你。'"希尔德加德一开始非常痛苦,她很肯定地对我说:"他之前活得非常正常。"珍妮佛反驳道:"我从来就没有非常正常。"希尔德加德笑着说:"我以前是童子军队长,他是队员。"希尔德加德花了点时间才准备好跟朋友说,但两人谈过后一年,她竟办了场派对向大家介绍女儿。她对着珍妮佛说:"你所有的好朋友都马上就接受了,让你很惊讶,所以我觉得我也可以对朋友试试。我连跨性别这个词都没听过,所以就直接介绍你是珍妮佛。你如果知道一个人的真实情况,怎么可能恨他。"希尔德加德附身靠向我,一副要告诉我天大秘密的样子。她说她只有一件事永远不能接受,那就是珍妮佛那头及肩金发。她转向珍妮佛说:"我跟你说件事,你听了一定会在晚上睡觉前就把头发剪掉:安·寇特〔1〕的发型跟你一样。"珍妮佛气愤道:"萝拉·邓恩也是,她可是电影明星!"

　　向母亲坦承6个月后,珍妮佛还告诉了住在英国的姐姐。她说:"在我人生中最重要的几个人里,她是最后知道的。我寄了一封很长的信,而她的回信基本上只说'我不想认识这位珍妮佛'。一年后,我收到她10岁大的女儿伊丽莎白的信,她说:'我不懂,我觉得很可怕。'我回信说:'对不起,吓到你了,我知道这令人困惑。我对你的爱没有变,希望有一天你能习惯这个我。'一周之后我姐打电话来,她非常生气,说我怎么可以写那种信给她女儿?最后她说:'希望你以后别来烦我们。'我说:'我永远爱你。'7年过去了,我记得自己曾经想过:'这件事,辛蒂以后会很不好受,就像我以前也不好受。'她和所有我爱的人都必须花好几年慢慢学会怎么谈论这件事。我给予母亲和姐姐的,是那些年我所害怕的一切,那些羞愧、遮掩,谁都不能说。"

　　珍妮佛在以前还是吉姆的时候,曾希望能和女人谈恋爱,学着快乐当个男人。珍妮佛说:"我们爱的人,成就今日的我们。"她露出招牌的

---

〔1〕 Ann Coulter,美国著名的保守派政治评论家,有"右派女士"(Ms. Right)之称,大力反对LGBT权益以及同性婚姻。——译注

开朗笑容:"我一直祈祷爱能拯救我,结果爱的确救了我,只不过方式比较奇怪,跟我预想的不同。狄荻的爱与家人的爱没能让我继续当男生,但却给了我勇气,让我知道即使说出来,也不会有问题。爱没能让我维持男儿身,却让我有勇气终于把真相说出来。"

有些人主张应该让持续受性别不安症所苦的儿童转变性别,对此生物伦理学家德莱格撰文回应:"给五六岁的孩子改名、改性别认同? 这也把幼童的性别主张看得太认真了,而这事实上得归咎于严苛得荒谬的性别观。宣称自己的性别不符合原生性别的幼童,长大后绝大多数不再有这个问题。这世上四处都有小女生或用口头或用举止宣称自己是男生,对我来说,这多少证明了她们多数真的就是女生。以医学介入换性是件大事,生理风险很高,主要可能会伤及性感觉,还要一辈子设法控制荷尔蒙补充。问题出在我们,我们要求这些孩子确定性别的方式有问题,我们坚持孩子尽早符合两性模式的方式也有问题。"

乔丝和托尼几乎从婴儿期起就很确定自己是谁,珍妮佛也知道,但试着压抑。然而,有很多人却是极度迷惘。父母必须判断这些孩子只是一时执迷,还是表现出根本的身份认同。他们得猜想孩子长大后怎样才能过得开心,也猜测怎样做才最好。父母要指导,但不能主导;要劝诫,但不能苛求;要推动,但不能坚持;要保护,但不能压制,以上种种平衡都不容易做到。父母得小心不抹杀孩子的身份认同,但在建立孩子的认同时也不能用力过猛,以致创造了自己想要看到的真实。艾弗林在《妈,我要当女生》一书中写到她的孩子:"我知道他的人生将会艰难又可悲,身为母亲能怎么帮忙? 光是母爱够不够?"许多父母为了让孩子开心,做什么都愿意,但不一定都能知道究竟要做什么。

突然且彻底的转变在童话故事、奇幻文学与漫画中很常见,但现实生活中却少之又少。生活中的改变多半是渐进的,也并不完整。跨性女布蕾瓦德在回忆录《我注定成为的女人》中写道:"我很自觉地努力创造一个应该值得人爱的小男孩,试着从周围男性身上模仿大家喜欢的男性特质,过程苦不堪言。我自己很清楚,这样的模仿只是场骗局,我父亲也知道。"宾姆让人揪心的著作《透明》描述一位拉丁裔跨性女孩的故事,她给自己取名爱丽儿,即迪士尼《小美人鱼》的女主角之名。女孩说:"小美人鱼爱丽儿得去和父亲谈,结果他让她变成真的人类。我也想经历和爱丽儿一样的故事,变成真的女孩,和男孩在一起。"但费尽力气成为自己一直以来所认定的人,还要让别人无论如何都爱你,本来就是个渐进的过程,且往往充满矛盾。

韩得利克·库斯和艾莉希亚·库斯在南非长大,种族隔离结束后不久移民到加拿大,选择住在一个极为小巧的社区里,韩得利克的全科医术在那里应能派上用场。两人都知道长女莎里并不快乐,她有注意力缺失症、学习障碍与焦虑症。莎里14岁时宣布自己"生错身体",韩得利克非常难过,仿佛又一次在黑暗中遭人捅一刀。

我们会谈时,莎里已当了一年多的比尔,韩得利克看来也勉强控制住情绪了。韩得利克说:"我们开始找资料读,发现有指导准则,也有年龄限制。他还没到准则所定的年龄,但他催得很急。我觉得我这父亲当得好无力,不知道究竟该怎么做。我可以跟他说,'你还小,得再等等。'或者就听他的。我从来不想逼孩子,最大的愿望就是让他们做自己。但我实在很担心,搞得筋疲力尽。"比尔本人则既焦虑又矛盾,一切就变得更棘手了。我之所以想采访韩得利克,是因为听到他在一场论坛上质问跨性别成人。他说:"那些人个个自信满满,一脸'这就是我'的样子。大家都说,'你的孩子一旦可以做自己,你会看到一个全新的人。'"韩得利克笑了,他说:"不是这样,我们是进几步,再退几步。整体来说是前进了,但为了向前迈进,得不断奋斗。"

韩得利克说当医生让他发展出韧性。"医学让我了解生命充满挑战,你不总是知道下个挑战会从哪里出现。我觉得,'我不会想办法医治孩子的心'。"韩得利克的第二个力量来源更惊人,"身为在种族隔离时期长大的白人,我希望自己的人生不再有种族歧视、性别歧视,也不要有性别二元论。我在南非的日子就是要让我做好准备,去说出'我接受你的一切'。"

韩得利克的宽厚与雷克斯·巴特及凯伦·巴特的满腔热血截然不

同，但两个家庭的孩子对性别却有相似的矛盾心理。雷克斯与凯伦不认同儿童期就要男女有别，所以会买玩具厨房给两个儿子，把波葛宾的《给自由孩子的故事》读给他们听。凯伦说："我产前办准妈妈派对的时候，色调不想用蓝色也不想用粉红，结果用了黄色和绿色。"两人告诉儿子，凡是男人能做的，女人也能做。

儿子杰尔德小学过得孤单，中学走得颠簸，大学读的哈佛福德学院也不如他想象中的启发人心。朋友介绍他和布林莫尔私立女子学院的一个女孩约会，他把初吻及初恋都献给了她。谈恋爱不免牵涉到对性的憧憬，杰尔德对此却感到陌生。某天晚上他女友突然走进房间，撞见他正穿着她的衣服，他说："我觉得如果我是女生，人生会好过很多。"她回答："噢，亲爱的，你要怎么当女生，那鼻子就不行！"虽然她只是说笑，但杰尔德因此陷入严重沮丧。他高中时拿遍所有学业奖，还是毕业致词代表，现在却成绩不及格。他没有性生活，也几乎没社交生活。最后他休学搬回家住。

三个月后，他对父母说："我觉得我是同性恋。"第一次和男人约会，他就发现自己不是，不过还是参加了一场为高中生办的LGBT论坛，部分原因是他觉得自己自高中后似乎就再也没长大，所以即使已经22岁，实际上却仍是高中生。他去认识跨性别小组。两天后，和母亲出门买东西时，他说有话对她说，要她停车。她问："是大事，对不对？"他告诉她，自己是跨性别者，那就是他的人生道路。她说："噢，怎么会有人想当女人？当女人真的很辛苦。"当天稍晚，他要全家人聚在一起，说有话要讲。他表示，即使因此一辈子失去谁，他也愿意。弟弟查德说："放屁，如果有人因为这样就离开你，那他根本一开始就不在你的人生里。"雷克斯说："你这么忧郁，我一直很担心。我不知道跨性别究竟是什么鬼东西，但至少我不再觉得会永远失去你了。"杰尔德从此变成凯登丝，她对我解释道："我父亲的第一个问题是，'如果我们得先存钱才付得起手术费，你有没有问题？'从这里就能看出父母有多支持我。"

我和凯登丝见面时，她已经30岁，迈入转换的第8年，正在中间阶段苦苦纠缠。她留长发，身体脂肪分布仍是典型男性，又高又瘦，没有胸部。她戴耳环，穿着中性服装，已经忍受了好几个月的电蚀除毛，但还没结束。唯一的外科手术是鼻子整形。我问她转变前是什么样子，她说："聪明、有同情心，没什么男子气概。我一直不怎么女性化，未来大概也不会。对这一点，我并不真的觉得有问题。我已经调整好，不恨自己了。如果存在性别光谱，我的女性程度是 60%～65%。"

外人总以为生殖器是最迫切的跨性别手术，但跨性人通常不这么认为。凯登丝说："动整容手术才能 24 小时当女生。"雷克斯与凯伦找到好几个生殖器手术的外科医生，但凯登丝一个也没联系。两人认为她拖延不是因为不情愿，而是不快乐。母亲解释道："有好一段时间，她抑郁得无法面对。"雷克斯苦笑道："有时我们比她还急。"

凯伦在任教的学校谈论凯登丝的转变时并不特别避人耳目，还为此遭到校长训斥，她怒不可遏。她说："没人能不准我谈论孩子。"雷克斯说："我从来没有这样积极推动过一件事。这真的是我认同自己的方式。"雷克斯与凯伦一同创立同性恋家属亲友会的地方分会，该组织现在纳入跨性别者的亲友。上次相见时，两人担任 2009 年哈德逊河同性恋大游行的总指挥。雷克斯问主席为什么找上他们两人，她回信道："因为你们爱你们的孩子。"凯登丝说："我觉得父母现在比我还能接受我是跨性别者。两人都很左派，虽然我是彻底的左派，但我没采取什么行动。"

雷克斯与凯伦这样的父母会鼓励孩子通过疗法来探索性别议题，但其他人之所以求助于疗法，则是为了终止这种探索。选择何种方式，着眼的往往不只是孩子的需要，也考虑父母的需求。修复疗法仍然无所不在，包括心理治疗、宗教治疗，甚至还有生物疗法，而为孩子寻求这些疗法的父母，动机通常都是真切的信念。史蒂芬妮说："大家都爱自己的孩子，但对于如何帮助孩子，每个人的想法不尽相同。"她鼓励父母去认识别的父母，再根据彼此的经验，替"正常"找到新的定义。她说："父母不必容忍孩子擦指甲油。这不是在教堂吵闹该怎么做才合宜，而是把爱表达出来，如此孩子会比较安心，父母事实上也会安心。"然而，一生都被传统性别观给困住的人，常相信遵守社会规范才能保护孩子不受世界伤害。这种想法本身就可能在家庭里造成伤害。

乔那·马克斯与莉莉·马克斯住在新泽西，位于到纽约上下班的交通路程内，但两人表示自己不认识任何同性恋，当然更没接触过跨性人。从两人的话中完全听不出其子加勒想成为女生。他并不坚持穿裙子，不讨厌自己的身体，也没说过自己是女生。我向他们推荐一位能帮助加勒厘清自己是谁的治疗师，莉莉回答："我需要找到能说服别人不动变性手术的人。我想不到别的办法。儿子现在三年级。这年纪的男生更皮，女生则不太想和男生玩了。"但她随后又说："有个母亲说，'我们拿到编班名册时，每个男生我女儿都不喜欢，只有加勒例外。'所以他也没怪到人见人厌。"

加勒似乎不介意别人偶尔嘲笑他，但父母却介意。这对父母被迫竭力想象与自己原先认知完全不同的另一种快乐。莉莉说："他讨厌团体运动，但喜欢玩趴板、溜冰和游泳，潜水是选手等级。"乔那说："这男孩很快乐，对自己感到很自在，喜欢玩陶土和摄影，但未来不想参加小联盟，也不用小便器。"莉莉说："他几乎没有男生朋友，上了中学只会更惨。女儿会嘲弄他，老是说，'你真的很像女生！'还有，'动作不要这么奇怪。'"莉莉和乔那决定让孩子养只小狗，根据乔那的说法，加勒看到后用"娇柔"的方式开心地跳来跳去。"他不熟悉兴奋的表现方式，因为从来没和男生一起打赢过比赛。"

加勒曾参加独立营，过得很开心。那年暑假的两场音乐剧他都参与演出，而且很喜欢指导老师。莉莉说："我们与老师见面时，他穿着紧身紫色 T 恤、紧身牛仔裤、紫色布鞋，这人绝对很另类。加勒回家后也吵着这样穿，我才不帮他买紫色布鞋，我得保护他。"我问为什么不帮他报名参加当地剧团的表演，她说："我才不会助长那种事。"乔那补充道："他体格很好，玩什么运动一定都会很杰出，只是没兴趣。为了保护他不要受到更多嘲弄，我跟莉莉能做的只有这些，不过看来是难免了。"

两人对于几乎必然出现的未来都十分焦虑。"我是指，他喜欢一个男生。"莉莉说道。我们才聊到他的朋友都是女生。"他又高又壮，你如果看到他,会以为他是美式足球员。但他跟加勒很像,不喜爱运动。还有一个男生跟他很要好,叫卡尔,擅长运动项目,但他很酷,恐怕哪一天就不理加勒了。我们很喜欢卡尔,但我不知道他什么时候会不想跟怪孩子当朋友。"莉莉不确定加勒是不是因为知道自己达不到父亲的期望,因此不跟乔那玩传球游戏和投篮。莉莉说:"我个人认为他知道自己令乔那失望。如果我叫他跟我玩传球游戏,他会玩。叫他投篮,他也会照做。"乔那说:"既然如此,你为什么不叫他做?"莉莉说道:"因为我不玩投篮和传球游戏。"话中只有对自己性别的骄矜,毫无讽刺之意。

加勒从来不是跨性别者,但具备一些多元性别特质。他13岁时公开表明自己是同性恋,然后自杀未遂。有的时候,一个人非得遇上悲剧,才会被完全看见。加勒的青春期过得很绝望,父母受到刺激后才决定收手,不再纠正他的童年异常。他们清楚表示他一直值得人爱,也一直有人爱,并辛苦地一步步重建他残破的自尊,也为自己重建自尊。

现在,多数专家皆认为用修复疗法治疗同性恋有违道德,但用在跨性人身上是否同样不道德,则众说纷纭。其中最具争议的人物是祖克,他是多伦多毒瘾与精神健康中心的精神科主任医生及性别认同服务的负责人,深具影响力,2008年被任命为《精神疾病诊断与统计手册》第五版中性别认同障碍工作小组的组长。祖克主张跨性别的女孩觉得母亲屈居弱势,因此希望成为男人,而跨性别的男孩则因为想贴近疏离的母亲,所以想成为女孩。运动人士认为被剥夺转变性别权利的儿童,抑郁症比例之所以偏高,是因为被迫遵循性别传统。祖克则认为渴望转变性别就是抑郁症潜伏的征兆。性别认同障碍可能源于社会与家庭,此一假说可能有其道理,但是关于性别认同障碍该如何治疗,祖克的观点则没有那么站得住脚。保守的天主教教育资源中心及全国同性恋研究与治疗协会都使用祖克的研究,只不过披上了一层基督教的教义。

祖克的技巧衍生自柏克《性别冲击》所批评的模型,他指导父母担任性别角色的模范,督促父母的行为符合20世纪中叶的性别刻板印象,之后还要求父母没收异性玩具,不准孩子穿着异性服装,另外要鼓励孩子结交同性朋友,阻止孩子与异性往来。一位母亲提到她没收了孩子的芭比娃娃与独角兽,改给他玩具车,但他就是不肯玩,之后他重拾画笔,结果父母又拿走粉色与紫色的蜡笔,并坚持要他画男孩。最后,这位母亲说,她的孩子变成"双面人",在她面前像男生,一有机会就逃到女生的世界中。

祖克宣称,他所有从 6 岁开始接受治疗的患者,最后都没有变性。他最近公布另一项追踪研究,对象为 25 名在儿童期就受他诊疗的女孩,只有 3 人后来持续出现性别不安症。同时,由于青少年的可塑性比儿童低,因此祖克有时会向较晚跟他求助的人建议采取荷尔蒙疗法与手术,但他是带着遗憾提出。许多祖克的病患治疗到最后都决定维持生理性别,但最近《大西洋月刊》中有篇报道引述一位母亲的话,她女儿幼时曾接受祖克的治疗,成年后酗酒又自残,恐怕会比她早死。若这叫作成功,似乎言过其实。布莉尔说:"我收治了许多祖克的病患,根据我和这些人相处的经验,我认为他的做法只能改变性别表现,却改不了性别认同。"

问题是,跨性别者究竟是与多数同性恋一样,只有一个固定的身份认同,想要改变根本徒劳无功?还是如同祖克的比喻,生为男孩却说自己其实是女孩,恰如生为黑人但坚持自己是白人,需要的都是接受诱导慢慢接受自己。祖克指出许多跨性别儿童对于异性都有僵化的性别刻板印象。他说:"扮演自己毫不愉快,他们过得很辛苦,遭社会排挤,也很难与同性的儿童做朋友。"祖克认为将性别认同障碍视为天生、无法修复,是"心思单纯的生物简化论"。他说支持早期转变的治疗师是"自由派的本质主义者"。他解释:"自由派人士向来批判生物简化论,但这种时候却又欣然接受。我觉得这种概念法是惊人的天真及简化,我认为是错的。"蔻茨是纽约罗斯福医院担任儿童期性别认同计划的前主持人,她也同意祖克的看法。她说:"我看过大概 350 个出现性别问题的孩子,这些人骨子里很有创意,也因为这样的创意,他们想象转换性别就能解决问题。我的经验是,凡及早治疗的人,最后都不会变成跨性人。只要处理病患的分离焦虑与攻击行为,性别问题就会逐渐消失。焦虑是性别不安症的来源。"祖克与蔻茨都是正直又杰出的学者，但他们和某些抨击他们的运动人士一样犯了一个毛病：即使这个领域有各种迥异的故事，他们却似乎认为人人的状况都一样。

不让跨性人以真实的性别生活，是一种伤害；把有性别认同障碍但无意跨性别的人困在不适合的跨性别认同中，也会造成伤害。治疗师安杰罗对跨性别者十分友善，他说："父母常告诉我，自己是跟着孩子走。这么说其实有点政治正确——你大概不会让 7 岁的孩子选择晚餐吃什么，让孩子选择是否要转换性别就更不用说了。有的父母是自己心理健康出问题，而儿子又不是最阳刚的类型，于是就断定孩子跨性别。这些孩子并不是跨性人，而是被人这么说，于是就信了，不过这种情况非常非常少见。"史蒂芬妮说："儿童不能被过度诊断为跨性别，这点很重要。跨性儿童在多元性别族群中只占极小一部分。"

朵洛莉丝·马第尼斯 14 岁时仍是男孩迪亚哥，住在马萨诸塞州，有天和第一任男朋友约会被母亲抓到。朵洛莉丝说："我正穿着迷你裙和他搞那档事，后来穿回男装下楼。她说：'你父亲叫你滚，否则就要杀了你。'我在街头流浪了 4 年，后来犯下重大暴力案被关押，人生从此得救。监狱里的 4 年比以前都快乐，在里面，只要不是很男人，他们都会把你变成女人，于是我成了姊妹，第一次体会百分百做自己是什么感觉。"出狱后，朵洛莉丝才知道母亲骗他。"她告诉父亲我跑了，他一发现真相，两人就离婚了。我告诉他我变性了，他说，'噢，谢天谢地。'"朵洛莉丝花了 10 年接受治疗，之后才注射第一支荷尔蒙。后来她与古斯塔相遇，这个跨性男是她想厮守终身的爱人，两人正式结婚，只不过法律上，她是男人，而他是女人。

泰勒·何姆斯从前是困惑的小女孩赛莲娜，她"想要男生的身体"，但"并不真的想当男生"。她曾和 16 岁的弗雷迪短暂交往，并因此怀孕。儿子路易出生后，弗雷迪表现得漠不关心。但路易 2 岁时，弗雷迪的母亲开始向社会福利部投诉赛莲娜。受指派保护路易权益的诉讼监护人拿着文件要赛莲娜签名。泰勒说："我不知道那是什么，就签了，后来才知道是放弃监护权同意书，我就这样失去孩子。"不久她与古斯塔及朵洛莉丝变成朋友，并开始质疑自己的性别认同。后来她因为子宫内膜异位而住院，医生说可以用雌激素药物疗法，赛莲娜却说自己真的很想拥有胡须和低沉的声音，想用睾固酮治疗。从此她开始自称泰勒。

2008年某个星期四，一向郁郁寡欢的古斯塔因自觉有自杀念头，到附近一家医院的急诊室请求住院，院方表示没有给跨性人的床位，两天后他上吊自杀，时年27岁。朵洛莉丝提出诉讼，但精神健康委员会判定医院没有过失。判决书写到，由于跨性人不属于受保护群类，医院若认为跨性别病患可能干扰其他病患，有权拒收。

古斯塔离开后，泰勒与朵洛莉丝自然而然走到一起。我问两人是否因为都没动过变性手术才彼此吸引。泰勒说："爱与关系的基础并非一个人脱下衣服的样子、用男性或女性代名词、给自己取什么名字。我和朵洛莉丝的爱与关系取决于她是什么人、我对她有什么感觉、我是什么人，而她对我又有什么感觉。她说过在某个时刻想动些某种形式的手术，但究竟什么时候动什么手术，那是她自己的事。"朵洛莉丝说："我把泰勒当成男性床伴，他戴阴茎道具，尺寸由我挑选。"

泰勒放弃监护权的5年间，路易与祖父母同住，现年7岁。泰勒与朵洛莉丝一周只能见他一次，且不得单独见面。泰勒表示自己觉得路易并没有发现他的转变，我则认为泰勒的大胡子可能给了路易暗示，更何况朵洛莉丝总以男性代名词称呼他。泰勒与朵洛莉丝都对路易的性别行为很有兴趣，朵洛莉丝说："路易可能跟我丈夫以前一样，一天是女生，一天是男生。他喜欢电视动画影集《彩虹小马》，我们偷偷买角色玩偶给他，因为他家不准他玩女生玩具。我不是医生，但我觉得他现在应该是超性别。"泰勒说："他从没说过自己是跨性别者或想当女生，但我小时候也从没说过。"在我看来，既然路易从未声明自己想当女生，他大概没有跨性别倾向。不过他的确很不符合男性刻板印象。他身处两个极端的世界，一边的性别模糊得惊人，一边的性别则严苛得令人喘不过气。泰勒说："他可能还不确定自己是女生，也可能还不确定自己是男生，或许每天都在不断摆荡，这也没关系。我不希望他跟我一样，虚掷25年人生。"

也许为人父母最难避免的错误,就在于不管孩子要不要,都把自己想要的强加在他们身上。我们以自己想要却得不到的爱来疗愈自己的伤口,却看不见自己造成的伤口。朵洛莉丝说:"我希望路易的性别不管是男是女,还是在中间,他都能坦然接受自己。我要修正的岁月远比年轻孩子还多,我不想要他过着跟我一样的人生。"孩子应该要能做自己,但也需要规则与界线,我担心朵洛莉丝与泰勒无限纵容的爱反而会吓坏孩子。孩子渴求的,是有人注意自己,一旦得到了注意,就希望别人爱的是真实的自己。朵洛莉丝与泰勒确确实实注意到了孩子,给予盈满的爱。泰勒说:"他是我看过的最美男孩,大概是全地球我所知道最漂亮的孩子了。这很酷,感觉我像是跟儿子一起转变,他比大多数跨性别儿童好过一点,因为他有两个跨性别父母。我们不会像自己的父母那样把他丢着不管,他会有人陪着他。"朵洛莉丝说:"他的转变必须更进一步。我看得出来,他正在过我从前的生活,希望他能从我未来的生活中学到些什么。"

以前大家都以先天及后天的二分框架争辩性别认同,现在则改成易处理及难处理的二分框架,两者同样难以辩清真相。先天因素显然存在,问题在于后天是否助了先天一臂之力?后天能不能及应不应让先天失效?答案扑朔迷离,让人心急。心理动力学有一系列解释跨性别认同的理论,但却自相矛盾。布鲁姆在她的书《正常》中嘲讽地指出,这些理论不是父亲缺席、母亲太过投入,就是父亲跋扈、母亲温驯不敢置喙;父母不是鼓励跨性别的认同和游戏,就是禁止跨性别的认同和游戏,使其蒙上神秘色彩。有些小男生想穿裙子,是因为害怕残暴的父亲,而认同慈爱的母亲。有些则是受先天基因、脑部发育以及子宫环境的影响。

变性仍然与医学界及治疗界绑在一起,在最好的情况下,这意味着负责任的专家能分辨哪些恐惧与欲望是父母的,哪些又是孩子的;什么是永远不变的当务之急,什么是暂时的神经衰弱。然而,这也可能很可怕，把精神病学、内分泌以及神经认知分开来谈，看起来几乎是过时得可悲。现代精神医学探求化学物质如何造成情绪障碍与思考障碍，但是我们区分大脑与心灵的能耐仍相当粗糙不成熟，而像性别认同障碍这么复杂的情况，非得同时从各角度探讨不可。精神疾病诊断与统计手册委员会的迈耶-巴尔伯格承认"无法用纯科学"描述性别认同障碍。

迈耶-巴尔伯格根据自身执业经验，相信转换最好能免则免。他说："毁坏健康的身体、剥夺生殖能力是很可怕的事，即使是最好的情况，性功能也只是差强人意，最糟的情况则是惨不忍睹。有时不免让人觉得那是在加强失调，而不是治疗失调。"他相信中间路线的疗法，"我们尽量介绍这些人认识更多同性的伙伴。如果孩子的父亲因为厌恶娘娘腔而与他们关系疏离——在美国这个恐同的国家，这种情况不足为奇——我们会试着让父亲重新正向参与、重建关系。

许多孩子逐渐适应自己的生理性别，即使不适应，也能扩大交友圈及经验。"话虽如此，他也曾让孩子 11 岁就开始使用青春期阻断剂。他说："我有时帮助患者改变，有时柔性劝阻他们改变。一切只能靠自己的直觉，没有参考公式。"曼伏耶尔说："来我这里的幼童大多数并未主张自己的身份认同为何，而是因为性别表现与人不同，才被带来。关于该不该转变，你永远无法真的确定自己做对了。"

跨性别族群的成员大都担心治疗师引导儿童背离真正的自我，父母则比较害怕孩子动了手术又反悔。我们无法估计公开转换性别但没动手术的人当中有多少人后来又转变回来。不过我们知道动过性别重置手术的人，每百人就有一人后悔。

丹妮儿·贝瑞以前是丹·邦顿，她在 1992 年 43 岁时接受性别重置手术，后来她说那是一场"中年危机"。她随后说："我现在担心的是，大多数我先前以为的性别失衡症状，可能不过是神经质的性癖好罢了。从有性生活以来，我一直有扮装癖，幻想自己是女性带来很大的快感。我只希望当初在选择跳下悬崖前，尝试过其他选项。"

伊拉克裔的山姆·哈许米的太太在 1997 年离他而去，之后他决定在英格兰接受性别重置手术。他说："图蒂一辈子没工作过，但几千镑的衣服，她买得毫不犹豫。我以前一直很想知道如果肩上的责任我再也不用担，跟女人一样有人帮忙开门，享有女人看似拥有的种种特权，究竟是什么感觉。"于是他成为萨曼莎·凯恩。但萨曼莎发现"当女人很肤浅又限制重重"，觉得自己犯下大错，于是又改名为查尔斯，并再动了一次手术，"恢复"生殖系统，过程痛苦，结果也不令人满意。他也对当年支持他接受变性手术的精神科医生提出控告。

可惜，这些故事被用来非难整个跨性别运动。术后痛切反悔的故事总会登上头条，而那些若能动完整的变性手术必定会快乐得多却终究无法如愿以偿的人，登上新闻的机会却少之又少。无论动不动手术，都可能犯错，因而葬送人生。有些小孩活在与自己的选择相符的性别认同中，旁人也支持他，但日后却可能觉得受其所困。这些孩子的父母与医生对于荷尔蒙阻断剂、荷尔蒙种类与动手术与否等，都有可能下错决定领错路。也有不受人支持转换性别的孩子活在绝望中，或死于绝望。对健康的身体动不必要的手术非常可怕，但拒绝帮助知道自己是谁的人，也同样可怕。

被转介接受性别认同障碍治疗的男孩远比女孩多，但这不代表有性别非典型表现的生理男孩比生理女孩多，而是他们较让父母担心。女性主义为女人争取到诸多原本专属男性的权益。积极强势的女孩常受到赞赏，虽然自信的女人受到的羞辱并不少，但英文中"tomboy"（男孩子气）一词本身就带有一定的好感。相较之下，却没有运动站出来为拥有刻板女性特质的男性说话。女生可以男性化，男生却只被视为娘娘腔。女生穿T恤牛仔裤是"穿着中性"，但男生穿裙子就是"变装癖"。金提到她曾在父母团体中要曾经很男孩子气的人举手，房间里四处有人举手，接着她请曾很女孩子气的人举手，全场一动也不动。

史考特·厄尔以前是很男孩子气的安玛丽，脾气很硬，父母认为那表示她性格坚强。两人都是儿科医生，一家住在风气自由的佛蒙特州。"我喜欢女人可以随心所欲的想法。"史考特的母亲琳·露金柏如是说。史考特幼年深受性别表现不合规范之苦。史考特的父亲莫里斯说："小的时候，安玛丽有一头漂亮的金色卷发。有天早上我们起床，18个月大的安玛丽正在哥哥班的房间。班大概5岁，把她头发全剪光，被我们修理了一顿，但后来我怀疑是不是安玛丽自己要求的。"琳说："我们买了一件粉红色的连身衣，安玛丽当时4岁，我母亲对她说：'哇，小姑娘穿这身粉红衣，真漂亮。'从此安玛丽不肯再穿那件衣服，最后我们把衣服染黑，她才肯穿。"

安玛丽14岁时第一次在网络上与其他跨性人聊天，史考特这个名字突然出现，她顿时发现自己希望别人这样叫她。几个月后，父母出门聚会回来，在五斗柜上看到一张字条写着："亲爱的妈咪爹地：我非当男生不可，我是跨性人。"莫里斯回忆道："我甚至不懂那个词代表什么。我们到地下室去，史考特正在看电视，我说，'你是我们遇到过的一个最棒的人，你以为能有什么事会让我们对你失望吗？'"

琳打电话向几个同性恋朋友咨询，但他们对跨性别的认识并不比她多。她说："我找到一位治疗师，她曾经协助人不再一心指望手术。史考特讨厌她，我才终于明白过来，她是真的要当男生。后来我们找到一位咨询过70个跨性人的治疗师，她认为史考特已经想得很清楚，不需要再去见她。我过去以为自己养出一个坚强的女儿，但大部分的8岁小女生并不会穿男生的内裤。"对莫里斯来说，接受史考特的新身份并不容易，并不是因为他观念很传统，相信男性特质与女性特质之间有道坚不可摧的墙，而是他很理想化地认为男性与女性并没有什么天生的差异，既然如此，变性并没有意义。但他并未阻挠史考特，他说："假如有场暴风雪来袭，你不会花时间看能不能赶走它。"

两人有需要时都把患者转诊至佛蒙特大学的医院，于是打电话给院内的内分泌专科医生，但他说他不处理这种案子。琳非常震惊，她说："身为儿科医生，我们看诊时应该排除个人意见。医生的工作都一样，就是要正视病患自己的主张。"最后她找到费城的一个跨性别健康团体，预约好以后开了7小时的车载史考特过去，看完直接开回家。几年后，在佛蒙特议会举办的跨性别权益听证会上，她说："难受的是你不知道该做什么，或做不了任何事。那时我们显然有很多事要做，所以就做了。"

史考特就读于新英格兰的圣保罗预备中学,他住校,成绩优异。圣诞节假期结束后,琳送他回学校,停在加油站休息时,史考特走进男厕,母亲顿时明白他已经走到这一步。返校后不久,他在一场全体集会上坦承自己是跨性别者,其他学生与多数老师都支持他,学校的行政部门则不然。行政部门的负责人是个表面上开明的圣公会主教,他对琳表示她女儿该成熟点,放下这件事,还说史考特若到别的地方重新开始,可能会更开心。史考特说:"我知道他只想把我赶走。"于是他离开了。

他在网络上认识了跨性别者,随后在现实生活中与他们来往。他剪了个公鸡头,并把头发染成蓝色,说自己并不在意学业,可能不会读到毕业。琳说:"听着,我们很努力地尊重你,让你做自己,而现在我们要求你完成学业,然后上大学。"史考特觉得这要求很公平,接受了。琳建议他提前以男性身份进大学。佛蒙特大学很想收他,所以本该上高三的他,便成了大学新生。

莫里斯带史考特去参加新生说明会。他说:"他穿了某个跨性别活动的 T 恤。我心想,'你想当男生就当男生,别穿这种跨性别 T 恤,一整个怪人样。'到了现场,有些志愿者说'嘿!那场会议我也去了',或是'T 恤不错喔'。"史考特住进男宿单人房,有独立卫浴,但他讨厌那些喝啤酒的和打美式足球的,于是搬进学校的同性恋自豪套房,和一群同性恋大学生同住。隔年他成立了一间跨性人专属的七人套房,之后更在学校发起跨性别论坛,说服校方准许学生自行决定学生证上的名字,并在宿舍申请表上增加跨性别的选项。

我第一次与史考特一家见面时,他刚上大学,两年后再访,他已经脱离跨性别身份,往纯男性身份迈进,而且是男同性恋。莫里斯说:"我还是不懂,这个人以前是我那个喜欢男生的女儿,为什么就因此成为男同性恋了?"在一般大众中,有些男同性恋之所以是男同性恋,是因为受男人吸引,这些人成为女人后,仍然受男人吸引。有些男同性恋之所以为男同性恋,则是因为偏爱同类,一旦成为女人,就受女人吸引。这些都不是独立的变数,人和自己的性别及和他人的性别都有复杂的关系,以上变数都是其中的因素。根据一些估计,有一半的跨性女与三分之一的跨性男为同性恋或双性恋。

琳说："我问过他很多问题，想知道他们怎么做爱。他是体贴的人，而我又想知道，因此他会跟我讨论这件事。这些生理结构的事是不一样的，我担心他既然不想动生殖器手术，那得遇上一个好到没话说、不会介意这件事的人。不过人的喜好千变万化。他转变性别的那几年，我常顺路到大学找他用午餐，也常和他打电话。但从去年开始，他没这么掏心掏肺了，行事变得和一般青少年一样。"史考特说："公开当同性恋没什么，但我只在很好的朋友面前当跨性人。有好一阵子，我几乎把全副心思精力都放在自己的性别转变上。我再也没兴趣把自己的生活给人当模范了。我之后或许会去念医学院。我知道我如果公开身份，对许多也有跨性别困扰的医学院学生会很有意义，但这同时也是我的人生。"

史考特的弟弟查理说，他的老朋友知道他的姐姐变成哥哥之后，他并没有遇上什么问题，但要对新朋友解释哥哥从前是姐姐，却很困难。新朋友如果来家里玩，查理会把史考特还是小女孩时的相框收起来。史考特不介意父母把那些相片摆出来，也不介意查理把照片收起来。琳说："丢掉照片等于消灭他的童年。在史考特 14 岁以前，我曾经有个女儿。当然，并不是真的有女儿，因为史考特一直都是史考特，但同时，我也曾经有女儿。"

我发现跨性别者有两种政治参与模式。有些人一肯定自己的性别，便大张旗鼓急切宣告自己的跨性别身份，一阵子后，他们自自然然以正式的性别装扮示人，一心想以一直以来认定的性别好好生活。对他们而言，参与运动是一种宣泄。有些人则选择默默私下转变，往往与朋友和至亲都保持距离。时光流逝，他们逐渐习惯做自己，开始帮助其他人，让他们不用再受自己以前所受的苦。对他们而言，参与运动是表达感谢的方法。许多参与运动的人与相关组织积极来往，包括：跨性别青少年家庭联盟（TYFA）、性别光谱、美人鱼（英国组织）、同性恋家属亲友会跨性别网络、克里夫兰跨性家庭、跨活、性别岔路、全国跨性别平等中心、跨性别者法律辩护与教育基金会（TLDEF）以及跨性别儿童紫色彩虹基金会。有些参与运动的人本身并不是跨性别者，但与跨性别社群有间接渊源。有两个团体特别吸引我，性别光谱和 TYFA，分别代表支持跨性别儿童的两种原型。

布莉尔在 2007 年成立性别光谱，善于表述细微差异，有时不免少些明晰。但她也一直承认，性别是各种人类经验中最复杂的一种。她娴熟各种性别理论，能把抽象哲学的艰涩语言转化为一系列琳琅满目的选项，供你和孩子选择。她相信在公正的社会里，男孩能喜欢娃娃，异性恋可以在家跨性扮装，职场女强人在亲密爱人前也能变小猫，男孩能留长发跳芭蕾，小女孩也能独爱打棒球爬树。金和夏侬·贾西亚在 2006 年创办 TYFA，两人同样聪明，但更重要的是，两人都有跨性别儿童。相较于布莉尔散发的知识分子气息，这两人则洋溢着美国中西部典型母亲的温暖。她们块头大、嗓门洪亮，默契好到可以接下对方的笑话。半夜有状况，她们会立刻起床解决你的问题。她们有办法影响美国中部小镇保守的高中校长，让校长了解性别多元有多常见，也需要极为显著的适应措施。两人的勇气能让别人变得勇敢。

布莉尔在旧金山湾区活动，一手成立的性别光谱专门帮助开明的家庭明智且自信地度过转变。布莉尔鼓励父母与个案在从一端跳到另一端之前，先在光谱中段的各处摸索。这个做法在可行的地区非常棒，但在前述小镇却完全行不通。光是男转女（或女转男）就已经超出所有小镇居民愿意考虑接受的范围了。性别光谱适合那些想探究身份本质的家庭，但孩子若是无法以生理性别生活，多活一天都宁愿自杀，父母最好与 TYFA 联络。

金与夏侬于 2006 年在网络上认识，她们与另外两人在 2007 年 1 月成立跨性别青少年家庭联盟，一位是同为人母的艾美，主管组织财务；另一位则是跨性女简，她日后又成立了跨活。10 个月后，艾美的跨性别儿子伊恩自杀身亡。金说："我们做事的方式因而改变，因为即使是有人全力支持的孩子，仍可能有巨大危机。在青春期表明性向的孩子都知道自己可能会失去父母、同胞与朋友，他们已经走投无路，父母千万不要以为自己还有时间自怜自艾。你可以选择是要哀悼孩子变性，还是哀悼孩子逝世。"我第一次参加金和夏侬的工作坊时，会后有位父亲焦虑地对她们说："可是万一他改变主意怎么办？"夏侬回答："刚刚你才说他2岁就在尿布台上说自己是女生，而这个情况13年来不曾变过。你这是在为未来忧心，回家跟孩子谈谈当下吧，现在就去。"她们只花了10分钟，就让这位父亲转念接受十多年来无法接受的事。

虽然父母才是金的工作重点，但她说最难的事情，是帮助跨性别者保持尊严。她曾与一位名叫简妮斯的跨性女见面，对方以"术后跨性者"介绍自己。金回答："你把自己当成女人吗？"简妮斯说是，金说："我也把自己当成女人，而我从来不会以生殖器官来介绍自己。我希望你以后都称自己为女人，或是跨性女人，不要再跟陌生人提到手术了。成年跨性人说不希望别人根据衣服底下的东西来评判自己，既然如此，就别再拿衣服底下的东西来介绍自己。"

有些家庭的性别转换过程十分煎熬，有些比较轻松，有些家庭则视之为喜事，皮尔森家就是一例。尚恩-德里·皮尔森住在亚利桑那州的小镇上，2006年5月6日正式宣布自己的跨性别身份，几个月后，母亲金成立跨性别青少年家庭联盟，两人准备顺着浪潮，一同携手改变世界。[642]

金说道："在成长的路上，我背负着各种期望，而我不想要这样对待孩子。尚恩3岁时就说：'我不穿裙子。'当时我们想：'如果这件事那么重要，我们就换成裤子吧。'"但女儿还是一直闷闷不乐。12岁时，尚恩写信给父母，说自己是女同性恋。情况短暂转好，然后就变得比以前更糟。尚恩成绩很差，常常胃痛头痛。金说道："尚恩常自己关在黑暗的房间里，盖起棉被。有时不吃，有时一直吃；有时不睡，有时又睡不停。显然是出了什么天大的问题，但我们不知道究竟是什么。"

皮尔森一家开始接受家庭治疗，几个月后，碰巧看了电影《窈窕老爸》，当时14岁的尚恩总算找到答案。几周后，金和尚恩走进咨询室，然后情势整个逆转。金说："我和消沉的女儿进去，和快乐的儿子出来。尚恩说：'我不是女同性恋，是跨性人，我从头到脚都是男的，你知道这就是我。'我说，'打从你一出生，我觉得我一直在玩拼图，有几块一直不合适，今天终于发现那几块完全没问题。但我还是不知道我们现在要做什么，真要命！'他开开心心地说：'妈，没关系，我一件件都想好了。我要正式改名，请你帮我到学校注册成男性，我要去买束胸。'"金很震惊，不怎么想做那些事。她回忆道："他说想买男用洗发精、止汗剂和袜子。我回答，'你说的这些事我一件都不知道该怎么做，不过买东西我很擅长。来吧，从哪样开始？'他兴致勃勃、容光焕发。我好几年没看到他这样的活力了。"

回到家后，尚恩看到父亲刚从家得宝上完一整天班回家，开始展示新买的东西。金把约翰带进房间解释情况，约翰瞪着墙壁发呆。金说："你说话啊。"约翰说："我不知道要说什么。"他告诉我："我掉进山洞里，过了整整26天。我自己得先经历一场转变。"沉默了26天后，约翰终于平心静气地接受。

尚恩在6月初宣布了自己的跨性别身份，到了盛夏，心理治疗师对全家人宣告疗程完毕。开学时，尚恩以新名字返校，同时一边使用睾固酮。金说："转变的速度快得要命。"尚恩要求金与校方沟通。她说："我从医疗角度切入。如果小孩有糖尿病，你会确保他打针时保有隐私。我们得先确认他以后用哪间厕所。"校方让他用护士的专用厕所。尚恩申请改名还未通过审核，校长一开始拒绝更改学籍资料。金说："我说越没人发现，就越不会有父母跑来学校抗议孩子跟尚恩同班，就这样说服了他。"

这家人写了封信告知大家。第一个打电话来的，是社区里的某个人，金一开始以为对方要出言咒骂。她回忆道："他说，'我们家永远欢迎尚恩，他在这里永远不会有危险。'"我一听就哭了，我们已经做好心理准备要迎接负面反应，还真没想过如果有人表示支持，会是什么样子。"金原本在电脑产业工作，后来越做越觉得没有意义，手部纤维肌痛也导致她难以完成工作。她说："我的教会是合一基督教会。教会的哲学是相信冥冥中一切自有安排，于是我跟宇宙对话，我说，我想要一份完美的工作，要能出外旅行、公开演讲，要用得上我的教学与课程设计能力，还要能写作。两周后，尚恩公开了身份。3个月后，我成立了

TYFA，正是我想要的工作。"

不久后，尚恩与金出发前往圣地亚哥州立大学演讲，途中车子快要没油，尚恩看到一家印第安人开的赌场，场边附设加油站。金回忆道："我想上厕所。我说，'我带着 20 美元，5 分钟后回来。'我把 20 美元投进吃角子老虎机，一转，中了 1 万美元大奖，足够应付创会花费还有登记成立非营利组织的费用。"尚恩的哥哥开设网站，用父母房间里的两部老电脑当主机。约翰说："我从来没想过太太竟这么热衷权利运动。上个月我去拉斯维加斯听她演讲，我知道她一向擅长沟通，但那场演讲仍然让我大吃一惊。"后来金写信告诉我："我找到我的天职和目标了。我要善用神给我的天赋，满足自己，服务他人。"她提到自己曾在一周内横跨美国到 5 个学校进行教育训练，多半是开车，当中一场在俄亥俄州，要开整整 2 天的车。我问她那场为何不改期，金说："怎么能跟 16 岁的孩子说我们不能去了？大家都问，'你怎么做得了这么多事？'我都回答，'不这样怎么说得过去？'"

夏侬和约翰有 6 个儿子，至少两人这么想。一家人住在印第安纳州，夏侬形容那里是"白人州的白人镇上的白人社区"。最小的儿子很快就学会说话，15 个月大时他说："我不是男生，是女生。"夏侬随口回答："对呀，你是女生。"一边继续帮他换尿布。2 岁时，他想要有个芭比娃娃。4 岁时，他进入 5 个哥哥都上过的基督教幼儿园。第一场家长会上，老师说："以后你儿子不准玩扮装，男生不穿裙子的。"夏侬非常恼怒。"那是儿子首次发现，外界并不接纳他的感受。几天后，他的焦虑症状开始浮现。"

但约翰却对太太发火。夏侬说："是我的错，我太疼他了，他要亡羊补牢。"约翰没收了所有的女孩玩具，把儿子带到庭院，对他说："我要把你变成男子汉！"说完给他一支棒球棒。约翰一次又一次丢球，对儿子说："把球打出去。"儿子握着球棒，眼泪扑簌簌掉下来。夏侬说："家里气氛变得极糟。我也想解决，但我知道羞辱儿子不是办法。我觉得约翰应该要有机会按他的想法试试，但结果却只落得儿子开始恨他。"

到了 9 月，儿子哭着恳求不去幼儿园，他说："整天装男生太难了。"夏侬咬牙坚持，没答应他。小学一年级开学时，她开始贿赂他："如果你整周都没哭，周末我就买芭比娃娃给你。"两人每周都小心背着约翰挑一个芭比娃娃回家。后来有一周，小男孩说："可不可以把玩具换成两毛五分铜板？"夏侬问他原因，他说："去学校的路上会经过一栋房子的许愿池，我要问司机能不能停车，这样我就可以许愿当女生。"

约翰一直说："你有阴茎，那代表你是男生。"有天，夏侬注意到儿子在浴室待得异常久，她推开门，"他手上握着一把我最好最利的缝纫剪刀，阴茎摆在刀间，准备剪下去。我说，'你在干什么？'他说，'它不属于这里，我要剪掉。'我说，'不可以。'他问，'为什么？'我乱掰：'因为你如果想要女生的部位，人家需要那里才能帮你做。'他把剪刀还给我，说，'好吧。'"

一家人当时正准备出发到田纳西州过感恩节，夏侬认为这是绝佳的实验机会。丈夫反对，其他 5 个儿子也很排斥。小儿子宣布她的新名字是绮丽，出发时，绮丽从头到脚都是粉红色，小平头上还夹着发夹。夏侬说："开了好几个小时的车后，我们停下来吃饭，找了张桌子坐下。那孩子从来没跟陌生人说过话，可是女服务生过来问绮丽'想吃什么，小美女？'的时候，绮丽说：'一杯巧克力牛奶，谢谢。'我走进公共厕所大哭，泪水洒得满地都是。接下来 48 小时的改变之大，言语无法形容。丈夫说："我希望你查过要怎么在家自学，她不可能再回学校当男生了。"

两人把绮丽转到新学校，学籍资料上填写的名字性别都换过。她原本符合《教育法第一篇》的资格，这是联邦政府针对学习出现障碍的儿童所推出的计划。6 个月后，她的阅读进度超前两个年级，数学达同年级水准。"12 个月后，我们到医院检查，医生一进检查室，绮丽便开始说话，我想，我们待在那里的时候，她的嘴巴都没停过。医生惊得下巴都快掉了，他说：'这绝对不是我认识了 6 年的那个小孩。'她就是变了这么多。"

我认识绮丽时她 7 岁，漂亮、健谈、超龄地泰然自若，还有点调皮幽默。之后夏侬来信说道："我知道这绝对是神的亲手杰作，这个抉择对我来说非常简单：是要行尸走肉的儿子，还是生气勃勃的女儿？大部分跨性别儿童的父母所面临的选择真的便是如此。我们一直跟绮丽说，她想跟谁结婚都可以。她告诉我，她不会把自己的状况透露给她的'那个人'，我说隐瞒这件事不对，如果那个人真的爱她……她把话接过去，'那他就不会在意！'我说，'没错。'"

很多父母远远做不到这种程度的接纳。超过一半的跨性别者不为家人所接受，即使在多少可以接受的家庭，往往也只有父母其中一人支持。"双亲家庭中，一人害怕、一人接受的情况屡见不鲜。"布莉尔说道。宾姆在回忆录中记录与跨性别弱势儿童接触的工作经验，其中有位跨性女孩的母亲，"她对克莉丝汀娜说，如果她要这样表现，她宁愿她马上患艾滋病死掉。"另外一位看似教养较好的母亲则写信给跨性女儿说："你竟把男扮女装暗暗地变为当女人的整个过程及现实，这既傲慢且无礼。不仅是我身为女性的个人经验，所有女人都因你蒙羞、被你贬低。"646

2009年5月，加利福尼亚州萨克拉门托市的热门广播节目《晨间的罗伯、阿尼与唐》有个时段谈到跨性别儿童。罗伯与阿尼称这些孩子为"智障"与"怪胎"，明明只是"心理失调需要有人设法治愈就好"，却跑出来"引人注意"。他们还说："说什么'妈咪，我是困在男生身体里的女生，我想穿裙裙'，有多恶心。"之后他们又说："如果允许跨性人存在，不久后人类跟动物谈恋爱也没什么了。"其中一人夸口说，如果哪天儿子穿高跟鞋，就要拿自己的鞋子揍他。

节目一播出，抗议排山倒海而来，引发广告商抵制。金与圣地亚哥的跨性别运动人士桑迪受邀上这个节目谈论此问题。金说如果有跨性别倾向的儿童在上学途中听到母亲车上播放该节目，将永远不敢向母亲启齿。接听听众来电时，有位听众说自己的跨性兄弟已经自杀身亡。金提醒罗伯与阿尼说，他们手上已沾上鲜血。节目一开始，两人挑明了自己只是为了安抚广告业主而道歉，到了节目尾声却羞愧不已。

虽然富裕家境及良好教育不见得能保证跨性别儿童过着轻松日子，但穷苦确实增加了出大问题的概率。海莉·克鲁格和珍·李特都因贫困而过得更辛苦。她们长期怀着秘密，都不想向母亲坦承自己是女同性恋，也都和男人结了婚。空虚的婚姻充满谎言、暴力与问题。海莉在堪萨斯州读到九年级就辍学，珍在密苏里读完高中，但无一技之长。两人都有个小儿子，珍还有个女儿已进入青春期。海莉是妻，珍则是夫，两人在威奇托的流浪街友收容所相遇。

海莉的丈夫有变装癖，但他只在家里私底下变装，瞒着所有人。两人婚后很快就生下儿子杰登。海莉说："我的孩子一直以下体为耻，总是遮遮掩掩，从还是小婴儿时就这样。他坐着尿尿，尿完还会擦，跟女生一样。"杰登5岁时宣布自己叫汉娜，跟迪士尼影片主角孟汉娜一样。孟汉娜白天是普通的青少年，到晚上则摇身一变为摇滚歌星。我认识许多过着双面人生的跨性别儿童，这个故事很能引起这些儿童的共鸣。

珍说："我第一次在收容所见到杰登时，真的以为6岁的杰登是女生。"几个月后，海莉和珍带着杰登与珍的小孩布莱恩及莉莉安一同住进一辆拖车。海莉说："杰登受够了偷偷摸摸，一住进去就问，'妈妈，我可以把胸罩穿起来吗？'我说，'穿吧，没人会看到。'"杰登对珍说有事情想告诉她，"他说，'我穿了胸罩。'"珍说，"我说，'好。'他说，'你不生气？'我说，'不会啊，宝贝，因为珍妈妈觉得大家都应该做自己。'他眼睛亮了起来，非常开心。"珍对布莱恩与莉莉安说："谁都不准嘲笑谁。"杰登不久便开始在其他孩子面前自称为汉娜，他父亲吓坏了。

珍到麦当劳工作，海莉则在平价超市，两人搬到威奇托一个非常萧条的地方，杰登7岁开始涂指甲油到学校炫耀。海莉说："学校想跟我谈这件事，我回答，'小孩子就这样。'之后他开始想留长发、穿丝袜和化妆。他常常哭着说自己想在学校当女生。"杰登一回家就换上女装，有天晚上他对珍说，"我好气你。"珍问："为什么？"他回答："因为你都可以做自己，我就不行。"珍对我说："我心都要碎了。"

校方要杰登接受治疗，但一如珍所说，她和海莉不想让他被人"解除设定"。她们从来没听过跨性别这个词，也不知道还有其他跟汉娜一样的孩子，后来两人得知有位经营支持团体的65岁跨性女莲娜，莲娜转而介绍她们去支持LGBT社群的大都会社区教会，她本身就是那里的教友，并将自己的牧师克莉丝汀娜介绍给两人认识。教会成为汉娜第一个以女生身份露面的公开场合。

汉娜上一年级时，校方不断强迫她要表现得更像男生，汉娜自己则越来越想在学校当女生。莲娜对汉娜说："为了你的安全，你现在最好当双面人，在学校先遵守规范，不然他们会揍你、欺负你。等回到家里，再立刻换上裙子，坐下来看电视。这个州目前没有法律能保护你。"克莉丝汀娜说："她这辈子得不断妥协，我们都是。"海莉、珍与学校开了三次会，讨论这个状况。海莉说："我告诉杰登，'即使你全身是紫色，而且还是世界上唯一紫色的人，我还是会一辈子爱你。但你不能在学校当汉娜。'"珍说，"汉娜说自己是怪胎，我好难过，我说，'汉娜，别这样说，你不是怪胎。'"

珍的女儿搬出去了，但儿子还住家里，布莱恩此后被诊断出对立性反抗疾患，与权威者的互动不良，此外还有严重的抑郁症。13岁时他经常攻击母亲，最后自杀未遂，于是珍与社会福利人员联系，让他接受治疗。布莱恩向社工投诉两位母亲，之后被安置在公立护理之家。他对母亲有诸多指控，其中一项是她们鼓励弟弟穿裙子。

2009年2月24日，珍把汉娜打点好，准备送她上学，"我抱抱她，亲了她一下，说：'放学后我有惊喜要给你，我们去吃披萨、打保龄球。'"下午1时30分，轮值照顾过布莱恩的社工打电话给海莉说："你的孩子在我这里，请你周二早上8时30分到法院去。"社工到学校访谈杰登，问他如果有3个愿望可许，要许什么。杰登说："把我男生的衣服都换成女生的、当女生、把男生部位换成女生部位。"社工把这当成海莉与珍"说服"孩子相信自己是女生的证据。文件上提到海莉有女性伴侣，所以孩子"比其他儿童更容易困惑，更会遇到社交困难"。法官判定汉娜应住进"父母都很健康"的寄养家庭。

海莉与珍在一周内失去两个孩子，克莉丝汀娜变成她们最重要的咨询师。克莉丝汀娜告诉我："海莉与珍的家庭穷了不止一代，受的教育不足,几个孩子从来没看过医生或牙医,连双合脚的鞋子都没有。事情很复杂,但她们爱孩子,汉娜无疑也很爱这个家。"汉娜的寄养家庭不准她自称汉娜、穿女装、做任何不符合男子汉形象的事。海莉和珍第一次在监管下探访时,汉娜说:"如果要当男生才能回家,我会这么做。为了回家,我做什么都愿意。"

目前这件事由堪萨斯州的社会与康复服务中心接管。克莉丝汀娜说:"该中心挖出一份20世纪50年代的精神科期刊,内容跟跨性变装有关。我说:'这跟我们现在讨论的情况没有任何关系。'但我的话没什么分量,不知道你了不了解这里的情况有多糟。"恐跨性跟恐同脱离不了关系,服务中心在法庭上坚称"我们绝不会把孩子还给那些女同性恋"。最后服务中心给汉娜和两位母亲指派了一位治疗师米雅,她们都很喜欢米雅。海莉说:"米雅说汉娜可以穿裙子,所以我们会在治疗时带些裙子给她。汉娜说,'喔,我不要穿,我怕养父养母发现。'米雅说:'治疗师是我,规矩我来订。为你的安全着想,你只能在我这里、家里,还有教堂里穿。你可以在这三个地方做自己。'"还有一次,米雅说:"我知道你想跟妈咪讲话,我出去,你们聊吧。"汉娜说:"不要那么做,我不想给服务中心找麻烦。"海莉直接哭出来。她向我抱怨汉娜变得非常退缩,说:"汉娜怕成这样。以前的她像只鸟,自由飞翔,现在,即使在我们身边,她也像关在牢笼里。"

莲娜开车载海莉与珍去和汉娜一起参加治疗,后来终于获准加入。她说:"天啊,我真希望我在她那个年纪就这么勇敢,即使被迫跟妈妈分开,小小心灵都碎了,我还是好想跟汉娜交换身份。"莲娜给我看她的名片,上面写着"专扮女性",我问她,她是这样看自己的吗?她说:"我就只能做到这样,希望汉娜能做得更好。"

海莉与珍获准参加汉娜的棒球比赛。海莉说:"我们在场边时,她好爱我的粉红色凉鞋。她说,'妈妈,我能穿这个去野餐桌吗?'我只想坐在那儿大叫,'让孩子穿我的凉鞋去把她自己的鞋子拿回来,究竟会伤到谁?'但他们告诉我不行,所以我只能听命。"遵守那些规则似乎是最好的办法,如此才能把汉娜接回家,并帮助她在威奇托熬过一切。但这些规定也带来负面效果，海莉说："她在治疗时，说自己已经厌倦当双面人，但她又接着说，'可是我得继续，因为我是坏人。'"米雅诊断她患有情境性抑郁症。当时海莉说她准备放弃了，或许她和珍应该直接再生一个，不该继续尝试把布莱恩与汉娜接回家。虽然是自暴自弃的话，但每个人都吓坏了。

我和海莉与珍见面时，汉娜已被带走7个月，两人一周只能和孩子参加1小时的治疗，以及在监督下做2小时家访。她们不能打电话给汉娜，汉娜也不能打电话给她们。汉娜8岁生日时，两人尽力帮她庆祝，海莉说："我准备了一个小礼物，把礼物送给汉娜时对她说，'拿去吧，宝贝儿子。'她盯着我说，'妈妈，你再也不接受我了吗？'当社工走开一下时，汉娜很快看着我说，'你是要说宝贝女儿吧？'我说，'这些人在场的时候，我不能这样说。'我当时心情很低落。"珍说："你要怎么跟孩子说'你只能在这里跟这里做自己，出去就不行？'这话不是让孩子不知如何是好吗？"海莉说："我搞不懂什么该说，什么不该说。我最怕的是把她接回来后，又再次失去她。她如果做自己，对我们、对她绝对都很危险。"

父母该为跨性别的孩子担忧，这个世界对这些儿童的偏见之深，外人难以想象。全国跨性别平等中心与全国男女同性恋工作组织在2009年公布了一份大型调查，对象是美国各州、各领地的跨性别者，受访者的种族分布大致比照全国人口。因为是通过网络发放问卷，受访者自然偏向家境较好的人。其中每5个受访者就有4人曾在学校受过骚扰、肢体攻击或性侵犯，近乎一半是老师所为。另外，虽有将近九成的人至少完成了一定的大学学业，相较之下，一般民众则不到五成，然而，受访者的失业率却比一般人高出一倍。每10人就有1人在职场受过性侵犯，在工作上受到肢体攻击的比例也几乎一样高。四分之一的人曾因性别不协调遭解雇。贫穷概率是一般美国人的两倍，每5人就有1人曾流落街头，其中又有三分之一的人因性别问题无法进入收容所。三分之一的人因为医疗人员的不尊重或歧视，延后或逃避接受医疗照护。有超过半数的跨性别年轻人曾自杀未遂,同样的情形一般大众只有2％。吸毒、酗酒与抑郁症的比例高得惊人。20％～40％流浪街头的青少年是男同性恋或跨性别者,还有超过一半的跨性别有色人种靠街头卖淫为生。有位住在纽约皇后区跨性别儿童收容所的性工作者说:"我喜欢引人注目,感觉自己有人爱。"

亚伯·坎能与罗珊娜·格林很早就发现儿子莫斯不太像男生。他2岁时就想玩娃娃,对于帮姐姐夏柯娜挑选合适漂亮的衣服比给自己挑玩具还有兴趣。全家人住在雪城的低收入区,走在路上经常提心吊胆,亚伯很担心儿子,但从来没试着改变他。亚伯说:"上帝把我的孩子弄混了,夏柯娜比莫斯还像男生。"莫斯每天都坚持穿亮面皮鞋上课,同学成天叫他同性恋,动不动就打他。亚伯说:"他能玩美式足球,也能跑。我的老天,简直是天生能手!不过他没兴趣。"莫斯14岁时,亚伯终于明白情况。"我在客厅睡觉,他和几个女生朋友在后面,试着把下面夹紧,看自己能不能像个女人。"

莫斯16岁时写信给父母:"我要买女装,要变成女人。如果你们不能接受,我就自杀。"罗珊娜敲了敲莫斯的房门,"我说,'你确定你想这样吗?痛恨同性恋的人很多。'他回答,'妈咪,如果你们觉得丢脸,我就走。'我说,'你永远不会让我丢脸。'"亚伯不太开心,但几天后便让步了。他表示:"哪个男的敢告诉我,他们没半点娘味?他们如果这么说,就是在骗自己。但我对他说,'你确定自己准备好面对社会的反应了吗?'莫斯说,'问题应该是,社会准备好面对我了吗?'我说,'宝贝,连我都还没准备好。'"

莫斯给自己取名为蕾蒂莎,简称蒂莎。女同学非常喜欢她的打扮方式,她突然变得很受欢迎。穿女装一周后,她遭一群人突袭毒打,但意志并未动摇。一名纠察队员告诉蕾蒂莎,圣经说她会直接下地狱。罗珊娜致电校长,提醒她校园不得传教,最后事情越来越严重,蕾蒂莎终于休学。她帮人做头发,还到汽车旅馆当服务员。她精神焕发、开开心心,但一直有个心愿。她对亚伯说:"爸,在我成为完整的女人前,我快乐不起来。"亚伯说:"你永远当不了完整的女人,但如果你的意思是想变性,我会尽力帮你。"亚伯开始存钱,并在遗嘱里注明这笔钱是手术费。蒂莎在姐姐婚礼上担任伴娘,穿着一身红色的塔夫塔绸礼服。亚伯说:"我姐警告她几个也是伴娘的女儿:'你们完了,蒂莎的穿着会把你们统统比下去。'"

17岁时,蒂莎喜欢和一个没公开身份的男人"说话"(罗珊娜的含蓄说法),当他听说蒂莎拿两人的关系说嘴时,就用刀子划过她的脸。亚伯说:"哇,她也很凶悍,她想杀了那男的。"蒂莎在家时跟父母一起睡,挤在两人中间。罗珊娜说:"这样我可以盯着她,确保她没跟那个把她的脸蛋划花的混蛋在一起。"她和蒂莎常吵架,但也常悍然站出来保护彼此。坎能家变成当地跨性别儿童非正式的聚会地点。亚伯说:"他们说他们用毒品止痛,我说:'痛是止不住的。'蕾蒂莎不是没吸过毒,但她不会靠毒品来逃避现实。她让朋友住在这里,我不会赶他们走,如果他们想坐下来聊天,我就听。"

蒂莎和不少男人有过关系,但一直到19岁才恋爱,对方是帅得令人一见倾心的小混混,名叫丹堤。很快,她就开始介绍他为未婚夫。两人在一起两年半,亚伯说:"所以他真的以女人身份谈过恋爱,至少他拥有过这个。"罗珊娜说:"这一次可不是偷偷摸摸地谈,两人形影不离。丹堤都用'她'来称呼蕾蒂莎。"蒂莎对丹堤怀有梦想,丹堤对我说:"她改变了我,我以前做的蠢事很可能会害我坐牢,我现在不做了。我以为这辈子就要靠贩毒为生,但她让我感觉自己是个人。"后来蕾蒂莎和丹堤分手,回到父母身边。2008年11月14日星期五,两人决定再次同居,罗珊娜说:"那天她好快乐。这次是要长长久久了。"

当天傍晚,蒂莎的朋友爱丽莎邀她到镇上另一头参加派对。之前爱丽莎曾说自己怀孕了,但不想要孩子。她跟蒂莎说孩子可以给她,蒂莎一直希望这个计划能成真,也已经开口请罗珊娜协助她抚养孩子。蒂莎受邀后就和弟弟马克一起开父亲的厢型车去参加派对,在场很多人两人都不认识,其中有个男孩叫狄里,以前和蒂莎与马克同校。他走近厢型车,说:"这里不欢迎同性恋。"然后朝车里的两人扣下扳机,马克肩膀中枪,蒂莎被射中胸部,子弹窜进主动脉。

马克对我解释当天状况:"我们立刻逃跑,蕾蒂莎说她胸部好痛、胸部好痛,还说'我爱你',叫我不要送她去医院,她要回家。"车子一到,亚伯人正好在前廊,马克说:"莫斯中枪了。"亚伯往街上冲过来,一边打911。他拉起蒂莎的上衣,看不到子弹出去的伤口,知道事情严重了。他说:"她看着我,对我微笑。我知道她撑不过这一次。"罗珊娜冲过来,"她的表情像是在对我说,'对不起,妈咪,我要走了。'"罗珊娜说。

丹堤接到电话时正在工作。我跟他谈到这件事时,事情已过了将近一年,但他还是把头埋在一双大手里,缩着肩膀。"那天我看到她了,但来不及说再见。他们说时间久了会好过一点,骗人。"亚伯伸出一只手抱了抱他,丹堤抬头说:"她心胸开朗,爱自己,也做自己。"丹堤与亚伯及罗珊娜的感情依然很好,他说:"这是永远的。她会希望看到我变得越来越好。工作,上学。我很难受,但她不会想看到我这样。如果有人对我开枪,拿刀刺我,我也无所谓。我的意思是,这样我就可以上天堂再度看到她,跟她在一起了。"亚伯伸出粗糙的双手,仿佛手中有什么东西,然后说:"我为她存的手术钱都还在。"

狄里的谋杀罪审判让每个人情绪崩溃。虽然大致上的事实很清楚,但目击证人的说法相互矛盾,有些人显然碍于同伙压力,撤回了证词。跨性别者法律辩护与教育基金会的执行官席弗曼也参与了审判,他说:"我觉得有些证人看起来要心脏病发了,大家的压力和负担都太大了。"由于无法证实狄里有杀人意图,最后法官判的不是谋杀罪,而是一级杀人罪中的非预谋杀人罪,但由于属于仇恨罪中的非预谋杀人罪,狄里得坐25年牢,是非预谋杀人罪的最高刑期。该案成为全国第二起、纽约州第一起将谋杀跨性人视为仇恨罪的判决。

数月之后,镇上的跨性别孩子还是会过来拜访亚伯和罗珊娜,我在雪城那天,短短几小时就来了两个。亚伯说:"我要帮助其他孩子,她或许是白来世上一遭,但至少要死得有价值。"朴素的客厅一角摆着蒂莎的骨灰坛,坛子上刻了她的生日与忌日:1986年7月4日至2008年11月14日,还贴有她生前最爱的照片,照片里是她在姐姐婚礼当天身穿那身红色塔夫绸伴娘装。罗珊娜每天都点两根蜡烛，任蜡烛烧尽熄灭。亚伯说："她那天想要回家，在我们身边走完最后一程。所以我们把她的骨灰放在家里。"罗珊娜说："去领取骨灰时，我问能不能让我看一下？我想知道她火化的时候是不是穿着靴子，要是穿着，骨灰里应该会金金亮亮的，她喜欢那样。"

蒂莎遭射杀时，夏柯娜正怀着身孕，她给宝宝起名蕾蒂莎。

重度身心障碍儿、自闭症儿、精神分裂症儿与儿童罪犯等，这些人所面临的生命危险都比普通的健康儿童大得多，但独独跨性儿的父母得面对以下两难：孩子若不能转变性别，可能会自杀；若转变性别，可能会遭他杀。跨性人遭谋杀的案件往往无人报道，即使报道了，也常常不承认那是仇恨罪。1999年起，美国有400多位跨性别者遭人杀害，国际跨性别纪念日指出，美国每个月都有超过一起仇恨杀人罪，全球每3天就有1位跨性别者遇害。

评论人士发现这个问题到处都有。德国跨性别运动分子巴尔泽撰文指出，这些谋杀案"不管是巴西、哥伦比亚或伊拉克等谋杀案频发的国家，还是澳洲、德国、葡萄牙、新西兰、新加坡或西班牙等谋杀案不多的国家地区，都会发生"。欧洲理事会的人权事务专员韩马柏写下葡萄牙跨性女小萨尔瑟的故事，令人动容。她遭人轮奸，被丢入井里死去。2009年前半年的数据指出，该年度全球约有7%的跨性别受害死者尚未成年。支持转变性别的专家也受到攻击，史派克就告诉我，他收到过死亡恐吓。

光看美国2011年的案件，而且只需看媒体特别报道为恐跨的攻击事件，谋杀成功的记录就已非常惊人。45岁的凯希在1月10日于明尼苏达州遭人捅死。25岁的泰拉在2月19日于巴尔的摩遭人勒死。25岁的马萨尔在3月8日于阿肯色遭人射杀拖行至死。44岁的奈特奈特小姐（原名尤金）在6月13日于休斯敦中弹。23岁的拉希在7月20日于华盛顿特区遭人射杀。38岁的卡蜜拉在8月1日于纽约市被人持刀反复捅刺背部与颈部致死。35岁的高夫拉在9月10日于华盛顿特区因头部遭受钝击而导致蛛网膜下腔出血。19 岁的雪莉在 11 月 10 日于底特律遭人砍头肢解并焚化,母亲还得到法医办公室凭着焦黑的残躯认尸。

安妮·欧哈莱在密西西比一座小镇长大,父母都有毒瘾,安妮得偷食物给弟妹吃。她回忆道:"我们全身脏兮兮,没人想跟我们说话。"她是父母家族中第一个读完高中的人,还以全校第二名成绩毕业,在毕业典礼致开幕词,毕业后到斯塔克维尔的密西西比州立大学就读。她过了一整年以车为家的生活,在潜艇堡三明治店打工,在店里的厕所擦洗身体。她大学读了 8 年,但她成功读完了,并获得特殊教育的证书。毕业后她搬回家住,到隔壁州田纳西边界附近的学校任教,然后嫁给克雷,他在当地的塑胶工厂工作,两人从小就认识。她拿她家的照片给我看,说:"看起来没什么,但房子是爸爸亲手专为我盖的。"安妮想改变田纳西乡下的特教教学,10 年后,她所有二到四年级的特教学生都能上主流的自然课与社会课,有些人还获得无身心障碍同学的邀请参加派对。

安妮与克雷一直怀不上孩子,于是两人报名领养家庭。安妮的父亲去世当天,几百千米外,有 3 个安妮不认识的男孩转由州政府监护。马歇尔·卡马丘、葛兰·史提夫斯与凯瑞·阿达西原本与母亲同住,后来她因虐待儿童被捕。警察发现该名母亲为了让孩子安静,拿自己的抗精神病药物给他们吃。3 人分别才 3 岁、4 岁及 5 岁,她把他们绑在柱子上,只喂他们谷片。州政府将孩子交由一个寄养家庭照顾,让马歇尔到安妮的学校上课。安妮说:"马歇尔来我班上 6 个礼拜后,才开始出现一丝希望。他能说出一个字母的名字及其发音,于是我们办了场爆米花可乐派对庆祝。"再一周后,马歇尔能说出三个字母的名字,接着吐出第一个完整的句子:"我的派对呢?"安妮认为他虽然有些天生的问题,其他问题则是受过虐待的结果,因此决心要解决这些问题。她一直排斥药物治疗,直到试遍各种行为疗法都不见效才会妥协。她说:"他从智商 55、极度暴力、不发一语的孩子,变成能读能写、智商正常的一年级学生。但他的脾气还是很差,医生诊断出他有双极情感疾患与注意力不足过动症,现在正在接受药物治疗。"

马歇尔才刚到安妮的班级上过几周课，负责他个案的社工就告诉她，三兄弟要被拆开了，因为马歇尔有一半的墨西哥血统，凯瑞则有一半切罗基族血统，两人肤色太深，不会受白人家庭青睐。安妮说："我该怎么做才能让他们在一起？"第二天周五，她发现得搬到田纳西州才有办法，因为寄养系统不允许孩子住在别州。社工以为安妮会就此退缩，没想到安妮和克雷周一下午就找到新住处。两周后，两人搬进新家，领走3个孩子，开始办理认养手续。安妮说："2岁的小朋友不管看到什么，都会抓起来掰成两半，丢到地上，或滚着玩，什么东西都可能遭殃。马歇尔6岁还是这样，但他是愤怒的孩子。其实只要任他随便舔、随便摸，想撕就撕、爱丢就丢，发泄完就没事了。这种状况持续了一年。葛兰则喜欢把东西塞进身体里。"凯瑞举止阴柔，最不惹安妮担心。"我以为这跟食物、管教、卫生问题是同一类，但其他状况都解决了，这一点却没变。我本来想，'凯瑞以后会变成同性恋'，这我倒没什么关系。凯瑞说，'我有女生的声音、脚和手。妈咪，我笑起来是不是跟女生一样漂亮？'"

男孩们会在床下及床垫下藏东西，如果安妮的炸鸡或奶酪通心粉不见了，她会去他们房间拿回来，若是一般物品则放任不管。她发现凯瑞常藏女生的东西，都是从他的表亲家偷回来的。安妮说："你不能因为孩子拿这种东西而责骂他，我会说，'啊，爱丽莎的这个那个不见了，她很希望能找回来。'几天后，东西就会自动回到爱丽莎的房间。凯瑞不想害其他人难过，他只是想要漂亮的东西。"学校其他孩子都欺负他，到了二年级，他开始不写作业。安妮说："我做什么都没用，去年学期结束前一个月，他坐在前廊上，膝盖顶着下巴，望着田野的另一头说：'真希望我是女生。'"

安妮致电当地的几位心理治疗师，最后在诺克斯维尔找到跨性别运动分子兼治疗师达林。达林诊断出凯瑞有性别认同障碍，安妮花了整整两天研究那是什么。安妮说："之后我们到沃尔玛买了衣服、皮包、塑胶珠宝和芭比娃娃，还有几种颜色的唇蜜，她非常兴奋，接下来就是'我想换名字'。刚开始她从《海绵宝宝》动画里挑了个名字：珍珠，被我否决,最后决定用凯莉。"之后一切全变了,"她正是我想养的孩子,快乐,又喜欢自己的样子。"

克雷很生气,好几个礼拜凯莉要抱抱,他都不肯。之后他把事情告诉80岁的父亲,父亲说:"别怪凯莉和安妮,也别怪你自己,真的有这种事,我在电视上看过。"当晚,克雷抱了凯莉。但安妮的母亲却表示他们别想带那孩子回密西西比,妹妹也从此不跟她说话。安妮说:"但实情没那么简单,我的妹妹得非常努力工作,在老家镇上才能受到尊重,不会被人说:'你就是那个又脏又穷的小孩。'她会因为凯莉而被人说闲话、受到嘲弄。"

安妮到学校找校长谈。她说:"我已跟两位老师谈过。我解释了半个小时之后,他们都没有意见。"安妮信心满满,觉得受到敬重。"我们镇上的人会来我们家吃晚餐、邀我的孩子参加生日派对,我跟邻居变成朋友,也去教会。我真心觉得大家把我们当社区的一分子看待。事实是,我根本不知道这个社区是由什么人组成。"

安妮与校长谈过后,隔天就接到电话,她说:"我听不出那些声音,他们说要把她开膛剖肚,切掉她的生殖器官,说既然她想当女人,就把她当女人对待。说要从学校或在停车场把她抓走,让我再也看不到她。有人说要用正确的方式把她带大,还有人说要杀了她。"安妮不知所措,"她才8岁,全班她个头最小。"安妮从没把三K党放在心上,他们每年会在镇上广场聚会一次,看起来就像场大游行。"我以为他们只是一群穿戏服的笨蛋,后来才知道,他们是老大。"安妮第二天想去学校,却被认识了10年的校警挡在门外。儿科医生请她到办公室找他,"在那之前他一直跟浸信会的人一起坐在乡村俱乐部的泳池旁。他说,'大家不是在讨论要不要伤害你跟凯莉,而是在计划什么时候、用什么方式、拿什么家伙伤害你们。你得把孩子送去别处的寄养家庭,不然他活不到下个学年。'"安妮几乎昏倒,回家后拿出霰弹枪上膛,睡在门口。"邻居打我手机说,'安妮,有人把车子停在你家门口,从篱笆外偷看。'当然了,邻居那时还不知道发生了什么事,等流言传到他们那里,就再也没人打电话来了。"

安妮在网络上遇到一位母亲莫琳,她说她所住的南方大城市情况比较好。安妮决定搬去那里了,她上网把能卖的东西都卖掉,莫琳说她可以先代垫拖车租借的押金。"我刻意放话,说我有武器,谁敢踏上我家前廊一步,就准备送死。恐吓电话还是一直来,我告诉他们,'我们对你们没有威胁,我们要走了。'我把孩子带上厢型车,行李能塞就塞,然后开走。所有东西都带走了,除了狗。"克雷为了工作留下来,几天后,他回家发现有群人把狗给开膛剖肚,还把残骸钉在篱笆上。安妮说:"那是在警告我们永远别再回去。我们永远不会回去了,我再也看不到自小生长的城镇,看不到母亲和妹妹。"

安妮在回忆这一切时哭了起来,身体微微颤抖,她说:"我 14 岁时确定自己是同性恋,21 年来都没告诉任何人,结婚是为了融入社会、受人需要,也为了保住家庭、亲人、教会等重要的一切。为了做自己而放弃这些并不值得,我宁可活在谎言里。为了凯莉,我在一个月内抛下这一切。她就是这么重要。我两天前向克雷坦白了。"安妮担心克雷会说是她和她的性倾向把凯莉搞成这样。没想到克雷怕的,是安妮认为一切都是他这个失职父亲的错。安妮说道:"最后我们都同意,不是我们任何一人的错。他只说,'你这一说,很多事就豁然开朗了。'"安妮望向窗外说:"我们现在的友谊比以往更坚定。很有趣,人的优先顺序会变。有了这个快乐的小女孩后,突然间,父亲帮我盖的房子再也不重要了。别误会,我很想念那里。但当她走下公交车,我看着那张开心的小脸,就觉得那就是我的全世界。我抛下的东西,都没她重要。"

658

日常生活还是很辛苦。头一周安妮不让孩子出门,怕他们被跟踪。就连我与她见面,她也不让孩子离开她的视线范围。应征教职需要推荐人,但她不想让新家这边的人联络老家那边的任何人,所以无法在专业领域找到工作。为了不让凯莉的秘密曝光,安妮得和几个孩子套招。马歇尔和葛兰抱怨不知道要怎么守口如瓶,如果有人问他们怎么办?于是安妮说她会和他们一起练习,要他们全部在拖车门内坐好,她出去几分钟。接着她把门猛地拉开,走进去说:"嗨!孩子们!我叫安妮·欧哈莱,我有阴道。"如她所料,三人全部尖叫跑走。她说:"没人想听这个。

这不是秘密,是隐私。凯莉的身体也是一种隐私。"

只要克雷能保住工厂工作,孩子的医疗费用就有保险支付。除此之外,他的薪水都用来支付他在田纳西的生活,安妮则靠着先前变卖除草机与四轮越野车的所得度日,另外因领养有特殊需求的儿童,政府也有补助。她说:"我们一个月大概有1900元可用。住拖车的租金和水电等,一个月是900元。我一周大约花100元买食物杂货、花25元加油。我们有很多鲔鱼意大利面料理包、豌豆浓汤、贝果和优格。刚开始,我会早上起床,帮他们打点好准备上学,送他们上校车后,再回去睡觉。我会赶在他们回家前起床洗澡,陪他们玩到睡觉时间,帮他们做作业,再回去睡觉。现在睡得比以前都少,但窗帘还是没挂上,也还没装潢布置,实在没力气。"

万一这里的生活又崩毁,安妮的心里还有一个安全的去处。她已经完全想好届时要如何搬走、有哪些事要做。我建议她与校方谈谈,让他们知道为什么她找新教职却没有推荐人,她说:"我宁可到加油站工作,也绝不会告诉别人我的孩子是跨性人。"我们走过拖车的停车场,去接孩子放学。三个孩子兴高采烈地跳出校车,奔向安妮,抱住她。她站在那里,不久前还声泪俱下地跟我长谈,现在则一把抱住几只小手臂,笑得开怀。

那天傍晚她说:"我凭吊过去,但不会因此少爱女儿一分。但我想念母亲、妹妹,父亲的坟在那儿,我只能希望有人会在坟上摆束鲜花。我想念我的狗、我的学生。走了以后还放不下这些事,我心里很内疚。我该放手,但又很愤怒这些人就这样夺走我们的人生。"之后安妮又再次微笑,仿佛她就是忍不住想笑。"有了孩子,就不能整天哀伤。他们走了这么远,笔直走进你心里。他们跳下校车的那瞬间,是我最开心的时刻之一。还有他们早上刚起床的时候,争相扑到我身上。所以,后悔吗?不。我想念旧时的人和物,但假如那时能预知这一切,我还是会认养凯莉。幸运的是我,因为,说实话,若不是人生有她,我不会有机会走进这个更大、更美的世界,认识你们这么棒的人。若没有她,未来的20年我会仍只是某个男人的妻子。你看,凯莉带给我的幸福,永远比我可能给她的还要多。"

1990年,朱迪斯·巴特勒动摇二元性别观的著作《性/别惑乱》问世。1999年,她在新版序中提到:"有人或许会怀疑'拓展可能性'有什么用,但只要是了解在社会中作为'不可能'、难以辨认、无法实现、不真实和不合法是什么滋味的人,就不会问这个问题。"此书出版20年后,社会愿意接受的可能性之多,甚至超出巴特勒的预期。我有个朋友在中西部大学当教授,她怀上我教女时,一位学生主动提起她未来想给第一个孩子起名"艾维瑞",原因是"我觉得这个名字很好、很中性,如果孩子发现自己的性别跟出生时的不一样,也不用改"。史派克也遇到过类似对话,他说这代表一个"'特殊人士不孤立'的新时代"。比起过去,大家现在更能笑着轻松谈论性别。迈耶-巴尔伯格说:"在某种程度上,跨性别已蔚为风潮。"这个观点与我的经验相符,我就见过有人在大学校园里把自己定义为性别酷儿,以表现革命情感或传达自己的个性。他们的性别是流动的,却没有性别不安症。这个现象可能具有深刻的文化意义,但与那些觉得自己无法以生理性别建立真实自我的人,共通之处极少。

安杰罗看过一名10岁的就诊者,这名就诊者说:"我知道我是男生,但我不想要男生的玩具。我不想穿男生的衣服,上学除外。"他的朋友几乎都是女生。安杰罗问:"你想象一下,长大后的自己会是什么样子?"他说,"大概是个有时想当男生有时想当女生的爸爸。"安杰罗说:"这跟一个9岁男儿身的孩子一进门就说'我长大后想当个妈咪'是截然不同的。"这样的孩子对自己的想象超脱传统,这种想象在过去会被质疑,但现在更常看到传统被重新评估。

生命之所以承受得了,是因为有归属感,而在一个二元法则当道的社会,若哪一边都不加入,生活可能会很艰难。有位治疗师专治多重障碍儿童,他告诉我,当左撇子比能左右开弓简单多了。有时特立独行可能是一种姿态,一种一小群人拒绝加入任何"俱乐部"的立场,但更多时候,人并不是因为很酷而选择当性别酷儿,而是因为无论在二元性别或性别光谱上都找不到容身之处,让这些人自觉孤立无援。由这些经验可知,在归属感之外,还有更广阔的视野。

我 2009 年认识布莉姬·麦考特,儿子麦特当时 7 岁半,穿女装已有 3 年。他有一头漂亮的金色长发,举止则像极了男孩。布莉姬第一次答应在慈善二手商场买礼服给他时,以为他只是要拿来乔装打扮,但麦特并不是这么想。几周后,差不多该买秋装了。布莉姬说:"我让他自己挑衣服,结果他往女装部走去,坚持要买女生的衣服。我当时想,'我们慢慢解决'。"他清楚表示自己是男生,对自己的身体没有不满,但喜欢女孩的东西,贴标签让他很苦恼。我对他说:"麦特,如果有人说我不能穿裤子,我会觉得很受限制,所以我懂你对裙子也会有相同的感觉。"

不服从社会对自身性别的刻板印象,却又认同该性别的人,没有一条明确的路可走。我与麦特相见时,他看起来像个穿裙子的长发男孩。年纪大一点的跨性别者若看起来和自身性别格格不入,看起来惹人怜。每次看到穿裙子的中年男性,我心里总会抽痛一下。同样的效果在孩子身上,说也奇怪,会令人呆住,仿佛那整个人是他幻想成形的。布莉姬说:"有好一阵子,他很坚持要让人知道自己是男生。在公园时,他会带着其他孩子走过来,说,'妈,你跟他们说。'现在他知道,如果是那种不会进一步熟识的人,那干脆让对方把他当成女生,这样比较好办。"我问布莉姬担不担心他的人身安全。她说:"我比较担心他没有信心做自己,如果他退缩了,我会很难过。"

跨性别儿童应该多大程度配合社会的规范,社会又应在多大的程度上接受跨性别儿童认定的常态?两者几乎一直在拉锯。妮可·欧斯曼曾带女儿安娜可到当地购物中心看圣诞老人,她很担心圣诞老人会根据安娜可的样子,称她为小男生?那会令人难受。还是会看着她的名字,答应给她女孩的玩具?那就更糟糕。她设法向安娜可解释,但安娜可说:"圣诞老人知道我是谁,也知道我喜欢什么。"妮可眼见圣诞节就要毁了,然后发现旁边有位小精灵,负责逗乐排队的人群。她把小精灵拉到一旁,拜托他传话给圣诞老人:安娜可是女生,但她想要男生的玩具。妮可苦笑问我:"你访问过的人里,还有哪个也得贿赂精灵?"

安娜可 4 岁时想把头发剪短,妮可提议剪波波头,但她想剃跟父亲一样的平头。大家开始误以为她是男孩,妮可担心安娜可会不开心,但让安娜可不开心的,其实是妮可不断纠正别人。安娜可在学校被其他女生排挤,因为她喜欢玩具卡车、爱踢足球,但男生也不喜欢她,因为她是女生。父亲班很担心。他说:"没人要跟她玩,我只好带着足球在下课时现身,和她比赛踢球。等大家陆陆续续加入球赛,我再偷偷退场。不久后,大家都愿意跟她玩了。"妮可说:"我跟她说,'我不剃脚毛、不化妆、不把自己当公主。有些很棒、很酷的女生也爱运动、喜欢足球。也有些女生会觉得一定是哪里出了一个很大的差错,觉得自己真的应该被生成男生。'随后我们沉默了很久,我毫无悬念地预料她会说,'那,我是酷女生。'结果她说:'我觉得是出了大差错。'"

我和安娜可相见时她 12 岁半,仪容阳刚,但认为自己是女生。她在冰上曲棍球中发现了自己。她说:"我打球的时候,更阳刚。但我有时候的确觉得自己在学校比较像女生,因为男生都很怪。我想从两个性别各拣一些特质。最近我在考虑边注射睾固酮边继续跟女生打球,也当女生,只不过声音比较低。只是想想而已。"虽然安娜可不想转换性别,也不想以男性身份生活,但她也不想长出胸部,因此正在注射柳培林。"我不瞒着朋友,他们知道我在打针,所以不会进入青春期,不会附带发生那些糟糕事。"

妮可与班的分工安排一直不太传统,妮可有全职工作,班则在家照顾安娜可和小女儿。妮可说:"颠覆传统角色的事我们做得可多了,但性别流动这事确实棘手。安娜可有时用女厕、有时用男厕,这件事还是离主流规范太远。"安娜可说:"人人都与众不同,对吧?别人的与众不同,可能是可以踩着滑板横跨美国,或游泳半小时不用休息。我与众不同的方式,就是性别可以流动。如果人生是足球赛,我不是守门员,是中场球员。我就是我,这就是我。"

维琪·皮尔索和查特·皮尔索带儿子出门时,儿子总会被人误认为是女生。维琪说:"他爸大学时代获选为全美大学明星足球员,还是专业滑雪运动员。休从来不爱玩球。他2岁时,最喜欢做的事情是穿上我的红色高跟鞋,头上包毛巾当头发,随手拿什么当纱丽围在身上。"休长大后,查特试着设下限制,要休不准穿女孩子气的衣服外出,休问为什么,查特说:"你有阴茎。"休说:"那么,就拿掉好了。"查特听了很吃惊。维琪读过一些资料,说大多数想换性别的孩子都不喜欢自己。但休不是。她说:"休觉得自己棒极了。"维琪和查特加入支援团体,一个月聚会一次。"现场会有父亲崩溃大哭,说自己从儿子手中抢过芭比娃娃,扯断娃娃头。每个加入这个团体的人都以为自己的遭遇很特别,结果每个孩子的故事都很标准。孩子的行为一模一样。"维琪比较在意如何预防孩子受到伤害,"我每次都问前来分享的跨性人,'你希望爸妈对你说什么?'他们一听就开始抽泣,我很讶异父母的话是这么恶毒伤人。"

休8岁时开始在意别人对他的眼光。维琪说:"他变得更常调整行为。他算是个快乐的孩子,但也有很寂寞的时候,四到六年级特别明显。"10岁时,休创立了一个饰品店,以次等宝石为制作材料,很快便在网络上找到市场。两年内,他也开始设计皮包,维琪说:"大概从12岁开始,他便很注意自己发出的讯息,倒不是'放马过来',而是'我知道自己在干什么'。丈夫怕他被揍,我们在他10岁时送他去学跆拳道,今年5月就会拿到黑带。"休九年级时申请转学,每次面谈前,他都会和母亲商量该用哪个包包装资料,可能是看起来像公事包的包包,也可能异想天开。某次面谈前,他选了粉红色的普拉达文件包,后来顺利被录取。

我认识维琪时,休14岁,身高接近180厘米,还是常被误认为是女生,因为他习惯侧着头,肢体语言也像。维琪觉得手术令人不安,但如果休选择这条路,她也支持,不过他看起来并不感兴趣。父母接受他的性别游戏,但这并没有把他推上性别转变之路,就如同父母跟他玩球,也没有让他变得四肢发达。维琪说:"他还小的时候,我真的搞不懂。我们一直以为他是什么人,就反映出我们是什么人,而我们真正该搞懂的，是如何不再这么想。"

韦纳是正向心理学的创始人之一，她曾针对性别角色以及韧性和性别角色间的关系发表过大量文章，她发现有韧性的孩子都能超越传统性别角色。"男生可能很强势，但必要时也愿意哭出来。女生可能很贴心，但同时也很独立自主。以太过传统的性别角色教养儿童，可能培养不出什么能力去面对人生危机。"

在性别的世界里，两年前还算进步的概念，到了今天已沦为保守。布莉尔举了一位奥克兰母亲的例子，她曾提出投诉，指出学校拥抱跨性别学生的政策并未特别留意性别流动儿童的需要。有些跨性人对于这样的进展很不安。芮妮·李察在20世纪70年代转变性别后曾出面争取参加女子职业网球赛的权利，她说："性别多元不是上帝造人的本意，我不喜欢那些把性别当实验的孩子。"她也说："我不想当什么位于中间的跨性人，我对第三性之类疯狂、怪异又不真实的东西也没兴趣。"李察确信上帝有意创造跨性人，但只能是跟她一样的跨性人，而不是其他人想当的那种跨性人，言下之意仿佛和造物主十分熟稔，让人难以信服。2011年，歌手贾斯汀·薇薇安·邦德谈到自己为何转变性别但不动手术，说道："我喜欢我的阴茎，我要留着，但我要打造一副跨性别躯体，那是我身为跨性人的生理记录，也是医疗记录。只做真实的自己，这样的人令我疯狂。这不是先天对上后天，而是用后天培养先天。"

艾利·路德还是艾玛时，并不讨厌自己的女性身躯，也并不认为如果无法注射荷尔蒙或动手术，就必须寻短见。艾玛当女同性恋的男性角色当得很开心。成为男人后，他并不特别阳刚。艾利兼具男性与女性特质，这一点在身体改变后没有太多不同。他变性并没有特殊原因，纯粹觉得就该这样。虽然在精神健康上，医生诊断出他有性别认同障碍，但他自认转换性别是为了清晰明确。

艾玛和异卵双胞胎姊妹凯特在俄勒冈州波特兰长大，母亲乔安娜在恋爱时意外怀孕，选择留下孩子。艾玛后来以女同性恋身份出现。她喜欢打领带、留小平头，适当缠胸，但不缠紧，兼之身高174厘米，有半数时间被人当成男生。她15岁就上了大学。乔安娜说："我知道她是在寻找同类，但还是很想念她。有个天资聪颖的孩子，有时比拥有性别不协调的孩子还来得辛苦。"

艾玛大学毕业时向母亲及妹妹公开跨性别人身份。我们一同回顾这件事时，乔安娜说："思考'我可能是怪胎'的过程，好像会一直刺伤你。你是很棒的女同性恋，当得很自在。这件事让你非常难过，让你很害怕。"艾利回忆道："我一直想，'我真的是跨性人吗？'典型的说法是，跨性人会觉得很悲惨很悲惨，但我没有。最后治疗师跟我说，'不是只有惨到极点的人，才能选择让自己更快乐。'"2005年夏天，20岁的艾利搬到纽约，要求别人以新名字及男性代名词称呼他。他以男性身份在哥伦比亚大学社工学院图书馆找了份工作。到了2006年4月，他想动上半身手术，母亲用车子办了重贷，帮他支付一半费用。艾利如同大多数跨性男，留了胡子，让性别更明显，省去别人的窃窃私语。他说："睾固酮会对情绪与心理造成一些影响，但哪些是内分泌在作祟，哪些又是心理影响生理，却很难估量。我变得较没耐性，更容易沮丧，更难专注，说话也没有以前流利。直到转变性别，我才明白以前多不喜欢自己的身体。转换真的算是第二次青春期。我觉得自己很幸运，在第一次青春期过后马上转变性别。我并不懊悔经历第一次青春期，那丰富了我的人生经验。"他想了一下说："如果我生得早，如果变性远远比现在难，甚至连想都不能想，我可能不会这么做。我无法选择想不想改变，但能选择要不要改变。人类也决定要不要接受化学治疗、要不要吃抗抑郁药，这都不代表他们没有癌症、没有抑郁到危险的地步。"

艾利到纽约市民事法院登记改名，过程本应很简单，但有位法官表示他不想"判定性别"，因此驳回他的申请。按照法律规定，只有两个原因可以拒绝改名：一是申请人为了躲避债主，二是申请人为了摆脱前科。艾利说："一天到晚都有人前来要求改名成像'巨星兔兔'这种名字，但我只是要从艾玛改成艾利略。"法官要求艾利提出医疗证据，证明他打算变换性别。他可以提供，但法官如此要求，让他大为光火。美国公民自由联盟接下此案,最后法官准许艾玛改名为艾利略。

艾利成长过程中那位总是缺席的父亲,一向较善于和男性相处。艾利觉得,父亲喜欢儿子胜过女儿。他说:"他觉得现在终于能以父亲的身份给儿子建议,像'别出去把谁的肚子搞大了'之类的话。他还真这样说了,那是玩笑话,但还是有些怪。"乔安娜说:"我父母没帮我太多,我凡事都自己学。我觉得自己很幸运,有能力造就自己,也很幸运生下一个有能力造就自己的孩子。"艾利一直犹豫是要当跨性人还是普通男人。"有人会说,'我是个当过跨性人的男人。'这个讲法不错。我跟一个女人在一起两年了,她男女朋友都交过,说我们的关系里有些元素很像女同性恋,她觉得很幸运,自己的男朋友很懂女同性恋的世界。我们都很确定自己不是异性恋,所以虽然我是男的、她是女的,我们谈的却不是异性恋爱。"之后艾利写道:"我不觉得我的性别有太多改变,我还是多年来那个带点阴柔的阳刚人物。"

唯一美中不足的地方是他再也不能生育,所有人都觉得惋惜。乔安娜把海马当作家庭的象征:雄海马会先把后代藏在育儿袋里,之后再产出,生产过程可能长达好几天。凯特写道:"艾利曾梦想当上父亲,而帮助他实现这个梦想的手术,很快也要让他无法生育。我们期望未来有一天,科学能进步到把他变成像海马一样。"失去生育能力大概是变性最高昂的代价。很多我访问过的跨性别者都说渴望有自己的孩子,但跨性男通常不喜欢想到怀胎的整个过程,跨性女则大多哀悼自己怀不了孕。跨性人希望能以自己认定的性别生育后代,而人类科学要实现此事,还有很长一段路要走。性别转变有种种限制,这个问题便是其一。

艾利刚转变性别时,曾在博客上写道:"有时,我觉得那个是男人的我,那个男人艾利正在外头某处,等着我找到他,等着我弄清楚怎么变成自己。我很担心,因为一切都感觉很不确定,我不知道去哪儿找路标,也担心自己永远找不到他。但有个很重要的人曾对我说过,'没关系,你很坚强。至于艾利,他会找到你的。'"

国际奥林匹克委员会向来要求选手检验性别。最初采用体检,后来改为检测荷尔蒙浓度，之后又改用染色体扫描。背后原因很清楚：睾固酮会让身体变强壮，如果比赛不分男女，冠军几乎会被男性运动员包揽。但检测本身就充满问题及矛盾。

2009年南非运动员瑟梦雅在世界田径锦标赛女子800米组夺得冠军，国际田径总会认为她可能有"医学上罕见状况"，恐对其他选手不公。检测的结果是瑟梦雅体内没有卵巢与子宫，却有睾丸，睾固酮含量更是一般生理女性的3倍多。消息一出，争议不断，奥委会表示，雄激素过多的女性之后可能不具有参赛资格。但女性体内的雄激素浓度原本就因人而有极大差异，所谓的正常浓度只是无稽之谈。委员会要求所有特殊个案都需经专家小组检验，小组将按照个别情况做出决议，并绝对替当事人保密。早在此案爆发之前，奥委会的医疗委员会主席杨奎斯特就曾说过："男女究竟该如何区分，目前还没有任何具有科学根据并经实验证实有效的检测方法。"对于个人所受到的羞辱折磨，瑟梦雅说："上帝如此造我，我也接受自己。"

人权运动人士敏特在法庭上尽量少谈本体论问题，而将重点放在每位客户的人生故事。在肯特拉夫妻一案中，敏特的辩护对象是正与妻子离婚的跨性男子。佛罗里达并不开放同性婚姻与认养，妻子为获得监护权，质疑他的男性身份并不合法，而且质疑两人婚姻的合法性。此案一登上法庭电视台，早已融入新性别生活的麦可再无隐私可言。一位由共和党指定的年长异性恋法官原已退休，为了此案再次出庭。敏特传唤麦可的父母出庭作证，也看到法官的想法逐日改变。敏特回忆道："麦可的母亲说，'听到有人叫麦克'她'，即使用的是过去式指过去的事，我也非常难过。'法官对这位女士完全感同身受，所以他再也不这样叫。"最后法官写下："跨性别是极端复杂而困难的议题，值得我们给予最高的尊重与同情。法庭若进一步否定跨性别者的成婚权利，不仅违反宪法所保障的基本权利，也贬低了他们身为人类的价值。"

敏特相信，各种性别运动所面临的共同挑战，是如何建立一个解除性别的法律概念的社会。他说："若无法达成这个目标，一定会导致严重的自相矛盾。要如何用种族来将世人分门别类？现有方法既没道理，在科学上更站不住脚。最高法院已承认这点，我们不会在一个人的出生证明上加注种族，除了自我认同外，种族在法律上不再具有任何意义，性别也得比照办理。"敏特又补充说明，女性主义者的理想也是废弃性别，但那个主张已有些过时，不该与眼前这件事混为一谈。"人类对自己的性别都有很深的感情，至少我是。这与宗教比较类似，若说政府能界定人民的信仰，这肯定很可怕，同样的，把人的性别交由政府来界定，应该一样让人觉得恐怖才是。"敏特的意志之所以如此坚定，与他个人经验有关。五十几岁的他，成就难以尽数，交友也非常广泛。他说："我父亲过世前一周，首度向人介绍我是他儿子，这对我的意义之深重，胜过这辈子的任何事。"

我在探讨身心障碍议题时，一直碰到辛格提倡的优生学概念。他主张不是所有人类都称得上人。在研究跨性别中，我则是不断碰到想法激进者认为并非所有男性都有雄性身体。虽然辛格与跨性别运动分子看似位于光谱的两端，两边的主张在某种程度上却如出一辙：随着社会推进、科技发展，我们得开始质疑人类社会的基本架构与原则。在《创世记》中，世界分门别类依序成形：上帝依序造出花草、树木，其次是鱼、鲸，接着是鸟、飞禽，然后是牛、昆虫、走兽，最后造人，由人管理万物。"他造男造女"，经文是这么写的。根据创世记的故事，人类与动物分属不同类别，不得跨越，男人与女人也是。21世纪有人提出新论点，认为有些人类并不是人，有些人并不是人类，有些男人是女人，有些女人是男人，有些人类虽是人，但既非男人也非女人。全球化模糊了国家认同，通婚也弱化了种族认同。人类自古爱分类及结党，现在的我们仍是如此，只不过我们发现从前认为不可侵犯的疆界，实非如此，而以前从未想象过的类别，则纷纷出现取代旧类别。

卡萝·麦凯罗与罗伦·麦凯罗相遇时，卡萝是得克萨斯州小姐亚军，罗伦则在沃斯堡正要完成眼科实习。两人结婚后，他带她回到家乡，蒙大拿州的赫勒拿。两人以为无法生育，所以领养了儿子马寇，把马寇带回家后，卡萝差不多也在那时怀了保罗，也就是后来的金。几年后，卡萝又生下另一个儿子陶德。马寇有些行为问题，卡萝回忆道："每次学校打电话来，不是通知我出席保罗体育或学业表现优异的颁奖典礼，就是马寇被禁学了。"正当所有人都为马寇担心时，保罗正默默在性别认同上苦苦挣扎。金回忆道："我10岁当报童，送报时间非常早。我常穿上女装，以为没人会看见。之后我会把衣服丢掉，祈祷某些力量可以驱逐这件事，让我跟我认识的人没有两样。"

保罗成为运动健将，高中时是学校美式足球队里的四分卫。金说："那是迈向正常的办法，同时能让人停止思考。人如果对身体感到不安，就想加以控制，而运动真的是很好的控制方式。"保罗在赫勒拿高中担任班长，也是毕业致词代表，还被大家评选为最可能成功的人。金说："有个字 manqué[1]，artiste manqué 的 manqué。这个字就是在讲我，因为它的意思是，'要是你早知道就好了。'"

保罗进了伯克利，1988年大三那年出国一年。"所有人都去佛罗伦萨或巴黎，我却去了挪威，因为我只想在又长又黑的冬天躲起来，边读贝克特，边喝黑莓茶，断食。去的时候我想'我不能再这样下去'，这么过了几个月后，却变成'我没法不这样'。"有些人指出自己的转变是发生在某一天，而金则说她是从1989年到1996年。她搬到旧金山，尽量不与老朋友和家人联络，和旧日生活唯一的联系是弟弟陶德，陶德是公开的男同性恋，很好相处，身份的公开也没太多波折，但即便对他，金仍保持距离。金是她能想到最一般的名字了，她还把姓氏换成以前的中间名李德，想重新开始。即便如此，她还是觉得自己放不开又不自然。5年后，她才决定开始用荷尔蒙。她说："我不确定自己是谁，甚至不确定性别是否是正确的门路。性别这条路真的太过复杂、太过花钱、太过孤单，光是实践起来就很麻烦了。"不过金现在自然流露女人味，有次我跟她出去，有人过来跟她说："我朋友的性别转换得很不顺，你看起来很自在，是怎么学会这些姿态动作的？"金说："我刚转变时，一举一动

---

[1] 指一个人具备足够的能力或才华，但因苦无机会，导致最终梦想、愿望落空。——译注

都很在意,直到不再刻意去想,真正的我就开始控制自如。"

1995年的冬天,卡萝的妹妹南恩检查出大肠癌,当时金在家族里还是保罗,她会打电话给姨妈,并跟母亲聊两句,不过两人已经将近5年没见过面。然而南恩过世后,卡萝希望保罗出席葬礼,当时金已经注射了一年的荷尔蒙,她与其他人一同抬棺,全身只有马尾引人议论。卡萝说:"那天是葬礼没错,但他看起来异常忧伤,而我无从得悉到底怎么了。一个月后,保罗打电话来说:'在我成长的过程中,你有没有想过我对自己的性别感到自在吗?'我说:'我以为你是金童。'他说:'这个嘛,我穿女装好一阵子了。'"卡萝无法理解,她说:"我很难过,他痛苦了这么久,我却连想都没想过。"金寄了一叠医学资料给母亲。卡萝说:"我不用看什么手册,对我来说,就是'我爱我的孩子,那个聪明、温暖、幽默的人依然还在'。我只想知道一件事,'你现在快乐吗?自在吗?'"不过她不敢告诉罗伦。

金曾说:"转变后,我觉得自己好像脱下穿了一辈子的潜水衣。想象一下那种汹涌的冲击、皮肤上的触感,仿佛身体刚刚苏醒。但同时我也想着,这个全新的人回不了家了,于是我开始切断所有与蒙大拿的联系。当时我不知道这会如此痛彻心扉,为了补偿,我开始把家乡变成一个不回去也无妨的地方。"即便罗伦知道后,金仍然这样放逐自己,也不告诉家族其他人。马寇出过车祸,脑部受伤,行为变得比以前更乖戾,金很害怕他知道后的反应。金说:"我觉得应该告诉马寇,但又觉得他会伤害我,觉得自己承受不起。"卡萝说:"马寇总问,'我还能听到保罗的消息吗?'而且状况越来越差,但金说,'如果马寇知道了,全蒙大拿的人都会知道,我还没准备好面对。'金说的没错,因为马寇想知道保罗的弱点,他想对保罗说,'哈,至少我最后比你正常。'"

罗伦在医学院时感染肝炎,金找回自己时,罗伦的情况则一天比一天严重。虽然已经在肝脏移植等待名单上,但62岁的他很难等到。2003年夏天,他决定去看看每个孩子。金已经搬到纽约,她告诉父母自己是女同性恋,正和克莱儿在一起。卡萝与罗伦在抵达纽约的当晚和金与克莱儿共进晚餐。卡萝说:"我开始对一切比较放心。我一看到克莱儿就很喜欢她。本来很担心金会孤独一人,然后克莱儿出现在角落,走到眼前,我立刻松了一口气。"

几个月后,罗伦突然瘫倒,被抬上飞机前往丹佛接受紧急治疗,金马上飞过去与父母会合,她在父亲去世前几个小时到达,哥哥和弟弟当时还在安排前往科罗拉多的交通工具。金在马寇上飞机前打电话给他说:"我失联了好一阵子,不知道怎么处理这件事。但现在因为爸走了,我们将聚在一起,你得知道我的事。"到了丹佛机场,金把名片给了马寇,说:"这是我的电话号码,你什么时候打来都可以。"卡萝一听哭了出来,并不是因为罗伦,而是因为金与马寇又开始说话了。一家人全在那里,远离家乡到一个陌生的城市,虽然都因为使他们聚首的变故而悲伤不已,却比过去多年更加团结一心。那天卡萝、金、马寇与陶德开车回蒙大拿。旅途中,金与马寇重修旧好,并试着回答他的诸多问题。马寇很困惑,但并没有恶意。横跨怀俄明平原途中,一到手机收得到信号的地方,金就打电话给各个亲戚。金回忆道:"我父亲过世了,他们都不堪打击,他们也一一得知我的消息。大家的反应都是,'我们很高兴你回来了。'"

卡萝决定办场聚会,邀请赫勒拿的朋友过来喝茶,请朋友把金的事情告诉大家,这样她在葬礼上就无需再谈这件事。金说:"谢天谢地,我妈一出手就搞定了。大家无法真的耍性子。父亲刚走,他们的心都变软了,被逼得很宽容。"茶会开始时,金正在机场接克莱儿。卡萝邀请了教会的男牧师与19位女性教友。她简短解释了金的转变,然后说:"我不为我孩子负责,也不为她变成什么样的人负责,不过我要对她负责,她很棒,我爱她。我不晓得各位还需要知道什么,不过我需要知道的就这么多。"全场静默片刻,之后有人说"阿们"。卡萝接着说:"这件事我现在告诉各位了,之后这个周末我不会再提,我想专心于罗伦的葬仪,要纪念他的人生。"我问卡萝,我看过许多家庭都要苦苦与社区的恨意对抗,为什么她没遇到?她说:"我想这跟我们一直以来的生活方式有关。"金补充说明:"我爸不像我妈这么临危不惧。他绝对不会请大家来喝茶,但他会设法做出一件让大家不得不过来喝茶的事。他如果知道是多亏了他轻推一把,一切才能如我们所愿,会很高兴的。"

苏也参加了当天的聚会,她儿子提姆曾是保罗最好的朋友,他也回来参加葬礼。金说:"殡仪馆让大家瞻仰遗容,我所有的朋友听到消息后都来了。我说我不会在场是因为想要大家把时间都留给我爸,但事实是我退缩了。但想不到,提姆和我高中认识的人,就是足球队的那些人,全跑进我家门口,手上都拿着好几箱啤酒,法兰克说:'没错,我梦到过我们个个又胖又秃又老,只有你是女孩。'我就是在这个客厅长大,克莱儿坐在沙发上狂灌便宜的啤酒,外头雪地里还有好几箱放着保冷。其中一个男的伸手搭着克莱儿的肩膀,大家都在笑,我想:'一切都会顺顺利利。'"

第二天就是葬礼,卡萝回忆道:"我对圣经不特别熟,但有一段家喻户晓的经文,就是《约翰福音》第三章第十六节,内容是:'神爱世人,甚至将他的独生子赐给他们,叫一切信他的,不至灭亡,反得永生。'我终于领悟这段经文中'一切'二字的包容,葬礼那天一直想着这段话。如果有人说,'我看到马寇,也看到陶德,但没看到保罗。'我就请参加那天茶会的朋友帮我解释。"

金和克莱儿几天后从赫勒拿动身回家,金决定做一部纪录片,就以那年秋天她的第二十届高中同学会为起点。马寇小学曾留级一年,所以两人同一年毕业,两人也都打算参加那场同学会。《回头浪子》这部电影记录了金远离家乡寻找身份认同的旅程,也记录了马寇病情恶化的过程,以及家人因此所承受的巨大压力,更包含了金对哥哥复杂矛盾的感情。片中有大量金与马寇、陶德共同度过的童年,还剪入一段父亲在她还是四分卫保罗时帮他拍的影片。影片开场,马寇只能向后看,因为头部受伤,他的一切感觉都停留在过去,而金的转变则让她只向前看。她变动的身份认同,遇上他不变的身份认同,让她决定珍藏那段她一直想消除的过去。金与母亲上欧普拉秀宣传影片,欧普拉放了一小段,影片里马寇指责母亲,说她接纳金就等于践踏了圣经。欧普拉说:"所以你信圣经吗?"卡萝说:"我信孩子。"

认识金6个月后,有天晚上她打电话来,兴冲冲地邀请我。那个周末,她在赫勒拿教会的牧师正在筹办以"回头浪子"为主题的周末活动:周五晚上放电影,周六举办座谈会讨论片中议题,周日则由金上台布道,正好那个周末也是卡萝的生日。我在活动开始前几天抵达蒙大拿。卡萝一年前就在家中播过纪录片,当时邀了26个朋友一同观赏。她说:"有些人让我很担心,所以我事先跟他们的另一半沟通过。也因为这样,看完电影后他们都很得意地说,'看,没事吧?卡萝,你根本不用担心。'"其中一人跟卡萝是老朋友,太太刚过世,影片播完后,他看起来心情很差。卡萝问他还好吗,他说不好。卡萝说:"我一听,心凉了半截。接着他说,他不知道马寇病得这么严重,也没发现原来我承受了这么多。"也因为那次对话,卡萝与唐建立起深厚情谊,等我到赫勒拿时,两人已是一对,两年后决定结婚,并邀我参加婚礼。

卡萝在生日那天早上看起来既愤怒又悲伤,她拿《赫勒拿独立纪录报》给我看,只见头版挂着大大的标题"赫勒拿浪子回头竟成女",副标题则是"前赫勒拿高中四分卫拍片介绍变性故事",金当时正在冰岛参加影展,隔天才会回来。我和卡萝到教堂布置时,牧师说她已联络警方安排警力保护,以免发生暴动或攻击。卡萝高举双手,表示惊恐。"影片迟早会在这儿上映,但我不希望到时候片子在镇上的玛娜洛伊电影院播放,这样我毫无主控权。现在这样,在我的教会播,这样才对,这里有爱。但那些报道作贱了这部影片。"一个人在小镇从年轻住到老,现在却要赤裸裸地被检视,压力不可谓不大。卡萝并不爱炫耀,也不孤单,更不是天生的运动分子,那些激励了许多人说出自己故事的理由,她身上都没有。她说:"我知道有人的儿子因为儿童色情或侵占罪等罪名遭逮捕,他们还得读相关报道,但金从来没伤害任何人,反倒帮助过很多人。"然而,她明显还是很震惊。

播映当晚,普莱茅斯公理教会人满为患,等着领票的人排了好长一排。我和卡萝并肩坐在后排,播映过程中,她几乎都在哭,中途还得离席两次。影片播完后,金站在教会前方,观众开始拍手,有一两个人站了起来,之后一些人跟进,最后所有人都起立拍手喝彩。鼓掌结束后,金邀请母亲上前,当时卡萝已经调整好心情,换上笑脸,轻快地踏上走道，观众再度起立鼓掌。卡萝走上祭坛，与金肩搭着肩，全场欢呼不断，卡萝的冒险硬将首映化为一场胜利庆典，此时，轮到金开始流泪。在之后的酒会上，我和教会的一位女士说，金本来很担心这部电影会激起什么讨论，对方回答："人生最难的，是和自己谈，不是和别人谈。只要她想好自己是谁，我们什么都愿意与她谈，好确定她知道我们永远欢迎她。"

周日当天，台下座无虚席，牧师说除了圣诞节和复活节外，从来没那么多人来听布道。麦凯罗家族都来了，有些人还得从农场开上数小时的车。布道开始，"主啊，我们今日向你祈求保佑，保佑那些因为做自己而被欺负的人，也保佑欺负他们的人。"大家唱福音、读圣经里浪子回头的寓言故事，随后是金上台分享。她说虽然大家在解读浪子回头这则寓言时，总以父亲为主角，但其实那也是儿子的故事，这个儿子从不敢奢望能这样受人接纳。她说："前天晚上播放影片时，我到外头我父亲安息的骨灰龛，跪在那个我称为'爸爸的位置'的一角，一面想起当年，他满怀慈爱，用一卷卷底片记录我的足球赛，那些画面现在正在这座教堂里播放，当初当然没人想过这些片子会在这样的场合中播出，但我知道爸爸一定会很骄傲。就在那时，傍晚的微风吹来一阵声响，听起来格外耳熟，原来是从镇上另一头的体育场传来的，场内正在举行足球比赛。我听到乐队的奏乐声、播报员的吼叫声，而这一头的教堂里，银幕上从前的足球赛也正上演。我知道不远之外，也有人正在拍摄记录。那些拿着摄影机记录新回忆的人当中，谁是幸运儿，有机会面对所爱之人带来出乎意料的惊喜？有机会以最诚挚的爱欢迎他们回家？我想到这些生命的循环如何不断上演。我这一生的种种，全都凝聚在那一刻，那美好、惊人、幸福的一刻，过去与现在、父母与孩子、男人与女人。人生有时带来的痛苦，以及漂流异乡的困倦旅程结束之后，总是张开双手相迎的那抚慰的爱。"

布道结束后，我和卡萝出门走了好长一段。我问："你希不希望保罗开心当保罗就好？"卡萝说："当然希望，那样保罗轻松，我们也是。但这句话的重点是'开心当保罗'，他并不开心。我只能说我很高兴他有勇气改变。大家当然都希望他能开心当保罗,但既然他不开心——我真的无法想象改变需要多大的勇气。这周末有人对我说:'卡萝,保罗死了,我还在哀悼这件事。'我并不这么想。金的存在远远比保罗来得真实,保罗从不无礼,但他就是不太真实,心并不真在我们这儿。"她笑了起来,接着一脸怜爱地开心宣布:"你看看我们现在有的是谁?是金!"这番郑重宣示之中,她的快乐和得天恩宠,仿佛互为因果、相辅相成。

撰写本章时,我一直想到丁尼生献给哈兰的诗作,诗里有段是这么写的:"男性的气质融入女性的优雅/而如此,孩子就会伸出/信任的手,不必开口要求,便与你相握/并在你的脸上找到安慰。"我们沿袭的观念,关于阳刚、阴柔,都是一种现代的奇想。虽然哈兰不是跨性别者,也不是同性恋,但他就是因为刚柔并济、既勇敢又悲悯,才如此吸引人。我十多岁第一次读到丁尼生的诗,记得当时我想,他赞叹朋友身上的某些特质,而那些特质出现在我身上,却是我最大的忧虑。我想成为崇高的人,而不是不具真正的男子气概、只能勉强妥协的男孩。我想学习父母两方最大的优点,兼具才智(男人经常占上风)与感情(通常是女人比较在行)。我当时感觉丁尼生那振奋人心的诗词赞颂的不是雌雄莫辨的脸庞,而是美复杂的本质。阳刚与阴柔在此似乎并不互相对立、此消彼长,而是相互交融、相辅相成。凡是心胸开放的人都该知道,若真恪守两性之大防,而没有传译者居中传送男性与女性的意义,世界应早已毁灭。或许将性别传译者视为一种身份认同,是近代才有的现象,但真正改变的,是社会对这些人的描述,不是他们永存的价值,也不是他们不寻常却不可或缺的光彩。

身为男性,我活得很精彩,有模有样,但我知道在我 12 岁时,人若已能轻易且彻底地转换性别,我必然会选择成为女人。或许只是因为对当时的我而言,当女人比当男同性恋更受人敬重,而 12 岁是最容易盲目从众的年纪。我并不遗憾自己不是女人,正如我不遗憾自己不是威勇随和的美式足球明星,或没有生为英国皇室成员。跨性别儿童多半相信自己属于另一个性别,但我从未这么想。我的同性恋生涯最终是幸福的。既然人活在连续的当下,我不认为过去经历、今已驱散的那些苦痛是永远的损失(但话又说回来,我上一本著作谈的是抑郁,毕竟我的人生之路并不平坦)。

但我总爱幻想,在科幻小说般的未来世界里,想要扭转性别,并不需要靠手术、荷尔蒙,也不必承受社会责难,社会上人人都能随时选择想要的性别。这些人免受生理创伤,认为自己是什么性别就能完全实现,还拥有完整的生殖系统,以及真正属于他们的头脑与心灵。如果他们想在性别光谱中间游移,无论是生理上、心理上,或两者皆具,也没有问题。在这样的梦幻时代里,我相信许多人都会想体验另外一个性别。我爱到处旅行,若有人要送我上月球,我一定马上动身。还有什么旅程能比真正了解相反的性别人生更迷人、更奇异?或者,活在一片难以捉摸、无所谓相反的地域上,岂不令人神往?若有往返票通往那儿,即便花光所有积蓄,我也在所不惜。

同时我也知道,选择是件麻烦、累人又可怕的事,面对不熟悉的选择尤其如此。我的第一本书与一群前苏联的艺术家有关。他们来到西方社会后,我常与他们接触。我记得其中有个人在德国超市里看着 20 种不同品牌的奶油,哭了出来——在西方生活有太多决定要做,他实在吃不消。一部分的我认为人并不擅长选择,那些民主社会中无法善尽投票之责的人、常常离婚的人、因为没做好生育控制而无法疼爱孩子的人,若有绝对的自由选择性别,势必会崩溃。而我同样相信,选择才是真正的奢侈,正因做决定前得经历多番煎熬,才让决定有了价值。对现代美国人而言,选择让人胸怀抱负,虽然选择总会让人疲累,但我仍喜欢想象未来有一天什么都能自由选择。届时我很可能仍会选择现在我所拥有的,并因为做了选择,而更加珍视一切。

676

第十二章 父　亲

我写作本书的初衷,是为了原谅父母,而在结束时我当上了父亲。了解过去,我才得以解脱,往前迈进。我想剖析我的童年为何过得如此痛苦,想理解哪一部分是我造成的,哪些又是我父母以及这个世界造成的。不论是对我的父母或对我自己,我都认为自己有必要证明,问题主要不在我们身上。回想起来我才恍然大悟,研究教养似乎也是为了减轻我对为人父的焦虑。但心智的运作非常神秘,如果这真是我的秘密动机,我也是直到日后才慢慢发现。

我自幼就畏惧疾病与障碍,虽自始至终都清楚自己是异类,但看到太异常的人,仍想别过目光。我一直知道这么做很恶劣,而这本书协助我摆脱如此偏执的冲动反应。我听到的故事常有不折不扣的哀伤,照理说或许应该让我对父职却步,但结果正好相反。这些家庭都面临教养难题,但几乎无人后悔。这些父母证明了只要有足够的情绪控制、充满爱的决心,人都能爱任何人。我上了一堂关于接纳的课,明白艰难的爱绝不下于轻易的爱,这实在抚慰了我。

有好长一段时间,孩子总令我伤感。伤感的缘由有几分晦暗难辨,但我想，那有一大半是因为世界总不断提醒我，身为同性恋，此生的悲剧便是注定无后。孩子是世界上最重要的事，也因此，孩子象征了我的失败。过去父母鼓励我与女人结婚、共组家庭，而世界也附和说，这就是人生首要之务。我和男人、女人都交往过，在这两种关系间漂泊多年。我和女性有过肌肤之亲，也的确爱过当中几位，但若非因为孩子这个因素，我不会考虑和异性交往。一直要到我领悟同性恋的性向与行为无关，而是一种身份时，我才确认自己真是同性恋。

我刚成年时，同性恋身份与为人父这两件事似乎相互抵触。那时的我认为当个同性恋父亲的可能性渺茫，并为此饱受折磨，因为我以为在同性恋父亲身边长大，只会让我假想中的孩子沦为笑柄。这种想法包含了我内心深处的恐同症，但也与社会现实相符。我当时正学着为自己而战，但又担心牵连他人。我从小就因为与众不同而受尽无情嘲笑，我并不想把同样的经验强加在任何人身上。往后的 20 年间，社会变了许多，消解了我的这些愧疚。现实之所以能改变，主要是因为在我准备好之前，其他同性恋已放步迈进，开始抚养孩子。然而，之后当我提到想有个亲生孩子时，这样的愿望却一再受到贬抑，人们往往诚心提醒我，世上有许多弃儿需要好的归宿。我很震惊，提出这种说法的，经常都是那些有自己的亲生孩子且从未考虑领养的人。我想要生育后代的愿望，对其他人而言只是异想天开，或是自我耽溺。

既然同性恋的性向看起来并不会遗传，我若生了孩子，孩子可能会有的不安，便应来自奇特的出身，而非因为自身的奇特。有些批评者认为，这一来问题就较不那么严重，这仿佛是说，既然我的孩子可能是异性恋，因此让我生小孩没关系，我不喜欢这种暗示。仅当水平身份永远不会成为垂直身份才接受，那是沙文主义。我不会因为孩子可能是同性恋就不生，也不会因为孩子可能是异性恋就不生。话虽如此，当同性恋父亲仍然是我心头大石，远比亲生孩子可能有读写障碍、抑郁症或夺去家母和祖父性命的几种癌症，都要让我忧惧。

生育权应列为人类不可剥夺的权利。然而，若是异于常人的水平身份族群想生育自己的孩子，且有可能把异常的性状遗传给后代，社会大众对这些人的偏见便赤裸裸地展现了。身心障碍的成人一旦生下身心障碍的孩子，便会激起许多人的义愤。

布丽·沃克是主播，也是演员，患有先天性缺指（趾）畸形，又称龙虾螯状畸形，患者手脚畸形。她的孩子也患有同样症状，1990年她再度怀孕，心知第二胎也很可能遗传此症状，后来她选择留下孩子，遭到舆论挞伐。沃克之后回应："先不论孩子的手脚究竟长成什么样子，竟然有人如此公开否定一个尚未出世的孩子及孩子适应这个世界的能力，我实在很震惊。"她事业成功、婚姻美满、非常上镜，也有许多能传承给孩子的美好特质。某个谈话节目主持人曾如此问道："把遗传性畸形疾病传给孩子，对孩子公平吗？别人根据你的长相来评论你，根据你的谈吐来评论你，不消说，他们当然会根据你的手、你的身体和脸的样子来评断你。人就是这样。"这许多批评背后都有个意思：不论沃克有多想生小孩、多胜任母职，她都没有权利怀孕，甚至怀了就有道德义务要堕胎。沃克后来说："我觉得我的怀孕遭到了无情的恐怖攻击。"

在谈话节目主持人眼中，沃克的孩子只是一种身心障碍。替小儿脑瘫病患与身心障碍人士争取权益的运动人士霍特说："仅凭一种生理特征，就认为沃克不该生小孩，是忽略了她所有美好的地方。为何不说因为她有荧屏上极美的脸、极活跃的才智，所以应该生许多小孩？"媒体谴责她的时候，大多忽略了一点：孩子若真遗传到父母的状况，父母以其丰富经验，将比别人更能了解与体会这些状况所带来的好处与风险。与我们的判断相比，他们做出的选择更有根有据。

然而，也有些人是用生孩子来肯定自己的人生。英国身心障碍运动分子乔安娜·卡帕西亚-琼斯选择生下5个孩子，部分目的是为了表明身心障碍是种社会模式。她说在她家，残缺并不是障碍。她和丈夫就如同多数人，都想要亲生的孩子。她说："我也不考虑领养，因为如此一来，我就永远不会怀孕、生子，一想到就心痛。"卡帕西亚-琼斯因早产导致脑瘫，这不会遗传，但她的另一半有遗传性运动感觉神经病变，导致肌肉萎缩，骨骼严重变形。两人的孩子遗传到该病的概率是50%。卡帕西亚-琼斯写道:"总之,我们家几乎每人都有身心障碍,我、我的另一半、他父亲和兄弟、我姑母和叔伯都有。如果孩子也得病,她绝不会觉得自己是异类。所谓的正常是主观的,对我们来说,有身心障碍才正常。"

家族里的垂直身份,无疑确保了她的归属感,就如同侏儒家庭与听障家庭。但她如此轻忽孩子可能会因身体而受苦,却也让人难过。她写了很多文章,承认自己和另一半都因身体状况而得忍受肉体之痛,但对于这些苦痛可能传给孩子,她似乎毫不迟疑。她为了贡献给身心障碍的社会模型,辜负了孩子的身体。我见过许多人身体有特殊障碍,但活得骄傲,家庭也其乐融融;我也看过许多人痛不欲生,而痛苦不见得全源于外在环境。其实卡帕西亚-琼斯的家人也不太接受她的决定。她写道:"我母亲说我们这样冒险很不负责任,要我去堕胎。婆婆说我一定会流产。我的预产期已过了 11 天,完全没感到一点疼痛不适,真的很开心。我想,这下他们知道了吧。"父母的自尊与子女的自尊,不论在哪一个族群都常常有人分不清楚。能区分什么是帮助孩子完成梦想,什么又是把孩子困在自己的梦想里,是了不起的成就。卡帕西亚-琼斯的孩子大概不会对自己的存在感到难过,但若是知道母亲因为别有居心而生下自己,则有可能心怀怨恨。不过,在足球场上、象棋俱乐部里、钢琴旁,也四处可见利用孩子、想靠孩子沾光的自私父母。自恋这种短视近利并非身心障碍权利运动者的专利。

一个基因可能有状况的人考虑生不生孩子,这是个意味深长的问题。1999 年,身心障碍学者艾德里恩·艾许撰文提到:"慢性疾病与身心障碍不能与急症或意外受伤相提并论。许多脊柱分裂、软骨发育不全、唐氏综合征等行动不便或感官受损的人都认为自己是健康的,并未生病,还形容这样的状况是自己生命的既定事实,是自己认识这个世界的配备。"这番话虽然有道理,却非全面的真相。2003 年我奉命采访一名叫萝拉·罗森柏格的年轻女性,她是囊状纤维化患者,因为这个原因,我们当了一小阵子的朋友。她的双亲虽然也都带有相同基因(囊状纤维化是一种隐性遗传疾病),但都未显现出病症,所以她的经验是水平经验。她在令人心痛的回忆录《生命气息》中,赞美了囊状纤维化患者这个身份所带来的许多事物，也表示自己有多珍视生命中的许多东西，然而，她不觉得自己是健康的，更表示但愿该病治愈有方，不是因为她拒绝这部分的自己，而是因为她想要开心、想活得长。她在22岁那年病情恶化，最终病逝。这样的人生，与软骨发育不全的健康侏儒有天壤之别。然而在她过世后不久，她悲不可抑的父亲对我说："怀萝拉的时候，还没有检查囊状纤维化的羊膜穿刺术，不过后来这种技术问世了。如果我们事先知道，就不会把萝拉生下来。我现在还是会想，'天哪！她的生命可能会被否定。'还好不是那样，否则就太悲惨了。"

要不要把自己的重担放在他人肩上，让他人受苦，是个人的道德问题。然而所有的父母在某种程度上都决定这么做。有钱人即使可以用捐赠的超人精子和杰出女性的卵子做体外受精，但多数人还是选择自己生育。虽然愚笨会让日子很难过，但不聪明的人还是毅然决然生下了不聪明的孩子。肥胖的孩子可能因为体重而被边缘化，但病态肥胖的父母却还是常常生下胖孩子。抑郁症的父母所生的孩子可能得设法面对长期抑郁。贫穷的缺点不言而喻，这也没阻止穷人生子。

从收到产前诊断却仍决定留下孩子，到刻意筛选生出与众不同的孩子，两者间的距离仅一步之遥。《洛杉矶时报》指出："特意生出有基因缺陷的孩子看似踏入道德雷区，但对于某些身心障碍父母，例如听障或侏儒父母而言，这只代表生下和自己一样的孩子。"胚胎着床前基因诊断已问世20年，有人调查了全美将近200个提供该检查的诊所，有3%的诊所承认曾运用此技术选用带有身心障碍的胚胎。凉荫丛生殖医学中心在马里兰、弗吉尼亚与宾夕法尼亚州皆有据点，该中心的斯蒂尔曼博士表示自己曾拒绝筛查专选听障及侏儒胚胎。他表示："教养的主要使命之一是为孩子打造更美好的世界。侏儒与听障并不是常态。"

打造美好的世界与遵从常态有关，其中逻辑何在？贝吕贝的儿子是唐氏综合征儿，他写道："问题是我们维护的社会制度能不能接受不可预测性、变异、彼此冲突的道德命令、艰难的决定、私人的决定，甚至违常的决定。"胚胎选择的争议涉及最棘手也最受社会影响的人权，那就是尊严。2008年英国修改《人类生殖与胚胎法》，明确选择有身心障碍的胚胎将违反法律。举例来说，若利用胚胎着床前基因诊断来避免生下唐氏综合征儿者，会拿到一份完整的基因图谱，且不得移植任何已知带有身心障碍的胚胎。聋人权利运动分子非常震惊。一篇博客写道："无可否认，我们被贬低了，只因不完美，就不配当人。"

雪伦·狄谢诺和凯蒂斯·麦卡洛是女同性恋，也是聋人，两人想要孩子，2002年请一位第五代听障朋友捐赠精子，生下两个听障孩子高文和吉安。她们决定和《华盛顿邮报》的一位记者分享自己的故事，结果社会一片哗然，正如同当年布丽·沃克的遭遇。福斯新闻的报道标题是这么写的："天生受害者：在无助的儿童身上设置缺陷，何其过分。"《华盛顿邮报》刊登的读者来信充满类似敌意，一名读者表示："这三人（包括捐精者）竟然蓄意剥夺另一人的天然功能，太残忍，太恐怖了，更显示这三人骨子里有多厌恶听得见的人。有些人的父母基于宗教原因不让孩子就医，但法律却保障这些孩子的医疗。我们也应该有类似法案，避免糊涂的父母控制基因、复制自身的残疾，以保护儿童不受虐待。"

法律学者科尔维诺指出，大众的义愤是建立在基本的形而上学谬论上。他说："她们可以选择另一个捐精者，她们也可以选择领养，而不是怀孕，但不管选哪一个，高文都不会有听力，反而结果只会是，高文根本不会出生。"聋人权利运动者布德侯说："从来没有人说要故意让一个听得到的孩子变聋。"

很少人会因为聋人夫妻的孩子也可能是聋人，便主张聋人不应生子。有些人明确说明区别在于接受和追求，并主张异性恋聋人父母的聋人孩子只能是"自然"生下。然而，爱与规则不见得能和谐相处，所谓的自然本来就是不断变动、不自然的概念，且常被用来掩饰歧视。反对雪伦与凯蒂斯的选择的人，很可能也不了解这两位女士的生命历程，不知道两人都有大学学历，事业成功，明显很幸福，社交活跃，感情也很好。最初的那篇报道解释道："许多准父母筛选出不要的特质，加以剔除，同样也有许多人选出想要的特质。很多时候，目的不是生出优质宝宝，而只是想要某一种宝宝，白人宝宝、黑人宝宝。男孩、女孩，或一个设想得更精细的宝宝。美国生殖医学会发言人提普顿表示：'大多时候，小两口想要的是和自己外形相似的孩子。'就这点而言，凯蒂斯和雪伦就跟许多父母一样，想要一个符合自己形象的孩子。"

这个说法很难反驳。雪伦说："如果能有个跟我们一样的孩子，真的很不错。"凯蒂斯说："我想和孩子一样，我希望孩子享受到我们所享受的乐趣。"在你知道两人是聋人前，这些话听起来都不偏激。狄妮丝在《自然》期刊的一篇文章中进一步分析两人的动机："沟通和追求亲密感是人性中重要的一环，如果你真心相信孩子即使听不到，情感生活也能同样丰富，而且这样你更能和孩子沟通，为何不做这样的选择？"凯蒂斯在听障家庭长大，父母是劳工阶级，没受过教育。雪伦在听人家庭长大，一直到走进高立德大学的手语世界，才找到自己。两人都很钦佩受过教育的聋父母的聋孩子，也觉得经过一番努力，终于已经找到自己的幸福，可以把这样的幸福传给下一代。父母想要的孩子，是能从自己给予的东西中受惠的孩子。

《石板》杂志的记者史力顿写道："旧患：定制宝宝；新敌：残缺宝宝。"当然，这里的"残缺"也是定制的，只不过不是最流行的款式。定制宝宝不会消失，随着科技进步，必然会越来越常见。这个词带有贬义，但不久前，在上了年纪的中产阶级夫妻尚未普遍采用体外人工授精术时，大家也很轻视试管婴儿。2006年，约翰·霍普金斯大学的基因与公共政策中心调查发现，提供胚胎着床前基因诊断的诊所有半数也提供性别筛选服务。2007年，伦敦桥生殖诊所进行胚胎筛选，确保某个婴儿没有父亲的严重斜视。伦敦大学学院最近宣布，借由基因选择，史上第一批没有乳癌风险的宝宝出生了。洛杉矶生育研究院宣布该院正计划让夫妻挑选孩子的性别、发色与眼珠颜色，不过接踵而至的舆论炮火让他们不得不中止计划。基因选择在未来必成趋势。精卵捐赠的标准协定不止筛查捐赠者是否有不良遗传性状，更会提供捐赠者的体态吸引力、身高、体重、发色、肤色、眼睛颜色，以及大学入学测验成绩等资料。这种做法，与基因选择又有何异？一个人受另一人吸引，往往就是因为对方有讨人喜欢的特征，我们凭性冲动与人交合，本身就是一种主观的筛选机制。

2004年约翰·霍普金斯大学有项研究指出，生殖基因检测日渐激烈的争议主要由两派对立的论点构成：一派人士认为基因检测"有机会减少受苦，并认为研究、科技进步与生殖选择均不应受限"，另一派人则"相信生殖基因检测将带来负面的道德与社会冲击，其发展与使用应受限制"。哈佛哲学教授迈可·桑德尔在《反对完美》一书中写道："准父母仍能自由选择要不要接受产前检查，检查出来后又作何决定，但新科技也带来选择的压力，对此他们却无从逃避。"

人类喜爱解决问题，如果我们学会控制天气，很快就再无机会见识飓风的凛然气势和暴风雪吞没一切的执拗静寂。40年前，毒理学家拉佩警告："在热衷'征服'基因缺陷的路上，若我们不承认这些被辨识出来、被堕掉的'缺陷'跟我们一样都是人，就太难以想象、太不道德了。"然而记者鲍尔2005年在《华盛顿邮报》中提到自己在产前检查中发现女儿患有唐氏综合征，最后决定留下胎儿时，却得面对诸多压力。她写道："有了产前检查后，把身心障碍的孩子堕掉再也不是权利，而是义务。"没有人应被迫生下自己害怕的孩子，也没有人应被迫堕掉自己想要的孩子。无论有没有接受产前检查，若父母已准备好去爱水平身份的孩子，便已给予孩子尊严。有了生殖科技后，我们就开始猜测什么样的孩子能让自己开心，自己又能让什么样的孩子开心。刻意不去猜想或许不负责任，但若过度美化想象也未免失之天真。假设的爱毕竟不是爱。

哪些人该生小孩，哪些孩子该被生下来，大家永远不会有共识。我们质疑艾滋病毒携带者若生下后代将无法活得够久把孩子带大，我们想办法避免青少年怀孕，我们批评身心障碍人士不该把身上的差异传给下一代。手术刀能让人绝后，辱骂也能，且残忍程度不相上下。通过教育让人知道孩子可能面临的难题是合理的，但自以为了解他人孩子的人生价值，并因此不让人生下孩子，恐有法西斯主义的意味。在美国，要结婚得先取得许可，生孩子却不用，这并不是偶然。

美国社会阶级向上流动的情形不但不如过去，也不如大多数工业化国家。布鲁金斯研究院2011年的报告指出:"美国社会阶级的流动性非常特殊,最突出的一点是从底层向上流动的范围很有限。"想要改善生活,你得独自努力,这是一场单人任务,其余的人都可以置身事外——就是这种假设酿成了流动的危机,而我所采访的家庭,几乎都是这种信念的受害者。事实上,本书所探讨的各个族群在半世纪前也不会过得更好。令人目眩的科技进步威胁到书中的许多身份族群,但身份政治也同时觉醒了,把这个世界塑造得更包容。当代社会越来越多元,而多元带来的包容课题甚至已延伸至无权为自己发声的族群,这样的改变,规模甚至超越了女性参政权与公民权利运动的愿景。身心障碍人士上电视,跨性别者担任公职,罪犯、神童与遭奸成孕生下的孩子都获得专业协助,精神分裂症者与自闭症患者也有专属的就业计划。

许多人哀诉我们生活在无耻的年代,为什么有人能上电视大谈并展现自己的愚蠢、悲情,甚至是残酷?为什么我们要拥戴靠偷窃致富的人?或许对于不折不扣的卑劣,我们还不够羞惭,但同样地,对于一开始就永远不应该让我们困窘的东西,我们也越来越能坦然以对。身份政治的反面是羞愧,我们比从前更接近生命权、自由权,以及追求幸福的权利。会以真实的自己为耻的人,也越来越少了。

不寻常是一种数字游戏,你可以争辩一件不寻常的事情是好是坏,但究竟寻不寻常,却无从争辩,然而这个词仍不断遭到误用。寻常人坚称自己独一无二,不寻常的人认定自己与一般人毫无不同;愚人想被当成非凡人物,鹤立鸡群者却向往融入人群的自在舒适。每个普通孩子的父母都能细数孩子做过哪些令人目瞪口呆的事,至于孩子无疑真的很独特的父母,无论孩子是患重病还是天赋异禀,也总有一套说词解释自己的孩子和其他孩子并无太大不同。这种相互假冒的现象,反映出人类更深刻的矛盾:对于与众不同,我们既向往又抗拒;对个人特色既渴望又恐惧。孩子与父母间最棘手的差异,当然会表现在父母不熟悉的领域里。对于孩子本质是否独特,我们不是过度强调,就是刻意淡化,反映出我们其实很忧虑个体性与快乐的关系。

第十二章　父　亲

美联社在 2008 年报道北印度有座小村庄生出一个双面婴儿。拉丽·辛格患有双面畸胎症,这是一种罕见症状,患者在一颗头上长出两只鼻子、两张嘴、两对唇,以及两双眼睛。她的医院主任表示:"她过着正常的生活,且无呼吸困难。"无论萨伊尼桑普纳村的"正常生活"究竟为何,应该都不包括"过得很好,还被奉尊为印度女战神杜尔迦的化身,杜尔迦这位凶猛有如烈火的印度女神在传统上都被描述成三眼多臂"。每天都有上百人涌入拉丽家摸她的脚、献金,并接受祝福,村长已向邦政府申请经费,要为她建造庙宇。文章只顺带提到,双面畸胎症常会有严重的健康并发症。

拉丽若生在明尼苏达州杜鲁斯港、堪萨斯州威奇托、北京或巴黎,带来的就是担忧,而不是庆祝活动了。拉丽之母苏希玛说:"我女儿很好,就跟其他小孩一样。"父亲维诺带拉丽去新德里一家医院检查,却拒绝以电脑断层扫描检查她的体内器官正不正常,也没有医治她的唇腭裂,她因此无法好好进食。他解释道:"我不觉得现在有这个需要,女儿的表现就跟其他小孩一样正常。"拉丽两个月后去世,若她能及早接受适当治疗,大多数致命的问题都可能可以缓解。

若一切早 10 年发生,我在报纸上看到拉丽短暂人生的报道时会更加惊讶。在本书的研究过程中,类似的故事我看了一个又一个。这对父母很显然立刻就接受了孩子的不寻常,这是这则故事的美丽之处,但因为两人把孩子的正当性与是否正常混为一谈,所以故事变成了悲剧。拉丽的父母相信,他们的爱与包容可为女儿定调,但爱与包容其实只定调两人为慈爱的父母。若让豁达的心胸给蒙蔽了双眼,看不到孩子的需求,我们的爱也就变成了否认。承认差异并不会威胁爱,事实上,是会丰富爱。

理想上,深刻的包容能让孩子彻底做自己。在一个家庭里,孩子的侏儒症、自闭症、天赋异禀或跨性别倾向可能只是次要。理想上,这些人首先是父母的孩子,是在家庭这个小王国里充分受到认可的公民。父母不必只是不论孩子有什么缺陷都爱孩子,他们可能发现,这些不完美竟是令人惊异地契合。一位睿智的精神科医生对我说:"大家都想变得更好，但没人想改变。"我倒认为，唯有允许水平身份的人不改变自己，他们才有可能变得更好。每个人都能成为更好的自己，但没有人能成为另一个人。

主流化、包容接纳、去机构化、身心障碍权利运动、身份政治，种种力量在凸显差异的同时，也将差异正常化。这些运动将重点放在取得友善设施，让有特殊需求的族群生活更无碍，但同时又坚称所有人的基本需求都一样。这些运动希望改变世界，让更多人不觉得自己格格不入。我采访过许多父母，很多人都在家中营造出理想环境，并致力于将这样的环境推向外界，因此成为社会运动家，有些人奉此为天职，有些人则只是同意让人访问、引述。他们希望借此创造更和善的社会，让孩子一生都能获得协助。融合教育的系统不仅对许多水平身份族群有利，教室里的其他孩子也能获益。同样的，打造一个体恤的社会，不仅对于开始受到包容的人是好事，也给那些开始付出宽容的人带来好处。要让不寻常的人融入社会，不仅代价高昂、耗费时日，情绪的波折及物资的来回调动也可能令人筋疲力尽。然而，若结果是父母常常感激家中有问题儿童，那么到最后，我们也会感激这样的人所代表的勇气，感激他们教会我们何谓慷慨，甚至感激他们以特殊的方式让世界变复杂。

照一般说法，多样性意谓俱乐部应该接受少数种族，大学也该收一些同性恋学生。社会若要推崇多样性，不能仅凭大方无私，当我们用多样一词来指平衡投资策略，以及森林、海洋、湿地等环境里的丰富物种时，这一点不言而喻。我上大学的地方长期以榆树闻名，确实，该城以前便称为榆城，但后来荷兰榆树病侵袭北美，路边与公园里的榆树就纷纷病倒了。每当有改变发生时，单一文化便成了问题，现代社会转变得越来越快，社会价值与实际环境瞬息万变，我们无法预测哪些特质才能适应未来。我并不是主张侏儒症、听障、犯罪倾向或同性恋性向能为我们解决所有重大问题，但我知道，把所有人都变成榆树，绝对是场错误。一排排外形一致的榆树，高耸的树干整齐对称，看起来很美，但这样的规划未免不负责任。

我在着手写这本书的前后认识了约翰,现在他已是我的丈夫。我一直想要孩子,考虑过和某个老朋友共育后代,也粗略研究过生儿育女,但始终不过空想而无具体行动。约翰让我更有勇气与众不同,也更有信心安于平凡,但听了这几百个特殊家庭的故事后,我才渐渐了解,这两个目标并不互相抵触,反常的人仍有权利及能力当一般人。爱米丽帮助唐氏综合征儿上电视,希望不会再有人跟以前的她一样孤单。推动神经多样性与聋人权利的运动人士认为,异常理当受包容,那是他们应得的权利。罗丝说:"像我们家这样的孩子,从来就不是上帝命定的礼物,是我们选择让他们成为礼物。"苏说:"科伦拜事件让我更能将心比心,其他事情不可能做到这一点。"安妮提到她在帮助跨性别女儿的过程中,女儿"带给我的幸福,比我能给她的还要多"。她们话中散发的感叹使人信服,让我深感共鸣。

我为没有孩子这件事挣扎了多年,就在终于和这份悲哀和解时,我开始看见事情有逆转的希望,逐渐想出自己能如何开枝散叶。当时还不清楚的,是自己究竟是真想要孩子,还是单纯想向那些怜悯我性向的人证明他们错了。一心向往月亮的人,若突然得到所有月光,往往会忘记自己想拿月亮做什么。我得过抑郁症,那么,我是为了某些新的快乐而放弃那个郁郁寡欢的自己,还是即将困在大量的不快乐里,必须设法理出头绪?如果我不能保护孩子,让他们远离我绝望的征途,又怎能把孩子带到世界上?了解教养不是完美主义者玩得起的事之后,我试着向我采访的家庭学习谦虚。焦虑的时候,我也不断想起母亲在我出门路考前对我说的话:人生中有两件事人见人怕,最后才发现原来几乎每个人都在做,那就是开车与生子。

小时候我并不受欢迎,长大后,我还是很害怕小孩。我觉得在孩子的眼中,我仍然不擅长玩躲避球,走路姿势仍很可笑,情绪仍很别扭,我觉得我仍保有这些儿时让我受到其他小孩排挤的特质,最后我才明白,原来这些都跟我的性向一致。那时我还是很怕被小孩称作同性恋,这个身份让我有安全感,但一从小孩口中说出,却又像是侮辱。我对儿童有太多感受,所以选择避开。我无法解读这份感觉,强烈的感觉都很难解读。我只知道那感觉很强大，但说不上究竟是什么样的感觉。和别人的小孩相处几个小时之后，离开时我常大松一口气，如果自己也有小孩，情况难道会不一样？我不断冒出恐怖的想象：我会有自己的孩子，不喜欢他们，却得和孩子纠缠一辈子。我和父母的关系一直给我也给我父母带来莫大的欢乐，我希望把这样的关系传承下去，不过我的孤冷同样也大多来自家庭关系，家里的情绪有时很激烈，让人分不清楚究竟我经历了什么，而他们又经历了什么。身为人子，我耗尽了心力，刚刚才逃离鲸嘴，我担心当上父亲后会再次将我吞没。我也怕自己会因为孩子不像我而成为暴君，如同我当年时而感受压迫。

我认识约翰时，他已生有一子，孩子的生母萝拉是他同事，观察了他好几年，才和伴侣谭美一起请他协助她们生孩子。虽然他和她们并不特别熟，但还是答应了。三人签了法律文件，他同意放弃亲权，而她们则同意不索求赡养费。他曾说若孩子与两个母亲愿意，他愿意尽己所能参与孩子的人生，但为了尊重身为养母的谭美，他不太涉入这家人的生活。一开始他不想马上介绍我认识谭美和萝拉，但交往几个月后，我们在 2001 年的明尼苏达州园游会遇到她们和年幼的奥利弗。奥利弗还无法理解"捐精父亲"（donor dad）是什么意思，称约翰为"甜甜圈父亲"（donut dad），把大家都逗笑了。但对这家人来说，我又是谁呢？18 个月后，他们请约翰再捐精一次，之后萝拉生下了露西。约翰和这家人的关系，我既警戒，也着迷。他当上了父亲，而我看着他的孩子，想了解他究竟是什么样的人。那时我还没喜欢上两个孩子，不过那与这份感情和血缘的牵连无关。

我考虑要不要拥有自己的亲生孩子，一直考虑了几年。1999 年，我因公去了得克萨斯，出席了一场晚宴，大学朋友布蕾恩也在场。我一直觉得布蕾恩很迷人，她天性善良，非常聪明但从不炫耀，散发那种永不过时的优雅。那阵子她刚离婚，不久母亲又过世，她说自己的童年非常快乐，而向这段童年致意最好的方式，就是让自己当上母亲。当时我没想太多，就对着一整桌的人说，我愿意当她孩子的父亲，她开心地回应道，她搞不好会当真接受提议。我无法想象她可能真的想和我生孩子。

我的提议是种客套话,就像邀请刚认识的朋友,如果从地球遥远的另一端来到纽约格林尼治村,请顺道来我家喝一杯。但回到家后,我写了封信给她,说我想她可能是在开玩笑,不过我仍然认为她会是全世界最好的母亲,也希望有天她能和某个人生下孩子。

4年后的2003年,布蕾恩飞来纽约参加我的40岁惊喜生日派对,第二天晚上我们外出用晚餐,发现我们都仍然想贯彻生子计划。我从未觉得如此荣幸,也不曾这么惊恐。我们的计划与约翰和谭美、萝拉的计划有些类似,又有些不同。我会是孩子的法定父亲,孩子跟我姓。虽然孩子会与布蕾恩一起住在得克萨斯,但和我的亲子关系相当明确。

我还没准备好立即告诉约翰,等我终于说出口,他就如同我所担心的,气炸了。他做的是捐精,而我却将与布蕾恩有一段深刻且持续的关系,他担心这会严重介入我与他之间终致分手。我们的感情就此迈入最艰难的一章,我们谈了好几个月,我和约翰谈,也和布蕾恩谈,而协商日趋激烈,紧张得有如巴尔干半岛谈判。我们花了3年才解决所有细节问题。约翰总是敌不过自己的慷慨善良,这次他也终究让步,于是我和布蕾恩到诊所做了体外受精。同一时间,布蕾恩认识了她的伴侣李察,达到一个虽不寻常但又合理的平衡。

我们的安排越是奇怪,感觉起来便越是传统。约翰之前曾向我求婚,虽然我对步入同性恋婚姻还有疑虑,最后仍决定付诸行动。结婚原本有一部分是为了让约翰安心,让他知道虽然我与布蕾恩要生孩子了,他仍是我人生的中心,但很快地,结婚的意义更加深切了,变成我用结婚来礼赞他的英俊、机智、有道德感,礼赞我家人与朋友都很喜欢他,礼赞他和我一样,都能看到他们心中的美好。我们在2007年6月30日结为连理,婚礼在乡下举行。我在想,若说是过去所有的创伤让我得以走到今天,那么此刻看来,那些创伤也没当时所想的那么糟了。在婚礼上致辞时,我说:"从前不敢说出名字的爱[1],今日终于得以四处宣

---

[1] 作者指涉"the Love that dare not speak its name"(不敢说出名字的爱),语出爱尔兰大文豪王尔德的同性恋人、诗人道格拉斯爵士《两种爱》(Two Loves)诗作的尾句。王尔德被控严重猥亵罪,受审时当庭对此爱所指为何做出精彩答辩。——审订注

扬。"谭美、萝拉与孩子都来了，奥利弗是约翰的戒童，布蕾恩也在场，肚子里怀着我们4个月大的孩子，李察陪她一起出席。约翰大胆表示，我们完成了史上第一场奉子女之命成婚的同性恋婚礼。

10月，布蕾恩出现孕期并发症，于是我和约翰赶到沃斯堡，11月5日，她进行剖宫产，比预产期早一个月。我看着接生医生把小布蕾恩从她母亲圆滚滚的肚子里拉出来，成为第一个抱她的人。我不断努力想着如今自己是父亲了，却不知道该怎么做，感觉就像是有人突然告诉我，我还是我，但同时也是一颗流星。我抱了抱新生儿，接着换布蕾恩、李察，约翰也抱了。对这个令人激动的小家伙来说，我们究竟是什么？她对我们每个人来说，又是什么？这又会如何改变我们彼此的关系？那时我已经深深投入研究，知道每个孩子都有一点水平身份，也都会改造父母。我在女儿的小脸上左看右看，想搜寻线索，看出她是什么样的人，又会把我变成什么样的人。

10天后，我和约翰回到纽约。回到家时，我满脑子都是我的孩子，但仍以为自己只是一路支持布蕾恩做了件很棒的事，并没想着自己参与其中。那时的我还没领悟，初为人父那种生物性的兴奋感，只隐约暗示了为人父母的激烈情感。过去我父母不断促使上演的那出宿命般的悲剧，终于摆脱了，真是让人松了口气，但庆幸之余我得看清，眼前更重大的现实是我得对一个新的生命负责。我不想和小布蕾恩过于亲近，导致自己无法忍受她远在得克萨斯，也不想疏远到让她觉得被冷落。我倒还够自觉，知道不是自己想要怎样的情绪就可以怎样，不是我说了算。

结婚和生孩子都是公开的活动，也和所有公开的活动一样，因为公开而变得具体。我对我们的人生有过愿景，而突然间，每个人也都对我的人生有个愿景。将别人拉入你的现实中，能巩固你的现实，而我们也用爱建立了家庭，并拉进许许多多亲朋好友与我们同行。在这个过程中，内在的真实因此多了一层保护壳，变得更能承受压力。我很感激我们的婚姻有朋友同喜，也很感激约翰张开双手迎接他原本不乐见的女儿，同时，我也感激约翰与布蕾恩开始信任对方。我最终注意到布蕾恩与我母亲有多相似，她们都能在日常生活中挖掘幽默，小心克制自己的情绪,虽有奔放的想象力,但因端庄优雅、极度内敛的矜持,所以多数人都不知道。两人也都有敏锐的同情心,同情心也都带有哀伤的色彩。我跟许多男人一样,找了母亲的翻版生下孩子。布蕾恩的父亲86岁,我原以为我们的安排会挑战他的价值观,没想到他非常开心。我父亲也十分兴奋。

不久,我发现自己想和约翰一起在家抚养小孩,作为两人对彼此的承诺。约翰和谭美及萝拉的最初安排是答应一个请求,我与布蕾恩的计划则更加亲密,至于有个24小时和我们一同生活的孩子,这样的可能性则颠覆了我们从前对同性恋生活的所有预想。从前我不曾想要结婚,婚后的生活却让我着迷,我要求养个孩子作为交换,相信孩子也一样终会让约翰着迷。我明言自己想要孩子,约翰则没这么肯定,我只好在一旁摇旗呐喊。我满心期待,念念不忘这个尚未存在的人,非常确定当上父亲后,我会更珍惜约翰的一切,但对话仍陷入僵局。我们对彼此的爱是抚养孩子的前提,却不足以作为理由。我们不能把生孩子当成一场社会实验,或一种政治声明,或以此让自己更完整,我也不能一头热地单方面做决定。后来在我生日那天,约翰送给我一个系着蝴蝶结的古董摇篮,问我:"如果是男孩,可不可以用我爷爷的名字,叫他乔治?"

律师分析道,从法律来说,捐卵人与代理孕母若为不同人,优点是两者都无法主张完整亲权。约翰提议由我当生父,如果有下一次,或许再换他。我们跟许多有生育问题的中年伴侣一样,开始了求卵版的相亲之旅。我们搭飞机到圣地亚哥笼络我们看中的捐卵中心。我们做的这个决定虽然令我很开心,我仍很遗憾永远无缘看到我和约翰的基因相混可能会有的成果。能取得卵子我很感恩,却也遗憾我们都无法制造卵子;能生孩子很高兴,却也难过整场行动有挥之不去的商业气息。若非有生殖科技之助,我不可能有我的孩子,但若能通过性爱,在极乐的瞬间造出孩子,绝对比借助耗时费力的行政程序来得有意思。另外,整体过程也所费不赀,虽然值得,我们仍感叹,纵使我们比较想把这件事当成爱的举动,但经济条件优渥却是必要条件。

由于我所做的种种研究,所以我很清楚搜寻捐卵者这件事带有优生学的色彩。搜寻捐卵者,就是选出智商、个性、健康与外表都符合我们标准的人。这些个人选择都带有政治色彩,令我难以释怀。在研究中,我逐渐学会尊敬许多非比寻常的人,我并不想贬低他们,却又无法否认自己希望孩子要和我够相近,如此我才知道怎么安抚他。当然,我也了解基因血统不能保证什么。目录上列出捐卵者吸引人的特质,这些推销字眼让我以为自己是在线上购买要开上一辈子的车。天窗?绝佳的公路里程?红发?学术性向测验高分?祖父母寿命超过 80 岁?整趟追寻的过程非常荒谬、令人不舒服,又充满道德疑虑。然而,在这抽象到令人手足无措的时刻,我们具体能做的,似乎也就是小心选择捐卵者,那是这庞大的神秘中我们仅有的微弱资料。

我们把计划告诉萝拉和谭美。萝拉对约翰说:"多亏了你,我们才能有奥利弗和露西。千言万语都不足以表达我们的谢意,但我能当你的代理孕母,证明你跟安德鲁对我们有多重要。"这份心意极其慷慨,而我们也接受了。接着就是萝拉、捐卵者与我的一系列医学检测,取精(明亮的医疗室、人造皮革手提箱里有员工给的几本过期色情杂志),萝拉接受生育治疗,然后是胚胎移植以及超声波检查。我的家庭和我认识的许多人家一样,都受惠于社会规范转变与科技变迁,两者同等重要,而若非有两者的幸运交会,我们无法拥有孩子。

我们的第二次体外受精成功了,虽然在挑选卵子时非常谨慎,但最后还是决定不做羊膜穿刺。我、约翰、萝拉一起做出决定时,我自己都非常意外。孩子即使可能有身心障碍(根据侵入性较低但准确率也较低的检测结果,可能性极低),感觉也不再那么可怕,不足以为了做穿刺冒上流产的风险。我能想象,若穿刺结果是坏消息,我们很可能终止怀孕,但动手写这本书后,我再也不可能遵照从前的那套思维逻辑了。我的研究打破了那种清晰明了,我只能选择逃避。

一个人怀着你的孩子时,你对她的欣赏会大到无以复加。为了我们打造的新生活,萝拉将她编织入她为自己打造的生活,我看得五体投地。我们与她、谭美及她们的孩子变得无比亲密,奥利弗和露西唤着尚未出生的宝宝为弟弟。对于她们的热情,我一开始很羞怯,但之后我和约翰为了怀孕的最后阶段飞到明尼亚波利斯，最后在那儿待了一个月以上，几乎每天都与她们四人见面，我也因此得以近身观察奥利弗和露西，发现两人是如何遗传了约翰的机智与善良。两人知道小布蕾恩以爹地和约翰爸爸称呼我们之后，向母亲表示也想这样称呼我们。

当时我还没准备好接受这些孩子也都是我的孩子，只是亲疏不一，但约翰对待布蕾恩一家的贴心举动，向我示范了一个人该如何接纳。我原本只计划要两个孩子，却突然开始考虑有四个孩子的可能。我现在也相信，我能深爱每个孩子，即使付出的是不同的爱。萝拉协助我们生子，部分目的就是拉近我们与她们的距离，这奏效了。约翰坚称我们都是一家人，我们也因此真的成了一家人。当初若没我的争取，小布蕾恩就不会诞生，也不会有这个宝宝，但若没有约翰的乐观，我们都会依然各过各的。那条路或许比较容易走，而我过去误以为容易就是好。我让约翰学会坐而言不如起而行，而他则教会我在起身做到之后，要如何真正体验一切。小布蕾恩、即将诞生的小宝宝、奥利弗与露西，以及我至今认识的每个非凡家庭，都一起改变了我，孩子已不再令我伤感。

乔治在2009年4月9日出生，开始前就已掀起情绪浪涛。我比萝拉和约翰清楚生产可能有多危险，我听过太多这种故事，"孕期看起来好顺利，结果她临盆时，突然间……"我试着压下焦虑，但乔治的头一出来，我还是害怕得掌心都湿了。萝拉选择不用止痛药，我再度对她起了敬意。9个月来，我一直觉得她帮我们的忙大约类似帮忙拿一袋不断变重的食品杂货，沿着越来越陡峭的楼梯上楼，这时我才恍然大悟，她是为我们创造了一个生命。我看着她分娩，见到最后子宫颈张大、她奋力推挤的疼痛，也感觉她身体透出一股巨大的新生。我第一次清楚看到她狂暴和英勇的一面，那种恢弘的心与大无畏，是我在过去的男性经验里不曾见识到的。然后，她推了两次，乔治出来了，大声号哭，立即证明肺活量惊人，一边奋力挥舞手脚。医生宣布孩子很健康，接着，我们看见他的脐带打结了。

乔治出来的时间刚刚好，如果生产过程再久一点，或我们又多等几天才催生，结可能会变紧，让他呼吸不到氧气，导致脑部受损，萝拉也会因胎盘出血而有生命危险。我像看着命运一般看着那个结，仿佛一不小心便会与之擦身而过，然后在结下的位置剪断脐带，这样危险就永远威胁不到我们的奇迹宝宝。我只想抱着他、看着他，努力在那一瞬间幻想他不断蠕动的小身体只会带给我们一生的欢喜快乐。

宝宝健康出生后，所有例行仪式，医疗上的、个人的，我们都办了。拍了很多照片，还脱下衣服让他贴着我们的肌肤，也看着他量身长体重，看到护士帮他上眼药膏，然后我们把他介绍给奥利弗和露西。我分了一盒香槟松露巧克力给大家，那是布蕾恩的哥哥从伦敦寄给我的（不能带真的香槟进产房），我打电话给父亲、继母、弟弟、布蕾恩，还有几个我们生命中的重要人士。约翰一看到孩子就着迷了，正如我所预料，毕竟生命的诞生比魔法、星际战争都还要神秘、不可思议，让人瞬间臣服。小布蕾恩出生时我就感受过一次，此时是第二次。这个人从前并不存在，现在出现了，而我记得当时我所想的就如同所有人每次所想的，我想着他的降生足以弥补过去失去的一切。

等我和约翰在医院房间安顿下来，护士也帮乔治洗完了人生第一次澡，已经是半夜2点半，我们幸福地躺上床。我一直都是家中睡得比较沉的那一个，在我安然熟睡时，约翰每几个小时就起来看看乔治，喂他喝奶。等我起床时，约翰已经带着乔治到走廊另一端萝拉的房间，谭美和孩子们都在那里，吃着肉桂卷，一派欢乐。约翰说他要去躺一会儿，要我去跟儿科医生谈谈。家里负责处理医疗事务的一直是我，我想乔治出生的第一天本来就要做这些事，听力检查、要不要注射乙肝疫苗什么的。我坐在那里开心地吃着东西，帮奥利弗和露西稳稳抱着宝宝，接着医生走进房间，说她有点担心。

乔治不像一般小婴儿那样有正常的缩脚反射，反倒伸得直挺挺的，最长可以一次伸上3分钟。医生说那是因为"肌张力过高"，可能表示大脑有损伤，得帮他预约电脑断层扫描。我问她，这是否不寻常，她只说，在这个阶段并不常发生。萝拉爽朗地说乔治不会有事，其他人则继续吃肉桂卷，而我觉得体内通常温暖的地方变冷了，体外碰到空气的肌肤却像瞬间着火一般。医生镇定地向我解释，婴儿的异常行为可能反映有脑内出血，这样的出血可能会自行停止，也可能需要开刀处理。她提到脐带上的结，表示我们必须确定那个结没造成任何影响，并说他的头异常地大，可能是水脑症或脑中有肿瘤。她还补充，孩子一只脚比另一只脚更僵直，可能是左右大脑发育不对称，或脑中有肿块。她是年轻医生，我可以看出她受的训练教她在向患者坦白时，要表现出这样沉稳干练的态度。

从孕期一开始到那一天，我不断想着，若在我撰写特殊儿童的时候，自己也生下这样的孩子，有多令人哭笑不得。但我也知道，大自然从来就不吝于捉弄人。此刻，我问电脑断层可以多快做，医生说她会尽早安排，接着活泼轻快地离开了。我看着乔治，在那当下我突然努力想要不爱他，发现难上加难，因此我知道自己真的爱他。我记起许多父母都提到自己一开始跟大家宣布新生儿有多么健康茁壮，一两天后又得拿起话筒，告知相反的状况。理智的那个我试着决定，在何种状况下，我要支持医生不得不为的竭力抢救；惊恐的那个我开始盘算，是不是要弃养，把他送到看护之家。最强烈的冲动是把他抱紧，不让他做任何检验。我想要他安然无事，也希望自己安然无事，而即使我把这两件事分开来想，却一败涂地，我知道一方不好，另一方就不可能好。

我致电父亲，也和弟弟说了情况，还寄了电子邮件给一些朋友。弟弟马上联系了纽约的几位小儿神经科医生，父亲则打电话给家里熟识的医生朋友，我们在电话中彻谈整件事。许多父母都告诉我，由于必须处理这类状况，情绪问题反而退居次位，我也因为进入解决问题的模式而松了口气。我要正确处理每件事情，这就延缓了伤悲。我记得有些父母说过，医院不会一开始就告诉你，孩子需要 30 种重大介入性治疗，而会说孩子需要做一种，不久说再做一种，然后又是另一种，逐步夺走你的意志。我下定决心，在每次选择时都保持清醒，看看接下来可能要面对什么。

我打电话到护理站，问我们何时做扫描，这才发现电脑出了问题，原先申请的记录不见了。儿科护士说她必须先帮孩子抽动脉血，手拿针筒深深插进他的手腕。抽动脉血？我采访过的500位父母当中，有谁提过这个吗？最后终于有人告诉我们，电脑扫描已经排好。唉，原本的护士下班了，换来另一个非常年轻的护士，对待病患有如空姐服务客人，呆板的礼貌隐藏不住她的无聊，令人不耐烦。我问她之前有无协助过这类程序，她回答："新生儿电脑断层扫描？没，我没听过哪个新生儿要做这个。"我心里升起两种矛盾的愧疚：一是我生了个可能要受苦的孩子，二是尽管我听了这么多故事，故事中的父母都发现抚养特殊儿童意义深重，我仍然不想加入这些父母的行列。当然，这些父母大多不是自己选择这样的处境。另外我也想起，勇气无法事先规划。

电脑扫描室虽然刻意布置得温馨愉快，仍显得阴森，其实，室内的温馨愉快就是气氛阴森的原因之一，仿佛情况若非如此可怕，根本无需布置得像在过节。我们在一旁无助地看着乔治被放到机器上。他几乎睡着了，乖乖任医务人员把他的头固定住，旁边挤入几条毛毯，额头上拉起一条带子扣牢。他们让我们穿上庞大的铅衣，留了下来。我们试着安抚乔治，我突然意识到，面对一个还没学会向我寻求安慰的人，我是多么的起不了安抚的作用！

我们回到不久前还觉得温馨舒适的房间等候结果，另一个护士来值班，我拜托她帮我们拿检查结果。待命的儿科医生打电话给放射科，结果还没出来，于是我们又等了一阵子。最后我打出一条路，跳过护理站，堵住刚来轮班的儿科医生，他告诉我，检查结果出来1小时了。他严肃地说："应该找你的丈夫一起谈。"我们走回房间，约翰还在里面等着，我紧张得汗流浃背，脱口问他："他脑内有出血吗？"医生说没有，接着便说起他们究竟检查了什么，每张影像显示了什么，最后终于宣布，扫描没问题，乔治一切正常。整件事结束了。

我想，所有的爱，都包含三分之一的投射、三分之一的接纳，至于了解与领悟，绝不超过三分之一。对于孩子的降生，我投射与接纳得太多又太快。我记得莎拉得知孩子的身心障碍有多么严重时，要求要让他受洗，好让自己能更坚定地相信孩子仍然是个人。我发现尽管乔治到现在能做的事只有大哭和吃奶，在我眼中他仍有丰富而永恒的人性，他有灵魂，发生什么变动都不能改变这一点。树总长在苹果落地的不远处。

在同性恋育儿还是一种刺激的新进展时，我和约翰就当上了父亲。院方宣布乔治一切正常的那一天，我明白希望并非带有羽毛之物[1]，而是个哇哇大哭、粉嘟嘟的新生命，也了解到没什么事情比拥有孩子更充满乐观。我们对孩子的爱，几乎都根据情况而定，但又是我们所知道最强烈的情绪。本书里的故事之于我对我孩子的爱，一如寓言故事之于信仰，都是借由具体的叙述让最抽象的东西变成真实。在本书述说一则则关于韧性的英雄史诗之后，我成了现在这样的父亲。

我出生的时候，社会普遍认为后天教养几乎决定了一切，后来的几十年间，大家开始重视先天本质。最近 20 年间，人们更广泛地探讨先天与后天如何以复杂的方式彼此驱动。理智上我相信这种微妙的整合，但有了孩子后，我开始思考其中是否有第三种元素，某种不可知的灵性或神性的抑扬曲折。一个人的孩子是如此明确具体，要是没有当初那个瞬间的受孕，他就不会存在，想到就觉得不可思议。本书采访的父母大多表示他们不想要别的孩子，只想要现在这个，鉴于他们孩子体现的种种挑战，这点乍听之下颇令人惊讶。我们每一个人仍然更想要自己的那个在某方面有缺陷的孩子，而不要现实中或想象里的另一个孩子，这究竟是为什么？如果有散发光辉的天使降临我家，提议要帮我换一个更好的孩子，更聪明、更善良、更风趣、更有爱心、更有纪律、更有成就，我会紧抓着已有的孩子不放，并且跟其他父母一样，祈祷邪灵赶快退散。

英国数学物理学家彭罗斯曾问，我们的物理世界与柏拉图的唯心论范畴是否为同一世界？他认为人存原理或许揭示了宇宙之建构就需要意识，这等于主张任一物的存在就证明其为必然。人存原理与哥白尼革命恰好相反，主张人类的存在并非偶然，我们的存在证明我们必须存在，而我们的悟性决定了每件事是否可悟，反之亦然。主观或许比客观更真

---

[1] 作者指美国诗人爱米丽·狄金生的诗句："Hope" is the thing with feathers.（"希望"是带有羽毛之物。）

实。这个概念与教养有共通之处。我们大多相信，我们的孩子就是我们必得拥有的那个孩子，我们不会拥有其他的孩子。对我们而言，他们绝非偶然。我们爱孩子，因为孩子就是我们的命运。即使他们有缺陷、做错事、伤害我们、死去，即使如此，他们都是我们用以衡量自己生命的那份正当性的一部分。其实，他们正是那份正当性，是我们衡量生命本身所为用。他们让我们生命精彩，其势之深切，不下于我们赋予他们生命。

699　　乔治降生之后，所有的关系要如何界定，就成了问题。乔治完全属于我和约翰。布蕾恩和我事先就约定好，关于小布蕾恩的重要决定，由我们两人一起做。萝拉和谭美有独立的亲权，我们不干涉奥利弗和露西的事情，萝拉与谭美也不会干涉乔治的事。三种安排各有不同，如同多数父母极力避免手足竞争，我们也尽力不互相比较。偶尔因为双方对轻重缓急各持己见、界线画在不一样的地方、资源各异、教养方式有别等，还是会有摩擦，但见到事情终能顺利进行，摩擦顿时相形见绌、不值一提。其他人在偶然无意间进入的家庭关系，我们可是费尽千辛万苦努力建立。在我们对彼此的奉献中，有一种身经百战的淡然平静。

　　如果不需要一直创造这所有角色，按照既定剧本走就好，生活一定容易得多。我们常觉得自己就像哥伦布横渡重洋，落脚更狂野的爱的新大陆，虽然当先锋探路很刺激，但有时也宁愿所到之处路早已铺好，还能无线上网。大多数人预期会生小孩，这份预期之上依附着某种脆弱善感。我预期自己不会生小孩，结果，随预期的逆转而来的情绪，是更加诡异的脆弱善感。我们小心翼翼、深思熟虑做了许多决定，但最后解决问题的，却往往不是真凭选择。我和其他父母一样，只是单纯过一天算一天，直到见怪不怪为止。我说过，父母不是在复制生命，而是创造生命。事实上，我们也是在探索。有时我回顾人生，觉得自己就像苦力爬了40年的陡坡，接着与约翰牵手，然后布蕾恩、谭美与萝拉也来了，本书里写到的人也都以自己的方式加入。我们一行人竟也爬到峰顶，我放眼远望，脚下全是造物的创作。徒步健行的时候，我丝毫不知自己正爬向此处，在荒野中度过 40 年，没有任何人会准备好看到这样的风景。

我和约翰做了出生卡寄给大家，上面有我们和乔治的照片。约翰的一个表妹把卡片退回来，并附上短促唐突的便条，劈头就写："你的生活方式完全违背我们的基督教价值。"结尾是："我们不想再与你有往来。"有些人嗤之以鼻，认为五个负责教养的父母、四个小孩、分住三地，哪里能称为家庭？也有人害怕我们这种家庭的存在会以某种方式破坏他们的家庭。某天午餐时，一个老朋友跟我说："你父亲这样接受你的孩子，真的很了不起，对吧？"我提醒她，我的孩子就是我父亲的孙子，她回答："是没错，但还是很了不起。"这种假推断之名而行的否定，实在累人。有些人困于一种执念，以为爱的总量有限，认为我们这样的爱将消耗他们所能汲取的爱。我不信爱需要竞争抢夺，只相信爱是加成。在建立家庭以及撰写这本书的路上，我学到了爱是一种扩张的现象，爱每次一变大，都会加强世上其他的爱。若说一个人对家庭的爱也能是对上帝的爱，那么，存在任何一个家庭里的爱，也都能巩固所有家庭的爱。我信奉生育自由主义，因为当每个人都能拥有最宽广的选择余地，爱就能自行扩展。我的家人在彼此身上找到的关爱并不是更好的爱，而是另一种爱，正如同物种多样性对地球的永续极为重要，爱的多样性也能强化善良的生态圈。结果是，较少人走的路，却几乎都通往同一地方。

一个人解决认知失调的办法，是去适应早已无法改变的事，基于同样的精神，我很想知道，如果我是异性恋，或是晚个 30 年在风气更包容的社会中出生，结婚生子因此变得更容易，我是否还能从中获得这么多快乐。或许会，或许我过去必须不断做的一切复杂猜测，能在影响更广之处发挥用处。然而我也相信，若没有这些挣扎，我身为父亲就不会有现在的眼界。一部分的我曾把自己献给寂寞，而现在我再也不寂寞了。现在，孩子让我感到幸福。若早一个世代，这种爱仍将蛰伏于心、无法实现。不过，本书所描述的许多爱也一样，许多孩子可能早夭，可能被送走，可能不被认可为完整的人，其父母的爱恐有同样遭遇。我的家庭激进的理由与我笔下描述的家庭不同，但我们都不畏艰难，为革命性的爱身先士卒。

痛苦是亲密感的门槛，灾难使奉献更加闪耀。我知道这个道理，但每见道理的印证仍令我惊奇。一个人能同时因脆弱而沮丧愤怒，但仍受其魅惑。虽然我喜欢朋友的聪明、善良、慷慨与风趣，但却总是在他们或我最悲伤的时候，爱他们爱得最强烈，因为在凄凉的时刻，人与人心灵的亲近，快乐无以匹敌。我的抑郁拉近了我和父亲的距离，若他不曾助我渡过难关，我不会知道我们可以这么亲密。当上父亲虽让我品尝到欢喜的滋味，但我知道周围陷入黑暗时才能有那种情感羁绊。养儿育女是场安全练习，正因为危险总在一旁伺机而动，父母之爱才比男女情爱更崇高。若是没有夜半惊恐，不曾高烧不退，少了一连串的伤害悲痛，抚养孩子也不过是二等娱乐。我花了一些时间才明白，留意孩子的需要，正是喜悦的本质。这么看来，也难怪书中这些艰难的爱都如此深刻。我要孩子快乐，胜过其余一切。我爱孩子，因为孩子引人悲，而将那份悲伤揉成喜悦，这样一个无常无律的挑战，是我身为父亲、儿子、朋友，也是身为作者的人生动力。

许多年来，我的主要身份是悲伤世界的历史学家。悲凉的景色广受喜爱，一般认为，若笔下萧瑟至极，反映的是作家诚实不欺。但当我试着刻画幸福时，却有了相反的体悟：写到幸福时，看起来总嫌肤浅。一个人在强调悲伤或喜悦时，都是诚实的，正如一个人在谈论上方的蓝天时未提到脚下的褐色大地，也并非说谎。我采访的家庭虽大多强调抬头往上看的艺术，但依然非常诚恳。我并不羞于分享这些故事中偶尔透出的狂喜，拒绝承认美丽与真相必定势不两立，也不信痛苦不能是龟兔赛跑的兔子，最终败给代表喜悦的乌龟。

写实主义作家豪威尔斯曾对女作家华顿写道："美国大众就爱以幸福收场的悲剧。"暗指如任发疯的李尔王流落荒野，毫无救赎的希望，我们会大倒胃口。我倒想提出另一套看法，我认为我们越来越重视寻求蜕变。早期的心理分析模型都要人接受生命的难题，现代治疗则注重解决难题、排除困境，或设法重新定义，不视其为难题。这种厚颜的必胜心态是否有些自欺欺人？人常假装快乐，即使根本不觉快乐；那些精神功能症已化成愁苦的人，不止内心愁苦，更会相信自己失败了。不过，在像这样偏向光明的态度中，最大的重点是坚信灾难终能妥善消解，而悲剧往往只是一个阶段，而非结局。

这本书试图在豪威尔斯的轻蔑下方搜寻出深埋的高贵，并阐明一种更乐观的理念，那就是结局幸福的悲剧，带着一种结局幸福的喜剧所无的尊严，这些悲剧的幸福结局不仅超越了豪威尔斯所暗指的滥情，带来的满足感比毫无苦难的故事更受珍惜。有的时候，故事里的人会在最终感谢当初哀悼的事。追求悲剧无法让人达到这个境界，但你可以用包容的心，接纳更多悲伤的丰富内涵，而不是一味沉浸在绝望中。结局幸福的悲剧可能是滥情垃圾剧，也可能体现爱的真谛。若说我写的是本自我成长的书，它就是本关于接受的指引手册，介绍如何包容无法治愈的状况，也主张即使有可行的治疗，也不见得是最适当的安排。山势嶙峋的阿尔卑斯山之于浪漫的宏伟崇高，就如这种古怪难解的喜悦之于这些家庭的特色——近乎不可能、可怕，却又美得惊人。

若是在50年前，像我这样的家庭是无法想象的，因此我不得不拥护进步。时代改变让我受惠，对此我无比感谢。奔流不息的水把世界粗砺崎岖的表面磨得光滑细致，我希望这些故事也能加入这股水流。不过，在地球磨平之前，爱将在重重包围中继续壮大。爱正是在威胁中茁壮，即便威胁也让爱饱尝痛苦。我的主题与失去有关，在如此严酷的时刻，爱为柔软的心上了镣铐。看着儿子躺在那个《星舰迷航记》似的电脑断层扫描仪里，我既害怕又惊奇，那是我在小布蕾恩身上未曾感受过的，因为她不曾经历这种逆境，奥利弗与露西也没有，我认识两人时，他们早就是现在这个样子了。这件事改变了我跟他们每个人的关系。在我把为人父与失去连接起来的那一刻，孩子就诱捕了我，但若不是投身这场研究，我恐怕不会注意到这点。见识了这么多奇异的爱之后，我陷入了爱的种种迷人模式中，见识到即便在最脆弱最无依靠的时刻，爱的光辉也能带来明亮。不可承受的重责带来令人惊恐的喜悦,这我看过,也体会过,并看出爱如何战胜了一切。从前,我有时觉得书中的英勇父母都是傻子[1],自愿为相异的孩子一生为奴,努力想从苦难中生出认同,最后我却讶然发现,我所做的研究居然早已为我搭好登船板,而我,已经准备好和他们同舟共济。

---

[1] 此处作者虽未明说,却显然暗指柏拉图《理想国》里"愚人船"(ship of fools)的寓言,那是一艘乘客都是傻子和疯子的船,无舵手掌舵,航行毫无目的。愚人船的文学譬喻历久不衰,后被布兰特(Sebastian Brant)、傅科、波特(Katherine Anne Porter)等人论述、发扬,也常见于流行音乐,如门户乐团及平克·弗洛伊德。—审订注

致　　谢

要完成这样一本书，得靠团队合作。我首先要感谢也最感谢所有愿意接受采访的个人与家庭，他们之所以能分享痛苦经验，有许多是亲身付出了巨大的代价。没有他们，就没有这本书，书中所记录的世界可说就不会被看见。他们的勇气、智慧、慷慨与真诚，令我深感敬佩。

这个研究计划发轫于我为《纽约时报杂志》撰写的一篇聋哑文化介绍，感谢 Adam Moss 与 Jack Rosenthal 提出那个主题，以及为我编辑文章的 Annette Grant。为《纽约客》杂志采访艾夫根尼·纪辛之后，我开始思考神童这个主题，为此我要感谢鼓励我创作的 Tina Brown、Henry Finder 与 Charles Michener。Leslie Hawke 在 2001 年某晚带着丽莎·赫德立的精彩影片《侏儒：非童话》到我家来播放，当晚的讨论让本书有了雏形。2007 年 Adam Moss 提议我为纽约的神经多元性运动写篇文章，那次的工作是个关键，让我逐渐了解我笔下的人物。Emily Nussbaum 是那篇报道的编辑，我要谢谢他们两人。

我很幸运，能在许多人的引导下，进入我想记录的这些世界里。1994 年起，贾姬·罗斯为我开启聋哑文化之窗，本书中记录的多场访谈也是由她安排。伊·吉德·马萨亚与 I Gede Primantara 是我探访巴厘岛聋人村德沙寇洛时的向导。贝蒂·阿德森是本书侏儒主题的主要顾问，我也感谢她为我校阅该章初稿。Suzanne Elliott Armstrong 与古德温力助我完成唐氏综合征一章。格斯温德、因塞尔、詹姆士·沃森以及斯蒂尔曼给了我莫大帮助，让我了解自闭症的科学。利伯曼耐心向我介绍精神分裂症的科学知识，大卫·奈森则不吝花时间与我讨论病患的状况，协助我与病患会面。在此感谢麦克林医院的 Colleen Marie Barrett、Bruce M. Cohen、Cathie Cook 与 Scott Rauch，大力协助我在精神分裂症上的研究。赛德教了我关于身心障碍的许多议题，也让我学习到障碍者权利的相关知识。我特别要感谢 Justin Davidson、Siu Li Go Gwilt、Charles Hamlen、Sarah Durie Solomon 与 Shirley Young 在神童一章上不间断的支持，也谢谢 Susan Ebersole 与 Robert Sirota 介绍我认识曼哈顿音乐学院的学生。谢谢 Jesse Dudley 为我翻译刘元举的著作《爸爸的心就这么高：钢琴天才郎朗和他的父亲》。谢谢 Dina Temple-Raston 邀请我到卢旺达，协助安排我采访当地的强暴受害妇女，也谢谢 Janet Benshoof 与我分享她一生投注于生育权的心得。罪犯一章，要感谢 Stephen Di Menna 的启发，他鼓励我与他偕同前往享内平郡立收容学校，也谢谢 Tom Bezek、Thelma Fricke、Shelley Whelan 与 Terry Wise 亲切助我采访该处的学生及其家人。感谢美国监狱安全与滥权委员会的 Alex Busansky 与 Jennifer Trone 为我提供该章所需的丰富背景知识。跨性别族群一章，有赖 Matt Foreman、Lisa Mottet、Rachel Pepper，以及 Kim Pearson 与她带领的跨性别青少年家庭联盟团队的协助与支持。

我很幸运能拥有精实的研究团队，为我搜寻与整理大量资料，过去 10 年来，聪明可靠的 Ian Beilin、聪慧又令人折服的 Stephen Bitterolf、忠实勤奋的 Susan Ciampa、认真负责的 Jonah Engle、创意无限的 Edric Mesmer、谨慎机敏的 Kari Milchman、雅致杰出的 Deborah Pursh、极具胆识的 Jacob Shamberg 与聪明和想象力非凡的 Rachel Trocchio，不吝为我的研究分享所知，让我的作品更连贯且洞悉事理。感谢 Pat Towers 为我编辑章节样本。在此十分感激 Susan Kittenplan 为我校订最初冗赘的原稿。感谢 Eugene Corey 为我听写誊抄早期采访内容，也谢谢 Tru

Transcripts 听打服务团队的 Sandra Arroyo、Sonia Houmis、Kathleen Vach 等人员为我制作后期采访记录。

写作这本书时，我四处为家。我在洛克菲勒基金会贝拉吉欧中心、优克洛斯基金会各住过一晚、麦道尔艺术村住过两晚、雅多艺术村住过四晚。这些地方宁静的气氛，对于我能完成这本书至关重要。我尤其要感谢洛克菲勒基金会的 Pilar Palacia 和 Darren Walker、优克洛斯的 Sharon Dynak 及 Ruthie Salvatore、麦道尔艺术村的 Michelle Aldredge、Nancy Devine、David Macy、Brendan Tapley 和 Cheryl Young，以及雅多艺术村的 Cathy Clarke、Elaina Richardson 和 Candace Wait。

睿智又可靠的 Andrew Wylie 是我的经纪人，也是好友，我写作生涯这 25 年来，有赖他帮助，才能成就今日的我。我对他能干的代理人，尤其是 Sarah Chalfant、Alexandra Levenberg 和 Jeffrey Posternak 也深表感谢。我同时也得向 Scribner 出版社我所钟爱的编辑 Nan Graham 致敬，她看稿时胸怀无惧，下笔却十分仁慈。她善于同理、充满热情、无比耐心、目光清明，协助我把这本书从我脑海中的构想落实到最后完成。我也要感谢 Scribner 出版社的 Brian Belfiglio、Steve Boldt、Rex Bonomelli、Daniel Burgess、Roz Lippel、Kate Lloyd、Susan Moldow、Greg Mortimer、Carolyn Reidy、Kathleen Rizzo、Kara Watson 及 Paul Whitlatch。我还要感谢 Chatto & Windus 出版社的 Alison Samuel 买下这本书的版权，也谢谢 Clara Farmer 一路关照这本书的制作出版，还有 Andrew Essex、Ben Freda、Jonathan Hills、Trinity Ray、Eric Rayman、Andres Saavedra 和 Eric Schwinn 在出版过程中为这本书所付出的努力。

感谢 Cheryl Henson 和 Ed Finn 让我使用封面上的图片，至于封面设计则出自 Adam Fuss 之手。谢谢 Annie Leibovitz 为我拍摄作者简介上的照片，并让我使用。

我所写的每本书都有劳我大一的作文老师 Katherine Keenum 的改正，她的付出令我感动，而她如此字字细读，对我而言十分宝贵。

Kathleen Seidel 则为我整理书目、引言，并帮忙确认书中资料。她自告奋勇找出跟身份、障碍、医学、法律相关的歧视问题。她的校对工作十分出色，要是没有她精细的头脑、对精准的热切、对正确的执着、对正义的敏锐，这本书就不可能是今天的样子。

Alice Truax 一次次看过本书的多份草稿，她深刻理解我的写作目的，总让我觉得她修改时仿若洞悉我内心的真正意图。我写作靠的是联想，而她则靠逻辑。她有无比的耐心和高超的技巧，能砍去大段杂芜的文字，清理出当中的思路。

我也要感谢廖克煌接下繁体中文版的审订工作。他深刻了解本书的内容和主题，谨慎细心地进行修订，确保提供中文读者无误的行文。对此书勉力付出，可见慷慨热切。在我写作此书时，幸有许多人帮助我打理生活，在此我要感谢 Sergio Avila、Lorilynn Bauer、Juan Fernandez、Amalia Fernandez、Ildikó Fülöp、Judy Gutow、Christina Harper、Brenda Hernández-Reynoso、Marsha Johnson、Celso、Miguela Mancol、Olga Mancol、Tatiana Martushev、Heather Nedwell、Jacek Niewinski、Mindy Pollack、Kylee Sallak、Eduardo de los Santos、Elfi de los Santos、Marie Talentowski、Ester Tolete、Danusia Trevino 以及 Bechir Zouay。

这项大工程有太多人曾经参与，实在无法一一致谢。几乎每天都有人说了某句话让我更了解我背后想探讨的主题：身份与爱。本书的中心概念得以成形，有赖许多了不起的人共同参与和讨论，并且不吝针对某些段落赐教，敬列如下：Cordelia Anderson、Laura Anderson、Anne Applebaum、Lucy Armstrong、Dorothy Arnsten、Jack Barchas、Nesli Basgoz、Frank Bayley、CrisBeam、Bill Beekman、Bunny Beekman、Meica de Beistegui、Miguel de Beistegui、Erika Belsey、Alexi Worth、Mary Bisbee-Beek、Richard Bradley、Susan Brody、Hugo Burnand、Elizabeth Burns、Elizabeth Cabot、Blake Cabot、Mario Calvo-Platero、Ariadne Calvo-Platero、S. Talcott Camp、Thomas Caplan、Christian Caryl、Amy Fine Collins、Cathryn Collins、Robert Couturier、Dana B. Cowin、Barclay Palmer、Rebecca Culley、Peter K. Lee、Mary D'Alton、Meri Nana-Ama Danquah、Cecile David-Weill、Justin Davidson、Ariella Budick、Nick Davis、Jane Mendelsohn、Roland Davis、Margot Norris、Miraj Desai、

Freddy Eberstadt、Nenna Eberstadt、Alistair Bruton、Nicholas Rollo David Evans、Melissa Feldman、Lorraine Ferguson、Susannah Fiennes、Adam Flatto、Olivia Flatto、Bill Foreman、Reg Barton、Cornelia Foss、Richard A. Friedman、Bob Hughes、Richard C. Friedman、Fran Gallacher、Arlyn Gardner、Rhonda Garelick、Kathleen Gerard、Bernard Gersten、Cora Cahan、Icy Gordon、Ann Gottlieb、Philip Gourevich、Larissa Mac Farquhar、Geordie Greig、Kathr yn Greig、Guo Fang、Melanie Hall、Martin Hall、Han Feng、Amy Harmon、John Hart、Ashton Hawkins、Johnnie Moore、David Hecht、Cheryl Henson、Ed Finn、David Herskovits、Jennifer Egan、Gillie Holme、Camille Massey、Richard Hubbard、Ana Joanes、Lisa Jonas、Maira Kalman、William Kentridge、Anne Stanwix、Terry Kirk、Larry Kramer、Søren Krogh、Mary Krueger、Andreas Saavedra、Roger Lacey、Neroli Lacey、Jhumpa Lahiri、Alberto Vourvoulias-Bush、Katherine Lanpher、Paul Le Clerc、Michael Lee、Ashutosh Khandekar、Justin Leites、Jeffrey Lieberman、Rosemarie Lieberman、Jennie Livingston、Betsy de Lotbinière、Kane Loukas Rieck、Christina Rieck、Ivana Lowell、Howard Blum、Sue Macartney-Snape、John Mac Phee、Jamie Marks、Mary E. Marks、Cleopatra Mathis、Tey Meadow、James Meyer、Juliet Mitchell、Isaac Mizrahi、R. Clayton Mulford、Freda Murck、Christian Murck、John Novogrod、Nancy Novogrod、Rusty O'Kelley III and John Haskins、Ann Olson、Beatrix Ost Kuttner、Ludwig Kuttner、Mary Alice Palmer、Harriet Paterson and Rick Cockett、Julie Peters、Alice Playten、Francine du Plessix Gray、Charles Prideaux、Barbara Prideaux、Dièry Prudent、Mariza Scotch、Deborah Pursch、David Pursch、Emily K. Rafferty、Kim Reed、Claire Jones、Maggie Robbins、Paul Robinson、Susannah Robinson、Marion Lignana Rosenberg、Robert Rosenkranz、Alexandra K. Munroe、Steven Rosoff and Tanis Allen、Ira Sachs、Eric Saltzman、Phillip Satow、Donna Satow、Christina Schmidt、Lisa Schmitz、John Schneeman、Jill Schuker、Alex Shand、Julie Sheehan、Nicola Shulman、Polly Shulman、Michael Silverman、Dee Smith、Doug Smith、Gordon Smith、Calvin、Emmett、Abigail Solomon、David Solomon、Sarah Long Solomon、Cindy Spiegel、Moonhawk River Stone、Kerry J. Sulkowicz、Sandra Leong、Ezra Susser、Claudia Swan、Dean Swanson、András Szántó、Alanna Stang、Dina Temple-Raston、Phyllis Toohey、Tara Tooke、Carll Tucker、Jane Br yant uinn、Susan Wadsworth、Kathryn Walker、Jim Watson、Liz Watson、Caroline Weber、Helen Whitney、Susan Willard、Hope and Grant Winthrop、Jaime Wolf、Micky Wolfson、Doug Wright、Dave Clement、Larisa Zvezdochetova。

感谢 Laura Scher 和 Tammy Ward 在写作过程中不时替我打气，也谢谢你们让我的人生变得如此愉悦。

Blaine Smith 细腻的同情、宽大、智慧，我永远感怀在心，也感谢她提出对于本书设计的独到见解。

我的继母 Sarah Durie Solomon 年复一年陪我讨论这本书的内容，给予我诸多见解且不吝于鼓励。此外，当我需要提笔写作时，她也极力邀请我去跟她和我父亲同住。我们在一起的时光实在美好，没有这些时光，就没有这本书。

我父亲 Howard Solomon 是我最不离不弃的读者，从一开始的只字片语到完稿的各个版本，他不厌其烦地一读再读。每次访谈、每个想法，我们都讨论过，而他自始至终也一直深信，这本书一定能顺利出版。我在本书中记录了为人父母全心全意的付出，而他一生的奉献就是我此生对此最初的体验。

感谢奥利弗、露西、布蕾恩和乔治，在我因忙于写作而无法陪他们玩耍嬉戏的时候，如此有耐心。本书是对小孩致敬，但本书能完成，有赖这群小孩如此宽容忍耐。

最后，我要感谢我的丈夫约翰，我工作时他总陪在我身边，而我一工作就无法陪在他身边。他把我的手稿修整得精炼准确，对我助益极大；他把我的人生修整得幸福快乐，这种好更是无人能及。

注　解

书中所列注解为浓缩版，更详尽内容请见：http://www.andrewsolomon.org/far-from-the-tree/footnotes。

以下针对注解说明。首先，受访者皆有权选择以真名或化名出现，使用化名者皆于注解中标出。虽然希望尽量真实呈现化名者身分，但若受访者要求，部分个人资料仍经调整以保护隐私。

引用文字如取自出版品，出处皆列于注解中。其他内容则引自1994～2012年所进行的采访。

为避免本书篇幅过长或充满删节号，某些书面文字引用时稍加浓缩，全文则置于网站注解中。

卷首题诗

请见《史蒂文斯诗选》*The Collected Poems of Wallace Stevens*（1990年）第193～194页。

第七章 ｜ 身心障碍

355 Elaine Fowler Palencia, *Taking the Train: Poems* (1997), pages 6–7.
356 My definitions of various disability categories come from the National Dissemination Center for Children with Disabilities' FAQ "Severe and/or multiple disabilities," http://www.nichcy.org/Disabilities/Specific/Pages/SevereandorMultipleDisabilities.aspx.
357 "Loving things for reasons" is a line in Richard Wilbur's poem "Winter Spring," which appears on page 453 of his *Collected Poems, 1943–2004* (2004).
357 For basic information on severe disabilities, I have relied upon *Introduction to Persons with Severe Disabilities: Educational and Social Issues*, edited by John J. J. McDonnell et al. (1995); the twenty thousand births per year figure occurs on page 75.
357 This passage is based on my interviews with David and Sara Hadden in 2004 and 2007 and subsequent communications.
363 Quotations from Alan O. Ross come from pages 55–56 and 157 of his book *The Exceptional Child in the Family* (1972).
363 The quotation from Susan Allport ("It is not parent providing care to helpless young…") occurs on page 103 of her book *A Natural History of Parenting: A Naturalist Looks at Parenting in the Animal World and Ours* (1997).
363 Sarah Hrdy's observation ("Nurturing has to be teased out, reinforced, maintained…") occurs on page 174 of her book *Mother Nature: Maternal Instincts and How They Shape the Human Species* (1999).
364 The characterization of maternal attachment as "transactional, rather than linear and unidirectional" comes from Carol George and Judith Solomon, "Attachment and caregiving: The caregiving behavioral system," in *Handbook of Attachment: Theory, Research, and Clinical Applications*, edited by Jude Cassidy and Phillip R. Shaver (1999), page 659.
364 Carrie Knoll tells the story of her encounter with parents of a child with holoprosencephaly in her article "In parents' eyes, the faintest signs of hope blur the inevitable," *Los Angeles Times*, October 28, 2002.
364 This passage is based on my interview with Louis and Greta Winthrop in 2005. All names in this passage are pseudonyms.
365 Sophia Isako Wong's question ("…what rewards do parents expect…") comes from her article "At home with Down syndrome and gender," *Hypatia* 17, no. 3 (Summer 2002).
365 See Simon Olshansky, "Chronic sorrow: A response to having a mentally defective child," *Social Casework* 43, no. 4 (1962).
365 Sigmund Freud, *Mourning and Melancholia*, vol. 14, *The Standard Edition of the Complete Psychological Works of Sigmund Freud* (1955).
366 The reference to "…the deadly pall of tragedy…" occurs on page 27 of Jeanne Ann Summers, Shirley K. Behr, and Ann P. Turnbull, "Positive adaptation and coping strengths of families who have children with disabilities," in *Support for Caregiving Families: Enabling Positive Adaptation to Disability*, edited by George H. S. Singer and Larry K. Irvin (1989).
366 Discrepancies between professionals' observations of family stress and family members' actual experience are discussed in Anne E. Kazak and Robert S. Marvin, "Differences, difficulties and adaptation: Stress and social networks in families with a handicapped child," *Family Relations* 33, no. 1 (January 1984).
366 Jerome Groopman's comment about language ("Language is as vital to the physician's art as the stethoscope…") occurs in his article "Hurting all over," *New Yorker*, November 13, 2000.
366 This passage is based on my interview with Paul and Cris Donovan in 2007 and subsequent communications.
371 For research finding that social isolation is a risk factor for depression and attachment impairment, see pages 93–95 of *Infants in Crisis: How Parents Cope with Newborn Intensive Care and Its Aftermath*, edited by Glenn Affleck, Howard Tennen, and Jonelle Rowe (1991); see also Glenn Affleck and Howard Tennen, "Appraisal and coping predictors of mother and child outcomes after newborn intensive care," *Journal of Social & Clinical Psychology* 10, no. 4 (1991).

371 The concept of an "internal locus of control" is discussed in Bryony Beresford, "Resources and strategies: How parents cope with the care of a disabled child," *Journal of Child Psychology & Psychiatry* 35, no. 1 (January 1994); and Emmy Werner and Ruth Smith, *Journeys from Childhood to Midlife: Risk, Resilience, and Recovery* (2001).

372 This passage is based on my interview with Susanna Singer in 2006 and subsequent communications.

374 Cecilia Bartoli's website: http://www.ceciliabartolionline.com.

376 The statistic on the percentage of disabled children who live with parents into adulthood occurs on page 460 of *The Parental Experience in Midlife*, edited by Carol Ryff and Marsha Mailick Seltzer (1996).

376 The modern increase in the life expectancy of disabled people is discussed on page 85 of *Mental Retardation in the Year 2000*, edited by Louis Rowitz (1992); see also Richard K. Eyman et al., "Survival of profoundly disabled people with severe mental retardation," *American Journal of Diseases of Childhood* 147, no. 3 (1993).

376 The role of parental caregiving in providing companionship and a sense of purpose is discussed in Tamar Heller, Alison B. Miller, and Alan Factor, "Adults with mental retardation as supports to their parents: Effects on parental caregiving appraisal," *Mental Retardation* 35, no. 5 (October 1997).

376 This passage is based on my interview with Bill Zirinsky and Ruth Schekter in 2005, and on Bill's articles "Sam's story," *Exceptional Parent*, June 1997; "Saying goodbye to our cherished boy, Sam Zirinsky," *Crazy Wisdom Community Journal*, May–August 2004; "Life with my two little girls," *Crazy Wisdom Community Journal*, January–April 2006; and "If you could see her through my eyes: A journey of love and dying in the fall of 2007," *Crazy Wisdom Community Journal*, January–April 2008.

380 References cited in the paragraph about sibling adjustment: Finding siblings more responsible and tolerant: Sally L. Burton and A. Lee Parks, "Self-esteem, locus of control, and career aspirations of college-age siblings of individuals with disabilities," *Social Work Research* 18, no. 3 (September 1994). Finding siblings more unhappy, but not suffering unduly from psychiatric problems: Naomi Breslau et al., "Siblings of disabled children: Effects of chronic stress in the family," *Archives of General Psychiatry* 44, no. 12 (December 1987). Finding the worse the disability, the better the sibling adjustment: Frances Kaplan Grossman, *Brothers and Sisters of Retarded Children: An Exploratory Study* (1972), especially pages 177–78. Finding siblings were helped by a specific diagnosis: Ann Gath and Dianne Gumley, "Retarded children and their siblings," *Journal of Child Psychology & Psychiatry* 28, no. 5 (September 1987).

381 Allen Shawn describes his experience as the fraternal twin of a profoundly disabled sister in *Twin: A Memoir* (2010).

381 This passage is based on my interviews with John, Eve, and Dylan Morris in 2007 and subsequent communications.

385 The discussion of the Ashley treatment and ensuing controversy is based on my telephone interview with Ashley's father in 2008 and subsequent communications; *The "Ashley Treatment"* weblog established by Ashley's parents at http://ashleytreatment.spaces.live.com, which is the source of all quotations from Ashley's father's writings; Chris Ayres and Chris Lackner, "Father defends decision to stunt disabled girl's growth," *Ottawa Citizen*, January 4, 2007; Elizabeth Cohen's report for CNN "Disability community decries 'Ashley treatment,'" broadcast January 12, 2007; Nancy Gibbs, "Pillow angel ethics," *Time*, January 7, 2007; Ed Pilkington, "Frozen in time: The disabled nine-year-old girl who will remain a child all her life," *Guardian*, January 4, 2007; Genevieve Roberts, "Brain-damaged girl is frozen in time by parents to keep her alive," *Independent*, January 4, 2007; Sam Howe Verhovek, "Parents defend decision to keep disabled girl small," *Los Angeles Times*, January 3, 2007; the CNN feature "'Pillow angel' parents answer CNN's questions," broadcast March 12, 2008; and the BBC report "Treatment keeps girl child-sized," broadcast January 4, 2007.

387 The quotation from Douglas Diekema comes from the CNN report "Ethicist in Ashley case answers questions," broadcast January 11, 2007.

387 The quotations from Daniel Gunther come from the CNN report "Ethicist in Ashley case answers questions," broadcast January 11, 2007; and from Nancy Gibbs, "Pillow angel ethics," *Time*, January 7, 2007.

387 For the clinical report of the Ashley treatment, see Daniel F. Gunther and Douglas S. Diekema, "Attenuating growth in children with profound developmental disability: A new approach to an old dilemma," *Archives of Pediatric & Adolescent Medicine* 260, no. 10 (October 2006).

387 The quotation from Arthur Caplan comes from his January 5, 2007, opinion piece for MSNBC, "Is 'Peter Pan' treatment a moral choice?"

387 The reference to "surgical mutilation" occurs in a response to the article "The Ashley treatment," on *Burkhart's Blog*, January 6, 2007; "They might as well kill her" occurs in the article "The mistreatment of Ashley X," *Family Voyage*, January 4, 2007.

388 FRIDA's statement was published in a press release on January 10, 2007, http://fridanow.blogspot.com/2007/01/for-immediate-release-january-10-2007.html.

388 Helen Henderson deplored the advent of "designer cripples" in her op-ed piece "Earthly injustice of 'pillow angels,'" *Toronto Star*, June 27, 2009.

388 Julia Epstein's characterization of the Ashley treatment as "terminally infantilizing" occurs in Nancy Gibbs, "Pillow angel ethics," *Time*, January 7, 2007.

388 The two statements by mothers of severely disabled children come from Elizabeth Cohen's report for CNN "Disability community decries 'Ashley treatment,'" broadcast January 12, 2007 (quoting Penny Richards, "Sigh," *Temple University Disability Studies Weblog*, January 5, 2007; and article by "Nufsaid," "The world has gone completely nuts," *Ramblings*, January 4, 2007).

388 The Seattle Growth Attenuation and Ethics Working Group statement comes from Benjamin S. Wilfond et al., "Navigating growth attenuation in children with profound disabilities: Children's interests, family decision-making, and community concerns," *Hastings Center Report* 40, no. 6 (November–December 2010).

389 Norman Fost characterizes public concern about the "Ashley treatment" as intrusive in his article "Offense to third parties?," whereas Eva Feder Kittay characterizes the procedure as discriminatory in "Discrimination against children with cognitive impairments?"; both were published in *Hastings Center Report* 40, no. 6 (November–December 2010).

389 The MSNBC survey was described in the CNN report "Pillow angel' parents answer CNN's questions," broadcast March 12, 2008.

389 The quotation from Daniel Gunther ("The argument that a beneficial treatment should not be used . . .") occurs in Nancy Gibbs, "Pillow angel ethics," *Time*, January 7, 2007.

389 The quotation from Peter Singer ("What matters in Ashley's life …") occurs in his op-ed piece "A convenient truth," *New York Times*, January 26, 2007.
390 I here draw from William Shakespeare's Sonnet 116.
390 The quotations from Anne McDonald come from her article "The other story from a 'pillow angel': Been there. Done that. Preferred to grow," *Seattle Post-Intelligencer*, June 15 2007.
391 The quotation about the uncertainties of prognosis for communication in three-year-olds comes from a letter by Miriam A. Kalichman published online as "Replies to growth-attenuation therapy: Principles for practice," *Pediatrics* (June 18, 2009).
391 The quotation from Alice Domurat Dreger comes from her article "Attenuated thoughts," *Hastings Center Report* 40, no. 6 (November–December 2010).
392 The quotation from Norman Kunc ("From the age of three until the age of twelve …") comes from his interview with Michael F. Giangreco, "The stairs don't go anywhere? A disabled person's reflections on specialized services and their impact on people with disabilities," University of Vermont, September 7, 1996, http://www.normemma.com/articles/arstairs.htm.
393 Examples of references to genocide in the literature of disability include Paddy Ladd and Mary John, "Deaf people as a minority group: The political process," in the 1992 Open University syllabus *Constructing Deafness: Social Construction of Deafness: Deaf People as a Minority Group—the Political Process*; Harlan Lane, "Ethnicity ethics and the deaf-world," *Journal of Deaf Studies & Deaf Education* 10, no. 3 (Summer 2005); and Bridget Brown's letter to the *Chicago Tribune* and *Time* magazine, *Down Syndrome Development Council Forum* 6, March 2007, page 3.
393 Peter Singer's description of Frank Shann occurs on pages 38–56 of *Rethinking Life and Death: The Collapse of Our Traditional Ethics* (1994); the quotation "If the cortex of the brain is dead …" occurs on page 42.
394 Peter Singer's statement "Killing a disabled infant is not morally equivalent to killing a person" occurs on page 191 of *Practical Ethics*, 2nd ed. (1993). Singer's definition of *person* can be found on pages 86–87.
394 Peter Singer's statement beginning "If we compare a severely defective human infant with a nonhuman animal …" occurs on page 128 of his article "Sanctity of life or quality of life?," *Pediatrics* 72, no. 1 (July 1983).
394 The story of the Miller family's ordeal comes from the Supreme Court of Texas opinion in *Miller v. HCA, Inc.*, 118 SW.3d 758 (Tex. 2003), http://www.supreme.courts.state.tx.us/historical/2003/sep/010079.pdf; see also Kris Axtman, "Baby case tests rights of parents," *Christian Science Monitor*, March 27, 2003.
394 See Not Dead Yet et al., "Brief of amici curiae in support of respondents," *Miller v. HCA, Inc.*, Civil Action No. 01-0079 (Supreme Court of Texas, filed March 21, 2002), http://www.notdeadyet.org/docs/millerbrief.html.
394 "Many disability rights advocates believe that the Millers' suit promotes infanticide …" comes from Dave Reynolds, "Who has the right to decide when to save the sickest babies?," *Inclusion Daily Express*, June 14, 2002.
395 The quotations from Ellen Wright Clayton ("I think that it is really inappropriate …") and George Annas ("The truth is, no one really knows …") come from Kris Axtman, "Baby case tests rights of parents," *Christian Science Monitor*, March 27, 2003.
395 The excerpt from the New York Court of Appeals decision in *Becker v. Schwartz*, 46 N.Y.2d 401 (1978), is quoted in Pilar N. Ossorio, "Prenatal genetic testing and the courts," in *Prenatal Testing and Disability Rights*, edited by Adrienne Asch and Erik Parens (2000), page 320.
395 This passage is based on my interview with Julia Hollander in 2006 and subsequent communications, as well as her book *When the Bough Breaks: A Mother's Story* (2008).
396 The quotation from Julia Hollander beginning "In Limbo, the babies have died" comes from her book *When the Bough Breaks: A Mother's Story* (2008), page 22. The quotation beginning "One night in the dark" comes from page 69.
399 All quotations from Tania Beale come from her article with Julia Hollander, "A tale of two mothers," *Guardian*, March 8, 2008.
401 The quotations from Chris Borthwick come from pages 205 and 207 of his article "The proof of the vegetable," *Journal of Medical Ethics* 21, no. 4 (August 1995).
402 For an exploration of the Jewish concept of God in relationship, see Martin Buber, *I and Thou* (2000); e.g., page 49: "Spirit is not in the I, but between I and Thou."
402 The quotation from Maggie Robbins ("Consciousness is not a noun, it's a verb") comes from a personal communication in 2010.
402 For more information on parenting in animals, see Susan Allport, *Natural History of Parenting: A Naturalist Looks at Parenting in the Animal World and Ours* (1997).
403 The quotations from Annie Leclerc ("the profound taste we have for children") and Daphne de Marneffe ("not only to her recognition …") occur on pages 90 and 82, respectively, of Daphne de Marneffe, *Maternal Desire: On Children, Love, and the Inner* (2004).
403 The quotation from Sigmund Freud ("parental love, which is so moving and at bottom so childish, is nothing but parental narcissism born again") occurs on page 91 of *On Narcissism: An Introduction* (1981).
403 For Anna Freud's thoughts on the mother-child relationship, see *The Harvard Lectures* (1992), especially Lecture Five (pages 65–78), "Stages of development."
403 See Rozsika Parker, *Torn in Two: The Experience of Maternal Ambivalence* (1995, 2005). The quotation "the Scylla of intrusiveness and the Charybdis of neglect" occurs on page 140, while the quotation about "a sort of sadness" occurs on page 45.

第八章 | 神童

406 The quotation from Raymond Radiguet ("Child prodigies exist …") occurs on pages viii–ix of his novel *Count d'Orgel's Ball* (1989).

406 The statement "A prodigy is a group enterprise" occurs on page 121 of David Henry Feldman and Lynn T. Goldsmith, *Nature's Gambit: Child Prodigies and the Development of Human Potential* (1991).

407 See Steven Mithen, *The Singing Neanderthals: The Origins of Music, Language, Mind and Body* (2006).

407 Psychologist Anne Fernald of Stanford University has conducted pioneering research in the role of singsong "baby talk" in child development; see Anne Fernald, "Four month olds prefer to listen to motherese," *Infant Behavior & Development* 8 (1985); and Anne Fernald and P. Kuhl, "Acoustic determinants of infant preference for motherese speech," *Infant Behavior and Development* 10 (1987).

407 The quotation from John Blacking (music "is there in the body…") occurs on page 100 of his book *How Musical Is Man?* (1973).

407 For a cross-cultural study of musical communication of emotion, see Thomas Fritz et al., "Universal recognition of three basic emotions in music," *Current Biology* 19, no. 7 (April 2009).

407 Robert Garfias's identification of music as a "primary means of sustaining a process of socialization" occurs on page 100 of his article "Thoughts on the process of language and music acquisition," in *Music and Child Development: Proceedings of the 1987 Biology of Music Making Conference*, edited by F. Wilson and R. Roehmann (1989).

407 Géza Révész refers to Handel's singing before he could talk on page 7 of *The Psychology of a Musical Prodigy* (1925). The story may, however, be apocryphal; Handel's earliest biographer, John Mainwaring, does not describe Handel's infancy.

407 Arthur Rubinstein describes his early habit of expressing his desires in song on page 4 of *My Young Years* (1973).

407 The quotation from John Sloboda ("Musical idioms are not languages") occurs on page 106 of his essay "Musical ability," in *Ciba Foundation Symposium 178: The Origins and Development of High Ability* (1993).

407 All quotations from Leon Botstein come from my interview with him in 2010 and subsequent communications.

407 This passage is based on my interviews with Evgeny Kissin, Emilia Kissin, and Anna Pavlovna Kantor in 1996, and on a subsequent interview with Evgeny Kissin in 2008, as well as other communications.

410 Evgeny Kissin's Carnegie Hall debut garnered overwhelmingly positive reviews: see Allan Kozinn, "Recital by Yevgeny Kissin, a young Soviet pianist," *New York Times*, October 2, 1990; Peter Goodman, "Sparks fly from his fingertips," *Newsday*, October 2, 1990; Harold C. Schonberg, "Russian soul gets a new voice at the keyboard," *New York Times*, October 7, 1990; and Michael Walsh and Elizabeth Rudulph, "Evgeny Kissin, new kid," *Time*, October 29, 1990.

411 The quotation from Anne Midgette comes from her review "Kissin is dexterous but lacking in emotion," *Washington Post*, March 2, 2009.

412 This passage is based on my interview with Yefim Bronfman in 2010. For another profile of Bronfman, see Anne Midgette, "A star who plays second fiddle to music," *New York Times*, December 15, 2007. Bronfman is depicted in Philip Roth's novel *The Human Stain* (2000).

412 Peter Kivy discusses Plato's concept of genius throughout the first chapter (pages 1–13) of *The Possessor and the Possessed: Handel, Mozart, Beethoven, and the Idea of Musical Genius* (2001).

412 See Longinus, *On the Sublime*, translated by Thomas R. R. Stebbing (1867), page 4.

412 John Locke's statement "I imagine the minds of children as easily turn'd this or that way, as water it self " occurs on page 2 of his work *Some Thoughts Concerning Education* (1695).

412 Kant's statement "If an author owes a product to his genius, he himself does not know how he came by the ideas for it" occurs on page 175 of *Critique of Judgment* (1987).

412 See E. F. J. Payne's rendition on page 391 of *The World as Will and Representation* (1966), simplified here.

412 See Francis Galton, *Hereditary Genius* (1869).

412 Lewis Terman's research reports include "A new approach to the study of genius," *Psychological Review* 29, no. 4 (1922); *Genetic Studies of Genius*, vol. 1, *Mental and Physical Traits of a Thousand Gifted Children* (1925); and *The Gifted Group at Mid-Life: Thirty-Five Years Follow-Up of the Superior Child* (1959).

413 Scott Barry Kaufman offers a critical review of Terman's work in his article "The truth about the Termites," *Psychology Today*, September 2009.

413 Paul Popenoe's statement "no son of an unskilled laborer has ever become an eminent man of science in the United States" occurs on page 134 of his book *The Child's Heredity* (1929).

413 For in-depth investigations of the contribution of the British and American eugenics movement to the development of Nazi racial policies, see Henry P. David, Jochen Fleischhacker, and Charlotte Hohn, "Abortion and eugenics in Nazi Germany," *Population & Development Review* 13, no. 1 (March 1988); Timothy Ryback, *Hitler's Private Library* (2010); and Edwin Black, *War Against the Weak: Eugenics and America's Campaign to Create a Master Race* (2004).

413 Alfred Kroeber considers the subject of genius in *Configurations of Culture Growth* (1944).

413 This passage is based on my interviews with Leon Fleisher and Julian Fleisher in 2010 and subsequent communication.

416 The quotation from Daines Barrington occurs on pages 285 and 286 of his "Account of a very remarkable young musician" (1780), reprinted in 2008 by the Mozart Society of America.

416 All quotations from Veda Kaplinsky come from my interview with her in 2010.

416 The Japanese proverb "the ten-year-old prodigy becomes a talented fifteen-yearold on the way to mediocrity at twenty" is cited in "Music: Prodigies' progress," *Time*, June 4, 1973.

416 All quotations from Charles Hamlen come from my interviews with him in 1996 and 2007 and other communications.

417 All quotations from Karen Monroe come from my interview with her in 2007.

417 The quotations from and about Van Cliburn occur on pages 182–83 of Claude Kenneson, *Musical Prodigies: Perilous Journeys, Remarkable Lives* (1993).

417 The increase in the number of piano competitions is chronicled in Michael Johnson, "The dark side of piano competitions," *New York Times*, August 8, 2009.

417 All quotations from Robert Levin come from my interview with him in 2010.

417 This passage is based on my interview with Sue, Joe, and Drew Peterson in 2010 and subsequent communications.
418 All quotations from Miyoko Lotto come from Roberta Hershenson, "Playing piano recitals and skipping fifth grade," *New York Times*, July 9, 2009.
419 All quotations from Justin Davidson come from my interviews with him in 2010 and 2012 and prior and subsequent communication.
420 "Craftsmanship has never stood in the way of genius" is an English-language paraphrase of a sentiment frequently expressed by Pierre-Auguste Renoir, as, for example, in a letter to the painter Henry Mottez, ca. 1910, quoted in Jean Renoir, *Renoir: My Father* (2001), pages 415–16.
420 The quotation from Steven Isserlis ("It should be taught like a mixture of religion and science . . .") comes from my interview with him in 2010.
420 This passage is based on my interviews with Mikhail, Natalie, Misha, and Natasha Paremski in 2007 and prior and subsequent communications.
421 Natasha Paremski's performance of Rachmaninoff's Piano Concerto no. 2 was described as both "fresh" and "raw" by reviewer Anne Midgette in "Pinchhitting at Caramoor: Young pianist and Rachmaninoff," *New York Times*, June 25, 2007.
422 For more information on absolute pitch, see Daniel J. Levitin and Susan E. Rogers, "Absolute pitch: Perception, coding, and controversies," *Trends in Cognitive Sciences* 9, no.1 (January 2005); and A. Bachem, "Absolute pitch," *Journal of the Acoustical Society of America* 27, no. 6 (1955).
423 The anecdotes about children's manifestation of absolute pitch come from my interview with David A. Ross in 2010, as do all quotations from him.
423 Acquisition of perfect pitch is discussed in Annie H. Takeuchi and Stewart H. Hulse, "Absolute pitch," *Psychological Bulletin* 113, no. 2 (1993); and Diana Deutsch et al., "Absolute pitch among American and Chinese conservatory students," *Journal of the Acoustical Society of America* 199, no. 2 (February 2006).
423 Daniel J. Levitin evaluates the ability of nonmusicians to replicate the opening pitches of popular songs in "Absolute memory for musical pitch: Evidence from the production of learned melodies," *Perception & Psychophysics* 56, no. 4 (1994).
423 See Nicholas A. Smith and Mark A. Schmuckler, "Dial A440 for absolute pitch: Absolute pitch memory by non-absolute pitch possessors," *Journal of the Acoustical Society of America* 123, no. 4 (April 2008).
423 Both anecdotes about the difficulties encountered in group performance by musicians with absolute pitch come from my interview with David A. Ross.
423 The seminal study on absolute pitch and the planum temporale is Gottfried Schlaug et al., "In vivo evidence of structural brain asymmetry in musicians," *Science*, n.s., 267, no. 5198 (February 3, 1995); see also Julian Paul Keenan, "Absolute pitch and planum temporale," *Neuroimage* 14, no. 6 (December 2001).
423 Thomas Elbert et al. reported the finding of brain enlargement in violin players in "Increased cortical representation of the fingers of the left hand in string players," *Science* 270, no. 5234 (October 13, 1995).
423 For neuroimaging evidence of enhanced motor coordination in musicians, see Burkhard Maess et al., "Musical syntax is processed in Broca's area: An MEG study," *Nature Neuroscience* 4, no. 5 (May 2001); and Vanessa Sluming et al., "Broca's area supports enhanced visuospatial cognition in orchestral musicians," *Journal of Neuroscience* 27, no. 14 (April 4, 2007).
423 This passage is based on my interviews and conversations with Robert, Orna, and Jay Greenberg in 2007 and 2008 and subsequent communication.
424 The quotation from Samuel Zyman ("What would you do if you met an eight year-old boy who can compose . . .") comes from his article "New music from a very new composer," *Juilliard Journal*, May 2003.
424 Jay's description of his compositional mental process comes from Rebecca Leung, "Prodigy, 12, compared to Mozart," CBS News, February 18, 2009.
424 The quotation from Nancy Andreasen (". . . the creative process is similar in artists and scientists . . .") occurs on page 78 of her book *The Creating Brain: The Neuroscience of Genius* (2005).
424 Jay's description of the mathematical underpinnings of one of his compositions comes from the liner notes to the recording *Symphony No. 5; Quintet for Strings* (2006).
425 "My music does express my feelings . . ." comes from Matthew Gurewitsch, "Early works of a new composer (very early, in fact)," *New York Times*, August 13, 2006.
425 See *The Complete Works of Aristotle*, vol. 2, edited by Jonathan Barnes, translated by E. S. Forster (1984), *Problemata* xxx 1, 953a10–14.
425 For a host of diabolical legends about Paganini, see G. I. C. De Courcy's 1957 biography, *Paganini the Genoese* (repr., 1977); and "Fiddler Paganini's ways: Stories and facts in the great man's life," *New York Times*, July 27, 1891. For a more modern take on the great violinist, see Maiko Kawabata, "Virtuosity, the violin, the devil . . . what really made Paganini 'demonic'?," *Current Musicology*, March 22, 2007.
425 The quotation from Cesare Lombroso occurs on page 333 of his book *The Man of Genius* (1888).
425 The role of dopamine receptors in the creative process is explored in Orjan de Manzano et al., "Thinking outside a less intact box: Thalamic dopamine D2 receptor densities are negatively related to psychometric creativity in healthy individuals," *PLoS One* 5, no. 5 (May 17, 2010).
425 Norman Geschwind refers to "pathologies of superiority" in his paper "The biology of cerebral dominance: Implications for cognition," *Cognition* 17, no. 3 (August 1984). Geschwind and Albert M. Galaburda are authors of *Cerebral Lateralization* (1987); Daniel Goleman reports on their work in his article "Left vs. right: Brain function tied to hormone in the womb," *New York Times*, September 24, 1985.
426 Pinchas Noy describes preoccupation with music as a defensive strategy in "The development of musical ability," *Psychoanalytic Study of the Child* 23 (1968).
426 Miraca Gross discusses resilience in child prodigies in her essay "Social and emotional issues for exceptional and intellectually gifted students," in Maureen Neihart et al., *The Social and Emotional Development of Gifted Children: What Do We Know?* (2002), pages 19–30.
426 The quotation from Zarin Mehta ("Thank God we don't have such talented children") comes from my interview with him in 2010.
426 The quotation from Elisha Abas ("Sometimes the shoulders of a child are not big enough to handle his genius") comes from Daniel J. Wakin, "Burned out at 14, Israeli concert pianist is back where he 'really belongs,'" *New York Times*, November 2, 2007.
426 All quotations from Joseph Polisi come from my interview with him in 2010.
426 The quotation from Brandenn Bremmer ("America is a society that demands perfection") occurs on page 142 of Alissa Quart, *Hothouse Kids: The Dilemma of the Gifted Child* (2006); the quotation from his parents ("He was born an adult . . .") comes from the news report "Child prodigy's time to 'do

something great,' Mom says," *Washington Post*, March 20, 2005.

427 Terence Judd and Michael Rabin are both discussed in Richard Morrison, "The prodigy trap," *Sunday Times*, April 15, 2005.

427 Christiaan Kriens is mentioned in Joyce Maynard, "Prodigy, at 13," *New York Times*, March 4, 1973.

427 The quotation from Julian Whybra about suicide among gifted youth occurs on page 40 of his chapter, "Extension and enrichment programmes," in *Meeting the Social and Emotional Needs of Gifted and Talented Children*, edited by Michael J. Stopper (2000). Nancy Robinson takes issue with the assertion that intellectually gifted children are less hardy than other children on page xiv of her introduction to *The Social and Emotional Development of Gifted Children: What Do We Know?*, edited by Maureen Neihart et al. (2002).

427 All quotations from Robert Sirota come from my interview with him in 2010 and subsequent communications.

427 Jascha Heifetz's quip about the dangers of prodigiousness appears in the liner notes of his 1959 recording of Sibelius's *Violin Concerto* (RCA Victor Red Seal/BMG Classics).

428 The quotation from Isaac Babel occurs on page 628 of *The Complete Works of Isaac Babel*, translated by Cynthia Ozick (2002). It has been condensed.

428 The anecdotes from Ruth Slenczynska occur on pages 31, 137, and 232 of her autobiography, *Forbidden Childhood* (1957).

428 The psychologist who examined Ervin Nyiregyhazi was Géza Révész; his book is *The Psychology of a Musical Prodigy* (1925).

428 All quotations from Ervin Nyiregyhazi come from Kevin Bazzana, *Lost Genius: The Curious and Tragic Story of an Extraordinary Musical Prodigy* (2007): "I was like a calling card," page 44; "By the time I was five . . . ," page 53; "My mother hated me," page 37; and "Whatever obstacles were put in my way, I just gave up," page 41. Nyiregyhazi's praise for Hitler is mentioned on page 40: "Perceiving himself to be emotionally deprived, struggling with the conflicting emotions of youth, he seems, self-defensively, to have projected all of the blame for his anxieties onto his mother, making her the enemy of everything he held dear. She died in the Holocaust, and he was once (while drunk) heard to say that Hitler was a great man because Hitler had killed his mother."

428 This passage is based on my interview with Lorin Hollander in 2007.

429 Mozart originally wrote "Next to God comes Papa" in a March 1778 letter reproduced on page 183 of *The Letters of Wolfgang Amadeus Mozart* (1866); see also Maynard Solomon, *Mozart: A Life* (1996).

429 Paganini's description of abuse by his father ("If he didn't think I was industrious enough . . .") is described on page 13 of G. I. C. de Courcy's 1957 biography, *Paganini the Genoese* (repr., 1977), citing to Julius Max Schottky, *Paganini's Leben und Treiben als Kunstler und als Mensch* (1830).

429 The quotation describing how Clara Wieck's father examined and wrote in her diary occurs on pages 18–20 of Nancy B. Reich, *Clara Schumann: The Artist and the Woman* (1985); the quotation from Robert Schumann occurs on page 64.

429 This passage is based on my interview with Scott Frankel in 2010, and prior and subsequent communications.

431 All quotations in this passage come from an interview with Nikki Murfitt, "The heart-breaking moment I realised my mother had cut me off forever, by violin virtuoso Vanessa-Mae," *Daily Mail*, August 7, 2008.

431 This passage is based on my interview with Nicolas Hodges in 2010 and subsequent communications.

432 The anecdote about Rudolf Serkin was recounted to me in 2009 by Gary Graffman, the sometime director of Curtis, who was with Serkin when he made this remark.

432 The quotation from Yo-Yo Ma occurs on page 265 of Samuel and Sada Applebaum, *The Way They Play*, vol. 13 (1984).

432 The quotation from Therese Mahler comes from my interview with her in 2010.

433 The quotation from Hoang Pham comes from my interview with him in 2010.

433 This passage is based on my interview with Ken Noda in 2009 and subsequent communications.

433 Takayo Noda is an accomplished artist and poet; see http://www.takayonoda.com.

436 This passage is based on my interview with Candy Bawcombe in 2010.

439 This passage is based on my interview with David Waterman in 2010 and subsequent communications.

441 This passage is based on my interview with Marion, Solanda, Vikram, and Sondra Price in 2010. All names in this passage are pseudonyms, and some identifying details have been changed.

443 Mitsuko Uchida's remark about society's bewildering preoccupation with prodigies comes from a personal communication in 2012.

443 The quotation from Janice Nimura ("The child prodigy is the polite version of the carny freak . . .") comes from her article "Prodigies have problems too," *Los Angeles Times*, August 21, 2006.

443 The anecdote about Leonard Bernstein occurs on page 107 of Clifton Fadiman, *The Little, Brown Book of Anecdotes* (1985). In full: "Bernstein's father was criticized for not having given his talented son more encouragement. 'How was I to know he would grow up to be Leonard Bernstein?' he protested." I have heard the anecdote phrased as I have phrased it from other members of the Bernstein family. 443 This passage is based on my interview with Jonathan Floril in 2010.

444 The characterization of Jonathan Floril as "more than a prodigy, not only because of what he performs, but also how he performs" comes from Alfredo Brotons Munoz, "Mas que un prodigio," *Levante EMV*, May 7, 2007. In the original: "Aunque, como luego se explicara, va mas alla de eso, de momento no puede escapar a la calificacion de prodigio. No solo por como toca, sino por lo que toca."

445 The quotation from Gore Vidal ("Hatred of one parent or the other can make an Ivan the Terrible or a Hemingway: the protective love, however, of two devoted parents can absolutely destroy an artist") occurs on page 34 of his collection of essays *Matters of Fact and Fiction* (1977).

445 For the study finding a threefold increase in early parental loss among eminent people, see Catherine Cox, *The Early Mental Traits of Three Hundred Geniuses* (1926). Eighty-three years later, Dean Keith Simonton and Anna V. Song published a follow-up study, "Eminence, IQ, physical and mental health, and achievement domain: Cox's 282 geniuses revisited," *Psychological Science* 20, no. 4 (April 2009).

445 This passage is based on my interviews with Lang Lang and Lang Guoren in 2005 and 2009 and on other communications. Lang Lang maintains a

注解

website at http://www.langlang.com and has published two autobiographies, which I have used as sources: *Lang Lang: Playing with Flying Keys* (2008), with Michael French; and *Journey of a Thousand Miles: My Story* (2008), with David Ritz. I have also consulted David Remnick, "The Olympian: How China's greatest musician will win the Beijing Games," *New Yorker*, August 4, 2008; and made use of *Dad's Aspirations Are That High*, by Yuanju Li (2001) (an unpublished English translation of : / *Ba ba de xin jiu zhe mo gao: Gang qin tian cai Lang Lang he ta de fu qin*).

448 John von Rhein likened Lang Lang to Liberace in his review "Bend the rules, but don't break the bond," *Chicago Tribune*, August 18, 2002.

448 For Anthony Tommasini's caustic review of Lang Lang's performance, see "A showman revs up the classical genre," *New York Times*, November 10, 2003.

449 The favorable comment by Anthony Tommasini about Lang Lang comes from a 2008 review, "Views back (and forward) on an outdoor stage," *New York Times*, July 17, 2008.

449 Popular books promoting the ten-thousand-hours hypothesis include Malcolm Gladwell, *Outliers: The Story of Success* (2008); Daniel Coyle, *Talent Code: Greatness Isn't Born, It's Grown* (2009); and Geoff Colvin, *Talent Is Overrated: What Really Separates World-Class Performers from Everybody Else* (2010).

449 For the ten-thousand-hours study and follow-ups, see K. Anders Ericsson, R. T. Krampe, and C. Tesch-Romer, "The role of deliberate practice in the acquisition of expert performance," *Psychological Review* 100 (1993); K. Anders Ericsson, Michael J. Prietula, and Edward T. Cokel, "The making of an expert," *Harvard Business Review*, July–August 2007; and K. Anders Ericsson, Roy W. Roring, and Kiruthiga Nandagopal, "Giftedness and evidence for reproducibly superior performance," *High Ability Studies* 18, no. 1 (June 2007).

450 For the study finding that practice time matters more than talent, see Michael J. A. Howe, Jane W. Davidson, and John A. Sloboda, "Innate talents: Reality or myth?," *Behavioural & Brain Sciences* 21, no. 3 (June 1998).

450 The quotation from David Brooks comes from his article "Genius: The modern view," *New York Times*, May 1, 2009.

450 The quotation from Leopold Auer ("Practice three hours a day if you are any good . . .") was recalled by his protege Joseph Szigeti on page 4 of *Szigeti on the Violin* (1979).

450 For the original marshmallow study and follow-up reports, see Walter Mischel, E. B. Ebbesen, and A. R. Zeiss, "Cognitive and attentional mechanisms in delay of gratification," *Journal of Personality & Social Psychology* 21, no. 2 (February 1972); Yuichi Shoda, Walter Mischel, and Philip K. Peake, "The nature of adolescent competencies predicted by preschool delay of gratification," *Journal of Personality & Social Psychology* 54, no. 4 (1988); and Yuichi Shoda, Walter Mischel, and Philip K. Peake, "Predicting adolescent cognitive and self-regulatory competencies from preschool delay of gratification: Identifying diagnostic conditions," *Developmental Psychology* 26, no. 6 (1990).

450 The dramatic difference in SAT scores between children who could delay gratification and those who could not was reported in Yuichi Shoda, Walter Mischel, and Philip K. Peake, "Predicting adolescent cognitive and self-regulatory competencies from preschool delay of gratification: Identifying diagnostic conditions," *Developmental Psychology* 26, no. 6 (1990); and noted in Jonah Lehrer, "Don't! The secret of self-control," *New Yorker*, May 18, 2009.

450 The quotation from Angela L. Duckworth occurs in Jonah Lehrer, "Don't! The secret of self-control," *New Yorker*, May 18, 2009; see also Angela L. Duckworth and Martin E. P. Seligman, "Self-discipline outdoes IQ in predicting academic performance of adolescents," *Psychological Science* 16, no. 12 (December 2005).

450 Ellen Winner refers to the "commonsense myth" that giftedness is "entirely inborn," and the "psychologists' myth" that "giftedness is entirely a matter of hard work" on page 308 of *Gifted Children: Myths and Realities* (1996).

450 The quotation from Edward Rothstein ("The contemporary attack on genius . . .") comes from his article "Connections: myths about genius," *New York Times*, January 5, 2002.

451 The quotation from Yehudi Menuhin ("Maturity, in music and in life, has to be earned by living") occurs on page 22 of his biography *Unfinished Journey* (1977), as cited on page 44 of Claude Kenneson, *Musical Prodigies: Perilous Journeys, Remarkable Lives* (1993).

451 The quotation from Gabriel Kahane comes from my interview with him in 2010.

451 This passage is based on my experience attending Marc Yu's New York debut in 2007, my interview with Chloe and Marc Yu that year, and subsequent communications.

454 A substantial body of research supports the hypothesis that tonal languages such as Chinese enhance musicality in young children; see, e.g., Diana Deutsch et al., "Absolute pitch among students in an American music conservatory: Association with tone language fluency," *Journal of the Acoustical Society of America* 125, no. 4 (April 2009); and Ryan J. Giuliano et al., "Native experience with a tone language enhances pitch discrimination and the timing of neural responses to pitch change," *Frontiers in Psychology* 2, no. 146 (August 2011). The observation about typical Chinese hand shape comes from my interview with Veda Kaplinsky.

454 The quotation from Mihaly Csikszentmihalyi ("One cannot be exceptional and normal at the same time") occurs on page 177 of *Creativity: Flow and the Psychology of Discovery and Invention* (1996).

455 All quotations from Robert Blocker come from my interview with him in 2010.

455 This passage is based on my interview with May Armstrong in 2010.

456 Charles Hamlen told me the story about the tour of Los Alamos in 2007.

457 The quotation from the English journalist ("His playing was so cultured . . .") comes from Stephen Moss, "At three he was reading the Wall Street Journal," *Guardian*, November 10, 2005.

457 The quotation from Daniel Singal ("The problem is not the pursuit of equality but the bias against excellence that has accompanied it") comes from his article "The other crisis in American education," *Atlantic Monthly*, November 1991.

458 John Cloud's characterization of the No Child Left Behind Act as "radically egalitarian" comes from his article "Are we failing our geniuses?," *Time*, August 16, 2007.

458 For the Templeton report, see Nicolas Colangelo, *A Nation Deceived: How Schools Hold Back America's Brightest Students* (2004).
458 The finding that 80 percent of gifted subjects constantly monitored their behavior to conform to the norms of less gifted children is reported on page 14 of Maureen Neihart et al., *The Social and Emotional Development of Gifted Children* (2002); the finding that 90 percent of subjects did not want to be identified as a "brain" comes from B. Bradford Brown and Laurence Steinberg, "Academic achievement and social acceptance: Skirting the 'brain-nerd' connection," *Education Digest* 55, no. 7 (1990).
458 Miraca Gross presents the findings of her study of sixty gifted students in Australia in *Exceptionally Gifted Children* (1993); her subjects' satisfaction with radical academic acceleration is discussed on pages 26–27.
458 The quotations from Norbert Wiener ("the suffering which grows from belonging half to the adult world and half to the world of the children about him" and "…I was not so much a mixture of child and man…") occur on pages 117–18 and 106–7 of his autobiography, *Ex-Prodigy: My Childhood and Youth* (1953); see also his sequel, *I Am a Mathematician: The Later Life of a Prodigy* (1956).
459 This passage is based on my interviews with Joshua Bell and Shirley Bell in 2007 and subsequent communications.
462 For an extensive history of sound recording, see David L. Morton Jr., *Sound Recording: The Life Story of a Technology* (2006). Digital reproductions of Thomas Edison's papers documenting the invention of the phonograph can be found on the Rutgers University website http://edison.rutgers.edu/docsamp.htm.
463 This passage is based on my interviews with Conrad Tao and Mingfang Ting in 2010.
465 This passage is based on my interviews with Sylvester, Stephanie, and Christian Sands in 2010 and subsequent communication.
466 The jazzman's term for this sort of exchange is *trading fours*. Oscar Peterson's and Christian's performances may be seen on YouTube at http://www.youtube.com/watch?v=fYpoWD1qmEA.
467 Paul Potts's performance can be viewed at http://www.youtube.com/watch?v=1k08yxu57NA; and Jackie Evancho's at http://www.youtube.com/watch?v=6ar0r02FZng.
467 This passage is based on my interviews with Nico Muhly, Bunny Harvey, and Frank Muhly in 2010–12, and on subsequent communications; see also Rebecca Mead, "Eerily composed: Nico Muhly's sonic magic," *New Yorker*, February 11, 2008.
471 See Alfred Louis Kroeber, *Configurations of Culture Growth* (1944), page 9.
471 The quotation from Isaac Newton comes from a letter he wrote to Robert Hooke, February 15, 1676, and occurs on page 231 of *The Correspondence of Isaac Newton*, vol. 3 (1961).
472 See Lucretius, *On the Nature of Things* (1851).
472 See *Essays of Schopenhauer* (1897), page 153.
472 The quotation from Margaret Mead ("There is in America an appalling waste of first-rate talents…") is condensed from a passage on page 213 of her essay "The gifted child in the American culture of today," *Journal of Teacher Education* 5, no. 3 (1954), as cited on page 51 of Jan Davidson, Bob Davidson, and Laura Vanderkam, *Genius Denied: How to Stop Wasting Our Brightest Young Minds* (2004).
472 The quotation from Rhonda Garelick ("crisis in admiration") comes from a personal communication, 2011.
473 This passage is based on my interviews with Jeffrey, Martha, and Gabriel Kahane in 2009 and 2010.
475 The characterization of Gabriel Kahane as a "highbrow polymath" comes from Nate Chinen, "Gabriel Kahane, *Where Are the Arms*," *New York Times*, September 19, 2011.
475 The quotation from Goethe's mother ("Air, fire, water and earth…") occurs on page 153 of Bruno Bettelheim, *The Uses of Enchantment* (1976). It has been condensed.

第九章 | 遭奸成孕

478 The Stigma Inc. website (http://www.stigmatized.org) is no longer online; an archived version can be viewed at http://web.archive.org/web/20070901030454/www.stigmatized.org/about.htm.
478 Rape as property theft is discussed in the entry "Sexual assault" in *Encyclopedia of Rape*, edited by Merrill D. Smith (2004), pages 224–25.
478 According to *Encyclopedia of Rape*, edited by Merrill D. Smith (2004), pages xiii–xvii, the Code of Hammurabi (c. 1780 BCE) "declared that a virgin was innocent if raped, but that her attacker should be executed. Married women who were raped were considered to be guilty of adultery and could be executed along with their attackers."
478 Rape in ancient Greece is explored in Daniel Ogden, "Rape, adultery and the protection of bloodlines in classical Athens," in *Rape in Antiquity*, edited by Susan Deacy and Karen F. Pierce (1997), pages 25–41.
478 For more information on rape in ancient and seventeenth-century law, see "Ancient law codes," in *Encyclopedia of Rape*, edited by Merrill D. Smith (2004), pages 14–15; and Else L. Hambleton, *Daughters of Eve: Pregnant Brides and Unwed Mothers in Seventeenth-Century Massachusetts* (2004).
478 Rape in classical mythology is discussed in "Art," in *Encyclopedia of Rape* (2004), page 15; and James A. Arieti, "Rape and Livy's view of Roman history," in *Rape in Antiquity*, edited by Susan Deacy and Karen F. Pierce (1997), pages 209–29.
478 See "Rape of the Sabine women," in *Encyclopedia of Rape* (2004), pages 196–97; and Norman Bryson, "Two narratives of rape in the visual arts: Lucretia and the Sabine women," in *Rape: An Historical and Cultural Enquiry*, edited by Sylvana Tomaselli and Roy Porter (1986), pages 152–73.
479 The permissibility of infanticide of rape-conceived children is discussed in John Boswell, *The Kindness of Strangers: The Abandonment of Children in Western Europe from Late Antiquity to the Renaissance* (1998), page 200; see also "Pregnancy," in *Encyclopedia of Rape* (2004), pages 154–55.
479 For more information on Galen's ideas of rape and fertility, see "'Blaming the victim' syndrome" (pages 26–28) and "Pregnancy" (pages 154–55) in

Encyclopedia of Rape (2004).
479 St. Augustine's discussion of rape and humility is cited on page 251 of Corinne Saunder, "Classical paradigms of rape in the Middle Ages: Chaucer's Lucretia and Philomena," in *Rape in Antiquity* (1997), edited by Susan Deacy and Karen F. Pierce, citing to Augustine, *City of God Against the Pagans*, vol. 1, edited and translated by George E. McCracken (1957).
479 Rape in seventeenth- to eighteenth-century America is discussed in "Rape in the United States: Eighteenth century," *Encyclopedia of Rape* (2004), pages 179–81; and Else L. Hambleton, *Daughters of Eve: Pregnant Brides and Unwed Mothers in Seventeenth-Century Massachusetts* (2004).
479 The quotation from the *Kingston British Whig* occurs on page 115 of Patrick J. Connor, "The law should be her protector: The criminal prosecution of rape in upper Canada, 1791–1850," in *Sex Without Consent: Rape and Sexual Coercion in America*, edited by Merrill D. Smith (2001), pages 103–35.
479 For more information on the rape of African slaves and disparate treatment of black and white suspects and perpetrators, see the chapter "Slavery" in Susan Brownmiller, *Against Our Will: Men, Women, and Rape* (1975), pages 153–69; the entries "African-Americans" (pages 5–7) and "Slavery" (pages 234–36) in *Encyclopedia of Rape* (2004); Diane Miller Sommerville, "'I was very much wounded': Rape law, children, and the antebellum South," in *Sex Without Consent: Rape and Sexual Coercion in America*, edited by Merrill D. Smith (2001), pages 136–77; and Diana Miller Sommerville, *Rape and Race in the Nineteenth-Century South* (2004).
479 The legal requirement that women resist is discussed in the *Encyclopedia of Rape* entry "Rape in the United States: Nineteenth century," pages 181–83.
479 The experience of rape-conception in the mid-twentieth century is discussed throughout Rickie Solinger, *Wake Up Little Susie: Single Pregnancy and Race before Roe v. Wade* (2000); the quotation from the mother ("If a certain male wanted to get out of being named the true father …") occurs on page 73.
479 See the *Encyclopedia of Rape* entry "Freud, Sigmund/Freudian theory," pages 82–83.
480 The quotations from Menachem Amir come from his study *Patterns in Forcible Rape* (1971). From page 254: "Reflected in women is the tendency for passivity and masochism, and a universal desire to be violently possessed and aggressively handled by men"; and page 258: "In a way, the victim is always the cause of the crime."
480 See Susan Brownmiller, *Against Our Will* (1975).
480 Brownmiller's call for "gender free, non-activity-specific" sexual assault laws occurs on page 378 of *Against Our Will* (1975).
480 The historic definition of rape as "an act of sexual intercourse undertaken by a man with a woman, not his wife, against her will and by force" occurs in the *Encyclopedia of Rape* entry "Rape law," page 186. Marital rape and the marital exception are discussed in Diana E. H. Russell, *Rape in Marriage* (1990); David Finkelhor and Kersti Yllo, *License to Rape: Sexual Abuse of Wives* (1985); Jacquelyn C. Campbell and Peggy Alford, "The dark consequences of marital rape," *American Journal of Nursing* 89, no. 7 (July 1989); and the *Encyclopedia of Rape* entries "Hale, Sir Matthew (1609–1676)" (pages 94–95) and "Marital rape" (pages 122–24).
480 Michel Foucault's pronouncement "There is no difference, in principle, between sticking one's fist into someone's face or one's penis into their sex" occurs in his essay "Confinement, psychiatry, prison," in *Politics, Philosophy, Culture: Interviews and Other Writings, 1977–1984* (1988), page 200.
480 For a discussion of state and federal laws on sexual assault in the United States, see the entry "Rape law" in *Encyclopedia of Rape* (2004), pages 186–89.
480 The relative severity of punishment for sexual offenses is discussed in the entry "Rape law" in *Encyclopedia of Rape*, pages 186–89; and Diane E. H. Russell and Rebecca M. Bolen, *The Epidemic of Rape and Child Sexual Abuse in the United States* (2000).
481 Statistics on sexual assault occur on pages 35–36 of Patricia Tjaden and Nancy Thoennes, *Full Report of the Prevalence, Incidence, and Consequences of Violence Against Women: Findings from the National Violence against Women Survey* (2000). The CDC's identification of rape as "one of the most underreported crimes" occurs in the news item "Sexual Assault Awareness Month, April 2005," *Morbidity & Mortality Weekly Report* 54, no. 12 (April 1, 2005), page 311.
481 This passage is based on my interview with Marina James in 2008. All names in this passage are pseudonyms.
484 Wolfgang Jochle originally argued that fear might induce human ovulation in "Coitus-induced ovulation," *Contraception* 7, no. 6 (1973); and Mary M. Krueger in "Pregnancy as a result of rape," *Journal of Sex Education & Therapy* 14, no. 1 (1988); for a recent review of the subject, see Juan J. Tarin, Toshio Hamatani, and Antonio Cano, "Acute stress may induce ovulation in women," *Reproductive Biology & Endocrinology* 8, no. 53 (2010), pages 1–13.
484 The estimate that as few as 3 percent of female rape victims become pregnant comes from Allen J. Wilcox et al., "Likelihood of conception with a single act of intercourse: Providing benchmark rates for assessment of post-coital contraceptives," *Contraception* 63, no. 4 (April 2001), pages 211–15.
484 Melissa M. Holmes et al. report an increased incidence of pregnancy among rape victims who are regularly abused in "Rape-related pregnancy: Estimates and descriptive characteristics from a national sample of women," *American Journal of Obstetrics & Gynecology* 175, no. 2 (August 1996).
484 The estimate that twenty-five thousand rape-related pregnancies occur annually in the United States comes from Felicia H. Stewart and James Trussell, "Prevention of pregnancy resulting from rape: A neglected preventive health measure," *American Journal of Preventive Medicine* 19 (November 2000); the thirty-two thousand estimate is from Melissa M. Holmes et al., "Rape-related pregnancy: Estimates and descriptive characteristics from a national sample of women," *American Journal of Obstetrics & Gynecology* 175, no. 2 (August 1996).
485 For the 1996 study of child-bearing decisions made by rape victims, see Melissa M. Holmes et al., "Rape-related pregnancy: Estimates and descriptive characteristics from a national sample of women," *American Journal of Obstetrics & Gynecology* 175, no. 2 (August 1996).
485 The quotation from Ana Milena Gil ("Pregnancy born of desire and fed by love …") comes from her paper (with Ana Maria Jaramillo and Bertha Ortiz), "Pregnancy resulting from rape: Breaking the silence of multiple crises," *Women's Health Collection*, January 1, 2001.
485 The rape victim's question "If someone shot you, would you walk around with a bullet inside of you?" comes from Natela Cutter, "'Anne Smith': A rape victim found relief in the abortion," *U.S. News & World Report* 124, no. 2 (January 19, 1998).
486 The statement "The baby was innocent …" comes from Amy Engeler, "I can't hate this baby," *Redbook* 192, no. 4 (February 1999).
486 All quotations from Joan Kemp come from her article "Abortion: The second rape," *Sisterlife*, Winter 1990.
486 The quotation from Kay Zibolsky ("The baby was part of my healing process …") comes from Marie McCullough, "Abortion, rape debate," *Chicago*

Tribune, September 26, 1995.

486 The quotation from Kathleen DeZeeuw ("I began to realize that this little life inside me was struggling, too …") comes from the film *Children of Rape* (1994).

486 The quotation from Sharon Bailey ("Basically, my feelings were 'It's just you and me, kid'") occurs on page 86 of *Victims and Victors: Speaking Out about Their Pregnancies, Abortions, and Children Resulting from Sexual Assault*, edited by David C. Reardon, Julie Makimaa, and Amy Sobie (2000).

486 The quotation from Kathleen DeZeeuw ("The first time I held him …") comes from the film *Children of Rape* (1994).

486 The quotation "I had tried to convince myself …" occurs on page 87 of *Victims and Victors: Speaking Out about Their Pregnancies, Abortions, and Children Resulting from Sexual Assault*, edited by David C. Reardon, Julie Makimaa, and Amy Sobie (2000).

486 The passage by Padmasayee Papineni comes from her article "Children of bad memories," *Lancet* 362, no. 9386 (September 6, 2003). It has been condensed.

487 This passage is based on my interview with Brenda Henriques in 2007. All names in this passage are pseudonyms.

489 My primary source on the history of abortion law is Leslie J. Reagan, *When Abortion Was a Crime: Women, Medicine, and Law in the United States, 1867–1973* (1997); and the *Encyclopedia of Rape* entry "Abortion," pages 2–4.

489 The quotations from the American Medical Association come from the organization's position statement "Pregnancy from rape does not justify abortion," *Journal of the American Medical Association* 43 (August 6, 1904), page 413.

489 The rise in illegal abortions during the Great Depression is chronicled in chapter 5 of Leslie J. Reagan, *When Abortion Was a Crime: Women, Medicine, and Law in the United States, 1867–1973* (1997), pages 132–59.

489 The suggestion that offering abortions to unmarried women and widows would result in "lowering of the moral tone" occurs in Frederick J. Taussig's review of *Abortion: Legal or Illegal?* by A. J. Rongy, *Birth Control Review* 17 (June 1933), page 153, as cited in Leslie J. Reagan, *When Abortion Was a Crime: Women, Medicine, and Law in the United States, 1867–1973* (1997), page 142. Taussig's description of social and economic conditions that would justify offering abortions occurs on pages 443–44 of his book *The Prevention and Treatment of Abortion* (1910), as cited in Leslie J. Reagan, *When Abortion Was a Crime: Women, Medicine, and Law in the United States, 1867–1973* (1997), page 142. It has been condensed.

489 The 1938 trial of Aleck Bourne for abortion is described in Leslie J. Reagan, *When Abortion Was a Crime: Women, Medicine, and Law in the United States, 1867–1973* (1997), page 175.

489 Abortion committees are discussed in Leslie J. Reagan, *When Abortion Was a Crime: Women, Medicine, and Law in the United States, 1867–1973* (1997), pages 174–75.

490 The quotation from the pathologizing, victim-blaming social worker ("She became a passive object …") occurs on page 133 of Rickie Solinger, *Wake Up Little Susie: Single Pregnancy and Race before Roe vs. Wade* (2000), citing to Marion K. Sanders, "Social work: A profession chases its tail," *Harper's*, March 1957.

490 Early proposals to legalize abortion are discussed in Leslie J. Reagan, *When Abortion Was a Crime: Women, Medicine, and Law in the United States, 1867–1973* (1997), pages 220–21.

490 Coerced relinquishment and maternity homes are central subjects of Rickie Solinger, *Wake Up Little Susie: Single Pregnancy and Race before Roe v. Wade* (2000) and *Beggars and Choosers: How the Politics of Choice Shapes Adoption, Abortion, and Welfare in the United States* (2001).

490 The quotation from Kathleen Leahy Koch ("I was just someone who had to have a baby for some worthy family …") occurs on page 73 of Rickie Solinger, *Beggars and Choosers: How the Politics of Choice Shapes Adoption, Abortion, and Welfare in the United States* (2001).

490 The quotation from Kay Ball ("I was so ashamed and beaten down emotionally …") occurs on page 75 of Rickie Solinger, *Beggars and Choosers: How the Politics of Choice Shapes Adoption, Abortion, and Welfare in the United States* (2001).

490 Post-*Roe* abortion politics are explored in William Saletan, "Electoral politics and abortion: Narrowing the message," in *Abortion Wars: A Half Century of Struggle, 1950–2000*, edited by Rickie Solinger (1998); and Saletan's book *Bearing Right: How Conservatives Won the Abortion War* (2003) (results of the poll appear on page 163).

491 Idaho governor Cecil D. Andrus is quoted in Timothy Egan, "Idaho governor vetoes measure intended to test abortion ruling," *New York Times*, March 31, 1990.

491 See William Saletan, *Bearing Right: How Conservatives Won the Abortion War* (2003), page 168 and pages 172–73. See also Michael Baruzzini, "Justice or comfort?: Conservatives and the rape exceptions," *Catholic Lane*, June 16, 2011, at http://catholiclane.com/justice-or-comfort-conservatives-and-the-rape-exception; and the Church of Jesus Christ of Latter Day Saints, "The law of chastity," *Gospel Principles* (2012), at http://www.lds.org/library/display/0,4945,11-1-13-49,00.html.

491 The quotation from the antiabortion advocate ("It would be wrong … Two wrongs do not make a right") comes from Bob Ellis, "South Dakota abortion task force studies rape exceptions," *Dakota Voice*, January 20, 2006.

491 Megan Barnett states, "My child is not the exception …" in the film *I Love My Baby Who Was Conceived by Rape* (2006).

491 The quotation from John C. Willke ("The woman has been subjected to an ugly trauma") comes from Bob Ellis, "South Dakota abortion task force studies rape exceptions," *Dakota Voice*, January 20, 2006.

491 Rebecca Kiessling's statement "I am not a product of rape, but a child of God" comes from her pamphlet, "Conceived in Rape: A Story of Hope." The sarcastic reply occurs on the January 26, 2009, entry of the *First World Problems* blog, at http://ivytheadventure.livejournal.com/2009/01/26/.

491 The quotation from Joan Raphael-Leff ("an internal foreigner …") occurs on page 129 of her paper "Psychotherapy and pregnancy," *Journal of Reproductive & Infant Psychology* 8, no. 2 (April 1990). It has been condensed.

491 The quotation from the rape survivor who characterized her child as "a living, breathing torture mechanism" occurs on page 183 of William Saletan, *Bearing Right* (2003), citing to the Minutes of the Louisiana Senate Committee on Health and Welfare, May 29, 1991.

491 The mother who described the experience of rape-related pregnancy as "entrapment beyond description" is quoted on page 133 of David Finkelhor and Kersti Yllo, *License to Rape* (1985).

492 Joan Kemp describes abortion as a solution "that is imposed by a society that places too much importance on a male lineage" in her article "Abortion: The second rape," *Sisterlife*, Winter 1990.

492 Denise Kalasky describes her abortion experience in her article "Accomplices in incest," *Post-Abortion Review* 2, no. 1 (Winter 1993).

492 David C. Reardon is author of "Rape, incest and abortion: Searching beyond the myths," *Post-Abortion Review* 2, no. 1 (Winter 1994); and coeditor with Julie Makimaa and Amy Sobie of the anthology *Victims and Victors: Speaking Out about Their Pregnancies, Abortions, and Children Resulting from Sexual Assault* (2000). The Elliott Institute website: http://www.afterabortion.info.

492 David Mall and Walter F. Watts first posited the existence of a "postabortion syndrome" in their book, *The Psychological Aspects of Abortion* (1979), a concept further promoted by Joyce Arthur in "Psychological aftereffects of abortion: The rest of the story," *Humanist* 57, no. 2 (March–April 1997). Controversy over the legitimacy of PAS is discussed in Emily Bazelon, "Is there a post-abortion syndrome?," *New York Times Magazine*, January 21, 2007.

492 David Reardon's characterization of abortion as "medical rape" occurs in his article "Rape, incest and abortion: Searching beyond the myths," *Post-Abortion Review* 2, no. 1 (Winter 1994).

492 The quotation from Sandra Mahkorn ("can be lessened with proper support") occurs on page 67 of her chapter, "Pregnancy and sexual assault," in *The Psychological Aspects of Abortion*, edited by David Mall and Walter F. Watts (1979).

492 The quotation from George E. Maloof ("Incestuous pregnancy offers a ray of generosity to the world . . .") occurs on page 98 of his chapter, "The consequences of incest: Giving and taking life," in *The Psychological Aspects of Abortion*, edited by David Mall and Walter F. Watts (1979).

493 Statistics pertaining to the frequent discovery of rape-related pregnancy in the second trimester come from Melissa M. Holmes et al., "Rape-related pregnancy: Estimates and descriptive characteristics from a national sample of women," *American Journal of Obstetrics & Gynecology* 175, no. 2 (August 1996).

493 The quotation from Susan Brison ("Trauma not only haunts the conscious and unconscious mind . . .") occurs on page x of the introduction to her book *Aftermath: Violence and the Remaking of a Self* (2002).

493 Vera Folnegovic´-Smalc's description of suicidality among rape victims comes from her chapter, "Psychiatric aspects of the rapes in the war against the republics of Croatia and Bosnia-Herzegovina," in *Mass Rape: The War against Women in Bosnia-Herzegovina*, edited by Andrea Stiglmayer, translated by Marion Faber (1994), pages 174–79.

493 This passage is based on my interview with Melinda Stephenson in 2007 and subsequent communications. All names in this passage are pseudonyms.

496 For a journalistic discussion of evolutionary theories of rape, see Erica Goode, "What provokes a rapist to rape?," *New York Times*, January 15, 2000.

496 The quotation from Jonathan A. Gottschall and Tiffani A. Gottschall occurs on page 10 of their paper "Are per-incident rape-pregnancy rates higher than per-incident consensual pregnancy rates?," *Human Nature: An Interdisciplinary Biosocial Perspective* 14, no. 1 (March 1, 2003).

496 See Randy Thornhill and Craig T. Palmer, *A Natural History of Rape: Biological Bases of Sexual Coercion* (2000).

496 The quotation from Catharine MacKinnon ("Forced pregnancy is familiar . . .") occurs on page 74 of her chapter "Turning rape into pornography: Postmodern genocide," in *Mass Rape: The War against Women in Bosnia-Herzegovina*, edited by Andrea Stiglmayer, translated by Marion Faber (1994). It has been condensed.

496 Susan Brownmiller's statement "Men began to rape women when they discovered that sexual intercourse led to pregnancy" occurs on page 328 of *Against Our Will* (1975).

496 Mary P. Koss is cited in Erica Goode, "What provokes a rapist to rape? Scientists debate notion of an evolutionary drive," *New York Times*, January 15, 2000.

496 The finding that women who have been raped before the age of eighteen are twice as likely as those who have not to be revictimized in adulthood is reported on page 39 of Patricia Tjaden and Nancy Thoennes, *Full Report of the Prevalence, Incidence, and Consequences of Violence against Women: Findings from the National Violence against Women Survey* (2000).

496 Interview with Lori Michaels, Clarabel Michaels, Ringo Smythe, and Bobby Michaels in 2007. All names in this section are pseudonyms.

500 The mother's statement "My son will never know the details of his conception" occurred in a public discussion, "Children born of rape," on the Adoption.com Forums, archived at http://web.archive.org/web/20070508215233/http://forums.adoption.com/single-parenting/128755-children-born-rape.html.

500 The quotation from Holly van Gulden about secret-keeping comes from her 1998 article "Talking with children about difficult history," at http://www.family-source.com/cache/731451/idx/0.

500 The quotation from the man relieved that his mother was neither a "bad girl" nor a "tramp" occurs on page 103 of *Victims and Victors: Speaking Out about Their Pregnancies, Abortions, and Children Resulting from Sexual Assault*, edited by David C. Reardon, Julie Makimaa, and Amy Sobie (2000).

500 The story of and quotations from Lee Ezell come from the film *Children of Rape* (1994).

500 See Sherrie Eldridge, "Unexpected rejection: The subject no one wants to talk about," *Jewel Among Jewels Adoption News* (Winter 1999).

501 This passage is based on my interview with Lisa Boynton in 2007. All names in this passage are pseudonyms.

503 The horrendous recommendation of euthanasia for children of rape occurs in a blog post by Jenifer Ann Cazador, "Lost souls of polygamy central," *The Wrecking Machine*, April 2008, http://the-wrecking-machine.blogspot.com/2008/04/lost-souls-of-polygamy-central.html.

503 The quotation from Kathleen DeZeeuw occurs on page 79, and the quotation from Cindy Speltz occurs on pages 97–98, of *Victims and Victors* (2000). The second quotation has been condensed.

503 The quotation from the anti-abortionist conceived in rape and put up for adoption occurs on pages 148–49 of *Victims and Victors* (2000).

503 This passage is based on my interview with Tina Gordon in 2007. All names in this passage are pseudonyms.506 See Stigma Inc., "Information," at http://web.archive.org/web/20060221101659/www.stigmatized.org/information.htm.

507 This passage is based on my interview with Emily Barrett in 2008. All names in this passage are pseudonyms.

511 This paragraph relies on Diana E. H. Russell, *Rape in Marriage* (1990). The 14 percent statistic occurs on page xxxii, the story of the Burnhams on pages xvii–xviii.

512 The quotation from Louise McOrmond-Plummer ("The woman raped by her partner was routinely blamed") comes from her article "My story of partner rape" (2006), http://www.aphroditewounded.org/loustory.html; see also Patricia Weiser Easteal and Louise McOrmond-Plummer, *Real Rape, Real Pain: Help for Women Sexually Assaulted by Male Partners* (2006).

512 This passage is based on my interview with Ashley Green in 2007. All names in this passage are pseudonyms.

516 The reference to "coerced childbearing as a weapon in the arsenal of power and control" occurs on page 27 of Anthony Lathrop, "Pregnancy resulting from rape," *Journal of Obstetric, Gynecologic & Neonatal Nursing* 27, no. 1 (January 1998).

516 The quotation from the first woman coerced into bearing children ("He raped me to keep me pregnant all the time") occurs on page 23 of Raquel Kennedy Bergen, *Wife Rape: Understanding the Response of Survivors and Service Providers* (1996); the quotation from the second ("They own you when you have a child by him") occurs on page 219 of Jacquelyn C. Campbell et al., "The influence of abuse on pregnancy intention," *Women's Health Issues* 5, no. 4 (Winter 1995).

517 This passage is based on my interview with Mindy Woods and Larry Foster in 2007. All names in this passage are pseudonyms.

520 This passage is based on my interview with Barbara, Jeffrey, and Pauline Schmitz in 2007. All names in this passage are pseudonyms.

526 Statistics on numbers of war children can be found on page 7 of Kai Grieg, *The War Children of the World* (2001).

526 The quotation from Ruth Seifert ("The rape of women communicates from man to man …") occurs on page 59 of her essay "War and rape: A preliminary analysis," in *Mass Rape: The War against Women in Bosnia-Herzegovina*, edited by Andrea Stiglmayer, translated by Marion Faber (1994). It has been condensed.

526 Susan Brownmiller's characterization of wartime rape as an "extracurricular battlefield" occurs on page 182 of her essay, "Making female bodies the battlefield," in *Mass Rape: The War against Women in Bosnia-Herzegovina*, edited by Andrea Stiglmayer, translated by Marion Faber (1994).

526 Books consulted on the Rwandan genocide include Alison Liebhafsky Des Forges, *"Leave None to Tell the Story": Genocide in Rwanda* (1999); Jean Hatzfeld, *Machete Season: The Killers in Rwanda Speak* (2005); Elizabeth Neuffer, *The Key to My Neighbour's House: Seeking Justice in Bosnia and Rwanda* (2002); Binaifer Nowrojee, *Shattered Lives: Sexual Violence during the Rwandan Genocide and Its Aftermath* (1996); Philip Gourevitch, *We Wish to Inform You That Tomorrow We Will Be Killed with Our Families: Stories from Rwanda* (1999); and Jonathan Torgovnik, *Intended Consequences: Rwandan Children Born of Rape* (2009). For journalistic coverage, see Donatella Lorch, "Rape used as a weapon in Rwanda: Future grim for genocide orphans," *Houston Chronicle*, May 15, 1995; Elizabeth Royte, "The outcasts," *New York Times Magazine*, January 19, 1997; Lindsey Hilsum, "Rwanda's time of rape returns to haunt thousands," *Guardian*, February 26, 1995; Lindsey Hilsum, "Don't abandon Rwandan women again," *New York Times*, April 11, 2004; and Emily Wax, "Rwandans are struggling to love children of hate," *Washington Post*, March 28, 2004.

526 The Rwandan proverb "A woman who is not yet battered is not a real woman" is reported on page 20 of Binaifer Nowrojee's report for Human Rights Watch, *Shattered Lives: Sexual Violence during the Rwandan Genocide and Its Aftermath* (1996).

526 The role of Rwandan media in inciting genocide is discussed in Dina Temple-Raston's remarkable book *Justice on the Grass* (Free Press, 2005). See also Russell Smith, "The impact of hate media in Rwanda," BBC News, December 3, 2003.

526 Statistics on wartime rapes in Rwanda are supported by the UN Office for the Coordination of Humanitarian Affairs news report "Our bodies, their battle ground: Gender-based violence in conflict zones," *IRIN News*, September 1, 2004. Estimates of the numbers of wartime rapes and births come from the introduction by Marie Consolee Mukagendo, "The struggles of Rwandan women raising children born of rape," in Jonathan Torgovnik's photo essay, *Intended Consequences: Rwandan Children Born of Rape* (2009).

527 See Padmasayee Papineni, "Children of bad memories," *Lancet* 362, no. 9386 (September 6, 2003).

527 The phrase *living legacy of a time of death* comes from Emily Wax, "Rwandans are struggling to love children of hate," *Washington Post*, March 28, 2004.

527 The quotation from Catherine Bonnet occurs on page 79 of Binaifer Nowrojee's report *Shattered Lives: Sexual Violence during the Rwandan Genocide and Its Aftermath* (1996), citing to Bonnet's paper, "Le viol des femmes survivantes du genocide du Rwanda," in *Rwanda: Un genocide du XXe siecle*, edited by Raymond Verdier, Emmanuel Decaux, and Jean-Pierre Chretien (1995), page 18.

527 All quotations from Jean Damascene Ndayambaje come from my interview with him in 2004.

527 All quotations from Esperance Mukamana come from my interview with her in 2004.

527 The loaded names chosen by some women are cataloged in Emily Wax, "Rwandans are struggling to love children of hate," *Washington Post*, March 28, 2004.

528 All quotations from Alphonsine Nyirahabimana come from my interview with her in 2004.

528 All quotations from Celestin Kalimba come from my interview with him in 2004.

528 All quotations from Marie Rose Matamura come from my interview with her in 2004.

529 General information sources on rape as a tool of war include Susan Brownmiller, *Against Our Will* (1975); Maria de Bruyn, *Violence, Pregnancy and Abortion: Issues of Women's Rights and Public Health* (2003); and the Global Justice Center report *The Right to an Abortion for Girls and Women Raped in Armed Conflict* (2011). For further information on rape in specific conflicts noted in this passage, see Nayanika Mookherjee, "'Remembering to forget': Public secrecy and memory of sexual violence in the Bangladesh war of 1971," *Journal of the Royal Anthropological Institute* 12, no. 2 (June 2006); Martina Vandenburg and Kelly Askin, "Chechnya: Another battleground for the perpetration of gender based crimes," *Human Rights Review* 2, no. 3 (2001); Michele L. Leiby, "Wartime sexual violence in Guatemala and Peru," *International Studies Quarterly* 53, no. 2 (June 2009); "Comfort women,"

Encyclopedia of Rape, pages 46–48; the Amnesty International report "Liberia: No impunity for rape" (2004); and Louise Taylor's report for Human Rights Watch, "'We'll kill you if you cry': Sexual violence in the Sierra Leone conflict" (2003).

529 The statement "These incidents of rape are clearly aimed to subjugate, humiliate, and terrorize the entire community, not just the women and girls raped by the militias" appears on page 5 of the Human Rights Watch report "Sexual violence and its consequences among displaced persons in Darfur and Chad" (2005).

529 See "Rape of Nanking," *Encyclopedia of Rape*, pages 194–96.

529 Rape as a weapon during the conflict in Bangladesh is discussed in Robert Trumball, "Dacca raising the status of women while aiding rape victims," *New York Times*, May 12, 1972; Aubrey Menen, "The rapes of Bangladesh," *New York Times*, July 23, 1972; and Susan Brownmiller, *Against Our Will* (1976), pages 78–86.

529 The quotation from the Kosovar husband ("If I were normal, I would keep the kid, accept my wife…") comes from Helena Smith, "Rape victims' babies pay the price of war," *Observer*, April 16, 2000.

529 The quotation from the Bosnian rape survivor ("It was a hard birth…") occurs on page 131 of Alexandra Stiglmayer, "The rapes in Bosnia-Herzegovina," in *Mass Rape: The War against Women in Bosnia-Herzegovina*, edited by Andrea Stiglmayer, translated by Marion Faber (1994).

529 See Helena Smith, "Rape victims' babies pay the price of war," *Observer*, April 16, 2000.

530 This passage is based on my interview with Marianne Mukamana in 2004.

530 The quotation from the East Timorese rape survivor ("I was used like a horse by the Indonesian soldiers…") occurs on page 337 of Susan Harris Rimmer, "'Orphans' or veterans?: Justice for children born of war in East Timor," *Texas International Law Journal* 42, no. 2 (Spring 2007), citing to Galuh Wandita et al., "Learning to engender reparations in Timor-Leste: Reaching out to female victims," in *Engendering Reparations: Recognising and Compensating Women Victims of Human Rights Violations*, edited by Ruth Ruble Marín (2006).

530 The characterization of children of rape as a "symbol of the trauma the nation as a whole went through" occurs on page 16 of Elisabeth Rehn and Ellen Johnson Sirleaf's report to UNIFEM, *Women, War and Peace: The Independent Experts' Assessment on the Impact of Armed Conflict on Women and Women's Role in Peace-Building* (2002).

531 The quotation from Zahra Ismail ("This creates a problem for ensuring fundamental social benefits for children…") occurs on page 18 of her dissertation, "Emerging from the shadows: Finding a place for children born of war" (2008).

531 See Robert McKelvey, *The Dust of Life: America's Children Abandoned in Vietnam* (1999).

531 The citizenship status of children conceived in rape during the Bosnian conflict is explored in Joana Daniel's thesis, "No man's child: The war rape orphans" (2003); and "Children born of war rape in Bosnia-Herzegovina and the Convention on the Rights of the Child," in *Born of War: Protecting Children of Sexual Violence Survivors in Conflict Zones*, edited by R. Charli Carpenter (2007), pages 21–39; see also the UNICEF Innocenti Research Centre report, *Birth Registration and Armed Conflict* (2007).

531 The denial of citizenship to offspring of Kuwaiti women raped during the Iraqi occupation is discussed in Kathy Evans, "Kuwait's rape children offer bitter reminder," *Guardian*, July 29, 1993.

531 The quotations from Zahra Ismail about wartime-rape-conceived children as victims occur on pages 13–14 of her dissertation, "Emerging from the shadows: Finding a place for children born of war" (2008).

531 Pursuant to Article 7, part 1, of the UN Convention on the Rights of the Child (full text at http://www2.ohchr.org/english/law/crc.htm), every child "shall be registered immediately after birth and shall have the right from birth to a name, the right to acquire a nationality and, as far as possible, the right to know and be cared for by his or her parents."

531 R. Charli Carpenter discusses UK policy on the adoption of babies from the Balkans in her paper "War's impact on children born of rape and sexual exploitation: Physical, economic and psychosocial dimensions" (presented at the University of Alberta, Edmonton, conference The Impact of War on Children, April 2005).

531 This passage is based on my interview with Marcelline Niyonsenga in 2004.

532 The quotation from Bishop Carlos Belo and Susan Harris Rimmer's commentary occur on page 332 of her paper "'Orphans' or veterans?: Justice for children born of war in East Timor," *Texas International Law Journal* 42, no. 2 (Spring 2007).

533 The technical name for the Helms Amendment is Section 104(f) of the Foreign Assistance Act of 1961, as amended. The full text of the amendment can be found at http://www.law.cornell.edu/uscode/text/22/2151b, and an extensive discussion of its ramifications appears in the Global Justice Center report *The Right to an Abortion for Girls and Women Raped in Armed Conflict* (2011).

533 See the Global Justice Center report *The Right to an Abortion for Girls and Women Raped in Armed Conflict* (2011), page 10.

533 All quotations from Janet Benshoof come from my interview with her in 2011.

533 This passage is based on my interview with Alphonsine Mukamakuza in 2004.

534 The Rome Statute of the International Criminal Court was adopted July 17, 1998, and entered into force on July 1, 2002. For the full text, see United Nations, Treaty Series, vol. 2187, p. 3, http://treaties.un.org/pages/ViewDetails.aspx?src=TREATY&mtdsg_no=XVIII-10&chapter=18&lang=en; see also the website of the Rome Statute of the International Criminal Court, http://untreaty.un.org/cod/icc/index.html.

534 See International Criminal Tribunal for Rwanda, *The prosecutor versus Jean-Paul Akayesu*, Case No. ICTR-96-4-T, Judgment 688, September 2, 1998; a summary of the judgment can be found at http://www.uniurb.it/scipol/pretelli/9%20Akayesu.pdf.

534 A 2004 report by the Iraq Ministry of Women's Affairs found that more than half of the four hundred rapes reported since the US invasion resulted in the murder of rape survivors by their families: see Yifat Susskind, "The murder of Du'a Aswad," *Madre*, May 22, 2007.

534 The quotation from Susan Harris Rimmer occurs on page 324 of her paper "'Orphans' or veterans?: Justice for children born of war in East Timor," *Texas International Law Journal* 42, no. 2 (Spring 2007).

534 The quotation from Jeanne Muliri Kabekatyo ("We want to make out of these children artisans of peace") comes from Danielle Shapiro, "Mothers in Congo get help in raising children of rape," *Christian Science Monitor*, May 9, 2010.

535 This passage is based on my interview with Christine Uwamahoro in 2004.

第十章 | 罪犯

538 Popular overestimation of the deterrent effects of incarceration is discussed in Peter W. Greenwood et al., *Diverting Children from a Life of Crime: Measuring Costs and Benefits* (1996).

538 The quotation from Fight Crime: Invest in Kids ("Those on the front lines...") occurs on page 2 of the organization's position statement "Investments in children prevent crime and save money" (2003), http://www.fightcrime.org/wp-content/uploads/sites/default/files/reports/Cost-Bft%20Br%20FINAL%204-30-03.pdf.

538 For the meta-analysis of studies on the correlation between rehabilitation programs and recidivism, see Mark W. Lipsey and David B. Wilson, "Effective interventions for serious juvenile offenders: A synthesis of research," on pages 313–66 of *Serious and Violent Juvenile Offenders: Risk Factors and Successful Interventions*, edited by Rolf Loeber and David P. Farrington (1998).

538 The quotation from the NIH on the futility of scare tactics to reduce youth crime occurs on page 7 of the report *Preventing Violence and Related Health-Risking Social Behaviors in Adolescents* (2004).

538 Joseph A. Califano's reference to "colleges of criminality" occurs on page 20 of the Columbia University National Center on Addiction and Substance Abuse report *Criminal Neglect: Substance Abuse, Juvenile Justice and the Children Left Behind* (2004).

538 Statistics on rates of rearrest of juveniles after release from prison occur on page 7 of Patrick A. Langan and David J. Levin's report to the Department of Justice, "Recidivism of prisoners released in 1994" (2002).

539 Crime victims' survivors' lack of postexecution satisfaction is explored in Scott Vollum and Dennis R. Longmire, "Covictims of capital murder: Statements of victims' family members and friends made at the time of execution," *Violence & Victims* 22, no. 5 (October 2007); and Thomas J. Mowen and Ryan D. Schroeder, "Not in my name: An investigation of victims' family clemency movements and court appointed closure," *Western Criminology Review* 12, no. 1 (January 2011).

539 This passage is based on my interviews with Cora Nelson, Peter Makya, Jennifer Stiles, Sarah Stiles, Ethan Heinz, and Marcella Stiles between 2003 and 2006 and subsequent communications. All names in this passage are pseudonyms.

543 Adolescent weapon-carrying was assessed in the National Longitudinal Study of Adolescent Health, with findings published in multiple reports; see, e.g., Robert W. Blum et al., "The effects of race/ethnicity, income, and family structure on adolescent risk behaviors," *American Journal of Public Health* 90, no. 12 (December 2000); and John Hagan and Holly Foster, "Youth violence and the end of adolescence," *American Sociological Review* 66 (December 2001).

543 See Robert Agnew and Sandra Huguley, "Adolescent violence toward parents," *Journal of Marriage & the Family* 51, no. 3 (August 1989); and Charles W. Peek, Judith L. Fischer, and Jeannie S. Kidwell, "Teenage violence toward parents: A neglected dimension of family violence," *Journal of Marriage & the Family* 47 (1985).

543 Statistics on juvenile arrest rates occur on page 5 of Dean John Champion, *The Juvenile Justice System: Delinquency, Processing, and the Law* (2004).

543 Relative chances of apprehension of juvenile and adult suspects are discussed in Monique M. Matherne and Adrian Thomas, "Family environment as a predictor of adolescent delinquency," *Adolescence* 36, no. 144 (Winter 2001).

543 Jennifer L. Truman, *Criminal Victimization, 2010*, Bureau of Justice Statistics Special Report NCJ 235508 (2011). See also statistics on referrals to court, incarceration, and probation on pages 29–57 of Charles Puzzanchera and Melissa Sickmund's report to the US Department of Justice, *Juvenile Court Statistics 2005* (2008); see also Charles Puzzanchera, *Juvenile Arrests 2007* (2009).

543 The characterization of juvenile detention centers as "an extension of the principal's office" occurs in Sara Rimer, "Unruly students facing arrest, not detention," *New York Times*, January 4, 2004.

543 Statistics on the decline in juvenile murder arrests occur on page 1 of Charles Puzzanchera, *Juvenile Arrests 2007* (2009).

544 Waivers are discussed in chapter 9 (pages 297–342) of Dean John Champion, *The Juvenile Justice System: Delinquency, Processing, and the Law* (2004).

544 For information on the expansion of the waiver system, see *Juvenile Offenders and Victims: 2006 National Report* (2006), pages 113–14; see also Melissa Sickmund, "Juveniles in court," National Report Series Bulletin (June 2003), https://www.ncjrs.gov/html/ojjdp/195420/page4.html, page 4.

544 The US Supreme Court decision outlawing the death penalty in juvenile cases occurred in *Roper v. Simmons*, 543 U.S. 551, decided March 1, 2005, available at www.supremecourt.gov/opinions/04pdf/03-633.pdf. For a press report on the case, see David Stout, "Supreme Court bars death penalty for juvenile killers," *New York Times*, March 1, 2005. Statistics on the percentage of juveniles on death row prior to *Roper v. Simmons* come from page 187 of Dean John Champion, *The Juvenile Justice System: Delinquency, Processing, and the Law* (2004).

544 Authoritative modern sources on the history of juvenile crime and juvenile justice in the United States include Dean John Champion, *The Juvenile Justice System: Delinquency, Processing, and the Law* (2004); and Clemens Bartollas, *Voices of Delinquency* (2003). For a nineteenth-century perspective, see Bradford Kinney Pierce, *A Half Century with Juvenile Delinquents: The New York House of Refuge and Its Times* (1869). The tragic story of Thomas Granger was told by William Bradford, governor of the Massachusetts Bay Colony, in his diary, *Of Plymouth Plantation, 1620–1647*, edited by Samuel Eliot Morison (1957), pages 320–21.

545 The quotation from the Society for the Prevention of Pauperism ("Here is one great school of vice and desperation...") occurs on pages 37–39 of Bradford Kinney Pierce, *A Half Century with Juvenile Delinquents: The New York House of Refuge and Its Time* (1869); the phrase *simple labor* appears on

page 62; a discussion of the organization's proposals can be found on pages 62–74.
545 The quotation from Chicago judge Julian Mack ("The problem for determination by the judge . . .") occurs on pages 119–20 of his article "The juvenile court," *Harvard Law Review* 23 (1909).
545 The quotation from Judge Benjamin Lindsey ("Our laws against crime are as inapplicable to children as they would be to idiots") occurs on page 133 of Ben Lindsey and Harvey O'Higgins, *The Beast* (1970), as cited in Rachel Aviv, "No remorse: Should a teenager be given a life sentence?," *New Yorker*, January 2, 2012.
545 The full text of the Supreme Court decision *In re Gault*, 387 U.S. 1, decided May 15, 1967, can be found on the Cornell University Legal Information Institute website, http://www.law.cornell.edu/supct/html/historics/USSC_CR_0387_0001_ZS.html. The reference to "Kangaroo Court" occurs on pages 27–28 of the decision.
545 The full text of the Juvenile Justice and Delinquency Prevention Act can be found on the US Department of Justice website, http://www.ojjdp.gov/about/ojjjact.txt. For a discussion of the provisions of the act, see pages 36–39 of Dean John Champion, *The Juvenile Justice System: Delinquency, Processing, and the Law* (2004).
545 The US Department of Justice official's lament about the "psychobabble of social workers" comes from Merrill Hartson, "Juvenile court system too soft on criminals, U.S. official says," Associated Press, September 4, 1985.
545 The paucity of treatment programs for court-involved youth is discussed on page 7 of the Columbia University National Center on Addiction and Substance Abuse report *Criminal Neglect: Substance Abuse, Juvenile Justice and the Children Left Behind* (2004).
546 See, for example, Rosemary Sarri and Jeffrey Shook, "Human rights and juvenile justice in the United States," in *Children's Human Rights: Progress and Challenges for Children Worldwide*, edited by Mark Ensalaco and Linda C. Majka (2005).
546 For a discussion of the study finding that only a third of adolescent defendants thought their attorneys were helpful, see page 126 of Thomas Grisso and Robert G. Schwartz, *Youth on Trial: A Developmental Perspective on Juvenile Justice* (2000); juvenile defendants' understanding of the Miranda warning is discussed on page 114.
546 The quotation from Thomas Grisso and Robert G. Schwartz ("The adult-like procedures introduced by the left . . .") occurs on page 31 of their book *Youth on Trial: A Developmental Perspective on Juvenile Justice* (2000).
546 For more information on brain development and delinquent behavior, see Daniel R. Weinberger, "A brain too young for good judgment," *New York Times*, March 10, 2001; and Laurence Steinberg and Elizabeth Cauffman, "Maturity of judgment in adolescence: Psychosocial factors in adolescent decision making," *Law & Human Behavior* 20, no. 3 (June 1996).
546 Statistics on the association of drug and alcohol intoxication and the commission of crimes come from page 11 of the Columbia University National Center on Addiction and Substance Abuse report *Criminal Neglect: Substance Abuse, Juvenile Justice and the Children Left Behind* (2004); rates of drug and alcohol abuse among adolescent criminal defendants from page 2; rates of substance-abuse treatment from page 56. For more detail on the level of substance-abuse treatment in correctional facilities, see the HHS report *Drug and Alcohol Treatment in Juvenile Correctional Facilities: The DASIS Report* (2002).
547 This passage is based on my interview with Sophia and Josiah McFeely in 2004 and subsequent communications. All names in this passage are pseudonyms.
549 Numbers of adolescent defendants with psychiatric diagnoses come from Linda A. Teplin et al., "Psychiatric disorders in youth in juvenile detention," *Archives of General Psychiatry* 59, no. 12 (2002); and page 35 of the Columbia University National Center on Addiction and Substance Abuse report *Criminal Neglect: Substance Abuse, Juvenile Justice and the Children Left Behind* (2004).
549 The proportion of incarcerated adolescents with learning disabilities comes from page 5 of Ronald D. Stephens and June Lane Arnette, "From the courthouse to the schoolhouse: Making successful transitions," *OJJDP: Juvenile Justice Bulletin* NCJ-178900 (2000).
549 For the study of "easy" and "difficult" babies and later court involvement, see Rolf Loeber and Dale F. Hay, "Developmental approaches to aggression and conduct problems," on pages 488–515 of *Development through Life: A Handbook for Clinicians*, edited by Michael Rutter and Dale F. Hay (1994).
549 For the study on the relationship between youthful "troublesomeness" and adolescent offending, see David P. Farrington, "The development of offending and antisocial behaviour from childhood: Key findings from the Cambridge Study in Delinquent Development," *Journal of Child Psychology & Psychiatry* 36, no. 6 (September 1995).
549 An increased risk for offending for those who start young is found in Richard Dembo et al., "Predictors of recidivism to a juvenile assessment center: A three year study," *Journal of Child & Adolescent Substance Abuse* 7, no. 3 (1998); see also Patrick Tolan and Peter Thomas, "The implications of age of onset for delinquency risk II: Longitudinal data," *Journal of Abnormal Child Psychology* 23, no. 2 (April 1995): 157–81.
549 The quotation from Carol Carothers ("It is hard to imagine a worse place . . .") comes from her testimony "Juvenile detention centers: Are they warehousing children with mental illnesses?," on behalf of the National Alliance on Mental Illness before the Governmental Affairs Committee, United States Senate on Juvenile Detention Centers, July 7, 2004.
550 This passage is based on my interview with Brianna Gandy in 2003. All names in this passage are pseudonyms.
551 This passage is based on my interview with Jackson Simpson, Alexa Simpson, and Jackson's father in 2003. All names in this section are pseudonyms.
552 The description of hellish conditions at the Mississippi juvenile detention center comes from David M. Halbfinger, "Care of juvenile offenders in Mississippi is faulted," *New York Times*, September 1, 2003.
552 The quotation describing filthy, inhumane conditions in a Mississippi detention center comes from the complaint filed in *D.W. et al. v. Harrison County, Mississippi*, Case 1:2009cv00267, US District Court for the Southern District of Mississippi (Complaint filed April 20, 2009; Memorandum of Agreement filed June 24, 2009); see also the Southern Poverty Law Center press release "SPLC sues Mississippi county to stop 'shocking' abuse of children at detention center," April 20, 2009.

552 Stripping and isolation of adolescent female inmates is described in David Halbfinger, "Care of juvenile offenders in Mississippi is faulted," *New York Times*, September 1, 2003.

552 "Blender meals" are described in John Broder, "Dismal California prisons hold juvenile offenders," *New York Times*, February 15, 2004.

552 The characterization of California's juvenile prisons as "a dysfunctional jumble of antiquated facilities" comes from John Broder, "Dismal California prisons hold juvenile offenders," *New York Times*, February 15, 2004.

552 Conditions at the Nevada Youth Training Center are described in Ralph F. Boyd, *Investigation of Nevada Youth Training Center, Elko, Nevada* (2005), as cited on page 20 of the Columbia University National Center on Addiction and Substance Abuse report *Criminal Neglect: Substance Abuse, Juvenile Justice and the Children Left Behind* (2004).

552 The death of a seventeen-year-old inmate and deplorable conditions at the Miami-Dade Regional Juvenile Detention Center are described in the Miami-Dade County Grand Jury report *Investigation into the death of Omar Paisley and the Department of Juvenile Justice, Miami Dade Regional Juvenile Detention Center*, January 27, 2004.

552 The statement from Joseph Califano ("We have fifty-one different systems of juvenile injustice . . .") occurs on page 20 of the Columbia University National Center on Addiction and Substance Abuse report *Criminal Neglect: Substance Abuse, Juvenile Justice and the Children Left Behind* (2004).

553 All quotations from Home School staff and residents come from interviews and personal communications between 2003 and 2005, and subsequent communications.

553 See Stephen DiMenna's website: http://www.stephendimenna.com/. 555 This passage is based on my interviews with Dashonte Malcolm, Audrey Malcolm, Bishop Forbes, Mother Forbes, and Darius Stewart between 2003 and 2007, and subsequent communications. All names in this passage are pseudonyms.

557 Comprehensive general resources on gangs include James C. Howell et al., "U.S. gang problem trends and seriousness," *National Gang Center Bulletin* 6 (May 2011); and James C. Howell, *Gangs in America's Communities* (2011); for specific background on the Bloods, see the Virginia Fusion Center, *Bloods Street Gang Intelligence Report* (2008).

559 See "Interview with Leslie Van Houten," *CNN Larry King Weekend*, Cable News Network, June 29, 2002.

560 See Suzanne Daley's interview with Aicha el-Wafi, mother of Zacarias Moussaoui, "Mysterious life of a suspect from France," *New York Times*, September 21, 2001.

560 This passage is based on my interview with Dan Patterson in 2004. All names in this passage are pseudonyms.

560 See Lionel Dahmer, *A Father's Story* (1994).

561 The quotation from Lionel Dahmer occurs on pages 127–28 of *A Father's Story* (1994). It has been condensed.

561 See Rachel King, *Capital Consequences: Families of the Condemned Tell Their Stories* (2005). For a summary of King's work and conclusions, see her article "The impact of capital punishment on families of defendants and murder victims," *Judicature* 89, no. 5 (March–April 2006).

561 The story of Dave Herman and his family is told in chapter 7 of Rachel King, *Capital Consequences* (2005), pages 221–45. The quotations from Esther Herman ("I had two very active businesses . . ." and "Dave had been a good person . . .") occur on pages 223 and 231. They have been condensed.

561 This passage is based on my interview with Noel Marsh, Felicity Tompkins, and Steve Tompkins in 2003. All names in this passage are pseudonyms.

563 Studies of aggression in monkeys include Maribeth Champoux et al., "Serotonin transporter gene polymorphism, differential early rearing, and behavior in rhesus monkey neonates," *Molecular Psychiatry* 7, no. 10 (2002); and Allyson Bennett et al., "Early experience and serotonin transporter gene variation interact to influence primate CNS function," *Molecular Psychiatry* 7, no. 1 (2002).

563 See Avshalom Caspi et al., "Role of genotype in the cycle of violence in maltreated children," *Science* 297, no. 5582 (August 2002). For a general review of research in this area, see Terrie E. Moffitt, "Genetic and environmental influences on antisocial behaviors: Evidence from behavioral-genetic research," *Advances in Genetics* 55 (2005).

564 The quotation about the benefits of "a positive family environment" occurs on page 457 of Karol L. Kumpfer and Rose Alvarado, "Family-strengthening approaches for the prevention of youth problem behaviors," *American Psychologist* 58, nos. 6–7 (June–July 2003). It has been condensed.

564 The statement "The parental attachment factor explains delinquency" occurs on page 32 of Jill Leslie Rosenbaum, "Family dysfunction and female delinquency," *Crime & Delinquency* 35, no. 1 (January 1989); see also Joseph H. Rankin and Roger Kern, "Parental attachments and delinquency," *Criminology* 32, no. 4 (November 1994).

564 This passage is based on my interviews with Karina Lopez and Emma Lopez in 2003 and 2004 and subsequent communications. All names in this passage are true except for "Cesar Marengo," which is a pseudonym.

567 The murder of Luis Alberto Anava and the prosecution of Jose Monroy Vega, Juan Carlos Ortiz-Mendoza, and Ramiro Montoya Pineda were covered extensively in the *Minneapolis Star Tribune*; see, e.g., Paul Gustafson, "Gang member found not guilty of St. Paul killing," May 6, 2004; "Doubts about witness lead to acquittal in murder case," July 24, 2004; and "Gang member sentenced for shooting death of rival," August 20, 2004. Surenos (also known as Surenos 13) is an alliance of Mexican-American street gangs that originated in Southern California during the 1970s and has since spread throughout the United States. In 2009, the Minnesota Metro Gang Strike Force estimated that Surenos 13 was the region's fastest-growing gang, with 106 members residing in the Minneapolis/St. Paul area; see Metro Gang Strike Force, "2008 Annual Report" (2009).

568 Statistics on single-parent families come from pages 10–11 of Howard Snyder and Melissa Sickmund, *Juvenile Offenders and Victims* (2006); see also Stephen Demuth and Susan L. Brown, "Family structure, family processes, and adolescent delinquency: The significance of parental absence versus parental gender," *Journal of Research in Crime & Delinquency* 41, no. 1 (February 2004).

568 This passage is based on my interview with Jamaal Carson and Breechelle Carson in 2003. All names in this passage are pseudonyms.

569 The quotation from John Bowlby ("comfortless and unpredictable, and they respond either by shrinking from it or doing battle with it") occurs on page 208 of John Bowlby, Margery Fry, and Mary D. Salter Ainsworth, *Separation: Anxiety and Anger*, vol. 2: *Attachment and Loss* (1973). For further

discussion of abuse and neglect as a contributing factor to delinquency, see Frank J. Elgar et al., "Attachment characteristics and behavioural problems in rural and urban juvenile delinquents," *Child Psychiatry & Human Development* 34, no. 1 (Fall 2003). The increased incidence of crimes committed by abused and neglected children is reported on page 3 of Cathy Widom and Michael G. Maxfield, *An Update on the "Cycle of Violence"* (2001).

569 This passage is based on my interview with Huaj Kyuhyun in 2003. All names in this passage are pseudonyms.

570 For discussion of exposure to violence as a risk factor for delinquency, see Cathy Widom and Michael G. Maxfield, *An Update on the "Cycle of Violence"* (2001); Karol L. Kumpfer, *Strengthening America's Families* (1999); Sally Preski and Deborah Shelton, "The role of contextual, child, and parent factors in predicting criminal outcomes in adolescence," *Issues in Mental Health Nursing* 22 (March 2001); and Carolyn Hilarski, "Victimization history as a risk factor for conduct disorder behaviors," *Stress, Trauma & Crisis* 7, no. 1 (January 2004).

570 For the report of the study finding increased risk of engaging in violent behavior in children exposed to violence, see Terence P. Thornberry, *Violent Families and Youth Violence* (1994); additionally, criminologist James C. Howell discusses and analyzes Thornberry's study on pages 113–14 of *Preventing and Reducing Juvenile Delinquency: A Comprehensive Framework* (2003).

570 The quotation from Jess McDonald ("The Child Welfare System is a feeder system for the juvenile justice system") occurs on page 32 of the Columbia University National Center on Addiction and Substance Abuse report *Criminal Neglect: Substance Abuse, Juvenile Justice and the Children Left Behind* (2004).

570 This passage is based on my interview with Ryan Nordstrom and his parents in 2004. All names in this passage are pseudonyms.

570 At least one study has found an association between early exposure to pornography and offending: David L. Burton, George Stuart Leibowitz, and Alan Howard, "Comparison by crime type of juvenile delinquents on pornography exposure: The absence of relationships between exposure to pornography and sexual offense characteristics," *Journal of Forensic Nursing* 6, no. 3 (September 2010).

570 David P. Farrington summarizes a major inquiry into youths' high-risk behavior in "The development of offending and antisocial behaviour from childhood: Key findings from the Cambridge Study in Delinquent Development," *Journal of Child Psychology & Psychiatry* 36, no. 6 (September 1995).

571 See Judith Rich Harris, *The Nurture Assumption: Why Children Turn Out the Way They Do* (1998), especially the discussion of "groupness" on page 128. The tendency of juveniles to commit crimes in groups is discussed on page 370 of *Child Delinquents: Development, Intervention, and Service Needs*, edited by Rolf Loeber and David P. Farrington (2001).

571 For discussion of the contribution of the social environment to juvenile delinquency, see Kenneth C. Land, "Influence of neighborhood, peer, and family context: Trajectories of delinquent/criminal offending across the life course" (2000).

571 Statistics on the percentage of juvenile crimes committed by females come from page 4 of Charles Puzzanchera, *Juvenile Arrests 2007* (2009).

571 For further discussion of precursors to female offending, see Leslie D. Leve and Patricia Chamberlain, "Female juvenile offenders: Defining an early-onset pathway for delinquency," *Journal of Child & Family Studies* 13, no. 4 (December 2004); and Jill Leslie Rosenbaum, "Family dysfunction and female delinquency," *Crime & Delinquency* 35, no. 1 (January 1989).

571 Statistics on the incidence of childhood sexual abuse among female criminal defendants come from George Calhoun et al., "The neophyte female delinquent: A review of the literature," *Adolescence* 28, no. 110 (Summer 1993); and Margaret A. Zahn et al., "Causes and correlates of girls' delinquency," US Department of Justice (April 2010).

571 Statistics on the percentage of chronic juvenile offenders who are gang members come from James C. Howell's report to the US Office of Juvenile Justice and Delinquency Prevention *Youth Gang Programs and Strategies* (2000).

571 Statistics on gang membership come from the National Youth Gang Center, *National Youth Gang Survey Analysis* (2011), http://www.nationalgangcenter.gov/Survey-Analysis/Measuring-the-Extent-of-Gang-Problems.

571 This passage is based on my interviews with Krishna Mirador, Carol Malloy, and Raul Mirador from 2003 to 2009, and subsequent communications. All names in this passage are pseudonyms.

572 For the Indian court decision finding that Ananda Marga was the intended recipient of the arms drop in the Purulia arms drop case, see *State v. Peter James Gifran von Kalkstein Bleach et al.*, Purulia arms dropping case, Sessions Trial No. 1, Calcutta Court of Session, judgment issued June 1997, http://www.cbi.gov.in/dop/judgements/padc.pdf.

576 As Krishna noted, many gangs started out as neighborhood baseball teams; see Robert Chow, "Barrios' rivalry began with sports, cars," *Orange County Register*, August 6, 1990.

579 See Elizabeth Bishop, "Questions of Travel," *Questions of Travel* (1965).

582 This passage is based on my interview with Tyndall Wilkie in 2003. All names in this passage are pseudonyms.

582 This passage is based on the story of Mitt Ebbetts as recounted to me in 2004 by a member of staff at a juvenile facility. All names in this passage are pseudonyms.

583 An official study found that nearly half of Castington inmates anticipate difficulty finding work after release; see Her Majesty's Young Offender Institution, Castington and Oswald Unit, "Summary of questionnaires and interviews," February 16, 2010, http://www.justice.gov.uk/downloads/publications/inspectorate-reports/hmipris/2010_CASTINGTON_YJB_survey_rps.pdf.

584 The survey of juvenile caseworkers is described on page 750 of Rolf Loeber and David P. Farrington, *Child Delinquents: Development, Intervention, and Service Needs* (2001).

584 Figures on the cost of jailing juveniles come from page 16 of Peter W. Greenwood et al., RAND Corporation report *Diverting Children from a Life of Crime: Measuring Costs and Benefits* (1996), estimating $21,000/year; and page 32 of Karol Kumpfer, *Strengthening America's Families: Exemplary Parenting and Family Strategies for Delinquency Prevention* (1999), estimating $34,000–$64,000/year.

584 For more information on prison programming and its role in reducing recidivism, see the discussion on pages 210–11 of James C. Howell, *Preventing and Reducing Juvenile Delinquency* (2003); Cole Barton et al., "Generalizing treatment effects of functional family therapy: Three replications," *American*

Journal of Family Therapy 13, no. 3 (Fall 1985); and Roger Przybylski's report to the Colorado Division of Criminal Justice, *What Works: Effective Recidivism Reduction and Risk-Focused Prevention Programs* (2008).

584 The quotation from Joseph Califano ("Treatment and accountability…") occurs on page 9 of the Columbia University National Center on Addiction and Substance Abuse report *Criminal Neglect: Substance Abuse, Juvenile Justice and the Children Left Behind* (2004).

584 The positive impact of family-based intervention is explored in William Shadish et al., "Effects of family and marital psychotherapies: A meta-analysis," *Journal of Consulting & Clinical Psychology* 61, no. 6 (December 1993).

584 The quotation about the effectiveness of family and group interventions occurs on page 255 of Susan R. Woolfenden, Katrina Williams, and Jennifer K. Peat, "Family and parenting interventions for conduct disorder and delinquency: A meta-analysis of randomized controlled trials," *Archives of Disease in Childhood* 86, no. 4 (April 2002).

584 The effectiveness of prenatal home visits in reducing juvenile crime is discussed on page 90 of the US surgeon general's report *Youth Violence* (2001). For more information on preventive programs, see Peter W. Greenwood et al., *Diverting Children from a Life of Crime: Measuring Costs and Benefit* (1996).

585 Delinquency prevention programs are likened to "the dental model" in Robert Nix, "Preschool intervention programs and the process of changing children's lives," *Prevention & Treatment* 6, no. 1 (December 2003).

585 Recent publications by Alan Kazdin on the parenting of defiant children include *Parent Management Training: Treatment for Oppositional, Aggressive, and Antisocial Behavior in Children and Adolescents* (2005); and Alan E. Kazdin, P. L. Marciano, and M. Whitley, "The therapeutic alliance in cognitive-behavioral treatment of children referred for oppositional, aggressive, and antisocial behavior," *Journal of Consulting and Clinical Psychology* 73, no. 4 (August 2005).

585 For the study concluding that behavioral-communication programs could cut recidivism in half, see Patrick Tolan et al., "Family therapy with delinquents: A critical review of the literature," *Family Processes* 25, no. 4 (December 1986).

585 For the two studies finding significantly reduced recidivism among participants in family therapy, see William H. Quinn and David J. Van Dyke, "A multiple family group intervention for first-time juvenile offenders: Comparisons with probation and dropouts on recidivism," *Journal of Community Psychology* 32, no. 2 (February 2004); and Cole Barton et al., "Generalizing treatment effects of functional family therapy: Three replications," *American Journal of Family Therapy* 13, no. 3 (Fall 1985).

585 Statistics on the increased incidence of arrest for violent crimes in youth from families who had received no early intervention come from Arthur J. Reynolds et al., "Long-term effects of an early childhood intervention on educational achievement and juvenile arrest," *Journal of the American Medical Association* 285, no. 18 (May 9, 2001).

585 Meager implementation of family therapy by juvenile institutions was found in Karol L. Kumpfer and Rose Alvarado, "Family-strengthening approaches for the prevention of youth problem behaviors," *American Psychologist* 58, nos. 6–7 (June–July 2003), page 457.

585 For demonstrations of the cost savings resulting from expenditures on family education, see Lawrence J. Schweinhart, Helen V. Barnes, and David P. Weikart, *Significant Benefits: The High/Scope Perry Preschool Study through Age 27* (1993). For documentation of even greater savings with later-stage intervention, see Robert Barnoski, *Outcome Evaluation of Washington State's Research-Based Programs for Juvenile Offenders* (2004).

585 Criminologist Peter Greenwood compares costs of the "three strikes" law with parole and parent training in the RAND Corporation report *Diverting Children from a Life of Crime: Measuring Costs and Benefits* (1996); specific figures cited occur on page 25.

586 Estimates of the total cost of the failure to provide adequate preventive services come from page 6 of Lawrence J. Schweinhart et al., *Lifetime Effects: The HighScope Perry Preschool Study through Age 40* (2005).

587 This passage is based on my interviews with Tom and Sue Klebold between 2005 and 2007, and subsequent communications. My sources on the Columbine tragedy include reports in the *Denver Rocky Mountain News* by Lynn Bartels, Dan Luzadder, and Kevin Vaughan (see the bibliography for all titles); David Cullen's articles on *Salon* and his subsequent book, *Columbine* (2009); coverage in the *New York Times* by David Brooks and Judith Warner; Nancy Gibbs and Timothy Roche, "The Columbine tapes," *Time*, December 20, 1999; Michael Paterniti, "Columbine never sleeps," *GQ*, April 2004; Brooks Brown and Rob Merritt, *No Easy Answers: The Truth behind Death at Columbine* (2002); Ralph Larkin. *Comprehending Columbine* (2007); and Susan Klebold, "I will never know why," *O, The Oprah Magazine*, November 2009.

588 Nathan Dykeman said of the Klebolds, "They're in a glass cage," in an ABC *Good Morning America* interview, "More insight on Dylan Klebold," broadcast April 30, 1999.

第十一章 | 跨性别

599 The quotation from Richard C. Friedman ("…'Don't worry——it won't happen to you'") comes from personal communication in 2011.

599 Amy Bloom's observation ("Male is not gay or straight; it's male…") occurs on page 18 of her book *Normal: Transsexual CEOs, Crossdressing Cops, and Hermaphrodites with Attitude* (2002).

599 The quotations from Jan Morris ("Transsexualism is not a sexual mode or preference…" and "My inner uncertainty…") occur on pages 8 and 7 of her memoir, *Conundrum* (2006).

599 These definitions, commonly accepted though occasionally debated, are cataloged on pages 4–6 of Stephanie Brill and Rachel Pepper, *The Transgender Child: A Handbook for Families and Professionals* (2008).

600 The quotation from Aiden Key ("My gender is who I am; my sexuality is who I bounce it off of") comes from my interview with him in 2009.

600 The quotation from the mother ("She's four——I don't think she's got sexual desires yet") comes from a personal interview in 2009.

600 See Richard Green, *The "Sissy Boy Syndrome" and the Development of Homosexuality* (1987).

601 My sources on ENDA and NGLTF advocacy include David Herszenhorn, "House approves broad protections for gay workers," *New York Times*, November 8, 2007; and Rea Carey's November 5, 2009, testimony before the Senate Committee on Health, Education, Labor, and Pensions. (I am a member of the Task Force board of directors, which I joined after I began researching this chapter.)

601 Diagnostic criteria for gender identity disorder appear on pages 576–80 of the *Diagnostic and Statistical Manual of Mental Disorders, DSM-IV-TR*, 4th ed. (2000).

601 Stephanie Brill and Rachel Pepper discuss the emergence of gender-stereotypical behavior in chapter 3 (pages 61–72) of *The Transgender Child* (2008).

601 Unless otherwise specified, all quotations from Stephanie Brill come from my interviews with her in 2009 and subsequent communications.

602 See Simona Giordano, "Lives in a chiaroscuro: Should we suspend the puberty of children with gender identity disorder?," *Journal of Medical Ethics* 34, no. 8 (August 2008).

602 "Official" statistics on incidence of gender reassignment surgery appear on page 579 of the *Diagnostic and Statistical Manual of Mental Disorders, DSM-IV-TR* (2000). I have applied those proportions to American population estimates.

602 Lynn Conway offers her analysis of transgender population statistics in her essay "The numbers don't add: transsexual prevalence," GID Reform Advocates (2008), http://gidreform.org/gid30285.html.

602 The quotation from Barbara Walters ("what's between their legs doesn't match what's between their ears") comes from her ABC News report "Transgender children face unique challenges," *20/20*, April 27, 2007.

602 The National Center for Transgender Equality estimates that between .25 percent and 1 percent of the population is transsexual; see page 1 of the organization's brochure "Understanding Transgender" (2009).

603 The quotation from Holly Devor occurs on page xxvi of *FTM: Female-to-Male Transsexuals in Society* (1997).

603 The word *cisgender* is new enough that it still awaits a place in the *Oxford English Dictionary*, but notable enough to have its own Wikipedia page (http://en.wikipedia.org/wiki/Cisgender); a 1991 article by German sexologist Volkmar Sigusch featured the neologism *zissexuelle*, and *cisgender* can be found in Usenet posts as far back as 1994.

603 This passage is based on my interview with Venessia, Joseph, Josie, and Jade Romero in 2009 and subsequent communications.

604 TransYouth Family Allies website: http://imatyfa.org/. (I am a member of the TYFA board of directors, which I joined after I began researching this chapter.)

606 Josie agreed to be profiled in the 2010 National Geographic documentary *Sex, Lies and Gender* and is featured in Stephanie Innes, "Meet Josie, 9: No secret she's transgender," *Arizona Star*, July 25, 2010.

607 A recent study has established that of the 4,508 genes actively transcribed in the mouse brain, 257 are more highly expressed in males and 355 in females; see Xia Yang et al., "Tissue-specific expression and regulation of sexually dimorphic genes in mice," *Genome Research* 16, no. 8 (August 2006). These numbers are far greater than the numbers of genes involved in the differentiation of the gonads. Given the increased size and complexity of the human brain, it is likely that even larger numbers of genes are associated with sexually dimorphic processes other than reproduction, including behavior and disposition. For a useful review of current research on genetic and epigenetic contributions to sex differences in behavior, see Irfan A. Qureshi and Mark F. Mehler, "Genetic and epigenetic underpinnings of sex differences in the brain and in neurological and psychiatric disease susceptibility," *Progress in Brain Research* 186 (2010). For further discussion of genetic and biological contributions to gender identity, see Louis Gooren, "The biology of human psychosexual differentiation," *Hormones & Behavior* 50 (2006): 589–601; Dick F. Swaab, "Sexual differentiation of the brain and behavior," *Best Practice & Research Clinical Endocrinology & Metabolism* 21, no. 3 (September 2007); and Lauren Hare et al., "Androgen receptor repeat length polymorphism associated with male-to-female transsexualism," *Biological Psychiatry* 65, no. 1 (January 2009).

607 Unless otherwise specified, all quotations from Norman Spack come from my interview with him in 2009.

607 The possible influence of DES on development of gender dysphoria is discussed on pages 226–71 of Deborah Rudacille, *The Riddle of Gender: Science, Activism and Transgender Rights* (2005); the survey is described on page 17.

607 For more information on endocrine disruptors and differences in gendered behavior, see David Crews and John A. McLachlan, "Epigenetics, evolution, endocrine disruption, health, and disease," *Endocrinology* 147, no. 6 (June 2006).

Nicholas Kristof's reports on the subject include "It's time to learn from frogs," *New York Times*, June 27, 2009; and "Chemicals and our health," *New York Times*, July 16, 2009.

608 The quotation from Georges Canguilhem ("Diversity is not disease; the *anomalous* is not the pathological") occurs on page 137 of his book *The Normal and the Pathological* (1991).

608 Diagnostic criteria for gender identity disorder appear on pages 576–80 of the *Diagnostic and Statistical Manual of Mental Disorders, DSM-IV-TR*, 4th ed. (2000). For in-depth discussion of gender-atypical behaviors common to children with GID, see Kenneth J. Zucker and Susan J. Bradley, *Gender Identity Disorder and Psychosexual Problems in Children and Adolescents* (1995); and the chapter "Childhood, interrupted," on pages 192–225 of Deborah Rudacille, *The Riddle of Gender* (2005).

608 Heino Meyer-Bahlburg analyzes the statistical variance of children with GID from gender-typical behavior in his paper "Gender identity disorder of childhood: Introduction," *Journal of the American Academy of Child Psychiatry* 24, no. 6 (November 1985).

608 Figures for the percentage of children with GID whose cross-gender identification persists into adolescence are based on the findings in Richard Green, *The "Sissy Boy Syndrome" and the Development of Homosexuality* (1987); Kelley D. Drummond et al., "A follow-up study of girls with gender identity disorder," *Developmental Psychology* 44, no. 1 (January 2008); and M. S. Wallien and Peggy T. Cohen-Kettenis, "Psychosexual outcome of gender-dysphoric children," *Journal of the American Academy of Child & Adolescent Psychiatry* 47, no. 12 (December 2008).

609 The quotation from Kelly Winters ("Behaviors that would be ordinary or even exemplary . . .") comes from her essay "Issues of GID diagnosis for transsexual women and men" (2007).

609 Gerald Mallon and Teresa DeCrescenzo refer to "the sports corrective" and "the etiquette corrective" on page 58 of *Social Services with Transgendered Youth* (1999); and on page 230 of their article "Transgender children and youth: A child welfare practice perspective," *Child Welfare* 85, no. 2 (March–April 2006).

609 The quotation from Diane Ehrensaft ("The mental health profession has been consistently doing harm…") comes from Lois Wingerson, "Gender identity disorder: Has accepted practice caused harm?," *Psychiatric Times*, May 19, 2009.

609 Deborah Rudacille's observation about GID ("The diagnosis legitimizes the range of hormonal and surgical interventions…") occurs on page 216 of *The Riddle of Gender* (2005).

609 The quotation from William Narrow ("The harm of retention is stigma…") comes from Susan Jeffrey, "APA 2009: DSM-V on track for 2019, but difficult decisions lie ahead," *Medscape Medical News*, May 26, 2009.

610 Although gender reassignment surgery generally remains ineligible for insurance reimbursement, in November 2011 the Internal Revenue Service dropped its opposition to a 2010 Tax Court ruling allowing a federal tax deduction; see Jonathan Berr, "Sex change surgery is now tax deductible," *Time*, November 10, 2011.

610 All quotations from Michele Angello come from my interview with her in 2009 and subsequent communications.

610 See "AMA policy regarding sexual orientation" (2007), http://www.ama-assn.org/ama/pub/about-ama/our-people/member-groups-sections/glbt-advisory-committee/ama-policy-regarding-sexual-orientation.page.

610 The quotation from Edgardo Menvielle ("The goal is for the child to be well adjusted…") comes from Patricia Leigh Brown, "Supporting boys or girls when the line isn't clear," *New York Times*, December 2, 2006.

610 The characterization of Peggy Cohen-Kettenis's work occurs on page 29 of Alice Dreger, "Gender identity disorder in childhood: Inconclusive advice to parents," *Hastings Center Report* 39, no. 1 (January–February 2009).

611 The quotations from Aristotle ("the single cause" as to "why the man is man or the musician musical" is simply "because each thing is inseparable from itself") occur in *Metaphysics*, Book VII, pt. 17, on page 311 of *A New Aristotle Reader* (1987).

611 John Locke's statement "a man is a man" occurs in "Mr. Locke's reply to the Bishop of Worcester," in *The Works of John Locke, Esq., in Three Volumes*, vol. 1 (1727), page 419.

611 This passage is based on my interviews with Bettina and Greg Verdi in 2009 and subsequent communications. All names in this passage are pseudonyms.

613 The quotations in these two paragraphs from the two parents of trans people and the trans son of one of them come from personal interviews conducted between 2007 and 2010.

614 See Richard Green and John Money, *Transsexualism and Sex Reassignment* (1969). Money first publicly referred to the "John/Joan" case in *Man and Woman, Boy and Girl* (1972).

614 David Reimer told his story to John Colapinto, who published it first as "The true story of John/Joan," *Rolling Stone*, December 11, 1997; and three years later in *As Nature Made Him: The Boy Who Was Raised as a Girl* (2000). Colapinto commented on Reimer's death in "Gender gap: What were the real reasons behind David Reimer's suicide?," *Slate*, June 3, 2004.

614 For reports of the Johns Hopkins study, see William G. Reiner and John P. Gearhart, "Discordant sexual identity in some genetic males with cloacal exstrophy assigned to female sex at birth," *New England Journal of Medicine* 350, no. 4 (January 22, 2004); and William G. Reiner, "Gender identity and sex-of-rearing in children with disorders of sexual differentiation," *Journal of Pediatric Endocrinology & Metabolism* 18, no. 6 (June 2005).

615 The quotation from William G. Reiner ("These children demonstrate…") comes from a Johns Hopkins University press release, "Hopkins research shows nature, not nurture, determines gender," May 12, 2000.

615 For the UCLA study of effeminate boys, see George Rekers, O. Ivar Lovaas, and B. Low, "Behavioral treatment of deviant sex role behaviors in a male child," *Journal of Applied Behavioral Analysis* 7 (1974); and Richard Green, *The "Sissy Boy Syndrome" and the Development of Homosexuality* (1987).

615 The incident that ended George Rekers's public career as an academic standardbearer against homosexuality was first reported by Penn Bullock and Brandon K. Thorp in "Christian right leader George Rekers takes vacation with 'rent boy,'" *Miami New Times*, May 4, 2010.

615 The quotation from Kirk Murphy's sister comes from Scott Bronstein and Jesse Joseph's report for Cable News Network, "Therapy to change 'feminine' boy created a troubled man, family says," broadcast June 10, 2011.

615 See Phyllis Burke, *Gender Shock: Exploding the Myths of Male and Female* (1996).

616 This passage is based on my interview with Tony Ferraiolo and Anne Ferraiolo in 2008 and subsequent communications.

619 Jim Collins Foundation website: http://jimcollinsfoundation.org.

619 Information on the amounts of cross-sex hormones required to effect transition come from my interview with Norman Spack in 2009. For a detailed discussion of hormone treatment, see Wylie C. Hembree et al., "Endocrine treatment of transsexual persons: An Endocrine Society clinical practice guideline," *Journal of Clinical Endocrinology & Metabolism* 94, no. 9 (September 2009); and Louis J. Gooren, Erik J. Giltay, and Mathijs C. Bunck, "Long-term treatment of transsexuals with cross-sex hormones: Extensive personal experience," *Journal of Clinical Endocrinology & Metabolism* 93, no. 1 (January 2008).

620 See World Professional Association for Transgender Health, *Harry Benjamin International Gender Dysphoria Association's Standards of Care for Gender Identity Disorders*, 6th version (2001).

620 The various surgeries associated with gender reassignment are described in exquisite detail in the chapter "Medical and surgical options," on pages 196–211, of Mildred L. Brown and Chloe Ann Rounsley, *True Selves: Understanding Transsexualism* (1996). See also TS Roadmap, http://www.tsroadmap.com/physical/hair/zapidx.html.

621 For a scholarly source on hormone blockers, see Norman Spack, "An endocrine perspective on the care of transgender adolescents," *Journal of Gay & Lesbian Mental Health* 13, no. 4 (October 2009). News coverage of the subject includes Lauren Smiley, "Girl/boy interrupted," *SF Weekly*, July 11, 2007;

and Hanna Rosin, "A boy's life," *Atlantic Monthly*, November 2008.
621 Follow-up studies of the Dutch cohort include Peggy T. Cohen-Kettenis and Stephanie H. van Goozen, "Sex reassignment of adolescent transsexuals: A follow-up study," *Journal of the American Academy of Child & Adolescent Psychiatry* 36 (1997); Yolanda L. Smith, Stephanie H. van Goozen, and Peggy T. Cohen-Kettenis, "Adolescents with gender identity disorder who were accepted or rejected for sex reassignment surgery: A prospective follow-up study," *Journal of the American Academy of Child & Adolescent Psychiatry* 40 (2001); and Yolanda L. Smith et al., "Sex reassignment: Outcomes and predictors of treatment for adolescent and adult transsexuals," *Psychological Medicine* 35 (2005). For a handy summary of this work, see Peggy Cohen-Kettenis, H. A. Delemarre–van de Waal, and L. J. Gooren, "The treatment of adolescent transsexuals: Changing insights," *Journal of Sexual Medicine* 5, no. 8 (August 2008).
622 UK policy on hormone-blocking therapy is discussed in Simona Giordano, "Lives in a chiaroscuro: Should we suspend the puberty of children with gender identity disorder?," *Journal of Medical Ethics* 34, no. 8 (August 2008); Naomi Coleman, "Boys will be girls," *Guardian*, August 20, 2003; and Viv Groskop, "My body is wrong," *Guardian*, August 14, 2008.
622 Domenico Di Ceglie reports that 20 percent of his patients choose not to complete gender reassignment in Lauren Smiley, "Girl/boy interrupted," *SF Weekly*, July 11, 2007.
622 All quotations from Shannon Minter come from my interview with him in 2009 and subsequent communications.
623 This passage is based on my interview with Jennifer Finney Boylan and Hildegarde Boylan in 2007. I have, additionally, drawn some passages from Jennifer Finney Boylan, *She's Not There: A Life in Two Genders* (2003).
625 Alice Domurat Dreger's lament about early transition and sex-role rigidity comes from her article "Trans advocates (at least where genderqueer kids are concerned)," *Stranger (The Queer Issue: You're Doing It Wrong)*, June 21, 2011.
626 The quotation from Just Evelyn ("I knew his life would be difficult and sad . . .") occurs on page 6 of her book, *Mom, I Need to Be a Girl* (1998).
626 The quotation from Aleshia Brevard ("I consciously tried to create a boy child . . .") occurs in her 2001 essay, "The woman I was not born to be," on pages 242–43 of *Sexual Metamorphosis: An Anthology of Transsexual Memoirs*, edited by Jonathan Ames (2005).
626 Cris Beam's account of "Ariel" occurs on page 77 of *Transparent: Love, Family, and Living the T with Transgendered Teenagers* (2007).
626 This passage is based on my interview with Hendrik and Alexia Koos in 2009. All names in this passage are pseudonyms.
627 This passage is based on my interview with Rex and Karen Butt and Cadence Case in 2009, and subsequent communications.
629 This passage is based on my interviews with Jonah and Lily Marx in 2008 and 2009. All names in this passage are pseudonyms and some identifying details have been changed.
631 See the American Psychiatric Association's 2000 "Position statement on therapies focused on attempts to change sexual orientation (reparative or conversion therapies)." See also the American Psychological Association Task Force on Appropriate Therapeutic Responses to Sexual Orientation August 2009 press release, "Insufficient evidence that sexual orientation change efforts work." For the "heated debate" about reparative therapy for trans people, see the next note.
631 Kenneth Zucker's publications include: Kenneth J. Zucker and Susan J. Bradley, *Gender Identity Disorder and Psychosexual Problems in Children and Adolescents* (1995); Susan J. Bradley and Kenneth J. Zucker, "Gender identity disorder: A review of the past 10 years," *Journal of the Academy of Child & Adolescent Psychiatry* 36, no. 7 (July 1997); and Susan J. Bradley and Kenneth J. Zucker, "Children with gender nonconformity: Drs. Bradley and Zucker reply," *Journal of the American Academy of Child & Adolescent Psychiatry* 42, no. 3 (March 2003). For journalistic coverage of Zucker's work, see Alix Spiegel, "Q&A: Therapists on gender identity issues in kids," NPR broadcast, May 7, 2008; and Daniel Goleman, "The wrong sex: A new definition of childhood pain," *New York Times*, March 22, 1994. Exemplifying criticism of Zucker's position are Simon D. Pickstone-Taylor's letter "Children with gender nonconformity," *Journal of the American Academy of Child & Adolescent Psychiatry* 42, no. 4 (March 2003); Y. Gavriel Ansara and Peter Hegarty, "Cisgenderism in psychology: Pathologising and misgendering children from 1999 to 2008," *Psychology & Sexuality* 2 (2011); and Stephanie Wilkinson, "Drop the Barbie! If you bend gender far enough, does it break?," *Brain, Child: The Magazine for Thinking Mothers* (Fall 2001).
631 Organizational websites: NARTH (National Association for Research and Therapy of Homosexuality), http://www.narth.com/; Catholic Education Resource Center, http://www.catholiceducation.org/. Works published and promoted by CERC and NARTH principals that cite to Zucker's work include Richard Fitzgibbons Jr. and Joseph Nicolosi, "When boys won't be boys: Childhood gender identity disorder," *Lay Witness* (June 2001); Joseph Nicolosi and Linda Ames Nicolosi, *A Parent's Guide to Preventing Homosexuality* (2002); and A. Dean Byrd and the NARTH Scientific Advisory Committee, "Gender identity disorders in childhood and adolescence: A critical inquiry and review of the Kenneth Zucker research" (March 2007). Proponents of reparative therapy also include orthodox Jews, e.g., Susan L. Rosenbluth, "Help for Jewish homosexuals that is consistent with Torah principles," *Jewish Voice & Opinion* 13, no. 4 (December 1999).
631 The mother's description of her experience implementing reparative therapy comes from Alix Spiegel's NPR report "Two families grapple with sons' gender preferences: Psychologists take radically different approaches in therapy," *All Things Considered*, May 7, 2008.
631 For the follow-up study of patients at Zucker's clinic, see Kelley D. Drummond et al., "A follow-up study of girls with gender identity disorder," *Developmental Psychology* 44, no. 1 (January 2008).
632 The mother who doubted that her adult daughter would outlive her is profiled in Hanna Rosin, "A boy's life," *Atlantic Monthly*, November 2008. Rosin reports Zucker's comparison of "young children who believe they are meant to live as the other sex to people who want to amputate healthy limbs, or who believe they are cats, or those with something called ethnic-identity disorder. 'If a five-year-old black kid came into the clinic and said he wanted to be white, would we endorse that?' he told me. 'I don't think so. What we would want to do is say, "What's going on with this kid that's making him feel that it would be better to be white?"'"
632 Zucker's characterization of transgender children as rigid and joyless is quoted in Stephanie Wilkinson, "Drop the Barbie! If you bend gender far enough, does it break?," *Brain, Child: The Magazine for Thinking Mothers* (Fall 2001).

632 Zucker's characterization of belief in the immutability of gender dysphoria as "simple-minded biological reductionism" occurs on page 267 of Susan J. Bradley and Kenneth J. Zucker, "Children with gender nonconformity: Drs. Bradley and Zucker reply," *Journal of the American Academy of Child & Adolescent Psychiatry* 42, no. 3 (March 2003); and as "liberal essentialism" in Alix Spiegel's May 7, 2008, NPR report, "Q&A: Therapists on gender identity issues in kids."

632 Susan Coates's observations about creativity and anxiety in gender-dysphoric youth come from my interview with her in 2008 and subsequent communications.

633 This passage is based on my interview with Dolores Martinez and Tyler Holmes in 2009 and subsequent communications. All names in this passage are pseudonyms.

635 Amy Bloom discusses the contribution of parents to cross-gender identification on page 38 of *Normal: Transsexual CEOs, Crossdressing Cops, and Hermaphrodites with Attitude* (2002).

635 Heino Meyer-Bahlburg contends that GID cannot be categorized "on a purely scientific basis" on page 461 of his article "From mental disorder to iatrogenic hypogonadism: Dilemmas in conceptualizing gender identity variants as psychiatric conditions," *Archives of Sexual Behavior* 39, no. 2 (April 2010).

636 All quotations from Edgardo Menvielle come from my interview with him in 2009 unless otherwise specified.

636 The finding of a 1 percent rate of post-transition dissatisfaction is reported on page 211 of Mildred L. Brown and Chloe Ann Rounsley, *True Selves: Understanding Transsexualism* (1996).

636 Danielle Berry expresses her regret about her "jump off the precipice" in Lynn Conway, "A warning for those considering MtF sex reassignment surgery (SRS)" (2005, revised 2007), at http://ai.eecs.umich.edu/people/conway/TS/Warning.html.

636 The quotation from Sam Hashimi comes from Helen Weathers, "A British tycoon and father of two has been a man and a woman . . . and a man again . . . and knows which sex he'd rather be," *Daily Mail Online*, January 4, 2009.

637 All quotations and anecdotes from Kim Pearson come from my interviews with her between 2007 and 2012.

637 This passage is based on my interviews with Scott Earle, Lynn Luginbuhl, Morris Earle, and Charlie Earle in 2007 and 2008. Though Lynn and Morris were happy to be quoted by name, Scott asked me to use a pseudonym, which I have done; Charlie's name is also a pseudonym.

639 For more on gayness among trans people, see Autumn Sandeen, who said on KRXQ on June 11, 2009, that "fifty-three percent of transgender women identify as lesbian or bisexual, and ten to thirty percent of transmen are gay." For their book in development, *Understanding Transgender Lives*, Brett Genny Beemyn and Sue Rankin at http://www.umass.edu/stonewall/uploads/listWidget/9002/Understanding%20Transgender%20Lives.pdf describe a survey in which "one third of respondents (32%, n = 1,120) reported that their sexual orientation is bisexual, and 30% (n = 1,029) identified as heterosexual. Sixteen percent (n =567) identified 'Other,' which include but are not limited to 'a mix of asexual, gay, and heterosexual,' 'ambivalent,' 'attracted to genderqueer people,' 'autobisexual,' 'bisexual when dressed in female clothes otherwise heterosexual,' 'pansexual,' 'queer,' and 'transgender lesbian.' Twelve percent identified as lesbian, four percent identified as gay, and five percent identified as asexual. One percent of respondents (n = 26) did not respond to the question."

641 This passage is based on my interview with Kim, John, and Shawn Pearson in 2007 and subsequent communications.

644 This passage is based on my interview with Shannon and Keely Garcia in 2009 and subsequent communications.

645 According to a 2011 survey sponsored by the National Center for Transgender Equality and the National Gay and Lesbian Task Force, "Fifty-seven percent (57%) faced some rejection by their family and 43% were accepted"; see page 101 of Jaime M. Grant et al., *Injustice at Every Turn* (2011).

645 Cris Beam's description of the mother's wish that her transgender child would die of AIDS occurs on page 36 of *Transparent: Love, Family, and Living the T with Transgendered Teenagers* (2007).

645 The excerpt from the outraged mother's letter to her transgender child is taken from pages 175–76 of Mildred L. Brown and Chloe Ann Rounsley, *True Selves* (1996).

646 The transphobic drive-time shock-jock harangue and its aftermath was chronicled in the *Sacramento Bee*; see Carlos Alcala, "Radio segment on transgender kids raises hackles," *21Q: A Bee Entertainment Blog*, June 2, 2009; Carlos Alcala, "Under fire, radio host says transgender comments were 'a joke,'" *Sacramento Bee*, June 4, 2009 (source of quotations from the show); Matthew Keys, "Local radio show takes heat, loses advertisers over transgender comments," *Sacramento Press*, June 5, 2009; Bill Lindelof, "Transgender controversy," *Sacramento Bee*, June 9, 2009; Carlos Alcala, "On-air controversy: Radio show back today with transgender advocates," *Sacramento Bee*, June 11, 2009; and Bill Lindelof, "Broadcasters apologize on air for transgender remarks," *Sacramento Bee*, June 12, 2009.

646 This passage is based on my interview with Hailey Krueger and Jane Ritter in 2009. All names in this passage are pseudonyms.

650 See the National Center for Transgender Equality and the National Gay and Lesbian Task Force study *Injustice at Every Turn: A Report of the National Transgender Discrimination Survey* (2011); and for similar findings among youth, Michael Bochenek and A. Widney Brown's report for Human Rights Watch, *Hatred in the Hallways: Violence and Discrimination against Lesbian, Gay, Bisexual, and Transgender Students in U.S. Schools* (2001).

650 Statistics on homelessness and prostitution among transgender youth come from Nicholas Ray's 2007 report to the National Gay & Lesbian Task Force, "Lesbian, gay, bisexual and transgender youth: An epidemic of homelessness"; and David Kihara, "Giuliani's suppressed report on homeless youth," *Village Voice*, August 24, 1999.

650 The quotation from the transgender sex worker ("I like the attention; it makes me feel loved") comes from Corey Kilgannon, "After working the streets, bunk beds and a Mass," *New York Times*, May 2, 2007.

650 This passage is based on my interview with Albert Cannon, Roxanne Green, and Dante Haynes in 2009.

652 Teish Green's murder and Dwight DeLee's trial were thoroughly chronicled by the *Syracuse Post-Standard*; for an index of all coverage, search http://www.syracuse.com for *Moses Cannon*. Articles consulted for this passage include Matt Michael, "Syracuse man was killed for being gay, police say," *Syracuse*

Post-Standard, November 16, 2008; Jim O'Hara, "Syracuse man indicted on hate-crime murder charge," *Syracuse Post-Standard*, April 3, 2009; and Jim O'Hara, "Dwight DeLee gets the maximum in transgender slaying," *Syracuse Post-Standard*, August 18, 2009.

653 The quotation from Michael Silverman about Dwight DeLee's trial comes from my interview with him in 2009.

653 Statistics on murders of transgender people come from Gwendolyn Ann Smith's informational website, Remembering Our Dead, http://www.gender.org/remember. For discussion of proposals to extend hate-crime protection to transgender people, see David Stout, "House votes to expand hate-crime protection," *New York Times*, May 4, 2007. See also http://www.transgenderdor.org/.

654 Carsten Balzer refers to the international incidence of murder of transgender people, and the frequent murder of minors, on pages 156–57 of his report "Preliminary results of Trans Murder Monitoring Project," *Liminalis* 3 (July 2009); on page 157, Balzer cites Thomas Hammarberg's account of the Portuguese incident in "Discrimination against transgender persons must no longer be tolerated," Office of the Commissioner for Human Rights, 2009.

654 Contemporary news reports on murders of transgender people: Krissy Bates: Abby Simons, "The killing of one of our own,'" *Minneapolis Star Tribune*, January 22, 2011; and Abby Simons, "Man guilty of murdering transgender victim," *Minneapolis Star Tribune*, November 24, 2011. Tyra Trent: Jessica Anderson, "Vigil remembers transgender murder victim," *Sun*, March 5, 2011. Marcal Camero Tye: Jeannie Nuiss, "FBI may investigate dragging death as hate crime," *Commercial Appeal*, March 20, 2011. Nate Nate: Dale Lezon, "HPD releases suspect sketch in cross-dresser's killing," *Houston Chronicle*, June 14, 2011. Lashai Mclean: Pat Collins, "Transgender person slain in northeast," *NBC Washington*, July 21, 2011. Camila Guzman: Steven Thrasher, "Camila Guzman, transgender murder victim, remembered in East Harlem Vigil," *Village Voice*, August 12, 2011. Gaurav Gopalan: Trey Graham, "The final days of Gaurav Gopalan," *Washington City Paper*, September 21, 2011. Shelley Hilliard: Gina Damron, "Mom waits for answers in transgender teen's death," *Detroit Free Press*, November 12, 2011.

654 This passage is based on my interview with Anne O'Hara, Marshall Camacho, Glenn Stevens, and Kerry Adahy in 2009. All names in this passage are pseudonyms.

659 The quotation from Judith Butler ("One might wonder what use 'opening up the possibilities' finally is...") occurs on page viii of the revised edition of her book *Gender Trouble: Feminism and the Subversion of Identity* (1999).

660 This passage is based on my interview with Bridget and Matt McCourt in 2009. All names in this passage are pseudonyms.

661 This passage is based on my interview with Nicole, Ben, and Anneke Osman in 2009.

662 This passage is based on my interview with Vicky Pearsall in 2007 and subsequent communications. All names in this passage are pseudonyms.

663 Emmy Werner's comment about children who are gender-flexible comes from an interview with Robin Hughes on the episode "Resilience" of the Australian radio show *Open Mind*, broadcast April 29, 1996.

663 The quotations from Renee Richards disapproving of gender fluidity come from Debra Rosenberg, "Rethinking gender," *Newsweek*, May 21, 2007; and Maureen Dowd, "Between torment and happiness," *New York Times*, April 26, 2011.

664 Justin Vivian Bond's remark about "nurturing your nature" comes from Mike Albo, "The official Justin Bond," *Out*, April 11, 2011.

664 This passage is based on my interview with Eli, Joanna, and Kate Rood in 2007 and subsequent communications, as well as Eli's blog at http://translocative.blogspot.com/.

666 The quotation from Kate Rood ("Eli is soon to be rendered infertile...") comes from her article "The sea horse: Our family mascot," *New York Times*, November 2, 2008.

666 The closing quotation from Eli Rood comes from his essay "Not quite a beginning," *Eli's Coming*, February 3, 2006, http://translocative.blogspot.com/2006/02/not-quite-beginning.html.

666 See David Smith, "Gender row athlete Caster Semenya wanted to boycott medal ceremony," *Guardian*, August 21, 2009.

666 IOC Medical Commission chairman Arne Ljungqvist admitted, "There is no scientifically sound lab-based technique that can differentiate between man and woman," in Debra Rosenberg, "Rethinking gender," *Newsweek*, May 21, 2007.

666 Caster Semenya declared, "I accept myself," in the cover story of a September 2009 issue of the South African magazine *YOU*, as reported in the *Independent Online*, September 8, 2009.

667 This passage is based on my interview with Shannon Minter in 2009.

667 The full text of the decision in the case, *In re the marriage of Michael J. Kantaras v. Linda Kantaras* (Case 98-5375CA, Circuit Court of the Sixth Judicial Circuit in and for Pasco County, Florida, February 2003), is available online at http://www.transgenderlaw.org/cases/kantarasopinion.pdf; the quotation from the judge ("Transsexualism is a massively complex and difficult problem deserving of the highest respect and sympathy...") occurs on page 774.

668 Genesis 5:2: "Male and female he created them."

668 This passage is based on my interviews with Carol McKerrow, Don Harriot, Kim Reed, and other members of their families in 2009 and subsequent interviews and communications, as well as Kim's film *Prodigal Sons* (2009) and Kim and Carol's appearance on *Oprah* in 2010.

672 See Martin J. Kidston, "Helena prodigal son returning as woman," *Independent Record*, September 24, 2009; see also Kidston's report on the film showing two days later, "250 pack church for transgender documentary," *Independent Record*, September 26, 2009.

674 The lines by Alfred, Lord Tennyson come from "In memoriam A.H.H." (1849), on page 155 of *The Complete Works of Alfred Lord Tennyson* (1891).

675 My book about Russian art is *The Irony Tower: Soviet Artists in a Time of Glasnost* (1991).

第十二章 | 父亲

679 The quotations from Bree Walker and the talk-show hosts ("It was shocking to me…" and "Is it fair…") come from Daniel Corone, "Bree Walker blasts KFI's *Baby Talk*," *Los Angeles Times*, August 17, 1991.

679 The second quotation from Bree Walker ("I felt that my pregnancy had been terrorized…") comes from Steven A. Holmes, "Radio talk about TV anchor's disability stirs ire in Los Angeles," *New York Times*, August 23, 1991; the third and fourth ("The darkest moment of my life" and "Tossed the coin…") come from her interview with ABC News, "Medical mystery: Ectrodactyly," broadcast on January 29, 2007.

679 The quotation from Bill Holt ("For anyone to determine that Bree Walker should not have children…") comes from Daniel Corone, "Bree Walker blasts KFI's *Baby Talk*," *Los Angeles Times*, August 17, 1991.

679 All quotations from Joanna Karpasea-Jones come from her article "Daring disabled parenting," *Mothering*, November–December 2007.

680 The quotation from Adrienne Asch ("Chronic illness and disability are not equivalent to acute illness or sudden injury…") comes from pages 1650–51 of her article "Prenatal diagnosis and selective abortion: A challenge to practice and policy," *American Journal of Public Health* 89, no. 11 (November 1999). It has been condensed.

680 See Laura Rothenberg, *Breathing for a Living* (2004), and my article "The Amazing Life of Laura," *Glamour*, July 2003.

681 The reference to "made-to-order babies" comes from Lindsey Tanner, "Physicians could make the perfect imperfect baby," *Los Angeles Times*, December 31, 2006.

681 For the survey finding that 3 percent of PGD clinics have selected *for* disability, see Susannah Baruch, David Kaufman, and Kathy L. Hudson, "Genetic testing of embryos: Practices and perspectives of US in vitro fertilization clinics," *Fertility & Sterility* 89, no. 5 (May 2008).

681 Robert J. Stillman's comment ("…Dwarfism and deafness are not the norm") occurs in Darshak Sanghavi, "Wanting babies like themselves, some parents choose genetic defects," *New York Times*, December 5, 2006.

681 The quotation from Michael Bérubé ("The question is whether we will maintain a social system that makes allowance for unpredictability…") occurs on page 86 of his memoir, *Life as We Know It: A Father, a Family and an Exceptional Child* (1996).

681 The Human Fertilisation and Embryology Act 2008 represented an amendment and updating of legislation enacted in 1990; for the full text, see http://www.legislation.gov.uk/ukpga/2008/22/contents. The controversy over its provisions pertaining to disability was described in Steven D. Emery, Anna Middleton, and Graham H. Turner, "Whose deaf genes are they anyway?: The Deaf community's challenge to legislation on embryo selection," *Sign Language Studies* 10, no. 2 (Winter 2010). The comment by pseudonymous blogger Mishka Zena comes from the post "Eugenics too close to home: Tomato Lichy, U.K. activist," *Endless Pondering*, March 10, 2008, at http://www.mishkazena.com/2008/03/10/eugenics-too-close-to-home-tomato-livy-uk-activist.

682 Sharon Duchesneau and Candace McCullough tell their story in Liz Mundy, "A world of their own," *Washington Post Magazine*, March 31, 2002. For a scholarly article about this case, see Humphrcy-Dirksen Bauman, "Designing deaf babies and the question of disability," *Journal of Deaf Studies & Deaf Education* 10, no. 3 (Summer 2005).

682 See Wendy McElroy, "Victims from birth: Engineering defects in helpless children crosses the line," FOX News, April 9, 2002.

682 John Sproston's letter to the editor expressing dismay at Sharon Duchesneau and Candace McCullough's desire to give birth to a deaf child ("That three people could deliberately deprive another person of a natural faculty…") was published in the *Washington Post* on June 9, 2004, and is quoted in Judith F. Daar, "ART and the search for perfectionism: On selecting gender, genes, and gametes," *Journal of Gender, Race and Justice* 9, no. 2 (Winter 2005).

682 The quotation from John Corvino ("They could have chosen a different donor…") comes from his article "Why Baby Gauvin is not a victim," *Gay & Lesbian Review Worldwide* 9, no. 6 (2002).

682 Patrick Boudreault's comment ("No one is talking, ever, about deliberately deafening a child born hearing") comes from a personal communication in 2008.

683 Sean Tipton's comment about the usual desire of parents to bring forth children who resemble them, and Sharon's and Candy's replies, come from Liza Mundy, "A world of their own," *Washington Post Magazine*, March 31, 2002.

683 Carina Dennis's observation ("Communication and the pursuit of intimacy are central to being human…") occurs on page 894 of her article "Genetics: Deaf by design," *Nature* 431 (October 21, 2004).

683 See William Saletan, "Deformer babies: The deliberate crippling of children," *Slate*, September 21, 2006.

683 The Johns Hopkins survey of PGD clinics is described in Susannah Baruch, David Kaufman, and Kathy L. Hudson, "Genetic testing of embryos: Practices and perspectives of US *in vitro* fertilization clinics," *Fertility & Sterility* 89, no. 5 (May 2008).

683 See Gautam Naik, "A baby, please. Blond, freckles, hold the colic: Laboratory techniques that screen for diseases in embryos are now being offered to create designer children," *Wall Street Journal*, February 12, 2009.

683 See the University College London press release "First baby tested for breast cancer form BRCA1 before conception born in U.K.," January 9, 2009; and the CNN report "Cancer-free' baby born in London," broadcast January 9, 2009.

683 The Los Angeles Fertility Institutes' plans to offer selection for gender, hair, and eye color were described in Gautam Naik, "A baby, please. Blond, freckles, hold the colic: Laboratory techniques that screen for diseases in embryos are now being offered to create designer children," *Wall Street Journal*, February 12, 2009.

684 Results of the Johns Hopkins survey of public opinion regarding genetic testing are reported in Aravinda Chakravarti et al., *Reproductive Genetic Testing: What America Thinks* (2004).

684 See Michael J. Sandel, *The Case Against Perfection* (2007).

684 The quotation from Marc Lappe ("It would be unthinkable and immoral…") comes from his pioneering paper on genetic selection, "How much do we

want to know about the unborn?," *Hastings Center Report* 3, no. 1 (February 1973).

684 Patricia Bauer's observation that "prenatal testing is making your right to abort a disabled child more like your duty to abort a disabled child" comes from her article "The abortion debate no one wants to have," *Washington Post*, October 18, 2005.

685 The statement "American mobility is exceptional; where we stand out is our limited mobility from the bottom" comes from Scott Winship, "Mobility impaired," *National Review*, November 14, 2011.

686 See Gurinder Osan, "Baby with two faces born in North India," Associated Press/MSNBC, April 9, 2008. All quotations come from this report.

686 Lali's death from a heart attack was reported on the BBC Channel 4 program *Body Shock*, broadcast September 16, 2008.

687 New Haven's arboreal tragedy and the city's recovery efforts are described in Charlotte Libov, "New Haven holding on to 'Elm City' nickname," *New York Times*, April 24, 1988; Bruce Fellman, "The Elm City: Then and now," *Yale Alumni Magazine*, September/October 2006; and David K. Leff, "Remaining elms hint at tree's elegant past," *Hartford Courant*, October 27, 2011.

688 Our journey and that of other gay parents who seek to create a family through assisted reproductive technology is described in Emma Brockes, "Gay parenting: It's complicated," *Guardian*, April 20, 2012. I wrote about our experiences in "Meet My Real Modern Family," *Newsweek*, January 30, 2011.

698 Roger Penrose discusses the anthropic principle on pages 433–34 of *The Emperor's New Mind: Concerning Computers, Minds, and the Laws of Physics* (1989).

701 The quotation from William Dean Howells ("what the American public always wants is a tragedy with a happy ending") occurs on page 147 of Edith Wharton's autobiography, *A Backward Glance* (1934).

701 Compare, for example, the insight-oriented approach advocated by psychologists such as Erik H. Erikson (see his 1959 anthology, *Identity and the Life Cycle*) with the cognitive techniques described by Martin Seligman in *Learned Optimism* (1991).

图书在版编目（CIP）数据

背离亲缘：那些与众不同的孩子、他们的父母，以及他们寻找身份认同的故事 /（美）安德鲁·所罗门著；简萱靓，谢忍翾译.——长沙：湖南科学技术出版社，2018.1
ISBN 978-7-5357-9433-8

Ⅰ. ①背… Ⅱ. ①安… ②简… ③谢… Ⅲ. ①儿童教育－特殊教育 Ⅳ. ①G764

中国版本图书馆 CIP 数据核字(2017)第 202437 号

FAR FROM THE TREE: PARENTS, CHILDREN AND THE SEARCH FOR IDENTITY
Copyright © Andrew Solomon, 2012
Simplified Chinese translation copyright ©2017 by Hunan Science & Technology Press
All Right Reserved.
湖南科学技术出版社获得本书中文简体版中国大陆地区独家出版发行权。
著作权登记号：18-2013-512
版权所有，侵权必究

BEILI QINYUAN NAXIE YUZHONG BUTONG DE HAIZI TAMEN DE FUMU YIJI TAMEN XUNZHAO SHENFEN RENTONG DE GUSHI

背离亲缘：那些与众不同的孩子、他们的父母以及他们寻找身份认同的故事

著　者：	[美]安德鲁·所罗门
译　者：	简萱靓　谢忍翾
责任编辑：	张　新　孙桂均　刘　英
文字编辑：	陈一心
出版发行：	湖南科学技术出版社
社　址：	长沙市湘雅路 276 号
	http://www.hnstp.com
邮购联系：	本社直销科　0731-84375808
印　刷：	长沙宇航印刷有限公司
	（印装质量问题请直接与本厂联系）
厂　址：	长沙市岳麓区望城坡航天大院
邮　编：	410205
版　次：	2018 年 1 月第 1 版
印　次：	2018 年 1 月第 1 次印刷
开　本：	710mm×1000mm　1/16
印　张：	50.25
书　号：	ISBN 978-7-5357-9433-8
定　价：	148.00 元

（版权所有·翻印必究）